Dirk Kruse-Etzbach

USA-Südwesten

IWANOWSKI´S **i** **REISEBUCHVERLAG**

Im Internet:

www.iwanowski.de

Hier finden Sie aktuelle Infos zu allen Titeln,
interessante Links –und vieles mehr!
Ganz neu:
Wir bieten die Möglichkeit, **eigene Reisebe-
richte und Bilder** zu den jeweiligen Reise-
destinationen auf unserer Website zu
veröffentlichen!
Schreiben Sie uns Ihre **Neuigkeiten** zu den
Reiseregionen - werden Sie Mitautor unserer
Newsseiten.
Einfach anklicken!

Schreiben Sie uns,
wenn sich etwas verän-
dert hat. Wir sind bei der
Aktualisierung unserer
Bücher auf Ihre Mithilfe
angwiesen.

info@iwanowski.de

USA-Südwesten

8., aktualisierte und veränderte Auflage 2007

© Reisebuchverlag Iwanowski GmbH
Salm-Reifferscheidt-Allee 37 • 41540 Dormagen
Telefon 0 21 33/2 60 311 • Fax 0 21 33/26 03 33
E-Mail: info@iwanowski.de
Internet: www.iwanowski.de

Titelbild: Dirk Kruse-Etzbach
Alle anderen Farb- und Schwarzweißabbildungen: Dirk Kruse-Etzbach,
Redaktionelles Copyright, Konzeption und dessen ständige Überarbeitung:
Michael Iwanowski
Layout: Ulrike Jans, Krummhörn
Karten: Palsa Graphik, Lohmar
Reisekarte: Astrid Fischer-Leitl, München
Titelgestaltung sowie Layout-Konzeption: Studio Schübel, München

Gesamtherstellung: B.o.s.s. Druck und Medien, Goch
Printed in Germany

ISBN 13: 978-3-923975-45-7

Inhaltsverzeichnis

ÜBERBLICK

ÜBERBLICK

Die Grünen Seiten: Das kostet Sie der Südwesten der USA

Die Blauen Seiten: Neuigkeiten aus dem Südwesten der USA

REISEROUTEN

REISEROUTEN

REISEROUTEN

REISEROUTEN

REISEROUTEN

Außerdem weiterführende Informationen zu folgenden Themen:

Verzeichnis der Karten und Grafiken

INTERESSANTES

So funktioniert's

Das Buch ist so aufgebaut, dass dem eigentlichen Reiseteil ein Einblick in Geschichte und Kultur vorausgeht, aber auch andere Aspekte des Reisezieles, ebenso allgemeine Tipps zur Planung und Ausführung einer Reise (Gelbe Seiten, Allgemeine Reisetipps von A–Z, S. 105ff, sowie Regionale Reisetipps für das Zielgebiet, S. 173ff). Im Anschluss folgt der Reiseteil, in dem auf alle wichtigen und wesentlichen Sehenswürdigkeiten eingegangen wird. Ein ausführliches System der Seitenverweise erleichtert Ihnen das schnelle Zurechtfinden.

Da wir unsere Bücher regelmäßig aktualisieren, kann es in den Gelben Seiten zu Verschiebungen kommen. Verweise auf diese Seiten geben wir daher nur in Form der ersten Seite des Gelben Teils (① S. 173).

Ein ausführliches Register im Anhang gibt Ihnen die Möglichkeit, schnell und präzise den gesuchten Begriff zu finden.

In den Grünen Seiten sind Preisbeispiele des Reiselandes angegeben.

Wir freuen uns über Kritik, Anregungen und Verbesserungsvorschläge:

info@iwanowski.de

INTERESSANTES

Legende

≡	Autobahn/beschriebene Route	P	Parkplatz
—	Hauptstr./beschr. Route	℗	Post
—	Nebenstraßen/beschr. Route (teils ungeteert)	$	Bank
—	Trail	🚻	Toiletten
⌣	Flüsse/saisonal trockenfallend		Wäscherei
●	Orte	✚	Klinik
▲	Berg		Markt
	National Park	🛒	Einkaufen
	Indianer Reservat	M	Museum
	National Forest	T	Theater
🌳	kleinere Parks/Bot. Garten		Bibliothek/Buchladen
★	Sehenswürdigkeit	🏛	Palast/hist. Gebäude
✳ ✳	Aussichtspunkt	H M	Hotel/Motel
∩	Höhle		Spielcasino
⚒	Mine		Guest Ranch
●	Ruinen		Campingplatz
	Wasserfall	⅄	Zeltplatz
	Wasser nur saisonal		wichtige Gebäude
	Hubschrauberrundflüge		Universität
✈	Flughafen Internatinal		Observatorium
✈	Flughafen National	✝	Friedhof
✈	Flugplatz		Kathedrale
	Bahnhof		Kirche
	Busbahnhof		Zoo
	Fähre		Grenzübergang
	Seilbahn	⅄	Picknickplatz
	Tankstelle		Golfplatz
	Ranger Station/VisitorCenter		Wanderwege
ⓘ	Information		Skigebiet

EINLEITUNG

Ziel dieses Reise-Handbuches ist es, Ihnen Ideen und Tipps zu vermitteln, was Sie im Südwesten der USA erwartet und wie Sie eine schöne Reise planen und durchführen können. Alle Angaben beruhen auf persönlichen Erfahrungen und können somit nicht als „Enzyklopädie des Südwestens" gewertet werden, sondern stellen oft eine subjektive Meinung dar. Trotzdem hoffe ich, dass gerade diese Mischung aus nützlichen Tipps und Erläuterungen sowie Beschreibungen und dem einen oder anderen Geheimtipp einen guten Wegbegleiter für Sie darstellen und Ihnen bei der Planung zu Hause einen nützlichen Dienst erweisen wird. Unterwegs sind es Ihre Interessen und Ihr Reise-Rhythmus, die den Verlauf und die zeitliche Einteilung Ihrer Reiseroute bestimmen werden.

Reisen durch den Südwesten der USA ist mit Sicherheit eines der schönsten Erlebnisse, die man in Amerika haben kann. Schon als Kind haben bestimmt viele von Ihnen voll Spannung vor dem Fernseher gesessen, um sich die unzähligen Wildwest-Filme oder die Tierfilme von Walt Disney anzusehen. Mit zunehmendem Alter haben einen dann vielleicht die Handlungen nicht mehr so sehr gereizt, doch die Landschaftsaufnahmen fesseln einen weiterhin. Und immer wieder sind es die Canyons, Steppen, Berge und die reißenden Flüsse, die einen in den Bann ziehen.

1980 habe ich mir zum ersten Mal den Kindheitstraum erfüllt und diese Landschaft bereist. Ich war es leid, immer nur mit dem Finger auf der Landkarte herumzufahren, und kaufte mir, zusammen mit einem Freund, ein Greyhoundticket. Noch relativ reiseunerfahren, was die USA angeht, haben wir natürlich den klassischen Fehler gemacht, vor dem ich Sie jetzt bewahren möchte: Wir wollten viel zu viel in nur vier Wochen sehen. Das klappte natürlich nicht! Vergessen Sie nicht, wie groß das Gebiet ist. Alleine New Mexico ist fast so groß wie die gesamte Bundesrepublik. Picken Sie sich besser ein paar sehenswerte Punkte heraus, aber haben Sie vor allem „Mut zur Lücke". Sie können doch immer wieder kommen. Selbst wenn Sie nur die absoluten Highlights der vier westlichen Staaten bereisen möchten, reicht ein dreiwöchiger Urlaub in keiner Weise aus.

Planen Sie am besten zu Hause bereits eine Route, die Sie von Texas aus langsam bis nach New Mexico bringt, und wenn Sie dann noch etwas Zeit haben, fahren Sie weiter nach Westen zum Grand Canyon oder nach Phoenix, von wo aus Sie zurückfliegen können, und kommen Sie dann ein oder zwei Jahre später wieder her und bereisen Sie die übrigen Staaten. Wenn Sie das gesamte Gebiet bereisen möchten, **entscheiden Sie sich vorher für bestimmte** Parks und Städte. Für einen Nationalpark sollten Sie mindestens zwei Tage einplanen, für eine Stadt ein bis zwei Tage, je nachdem, wie viele Museen Sie besuchen möchten. Lassen Sie sich von der Philosophie *„Weniger ist Mehr"* leiten.

Und vergessen Sie eines nicht: Es gibt eine Reihe kleinerer Sehenswürdigkeiten an den Strecken, die zwar in diesem Buch nicht alle aufgeführt werden, aber durchaus Ihr Interesse wecken könnten und mehrere Stunden in Anspruch nehmen. Planen Sie also lieber kürzere Strecken, das gewährt Ihnen den nötigen Freiraum für spontane Stopps und Umwege. Als Richtlinie würde ich dabei eine Tagesleistung von ca. 350 km vorschlagen.

Der Südwesten ist für die „regenverwöhnten" Mitteleuropäer bestimmt ein Wetterparadies. Doch sollte man auf heiße Tage im Juli/August allemal vorbereitet sein, besonders, wenn man vorhat zu wandern.

Wer sich mit den Kulturen der Indianer näher beschäftigen möchte, dem sei dringend angeraten, sich bereits zu Hause damit zu beschäftigen. Unterwegs wird man sonst von der Fülle der Informationen erdrückt und verliert leicht den Überblick. Amerikanische Bibliotheken gibt es in einer Reihe von Großstädten, wo Sie mit Sicherheit gute Bücher zu diesem, wie zu anderen Themen finden werden. Wenig geeignet sind übrigens die Westernfilme. Sie stellen die Geschichte doch etwas auf den Kopf. Auch die spärlichen Berichte in Presse und Fernsehen helfen meist nicht weiter.

Viele sagen, im Südwesten leben die „echten" Amerikaner. Cowboyhut, Jeans und Westernstiefel gehören zum normalen Outfit. Begeistern wird Sie hier vor allem die Gastfreundschaft der Menschen und ihre Ausgelassenheit, die sie sich trotz der teilweise sehr harten Lebensbedingungen erhalten haben. Legen Sie, wenn Sie noch Zeit haben sollten, kürzere Etappen zurück, und kehren Sie unterwegs einfach mal in eine kleine Westernbar ein, dort wo auch die Farmer ihre Pausen verbringen.

Dallas und **Houston** sind die größten Städte im Südwesten und vermitteln Ihnen einen Eindruck über die Geschäftigkeit des pulsierenden Amerika. San Antonio dagegen ist eine verschlafene Millionenstadt, die aber eine Reihe von touristischen Höhepunkten und einen Einblick in die Geschichte von Texas bietet. Die kaum bekannte **Küste von Texas** bietet Strandhungrigen noch einmal die letzte Gelegenheit, in die Fluten zu springen.

Der **Big Bend National Park** ist dann die erste Station, die Sie erahnen lässt, welche landschaftlichen Erlebnisse Ihnen noch bevorstehen. Bei **El Paso** haben Sie die Gelegenheit, einen kurzen Abstecher nach **Mexiko** zu machen und einmal Vergleiche anzustellen zwischen den Lebensbedingungen in zwei sehr konträren Staaten. In **New Mexico, Arizona und Utah** überwältigen schließlich die „Wunder der Natur": **Carlsberg Cavern's N.P., White Sands N.M., Canyon de Chelly N.M., Petrified Forest N.P., Monument Valley, Zion N.P., Bryce Canyon N.P., Arches N.P. und natürlich der Grand Canyon N.P.** sind nur einige der Höhepunkte.

Aber auch für die **Indianerkulturen** in diesem Gebiet sollten Sie sich Zeit nehmen. Um einen ersten Eindruck zu erhalten, bietet sich z.B. ein Besuch des **Indian Pueblo Cultural Center Museum in Albuquerque** an. In **Salt Lake City** wiederum treffen Sie auf eine ganz andere Kultur: die der **Mormonen**, die bei uns vor allem durch ihre Vielehen bekannt geworden ist. Doch verbirgt sich hinter der Geschichte dieser Siedlergemeinschaft (und Religion) noch einiges anderes Interessantes. Übrigens: Nur sehr wenige Mormonen leben wirklich in der Vielehe.

Colorado ist **der** Rocky-Mountain-Staat. Hier kann man wandern, Skilaufen, Wildwasserfahren oder/und sich die Landschaften der Nationalparks und National Monuments ansehen. Der **Rocky Mountain Nat. Park** ist sicherlich der interessanteste Park im Staat.

Bei den Übernachtungs- und Restauranttipps habe ich natürlich eine Auswahl treffen müssen. Alle angeführten Adressen habe ich selbst besucht und bin überzeugt, dass Sie hier keinen „Reinfall" erleben. Bei der „Beurteilung" habe ich darauf geachtet, besonders Restaurants aufzuführen, die regional Typisches bieten oder die neben einer guten Küche auch ein ansprechendes bzw. historisches Ambiente aufweisen.

Auf die Erwähnung der unzähligen Motels an den Highways habe ich zumeist bewusst verzichtet: Sie sind zwar günstig, aber alle gleich. Um Sie zu finden, benötigen Sie keinen Reiseführer. Sie liegen nahezu alle an den Ein- und Ausfallstraßen.

Abschließend möchte ich all denen meinen Dank aussprechen, die mich bei meiner Arbeit unterstützt haben.

Ich denke hierbei besonders an Frau Stefanie Drengenberg, die während der gesamten ersten Recherchereise eine ausgezeichnete Begleiterin war, mich in jeder Situation unterstützt und unseren Pickup auf den kleinsten Straßen und zu den abgelegensten Orten gesteuert hat (Hut ab): Ohne sie wäre eine so umfassende Recherche-Tour nicht möglich gewesen. Herr Sönke Beiß hat dann ihren Part bei der Aktualisierung dieses Buches übernommen. Auch ihm gebührt mein Dank.

Frau Sabine Krieter danke ich für die Zusammenstellung des Geschichts- bzw. des Gesellschaftskapitels.

Ferner bin ich den Angestellten der einzelnen Touristikbüros und Fremdenverkehrsämter der USA dankbar, die mir bei meinen Recherchen vor Ort immer Hilfe und gute Tipps zukommen ließen.

Einen besonderen Dank möchte ich meinen Eltern sagen, die mir trotz eigener Zweifel über Jahre Geduld und „Vertrauen auf Kredit" geschenkt haben und die so ihren ganz persönlichen Anteil am Zustandekommen dieses Buches tragen.

Kiel, im März 2007

I.   DIE USA AUF EINEN BLICK

Fläche	9.809.155 qkm, inkl. Alaska, Hawaii sowie den Wasserflächen (Weltrang: 3)
Einwohner	298 Mio., fast 80 % städtische Bevölkerung, 31 Städte mit mehr als 500.000 Einwohnern; Einwohnerdichte: ca. 31 E./qkm. Sehr ungleichmäßig verteilt
Bevölkerung	68,0 % Weiße (Caucasians), 13,3 % Hispanics, 13 % Schwarze (Afro-Amerikaner), 4 % Asiaten, 1 % Indianer, Inuit, Hawaiianer, 4,2 % Angehörige mehrerer ethnischer Gruppen (Summe über 100 %, da z.T. Mehrfachnennungen)
Staatssprache	Englisch, wobei ca. 20 Mio. Amerikaner kaum Englisch sprechen können (vorn. zugewanderte Hispanics)
Hauptstadt	Washington D.C. (580.000 E.)
Religionen	Protestanten 52 %, Katholiken 25 %, Juden 2 %, Orthodoxe Kirchen 1 %, Mormonen 2 %, Muslime 1 %, Buddhisten 1 %, andere 7 % (zahlreiche Splittergruppen und Sekten), keine Religionszugehörigkeit 9 %
Flagge	13 waagerechte abwechselnd rote und weiße Streifen für die 13 Gründerstaaten, im blauen oberen Eck 50 weiße Sterne, welche die Bundesstaaten repräsentieren
Nationalfeiertag	4. Juli (Tag der Unterzeichnung der Unabhängigkeitserklärung)
Staats- und Regierungsform	Präsidialrepublik mit einer bundesstaatlichen Verfassung, wobei der Präsident Kabinettsmitglieder ernennen und entlassen kann. 2-Kammer-Parlament: Senat und Repräsentantenhaus
Regierungschef	George W. Bush (Republikaner, vorm. Gouverneur von Texas)
Städte-Auswahl (Einwohnerzahlen innerhalb der offiziellen Stadtgrenzen; in Klammern Einwohner im Großraum/Metr. Area)	New York: 8,1 Mio. (18,6 Mio.), Los Angeles: 3,8 Mio. (12,8 Mio.), Chicago: 2,9 Mio. (9,3 Mio.), Houston: 2,0 Mio. (5,0 Mio.), Atlanta 455.000 (4,8 Mio.), Phoenix: 1,3 Mio. (2,6 Mio.), Dallas 1,3 Mio. (Großraum Dallas-Fort Worth: 5,5 Mio.), San Antonio: 1,15 Mio. (2,2 Mio.), El Paso: 630.000, Denver: 550.000, Las Vegas: 430.000 (geschätzt: 2,2 Mio.)
Wirtschaft	Import größer als Export. Jährl. Handelsbilanzdefizit schwankt zwischen 450 und 900 Mrd. US$ (!) – Inflationsrate 2,7 % – hoher Anteil des Dienstleistungssektor (73,3 %), Industrie = 24,3 %, Landwirtschaft = 2,4 %. Im Wechsel mit Deutschland in den letzten Jahren größtes Im- und Exportland der Welt (Export ca. 800 Mrd. US$ = 9 % aller Weltexporte). Doch bald wird China die USA wohl überrunden.
Bruttosozialprodukt (BSP)	10.730.000 Mio. US$, 36.000$ pro Kopf (Weltrang: 9)
Arbeitslosenrate	5,0-5,5 %, Arbeitnehmer unter 25 Jahre ca. 15 %, Black Americans über 10 %, Hispanics/Latinos ca. 6 %
Wichtigste Exportgüter	Luftfahrt- und Automobilindustrie (18 %), Computerindustrie (19 %), chemische und pharmazeutische Produkte (13 %), Maschinenbau (11 %), Nahrungsmittel (5 %), Agrarprodukte (4 %)
Wichtigste Handelspartner	Kanada (21 %), Mexiko (12 %), Japan (9 %), China (7 %), Deutschland (5 %), Großbritannien (4 %)
Problematiken	Angst vor weiteren Terroranschlägen und steigende Rüstungsausgaben nach dem 11.09.2001, wachsendes Handelsdefizit, niedriger allgemeiner Bildungsstandard, immer weiter klaffende Sozialschere, Anzahl illegaler Einwanderer (ca. 7 Mio. geschätzt), hohe Jugendarbeitslosigkeit, hoher Energieverbrauch, hohe Umweltbelastung in Ballungsräumen, Drogen

2. GESCHICHTLICHER ÜBERBLICK

(von Sabine Krieter)

Überall im Südwesten der USA sind Zeugnisse der Geschichte zu finden: von den Jahrtausende alten indianischen Kulturen über die „wilden" Zeiten der Besiedelung bis hin zur explosionsartigen Wirtschaftentwicklung in der zweiten Hälfte des 19. Jh. (z.B. in Texas). Ich möchte Ihnen hier nun einen kurzen geschichtlichen Überblick dieses interessanten Reisegebietes geben.

Die ersten Bewohner Amerikas: die Indianer

Hinter dem Wort Indianer verbirgt sich heute ein Sammelbegriff für Menschen unterschiedlichsten Aussehens und unterschiedlichster Kultur. Man denke nur an die Bewohner des peruanischen Hochlandes oder die seit langer Zeit als Nomaden lebenden Stämme der nordamerikanischen Wüstengebiete.

Gemeinsam haben die Indianer ihren asiatischen Ursprung. Vor mehr als 10.000 Jahren, möglicherweise sogar schon vor 30.000 Jahren, setzte eine Wanderbewegung von Asien ein. Sie führte über die – aufgrund des niedrigeren Meeresspiegels – damals bestehende Kontinentalverbindung zwischen Asien und Amerika (im Bereich der Behringstraße). Die Völkerwanderung setzte sich von Alaska aus entlang der Rocky Mountains in Nordamerika über Mittel- bis Südamerika fort. Sie vollzog sich über viele Jahrtausende hin, in Schüben z.T. mit jahrhundertelangen Pausen. Wahrscheinlich dauerte es auch mehrere Jahrtausende, bis die ersten Indianer die Südspitze Südamerikas erreichten.

Einwanderer aus Asien

Man schätzt, dass es zur Zeit von Christoph Kolumbus etwa 15 bis 20 Millionen Indianer auf dem amerikanischen Kontinent gab. Davon bewohnte allerdings nur ein geringer Anteil die Gebiete der heutigen Vereinigten Staaten. Schätzungen gehen von ungefähr 850.000–1.000.000 Indianern aus. Heute leben in den USA ca. 1,9 Millionen Indianer, was einem Anteil an der Gesamtbevölkerung von nicht einmal 1 % entspricht (die Zahlenangaben schwanken).

Archäologische Funde lassen darauf schließen, dass die ersten Indianer – allgemein als Paläo-Indianer bezeichnet – Jäger waren, denn es wurden Speer- und Pfeilspitzen aus Stein sowie Steinmesser zum Häuten und Zerlegen der erlegten Tiere gefunden. Zu den ältesten Funden zählen die Speerspitzen von Sandia Cave bei Albuquerque in New Mexico, deren Alter auf ca. 20.000 Jahre veranschlagt wird. Anfänge des Ackerbaus sind in der Zeit von ca. 5000 v. Chr. anzusiedeln.

Sammler und Jäger

Frühe Kulturen im Südwesten

Im Südwesten der Vereinigten Staaten gab es vier unterschiedliche kulturelle Gruppen von Indianern:

❶ Die **Plains-Indianer** (Oklahoma, Texas, Kansas), deren ökonomische Grundlage vorwiegend in der Büffeljagd lag.

❷ Die **Southwest-Indianer** (Arizona, New Mexico, West-Texas), die sich überwiegend von der Landwirtschaft ernährten.

❸ Die **Great-Basin-Indianer** (Nevada, Utah, West-Colorado), die ihre Ernährungsgewohnheiten den kargen Bedingungen der Wüste anpassten und dementsprechend nach den Prinzipien der Jäger und Sammler lebten.

Indianerstämme des Südwestens zur Zeit ihrer größten Ausdehnung

© i graphic

❹ Die **Southeast-Indianer** (Ost-Texas, Südost-Oklahoma), die schon relativ früh eine Art Dorfkultur entwickelten.

Der „typische" Indianer: die Plains-Kultur

Die Plains-Indianer sind zwar zahlenmäßig nie bedeutend gewesen, repräsentieren aber doch für Europäer den „typischen" Indianer. Als Nomaden lebten sie in mit Büffelhäuten bespannten Zelten und trugen Lederkleidung sowie Moccasins. Die Pferde, mit denen sie ihre Büffeljagd effizienter machten, stammten nicht vom amerikanischen Kontinent, wie vielleicht mancher Karl-May-Leser vermuten mag, sondern wurden erst von den Spaniern importiert. Die Stämme der Plains-Indianer lebten relativ autonom. Innerhalb des Stammes waren die Mitglieder einem strengen Regelsystem unterworfen, das auf festen Vorstellungen von Schande beruhte und bei schwereren Vergehen den Ausschluss aus dem Stamm vorschrieb.

Archäologisch gut erschlossen: die Southwest-Kultur

Zu einer der größten Gruppen zählten die Indianer der Southwest-Kulturen, von deren Bedeutung so bekannte **archäologische Funde** wie die Speerspitzen und Knochenreste von Sandia und Folsom und natürlich die Felsenhäuser (Cliff Dwellings) zeugen. Aufgrund der Größe dieser Kultur wird sie in weitere Kulturstufen unterteilt, die sich aus unterschiedlichen Merkmalen in der Lebensweise und dem Zeitraum ihrer Existenz ergeben. Als Nachfolge der ersten Indianer aus dem Gilabecken entwickelte sich eine Kultur, die als **Holokam** bezeichnet wird (700 v. Chr.–1300 n. Chr.). Neben dieser ist die **Mogollon-Kultur** anzutreffen (300–1300 n. Chr.). Beide Kulturen haben in der **Cochise-Wüstenkultur** ihren Ursprung. Von 500 v. Chr.–600 n. Chr. ist die **Korbmacher-Kultur** anzusetzen, die in den **Pueblo-Kulturen** bis 1200 n.Chr. ihre Nachfolge findet. Die Korbmacher- und Pueblo-Kultur wird auch unter dem Begriff **Anasazi** zusammengefasst.

Hochstehende Kulturen im Südwesten

Bei späteren Pueblo-Kulturen sind auch Mogollon-Kulturen als Vorgänger beteiligt. Infolge von Dürreperioden und Wanderungsbewegungen der Vorfahren von Apachen und Navahos starben diese Pueblo-Kulturen aber Ende des 13. bzw. Anfang des 14. Jh. aus. Als Nachfolgestämme der Holokams sind die Pima- und Papagostämme zu sehen, die sich dann vornehmlich in den fruchtbareren Flusstälern (bes. Rio Grande-Tal in New Mexico) niederließen.

Die Holokam-Kultur

Die Holokams („Die, die verschwunden sind"), deren Blütezeit zwischen 700 v. Chr. und 1100 n. Chr. anzusetzen ist, erbauten bereits um Christi Geburt landwirtschaftliche Siedlungen in der Nähe der heutigen Stadt Phoenix. Sie pflanzten Mais und Baumwolle an, pflückten Bohnen und Kaktusfrüchte, entwickelten verschiedene Arten der Töpferei und rauchten bei Zeremonien Zigaretten. Diese Eigenschaften rücken sie in die Nähe der mexikanischen Indianer, jedoch waren sie im Gegensatz zu diesen sehr friedliebend und entwickelten ein fast schon demokratisch zu nennendes Sozialsystem. Es wird angenommen, dass die Holo-kam-Kultur ein Bewässerungssystem zur Versorgung der Felder entwickelte, was auf eine hohe Organisationsebene der Gesellschaft schließen lässt. Wie bereits erwähnt, nimmt man an, dass die Holokams Vorfahren der Pimas und Papagos sind.

Die Mogollon-Kultur

Über die Mogollon-Kultur ist relativ wenig bekannt. Die Indianer dieser Kultur lebten nahe der heutigen mexikanischen Grenze (Arizona und New Mexico). An Funden sind besonders die Schwarz-auf-Weiß-Töpfereien aus dem 11. und 12. Jh. n. Chr. erwähnenswert.

Die Korbmacher-Kultur

Die Korbmacher-Indianer sind nach ihren kunstvoll geflochtenen Werken be-nannt. Ihre Techniken waren von großer Bedeutung, da sie von anderen Stämmen auch in der Töpferei übernommen wurden. Die Korbmacher lebten in Höhlen oder einfachen Häusern, bauten Gemüse, Mais und Kürbis an und hielten Haus-tiere wie Hunde oder Truthähne. Sie sind zeitlich vor den Pueblo-Kulturen anzu-siedeln (ca. 500 v. Chr.–600 n. Chr.) und werden mit letztgenannten zu den Anasazi zusammengefasst, was in der Sprache der Navajos „die Alten" bedeutet.

Die Pueblo-Kultur

Durch ihre spezielle Art zu wohnen erhielt die Pueblo-Kultur ihren Namen, der vom spanischen Wort für Stadt/Siedlung abgeleitet ist. Ihren Höhepunkt erreichte diese Kultur im 11. und 12. Jh. n. Chr. In der Nähe ihrer Behausungen, die auch spezielle Vorratsräume enthielten, legten sie ihre Felder an. Bekannte Pueblo-Siedlungen sind **Mesa Verde** (Südwest-Colorado) und **Chaco Canyon** (Nord-west-New Mexico). Jede Pueblo-Siedlung hatte den Status einer unabhängigen *Friedliche* „Stadt", und mit Ausnahme der Revolte gegen die Spanier 1680 gab es keine *‚Städter'* politische Verbindung zwischen den einzelnen Siedlungen. Die Bewohner der Pueblos galten als friedlich, was auch in dem Namen einer ihrer Stämme, der Hopi („die Friedlichen"), zum Ausdruck kommt. Die östlichen Siedlungen wurden aus Ziegeln, die westlichen aus mit Lehm verbundenen Natursteinen gebaut. Häufig bestieg man die einzelnen Räume nicht durch eine Tür, sondern mittels einer Leiter durch das Dach.

Einer der bekanntesten Riten der Nachfolger der Pueblo-Kultur ist der Regen-tanz der Hopis, der jedes zweite Jahr im August zelebriert wird. Einige Tänzer führen diesen Tanz mit einer lebenden Klapperschlange im Mund auf.

Apachen und Navajos

Die Apachen- und Navajostämme ('Navajo' wird häufig auch 'Navaho' geschrie-ben) lebten ursprünglich im Nordwesten Kanadas und zogen zwischen 900 und 1200 n. Chr. in südlicher Richtung nach New Mexico und Arizona, wo ihre

Nachfahren auch heute noch leben. Beide Stämme lebten ursprünglich als Noma- den und Jäger. Sie galten als besonders kriegerisch, und erst 1886 wurden die Apachen von den Regierungstruppen der Vereinigten Staaten endgültig geschla- gen. Der letzte Kampf der Navajos fand 1864 statt (gegen Kit Carson und seine Truppen). Sie sind heute mit 140.000 (wobei die Angaben schwanken) der größte Stamm in Nordamerika.

Größter Indianer- stamm

Karge Lebensbedingungen: Great-Basin-Kultur

Diese Kultur zeichnete sich durch kleine Stämme aus, die zu Fuß durch die karge Umgebung wanderten und alles zu ihrer Ernährung nutzten, was sie vorfanden. Aufgrund der ungünstigen Bedingungen ihres Lebensraumes in der Wüste, im Gebirge der Rocky Mountains oder auf den relativ unfruchtbaren Ebenen konn- ten sie den Boden nicht landwirtschaftlich nutzen und sesshaft werden. Da sie sich zu einem großen Teil von Wurzeln ernährten, die sie mit einem Stock ausgru- ben, wurden sie „Digger Indians" (Gräberindianer) genannt. Ebenso wie diese Form der Ernährung ergab sich ihre Fertigkeit, wasserdichte Körbe herzu- stellen, aus der Notwendigkeit, sich den harten Lebensbedingungen anzupassen. Zu einem gewissen Reichtum kamen sie erst, nachdem sie um 1700 durch die Weißen zu Pferden kamen und damit auch größeres Wild jagen konnten.

Optimale Lebensbedingungen: Southeast-Kultur

Im Gegensatz zu den Great-Basin-Kulturen hatten die Southeast-Kulturen gera- dezu paradiesische Voraussetzungen für den Anbau von landwirtschaftlichen Pro- dukten. Entsprechend waren sie sesshaft und entwickelten ein gut organisiertes Dorfleben. Die Stämme schlossen sich sogar zu Gemeinschaften untereinander zusammen. Sowohl die Tatsache, dass sie als einzige Kultur auf dem nordamerika- nischen Kontinent ein Gesellschaftssystem mit einem absoluten Herrscher entwi- ckelten, als auch der Umstand, dass ein Teil der Stämme Tempel auf Hügel baute,

lässt darauf schließen, dass diese Kultur mittelameri- kanisch beeinflusst war. Ih- ren Höhepunkt erreichte sie um 1300 n. Chr. Die Städte umfassten häufig eine Anzahl von 1.000 Be- hausungen, die um einen Platz in ihrer Mitte, auf dem häufig auch ein Tem- pel stand, zentriert waren. Außer der Kultivierung von Mais und Sonnenblu- men war bei diesen Kul- turen der Anbau von Ta- bak weit verbreitet.

Entdeckung Amerikas und Kolonisierung

Die europäische ‚Entdeckung'

Nach den Wikingern, die um 1000 n. Chr. „Amerika" entdeckt hatten, war Christoph Kolumbus (1451–1506) der erste Europäer, der amerikanischen Boden betrat. Sofort anschließend rangen mehrere europäische Mächte um die Vormachtstellung in der Neuen Welt und bestimmten fast drei Jahrhunderte lang die Geschicke der eroberten Gebiete. Im 16. Jh. dominierten Spanien und Portugal, die eine expansive Siedlungspolitik betrieben. England und Frankreich waren zu diesem Zeitpunkt zu sehr in innenpolitische Verwicklungen verstrickt und auch innerhalb Europas den Spaniern nicht gewachsen, sodass sie sich anfangs auf wenige Unternehmungen bezüglich der Neuen Welt beschränken mussten. Nach der Niederlage der Spanier 1588 gegen die Engländer verloren sie jedoch langsam ihre Vormachtstellung, und immer mehr Engländer und Franzosen siedelten sich in der Nähe der reichen spanischen Siedlungen an.

Die Franzosen gründeten ihre ersten profitablen Kolonien auf den Karibischen Inseln, wohingegen die Engländer größere Niederlassungen in der Nähe des heutigen New York etablierten. New York hieß übrigens bis 1664 noch Nieuw Amsterdam und war ursprünglich eine niederländische Siedlung. Die Niederländer spielten allerdings bei der Kolonisation Amerikas eine eher untergeordnete Rolle, die sich weitgehend auf das 17. Jh. beschränkte.

Sklaven

Eine Folge der Kolonisation war der **Sklavenhandel**. Da immer mehr billige Arbeitskräfte in den Kolonien benötigt wurden und die Indianer den schlechten Arbeitsbedingungen häufig nicht gewachsen waren, begannen die Portugiesen im 16. Jh. von ihren Besitzungen an der westafrikanischen Küste aus, schwarze Sklaven in Richtung Amerika zu verschiffen. Ebenfalls am Sklavenhandel beteiligt waren die Spanier, und auch die Engländer stiegen 1560 ein. Auf der Überfahrt starben zu Beginn des Sklavenhandels ca. ein Drittel der Schwarzen, da sie unter unmenschlichen Bedingungen in den Laderäumen gefangen gehalten wurden. Während zunächst hauptsächlich die Inseln vor Mittelamerika und der Norden Südamerikas „beliefert" wurden, kamen später auch viele Sklaven auf den nordamerikanischen Kontinent. 1619 erreichten die ersten Sklaven die Kolonie Virginia; 150 Jahre später lebte dort fast eine halbe Million Sklaven. Ein Verbot des Sklavenhandels setzte sich erst zu Beginn des 19. Jh. durch.

Die Spanier als Herren der ersten Stunde

Während des 16. Jh. dominierten die Spanier und Portugiesen, die von 1580 bis 1640 sogar zu einem Königreich zusammengefasst waren, die Kolonisation der Neuen Welt und betrieben dort eine expansive Siedlungspolitik. Um 1575 gab es bereits etwa 200 Siedlungen in Amerika. Die Eroberer (Konquistadoren) machten sich bei der Ausnutzung der Bodenschätze die Arbeitskraft der einheimischen Indianer zunutze und versuchten durch Erforschung immer neuer Gebiete ihren Einflussbereich zu erweitern. Ihr Hauptinteresse galt Bodenschätzen wie Gold und Silber sowie tropischen Agrarprodukten.

Nachdem man zuvor hauptsächlich die Inseln der Karibischen See und des Golfes von Mexiko besegelt hatte, konzentrierte man sich in der Zeit von 1513–1519 auf die Erforschung des Festlandes. 1513 entdeckte Vasco Nuñez nach einer Durchwanderung der Landenge des heutigen Panama den Pazifischen Ozean. Florida wurde im gleichen Jahr von Ponce de Leon entdeckt. Einer der bekanntesten Konquistadoren ist sicher *Hernando Cortéz* (1485–1547), der Mexiko eroberte und im gleichen Zuge das dortige **Aztekenreich** vernichtete. *Hernando de Soto* (1500–1542) erschloss den südöstlichen Teil des nordamerikanischen Kontinents.

Die Legende vom noch heute sprichwörtlichen „**El Dorado**", wo man riesige Mengen Gold vermutete, trieb die ersten Konquistadoren in die

Alte Darstellung der Entdeckung Amerikas

Gebiete nördlich von Mexiko. **Francisco Vásquez Coronado** (1510–1544) startete 1540 eine Reise in den heutigen Südwesten der Vereinigten Staaten und erforschte dort das „Neue Mexiko", das von 1606 an von der Hauptstadt „Villa Real de la Santa Fe de San Francisco" (Santa Fe) aus verwaltet wurde. Die dortigen Indianer wurden christianisiert und zur Zwangsarbeit herangezogen. Da die Kirche bei der Kolonisation eine große Rolle spielte, richtete sich die Feindseligkeit bei Aufständen wie der Pueblorevolte auch vornehmlich gegen klerikale Einrichtungen wie Klöster und Kirchen. An diesem berühmten Indianeraufstand im Jahre 1680 waren die Stämme des Rio Grande-Gebietes beteiligt.

Spanische Konquistadoren

Französische Aktivitäten in Nord und Süd

Frankreich begann sich erst nach dem Frieden von Cambrai (1529), der die langwierigen Auseinandersetzungen zwischen Frankreich und Spanien um Italien beendete, ernsthaft für Eroberungen in der Neuen Welt zu interessieren. Zwar erforschte der Italiener **Giovanni da Varrazano** (1480–1527) mit einer französischen Crew die Hudson-Mündung und segelte die nordamerikanische Küste bis Maine herunter. Die Gründung von Niederlassungen wurde zu diesem Zeitpunkt aber noch nicht in Erwägung gezogen. Erst unter der Regierung von Heinrich IV. wurden Anstrengungen unternommen, wirtschaftlichen Nutzen aus der Neuen Welt zu ziehen Zuerst wurden nur hugenottische Handelskompanien aktiv, die erste französische Niederlassungen gründeten. Unter der Führung von **Samuel de Champlain** entstanden Siedlungen in Kanada (z.B. Port Royal und Quebec 1608). Wichtige Wirtschaftsfaktoren waren für die Franzosen vor allem die Fischerei und der Pelzhandel.

Die zweite Kolonisationsperiode begann 1664, als **Jean Baptiste Colbert** (1619–1683) die 'Französisch-Westindische-Handelskompanie' gründete, die das Monopol für den französischen Amerikahandel bekam. Von 1673 an beanspruchten die

Franzosen in der Neuen Welt

Franzosen die gesamten Gebiete entlang des Mississippi, des St.-Lorenz-Stroms sowie das Land um die großen Seen. Entscheidend beteiligt waren an diesen Gebietsansprüchen **Jacques Marquette** (1687–1675) und **Louis Joliet** (1645–1700). Das Flussbecken der Mississippimündung erreichte 1682 **Robert Cavelier de la Salle** (1643–1687), der es nach dem französischen Souverän Ludwig XIV. „La Louisiane" nannte. Hier gründete **Jean Baptiste le Moyne** (1680–1768) im Jahre 1718 „La Nouvelle Orlean", das heutige New Orleans, dem auch heute noch ein französisches Flair anhängt.

Englischer Machtgewinn

Die Engländer setzten sich schon relativ früh im Nordosten Amerikas fest. Sie beanspruchten nicht nur weite Teile des heutigen Kanadas für sich, sondern brachten auch Gebiete der heutigen Bundesstaaten Washington, Oregon, Idaho, Montana und Wyoming unter ihren Herrschaftsbereich. Aufgrund der Nähe zu den französischen Niederlassungen kam es zu Streitigkeiten. Die franz. Kolonie Louisiane, die damals auch Teile von Wyoming, Montana und Colorado umfasste, war den Engländern ein Dorn im Auge. Die Auseinandersetzungen kulminierten im **Siebenjährigen Krieg** (1756–1763), bei dem die Engländer ihren Einflussbereich bis zum Mississippi ausdehnen konnten. Indianer kämpften bei diesem Konflikt hauptsächlich auf Seiten der Franzosen.

Jamestown: erste europäische Siedlung in Amerika

Die Engländer hatten sich ebenso wie die Franzosen im späten 15. und im beginnenden 16. Jh. kaum engagiert. Heinrich VII. von England verpasste die einmalige Chance, die Entdeckungsfahrt Kolumbus' auszurüsten, da ihm Kolumbus' Pläne undurchführbar schienen. Kolumbus wandte sich darauf hin an den spanischen König, in dessen Auftrag er dann die Neue Welt entdeckte.

Erst **Königin Elizabeth I.** (1533–1603) drängte auf eine Kolonisierung der Neuen Welt, nachdem sie sich durch den englischen Sieg über die spanische Armada (1588) die entsprechende machtpolitische Stellung in Europa errungen hatte. Unter dem Kommando von **Sir Francis Drake** (1540–1596) und Sir John Hawkins (1532–1595) griffen die Engländer spanische Niederlassungen und Schiffe an. In diesem Zusammenhang gelang es auch, das spanisch-portugiesische Monopol im einträglichen Sklavenhandel zu brechen.

Als erste feste Siedlung gilt Jamestown in Virginia, das 1607 im Auftrag der Londoner Virginia-Kompanie gegründet wurde. Zu diesem Zeitpunkt entstand in Europa als Folge der beginnenden „Industrialisierung" Arbeitslosigkeit, sodass es genug Leute gab, die bereit waren, als Siedler in der Neuen Welt einen neuen Anfang zu wagen. Darüber hinaus war man an der Erschließung neuer Rohstoffquellen interessiert. Auch religiöse und politische Gründe trieben Menschen damals nach Amerika. Die „**Pilgrim Fathers**", die sicher jedem aus den Englischschulbüchern bekannt sind, landeten 1620 an der amerikanischen Küste und bauten dort ein eigenes Gemeinwesen nach ihren Vorstellungen auf. Dem Einbringen ihrer ersten Ernte verdanken die Amerikaner den „Thanks-giving Day" am 4. November, der heute zu den wichtigsten Feiertagen zählt.

Eine andere Glaubensgemeinschaft, nämlich die **Quäker**, gründeten 1681 Pennsylvania. Der Name dieser Kolonie geht auf ihren Gründer William Penn zurück. Zwei Jahre später siedelten sich hier auch viele Deutsche an, anfangs vorwiegend Mennoniten aus dem Rheinland und der Pfalz. Weitere Siedlungsgebiete deutschsprachiger Einwanderer waren Philadelphia, New York, Maine und Georgia. Von etwa **100.000 Deutschstämmigen**, die Mitte des 18. Jh. in Nordamerika siedelten, lebten jedoch ungefähr 70.000 in Pennsylvania. Diese Siedler gründeten allerdings keine Kolonien im eigentlichen Sinn, da sie nicht als Vertreter eines Staates Land für diesen beanspruchten.

Deutsche Immigranten

Bedeutende Wirtschaftsfaktoren waren damals Fischerei, Holzverarbeitung, Pelzhandel und Bergbau im Nordosten sowie der Anbau von Baumwolle, Zuckerrohr, Tabak und Reis im Süden.

Der Kampf um die Freiheit

In ihrem Unabhängigkeitskrieg gegen das englische Mutterland (1775–1783) erstritten die 13 Ostkolonien die staatliche Autonomie. Ausgelöst wurde dieser Krieg durch die **Unabhängigkeitserklärung des Kongresses am 4. Juli 1776**, der bis heute der Nationalfeiertag der Vereinigten Staaten ist. Die 13 Querstreifen der amerikanischen Flagge symbolisieren die 13 Gründerstaaten und erinnern an die Unabhängigkeitserklärung.

Die Ursachen für die Freiheitsbestrebungen der Siedler lagen allerdings schon Jahrzehnte zurück. Die Rechte der Kolonien waren empfindlich beschnitten worden durch Beschränkungen, die das Königreich England zum Schutz der eigenen Wirtschaft erlassen hatte: Siedlungsverbote westlich der Appalachen, Handelsbeschränkungen sowie Erhebung von direkten Steuern ließen bei den Siedlern den Drang nach Unabhängigkeit immer größer werden.

Die Amerikaner emanzipieren sich

Abgesehen von dem Einfuhrverbot amerikanischer Textilwaren in das Königreich durften ab 1750 auch keine Erzeugnisse der Eisenverarbeitung mehr von den Oststaaten nach England exportiert werden **(Iron-Act)**. 1764 wurde die Gesetzgebung dahingehend verschärft, dass in den Kolonien kein eigenes Geld aufgelegt werden durfte **(Currency-Act)**. Ein Jahr später wurde das Stempelgesetz **(Stamp-Act)** eingeführt, in dem verfügt wurde, dass alle Druckerzeugnisse mit einer Gebührenmarke beklebt werden mussten. Im gleichen Jahr wurde ebenfalls verfügt, dass 1/3 der Kosten für das englische Militär von den Kolonien selbst zu tragen sei **(Quartering-Act)**. Die gesetzgebende Macht über die Kolonien hatte sich das Mutterland bereits 1707 durch einen Parlamentsbeschluss gesichert. Als dann im Jahre 1767 auch noch Einfuhrzölle für Waren wie Glas, Tee oder Papier erhoben wurden **(Townshend Act)**, provozierte dies großen Unmut gegenüber den Regierenden in London.

Einige Jahre später führten diese Zölle zur ersten weittragenden Aktion der Amerikaner: Sie versenkten 1773 drei Schiffsladungen Tee im Bostoner Hafen.

Unter dem Begriff **„Boston Tea Party"** ist dieser Protest gegen die Ausbeutung der Kolonien durch das Mutterland in die Geschichte eingegangen. Die englische Krone reagierte mit der Sperrung des Hafens und der Verhängung des Ausnahmezustandes.

Ein Jahr später trat der **erste Kontinental-Kongress** mit Delegierten aus allen 13 Neu-England-Staaten zusammen, der die Wiederherstellung der Rechtslage von vor 1763 beschloss. Die 13 Staaten waren Massachusetts, New Jersey, New York, Rhode Island, Connecticut, New Hampshire, Pennsylvania, Delaware, Virginia, Maryland, North Carolina, South Carolina und Georgia.

Die bewaffneten Auseinandersetzungen begannen dann ein Jahr später am 18. April 1775 mit dem ersten Zusammenstoß zwischen amerikanischer Miliz und britischen Truppen. Der **zweite Kontinental-Kongress** im gleichen Jahr ernannte **George Washington** zum Oberbefehlshaber der amerikanischen Truppen, die den britischen Kolonialtruppen und einigen mit den Engländern verbündeten Indianerstämmen gegenüberstanden. North Carolina stellte sich als einziger Bundesstaat auf die Seite der Engländer. Organisiert wurde die amerikanische Armee von dem **preußischen General Baron von Steuben** (1730–1794). Auch andere bekannte Europäer wie der **französische Marquis de la Fayette** (1757–1834) und der **Pole Kosciuszko** (1746–1817) kämpften auf amerikanischer Seite.

Nach dem Krieg die Unabhängigkeit

Auch die Niederlande (1780) und Spanien (1781) traten gegen England in den Krieg ein. 1881 mussten die Engländer dann nach der Niederlage bei Yorktown kapitulieren, was 1783 die Anerkennung der **Unabhängigkeit der Vereinigten Staaten im Frieden von Paris** zur Folge hatte.

Staatssystem und Erweiterung des Staatsgebietes der Vereinigten Staaten

Der Verfassungskonvent in Philadelphia verabschiedete 1787 die Verfassung der Vereinigten Staaten von Amerika, die jedoch erst 1789 rechtsgültig wurde. Die Einzelstaaten, die seit 1781 durch die „Articles of Confederation" zu einem losen Staatenbund zusammengefasst waren, konnten sich nur zögernd zu einer Anerkennung durchringen, da es Unstimmigkeiten darüber gab, ob der Staat eher zentralistisch oder eher föderalistisch organisiert werden sollte.

Mit der Einführung der Gewaltenteilung in Exekutive, Legislative und Jurisdik-tion, d.h. der Trennung von ausführender, gesetzgebender und rechtsprechender Macht, wurde die amerikanische Verfassung zur Grundlage der modernen Demokratie. Darüber hinaus führte sie die Trennung von Kirche und Staat und „last but not least" die Volkssouveränität ein, die durch die demokratischen Grundrechte **(Virginia Bill of Rights)**, an deren Formulierung **Thomas Jefferson** (1743–1826) federführend beteiligt war, gewährleistet wird.

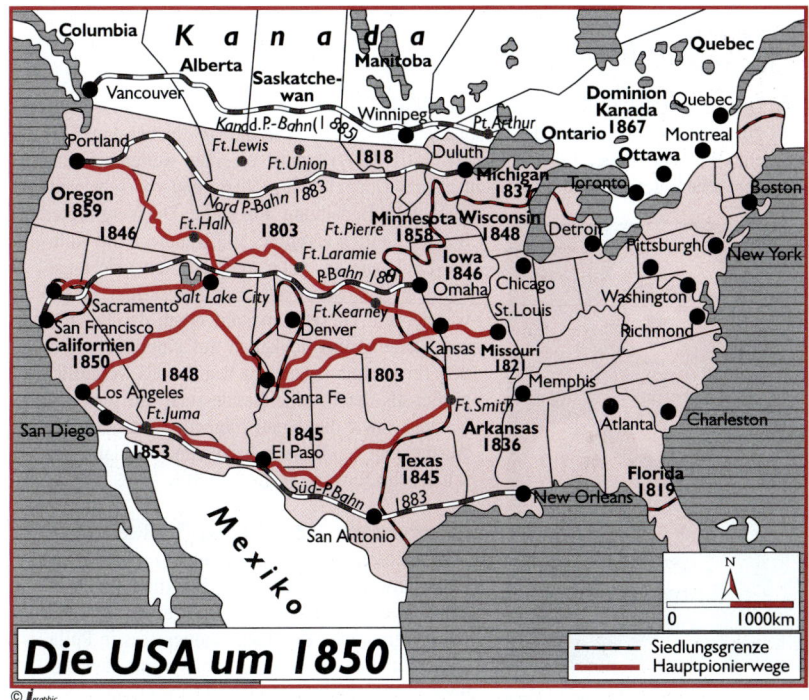

Die USA um 1850

Siedlungsgrenze
Hauptpionierwege

© igraphic

Regierung und Präsident

Nach dem amerikanischen System ist der Präsident sowohl Staatspräsident, was im deutschen System dem Bundespräsidenten entspricht, als auch Ministerpräsident, dem Bundeskanzler der Bundesrepublik Deutschland entsprechend. Der Präsident wird für vier Jahre gewählt, nicht direkt vom Volk, sondern indirekt über Wahlmänner, die wiederum in jedem Bundesstaat in direkter Wahl bestimmt werden. Ihre Zahl pro Bundesland ist entsprechend der jeweiligen Einwohnerzahl festgelegt. Nach einer Wahl ist es Aufgabe des Präsidenten, eine Regierung zusammenzustellen, die auch aus Mitgliedern anderer Parteien oder parteilosen Politikern bestehen kann. Die einzige legale Möglichkeit, einen amerikanischen Präsidenten abzusetzen, ist die Staatsanklage. Kontrolliert wird er jedoch im verfassungsrechtlichen Sinne über den Obersten Gerichtshof und auf parlamentarischer Ebene über den Kongress.

Starker Präsident

Der Kongress

Der Kongress setzt sich aus zwei Kammern zusammen: dem Senat und dem Repräsentantenhaus. Die Mitglieder des Repräsentantenhauses werden auf zwei

INFO   ## Thomas Jefferson

Der demokratische Republikaner und US-Präsident Thomas Jefferson (1743–1826) ging vor allem als Autor der Unabhängigkeitserklärung in die Geschichte Amerikas ein. Während seiner Präsidentschaft (1801–1809) konnte er einen weiteren Erfolg verbuchen, der sein Land um mehr als das Doppelte vergrößerte und von sehr weitreichender Bedeutung sein sollte: Die Vereinigten Staaten kauften nämlich 1803 Napoleon die Kolonie Louisiane ab, unter anderem, um eine ungehinderte Schifffahrt auf dem Mississippi zu gewährleisten. Dieser Landkauf ergab darüber hinaus Siedlungsmöglichkeiten auf einem sehr großen Territorium (Louisiana war damals wesentlich größer als der heutige Bundesstaat mit gleichem Namen) sowie die darauf folgende wirtschaftliche Ausnutzung von Bodenschätzen und eine landwirtschaftliche Nutzung in großem Stil.

Thomas Jefferson

Jefferson wurde in der Nähe von Shadwell (Virginia) geboren, wo er später auch zeitweilig als Rechtsanwalt tätig war. Seine Funktion als Politiker übte er als Mitglied der Bürgerversammlung von Virginia, des Kontinentalkongresses in Philadelphia und als Gouverneur von Virgina aus. Darüber hinaus war er Gesandter in Paris (1785–1789), Außenminister der Vereinigten Staaten (1790–1793) und Vizepräsident (1797–1801). Der demokratische Republikaner wurde 1801 zum 3. Präsidenten der Vereinigten Staaten gewählt. Dieses Amt hatte er bis 1809 inne, danach setzte er seine politische Tätigkeit als Berater der folgenden Präsidenten fort. Übrigens machte er sich auch als Architekt verdient: Er plante u.a. das Virginia State Capitol in Richmond und war maßgeblich an der Stadtplanung von Washington beteiligt. Thomas Jefferson starb 1826 in Monticello (Virginia).

Jahre direkt gewählt. Jeder Bundesstaat entsendet eine seiner Einwohnerzahl entsprechende Anzahl gewählter Kandidaten, die dann die Interessen dieses Bundesstaates vertreten sollen. Das Repräsentantenhaus hat heute 435 Sitze.

Auch die Senatoren werden direkt vom Volke gewählt, allerdings für sechs Jahre. Jeder Bundesstaat entsendet zwei Senatoren in den Senat, der somit eine Mitgliederzahl von 100 aufweist. Da der Präsident nur mit einer Zweidrittelmehrheit dieser Kammer internationale Verträge abschließen darf, hat sie großen Einfluss auf die Außenpolitik.

Oberster Gerichtshof (Supreme Court)

Die neun Richter des Obersten Gerichtshofes werden vom Präsidenten in Über-
einstimmung mit dem Senat auf Lebenszeit gewählt. Sie haben die Aufgabe, die
Gesetzgebung und andere politische Entscheidungen auf ihre verfassungsrechtli-
che Korrektheit hin zu überprüfen, wenn dieses beantragt wird. Insofern fungieren sie als Kontrollinstanz des Präsidenten und des Kongresses.

Die 1793 gegründete Hauptstadt Washington D.C. (District of Columbia) wurde
1800 zum Sitz der Regierung und des Parlaments. Der Präsident residiert seitdem im Weißen Haus, und der Kongress hat seinen Sitz im Capitol. **George
Washington** (1732–1799) war der erste Präsident der Vereinigten Staaten (1789–
1797). Sein Nachfolger **John Adams** (Präsident von 1797–1801) ist heute nicht
mehr so bekannt wie der dritte Präsident **Thomas Jefferson** (Präsident von
1801–1809), unter dessen Regierung die Vereinigten Staaten ihr Staatsgebiet durch
Ankauf von Land verdoppelten.

Hauptstadt Washington D.C.

1803 wurde Napoleon das damalige Louisiane für den Betrag von 15 Mio. Dollar
abgekauft, das das Gebiet der heutigen folgenden Bundesstaaten umfasste: Arkan-

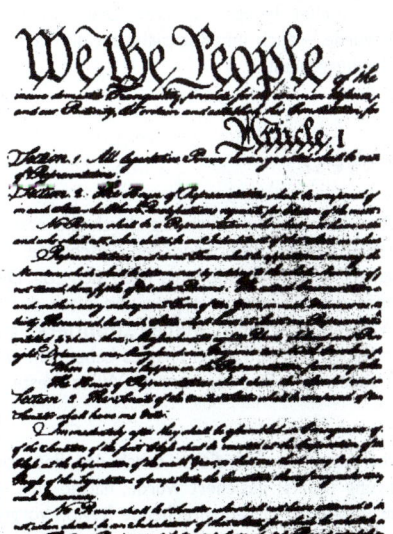

Verfassung der Vereinigten Staaten von Amerika (Präambel)

"We, the people of the United States, in order to form a more perfect Union, establish justice, insure domestic tranquility, provide for the common defense, promote the general welfare, and secure the blessings of liberty to ourselves and our posterity, do ordain and establish this Constitution for the United States of America"

Übersetzt:

"Wir, das Volk der Vereinigten Staaten, widmen den Vereinigten Staaten diese Verfassung, getragen vom Willen, die Union zu vervollkommnen, Gerechtigkeit zu schaffen, inneren Frieden zu gewährleisten, für eine gemeinsame Verteidigung zu sorgen, das allgemeine Wohl zu fördern sowie uns und unseren Nachfahren den Segen der Freiheit zu bewahren."

sas, Nebraska, Missouri, Iowa, South Dakota sowie Teile von Oklahoma, Kansas, North Dakota, Montana, Wyoming, Colorado, Minnesota und Louisiana. Dieser Landerwerb ermöglichte eine freie Schifffahrt auf dem Mississippi sowie seinen Nebenflüssen und förderte somit eine weitere Besiedlung des Kontinents. In den Nordwest- und Mississippi-Territorien wurden nach Kentucky (1792) und Tennessee (1796) die folgenden Bundesstaaten gegründet: Ohio 1803, Louisiana 1812, Indiana 1816, Mississippi 1817, Illinois 1818 und Alabama 1819.

Man muss sich in diesem Zusammenhang vergegenwärtigen, dass die Bevölkerungszahl der Vereinigten Staaten allein von 1790 bis 1810 um 3,3 Millionen stieg – von 3,9 Millionen auf 7,2 Millionen Einwohner. Um die Besiedlung westlich des ursprünglichen Staatsgebietes voran zu treiben, hatte die Regierung die Möglichkeit geschaffen, für einen gesetzlich festgelegten Mindestpreis von ca. einem Dollar pro Morgen neu besiedeltes Land in Besitz zu nehmen. Das lockte natürlich auch viele Menschen aus Europa an, die auf dem amerikanischen Kontinent ihr Glück versuchen wollten.

Kriege mit England

Die Amerikaner bekamen große wirtschaftliche Schwierigkeiten, als sie aufgrund der europäischen Auseinandersetzungen – der Kontinentalsperren (1806) und der Gegenreaktionen der Engländer ein Jahr später – wichtige Häfen in Europa nicht mehr anlaufen konnten. Es kam **zu kriegerischen Auseinandersetzungen mit England** (1812–1814), als die Vereinigten Staaten versuchten, Kanada in ihr Staatsgebiet einzugliedern. Washington wurde während dieses Krieges zerstört, jedoch konnten sich die amerikanischen Truppen bei New Orleans durchsetzen. Im Frieden von Gent 1814 wurde – auch mit Rücksicht auf die Lage in Europa – der Vorkriegszustand wieder hergestellt.

„The Winning of the West"

Mit der Überquerung der Appalachen in westlicher Richtung durch die ersten Siedler begann Ende des 18. Jh. die eine Ära der amerikanischen Geschichte, die die Besiedlung des gesamten nordamerikanischen Kontinents nach sich zog. Die Menschen, die sich bis an die Grenze der Zivilisation wagten und diese durch Neubesiedlung immer weiter nach Westen verschoben, wurden **„frontiers"** genannt. Sie waren von Pioniergeist getrieben und führten ein hartes Leben, um der wilden Natur ihren Lebensunterhalt abzuringen. Der sogenannte „Wilde Westen" trägt nicht umsonst seinen Namen.

Der „Wilde Westen"

Bevor jedoch Farmer das Land urbar machten und dieses durch den Bau von Befestigungsanlagen für die Verteidigung (Forts) gesichert wurde, hatten sich in der Regel Jäger und Fallensteller, die Trapper, in die entsprechende Region vorgewagt. Sie erkundeten das Territorium und fristeten ihr Leben von den Erträgen ihrer Jagd. Ihnen folgten Händler, Holzfäller, Landvermesser und Bergleute. Siedler kamen nicht nur aus den nordöstlichen US-Staaten, sondern vor allem auch aus Europa. Die Siedlungsbewegung in Richtung Westen verdrängte die Indianer aus ihren Gebieten. Im Jahre 1830 wurden sie alle zwangsenteignet und mussten vor den vorrückenden Siedlern fliehen, was zunehmend zu kriegerischen Konflikten führte.

Die zunehmende Erschließung des Westens führte zur Bildung neuer „territories", die dann nach und nach zu Bundesstaaten wurden. Ein großer Teil der Gebiete fiel nach dem **Frieden von Guadelupe-**

Hidalgo, der den amerikanisch-mexikanischen Krieg beendete, an die Vereinigten Staaten. (Bereits 1846 war im Oregon-Vertrag der 49. Breitengrad als Nordgrenze der Vereinigten Staaten zu Kanada festgelegt worden.) Als man 1848/49 in Kalifornien Gold fand, zogen viele in Richtung Westen, um dort ihr Glück zu versuchen. Im Rahmen dieser Entwicklung entstanden „trails" (Wegstrecken), auf denen die großen Menschenmassen von Osten nach Westen zogen. Im Jahre 1869 war dann die erste Eisenbahnstrecke – die Pazifikbahn – fertiggestellt, sodass man schneller und bequemer nach Westen kommen konnte. Darüber hinaus eröffnete diese Eisenbahnstrecke bessere Voraussetzungen für den Handel und damit für die gesamte Wirtschaft der angrenzenden Gebiete. Zusätzlich zum Gold fand man auch andere Mineralien und große Kohlevorkommen. Die Verabschiedung des Heimstättengesetzes 1862 ermöglichte die freie Landnahme, sodass auch viele mittellose Menschen versuchten, in der Landwirtschaft ein Auskommen zu finden.

Bis zum Beginn des **Bürgerkrieges (auch Sezessionskrieg genannt)** hatte *Bürger-* sich im Norden der Vereinigten Staaten die Industrie und im Süden die Plantagen- *krieg* bewirtschaftung zum treibenden Faktor der Wirtschaft herausgebildet. Die Gegensätze der beiden Landesteile kulminierten im Konflikt um die Abschaffung der Sklaverei, die von Präsident **Abraham Lincoln** (1809–1865) propagiert wurde. Das führte 1861 zur Bildung der Konföderierten Staaten (Südstaaten) mit der Hauptstadt Richmond und zum Beginn des Bürgerkrieges. **Offiziell proklamiert wurde die Abschaffung der Sklaverei 1863.** Präsident der Südstaaten wurde J. Davis (1808–1889). Die Überlegenheit der nördlichen Staaten (Union) auf industriellem Gebiet sowie die Verhinderung von Nachschublieferungen an die Südstaaten aus Europa durch eine Seeblockade führten 1865 endlich zur bedingungslosen Kapitulation der Konföderierten. Präsident Lincoln wurde wenig später von einem fanatischen Südstaatler im Ford-Theater erschossen.

Der amerikanische Bürgerkrieg war allerdings nicht die einzige kriegerische Auseinandersetzung zu jenem Zeitpunkt. Bedingt durch die immer weiter nach Westen fortschreitende Besiedlung durch Weiße und die Vergrößerung des Territoriums der Vereinigten Staaten nach dem **amerikanisch-mexikanischen Krieg** (1846–1848) kam es zu Konflikten mit den Indianern, die jahrzehntelang nie völlig beigelegt werden konnten.

In Texas kam es wiederholt zu erbitterten Kämpfen zwischen Kiowas, Komantschen und Apachen auf der einen und texanischen sowie US-Truppen auf der anderen Seite. Dieser Krieg konnte erst 1867 beendet werden, nachdem die Kiowas und Komantschen dazu „überredet" werden konnten, nach Alabama überzusiedeln, das damals als Indianerterritorium galt. Aber auch dort wurden sie von den Weißen nicht in Ruhe gelassen, sodass es unter dem berühmten Komantschenhäuptling **Quanah Parker** erneut zu kriegerischen Konflikten kam.

Im Gebiet zwischen den Rio-Grande-Pueblos und Kalifornien waren es hauptsächlich die Navajos und Apachen, die sich gegen die weißen Siedler zur Wehr setzten. **Colonel Kit Carson** besiegte in einem Krieg von 1863–1864 die Navajos, verwüstete Felder und Behausungen und vertrieb die Navajos nach New Mexico. Vier Jahre später bekamen sie dann ein Reservat im Norden Arizonas, woher sie ursprünglich auch gekommen waren.

Die Apachen leisteten am längsten Widerstand gegen die Siedler, mit denen sie anfangs gute Beziehungen hatten, da diese Feinde der Spanier und Mexikaner waren, gegen die auch die Apachen vor dem amerikanisch-mexikanischen Krieg gekämpft hatten. 1862 brach jedoch ein Krieg aus, der bis 1871 nie richtig beendet werden konnte. Zu jenem Zeitpunkt übernahm **General George Crook** das Kommando über die Truppen in Arizona. Die Apachen wurden von ihm in ein Reservat verdrängt, jedoch konnte ihr Widerstand bis 1886 nicht vollständig gebrochen werden, da sie unter der Führung des **Häuptlings Geronimo** eine rege Guerillatätigkeit organisierten. Erst nach Geronimos Gefangennahme und Deportation nach Florida gaben die Apachen auf.

Die bekanntesten Schlachten der Indianerkriege des 19. Jh. fanden jedoch nördlich des Südwestens statt. Zu nennen sind hier Little Bighorn, der Ort, an dem 1876 Sioux, Cheyennes und Arapaos unter **Sitting Bull**, Häuptling der Oglala-Sioux, und **Crazy Horse**, dem Häuptling der Hunkpapas-Sioux, den weißen **General Custer** und seine Truppen schlugen. Diese Schlacht – von weißer Seite als Massaker bezeichnet – schockierte die Nation und führte zu verstärkten militärischen Aktionen gegen die Indianer. Was Weiße den Indianern angetan hatten, wurde dabei völlig außer Acht gelassen. Die letzte entscheidende „Schlacht" fand 1890 am Wounded Knee statt. Hier wurden die Sioux, unter der Führung von Häuptling **Big Foot**, vernichtend geschlagen, wobei hier wirklich von einem Massaker an den Indianern gesprochen werden muss.

Während der folgenden Zeit des Bürgerkrieges, der Indianerkriege und der Bundesstaatenbildung nahmen die Bundesstaaten des Südwestens eine unterschiedliche Entwicklung, weshalb sie im Folgenden in alphabetischer Reihenfolge getrennt behandelt werden. Auch die Geschichte der angrenzenden Staaten Kansas, Nevada und Oklahoma ist dabei interessant.

INFO Geronimo

Einer der bedeutendsten Männer während der Indianerkriege war im Südwesten der Apachenhäuptling und Medizinmann **Geronimo (ca. 1830–1909)**. Sein indianischer Name war Goyathlay („einer, der gähnt"). Er gehörte einem Chiricahuastamm an und wurde im No-doyohn-Canyon (New Mexico) geboren. Seine ganze Familie wurde von Mexikanern ausgerottet, was ihn zu einem fanatischen Feind der Weißen machte.

Als sein Stamm 1876 von der mexikanischen Grenze in das White Mountain-Reservat nach Arizona umgesiedelt wurde, floh er mit anderen Stammesgenossen zurück zum alten Stammesgebiet. Dort führten die Apachen eine Art Guerillakrieg gegen weiße Siedler. Sie mussten nach einer groß angelegten Militäraktion unter der Leitung von General George H. Crook 1883 eine empfindliche Niederlage einstecken, gaben jedoch nicht auf bis sie 1886 den Truppen von General Nelson A. Miles unterlagen. Bei dieser entscheidenden Schlacht, die den Widerstand der Apachen entgültig brach, wurden Geronimo und seine Krieger gefangengenommen und als Kriegsgefangene nach Florida deportiert. Geronimo starb 1909 in Fort Sill (Oklahoma).

Arizona

Ein Teil von Arizona wurde 1848 nach Beendigung des Krieges gegen Mexiko Territorium der Vereinigten Staaten. Den Rest mussten die Mexikaner 1854 im *Gadsden Purchase* abtreten. Hauptinteresse der Vereinigten Staaten war zu diesem Zeitpunkt die Öffnung von Minen und die Schaffung eines guten Landzugangs nach Kalifornien, wo 1848/49 Gold gefunden worden war. Da die Siedler in Arizona zu einem großen Teil aus dem Süden der Vereinigten Staaten stammten, stand zu Beginn des Bürgerkrieges 1861 dieses Gebiet für kurze Zeit unter der Verwaltung der Südstaaten. Hier fand 1862 am Picacho-Pass auch die westlichste Schlacht dieses Krieges statt. Mit der Eroberung Tucsons durch die Unionstruppen im gleichen Jahr fiel Arizona an die Nordstaaten.

In Arizona gab es immer wieder Auseinandersetzungen mit den Indianern. Die größte Schlacht fand ebenfalls 1862 am Picacho-Pass zwischen Apachen und Unionstruppen statt. Aufgrund der besseren Ausrüstung wurden die Indianer von den Weißen in die Flucht geschlagen. Da es ständig zu Überfällen auf amerikanische und mexikanische Siedler kam, startete die Regierung 1872–1874 eine große Kampagne gegen die Indianer, bei der sie diese dazu bringen konnte, an einem Friedensrat teilzunehmen. Aber der Frieden währte nicht lange, und viele Apachen flohen aus dem ihnen zugedachten San-Carlos-Reservat. Unter Führung des

Apachen-kämpfe

Erste Minen in Arizona

auch heute noch sehr bekannten **Apachenhäuptlings Geronimo** (ca. 1830–1909, s. S. 33) setzten sich die Indianer weiter zur Wehr. Erst 1886 gelang es General Nelson A. Miles (1839–1925), die Indianer entscheidend zu schlagen und durch die Gefangennahme Geronimos die Indianerkriege in Arizona zu beenden.

Arizona wurde erst 1912 zum 48. Bundesstaat der Vereinigten Staaten, da es vorher nicht die für die Anerkennung als Bundesstaat erforderlichen 60.000 Einwohnern nachweisen konnte. Dies war sicher auch durch das für die Landwirtschaft recht ungeeignete extrem heiße Klima bedingt. Jedenfalls waren wenige Siedler dorthin zu locken. Es kamen aber zahlreiche Gold- und Silberschürfer in die Sonora-Wüste. Sie suchten ihr Glück alleine oder auch in großen Minen, an denen sie sich mit jeweils geringen Anteilen einkauften und auf zugewiesenen Parzellen gruben. Städte wie Tombstone, Bisbee, Silver City und Mogollon wurden über Nacht zu bedeutenden Punkten auf der Landkarte, verschwanden aber genauso schnell wieder.

Colorado

Die ersten Europäer, die Colorado ihr eigen nannten, waren die Spanier, die dieses Gebiet zu Beginn des 18. Jh. an die Franzosen abtreten mussten. Nach mehrfachem Besitzwechsel zwischen Spaniern und Franzosen, verkauften letztere Colorado im Jahre 1803 schließlich als Teil ihrer Kolonie Louisiane an die Vereinigten Staaten. 1858 wurde in der Region um Denver Gold gefunden, und allein im darauffolgenden Jahr kamen 50.000 Siedler dorthin.

Gold in Colorado

Während des Sezessionskrieges nutzten die Indianer die schlechten Verteidigungsmöglichkeiten der Weißen. Die erste friedliche Periode begann somit erst mit dem Ende des Bürgerkrieges, als größere Truppenkontingente nach Colorado entsandt wurden. 1876 bekam Colorado als 38. Staat den Status eines vollwertigen Bundesstaates. Der Anteil der weißen Bevölkerung stieg in den 70er und 80er Jahren enorm, da die Gold- und Silberminen eine gute Ausbeute gewährleisteten. Siedlungsbewegungen in Richtung der westlichen Berge sorgten jedoch für heftige Auseinandersetzungen mit den Ute-Indianern, die nach dem White-River-Massaker den Staat 1879 verließen.

Nevada

Das Gebiet von Nevada war einer der zuletzt erforschten Landstriche Nordamerikas. Es wird angenommen, dass eine spanische Expedition, die 1776 unbekannte Gebiete nördlich von Mexiko erkundete, zumindest die Südspitze des heutigen

Bundesstaaten Nevada streifte. 1821 wurde Nevada mexikanisches Gebiet. 1826 erforschte der amerikanische Trapper Jedediah Smith den Colorado River. Die ersten Siedler durchquerten Nevada 1841 auf der Route, die ein gewisser Joseph Walker 8 Jahre zuvor ausgekundschaftet hatte. Diese 'Humboldt River Route' wurde später auch für die Eisenbahn genutzt.

Nach dem Amerikanisch-Mexikanischen Krieg annektierten die Vereinigten Staaten 1848 das Gebiet, durch das nach dem Goldfund in Kalifornien 1849 unzählige Siedler zogen. Ein großer Teil Nevadas war 1850 Bestandteil des zu diesem Zeitpunkt konstituierten Utah-Territoriums, und die Südspitze gehörte zum New-Mexico-Territorium. Da es Ende der 50er Jahre des 19. Jh. Schwierigkeiten mit der Regierung Utahs gab, forderten die Siedler des Gebietes eine eigene Regierung. Dieser Forderung wurde 1861 vom Kongress entsprochen und das Gebiet 1862, 1866 und 1867 schrittweise bis auf die Größe des heutigen Bundesstaates erweitert. *Annektierung Nevadas*

Nach der Entdeckung der Comstock Lode (1859) sowie anderer Minen, wurde Nevada zu einem wichtigen Wirtschaftsfaktor. Da Nevada zur Zeit des Bürgerkrieges auf der Seite der Union gestanden hatte und Präsident Lincoln für sein Wiederaufbauprogramm nach dem Bürgerkrieg Stimmen benötigte, wurde Nevada im Jahre 1864 zum 36. Bundesstaat der Vereinigten Staaten, obwohl die Bevölkerungszahl des Territoriums dafür nicht ausreichend war. Da sich der Wohlstand Nevadas vor allem auf die Edelmetalle Gold und Silber gründete, führte die Schließung vieler Minen in den 80er Jahren zum wirtschaftlichen Niedergang. Eine Serie harter Winter schädigte zur gleichen Zeit die Landwirtschaft, und es kam zur Abwanderung eines großen Teils der Bevölkerung, so dass 1900 vorgeschlagen wurde, Nevada den Status eines Bundesstaates wieder zu entziehen, da die Einwohnerzahl auf etwas mehr als 42.000 abgesunken war.

New Mexico

Im Gebiet von New Mexico hatten sich die Indianer bereits 200 Jahre vor den als 'Indianerkriege' bezeichneten Auseinandersetzungen zwischen Weißen und Indianern den europäischen Eindringlingen widersetzt: 1680 begann die **Pueblo-Revolte**, die sich gegen die schlechten Arbeitsbedingungen der Indianer und die Ausbeutung ihres Landes richtete. Die Indianer besetzten Santa Fe, und erst 1692/93 gelang es den Spaniern unter Don Diego de Vargas, Santa Fe zurückzuerobern. Obwohl es zwischen Weißen und Indianern Handel gab, kam es erst 1780 zu einem ersten Friedensabkommen zwischen den Navajos, Utes und Comanchen auf der einen und den Spaniern auf der anderen Seite. Die Apachen kämpften sogar bis 1887 um ihr Land und waren in den Indianerkriegen des 19. Jh. die treibende Kraft. *Indianischer Widerstand*

Bis zur Unabhängigkeit Mexikos vom spanischen Mutterland 1821 gab es keine nennenswerten Kontakte zu Regionen nördlich von New Mexico. Ein Jahr später eröffnete Captain William Becknell den Santa Fe Trail, der weitreichende Handelsverbindungen New Mexicos mit dem nördlichen Amerika eröffnete.

Viehzucht wurde nach dem Bürgerkrieg zu einem der wichtigsten Wirtschaftsfaktoren in New Mexico, der sogar zu kriegerischen Auseinandersetzungen zwischen der Lokalregierung und den Rinderbaronen führte. 1878–1880 arteteder Konflikt in einen regulären Krieg aus, der unter dem Namen „Lincoln County Cattle War" in die Geschichte einging. In diesem Krieg spielte der uns aus Hoolywood-Western bekannte „Billy the Kid" eine wichtige Rolle. Der Edelmetall- und Kohleabbau sowie die Entdeckung von Öl führten gegen Ende des 19. Jh. zu einem schnellen Wachstum der Region. Zum Bundesstaat wurde New Mexico allerdings erst 1912 (47. Staat).

Texas

Texanische Geschichte

Die Spanier als ursprüngliche Kolonialherren des Gebietes von Texas versuchten, die französische Infiltrierung durch den Bau von Missionen zu verhindern. Sie sollten die Indianer dieser Region christianisieren und auf die Seite der Spanier bringen. Diese Missionsbewegung, die 1690 begann, wurde jedoch von feindlichen Indianerstämmen bekämpft, sodass ein Jahrhundert später nur noch die Missionen am San Antonio River übrig blieben.

Angloamerikanische Interessen kamen mit einer Petition an die spanische Regierung ins Spiel. Moses Austin aus Missouri bat um die Erlaubnis, eine Siedlung zu gründen. Sein Sohn **Stephen Fuller Austin** (1793–1836) konnte mit Erlaubnis

der Regierung des 1821 unabhängig gewordenen Mexiko diesen Plan ausführen und gründete am unteren Brazos eine Kolonie. Zwischen 1825 und 1832 brachte er 8.000 angloamerikanische Siedler ins Land. Diese Siedler wurden von der mexikanischen Regierung für den Ausbruch der texanischen Revolution verantwortlich gemacht, die 1836 nach der Schlacht von San Jacinto zur Unabhängigkeit Texas führte.

Die Republik Texas existierte als unabhängiger Staat bis 1845, wurde von Mexiko jedoch nie anerkannt. Aufgrund der ständig drohenden Invasion durch Mexiko, der wirtschaftlichen Schwierigkeiten und der Probleme mit den Indianern sprachen sich zunehmend mehr Texaner für eine Annexion von Texas durch die Vereinigten Staaten aus. So wurde Texas durch Kongressbeschluss 1845 zum 28. Staat der Vereinigten Staaten. Diese Angliederung verursachte den Mexikanisch-Amerikanischen Krieg, der 1848 durch den Guadalupe-Hidalgo-Vertrag beendet wurde, in

Die sechs Flaggen von Texas

dem Texas den USA zugesprochen wurde. 1850 zahlten die Vereinigten Staaten 10 Mio. Dollar an Texas, das dafür auf alle Landforderungen nördlich und westlich der damals bestehenden Grenzen zu verzichten hatte.

Utah

Ursprünglich in spanischem Besitz, ging Utah 1821 an die Mexikaner über. Von 1811 an wanderten viele Trapper in dieses Gebiet ein, um an den begehrten Pelz des Bibers zu kommen. In den 40er Jahren des 19. Jh., nach der Öffnung Oregons und Kaliforniens für die angloamerikanische Besiedlung, kamen auch viele Menschen nach Utah, die auf der Durchreise nach Kalifornien waren. Die erste Besiedlung in großem Stil erfolgte 1847 durch die Mormonen. Sie gelangten von New York über Ohio und Missouri nach Nauvoo in Illinois, wo sie ihr Winterlager aufschlugen und von wo aus sie nach Utah weiterzogen. Sie wanderten aus religiösen Gründen nach Westen, da sich ihre Vorstellungen von Gemeinschaft nicht mit den eher individualistischen Vorstellungen der übrigen Bürger vereinbaren ließen.

Zug der Mormonen

Sie gründeten eine Gemeinde am großen Salzsee, den ihr Führer Brigham Young (1801–1877) für den richtigen Ort hielt („this is the right place"). Von hier aus entstanden Tochtergemeinden im Umland, die abgesehen von der religiösen Einheit autonom waren. Mit dem Vertrag von Guadalupe-Hidalgo ging Utah an die Vereinigten Staaten, jedoch dauerte die Anerkennung als Bundesstaat noch bis 1896 (45. Staat), da die Gesetze der Mormonengemeinden sich nicht mit der Gesetzgebung der Vereinigten Staaten vereinbaren ließen. Ein besonders heikler Punkt war die bei den Mormonen erlaubte Polygamie, aber auch die Vorstellungen vom Gemeingut, das allen Mitgliedern der Gemeinde zur Verfügung stand, widersprachen der allgemeinen Auffassung von Privatbesitz.

Trotz der friedlichen Einstellung der Mormonen gegenüber den Indianern kam es zu Konflikten, von denen besonders der *Walker War* (1853–1854) und der *Black Hawk War* (1865–1868) hervorzuheben sind. Während des Bürgerkrieges waren Freiwillige aus Kalifornien in Utah stationiert, die zum größten Teil jedoch in den Auseinandersetzungen mit den Indianern eingesetzt wurden.

Wirtschaftlicher Aufschwung und Industrialisierung (Gilded Age)

Auf den Wiederaufbau nach dem Bürgerkrieg (Reconstruction) folgte eine Blütezeit der Wirtschaft, die besonders im industriellen Bereich sichtbar wurde. Eine Intensivierung des Tabakanbaus sowie ein Aufschwung in der Textilindustrie, der eine stetig wachsende Nachfrage nach Baumwolle zur Folge hatte, brachte den Süden der Vereinigten Staaten wirtschaftlich wieder auf die Beine und verringerte die durch den Bürgerkrieg entstandene wirtschaftliche Diskrepanz zwischen Norden und Süden.

Entscheidend für den wirtschaftlichen Aufschwung waren jedoch nicht zuletzt auch bahnbrechende technische Erfindungen, die die Industrialisierung vorantrieben. Darüber hinaus konnten die Vereinigten Staaten durch eine gute infrastrukturelle Erschließung des Westens in der zweiten Hälfte des 19. Jh. die dortigen

Bevölke-
rungsex-
plosion

Rohstoffvorkommen nutzen. An Arbeitskräften war ebenfalls kein Mangel, da sehr viele Einwanderer kamen, die in Europa für sich keine Chancen sahen. Außerdem gab es z.B. eine Einwanderungswelle aus Skandinavien, die durch große Probleme in der Landwirtschaft bedingt war. Die Leute flohen vor Armut und Arbeitslosigkeit aus Europa. Zwischen 1860 und 1914 wuchs die Bevölkerung der Vereinigten Staaten von 31,3 Mio. auf 91,9 Mio. In diesem Zeitabschnitt wurden allein 21 Mio. Einwanderer registriert.

Eine der vielen Erfindungen dieser Zeit des Aufbruchs ist für uns heute nicht mehr wegzudenken: das Auto, dessen erster Prototyp von **Henry Ford** (1863–1947) 1892 vorgestellt wurde. Das berühmte T-Model war das erste Billigauto, das Anfang der 20er Jahre nur 280 Dollar kostete. Massenproduktion und Fließbandarbeit revolutionierten den industriellen Produktionsprozess.

Erste außenpolitische Ambitionen einer Wirtschaftsmacht

Während die USA im 19. Jh. außenpolitisch eher Zurückhaltung zeigten, begann die aufstrebende Wirtschaftsmacht gegen Ende des 19. Jh. damit, ihre Machtansprüche auf andere Länder auszudehnen und ihre wirtschaftlichen Interessen in zunehmendem Maße auch militärisch durchzusetzen. (Laut der **Monroe-Doktrin** von 1823 verzichteten die USA auf Einmischung in Europa, und den europäischen Staaten wurde die Ausdehnung ihrer territorialen Ansprüche auf der westlichen Hemisphäre untersagt.) So kam es im Jahre 1898 zur Kriegserklärung der USA an Spanien – nachdem ein amerikanisches Schiff im Hafen von Havanna versenkt worden war. Spanien verzichtete im gleichen Jahr auf Kuba, Puerto Rico und Guam (Friede von Paris). Puerto Rico wurde ebenso wie die Hawaii-Inseln im gleichen Jahr annektiert, und Guam sowie die Philippinen wurden als Stützpunkte angegliedert.

Die USA
stecken
ihre
Interessen
ab

Wirtschaftliche Interessen in den lateinamerikanischen Ländern bewegten Präsident **Theodore Roosevelt** 1904 auch zu der Erklärung, dass die Vereinigten Staaten sich in die Angelegenheiten dieser Staaten einmischen würden, um Übergriffe von europäischen Staaten zu unterbinden. Infolge dieses Bekenntnisses zu einer aggressiven Außenpolitik kam es zur Besetzung der Dominikanischen Republik (1914–1924) und zu Interventionen in Mexiko (1914/17), Guatemala (1921), Honduras (1911, 1913, 1924/25) und Nicaragua (1912/1925). Auch im asiatischen Bereich engagierten sich die USA bei der Niederwerfung des chinesischen Boxeraufstandes (1900).

Innenpolitisch gesehen verschlechterten sich die Zustände in diesem Zeitraum, da Arbeitslosigkeit, ein ungenügendes Sozialsystem und die uneingeschränkten Wettbewerbsbedingungen innerhalb des Wirtschaftssystems zu erheblichen sozialen Spannungen führten.

Der „Schwarze Freitag" und seine Folgen

Bedingt durch Unverhältnismäßigkeiten auf dem Kreditmarkt und einer Übersättigung des amerikanischen Binnenmarktes fielen 1929 die Aktienkurse. Der Tag des Zusammenbruchs der New Yorker Börse (24.10.1929) ging als **„Schwarzer Freitag"** in die Geschichte ein. Die Geschehnisse dieses Tages leiteten eine schwere Wirtschaftskrise ein, die sich auch auf Europa ausweitete.

Weltwirtschaftskrise

Die industrielle Produktion, Motor der amerikanischen Wirtschaft, fiel in den drei Jahren nach dem Börsen-Crash um mehr als die Hälfte. In dieser Zeit gab es bis zu **15 Millionen Arbeitslose** in den Staaten, von denen der größte Teil finanziell in keiner Weise abgesichert war. Dieser Umstand führte dazu, dass Bürger des modernsten Industrielandes sogar verhungerten oder erfroren, obwohl die Vorräte an Getreide und Baumwolle wuchsen.

Franklin D. Roosevelt

Um die Wirtschaftskrise in den Griff zu bekommen, wurden die Zölle erhöht und die *Reconstruction Finance Corporation* (Wiederaufbau-Finanzierungs-Gesellschaft) gegründet. Diese Gesellschaft sollte Geld an Wirtschaftsunternehmen vergeben, um diese zu sanieren. Darüber hinaus kaufte der Staat landwirtschaftliche Produkte, um die Farmer zu stützen.

Diese Hilfsmaßnahmen konnten die USA jedoch nicht aus der Krise führen, da sie zum Teil zu unkoordiniert waren und außerdem auch mit den Geldern der Wiederaufbau-Finanzierungs-Gesellschaft Missbrauch getrieben wurde. Den Weg aus der Krise fand **Franklin D. Roosevelt** (1882–1945), nachdem er sich 1932 als Präsidentschaftskandidat gegen Herbert Hoover durchsetzen konnte. Er entschloss sich dazu, mit seinem **„New Deal Program"** (Neuverteilung der Spielkarten) als erster Präsident der Vereinigten Staaten die Wirtschaft durch weitreichende staatliche Eingriffe zu beeinflussen.

Zweiter Weltkrieg

Im Dezember 1941 traten die USA in den Zweiten Weltkrieg ein: Sie erklärten Japan den Krieg, nachdem bei dem überraschenden Angriff der Japaner auf Pearl Habour der Großteil der dort stationierten amerikanischen Marine-Schiffe zerstört worden war. Einige Tage später erfolgte die Kriegserklärung Deutschlands an die USA. Um den Krieg möglichst effektiv führen zu können, wurde die allgemeine Wehrpflicht eingeführt und die Produktion von zivilen Gütern zugunsten der von militärischen verringert. Es kam zu einer Lebensmittelrationalisierung, und 1942 wurde eine staatlich gelenkte Preisbindung eingeführt. Darüber hinaus wurde eine Nachrichtenzensur verhängt.

USA und die Alliierten

Auf der 1. **Washington-Konferenz** (1941–1942) beschlossen Churchill und Roosevelt eine defensive Vorgehensweise gegenüber Japan und eine Landung alliierter Truppen in Nordafrika. Der Washington-Pakt beinhaltete eine Erklärung von 26 Ländern, die gegen die Achsenmächte Krieg führten, keinen Separatfrieden zu schließen. Dieser Pakt legte den Grundstein für die Vereinten Nationen. In der 2. **Washington-Konferenz** Mitte 1942 wurde die Errichtung einer zweiten Front in Europa und der Ausbau der Atomforschung beschlossen. Russland wurde über die beschlossenen Maßnahmen unterrichtet. Die gemeinsame Planung der Vorgehensweise gegen Deutschland begann. 1943 wurde dann in der **Casablanca-Konferenz** die Landung auf Sizilien beschlossen und die Forderung nach der bedingungslosen Kapitulation Deutschlands gestellt. Auf der **Kairo-Konferenz**

beriet man über die Vorgehensweise bezüglich Japans und Südostasiens. Korea sollte unabhängig werden. Ebenfalls im gleichen Jahr wurde auf der **Teheran-Konferenz** die Landung in Nordfrankreich beschlossen.

Seit 1943 operierten die Alliierten Streitkräfte unter dem Oberbefehl von General Eisenhower. Die Landung in der Normandie gelang 1944. Zu diesem Zeitpunkt wurden schon konkrete Überlegungen angestellt, wie mit Deutschland nach der Kapitulation zu verfahren sei. Die Unterschrift unter den **Morgentau-Plan**, der eine Zerstückelung Deutschlands und die Verwandlung in einen Agrarstaat vorsah, zog Roosevelt jedoch wieder zurück. Auf der **Konferenz von Jalta** im Februar 1945 wurde dann die Auftei-

Konferenz von Jalta 1945: Churchill, Roosevelt und Stalin

lung Deutschlands in Besatzungszonen, die Festlegung der zukünftigen Grenzen, Demontage- und Reparationsfragen sowie die Bildung eines Kontrollrates zur Wahrnehmung der Regierungsgeschäfte des besetzten Gebietes beschlossen. Die definitive Aufteilung Deutschlands erfolgte auf der **Potsdamer Konferenz**. Der 2. Weltkrieg endete am 2.9.1945 mit der Kapitulation Japans, knapp einen Monat nach dem Abwurf von amerikanischen Atombomben auf Hiroshima und Nagasaki.

Amerikanischer Blutzoll

Von über 72 Millionen Soldaten, die am 2. Weltkrieg teilnahmen, wurden mehr als 16 Millionen als tot oder vermisst gemeldet, davon ca. 545.000 Amerikaner. Ungefähr 700.000 Amerikaner wurden bei den Kampfhandlungen verwundet. Der Krieg kostete die Vereinigten Staaten ca. 370 Milliarden Dollar.

Neuordnung der Welt

Bestimmend für die amerikanische Außenpolitik in der Nachkriegszeit wurde die **Truman-Doktrin** (1947), die allen Ländern zur Bewahrung ihrer nationalen Unabhängigkeit militärische und wirtschaftliche Hilfe von Seiten der USA zusagte. Die Vereinigten Staaten gingen mit dieser Doktrin von ihrem Isolationismus ab und schafften die Grundlage für ein Eingreifen in die Angelegenheiten anderer Staaten im Sinne einer Ordnungsmacht. In Europa schwebte den USA der Aufbau eines kapitalistischen Wirtschaftssystems unter ihrer Führung vor, was natürlich bei der kommunistisch ausgerichteten Sowjetunion auf wenig Gegenliebe stieß.

Der politische Gegensatz zwischen den Vereinigten Staaten und der den Osten Europas beherrschenden Sowjetunion führte zum sogenannten „**Kalten Krieg**" und der daraus resultierenden Aufrüstung auf beiden Seiten. 1949 gründeten die USA zusammen mit 10 europäischen Staaten die NATO (North Atlantic Treaty Organization), der 1954 auch die Bundesrepublik Deutschland beitrat. Im Rahmen des **Marshall-Plans** wurden westeuropäische Staaten bis 1951 mit 13 Milliarden US-Dollar unterstützt. Durch diese Wirtschaftshilfen sicherten sich die Vereinigten Staaten großen Einfluss auf dem europäischen Markt und ermöglichten gleichzeitig einen schnellen Wiederaufbau.

Die Spannungen zwischen der UdSSR und den Alliierten verschärften sich zunehmend. Die Berlinkrise 1948/49 sowie das Engagement der UdSSR in Südostasien verstärkte den Konflikt zwischen den Blockparteien. Während der Blockade Berlins wurde unter dem amerikanischen Militärgouverneur *Lucius D. Clay* (1897–1978) eine Luftbrücke organisiert, um die Versorgung der Berliner Bevölkerung mit Lebensmitteln aufrecht zu erhalten. Täglich wurden so bis zu 6.393 t Güter auf dem Luftwege nach Berlin transportiert. Ein Überleben der westlichen Sektoren Berlins wäre ohne diese Versorgungsbrücke nicht möglich gewesen.

Der ‚Kalte Krieg'

Der Wettstreit zwischen den Führungsmächten der beiden Blöcke beschränkte sich nicht auf ein Wettrüsten in großem Stil, sondern setzte sich auch auf dem technologischen Sektor fort. Besonders spektakulär gestaltete er sich auf dem Gebiet der Raumfahrt. Der UdSSR gelang es 1957, den ersten Satelliten ins Weltall zu schicken (Sputnik I), dem ein Jahr später der amerikanische Explorer I folgte. Auch in der bemannten Raumfahrt war der Ostblock den USA um einen Monat voraus. Juri Gagarin erreichte am 12. April 1961 als erster Mensch das Weltall, während der Amerikaner Alan B. Shepard am 5. Mai folgte. 1969 gelang es jedoch den Vereinigten Staaten, den ersten bemannten Raumflug zum Mond durchzuführen.

Außenpolitische Krisen der Vereinigten Staaten

Der Koreakrieg

Die Unstimmigkeiten zwischen den USA und der UdSSR über die politische Gestaltung des von ihnen nach dem 1945 besetzt gehaltenen Korea führen 1950 zum Koreakrieg. Nach einem Angriff nordkoreanischer Truppen 1950 wurden die USA von der Regierung Südkoreas zur Hilfe gerufen. Der UN-Sicherheitsrat erklärte Nordkorea zum Aggressor und entsandte eine UN-Armee unter Oberbefehl von US-General Douglas MacArthur (1880–1964). Im Laufe der Kampfhandlungen mischte auch China sich ein. Nach dem Waffenstillstand von Panmunjom wurde Korea 1953 offiziell in zwei Länder geteilt.

Kubakrise

1961 kam es zu einen Invasionsversuch von Exilkubanern aus den USA in der kubanischen „Schweinebucht". Obwohl Präsident Kennedy, dessen Politik eher auf eine Entspannung der Ost-West-Situation ausgerichtet war, diese Aktion nur halbherzig unterstützte, wurden in der die diplomatischen Beziehungen der USA zu Kuba abgebrochen und 1962 verhängten die USA ein Handelsembargo gegen Kuba. Durch den von den Amerikanern unterstützten Invasionsversuch wurde das militärische Interesse der UdSSR an Kuba gesteigert: Sie plante den Bau von militärischen Stützpunkten. Fotos, auf denen Abschussrampen für Raketen auf kubanischem Boden zu erkennen waren, führten zur Einleitung drastischer Maßnahmen durch die USA: Um die Errichtung von Militärbasen und ganz besonders die Stationierung von Nuklearwaffen zu verhindern, verhängten die USA eine Teilblockade über Kuba und kündigten an, alle Schiffe, die kubanische Häfen anliefen, von Marineeinheiten kontrollieren zu lassen. Die Welt stand am Rande eines 3. Weltkrieges.

Am Rande eines Weltkrieges

Gewissermaßen in letzter Minute willigte Chruschtschow ein, die Raketenbasen abzubauen und die sowjetischen Bomber abzuziehen.

Der Vietnamkrieg

Der Vietnamkrieg gehört zu den einschneidenden Ereignisse in der amerikanischen Außenpolitik des 20. Jh. Nordvietnam wurde seit seiner Gründung 1945 von der Sowjetunion und China unterstützt, während in Südvietnam die Franzosen in den Indochinakriegen versuchten, eine Okkupation Südvietnams durch den Norden zu verhindern. In diesen Konflikt griffen die Vereinigten Staaten 1964 militärisch ein, um eine Ausbreitung des Kommunismus in Indochina zu verhindern.

Innenpolitisch führte der Verlauf des Krieges zu weitreichenden Protestaktionen, da deutlich wurde, dass amerikanische Soldaten für eine Sache ihr Leben lassen mussten, die die Vereinigten Staaten nicht direkt betraf und die eigentlich nur um

Präsidenten der Vereinigten Staaten von Amerika

Nr.	Name	Amtszeit	Partei
1	George Washington (1732–1799)	1789–1797	Föd.
2	John Adams (1735–1826)	1797–1801	Föd.
3	Thomas Jefferson (1743–1826)	1801–1809	Dem.-Rep.
4	James Madison (1751–1836)	1809–1817	Dem.-Rep.
5	James Monroe (1758–1831)	1817–1825	Dem.-Rep.
6	John Quincy Adams (1767–1848)	1825–1829	Dem-Rep.
7	Andrew Jackson (1767–1845)	1829–1837	Dem.
8	Martin van Buren (1782–1862)	1837–1841	Dem.
9	William Henry Harrison (1773–1841)	1841	Whig
10	John Tyler (1790–1862)	1841–1845	Whig
11	James Knox Polk (1795–1849)	1845–1849	Dem.
12	Zachary Taylor (1784–1850)	1849–1850	Whig
13	Millard Fillmore (1800–1874)	1850–1853	Whig
14	Franklin Pierce (1804–1869)	1853–1857	Dem.
15	James Buchanan (1791–1868)	1857–1861	Dem.
16	Abraham Lincoln (1809–1865)	1861–1865	Rep.
17	Andrew Johnson (1808–1875)	1865–1869	Dem.
18	Ulysses Simpson Grabt (1822–1885)	1869–1877	Rep.
19	Rutherford Birchard Hayes (1822–1893)	1877–1881	Rep.
20	James Abram Garfield (1831–1881)	1881	Rep.
21	Chester Alan Arthur (1830–1886)	1881–1885	Rep.
22	Stephen Grover Cleveland (1837–1908)	1885–1889	Dem.
23	Benjamin Harrison (1833–1901)	1889–1893	Rep.
24	Stephen Grover Cleveland (1837–1908)	1893–1897	Dem.
25	William Mckinley (1843–1901)	1897–1901	Rep.
26	Theodore Roosevelt (1856–1919)	1901–1909	Rep.
27	William Howard Taft (1857–1930)	1909–1913	Rep.
28	Thomas Woodrow Wilson (1856–1924)	1913–1921	Dem.
29	Warren Gamaliel Harding (1865–1923)	1921–1923	Rep.
30	Calvin Coolidgc (1872–1933)	1923–1929	Rep.
31	Herbert Clark Hoover (1874–1964)	1929–1933	Rep.
32	Franklin Delano Roosevelt (1882–1945)	1933–1945	Dem.
33	Harry S. Truman (1884–1972)	1945–1953	Dem.
34	Dwight David Eisenhower (1890–1969)	1953–1961	Rep.
35	John Fitzgerald Kennedy (1917–1963)	1961–1963	Dem.
36	Lyndon Baines Johnson (1908–1973)	1963–1969	Dem.
37	Richard Milhous Nixon (1913–1994)	1969–1974	Rep.
38	Gerald Rudolph Ford (1913–)	1974–1977	Rep.
39	James Earl Carter (1925–)	1977–1981	Dem.
40	Ronald Wilson Reagan (1911–)	1981–1989	Rep.
41	George Bush (1924–)	1989–1993	Rep.
42	Bill Clinton (1946–)	1993- 2001	Dem.
43	George W. Bush (1946–)	2001–	Rep.

Abk.: Föd. = Föderalisten; Dem.-Rep. = Demokratische Republikaner
Dem. = Demokraten; Rep. = Republikaner;
Whig = gegr. von Gegnern des Demokraten Andrew Jackson

des Weltmachtprestiges willen durchgeführt wurde. Darüber hinaus konnten die amerikanischen Streitkräfte gegen die Guerillataktik der nordvietnamesischen Truppen wenig ausrichten. 1968 wurden die Luftangriffe seitens der USA eingestellt. Ein Jahr später kündigte Präsident Nixon den Abzug der amerikanischen Truppen an. Nach dem Waffenstillstandsabkommen von 1973 wurden die restlichen amerikanischen Truppen abgezogen, und zwei Jahre später kapitulierte Südvietnam bedingungslos, was 1976 die Wiedervereinigung von Nord- und Südvietnam zur Folge hatte.

Vietnam: Amerikas Trauma Insgesamt starben im Vietnamkrieg 56.000 amerikanische Soldaten. Die Befugnisse des amerikanischen Präsidenten, einen Einsatzbefehl für amerikanische Truppen zu geben, wurden aufgrund der Erfahrungen im Vietnamkrieg mit dem **War Powers Act** (1973) erheblich eingeschränkt und sind seitdem in größerem Maße von der Zustimmung des Kongresses abhängig. Für das Selbstbewusstsein der westlichen Führungsmacht waren die Misserfolge im Vietnamkrieg ein harter Schlag.

Innenpolitische Schwierigkeiten

Als Präsident Nixon 1974 wegen der **Watergate-Affäre** zurücktreten musste, erschütterte das erheblich das Vertrauen der Bürger in ihre Regierung. Es hatte sich herausgestellt, dass Mitglieder von Nixons Wahlkomitee das Wahl-Hauptquartier der konkurrierenden Demokratischen Partei abgehört hatten.

Viele **schwarze Mitbürger** hatten im Jahrzehnt davor das Vertrauen in die Regierung verloren. Zwar hatte bereits 1954 das Oberste Bundesgericht entschieden, dass Rassentrennung (z.B. in Schulen oder öffentlichen Verkehrsmitteln) gegen den Gleichheitsgrundsatz verstieß und somit nicht rechtens sei, aber dieses Urteil hatte im Süden der USA keine Folgen, denn es wurde von den Weißen boykottiert. Zu ersten schlimmen Rassenkrawallen kam es 1957 in Little Rock (Arkansas). Im gleichen Jahr wurde das Gesetz zum Schutz des Wahlrechts der Schwarzen verabschiedet.

Martin Luther King

Die offensichtlichen Missstände jedoch, die in Bezug auf Gleichbehandlung von schwarzen und weißen Bürgern herrschten, führten bis Ende der 60er Jahre immer wieder zu Unruhen, bei denen zum Teil auch Menschen ums Leben kamen. So ließen im Sommer 1967 bei Straßenschlachten in Newark (New Jersey) und Detroit (Michigan) 66 Menschen ihr Leben. **Martin Luther King** gehörte zu den schwarzen Bürgerrechtlern, die auf friedliche Art und Weise versuchten, eine Gleichbehandlung von Schwarz und Weiß zu erreichen. Er organisierte Protestmärsche und versuchte die Menschen in seinen Reden von seiner Sache zu überzeugen. 1968 wurde er in Memphis (Tennessee) erschossen.

Innenpolitische Defizite gefährdeten in den 1980er Jahren die wirtschaftliche Vormachtstellung der USA in der Welt: Da die USA weder ein staatliches **energiepolitisches Konzept** entwickelten noch energiebewusstes Verhalten der Bürger förderten, kam es zu einer großen Abhängigkeit der USA vom Erdöl der Nahost-Staaten, was wieder-um zu einem Ansteigen des Handelsdefizits führte. Für das Handelsdefizit werden im weiteren das Fehlen einer soliden Technologie- und Industriepolitik sowie eine verfehlte Einwanderungspolitik verantwortlich gemacht. Anstelle von qualifizierten Fachkräften zogen viele ungelernte Arbeitskräfte – überwiegend aus Mexiko – zu.

Eine **Verschärfung der sozialen Gegensätze** durch wirtschaftliche Probleme und die Vernachlässigung der sozialen Absicherung der dadurch betroffenen Bürger speziell in der Reagan-Ära führten zu einem weiteren Anwachsen der Drogenprobleme und der Kriminalitätsrate. Das Land der unbegrenzten Möglichkeiten hatte zu dieser Zeit viele seiner Möglichkeiten verspielt.

In den 1990er Jahren kam es zu einem Wirtschaftsboom, der insbesondere der florierenden High-Tech-Branche zu verdanken war. Er machte vor allem viele reiche Amerikaner noch reicher. Auch die Besorgnis erregenden Kriminalitätsraten besonders in den Großstädten konnten durch entschlossene Kriminalitätsbekämpfung deutlich gesenkt werden. Die Probleme haben sich aber dafür verlagert:

Problemfelder der jüngeren Zeit

*   Die Schere zwischen Arm und Reich wurde immer größer.
*   Auf dem Gebiet des Umweltschutzes fallen die Amerikaner gegenüber anderen Industrienationen zurück (steigender Benzinverbrauch durch noch größere Autos, hohe Kohlendioxidemission durch veraltete Kohlekraftwerke usw.).
*   Energieengpässe durch veraltete Kraftwerke.
*   Zunehmende Konzentration in der Wirtschaft durch Zusammenschlüsse und „Nahezu-Monopole" bei den großen Firmen.
*   Medien, die immer einflussreicher werden, was z.B. das Medienspektakel um den „Fall Lewinsky" (Sexskandal um die Praktikantin Monica Lewinsky und Präsident Clinton) und den Anschlag auf World Trade Center und Pentagon im September 2001 gezeigt haben.

INFO   World Trade Center und Pentagon:
ein Anschlag, der die Welt verändert hat

Am *11. September 2001* wurden die USA Opfer des **größten Terroranschlages seit Bestehen der Nation**. 2 Flugzeuge rammten dabei die beiden Türme des World Trade Center in New York und brachten sie zum Einsturz. 2.827 Todesopfer waren zu beklagen. Ein weiteres Flugzeug stürzte Minuten später in einen Flügel des Pentagon in Washington. Dieser Anschlag forderte 200 Todesopfer. Ein viertes Flugzeug, mit eigentlichem Ziel Camp David oder Weißem Haus, stürzte nahezu zeitgleich bei Pittsburgh ab, nachdem es höchstwahrscheinlich vorher einen Kampf zwischen den Entführern und den Passagieren gegeben hat.

Diese Terroranschläge, wahrscheinlich von islamistischen Fundamentalisten und Anhängern des Terroristen Osama Bin Laden durchgeführt, waren die schwersten und folgenreichsten Angriffe von außerhalb auf dem Boden der USA – seit dem Krieg mit England 1812. Die Grausamkeit, die Zahl der Opfer und die Tatsache, dass die Selbstmordattentäter mit dem World Trade Center das „Herz der westlichen Welt" getroffen haben, hatte weitreichende Folgen. Die gesamte westliche Welt, aber auch die Mehrheit der islamischen Staaten, war zutiefst erschüttert und verurteilte die Verbrechen.

Nach dem ersten Schock kamen in den USA Zweifel an der bisherigen Nahost-Politik auf. Die Einschätzung islamischer Gruppen und Bewegungen veränderte sich: Es wurde bekannt, dass die USA selbst während des Konfliktes zwischen Afghanistan und Russland in den 1980er Jahren Bin Laden und seine Truppen ausgerüstet und unterstützt hatten. Der Anschlag hatte natürlich auch Folgen für die Weltwirtschaft. Die Aktienkurse rutschten in einer bereits angebrochenen Rezession weiter nach unten, die amerikanischen Airlines mussten alleine 100.000 Angestellte entlassen und der Sogeffekt für Tourismus, Autobranche, Flugzeugbauer und viele andere Branchen ist ebenfalls enorm gewesen.

Die Medien brachten tagelang Bildmaterial der Katastrophe und endlose Berichterstattungen. Immer wieder fiel das Wort „Krieg", das die Gewaltbereitschaft in der Bevölkerung schürte, es wurden Vergeltung und Rache gefordert. Berichte und Interviews, die ein diplomatisches Vorgehen und Gesprächsbereitschaft forderten, wurden oft gar nicht oder nur kurz gesendet. Erst nachdem sich der erste Schock gelegt hatte und die Zeitungen immer stärker auf die Bremse traten, wurden Stimmen laut, nicht unschuldige Opfer mit unschuldigen Opfern zu vergelten. Die Frage wurde gestellt, ob nicht das Vorgehen der USA in islamischen Ländern den arabischen Massen in der Vergangenheit allzu oft als arrogante Machtdemonstration erscheinen musste und so zu einem unbändigen Hass geführt hatte.

Daten und Ereignisse

30000–10000 v. Chr.	Einwanderung von asiatischen Völkeren über eine Kontinentalverbindung im Bereich der Behringstraße
5000 v. Chr.	Anfänge von Ackerbau
700 v. Chr.– 1300 n. Chr.	Holokamkultur
500 v. Chr.– 600 n. Chr.	Korbmacherkultur
300 v. Chr.– 1300 n. Chr.	Mogollonkultur
600–1200 n. Chr.	Pueblokultur
ca. 1000	Entdeckung Amerikas durch Leif Eriksson
ca. 1400	Wanderungsbewegung der Apachen und Navajos in das Gebiet der Pueblokultur
1492	„Entdeckung" Amerikas durch Christoph Kolumbus und Gründung eines spanischen Kolonialreiches
1606	Santa Fe wird als Hauptstadt von Nueva Mexico (Neu Mexico gegründet
1680	Die Indiander des Rio Grande Gebietes setzen sich in der Pueblorevolte gegen die spanischen Kolonialherren und deren Missionierungsbemühungen zur Wehr
1773	Bei der „Boston Tea Party" versenken Bewohner der Englischen Kolonien drei Schiffsladungen Tee im Hafen von Bosten, um gegen die Zölle des Mutterlandes zu protestieren
1776–1783	Unabhängigkeitskriege der 13 nordöstlichen Kolonien, der zur Gründung der Vereinigten Staaten führt
1803	Die Vereinigten Staaten kaufen den Franzosen die Kolonie „Louisane" für 15 Millionen Dollar ab. Somit kommt das Gebiet der heutigen Bundesstaaten »Arkansas, Nebraska, Missouri, Iowa, South Dakota sowie Teile von Oklahoma, Kansas, North Dakota, Montana, Wyoming,Colorado, Minnesota und Louisana unter den Herrschaftsbereich der USA
1823	In der Monroe-Doktrin wird die Nichteinmischung in europäische Angelegenheiten festgelegt, die für die Außenpolitik der Vereinigten Staaten im 19. Jh. bindend wird
1836	Texas wird unabhängige Republik
1845	Texas wird 28. Bundesstaat
1846–1848	Mexikanisch-Amerikanischer Krieg

1847	Besiedlung Utahs durch die Mormonen
1848	Im Frieden von Guadelupe-Hidalgo tritt Mexiko Kalifornien, Utah, New Mexico, Arizona, und Nevada an die Vereinigten Staaten ab
1861	Kansas wird 34. Bundesstaat
1861–1865	Amerikanischer Bürgerkrieg. Die nördlichen Unionstruppen kämpfen gegen die Konförderierten im Süden
1864	Nevada wird 36. Bundesstaat
1869	Erste transkontinentale Eisenbahnlinie wird fertig gestellt
1876	Colorado wird 38. Bundesstaat
1886	Die Gefangennahme des Apachenhäuptlings Geronimo beendet die Auseinandersetzung mit den Indianern im Südwesten
1887	Eine neue Gesetzgebung schränkt den Freiraum der Indianer weiter ein
1896	Utah wird 45. Bundesstaat
1901	Die Vereinigten Staaten erhalten den Zuschlag für den Bau des Panama-Kanals und kontrollieren das Gebiet um diesen Kanal
1907	Oklahoma wird 46. Bundesstaat
1912	New Mexico wird 47. und Arizona 48. Bundesstaat
1917	Die Vereinigten Staaten treten in den I. Weltkrieg ein
1929	Der Zusammenbruch der New Yorker Börse am „Schwarzen Freitag" ruft eine schwere Wirtschaftskrise hervor
1941	Der japanische Angriff auf Pearl Habor hat den Eintritt der Vereinigten Staaten in den II. Weltkrieg zur Folge
1945	Die Abwürfe von amerikanischer Atombomben über Hiroshima und Nagasaki beenden den II. Weltkrieg
1947	Mit der Truman-Doktrin wird die Grundlage für amerikanische Eingriffe in die Angelegenheiten anderer Länder bei Bedrohung der Freiheit der Bürger gelegt
1950–1953	Die Vereinigten Staaten kämpfen auf südkoreanischer Seite im Koreakrieg
1962	Die Kubakrise bringt die Welt an den Rand eines dritten Weltkrieges
1964–1973	Amerikanischen Truppen kämpfen in Vietnam auf Südvietnamesischer Seite
1972	Mit einem Vertrag über Rüstungsbeschränkungen mit der UdSSR wird die Entspannungsphase zwischen dem Ost- und Westblock eingeleitet

1974	Präsident Nixon muß wegen des Watergateskandals sein Amt niederlegen. Sein Nachfolger wird Vizepräsident Gerald R. Ford
1977	Der Panama-Vertrag wird von Präsident Jimmy Carter unterzeichnet
1983	Präsident Ronald Reagan kündigt das SDI-Programm an, daß der Erforschung von Verteidigungsmöglichkeiten im Weltraum dienen soll
1987	Unterzeichnung des INF-Vertrages, der die Abrüstung.von Kurz-und Mittelstreckenraketen der UdSSR und der USA regelt
1993–2000	Wirtschaftsboom, bes. aufgrund der neuen Technologien
1992	Die USA nehmen als führende Kraft am Golfkrieg teil
1993–1995	Präsident Clinton versucht vergeblich, die soziale Gesetzgebung zu ändern, da er in den meisten Punkten am Widerspruch der Republikaner scheitert
1995	Aufnahme diplomatischer Beziehungen mit Vietnam
1995/96	Die Affäre des Präsidenten Clinton mit der Praktikantin Monica Lewinsky setzt eine beispiellose Medienkampagne in Gang und führt beinahe zu einem Amtsenthebungsverfahren
1998	Annäherung an die Volksrepublik China
1999	Die USA beginnen, Abrüstungsverträge und Vereinbarungen über Atomteststopps zu ignorieren
2000	Lockerung des Kuba-Embargos
2000/2001	Nach einer mehr als knappen Wahl setzt sich George W. Bush als Präsidentschaftskandidat gegen den ehem. Vizepräsidenten Al Gore durch und wird US-Präsident
2001	Aufbau des Nationalen Raketenabwehrsystems und Ablehnung des Umweltabkommens von Kyoto durch die USA
2001	Am 11. September 2001 werden Flugzeuganschläge auf die beiden Türme des World Trade Center in New York sowie auf das Pentagon verübt. Die Türme stürzen ein und 2.800 Menschen sterben bei den Anschlägen. Heftige Auswirkungen auf Politik und Wirtschaft
Herbst 2001	Die USA bombardieren Afghanistan
2002	Die Administration Bush verschärft den Druck auf den Irak
2003	Beim zweiten Absturz einer amerikanischen Raumfähre sterben alle 7 Besatzungsmitglieder
März 2003	Der Krieg gegen den Irak beginnt

3. GEOGRAPHISCHER ÜBERBLICK

Einige geographische Daten zu den USA im Überblick:
Durchschnittliche Höhe über dem Meeresspiegel: 750 m
Höchster Punkt: Mt. McKinley (Alaska): 6.200 m
Niedrigster Punkt: Death Valley: -85 m
Längster Fluss: Mississippi (zus. mit dem Missouri): 6.420 km
Staatsland: Über 32% im Besitz des Staates
Jährliche Bodenerosion: Über 3 Mrd. t.

Allgemeiner Überblick

Obwohl in diesem Reisehandbuch nur die südwestlichen Staaten der USA beschrieben werden, möchte ich Ihnen einen kurzen Überblick über das ganze Land verschaffen.

Begrenzt werden (das Mainland "the lower 48") die USA im Norden durch Kanada, im Süden durch Mexiko, im Osten und Südosten durch den Atlantischen Ozean und schließlich im Westen durch den Pazifischen Ozean. Die größte Ost-West-Ausdehnung erreicht 4.500 km, was etwa der Entfernung vom Nordkap bis Kairo entsprechen würde. Von Norden nach Süden erstreckt sich das Land auf bis zu 2.600 km.

Großes Land mit geringer Bevölkerungsdichte

Die USA sind mit 9.809.000 km² der **drittgrößte Staat der Erde**. Mit über 275 Mio. Einwohnern bedeutet das eine Einwohnerdichte von 28 Einwohnern pro km² (zum Vergleich: alte Bundesländer 230 E./km²). Die Einwohnerdichte verteilt sich aber sehr ungleichmäßig über das Land. In den Küstenstaaten beträgt die Zahl zwischen 100 und 300 E./km², während sie in den Präriestaaten nur bei etwa 20 E./km² liegt und in den Wüstenstaaten des Südwestens teilweise unter 10 rutscht.

Man kann die USA in **7 markante geographische Regionen** gliedern:

• die **atlantische Küstenebene**, die sich vom Kap Cod im Norden bis Florida im Südosten zieht. Sie erreicht kaum Höhen über 100 m. Der Norden weist ein Moränenrelief auf, während sich weiter im Süden Lagunen und Ästuare finden. Dieser geschützte Bereich wird als Intercoastal Waterway genutzt. Die Sümpfe auf der Halbinsel Floridas haben sich hauptsächlich aufgrund mangelnder Entwässerung gebildet.

• das **Appalachengebirge**, das sich parallel zur atlantischen Küstenebene erstreckt. Es ist untergliedert in mehrere verschieden hohe Gebirgszüge, die im

Norden nur Höhen von 750 m erreichen. Das eigentliche Appalachengebirge liegt westlich dieser Linie und hat hier Höhen von bis zu 2.000 m.

• das **zentrale Tiefland und die Golfküstenebene**: Dieses relativ kleine Gebiet folgt dem Mississippital und beginnt im Norden am Zusammenfluss von Missouri und Mississippi. Es ist etwa 800 km lang und zwischen 40 und 200 km breit. Hier hat sich der Untergrund gesenkt, und die großen Flüsse haben das Becken mit Sedimenten bedeckt.

• die **Prärien und die Great Plains**, welche bestimmt sind durch eine nur leicht hügelige Landschaft. Das Gebiet steigt vom Osten her langsam von 400 m auf 1.500 m unterhalb der westlich angrenzenden Rocky Mountains an. Im nördlichen Schichtstufenland hat durch Monokulturen auf großen Flächen eine starke Erosionstätigkeit eingesetzt. Die Amerikaner bezeichnen diese Gegenden bereits als "Badlands". Diese Landschaft wurde maßgeblich durch die Eiszeiten während der letzten 25.000 Jahre geformt. Die Gletscher sind auch dafür verantwortlich zu machen, die guten Böden aus dem kanadischen Bereich nach Süden getragen und die "Great Lakes" geschaffen zu haben.

Geographische Regionen der USA

• die **Rocky Mountains**, die den Ostteil der nordamerikanischen Kordilleren einnehmen, Höhen von bis zu 4.400 m (Mt. Elbert) aufweisen und sich auf amerikanischer Seite etwa 2.250 km von NNW nach SSO ziehen. Wie die Alpen sind die Rockies verhältnismäßig jungen Ursprungs. Man nimmt an, dass sie vor etwa 100 Mio. Jahren entstanden sind. Tertiäre Hebungen und Aufwölbungen sowie Brüche und Aufschiebungen haben sie geformt. Flüsse, wie z.B. der Colorado, haben sich in das Gestein geschnitten und tiefe Schluchten gebildet.

• die **"intermontanen Becken" (Great Basins)** liegen zwischen den Rocky Mountains und dem pazifischen Gebirgssystem. Diese Beckenlandschaft ist nahezu abflusslos, und Flüsse, die sie durchqueren, trocknen fast ganz aus (Fremdlingsflüsse: z.B. der Colorado). In diesem Becken gibt es auch eine Reihe von Salztonebenen, die davon zeugen, dass es hier früher Seen gegeben hat, die mittlerweile gänzlich ausgetrocknet sind. Dieses Schicksal droht auch dem Great Salt Lake.

• das **pazifische Gebirgssystem**, welches sich in zwei Hauptketten gliedert: die inländischen Gebirgszügen Cascade Range und Sierra Nevada (höchste Erhebung: Mt. Whitney mit 4.418 m) und den Küstengebirgszug Coastal Range (höchste Erhebung: Thompson Peak mit 2.744 m). Zwischen diesen Gebirgen erstreckt sich das kalifornische Längstal, das sich im Norden im Williamette-Tal und dem Pudget-Sund fortsetzt.

Bei einer Reise durch den Südwesten der USA erwartet Sie also ein breites Spektrum **an verschiedensten Landschaftstypen.** Von den Küsten Texas, über die weiten Ebenen der Plains und Prärien und der Halbwüsten bis hin zu der atemberaubenden Gebirgslandschaft der Rocky Montains findet sich hier alles.

Vegetationsüberblick

Die ersten Siedler trafen an der Ostküste noch auf große **Waldbestände**, die sich bis hin zu den Prärien zogen. Ihr süßlicher Duft bot ihnen immer wieder ein herzliches Willkommen. Doch im Laufe der folgenden Jahrhunderte wurden diese Baumregionen – im Norden boreale Nadelwälder, weiter südlich Misch- und Laubwälder – immer weiter ausgeschlagen. Der Landhunger, besonders im zuerst entdeckten Osten, kannte keine Gnade. Nur in den unzugänglicheren Appalachen konnten sich noch weite Gebiete sommergrüner Laubwälder halten.

Auch die weiten Grasflächen der Prärien mussten den Menschen weichen, und auf riesigen Feldern wurde Getreide angebaut. Dieses geschah in einem so großen Ausmaß, dass die Farmer hier heute über starke Bodenerosion klagen. Welch Wunder bei offenen Feldern von mehreren hundert Hektar Größe.

Yucca und Kaktus

Im südwestlichen Texas und im "intermontanen Becken", wo die Niederschläge nur noch sehr gering sind, herrscht eine Halbwüstenvegetation mit Dornensträuchern und vereinzelten Zwergsträuchern vor.

Die Rocky Mountains sind vorwiegend mit Laubmischwäldern besetzt, die größtenteils erhalten blieben, da diese Region wegen mangelnder Infrastruktur erst sehr spät und damit auch sehr dünn besiedelt wurde. Durch Gesetze und die Anlage vieler Nationalparks und verschiedenster Schutzgebiete hat der Staat mittlerweile dafür Sorge getragen, dass diese Gebiete auch in Zukunft geschont werden.

In den pazifischen Gebirgszügen reicht das Spektrum von borealem Nadelwald (Sitkafichte und Douglasie) im Norden bis hin zu Mischwäldern im Süden, wobei besonders im Küstenraum Koniferenarten gehäuft auftreten. Charakteristisch für die Sierra Nevada ist übrigens der Mammutbaum. Er ist, wie einige andere Arten der kalifornischen Bäume, ein widerstandsfähiges Hartholzgewächs. Das kalifornische Längstal ist heute maßgeblich landwirtschaftlich bewirtschaftet, was kaum noch etwas von den ursprünglichen Baumbeständen hier ahnen lässt.

Florida und die Südküste bis Louisiana sind durch hohe Niederschläge mit subtropischen Pflanzen bestanden. Hier finden sich Farne, Lianengewächse, Zypressen und Mangroven.

Klima

Klimatisch sind die USA wesentlich von den von Norden nach Süden ausgerichteten Gebirgszügen bestimmt. Sie halten, besonders in Kalifornien, die Regenwolken zurück, so dass der gesamte westliche Teil der USA ungenügend Regen erhält. In den Halbwüsten Nevadas fallen gerade einmal 120 mm/Jahr. In diesen Gebieten ist Landwirtschaft kaum möglich und wenn doch, nur mit künstlicher Bewässerung. Östlich der Rocky Mountains fallen dann wieder etwas mehr Niederschläge, wobei aber die erforderliche Menge von über 500 mm nur in den östlich des Mississippi gelegenen Staaten fallen. Zwischen den Rocky Mountains und dem Mississippi fallen zwei bis drei Jahre ausreichende Niederschläge, während es dann ein bis zwei Jahre kaum regnet. Diese Unzuverlässigkeit der Niederschläge ist mit ein Grund für das große Farmensterben in dieser Region.

Wenige und unregelmäßige Niederschläge

In den Sommermonaten können an der Küste von Texas **tropische Wirbelstürme** (Hurricans) vorkommen. Diese Wirbelstürme sind tropischen Ursprungs, entstehen zumeist im karibischen Tiefdruckgebiet und ziehen nordwestwärts in Richtung Florida sowie die Golfstaaten, manchmal aber auch bis Virginia. Sobald sie in den Bereich der Westwindzone gelangen, drehen sie dann nach Osten auf den offenen Atlantik ab.

Für das **Reisegebiet Südwesten** bedeutet das: in der Regel bestes Urlaubswetter, doch sollte man sich vor den allzu heißen Sommermonaten in den Wüstenregionen hüten bzw. schützen.

Schneesicher: Alpine Visitor Center im Rocky Mountain NP

Die **Temperaturen** werden auch maßgeblich von den Gebirgen bestimmt, besonders im Bereich der Rocky Mountains, die die Temperatur durch ihre Höhen (und teilweise auch der Winde) senken. Daher bieten sich hier während des Sommerhalbjahres aber angenehme Reisetemperaturen. Im Januar dagegen liegt die durchschnittliche Nullgradgrenze auf der Höhe von Albuquerque. In Denver liegt das mittlere tägliche Minimum im Januar bei -9,5 °C.

Somit ist von Campingtouren ab November in diese Regionen abzuraten.

Klimatabellen

HOUSTON				
Monat	**Temperatur in °C**		**Niederschlag in mm**	
	mittl. tägliches Maximum	Minimum	mittl. Monatsmenge	mittl. Anzahl der Nieder-schlagstage
Januar	16,6	7,6	99	10
Februar	18,8	9,7	93	10
März	21,7	12,2	71	9
April	25,6	16,1	85	8
Mai	29,1	19,5	109	8
Juni	32,1	23,2	90	8
Juli	33,4	24,0	102	10
August	33,8	24,1	102	8
September	31,5	21,9	103	8
Oktober	27,8	17,2	95	6
November	21,7	11,6	99	8
Dezember	17,9	8,5	115	9
Jan.–Dez.	25,8	16,3	1.163	102

Monat	mittlere Luftfeuchtigkeit in % (rel. Feuchtigkeit) morgens	nachmittags	mittl. tägl. Sonnenschein-dauer in Stunden
Januar	87	66	4,5
Februar	88	64	5,1
März	86	59	5,9
April	90	60	6,9
Mai	92	60	8,1
Juni	91	59	10,2
Juli	92	58	9,2
August	93	57	9,0
September	90	58	7,8
Oktober	89	54	7,7
November	86	57	6,0
Dezember	86	64	5,0
Januar–Dezember	89	60	7,1/2.592 Std.

PHOENIX				
Monat	**Temperatur in °C**		**Niederschlag in mm**	
	mittl. tägliches Maximum	Minimum	mittl. Monatsmenge	mittl. Anzahl der Nieder- schlagstage
Januar	17,8	1,8	19	4
Februar	20,1	3,8	22	4
März	23,9	6,1	17	3
April	28,8	10,2	8	2
Mai	33,8	13,9	3	1
Juni	38,7	18,6	2	1
Juli	40,3	23,9	20	4
August	38,7	23,0	28	5
September	36,8	19,8	19	3
Oktober	30,4	12,6	12	3
November	23,2	5,8	12	2
Dezember	18,9	2,8	22	4
Jan.–Dez.	*29,3*	*11,8*	*183*	*35*

Monat	**mittlere Luftfeuchtigkeit in % (rel. Feuchtigkeit)**		**mittl. tägl. Sonnenschein- dauer in Stunden**
	morgens	nachmittags	
Januar	67	31	6,8
Februar	61	27	8,8
März	59	23	9,7
April	46	16	11,5
Mai	37	13	12,4
Juni	36	13	13,5
Juli	47	20	11,3
August	57	25	11,5
September	55	24	10,8
Oktober	53	20	9,7
November	61	29	8,9
Dezember	70	36	7,3
Januar–Dezember	*54*	*23*	*10,2/3.723*

DENVER				
	Temperatur in °C		**Niederschlag in mm**	
Monat	mittl. tägliches Maximum	Minimum	mittl. Monatsmenge	mittl. Anzahl der Niederschlagstage
Januar	5,7	- 9,5	14	6
Februar	7,0	- 7,7	18	6
März	9,9	- 5,1	31	8
April	15,9	0,2	54	9
Mai	21,4	5,5	69	10
Juni	27,8	10,6	37	9
Juli	31,3	14,1	39	9
August	30,5	13,4	33	8
September	26,1	8,3	29	6
Oktober	19,2	2,3	26	5
November	10,9	- 4,7	18	5
Dezember	7,3	- 7,8	12	5
Jan.–Dez.	*17,7*	*1,6*	*380*	*86*

Monat	mittlere Luftfeuchtigkeit in % (rel. Feuchtigkeit) morgens	nachmittags	mittl. tägl. Sonnenscheindauer in Stunden
Januar	62	44	6,3
Februar	68	45	8,0
März	70	43	8,3
April	68	37	8,5
Mai	71	39	9,0
Juni	73	40	10,3
Juli	72	36	10,0
August	71	37	9,5
September	72	40	9,5
Oktober	65	36	7,8
November	70	44	6,4
Dezember	67	45	5,9
Januar–Dezember	*69*	*40*	*8,3/3.030*

4.   WIRTSCHAFTSÜBERBLICK

Einige interessante Daten zur Wirtschaft der USA

Bruttosozialprodukt der USA:	Über 8 Mrd. US$
(diese Zahl variiert deutlich je nach Quelle)	
davon Landwirtschaft	1,6 %
davon Industrie	25,2 %
davon Dienstleistungen	73,2 %

Bruttosozialprodukt je Einwohner in den USA	knapp 30.000 US$
zum Vergleich:	
Schweiz:	ca. 40.000 US$
Österreich:	ca. 27.000 US$
Deutschland:	ca. 26.000 US$

Produktion/Förderung von:

- Erdöl	402 Mio. t
- Steinkohle	926, 7 Mio. t
- Eisenerz	62,6 Mio. t
- Kupfer	1,959 Mio. t
- Roheisen	48,3 Mio. t
- Rohstahl	97,7 Mio. t

Die größten Industrieunternehmen in den USA nach Umsatz

Exxon/Mobil (Mineralöl)	187 Mrd. US$
General Motors (Kfz)	176,5 Mrd. US$
Wal-Mart (Handel/Kaufhäuser)	167 Mrd. US$
Ford (Kfz)	162,5 Mrd. US$
General Electric (Elektro)	112 Mrd. US$
IBM (Computer, Informationstechnologie)	87,5 Mrd. US$
Philip Morris (Tabak/Nahrungsmittel)	78,6 Mrd. US$

Allgemeiner Überblick

Der Besucher der USA, besonders wenn er das erste Mal hierher kommt, wird nicht umhin kommen, sich mehr mit wirtschaftlichen Gesichtspunkten auseinander zu setzen, als er eigentlich erwartet hat:

• **Riesige Reklameschilder und Werbung überall** prägen das Straßenbild selbst in abgelegenen Provinznestern.
• Ein **Straßensystem** mit mehrspurigen Autobahnen durchzieht das ganze Land.
• **Fabrikanlagen** haben oft überdimensionale Ausmaße.
• **Shopping Center**, die so groß sind wie eine europäische Kleinstadt, laden zum Verschwenden ein.

- Unglaubliche **Sonderangebote**, wie z.B. „Buy one, get three", die selbst den kritischsten Kunden anzulocken vermögen, prangen an den verschiedensten Hauswänden.
- Es gibt ein **riesiges Warenangebot**, aber relativ wenig Fachgeschäfte mit ausreichender Kundenbetreuung.

Aber auch:

- Es herrscht eine **große Kluft zwischen Arm und Reich** (15 % der Bevölkerung leben unterhalb der Armutsgrenze/den reichsten 1 % der Haushalte gehören 40 % des Reichtums).
- **Prachtbauten**, wie z.B. die Regierungsgebäude in Washington, befinden sich **in unmittelbarer Nähe zu heruntergekommenen Wohnblocks** mit eingeschlagenen Fensterscheiben.
- Es gibt **eine hohe Umweltbelastung** im Bereich von Ballungsräumen aufgrund des hohen Individualverkehrsaufkommens.
- Eine nach europäischen Maßstäben**ungenügende Kritik am Konsum- und Umweltverhalten**. Wobei aber gerade auf dem Umweltsektor seit den 1990er Jahren doch aufgeholt wurde und hier besonders die Industrie ein Wegbereiter für die Amerikaner ist (z.B. Abgasgesetze für Kfz). Leider hat sich dieser Trend unter der Präsidentschaft von Bush jr. deutlich abgeschwächt.

Das Wirtschaftssystem der USA basiert auf dem Prinzip der freien Marktwirtschaft. Bis in die 1930er Jahre hinein herrschte das Motto „Laissez faire" in allen Bereichen der Wirtschaft vor. Diese Tatsache lockte unzählige Abenteuerlustige aus allen Teilen der Welt in die USA, um dort ihr Glück zu versuchen. Vielen gelang dies auch, da sich in dem immer noch nicht ganz erschlossenen Land laufend neue Märkte anboten und Lücken auftaten, die dem erfindungsreichen Geist neue Möglichkeiten eröffneten.

Wirt-
schaftsge-
schichte

Seit Ende des 19. Jh. bildete besonders die Schwerindustrie in den Bereichen Maschinen- und Fahrzeugbau, Brückenbau, Eisen- und Stahlindustrie die Triebfeder für die Wirtschaft. Später kam auch noch die Rüstungsindustrie hinzu, die durch die beiden Weltkriege, den Kalten Krieg und den Vietnamkrieg immer mehr an Bedeutung gewann. Heute sind es vor allem die Computer- sowie immer noch die Auto- und Elektroindustrien, die der amerikanischen Wirtschaft zu ihrer Stärke verhelfen. Vergessen sollte man dabei auch nicht die immer noch steigende Bedeutung der Finanzdienstleistungsbetriebe.

Seit der Weltwirtschaftskrise Anfang der 1930er Jahre mischte sich dann auch in den USA, wie bereits in Europa, der Staat immer mehr in die Geschehnisse der Wirtschaft ein, und die „Keynes'sche Beschäftigungstheorie" (Probleme der Vollbeschäftigung, Verhältnis zwischen Investieren, Verschulden und Sparen) gewann auch hier zusehends an Bedeutung. Doch blieb das wirtschaftliche Klima in den USA auch bis heute rauer als in Europa, da die Gesellschaft einfach viel stärker vom kapitalistischen Denken geprägt ist. Seit über einem halben Jahrhundert sind die USA die wirtschaftliche Großmacht der Erde und bestimmen Tendenzen in der übrigen Welt. Dafür standen zu Beginn eine Reihe von **Erfindern**, die der Welt immer neue Dinge vorführten, wie z.B. die Glühlampe oder den Motorflug und **große Industrieunternehmen** mit ihren frühen Ideen zur **Produktivitätsmaximierung** (Fließband etc.).

Und auch heute noch ist die USA mit Abstand **die größte Industrienation** der Erde, wenn auch der Abstand zu den nachfolgenden Staaten seit dem 2. Weltkrieg geringer wurde. Im Gegensatz zu Konkurrenten wie z. B. Japan oder Deutschland hat das Land einige Vorteile:
*   der **große Binnenmarkt** mit über 280 Mio. Menschen,
*   das **weite Land**, wo es immer noch eine Reihe von Investitionen zu tätigen und neue Gedanken auszuspielen gibt,
*   eine Reihe von **grundlegenden Bodenschätzen**, die zumindest für eine Übergangszeit den Eigenbedarf decken würden,
*   eine **kapitalistische und mehr auf Konsum eingestellte Gesellschaft** als in Europa,
*   eine **mobile Gesellschaft**: Im Schnitt wechseln zwischen 50 und 60 Mio. Amerikaner jährlich ihren Wohnsitz
*   **geringere Abhängigkeit von Wechselkursschwankungen** als die Mitkonkurrenten, da der Dollar immer noch die „erste Weltwährung" darstellt und der Außenhandelsanteil am Gesamtprodukt deutlich niedriger liegt.

Amerikanische Standort-Vorteile

Landwirtschaft

Einige interessante Daten zur Landwirtschaft		
Anzahl der landwirtschaft-		
lichen Betriebe:	ca. 1,9 Mio.	(1978: 2,26 Mio.)
Durchschnittliche Farmgröße:	197 ha	
(bei stetig abnehmender Farmfläche)		
Rinderbestand auf Farmen:	ca. 98 Mio. Stück	(1979: 112 Mio.)
Fleischproduktion (alle Fleischarten)	36 Mio. t	
Maisproduktion:	238 Mio. t	
Weizenproduktion:	63 Mio. t	
Zuckerproduktion:	7,56 Mio. t	
Holzeinschlag	407 Mio. m^2	
Anteil der Landwirtschaft am BSP:	1,6 %	
Anteil an der Gesamtzahl der Erwerbstätigen		
(inkl. Forstwirtsch. u. Fischerei):	2,5 %	

Die Landwirtschaft spielt im Wirtschaftsgeschehen der USA nur eine untergeordnete Rolle. Weil sie aber im Reisegebiet Südwesten von größerer Bedeutung ist und auch besonders ins Auge fällt, möchte ich doch ein paar Worte darüber verlieren. Die USA haben als reines Agrarland begonnen und konnten sich bereits früh **selbst versorgen**. Diese Tatsache beruhte in frühen Jahren alleine darauf, dass mangelnde Verkehrsverbindungen die Siedler dazu zwangen, zuerst genügend für den Eigenbedarf, später dann zumindest genügend für die Region zu erzeugen. Erst danach wurde mit marktorientierter Produktion im großen Stil begonnen.

Von der Kolonialzeit bis 1920 wurden zur Schaffung von Agrarflächen etwa **130 Mio. ha Wald gerodet** (mehr als die dreieinhalbfache Fläche Deutschlands). In den 1930er Jahren gab es über 6,5 Mio. landwirtschaftliche Betriebe. Seither sorgt ein staatliches Konservierungsprogramm dafür, dass nicht mehr Land gerodet und so weitere Erosion verhindert wird.

Nach dem 2. Weltkrieg wurde die Landwirtschaft erheblich kapitalintensiver, und die Zahl der Betriebe nahm kontinuierlich ab. Dieses liegt an den sinkenden Weltmarktpreisen, die überschuldete Farmer oder Farmen mit schlechten Böden zur Aufgabe zwangen. Hinzu kommt, dass mit der Gründung der Handelsgemeinschaft **Nafta** (USA, Kanada, Mexiko und weitere amerikanische Staaten) billigere Produkte aus den Niedriglohnländern ins Land gelangten. Mittlerweile herrscht auf dem Weltmarkt auch ein Überangebot an bestimmten Nahrungsmitteln. Da etwa 60 % der Farmen über die Hälfte ihrer Einnahmen aus einem Bereich (Milchviehwirtschaft, Sojabohnen etc.) schöpfen, sind sie besonders anfällig gegen sinkende Preise. Häufig können sie auch gar nicht auf ein anderes Marktprodukt umsatteln, da die Lieferwege zu einem Verarbeitungsbetrieb zu weit sind. Viele Regionen werden nur von einem Verarbeitungsbetrieb bedient, und der verarbeitet nur ein Produkt.

Landwirt-
schaft

Im Süden der USA, dem ehemaligen Cotton Belt (Baumwollgürtel), wird heute hauptsächlich Grünlandwirtschaft betrieben. Direkt an der Küste zwischen Texas und Florida nehmen mittlerweile auch Zitrusfrüchte, Zuckerrohr (Mississippidelta) und Reis (Küstenebene von Texas) einen hohen Stellenwert ein. **Im Südwesten** überwiegt die Mastviehhaltung und in besser beregneten Gegenden vor allem der Getreideanbau, der hier in riesigen Monokulturen betrieben wird, was immer noch starke Erosionsschäden hervorruft.

Die **Warenkreditgesellschaft (Commodity Corporation)** nimmt in den USA den Platz einer Einkaufsgenossenschaft ein. Sie lagert Waren während einer Zeit des Überangebots ein, um sie dann während eines schlechten Erntejahres wieder zu verkaufen. Anders als in vielen Ländern Europas aber, vor allem der EU, variieren die gezahlten Preise erheblich, sodass die Farmer häufig nicht auf ihre Kosten kommen. Daher hat die Regierung bereits in den 1930er Jahren die Festsetzung von Garantiepreisen und Produktionsquoten eingeführt, aber diese Hilfe von seiten des Staates ist minimal im Gegensatz zu den EG-Hilfen. Kein Wunder also, dass die Farmer gegen die Subventionspolitik der EG oder die immer noch wirksame Einfuhrbeschränkung für Reis nach Japan so wettern.

Während der 1980er Jahre wurde ein Teil der Überproduktion an Getreide durch die jährlichen Lieferungen von 9–13 Mio. t an die UdSSR abgebaut. Doch mit dem Zerfall der Sowjetunion und durch den Wertverfall des Rubels wurden diese Lieferungen fast ganz eingestellt oder in Hilfssendungen „umgemünzt", die dem amerikanischen Staat kein Geld einbringen.

Als Fazit bleibt auch der amerikanischen Landwirtschaft keine andere Wahl, als ihre Produktion drastisch zu reduzieren.

Der Konkurrenzdruck von außen

Wie oben bereits angeführt, leidet der amerikanische Staat sehr unter dem hohen Handelsbilanzdefizit, das sich immer in dreistelligen Milliardenbeträgen bewegt.

Die Amerikaner klagen immer wieder, wie sehr sie unter der Last des Defizits leiden zudem klagen auch die Amerikaner immer wieder und die Differenz erscheint auch sehr hoch, wenn man sie mit Werten europäischen Ländern vergleicht. Ganz so gravierend ist es dann aber auch wieder nicht, denn

• das **Bewusstsein der Amerikaner, die mächtigste Nation der Erde** zu sein, lässt sie kritische Maßstäbe ansetzen, die der Sachlage nicht gerecht werden,

• der **Umfang des amerikanischen Außenhandels** beträgt, gemessen am Bruttosozialprodukt, **weniger als 10 %** (der europäische Durchschnitt liegt über 20 %),

Handels-bilanz-defizit

• der **Dollarverfall** (auf ca. die Hälfte seines Wertes Mitte der 1970er Jahre) konnte wegen eines lange Zeit zu hoch angesetzten Kurswertes **sowieso nicht verhindert werden,**

• die **USA importieren in der Regel nur Güter, die sie auch selber produzieren**, nur dass die Waren aus dem Ausland eher den Ansprüchen der amerikanischen Käufer genügen (mit Ausnahme der Erdölimporte). Wenn das Defizit einmal wirklich die Wirtschaftskraft übersteigen sollte, könnte das Land sich also auch wieder selber versorgen, falls es bereit ist, einen Einfuhrstopp für bestimmte Waren zu erlassen,

• viele der **„importierten" Waren werden mittlerweile in den USA produziert** (z.B. viele japanische und deutsche Fahrzeuge) und sichern daher bereits Arbeitsplätze,

• **größter Handelspartner ist Kanada** (über 20 % des Außenhandelsvolumens), mit dem die USA eine Zollvereinbarung (*Nafta*) haben, die einen Binnenmarkt ähnlich der EU geschaffen hat (zusammen mit Mexiko, dem zweitgrößten Handelspartner).

Trotzdem streben die USA natürlich einen Ausgleich der Handelsbilanz an. Hierzu war es erst einmal nötig, dass der Dollar in den 1980er Jahren auf einen Kurswert gesenkt wurde, der amerikanische Produkte für das Ausland auch preislich attraktiv machte. Sehr wichtig aber ist, und hier ist die Diplomatie gefragt, dass Japan und die EU ihre Zollschranken fallen lassen und dass die Subventionspolitik, besonders in der EU, weiter abgebaut wird, damit amerikanische Waren eine Chance haben, dort zu attraktiven Preisen auf den Markt zu gelangen.

Doch eine weitere, bereits oben angesprochene Problematik überschattet den amerikanischen Export: Die US-Firmen produzieren in erster Linie Waren für den eigenen Markt, da dieser für sie immer noch am lukrativsten ist. Nur verkaufen sich diese Waren nicht immer gut im Ausland. Ein auffallendes Beispiel hierfür ist die Automobilindustrie. Selbst zu Zeiten, als der Dollar seinen Tiefststand erreicht hatte und ein luxuriöser Cadillac in Europa nur halb so teuer verkauft wurde wie ein Mercedes, blieb diese Automarke ein Exot. Die Fahrzeuge sind zu groß für europäische Straßen, verbrauchen zu viel Benzin und gelten als weniger zuverlässig. Obwohl die amerikanischen Automobilkonzerne seit Jahrzehnten versuchen, ihre Fahrzeuge in Europa abzusetzen, haben sie sich seither wenig Mühe gegeben, die o.g. Probleme abzuschaffen. Zu sehr sind sie noch auf den eigenen Markt fixiert.

INFO   **Außenhandel der USA mit dem Pazifischen Raum**

• Der Außenhandel mit dem Pazifischen Raum gewinnt für die USA stetig an Bedeutung – zu Ungunsten Europas. Die amerikanischen Exporte in Mitgliedsstaaten der Asiatisch-Pazifischen Wirtschaftskooperation (Asian-Pazific-Economic Cooperation = *APEC*), die Kanada, Mexiko und alle größeren asiatisch-pazifischen Volkswirtschaften umfasst, machen ca. 60 % der US-Ausfuhren und nahezu 70 % der US-Importe aus.

• Die 1989 gegründete APEC, der z.Zt. 21 Mitglieder angehören, zeichnet heute bereits für fast die Hälfte des Welthandels und über die Hälfte der Weltproduktion. Ziel ist es, bis zum Jahre 2020 (für die weiter entwickelten Nationen wie die USA und Japan sogar schon 2010) die **größte Freihandelszone der Welt** aufgebaut zu haben.

• Probleme, besonders politischer Art, machen den Weg dorthin aber noch schwierig. Dazu gehören die Unruhen in Indonesien und auf den Philippinen, der Streit um Taiwan, aber auch die wirtschaftliche Anfälligkeit der Tigerstaaten, die sich in der Krise Ende der 1990er Jahre gezeigt hat.

• Zu den Ländern der APEC gehört übrigens auch Russland, womit die Organisation sowohl im Osten als auch im Westen (getrennt durch den Atlantik) an die EU dicht heranreicht.

Die Wirtschaft im Südwesten der USA

In diesem Kapitel sei nur kurz auf den Wirtschaftsraum des amerikanischen Südwestens hingewiesen, da in den einzelnen Reisekapiteln näher darauf eingegangen wird.

Abgesehen von Texas ist der Südwesten eher ein industrielles Stiefkind der USA. Die Rocky-Mountains-Staaten liegen schon alleine verkehrstechnisch zu weit von den großen Verbrauchermärkten entfernt, und die dünne Besiedlung lässt große Fabrikanlagen nur bedingt zu. Es stehen einfach zu wenig Arbeitskräfte zur Verfügung. Daher haben nur einige Multis hier kleinere und mittlere Fabriken aufgebaut, wo vor allem kapitalintensive Produkte hergestellt werden, die nur relativ wenig Arbeitsplätze erfordern. Häufig handelt es sich hierbei um High-Tech-Unternehmen, wie z.B. in Utah.

In Texas, besonders in den Ballungsgebieten Dallas und Houston, finden sich schon eher größere Industrieanlagen, doch sind diese häufig nur auf die Weiterverarbeitung von Rohprodukten wie vor allem Erdöl spezialisiert.

Die Staaten des Südwestens dienen also eher als Rohstofflieferanten:
*   **Texas** verfügt über große Erdölvorkommen, die sich zum einen zwischen Dallas und Odessa und zum anderen an und vor der Küste befinden. Computerfirmen wie z.B. Compaq haben ihren Sitz in Houston und anderen Großstädten. Ansonsten steht vor allem die Landwirtschaft im Vordergrund.
*   In **New Mexico** gibt es vor allem Bodenschätze (Gold, Silber, Steinkohle, Uran, Kupfer und etwas Erdöl). Für die Landwirtschaft ist das Land nur bedingt nutzbar. Die Böden sind in der Regel schlecht, und die geringen Niederschläge müssen mit künstlicher Bewässerung ausgeglichen werden. Die Viehwirtschaft ist semi-extensiv. Industrie gibt es nur in kleinem Umfang um Albuquerque.
*   **Arizona**: Auch hier steht der Bergbau wirtschaftlich im Mittelpunkt. Es finden sich Gold, Silber und verschiedene Metalle. Die Landwirtschaft besteht, wie in New Mexico, aus Bewässerungskulturen und semi-extensiver Weidewirtschaft.
*   Und auch **Utah** lebt vom Bergbau. Neben Gold, Silber, Blei und Eisenerzen ist vor allem der Uranabbau von Bedeutung. In Utah werden 14 % des amerikanischen Urans abgebaut. Auch hier kann nur mit Bewässerung Ackerbau betrieben werden. Wie erwähnt, ist in diesem Staat aber der High-Tech-Sektor im Vormarsch.
*   In **Colorado** werden Gold, Silber, Blei und Uran abgebaut, und im Nordosten wird etwas Erdöl gefördert. Bedeutende Industrien gibt es auch hier nicht, und die Landwirtschaft beschränkt sich hauptsächlich auf Weidewirtschaft und Getreideanbau.

Der Südwesten als Rohstofflieferant

5. DIE AMERIKANISCHE GESELLSCHAFT

Bevölkerung der Vereinigten Staaten

Ethnische Gruppen

Heute leben in den USA 280 Millionen Menschen, davon knapp 270 Millionen US-Bürger (Übrige: Flüchtlinge, Menschen mit vorrübergehender Arbeitsgenehmigung u.a.). Die größte Bevölkerungsgruppe stellen die **Weißen** mit 194 Millionen Bürgern (= 74 %, Tendenz fallend). Sie stammen aus vielen verschiedenen Ländern der Erde. Die drei Hauptgruppen sind allerdings nord- (bzw. mittel-) europäischer Herkunft, d.h. englischer (21,8 %), deutscher (21,7 %) und irischer (17,7 %). Die zweitgrößte Bevölkerungsgruppe ist die der **Afroamerikaner** mit über 33 Millionen Bürgern (= 13 %, Tendenz steigend).

Darüber hinaus leben in den Vereinigten Staaten über 27 Millionen Menschen **lateinamerikanischen** Ursprungs (= 10 % Hispanics, Tendenz stark steigend) und etwas über 11 Millionen Menschen, die zu einer anderen Minderheit gehören (davon 9,4 Mio. asiatischen Ursprungs und 2,2 Mio. Indianer, Eskimos und Aleüten). Bevölkerungswissenschaftler haben Prognosen aufgestellt, dass der lateinamerikanische Bevölkerungsanteil den der Afroamerikaner in naher Zukunft übersteigen wird, da schon seit vielen Jahren eine stetig zunehmende Wanderungsbewegung von Mexiko her in die Vereinigten Staaten zu beobachten ist. Besonders im Westen und Südwesten ist diese Entwicklung deutlich sichtbar, da sich dort die meisten der zum großen Teil illegal über die Grenze gekommenen Einwanderer ansiedeln. Im Bundesstaat New Mexico liegt der Bevölkerungsanteil der spanischsprechenden Bewohner mit lateinamerikanischem Ursprung bereits bei über 50 % der Gesamtbevölkerung.

Eine weitere Minderheit – wenn auch eine wesentlich kleinere – prägt besonders im Westen und Südwesten der USA die Bevölkerungsstruktur, nämlich die **Indianer**. Hinter Kalifornien mit mehr als 200.000 indianischen Bürgern folgen Oklahoma (172.000), Arizona (160.000) und New Mexico (110.000). Insgesamt machen die Indianer allerdings mit ca. 2,2 Millionen (Angaben schwanken) noch nicht einmal 1 % der Gesamtbevölkerung der USA aus.

Die **Besiedelungsdichte** der Vereinigten Staaten ist sehr unterschiedlich. Während in den Nordoststaaten, die ungefähr 20 % der Gesamtfläche ausmachen, ungefähr 50 % der Bevölkerung wohnen, ist der Südwesten als relativ menschenleer zu bezeichnen. Nevada z.B. hat nur 1,9 Millionen Einwoh-

Typische amerikanische Wohncontainer

ner auf einer Fläche von 289.292 km². Das sind 3,4 Einwohner pro km² und davon wohnen die meisten um Las Vegas und Reno. Bevölkerungsreichster Bundesstaat der USA ist Kalifornien mit fast 34 Millionen Einwohnern. Wie in anderen Industriestaaten setzte um die 19./20. Jahrhundertwende eine rapide Verstädterung ein. Heute leben etwa 78 % aller Amerikaner in Städten. Verhältnismäßig viele Amerikaner besitzen ein eigenes Haus, veräußern dieses jedoch auch schnell wieder, wenn es die Lebensumstände erfordern. Sie sind im Allgemeinen in dieser Hinsicht viel mobiler als Europäer. Es ist sogar nicht ungewöhnlich, in einem versetzbaren Haus (Mobile Home) zu wohnen.

Verstädterung

Minderheiten

Afroamerikaner

Bürger mit schwarzer Hautfarbe stellen mit 13 % die größte Minderheit der US-Bevölkerung. Sie sind in den letzten Jahren dazu übergegangen, sich selbst nicht mehr über ihre Hautfarbe, sondern über ihre Herkunft vom afrikanischen Kontinent zu definieren. Daher werden sie jetzt grundsätzlich nicht mehr „Schwarze", sondern „Afroamerikaner" genannt.

Trotz gleicher Rechte vor dem Gesetz haben sie durchschnittlich betrachtet nicht die gleichen Chancen wie die Weißen. Zwar wurde als Folge der ab 1955 aktiven **Bürgerrechtsbewegung** mit den Civil Rights Acts von 1964, 1965 und 1968 eine Gleichheit vor dem Gesetz festgelegt bzw. Ungleichheiten beseitigt, aber der Traum des bekanntesten Vertreters dieser Bürgerrechts-Bewegung, Martin Luther King, ist, was die realen Verhältnisse betrifft, noch nicht in Erfüllung gegangen. Inzwischen gibt es zwar eine afroamerikanische Mittelschicht, und einige Afroamerikaner schafften auch den Sprung in die oberste Gesellschaftsschicht. Was aber den Durchschnitts-Afroamerikaner betrifft, so haben Quotenregelungen und Bildungsförderungsprogramme für ihn nicht viel geändert.

Ein großer Teil dieser Bevölkerungsgruppe lebt in Gettos mit hoher Arbeitslosigkeit, Analphabetentum und entsprechender Kriminalität. 30 % aller Afroamerikaner leben unter der offiziellen Armutsgrenze. Es erübrigt sich fast zu erwähnen, dass ihre durchschnittliche Lebensqualität und ihre Aufstiegschancen immer noch gering sind. Zwar ist seit Mitte der 1960er Jahre die völlige rechtliche Gleichstellung der Afroamerikanern zu anderen Bürgern erreicht worden, aber in der sozialen Realität ist diese durch die sozialen Gegebenheiten eben noch lange nicht gegeben.

In den 1990er Jahren flammten daher wieder Proteste gegen die Ungerechtigkeiten auf, besonders in den Großstädten wie New York, Detroit, Chicago und Los Angeles, wo es dabei sogar zu Toten kam.

Bürger lateinamerikanischen Ursprungs

Von den über 27 Millionen Menschen aus Lateinamerika, die in den Vereinigten Staaten leben, sind ungefähr 11 Millionen „**Chicanos**", d.h. Menschen mexikanischen Ursprungs. Sie leben hauptsächlich im Westen und Südwesten der USA, während sich die Lateinamerikaner aus anderen Ländern (**„Latinos" oder „Hispanics"**) eher im Osten angesiedelt haben, wie z.B. die Puertoricaner. Bedingt durch die schlechten wirtschaftlichen Verhältnisse in Mexiko und die relativ lange Grenze (über 3.000 km) zu den USA, die sich in ihrer Gesamtheit schlecht überwachen lässt, sehen viele Mexikaner in einem illegalen Grenzübertritt in Richtung USA eine Chance, ihre Lebensqualität zu verbessern.

Jedes Jahr werden etwa 600.000 illegale Grenzgänger auf dem Weg von Mexiko in die USA von der Grenzpolizei erwischt und wieder zurückgeschickt. Es wird geschätzt, dass einer weitaus größeren Zahl – wahrscheinlich weit mehr als einer Million pro Jahr- der illegale Grenzübertritt glückt. Sie werden oft von gut bezahlten Schleuserbanden unterstützt, wobei es nicht selten zu Todesfällen kommt. Denn meist werden die Einwanderungswilligen in einem menschenleeren Wüstenabschnitt 30 km hinter der Grenze abgesetzt und dort ihrem Schicksal überlassen.

Spanischsprachige Immigranten

2001 kam es in Süd-Arizona zu einem Fall, wo 38 Mexikaner in der Wüste verdurstet sind. Diejenigen, die es schaffen, versuchen bei Landsleuten am Stadtrand von Los Angeles, San Diego, Tucson, San Antonio oder Phoenix Unterschlupf zu finden, um sich dann eine Arbeit zu suchen. Zwar sind sie gezwungen, für verhältnismäßig wenig Geld zu arbeiten (was den US-Standard betrifft), da sie keine Arbeitserlaubnis haben und in der Regel nicht einmal Englisch sprechen. Dennoch verdienen sie viel mehr als in Mexiko. In einigen Gebieten des Südwestens mit einem hohen Chicano-Anteil hat sich daher inzwischen sogar eine spanisch-englische Zweisprachigkeit durchgesetzt. So kann man in vielen Restaurants auch auf Spanisch sein Gericht bestellen. Manche Dienstleistungsbetriebe – nicht selten auch Restaurants und Hotels – haben die billigen, illegalen Arbeitskräfte schon fest eingeplant.

Da der Strom dieser Wirtschaftsflüchtlinge aus Mexiko in absehbarer Zeit nicht abreißen wird und die Geburtenrate der Chicano-Familien weit über dem amerikanischen Durchschnitt liegt, wird die spanischsprachige Minderheit in den USA weiter stetig anwachsen. Ihre allgemeine Situation Minderheit wird sich dadurch nicht verbessern, da die illegal eingereisten Chicanos keine Rechte haben und nur Schwarzarbeiten verrichten können. Häufig sind sie schon auf der Flucht als Drogenschmuggler ausgenutzt worden, und häufig bleibt ihnen später auch nur die Kriminalität als Einnahmequelle.

Ob im Rahmen des 1993 abgeschlossenen NAFTA-Abkommens, das Kanada, die USA und Mexiko (und jetzt und in Zukunft auch weitere Staaten Lateinamerikas) zur zweitgrößten Freihandelszone der Welt zusammenfasst, eine Lösung des Wanderungsproblems zu erreichen ist, bleibt im neuen Jahrtausend abzuwarten.

Indianer

Die Angaben darüber, wie viele Indianer es in den Vereinigten Staaten heute gibt, variieren stark. Die jeweils angegebene Zahl ist davon abhängig, wer als Indianer gezählt wird. Enggefasste Definitionen berücksichtigen nur diejenigen, die in Reservaten und indianischen Lebensgemeinschaften leben. Fasst man die Bürger zusammen, die sich selbst als Indianer bezeichnen und entsprechende Angaben bei den Behörden gemacht haben, so leben etwa 1,6 Millionen (einschließlich ca. 45.000 Eskimos und einiger Tausend Aleüten) in den Vereinigten Staaten. Doch auch bei dieser Rechnung soll es eine Dunkelziffer von über 500.000 geben, sodass die Zahl der Indianer auf ca. 2,2 Millionen geschätzt wird.

Durch eine relativ hohe Geburtenrate wuchs die Zahl der Indianer seit der 19./ 20. Jahrhundertwende (ca. 237.000 registrierte Indianer) wieder auf eine beträchtliche Anzahl, wenn auch ihr Anteil an der Gesamtbevölkerung, wie bereits erwähnt, heute nicht einmal 1 % beträgt. Wie viele Indianer es vor den Vernichtungsaktionen durch die Weißen ursprünglich einmal auf dem nordamerikanischen Kontinent gegeben hat, gab zu vielen Spekulationen Anlass. Schätzungen zwischen 1–2 Millionen sind in der Literatur am häufigsten zu finden. Heute sind 266 Stämme offiziell registriert. Ungefähr die Hälfte der Indianer lebt in Reservaten, die zum Teil autonom verwaltet werden und dem Bureau of Indian Affairs unterstehen.

Die größten Reservate sind das Navajo-Reservat, das sich über Gebiete der Bundesstaaten Arizona, New Mexico und Utah erstreckt, sowie das Papago- und das Hopi-Reservat, die beide in Arizona liegen. Da diese Gebiete in der Regel weder landwirtschaftlich noch industriell in großem Stile genutzt werden können, weil der Boden ungeeignet, die Infrastruktur schlecht und Bodenschätze nicht ausreichend vorhanden sind, müssen die Bewohner auf andere Wirtschaftszweige – wie z.B. den Tourismus – ausweichen, um ihren Lebensunterhalt zu sichern. Darüber hinaus werden die Reservate mit staatlichen Mitteln gefördert. Nachdem 1988 durch ein Gesetz (Indian Gaming Regulatory Act) die Eröffnung von Spielcasinos auf dem

Indianer-
reservate
Gebiet von Indianerreservaten legalisiert wurde, versuchen viele indianische Gemeinschaften, diese Geldquelle zu nutzen. Heute haben bereits mehr als die Hälfte der 280 Reservate ein oder mehrere Casinos.

Ob diese Geldquelle die allgemeine Situation der Indianer verbessern kann oder ob sie nur von wenigen angezapft werden wird, lässt sich nicht sagen. Es ist aber bereits bekannt, dass viele Casinos einigen wenigen reichen Häuptlingen gehören, die sich oft auch als „Strohmänner" der großen, von Weißen geführten, Casinobetreiber missbrauchen lassen.

Die Selbstmordrate bei Indianern ist doppelt so hoch wie beim amerikanischen Durchschnittsbürger. Die Sterblichkeit aufgrund von Alkoholmissbrauch übersteigt den Durchschnitt sogar um ein Mehrfaches. Darüber hinaus gibt es immer noch eine sehr hohe Säuglingssterblichkeit und einen hohen Prozentsatz an Infektionskrankheiten mit Todesfolge. Diese Tatsachen lassen Rückschlüsse auf die schlechte soziale Situation und die ungenügende medizinische Versorgung der indianischen Bevölkerung ziehen.

Asiaten

Einen Bevölkerungsanteil von fast 4 % stellen Amerikaner asiatischer Herkunft, die hauptsächlich an der Westküste der Vereinigten Staaten oder auf Hawaii leben. Aber auch in großen Städten des Ostens, wie z.B. in New York, gibt es Enklaven von Asiaten. Die größte Gruppe unter den Asiaten wiederum bilden die **Chinesen**, die älteste Einwanderungsgruppe. Bereits 19. Jh. kamen die ersten Chinesen in die USA, um sich hier niederzulassen. Von einer Einwanderungswelle kann man auch im Zusammenhang mit der Zeit nach dem Zweiten Weltkrieg sprechen, nachdem die Einwanderungsbeschränkungen für Asiaten aufgehoben wurden.

Heute wohnen über 1,5 Millionen Chinesen in den USA, 15 % davon allein in New York.

Einwande-
rungswel-
len aus
Asien
Ebenfalls nach dem Zweiten Weltkrieg wanderten viele **Japaner** in die Vereinigten Staaten ein bzw. blieben als ehemalige Kriegsgefangene hier. Ihre Zahl beläuft sich heute auf etwa 850.000. Die zweitgrößte asiatische Gruppe in den USA bilden jedoch die **Filipinos** mit einer Anzahl von etwas über 1 Million. Als Folge der Kriege, an denen die USA im Fernen Osten beteiligt waren, kamen dann auch viele **Koreaner** und **Vietnamesen** nach Amerika. Heute gibt es etwa 800.000 Vietnamesen und über 450.000 Koreaner.

Mit dem Wirtschaftsboom und dem Bedarf an Fachkräften im High-Tech-Bereich in den 1990er Jahren setzte eine weitere Einwanderungswelle aus Asien ein, die vor allem den Westen der USA betraf. In dieser Zeit kamen auch viele Zuwanderer aus Indien und den kleineren Staaten Asiens.

Typisch für die meisten asiatischen Einwanderer ist ihr Zusammenschluss mit Landsleuten. Auch heute noch gibt es in amerikanischen Großstädten ganze Wohnviertel, in denen fast ausschließlich Asiaten wohnen und arbeiten. Die Bezeichnung „Chinatown" für solche Viertel ist zu einem festen Begriff geworden. Hier bekommt man als Tourist das Gefühl, in einer anderen Welt zu sein, da die asiatischen Lebensgewohnheiten mit nach Amerika „importiert" wurden.

Dieser Umstand zeugt von einer starken kulturellen Eigenständigkeit der Asiaten in den USA, die sich auch auf sprachlichem Gebiet beobachten lässt. Obwohl der Integrationsgrad der Asiaten auf kulturellem Gebiet weit geringer ist als der anderer Minderheiten, sind bei ihnen als Gruppe die wenigsten Probleme im beruflich-wirtschaftlichen Bereich zu konstatieren.

Soziale Verhältnisse in den USA

Die Einstellung der Amerikaner zu ihrem sozialen System ist auch heute noch geprägt von den Lebensbedingungen der Pioniere, die den nordamerikanischen Kontinent erschlossen. Wo in vergleichbaren Industriestaaten ein soziales Netz existiert, das Arbeitslose, Kranke oder Sozialfälle auffängt, rutschen in den Vereinigten Staaten immer noch viele Menschen mit entsprechenden Problemen durch das hier nicht gerade engmaschig geknüpfte Netz. Ein großer Teil der amerikanischen Bevölkerung vertritt die Meinung, dass man sich in harten Zeiten auch ohne staatliche Hilfe durchzuschlagen habe.

Wesentlich größer jedoch als in anderen Industrieländern ist der Anteil der Kirchen an der „Sozialarbeit". Mit unzähligen Helfern, die häufig auf ehrenamtlicher Basis arbeiten, wird versucht, die Löcher innerhalb der Sozialgesetzgebung zu stopfen. So effektiv diese Hilfe im Einzelfall auch sein mag, ist sie doch nicht in der Lage, die Gesamtsituation der Sozialfälle zu verändern. Nicht selten werden Menschen durch soziale Not in die Kriminalität abgedrängt.

Krankenversicherung

Nur Beamte haben in den USA eine gesetzliche Krankenversicherung. Allen anderen bleibt nur die Möglichkeit einer privaten Versicherung, die recht teuer ist und entsprechend der Leistungen, die sie tragen muss, individuell den Jahresbeitrag anpasst. Etwa 40 Millionen Amerikaner sind gar nicht und fast 50 Millionen sind nur unzureichend krankenversichert. Ein großer Teil der Bürger ist einfach nicht in der Lage, die hohen Kosten für eine angemessene Krankenversicherung aufzubringen. Oft wollen junge Menschen aber auch die Beiträge sparen und können später, in fortgeschrittenem Alter, die dann hohen Beiträge nicht mehr bewältigen können. Ein weiteres Problem liegt in der Selektion der Versicherten durch die Versicherungen. Viele Menschen mit Vorerkrankungen, mit schweren Krankheitsfällen in der Familiengeschichte und vor allem mit Risikoberufen werden oft erst gar nicht angenommen, zum „finanziellen Schutz der bereits Versicherten" – also um deren Beiträge niedrig zu halten. So gibt es z.B. für Cowboys nur die Möglichkeit einer Krankenversicherung, wenn diese über den Arbeitgeber abgeschlossen wird, d.h. dass dieser dann evtl. einen Teil der Behandlungskosten zu tragen hat. Risikogruppen wie Raucher und Menschen mit hohem Cholesterinspiegel bzw. Herzbeschwerden haben es auch nicht leicht, eine Krankenversicherung abzuschließen.

Kranken-
versiche-
rung nicht
für jeden

Für Rentner wurde 1965 „**Medicare**" eingerichtet. Je zur Hälfte von Arbeitnehmer und Arbeitgeber finanziert, bietet diese Versicherung Bürgern im Ruhestand eine gewisse Absicherung im Krankheitsfall. Etwa ein Fünftel der Behandlungskosten muss der Patient jedoch selbst tragen. Bedürftige und Arme werden im Krankheitsfall durch „**Medicaid**" – ein für diese Personengruppe eingeführter Fonds – unterstützt, was jedoch die eklatanten Missstände des Krankenversicherungssystems nicht behebt.

Rentenversicherung

Die Renten werden in den Vereinigten Staaten durch die **Social-Security-Steuer** finanziert, die wie bei „Medicare" zu gleichen Teilen von den Arbeitnehmern und Arbeitgebern zu entrichten ist. Auch Selbstständige haben die Möglichkeit, durch Zahlung der Social-Security-Steuer im Alter ebenfalls in den Genuss einer entsprechenden Rente zu gelangen. Bei entsprechender Zahlungsdauer werden ca. 42 % des letzten Nettoeinkommens als Rente ausgezahlt, wobei das Rentenalter auf 65 Jahre angesetzt ist.

Unter Verzicht auf einen gewissen Prozentsatz kann die Rente aber auch schon mit 62 oder 64 angetreten werden. Diejenigen Arbeitnehmer, die es sich finanziell leisten können, schließen darüber hinaus noch eine private Rentenversicherung ab, um im Alter ihren Lebensstandard halten zu können. Die staatliche Rentenversicherung ist erst in der Regierungszeit Franklin D. Roosevelts eingeführt worden. Was die Sozialgeschichte betrifft, hinken die Amerikaner also anderen Industriestaaten hinterher.

Auch die Rente der Amerikaner ist in Zukunft nicht gesichert. Hochrechnungen haben ergeben, dass die staatliche Rentenkasse spätestens 2021 bankrott ist, wahrscheinlich schon früher. Überlegungen, die Rentenbeiträge zu erhöhen, haben nach Umfrageergebnissen aber keine Chance. Die meisten Amerikaner trauen der Regierung keine effiziente Geldverwaltung mehr zu, denn es wurde schon nachgewiesen, dass viele Rentenbeiträge auf Umwegen für das Militär ausgegeben wurden. Lieber möchten die Amerikaner das Geld selbst anlegen, so z.B. in private Rentenfonds und Aktien. Beachtenswert ist aber, dass die Umfragen Ende der 1990er Jahre stattfanden, als die Wirtschaft und der Aktienmarkt florierten.

Ebbe in
der
Renten-
kasse

Arbeitslosenversicherung

Die Höhe der Arbeitslosenversicherung ist abhängig von dem Bundesstaat, in dem sie ausgezahlt wird. Der Prozentsatz differiert erheblich. So werden entsprechend des Wohnortes zwischen 30 und 50 % des letzten Arbeitslohnes ausgezahlt. Die Zahlungen werden bis zu 39 Wochen nach dem Zeitpunkt der Kündigung geleistet. Vergleicht man diese Zahlen mit den in der Bundesrepublik üblichen Verhältnissen, so wird deutlich, dass die Situation der Arbeitslosen den Vereinigten Staaten erheblich schlechter ist als in Deutschland. Das ist insofern nicht verwunderlich, als die Finanzierung der Arbeitslosenunterstützung auf einer Steuer basiert, die allein vom Arbeitgeber zu entrichten ist.

Sozialhilfe

Sozialhilfe wird allen Bürgern der Vereinigten Staaten gewährt, deren Einkommen unter der offiziell festgelegten Armutsgrenze von etwa 7.500 US$ jährlich liegt. (Für eine Familie mit zwei Kindern bei gut dem Doppelten.) Ca. 30 % der Afroamerikaner, ca. 25 % der Latinos und 10 % der Weißen leben unterhalb dieses Existenzminiumums. Statistiken belegen weiterhin, dass etwa 25 % aller Kinder in Verhältnissen unterhalb der Armutsgrenze leben müssen. Obwohl das Schulgeld erlassen wird, wenn die Familie unter der Armutsgrenze lebt, verlassen über 2 Millionen Jugendliche jährlich die Schule, ohne ausreichend Lesen und Schreiben gelernt zu haben. Durch Sozialleistungen wie „Medicaid", Mietzuschüsse und Ausgabe von Lebensmittelmarken („foodstamps") können derartige sozial bedingte Missstände nicht behoben werden.

Oft fehlt das Geld fürs Nötigste und zunehmend sind Jugendliche gezwungen, Geld zu verdienen oder zu stehlen, um die Familie durchzubringen, anstatt zur Schule zu gehen. Sozialhilfe von staatlicher Seite wird zudem maximal 2 Jahre gezahlt. Ein Gesetz von 1996 besiegelt darüber hinaus die Abschaffung der bundesrechtlichen Garantie auf Sozialhilfe sowie des individuellen Rechtsanspruches eines jeden Bürgers auf Hilfe in der Not. Seither ist die Verantwortung an die einzelnen Bundesstaaten delegiert. Der Teufelskreis sozialer Verelendung nimmt seinen Lauf, da Analphabeten oder Jugendliche mit einer schlechten Schulausbildung keine oder nur schlecht bezahlte Arbeit bekommen.

Soziale Verelendung

Auch die Boomjahre der 1990er Jahre haben daran nichts geändert. Ganz im Gegenteil wird die Kluft zwischen arm und reich immer größer. Inzwischen gehören 1 % der Haushalte 40 % des amerikanischen Reichtums und die **Zahl der Milliardäre** hat sich in den letzten 20 Jahren mehr als verfünfzehnfacht. Trotz des wirtschaftlichen Hochs stieg gleichzeitig das inflationsbereinigte Durchschnitts-

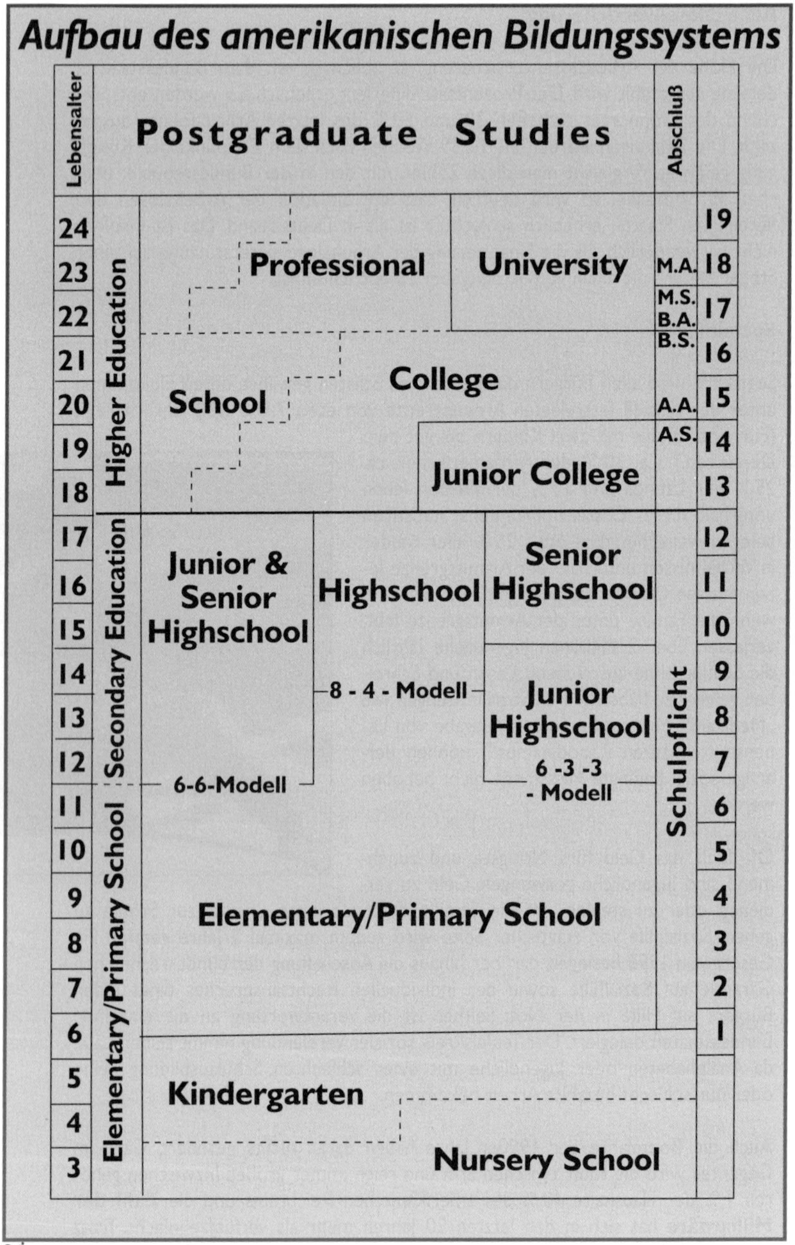

Aufbau des amerikanischen Bildungssystems

Lebensalter					Abschluß	
	Postgraduate Studies					

Postgraduate Studies

Lebensalter	Higher Education				Abschluß	
24						19
23		Professional	University		M.A.	18
22					M.S. B.A.	17
21			College		B.S.	16
20		School			A.A.	15
19				Junior College	A.S.	14
18						13

Lebensalter	Secondary Education				Schulpflicht	
17	Junior & Senior Highschool	Highschool	Senior Highschool		12
16					11
15					10
14		8 - 4 - Modell	Junior Highschool		9
13					8
12			6 -3 -3 - Modell		7
11	6-6-Modell				6
10					5
9	Elementary/Primary School				4
8					3
7					2
6					1
5	Kindergarten				
4					
3		Nursery School			

© **i** graphic

INFO   ## Sozialhilfe in den Händen der Privatwirtschaft

Für Europäer kaum vorstellbar, hat in den USA eine Entwicklung eingesetzt, die die Verteilung der Sozialhilfe ganz in privatwirtschaftliche Hände übergeben will. Damit erhoffen sich die Bundesstaaten:
* eine **effizientere Verteilung** der Gelder,
* **Prämien für den Geldverteiler** (von Staatsseite) sollen die Hilfe bei der Jobsuche forcieren,
* durch eine **verkleinerte Verwaltung** kostengünstiger zu wirtschaften.

Besonders interessant aber ist vor allem, wer denn die Rolle des „privaten Sozialamtes" übernehmen soll: Es muß eine große, bereits existierende Firma sein, die sowohl über wirtschaftliche Stärke, aber auch über Logistik und ein Maß an „Strenge" verfügt. In Texas, dem Staat, der auf diesem Gebiet am weitesten fortgeschritten ist und erste Ausschreibungen für den „Job" ausgegeben hat, haben sich folgende Firmen beworben: Lockheed-Martin (Rüstung, Flugzeugbau), der Datenverarbeiter EDS und eine Unternehmensberatungsfirma ...

Eine **staatliche Aufsicht** soll aber bestehen bleiben, und Washington muß die Idee in einigen Punkten noch befürworten.

einkommen nur geringfügig. Das Durchschnittseinkommen der einkommensschwächsten 25 % der Haushalte ist sogar weiter gesunken.

Gewerkschaften

Die erste große Organisation zur Interessenvertretung für Arbeitnehmer wurde 1869 gegründet und nannte sich „Knights of Labor". Ihr folgte 1886 die „American Federation of Labor" (AFL), deren erster Präsident Samuel Gompers wurde. 1935 spaltete sich der „Congress of Industrial Organization" (CIO) ab, da man sich innerhalb der AFL nicht darüber einig werden konnte, ob die Gewerkschaftsorganisation zentral weitergeführt oder entsprechend den verschiedenen Arbeitsbereichen in mehrere Unterorganisationen aufgeteilt werden sollte. 1955 vereinigten sich beide Organisationen wieder zur AFL-CIO und sind seither mit etwa 14 Millionen Mitgliedern der größte Gewerkschaftsdachverband der Vereinigten Staaten.

Außerhalb der AFL-CIO sind noch knapp 9 Millionen Arbeitnehmer in anderen gewerkschaftlichen Organisationen als Mitglieder eingetragen. Es gibt zwar in den USA keinen bundesstaatenweiten Tarifvertrag, aber einen landesweit gesetzlich festgelegten Mindestlohn (5,25 Dollar/Stunde), der nicht unterschritten werden darf. Kellner z.B. unterliegen diesem Gesetz aber nicht, da davon ausgegangen wird, dass sie ausreichend Trinkgeld bekommen.

Bildungswesen

In den Vereinigten Staaten ist der Bildungsweg in drei Abschnitte gegliedert. Nach der Primary oder Elementary School, die jeder amerikanische Schüler durchläuft, besteht die Möglichkeit, auf einer Highschool weiter zur Schule zu gehen.

Diese Highschool hat nichts mit einer Hochschule im deutschen Sinne zu tun, wie man fälschlicherweise bei einer wörtlichen Übersetzung des Wortes vielleicht annehmen könnte. Erfahrungen von deutschen Schülern, die ein Jahr im Rahmen eines Austauschprogramms auf einer amerikanischen Highschool waren, zeigen, dass diese Schule vom Niveau her auch in den abschließenden Klassen 10, 11 und 12 nicht mit einem europäischen Gymnasium zu vergleichen sind. Das mag unter anderem daran liegen, dass in amerikanischen Schulen z.B. soziale Arbeitsgemeinschaften und Sport eine ungleich größere Rolle spielen. Auf die Highschool folgt nach Abschluss der 12. Klasse das College und danach die Universität. Da der Bildungsweg in den Vereinigten Staaten anders gegliedert ist als in Deutschland, lässt sich ein Teil der College-Ausbildung mit dem Grundstudium an einer deutschen Universität gleichsetzen.

Unterschiedliches Bildungssystem

Auch was die berufliche Ausbildung betrifft, gibt es große Unterschiede zum deutschen System. Eine Lehre im eigentlichen Sinne existiert in den USA nicht. Berufsbildende Schulen sind weitgehend unbekannt. Man erlernt einen Beruf durch Mitarbeit in der jeweiligen Branche bzw. an (halb-) privaten Schulen. Der Nachteil dieser Art von Berufsausbildung ist häufig mangelndes Fachwissen. Als Vorteil ist zu sehen, dass praxisorientiert gelernt wird und dass die Möglichkeit des Berufswechsels erleichtert ist. Für viele Amerikaner ist es selbstverständlich, nicht ihr ganzes Leben lang im selben Beruf zu arbeiten.

Was die Schulen betrifft, so besteht hier ein sehr großer Qualitätsunterschied, der durch den Umstand bedingt ist, dass die Schulen über die Grundstückssteuer finanziert werden. Somit sind Schulen in „reichen" Vierteln wesentlich besser ausgestattet als in Vierteln, in denen arme Leute wohnen. Aber nicht nur der Unterschied in der Ausstattung der verschiedenen Schulen hat zur amerikanischen Bildungsmisere geführt. Auch der Umstand, dass amerikanische Schüler durchschnittlich 40 Tage im Jahr weniger zur Schule gehen als in Europa, sowie die bereits erwähnte starke Orientierung der Lerninhalte auf Sport und auf den sozialen Bereich und auch die Probleme mit Gewalt und Drogen in der Schule haben ihren Anteil daran. Zur „Ivy League" (der Elite) der amerikanischen Studenten gehören fast ausschließlich finanzkräftige Amerikaner, da die Studiengebühr für eine Elite-Universität mit mindestens 20.000 Dollar im Jahr anzusetzen ist – 50.000 Dollar sind auch nicht selten.

Kunst und Leben der Indianer

Überblick

Die Wanderung von Volksstämmen aus dem nordöstlichen Teil Asiens nach Amerika und die darauf folgende Entwicklung der Indianerkultur wird im Geschichtsteil dieses Reiseführers beschrieben. Dort werden auch die Stämme, die sich im Laufe der Geschichte im Südwesten angesiedelt haben und deren Nachfahren noch heute hier leben, aufgeführt. Zur Erinnerung sei jedoch noch einmal erwähnt, dass die vier Hauptkulturen des Reisegebietes die Plains-Indianer (Oklahoma, Texas, Kansas), die Southwest-Indianer (Arizona, New Mexico, West-Texas), die Great-Basin-Indianer (Utah, Nevada u. West-Colorado) und die Southeast-Indianer (Ost-Texas, Südost-Oklahoma) waren. Archäologisch gut erschlossen ist hiervon besonders die Southwest-Kultur, von der viele Kulturdenkmäler auch heute noch zu bewundern sind.

Heute leben allein in den Bundesstaaten Arizona, New Mexico und Oklahoma (die hinter Kalifornien die höchsten Indianeranteile an der Bevölkerung aufweisen) über 430.000 Indianer (andere Zahl: 750.000). Zu einem großen Teil leben sie in Reservaten, aber auch in großen Städten wie Phoenix, Tucson oder Albuquerque. Im Zuge des Umsiedlungsgesetzes von 1954 sind viele Indianer in Städte gezogen, da ihnen die Fahrt dorthin und Arbeit und Wohnung vermittelt wurden. Dieses Umsiedlungsgesetz ist im Rahmen der amerikanischen Indianerpolitik in den 50er Jahren entstanden, als man von staatlicher Seite her bemüht war, die Indianer zu assimilieren, anstatt eigenständige Entwicklungen innerhalb von Reservaten zu fördern.

Indianische Bevölkerungsanteile

Was die **moderne Kunst** betrifft, so wurde 1962 in Santa Fe ein Institut of American Indian Art gegründet, das jungen indianischen Künstlern die Möglichkeit bieten soll, eine ihrer Kultur entsprechende künstlerische Ausbildung zu machen. Angeschlossen an dieses Institut ist ein Museum für indianische Kunst. Exponate in dieser Richtung sind auch im Museum of Fine Arts in Dallas oder Houston (Texas) zu bewundern, ebenso wie im Indian Pueblo Cultural Center in Albuquerque (New Mexico). Neben zum Teil sehr kunstvollen Töpfereierzeugnissen und Schmuckwaren sticht besonders die Architektur hervor. Als historische Zeugnisse sind im Weiteren Felsenbilder, Textilien, Holzschnitzerzeugnisse und kunstvolles Flechtwerk zu erwähnen.

Flechtwerk

Die Tradition des Flechtens besteht bei Stämmen des Südwestens bereits seit Jahrtausenden, und eine alte Kultur der Indianer verdankt ihr sogar ihren Namen, nämlich die der Korbmacher (Basketmaker). Historiker setzen die Existenz dieser Kultur von 500 v. Chr. bis etwa 600 n. Chr. an.

Indianische Korbflechterin

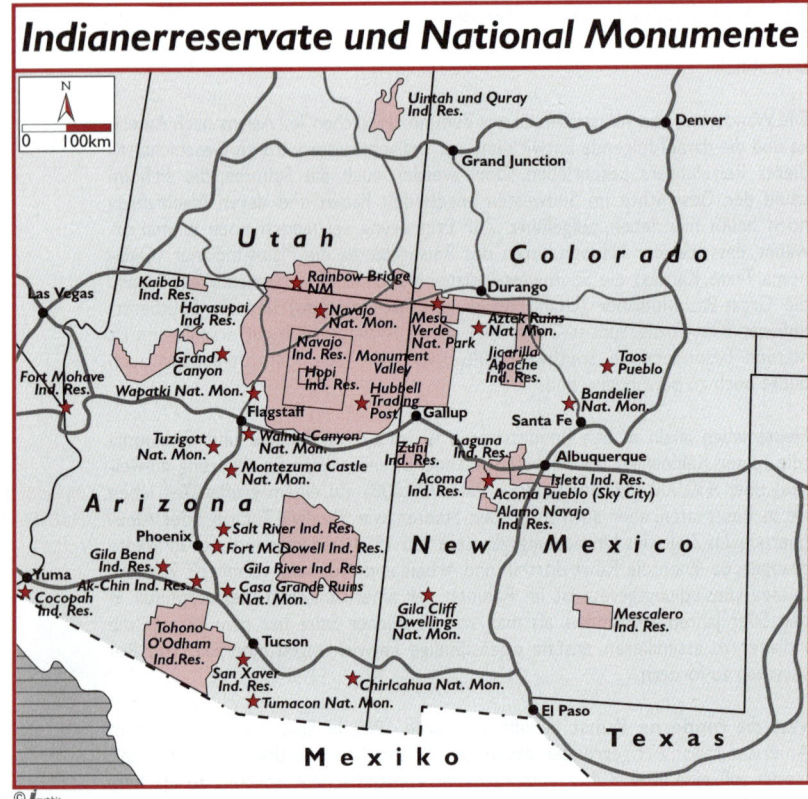

Indianerreservate und National Monumente

Die Korbmacher lebten in Höhlen oder einfachen Hütten und beschränkten sich auf Ackerbau und Haustierhaltung. Aus den unterschiedlichsten Materialien wie Schilf, Weidenzweigen und Gräsern fertigten sie Gegenstände sowohl für den täglichen Gebrauch als auch für kultische Zwecke. Auch heute noch spielt die Produktion von Flechtwerk eine Rolle im indianischen Kunsthandwerk, das unter Touristen als Souvenir sehr begehrt ist. Zu nennen sind hier im Besonderen die Korbschalen der Hopi-Indianer.

Architektur

Die Korbmacher-Kultur wurde von der Pueblo-Kultur gefolgt, die nach ihren Bauten benannt ist. Die Pueblos sind sicher die bekanntesten Bauwerken indianischer Architektur. Das Wort Pueblo ist vom spanischen Wort für Stadt abgeleitet. Ursprünglich als Speicher gebraucht, wurden die Pueblos später auch als Wohnhäuser genutzt und im Zuge der Entstehung größerer Wohngemeinschaften vergrößert. Das Prinzip eines Grubenhauses (pit house) wurde bei der Entstehung größerer Pueblo-Siedlungen dazu verwandt, sogenannte „kivas" anzulegen, die *Pueblos* durch ein Rauchloch in der Decke über eine Leiter zu betreten waren und den Männern als Versammlungsort dienten. Die östlichen Pueblos sind aus Ziegeln, die westlichen aus mit Lehm verbundenen Steinen gebaut. Viele der Pueblos wurden in Felsnischen angelegt, die als Schutz vor Feinden und Wetter dienten und heute als „Cliff Dwellings" bezeichnet werden. Besondere Bedeutung haben u.a. die Pueblos von Mesa Verde (Colorado) und dem Chaco Canyon (New Mexico). Die Anlage in Mesa Verde steht im Rahmen eines Nationalparks unter besonderem Schutz. Die Bewohner der Pueblos galten als sehr friedlich, was einem Teil von ihnen den Namen Hopis (die Friedlichen) einbrachte. In wenigen Fällen existieren noch heute bewohnte Pueblos (z.B. Taos Pueblo).

Textilien

Die Pueblo-Kultur trat nicht nur durch ihre architektonischen Leistungen hervor, sondern auch durch die Fertigung bunter Baumwolltextilien und kunstvoller Federkleidung. Nach der Einführung des Webstuhls aus Mittelamerika um etwa 600 n. Chr. entwickelte sich im Südwesten der Vereinigten Staaten eine für diese Region typische Tradition der Textilherstellung. Die Navajo-Indianer, die um 1000 *Kleider-* n.Chr. in das Gebiet der Korbmacher- und der Pueblo-Indianer einwanderten, *kunst* bezeichneten diese als „Anasazi" (= die Alten) und übernahmen zum Teil deren Gebräuche. Die Navajos sind neben den Hopis große Meister in der Kreation kunstvoller Muster. Heute bildet diese Meisterschaft eine wichtige Einnahmequelle der Stämme. Zum Verkauf an Touristen werden nicht nur Kleidungsstücke, sondern auch Decken und Teppiche gefertigt. Als Grundlage dienen nicht nur Baumwolle, sondern auch pflanzliche Produkte wie Bast oder Tierhaare. Typisch ist die Verzierung von Stoffen und Lederwaren mit aufgestickten Perlen oder Borsten.

Die inzwischen auch bei Europäern sehr beliebte Patchwork-Technik geht auf indianische Textilkunst zurück. Und auch die Leggings sind typisch indianisch: Man kann sie wohl am besten mit „engen Beinkleidern" charakterisieren. Beim Mokassin ist noch am Wort erkennbar, dass diese Art der „Fußbekleidung" auf indianischen Ursprung zurückgeht.

Schmuckwaren

Der in europäischen Ländern als Indianerschmuck bekannt gewordene Türkisschmuck mit Silbereinfassung stammt ebenfalls zu einem großen Teil aus dem Südwesten der Vereinigten Staaten. Die Navajos und Hopis entwickeln große Kunstfertigkeit bei seiner Herstellung, und er ist eine der Hauptattraktionen des Touristengeschäfts. Ursprünglich wurde Indianerschmuck aus Naturmaterialien wie Steinen und Muscheln gefertigt. Mit der Eroberung des nordamerikanischen Kontinents durch die Weißen ging man zur Verarbeitung von Metallen, hauptsächlich Silber, über.

Die Verarbeitung des Edelmetalls geht also auf europäischen Einfluss zurück. Aber andere Kulturen inspirierten die indianischen Künstler: Man findet interessante

Muster aus dem asiatischen Kulturkreis. Viele Stücke der Hopis sind außerdem von einer anderen Kunstform, der Korbflechterei, inspiriert. Gleichgültig, welchen Ursprungs die Anregungen für diesen Bereich des Kunsthandwerkes auch sein mögen, sie bestechen durch Originalität und Einfallsreichtum.

Holzschnitzereien

Bei den Holzschnitzereien sind besonders die Kachina-Figuren zu erwähnen, die ursprünglich für den kultischen Bereich geschnitzt wurden. Sie sollten einen Verstorbenen symbolisieren. Sie bilden diese Person jedoch nicht ab, sondern haben häufig eine äußerst abstrakte Form. In der Fertigung dieser Figuren, die man inzwischen als Souvenir erwerben kann, sind die Hopis führend. Die Holzschnitzkunst hat bei den Stämmen des Südwestens eine lange Tradition. Anfangs benutzte man Knochen- und Steinwerkzeuge, um das Holz zu bearbeiten. Nachdem die Europäer auch Metallwerkzeuge nach Amerika gebracht hatten, arbeiteten die Indianer ebenfalls mit Messern, Beilen und Meißeln. Neben kultischen Gegenständen, wie z.B. den Totempfählen oder Masken, wurden vielerlei Gegenstände des täglichen Gebrauchs, wie Löffel oder Truhen, produziert.

Indianerin mit Schmuck und Tontopf

Töpferwaren

Bereits bei alten Kulturen wie den Korbmachern, spielte neben der Korbflechterei die Töpferei eine große Rolle. Diese Tradition wurde von den Pue-blo-Kulturen weitergeführt und verfeinert. Die Töpferei ist bereits seit etwa 4.000 Jahren bekannt, auch wenn die ältesten Funde, die Verzierungen aufweisen, weit später anzusiedeln sind. Im Südwesten haben die entsprechenden Stücke ein Alter von etwa 2.500 Jahren. Auch heute findet man noch viele Töpferwaren, die auf traditionelle Weise hergestellt und mit alten Mustern verziert sind. Auch die indianischen Töpfer sind sehr kreativ und ihre Ausfertigungen weisen unzählige Variationen auf, sodass es keinen einheitlichen Stil gibt. Häufig findet man sogar auf traditionelle Art und Weise hergestellte Stücke, deren Muster moderne Einflüsse aus Asien oder Europa erkennen lassen.

Bildkunst

Die ältesten Zeugnisse indianischer Bildkunst sind bis zu 5.000 Jahre alt und können als Felsenbilder auch heute noch bestaunt werden. Sie sind entweder in einen Felsen eingeritzt und danach mit dunkler Farbe versehen oder nur mit Farbe aufgetragen. Die Farben sind im Laufe der Zeit verblasst, sodass die Strukturen der eingeritzten Bilder weit besser zu erkennen sind. Häufig ist ihre Bedeutung nicht eindeutig, aber bei Jagd- und Kriegssymbolen ist der Sinn recht gut zu interpretieren. Man geht davon aus, dass diese Bilder nicht nur rein darstellenden Charakter haben, sondern auch kultischen Zwecken dienten, wie z.B. dem Jagdzauber. In den kultischen Bereich fallen wahrscheinlich auch die Darstellungen von Zwitterwesen (Mensch und Tier in einem Wesen). Die Felsenbilder lassen Rückschlüsse über die Einführung spezieller Waffen ziehen. So ist z.B. die erste Darstellung von Pfeil und Bogen etwa 2.000 Jahre alt.

Eine seltene Form der Bildkunst geht auf Traditionen der Navajo-Indianer zurück. Diese fertigten zu zeremoniellen Anlässen Bilder aus gefärbtem Sand an, die nach Beendigung der jeweiligen Zeremonie wieder zerstört wurden. Sie glaubten, dass von diesen Bildern übernatürliche Kräfte ausgingen.

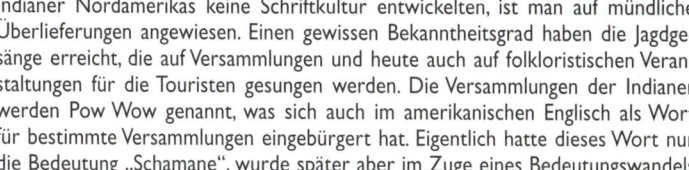

Indianische Teppichknüpferin

Tänze, Gesänge und rituelle Vorstellungen

In Form von Gesangstexten sind bruchstückhaft auch Dichtungen der indianischen Kultur erhalten. Da die Indianer Nordamerikas keine Schriftkultur entwickelten, ist man auf mündliche Überlieferungen angewiesen. Einen gewissen Bekanntheitsgrad haben die Jagdgesänge erreicht, die auf Versammlungen und heute auch auf folkloristischen Veranstaltungen für die Touristen gesungen werden. Die Versammlungen der Indianer werden Pow Wow genannt, was sich auch im amerikanischen Englisch als Wort für bestimmte Versammlungen eingebürgert hat. Eigentlich hatte dieses Wort nur die Bedeutung „Schamane", wurde später aber im Zuge eines Bedeutungswandels zu dem allgemeinen Begriff für eine indianische Versammlung.

Auf Pow Wows wird nicht nur gesungen, sondern auch getanzt. Die entsprechenden Tänze hatten ursprünglich eine rituelle Bedeutung. So gibt es Bären- und Büffeltänze, die im Zusammenhang mit der Jagd standen. Als Attraktion gilt der Regentanz der Hopis im August, bei dem manche mit einer lebenden Klapperschlange im Mund tanzen. Außer Tänzen werden zu bestimmten Gelegenheiten auch zeremonielle Wettkämpfe aufgeführt. Bei Stämmen wie den Apachen, Zunis, Hopis oder Navajos sind auch heute noch entsprechende Zeremonien zu bestaunen. Um den 4. Juli herum findet in Flagstaff das dreitägige „All Indian Pow Wow" statt. Aber auch auf kleineren Pow Wows in Albuquerque, Phoenix, Santa Fe und anderen Städten kann man sicher einen guten Eindruck von rituellen indianischen Gesängen und Tänzen gewinnen.

Die Pow Wows

Etwas Allgemeines über die religiöse Auffassung von Indianern zu schreiben ist fast unmöglich, da die Vielfalt der Stämme und Stammesgruppen mit ihren unterschiedlichen Vorstellungen zu groß ist. Man kann jedoch sagen, dass die Indianer sich immer bemüht haben, im Einklang mit der Natur zu leben, die sie als beseelt ansehen. Die Erde gilt als Spenderin allen Lebens und wird entsprechend verehrt. Indianer im Gebiet vom Taos Pueblo weigern sich sogar, Landwirtschaft im modernen Sinne zu betreiben, da ihrer Vorstellung nach das Pflügen mit einem Metallpflug die Erde verletzt. Im Frühjahr entfernen sie die Hufeisen von den Hufen ihrer Pferde und tragen selbst Schuhe mit einer weichen Sohle, um die „schwangere Erde" nicht zu stören. Dieses spezielle Beispiel illustriert, welche Achtung und Fürsorge Indianer der Natur entgegenbringen.

Geisterglaube Sie glauben, in Kontakt mit Geistern und Dämonen treten zu können, die sich häufig in Dingen der Natur verbergen. Es ist also gar nicht abwegig für einen Indianer, mit einem Baum zu sprechen. Auch die Seele von Toten kann auf Gegenstände oder Naturerscheinungen übergehen. Die Vorstellung von den sogenannten „ewigen Jagdgründen" ist eher von den Vorstellungen der Europäer geprägt und nicht allgemein typisch für indianisches Gedankengut, ebensowenig, wie der große „Manitou" als oberster Gott aller Indianer zu sehen ist. Er verkörpert bei den Algonquin-Indianern des Ostens eine alles beherrschende Macht, ist aber damit noch lange nicht mit dem Gott einer monoteistischen Religion wie dem Christentum zu vergleichen.

Wie viele Indianer heute noch an den traditionellen Vorstellungen ihrer Vorfahren festhalten, ist schwer zu sagen, denn lange nicht alle, die in Reservaten leben, halten sich an diese Traditionen. Es ist jedoch sehr interessant, sich einmal mit einer völlig anderen Auffassung von Leben und Natur auseinander zu setzen und die entsprechenden Reservate oder Museen zu besuchen.

American Way of Life

Im Laufe der über 200-jährigen Geschichte der USA haben sich so einige **Eigenarten der Gesellschaft** herauskristallisiert, die sich von der mitteleuropäischen Kultur unterscheiden. Die amerikanische Lebensweise gilt in vielem als fortschrittlich, ist aber auch in unzähligen Punkten **konservativer als unsere**. Häufig werden zu schnell gegenseitige Vorurteile gefällt. Medien, besonders die Soap Operas im Fernsehen, verzerren das Bild bei uns, und schon werden alle Amerikaner in einen Topf geschmissen und als „überzogen", „gewinnsüchtig", „draufgängerisch", „unsozial" und „kritiklos" abgestempelt.

Im Gegenzug herrscht in Amerika von den Europäern immer noch das Bild der „guten alten Welt" mit all ihren Klischees wie Schlössern, Fachwerkhäusern, Trachten usw. Für dieses Bild sorgen u.a. die Reiseveranstalter, die amerikanische Touristen in nur einer Woche durch die Kulturstätten des mittelalterlichen Europa jagen, ohne ihnen die Möglichkeit zu geben, auch das reale Europa zu erleben.

In diesem Kapitel möchte ich Ihnen nun ein paar Eigenarten des amerikanischen Lebens kurz erläutern.

Grundgedanke der amerikanischen Lebensweise ist das **Recht des einzelnen**. Individualismus spielt in der Gesellschaft eine herausragende Rolle, **aber nur soweit es ums Geschäft geht**. Die Wurzeln hierfür findet man in der Zeit der ersten Siedler, die, ganz auf sich alleine gestellt, das Land urbar gemacht haben. Auf der Suche nach einem besseren Leben haben die ersten Generationen sich diesem Ziel ganz hingegeben. Damit war der Grundpfeiler für das ausgeprägte Konkurrenzdenken, aber auch die übermäßige Hilfsbereitschaft Fremden gegenüber gesetzt. **„Free enterprise"** (freies Unternehmertum) bildete schon früh ein Schlagwort im Wirtschaftsleben und gilt als unantastbares Kulturgut.

Daraus resultiert auch der amerikanische Gedanke, daß Fleiß immer belohnt wird **(„effort optimism")**. Diese Haltung aber, die davon ausgeht, dass Armut und Reichtum aus Faulheit bzw. harter Arbeit entspringen, führt zu einer Unterschätzung sozialer Probleme und einer Überschätzung alles Materiellen.

Auto fahren

Auto fahren gehört zu den **Basiselementen der grenzenlosen Freiheit**. Ohne das Auto geht nichts. Das fällt bereits in den Städten auf, wo das öffentliche Nahverkehrsnetz sehr rudimentär ist. Lieber steht man 2 Stunden im Stau, als dass man sich mit der Bahn oder einem Bus zur Arbeit begibt. Besuche in Nationalparks sind ohne eigenes Fahrzeug nur mit organisierten Touren möglich. Kaum eine Buslinie fährt den „immobilen" Touristen zu den Parkeingängen. Spätestens in der letzten großen Stadt vor dem Park hilft nur noch der Daumen. Wie bei uns sind Autos ein Statussymbol, und selbst in ärmeren Bevölkerungsschichten findet man mindestens ein Fahrzeug in der Familie. Den amerikanischen Fahrstil könnte man als bieder bezeichnen. Selbst Porschefahrer halten sich brav an die Geschwindigkeitsbegrenzungen und lassen sich auch von den kleinsten Autos überholen.

Begrüßung

Nur selten schüttelt man die Hand bei der Begrüßung und wenn, dann nur bei der ersten Vorstellung, dann nie wieder. Schnell ist man „per Du" und nennt sich beim Vornamen. Doch sollte man dieses nicht mit europäischen Maßstäben bewerten. Es ist eine Grundhaltung, hat aber mit persönlicher Sympathie und bewusster „Vertraulichkeit" nichts zu tun. Auch die Tatsache, dass bereits beim ersten Gespräch über persönliche Dinge, wie z.B. Beruf, Einkommen und Familie, geredet wird, hat keine weitreichenden Konsequenzen. Beim nächsten zufälligen Treffen könnte Ihr Gesprächspartner sich schon gar nicht mehr an Sie erinnern.

Schnelles Duzen

Frauen haben es meist leichter als Männer. Sie können sich Ihren Gesprächspartner selber wählen und sich abwenden, wenn sie jemand anspricht. Dieses würde bei einem Mann als unhöflich gelten.

Demokratie

Die Amerikaner bezeichnen ihr politisches System gerne als **die beste Demokratie der Welt**. Hierbei haben sie aber nur in einem Recht: Jeder kann wählen. Im Gegensatz zu Europa beinhaltet dieses Staatssystem „nur" die Demokratie, von einem Sozialstaat ist man weit entfernt.

Hier macht sich wieder das individualistische Denken bemerkbar. Kein Amerikaner möchte sich vom Staat vorschreiben lassen, wen er unterstützt, und erwartet im Gegenzug aber auch nicht viel vom Staat. Andererseits gibt es in den USA einen starken Hang zur **„Basisdemokratie"**, sodass sich Gruppen bzw. Personen für Schwächere einsetzen oder gegen eine „Ungerechtigkeit" angehen.

Entsprechend sieht man im Straßenbild immer wieder protestierende Gruppen und unzählige Bürgerinitiativen, die Passanten auf ein Unrecht aufmerksam machen wollen. Schon in der Schule wird dieses Engagement gefördert, und Schülergruppen organisieren z.B. Spendenprogramme für sozial Schwache. Auch die Wirtschaft mischt hier mit. Autofirmen, Supermärkte usw. sammeln für Notleidende oder werben für die Unterstützung einer regionalen Institution, wie z.B. einer Schule, die einen neuen Sportplatz benötigt.

Dienstleistung

Der **Dienstleistungssektor in den USA expandiert** in großem Stil. Überall steht Ihnen jemand zur Verfügung, der Sie berät, Sie zu bestimmten Punkten hinbegleitet oder Ihre Koffer trägt.

Einladungen

Schon nach einer kürzeren Unterhaltung kommt es oft zu dem Punkt, dass Sie zu einem Besuch eingeladen werden und evtl. sogar zu einer Übernachtung. Leider ist dies nicht immer so ernst gemeint, wie es klingt, und wenn Sie dann vor der Tür stehen, treffen Sie nicht selten auf ungläubige Gesichter. Vergewissern Sie sich lieber genau, ob die Einladung ernst gemeint ist und lehnen Sie ggfs. dankend ab, oder entschuldigen Sie sich mit zeitlichen Problemen. Das nimmt Ihnen keiner übel.

Einstellung zu Besuchern

Die Einstellung zum **deutschen Besucher** ist durchgängig **positiv.** Jeder sechste Amerikaner hat deutsche Vorfahren, viele waren während ihrer Militärzeit in Deutschland stationiert. Dem Deutschen werden Werte wie Fleiß, Tüchtigkeit, Disziplin und Wissensdrang zugesprochen. Man schwärmt von deutschen Autobahnen und Autos … und von deutschem Bier. Ich hatte das Gefühl, dass mehr Amerikaner auf dem Münchner Oktoberfest waren als Deutsche.

Deutsch-land-Bild Dass das Deutschland-Bild des Amerikaners in unseren Augen naiv und oberflächlich ist (der Deutsche trinkt Bier, isst Weißwürste, wohnt in Fachwerkhäusern und liest am Abend Goethe oder Schiller), mag stimmen – aber er verbindet mit diesem Bild starke positive Vorstellungen wie „Gemütlichkeit" und „Treue". Dieses Bild steht im krassen Gegensatz zu einer gerade unter jungen Deutschen anzutreffenden Anti-Amerika-Haltung, die in wesentlichen Teilaspekten wohl berechtigt ist, manchen Amerikaner aber schmerzt, wenn er sich an einen gefallenen Sohn in einem der von Amerika geführten Kriege oder an die Care-Aktionen der Nachkriegszeit erinnert. Vielleicht sollte dem hier anzutreffenden abendländisch-abgeklärten Intellektuellen in Erinnerung gerufen werden, dass der historische Weg aus der extremen Diktatur der Nazizeit in eine freiheitliche Demokratie der Bundesrepublik maßgeblich durch Amerikas Politik ermöglicht wurde.

Schweizer Staatsbürger erfreuen sich des Rufes, aus dem sauberen und disziplinierten Musterländle zu kommen, das sich in keine politischen Probleme einmischt, aber für den Wohlstand aller seiner Bürger sorgt. Die Einstellung mag dem einen oder anderen zwar als kitschig aufstoßen, gibt aber in keiner Weise Probleme auf.

Österreicher dagegen werden bei den Amerikanern immer noch im vorletzten Jahrhundert angesiedelt, trinken in ihrer Freizeit Kaffee im Hotel Sacher, hören den ganzen Tag Walzermusik und erfreuen sich einer unberührten Alpenlandschaft. Das moderne Österreich besteht allerhöchstens aus Persönlichkeiten wie Nikki Lauda. Dass Österreich seit zig Jahren eine Demokratie besitzt, ist den meisten Amerikanern scheinbar verborgen geblieben. Bei einer Umfrage in New York glaubten mehr als 50 % der Befragten, Österreich würde immer noch von einem Kaiser regiert, und 12 % glaubten sogar, es sei ein Teil Deutschlands.

Essen

Amerikas Esskultur ist sicherlich geprägt von Fastfood-Ketten, die kalorienreiches, fettes und vitaminarmes Essen präsentieren. Doch ist Amerika auch **das Land der Gegensätze**. Neben einigen Fastfood-Ketten, die mittlerweile auch Salatbars haben, gibt es auch eine Reihe von Bioläden. Zudem bieten gute Restaurants Mahlzeiten an, die man selbst in ausgewählten Restaurants in Europa selten findet.

Fernsehen

Millionen von Fernsehern **flimmern täglich in den Wohnstuben, Bars, ja selbst in Restaurants und Büros.** Unzählige verschiedene Fernsehstationen werden fast jedem (amerikanischen) Bedürfnis gerecht, und große Firmen bzw. Hotelketten bieten obendrein noch interne Programme. **Fernsehen hat aber einen anderen Stellenwert als bei uns.** Häufig dient es nur als Geräuschkulisse. Der Fernseher läuft den ganzen Tag, egal ob jemand im Zimmer ist oder nicht und egal ob dabei gestaubsaugt oder sonst etwas gemacht wird. Auch bei Besuchen bleibt der Fernseher an. Sollten Sie also einmal die Gelegenheit haben, bei einer Familie zu Besuch sein, bewerten Sie es nicht als unhöflich, wenn der Fernseher weiter läuft und die Gastgeber gelegentlich mal hinschauen. Das ist halt so.

Freundlichkeit

Wer das erste Mal nach Amerika kommt, wird über die **Freundlichkeit** positiv erstaunt sein. Die Bedienung, der Busfahrer, die Angestellten an der Rezeption eines Hotels – alle behandeln einen auffallend freundlich. Der Begeisterung über den netten Umgang miteinander aber mag nach einer Weile die Ernüchterung folgen, da es sich dabei um einen Ausdruck der vielen Konformismen handelt, die Amerika und seine vielen Menschen „funktionieren" lassen. Oberflächlichkeit? Natürlich können wir die Grundhaltung der Amerikaner hinterfragen und werden dazu sicherlich Antworten finden.

Angepasst-
sein ist
positiv

Eine „Erziehung zur Kollektivität" nennt es Paul Watzlawick in seiner „Gebrauchsanweisung für Amerika", und er bemerkt: „Vom Kindergarten an wird dem Amerikaner eingeprägt, dass er ein Teil der Gruppe ist und dass die Werte, das Verhalten und das Wohl der Gruppe maßgebend sind. Andersdenken ist verwerflich, Anderssein erst recht ...

Während es in Europa eine Beleidigung ist, ein Dutzendmensch genannt zu werden, hat der Amerikaner eine große Angst davor, von der Gruppennorm abzuweichen. Anderssein bedeutet Ausstoßung aus der Gruppe, bedeutet „Ächtung". Anders dagegen die Einstellung im Geschäftsleben. Man hält sich zwar an die Normen, lässt aber keinen herein reden.

Das Miteinander im Alltag wird durch die gleichbleibende, standardisierte Freundlichkeit untermauert. Nicht verwunderlich, dass es in den Highschools manchmal sogar ausgesprochene Trainingskurse für höfliches Verhalten gibt.

Konservativismus

Das zum Teil sehr konservative Verhalten der Amerikaner basiert auf den streng religiösen Erziehungsmethoden, die sich wiederum aus der Pionierzeit erhalten haben. Diese konservative Haltung spiegelt sich vor allem bei folgenden Punkten wider:
- **Mann-Frau**: Der Mann spielt, trotz aller emanzipatorischer Veränderungen, immer noch die Rolle eines **„Gentleman"**. Höfliches Auftreten gegenüber einer Frau wird erwartet, und für gemeinsame Aktivitäten (Essen gehen, Eintritte) muss er dann auch bezahlen. Demgegenüber hat die Frau **„Narrenfreiheit"** und kann sich Gesprächspartner wählen oder sie „zum Teufel schicken".
- **Kneipen**: Es gibt Kneipen in den Großstädten und kleine Pubs auf dem Lande. **Doch mit unserer gemütlichen Kneipenkultur hat das wenig zu tun.** Oft handelt es sich um dunkle Spelunken, wo nur getrunken und Billard gespielt wird. Frauen trifft man hier nur selten an und wenn, in Begleitung ihrer Männer, wobei sie sich dabei auffällig ruhig verhalten und die antiquierte Rolle der umsorgenden Frau innehaben. Abgesehen von den Pubs der Innenstädte, wo sich auch die

Geschäftsleute während der Lunchtime oder gleich nach der Arbeit kurz treffen, werden Pubs in der Regel nur von Arbeitern und Farmern aufgesucht. Für andere Bevölkerungsschichten gelten sie als nicht gesellschaftsfähig. Die Jugend trifft sich, anders als bei uns, dann eher in einem Fastfood-Restaurant.

• **Alkohol/Drogen**: Der **Alkoholkonsum spielt eine „geringere Rolle"** im gesellschaftlichen Leben der Amerikaner, häufig ist er auch verpönt, basierend auf der streng religiösen Einstellung vieler Leute. Bier wird zu einem wesentlichen Anteil als „Light-Beer" verkauft, harte Sachen werden gemixt mit Soft-Drinks. Entsprechend selten trifft man daher auf „Schnapsleichen" am Straßenrand.

Das **Drogenproblem** ist dagegen viel größer als bei uns, wird aber gerne unter den Tisch gekehrt. Aufgrund statistischer Erhebungen stellte sich zwar heraus, dass über 70 % der Jugend gelegentlich oder regelmäßig Marihuana rauchen, doch wird dieses Thema selten angesprochen.

• **Glücksspiele:** Glücksspiele sind in den meisten Staaten verboten. Daraus resultiert der enorme Erfolg der Städte in Nevada (Las Vegas, Reno u.a.), wo dies erlaubt ist. Und mittlerweile mischen zahlreiche Casinos in den autonomen Indianerreservaten auch kräftig mit.

• **Volljährigkeit**: Trotz mehrfacher Interventionen einiger freiheitlich denkender Organisationen wehrt sich die Mehrheit der Amerikaner immer noch gegen die Herabsetzung des Volljährigkeitsalters. In den meisten Staaten ist man erst mit 21 volljährig und darf z.B. auch erst dann Alkohol kaufen.

• **Kleidung**: In der Freizeit laufen die Amerikaner gerne sehr **leger** herum, und so sollte es einen nicht verwundern, wenn man viele Leute in Luxushotels in Shorts und Turnschuhen antrifft. Anders dagegen bei offiziellen Anlässen oder bei Geschäftstreffen. Hier wird ein Anzug, am besten ein dunkler, erwartet. Besonders aber die Frauen müssen sich zurechtmachen. Laufen sie noch im Jogginganzug zum Büro, müssen sie sich dort umziehen und in hochhackigen Schuhen und einem Kleid auftreten. Bei Abendveranstaltungen trifft man sie sogar häufig in Cocktailkleid oder Abendrobe an.

Auch in Diskotheken oder besseren Restaurants ist eine gepflegte Kleidung häufig Grundvoraussetzung für den Einlass.

Puritanische Werte

• **Pornographie/Nacktheit**: Auch dies sind **Tabuthemen** bei den Amerikanern. Jedem bekannt ist das „Playboy"-Magazin, das aus Amerika kommt, doch findet man es dort nur in ausgewählten Zeitschriftenläden und dann auch nur in der hintersten Ecke, genauso wie alle anderen freizügigen Zeitschriften. **FKK** ist eine Kultur, die sich in Amerika zwar einer **hohen Popularität erfreut**, doch wer einen entsprechenden Strand aufsuchen möchte, muss erst einmal mit detektivischem Gespür durchfragen. Nacktbaden (auch „oben ohne") an öffentlichen Stränden ist streng verboten.

Mobilität

Ganz anders als bei uns wechseln die Amerikaner häufig Wohnort, Arbeitsplatz und auch Arbeitsgebiet.

Alle 5 Jahre wechselt der Durchschnittsamerikaner seine Wohnung, und der Bau eines soliden, „ewigen" Eigenheimes ist nur in den obersten Einkommensschichten üblich. Dementsprechend kurzlebig und billig sind die meisten Häuser.

Besonders auffällig ist die **Mobilität im Berufsleben**. Rechtsanwälte jobben in ihrer Freizeit in Pubs, Verkäufer arbeiten nur kurz in ein und demselben Laden, und viele jüngere Leute setzen sich sogar das Ziel, sich einmal durch die USA zu jobben. Mit Anfang/Mitte vierzig wiederum entscheiden sich viele, erfolgreich mitten im Berufsleben stehend, etwas ganz Neues zu beginnen. Diese Mobilität ist deswegen möglich, weil die Arbeitsfelder viel enger abgegrenzt sind. Eine Autowerkstatt, die alles macht, gibt es nur selten. Meist fährt man zum Auspuffdienst oder zum Bremsendoktor. Auch darf man von einem Maler z.B. nicht erwarten, dass er auch noch tapezieren kann. Dieses hat zur Folge, dass man sich viel schneller in einem neuen Beruf zurechtfindet.

Sozialstaat

Wie schon oben erwähnt, kennt das politische Systems Amerikas nicht die umfassende soziale Absicherung von Seiten des Staates. Es gibt zwar Arbeitslosengeld und auch Zuschüsse für Bedürftige, aber mit unserem System kann man das nicht vergleichen. Die Amerikaner entscheiden lieber individuell, wann und wo sie helfen wollen und ob sie freiwillig ihre eigene Vorsorge bei einer privaten Versicherung abschließen.

Problem Armut Das hat natürlich zur Folge, dass bestimmte Zielgruppen durch freiwillige Initiative unterstützt werden müssen, viele aber auch durch dieses Netz fallen. Der Anteil der Bevölkerung, die unter der Armutsgrenze lebt, ist dementsprechend sehr hoch: 36 % der Schwarzen und 13,5 % der Weißen.

Sprechen Sie nun dieses Thema gegenüber einem Amerikaner an, werden Sie in der Regel auf Unverständnis stoßen. Man wird Ihre Kritik mit Argumenten entkräften wollen, wie „Jeder ist seines eigenen Glückes Schmied", „Ohne Fleiß kein Preis" oder mit der Feststellung, man habe doch erst beim letzten Wohltätigkeitstanz $ 100 für den Bau eines Spielplatzes gespendet. Es gibt nur vage Statistiken,

wie viel der Durchschnittsamerikaner freiwillig für soziale Zwecke ausgibt. Dieses ist bestimmt nicht wenig, nur ob es immer richtig eingesetzt wird, darf bezweifelt werden.

Sportlichkeit

Auch wenn es in Amerika mehr dickleibige Menschen gibt als in Europa, haben die meisten Amerikaner einen **Hang zur sportlichen Betätigung**. Nicht ohne Grund finden viele Outdoor-Sportarten und vor allem alle Arten von Fitnesswellen hier ihren Ursprung. Teilweise kritiklos werden neueste Errungenschaften ausprobiert. Sah man gestern noch die halbe Nation frühmorgens durch den Stadtpark joggen, gehört heute schon eine Hantel dazu, die beim Laufen auch noch die Armmuskulatur kräftigt. Doch auch das mag nicht mehr „in" sein, und der Trend zur Indoor-Aktivität nimmt wieder zu (Fitnessstudio im Haus).

Im Urlaub gehört für die ganze Familie mindestens ein Sportprogramm dazu, so z.B. eine längere Wandertour, Kajaken oder Reiterferien.

Superlative

Durch das fast unüberschaubare Angebot an allem, was man konsumieren kann, ist jeder Hersteller gezwungen, sein Produkt mit überschwänglichem Optimismus und schmückenden Worten anzupreisen. Kein Wunder also, dass sich hinter „The best Steaks in the West" häufig nur eine heruntergekommene Imbissbude verbirgt.

Auch in Gesprächen werden Sie feststellen, dass mittelmäßige Attraktionen noch mit „how great" oder „marvellous" tituliert werden. Leider bilden die Touristenbüros da kaum einen Ausnahme.

Unterhaltungsbedürfnis

Der Alltag des Amerikaners mag in vieler Hinsicht trister sein als bei uns: Das Fernsehen bildet die Geräuschkulisse; die Wohnung ist funktionell, aber wenig attraktiv; kulturelle Veranstaltungen wie Theater oder Oper sind nur in Großstädten vorhanden, und gemütliche Kneipen, wo man sich mit Freunden trifft, gibt es auch kaum. Obendrein kann man nur auf eine kurze Geschichte zurückgreifen.

Kein Wunder also, dass viele Amerikaner z.B. ihre Freizeit in Vergnügungsparks, auf Golfplätzen, und Jugendliche in Spielhallen oder mit „Drive In" (langsames Herumfahren mit dem Auto durch die Straßen der Stadt) verbringen. Besonders die Vergnügungsparks vermitteln den Besuchern das Gefühl der heilen Welt – früher, heute und in Zukunft. Nur Spaß und Ablenkung werden akzeptiert, und wenn ein kritisches Thema angesprochen wird, dann wird es derart verzerrt und verharmlost, dass es keinen „erzieherischen" Effekt mehr hat.

Die Entertainment-Gesellschaft

Verabredung

Verabredungen werden, im Gegensatz zu Terminen, nur bedingt eingehalten. Falls etwas dazwischen kommen sollte, kommt man halt nicht, ohne immer Bescheid zu sagen. Verabreden Sie sich daher besser nicht „unter der Uhr", sondern in einem Lokal, wo das vergebliche Warten nicht so unangenehm ist. Anders dagegen werden Termine (dates, appointments) höchst akkurat eingehalten.

Weltbild

Das Weltbild der Amerikaner ist sehr auf den nordamerikanischen Kontinent zentriert. Politisch sind sie wenig interessiert, und daher informieren die Medien auch sehr oberflächlich, besonders was Auslandsthemen angeht. So was verkauft sich halt schlecht.

Bereits in der Schule wird das Ausland nur peripher behandelt und auf die Aufarbeitung von speziellen Problematiken wird kaum Wert gelegt. Daher verwundert es nicht, dass bei einer Umfrage 13 % der Befragten Deutschland als Monarchie angesehen haben. Sie werden auch beim Kauf von Büchern fast nur gut verkäufliche Themen finden. Nur sehr wenige „Renner" schneiden kritische Themen an. Kritisches zum sozialen Leben findet sich kaum. In vieler Hinsicht gibt es in Europa daher eine bessere Buchauswahl als in Amerika.

Zugegeben, der
**Guadalupe
National Park**
liegt etwas abseits
der beliebten Fahrt-
routen, und auch
seine Erkundung
erfordert ein
gewisses Lauf-
pensum. Dafür aber
wird man hier mit
wunderschönen
Panoramen belohnt.

Dallas' Skyline wirkt wie „Utopia" inmitten einer verschlafenen Farmidylle. Der Schein trügt aber, was uns nicht nur J. R. von der Southfork Ranch vorgelebt hat. In den riesigen Glaspalästen werden so manche Ölmilliarden gewälzt.

Rinderauktionen, wie diese hier in **Fort Worth** bei Dallas, sind auch heute noch gesellschaftlicher Mittelpunkt der Reichen in Texas. Teuere Gemäldegalerien, feine Stuckvillen und anderer Pomp dienen eher für den auswärtigen Besucher als Fassade.

Das Architektur- und Wissenschaftsexperiment **Biosphere 2** taucht mit seinen Glasdächern und Gewächshäusern wie eine Fata Morgana in der Wüste von Arizona auf.

Der Südwesten gehört zu den am dünnsten besiedelten Gebieten der USA. Besonders deutlich wird dieses auf den Highways in **New Mexico**, wo mit Recht die meisten Trucker-Movies gedreht worden sind.

Der **Rio Grande** ist vielen sicherlich bekannt als der vielzitierte Grenzfluss zwischen Mexiko und den USA. Illegale Grenzgänger gab es bereits im „Wilden Westen". Doch der „große Fluss" hat auch seine schönen Seiten, besonders im Herbst.

Große Ranchen in **Texas** definieren sich nicht alleine durch die riesigen Herden und großen Wohngebäude. „Aushängeschild" einer gut geführten Ranch ist der Zustand der ewig langen Holzzäune.

Die **Carlsbad Caverns** beein-drucken durch ihre bizarren Tropfstein-formationen. Ein besonderer Knüller – und besonders beliebt bei Kindern – ist aber besonders der unterirdische „Lunchroom", ein Fastfood-Restaurant unter der Erdober-fläche.

Die 1797 gebaute Missionskirche **San Xavier del Bac** südlich von Tucson ist einer der schön-sten des amerikani-schen Westens und trägt den Beinamen „weiße Taube der Wüste".

Chili, mittlerweile auch bei uns beliebt, ist das Gewürz des Südwestens. Besonders in der Old Town von **Albuquerque** hängen die Köche die zusammengebundenen Schoten gerne vor die Tür … als Beweis für frische und aromatische Kochkünste.

Wie der Lake Mead ist der **Lake Powell** in Süd-Utah ein Stausee des Colorado River und für die Stromversorgung des Westens von großer Bedeutung. Touristen nutzen den See als ideales Revier für alle möglichen Wassersportarten und für Kreuzfahrten durch eine Landschaft von grandioser Schönheit.

Das **Hopi-Reser-vat** gehört zu den größten im Süd-westen. Doch gibt der Boden nordöst-lich von Flagstaff nicht viel her. So leben die Hopis heute besonders vom Tourismus. Bekannt sind sie vor allem durch ihr Silberschmuck-Handwerk.

Im **Navajo-Reservat** dagegen stellt die Schafhaltung immer noch einen bedeutenden Einkommenszweig dar. Doch auch hier verliert sich vieles durch den Einfluss des gewinnbringenden Tourismus.

Ghosttowns, die Geisterstädte der ehemaligen Gold- und Silberschürfer, sind oft nicht leicht zu finden und liegen häufig weit abseits der Hauptstraßen. Anders dagegen das kaum beachtete **Mogollon**, welches sich nur 9 Meilen vom US 180 versteckt.

Vor 900 Jahren bauten die Sinagua-Indianer Häuser aus Lehm, Stein und Holzbalken in die Felsen nördlich des heutigen Phoenix. Als später die Spanier diese verlassenen Strukturen fanden, glaubten sie, diese könnten nur von „hohen Kulturen" gebaut worden sein, z.B. den Azteken. Fälschlich nannten sie sie dann **Montezuma's Castle**, heute ein Nationalmonument.

JOHN HEATH TAKEN FROM County Jail & LYNCHED By Bisbee Mob IN TOMBSTONE Feb 22 1884

Noch vor gut 100 Jahren war Lynchjustiz an der Tagesordnung in den abgelegenen Minenorten, wie hier **Tombstone**. Zur Abschreckung für andere wurde diese „Todesart" besonders deutlich auf den Grabsteinen markiert.

Zu einer der am schnellsten wachsenden Metropolen im Südwesten gehört **Phoenix**, die Hauptstadt Arizonas, die sich innerhalb weniger Jahrzehnte von einem kleinen Nest zu einem verkehrsreichen, mit großzügigen Bauten ausgestatteten Ballungszentrum entwickelte.

Jeder Brief in Amerika wird persönlich zugestellt, und das bei den niedrigen Portogebühren! Trotzdem nimmt man den Postboten gerne die weiten Wege ab und „konzentriert" die einheitlichen Blechkästen an exponierter Stelle. Hier in **Leadville** durfte dann beim Briefkastenleeren auch noch getankt werden.

Der oft als „achtes Weltwunder" bezeichnete **Grand Canyon** in Arizona, eine vom Colorado River geschaffene Schlucht, ist zu jeder Jahreszeit und bei jeder Beleuchtung ein unvergessliches Erlebnis.

Die weltberühmte Spielerstadt **Las Vegas** in Nevada durchlebte eine der erstaunlichsten Karrieren einer Wüstenoase und macht immer wieder durch spektakuläre, neue Casinohotels – hier das „Paris, Paris" – von sich reden.

Die 6th Avenue in **Austin, TX** ist eine der bekanntesten Livemusik-Bezirke der USA. Oft verkannt, haben sich hier so einige spätere Stars ihre ersten Sporen verdient. Beachtlich ist besonders, dass nahezu jede Musikrichtung vertreten war und ist.

Schlauchboottouren,
wie hier auf dem
Colorado, werden
immer beliebter.
Nicht immer geht es
so wild zu wie hier,
doch sollten Sie Ihre
Photoausrüstung
trotzdem besser an
Land lassen.

Überall im Süd-
westen werden
Flüge mit Heißluft-
ballons angeboten.
Dazu müssen Sie
aber früh aufstehen,
denn die Ballons
können nur zu den
kalten Tageszeiten
aufsteigen. Bekann-
teste Regionen für
diese Ballonfahrten
sind die Wüsten von
Colorado, Arizona
und New Mexiko,
wobei **Albuquer-
que** sich heute mit
Recht als „Capital
of Balloning" be-
zeichnen kann.

Von der legendären **Route 66** zwischen Chicago und Los Angeles ist fast nichts mehr übrig. Trotzdem finden sich immer wieder Nostalgiker, die mit aufgemotzten Oldtimern die Rest-stücke der US 66 südlich des Grand Canyon bevölkern.

In einer Arbeit von Jahrmillionen hat der Virgin River eine Schlucht in das Gebirge gegraben und die beein-druckende Natur des **Zion National-Parks** geschaffen, einem der belieb-testen Reiseziele im Bundesstaat Utah.

Fahrten mit histori-
schen Eisenbahnen
erfreuen sich immer
größerer Beliebtheit.
Eine der schönsten
ist die Bahn zwi-
schen **Silverton** und
Durango in Colo-
rado. Die einfache
Fahrt dauert etwa
3 Stunden.

Die Landschaft des
Südwestens ist be-
kannt für Ihre bun-
ten Sandsteine, die
sich oft durch
Erosion zu ulkigen
Gebilden entwickelt
haben. „Needles",
wie dieser in den
Canyonlands von
Utah, bieten beson-
ders während des
Sonnenuntergangs
ein schönes Photo-
motiv.

Die Märchenwelt des
**Bryce Canyon
National Parks**
kann man bequem
auf einer Panorama-
straße mit herrlichen
Aussichtspunkten
kennen lernen, seine
volle Schönheit
erschließt sich jedoch
am besten auf einer
Wanderung durch
die bizarren Kalk-
steinzinnen.

6. DIE USA ALS REISELAND

Benutzerhinweis
In den *Allgemeinen Reisetipps (ab S. 106)* finden Sie – alphabetisch geordnet – reisepraktische Hinweise für die Vorbereitung Ihrer Reise und Ihren Aufenthalt. Die *Regionalen Reisetipps (ab S. 173)* geben Auskunft über Unterkunftsmöglichkeiten etc. in den wichtigsten Orten bzw. Regionen.

News im Web:
www.iwanowski.de

Allgemeine Reisetipps A–Z

A

▶ **Abkürzungen**

Hier sind die wesentlichsten Abkürzungen aufgeführt, auf die Sie während einer Reise durch den Südwesten der USA immer wieder treffen werden (z.B. Karten, Straßenschilder oder auch in diesem Buch):

Ave.:	Avenue	N.F. oder	
B.:	Beach/Strand	Nat. For.:	National Forest/
Bldg.:	Building/Gebäude		Wald, Staatsforst
Blvd.:	Boulevard	N.M.:	National Monument
Cr.:	Creek/Bach	N.P.:	Nationalpark
Cy.:	City/Stadt	N.S.:	National Seashore/
Dept.:	Department/		Nation. Küstenschutz-
	im Amerik.: Behörde		gebiet
Dr.:	Drive	N.W.R.:	National Wildlife
Frw.:	Freeway		Refuge/
Ft.: Fort			Naturschutzgebiet
H.M.:	Historical Monument/	Pk.:	Peak/Gipfel
	Historisches Denkmal	R.:	River/Fluss
H.P.:	Historical Park/	Rd.:	Road
	Historischer Park	Res.:	Reservation oder
Hts.:	Heights/Höhen		Reservoir/Reservat
Hwy.:	Highway		oder Stausee
Ind. Res.		RV:	Recreation Vehicle/
(auch I.R.):	Indian Reservation/		Campingmobil
	Indianerreservat	Spr., Sprs.:	Spring, Springs/
Int.:	International		Quelle, Quellen
L.:	Lake/See	St.:	State oder Street/
Ln.:	Lane		Staat oder Straße
M.R.:	Military Reservation/	Ste.:	Suite/Wohnung,
	Militärgebiet		Geschäftsraum
Mt., Mtn.:	Mount, Mountain/Berg		
Mts.:	Mountains/Berge	Abkürzungen der Staaten	
Mun.:	Municipal/städtisch	des Südwestens:	
Nat.:	National	Texas:	TX
N.B.:	National Battlefield/	New Mexico:	NM
	Nationales Schlachtfeld	Arizona:	AZ
Nat'l Rec. A.		Utah:	UT
(NRA):	National Recreational	Colorado:	CO
	Area/Erholungsgebiet	Nevada	NV

▶ **Ärzte**

siehe unter Stichwort „Gesundheit"

▶   **Alkohol**

Bier und leichte Alkoholika können Sie in den meisten Staaten in Supermärkten und kleineren Geschäften kaufen. Wein (ebenfalls schon in einigen Supermärkten) und Spirituosen erhalten Sie dagegen nur in speziellen „Liquor Stores". In Cafés und Rasthäusern entlang den Highways gibt es fast nie Alkohol, und auch nicht alle Restaurants haben eine volle Alkohol-Lizenz (d.h., es gibt dort keine harten Alkoholika mit über 17 % bzw. 20 % Alkoholgehalt). Solche mit der Lizenz für alle Alkoholsorten sind mit „fully licensed" gekennzeichnet.

Mindestalter für den Kauf von Alkohol ist 21, selten 19 oder 20 Jahre. Da streng kontrolliert wird, sollte jeder einen Ausweis (mit Bild!) dabei haben, wenn er etwas trinken möchte. Führerschein geht auch.

Besonderheiten im Südwesten:
• In den Indianerreservaten darf überhaupt kein Alkohol ausgeschenkt werden (Ausnahme: Casinos).
• Im Mormonenstaat Utah sind die Alkoholgesetze etwas strenger, und viele Restaurants und Hotels haben keine Schanklizenz, besonders nicht im Süden des Staates. Besonders für die Fahrt durch die Nationalparks ist es ratsam, einen kleinen Vorrat bei sich zu haben, falls man abends noch ein Bier oder Wein trinken möchte. Eis zum Kühlen finden Sie in fast allen Hotels.

▶   **Anreise**

Fliegen: Das Angebot an Flügen in die USA wird immer größer und damit auch unübersichtlicher. Auf eine Auflistung der verschiedenen Airlines möchte ich daher hier verzichten. Das Beste ist, Sie informieren sich bei Ihrem Reisebüro über die aktuellen Preise. Danach würde ich diese Preise noch einmal mit ein bis zwei anderen Reisebüros vergleichen oder auch mal einen *Preisvergleich anstellen* mit
a) einem der Billigfluganbieter, die in den überregionalen Tageszeitungen annoncieren bzw.
b) einem Internetanbieter. Da wären z.B.: www.ebookers.com, www.followme.de, www.opodo.de und www.flug.de.

Beide Möglichkeiten sind oft noch einmal € 50–100 billiger, da sie auch nicht die Kosten eines aufwändigen Reisebüros haben.

Trotzdem, besonders wenn Sie Anschlussflüge, Mietwagen u.ä. schon in Europa buchen möchten, sollten Sie lieber auf ein renommiertes Reisebüro zurückgreifen – da erhalten Sie mehr Informationen und werden grundsätzlich besser beraten. Achten Sie aber darauf, dass Sie für Ihre Reise in den Südwesten nicht einen Flug z.B. nach Miami buchen, nur weil er günstiger ist als der nach Dallas. Vergessen Sie nicht die Entfernungen in den USA. Für die An- und Abreise von Miami nach Dallas benötigen Sie jeweils 2 Tage, womit Sie schon 4 Tage Ihres kostbaren Urlaubs verschenkt hätten, zuzüglich der Fahrzeugkosten. Einzig über einen günstigeren Flug nach Los Angeles bzw. San Francisco ließe sich nachdenken, doch auch von dort benötigen Sie einen vollen Tag bis ins Reisegebiet.

Wichtig ist früh zu buchen, besonders wenn Sie in den Sommermonaten (Hochsaison) reisen möchten. Schnell sind die günstigen Tickets verkauft, und Sie zahlen schließlich erheblich drauf.

Die größten **Flughäfen** im Südwesten sind Dallas und Denver, die u.a. als Drehscheibe für hier ansässige Airlines fungieren. Weitere große Flughäfen, die an das internationale Netz angeschlossen sind: Houston, Albuquerque, Phoenix und Salt Lake City. Weniger bedeutend sind San Antonio, El Paso und Tucson. Grundsätzlich gilt aber: Sind Sie bereit zu einem Stopover (Umstieg) z.B. in New York oder Atlanta, können Sie von dort ohne Probleme zu jedem Flugplatz im Südwesten weiterreisen und Ihre Reise beginnen. Lassen Sie sich bei Ihrer Flugbuchung also nicht von den Namen der großen Metropolen blenden. Ein gezielter Anflug zu einer kleineren Stadt kann Ihnen so manche unnütze Kilometer ersparen.

Schiffsreisen (auch Frachtschiffreisen) sind viel teurer als das Fliegen, bieten aber auch etwas Besonderes. Von Hamburg oder Bremerhaven aus gibt es immer noch einen Schiffsdienst nach New York, der aber nicht regelmäßig bedient wird und häufig mit einer kleinen Kreuzfahrt verbunden ist. Nähere Auskünfte hierzu erteilt Ihnen Ihr Reisebüro.

Eine bedenkenswerte Alternative ist die Anreise mit einem Frachtschiff. Dabei stehen Touristen ein paar Kabinen auf einem Frachter zur Verfügung, und man lebt und isst zusammen mit dem Personal. Die Kabinen sind in der Regel sehr komfortabel. Frachtschiffe laufen aber nicht immer die großen Städte an, sodass Sie sich rechtzeitig um einen Weitertransport kümmern sollten.

Nähere Auskünfte über Frachtschiffreisen erhalten Sie bei folgendem renommierten Frachtschiffreisedienst: Kapitän Zylmann, Frachtschiff Touristik International: Exhöft 12, 24404 Maasholm, Tel.: 04642/96550, Fax: 04642/6767, Internet: www.frachtschiffreise.de.

▶   **Auskunft**

Siehe unter dem Stichwort „Fremdenverkehrsamt"

▶   **Auto-/Motorradimport**

Diese Variante lohnt sich wirklich nur bei längerfristigen Aufenthalten und birgt so manche Risiken:
• Ein nach der Reise nicht mehr (besonders) fahrtüchtiges Fahrzeug muss entweder wieder exportiert oder inkl. aller Steuern eingeführt und nach allen Richtlinien der Ökologie teuer entsorgt werden.
• Nicht alle europäischen Fahrzeuge dürfen einfach so im Straßenverkehr herumfahren. Sicherheits- bzw. Umweltbestimmungen (US-Kat) müssen überprüft werden. Bei der Einfuhr für weniger als ein Jahr erübrigt sich dieser Punkt aber größtenteils.
• Ein genereller Import (bzw. Verkauf nach der Reise in den USA) bedeutet in der Regel teure Umbauten (US-Kat, Scheinwerfer etc.) und lohnt in der Regel nur bei entsprechend teuren und vor allem gefragten Autos.

Folgendes müssen Sie bei einer temporären Fahrzeugüberführung beachten:
- Sie können als ausländischer Tourist ein Fahrzeug **ein Jahr lang zollfrei** einführen (wird evtl. auf 6 Monate begrenzt). Bei der Ankunft erhalten Sie ein Touring Permit.
- Eine **Zollkaution** kann erhoben werden, wenn das Fahrzeug ein Zollkennzeichen hat, oder falls Verdacht besteht, dass das Fahrzeug in den USA veräußert wird.
- Achten Sie auf die **fristgerechte Wiederausfuhr**. Informieren Sie die zuständige Zollbehörde bei Nichteinhaltung der Frist.
- Wollen Sie das **Fahrzeug dann doch in den USA verkaufen,** erkundigen Sie sich vorher über die Höhe der Zollgebühr, und vor allem vergewissern Sie sich, ob es allen Normen der US-Behörden entspricht und ob eine Umrüstung sich für Sie lohnt. US-Kats z.B. sind sehr teuer in der Nachrüstung und sind auch nicht bei allen Fahrzeugtypen möglich.
- **Versichern** Sie Ihr Fahrzeug besser bereits in Europa; das könnte billiger werden und verhindert unnötige Laufereien vom Hafen zur Versicherung. Dies gilt übrigens auch beim geplanten Fahrzeugkauf in den USA (man stellt Ihnen in diesem Fall bereits in Europa eine Blanko-Versicherung aus, in die Sie dann nur die Fahrzeugdaten eintragen müssen). Hinweis: Grundsätzlich ist es sehr schwierig, in den USA eine Autoversicherung abzuschließen, wenn man keinen US-Führerschein hat!
- **Erkundigen** Sie sich vor der Planung bei Ihrem zuständigen US-Konsulat noch einmal über den **neuesten Stand der Dinge**, es wird immer mal wieder etwas geändert.

Folgendes Unternehmen in Deutschland hat sich auf **US-Autoversicherungen** für Europäer spezialisiert: American International Underwriters – Nowag Versicherungen, Rieslingstr. 40, 65207 Wiesbaden, Tel.: 06122/15646, Fax: 06122/8993, E-Mail: nowag@t-online.de. **Wichtig:** Denken Sie daran, alle in Frage kommenden Fahrer mit in die Versicherungspolice aufnehmen zu lassen.

Überlegen Sie sich, ob Sie eine **Transportversicherung** abschließen wollen. Auch der AAA (ADAC) in den USA bietet in allen Geschäftsstellen kurzfristige Versicherungen an.

Temporär eingeführte Kfz müssen das **Nationalitätenkennzeichen** tragen.

Ihr Fahrzeug wird am günstigsten in einem Container verschifft. Der billigste Weg ist, sich selbst bei Speditionen in Hamburg oder Bremen zu erkundigen. Es gibt aber auch die Möglichkeit, Fahrzeuge und Motorräder per Air-Cargo (auch Container) einzufliegen, was aber um einiges teurer wird. Weitere Informationen hierzu erteilt die nächste Lufthansa-Cargoabteilung.

Wer den gesamten Transport organisiert haben möchte, kann sich bei der Firma Bernd Woick GmbH (PF 65, 73751 Ostfildern, Tel.: 0711/455038, Travelcenter: Plieninger Str. 21 70794 Filderstadt-Bernhausen) erkundigen. Sie organisiert Verschiffungen nach Montreal und Halifax (Kanada). Anfragen zu Zielen im Internet: www.woick.de (Button: *ship'n fly*).

▶ **Auto fahren**

In den USA gelten auf den Highways der einzelnen Bundessaaten unterschiedliche Höchstgeschwindigkeiten, die zwischen 60 mph (97 km/h) und 75 mph (120 km/h) liegen. Letztere dann aber nur auf den 4-spurigen Interstates. Die zulässige Höchstgeschwindigkeit ist i.d.R. gut ausgeschildert. Diese Geschwindigkeiten werden Ihnen auf den langen, geraden und gut ausgebauten Schnellstraßen zuerst sehr langsam vorkommen. Aber nach einer Weile werden Sie sich sicherlich daran gewöhnen. Überhöhte Geschwindigkeit zahlt sich nicht aus! Es wird streng kontrolliert, und die Strafen sind nicht ohne (zahlbar an Ort und Stelle in bar)! Das langsame Fahren spiegelt sich im gesamten Fahrverhalten der Amerikaner wider: Es ist bei weitem weniger hektisch als das der Europäer, aber dafür fahren die Amerikaner oft auch unaufmerksamer. In der Regel wird der Tempomat eingeschaltet und dann seelenruhig über das Asphaltband dahingeglitten – dabei wird gegessen, getrunken und sich reichlich unterhalten.

Das Tanken ist in den USA im Vergleich zu Europa sehr billig. Gemessen wird das Benzin in Gallonen (ca. 3,78 Liter), das Motorenöl in Quarts (ca. 1 Liter).

Einige wichtige Regeln, die Sie beachten sollten:
- Es gilt **rechts vor links**. Eine Besonderheit ist der 4-Way-Stop, wo an einer Kreuzung an jeder Straße ein Stoppschild steht und derjenige zuerst fahren darf, der an der Haltelinie seiner Straße zuerst zum Stehen gekommen ist.
- Das **Rechtsabbiegen an roten Ampeln ist erlaubt.** Nur an wenigen Ampeln gilt diese Regel nicht, wird dann aber besonders angezeigt („right turn only on green arrow" oder „no right turn"). Beim Abbiegen müssen Sie auf die Vorfahrt der Anderen und der Fußgänger achten.
- Auf mehrspurigen Straßen **darf rechts überholt** werden.
- In der **Nähe von Schulen** sind die Höchstgeschwindigkeiten herabgesetzt. Dieses wird durch ein Schild angezeigt und streng kontrolliert. Meistens gelten diese deutlich herabgesetzten Geschwindigkeiten aber nur, wenn gleichzeitig ein gelbes Blinklicht aufleuchtet.
- **Schulbusse** (gelb) dürfen nicht überholt werden, solange sie den Blinker gesetzt haben.
- Das Anlegen von **Sicherheitsgurten ist Pflicht.**
- **Falsches Parken** endet häufig mit einem abgeschleppten Fahrzeug! Achten Sie also darauf, dass Sie besonders nicht neben einem roten bzw. blauen Kantstein parken oder direkt vor einem Hydranten für die Feuerwehr und auch nicht unter einem „No Stopping or Standing"-Schild.
- Falls Sie im Rückspiegel ein **Polizeifahrzeug mit eingeschaltetem Blinklicht** sehen, halten Sie sofort am Straßenrand an, bleiben Sie im Fahrzeug sitzen, und machen Sie keine hektischen Bewegungen.

▶   **Autokauf in den USA**

Wer länger als 6 Wochen durch die USA reisen möchte, sollte sich überlegen, ein Fahrzeug zu kaufen. Autos sind in den USA billiger als bei uns, und das macht sich auch auf dem Gebrauchtwagenmarkt deutlich bemerkbar. Zudem haben Sie die Möglichkeit, das für Sie passende Fahrzeug zu kaufen. Machen Sie nicht den Fehler, die Kosten eines Kaufes mit dem Preis eines kleinen Mietwagens zu vergleichen. Ein kleiner Wagen ist in den seltensten Fällen das geeignete Auto für die Erkundung der USA.

Hinweis

Lesen Sie hierzu auch weiter vorne unter „Auto-/Motorradimport".

Ab 4.000 $ bekommen Sie bereits ein sehr verlässliches Fahrzeug der Mittelklasse, das Sie mit etwas Glück hinterher für 2–3.000 $ wieder verkaufen können. **Steuern** sind auch **günstiger** als bei uns. Sie sollten aber für Kauf und Verkauf 7 Tage einplanen. Leider liegen die **Versicherungsbeiträge** für diejenigen, die keinen amerikanischen Führerschein besitzen, mittlerweile **deutlich höher** als bei uns. Mit der Länge des Vertrages nimmt die monatliche Belastung deutlich ab Außerdem stellen nahezu alle Versicherungen in den USA keinen Versicherungsschutz mehr aus für Halter ausländischer Führerscheine (vorher internationalen Führerschein besorgen). Am besten, Sie lassen sich eine Blankoversicherung (nach dem Kauf alles Fehlende eintragen) bei folgendem Versicherer in Deutschland ausstellen: **US-Autoversicherungen**: American International Underwriters – Nowag Versicherungen, Rieslingstr. 40, 65207 Wiesbaden, Tel.: 06122/15646, Fax: 06122/8993, E-Mail: nowag@t-online.de.

 Wichtig
Denken Sie daran, alle in Frage kommenden Fahrer mit in die Versicherungspolice aufnehmen zu lassen.

Rechnen Sie also mit Laufereien und Suchen beim Versichern in den USA. Sollten Sie eine Versicherung gefunden haben, ist ein Schreiben (in Englisch) Ihrer Versicherung in Europa über unfallfreies Fahren während der letzten 12 Monate ein nützliches Papier und senkt sogar in manchen Fällen die Prämie.

Beim Kauf sollten Sie nicht zu sehr sparen und versuchen ein Fahrzeug zu bekommen, das nicht älter als fünf Jahre und nicht mehr als 70.000 Meilen gefahren ist. Denn obwohl es in den USA mit Sicherheit genügend Werkstätten gibt, „pflegen" die Amerikaner ihre Fahrzeuge nicht so, wie wir es meist von Europa gewohnt sind. Selten findet man ein „Scheckheft-geführtes Auto". In den USA ist ein Auto ein reiner Gebrauchsgegenstand und wird häufig dann verkauft, wenn die ersten größeren Kosten auftreten. Prüfen Sie Ihr Wunschfahrzeug also vorher genau, und achten Sie dabei auch auf Dinge wie Reifenabnutzung, Bremsbelagstärke und auf die Kupplung (Fuß auf die Bremse bzw. Handbremse feststellen und in den Gang 2 schalten – dreht dann der Motor beim Anfahren durch und rüttelt das Auto, ohne dass es losfährt, ist die Kupplungsscheibe nicht mehr einwandfrei (das klappt auch bei Automatikgetrieben).

Mein Tipp ist, auch wenn es etwas teurer wird, ein Fahrzeug bei einem Händler zu kaufen. Hier ist die Chance auf ein besseres Auto größer, und Sie haben in der Regel auch ein Rückgaberecht während der ersten Tage. Vielleicht können Sie das Fahrzeug hinterher beim Händler für einen Preisnachlass wieder abgeben. Ein weiterer Vorteil bei einem Händler ist, dass er Ihnen einigen Papierkram abnehmen kann, allemal die Anmeldung und die Beschaffung der Nummernschilder.

Falls Sie ein Fahrzeug privat kaufen möchten und sich zutrauen, Mängel rechtzeitig zu erkennen, lesen Sie, wie auch bei uns, erst einmal die Wochenendausgabe der örtlichen Zeitungen, und vergleichen Sie die Preise. Zudem gibt es in größeren Buchgeschäften aktuelle Bücher, die die Marktpreise von Gebrauchtwagen nennen, genau aufgeschlüsselt nach Typ, Jahr und Meilenleistung. Da sollte man unbedingt reinschauen.

Last not least: Handeln ist auch bei den Händlern üblich, und 10% sollten dabei allemal rausspringen.

TIPPS für den Kauf:
- Beim Kauf sollten Sie übrigens auch darauf achten, dass, wenn Sie ein Automatikfahrzeug wählen, der „Gangschaltungshebel" am Lenkrad ist. Das gibt mehr Beinfreiheit und die Möglichkeit, auch mal jemanden auf der vorderen Bank mitzunehmen. **Automatikfahrzeuge** verkaufen sich übrigens hinterher **auch viel besser!**
- Wenn Sie etwas Zeit haben, lohnt sich folgende Variante: Sie kaufen einen Pickup und lassen sich bei einem Canope-Ausstatter ein Dach auf die Ladefläche aufsetzen oder bei einem entsprechendem Campingausstatter ein Campingteil mit Betten.
- Eine weitere Kauf-Variante ist, sich an eine europäische Firma zu wenden, die sich mit dem Kauf und Versichern von Fahrzeugen auskennt. Für den Autokauf käme dabei die Firma Transatlantic RV, www.transatlantic-rv.com, in Frage, die sich vorwiegend auf den Verkauf und Rückkauf von Campern, Wohnmobilen und Kombis („Stationwagon") spezialisiert hat. Es werden aber auch normale KFZ und Motorräder angeboten.
- Agentur Deutschland: Ruth Franke, Rossinistraße 11, D-49565 Bramsche, Tel.: 05461/6 20 60, Fax 05461/64834
- Agentur Schweiz: Paul Müller, Lee C3, CH-9658 Wildhaus, Schweiz, Tel.: 071/999 3038, Fax 071/999 9066
  Fahrzeugausgabe und Abgabe aber nur bei New York, in Los Angeles oder Vancouver/Kanada. Die Firma kauft (Leasing auch möglich) also das Fahrzeug hinterher wieder zurück. Versicherungsangelegenheiten und andere Formalitäten werden übernommen, inkl. Garantie. Natürlich ist dieser Kauf teurer, als wenn Sie das selbst in die Hand nehmen würden, aber dafür haben Sie auch eine gewisse Sicherheit und nicht die Laufereien.

Was benötigen Sie für den Autokauf und danach?

- **Title Card**: Diese weist Sie als Fahrzeughalter aus. Man erhält dieses Dokument unter Vorlage des Kaufvertrages beim staatlichen „Motor Vehicle Department" (MVD). Die Ausstellung dauert einige Wochen, so dass Sie sich die Card an eine verlässliche Stelle nachschicken lassen müssen (das kann ein Hotel oder auch der Händler sein, bei dem Sie das Fahrzeug wieder verkaufen wollen). Aber die Adresse muss in den USA sein! Ohne diese Card können Sie das Fahrzeug nicht wieder verkaufen!
- die **Nummernschilder** (license plate) erhalten Sie sofort nach Vorlage der Versicherungspolice
- die Entrichtung der **Steuern** in o.g. Behörde
- eine **Versicherung** (teuer für Nichtamerikaner. Je länger, desto günstiger)
- ein **Abgas- und Fahrtüchtigkeitstest** muss beim Besitzerwechsel vorgenommen werden. Man erhält dann das „State Test Certificate" (variiert von Bundesstaat zu Bundesstaat).

▶ **Automobilclub**

Der größte amerikanische Automobilclub heißt *„American Automobile Association"* (abgekürzt „AAA" oder „Triple A"). Im Falle einer Panne hilft er ausländischen Touristen dann kostenlos, wenn sie Mitglieder in einem assoziierten heimischen Automobilclub (z.B. ADAC) sind. Über die gebührenfreie Telefonnummer 1-888-222-1373 erhalten Sie in **deutscher Sprache** Hinweise auf die nächste AAA-Pannenhilfe (englisch: 1-800-222-4357). Informationen über die nächstgelegenen Niederlassungen gibt es unter 1-800-654-6226 oder unter www.aaa.com. Auf dieser Webseite finden Sie unten den Button „AAA Locations". Auf der folgenden Seite geben Sie dann die Postleitzahl Ihres Standortes ein und die nächsten Filialen vom AAA wird Ihnen genannt.

Anschriften der Hauptniederlassungen in den einzelnen Staaten:
- Texas: AAA Texas Division, 3000 Southwest Freeway, Houston 77098, Tel.: (713) 524-1851
- New Mexico: AAA New Mexico, 10501 Montgomery Blvd. N.E., Albuquerque 87111, Tel.: (505) 291-6611
- Arizona: AAA Arizona, 3144 N. 7th Ave., Phoenix 85013, Tel.: (602) 274-1116
- Utah: Auto Club of Utah, 560 E. 5th St., Salt Lake City 84102, Tel.: (801) 364-5615
- Colorado: AAA Colorado, 4100 E. Arkansas Ave., Denver 80222, Tel.: (303) 753-8800

▶ **Autoverleih**

Ein Mietwagen ist den öffentlichen Verkehrsmitteln im Südwesten der USA unbedingt vorzuziehen, soweit es die finanziellen Möglichkeiten zulassen. Für Urlaube bis zu 6 Wochen ist es auch dem Autokauf vorzuziehen. Amerika ist ein Autofahrerland, und es ist kaum möglich, von Busstationen einen Weitertransport in die Nationalparks zu finden. Und in den Nationalparks darf man meist nur mit einem Auto herumfahren (abgesehen von den Parks mit Shuttleservice sowie den Wanderwegen natürlich). Auch ist das städtische Nahverkehrssystem sehr rudimentär. Wohnen Sie z.B. in einem günstigen Vorstadthotel, haben Sie kaum eine Chance, mit einem öffentlichen Verkehrsmittel zu einem touristischen Ziel zu gelangen. Sparen lohnt sich hier also kaum. Am Ende wird es für Sie ohne Auto teurer, oder Sie müssen eine Reihe interessanter Punkte auslassen.

- Die erste Entscheidung, die Sie treffen müssen, ist, wo Sie ein Fahrzeug mieten. Mein Rat wäre, es bereits in Europa in Verbindung mit Ihrem Flugticket zu tun. Zum einen erhalten Sie dabei in der Regel günstigere Tarife (vor allem deshalb, weil in Europa die Versicherungspauschalen im Preis inbegriffen sind), und zum anderen haben Sie keine Laufereien bei Ihrer Ankunft.

- Als zweites müssen Sie entscheiden, was für ein Fahrzeug Sie mieten möchten. Ein Campmobil hat z.B. den Vorteil der Unabhängigkeit, ist aber unter dem Strich um einiges teurer als ein Mittelklassewagen inkl. günstiger Hotelübernachtungen. Außerdem dürfen Sie nicht „wild" campieren, und die Campingplätze mit den nötigen Anschlüssen für ein solches Fahrzeug sind auch nicht ganz billig (15–40 $ pro Nacht). Wer nicht zu tief in die Tasche greifen möchte und zu zweit unterwegs ist, sollte sich ein Fahrzeug der beiden unteren Klassen mieten **(Economy, Subcompact, Compact)**. Hierbei handelt es sich um Fahrzeuge in der Größenordnung eines VW-Golfs. Wer es etwas komfortabler möchte, kann sich ein Fahrzeug der Klasse **Intermediate** mieten. Diese haben alle einen separaten Kofferraum und einige andere nützliche Ausstattungen. Diese Fahrzeugklasse ist eigentlich die beste Alternative, berücksichtigt man das Preis-Leistungs-Verhältnis. Sie entsprechen in Größe und Ausstattung etwa einem Passat Stufenheck. Wer noch mehr Platz braucht, weil er mit Familie und Kind reist, sollte sich für eine Limousine **(Full-Size-Car)** oder am besten einen **Station Wagon** (Kombi) entscheiden. Am teuersten schließlich sind die Kleinbusse **(Mini-Van)**, die für eine große Familie am geeignetsten sind.

• Die dritte Frage ist, bei welcher Firma Sie am besten mieten. In den USA sind neben den uns bekannten Verleihfirmen (Hertz, Avis, Budget-rent-a-car) noch einige andere überregionale Firmen vertreten (z.B. Alamo, Dollar, National), die bei uns höchstens ein Nischen-Dasein fristen. Alle diese Firmen sind den (nur manchmal) günstigeren lokalen Anbietern vorzuziehen, da sie dafür sorgen, dass Sie im Falle einer Panne überall einen Ersatzwagen gestellt bekommen. Wer aber nur im Umkreis einer Stadt reisen möchte, kann sich anhand der Gelben Seiten (Yellow pages) im Telefonbuch über diese lokalen Verleihfirmen erkundigen. Sie liegen in der Regel um 10 % unter den Preisen der großen Anbieter, und die Fahrzeuge sind trotzdem in gutem Zustand. Am Flughafen sind sie aber fast nie vertreten. Wer viel Geld sparen möchte, kann sich ein „Wrack" leihen. Die Firmen bezeichnen sich als „Rent a wreck". Die Autos sind keine Wracks. Sie haben meist nur schon mehr Kilometer gefahren, und es handelt sich oft um weniger attraktive Modelle. Dafür sind diese Fahrzeuge aber um einiges billiger.

• Frage 4: Wo fahre ich hin, und wo gebe ich das Fahrzeug wieder ab? Bei der Anmietung müssen Sie unbedingt mit angeben, in welchen Staaten Sie reisen und ob Sie nach Mexiko einreisen möchten. Häufig müssen Sie dafür eine Zusatzversicherung abschließen. Außerdem ist wichtig, ob Sie das Fahrzeug im selben Staat wieder abgeben werden. Anders als in Europa werden die Fahrzeuge wieder zu ihrem Ursprungsstandort zurückgebracht, und das kostet Geld. Bis zu 200 Meilen sind häufig frei, für lange Strecken werden 200 bis zu 600 US$ (Transkontinental) berechnet.

Mietwagen-Versicherungen

Oft gibt es Konfusion über zusätzliche Gebühren für Mietwagen, zumeist besondere Versicherungsleistungen, die nicht immer im Mietpreis enthalten sind. Diese Zusatzversicherungen werden Ihnen i.d.R. erst am Schalter der Mietwagenfirma angeboten, und dann steht man fassungslos vor dem Angebot und weiß nicht, was die einzelnen Abkürzungen beinhalten und ob sie für einen sinnvoll sind. Daher habe ich hier einmal die gängigen Abkürzungen/Versicherungen und Steuern aufgeführt:

1. **LDW (Loss Damage Waiver), CDW (Collision Damage Waiver):** Vollkasko mit Haftungsbefreiung für Schäden am Mietwagen, auch bei Diebstahl. Abschluss dringend empfohlen und meist Pflicht.
2. Zusatzversicherungen zu LDW/CDW:
- **ALI (Additional Liability Insurance):** Pauschale Erhöhung der Haftpflicht-Deckungssumme
- **LIS (Liability Insurance Supplement):** Analog zu ALI, zusätzlich Deckung für Personenschäden bei unterversicherten Unfallgegnern.

3. **UMP (Uninsured Motorist Protection):** Zusatzversicherung bei Unfall, Verletzung oder Tod durch unterversicherte/flüchtige Unfallgegner.
4. **PAI (Personal Accident Insurance):** Insassenversicherung bei Verletzung oder Tod.
5. **PEP (Personal Effects Protection), PEC (Personal Effects Coverage):** Gepäckversicherung. Höchstsumme für gesamtes Fahrzeug begrenzt. Nachfragen! Nur zusammen mit PAI buchbar. Alle Schäden unterliegen i.d.R. aber einer Selbstbeteiligung.
6. **PERSPRO/CCP (Carefree Personal Protection):** Personen- und Gepäckversicherung, nur USA. Schutz für Mieter und Mitfahrende sowie beim Ein- und Aussteigen. Zudem Deckung für einige Notfalldienste. Lohnt i.d.R. nicht, da o.g. Versicherungen bzw. die zu Hause abgeschlossene Auslandskranken- u. Gepäckversicherungen diese Fälle abdecken.

> ☞ **Hinweis**
>
> *Folgende Versicherungen sollten Sie grundsätzlich abschließen (falls nicht im Mietpreis bereits enthalten!): CDW/LDW, ALI (bzw. LIS) und PAI.*

7. **VFL (Vehicle License Fee):** Obligatorische Zusatzgebühr für Mietwagen, die in Kalifornien übernommen werden. Deutsche Veranstalter versprechen aber, diese Gebühr im Mietpreis bereits mit einzuschließen.

Und nochmals: Wichtig ist, dass Sie sich schon in Europa beim Reisebüro darüber erkundigen, welche Versicherungen Sie bereits beim Anmieten mitbekommen und ob eine Zusatzversicherung überhaupt nötig ist. Leicht versichert man sich doppelt. Und manche Kreditkarten beinhalten auch einige Versicherungen für Mietwagen. I.d.R. müssen Sie den Wagen dann aber auch mit dieser Karte bezahlen.

• Als nächstes sollten Sie sich überlegen, welche Versicherung Sie abschließen möchten. Es ist immer ratsam, eine CDW (Collision Damage Waiver) abzuschließen, die keine Selbstbeteiligung verlangt (Haftpflichtversicherung gegenüber Dritten). In manchen Staaten ist sie Pflicht und schon im Preis inbegriffen. Einen noch besseren Schutz bieten die EP (Extends Protection) und eine Insassenversicherung (PAI). **Beachten Sie aber, dass Sie sich nicht doppelt versichern**, denn am Schalter vor Ort wird oft versucht sinnlose Versicherungen unterzujubeln:
- Erste Kontrolle: Welche Leistungen deckt Ihre in Europa mit der Fahrzeugmiete gezahlte Versicherung ab?
- Zweite Kontrolle: Welche Leistungen deckt evtl. Ihre Kreditkarte ab und tut sie dies wirklich, auch wenn Sie mit ihr nicht das Fahrzeug bezahlen? (Bereits zu hause abklären!)

Worauf sollten Sie noch achten?
• Ohne gängige Kreditkarte (Mastercard, Visa, American Express, Diners) erhalten Sie kaum ein Fahrzeug, oder Sie müssen einen hohen Geldbetrag für den Fall hinterlegen, dass das Fahrzeug beschädigt wieder abgegeben wird.
• Der Fahrer muss mindestens 21 Jahre alt sein, manchmal sogar 25. Bis 25 wird häufig noch ein Zuschlag von einigen Dollar pro Tag verlangt.
• Geben Sie das Auto nur mit vollem Tank wieder ab, ansonsten berechnet Ihnen die Mietwagenfirma fürs Auffüllen mindestens den doppelten Benzinpreis.
• Wenn Sie vor Ort mieten, achten Sie auf Sondertarife, wie z.B. Wochenendrabatte.

Wie bekomme ich mein Mietfahrzeug?

Anders als in Europa haben die Mietwagenfirmen ihre Fahrzeuge nicht direkt am Flughafengebäude. Dafür hat jede größere Firma einen Shuttleservice mit einem Bus eingerichtet, der Sie vom Ankunftsgebäude kostenlos zum nahen Depot bringt und am Ende der Reise vom Depot zurückfährt zur Abflughalle.

Die wichtigsten Autovermieter sind (zentrale Reservierungen – **gebührenfreie** Telefonnummern innerhalb der USA, außer Alaska und Hawaii):

- Alamo Rent-A-Car: 1-800-327-9633 (auch Kanada), Internet: www.goalamo.com
- Avis-Reservations Center: 1-800-831-2847 (auch Kanada), Internet: www.avis.com
- Budget-Rent-A-Car: 1-800-527-0700 (auch Kanada), Internet: www.budgetrentacar.com
- Dollar-Rent-A-Car: 1-800-3665 (auch Kanada), Internet: www.dollarcar.com
- Hertz Corporation: 1-800-654-3131 (außer Oklahoma), Internet: www.hertz.com
- National Car Rental: 1-800-227-7368 (auch Kanada), Internet: www.nationalcar.com
- Payless-Rent-A-Car Inc.: 1-800-729-5377, Internet: www.800-payless.com
- Thrifty Rent-A-Car: 1-800-847-4369 (auch Kanada), Internet: www.thrifty.com
- U-Haul International RV Rentals: größere Fahrzeuge und Campmobile, 1-800-821-2712 (außer Arizona)
- Rent-A-Wreck: 1-800-944-7501, Internet: www.rent-a-wreck.com

▶   **Banken**

Normalerweise sind Banken von 9 bis 14h (15h) geöffnet. Selten nachmittags.

▶   **Behinderte**

In den gesamten USA gibt es besondere Einrichtungen für Behinderte (*handicapped persons*): Rollstühle an den Flughäfen, extra ausgewiesene Parkplätze, Toiletten, Auffahrrampen zu Gebäuden, Telefonzellen etc. Man kann wirklich sagen, dass hier bereits mehr unternommen worden ist als in Europa. Und überall tritt man den Behinderten freundlich und hilfsbereit gegenüber.

▶   **Benzin**

Es gibt als Standard in den USA zwei Sorten Benzin (Regular = Normal und Premium = Super) sowie eine Sorte Diesel (Gasoil). Bei größeren Tankstellen kommt dann noch eine Sorte Super Premium hinzu. Achten Sie darauf, dass Ihr Mietwagen bleifrei benötigt (gelegentlich gibt es noch verbleites Benzin). Bezahlen können Sie bar (häufig günstiger), mit Reisescheck oder Kreditkarte. Große Tankstellen haben sowohl Selbstbedienung, als auch Service, wobei der Service mindestens 25c pro Gallone (3,78 l) extra kostet. Achten Sie also darauf, an welche Säule Sie fahren. Bei der Selbstbedienungssäule müssen Sie häufig vor dem Tanken wählen, auf welche Weise Sie bezahlen wollen. Abends wird an vielen Tankstellen aus Sicherheitsgründen nur die Kreditkarte akzeptiert. Wechselgeld gibt es dann nicht. Vergleichen Sie aber vor allem Preise. Anders als bei uns können diese auf nur 500 m um bis zu 25 % variieren.

▶ **Botschaften**

Amerikanische Botschaften und Konsulate

in **Deutschland**:
- Amerikanische Botschaft Deutschland: Neustädtische Kirchstr. 4-5, 10117 Berlin, Tel.: 030/8305-0, Konsularabteilung: Clayallee 170, 14195 Berlin Infos im Internet: www.usembassy.de. Aktuelle Visainformationen erhalten Sie unter der kostenpflichtigen Telefonnummer: 0190/85 00 55 (live und teuer!).
- Hamburg: Amerikanisches Generalkonsulat, Alsterufer 27/28, 20354 Hamburg, Tel.: 040/411 7110, Fax: 040/411 71222. Keine Visaabteilung!
- Frankfurt: Amerikanisches Generalkonsulat, Siesmayerstr. 21, 60323 Frankfurt, Tel.: 069/7535-0
- Düsseldorf: Amerikanisches Generalkonsulat: Willi-Becker-Allee 10, 40227 Düsseldorf, Tel.: 0211/788 - 8927.
- Leipzig: Amerikanisches Generalkonsulat, Wilhelm-Seyfferth-Straße 4, 04107 Leipzig, Tel.: 0341/213-84-0.
- München: Amerikanisches Generalkonsulat, Königinstraße 5, 80539 München, Tel.: 089/2888-0. Fax: 089/280-9998

in **Österreich**:
- Amerikanische Botschaft Österreich: Boltzmanngasse 16, 1090 Wien, Tel.: 01/31339, Internet: www.usembassy.at.
- Generalkonsulat: Alter Markt: 1/II/2, 5020 Salzburg, Tel.: 0662/848776, Fax: 0662/849777

in der **Schweiz**:
- Amerikanische Botschaft Schweiz: Jubiläumsstr. 93, 3005 Bern, Tel.: 031/357-7011, Fax: 031/357-7344, Internet: http://bern.usembassy.gov/
- U.S. Consular Agency, Genf: America Center, Rue Versonnex 7, 1207 Genf; Tel.: 022/840 51 60, Anrufbeantworter (24 Std.): 022/8405161.
- U.S. Consular Agency, Zürich: Dufourstraße 101, 8008 Zürich; Tel. 01/4222566; Fax. 01/3839814

(Abrufbar sind die aktuellen Infos zu den US-Konsulaten in der Schweiz über die Internetseite www.usembassy.ch/consul/consul.html.)

Botschaft von Mexiko in Deutschland
- Kurfürstendamm 72, 10711 Berlin, Tel.: 030/3277 110, Fax: 030/3277 1121

Botschaften und Konsulate in den USA
- von **Deutschland**:

Embassy of the Federal Republic of Germany: 4645 Reservoir Rd, N.W., Washington D.C. 20007-1998, Tel.: (202) 298-4000, Internet: www.germany-info.org.
Weitere Infos auch über die Internetseite www.auswaertiges-amt.de (unter „Länder- und Reiseinformationen").
- von der **Schweiz**:

Swiss Embassy: 2900 Cathedral Ave., N.W., Washington D.C. 20008, Tel.: (202) 745-7900, Fax: (202) 387-2564, Internet: www.swissemb.org.

Im Internet finden sich genauere Infos zu den Schweizer Vertretungen in den USA unter: www.eda.admin.ch.
- von **Österreich**:

Austrian Embassy: 3524 International Court N.W., Washington D.C. 20008, Tel: (202) 895-6700, Fax: (202) 895-6750. Internet: www.bmaa.gv.at.
Im Internet finden Sie genauere Infos zu den österreichischen Vertretungen im Ausland unter: www.bmaa.gv.at/botschaften/index.

▶ **Busse**

Während das innerstädtische Bussystem erheblich zu wünschen übrig lässt und einem selten von Nutzen ist (es gibt nur ein dünnes Streckennetz, und die Busse verkehren häufig nur zu den Spitzenzeiten), ist das überregionale Bussystem gut ausgebaut. Dieses Busnetz berührt alle Städte und die meisten Orte der USA. Es bietet eine Alternative zum Fliegen, wenn auch nicht immer, wenn Sie Sonderangebote der Airlines nutzen. Es ist gut geeignet, um eine Strecke von einer Großstadt zur nächsten zurückzulegen, aber nicht, um touristische Sehenswürdigkeiten „abzuklappern", besonders nicht in einer Flächenregion wie dem Südwesten mit seinen touristischen Highlights außerhalb der Städte. Steigt man einmal irgendwo in einem kleinen Nest aus, wo es vielleicht etwas für ein paar Stunden anzusehen gibt, kommt der nächste Bus häufig erst am nächsten Tag. In den großen Städten wiederum liegen die Busterminals nicht unbedingt in der Nähe der gewünschten Unterkunft, und man muss dann versuchen, z.B. per Taxi dorthin zu kommen. Im Südwesten der USA fährt die Greyhoundlinie einige größere Nationalparks an (z.B. Grand Canyon).

Die Busse sind alle klimatisiert, Verpflegung gibt es aber nur an den Haltestellen. Alle drei Stunden wird eine längere Pause (30–45 Min.) eingelegt, und hier steht dann meist ein Fast-Food-Restaurant zur Verfügung. Fotografieren aus dem Busfenster ist kaum möglich, da die Scheiben stark grün gefärbt sind.

Größter Anbieter ist GREYHOUND. Dieses Unternehmen bietet für ausländische Touristen günstige Langzeittickets **(Ameripass)** an, die im ganzen Land gültig sind (ähnlich unserem Interrail-Pass, aber für alle Altersgruppen). **Der Ameripass muss aber bereits im Ausland erworben werden.** Gültigkeitszeiträume: 5,7,15, 30, 45 und 60 Tage (kann in den USA verlängert werden). Die Preise liegen etwa bei: 15-Tage-Ticket = € 270-300, 30-Tage-Ticket = € 380-420, je nach Saison!

Infos in den USA: Greyhound Lines Inc.: Greyhound Tower, Phoenix, AZ, 85077. Greyhound im Internet: www.greyhound.com (aber nur nützlich für Streckenführungen, nicht für den Erwerb vom Ameripass)

Vertretungen von Greyhound in Deutschland sind u.a.:
- **ISTS Intercontinental Reisen**: Türkenstr. 71 + 80, 80799 München, Tel.: 089/272710, Fax: 089/2723700
- **Reisebüro Hauns:** 35510 Butzbach, Taunusstr. 2, Tel.: 06033/921 113, Fax: 06033/90006, Internet: www.hauns.de.
- Übers Internet kann man bei www.buspass.de buchen.

C

▶   **Camper**

Das Reisen mit einem Campmobil ist in Amerika sehr populär, und bietet sich für den dünn besiedelten Südwesten in vielerlei Beziehung an. Doch sollten Sie sich über folgende Vor- und Nachteile erst einmal im Klaren sein:

- **Vorteile**
  - Unabhängigkeit und der Genuss der frischen Luft
  - Man kann kochen, wonach einem gerade zumute ist
  - Verschnaufpausen am Tag auf Raststätten sind möglich
  - Während der Fahrt kann einer sich schlafen legen
  - Sie haben mehr Stauraum für Ihr Gepäck
  - Es müssen nicht jeden Tag die Koffer gepackt und geschleppt werden

- **Nachteile**
  - Das Reisen ist teurer als mit einem Mietwagen inkl. Hotelübernachtungen. Hoher Benzinverbrauch (20–35 l), hohe Mietkosten und nicht ganz billige Campingplätze (15–40 US$/Tag)
  - Sie reisen langsamer. Ein Campmobil fängt nämlich bei Geschwindigkeiten über 50 mph an, unheimlich Benzin zu schlucken, und fährt sich bei höheren Geschwindigkeiten auch nicht sehr gut.
  - Parkplatzprobleme im Stadtbereich
  - Es ist nicht erlaubt, wild zu campieren
  - Die „Pflege" (Herd, Kühlschrank und „Badezimmer" säubern, Wassertanks auffüllen, Abwasser ablassen etc.) ist zeitaufwendig
  - Viele Camping-/Motorhome-Plätze sind laut und nicht sehr einladend, besonders im Stadtbereich.
  - Campmobile werden häufig aufgebrochen
  - Säuberungsutensilien, wie Abwaschhandtücher, Bürsten etc., müssen Sie vor Ort kaufen

Ein Campmobil sollten Sie, wie einen Mietwagen auch, bereits zu Hause buchen. Es ist schon vorgekommen, dass billige Verleihfirmen während der Reise dichtgemacht haben, und damit können Sie Ihre Anzahlung abschreiben. Renommierte Anbieter holen Sie zudem auch am Flughafen ab.

- **Bei der Abholung eines Campmobils ist Folgendes zu beachten**
  - Kontrollieren Sie das gesamte Fahrzeug, und machen Sie auf versteckte Schäden, so klein sie auch sein mögen, aufmerksam. Das gilt auch für verschmutzte Partien.
  - Überschätzen Sie nicht die Größe eines Wohnmobils. Ein überladenes Fahrzeug hat eine schlechte Kurvenlage.
  - Lassen Sie sich alles am Fahrzeug genau erklären, besonders, wie die Tanks gereinigt und entleert werden.
  - Besorgen Sie sich einen Campingführer, der auf Versorgungsanlagen für Campmobile hinweist (zur Wasserentsorgung, Strom etc.).

- Bei der Übernahme müssen Sie ein Ausrüstungspaket (convenience kit) bezahlen (ca. 40–60 US$ p.P.), welches Geschirr und Kochutensilien beinhaltet, und Sie müssen für die Grundreinigung + Gasfüllung bezahlen (zwischen 40 u. 70 US$). Zudem ist eine Kaution zu hinterlegen (ca. 500 US$ – per Kreditkarte).

- **Folgende Camper-/Motorhome-Typen werden angeboten**
- **VW Camper**: Schlafmöglichkeit für 2 Erwachsene u. 1 Kind. Vorteile: geringer Benzinverbrauch, gute Bodenfreiheit. Verbrauch 12–16 l/100 km
- **Van Conversion**: größer als der VW Camper und stärker motorisiert. Schlafmöglichkeiten für 2 Erwachsene u. 1 Kind. Servolenkung, Automatik, z.T. mit chem. Toilette und Dusche. Hoher Benzinverbrauch (18–24 l/100 km)
- **Pick-up-Camper**: 8–10 ft lang. Das Wohnteil ist auf die Ladefläche eines Kleinlastwagens aufgebaut. Ideal für 2–3 Erwachsene und 1 Kind. (14–17 l/100 km)
- **Mini-Motorhomes**: 17 ft lang, Stehhöhe 1,80–1,90 m, Durchgang zur Fahrerkabine, Verbrauch ca. 15–20 l/100 km
- **Motorhome**: 19–21 ft: groß genug für 2 Erwachsene und 2–3 Kinder. Sehr komfortabel ausgestattet mit Dusche, Toilette, Waschraum. Starker Motor, Servolenkung, aber hoher Verbrauch: 25 bis weit über 30 l/100 km.
- **Full-Size Motorhome**: (23–40 ft): riesiges Gefährt für 2 Erwachsene und 4 Kinder. Separater 2-Takt-Motor für Klimaanlagenbetrieb, wenn kein Elektroanschluss vorhanden sein sollte. Mit allem Komfort ausgestattet (Toilette, Waschraum, Dusche, Backofen etc.). Benzinverbrauch deutlich über 30 l/100 km.

▶   **Camping**

Campen ist in den USA ein Volkssport, besonders in der Region des Südwestens. Dementsprechend gibt es unzählige Campingplätze, die aber in den Sommermonaten teilweise recht voll sein können. Dafür sind die meisten sehr großzügig angelegt, sodass das Sardinengefühl europäischer Plätze nicht aufkommt. Neben einer Reihe von kommunalen und staatlichen (in den Nationalparks) Campingplätzen gibt es vor allem viele private Plätze, die zu einem großen Teil an Franchise-Ketten angeschlossen sind.

> **Hinweise**
>
> • Campingplätze in den Nationalparks füllen sich schnell und es gilt: „first come – first serve". Daher sollten Sie dort rechtzeitig einchecken (manchmal heißt das sogar morgens!!)
> • Erkundigen Sie sich als Zelter vorher, ob Zelte überhaupt aufgebaut werden können. Manche Campingplätze bieten nur Plätze für Wohnmobile und nicht für Zelter.

Der größte Anbieter hier ist KOA (Kampgrounds of America (P.O.Box 30558, Billings, Montana 59114, Tel.: (406) 248-7444, Fax: (406) 245-9878). Auf Anfrage erhalten Sie hier eine Informationsbroschüre in deutscher Sprache. Den von KOA herausgegebenen Campingführer würde ich aber an Ihrer Stelle in den USA kaufen, da er sehr schwer ist. Sie erhalten ihn aber auch in ausgesuchten europäischen Reisebuchgeschäften (teurer als in den USA). KOA verfügt auch über eine gute Internetseite mit einem Button für „International Guests" (auch in Deutsch): www.koa.com.

Ich rate Ihnen, auch die Campingausrüstung in den USA zu kaufen, da Sie damit Fluggepäck sparen und weil Camping-Equipment dort nicht teurer ist, bei günstigem Dollarkurs sogar um einiges billiger. Noch billiger ist es in den Outlet-Malls. An den meisten Campingplätzen erhalten Sie u.a. auch einen Zeltsack, eine einfache Zeltart, was Ihnen manche Sucherei erspart, aber nicht ganz so komfortabel ist.

▶   **Devisen**

Die Ein- und Ausfuhr von fremden Währungen und der US-Währung sind unbeschränkt möglich. Allerdings müssen bei der Ein- und Ausreise alle Zahlungsmittel (Bargeld, Schecks u.ä.), die einen Gegenwert von mehr als 10.000 US$ haben, deklariert werden.

▶   **Einkaufen**

Es gibt genügend Interessantes aus den USA mitzubringen. Hier nur ein paar Tipps, worauf Sie achten sollten:
• Erkundigen Sie sich vorher beim deutschen Zoll, was Sie einführen dürfen, besonders was Pelze und Lederwaren angeht. Schlangen- und Krokodilleder sind z.B. in der Regel nicht erlaubt.
• Verlockend sind die zum Teil niedrigen Preise bei Elektrogeräten. Denken Sie aber daran, dass die Geräte auf 110 V eingestellt sind. Ein Adapter, den Sie in besser sortierten Elektrogeräteläden (wie z.B. „Radio Shacks") erhalten, kostet etwa $ 40. Zu Hause müssen Sie dann nur noch den Stecker ändern. Ein Umpolen durch einen deutschen Fachmann lohnt finanziell nicht!
• Achtung beim Kauf von Autoradios! Sie sind gut und oft billiger, verfügen aber nicht über einen Verkehrsfunkdecoder! In bestimmten kleineren Laden – sie erscheinen wie ein Elektroramschladen – lässt sich häufig beim Preis handeln.
• Schmuck, der als echte Silberarbeit verkauft wird, besteht häufig nur aus billigem Eisenmaterial und wird z.T. in Fernost und nicht mehr von den Indianern hergestellt. Um wirklich gute Ware zu bekommen, lohnt sich die Mehrausgabe und Fachberatung in Juweliergeschäften.

Wirkliche Schnäppchen lassen sich in den sog. *Factory Outletmalls* machen. Sie liegen meist zwischen zwei großen Städten bzw. weit außerhalb einer Stadt an einem Interstate oder einem viel frequentierten Highway. Die größten Betreiber solcher Malls sind The Mills, Tanger, VF und Belz. Ein Tipp wäre noch der sich immer weiter ausbreitende *Bass-Shop*, der sich aus einem Angelausrüster zu einem Eldorado für Outdoor-Freunde entwickelt hat (Kleidung, Kanus, Zelte usw.). Bass-Shops finden sich in den The Mills-Outletcentern (z.B. bei Houston). Sollten Sie auf Ihrer Reise solche Factory-Outletmalls gezielt ansteuern wollen, schauen Sie auf den entsprechenden Internetseiten nach deren Adressen: The Mills: www.millscorp.com, Tanger: www.tangeroutlet.com, VF: www.vffo.com, Belz: www.belz.com/factory.

▶ **Einreise**

Für die Einreise in die USA benötigen deutsche, Schweizer und österreichische Staatsangehörige kein Visum (Visa Waiver Program) mehr, solange die Aufenthaltsdauer nicht 90 Tage überschreitet und Sie ein gültiges Rückflugticket besitzen. Der **Pass** muss **maschinenlesbar** sein und **nach** Reiseende noch eine Gültigkeit von 6 Monaten haben. Außerdem müssen Reisende in die USA den Airlines vor dem Abflug ein Formular vorlegen, aus dem hervorgeht, wo die erste Nacht verbracht wird bzw. wer besucht wird. Dieses kurze Formular können Sie im Internet herunterladen unter *www.drv.de* bzw. *www.barig.org*. Diese Daten werden dann bis spätestens 15 Minuten nach Abflug von den Airlines an die Behörden in den USA übermittelt.

Über Ihre endgültige Einreise wird allerdings erst bei Ankunft am Flughafen entschieden. Bei Ablehnung muss der Rückflug umgehend auf eigene Kosten erfolgen. Es gibt eine Reihe von Ablehnungsgründen, wie z.B. politisch unerwünschte Personen, gesundheitliche Gründe oder aber auch nur „unzureichende finanzielle Mittel".

> ☞ **Achtung**
>
> *Auch Kinder unter 12 Jahren benötigen einen maschinenlesbaren Reisepass (der weinrote Pass in Deutschland). Ein Kinderpass bzw. ein Eintrag bei den Eltern wird nicht akzeptiert!*

Aufgrund der gegenwärtigen politischen Weltlage und den damit verbundenen wechselnden Einreisebestimmungen in die USA, sollten die neuesten Infos im Internet unter *www.usembassy.de* (US-Botschaft in Berlin, respektive *.at/.ch* für Österreich und die Schweiz) heruntergeladen oder ein Konsulat angerufen werden.

Alle Reisenden werden bei der Einreise fotografiert, zudem werden die Fingerabdrücke genommen und die Pässe gescannt. Dieses Verfahren ist naturgemäß zeitaufwendig und es kann zu langen Schlangen vor den entsprechenden Einreiseschaltern kommen.

▶ **Eisenbahn**

Lange Jahre haben die Amerikaner ihre Eisenbahn „vergessen". Autos, Busse und Flugzeuge waren die attraktivsten Verkehrsmittel. Doch nachdem sich die verschiedenen Eisenbahngesellschaften Anfang der 1970er Jahre zur „AMTRAK" zusammengeschlossen haben, steigt die Zahl der Bahnreisenden wieder an. Die AMTRAK bietet verschiedene Langstreckenverbindungen an, wobei für den europäischen Touristen auch hier, wie bei den Bussen, besonders preisgünstige 15- und 30-Tage-Tikkets angeboten werden. Neben dem *National Railpass* gibt es für unser Reisegebiet den attraktiven *West Railpass* (alles westlich der Linie Chicago – New Orleans).

Die „Railpässe" müssen Sie in Europa kaufen.

Die Railpässe kosten etwa:			
Pass	**Gültigkeitsdauer**	**Hochsaison**	**Nebensaison**
National Railpass	15 Tage	$ 500	$ 390
National Railpass	30 Tage	$ 600	$ 470
West Railpass	15 Tage	$ 370	$ 330
West Railpass	30 Tage	$ 460	$ 360
Kinder (2-15 Jahre): halber Preis			

Verkaufsstellen sind u.a.:

- **Deutschland**:
- **Deutsche Bahn:** Reise & Touristik, AMTRAK-Verkaufsagentur, Worringer Str. 16, 40211 Düsseldorf, Tel.: (0211) 3680-3670, Fax (0211) 3680-2530, E-Mail: db-amtrak@t-online.de
- **CRD-International-Reisedienst:** North America House, Fleethof, Stadthausbrücke 1-3, Tel.: 040/3006-160, Fax: 040/3006-1655, Internet: www.crd.de/amtrak (beste Webseite für die AMTRAK-Railpässe!)
- **MESO Amerika – Kanada Reisen GmbH:** Wilmersdorfer Str. 94, 10629 Berlin, Tel.: 030/881 4122, Fax: 030/883 5514
- **Reisebüro Hauns:** 35510 Butzbach, Taunusstr. 2, Tel.: 06033/921113, Fax: 06033/90006, Internet: www.hauns.de/usa.htm
- Reisecenter der **Deutschen Bahn**.
- Internetverkauf über www.buspass.de

- **Schweiz**:
- **Kuoni Travel**: Neue Hard, Neugasse 231, Zürich, Tel.: (01) 277-4583 und ca. 70 angeschlossene Reisebüros. Internet: www.kuoni.ch
- **SSR TRAVEL:** Ankerstraße 112, Postfach , 8026 Zürich, Tel.: 01/297 1111, Fax: 01/297 1112, Internet: www. ssr.ch

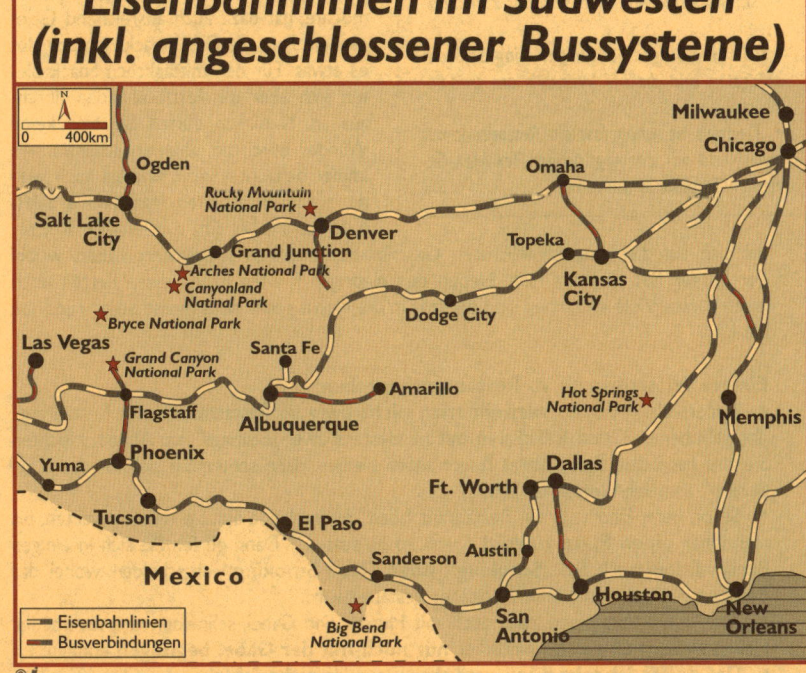

Eisenbahnlinien im Südwesten
(inkl. angeschlossener Bussysteme)

- **Österreich**:
- **Austria Reiseservice:** Hessgasse 7, Wien, Tel.: (01) 310-7441 sowie angeschlossene Reisebüros. Internet: www.reiseservice.at.

Spezielle Zugverbindungen im Westen und Südwesten sind:
- **California Zephyr**: Chicago, IL – Emeryville, CA (San Francisco, CA)
- **Empire Builder**: Chicago, IL – Seattle, WA, or Portland, OR
- **Heartland Flyer**: Oklahoma City, OK – Fort Worth, TX
- **Southwest Chief**: Chicago, IL - Kansas City, MO – Los Angeles, CA
- **Sunset Limited**: Orlando, FL - New Orleans, LA – Los Angeles, CA
- **Texas Eagle**: Chicago, IL – San Antonio, TX

Sie können während der Strecke auch aussteigen und in einen späteren Zug wieder einsteigen. Nähere Infos dazu gibt es im Reisebüro.

▶ **Essen und Trinken**

Entgegen allen Vorurteilen gibt es in den USA nicht nur Hamburgerketten mit Fastfood. Diese sind zwar die „alltäglichen Essenstempel" der meisten Arbeitnehmer fürs Lunch, und auch am Wochenende sieht man ganze Familien, wie sie sich auf die Hamburger stürzen; aber wer gepflegter speisen möchte, hat dazu auch ausreichend Gelegenheit. Für jede Geschmacksrichtung gibt es etwas. Für den mittäglichen Snack bieten sich aber die Fastfood-Läden durchaus an. Natürlich dürfen Sie hier keine Wunder erwarten, aber so schlimm, wie immer behauptet wird, sind sie auch wieder nicht. Viele bieten mittlerweile Salatbars an, und es gibt mittlerweile Ketten,

> ☞ **Tipps**
>
> • **Sizzler's** hat eine tolle Salatbar zum Satt-essen
> • Die Hamburger bei **Burger King** sind am saftigsten und die bei **Wendy's** am traditionellsten.
> • **Denny's** ist schon fast ein Restaurant mit guten und vor allem günstigen Tex-Mex-Gerichten. Tipp: Tacos Supreme.

die sich auf die unterschiedlichsten Geschmacksrichtungen spezialisiert haben, wobei der Burger fast nirgends fehlt. Neben den niedrigen Preisen haben diese Ketten noch einen Vorteil: Viele von ihnen sind bis spät in die Nacht geöffnet, teilweise sogar rund um die Uhr.

Einiges Wissenswerte zu Restaurantbesuchen:
- Anders als in Europa **verweilt man nicht ewig** im Restaurant. Selbst Restaurants der gehobenen Klasse kalkulieren mit mindestens zwei „Seatings" am Abend. Möchten Sie also nach dem Essen etwas länger sitzen bleiben, dann sollten Sie sich für das „Last Seating" anmelden (meist ab 20h30).
- Schon beim Eintritt in ein Restaurant fallen Unterschiede auf: Sie müssen warten, bis man Ihnen **einen Platz zuweist** („wait to be seated"). Dann dürfen Sie sich in einigen Bundesstaaten noch für **„Smoking" oder „Non-Smoking"** entscheiden, wobei das Rauchen in Restaurants immer seltener gestattet wird.
- Die Amerikaner essen zwar auch mit Messer und Gabel, schneiden aber zuerst ihr Fleisch klein, damit sie sich hinterher **nur noch mit der Gabel begnügen** können.
- Der **Kaffee ist sehr dünn**, wird aber kostenlos nachgeschenkt.

- Das **Trinkgeld** ist wichtig, auch in Pubs. 15 % müssen Sie geben, da dies grundsätzlich erwartet wird, weil die Bezahlung der Kellner sehr niedrig ist. Wenn Sie mit Kreditkarte zahlen, können Sie das Trinkgeld mit auf die Rechnung setzen lassen bzw. ist auf dem Kreditkarten-Bon bereits ein Feld dafür vorgesehen.
- Die **Portionen sind häufig sehr groß**. Achten Sie am besten beim Betreten des Restaurants schon darauf.
- **Lunch** (Mittagessen) kann man auch in den Pubs der Städte erhalten (Publunch). Häufig funktioniert das folgendermaßen: Der Pub hat sich mit einem nahen Restaurant zusammengetan, und Sie (oder das Bar-Personal) bestellen telefonisch vom Pub aus Ihr Essen, das dann schnell gebracht wird.
- Sehr attraktiv ist das **Brunch** (**B**reakfast/**L**unch), welches viele Restaurants am Wochenende anbieten. Brunch gibt es zwischen 10h und 14h, und man kann zu einem Pauschalpreis zwischen den unterschiedlichsten warmen und kalten Gerichten wählen.
- „**Early Bird Dinners**" werden häufig nachmittags zwischen 16h und 18h angeboten. Dabei essen Sie z. T. zum halben Preis.

Buchtipp
Wenn Sie noch mehr über die US-amerikanische (Ess-)Kultur erfahren möchten:
Reisegast in den USA, Reisebuchverlag Iwanowski, Dormagen

Der folgende Überblick soll Ihnen eine Orientierung sein, bevor Sie in die kulinarische Welt Amerikas eintauchen (kleine Sprachhilfe s. Anhang):

- **Frühstück**
Frühstückszeit ist zwischen 7h und 10h. Wer in der Stadt oder in einem größeren Hotel übernachtet, ist häufig mit einem Frühstück in einer Cafeteria oder einem besseren Fastfood-Laden besser beraten. Das ist billiger, und man entgeht der faden Auswahl von Continental (süß) oder American Breakfast (mächtig). Ausnahme bieten nur die Frühstücksbüfetts, die einige größere Hotels anbieten.
- Das **Continental Breakfast** erhalten Sie nicht überall (Hotels werben mit „free Continental Breakfast"). Aber wer nicht gerade eine ausgesprochen süße Mahlzeit mag, wird diese Form von Frühstück bald meiden. Muffins, Marmelade, Saft und Kaffee/Tee – das ist alles. Eine Zusatzorder mit Schinken bzw. Käse wird meist ignoriert.
- **American Breakfast**: Eine Kalorienbombe – Eier (meistens gleich 3), Schinken, Speck, Cornflakes, Saft, Kaffee/Tee und häufig auch noch Kuchen oder Waffeln mit Sirup. Davon wird man mehr als satt und kämpft noch Stunden mit dem überladenen Magen.
- **Mexican Breakfast**: Besonders im Süden und Südwesten beliebt. Typisch ist hier das Gericht „Huevos Rancheros" – Eier auf Tortillas und dazu eine (meist scharfe) Sauce. Alternativ kann man auch ein Steak zum Frühstück ordern.

- **Brunch**
In der Zeit zwischen 11h und 14h servieren größere Hotels und Restaurants, besonders an Sonn- und Feiertagen, eine Mischung aus Frühstück und Mittagessen. Hier kann man warm und kalt essen und so viel man möchte, da es meistens als Büfett angerichtet ist.

- **Lunch**
Das Mittagessen hat in den USA wenig Bedeutung, da die Amerikaner sich mittags hauptsächlich von Hamburgern oder Sandwiches aus den Fastfood-Restaurants ernäh-

CRIPPLE CREEK SALOON

Our Specialty Prime Rib (served after 6:30 p.m.) (Limited amount cooked daily)

Saloon Cut, 14 oz. (au jus and horseradish served upon request) $15.95
Parlor Cut, 12 oz. $13.95
Prime Rib Sandwich $8.95

Our Famous Mesquite Grilled Steaks

Sirloin, Sir-Loin, 14 oz. $12.95
Sirloin, Miss-Loin, 9 oz. $9.95
Rib Eye, 9 oz, ... $12.95
T-Bone, 16 oz. $15.95
Filet Mignon, 10 oz. $14.95
Shishkabob, (Sirloin, Bell Pepper, Mushrooms, Tomato, Onion) $12.95

To cook steaks beyond "Pink in Color"
can cause "Toughness and loss of Taste"

Our Freshest Seafood

Lobster, 12 oz. $18.95
Jumbo Shrimp, ½ lb. (Grilled or Fried) $13.95
Alaska King Crab Legs, 14 oz. $18.95
Sportsman's Plate, (Jumbo Shrimp, Quail, Frog Legs, Catfish) $17.95
Swordfish Steak, (Mesquite Grilled) $11.95
Filet of Orange Roughy, (Mesquite Grilled) $9.95
Baby Coho Salmon, (when available) (Mesquite Grilled) $9.95
Frog Legs, (Fried) $9.95
Filet of Catfish, (Farm Raised) (Fried) $8.95

All Above Orders Served With French Fries or Baked Potato,
Salad and Dinner Rolls

Shrimp Cocktail, ½ lb. with Red Sauce $11.95

Cassette Tapes, T-Shirts, Caps, Posters — Available at Register

Music
by George Aubry

Our Delicious Varieties

Ground Top Sirloin Steak, 14 oz. (Allow for extra cooking time)
(Topped with your choice of Mushrooms, Gravy and Onions) $8.95
Boneless Breast of Chicken, Mesquite Wood Grilled $9.95
Chicken Finger Filet $8.95
Chicken Fried Steak $8.95

*All Above Orders Served With French Fries or Baked Potato,
Salad and Dinner Rolls*
Saloon "Huge" Burger, (1 lb. Ground Sirlon Mesquite Wood Grilled) $7.95
(Allow for extra cooking time)

Senior Citizen And Children's Menu

Chicken Fingers	$4.95	Jumbo Shrimp	$7.95
Saloon Burger, ½ lb. ...	$3.95	Ground Top Sirloin	$4.95
Frog Legs	$4.95	Shishkabob	$6.95
Boneless Breast of Chicken, Mesquite Wood Grilled			$6.95

Our Scrumptious Appetizers

Bowl of Delicious Beans $1.25
Bowl of Popcorn Shrimp $4.25
½ Order of Chicken Fingers $3.50
Bowl of Fried Okra $3.25
Bowl of Fried Mushrooms $3.50
Armadillo Legs, (Stuffed Jalapenos) $3.95
Fried Mozzarella Cheese Sticks $3.75

Desserts

New York Cheese Cake ...	$1.75	Vanilla Ice Cream ...	$ .90
with Strawberries	$2.25	Orange Sherbet	$ .90
Turtle Cheese Cake	$2.25		

House Wine - Inglenook

Red - White - Rose

Glass ... $2.50	Carafe ... $8.00	½ Carafe ... $4.50

White Zinfandel

Glass ... $4.00	Carafe ... $13.50	½ Carafe ... $7.00

Korbel Champagne

Bottle $14.00

ren. Wer trotzdem gerne gut zu Mittag essen möchte, bekommt in den besseren Restaurants zu dieser Zeit Mahlzeiten zu deutlich günstigeren Preisen geboten („Lunch specials" bzw. „Daily specials").

• **Dinner**

Das Dinner bildet bei den Amerikanern die zweite große Mahlzeit. Es besteht mindestens aus Vorspeise, Hauptgericht und Nachspeise. Da das üppige Frühstück bereits eine ganze Weile zurückliegt, wird früh zu Abend gegessen. Die Restaurants öffnen um 18h, und ab 20h30 kann es Ihnen bereits passieren, dass die Küche kalt ist. Wenn Sie also spät essen möchten, erkundigen Sie sich lieber vorher über die Küchenzeiten.

In den letzten Jahrzehnten hat die Küche an Raffinesse gewonnen. Vorher war selbst in den besseren Restaurants das Essen zwar gut, aber gleich – egal, wo in den USA man sich befand. Da aber auch die Amerikaner mittlerweile den Genuss eines „Dinner-Happenings" erkannt haben, hat die Küche deutlich an Format gewonnen und kann sich mit der europäischen messen. In besseren Restaurants ist die Beleuchtung etwas schummerig, was in Amerika einfach dazugehört. Als Kleidung wählt man hier die bessere Garnitur.

• **Getränke**

- Kaffee

Die Amerikaner trinken zwar gerne Kaffee, doch lässt dieser qualitativ oft noch zu wünschen übrig. Er ist sehr schwach. Nachdem es früher nur löslichen Kaffee gab, hat sich auch hier jetzt der Filterkaffee durchgesetzt, der aber trotzdem nicht viel besser ist. Positiv ist, dass der Kaffee in einigen Lokalen kostenlos nachgeschenkt wird. Mittlerweile gibt es aber auch im Südwesten, bes. in den großen Städten, Kaffeehäuser bzw. Take Aways, wo erstklassiger Kaffee serviert wird. Hier fällt sogar manchmal die Auswahl schwer, da es zahlreiche aromatisierte Sorten gibt (z.B. mit Zimt, Nuss oder Amaretto). Beliebt sind besonders die großen Kaffeehaus-Ketten, wie z.B. „Starbucks".

- Tee

Fast nur Beuteltee. Gut und erfrischend ist aber der „Iced Tea", der mit Zitrone, Zucker und Eis serviert wird.

- Soft Drinks

Amerika ist bekannt für seine Softdrinks, und die Angebotspalette ist fast unerschöpflich. Alleine Cola wird in fünf und mehr Variationen geboten: Diet, Light, Classic, New und in verschiedenen Mischungen. Doch gibt es zu den uns bekannten Limonadensorten auch noch Exotisches wie z.B. Root Beer (Wurzelbier – kein Alkohol) oder verschiedenste Fruchtsäfte, mit Kohlensäure entstellt. Softdrinks werden in Kneipen und Restaurants mit sehr viel Eis serviert. Das geht folgendermaßen: Erst wird ein Pappbecher bis zum Rand mit zerkleinertem Eis gefüllt, und dann erst „quetscht" der Barkeeper das eigentliche Getränk hinein. Trinkt man nun nicht schnell genug, bleibt nur gefärbtes Wasser übrig.

- Milchshakes

Milchshakes gehören in den USA zu den Standardgetränken der Kinder. Versetzt mit verschiedensten Geschmacksrichtungen und in den unterschiedlichsten Flüssigkeitsstufen. Am beliebtesten ist bei den Kindern der „double thick", der eher einem Softeis ähnelt als einem Getränk.

- Säfte

Es gibt eigentlich eine Reihe guter Säfte, und vor allem ist die Variationsbreite sehr groß, da ja fast alle bekannten Früchte in den USA angebaut werden. Leider bekommt man in den Restaurants nur eine kleine Auswahl geboten, und dabei handelt es sich meist um gefärbtes, mit Nektar angereichertes und gesüßtes Wasser. Sie müssen daher darauf achten, dass Sie in den Restaurants einen „fresh juice" bestellen. Der ist dann zwar auch nicht unbedingt frisch gepresst, kommt dem aber schon bedeutend näher und erfrischt wirklich. Gute Säfte gibt es ansonsten nur in den Supermärkten. Sie werden aber auch hier feststellen müssen, dass Sie sich durch einige Anbieter durchtrinken müssen, bevor Sie einen wirklich guten Saft erwischen werden.

- Bier

Trotz des schlechten Rufes ist das amerikanische Bier doch ganz trinkbar. Es ist schwächer und kohlensäurehaltiger als das europäische. Eine Krone ist vollkommen unbekannt, und häufig sieht man sich vor die Aufgabe gestellt, das bis zum Rand gefüllte Glas vom Tresen zum Tisch zu befördern – und das auch noch auf klebrigem Boden (woran das wohl liegen mag?). Sehr beliebt ist neuerdings auch das Lightbier. Viele Biersorten tragen deutsche Namen (z.B. „Löwenbräu"), doch gehören die Brauereien amerikanischen Firmen. Im Süden und Südwesten erhält man häufig auch das mexikanische Bier („Corona"), das um einiges stärker ist und gerne aus der Flasche getrunken wird, in deren Hals ein Scheibchen Zitrone oder Limette gehört.

Wer nun gar nicht auf das gute europäische Bier verzichten möchte, kann es sich in Flaschen kaufen. Es ist aber auch teurer. In Städten gibt es einige „Microbreweries" (Pubs meist mit amerikanischer Küche). Diese produzieren Bier zumeist nur für den Eigenbedarf. Es schmeckt voller und hat auch mehr Alkohol – also Achtung in den höher gelegenen Ortschaften, dort wirkt der Alkohol stärker! Doch es wäre nicht Amerika, würde es nicht in den meisten Microbreweries auch selbstgebrautes leichtes Bier geben.

Für den großen Durst empfiehlt sich der in vielen Lokalen angebotene „Pitcher". Das ist ein großer Krug (häufig aus Plastik), in dem ca. 1,6 Liter Bier gezapft werden. Der Preis liegt deutlich unter dem

Hinweis

Alkohol darf in den meisten Staaten nur an Volljährige (21 Jahre und älter) ausgeschenkt werden. Dieses wird streng eingehalten, und wer unter 40 (!) ist, muss damit rechnen, vor dem Ausschank und abends sogar vor dem Betreten des Lokals, seinen Ausweis vorzeigen zu müssen („We I.D. you!"). Also haben Sie immer einen Personalausweis dabei!

der einzelnen Gläser oder Flaschen. Leider seltener gibt es die „Pony-Pitcher". Ca. 0,8 Liter passen in so einen Krug. Mit Lightbier gefüllt ist er eigentlich das Richtige für Zwei nach einem langen und trockenen Tag.

- Wein

Der Wein, hauptsächlich in Kalifornien angebaut, ist in der Regel von guter Qualität und meist trocken. Die USA sind übrigens der sechstgrößte Weinproduzent der Erde. Es gibt keine Weinklassifikationen; als Qualitätsgarant halten die Namen der Winzer her. Wein ist etwas teurer als bei uns. Die Trinkkultur der Amerikaner hat aber ihren eigenen Charakter: Rotwein wird kalt getrunken. Besonders verwundern wird Sie, wenn Sie jemand sehen, der Wein mit Cola mischt oder, falls er ihm zu bitter ist, auch schon mal ein oder zwei Zuckerwürfel ins Glas fallen lässt.

Folgende Weinsorten kommen aus Kalifornien:
Rotweine:
· **Zinfandel**: auch als „kalifornischer Beaujolais" bezeichnet, schmeckt himbeerartig
· **Grenach**: wird oft als Verschnittwein verwendet, hell und körperreich
· **Cabernet Sauvignon**: der wohl beste Rotwein, aromatisch und trocken, sollte mindestens 4 Jahre alt sein
· **Petite Sirah**: auch als Shiraz bezeichnet; dunkelroter, gerbstoffreicher und alterungsfähiger Wein
· **Pinot Noir**: leichter, fruchtiger Rotwein
· **Barbera**: sehr dunkler Rotwein mit ausgewogenem Säuregehalt
· **Ruby Cabernet**: guter trockener Tischwein
· **Gamay Beaujolais**: ähnlich dem Pinot Noir, nicht mit dem französischen Beaujolais vergleichbar
Rosé:
· **Gamay**: leichter Roséwein
Weißweine:
· **Pinot Blanc**: fruchtig-trockener Weißwein
· **Chenin Blanc**: harmonischer, herber Wein
· **Chardonnay**: der beste kalifornische Weißwein, trocken und duftend mit herrlichem Traubengeschmack
· **White Riesling**: fruchtiger, herber Weißwein
· **Semillon**: ziemlich süßer goldfarbener Wein
· **Sauvignon Blanc**: trockener, erdig-fruchtiger Weißwein
· **Gewürztraminer**: leicht süßer, aromatischer Weißwein

- **Spirituosen und Cocktails**
Whisky und Brandy sind die beliebtesten harten Getränke der Amerikaner (auch Wodka hält mittlerweile Einzug). Besonders aber die „Cocktailkultur" hat hier in den letzten Jahren Einkehr gefunden. Nachmittags, nach der Arbeit, wenn die „happy hour" in den Lokalen eingeläutet wird, füllt es sich, und die verschiedensten Mixgetränke werden zum halben Preis serviert. Besonders beliebt im Süden sind Cocktails wie „Pina Colada" (Rum, Kokosnusscreme, Ananassaft und Sahne) und „Margarita" (mit Tequila). Die Haushaltskasse freut sich nun besonders, wenn, wie häufig üblich, kostenlos zu den Getränken während der „happy hour" warme Imbisse angeboten werden.

F

▶   **Fahrrad fahren**

Fahrrad fahren wird in den USA immer populärer, und so manch einer verbringt den gesamten Urlaub auf dem Sattel eines Drahtesels. Besonders in den Rocky Mountains ist dies sehr beliebt. Die Steigungen sind nicht immer ganz ohne.

Es gibt in den USA mittlerweile eine Reihe von Organisationen, Herstellern, Clubs und Vereinen, die Infos und Material zur Verfügung stellen. Eine Liste dieser Organisationen verschickt: PRO BIKE, The Bicycle Federation of America (auch BFA), vom Hauptquartier aus: **National Center for Bicycling & Walking:** 1506 21st St., NW, Suite 200, Washington, D.C. 20036, Tel.: (202) 463-6622, Fax: (202) 463-6625, Internet: www.bikewalk.org, E-Mail: info@bikewalk.org. Die BFA ist in erster Linie aber ein Lobbyist für die Fahrradfahrer und Fußgänger und berät u.a. Gemeinden bei dem Ausbau von Fahrradwegen.

Wer nur mal einen Tag herumfahren möchte, bekommt Fahrräder über spezielle Vermieter in fast jedem Ort oder auch mal in Hotels. Gut sortiert und informiert zum Thema Fahrradfahren sind zudem die lokalen sowie staatlichen Touristenämter. Oft gibt es eigene Broschüren mit Routenvorschlägen.

Echte Mountainbike-Freaks und geübte Radfahrer sollten sich aber allemal den Ort **Moab** in Utah vormerken. Er hat sich mittlerweile zu einem Eldorado für Radfahrer entwickelt.

Siehe auch Kapitel „OUTDOOR".

▶ **Feiertage**

Feiertage werden in den USA immer „gefeiert". D.h., wenn ein Feiertag auf ein Wochenende fällt, wird dieser am Montag „nachgeholt".

Die **wichtigsten Feiertage** sind (es gibt dazu noch einige regionale Feiertage):

1. Januar	New Year's Day (Neujahr)
3. Montag im Januar	Martin Luther King Day
12. Februar	Abraham Lincoln's Birthday
Dritter Montag im Februar	George Washington's Birthday
Good Friday	(Karfreitag)
Letzter Montag im Mai	„Memorial Day" (Heldengedenktag)
4. Juli	Independence Day (Unabhängigkeitstag)
Erster Montag im September	Labor Day (Tag der Arbeit)
Zweiter Montag im Oktober	Columbus Day
Vierter Montag im Oktober oder 11. November	Veteran's Day (Soldatengedenktag)
Vierter Donnerstag im November	Thanksgiving Day (Erntedankfest)
25. Dezember	Weihnachten

Folgende Feiertage gibt es also nicht: Ostermontag, 2. Weihnachtstag, Silvester.

▶ **Fernsehen**

Es gibt in den USA knapp 900 kommerzielle Sender und über 300 Bildungssender (die Zahlen schwanken, je nach Auslegung der „Unabhängigkeit"). Die Vielfalt scheint also enorm. Meistens handelt es sich um Berieselungsprogramme, gespickt mit Unmengen von Werbespots. Mit etwas Glück finden Sie darunter aber auch anspruchsvollere Sender. So hat jede größere Stadt und jede touristisch interessante Region einen Touristensender, der schon mal ansprechende und informative Programme zum regionalen Reisegebiet bietet. Zudem gibt es den „Discovery Channel" (Natur und Technik) sowie den „National Geographic Channel" (Natur, Expeditionen, Geschichte, Wissenschaft). Die großen überregionalen Sender sind: ABC, CBS und NBC. PBS (Public Broadcasting Service) bietet auch anspruchsvollere Sendungen, kann aber nicht überall empfangen werden. Größere Hotels sind auch an ein Kabelnetz angeschlossen, bei dem Sie für ca. 8–10 US$ einen Spielfilm Ihrer Wahl (ohne Werbung) sehen können. Sie programmieren Ihren Fernseher im Zimmer nur mit dem entsprechenden Code und zahlen zusammen mit Ihrer Hotelrechnung.

Wer sich um Nachrichtensendungen bemüht, sollte den Wunsch nach informativer Berichterstattung schnell fallen lassen. Die Aussage eines CBS Nachrichten-Managers macht deutlich, warum: „They have got us putting more fuzz and wuzz on the air, cop-shop stuff, so as to compete not with other news programs but with entertainment programs – including those posing as news programs – for dead bodies, mayhem and lurid tales".

Der Nachrichtensender CNN sendet zwar Infos rund um die Uhr, dabei gehören aber Informationen zu Popstars und zu regionalen Ereignissen häufig zum entscheidenden Rahmenprogramm.

Filmempfehlungen

Hier möchte ich Ihnen eine kleine Auswahl von Filmklassikern nennen, die das Leben im Südwesten der USA deutlich machen und/oder hervorragende Landschaftsaufnahmen bieten. Beschreibung teilweise entnommen aus: Lexikon des Internationalen Films, rororo-Verlag, Hamburg.

Arizona Dream: USA 1992, Regie: Emir Kusturica, Buch: David Atkins, Emir Kusturica, mit: Johnny Depp, Jerry Lewis, Faye Dunaway
Etwas abgehobener und exzentrischer Film über einen jungen New Yorker Verwaltungsangestellten, der zur Hochzeit seines Onkels nach Arizona kommt. Dabei erlebt er nicht nur skurrile Abenteuer, sondern lernt auch die verschiedensten Menschen kennen. Die Handlung ist weniger bedeutend als der „auf die Schippe" genommene „amerikanische Traum". Der Film wechselt immer wieder zwischen Tragik und Spaß.

Bis zum letzten Mann (Fort Apache): USA 1948, Regie: John Ford, Buch: Frank S. Nugent, Merian E. Cooper, mit: Henry Fonda, John Wayne, Shirley Temple
Der neue Kommandant von Fort Apache ist sehr unbeliebt: Ein vom General zum Oberstleutnant degradierter Mann ist in das abgelegene Fort strafversetzt worden. Hier gerät er rasch mit dem erfahrenen Captain aneinander. Als Häuptling Cochise seine Apachen nach Mexiko führen will, sieht der ehrgeizige Oberstleutnant die Chance für seine persönliche Rehabilitation. Paraphrase auf

die Western-Legende von General Custers (1839–1876) letzter Schlacht. Psychologisch fundiert und historisch glaubwürdig.

Bonnie und Clyde: USA 1967, Regie: Arthur Penn, Buch: David Newman, Robert Benton, mit: Warren Beatty, Fay Dunaway, Gene Hackman
Die abenteuerlich und tragisch endende Geschichte eines Gangsterpaares im amerikanischen Südwesten der 20er Jahre des 20. Jh., von Arthur Penn mit formalem Geschick und doppelbödigem Sarkasmus inszeniert: Bonnie und Clyde entstammen einfachen Verhältnissen und versuchen den Traum von Freiheit und Reichtum zu verwirklichen, indem sie einen aussichtslosen Kampf jenseits von Recht und Ordnung führen. Unversehens avancieren sie zu Volkshelden. Ausgehend von tatsächlichen Ereignissen.

Cheyenne (Cheyenne Autumn): USA 1963, Regie: John Ford/Bernard Smith, Buch: James E. Webb nach einem Roman von Mari Sandoz, mit: Richard Widmark, Caroll Baker, Karl Malden
Der Leidensweg der Cheyenne-Indianer. Ein vorwiegend durch seine epischen Qualitäten und die ungewöhnliche Erzählperspektive (aus der Sicht der Indianer) bemerkenswerter Western.

Doc (Doc): USA 1970, Regie: Frank Perry, Buch: Pete Hamill, mit: Stacy Keach, Faye Dunnaway, Harris Yullin.
Schauplatz Tombstone, Arizona, ca. 1880. Die Stadt steht im Zenit ihres Daseins. Silber- und Kupferminen sorgen für Wohlstand. Aber auch Schurken treiben ihr Unwesen. Wyatt Earp und Doc Holliday, zwei legendäre Figuren des Wilden Westens, sorgen für Recht und Ordnung, jeder auf seine Weise. Zwar mit Hollywood-üblicher Action untermalt, bietet dieser Film trotzdem einen Einblick in das Leben des Wilden Westens. Fast alle Figuren hat es wirklich gegeben. Die Handlungen auch, wenn sie auch in der Realität chronologisch etwas weiter auseinander gelegen haben. Ein Versuch der Entmythologisierung des Wild-West-Genres. Gute Charakter- und Milieustudien.

Erbarmungslos (Unforgiven): USA 1992, Regie: Clint Eastwood, mit: Clint Eastwood, Gene Hackman, Morgan Freeman
Ein alternder und vom Alkohol abhängiger Revolverheld verliert seine Frau. Noch an ihrem Grab beschließt er, sein Leben zu ändern. Er passt auf seine Kinder auf und führt so lange ein beschauliches Leben, bis er von einem jungen Revolverhelden aufgefordert wird, ihm dabei zu helfen, eine misshandelte Frau zu rächen. Ein Western ohne Helden. Der wahre Held will (und kann) keiner sein, und doch wird er seinen Weg bis zum bitteren Ende gehen müssen.

Der gebrochene Pfeil (Broken Arrow): USA 1950, Regie: Delmer Daves, Buch: Michael Blankfort, nach dem Roman „Blood Brother" von Elliott Arnold, mit: James Stewart, Jeff Chandler
1870. In Arizona wehren sich die Apachen noch immer gegen die vordringenden Siedler und Goldsucher. Ihr Häuptling ist Cochise. Nur eine starke Truppe kann scheinbar die Apachen in die Knie zwingen. Doch der Pfadfinder

Jeffords kann beide Seiten dazu überreden, einen Frieden zu unterzeichnen. Ein Western, dessen humane Gesinnung sich vor allem in der Darstellung des indianischen Standpunktes zeigt.

Giganten (Giants): USA 1955, Regie: George Stevens, Buch: Fred Guiol, Ivan Moffat nach dem gleichnamigen Roman von Edna Ferber, mit: Elizabeth Taylor, Rock Hudson, James Dean
Dramatische Familienchronik einer reichen Viehzüchtersippe in Texas über zwei Generationen – während (erste Hälfte des 20. Jh.) die Strukturen der Landschaft und Gesellschaft durch Ölvorkommen zerstört werden. Über das menschliche und künstlerische Interesse hinaus eine der bedeutendsten kritischen Selbstdarstellungen der USA im Film.

Der große Bluff (Destry rides again): USA 1939, Regie: George Marshall, Buch: Felix Jackson, Gertrude Purcell, Henry Meyers, nach dem gleichnamigen Roman von Max Brand, mit: Marlene Dietrich, James Stewart
Ein Westernstädtchen wird von einem Saloon-Wirt und seiner Bardame tyrannisiert. Solange, bis dem Sheriff der Kragen platzt. Viel Witz, Spannung und Ironie, aber auch ernste Zwischentöne.
Ein Western-Klassiker.

Halbblut (Thunderheart): USA 1992, Regie: Michael Apted, mit: Val Kilmer, Sam Shepard, Graham Greene
Geschichte um einen FBI-Agenten, der seine indianische Herkunft „erfolgreich" abgeschüttelt zu haben scheint. Ein Auftrag verschlägt ihn aber in ein Indianer-reservat, wo er einen Mord aufklären soll. Die Handlung ist vielleicht etwas oberflächlich und durchaus austauschbar, aber die Milieustudien und der immer noch vorhandene, wenn auch verborgene, Stolz der Indianer geben dem Film einen interessanten Aspekt.

JFK – Tatort Dallas: USA 1992, Regie: Oliver Stone, mit: Kevin Costner, Sissy Spacek
Aufarbeitung der Geschichte auf Amerikanisch: Ermordung John F. Kennedys in Dallas 1963 und die Fahndung nach dem Mörder – oder sind es sogar mehrere? Ein gerechtigkeitsliebender Staatsanwalt versucht, auch noch Jahre später, verbissen Licht ins Dunkel zu bringen. Die Handlung beruht auf Tatsachen, wobei aber auch Interpretationen eingewebt wurden. Allemal interessant anzuschauen, und man erhält Einblicke, wie sehr die amerikanische Politik mit Minderheiten, Wirtschaft und mit sich selbst zu kämpfen hat.

Der Mann, der Liberty Valance erschoss (The Man who shot Liberty Valance): USA 1961, Regie: John Ford, Buch: James Warner Bellah, Willies Goldbeck, nach einer Erzählung von Dorothy Johnson, mit: James Stewart, John Wayne, Lee Marvin
Senator Stoddards politische Karriere beruht auf einem „Gunfight", bei dem er einen berüchtigten Revolverhelden erschossen hat. Viele Jahre später stirbt sein Freund und Weggefährte. Erst jetzt erzählt Stoddard, dass er nicht der

Schütze war, sondern sein Freund, und dass es sich nicht um ein faires Duell gehandelt hatte, sondern um einen Hinterhalt. Die Wahrheit dieser Enthüllung hat aber der Kraft des Mythos' nichts mehr entgegen zu setzen.

Out of Rosenheim (Bagdad Café): BRD 1987, Regie: Percy Adlon, Buch: Percy Adlon, Eleonore Adlon, mit: Marianne Sägebrecht, CCH Pounder
Eine Touristin mittleren Alters aus Rosenheim trennt sich im Streit von ihrem Mann und findet Bleibe in einem Wüstenhotel an einer Überlandpiste. Dort erwirbt sie die Sympathie der wenigen Mitbewohner und bringt den Umsatz des Lokals in Schwung. Witzig und mit großer Liebe zum Detail inszeniert. Die Handlung spielt in Bagdad (Arizona), was aber für den Film nicht von Bedeutung ist.

Paper Moon: USA (Kansas) 1972, Regie: Peter Bogdanovich, nach einem Roman von Joe David Brown, mit: Ryan O'Neal, Tatum O'Neal.
Nach dem Tode der Mutter finden die uneheliche 9-jährige Tochter und ihr sich verleugnender Vater zunächst unfreiwillig zu einem Stromerpaar zusammen, das sich mit gemeinsamen Betrügereien notdürftig durch die Krisenzeit der 1930er Jahre in den USA des Mittelwestens schlägt. Mit poetischem Sinn und moralischer Nachsicht für den Lebenskampf der sozial Schwachen inszenierte gemütvoll-launige Unterhaltung.

Paris, Texas: BRD/Frankreich 1984, Regie: Wim Wenders, Buch: Sam Shepard, mit: Nastassja Kinski, Harry Dean Stanton.
Ein sprach- und erinnerungslos in der texanischen Wüste aufgefundener Mann findet langsam in die Gemeinschaft zurück und macht sich zusammen mit seinem 7-jährigen Sohn auf die Suche nach seiner verschwundenen Frau, nach seiner Vergangenheit und nach neuen Formen des Zusammenlebens. Entstanden ist eine filmästhetisch bestechende und emotional mitreißende Synthese aus publikumswirksamem Genrefilm und europäischem Autorenfilm – als realistisches Amerikabild, Road Movie, Liebesgeschichte und mythische Allegorie gleichermaßen glaubhaft und faszinierend.

Picknick (Picnic): USA (Kansas), 1957, Regie: Joshua Logan, Buch: Daniel Taradash (nach dem gleichnamigen Bühnenstück von William Inge), mit: William Holden, Rosalind Russel, Kim Novak.
Im Rahmen eines herbstlichen Volksfestes in einer Kleinstadt in Kansas werden amerikanische Lebensart und bürgerliche Lebensformen charakterisiert. Eine intelligente Komödie.

Pure Country: USA 1992/93, Regie: Chris Cain, Buch: Rex McGee, mit: George Strait, Lesley Ann Warren
Texas: Die Geschichte eines kleinen Country-Musikers, der zu Ruhm und Ehre gelangt. Dies gefällt ihm eine Weile, doch dann erkennt er, dass seine Kreativität dadurch verloren geht, kehrt dem Showbusiness den Rücken und spielt wieder in kleinen Dorflokalen. George Straits ist in den USA einer der bekanntesten Country-Musiker.

Red River: USA 1948, Regie: Howard Hawks, Buch: Borden Chase, Charles Schnee, mit: John Wayne, Montgomery Clift

Die Geschichte des Viehzüchters Tom Dunson und seines rebellischen Sohnes vor dem Hintergrund des legendären Viehtriebs über den „Chisholm Trail" von Texas nach Missouri. Die alten Ideale des Wilden Westens müssen neuen Werten weichen. Packende Abenteuergeschichte von brillanter Inszenierungskunst und einzigartigen Qualitäten im Dokumentarischen.

Der schwarze Falke (The Searchers): USA 1956, Regie: John Ford, Buch: Frank S. Nugent nach einem Roman von Alan LeMay, mit: John Wayne, Jeffrey Hunter, Natalie Wood.

Epischer Western, der als Klassiker gilt. Mit einer dramatischen und visuellen Kraft wie kaum ein anderer Western erhebt dieser Film den Gegensatz zwischen Zivilisation und Wildnis zum Thema – ein Gegensatz, der sich auch in den Helden der Geschichte widerspiegelt. Als 1868 Edwards zur Farm seines Bruders zurück kehrt, überfallen Komantschen dessen Familie und verschleppen die Kinder. Er macht sich auf die Suche nach den Kindern und findet die eine Nichte wieder, die jetzt aber mit den Indianern lebt und diese nicht mehr verlassen will. Der spröde, starrköpfige Cowboy gerät in einen schweren Konflikt mit sich selbst.

Spiel mir das Lied vom Tod: Italien 1968, Regie: Sergio Leone, Buch: Sergio Donati, Sergio Leone, mit: Claudia Cardinale, Henry Fonda, Charles Bronson

Ein namenloser Mundharmonikaspieler greift in die Auseinandersetzung zwischen dem skrupellosen Chef einer Eisenbahngesellschaft und einer irischen Einwandererfamilie ein und rächt sich für den lange zurückliegenden Mord an seinem Bruder. Der Stil des Filmes „vermittelt befreiende Arroganz und wehmütige Erinnerung zugleich" (G. Steeßlen), huldigt den Mythen der amerikanischen Geschichte und treibt sie zur pessimistischen, oft zynischen Auflösung. In Dramaturgie, Montage, Ausstattung und musikalischer Untermalung hervorragend und auf hohem gestalterischen Niveau. Gute Landschaftsaufnahmen.

Zwölf Uhr mittags (High Noon): USA 1952, Regie: Fred Zinnemann, Buch: Carl Foreman, mit: Gary Cooper, Thomas Mitchell, Grace Kelly.

Am Tag seiner Hochzeit wird US-Marshall Kane zu einer Gewissensentscheidung gezwungen: Ein Gangster, den Kane vor Jahren ins Gefängnis gebracht hatte, dürstet nach Rache und soll mit dem Mittagszug eintreffen. Kanes Frau, eine Quäkerin, verabscheut Gewalt und will ihn verlassen. Auch die Bewohner der Westernstadt verkriechen sich. Kane entscheidet sich trotzdem zu dem Duell. Psychologischer Western mit dramaturgischen Raffinessen. Ein Klassiker. Wegen der kritischen Darstellung des Gesetzeshüters und den daraus resultierenden Diskussionen in der amerikanischen Gesellschaft wurde der Drehbuchautor Foreman auf die „Schwarze Liste" der McCarthy-Ära gesetzt.

▶ **Fotografieren**

Es ist empfehlenswert, Filmmaterial bereits von zu Hause mitzubringen, da bei uns die Entwicklung inklusive ist und Sie auf diese Weise Geld sparen können. Falls Ihre Filme ausgehen oder Ihre Kamera einmal streikt, gibt es in den USA keine Probleme mit Ersatzteilen (Reparatur aber meist teurer als Neukauf) oder dem Kauf von Filmmaterial.

> **Hinweis**
>
> *Diafilme sind in den USA nicht so gefragt und daher sehr teuer.*

Wer noch mit Rollfilmen unterwegs ist, dem empfehle ich wegen des sonnenreichen Klimas lichtempfindliche Filme (ASA 100). Filme von Fuji und Kodak haben sich wegen ihrer Farbintensität am besten bewährt, besonders bei Landschaftsaufnahmen.

Viele Copyshops und auch bessere Fotoläden kopieren bzw. bearbeiten Ihre **digitalen Bilder**, so dass Sie Ihren Speicher immer wieder neu nutzen können.

▶ **Fremdenverkehrsamt**

Statt eines amerikanischen Fremdenverkehrsamtes gibt es jetzt nur noch das **Visit USA Committee:** Postfach 101551, 64215 Darmstadt, E-Mail: info@vusa-germany.de, Internet: www.vusa-germany.de oder für allgemeine Reiseinfos: www.usa.de. Versendung von Info-Broschüren. Unter dem Button „Who is Who" können Sie auch die aktuellen Adressen der einzelnen Repräsentanzen (Bundesstaaten, Regionen, Städte etc.) in Europa aufrufen.

Die Fremdenverkehrsämter der einzelnen Bundesstaaten und ihre Repräsentanzen in Deutschland (die auch für die Schweiz und Österreich zuständig sind):

- **Texas**: Texas Dept. of Economic Development, Tourism Division, 1700 North Congress, Suite 251, P.O.Box 12728, TX 78711-2728, Internet: www.traveltex.com. Deutschland: News-Plus Communications, Herzogspitalstr. 5, 80331 München, Tel.: 089/236621-43, Fax: 089/260 4009, Internet: www.news-plus.net.
- **New Mexico**: New Mexico Dept. of Tourism, Lamy Building, 491 Old Santa Fe Trail, P.O.Box 20003, Santa Fe, NM 87503, Tel.: (505) 827-7400, Internet: www.newmexico.org. Deutschland: Deutschland: c/o Get it across Marketing, Neumarkt 33, 50667 Köln, Tel.: 0221/2336-408, Fax: 0221/2336-450, Internet: www.getitacross.de.
- **Arizona**: Arizona Office of Tourism, 2702 N 3rd Street, Suite 4015, Phoenix, AZ 85004, Tel.: (602) 230-7733, Fax: (602) 240-5432, Internet: www.arizonaguide.com. Deutschland: c/o Get it across Marketing, Neumarkt 33, 50667 Köln, Tel.: 0221/2336-408, Fax: 0221/2336-450, Internet: www.getitacross.de.

> **Hinweis**
>
> *Die einzelnen Bundesstaaten verfügen an allen wesentlichen Einfallstraßen (Interstates und US-Highways) – meist kurz hinter der Grenze - über gesonderte Informationszentren (i.d.R. bis 17h geöffnet). Hier erhalten Sie Karten, haufenweise Prospektmaterial und auch die beliebten Couponheftchen, mit denen Sie in vielen Hotels und Motels günstiger übernachten können.*

- **Utah**: Utah Travel Council, Council Hall/Capitol Hill, 300 N. State St., Salt Lake City, UT 84114 - 7420, Tel.: (801) 538-1030, Internet: www.utah.com und www.go-utah.com. Deutschland: c/o Get it across Marketing, Neumarkt 33, 50667 Köln, Tel.: 0221/2336-408, Fax: 0221/2336-450, Internet: www.getitacross.de.
- **Colorado**: Colorado Travel & Tourism Authority, P.O.Box 3524, Englewood, CO 80155, Tel.: 1-800-COLORADO, Internet: www.colorado.com. Deutschland: c/o Get it across Marketing, Neumarkt 33, 50667 Köln, Tel.: 0221/2336-408, Fax: 0221/2336-450, Internet: www.getitacross.de.

▶ **Führerschein**

In der Regel genügt in den USA der nationale Führerschein, obwohl die eine oder andere kleine Mietwagenfirma auch den internationalen Führerschein verlangt. Nur der internationale Führerschein reicht aber nicht, besonders nicht zum Mieten von Fahrzeugen.

▶ **Geisterstädte/Ghosttowns**

Immer beliebter wird das Aufstöbern von verlassenen Minenstädten, den sog. Ghosttowns. Davon gibt es im Südwesten natürlich viele und die interessantesten an der Strecke sind im Reiseteil erwähnt. In Amerika hat sich hierbei aber eine Art „Ghosttown-Tourismus" entwickelt und viele als Ghosttown bezeichnete Orte sind mittlerweile auf diese Weise wieder zum Leben erwacht, so z.B. Tombstone und Jerome in Arizona. Da natürlich alles seinen Namen hat, werden diese Städtchen jetzt als „Semi-Ghosttown" geführt. Selbst kleine, lebendige Städte wie Bisbee, AZ, zählt die

Ghosttown Mogollon

ansonsten sehr informative Internetseite www.ghosttowns.com zu den Ghosttowns, nur weil es dort noch verlassene Minen gibt.

Wer sich also näher mit den Geisterstädten beschäftigen möchte, der sollte sich bereits zu Hause mit der o.g. Internetseite beschäftigen und sich in Amerika auch entsprechende Literatur (davon gibt es genügend) zulegen.

▶   **Geld/Zahlungsmittel**

Folgende **Banknoten** sind zzt. im Umlauf: 1, 2 (sehr selten), 5, 10, 20, 50, 100 sowie (fast gar nicht im Umlauf) 500 und 1.000 US$-Noten. Am gängigsten sind die 1-, 5-, 10- und 20-Dollar-Scheine. Die Noten werden wegen ihrer Farbe „Greenbacks" genannt. Da sie alle gleich groß sind, dieselbe Farbe aufweisen und sich nur durch den Aufdruck verschiedener Persönlichkeiten des (vergangenen) politischen Lebens unterscheiden, werden sie leicht verwechselt. Vergewissern Sie sich also vorher, ob Sie den richtigen weggeben. Als **Münzen** gibt es: 1 Cent (Penny), 5 Cent (Nickel), 10 Cent (Dime), 25 Cent (Quarter), 50 Cent (half Dollar, sehr selten) und 1 US$ (selten).

In den USA ist es – mehr als bei uns – üblich, mit Kreditkarten zu bezahlen. D.h. Beträge über ca. 25 US$ werden fast ausschließlich mit Karte bezahlt. Das hat zur Folge, dass es bereits Probleme geben kann, wenn Sie mit einer 50-Dollar-Note bar bezahlen wollen. Häufig gibt es kein Wechselgeld. Außerdem werden die 50- sowie 100-Dollar-Scheine wegen ihrer hohen Fälschungsrate ungern angenommen bzw. werden mit einem speziellen Marker an den Kassen „kontrolliert". Es sind eine Reihe falscher 50er und 100er im Umlauf, vor denen sich viele Ladenbesitzer schützen wollen. Also lassen Sie sich beim Geldtauschen nicht zu viele große Scheine geben. Ohne Kreditkarte geht es in den USA fast nicht mehr! Hotels und Mietwagenfirmen nehmen teilweise kein Bargeld mehr, oder lassen Sie beim Einchecken eine größere Summe als Garantie hinterlegen. Die überall akzeptierten Kreditkarten sind: Mastercard (ist in jeder Eurocard integriert) und Visa. American Express und Diners werden an vielen, aber nicht allen Stellen akzeptiert, besonders selten in kleineren Geschäften und an Tankstellen. *Bei Verlust der Kreditkarte siehe Notrufnummern unter „Kreditkarten".*

Sie können sich an einigen Bankschaltern und Terminals auch mit der blauen **Bankcard** (ehem. **Euroscheckkarte)** Geld auszahlen lassen. Das System ist aber noch nicht flächendeckend ausgebaut, so dass Sie sich alleine auf diese Scheckkarte nicht verlassen sollten. Erkundigen Sie sich in der Auslandsabteilung Ihrer Hausbank über den aktuellen Stand.

Oft passiert es auch noch, dass der Geldautomat zwar anzeigt, dass er die europäische Bankcard akzeptiert, dann aber den Code nicht anerkennt. Ratsam für eine Aufteilung Ihrer Reisekasse wäre es somit, etwas amerikanisches Bargeld für die ersten Tage mitzunehmen (auch viele 1$-Scheine zwecks Trinkgeld), dazu dann die europäische Bankcard und ein oder zwei Kreditkarten dabeizuhaben. Fremde Währungen können Sie zwar als Notreserve auch noch dabei haben, aber es kann Ihnen passieren, dass Banken in kleineren Städten Ihnen diese nicht wechseln können. Besser sind da Reiseschecks als Notreserve, wobei Sie diese nicht mehr als wesentlichen Bestandteil Ihrer Reisekasse ansehen sollten.

▶   **Geschäfte**

Es gibt kein Ladenschlussgesetz in den USA. Somit sind viele Geschäfte von 9h bis 21h geöffnet (allemal aber bis 18h und vielfach auch bis 23h). Auch an Sonntagen hat eine Reihe von Geschäften geöffnet, besonders in den vorörtlichen Shopping Malls (So: 10–18h). Diese Shopping Malls bieten eigentlich alles für das normale Leben. Neben großen

Supermarktketten trifft man hier u.a. auf Friseursalons, Boutiquen, Coffee Shops, Boutiquen, Freizeitbekleidungsgeschäfte etc. – und das alles unter einem Dach und mit ausreichender Parkfläche davor. Damit eignen sich solche Malls gut für den Provianteinkauf vor der großen Tour. Wer aber gute Beratung und spezielle Waren erwartet, muss doch meist die Spezialgeschäfte in den Innenstädten aufsuchen (die leider aber auch immer seltener werden).

▶   **Gesundheit**

Impfungen sind für die Einreise in die USA nicht vorgeschrieben (auch nicht für Mexiko). Trotzdem sollten Sie sich über folgende Punkte im Klaren sein:
• Der **Zeitunterschied** von 6 bis 8 Stunden macht einem doch zu schaffen, wobei der Rückflug sich noch gravierender auswirkt. Bedenken Sie den Zeitunterschied vor allem dann, wenn Sie regelmäßig Medizin einnehmen müssen, und fragen Sie Ihren Arzt vorher, wie Sie das ausgleichen sollen,
• **Das Klima ist z.T. sehr heiß, und die Sonne brennt** einem ganz schön auf der Haut, vor allem in der Halbwüste Arizona und New Mexicos. Denken Sie also an genügend Sonnenschutzcreme (die Sie natürlich auch in den USA erhalten), und vergessen Sie auch nicht, einen Hut aufzusetzen, wenn Sie länger herumlaufen sowie das ausreichende **Trinken**. In heißen Regionen sowie in trockenen, klimatisierten Räumen müssen Sie mehr trinken, als Sie Durst verspüren. 3 Liter/Tag sind die Regel und bei Anstrengungen (z.B. langen Wanderungen in den Parks) können das auch 5 Liter werden. Haben Sie also immer etwas zu trinken dabei und ermutigen Sie sich gegenseitig zum Trinken.
• **Mücken** gibt es nur in den Seengebieten von Osttexas und Colorado sowie an ruhigen Flussläufen. **Malaria** gibt es nicht, auch nicht in den Grenzbereichen von Mexiko.
• **Arzt- und Krankenhausbesuche** sind in den USA nicht ganz billig und müssen vor Ort bezahlt werden. Schließen Sie also vorher eine Reisekrankenversicherung ab, und achten Sie dabei auch darauf, dass sie die höheren amerikanischen Kosten vollständig abdeckt. Wer eine Abdeckung über die Kreditkarte hat, sollte trotzdem vor der Reise erfragen, ob diese Reisekrankenversicherung auch dann zahlt, wenn Sie z.B. Ihren Flug bzw. Mietwagen nicht mit der Karte bezahlt haben.
• **Apotheken** befinden sich in den Drugstores und nennen sich „Pharmacies". Hier erhalten Sie problemlos alle harmlosen Medikamente.
• Die **Rezeptpflicht** wird sehr streng gehandhabt. Nehmen Sie am besten Ihre Medikamente bereits von zu Hause mit. Für die Einfuhr benötigen Sie aber eine ärztliche Verordnung in englischer Sprache. Einen in Englisch verfassten Begleitbrief sollten diejenigen dabeihaben, die unter einer chronischen Erkrankung leiden.

I

▶   **Indianer**

Im Südwesten gibt es die meisten Indianerreservate der USA. Hier findet eine Reihe von kulturellen Veranstaltungen (Pow-Wows, Tänze, Rodeos u.a.) statt. Falls Sie sich vorweg bereits über den Veranstaltungsfahrplan erkundigen möchten, können Sie dieses entweder in den nächstgelegenen Touristenbüros tun oder beim Indian Pueblo Cultural Center Museum, 2401 12th St. NW, Albuquerque, NM 87104 (www.indianpueblo.org, bes. auf Stämme in New Mexico spezialisiert) oder beim Bureau of Indian Affaires, 19th & C Sts. N.W., Washington, D.C. 20420, wo Sie allgemeine Informationen und vor allem weitere Adressen erhalten, bei denen Sie sich dann Ihrer Reiseroute entsprechend näher erkundigen können.

Ein paar interessante Adressen dazu:
- **Navajo Tourism**: P.O.Box 663, Window Rock, AZ 86515, Tel.: (520) 871-6436 bzw. 871-6659, Fax: (520) 871-7381). Hier erhalten Sie die Broschüre des Touristenamtes der Navajo.
- Unter www.newmexico.org (Button „Calendar", dann „Native American") im Internet finden Sie eine Liste der Veranstaltungen in den Indianerreservaten in New Mexico. Die allgemeine Homepage der Navajos in den USA lautet: www.navajoland.com.
- **Oak Tank Outfitters**: PO Box 55, Peach Springs, AZ 86434, Tel: (520) 769-2817, Internet: www.angelfire.com/az/oaktank. Westlich des Grand Canyon unternimmt Oak Tank Touren in den Canyon (inkl. Wildwasserfahrten) sowie kulturelle Exkursionen bzw. führt Sie zu kulturellen Veranstaltungen der Hualapai-Indianer.

Weitere Informationen erhalten Sie natürlich von den staatlichen Touristenämtern *(siehe unter Stichwort „Fremdenverkehrsamt")*.

▶ **Kanu-, Kajak-, Floß- und Wildwasserfahrten**

Die Amerikaner sind bekanntermaßen ein Outdoor-Volk, und damit verwundert es kaum, dass an jedem erdenklichen Gewässer Boote, Floße, Kanus etc. bereit stehen. Das Angebot ist riesig und für jede Alters- und Geschmacksrichtung etwas dabei. Erkundigen Sie sich bei den staatlichen sowie lokalen Touristenburos, was gerade angeboten wird.

Vorweg nur ein paar geographische Tipps für Bootstouren:
- **Wildwasser:** Grand Canyon (z.B. Hualapai Ind. Reservat), Big Bend Nat. Park (z.B. von Lajitas aus) sowie Green River (Infos in Moab bzw. Vernal), Colorado River (Cataract Canyon, Infos im Canyonlands Canyon, Moab) und San Juan River (Infos in Page) in Utah.
- Für **Kanufahrer** eignen sich einige ruhige Abschnitte auf dem o.g. Green River, auf dem Flaming Gorge Dam und auf weiteren Flüssen in Colorado und in der sog. 4-Corner-Region.

Um es vorweg zu nehmen: Es lohnt sich, und eine Bootsfahrt wird mit Sicherheit einen der Höhepunkte Ihrer Reise durch den Südwesten darstellen.

Die schönsten Gebiete für Flussfahrten liegen mit Sicherheit am Rio Grande und in den Rockies in Colorado und Utah. Die folgenden Adressen möchte ich Ihnen nennen, da ich persönlich hiermit gute Erfahrungen gemacht habe:
- **Sheri Griffith Expeditions**: P.O. Box 1324, Moab, Utah 84532, Tel.: (435) 259-8229, Fax: (801) 259-2226, Internet: www.GriffithExp.com. Sheri und ihr Team führen ein- bis

Folgende Dinge sollten Sie für einen eintägigen Bootstrip mitnehmen bzw. bedenken:

- Zusatzkleidung, falls eine Garnitur nass wird,
- ein Handtuch zum Abtrocknen,
- Badezeug, falls die Aussicht auf ein erfrischendes Bad besteht,
- Sonnenhut, Sonnenbrille und Sonnenschutzcreme,
- leichte Schuhe für den Ausstieg in steinige Flussbetten,
- Getränke (nicht zu wenig) und anderen Proviant,
- Plastiktüten als Nässeschutz,
- Überlegen Sie, ob Sie Ihren Fotoapparat mitnehmen wollen. Beim Kentern könnte er nicht nur nass werden, sondern eventuell auch für immer in den Fluten untergehen. Ich habe es immer so gemacht, dass ich einen älteren Apparat mitgenommen, ihn mehrfach in kleinen wasserdichten zuschraubbaren Plastikkanistern verpackt und darin am Boot festgebunden habe,
- Machen Sie sich vor dem Ablegen mit der Handhabung des Kanus/Kajaks vertraut. Einer der häufigsten Fehler: Der Vordermann lehnt sich etwas nach außen und dreht sich um, um Ihnen etwas zu sagen und Sie lehnen sich zur gleichen Seite, um ihn besser zu verstehen. Das Boot bekommt schon eine kritische Seitenlage, und nun passiert es: Um nicht zu kentern, wollen Sie sich nun in die gleiche Richtung abstützen – das war's dann!!

mehrtägige Wildwasserfahrten auf den Flüssen von Utah und Colorado durch. Dabei wird alles organisiert, bis hin zu Verpflegung und Unterkunft.
- **Colorado River Outfitters Ass.:** P.O. Box 1662, Buena Vista, CO 81211, Tel: (303) 280-2554, Internet: www.croa.org. Hier erhalten Sie Informationen über verschiedene Anbieter von Wildwasserfahrten auf dem Colorado.
- **American Canoe Association**; Internet: www.americancanoe. Der Amerikanische Kanuverband. Über die Internetseite können Sie die Kontakte in den einzelnen Bundesstaaten raussuchen.

Wer sich bereits zu Hause näher informieren und sich eine detaillierte Auflistung von Kanu-/Kajaktouren-Anbietern und Ausrüstern besorgen möchte, kann dieses tun über:
- **Deutscher Kanu-Verband** – Wirtschafts- und Verlagswesen, Bertaallee 8, 47055 Duisburg, Internet: www.kanu.de. Unter dem Button „Kanu-Links" finden Sie eine Auflistung internationaler Kanuverbände- und Organisationen. Wählen Sie einfach „Amerika".

 Buchtipp
Das Buch „Paddle America", A Guide to Trips & Outfitters in all 50 States, von Nick Shears, Washington, gibt hervorragende Kurz-Informationen. Das Buch ist nach einzelnen Staaten aufgeteilt. Wanderrouten sind aber nicht enthalten, nur eine kurze Erläuterung, wo es interessant wäre, Touren zu machen.

Siehe auch Kapitel „Outdoor".

▶ **Kartenmaterial**

Neben der diesem Buch beigefügten Reisekarte gibt es mittlerweile auch in Europa eine Reihe guter Karten und Atlanten über die USA und auch detailliertere Karten für die einzelnen Regionen. Zu empfehlen für den Westen wäre hier „**Hildebrand's Straßen-Atlas, USA-Westen**". Für die gesamten USA empfiehlt sich immer noch der „**Rand McNally**", der in den USA in verschiedenen Versionen (einfacher Straßenatlas, Atlas mit Adressen für Touristen etc.) erscheint und in Deutschland vom Hallwag-Verlag heraus-gegeben wird.

Genauere Karten der einzelnen Staaten erhalten Sie in den entsprechenden Fremden-verkehrsämtern der einzelnen Staaten. Diese schicken Ihnen die Karten nach Europa zu (Adressen siehe „Fremdenverkehrsamt"). Auch vom **ADAC** (Touring-Abteilungen) er-halten Sie Karten und aktuelle Infos für Autofahrer zu den einzelnen Großregionen der USA. Besondere Karten (u.a. großmaßstäbliche, topographische, geo-physische Karten) erhalten Sie im **Geo Center** (Schockenriedstraße 44, D-70565 Stuttgart, Tel.: 0711/781-94670, Fax: 0711/781 946 71, Internet: www.geocenter.de). Kataloge des Geo Center gibt es zudem in jeder größeren Buchhandlung.

Und wer ein wenig Lust auf „Spielerei" im Internet hat, sollte einmal die Internetseite www.nationalatlas.gov anwählen. Hier können Sie zahlreiche Spezialkarten runterladen bzw. interaktive Karten betreiben. Nicht besonders übersichtlich, doch ganz anregend.

▶ **Kinder**

Die USA sind ein kinderfreundliches Land. Das erkennt man bereits an den vielen Spielplätzen und den Kindermenüs auf den Speisekarten (Kleinkinder dürfen bei den Großen kostenlos mitessen). Aber auch im didaktischen Bereich wird mehr für die Kinder geboten als bei uns. In vielen Museen gibt es eigens für Kinder organisierte Touren oder Videovorträge.

Und noch etwas macht eine USA-Reise für die Kleinen zum besonderen Erlebnis: die Kultur der unzähligen Freizeitparks. Dem einen oder anderen Erwachsenen mögen sie zwar nicht behagen, aber diese Parks bieten unzählige Attraktionen für die Kleinen. Nehmen Sie sich daher ruhig mal einen Nachmittag Zeit, und besuchen Sie so einen Park.

▶ **Kleidung**

Das **Klima**, besonders in den Sommermonaten, kann **sehr heiß** und in Arizona, New Mexico und Utah sehr trocken werden. Mit Tagestemperaturen von weit über 30 °C und einem wolkenlosen Himmel müssen Sie allemal rechnen. Diese Aussicht mag das Urlauberherz höher schlagen lassen, kann aber auch sehr lästig werden, wenn man nicht die richtige Kleidung mitgenommen hat. Nehmen Sie also für den Tag **lockere, luftige Kleidung** mit, am besten aus Baumwolle oder Leinen. Und besonders wichtig ist der Hut gegen die Sonne. Wer wandern möchte, darf natürlich seine **Bergschuhe** (das gilt bereits für kleine Partien im Grand Canyon N.P.) nicht vergessen, sollte aber für Wande-rungen in den Rockies auch einen **Regenschutz** mitnehmen.

Nachts können die klimatischen Verhältnisse sehr unterschiedlich sein. Ich habe einmal erlebt, wie es im Juli in Phoenix um Mitternacht bei äußerst schwüler Luft noch 38 °C warm war. 100 km weiter in der Wüste waren es aber nur 4 °C. In der Wüste können die Temperaturen nachts auch bis an den Gefrierpunkt absinken. Es gibt hier ja nichts, das die Wärme des Tages speichert (z.B. Vegetation, dunkle Böden). Richten Sie sich also darauf ein, einen dünnen **Pullover oder besser, eine Allzweckjacke** mitzunehmen (am besten eine, aus der man das Futter herausnehmen kann und die auch den Regen abhält).

Grundsätzlich sollten Sie sich überlegen, ob Sie überhaupt alle Kleidungsstücke mitnehmen oder nicht vielleicht besser einiges in den USA kaufen sollten. In den größeren Städten und in den Shopping-Malls an den Stadträndern bzw. dem Interstates finden Sie ausgesuchte Spezialgeschäfte, und die Preise sind, bei guter Qualität, selbst bei hohem Dollarkurs z.T. günstiger als bei uns.

Geschäftsleuten oder Reisenden, die auch einmal „repräsentieren" müssen, sei noch ein Tipp mit auf den Weg gegeben: So hemdsärmelig die Amerikaner auch selbst in besseren Hotels manchmal herumlaufen, oder wenn sie hier und da sogar zum Abendessen in Shorts erscheinen: sobald ein offizielles Treffen, eine Geschäftsgespräch oder Ähnliches anliegt, ist ein **Anzug**, am besten ein dunkler (mit Schlips u. Kragen natürlich), ein absolutes Muss. Selbst ein sauberes Jackett und eine normale Stoffhose sind zu wenig. Achten Sie mal in den amerikanischen Soap-Operas darauf, wer nicht alles in welcher „Schale" herumläuft. Ihnen wird ein Licht aufgehen.

▶ **Klima**

siehe Stichwort „Reisezeit"

▶ **Konsulate**

Folgende konsularische Vertretungen gibt es im Südwesten:

- **Deutschland** (Generalkonsulate):
  (Adressen und weitere Infos zu Vertretungen Deutschlands finden sie auf der Internetseite www.auswaertiges-amt.de (unter „Länder- und Reiseinformationen).
- **Houston** (zuständig u.a. für Texas und New Mexico): 1330 Post Oak Boulevard, Suite 1850, Houston, TX 77056 - 3018, Tel.: (713) 627 - 7770, Fax: (713) 627-0506, E-Mail: info@germanconsulatehouston.org.
- **Los Angeles** (zuständig u.a. für Colorado, Arizona, Utah und Nevada): 6222 Wilshire Blvd., Suite 500, Los Angeles, CA 90048, Tel.: (323) 930-2703, Fax: (323) 930-2805, E-Mail: losangeles@germany-info.org.
- Honorarkonsulate gibt es zudem im Südwesten noch in Albuquerque (NM), Dallas (TX), Phoenix (AZ), Salt Lake City (UT) und San Antonio (TX).

- **Schweiz:**
  (Im Internet finden sich genauere Infos zu den Schweizer Vertretungen in den USA unter: www.eda.admin.ch.)
- **Dallas**: Consulate of Switzerland: 2651 N. Harwood, Suite 455, Dallas, TX 75210; Tel.: (214) 965 1025, Fax: (214) 871 0879

- **Boulder**: Consulate of Switzerland, 2810 Iliff, Boulder, CO 80305-7022, Tel.: (303) 499 5641, Fax: (303) 499 9977

- **Österreich:**
  (Im Internet finden Sie genauere Infos zu den österreichischen Vertretungen im Ausland auf der Internetseite: www.bmaa.gv.at.)
- **Denver**: Austrian Consulate: First Interstate Tower South, Suite 2455, 621 17th Street, Denver, CO 80293-2450, Tel: (303) 292 90 00, Fax: (303) 29 25 445. Konsularbezirk: Colorado und Wyoming.
- **Houston**: Austrian Consulate: 3118 W. Nasa, Suite 294, Webster, TX 77589, Tel: (713) 773-9979, Fax: (713) 728-1896, Konsularbezirk: Arkansas, Oklahoma, Texas
- **Los Angeles**: Austrian General Consulate: 11859 Wilshire Boulevard, Suite 501, Los Angeles, California 90025, Tel: (310) 47 34 721, (310) 44 49 310, Fax: (310) 47 79 897. Konsularbezirk: Alaska, Arizona, California, Colorado, Hawaii, Idaho, Montana, New Mexico, Oregon, Utah, Washington, Wyoming.
- Las Vegas: Austrian General Consulate: 4063 Spring Mountain Rd, Las Vegas, NV 89102, Tel.: (702) 314-9615, Fax: (702) 258-1527. Konsularbezirk: Nevada.

s.a. Stichwort Botschaften

▶   **Kreditkarten**

Falls Sie Probleme mit Ihrer Kreditkarte haben sollten, bieten die großen Kreditkartenunternehmen einen kostenlosen 24-Stunden-Service per Telefon an:
American Express: 1-800 - AMEXCO
Master Card: 1-800-247-4623
Visa: 1-800-227-6811 od. 1-800-336-8472
Diners Club: 1-800-525-9150
Wer direkt in Deutschland anrufen möchte:
American Express: 069/9797-1000
Master Card: 069/7933-1910
Visa: 0130/814910
Diners Club: 069/7254-0440
EC/Bankcard: 069/740987

Weitere Informationen zu Kreditkarten entnehmen Sie bitte dem Kapitel „Geld".

▶   **Kriminalität**

Es ist kein Geheimnis, dass die USA immer noch eine relativ hohe Kriminalitätsrate haben. Doch verteilt sich diese Kriminalität sehr unterschiedlich auf Stadt und Land. Sie werden feststellen, dass die Amerikaner in den Kleinstädten des Südwestens häufig ihre Fahrzeuge offen und mit Zündschlüssel im Schloss abstellen und seelenruhig einkaufen gehen. Zudem ist die Kriminalitätsrate auch in den Zentren der Großstädte deutlich gesenkt worden. Dieses fällt besonders in Städten wie Houston, Dallas und Denver auf.

Trotzdem ist natürlich Vorsicht geboten und eine aus den Innenstädten verbannte Kriminalität bedeutet noch lange nicht, dass es sie nicht trotzdem noch gibt.

Also, was ist ratsam:

• Haben Sie **niemals zu viel Geld** bei sich, und verteilen Sie dieses so am Körper, dass Sie z.B. 50 Dollar im Portemonnaie haben und 100 Dollar in den Socken oder in einem nicht sichtbaren Geldgürtel etc. Falls Sie also wirklich einmal überfallen werden sollten, täuschen Sie den Dieb mit den 50 Dollar. Nehmen Sie zudem nur eine Kreditkarte mit, von der Sie die Telefonnummer der Kreditkartenfirma bei sich haben, sodass Sie sofort nach dem Diebstahl deren Verlust melden können und die Karte unverzüglich gesperrt werden kann.

• Führen Sie möglichst nur **Kopien Ihrer Papiere** mit, oder nehmen Sie am besten gleich 2 Pässe mit auf die Reise. Den Pass **mit** Ihrem Einreisestempel verwahren Sie an einem sicheren Ort im Hotel.

• Nutzen Sie die **Hotelsafes**, von denen es in vielen besseren Hotels sogar welche im Zimmer gibt.

• Es ist schwierig, „den Urlauber zu verbergen". Ein „kluger" Dieb erkennt Sie sowieso als solchen, und Sie sind damit bereits als lohnendes Opfer ausgewählt. Aber machen Sie es den Dieben nicht zu leicht: Bauchgürteltaschen mögen bequem sein, doch sehen diese nun wirklich nach interessantem Inhalt aus. Lassen Sie so etwas, besonders abends, im Hotelzimmer, oder packen Sie wenig hinein, und binden Sie diesen z.B. unter den Hosengürtel, wo er wenig sichtbar ist. Ein Gürtel, den der Dieb auch nur erahnen kann, macht Sie bereits zum interessanten Opfer, und das verleitet die Diebe noch eher, Ihnen dieses Utensil gewaltsam abzunehmen. Und gegen eine mit Messern bewaffnete Jungenbande wollen Sie ja nun nicht im Straßenkampf antreten.

• Erkundigen Sie sich besonders in großen Städten im Touristenbüro oder an der Hotelrezeption danach, wohin Sie besser nicht gehen sollten oder ob Sie dort eher mit einem Taxi hinfahren sollten. Das wird Sie schon vor einigen Überraschungen bewahren.

• Lassen Sie aber vor allem **Schmuck** zu Hause, damit können Sie in der Wüstenlandschaft des Südwestens sowieso nicht viel anfangen.

• Wenn Sie einmal wirklich Probleme haben sollten, lautet die **Notrufnummer** der Polizei (gilt auch für Feuerwehr und Krankenwagen) in den gesamten USA 911.

▶   **Literatur**

In den Buchläden erhalten Sie mit Sicherheit die neuesten Reisebücher und Karten, doch falls Sie sich mit der amerikanischen Literatur oder speziellen Themen zur amerikanischen Geschichte (z.B. Indianergeschichte) beschäftigen möchten, müssen Sie Bücher oft langwierig aus den USA importieren lassen. Ein Tipp: Nahezu zu US-Ladenpreisen können Sie amerikanisches Buchmaterial beim Internetanbieter *www.amazon.de* bestellen, i.d.R. erhalten Sie das bestellte Buch innerhalb von 10 Tagen.

Eine Möglichkeit, sich Bücher auszuleihen, bieten in **Deutschland** die amerikanischen Kulturinstitute, die etwa gleichzusetzen sind mit den deutschen Goetheinstituten im Ausland. Für einen Jahresbeitrag von ca. 5 € können Sie hier Bücher entleihen. Eine aktuelle Liste dieser Institute in Deutschland finden Sie im Internet unter *www.usembassy. de/germany/gaci.html*. Hier die zzt. aktuelle Liste:

- **Carl-Schurz-Haus Freiburg**, Eisenbahnstr. 62, 79098 **Freiburg**, Tel: (0761) 556527-0, Fax: (0761) 556527-22
- **Amerikazentrum Hamburg**, Am Sandtorkai 5, 20457 **Hamburg**, Tel: (040) 70 38 36 88, Fax: (040) 43 21 87 80
- **Deutsch-Amerikanisches Institut**, Sofienstr. 12, 69115 **Heidelberg**, Tel: (06221) 60 73 15, Fax: (06221) 60 73 73
- **Kennedy Infozentrum**, Ohlshausenstr. 10, 24118 **Kiel**, Tel: (0431) 586 999 3, Fax: (0431) 586 999 5
- **Bayerisch-Amerikanisches Zentrum**, Amerika Haus, Karolinenplatz 3, 80333 **München**, Tel: (089) 55 25 37 0, Fax: (089) 55 35 78
- **Deutsch-Amerikanisches Institut**, Gleissbühlstr. 13, 90402 **Nürnberg**, Tel: (0911) 23 069 0, Fax: (0911) 23 069 23
- **Deutsch-Amerikanisches Institut**, Stengelstraße 1, 66111 **Saarbrücken**, Tel: (0681) 3 11 60, Fax: (0681) 37 26 24
- **Deutsch-Amerikanisches Zentrum**, **James-F.-Byrnes-Institut e.V.**, Charlottenplatz 17, 70173 **Stuttgart**, Tel: (0711) 22 818 0, Fax: (0711) 22 818 40
- **Deutsch-Amerikanisches Institut**, Karlstr. 3, 72072 **Tübingen**, Tel: (07071) 795 260, Fax: (07071) 795 2626

In der **Schweiz** gibt es eine Reihe schweizerisch-amerikanischer Clubs, wo kulturelle Dinge angesprochen werden. Eine Liste dieser Clubs erhalten Sie bei der Botschaft (siehe unter „Botschaften" und „Konsulate").

In **Österreich** kann man das „American Reference Center" (Schmidgasse 14, 1082 Wien, Tel.: (01) 405 30 33, Fax: (01) 406 52 60, E-mail: arc@usembassy.at) nutzen, muss sich dafür aber vorher anmelden. Es wird hier aber auch eine Online-Database angeboten.

▶ **Maßeinheiten**

Umrechnungstabellen Maße und Gewichte			
Gewichte			
100 g =	3,527 oz (ounce)	1 oz =	28,35 g
1 kg =	2,205 lb (pound)	1 lb =	453,59 g
Längenmaße			
1 in (inch) =	2,54 cm	1 mm =	0,039 in
1 ft (foot) (= 12 in) =	30,48 cm	1 cm =	0,033 ft
1 yd (yard) (= 3 ft) =	91,44 cm	1 m =	1,09 yd (3,28 ft)
1 mi (mile) =	1,610 km	1 km =	0,62 mi

Flächenmaße

1 sq in, in² (square inch) =	6,45 cm²	1 cm² =	0,155 in²
1 sq ft, ft² (square foot) =	9,288 dm²	1 dm² =	0,108 ft²
1 sq yd, yd² (square yard) =	0,836 m²	1 m² =	1,196 yd²
1 acre =	0,405 ha	1 ha =	2,471 acres
1 sq mi, mi² (square mile) =	2,589 km²	1 km² =	0,386 mi²

Raummaße

1 cu in, in³ (cubic inch) =	16,386 cm³	1 cm³ =	0,061 in³
1 cu ft, ft³ (cubic foot) =	28,320 dm³	1 dm³ =	0,035 ft³
1 cu yd, yd³ (cubic yard) =	0,765 m³	1 m³ =	1,308 yd³
1 bu (bushel) =	35,24 l		

Hohlmaße

1 gill =	0,118 l	1 gal (US gallon) =	3,787 l (4 qt)
1 pt (pint) =	0,473 l (4 gills)	1 liter = 8,474 gills =	2,114 pt = 1,057 qt = 0,264 gal
1 qt (quart) =	0,946 l (2 pt)		

Umrechnungstabelle Kleidergrößen							
Herrenbekleidung							
Anzüge	Deutschland	46	48	50	52	54	56	58
	USA	36	38	40	42	44	46	48
Hemden	Deutschland	36	37	38	39/40	41	42	43
	USA	14	14,5	15	15,5	16	16,5	17
Schuhe	Deutschland	39	40	41	42	43	44	45
	USA	6,5	7,5	8,5	9	10	10,5	11
Damenbekleidung							
Kleider/ Kostüme	Deutschland	40	42	44	46	48	50	52
	USA	32	34	36	38	40	42	44
Damen-/ Mädchen- strümpfe	Deutschland	0	1	2	3	4	5	6
	USA	8	8,5	9	9,5	10	10,5	11

Damen-/ Mädchen- schuhe	Deutschland	36	37	38	39	40	41	42
	USA	5,5	6	7	7,5	8,5	9	9,5
Damen- kleider und -kostüme	Deutschland	38	40	42	44	46	48	
	USA	10	12	14	16	18	20	
Hand- schuhe	Die Größen sind gleich							

Umrechnungstabelle Filmempfindlichkeit								
DIN	15	18	19	21	24	27	30	33
ASA	25	50	64	100	200	400	800	1.600

Umrechnungstabelle Fahrenheit/Celsius					
Fahrenh.	*Celsius*	*Fahrenh.*	*Celsius*	*Fahrenh.*	*Celsius*
-4,0	-20	50,0	10	82,4	28
5,0	-15	51,8	11	84,2	29
14,0	-10	53,6	12	86,0	30
23,0	-5	55,4	13	87,8	31
24,8	-4	57,2	14	89,6	32
26,6	-3	59,0	15	91,4	33
28,4	-2	60,8	16	93,2	34
30,2	-1	62,6	17	95,0	35
32,0	0	64,4	18	96,8	36
33,8	1	66,2	19	98,6	37
35,6	2	68,0	20	100,4	38
37,4	3	69,8	21	102,2	39
39,2	4	71,6	22	104,0	40
41,0	5	73,5	23	105,8	41
42,8	6	75,2	24	107,6	42
44,6	7	77,0	25	109,4	43
46,4	8	78,8	26	111,2	44
48,2	9	80,6	27	113,0	45

▶   **Motels**

siehe Stichwort „Unterkünfte'

N

▶   **Nationalparks**

Im Südwesten der USA gibt es alleine 15 Nationalparks (inkl. San Antonio Missions NP) und unzählige National Monuments. Falls Sie sich schon von Europa aus näher darüber informieren möchten, können Sie bereits Material anfordern. Die jeweiligen Park-Adressen entnehmen Sie bitte dem Reiseteil. Allgemeine Informationen und Unterkunftsverzeichnisse der einzelnen Parks erhalten Sie bei folgender Adresse: United States Department of the Interior, National Parks Service, P.O.Box 37127, Washington, D.C. 20013 - 7127, USA oder im Internet: www.nps.gov. (www.nps.gov/parks.html, um die Parks selbst auszusuchen) bzw. www.recreation.gov/index.cfm. Erstere Internetadresse ist besser geeignet für die Nationalparks und die Buchung der Unterkünfte dort, während die zweite als Suchmaschine für alle staatlichen Erholungseinrichtungen dient. Hier können Sie dann wirklich jedes noch so kleine Historic Monument oder -Park eingeben und erhalten dann eine gute Kurzinformation und evtl. einen entsprechenden Link auf die erstgenannte Internetadresse. Einfacher gestaltet ist zudem noch die Internetseite www.areaparks.com mit vielen wichtigen Infos zu den Parks (auch Nat. Monuments u.a.). Gut ist hier z.B. dass auch Unterkünfte im weiteren Umfeld der Parks zu finden sind. Nachteil: Werbebanner und außer der Adresse keine Zusatzinfos zu den Unterkünften.

Speziellere Informationen über die Regionen erteilen:
- **Midwest Region**, Regional Director, National Park Service, 1709 Jackson St., Omaha, NE 68102, (402) 221-3471
- **Intermountain Region**, Regional Director, National Park Service, 12795 Alameda Pkwy, Denver, CO 80225, (303) 969-2500
- **Pacific West Region**, Regional Director, National Park Service, One Jackson Center, 1111 Jackson Street, Suite 700, Oakland, CA 94607, (510) 817-1300

Lohnend, besonders für den Fall, dass Sie mehrere Nationalparks besuchen möchten, ist das Angebot von Jahreseintrittskarten („Pass"), die günstiger sind als die Summe der Eintrittskosten in mehrere Parks. Mittlerweile wird nur noch ein Pass für ausländische Reisende angeboten:
• **ANNUAL PASS**: 80 $, Alter ab 17 Jahre, gültig für ein Jahr (ab Ausstellung) für alle National Parks, National Wildlife Refuges sowie alle ähnlich gearteten öffentlichen Einrichtungen. Ein Pass gilt für alle Insassen eines Fahrzeugs (max. 4 Erwachsene), ist aber nicht übertragbar! Dieser Pass ist ein Muss für den Besuch des Südwestens. Er ist folgendermaßen erhältlich:
1. Am Eingang eines Nationalparks (Entrance Gate oder Parkoffice). Die wohl sinnvollste Weise, den Pass zu erwerben.
2. Online über www.nationalparks.org (Button: „Parks Pass")
3. Telefon: 1-888-GO-PARKS (nur von den USA aus). Also für Sie uninteressant.

Wenn Sie einen Nationalpark betreten, sollte Ihr erster Weg zum Besucherzentrum führen (Visitor Center), wo Sie detaillierte Informationen zu dem jeweiligen Park erhalten. Wenn Sie planen, längere Wanderungen im Park zu unternehmen, informieren Sie vorher unbedingt den Ranger, für den Fall, dass Ihnen etwas passieren sollte. Außerdem wird er Ihnen einige nützliche Tipps mitgeben können. Für zahlreiche, längere Wanderungen ist auch ein **Permit** vom Parkbüro erforderlich. Erkundigen Sie sich vorher. Beliebte Routen (z.B. Grand Canyon) sind zudem oft Monate im Voraus ausgebucht.

Weitere Hinweise für den Besuch der Nationalparks:
• **Parkeingang**: Hier entrichtet man die Einlassgebühr und erhält bereits Informationsmaterial und manchmal auch eine **Papiertüte für den Müll**.
• **Besucherzentrum/Visitor Center**: Hier gibt es nun ausführliches Informationsmaterial, und hier stehen Ihnen dann auch Ranger oder andere Parkangestellte für Fragen zur Verfügung. Ein kleines Museum, Erfrischungen, Souvenirs, Literatur und natürlich WCs gibt es hier auch.
• **Übernachtung**: Zu empfehlen sind diesbezüglich die meist aus Holz gebauten Lodges bzw. Hütten (cabins). Die Einrichtung ist rustikal. Alternativ gibt es in bzw. nahe den Parks noch Motels bzw. Rasthäuser. Hotels

> 🖝 **Tipp**
>
> *Und wem etwas nach Ruhe ist bzw. nicht nur die „vollen" Parks wie den Bryce Canyon- oder Grand Canyon NP besuchen möchte, der sollte sich einmal auf der Internetseite www2.nature.nps.gov/stats (Button: „Visitation") über die Besucherzahlen in den einzelnen Parks erkunden. Hier sind nicht nur Nationalparks, sondern auch Hunderte weiterer geschichtlicher bzw. Erholungsgebiete aufgeführt.*

sind wegen der Bebauungsvorschriften nur sehr selten in den Parks anzutreffen, und dieses dann nur in den größeren Parks. Achtung aber: In kleineren Nationalparks, wie z.B. dem Black Canyon of the Gunnison gibt es keine Unterkünfte, sondern nur im nächstgelegenen Ort. Es ist in jedem Fall dringend anzuraten, besonders **während der Ferienzeit (Juli/August), die Zimmer vorher zu buchen**. Die Campingplätze sind hervorragend ausgestattet, und jeder bekommt einen nummerierten, großzügig angelegten Stellplatz zugewiesen, sodass es niemals ein Gedränge gibt. Man kann sie nicht vorbuchen, und mittags sind auch sie während der Ferienzeit häufig bereits vergeben. **Also gleich nach der Ankunft zuerst den Campingplatz reservieren und belegen**. Im Hinterland, entlang den Wanderwegen, gibt es einfachere Zeltplätze, für die Sie sich anmelden müssen. Dabei werden Sie vorher unterrichtet in den „basics" des Outdoor-Lebens wie z.B. Feuermachen und das Vorkommen gefährlicher Tiere.
• **Wandern**: Hierzu laden unzählige Wanderwege (trails) ein, die gut markiert sind. Beim Ranger kann man sich über den Schwierigkeitsgrad der Strecke erkundigen. An den Ausgangspunkten der einzelnen Wege sind dann auch spezielle Broschüren zu erhalten. Sicherlich vergessen Sie nicht Ihre Wanderschuhe (oder zumindest festes Schuhwerk), und auch ein paar Knabbereien hat jeder dabei. Was leider häufig unterschätzt wird, ist **der Trinkwasserbedarf. 3 Liter für eine Tagestour pro Person sollte das absolute Minimum sein**, was Sie dabei haben sollten. In den Wüstengebieten sind 4–5 Liter angesagt. Bedenken Sie die Hitze und die trockene Luft, gerade im Südwesten der USA, dazu die Anstrengung, die die meisten in der Regel nicht gewohnt sind.
Mehrtägige Touren, dies gilt auch für andere Aktivitäten, sollte man nicht alleine unternehmen. Für schwierige Trails besteht Eintragungspflicht, damit ggfs. ein Suchtrupp losgeschickt werden kann.

- **Straßen in den Parks**: Sie sind gut und mit allen Fahrzeugen (Ausnahmen gelten z.T. für größere Camper) ohne Probleme zu befahren. Ausgenommen hiervon sind die so genannten „Jeep-trails", die man wirklich nur mit einem geländegängigen Fahrzeug befahren kann.
- **Weitere Aktivitäten in den Parks**:
- Veranstaltungen: Von der Parkverwaltung werden verschiedenste Kurse, Diskussionen, Filmvorführungen etc. angeboten. Dabei kann man einiges hinzulernen, was Geschichte und Natur des Parks angehen. Infos zum Tagesprogramm hierzu erhalten Sie in den Visitor Centers.
- Angeln: Volkssport der Amerikaner. Eine „fishing license" ist dafür erforderlich. Erhältlich bei der Parkverwaltung.
- Reiten: in vielen Parks möglich. Die Pferde bzw. Maulesel sind sehr zahm. Also auch weniger Geübten bietet sich hier eine Gelegenheit. Eine Jeans und feste Schuhe sollte man aber schon dabeihaben. Auf Reitstiefel kann man meistens verzichten.
- Boot-/Kanufahrten: in einigen Parks möglich. Können dort dann, meist über kommerzielle Anbieter, ausgeliehen werden. Es gibt auch organisierte Touren. Unterschätzen Sie aber Stromschnellen oder das Niedrigwasser nicht! Die Parkranger informieren Sie dahingehend.
- Geländefahrzeuge: Wer die Jeep-Trails befahren möchte, aber kein diesbezügliches Fahrzeug besitzt, kann in einigen nahen Ortschaften eines ausleihen. Erkundigungen über die Streckenführungen müssen aber vorher eingeholt werden bei der Parkverwaltung. Manche Strecken sind zu bestimmten Jahreszeiten auch nicht mit einem Allradfahrzeug zu befahren (Hochwasser, Steinschlag o.ä.).
- Rad fahren/Mountainbiking: wird immer populärer, und mittlerweile bieten private Anbieter auch Fahrräder zum Ausleihen an.

▶   **Notfall/Unfall/Notruf**

- Wenn Sie eine bestimmte Telefonnummer suchen, fragen Sie einfach den Operator.
- Die allgemeine Notrufnummer (kostenlos) in den USA lautet 911.

▶   **Öffnungszeiten**

siehe unter Stichwörtern „Banken" und „Geschäfte"

▶   **Outdoor**

Outdoor-Aktivitäten aller Art können im Südwesten der USA betrieben werden. Klassisch hierfür sind vor allem Wandern/Klettern, Reiten, Wildwasserfahrten/Kajaken, Ski fahren und Mountainbiking. Aber auch Ausgefalleneres, wie z.B. Snowmobiling oder Fallschirmspringen, ist möglich. Fast jeder Ort bietet hierzu Aktivitäten an.

Wer also selbstständig etwas diesbezüglich unternehmen möchte, wende sich an die zuständigen Fremdenverkehrsämter. Verschiedene organisierte Touren (inkl. Rindertrecking) bietet der folgende Touroperator an, der sehr zu empfehlen ist:

- **American Wilderness Experience**, P.O.Box 1486, Boulder, CO 80306, USA, Tel.: (303) 444-2622. Hier erhalten Sie auch einen ausführlichen Katalog über alle angebotenen Touren.

Einfacher noch und übersichtlich bereits von zu Hause aus einsehbar/buchbar geht es über die Internetseite www.gorptravel.com. Hier müssen Sie nur die USA anwählen und dann Ihre Region. Ab hier entscheiden Sie dann über Art der Aktivität und/oder den Bundesstaat. Hunderte von Angeboten, von Wildwasserfahrten über Mountainbikingtouren nur für Frauen bis hin zu mehrtägigen geführten Wanderungen.

▶   **Post**

Das Telefon- und Telefaxsystem wird von privaten Firmen abgewickelt. Die „gelbe" Post ist also nur für die Beförderung von Briefen/Paketen zuständig. Die amerikanische Post („United States Postal Service", kurz: USPS) hat sich in den letzten Jahren sehr um besseren Service bemüht. Zwar benötigen Briefe innerhalb der USA immer noch teilweise über eine Woche, nach Europa aber geht es oft schon in 4 Tagen. Der absolute Vorteil der amerikanischen Post liegt aber in den günstigen Preisen.

Schneller operieren private Firmen (Pakete, Faxe etc.), von denen z.B. das Franchise-Unternehmen „Mail Boxes" (meist kleine Läden in kleineren Shoppingmalls) zu empfehlen ist. Wer mit Paket- und Lieferdiensten wie z.B. DHL bzw. FedEx versenden möchte, kann dieses oft schon vom Hotelschalter aus tun bzw. einen Kurier anfordern. Innerhalb der USA gelangt Ihr Paket dann innerhalb eines Tages zum Ziel und nach Europa dauert es dann auch nur 2–3 Tage. Dafür zahlen Sie dann mehr.

Allgemeine Öffnungszeiten der Postämter:
   Mo–Fr: 9h–17h (oft 8h30–17h30)
   Sa: einige Ämter 9h–12h
   So: geschlossen

Briefkästen **(mail drops)** sind blau. Sie können Ihre Post i.d.R. auch an der Hotelrezeption abgeben. Briefmarken erhält man auch in einigen Hotels, Geschäften, an Flughäfen und Busbahnhöfen. Hier werden Sie aber z.T. mit Aufschlägen rechnen müssen.

Einige postalische Fachbegriffe:
first class mail:	normale Briefpost
air mail:	Luftpost
registered (certified) mail:	Einschreiben
c/o general delivery:	postlagernd
zip code:	Postleitzahl (steht immer hinter dem Ortsnamen: z.B. Denver, CO 80225). Eine Internetsuchmaschine für Postleitzahlen in den USA: www.w3logistics.dk/infopool/plz-usa/

Aktuelle Infos über die US-Post und zu den Preisen finden Sie im Internet unter: www.magazinusa.com/lv2/info/i_info_post.asp (in deutsch) bzw. auf der eigenen Internetseite der US-Post: www.usps.com.

▶   **Preisnachlässe**

Die USA sind ein Land, in dem man fast überall auf Preisnachlässe und Rabattangebote trifft. Wer sich damit beschäftigt, kann viel Geld sparen. Kaum jemand bezahlt z.B. für eine Hotelunterkunft den vollen Preis.

Hier ein paar Anregungen:
• Schüler, Studenten, Rentner u. Behinderte sollten einen internationalen Ausweis mitnehmen.
• Kinder zahlen fast durchweg weniger.
• Fragen Sie in einem Hotel nach Sonderpreisen. Es gibt sie fast immer, werden Ihnen aber natürlich nicht gerade beim Einchecken angeboten (z.B. Weekendraten in den Städten).
• In den Touristenbüros liegen unzählige Broschüren/Heftchen aus, in denen Sie eine Reihe von Coupons finden, mit denen Sie dann billiger übernachten können oder Rabatte bei Einkäufen erhalten. TIPP: Gleich wenn Sie in einen neuen Bundesstaat hineinfahren beim staatlichen Infocenter (am Interstate/Highway) solche Couponheftchen einsammeln.
• Viele Hotels bieten Sonderpreise für AAA-Mitglieder. ADAC- sowie Mitglieder anderer europäischer Automobilclubs erhalten einen kostenlosen AAA-Pass in der Touristikabteilung ihres Automobilclubs in Europa.
• Airlines bieten, in Verbindung mit den Flugtickets, häufig günstige Eintritte zu Vergnügungsparks und verbilligte Hotelunterkünfte im Zielort.

▶   **Rauchen**

Bekanntermaßen ist das Rauchen in Amerika noch verpönter als bei uns. Obwohl die großen Tabakkonzerne gerne mit den Landschaften des Südwestens werben, müssen Raucher auch hier mit vielen „Hindernissen" rechnen. Das Rauchen in Restaurants ist in den meisten Bundesstaaten (und wohl auch bald in allen) verboten. Nur noch in kleinen Raucherzonen (beim Seating angeben) darf hier der Glimmstängel qualmen. Auch in vielen Bars gibt es bereits rauchfreie Zonen. Weiterhin ist das Rauchen strikt verboten in allen öffentlichen Gebäuden, wozu auch die Flughäfen zählen. Wer nach oder vor einem langen Flug rauchen möchte, muss vor die Tür. Also: Erst rauchen, dann durch die Kontrolle.

Hotels, Motels und B&Bs sind überwiegend rauchfrei, wobei es oft noch ein kleines Kontingent auch „Smoking-Rooms" gibt. Wer dort also rauchen möchte, der sollte gleich ein entsprechendes Zimmer reservieren lassen. Unterlassen Sie es bloß, in „Non-Smoking-Rooms" zu rauchen! Bei bzw. nach Abreise (Kreditkartenabbuchung) wird Ihnen dann die Reinigung und Desinfizierung in Rechnung gestellt (i.d.R. ab $ 25).

Auch in den Mietwagen ist das Rauchen ungern gesehen. Nahezu in allen Fahrzeugen hängt ein Nichtraucherschild und sind die Aschenbecher ausgebaut. Noch aber wird es hier geduldet, zumindest soweit Sie nicht ausdrücklich einen Nichtraucherwagen gebucht haben.

In Flugzeugen auch nicht-amerikanischer Airlines – d.h. auch auf dem Flug über den Atlantik – darf ebenfalls nicht geraucht werden. Pfeifen- und Zigarrenraucher sollten sich vor dem Anzünden vergewissern, ob Ihr Qualm selbst in den Raucherzonen gestattet ist. Oft hängt auch hier ein Schild: „no pipes – no cigars"

Was bleibt dem passionierten Raucher? Nicht viel, sieht man einmal ab von der Natur (Aber Achtung! Brandgefahr) und den einfachen Bars.

▶   **Recycling/Umweltschutz**

Die Amerikaner gelten bei uns immer noch als Verschwender und Wegwerfgesellschaft. Sieht man die unzähligen Aluminiumdosen und die Papp- bzw. Styroporbecher, ist einem klar, dass an diesem Vorurteil immer noch etwas dran sein muss. Trotzdem hat auch hier ein Umdenken eingesetzt, und in mittleren und größeren Städten gibt es heutzutage ein Recyclingprogramm. In den Nationalparks ist dieses schon länger üblich.

Falls Sie also bereit seien sollten, der Umwelt zuliebe Ihren getrennten Müll (Papier wird aber selten angenommen!) ein Stück durch die Gegend zu transportieren, fragen Sie am Visitor Center, in den Touristenbüros oder bei der Stadtverwaltung einfach nach den Recyclingplätzen.

In punkto **Umweltschutz** fallen die Amerikaner immer weit zurück, wie folgende Beispiele belegen:

- Bei nur 5 % der Weltbevölkerung verbrauchen sie 25 % der Weltenergie.
- 20 Tonnen Kohlendioxid-Ausstoß pro Amerikaner und Jahr sorgen für 25 % der auf der Erde produzierten Treibhausgase. Damit liegt der Wert pro Einwohner doppelt so hoch wie in Europa und 20-mal so hoch wie der in Indien.
- 43 % aller neu zugelassener Fahrzeuge sind Geländewagen und Pickups mit einem hohen Benzinverbrauch.
- 3,4 Tonnen Kohle werden pro Amerikaner im Jahr verheizt.
- Für das Abholzen von einem Kubikmeter Holz zahlt der US-Staat $ 30 Prämie.
- 1.740 l Benzin verfahren die Amerikaner pro Jahr (Deutschland: 530 l/ Einwohner/Jahr).
- Mit 12.100 verbrauchter Kilowatt pro Einwohner liegen die Werte der USA doppelt so hoch wie die in Europa.
- Verbraucht jeder Deutsche 130 l Wasser pro Tag, gönnen sich die Amerikaner dagegen 290 l.
- Und auch in punkto Landverbrauch sind die Amerikaner nicht so sparsam: 12 ha pro Einwohner stehen 6 Hektar eines Bundesbürgers entgegen

Erwarten Sie nicht ein System, wie wir es bereits aus Europa kennen, wo an jeder dritten Ecke ein Container steht. Dazu sollte man sich im Klaren sein über die großen Entfernungen, die ein Entsorgungsfahrzeug zurücklegen müsste, um diese zu leeren. Das würde mehr schädliche Abgase verursachen, als Nutzen bringen. Dafür gibt es aber in jeder Stadt einen zentralen Recyclingplatz, wo Sie Ihren bereits getrennten Müll abgeben können.

Informationen über die nächstgelegene Recyclingstation erhalten Sie im Internet unter www.cleanup.org bzw. unter der kostenlosen Telefonnummer (nur in den USA): 1-800-Cleanup. Wichtig ist dabei, dass Sie die Postleitzahl des Gebietes kennen, in dem Sie Ihren Müll recyceln möchten.

▶ **Reisezeit**

Für Mitteleuropäer, die hauptsächlich das Landesinnere bereisen wollen, eignet sich vor allem die Zeit Mai/Juni bzw. September bis Mitte Oktober. Dann ist es nicht so heiß wie im Sommer, der einen ziemlich ins Schwitzen kommen lässt, und Sie vermeiden die volle und teure Ferienzeit der Amerikaner. Wer aber auch noch einen ausgedehnteren Badeurlaub in Texas einlegen will, sollte doch z.B. im August anreisen und sich dann im September in die Wüstengegenden begeben.

Von November bis März ist es, besonders in den Rocky Mountains, sehr kalt, und viele Straßen sind dann dort wegen Schneefalls geschlossen (in den Hochlagen von Utah und Colorado habe ich auch noch im Mai Schneeprobleme erlebt). Diese Reisezeit ist nur für Skiurlauber geeignet, die zu dieser Zeit aber auch eine ausgezeichnete Schneedecke vorfinden werden. Der Schneefall ist in Colorado um einiges sicherer als in Europa, setzt in der Regel aber erst im Dezember richtig ein. Die meisten Skigebiete öffnen Ende November/Anfang Dezember (die genauen Daten variieren von Ort zu Ort und Jahr zu Jahr).

Beachten Sie bei Reisen in den kalten Monaten, dass sowohl die Mietwagen selten mit guter Winterbereifung ausgestattet sind und auch die Straßen wegen der langen Strecken nicht so zügig geräumt und gestreut werden wie bei uns. Wie oben angedeutet, habe ich diesbezüglich noch im Mai und auch Anfang Oktober wirkliche Probleme beim Fahren gehabt.

▶ **Reiten**

Eine einmalige Gelegenheit, die Natur zu erleben, bieten organisierte, mehrtägige Reittouren, die bis zu einer Woche dauern können und i.d.R. mit Übernachtungen im Zelt verbunden sind. Solche Touren werden entweder von speziellen Tourorganisatoren durchgeführt oder auch von einigen Ranchen. Nähere Auskünfte darüber erteilen die regionalen Touristenbüros. Diese Ausritte erfordern nicht immer gute Reitkenntnisse (es gibt auch Touren für Anfänger), doch sollte man schon einmal auf einem Pferd gesessen haben.

Auch nahe einigen Nationalparks (z.B. Bryce Canyon, Grand Canyon, Canyonlands) bieten Ranchen bzw. private Organisatoren Reittouren an. Die staatlichen Touristenämter haben i.d.R. ausführliches Infomaterial dazu.

Wer von Deutschland aus buchen möchte, kann sich über die Internetseite von Pferd & Reiter (www.pferdreiter.de/usa.html) über Angebote und Ziele in den USA informieren. Über www.pferdreiter.de können Sie auch Reiseberichte anklicken. Und wer schon mal im Internet schaut, kann auch mal auf der Seite www.pferde-links.de stöbern. Informationen erhalten Sie auch in den Zeitschriften „Pegasus" und „Pferd & Reiter".

Reisebüros, die sich auf Reiterferien spezialisiert haben:
- **Pferd & Reiter:** Rader Weg 30a, 22889 Tangstedt, Tel.: 040/6076 690, Fax: 040/6076 6931, Internet: www.pferdreiter.de.
- **Argus Reisen:** Walkemühlenweg 5, 37083 Göttingen, Tel.: 0551/770 4521, Fax: 0551/ 770 4523, Internet: www.argusreisen.de. Sehr gute Angebote für Ranchaufenthalte aller Art sowie Packtrips und Cattle Drives.
- Das **Reisebüro Selektiv Reisen** in Österreich hat sich speziell auf Reiturlaube eingestellt (nur im Internet: www.selektiv-reisen.at). Hier kann man aber auch aus Deutschland und der Schweiz buchen.
- **Reisebüro Pegasus**: Herrenweg 60, CH-4123 Allschwil, Tel.: 0800-7851 840 (kostenlos aus Deutschland), (0041) 61/303 31303 (aus Deutschland und Österreich) sowie 061/303 3101 (aus der Schweiz), Fax: (0041) 61/303 3100, Internet: http:// reiterreisen.com. Auch hier können Sie aus Deutschland bzw. Österreich buchen.

Buchtipp
Ein gutes Buch zu diesem Thema ist im Reich Verlag (Serie „Terra Magica")
erschienen: **Ranch-Abenteuer USA**, *Dahm, Anna Maria. Reiterferien im Wilden*
Westen-Camps, Westernreiten, Rodeo. Hier werden u.a. auch Gäste-Ranchen vorgestellt.

▶ **Restaurants**

Neben den unzähligen Fastfood-Restaurants gibt es auch in den USA sehr erlesene Restaurants, in denen Sie – sind Sie bereit, 20–40 US$ pro Person zu bezahlen – vorzüglich essen können. Meist finden sich diese Restaurants in den größeren Städten und dort häufig in irgendwelchen Seitenstraßen, sodass man sie nicht unbedingt auf Anhieb findet. Erkundigen Sie sich also am besten vorher über den Weg, oder nehmen Sie gleich ein Taxi dorthin.

Im Südwesten sollten Sie sich nicht entgehen lassen, die mexikanische Küche (Achtung! Die Beistellsaucen sind sehr scharf) auszuprobieren und natürlich einmal ein texanisches T-Bone-Steak zu essen.

▶ **Rundfunk**

Es gibt in den USA an die 10.000 Rundfunksender. Unangenehm ist auch hier die Werbung, die nach drei Titeln eingeblendet wird, und in so manchem Sender wird endlos geredet über völlig uninteressante Themen. Von Vorteil ist aber die Tatsache, dass aufgrund des Konkurrenzdrucks sich viele Sender auf eine bestimmte Musikrichtung eingestellt haben. Hat man also einmal Lust auf Oldies, stellt man sich den entsprechenden Sender ein, und Oldies am Fließband berieseln einen. Achten Sie auf die großen Reklameplakate an den Highways, die nähere Auskünfte über einzelne Sender geben. Interessante politische Kommentare und Berichte werden Sie aber kaum erleben.

S

▶ Ski laufen

Ski-Enthusiasten finden im Südwesten der USA wahre Paradiese vor. Besonders Colorado, aber auch Utah (Olympische Winterspiele 2002) und New Mexico, warten mit unzähligen Skipisten auf. Besonders aber die relativ niedrige Luftfeuchtigkeit (trockene Kälte geht nicht so unter die Haut) und die regelmäßigen Schneefälle bieten eine gute Alternative zu den Alpen, wenn es auch etwas kostspieliger wird. Ratsam ist es, bereits ein Pauschalangebot von einem deutschen Veranstalter aus zu buchen – das ist erheblich billiger und erspart die lästige Organisation vor Ort. Ein Veranstalter mit ausgewählten Angeboten ist **Airtours**: Adalbertstr. 44, 60442 Frankfurt/M., Tel.: (069) 79280, Internet: www.airtours.de. Airtours-Kataloge erhalten Sie in fast jedem Reisebüro. Auch **North America Travelhouse (CRD International)**, Stadthausbrücke 1-3, 20355 Hamburg, Tel.: (040) 300 61670, Internet: www.crd.de) hat eine gute Auswahl an Skireisen in die USA.

Informationen in den USA erhalten Sie bei:
• Ski USA: Internet: www.skiusa.com. Hier können Sie schauen und buchen.
• Ski Utah: 150 West 500 South, Salt Lake City, UT 84101, Tel.: (801) 534-1779, Fax: (801) 521-3722, Internet: www.skiutah.com.

Skiresorts im Internet finden Sie unter: www.usa-resort.com. Klicken Sie unter „By Type" einfach auf „Ski" (aber: alle gesponsert!). Alternativ schauen Sie mal bei www.goski.com/usa.htm rein. Hier sind nahezu alle Skigebiete nach Bundesstaaten sortiert (mit Hintergrundinfos).

▶ Sport

Im Reisegebiet Südwesten können Sie im Besonderen Outdoor-Aktivitäten betreiben (Wandern, Kajaken, Reiten etc. – siehe hier auch spezielle Kapitel). Golffreunde werden selbst in jeder kleineren Stadt Golfplätze vorfinden. In und um die Resortstadt Scottsdale (Phoenix) haben sich zudem zahlreiche exklusive Golfplätze angesiedelt. Größere Hotels haben in der Regel einen Fitnessraum, ein Schwimmbad und häufig auch einen eigenen Tennisplatz.

Siehe auch unter „Outdoor"

▶ Sport ansehen

Sie sollten allemal versuchen, ein sportliches Ereignis live mit anzusehen. Besonders Sportarten wie Baseball, Basketball und Football bieten bei größeren Spielen ein Happening. Falls Sie gerade kein Stadion in der Nähe haben oder einfach nicht so recht loskommen, versuchen Sie es einmal in einem Pub, der meistens schon außen mit der Live-Übertragung von Spielen wirbt (keine Angst wegen schlechtem Platz, in jeder Ecke steht ein Fernseher). Stimmung kommt hier immer auf.

▶ **Sprache**

Die amerikanische Sprache hat sich während der letzten 200 Jahre in einigen Punkten von der englischen Muttersprache entfernt, wenn auch die Grammatik relativ gleich geblieben ist. Dieses gilt vor allem für den Süden und Südwesten. Besonders die Aussprache der Texaner, der Schwarzen und der Mexikaner wird einem zu Beginn sehr fremd vorkommen. Die Amerikaner neigen auch dazu, bestimmte Wörter zu schreiben, wie sie sie sprechen (*nite* für night, *color* für colour) oder ganz neue Wortschöpfungen zu bilden (*u* für you, *4sale* für for sale etc.).

Im Folgenden sind einige Wörter aufgeführt, die sich vom Englischen unterscheiden:

Amerikanisch	Britisch	Deutsch
after	past	nach (zeitlich)
aisle	gangway	Durchgang
apartment	flat	Wohnung
baggage	luggage	Gepäck
billion	milliard	Milliarde
booth	kiosk	Kiosk
to call	to ring up	anrufen
can	tin	Konservendose
candy	sweets	Süßigkeiten
check	bill	Rechnung
closet	cupboard	Schrank
comforter	eiderdown	Daunendecke
cookies	biscuits	Plätzchen
cop	policeman	Polizist
corn	maize	Mais
date	appointment	Verabredung, Termin
diaper	nappy	Windel
drugstore	chemistry	Drogerie
elevator	lift	Fahrstuhl
fall	autumn	Herbst
faucet	tap	Wasserhahn
first floor	ground floor	Erdgeschoss
first name	Christian name	Vorname
to fix	to repair	reparieren
flashlights	torch	Taschenlampe
freeway	motorway	Autobahn
french fries	chips	Pommes Frites
Amerikanisch	Britisch	Deutsch
gas (gasoline)	petrol (diesel)	Benzin (Diesel)
grain	corn	Weizen
guy	chap	Kerl
hood	bonnet	Motorhaube
icebox	refrigerator	Kühlschrank
kid	child	Kind

Amerikanisch	Britisch	Deutsch
last name	surname	Nachname
line	queue	Menschenschlange
long distance call	trunk call	Ferngespräch
mail	post	Post
movie	cinema	Kino
observatory	view tower	Aussichtsturm
one way ticket	single ticket	einfache Fahrt
pants	trousers	Hose
pavement	road surface	Straßenoberfläche
purse	handbag	Handtasche
rount trip ticket	return ticket	Rückfahrkarte
sidewalk	pavemant	Bürgersteig
stick shift	gear stick	Schaltknüppel
store	shop	Geschäft
streetcar	tram	Straßenbahn
subway	underground	U-Bahn
tenderloin	undercut	Rinderfilet
thread	cotton	Baumwolle, Garn
trailer	caravan	Wohnwagen
truck	lorry	Lastwagen
trunk	boot	Kofferraum
underpass	subway	Unterführung
vacation	holiday	Ferien, Urlaub
vest	waist coat	Weste
wholewheat bread	brown bread	Graubrot, Schwarzbrot
wrench	spanner	Schraubenschlüssel
zip code	post code	Postleitzahl

▶ **Strände**

Strände finden sich entlang der Küste von Texas (Golf von Mexiko), wobei die schönsten, aber auch meistbesuchten Strände im Süden zwischen Corpus Christie und South Padre Island zu finden sind. Aufgrund des hier endenden südl. Äquatorstromes (der Golfstrom entsteht weiter im Osten bei Kuba und Florida) ist das Wasser angenehm warm, und die Außentemperaturen bieten mindestens 9 Monate Badesaison.

Attraktiv ist auch das Baden in den zahlreichen Binnenseen (Lake Amistad, Lake Mead, Lake Powell u.a.) und natürlich in den Flüssen.

▶ **Strom**

In den USA herrscht 110 V Wechselspannung (60 Hz). Also auf jeden Fall daran denken, Ihr Gerät umzustellen. Flachstecker sind üblich – es müssen also Adapter dazwischen gesteckt werden. Erhältlich in den Reiseausstattergeschäften in Europa und den besseren Elektrogeschäften in den USA (z.B. die Kette „Radio Shack").

T

▶   **Taxi**

Taxis werden in den USA häufig auch als „yellow cab" bezeichnet. Man kann Taxis zum einen **telefonisch** bestellen oder man steht an der Straße und **winkt eines herbei**. Häufig stehen sie bereits an den großen Hotels und werden eigens vom Türsteher herbeigerufen. Da es weniger öffentliche Verkehrsmittel gibt, ist es in den USA üblich, auch kürzere Strecken mit dem Taxi zurück zu legen. Entfernungen von nur 1–2 km werden durchaus akzeptiert, da die Taxifahrer sowieso auf der Suche nach Fahrgästen im Sinne eines „Drive Ins" durch die Stadt hin- und herfahren. Bezahlen müssen Sie eine Grundgebühr für das „Warten", danach zählt der Taxameter die Kilometer, wobei auch der Zeitfaktor einberechnet wird (z.B. bei Staus). Wundern Sie sich also nicht, wenn der Preis für eine Strecke manchmal um 50 % variiert. Nachts zahlt man einen kleinen Zuschlag. Preise sind am/im Taxi angeschlagen. Falls Sie das Gefühl haben, Sie wären beim Preis übervorteilt worden oder der Taxifahrer ist mit Ihnen einen großen Umweg gefahren, haben Sie die Möglichkeit, die Taxizentrale persönlich anzurufen. Häufig gibt es auch eine Telefonnummer der Stadtverwaltung, bei der man seinen Kummer loswerden kann. Diese Nummern stehen alle („irgendwo") im Taxi angeschlagen. Grundsätzlich gibt es aber wenig Ärger mit Taxifahrern, und es ist eher interessant, wenn sich mit ihm/ihr ein Gespräch entwickelt.

In den USA gibt es eine zentrale Rufnummer, mit der Sie von überall die nächste Taxizentrale erreichen können: 1-800-USA-TAXI.

▶   **Telefonieren**

- **Vorwahlnummern von den USA:**
- nach Deutschland: 01149 + Vorwahl (ohne 0) + Tellnehmernummer
- nach Österreich: 01143
- in die Schweiz: 01141
- **Vorwahlnummer von Europa in die USA:** 001

Es gibt einige Hürden, die man „umschiffen" muss, bevor ein Ferngespräch von einem **öffentlichen Fernsprecher** zustande kommt. Die größte liegt wohl darin, dass viele Ferngespräche immer noch über einen Operator gehen, den man häufig nicht versteht, besonders bei Telefonaten von öffentlichen Fernsprechern. So muss man dem Operator erzählen, welche Nummer man anwählen lassen möchte. Dieser wiederum gibt Ihnen dann Anweisungen, wie viel Geld einzustecken ist, und diese Information wiederum scheint sich des Öfteren in einem Kaugummi und einem sich nur halb öffnenden Mund zu verstecken. Allemal sollten Sie darauf gefasst sein, **bei einem Ferngespräch genügend Kleingeld** (10 c- u. 25 c-Stücke) bereit zu haben. Unter $ 2 (Auslandsgespräch $ 5) läuft da nichts.

In **Hotelhallen und öffentlichen Plätzen** finden Sie mittlerweile auch genügend Telefone, die mit einer Kreditkarte funktionieren. Dazu müssen Sie einen bestimmten Code vorweg wählen, der auf dem Telefon aufgedruckt ist.

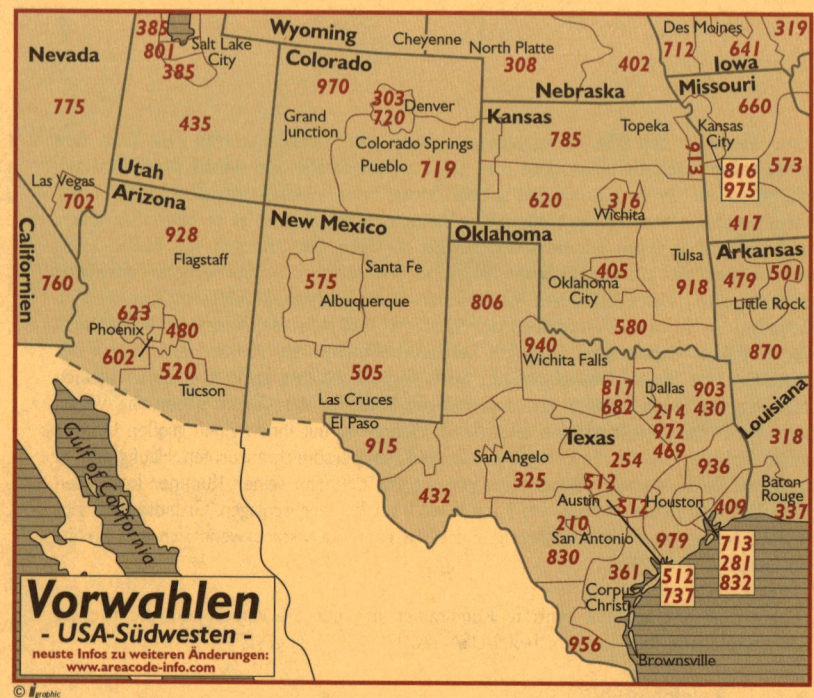

Vorwahlen
- *USA-Südwesten* -
neuste Infos zu weiteren Änderungen:
www.areacode-info.com
© Igraphic

Telefonieren aus dem **Hotelzimmer** ist natürlich die bequemste Art sich mit Europa in Verbindung zu setzen. Auf dem Telefon sind alle nötigen Angaben aufgedruckt, meistens muss man eine 8 oder eine 9 vorwählen. Nur Achtung! Das Telefonieren vom Zimmer aus ist sehr teuer. Denn die Hotels müssen mit den Telefongebühren auch Ihre Telefonanlage finanzieren. Bereits ein 3-minütiges Ferngespräch innerhalb der USA kann so schon einige Dollar kosten.

Man unterscheidet folgende **Arten von Telefongesprächen**:
• **station to station call**: Anruf von Ihrem Apparat zu dem gewünschten Anschluss (am preiswertesten zwischen 17h und 5h amerikanischer Ortszeit. Für inneramerikanische Ferngespräche verringert sich die Gebühr um 17h, dann nochmals um 23h. Ebenso sind die Gebühren an Wochenenden und Feiertagen niedriger. Denken Sie aber bei allen Anrufen an die **verschiedenen Zeitzonen**.)
• **person to person call**: Sie sagen dem Operator, wen Sie sprechen wollen. Erst wenn er die gewünschte Person am Telefon hat, zahlen Sie.
• **collect call (R-Gespräch)**: Der Anrufende zahlt für Sie, nachdem er dem Operator das Einverständnis dazu gegeben hat. Wenn Sie ein R-Gespräch nach Deutschland wünschen, gibt es eine direkte Vermittlung über Frankfurt. Sie müssen nur die folgende Nummer wählen und Ihre gewünschte Telefonnummer nennen (in Deutsch!): 1-800-292-0049. Hier können Sie übrigens auch ein normales Telefongespräch durchstellen lassen,

dabei umgehen Sie den „Kaugummi kauenden" amerikanischen Operator. Dieses Verfahren ist aber auch etwas teurer.

• **third number calls**: Sie telefonieren über den Operator. Für Sie zahlt z.B. ein amerikanischer Freund, dessen Nummer Sie dem Operator mitteilen und der natürlich auch erst sein Einverständnis dazu geben muss.

• **1-800-Nummern** bzw. auch 1-888-Nummern sind kostenlos anzuwählen. Gebühren zahlt der Angerufene.

> **Tipp**
>
> Wer viel telefoniert, sollte sich an einem Kiosk oder in einem Supermarkt eine Telefonkarte ($ 10, 20, 50) besorgen. Auf ihr ist eine Nummer angegeben, mit der Sie, zusammen mit Ihrer hier ebenfalls angegebenen Nummer Ferngespräche führen können. Auslandsgespräche kosten so nur noch einige Cent pro Minute (eine $ 10-Telefonkarte sollte also genügen für den Urlaub). Achten Sie aber darauf, für welche Gebiete die jeweilige Karte gilt. Manche sind gut für Europa, andere dagegen eher für Asien oder Südamerika.

Mobiltelefone:

Die europäischen Handys funktionieren in den USA nur dann, wenn sie über ein Tripleband (Tri-Band) verfügen. Das Telefonieren bzw. angerufen werden ist aber relativ teuer. Erkundigen Sie sich besser vor der Abreise noch mal nach den Gebühren!

Miethandys erhalten Sie bei Ihrem europäischen Netzanbieter oder an den größeren Flughäfen in Amerika. Aber auch sie sind teuer.

T-D1: www.t-d1.de
T-D2: www.d2vodafone.de
E-Plus: www.eplus-online.de
Viag Intercom: www.viaginterkom.de
Orange: www.orange.ch
Max Mobil: www.maxmobil.at
Mobilkom Austria: www.mobilkom.at
One Austria: www.one.at

▶ **Trampen**

„Thumb throwing" oder „Hitchhiking". Sicherlich die billigste Art vorwärts zu kommen, aber auch nicht ganz ungefährlich. Trampen auf den Interstate Highways ist streng verboten, und die Strafen sind gesalzen (die Fahrer an Tankstellen u. Rastplätzen zu fragen ist aber erlaubt). Es ist in den USA üblich, sich an den Benzinkosten zu beteiligen.

▶ **Trinkgeld**

Das Trinkgeld („tip", „gratuity") gehört in den USA zur **Haupteinnahmequelle** der Bedienung und wird sogar pauschal versteuert (!), egal wie viel die Bedienung wirklich verdient. Das funktioniert so: Das Restaurant muss Buch führen über den Umsatz der einzelnen Bedienungen und das Finanzamt besteuert dann die Bedienung mit einer Einnahme von 10-15% des Umsatzes, da von einem Mindesttrinkgeld von 10, eher 15 % fest ausgegangen wird.

Daher sollten Sie unbedingt daran denken, Trinkgeld zu geben (Ausnahme: Fastfood-Restaurants). In der Regel gibt man 10, eher aber 15 %, wobei am Tresen einer Kneipe häufig auch mehr gegeben wird (Anhaltspunkt: 1 US$ Trinkgeld für zwei Bier). Ein Gepäckträger erwartet 50 c - 1 US$ pro Gepäckstück, je nach Größe. Einem Zimmermädchen gibt man ca. 1 US$ pro Übernachtungstag. Auch Taxifahrer erwarten 10-15 % Trinkgeld.

In manchen Fällen ist das Trinkgeld bereits im Preis inbegriffen. Dieses wird dann aber deutlich angezeigt auf der Speisekarte („service included").

Woher stammt der Begriff „Tip"?

In früheren Zeiten, als die Bars noch überlaufen und der Umgangston dort rauer war, stand auf dem Tresen ein großes Glas, in das die Kunden Geld eingeworfen haben, um bevorzugt bzw. schneller an das ersehnte Getränk zu gelangen. Der Barkeeper gab einem Gast schneller ein Bier, wenn er Geld in dieses Glas geworfen hat. Bei dem Gedrängel am Tresen ein üblicher Vorgang. Auf diesem Glas prangte ein Schild, auf dem ganz einfach stand: „To Improve Promptness", was später dann in „TIP" abgekürzt wurde.

▶   **Trinkwasser**

Das Wasser kann überall bedenkenlos getrunken werden (gilt **nicht** für Flusswasser!).

▶   **Unterkünfte**

An Unterkünften verschiedenster Komfortklassen mangelt es in den USA nicht, wobei Sie selbst während der Hochsaison immer noch irgendwo ein Zimmer bekommen werden, und wenn es in einem alten Motel am Highwayrand ist.

ACHTUNG! Ausnahmen bilden die abgelegenen Nationalparks und Zeiten, in denen spezielle Festivitäten in der Region abgehalten werden – hier ist Vorbuchung selbst in der Nebensaison dringend zu empfehlen. Daher sollten Sie also dort besser schon von Europa aus vorbuchen oder zumindest einige Tage im Voraus.

Bad/Dusche, Klimaanlage, Telefon und Fernseher gehören mittlerweile zum Standard, selbst bei den billigeren Hotels bzw. Motels, wobei die Bed-and-Breakfast-Unterkünfte dieses nicht immer im Zimmer anbieten. Ein Schild **„Vacancy"** bedeutet, dass es noch freie Zimmer gibt, **„Sorry"** oder **„No Vacancy"** signalisiert Ausgebucht-Sein.

Die Zimmerpreise liegen bei einfacher oder doppelter Belegung fast gleich, und meistens können Sie auch ohne besonderen Aufpreis ein Kind mit hinein nehmen. In den meisten Zimmern stehen zwei Doppelbetten (doubles) zur Verfügung. Wer zu zweit reist und mehr Platz benötigt, sollte darauf achten, kein Zimmer mit einem einzigen Queensize-Bett zu erhalten, welches nur etwa 1,40 m breit ist. Frühstück ist normalerweise nicht im Preis inbegriffen, wird aber in Hotels in einem angeschlossenen Restaurant gestellt, wobei in größeren Hotels die Coffeeshops eine größere Auswahl zu einem geringeren Preis bieten. Motels haben nicht alle einen Frühstücksraum und fast nie ein Restaurant. Dafür sind Fastfood-Restaurants ganz in der Nähe.

Beim **Einchecken** müssen Sie
• ein Anmeldeformular ausfüllen;
• die Kreditkarte vorlegen oder den Zimmerpreis im Voraus bezahlen (manchmal zzgl. eine Garantiesumme):
• in Stadthotels das Fahrzeug in eine Garage stellen lassen (kostet etwa $ 6–15 pro Tag), wofür Sie ein spezielles Ticket erhalten.

Beim **Auschecken** müssen Sie Ihre Rechnung unterschreiben, die eventuell Zusatzgebühren enthält (Telefongespräche etc.).

> ☞ **Tipp**
>
> *Das Auto selbst in die Garage zu bringen erspart Ihnen die „Valet"-Gebühr, d.h. den festgesetzten Standardtarif für den Fahrer und sein Trinkgeld. Sie müssen aber gleich beim Gepäckausladen darauf bestehen, da die Fahrer natürlich verdienen möchten und es auch eher üblich ist, das Auto wegfahren zu lassen.*

Anhaltspunkte für Preise:

• **Luxushotel**: ab $ 140
• **Mittelklassehotels**: $ 90–140
• **Motels u. einfache Hotels**: $ 40–90
• **B&B-Häuser**: $ 50–150, wobei hier häufig nach der Zahl der Personen abgerechnet wird.
• **Camping**: $ 10–40, je nach Platz und ob Sie Ver- bzw. Entsorgungseinrichtungen für einen Camper nutzen wollen.
• **Jugendherbergen**: $ 6–20
• **Ranchen**: $ 50–150, in Ausnahmefällen sogar bis zu $ 280 **pro Person**, je nach Qualität und Nutzung der Anlage (es gibt auch Familientarife). Oft gibt es auf Ranchen nur Wochentarife (Mindestaufenthalt).

Im Voraus reservieren

Wenn Sie telefonisch im Voraus ein Zimmer reservieren möchten, halten Sie immer Ihre Kreditkarte bereit, häufig wird man Sie nach der Nummer fragen. Falls Sie nicht erscheinen sollten, rechnet man Ihnen den Zimmerpreis trotzdem an! Geben Sie auch immer an, falls Sie nach 16h, vor allem nach 18h ankommen werden, ansonsten wird Ihr Zimmer vielleicht weiter vergeben und Sie haben im schlimmsten Fall keine Unterkunft. Geben Sie auch gleich durch, ob Sie „Smoking" oder „Non-Smoking" wünschen.

Bevor Sie ein Hotel fest buchen, fragen Sie vorher nach einem Sondertarif, der Ihnen häufig gewährt wird, besonders an Wochenenden (Stadtbereich), Wochentarif (in der Nähe der Nationalparks), mit Hilfe der AAA-Karte (ADAC, siehe Stichwort „Preisnachlässe") oder in der Nebensaison.

Einige Infos zu den einzelnen Unterkunftstypen:
- **Hotel**: Hier reicht die Skala von ganz einfach bis zum absoluten Luxus. Sie sind meist teurer als andere Unterkunftstypen, da sie eine Reihe von zusätzlichen Serviceleistungen bieten (Kofferträger, spezielles Restaurant etc.) und oft im Stadtbereich sehr zentral liegen.
- **Motels**: Sie liegen meist an den Hauptausfallstraßen und sind kaum zu verfehlen. Die an Ketten (z.B. Motel 6, Super 8, Comfort Inn etc.) angeschlossenen Häuser sind etwas teurer, aber auch etwas besser. Private Motels sind teilweise sehr einfach, aber für eine Nacht durchaus zu akzeptieren. Nicht mehr bei allen Motels kann man sein Auto direkt vor der Tür parken, obwohl das meistens der Fall ist.
- **Inn**: In der eigentlichen Bedeutung ein „Gasthaus", heute oft ein Haus der gehobenen Ansprüche.
- **Lodges**: Liegen meist in der Natur und sind rustikal.
- **Resorts**: Hierbei handelt es sich um ausgesprochene Ferienanlagen, die zumeist ruhig liegen und vor allem Sportprogramme und andere Freizeitaktivitäten bieten.
- **Country Clubs**: Häuser mit zumeist hohem Standard, oft einem Golfplatz/-club angeschlossen. Im Südwesten, abgesehen von Tucson und Phoenix, nicht sehr häufig.
- **Family Ranches**: Hier wurden ehemalige Ranchen umfunktioniert zu Unterkünften mit vielen Freizeitaktivitäten (Reiten, Wandern etc.). Sie beherbergen bis zu 40 Personen, wobei sie des Öfteren durch Konferenzen ausgebucht sind. Daher ist eine rechtzeitige Buchung wichtig. Der Mindestaufenthalt beträgt in der Regel 4–7 Tage, selten auch mal 2 Tage.

🖙 **Hinweis**	
Die Hotel-Preiskategorien für DZ in diesem Buch:	
$	unter US$ 50
$$	US$ 50–100
$$$	US$ 100–150
$$$$	US$ 150–220
$$$$$	über US$ 220

- **Dude Ranches**: Diese Ranchen sind luxuriöser eingerichtet, und sie haben sich z.T. dem Verband „Dude Ranches" angeschlossen. Sie sind so teuer wie ein Luxushotel, bieten dafür aber auch eine Reihe von Freizeitaktivitäten. Die Preise liegen bei $ 120–260 pro Person pro Tag (Wochentarife etwas günstiger), doch beinhalten diese dann auch alle Mahlzeiten, Ausritte und noch einige andere Dinge. „Echtes" Farmleben ist hier aber die Ausnahme, meist wird die Ranch rein touristisch betrieben. Buchungsadresse für Ranchen:
- **Argus Reisen:** Walkemühlenweg 5, 37083 Göttingen, Tel.: (0551) 770 4521, Fax: (0551) 770 4523, Internet: www.argusreisen.de. Sehr gute Angebote für Ranchaufenthalten aller Art. Auch Tourpakete (Mietwagen, Sightseeing u.a.) werden auf Wunsch organisiert und zusammengestellt.

  Weitere Ranchadressen erfahren Sie auf den Internetseiten bzw. von den Reisebüros, die unter dem Stichwort „Reiten" aufgeführt sind.
- **Bed & Breakfast**: Anders als in England handelt es sich bei den B&B-Häusern in der überwiegenden Zahl um luxuriöse Unterkünfte, die einen nostalgischen Touch haben und nur selten Familienanschluss bedeuten. Sie sind häufig recht teuer. Im Südwesten trifft man sie fast nur in den Städten an. Wenn Sie Glück haben, ist eine B&B-Unterkunft ein eigenes Haus mit grundsätzlichen Einrichtungen wie z.B. einer Kitchenette. Dieses trifft am ehesten in kleineren Städten auf dem Lande zu, wie u.a. in Fredericksburg.
- **Jugendherbergen:** Meist teurer als in Europa, aber gut ausgestattet. Es gibt auch eine Reihe von privaten Jugendherbergen, die etwas günstiger sind.

Buchungs- u. Infoadressen (1-800-Nummern sind kostenlos):

- **YMCAs/YWCAs:** Y's Way, 291 Broadway, New York, NY 10010, (212) 308-2899 (verschickt nur Listen). Eine 24-Stunden-Hotline informiert innerhalb der USA kostenlos über das nächste YMCA: 1-888-333-YMCA. Internet: *www.ymca.net.*
- **American Youth Hostels/ Hostelling International:** National Administrative Office, 8401 Colesville Road, Suite 600, Silver Spring, MD 20910, Tel.: (301) 495-1240, Fax: (301) 495-6697, Internet: *www.hiayh.org* (verschickt nur Listen).
- **Dude Ranchers Association:** P.O. Box F-471 LaPorte, Colorado 80535, Internet: *www.duderanch.org.*
- **Argus Reisen:** Walkemühlenweg 5, 37083 Göttingen, Tel.: 0551/770 4521, Fax: 0551/ 770 4523, Internet: *www.argusreisen.de.* Sehr gute Angebote für Ranchaufenthalte aller Art sowie Packtrips und Cattle Drives. Auch Tourpakete (Mietwagen, Sightseeing u.a.) werden auf Wunsch organisiert und zusammengestellt.
- **Kampgrounds of America:** P.O. Box 30558, Billings, Montana 59114, (406) 248-7444, Internet: *www.koa.com.* Die größte Vereinigung von Campingplätzen in den USA.

Über folgende Internetseiten können Sie bereits von Europa aus Hotels Ihrer Wahl buchen. Dieses lohnt sich besonders wegen der besseren Preisübersicht: *www.usacitylink. com, www.hotel.com, www.usatourist.com, www.dallasadmall.com.*

Hotelketten
Kostenlose und zentrale Reservierungsnummern, Internetadressen, Preisklasse (hoch, mittel, niedrig):
(Die kostenlosen Telefonnummern gelten nur vom nordamerikanischen Telefonnetz aus.)
- Adam's Mark: 1-800-444-2326, www.adamsmark.com. Hoch.
- Best Western International Inc.: 1-800-780-7234, www.bestwestern.com. Mittel.
- Budget Host: 1-800-4-BUDGET, www.budgethost.com. Niedrig.
- Clarion Hotels: 1-800-CLARION, www.clarionhotel.com. Mittel.
- Comfort Inns: 1-800-228-5150, www.comfortinn.com. Mittel/teilw. niedrig.
- Courtyard by Mariott: 1-800-321-2211, www.courtyard.com. Hoch.
- Days Inn: 1-800-325-2525, www.daysinn.com. Mittel.
- Doubletree: 1-800-222-8733, www.doubletreehotels.com. Hoch.
- Econo Lodges of America: 1-800-446-6900, www.econolodge.com. Niedrig.
- Embassy Suites: 1-800-362-2779, www.embassysuites.com. Mittel bis hoch.
- Fairmont Hotels: 1-800-527-4727, www.fairmont.com. Mittel.
- Four Seasons Hotels: 1-800-819-5053, www.fourseasons.com. Hoch.
- Hampton Inn: 1-800-HAMPTON, www.hampton-inn.com. Niedrig bis mittel.
- Hilton Hotels Corp.: 1-800-HILTONS, www.hilton.com. Teuer.
- Holiday Inns: 1-800-465-4329, www.holiday-inn.com. Mittel bis hoch.
- Howard Johnson: 1-800-446-4656, www.hojo.com. Niedrig bis mittel.
- Hyatt & Resorts: 1-800-233-1234, www.hyatt.com. Hoch.
- Inns of America: 1-800-826-0778, www.innsamerica.com. Mittel
- Intercontinental Hotels: 1-800-327-0200, www.interconti.com. Hoch.
- La Quinta Motor Inns Inc.: 1-800-531-5900, www.laquinta.com. Niedrig bis mittel.
- Marriott Hotels: 1-800-228-9290, www.marriott.com. Hoch.
- Meridien: 1-800-225-5843, www.forte-hotels.com. Mittel bis hoch.
- Motel 6: 1-800-4-MOTEL-6, www.motel6.com. Niedrig.
- Omni Hotels: 1-800-THE-OMNI, www.omnihotels.com. Hoch.

- Quality Inns: 1-800-228-5151, www.qualityinn.com. Niedrig bis mittel.
- Radisson Hotel Corp.: 1-800-333-3333, www.radisson.com. Mittel bis hoch.
- Ramada Inns: 1-800-228-2828, www.ramada.com. Mittel.
- Red Carpet/Scotish Inns: 1-800-251-1962, www.reservahost.com. Niedrig.
- Red Roof Inns: 1-800-THE-ROOF, www.redroof.com. Niedrig, teilw. mittel.
- Renaissance: 1-800-468-3571, www.renaissancehotels.com. Hoch.
- Residence Inns by Mariotts: 1-800-331-3131, www.marriott.com. Hoch.
- Ritz-Carlton: 1-800-241-3333, www.ritzcarlton.com. Hoch.
- Rodeway Inns International: 1-800-228-2000, www.rodeway.com. Niedrig bis mittel.
- Sheraton Hotels & Inns: 1-800-325-3535, www.sheraton.com. Hoch.
- Sleep Inn: 1-800-753-3746, www.sleepinn.com. Niedrig.
- Super 8 Motels: 1-800-800-8000, www.super8motels.com. Niedrig.
- Travellodge International Inc. (Viscount Hotels): 1-800-578-7878, www.travelodge.com. Niedrig bis mittel.
- Vagabond Inns: 1-800-522-1555, www.vagabondinns.com. Niedrig.
- Westin Hotels & Resorts: 1-800-937-8461, www.westin.com. Hoch.
- Wyndham Hotels & Resorts: 1-800-996-3426, www.travelweb.com. Hoch.

▶   **Versicherung**

Es ist allemal sinnvoll, eine Reisegepäck- sowie eine Reisekranken- und Unfallversicherung abzuschließen. Achten Sie bei letzterer darauf, dass sie eine Rücktransportversicherung einschließt.

▶   **Visum**

Visumpflicht besteht für Deutsche, Österreicher und Schweizer nicht mehr, solange ihr Aufenthalt rein touristisch ist und nicht länger als 90 Tage dauert.

> **Hinweis**
>
> *Wer glaubt, die Versicherungen, die über die Kreditkarten laufen, decken alle Eventualitäten ab, sollte sich trotzdem vor der Reise noch einmal über die Bedingungen informieren. Oft zahlen die Kreditkartenunternehmen bei einem Unfall nur dann, wenn die Reise bzw. der Mietwagen mit dieser Kreditkarte bezahlt wurden.*

▶   **Wäsche waschen**

In den meisten größeren Hotels steht Ihnen ein 24-stündiger Wäschedienst zur Verfügung („laundry service" bzw. „valet service"). Selbst kleinere Häuser waschen Ihre Wäsche, hier sollten Sie aber die Wäsche am Vortag bis mittags abgegeben haben, um sie am nächsten Morgen zurückzuerhalten, denn diese Wäsche wird außer Haus gewaschen.

Selbstversorger können auch auf die Waschautomaten zurückgreifen („Laundry", „Laundromat"). Hierbei handelt es sich meistens um Läden, in denen Sie an die 30 Wasch- und Trockenmaschinen vorfinden, die Sie mit Quarters (25c-Stücke) füttern müssen. Waschmittel können Sie hier auch erhalten. Diese Waschsalons finden Sie am ehesten im Stadtzentrum, hier meist im Wohngebiet des unteren Mittelstandes und auch in einer Reihe von Shopping-Malls in den Vorstädten. Motels, besonders die der Franchiseketten, haben meistens auch einen Münzwaschautomaten („Coin Laundry").

▶   **Weine**

Amerikanische Weine erreichen mittlerweile eine sehr hohe Qualität. Besonders kalifornische Weine zählen heute zu den Spitzenweinen. Im Südwesten wird nur bedingt Wein angebaut, hauptsächlich in Arizona, New Mexico und teilweise in Texas.

Z

▶   **Zeit**

Während unserer Sommerzeit gilt auch in den USA Sommerzeit (daylight saving time), die Zeitverschiebung bleit also immer die gleiche. In den USA werden die Zeiten in „ante meridiem" (abgekürzt a.m. = vormittags) und „post meridiem" (abgekürzt p.m. = nachmittags) eingeteilt. So entspricht 6 a.m. unserer Morgenzeit 6h, dagegen 6 p.m. unserer Abendzeit 18h.

▶   **Zeitungen**

In den USA gibt es ca. 1.500 Tageszeitungen mit einer Gesamtauflage von etwa 56 Millionen. Überall erhältlich ist die bunte „USA Today" (Auflage: 1,7 Mio.), die vor allem Landesthemen behandelt und eine gute Wetterseite aufweist, aber dabei im Politischen sehr oberflächlich bleibt, besonders was andere Länder betrifft.

Die renommiertesten Tageszeitungen sind „New York Times" (1,1 Mio.) und die „Washington Post" (770.000) sowie das wirtschaftsorientierte „Wall Street Journal" (1,7 Mio.), die Sie aber nur in größeren Städten erhalten. Als Wochenzeitschriften empfehlen sich vor allem die „Newsweek" und die „Times" für politische Berichte und „Forbes" und die „Business Week" für den Wirtschaftsbereich.

Die bedeutendsten Tageszeitungen des Südwestens sind:
• Dallas: „Dallas Morning News" u. „Dallas Times Herald"
• Denver: „Denver Post" u. „Rocky Mountain News"
• Houston: „Houston Chronicle"
• Phoenix: „Arizona Republic/Phoenix Gazette"

Ausländische Zeitungen, besonders deutschsprachige, finden Sie kaum.

▶   **Zeitzonen**

Im Südwesten gibt es folgende Zeitzonen:
• Central Time: MEZ -7 Std. Gilt für Texas (bis auf El Paso-Region).
• Mountain Time: MEZ -8 Std. Gilt für El Paso (Texas), New Mexico, Arizona, Utah und Colorado.

- Pacific Time: MEZ -9 Std. Gilt für alle westlichen Staaten, d.h. für unser Reisegebiet in Nevada (Las Vegas)

Hier einmal ein Beispiel: Ist es in Deutschland 12h mittags, ist es in Phoenix, Arizona, erst 4h morgens.

▶ **Zoll**

Einreise in die USA

Zollfrei sind alle Gegenstände des persönlichen Bedarfs. Außerdem **dürfen zollfrei eingeführt werden**:
- 200 Zigaretten, 2 kg Tabak oder 50 Zigarren (Zigaretten sind ohnehin in den USA billiger)
- 1 l alkoholische Getränke (pro Person ab 21 Jahre)
- Geschenke im Wert von 100 US$

Zahlungsmittel im Wert von über 10.000 US$ müssen deklariert werden.
Lebensmittel, besonders Frischwaren/Obst, sowie Pflanzen dürfen nicht eingeführt werden.

Wiedereinreise in Europa

Bei der **Wiedereinreise nach Deutschland** sind zollfrei:
- 200 Zigaretten oder 100 Zigarillos oder 50 Zigarren oder 250 g Tabak; 1 l Spirituosen mit einem Alkoholgehalt über 22 % oder 2 l Spirituosen mit einem Alkoholgehalt von höchstens 22 % oder 2 l Schaumwein; 2 l Tafelwein; 500 g Kaffee oder 200 g Kaffeeauszüge; 50 g Parfüm oder 250 ml Eau de Toilette; Geschenke bis zu einem Gesamtwert von € 175.
Anmerkung: Tabakwaren und Alkohol dürfen nur von Personen ab 17 Jahren abgabenfrei eingeführt werden, Kaffee nur von Personen über 15 Jahren.

Bei der **Wiedereinreise nach Österreich** sind zollfrei:
- 200 Zigaretten oder 100 Zigarillos oder 50 Zigarren oder 250 g Tabak; 1 l Spirituosen mit einem Alkoholgehalt über 22 % oder 2 l Spirituosen mit einem Alkoholgehalt bis höchstens 22 % oder 2 l Schaumwein; 2 l Wein (kein Schaumwein); 500 g Kaffee oder 200 g Kaffee-Extrakt; 100 g Tee oder 40 g Tee-Extrakt; 50 g Parfüm; Geschenke bis zu einem Wert von € 175 pro Person (für Österreicher).
Anmerkung: (a) Die Zollfreiheit der Waren hat zur Bedingung, dass sie im persönlichen Gepäck des Reisenden mitgeführt werden. (b) Tabakwaren und alkoholische Getränke dürfen nur von Personen ab 17 Jahren eingeführt werden.
Einfuhrbeschränkungen: Katzen und Hunde dürfen nur mit Tollwut-Impfzeugnis eingeführt werden, das nicht älter als ein Jahr und mindestens 30 Tage alt ist.

Bei der **Wiedereinreise in die Schweiz** sind zollfrei (gilt nur bei Einreise aus außereuropäischen Ländern):
- 400 Zigaretten oder 100 Zigarren oder 500 g Tabak (Personen über 17 J.); 2 l alkoholische Getränke bis zu 15 % Alkoholgehalt (Personen über 17 J.); 1 l alkoholische

Getränke über 15 % Alkoholgehalt (Personen über 17 J.); Geschenke bis zu einem Wert von 100 sfr sowie andere Waren im Wert bis zu 100 sfr (ausgenommen alkoholische Getränke und Tabakwaren, die nur in den o. a. Mengen abgabenfrei sind). Personen unter 17 Jahren können Geschenke im Wert von bis zu 50 sfr zollfrei einführen.

Einfuhrverbot: Betäubungsmittel, Elfenbein, Absinth. Strenge Regelungen bestehen für die Einfuhr von Fleisch und Fleischwaren, Butter, Lebensmitteln, Tieren, Giften, Schusswaffen und Munition.

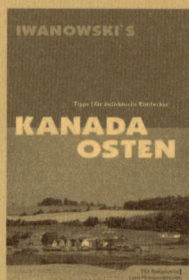

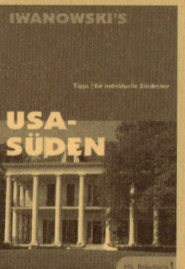
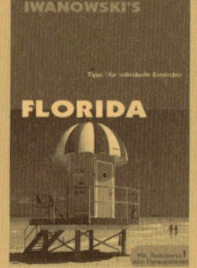

Regionale Reisetipps A–Z

* Die mit einem **Sternchen** versehenen Adressen sind besondere Redaktionstipps.

Preisklassifikation für die Unterkünfte: Die Preisklassifikationen können nur als grober Richtwert angesehen werden, denn saisonale Verschiebungen, Veranstaltungen u.a. können Preisunterschiede von bis zu 50 % ausmachen. Preise für Doppelzimmer:

$ unter US$ 50	$$$ US$ 100–150	$$$$$ über US$ 220
$$ US$ 50–100	$$$$ US$ 150–220	

Aktuelle Kurse (April 2007): 1 US$ = 0,77 €, 1 € = 1,30 US$

Acoma, NM *(S. 468)*

Information
Acoma Tourist Visitor Center: *Kreuzung von Hwy. 23 u. 32/38, Acoma, NM 87034, Tel.: (505) 470-4966.*

Alamogordo, NM *(S. 450)*

Information
• *In Alamogordo befindet sich das* **Chamber of Commerce** *am 1301 N. White Sands Blvd. (Tel.: (505) 437-6120), Internet: www.alamogordo.com.*
• *Am Parkeingang gibt es ein* **Visitor Center**. *Adresse für Infos: White Sands Nat. Monument, P.O. Box 1086, Holloman AFB, NM 88330-1086, Tel: (505) 672-2599, Internet: www.nps.gov/whsa.*

Übernachtungen
Im Park sind keine Hotels, dafür aber in Alamogordo:
• **Best Western Desert Aire Motor Inn $$-$$$**: *1021 S. White Sands Blvd. (US Hwy. 54/70), Alamogordo, NM 88310, Tel.: (505) 437-2110 od. 1-800-528-1234, Fax: (505) 437-1898. Bestes Haus im Ort. Einige Zimmer mit kleiner Küche, die etwas teureren Suiten sind größer und haben kleine Jacuzzis. Swimmingpool.*
• **White Sands Inn $$**: *1020 S.White Sands Blvd.(US Hwy. 54/70), Alamogordo, NM 88310, Tel.: (505) 434-4200, Fax: (505) 437-8872. Gutes Motel mit 92 Zimmern. Whirlpool, Swimmingpool.*
• **Days Inn $$**: *907 White Sands Blvd. (US Hwy. 54/70), Alamogordo, NM 88310, Tel.: (505) 437-5090 od. 1-800-329-7466, Fax: (505) 434-5667. Motel mit 40 Zimmern, Pool u. Restaurant nebenan.*
* • *Wer nun bereit ist, deutlich tiefer in die Tasche zu greifen, der sollte in* **The Lodge at Cloudcroft $$$$** *(19 Meilen östl., One Corona Place, Cloudcroft, NM 88317, Tel.: (505) 682-2566 od. 1-800-395-6343, Fax: (505) 682-2715) absteigen. Hierbei handelt es sich um eine luxuriöse Unterkunftsstätte mit einem der höchstgelegenen Golfplätze des Landes, großem Kamin in der Lobby und einem exzellenten Restaurant,* **Rebecca's**. *Jacuzzis, Sauna, Pool, Fahrradverleih, Wanderwege u.v.m.*

Alamosa, CO *(S. 705)*

siehe S. 232 unter „Great Sand Dunes National Park"

Albuquerque, NM *(S. 455ff)*

Informationen
• **Albuquerque Convention & Visitors Bureau**: *20 First Plaza NW, Tel.: (505) 842-9918 od. 1-800-284-2282. Mo–Fr 8–17h,* **Internet**: *www.itsatrip.org.*
• **Old Town Information Center**: *Romero NW, bei der Kirche. Geöffnet: Mo–Sa 10–17h, So 11–17h.*

- **Airport Information Center:** *Lower Level. Mo–So 9.30–20h.*
- **Indianer/Pueblos**: *Infos zu den 19 Pueblos im Umkreis von Albuquerque erhalten Sie im Indian Pueblo Cultural Center, 2401 12th St. NW, Tel.: (505) 843-7270.*
- **Informationen über aktuelle Veranstaltungen** *erhalten Sie unter der Rufnummer: (505) 243-3696 od. 1-800-284-2282 (24 Std. – nach Dienstschluss Anrufbeantworter)*
- *Das* **Monatsmagazin** *„Albuquerque Monthly" informiert über alle Arten von Veranstaltungen*
- *Die aktuellen* **Zeitungen** *von Albuquerque sind der „Albuquerque Tribune" (abends) und das „Albuquerque Journal" (morgens).*

Wichtige Telefonnummern
- *VORWAHL: 505*
- *Notruf Feuer/Polizei/Ambulanz: 911*
- *Wetter: 821-1111, 247-1611 od. 800-432-4269*
- *Krankenhäuser*
- *University Hospital: 2211 Lomas NE. Tel.: 843-2411*
- *Presbyterian Hospital: 1100 Central SE. Tel.: 841-1234*
- *Zahnärztlicher Dienst: 260-7333*

Airlines/Flughafen
- **American West:** *247-0737 od. 1-800-247-5692*
- **American:** *1-800-433-7300*
- **Continental:** *1-800-525-0280*
- **Delta**: *1-800-221-1212*
- **Mesa:** *1-800-MESA AIR*
- **Southwest:** *1-800-435-9792*
- **Flughafeninformation:** *Albuquerque International Airport: 842-4366*
Wie komme ich zum Airport?
Mit dem eigenen Auto: Fahren Sie die I-25 von der City aus in südliche Richtung, und biegen Sie am Exit 222 nach Osten ab auf den Gibson Blvd. Hier sind die einzelnen Terminals nach einer kurzen Strecke bereits gut ausgeschildert
Shuttle/Kleinbus: Die größeren Hotels bieten Airportshuttles an und auch ein Stadtbus bedient den Airport. Ansonsten empfiehlt es sich, ein Taxi zu nehmen (gut organisiert).

Autovermietungen
Alle größeren Mietwagenunternehmen haben Stützpunkte am Flughafen. Adressen und/oder Telefonnummern:
- **Alamo:** *2601 Yale SE, Tel.: 842-4057*
- **Avis:** *Albuquerque Int. Sunport, Tel.: 842-4359, auch am Hilton Hotel*
- **Budget:** *Int. Airport, 3501 Pan American Frwy, Tel.: 344-7196, auch am Hyatt Hotel*
- **Dollar:** *Int. Airport, 2601 Sunport Blvd. SE, Tel.: 842-4224 od. 1-800-369-4226*
- **Hertz:** *Int. Airport, 2200 Sunport Blvd. SE, Tel.: 842-4235*
- **National**: *2800 Girard SE, Tel.: 842-8733*
- **Thrifty:** *2039 Yale SE, Tel.: 842-8733*

Öffentliche Verkehrsmittel
- **Amtrak:** *Der Bahnhof befindet sich in der 214 First St. SW, Infos über Tel. 1-800-USA-RAIL od. (505) 842-9650*

- **Überlandbusse:** *Der Busbahnhof befindet sich in der 300 2nd St. SW. Greyhound/ Trailways: Tel. 1-800-231-2222.*
- **Stadtbusse:** *Die Busgesellschaft von Albuquerque heißt „Sun Tran". Weitere Infos: Tel.: 843-9200.*

Taxis
Yellow/Checker Cab: *247-8888*
Albuquerque Cab Company: *883-4888*

Sightseeingtouren/Ballonfahrten
- **Albuquerque Gray Line Tours:** *Tel.: 242-3880. Regelmäßige (nahezu tägliche) Stadtrundfahrten und auch verschiedene Tourangebote zu den Indianerreservaten und nach Santa Fe.*
- **Ballonfahrten** *zählen zu den Highlights in Albuquerque. Sie dauern i.d.R. 1 Stunde, manchmal etwas länger und gehen früh morgens (6 Uhr!) und seltener abends an. Gefahren wird mit Heißluftballons mit Körben für 4–10 Personen. Ein bezahlbares Erlebnis. Der Preis ist niedriger als bei uns, dafür aber sieht man „nur" Albuquerque und den kleinen Fluss sowie von weitem den Sandia Peak und die Wüste. Wer nicht schwindelfrei ist, sollte besser keine Fahrt unternehmen. Es gibt zahlreiche Anbieter in Albuquerque. Hier zwei Adressen:*
- **World Balloon:** *4800 Eubank NE, Tel.: 293-6800, Internet: www.worldballoon.com.*
- **Rainbow Ryders:** *11520 San Bernadino NE, Tel.: 823-1111. Internet: www. rainbowryders.com.*

Jährlich wiederkehrende Veranstaltungen (Auswahl)
In und um Albuquerque finden unzählige Veranstaltungen der verschiedenen Indianervölker statt. Da es sich um weit über 100 solcher Veranstaltungen handelt, würde eine Auflistung den Rahmen dieses Buches sprengen. Erkundigen Sie sich daher am besten im Touristenbüro oder in der Presse über aktuelle Ereignisse und „Pow Wows". Hier die wichtigsten Veranstaltungen:
- **Wochenende Mitte/Ende April: Gathering of Nations Pow-Wow.** *Indianertänze, Kunsthandwerk und Ausstellungen. Info: (505) 836-2810.*
- **Anfang Juni: Albuquerque Indian Market.** *New Mexico State Fairgrounds. Über 100 Stände. Indianerkunst, Cowboyvorführungen etc. Infos: Tel.: 836-2960.*
- **Ende Juni/Anfang Juli: New Mexico Arts and Crafts Fair.** *Indianerfeste, Cowboy-Vorführungen und Ausstellung von Kunsthandwerk. Man kann den Künstlern auch bei der Fertigung zusehen. Dazu Festivitäten und Konzerte aller Art. Ein Höhepunkt ist der 4. Juli mit dem großen Feuerwerk. Infos: (505) 884-9043.*
- **September: New Mexico State Fair.** *Landwirtschaftliche Ausstellung mit Viehversteigerungen (sehenswert!), dazu alle Arten von Festivitäten und Veranstaltungen (Konzerte, Rodeo, Pferderennen etc.)*
- **Anfang Oktober: Kodak Albuquerque International Balloon Festival.** *Riesenspektakel mit Hunderten von Heißluftballons. Startort: Balloon Fiesta Park; zwischen Paseo Del Norte und Alameda Blvd. Infos: (505) 821-1000. Internet: www.balloonfiesta.com.*
- **Anf./Mi. November: Southwest Arts and Crafts Festival.** *Künstler des gesamten Südwestens zeigen ihre Produkte. Hauptsächlich prämierte Kunstwerke. Infos: (505) 875-1748.*

Einkaufen

Wer sich mit ausgewählteren kunsthandwerklichen Produkten beschäftigen möchte, der sollte sich „The Collector's Guide to Albuquerque" zulegen, ein Heftchen über die wichtigsten Galerien der Stadt. Liegt in den meisten Galerien aus.

• *Günstiger als in der City sowie der Old Town findet man indianische Handwerkskunst im* **Bien Mur Indian Market Center** *im Sandia-Reservat nördlich der Stadt. Hier können Ihnen die Verkäufer auch erläutern, welche Bedeutung die einzelnen Gegenstände für die Indianer haben. Fahren Sie zuerst auf der I-25, und biegen Sie ab in die Tramway Rd. nach Osten. Nach knapp einer Meile liegt der Markt rechter Hand.*

• *Im* **Indian Pueblo Cultural Center** *(2401 12th St., NW) gibt es eine große Auswahl an kunsthandwerklichen Produkten und auch Bücher zur Indianergeschichte.*

• **Bücher: Page One** *(11018 Montgomery Blvd., Tel.: 294-2026) ist der größte Buchladen in New Mexico. Hier finden Sie alles, von Reiseliteratur bis hin zu Büchern über Indianerkulturen sowie auch internationale Zeitungen und Magazine. Bookworks (4022 Rio Grande Blvd. NW, Tel.: 344-8139) dagegen verkauft auch gebrauchte Bücher und CDs.*

• **Westernkleidung: Western Warehouse:** *6210 San Mateo Blvd. NE. Stiefel (über 8.000 Paare!), Westernkleidung und anderes.*

• *Jeden Samstag und Sonntag (8–17h) findet auf dem Gelände der New Mexico Fairgrounds ein großer* **Flohmarkt** *statt.*

 Konzerte/Theater/Oper

Tickets für alle Veranstaltungen in und um Albuquerque erhalten Sie bei „Ticketmaster" (4004 Carlisle Blvd. NE, Tel.: 883-7800).

 Pferderennen

„Quarterhorse"-Rennen: The Downs of Albuquerque. New Mexico State Fairgrounds. Tel.: 266-5555. Allemal einen Besuch wert, schon um einmal an der Wettbegeisterung der Amerikaner teilhaben zu können.

 Hotels

* • **La Posada de Albuquerque $$$$**: *125 2nd St. NW (Cooper Ave.), Albuquerque 87102, Tel.: (505) 242-9090, Fax: 242-8664, Internet: www. laposadadealbuquerque.net. Als eines der ersten Hotels der späteren Hilton-Kette 1939 gegründet und damit auch als Historic Place eingetragen. Das Ambiente bietet eine gelungene Mischung aus Southwest-Charme und orientalischen Dekorationen. Gut gelegen zur Erkundung der Downtown sowie der Old Town.*

• *Weitere, günstig zu Old Town und Downtown gelegene Hotels der Oberklasse sind das moderne* **Sheraton Old Town $$$$**: *(800 Rio Grande Blvd., Albuquerque, NM 87104, Tel.: (505) 843-6300, Fax: (505) 842-9863) sowie das* **Hyatt Regency $$$$** *(330 Tijeras, Albuquerque, NM 87102, Tel.: (505) 842-1234, Fax: (505) 842-1184. Obere Etagen mit toller Aussicht).*

• **Residence Inn by Marriott $$$**: *3300 Prospect NE, Albuquerque 87107, Tel.: (505) 881-2661, Fax: 884-5551. Wer mit Familie reist, der findet in diesen Residenzen (voll ausgestattete Küche etc.) mehr Platz. Die Suiten mit 2 Schlafzimmern liegen oft auch bei $$$$.*

• **Inn at Rio Rancho Best Western $$**: *Nordwestlich von Albuquerque, 1465 Rio Rancho Drive, Rio Rancho, NM 87124, Tel.: (505) 892-1700, Fax: 892-4628. Überdurchschnittliches Motel. Schöne Aussicht auf die umliegenden Berge. Unter deutscher Leitung.*

• Günstige Motels *finden sich an allen Ausfallstraßen sowie an der Central Avenue und im Bereich des Menaul Boulevards.*

Bed & Breakfast

• Casas de Suenos Bed & Breakfast $$$$: *310 Rio Grande SW, Albuquerque 87104, Tel.: (505) 247-4560, Fax: 842-8493. 1 Block entfernt von der Old Town. Teuer, aber gut. Indoor-/Outdoorpool*
• Böttger-Koch Mansion $$$: *110 San Felipe NW, Albuquerque 87104, Tel.: (505) 243-3639. Haus (von 1912) im viktorianischen Stil. In der Old Town. Fragen Sie nach dem Zimmer mit dem Jacuzzi.*
• W.J. Marsh House $$$: *301 Edith SW, Albuquerque 87102, Tel.: (505) 247-1001, Fax: 842-5213. Viktorianisches Haus von 1895. Im „Railroad Town Historical District".*

Jugendherberge

Albuquerque International Hostel („Route 66 Hostel") $: *1012 Central SW, Albuquerque 87102, Tel.: (505) 247-1813, Fax: 268-2825. Zentral gelegen.*

Campingplätze

Viele Plätze bieten nur auf vorherige Anfrage Zeltmöglichkeiten!
• Albuquerque Central KOA: *12400 Skyline Rd. NE, Albuquerque 87123, Tel.: (505) 296-2729. Noch am zentralsten gelegen.*
• Albuquerque North KOA: *1021 Hill Rd, Bernalillo 87004, Tel.: (505) 867-5227. 15 Meilen nördlich der City (I-25, Exit Bernalillo). Viele schattenspendende Bäume und Gras. Gut zum Zelten.*
• Turquoise Trail Campground: *22 Calvary Rd, Cedar Crest 87008, Tel.: (505) 281-2005. In den kühleren Sandia Mts. gelegen. Ca. 14 Meilen zur Stadt.*

Restaurants

• High Finance: *An der Bergstation der Tramway. Tel.: 856-7899. Steaks und amerikanische Küche mit Aussicht auf die Stadt. Unbedingt vorher reservieren!*
• Garduno's of Mexico: *10551 Montgomery NE, Tel.: 298-5000. Klassische mexikanische Gerichte in entsprechendem Dekor. Es gibt weitere Restaurants dieser kleinen Kette in der Stadt. Schauen Sie im Telefonbuch nach dem für Sie nächsten.*
* • Maria Teresa Restaurant & 1840 Bar: *618 Rio Grande Blvd. NW, Old Town, Tel.: 242-3900. Erstklassige Küche mit allen Variationen der Südwestküche in historischem Gebäude. Antike Bar.*
• Artichoke Café: *424 Central Ave. SE, Tel.: 243-0200. Upscale-Café-Restaurant mit moderner Galerie (Gemälde, Skulpturen). Natürlich stehen Artischocken-Gerichte ganz oben auf der Speisekarte, aber auch andere ausgefallene Leckereien, wie z.B. Kürbis-Ravioli und karibische Cocktails locken.*
* • Kanome: Asian Diner: *3128 Central Ave. SE, Tel.: 265-7773. Eklektische Gerichte aus China und Südost-Asien. Sehr bekömmlich und günstig.*
• Günstige Studentencafés *finden Sie an der Ecke Central/University of New Mexico.*

Pubs/Livemusik/Diskotheken

• Brewster Pub: *312 Central Street, Downtown. Gut geeignet für ein kühles Leichtbier zur Mittagspause. Di–So Livemusik (Blues, Rock, Folk). Big-Screen-TV, 30 Biere vom Hahn.*

• **Club Rythm & Blues**: *3523 Central NE, Tel.: 256-0849. Der Name verrät bereits das meiste. Oft auch lateinamerikanische Pop- und Jazzbands. Eigentlich die Adresse für Livemusik ... wenn's nicht Country sein soll.*

A

Alpine, TX *(S. 415)*

Übernachtung
Entlang des US 90 (Holland Ave.) befinden sich am jeweiligen Ortseingang mehrere Hotels und Motels, so z.B. die **Antelope Lodge $** *(2310 US 90 W, Tel.: (915) 837-2451) sowie das* **Days Inn $-$$** *(2000 US 90 E, Tel.: (915) 837-3417.*

Amarillo, TX *(S. 308)*

Information
Amarillo Conv. & Visitors Bureau: *1000 Polk St., Amarillo, TX 79105, Tel.: (806) 374-1497 od. 1-800-692-1338. Internet: www.amarillo-cvb.org.*

Einkaufen
Cavender's Boot City: *7920 I-40 W. Riesige Auswahl an Western-Boots (über 12.000 Paare).*

Unterkünfte
• **Holiday Inn $$-$$$**: *1911 I-40 E (bei Ross u. Osage), Amarillo, TX 79102, Tel.: (806) 372-8741, Fax: (806) 372-2913. Unspektakulär, dafür aber viele „Extras" (Waschautomaten, Modem-Stecker im Zimmer).*
* • **Auntie House B&B $$$-$$$$**: *1712 S. Polk St., Amarillo, TX, Tel.: (806) 371-8054. 2 günstigere Zimmer im Hause und für Familien ein schönes Cottage.*
• **Bar H Dude Ranch $$$-$$$$**: *Texas FM 3257, off US 287, 3 Meilen von Clarendon (ca. 1 Std. von Amarillo), Tel.: (806) 874-2634. Hier wird echtes Cowboyleben vorgeführt. Gute Zimmer mit Aircondition.*
• **Günstige Motels** *finden Sie am Amarillo Boulevard (nördl. der Innenstadt). Nicht alle sind aber ansehnlich. Etwas besser, aber auch teurer, sind die Motels entlang des I-40.*

Restaurants
Egal wie viele Steaks Sie bereits gegessen haben sollten, in Amarillo gehört ein saftiges T-Bone-Steak zum Pflichtprogramm. Kaum woanders werden Sie es auch so billig bekommen. Für diesen Vorteil müssen Sie aber eher ein 'einheimisches' Restaurant aufsuchen statt des 'Big Texan'.
* • **Big Texan Steak Ranch**: *7701 I-40E, Tel.: 372-5000. Berühmt für seine Steaks und bereits im Umkreis von über 200 Meilen an allen Highways mit großflächiger Werbung präsent. Wer hier sein 2 kg- Steak (72 oz.) – inkl. Beilagen! – innerhalb einer Stunde aufessen kann, erhält es kostenlos. Kaum zu schaffen für einen Mitteleuropäer. 200.000 haben es bereits versucht, und nur ein Fünftel hat es vollbracht, die restlichen 80 % durften den Preis von über $ 50 zahlen (es gibt hier natürlich auch kleinere Steaks).*

 Hinweis

* **Die mit einem *Sternchen* versehenen Adressen sind besondere Redaktionstipps.**

Tipp

Das besondere Breakfast

Eine besondere Attraktion ist dieses typische **Cowboyfrühstück** *am Rande des Canyons. Um 8h30 fahren Sie von der* **Figure 3 Ranch***, einer echten Ranch, mit einem Planwagen zum Canyon, wo Ihnen dann am Lagerfeuer der Kaffee gekocht und ein deftiges Breakfast mit Eiern und Schinken gereicht wird, ganz wie vor hundert Jahren. Hinterher können Sie sich zudem noch ein wenig die Ranch zeigen lassen, sodass Sie einen guten Eindruck bekommen, wie das moderne Cowboyleben in Texas aussieht. Ein Tipp: Da Sie von Amarillo aus eine gute Stunde dorthin fahren, sollten Sie zum einen natürlich früh aufstehen, aber auch bereits vorher eine Kleinigkeit essen. Von der Ranch aus können Sie dann gleich weiterfahren in Richtung Dallas. Im Sommer findet das Frühstück täglich statt, während der übrigen Monate nur am Wochenende. Reservierung unbedingt erforderlich: Tel. (806) 944-5562. Zur Ranch fahren Sie folgendermaßen: I-40 in östlicher Richtung bis zum Exit 77, dann der Farmstraße 1258 in südlicher Richtung auf 27 Meilen folgen. Die Ranch liegt rechter Hand. Erscheinen Sie pünktlich, da die Planwagen um Punkt 8h30 aufbrechen.*

Arches National Park, UT *(S. 592ff)*

 Adresse und Informationen

Superintendent, Arches National Park, Box 907, Moab, UT 84532, Tel.: (435) 259-8161. Internet: www.nps.gov/arch.

Das Visitor Center befindet sich gleich an der Einfahrt am Hwy. 191, 3 Meilen nördlich von Moab.

 Übernachtung

Hotels und Motels in Moab. Im Park, am nördlichen Ende, gibt es außerdem einen Campingplatz (Devils Garden).

Arcosanti, AZ *(S. 519)*

 Infos über Arcosanti

HC 74, Box 4136, Mayer, AZ 86333, Tel.: (928) 632-7135, Fax: (928) 632-6229, Internet: www.arcosanti.org.

Besichtigungszeiten: täglich von 9–17h, Führungen stündlich von 10–16h.

Auf Anfrage können Sie in Arcosanti auch übernachten ($-$$, Ankunft vor 17h). Buchung: (928) 623-5186

Workshops *können ebenfalls über o.g. Nummer gebucht werden.*

 ## Aspen, CO *(S. 673ff)*

Information

Aspen Chamber Resort Assn.: 425 Rio Grande Pl., Aspen, CO 81611, Tel.: (970) 925-1940, Fax: (970) 925-9008, Internet: www.aspenchamber.org.

Unterkünfte
Hinweise:
- Die Sommer- sowie Nebensaisonpreise liegen z.T. bei 50 % des Wintersaison-preises.
- Oft können Sie in der Saison (gilt manchmal auch für den Sommer) nur mehrere Tage bzw. 1 Woche buchen. Erkundigen Sie sich vorher.

• **Hotel Jerome $$$$$**: *330 E. Main St., Aspen, CO 81611, Tel.: (970) 920-1000, Fax: (970) 925-2784. Internet: www.hoteljerome.com. Historisches Luxushotel im Zentrum des Ortes. Viktorianischer Baustil. Nach der Fertigstellung 1889 war es das erste Hotel Colorados mit Elektrizität. Grundrenovierung (Sanierung) in den 1980er Jahren. Große Badewannen, Marmorbäder, ein Restaurant der Spitzenklasse u.v.m. sorgen für einen sehr hohen Preis.*

• **Innsbruck Inn $$$-$$$$**: *233 W. Main St., Aspen, CO 81611, Tel.: (970) 925-2980, Fax: (970) 925-6960. Im österreichischen Stil erbaut. Obere Mittelklasse. Outdoor-Pool (ganzjährig benutzbar!). Hot Tub.*

* • **Independence Square $$-$$$**: *404 Galena, Aspen, CO 81611, Tel.: (970) 920-2010, Fax: (970) 920-2020. Einfacher, aber wohl eines der besten Preis-Leistungsverhältnisse in der teuren Stadt. Jacuzzi auf dem Dach.*

• **St. Moritz Lodge & Condominiums $$**: *334 West Hyman Ave., Aspen, CO 81611, Tel.: (970) 925-3220, Fax: (970) 920-4032. Pool, Whirlpool, Sauna, Waschautomat.*

 Restaurants
Keine Frage, dass ein Ort wie Aspen über Restaurants aller Geschmacksrichtungen verfügt und diese sich an Exklusivität gegenseitig übertreffen. Selbst ein „normales" Lokal wie das „Hard Rock Café" ließ selbst im Nebensaisonmonat Oktober das Flair der oberen 10.000 nicht vermissen. Sind Sie nun schon einmal in einem Ort wie Aspen, sparen Sie nicht am Essen, und gehen Sie einmal gepflegt aus. Wenn schon teuer, dann soll dafür auch etwas geboten werden, oder? Und das ist hier der Fall.

• **Jerome's Century Room**: *im gleichnamigen Hotel, Tel. 920-1000. Wild, Forellen und ausgezeichnete Steaks. Oft in Begleitung von Pianomusik oder Jazzrhythmen.*

• **Poppie's Bistro Café**: *834 W. Hallam St., Tel. 925-2333. Exquisite Fleisch- und Fischgerichte in romantischer Atmosphäre in einem viktorianischen Haus von 1889.*

• *Und wer günstiger und mit den Einheimischen speisen und trinken möchte, der sollte zur* **Woody Creek Tavern** *westl. des Ortes im Woody Creek Canyon (Upper River Rd, Tel.: 923-4585) fahren. Einfache, aber deftig-gute Gerichte (Steaks, Burger, Ribs etc.)*

Austin, TX *(S. 378ff)*

i **Informationen**
• **Austin Convention & Visitor's Bureau**: *201 East 2nd Street, Austin, TX 78701, Tel.: (512) 474-5171, 1-866-462-8784. Internet: www.austintexas.org.*

• **Texas Visitor Information Center/Capitol Visitor's Center**: *an der Südostecke des State Capitol, Tel.: (512) 463-8586*

• **Aktuelle Veranstaltungen** *werden in dem donnerstags kostenlos erscheinenden „Austin Chronicle" bekannt gegeben (erhältlich in Lokalen, in größeren Hotels und im Visitor Center) oder auch über die kostenlose Telefonnummer des Visitor Information Centers: 1-866-462-8784 od. 1-800-926-2282.*

A

• *Die Tageszeitung der Stadt heißt „Austin American-Statesman". Donnerstag liegt dieser Zeitung ebenfalls ein Veranstaltungsmagazin bei.*

 Wichtige Telefonnummern
 • *VORWAHL: 512*
 • *Notruf Feuer/Polizei/Krankenwagen: 911*
• *Krankenhäuser:*
- *Brackenridge Hospital: E. 15th St./Red River St., Tel.: 476-6461*
- *St. David's Hospital: 919 E 32nd St./Red River St., Tel.: 476-7111*

 Flughafen
 • **Informationen:** *Robert Mueller Municipal Airport: (512) 472-5439.*
 • **Wie komme ich zum Airport?**
Der Robert Mueller Airport liegt etwa 2 ½ Meilen nordöstlich der Innenstadt.
Taxi/Shuttle: *Am Flugplatz stehen immer Taxis und Shuttlebusse der größeren Hotels bereit.*
Bus: *Alle halbe Stunde fährt ein City-Bus zur Innenstadt (So stündlich)*
Hinweis: *Geplant ist ein neuer Airport auf der ehemaligen Bergstrom Air Force Base, südöstlich der Stadt.*

 Autovermietungen
Alle größeren Mietwagenfirmen haben einen Stützpunkt am Airport.

 Öffentliche Verkehrsmittel
 • **Amtrak:** *Der Bahnhof ist am 250 North Lamar Blvd. Informationen und Reservierungen: Tel. (512) 476-5684.*
• **Überlandbusse:** *Der Busbahnhof befindet sich in der 916 E. Koenig Lane (nördl. der Innenstadt nahe dem I-35). Informationen zu den Verbindungen von Greyhound erhalten Sie unter Tel. 458-4463. Kerrville Bus Co unter Tel.: 458-3823.*
• **Stadtbusse:** *Die Stadtbusse gehören zur „Capitol Metro-Company". Die Busse im Stadtbereich und zur Universität nennen sich „Dillo" (alte Trolleybusse). Die „Dillos" sind (zzt.) kostenlos. Informationen über Verbindungen der Capitol-Metro Co.: Tel. 474-1200. Für Behinderte werden unter gewissen Umständen Extrabusse eingerichtet. Auskunft hierzu: Tel. 478-9647. Ein interessanter **Service für Eintagesbesucher**: Parken Sie Ihr Fahrzeug kostenlos am City Coliseum Parking Lot (W.Riverside Dr./Bouldin). Von dort fährt ein Bus in die City.*

 Taxis
Checker Cab Co.: *452-9999*
Austin Cab Co.: *478-2222*

 Sightseeingtours
 • **Gray Lines of Austin:** *3435 Bee Cave Rd., Tel.: 343-8687. Dreistündige Rundfahrten und auch Abendtouren zu verschiedenen Musikveranstaltungen. Interessant sind auch die Touren zur LBJ Ranch und nach Fredericksburg.*

• **Lone Star Riverboat**: *ein- bis zweistündige Rundtouren auf einem Flussschiff. Abfahrt ab 101 S. First St., unterhalb des Four Season Hotels. Fahrten finden nur zwischen März und November statt. Infos: Tel. 327-1388*
• **Pferdekutschen**: *Eine Fahrt mit einer Pferdekutsche durch die Innenstadt bietet an: Horse Drawn Carriage Co., Tel. 243-0044.*

Einkaufen
• **In der 12th Street und in der Lamar Street** *finden sich einige gute Geschäfte in punkto Souvenirs:*
• *Wirklich lohnend ist in Austin der* **Kauf von CDs**. *Weniger der Preise wegen als viel mehr wegen der Auswahl. Eine Reihe von CD-Shops befinden sich entlang der Guadaloupe Street oberhalb der 2000er-Nummern. Einer der bekanntesten davon ist* **Antone's Records** *(2928 Guadaloupe St.).*

Konzerte/Theater/Oper
Über eine „Hotline" kann man aktuelle Informationen über Theater- und Musikaufführungen erhalten: 320-7168.
Am besten aber, Sie erkundigen sich in den o.g. Veranstaltungsblättern und buchen dann direkt beim Theater/Veranstaltungsort.

Sportveranstaltungen
Allgemeine Infos über Sportveranstaltungen der Universität, die die besten Mannschaften in allen wesentlichen Sportarten stellt. Tickets gibt es in der Bellmont Hall Nr. 102 auf dem Campus. Tel.: 471-3333

Hotels
* • **Driskill Hotel $$$$-$$$$$**: *604 Brazos St., Austin, TX 78701, Tel.: (512) 474-5911, 1-800-252-9367, Fax: (512) 474-2184. Historisches Hotel (1886), das LBJ als Basis für seine Wahlkampfkampagnen diente. Einfach ein Klassiker und Mitglied bei den „Leading Hotels of the World".*
• **Embassy Suites $$$-$$$$**: *300 S.Congress St., Austin, TX 78704, Tel.: (512) 469-9000, Fax: (512) 480-9164. Viel Platz und günstige Wochenendraten. Kochecke und kleines Wohnzimmer bei fast allen Räumen.*
• **La Quinta Inn Capitol $$$**: *300 E. 11th St., Austin, TX 78701, Tel.: (512) 476-1166, 1-800-531-5900, Fax: (512) 476-6044. Konferenzmotel mit relativ günstigen, wenn auch langweiligen Zimmern im Innenstadtbereich. Günstige Wochenendtarife!*
* • **Austin Motel $$**: *1220 S. Congress Ave., Austin, TX, Tel.: 8512) 441-1157. Kleines, günstiges Hotel seit Jahrzehnten in Familienbesitz. Oft ausgebucht!*
• **Weitere Hotels und Motels** *verschiedener Franchiseketten finden Sie entlang dem I-35 in nördlicher Richtung.*

Bed & Breakfast
• **The Brook House B&B $$-$$$**: *609 W. 33rd St., Austin, TX 78705, Tel.: (512) 459-0534. Gutes Preis-Leistungs-Verhältnis. 6 Zimmer in Haus von 1922.*
• **Fairview B&B $$$-$$$$**: *1304 Newning Ave., Austin, TX 78704, Tel.: (512) 444-4746, Fax: (512) 444-3494. Günstig gelegen zur City. Schönes Haus von 1910.*

Jugendherberge

Hostelling International-Austin $: 2200 S. Lakeshore Blvd., Austin, TX 78741, Tel.: (512) 444-2294. Hier gibt es auch Doppelzimmer.

Campingplätze

• **Pecan Grove RV Park**: 1518 Barton Springs Rd., in der Nähe des Zilker Parks. Tel.: (512) 472-1067. Nicht weit von der City. Zelten begrenzt erlaubt.

• **Austin Lone Star RV Resort**: 7009 South IH-35, Tel.: (512) 444-6322. Zelten erlaubt.

• Es gibt eine Reihe von **Campingplätzen um den Lake Travis** (20–30 Meilen von der City) und in weiteren Resorts um die Stadt herum. Diese sind in der Regel schöner gelegen, aber ungünstig für abendliche Streifzüge durch die Musikszene.

Restaurants

Eigentlich finden Sie zahlreiche Restaurants an der E. 6th St. und in der Guadalupe Rd. Meist sind sie leger und einfach gehalten, aber wegen einer guten Küche ist man ja eh' nicht in Austin. Trotzdem hier 4 Empfehlungen:

* • **Old San Francisco Steak & Seafood House**: 8709 N. I-35, Tel.: 835-9200. Die besten Steaks der Stadt. (Western-) Pianomusik und dazu das „Mädchen auf der Schaukel" (eine alte Westerneinlage).

* • **Sam's Barbecue**: 2000 E. 12th Street, Tel.: 478-0378. Die besten BBQ-Gerichte der Stadt und dazu noch günstig.

• **Pappadeux**: 6319 I-35, Tel.: 452-9363. Einige mögen die Pappa-Kette bereits aus Houston kennen. Auch hier in Austin schmeckt's. Pappadeux ist spezialisiert auf Seafood.

• Eine gute Adresse für das Lunch ist schließlich noch **Las Manitas Avenue Café** (211 N. Congree Ave., Tel.: 472-9357). Typische und gute mexikanische Küche und eine Reihe von vegetarischen Gerichten.

Pubs/Livemusik

Austin ist eine Stadt der Livemusik, und ein Besuch ohne einen abendlichen Streifzug durch die Musikszene würde sich erübrigen. Also machen Sie sich auf eine lange Nacht gefasst, essen Sie ausreichend, damit Sie hinterher auch ein paar Biere vertragen können, und lassen Sie Toleranz walten, was die Musik selbst angeht. Vieles wird Ihnen sicherlich nicht gefallen, aber die Stimmung und die Szene muss man einfach mal erlebt haben. Bleiben Sie nur eine Nacht in der Stadt, entscheiden Sie sich für nur eines der beiden Musikkneipenviertel und schauen Sie dort einfach in verschiedene Läden rein. Bleiben müssen Sie ja nicht überall.

Die **Hotlines** für die aktuelle Musikszene werden von Radiosendern bedient und lauten: 832-0094 oder 482-9000. Die o.g. Veranstaltungszeitungen bieten ebenfalls einen guten Überblick über das Programm in der Stadt. Im Internet finden Sie Infos zu Livemusik unter: *www.unlockaustin.com*, *www.austinlatinomusic.com* und *www.musicaustin.com*.

• East 6th Street (zwischen Congress St. u. I-35) sowie 4th und 5th Sts.:

Hier ist das Publikum sehr gemischt. Es treffen sich Banker, Punks und Touristen. Eingefleischte Musikfreunde behaupten, der touristische Einfluss hätte bereits einiges kaputt gemacht, aber ich denke, Sie finden auch hier immer noch guten Blues oder Rock. Jazzmusik ist eher selten hier. Bei so vielen Läden ist eine Empfehlung schwer zu geben, daher nur kurz 2 Vorschläge:

Joe's Generic Bar (315 E. 6th St., Tel.: 480-0171) und vor allem das legendäre **Antone's** (213 W. 5th St., Tel.: 474-5314). In Letzterem wird oft Blues gespielt.

A
B

• *Guadalupe Street (Blöcke 2100 bis 2900, teilw. auch nördlich davon in der Lamar St.): Nahe der Universität ist dieses die Szene für die Studenten, und die Musik hier entspricht eher den moderneren Geschmäckern. Mit den „angepassteren" Studenten der heutigen Zeit sind aber auch hier viele Musikkneipen zu „bürgerlichen" Restaurants mit Livemusik abgerutscht. Provokative Giggs, wie sie einst z.B. Janis Joplin im „Threadgill's" geboten hat, sind heute die Ausnahme. Einige Livemusik-Lokale, wie z.B. Antone's, sind mittlerweile umgezogen in die 5th Street (s.o.) Trotzdem ist das Gebiet immer noch der Treffpunkt für die toleranteren Musikfreunde. Hier kann man auch abends spazieren gehen und in den bis weit in die Nacht geöffneten Shops nach alten Comics, bunten T-Shirts und anderem Klimbim suchen.*
• **Hole in the Wall**: *2538 Guadalupe St., Tel.: 472-5599. Hard-Rock-Kneipe mit vorwiegend lokalen Bands. Etwas für Fans und Hartgesottene.*
• **Threadgill's**: *6416 N.Lamar. Ehemalige Tankstelle. Danach der alternative Schuppen der Stadt. Heute eher Restaurant mit Livemusik (Country/Folk) an einigen Tagen.*

Aztek Ruins National Monument, NM *(S. 692)*

Information
Schriftlich: Aztek Ruins Nat. Mon., P.O.Box 640, Aztek, NM 87410, Tel.: (505) 334-6174, Internet: www.nps.gov/azru.

Beaumont, TX *(S. 355)*

Information
Beaumont Convention & Visitors Bureau: *810 Main St., Suite 100, P.O.Box 3827, Beaumont, Texas 77704, Tel.: (409) 880-3749 od. 800/392-4401. Internet: www.beaumontcvb.com.*

Unterkünfte
• **Beaumont Hilton $$$**: *2355 I-10 South Washington Blvd., Exit 849. Tel.: (409) 842-3600, Fax: (409) 842-1355. Konferenzhotel und das luxuriöseste Hotel der Stadt.*
• **Best Western Beaumont Inn $$-$$$**: *1610 I-10 S, Beaumont, Texas 77707, Tel.: (8409) 842-0037, Fax: (409) 842-0057. Mittelklassemotel mit gutem Preis-Leistungs-Verhältnis.*
• **Super 8 Motel $-$$**: *2850 I-10, Beaumont, Texas, Tel.: (409) 899-3040. Gut geführtes und typisches Motel dieser Franchise-Kette.*

Restaurants
• **Willy Ray's Bar-B-Q**: *145 I-10 N (Laurel St.) Tel.: (409) 832-7770. Beliebtes BBQ-Restaurant. Typische Küche der Region.*
• **Hoffbrau Steaks**: *2310 N 11th St., Tel.: (409) 892-6911. Bekannt für seine saftigen Steaks. Oft Livemusik.*

Big Bend Nat. Park, TX *(S. 406ff)*

Information
Schriftlich: P.O.Box 129, Big Bend Nat. Park, Texas 79834, Tel.: (432) 477-2251. Internet: www.nps.gov/bibe.

Übernachtung
• **Chisos Mountains Lodge $$-$$$**: *Big Bend Nat. Park, TX 79834-9999, Tel.: (432) 477-2291, Fax: (432) 477-2352. Die Lodge liegt im Park etwa 7 Meilen südlich der Basin Junction. Einziges Restaurant im Park.*
• **Chisos Mining Co. Motel $-$$**: *An der FM 170, eine knappe Meile westl. des Tex 118, P.O.Box 228, Terlingua, Texas 79852, Tel.: (432) 371-2254. Motelzimmer und Hütten mit voll ausgestatteter Küche.*
• *Weitere Motels gibt es in Study Butte, Lajitas, Marathon und Alpine (lesen Sie bitte dort)*

Camping
Campingplätze gibt es an folgenden Punkten im Park: Chisos Basin, Rio Grande Village und am Castolon (Cottonwood). Die Strecke zum Basin ist für Wohnmobile über 24 ft und Hängergespanne über 20 ft nicht ratsam wegen der Haarnadelkurven.

Tanken
Es gibt zwar Tankstellen im Rio Grande Village und im Basin, doch ist es eher angebracht, bereits in Marathon seinen Tank noch einmal aufzufüllen.

Big Thicket Nature (National) Reserve, TX *(S. 325)*

Information
Visitor Center: *7 Meilen nördlich von Kountze an der FM 420, nahe US 69, Tel.: (409) 951-6700. Geöffnet: täglich 9–17h, Internet: www.nps.gov/bith.*

Unterkünfte
Es gibt nur rudimentäre Campinggelegenheiten, ansonsten bieten sich Hotels in Beaumont (sehen Sie bitte dort) und Woodville an.

Black Canyon of the Gunnison National Park + Montrose, CO *(S. 677ff)*

Information
Außer dem **Visitor Center** *im Park (Südteil) gibt es noch ein Informationsbüro in Montrose:* **Visitor Information Center***: 1519 E. Main St., P.O.Box 335, Montrose, CO 81402, Tel.: (970) 252-0505. Internet: www.visitmontrose.net.*
Schriftliche Anfragen zum Park: *Superintendent, Black Canyon of the Gunnison Nat. Park, 102 Elk Creek, Gunnison, CO 81230, Tel.: (970) 641-2337. Internet: www.nps.gov/blca.*

Unterkünfte
Aus einer Reihe von üblichen Franchise-Ketten-Motels in Montrose sind folgende besonders zu empfehlen:

• **Holiday Inn Express $$-$$$**: *1391 S. Townsend Ave., Montrose, CO 81401, Tel.: (970) 240-1800, Fax: (970) 240-9093. Sauber, modern und guter Service.*

• **Best Western Red Arrow $$-$$$**: *1702 E.Main, Montrose, CO 81401, Tel.: (970) 249-9323, Fax: (970) 249-8380. Ein Beweis dafür, dass ein von außen trostlos erscheinendes Motel doch auch ein angenehmes „Innenleben" bieten kann. Die schönen Zimmer kosten dafür aber auch 50 % mehr als die üblichen Best Western.*
Es gibt eine Reihe von Hotels in Montrose (lesen Sie bitte dort im Anschluss) und jeweils einen Campingplatz am Nord- und am Südrand des Canyons (Wasser und Feuerholz müssen mitgebracht werden).

Restaurant
• **Gesseppi's Italian Delicatessen**: *Ecke S.12th/Townsend, Tel.: (970) 249-1717. Leckere italienische Gerichte. Sehr authentisch. Gute Nachspeisen.*

• **Cazwellas**: *320 E. Main St., Tel.: (970) 252-9200. Hier speisen Sie stilvoll in einem restaurierten Innenstadthaus. Neben guten Fleischgerichten (auch Wild!) gibt es auch einige vegetarische Leckereien. Ausgesuchte Weinkarte. Hier sollten Sie reservieren.*

Boulder, CO (S. 649)

Information
Convention & Visitor's Bureau: 2440 Pearl St., Boulder, CO 80302, Tel.: (303) 442-2911, Internet: www.ci.boulder.co.us oder www.ci.boulder.co.us.

Unterkünfte
Gleich vorweg: In Boulder zu nächtigen ist recht teuer!

• **The Boulderado $$$$-$$$$$**: *2115 13th St., Boulder, CO 80302, Tel.: (303) 442-4344, 1-800-433-4344, Fax: (303) 442-4378. Hotel von 1909. Vollkommen renoviert, aber im alten viktorianischen Stil belassen. Ohne Frage ein kleiner Genuss.*

✳ • **The Bradley Boulder Inn / Bed and Breakfast $$$$**: *2040 16th Street, Boulder, CO 80302, Tel.: (303) 545-5200, Fax: (303)-440-6740. Schöne Pension, elegant und persönlich. Nahe Pearl Street. Einige Zimmer mit Jacuzzi. Nur Frühstück.*

• **Briar Rose Bed & Breakfast $$$$**: *2151 Arapahoe Ave., Boulder, CO 80302, Tel.: (303) 442-3007, Fax: (303) 786-8440. Schnuckelige, persönlich gehaltene Unterkunft – manch einem vielleicht zu kitschig!?*

• **Days Inn Boulder $$-$$$**: *5397 Boulder Rd, Boulder, CO 80303, Tel.: (303) 499-4422, Fax: (303) 494-0269. Gut geführtes Mittelklasse-Hotel, einige Zimmer mit Aussicht auf die Berge.*

• **Super 8 $$**: *970 28th St. Boulder, CO 80303, Tel.: 1-800-525-2149. Für Boulder-Verhältnisse günstiges Motel. Nahe an der 28th Street gibt es noch eine Reihe anderer Motels.*

• *Apropos Unterkunft: Im Allgemeinen ein guter Tipp für Boulder sind die* **Bed & Breakfast-Häuser,** *von denen Ihnen das Touristenbüro eine lange Liste geben kann. Hier nächtigen die verschiedensten Leute: Studenten, Handwerker, Urlauber und Professoren. Da kann schon mal ein interessanter Kontakt aufkommen.*

• *Eine Jugendherberge gibt es natürlich auch:* **Boulder International Youth Hostel**: *1107 12th St., Tel.: (303) 442-0522.*

B

Restaurants

• *In punkto gutes Essen sollten Sie sich einfach treiben lassen –* **entlang der Pearl Mall**. *Hier bieten unterschiedliche ethnische Restaurants ihre Mahlzeiten an.*
• *Zum geselligen Beisammensein bietet sich nach dem Dinner noch ein Gang zur* **Walnut Brewerie** *in der parallel verlaufenden Walnut Street (Nr. 1123, Tel.: (303) 447-1345) an. Jazz-, Soul- und auch mal Rockmusikgruppen treten hier des Öfteren auf, und das frisch gezapfte Bier schmeckt auch sehr gut. Natürlich gibt es hier auch Pub-Gerichte (Burger, Fish'n Chips usw.)*
• *Wer nun bereit ist, ganz tief in die Tasche zu greifen, sollte sich auf den Flagstaff Mountain hinaufbegeben und im legendären, weithin bekannten* * **Flagstaff House Restaurant** *(1138 Flagstaff Rd, Tel.: (303) 442-4640) speisen. Der Weinkeller zählt zu den besten Colorados und das Buffalo Steak ist auch nicht zu verachten. Dazu gibt es bei rechtzeitiger Reservierung auch noch eine schöne Aussicht auf Boulder und die Plains.*

Bracketville, TX *(S. 402)*

Unterkunft

Fort Clark Springs Motel $$: *P.O.Box 345, US 90 West, Bracketville, TX 78832, Tel.: (210) 563-2493, Fax: (210) 563-2254. Die Zimmer sind z.T. in den alten „Baracks" (Kasernen) untergebracht. Restaurant.*

Bryce Canyon National Park, UT *(S. 608ff)*

Adresse und Information

• **Schriftlich:** *Superintendent, Bryce Canyon National Park, P.O.Box 170001, Bryce Canyon, UT 84717, Tel.: (435) 834-5322. Internet: www.nps.gov/brca.*
• *Das* **Visitor Center** *ist nahe dem Parkeingang. Geöffnet von 8–16h30.*

> **Tipp**
>
> *Unbedingt im Museum im Visitor Center das Reliefmodell des gesamten Canyon-Landes (Süd-Utah/Nord-Arizona) ansehen, um einen Eindruck über diesen attraktiven Teil Ihres Reisegebietes zu erhalten.*

Unterkünfte

* • **Bryce Canyon Lodge $$-$$$**: *An der Parkstraße (UT 63, 3 Meilen südl. des UT 12). Postadresse: P.O.Box, Bryce Canyon, UT 84717, Tel.: (435) 834-5361, Fax: (435) 834-5464. Zu buchen auch über Tel.: (303) 297-2757, Internet: www.amfac.com. Rustikale Lodge von 1924. Nahe dem Canyon. Nur wenig teurer, aber von besonderem Reiz sind die „Cabins", Holzhütten mit eigenem Kamin.*
• **Best Western Ruby's Inn $$-$$$**: *Am UT 63, kurz vor dem Parkeingang. Box 1, Bryce, UT 84764, Tel.: (435) 834-5341, Fax: (435) 834-5265. Großes Motel mit riesigem Souvenirladen und Buchungsbüro für Canyon-Touren aller Art.*
• **Bryce View Lodge $$**: *Gegenüber o.g. Ruby's Inn, P.O.Box 64002, Bryce, UT 84764, Tel.: (435) 834-5180, Fax: (435) 834-5181. Einfacheres Motel, aber für eine Nacht okay.*
• *Weitere* **günstigere Unterkünfte** *finden Sie in Tropic, einem kleinen Ort östlich am UT 12 (ca. 11 Meilen vom Parkeingang)*

B

C

Camping
Es gibt zwei ansprechende Campingplätze im Park (schnell ausgebucht!) und private u.a. am Ruby's Inn, in Tropic und Cedar City.

Canon City, CO *(S. 710)*

Information
Chamber of Commerce: 403 Royal Gorge Blvd., Tel.: (719) 275-2331, Internet: www.canoncitychamber.com.

Übernachtung
• **Canon Inn $$-$$$**: 3075 E. US Hwy. 50, Canon City, CO 80807, Tel.: (719) 275-8676, Fax: (719) 275-8675. 152 Zimmer, Whirlpools, Pool.
• Zudem gibt es noch eine Reihe von **Franchise-Motels** entlang dem US 50.

Canyon de Chelly Nat. Monument, Chinle, AZ *(S. 476ff)*

Information
Canyon de Chelly Nat. Monument: P.O.Box 588, Chinle, AZ 86503, Tel.: (928) 674-5500. Internet: www.nps.gov/cach. Außerdem gibt es im Park ein Visitor Center.

Hinweis
Chinle verfügt über mehrere Tankstellen und Geschäfte.

Unterkunft
• **Thunderbird Lodge $$-$$$**: P.O.Box 548, 3 Meilen südöstlich des AZ 191 (am Monumenteingang), Chinle, AZ 86503, Tel.: (928) 674-5841, Fax: (928) 674-5844. Die Lodge hat eine Konzession für Jeep-Rundfahrten durch den Park. Rechtzeitige Reservierung ist essentiell: Tel. (928) 674-5841 oder 5842. Ein Teil der Lodge ist der ehemalige Trading Post. Die Lodge ist im Adobestil erbaut. Die nächste Unterkunft zum Park. Angeschlossen ist ein Campingplatz.
• **Weitere Motels**, eines davon ein **Holiday Inn ($$-$$$** Indian Rte. 7, Chinle, Tel.: (928) 674-5000), befinden sich in Chinle. Zimmerreservierungen in Chinle sollten ebenfalls rechtzeitig erfolgen!

Camping
Es gibt einen weiteren, privaten Campingplatz 10 Meilen östl. des Visitor Center am South Rim Drive: Spider Rock Camping. Tel.: (928) 674-8261.

Canyonlands National Park, UT *(S. 588ff)*

Adresse und Informationen
• **Schriftlich:** Superintendent, Canyonlands National Park, 2282 SW Resource Blvd., Moab, UT 84532, Tel.: (435) 259-4351, Internet: www.nps.gov/cany.

• Es gibt mittlerweile 2 **Visitor Center im Park**, *eines am Nordeingang (UT 313), eines am Südeingang (UT 211). Täglich geöffnet 8–16h30. Im Winter eventuell auch mal kürzer.*
• *Das* **Visitor Center in Moab** *ist ebenfalls eine gute Informationsquelle für die Erkundung des Parks.*

Kartenmaterial und spezielle Bücher
erhalten Sie bei der **Canyonlands Natural History Association**, *Ecke Main/Center St., Moab, UT 84532, Tel.: (435) 259-6003 sowie im Visitor Center in Moab.*

Übernachtung
Hotels/Motels in Moab *(S. 256)* **und Monticello** *(S. 257). Es gibt eine Reihe von Campingplätzen im Park, von denen aber nur der* **Squaw Flat Campground** *im Süden bei den „Needles" Wasser hat. Die beiden anderen an der Straße liegenden haben keines, und die restlichen, nur zu Fuß zu erreichenden, verfügen nur über Basiseinrichtungen. Erkundigen Sie sich aber unbedingt vorher in den Visitor Centern über die Campingplätze.*

Capitol Reef National Park, UT *(S. 580ff)*

Adresse und Information
• **Schriftlich**: *Superintendent, Capitol Reef Nat. Park, HC 70 Box, Torrey, UT 84775, Tel.: (435) 425-3791, Internet: www.nps.gov/care.*
• *Das* **Visitor Center** *befindet sich am UT 24, etwa 11 Meilen östlich von Torrey (Internet: www.torreyutah.com).*

Unterkünfte/Camping
• *Im Park selber gibt es nur einen gut ausgebauten* **Campingplatz** *in der Nähe des Visitor Center, der aber sehr schön gelegen ist. Zudem finden sich noch zwei weitere, einfache, im Norden und im Süden des Parks. In Torrey gibt es auch Campingmöglichkeiten.*
• *Außerhalb, etwa 9 Meilen in Richtung Westen, noch vor Torrey, gibt es zwei Motels:*
• **Best Western Capitol Reef Resort $$**: *2600 E. UT 24, Torrey, UT 84775, Tel.: (435) 425-3761. Modernes und sehr sauberes Motel. Kleines Restaurant. Mit Sicherheit die beste Adresse im Bereich des Parks.*
• **Rim Rock Motel $$**: *2324 E.UT 24, Torrey, UT 84775, Tel.: (435) 425-3398. Gleich gegenüber dem Best Western. Etwas älter, aber auch zu empfehlen.*
• **Weitere Motels** *finden sich in Torrey.*

Carlsbad Caverns National Park, NM *(S. 426ff)*

Information und Adresse
• *Das* **Visitor Center** *befindet sich im Park an den Höhleneingängen (7 Meilen westlich von White's City). Adresse: Carlsbad Caverns National Park, 3225 Nat. Parks Highway, Carlsbad, NM 88220, Tel.: (505) 785-2232 ext. 429, Bandansage über Touren: (505) 785-2107, Reservierung von Touren: 1-800-967-CAVE, Internet: www.nps.gov/cave.*

• *Weitere Infos zu Carlsbad erhalten Sie im* **Carlsbad Conv. & Visitors Bureau**: *302 S. Canal St., Carlsbad, NM 88220, Tel.: (505) 887-6516, Internet: www.carlsbadchamber.com.*

Unterkünfte
In White's City an der Abzweigung vom Hwy. 180 und im nahe gelegenen Carlsbad gibt es eine Reihe von Motels:
• **White City Resort & Water Park $$**: *17 Carlsbad Cavern Hwy., Box 128, White's City, NM 88268, Tel.: (505) 785-2291, Fax: (505) 785-2283. Das wohl schönste Motel der Region und dem Nationalpark am nächsten gelegen. Versuchen Sie aber unbedingt ein Zimmer im schönsten Komplex, dem Guadalupe Inn, zu bekommen.*
• **Best Western Motel Stevens $$**: *1829 S. Canal St., Carlsbad, NM 88220, Tel.: (505) 887-2851, Fax: (505) 887-6338. Gutes Restaurant und anbei eine Country-Bar mit häufiger Livemusik. In diesem Motel sind die Zimmer im Schnitt etwas größer und das angeschlossene* **Restaurant** *ist ebenfalls zu empfehlen.*
• **Super 8 $-$$**: *3817 National Parks Hwy., Carlsbad, NM 88220, Tel.: (505) 887-8888. Günstige Alternative zu o.g.*

Camping
Brantley Lake State Park *in Carlsbad (Tel.: (505) 457-2384) ist der wohl schönste der Region. Zelten erlaubt.*

Restaurants
• *Das originellste, wenn auch nur mit einfachem Fast Food bestückte Restaurant befindet sich* **in der Höhle** *selbst (nur bis zur Schließung des Parks geöffnet).*
• *In Carlsbad selbst empfiehlt sich der* **Firehouse Gourmet Grill & Club** *(222 W. Fox St., Tel.: (505) 234-1546. Typische Grillgerichte (saftige Steaks!) und Salate. Untergebracht im Feuerwehrhaus von 1920.*
• *Ansonsten gibt es noch* **kleine Restaurants** *in White's City.*

Cedar City, UT *(S. 607)*

Information
• **Chamber of Commerce**: *581 N. Main St., Cedar City, UT 84720, Tel.: (435) 586-4484, Internet: www.chambercedarcity.org.*
• **Cedar Breaks Nat. Monument**: *2390 W. Hwy. 56 #11, Cedar City, UT 84720, Tel.: (435) 586-9451, Internet: www.nps.gov/cebr.*

Unterkünfte
• **Best Western Town & Country Inn $$-$$$**: *189 N. Main St., Cedar City, UT 84720, Tel.: (435) 586-9900, Fax: (435) 586-1664. Schönes, modernes Motel mit geräumigen Zimmern. Kein Restaurant, aber gegenüber ein Sizzler.*
• **Ramada Inn Limited $$**: *281 S. Main St., Cedar City, UT 84720, Tel.+ Fax: (435) 586-9916. Gutes Motel mit günstigem Preis-Leistungs-Verhältnis.*
• *Eine* **Reihe von Campingplätzen** *stehen in und um Cedar City zur Verfügung.*

C

Restaurant

Milt's Stage Stop: *Cedar Canyon Rd, 5 Meilen östlich am UT 14, Tel.: (435) 586-9344. Steaks und andere typische Südwest-Gerichte. Salatbar. Nur Dinner!*

Central City, CO *(S. 646ff)*

Information

Visitor Center: *141 Nevada St., Central City, CO 80427, Tel.: (303) 582-5251, Internet: www.ci-centralcitycolorado.us.*

Übernachtungen

• **Golden Rose Inn $$$**: *102 Main St., Central City, CO 80427, Tel.: (303) 582-5060. Restauriertes Hotel von 1874 mit entsprechend alten Möbeln. Mit Sicherheit ein Erlebnis. Casino angeschlossen.*
• *Zudem gibt es eine Reihe günstigerer Motels und Hotels*
Zum Dinner dann ins „deutsche" **Black Forest Inn** *(Tel.: 279-2333) in Nederland, wo es nicht nur gute deutsche Küche gibt, sondern auch Wildgerichte.*

Chaco Culture Nat. Hist. Park, NM *(S. 471f)*

Information

• *Über* **Visitor & Conv. Bureau in Gallup** *(S. 224)* oder **Farmington** *(S. 218)* oder
• **Visitor Center**. *Im Park. Schriftlich: Chaco Culture Nat. Hist. Park, Star NM 4, P.O.Box 6500, Bloomfield, NM 87413, Tel.: (505) 786-7014, Internet: www.nps.gov/chcu. Geöffnet von 8–18h (Sommer) bzw. 17h (Winter).*

Übernachtung

Im Park gibt es keine Hotels, nur einen einfachen **Campingplatz** *in der Nähe des Visitor Center (Trinkwasser nur am Visitor Center!).* **Hotels** *finden Sie in Gallup, Grants, Farmington und Bloomfield (www.bloomfieldnm.info).*

Ciudad Juárez, Mexiko *(S. 439ff)*

 Grenzformalitäten

Nicht-Amerikaner müssen einen gültigen Reisepass mit sich führen. Besucher, die ein US-Visum benötigen, müssen den Vermerk „multiple entry" im Pass vorweisen. Es ist ein Aufenthalt von bis zu 72 Stunden genehmigt, und man darf nicht weiter als 18 Meilen ins Landesinnere reisen. Wer weiter möchte, kann sich kostenlos eine „weiße Karte" im mexikanischen Konsulat, an Air-Line-Schaltern, an der Cordova Bridge oder in Reisebüros geben lassen.
Grenzübergänge: Es gibt vier Brücken, die von El Paso nach Juárez führen: 1) Cordova Bridge. Größter Übergang. Kostenlos. 2) Santa Fe Bridge (Einbahnstrecke von Juárez nach El Paso). Für Fahrzeuge kostenpflichtig. 3) Stanton Bridge (Einbahnstrecke von El Paso nach Juárez). Für Fahrzeuge kostenpflichtig. 4) Zaragossa Bridge. 11 Meilen südwestlich der City. Kostenlos.

Mietwagen/eigenes Fahrzeug

Es ist unbedingt erforderlich, für ein amerikanisches Fahrzeug eine **Zusatzversicherung** *abzuschließen. Die Mietwagenfirmen haben dafür eigens Kontakte zu Versicherungsfirmen. Fragen Sie nach. Eigentlich lohnt es sich aber nur bei mehrtägigen und ausführlicheren Rundfahrten. Für die Zusatzgebühr kann man ansonsten auch gleich ein Taxi nehmen.*

Einkaufstipps

• *Der* **Trolleybus hält während der Rundfahrt vor allem an Geschäften.** *Günstig einkaufen lassen sich vor allem Lederwaren und Tequila. Die Geschäfte entlang der Route leben aber vor allem von den Bustouristen, sodass die Preise immer etwas höher liegen als abseits der „Trampelpfade".*

• *Im* **Juárez Mexico City Market** *in der Avenida 16 de Septiembre finden Sie Stände aller Art. Hier sind die Preise angemessen, und man kann durchaus handeln. Hier lohnt es sich auch, vor dem Markt in den* **Straßen-Restaurants** *eine Kleinigkeit zu essen. Die Mahlzeiten sind authentischer als in den Restaurants, wo der Trolleybus hält.*

Währung

Im Stadtbereich von Juárez können Sie ohne Probleme in Dollar zahlen oder mit einer gängigen Kreditkarte.

Hotels

Es gibt hier eine Reihe von Hotels, aber wegen der Qualität sind nicht alle zu empfehlen.

• **Maria Bonita Suites Hotel \$-\$\$:** *Avenida Lorenzo, nördl. Hermanos Escobar, Tel.: 16-17-03-03. Große Räume (Suiten) – meist 2 Zimmer (SZ + WZ). Küchen in jeder Suite. Relativ geschmackvoll eingerichtet.*

• **Continental Hotel \$:** *Ecke Lerdo/16 de Septiembre. Nicht weit von der Cordova Bridge, gegenüber der Pueblito Mexicana Mall. Tel.: 16-15-00-84. Ansprechendes Motel der Mittelklasse.*

Restaurants

• *Bei einem Tagesausflug sollten Sie auf die Straßencafés bzw. -restaurants am alten* **City Markt** *(Avenida 16 Septiembre) zurückgreifen. Hier stimmen die Preise und zudem können Sie Leute beobachten.*

• *Alternativ sollten Sie nicht dort speisen, wo der Trolleybus anhält (amerikanisch und teuer), sondern einmal in die* **Seitenstraßen der Innenstadt** *schauen. Hier ist es typischer und preiswerter.*

Mit dem Trolleybus nach Juárez

Tägliche Abfahrt ab Civic Center El Paso (Tickets im Touristenbüro): April-Oktober: 10–17h, November bis März: 9–16h (in der Regel halbstündlich). Reservierungen über Tel. 544-0062.

Die Fahrtroute des Trolleybusses: Besteigen Sie den Trolleybus vor der Touristeninformation an der Santa Fe Street. Von dort aus gibt es 9–10 Haltepunkte (wenn Sie gerne zwischendurch aus- bzw. einsteigen möchten, ist dies durchaus möglich. Informieren Sie nur den Fahrer). Zumeist hält der Bus an Souvenirgeschäften und Restaurants, aber auch am alten **City Markt.** *Eine bei Abfahrt ausgehändigte Broschüre informiert über die Stationen. Bei*

C

allen auszusteigen lohnt aber nicht. Bedenken sie, dass es bis zum nächsten Bus noch dauert, wenn Ihnen das Geschäft nicht zusagt.

Colorado Springs, CO *(S. 713f)*

Information
• **Colorado Springs Conv. & Visitors Bureau:** *515 S.Cascade Ave., Colorado Springs, CO 80903, Tel.: (719) 635-7506 od. 1-800-368-4748, Internet: www.coloradosprings-travel.com.*
• **Infos über aktuelle Veranstaltungen und Livemusik** *erhalten Sie aus der Tageszeitung „Gazette-Telegraph", der freitags das spezielle Veranstaltungsprogramm beiliegt.*

Wichtige Telefonnummern
• *VORWAHL: 719*
• *Notruf Polizei/Feuer/Ambulanz: 911*
• *Veranstaltungsansagen: 635-1723*
• *Krankenhaus:*
- *Memorial Hospital: 1400 E. Boulder, Tel.: 365-5000*
• *Greyhound/Trailways Busterminal: 327 S.Weber, Infos: 636-1505*
• *Stadtbusse: Colorado Springs Transit: Infos: 385-7483*

Autovermietungen
• **Avis:** *596-2751*
• **Budget:** *574-7400*
• **Dollar:** *637-2620*
• **Hertz:** *596-1863*
• **National:** *596-1519*
• **Thrifty:** *390-9800*

Taxis
Yellow Cab: *634-5000*

Sightseeingtouren
• **Gray Line:** *3704 W. Colorado Ave., Tel.: 633-1181 od. 1-800-345-8197. Rundfahrten aller Art in und um Colorado Springs.*
• **Pikes Peak Cog Railway:** *8 x täglich Abfahrt von: 515 Ruxton Ave., Manitou Springs, Tel.: 685-5401, Internet: www.cograilway.com. Höchste Zahnradbahn der Welt (bis auf 4.230 m).*
• **Town Trolley:** *Abfahrt vom Seven Minutes Park (alle 30 Minuten) zu Rundfahrten durch Manitou Springs und zum Garden of the Gods. Verkehrt nur im Sommer. Tel.: 685-1573.*

Einkaufen
Sie sollten es sich nicht entgehen lassen, einmal durch den **National Historic District** *zu schlendern, wo es eine Reihe von interessanten Geschäften gibt, u.a. etwas ganz Besonderes:*
Simpich Character Dolls *an der 2413 W. Colorado Avenue. Handgemachte Puppen und Marionetten aller Art. Man kann bei der Fertigung zuschauen.*

Hotels

* • The Broadmoor Hotel $$$$$: *Lake Ave. am Lake Circle, I-25 exit 138, Colorado Springs, CO 80906, Tel.: (719) 634-7711, 1-800-634-7711, Fax: (719) 577-5738. Eines der luxuriösesten Hotels westlich des Mississippi. Gilt als „Klassiker". Preise aber besonders in der Saison über 400 $ pro Zimmer. Eine Suite am See wäre natürlich der Knüller.*

• **Antler's Hilton Mark Hotel $$$-$$$$**: *4 S. Cascade Ave., Colorado Springs, CO 80903, Tel.: (719) 473-5600, Fax: (719) 389-0259. Der ehemals zweite „Klassiker" in der Stadt. Erbaut 1886 und jahrzehntelang in Konkurrenz zum Broadmoor. Heute jedoch ein Neubau mit wenigen Relikten aus der alten Zeit. Zentral gelegen. Versuchen Sie ein Zimmer mit schönem Blick auf die Berge zu bekommen.*

• **El Colorado Lodge $$-$$$**: *23 Manitou Ave., Manitou Springs, CO 80829, Tel.: (719) 685-5485. Rustikales Motel im mexikanischen Stil mit sauberen Zimmern (verteilt auf 26 „cabins") und günstigen Preisen.*

Bed & Breakfast

• **The Hearthstone Inn $$$**: *506 N. Cascade Ave., Colorado Springs, CO 80903, Tel.: (719) 473-4413, 1-800-521-1885, Fax: (719) 473-1322. 25 verschiedenste Zimmer (teilweise ohne Bad, teilweise mit allem, bis hin zum eigenen Kamin). 2 hist. Häuser (1885 und 1900). Super-Frühstück. Zentral gelegen.*

• **Two Sisters Inn $$-$$$**: *10 Otoe Place, Manitou Springs, CO 80829, Tel.: (719) 685-9684. Schönes B&B mit 5 Zimmern und Cottage. Davon drei Zimmer mit geteiltem Bad ($$). Haus von 1919. Viktorianisches Ambiente.*

Jugendherberge

American Youth Hostel: *3704 W. Colorado Ave., Colorado Springs, CO 80904, Tel.: (719) 475-9450.*

Campingplatz

Garden of the Gods Campground: *3704 W. Colorado Ave., Colorado Springs, CO 80904, Tel.: (719) 475-9450. Alles vorhanden: Schatten, Pool, Waschautomaten, Whirlpool, Spielplatz etc. Zelte erlaubt.*

Restaurants

• *Die Preisliste führt sicherlich das* **Charles Court** *im Broadmoor Hotel (s.o.) an. Fine Dining im englischen Landhausstil. Besonders für seine Wildgerichte gerühmt.*

• **Giuseppe's Old Depot Restaurant:** *10 S. Sierra Madre, Colorado Springs. Tel.: 635-3111. Gute Pizzas, aber auch Steaks und andere Leckereien. Unkonventionell. Untergebracht im alten Bahnhofsgebäude (1887) – die Züge fahren direkt am Fenster vorbei.*

• **Edelweiss:** *34 E. Ramona Ave., Tel.: (719) 633-2220. Bayerische Atmosphäre mit ebensolchen Gerichten (Schnitzel, Weißwurst etc.). Oft bayerische Volksmusik.*

• **Phantom Canyon Brewing Company:** *2 E. Pikes Peak Ave., Tel.: (719) 635-2800. Brewpub im historischen Gebäude einer Eisenbahngesellschaft. Stimmung und typische amerikanische Kneipengerichte (Burger, Pizzas, Salate, Steaks). Im Obergeschoss Billardraum.*

Corpus Christi, TX *(S. 390ff)*

Information
Corpus Christi Area Convention & Visitors Bureau: 1201 N. Shoreline, P.O.Box 2664, Corpus Christi, TX 78401, Tel.: (361) 881-1888 und 1-800-678-6232, Internet: www.corpuschristicvb.com oder www.cctexas.com.

Hotels
Es gibt eine Reihe von Hotels an der City-Shoreline, von denen ich hier nur 2 empfehlen möchte:
• **Omni Bayfront $$-$$$**: *900 N. Shoreline Blvd., Corpus Christi, TX 78401, Tel.: (361) 887-1600, Fax: (361) 887-6715. Modernes Hotel mit vielen Zimmern mit Blick auf die Waterfront.*
• **Ramada Inn Bayfront Hotel $$**: *601 N. Water St., Corpus Christi, TX 78401, Tel.: (361) 882-8100, Fax: (361) 888-6540. Auch Blick aufs Wasser, aber aus „zweiter Reihe". Daher etwas günstiger.*

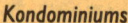

Kondominiums
Entlang dem südlichen Shoreline Blvd. gibt es eine Reihe von Apartmentwohnungen. Die am günstigsten zum Strand gelegenen befinden sich aber alle auf der North Padre Island. Condos sind nicht günstiger, aber geräumiger als Hotelzimmer. Mindestaufenthalt in einem Condo ist in der Regel 2 oder 3 Tage! Eine Empfehlung: **Anchor Resort Condominiums**: *14300 Padre Island Dr., Corpus Christi, Tx 78418, Tel.: (361) 949-8141. 1- bis 3-Zimmer-Apartments, verschieden eingerichtet, da vermietet von einzelnen Personen. Nicht immer Luxus, aber komplett eingerichtet. Tipp: die „Penthouses".*

Campingplätze
• **Lake Corpus Christi KOA**: *Mathis, TX 78368, Tel.: (361) 547-5201. I-37, Exit 40 in nördl. Richtung od. Exit 47 in südlicher Richtung. Hier kann man auch einfache Hütten mieten.*
• *Es gibt noch eine Reihe weiterer Plätze in der Region, wobei die wenigsten aber Zeltgelegenheiten anbieten.*

Restaurants
Für Austernfans ist Corpus Christi ein Paradies. In fast jeder kleinen Bar gibt es sie als Imbiss!
• **Joe's Crab Shack**: *444 N. Shoreline, Tel.: (361) 904-0227. Gutes Seafood mit Blick aufs Meer.*
• **Water Street Oyster Bar**: *309 N. Water St., Tel.: (361) 881-9448. Nicht ganz so teuer, aber ebenfalls gutes Seafood.*

Diskotheken und Livemusik
In einem Ferienort wie Corpus Christi bieten zahlreiche Bars und Diskotheken die Möglichkeit, die Nächte durchzumachen (besonders während der Sommermonate). Wenn Sie es eher etwas gesetzter bevorzugen, schauen Sie einfach in den Zeitungen nach. Besonders in den Bars der größeren Hotels finden sich häufig Jazz- und Countrymusik-Bands ein. Die Bars und Diskotheken zielen eher auf die Jugend bis 25, z.T. darunter. Die Region um die North Water Street ist der Treffpunkt junger Leute und bietet

C

D

oft Livemusik, meist Rock, und gute Stimmung. In der 309 N. Water Street wäre z.B. der **Executive Surf Club** *mit einer Outdoor-Bar zu nennen, in der es häufig auch Livemusik gibt.*

Cottonwood, AZ *(S. 523)*

Information

Chamber of Commerce*: 1010 South Main Street, Kreuzung der US 260 und 89A, Cottonwood, AZ 86326, Tel.: (928) 634-7593, Internet: www.cottonwood. verdevalley.com.*

Verde Canyon Railroad

300 N. Broadway, Clarkdale, AZ 86324, Tel.: 1-800-293-7245, 1-800-320-0718 od. (928) 639-0010, Internet: www.verdecanyonrr.com. 4-stündige Zugfahrt durch den Verde Canyon sowie das Umland.

Übernachtung

Best Western Cottonwood Inn \$\$-\$\$\$*: 993 S. Main Street, Cottonwood, AZ 86326, Tel.: (928) 634-5575, Fax: (928) 634-5576. Gutes Preis-Leistungs-Verhältnis.*

Cripple Creek, CO *(S. 718)*

Übernachtungstipp

Imperial Hotel \$\$*: 123 N. 3rd St, Cripple Creek, CO 80813, Tel.: (719) 689-7777, Fax: (719) 689-1008. Historisches Hotel (1896) mit viktorianischem Dekor. Leider auch ein kleines Casino im Hause.*
Zudem gibt es auch eine Reihe von Bed & Breakfast-Unterkünften, so z.B. das historische **Carr Manor** *(\$\$-\$\$\$, 350 E. Carr Ave., Tel.: (719) 689-3709)*

Dallas, TX *(S. 309ff)*

Informationen

• **Dallas Convention & Visitors Bureau***: 325 N. St. Paul Street, Suite 700, Dallas, TX 75201, Tel.: (214) 571-1000, Internet: www.dallascvb.com. Das eigentliche* **Besucherzentrum** *des Dalls CVB befindet sich im Old Red Courthouse in der 100 S. Houston Street (tägl. geöffnet). Hier werden Sie am besten beraten.*
• *Auch am internationalen* **Flughafen** *gibt es ein Informationsbüro.*
• *Wer sich über aktuelle Veranstaltungen informieren möchte, kann die „Hotline" anrufen: (214) 571-1301 (24 Std.) od. 1-800-232-5527.*
• *Die Convention & Visitor Bureaus verteilen gratis* **spezielle Broschüren***, die über aktuelle Veranstaltungen berichten und eine ausführliche Liste mit Restaurants beinhalten. Am besten ist der „Dallas – Official Visitors Guide" mit unzähligen nützlichen Adressen und der „Dallas Quarterly Calendar of Events" mit den Veranstaltungstipps.*

D

Wichtige Telefonnummern
- *VORWAHL: 214, 972 und 817*
- *Notruf Feuer/Polizei/Krankenwagen: 911*
- *Krankenhausnotdienste:*
  - *Parkland: (214) 590-8000*
  - *Baylor: (214) 820-0111*
  - *Methodist: (214) 947-8181*
- *Zahnarztnotdienst: (214) 596-6668*
- *Telefonauskunft: 1411*
- *Wetteransage: 787-1111*

Airlines
- **America West**: *1-800-235-9292*
- **American Airlines**: *1-800-433-7300*
- **Continental Airlines**: *1-800-525-0280*
- **Delta**: *1-800-221-1212*
- **Lufthansa**: *1-800-645-3880*
- **Midwest Express**: *1-800-452-2022*
- **Northwest**: *1-800-225-2525*
- **United**: *1-800-241-6522*
- **US Airways**: *1-800-428-4322*
- **Flughafeninformationen** *(Dallas/Fort Worth Int. Airport): (972) 574-4420 oder (972) 574-3197*
- **Flughafeninformationen** *(Love Field Airport): (214) 670-6080 od. (214) 670-6073*

Wie komme ich zum DFW-Flughafen?
- *Mit dem Auto: Fahren Sie erst über die I-35 (Stemmons Freeway) in Richtung Norden. Biegen Sie dann ab auf die 183 in Richtung Westen. Diese heißt zuerst Carpenter Freeway und geht über in den Airport Freeway. Nach ca. 8 Meilen auf dem Airport Freeway biegen Sie nach Norden ab auf den International Parkway (97), der Sie zu den einzelnen Terminals bringt.*
- *Taxi: Nehmen Sie einfach eines der Taxis, die vor Ihrem Hotel warten, oder bestellen Sie den Supershuttle: Tel.: (972) 615-2410. Die Kleinbusse verkehren regelmäßig zwischen den Flughäfen und den meisten Hotels. Die Fahrt zum Dallas/Fort Worth Int. Airport kostet mit dem Shuttle etwa $18/Person, ein Taxi dagegen mindestens $50.*
- *Größere Hotels bieten einen kostenlosen Shuttle zum/vom Flughafen an.*
- *Der* **Trinity Railway Express** *fährt vom DFW-Airport zum Union Station in Dallas (Infos: (214) 979-1111.*

Neben dem großen DFW - Int. Airport gibt es noch den kleineren **Dallas Love Field Airport***, der nur für regionale Flüge genutzt wird und der Stützpunktairport der Fluglinie Southwest Airlines ist. Hier gibt es auch Taxis, Mietwagen und Shuttles. Mit dem eigenen Fahrzeug erreichen Sie diesen Flugplatz, indem Sie den Stemmons Freeway (I35-E) von der City aus ca. 5 Meilen nach Norden folgen. Der Flugplatz liegt dann rechter Hand und ist dort gut ausgeschildert.*

Autovermietungen
- **Alamo**: *(972) 453-4500*
- **Avis**: *(972) 574-4130*
- **Enterprise**: *1-800-RENT-A-CAR*
- **Hertz**: *(972) 453-4759*

D

- Budget: (817) 329-8700
- Dollar: (972) 574-7800
- Thrifty: (972) 453-5555

Öffentliche Verkehrsmittel

- **Amtrak**: Der Union Station befindet sich im Westend an der 400 South Houston Street. Auskünfte zu Zugverbindungen erhalten Sie über die Nummern (214) 653-1101 oder 1-800-872-7245

- Überlandbusse: Greyhound hat seinen Terminal im Zentrum an der Ecke Commerce/ Lamar Street. Informationen unter Tel. (214) 655-7727. Von diesem Terminal fahren auch die kleineren Busunternehmen ab.

- Stadtbusse/Light Rail: Für den Stadtbereich von Dallas ist die „Dallas Area Rapid Transit" (DART) zuständig. Busse verkehren und halten an allen größeren Kreuzungen und Gebäuden. Informationen über Tel. (214) 979-1111 bzw. im Internet über www.DART.org. DART bietet einen besonderen Service für Behinderte mit speziell ausgerüsteten Bussen. Telefonische Auskünfte dazu: (214) 828-6800. Die **Light Rail** verkehrt auf mehreren Routen, die sich alle an der Union Station treffen. Die Orange Line (Teil der „Trinity Railway Express") verbindet den Union Station mit dem Int. Airport, die Green Line verkehrt zwischen Carrolton im Norden und Pleasant Grove im Süden. Die Blue Line fährt auf der Strecke Ledbetter im Süden, Union Station, Downtown und Rowlett im Osten. Die Red Line fährt im Norden bis Plano und im Süden bis Cockrell Hill. Die Trinity Railway („TRE Line") verkehrt zwischen Fort Worth und Dallas, Tel.: (214) 979-1111, Internet: www. trinityrailwayexpress.org.
Für alle Strecken gibt es eine günstige Tageskarte. Das Netz wird noch weiter ausgebaut.

- Straßenbahn: Eine nostalgische alte Straßenbahn (McKinney Avenue Trolley, „M-Line Trolley") aus der Zeit des frühen 20. Jh. verkehrt zwischen dem Museum of Arts und dem Cityplace Station, passiert dabei den McKinney Avenue District und das West Village.

Park & Ride

Wegen des hohen Verkehrsaufkommens hat man in Dallas ein Park&Ride-System eingerichtet: An gut 20 Parkplätzen in der Peripherie können Sie Ihr Fahrzeug stehen lassen und von dort mit **öffentlichen Verkehrsmitteln der DART** (s.o.) in die Innenstadt bzw. zu anderen interessanten Punkten fahren. Infos dazu erhalten Sie unter der Infonummer von DART ((214) 979-1111) bzw. im Internet: www.DART.org. Am besten aber, Sie besorgen sich in den Infocentern (der Stadt bzw. denen von Texas) bereits einen Lageplan über die Lage der entsprechenden Parkplätze.

Taxis

Wie überall in Amerika können Sie ein Taxi herbeirufen. Möchten sie eines telefonisch bestellen, rufen Sie bitte eines der folgenden Unternehmen an: **Allied Taxi Service** (214) 819-9999, **Yellow Checker Cab** (214) 565-9132. Weitere Unternehmen finden Sie im Telefonbuch.

Jährlich wiederkehrende Veranstaltungen (Auswahl)

- Januar: Cotton Bowl Classic and Parade. Neujahrsparade durch die Innenstadt. Nachmittags findet dann ein professionelles Footballspiel in der Cotton Bowl (State Fair Park) statt. Infos: (214) 634-7525.

- April-Oktober: Mesquite Championship Rodeo: In der Mesquite Arena in Mesquite. Fr und Sa abends. Tel.: (972) 285-8777.

D

• Mai (Memorial Day-Wochenende): Artfest: State Fair Park. Infos: (214) 361-2011. Große Ausstellung und Vorstellung verschiedenster Künstler aus Texas. Dazu Musik und Kulturprogramm.

• Juni-August: verschiedene Kulturprogramme, u.a. Shakespeare-Festival (Infos: (214) 559-2778), Starfest im Park Central mit dem Symphonieorchester (mehrere Auftritte, Infos: 692-0203)

• Ende September/Anfang Oktober: State Fair of Texas. State Fair Park. Größte Ausstellung des Landes. Rodeos, Stände, Musikveranstaltungen, Kulturveranstaltungen, Musicals etc. Infos: Tel.: (214) 565-9931.

Einkaufstipps

• Die wohl beliebteste Einkaufsmall – aber auch die exklusivste und teuerste – ist die „Galleria" in North-Dallas, LBJ. Freeway (I-635), etwa dort, wo der Dallas Tollway einmündet. Hier findet man u.a. bekannte Läden wie Tiffany, Macey und Brookes Brothers. Eine weitere Luxusmall ist das „North Park Center" an der Kreuzung des I-75 mit dem Northwest Freeway (Hwy. 12). Ausgesuchte Outletstores gibt es schließlich in der riesigen Grapevine Mills in Grapevine (am Hwy. 121 2 Meilen nördlich des DFW-Airport. Doch es gibt auch andere reizvolle Einkaufsgebiete bzw. Geschäfte:

• Antiquitäten: Die Antiquitäten, die man in Texas bekommt, stammen meist aus der viktorianischen Zeit (seltener ist Art Deco). Daher finden Sie hauptsächlich englischen Stil. Vieles ist sehr kitschig – wie es halt die Amerikaner mögen. Das Versenden nach Übersee wird gerne für Sie organisiert. Übrigens gilt Dallas als die Hauptstadt der Antiquitäten – zumindest was den Süden angeht. Im Visitor Bureau können Sie sich über die einzelnen Geschäfte erkundigen. Hier nur einige Tipps:

- Historic Downtown Plano: nördl. des Highway 75, 15th St. Hier gibt es eine Reihe von Antiquitätengeschäften, wo sich neben Möbeln auch kleinere Sachen wie Puppen, Bilder, Teeservices u.a. finden.

- Lower Greenville Antique Mall: 2010 Greenville Avenue. Antiquitäten in verschiedenen Läden, aber auch eine Menge Nippes.

- Snider Plaza Antique Shops: 6929 Snider Plaza. Hier finden sich ausgesprochen ausgewählte, daher aber auch zum Teil sehr teure Antiquitäten.

• Westernkleidung:

- Cavender's Boot City: 5539 LBJ Freeway. Riesige Auswahl an Westernstiefeln. Cavender's hat noch 7 weitere Geschäfte in Dallas. Infos dazu: 1-800-256-8588.

- Wild Bill's Western Store: 3rd Floor, Westend Market Place, 603 Munger St. Stiefel, Texashüte, Kleidung. Versendung nach Übersee.

• Warenhaus: Neiman Marcus Warehaus in der Innenstadt (Ecke Main/Ervay Street), untergebracht in einem Gebäude von 1907. Gediegenes und gut organisiertes Angebot. Dallas ist übrigens der Hauptsitz dieses Nobelunternehmens.

• Markt Farmers Market: 1010 S.Pearl Street. Täglich von 7–18h. Hier verkaufen die Farmer auf einem großen Gelände Früchte, Blumen und Gemüse. Sicherlich eine Gelegenheit für Sie, Ihren „Bordproviant" mit Vitaminen aufzufüllen.

• Flohmarkt: Flohmärkte in Amerika sind noch kommerzialisierter als bei uns. Hoffen Sie also nicht zu sehr auf das „große Schnäppchen". Trotzdem könnten Sie vielleicht das eine oder andere Nützliche für Ihre Reiseausstattung finden.

- Texas Flea Market: Traders Village, 2602 Mayfield Rd. in Grand Prairie. Samstag und Sonntag. Auch Handwerkliches.

Sightseeingtouren
• Zwischen Dallas Museum of Art und Hall Street/McKinney Avenue verkehrt ein **Trolleybus**. In der McKinney Avenue können Sie zudem umsteigen in die Straßenbahn („Streetcar"), die entlang dieser beliebten Shoppingstraße fährt. Trolleybusse verkehren auch auf anderen Routen durch die Downtown von Dallas. Infos: (214) 749-2504.
• **Coach USA/Gray Line Tours**: (972) 263-0294 (Stadtrundfahrten, Fort Worth, South-fork Ranch, Rodeo). Sie können als „Kleingruppe" auch entsprechende Kleinbusse mieten. Es gibt auch deutschsprachige Tourguides (rechtzeitig anmelden!).

 Konzerte/Theater/Tanz
Unter der „**Special Events Holine**" (214) 571-1301 erhalten Sie genaue Aus-künfte über die verschiedenen Spielpläne.
Dallas ist nicht New York, aber eine Reihe netter und guter Theater gibt es trotzdem. Nicht immer ist es einfach, Karten zu bekommen, aber Interessierte sollten es doch versuchen, da besonders diese Stadt bekannt ist für bestellte, aber dann nicht abgeholte Karten (Ge-schäftsleute können sich den Luxus hier anscheinend leisten), die es dann noch an der Abendkasse gibt. Hier eine kleine Auswahl:
• **Dallas Theater Center**: Bau von Frank Lloyd Wright. Verschiedenste Aufführungen. 3636 Turtle Creek Blvd., Tel.: (214) 526-8210. Angeschlossen ist ebenfalls das Kalita Hum-phreys Theater (2401 Flora St.).
• **Dallas Black Dance Theater**: 2627 Flora St., Tel.: (214) 871-2376 (= nur Buchungs-adresse!). Klassische und Jazztänze, nur von Schwarzen dargeboten. Gilt als Sprungbrett für den Broadway.
• **Dallas Opera**: Klassische Opernstücke aller Art. Eigentlich nicht nötig, in Europa Ver-säumtes ausgerechnet hier nachzuholen. 3102 Oak Lawn Avenue, Tel.: (214) 443-1000.
• **Morton H. Meyers Symphony Center**: Hauptattraktion im Kunstviertel und Heimat des über-regional anerkannten Dallas-Symphony-Orchesters. 2301 Flora Street (Ecke Pearl Street), Tel.: (214) 871-4000 (= nur Buchungsadresse!).
• Beachten bzw. informieren Sie sich auch über Aufführungen des **Shakespeare Festivals** (Tel.: (214) 559-2778) sowie der **Dallas Summer Musicals** (Tel.: (214) 421-5678 bzw. (214) 691-7200. Beides findet an verschiedenen Aufführungsorten während der Sommer-monate statt.

Sportveranstaltungen
Natürlich gibt es in einer Stadt wie Dallas unzählige Sportveranstaltungen, aber ich finde, hier sollten Sie sich besonders einmal eine der drei typischen amerika-nischen Volkssportarten ansehen – und zwar live – mit allem was dazu gehört, ... und wenn es die Zeit zulässt, auch einmal zum Rodeo gehen.
• **American Football: „Dallas Cowboys"**: One Cowboy Parkway (liegt an der 183 in Richtung DFW-Airport), Tel.: (214) 253-6060.
• **Baseball: „Texas Ranger"**: P.O.Box 1111, 1000 Ballpark Way, The Ballpark, Arlington, Tel.: (817) 273-5100. Angeschlossen am Ballpark ist auch ein **Baseball Museum**.
• **Basketball: „Dallas Mavericks"**: 777 Sports Street, Tel.: (972) 988-3865.
• **Rodeo: Mesquite Championship Rodeo**: 1818 Rodeo Drive, Mesquite (ca. 15 Meilen östl. der Innenstadt), Tel.: (972) 285-8777, Rodeo von April bis Anfang Oktober jeden Freitag u. Samstag, i.d.R. von 20–22h.

D

Hotels

Es werden in Dallas alleine mehr als 40.000 Luxus-Hotelzimmer angeboten, und keine Stadt in den USA hat so viele 4- bis 5-Sterne-Hotels. Hauptgrund dafür sind die zahlreichen Messen, die in Dallas wegen seiner relativ zentralen Lage in den USA stattfinden. Trotzdem sind diese Hotels nicht immer ausgebucht, gerade dann nicht, wenn keine besonderen Messen stattfinden, und zu dieser Zeit, im besonderen an den Wochenenden, macht sich diese Überkapazität an Luxusbetten positiv für den normalen Reisenden bemerkbar: Z.T. für einen „Apfel und ein Ei" erhalten Sie dann ein ausgezeichnetes Zimmer – vielleicht sogar in einem höheren Stockwerk mit guter Aussicht. Fragen lohnt sich allemal.

GEHOBENE KLASSE:

• **Mansion on Turtle Creek $$$$-$$$$$**: 2821 Turtle Creek Blvd., Dallas, TX 75219, Tel.: (214) 559-2100 od. 1-800-527-5432, Fax: (214) 526-5345. Das Gebäude wurde einem italienischen Palazzo nachempfunden und stammt aus den 1920er Jahren. Große Zimmer. Wer sich ein Luxushotel leisten möchte, sollte dieses wählen, aber bei der Buchung darauf bestehen, nicht ein Zimmer mit Blick auf das nebenstehende höhere Apartmenthaus zu bekommen. Diese Adresse gehört zu den feinsten im Lande. Mehrfach ausgezeichnet.

* • **Adolphus $$$$-$$$$$**: 1321 Commerce Street, Dallas, TX 75202, Tel.: (214) 742-8200 od. 1-800-221-9083, Fax: (214) 651-3561. Wirbt mit „europäischem Stil und texanischer Freundlichkeit". In reizvollem Gebäude von 1912 untergebracht. Der „Klassiker" von Dallas.

* • **Hotel St. Germain $$$$-$$$$$**: 2516 Maple Ave. (in Oak Lawn), Dallas, TX 75201, Tel.: (214) 871-2516 od. 1-800-638-2516, Fax: (214) 871-0740. Viktorianisches Holzhaus von 1906, stilgerecht eingerichtet, einige Suiten sogar mit Kamin.

• **The Westin Galleria Hotel $$$$**: 13340 Dallas Parkway, Dallas, TX 75240, Tel.: (972) 934-9494, Fax: (972) 851-2869. Direkt an der Einkaufsmall „Galleria" gelegen. Die meisten Zimmer sind angenehm groß. Gut geeignet für „Shopper".

MITTLERE UND UNTERE PREISKLASSE:

Diese Preisklasse ist in Downtownnähe nur begrenzt vorhanden. Möchten Sie gut und relativ preiswert wohnen, bieten sich die Vororte nördlich des I-635, allen voran Addison (Belt Line Rd.), und die Midtowns für eine Suche an. Letztere bieten zudem die Möglichkeit, Fort Worth auch von hier aus zu erkunden. Motto: je weiter vom Stadtkern – mindestens 15 Meilen – entfernt, desto billiger. **Tipp:** Am besten ist es, Sie erkundigen sich am Flughafen oder einem Texas Visitor Center nach günstigen Motels und schauen dabei auf den Stadtplan, welche dieser Unterkünfte für Ihre Erkundung der Stadt am günstigsten liegt.

• **Embassy Suites Hotel Dallas Park Central $$$**: 13131 N.Central Expressway (I-75, Ecke I-635), Dallas, TX 75243, Tel.: (972) 234-3300, Fax: (972) 437-4247. Großzügige Zimmer, und die Lage des Hotels ist sehr verkehrgünstig. Gut geeignet für Familien mit Kindern.

• **Days Inn Central $$**: 4150 N. Central Expressway, Dallas-Uptown, Tel.: (214) 827-6080. Gutes Preis-Leistungsverhältnis.

• **Motel 6 Forest Lane $$**: 2660 Forest Lane, Dallas, TX 75234, Tel.: (972) 484-9111. Zwischen Dallas und Arlington liegt das **Motel 6 Grand Prairie ($$**, 406 E. Safari Blvd., Tel.: (972) 642-9424).

• Natürlich gibt es auch zahlreiche Bed & Breakfast-Unterkünfte in Dallas. Sie variieren preislich sehr, sodass Sie sich am besten über die Agentur **Bed & Breakfast Texas Style** (6374 Ivanhoe Lane, Beaumont, TX 77706, Tel.: 1-800-899-4538) ein für Sie passendes B&B

aussuchen. Eine grundsätzliche Empfehlung wäre das * Inn on Fairmont ($$$, *3701 Fairmont Ave., Dallas-Uptown, Tel.: (214) 522-2800, Fax: (214) 522-2898).*

📑 **Tipp**

Obwohl die Hotels in der Nähe des DFW-Airports in der Regel zur gehobenen Mittelklasse gehören, bieten gerade sie günstige Wochenendtarife an, und sie liegen für den Besuch von Dallas und Fort Worth verkehrstechnisch günstig. Kostenloser Shuttle zum Flughafengebäude von allen Hotels. Empfehlung:
• **Harvey Suites $$$**: 4550 W. John Carpenter Frwy., Irving, TX 75063, Tel.: (972) 929-4499, Fax: (972) 929-0774. Geräumige Zimmer/Suites, die gut geeignet sind, um sich zu Beginn bzw. am Ende einer Reise zu „organisieren".
• **La Quinta DFW-Irving $$-$$$**: 4105 W.Airport Fwy., Irving, TX 75062, Tel.: (972) 252-6546, Fax: (972) 570-4225. Ordentliches Mittelklassemotel.

Campingplätze
Nur die Campingplätze an den Seen bieten einigen Komfort, liegen dafür aber auch ziemlich abseits. Mein Vorschlag daher: Wohnen Sie lieber in einem preisgünstigen Motel. Wer es trotzdem wagen möchte:
• **Recreational-Vehicle-Park: am Traders Village**, *2602 Mayfield Rd., Grand Prarie, Tel.: (972) 647-8205. An Wochenenden wegen des Flohmarktes sehr voll! 15 Meilen zur Innenstadt. Relativ günstig gelegen für den Besuch von Dallas, Fort Worth und den Midtowns. Nur RVs und Campmobile.*
* • **Cedar Hill State Park**: *An der FM 1382, südwestl. von Dallas im gleichnamigen State Park, Tel.: (972) 291-3900. Großer Platz mit zahlreichen Plätzen am Wasser. Camper und RVs. Der beste Platz für den Besuch von Dallas.*
• **Arlington Campground**: *Fahren Sie die I-20 nach Westen, und nehmen Sie den Exit 449. Biegen Sie nach Norden ab auf die Cooper Str. (Hwy. 157). Nach 1½ Meilen erreichen Sie den Campingplatz. Tel.: (817) 461-0601. Auch günstig gelegen für den Besuch beider Städte.*
• **Lake Lewisville**: *25 Meilen nördlich von Dallas. Folgen Sie den Schildern „Lake Lewisville State Park", wenn Sie auf der I-35 in Richtung Norden fahren.*

Restaurants
GEHOBENE PREISKLASSE:
* • **Javier's**: *4912 Cole Ave., Tel.: (214) 521-4211. Mexikanische Leckereien und Ambiente.*
• **Huntington's**: *Westin Hotel an der „Galleria", 13340 Dallas Parkway, Tel.: (972) 851-2882. Hier gibt es u.a. Straußenfleisch – Strauße werden in Texas nämlich gezogen.*
• **French Room**: *1321 Commerce St., im Adolphus Hotel, Tel.: (214) 742-8200. Hier wird Spitzenküche geboten und nicht nur französische. Auch der Lachs kommt wirklich aus Norwegen. Unter $ 60 für ein Hauptgericht brauchen Sie gar nicht zu rechnen. I.d.R. gibt es sowieso ein festes, mehrgängiges Menü (ab $ 60, meist ab $ 80). Jackett erwünscht.*

MITTLERE UND GÜNSTIGERE PREISKLASSE:
• **Baby Doe's**: *3305 Harry Hines, Tel.: (214) 871-7310. Viele werden die auffällige „Riesenscheune" bereits vom Stemmons Freeway (I-35-E) aus gesehen haben. Hier wird die*

D

Wild-West-Romantik in Texas-Style vorgeführt. Saftige Steaks, Riesen-Burger. Und sonntags ist Brunch angesagt.
- **Deep Sushi:** *2624 Elm St., Deep Ellum, Tel.: (214) 651-1177. Relativ günstige und gute Sushi-Gerichte. Beliebt ist die aus verschiedenen Sushi-Rollen zusammengestellte Lunchbox (auch zum Mitnehmen fürs Picknick).*

* • **Sonny Bryan's Smokehouse***: 302 N. Market St., Tel.: (214)744-1610. Gilt als eines der besten BBQ-Restaurants im Lande. Tradition seit 1910. Es gibt mehrere Lokale des mittlerweile als Kette etablierten Sonny Bryan's im Großraum Dallas.*

* • **Pappasito's***: 10433 Lombardy Lane, Tel.: (214) 350-1970. Die Kette aus Houston gilt auch hier als der Tipp für die besonders Hungrigen. Die Fajitas und Margaritas sind ungeschlagen. Es gibt zwei weitere Pappasito's: 723 South Central Expressway Richardson (Tel.: (972) 480-8595) sowie 321 West Rd, Arlington, (Tel.: (817) 795-3535).*
- **Kalachandji's***: 5430 Gurley Avenue, Tel.: (214) 821-1048. Günstige und gute indische Küche.*
- **Rock Bottom Brewery:** *4050 Beltline Rd., Tel.: (972) 404-7456. Hier gibt's Steaks, Burger Steaks, große Fernseher und natürlich bestes Bier.*

Ansonsten empfehle ich Ihnen folgende Gegenden für günstige bis mittelpreisige Restaurants:
- **Greenville Avenue:** *Zwischen Ross St. und Mockingbird Lane finden sich vor allem Pubs und einfachere, aber gute Restaurants. Im Abschnitt nördlich der Mockingbird Lane gibt es dagegen die Lokalitäten, wo sich die 'Updated Crowd' aufhält, z.B. die Geschäftsleute, nachdem sie in die Jeans geschlüpft sind.*
- **Addison, Belt Line Rd., Ecke Midway Rd***: Chinesen, Italiener und was die internationale Küche sonst so zu bieten hat.*
- **West End District***: Nordwestl. Innenstadt. Hier finden Sie natürlich zahlreiche mitpreisige Lokale. Schauen Sie aber zuerst auf die Menükarte. Einige Restaurants nehmen doch schon sehr gesalzene Touristenpreise.*

 Pubs/Livemusik/Nightlife
Zudem empfiehlt sich das „Abgrasen" der **Szene in Deep Ellum** *(2700er Straßenblock: Elm St. u. Commerce St.) zwischen Elm St. und Commerce St., östlich der Downtown. Hier findet sich alles: von der Bar im Waschsalon bis hin zur Kneipe für moderne Künstler. Musik: meist Rock oder Blues.*
Wer einfach losziehen möchte, dem sei der historische **West End District** *nordwestlich der Innenstadt empfohlen. Hier z.B.* **Dick's Last Resort***, 1701 N. Market St. oder in der 2019 N. Lamar Ave. der Entertainment-Komplex* **Dallas Alley** *mit High-Tech Disco, Pianobar, Karaoke-Bar u.v.m unter einem Dach.*
Und auch hier kann die **Greenville Avenue** *(s.o.) empfohlen werden, besonders, wer einfach nur ein Bier trinken möchte.*
Andere:
- **Hard Rock Café:** *2601 McKinney Ave. Tel.: (214) 855-0007. Restaurant und Pub. Häufig Livemusik (meist Rock)*
- **Terilli's Restaurant***: 2815 Greenville Ave., Tel.: (214) 827-3993. Italienisches Restaurant (späte Küche!) mit Jazz-Livemusik an 6 Tagen in der Woche.*
- **Red Jacket***: 3606 Greenville Ave., Tel.: (214) 823-8333. Bekanntes Swing-Lokal mit Tanzfläche.*
- **Club Babalu***: 2912 McKinney Ave., Tel.: (214) 953-0300. Latino-Livemusik.*

• **Cowboys**: *Behauptet von sich, Texas' größte Country-Discos zu haben. Zwei Locations: 2540 East Abrams, Arlington, Tel.: (817) 265-1535 sowie 10310 Technology Blvd. (Cowboys Red River), Dallas, Tel.: (214) 352-1796.*
• *Und wer mit einer 300 m² großen Tanzfläche auskommt, der kann den Country-Western auch im* **Country 2000** *tanzen: 10707 Finnell, Dallas, Tel.: (214) 654-9595.*

Del Rio, TX *(S. 402f)*

Information
Chamber of Commerce: *1915 Veterans Blvd, Del Rio, TX 78840, Tel.: (830) 775-3551, Internet: www.drchamber.com. Infos zur* **Amistad Nat. Recr. Area** *im Internet: www.nps.gov/amis.*

Unterkünfte
In der Amistad NRA (Tel.: (830) 775-7491) selbst gibt es kein Hotel und nur einfache **Campinggelegenheiten.**
Del Rio bietet dagegen mehrere typisch amerikanische Motels – bes. am Veterans Blvd **(US 90/277/377, nördl. der Innenstadt),** *von denen die zwei folgenden zu nennen wären:*
• **Ramada Inn $$**: *2101 Veterans Blvd, Del Rio, TX 78840, Tel.: (830) 775-1511*
• **La Quinta $$**: *2005 Veterans Blvd, Del Rio, TX 78840, Tel.: (830) 775-7591*
• *Zudem gibt es einige Bed & Breakfast-Unterkünfte in Del Rio, von denen ich hier die* **Villa Del Rio ($$-$$$**, *123 Hudson Drive, Del Rio, Tel.: (830) 768-1100) in einem Haus von 1887 hervorheben möchte.*

Camping
American Campground & Recr. Resort: *US 90 W., HCR #3, Box 44, San Angelo, TX 78840, Tel.: (830) 775-6484. Komfortabler Campingplatz. Hier kann man auch Boote mieten.*

Restaurant
Cripple Creek Saloon & Restaurant: *Highway 90, nördlich der Stadt. Tel.: (830) 775-0153. Steaks und Seafood.*

Denver, CO *(S. 650ff)*

Informationen
• **Denver Visitor Center**: *16th Street Mall: 918 16th St., Denver, CO, Tel.: (303) 892-1505 od. 892-1112. Geöffnet: Mo–Fr 8–17h, Sa 9–13h.*
• **Denver Metro Conv. & Visitors Bureau**: *1600 California St., Unit 6, Denver, CO 80202, Tel.: (303) 892-1505, 1-800-645-3446, Fax: (303) 892-1636. Internet: www.denver.org od. www.denver.citysearch.com.*
• *Ein weiteres Visitor Center gibt es im* **Denver Int. Airport** *(5th Floor).*
• *Für aktuelle Infos und Veranstaltungen sind die Zeitungen „Denver Post" und „Rocky Mountains News" am besten. Im Touristenbüro gibt es den sehr ausführlichen „Denver – Official Visitors Guide". Als wöchentlich erscheinendes, kostenloses Veranstaltungsblatt hat sich das „Westword" durchgesetzt.*

Wichtige Telefonnummern
- *VORWAHL: 303*
- *Notruf Polizei/Feuer/Ambulanz: 911*
- *Krankenhaus/Ärzte:*
- *St. Joseph's: 1835 Franklin St., Tel.: (303) 837-7111*
- *Ärzte/Zahnärzte Infonummer: 1-800-DOCTORS*
- *Apotheken: Geschäfte der Walgreen's-Kette haben oft 24 Stunden geöffnet. Infos über den nächsten Walgreens: 1-800-WALGREENS*
- *Wetterauskunft: (303) 337-2500*

Airlines
- American: *1-800-433-7300*
- America West: *1-800-235-9292*
- British Airways: *(303) 871-9900*
- Continental: *1-800-525-0280*
- Delta: *1-800-221-1212*
- Northwest: *1-800-225-2525*
- United Airlines: *1-800-241-6522*
- US Airways: *1-800428-4322*

Denver International Airport (DIA)
Allgemeine Informationen: Tel.: (303) 342-2000, Internet: www.flydenver.com.
Der Flughafen fungiert als Luftkreuz des Mittelwestens. Es gibt 5 Start- u. Landebahnen. Seine Fläche beträgt 137 km² (Frankfurt: 14 km², Dallas: 72 km²), und er ist damit einer der flächengrößte Airports der Welt.

Wie komme ich zum DIA-Flughafen?
- *Mit dem eigenen Auto: Folgen Sie dem Interstate 70 in östlicher Richtung. Etwa 16 Meilen von der Innenstadt zweigt der Pena Blvd. nach Norden ab zum Flughafen. Hier bereits gute Ausschilderung. Der Airport liegt insgesamt etwa 23 Meilen von der City entfernt.*
- *Kleinbus/Shuttle: SuperShuttle, Tel.: (720) 316-3816. Mehrere Touren vom/zum Flughafen in die Innenstadt, zu Hotels und auch nach Boulder. Abholung vom Hotel bei rechtzeitiger Anmeldung.*
- *Stadtbusse: Die RTD unterhält 5 Buslinien („Sky Rides") zum Flughafen. Abfahrten jeweils vom Civic Center Station, Denver Federal Center, Boulder Transit Center, Northglenn Transit Center und dem Arapahoe Road Park-n-Ride. Auch Anbindung an Boulder und Nachbargemeinden von Denver. Infos: Tel.: (303) 299-2720, Internet: www.RTD-Denver.com.*

Autovermietungen
- Alamo: *(303) 342-7373*
- Avis: *(303) 342-5504*
- Budget: *(303) 341-2277*
- Dollar: *(303) 790-0970*
- Enterprise: *(303) 925-8487*
- Hertz: *(303) 297-9400*
- National: *(303) 342-3800*
- Thrifty: *(303) 342-9400*
- Cruse America: *(303) 426-6699*

Öffentliche Verkehrsmittel
- Amtrak: *Der Union Station befindet sich am nordwestlichen Ende der 17th Street (Wynkoop Street). Infos: 1-800-USA-RAIL od. (303) 825-2583.*
- Überlandbusse: *Der Busbahnhof befindet sich an der Ecke 19th und Arapahoe St. Auskünfte zu Greyhound-Routen: 1-800-231-2222.*

• **Stadtbusse**: *Die Gesellschaft „Regional Transportation District" (RTD) bedient den Stadtbusverkehr. Das Netz reicht bis Boulder. Infos: (303) 299-2720 od. 1-800-366-7433, Internet: www.RTD-denver.com. Besondere Linien:*
• *„Mall Ride" ist eine Buslinie, die kostenlos die 16th Street Mall abfährt. Täglich 6–1h*
• Platte Valley Trolley: *Verkehrt zwischen Confluence Park und Old West Colfax Ave. entlang des Platte River. Tägl. 11 - 16h.*
• Cultural Connection Trolley: *Buslinie, die die wesentlichsten Sehenswürdigkeiten der Stadt im 30-Minuten-Rhythmus abfährt. Mit einem Ticket können Sie den ganzen Tag aus- und wieder einsteigen. Täglich 9h30–19h30.*

Taxis
• **Yellow Cab**: *777-7777*   • **Zone Cab**: *444-888*
• **Metro Taxi**: *333-3333*

Sightseeingtours
• **Gray Line of Denver**: *P.O.Box 17646, Denver, CO 80217, Tel.: (303) 289-2841. Stadtrundfahrten (½ u 1 Tag), Touren in die Umgebung und staatsweit.*
• *Timberline Bicycle Tours: 7975 E.Harvard, Unit J, Denver, CO 80231, Tel.: (303) 759-3804. Ein-, aber vor allem mehrtägige Touren durch die Rockies.*
• **Discover Colorado Scenic Tours**: *11930 W. 62nd Place, Arvada, CO 80004, Tel.: (303) 425-3586. Rundfahrten, besondere Spezialität: historische Rundfahrt. Auch Touren in die Rockies.*

Jährlich wiederkehrende Veranstaltungen (Auswahl)
• **Januar: National Western Stock Show and Rodeo**. *Rodeos, Westernshows, Pferdeshow, Viehhandel etc. Behauptet von sich, die größte diesbezügliche Show Nordamerikas zu sein. Infos: (303) 297-1166, Internet: www.nationalwestern.com.*
• **Juni/Juli: Colorado Renaissance Festival**: *In Larkspur (halbe Strecke nach Colorado Springs). Großes Volksfest mit Musik, Tanz, Ritterspiele, Verkleiden und kunsthandwerklichen Ständen. Thema: England im 16. Jh. Infos: (303) 688-6010.*

Einkaufen
• *Die* Haupteinkaufsstraße von Denver ist die 16th Street Mall, *wo es eigentlich alles gibt. Am nordwestlichen Ende der Mall (Ecke Lawrence St.) steht das* **Tabor Center**, *wo sich eine Reihe vornehmer Geschäfte befindet. Im Bereich 16th Street Mall, um Tremont Place, befinden sich zudem die* **Denver Pavilions**, *ebenfalls mit zahlreichen Geschäften.*
• *Ein weiteres exklusives Einkaufszentrum ist der* **Larimer Square** *in der Larimer Street, wo auch das historische Stadtzentrum (zwischen Larimer Street und Union Station) ist. Hier finden Sie eine Reihe von Boutiquen und Spezialgeschäften.*
• **Einkaufsmalls: Tivoli**. *In der alten Tivolibrauerei an der Larimer St. (westlich des Cherry Creek) finden sich einige nette Boutiquen. Besonders interessant sind die alten Fotos und Utensilien der Brauereien. Die größte Shopping Mall außerhalb des Stadtzentrums ist das* **Cherry Creek Shopping Center** *südöstlich der Stadt. Anfahrt: I-25, Exit 208 und nach Osten fahren auf der Alameda Ave. Die Mall liegt zwischen University St. und Colorado Blvd, sowie Alameda Ave. und Speer Blvd.*
• *Die nächste* **Outletmall** *(günstige Restposten) befindet sich in Castle Rock (20 Meilen südl., I-25 Exit 184):* **Prime Outlet**.

D

- **Antiquitäten**: *Denver ist bekannt für seine Antiquitätengeschäfte und Galerien. Erkundigen Sie sich im Visitor Center nach genauen Adressen. Vorweg nur ein Tipp zum Bummeln:* **Antique Row**, *entlang des South Broadway zwischen Mississippi und Iowa Sts. mit über 400 Geschäften.*
- **Bücher: Tattered Cover**, *2526 East Colfax Avenue at Elizabeth Street (im histor. Lowenstein Theater). Sehr ausgesuchter Buchladen (über 250.000 Titel vorrätig), in dem man schlicht alles findet, was mit Colorado zu tun hat, und natürlich auch andere Literatur. Eine Filiale gibt es auch in der Innenstadt: 1628 16th Street, nahe Wynkoop St.*
- **Karten**: *Colorado Geological Survey, 1313 Sherman Street, Nr. 715, Denver, Tel. (303) 866-2611. Hier erhalten Sie großmaßstäbliche Karten, mit denen Sie jede Art von Wanderung und Off-Road-Tour planen und durchführen können. Zieht evtl. um: Vorher anrufen.*

 Sportveranstaltungen

Tickets für alle Veranstaltungen in der Stadt erhalten Sie auch über: **Ticket Master**, *Tel.: (303) 830-TIXS bzw. in einem der Filialen in der Stadt (siehe gelbe Seiten im Telefonbuch)*

- **Baseball: „Colorado Rockies"**, *Coors Stadium westlich der City, Tel.: (303) 762-5437.*
- **Basketball: „Denver Nuggets"**, *Pepsi Arena (Speer Blvd/Auraria Pkwy.), westlich der City, Tel.: (303) 405-1100.*
- **Football: „Denver Broncos"**, *Mile High Stadium, Tel.: (303) 433-7466*
- **Hockey: „Colorado Avalanche"**, *Pepsi Arena (Speer Blvd/Auraria Pkwy.), westlich der City, Tel.: (303) 893-6700.*

 Hotels

Seien Sie darauf gefasst, dass die Hotelpreise in Denver höher liegen als in anderen Großstädten des Südwestens (Ausnahmen: Dallas und Houston), da vorwiegend Geschäftsreisende hierher kommen.

* • **Brown Palace Hotel $$$$-$$$$$**: *321 17th St., Denver, CO 80202, Tel.: (303) 297-3111, 1-800-321-2599, Fax: (303) 312-5900. Sehr elegantes Hotel in historischem Gebäude von 1892. Wegen der Architektonik alleine einen Besuch wert. Der „Klassiker" in Denver.*
- **The Warwick $$$$**: *1776 Grant St., Denver, CO 80203, Tel.: (303) 861-2000, 1-800-525-2888, Fax: (303) 839-8504. Große Zimmer. Relativ zentral und dabei trotzdem ruhig gelegen. Kühlschränke auf den Zimmern. Kostenloser Innenstadtshuttle.*
- **Comfort Inn - Downtown $$$**: *401 17th Street, Denver, CO 80202, Tel.: (303) 296-0400, Fax: (303) 312-5941. Modernes, aber einfacheres Hotel inmitten der City. Relativ preisgünstig im Vergleich.*
- **Red Lion – Denver Downtown $$-$$$**: *1975 Bryant Street/19th Street, I-25 exit 210B,, Denver, CO 80204, Tel.: (720) 855-4004. Runder Bau in der Nähe der Sportarenen, daher an Wochenenden häufig voll. Günstiges Preis-Leistungs-Verhältnis und nur 2 Meilen zur City.*
- **Ramada Hotel Gateway $$**: *2601 Zuni St., I-25/Speer St., Exit 212, Denver, CO 80211, Tel.: (303) 433-6677, Fax: (303) 455-1530. 180-Zimmer-Hotel der bekannten Kette. Gutes Preis-Leistungsverhältnis und nicht zu weit vom Zentrum*
- **La Quinta Inn Denver Central $$**: *3500 Park Ave. W. (I-25, Exit 213), Denver, CO 80216, Tel.: (303) 458-1222. Ebenfalls die günstige Alternative für die (relativ nahe) Innenstadt.*
- **Günstigere und doch akzeptable Unterkünfte** *finden sich entlang der Colfax Avenue zwischen Denver und Golden – häufig im Stil der 1950er-Jahre-Motels.*

Bed & Breakfast

* • The Queen Anne Bed & Breakfast $$-$$$$: *2147 Tremont Place (½ Meile nordöstlich der City), Denver, CO 80205, Tel.: (303) 296-6666, Fax: (303) 296-2151. Dieses Haus wurde mehrfach ausgezeichnet. Zwei Gebäude aus dem 19. Jh. (historischer Platz nach US-Gesetz) und entsprechend eingerichtet. Persönlich geführt. Wer $$$$ ausgeben möchte, kann eine der Suiten (Dachbalkon mit Spa) bzw. Spa im Badezimmer buchen. 700 m zur 16th Mall (South)*

• Victoria Oaks Inn $$: *1575 Race St., Denver, CO 80206, Tel.: (303) 355-1818, Fax: (303) 331-1095. Viktorianisches Haus von 1896. Etwas einfacher ausgestattet als das o.g. Queen Anne, dafür zahlt man eben nicht so viel. Der Tipp, wer nostalgisch unterkommen möchte. 3 km östl. der Innenstadt. In der Race Street gibt es noch weitere B&Bs in historischen Häusern.*

Jugendherbergen

• Hostel of the Rocky Mountains $: *1530 Downing St., Denver, CO 80218, Tel.: (303) 861-7777. Relativ zentral zur Innenstadt gelegen.*

Camping

Wer schönere Plätze sucht und abends nicht lange in der Stadt verweilen möchte, sollte einen der im Westen (bereits in den Bergen) liegenden Campingplätze wählen. Stadtnäher wären:

• Denver Shady Meadows RV Park: *2075 Potomac St. I-225, Exit B.R.-70 Business, dann bis Potomac St. und nach Norden abbiegen. 10 Meilen von der City. Meist nur Campingmobile und RVs. Tel.: (303) 364-9483.*

• Denver North Campground: *16700 N. Washington St., Broomfield, CO 80020, Tel.: (303) 452-4120. I-25 Exit 229, 8 km nördl. von Denver. Hier können auch zelte aufgebaut werden. Der wegen des nahen Interstates am günstigsten gelegene Platz nahe der Stadt. Hier gibt es auch Log-Cabins.*

Restaurants

Denver verfügt über eine gute Auswahl an Restaurants, die aber z.T. nicht ganz billig sind. Entscheiden Sie sich also für eine vornehmere Mahlzeit, greifen Sie am besten gleich ganz tief in die Tasche, und essen Sie eines der häufig angebotenen Wildgerichte (Elch, Büffel oder Fasan). Am besten schmeckt das Büffelfleisch – ist aber auch am teuersten.

Übrigens sind die Köche von Denver in einem einsame Spitze: Im Vermischen verschiedenster Essenskulturen. Da gibt es z.B. (Büffel-)Bratwurst mit Sauerkraut und mexikanische Nachos mit französischer Mandarinen-(!)Sauce. In einem japanischen Restaurant passierte es mir sogar, dass es als Beilage zu Sushi Pommes und Bohnen aus der Dose gab. Die Palette also ist weitreichend, und Sie werden merken: Wo Geld ist, da gibt es auch viele japanische Restaurants.

* • Buckhorn Exchange (Saloon): *1000 Osage St., Ecke 10th Ave., Tel.: (303) 534-9505. Steaks und Wildgerichte in altem Saloon von 1893. Die Einrichtung gleicht einem Museum. In der Bar häufig (ruhige) Livemusik. Hier haben bereits Hemingway und Teddy Roosevelt gespeist. Reservierung dringend empfohlen.*

• Wynkoop's Brew Pub: *1634 18th Street (Wynkoop St.). Tel.: (303) 297-2700. Microbrewerie mit ausgefallenen Essensvariationen (neben Burgern gibt es z.B. Elch-Filet). Besichtigung der Brauerei möglich. Unkomplizierte Atmosphäre.*

D

- **Sonoda's**: *1620 Market St., Tel.: (303) 595-9500. Wer einmal Sushi zu akzeptablem Preis versuchen möchte, ist hier richtig aufgehoben.*
- **Red Square Euro Bistro:** *1512 Larimer St. (#38), Tel.: (303) 595-8600. Empfehlenswerte russische Spezialitäten, z.B. Pelemeni und Beef Stroganoff. Über 90 Wodkas.*
- **Café Berlin:** *323 14th St., Tel.: (303) 377-5896. Hier gibt's nicht nur deutsche Gerichte, sondern auch deutsches Bier.*
- * • **T-WA Inn**: *555 S. Federal Blvd. (zw. Alameda und Mississippi Ave.), Tel.: (303) 922-4584. Als erstes Vietnam-Restaurant in Denver ist das T-WA mittlerweile eine Institution. Die Preise sind günstig und die authentische Küche wurde mehrfach prämiert. Einfach eingerichtet und nur mit dem Fahrzeug zu erreichen.*
- *Wer nicht ganz so tief in die Tasche greifen, aber nicht gleich bei McDonalds enden möchte, sollte einmal die* **Colfax Avenue** *rauf- und runterfahren oder den* **South Boulevard**. *Dort gibt es eine Reihe kleinerer Restaurants, die auch hausgemachte Spezialitäten servieren. Fürs Lunch bieten sich ansonsten kleinere Restaurants an der Larimer Street an (die mittags oft günstiger servieren als abends).*
- *Und nicht zu vergessen: Denver ist bekannt für seine zahlreichen* **Microbreweries**. *Fragen Sie am besten in Ihrem Hotel nach der nächstgelegenen.*

Livemusik

Denver ist eine Stadt mit absolut gemischtem Publikum, und der Geldbeutel sitzt nicht bei allen so locker wie bei den beschlipsten Bankern und Geschäftsleuten.

Trotzdem raufen sich am Abend alle zusammen, legen ihre Maßanzüge beiseite, wechseln den Blaumann mit der Levis-Jeans und treffen sich bei guten Musikveranstaltungen. Banker hören hier auch schon mal Rockmusik!

JAZZ

* • **El Chapultepec**: *Ecke 20th./Market Street, Tel.: (303) 295-9126. Wer guten Jazz hören möchte, sollte erst gar nichts anderes ausprobieren. Hier finden sich des Öfteren Jazzgrößen ein (der Besitzer zeigt gerne Fotos). Livemusik ist jeden Abend. Und obwohl Tanzen nicht gestattet ist, hält es das Publikum in der kleinen Bar selten auf den Stühlen. Also – lassen Sie sich dieses Erlebnis nicht entgehen!*

BLUES- UND ROCKMUSIK

Herman's Hideaway: *1578 South Broadway (d.h. 29 Blöcke südlich des State Capitol). Großes Veranstaltungslokal mit lokalen und z.T. auch internationalen Gruppen. Meist Rockmusik (Mi–Sa). Laut, aber mit der passenden Atmosphäre. ACHTUNG! Wer Rockmusik nur bedingt mag, sollte nicht herkommen – es ist wirklich nur etwas für Fans.*

    Hinweis

* Die mit einem **Sternchen** *versehenen Adressen sind besondere Redaktionstipps.*

Dinosaur National Monument, CO *(S. 638)*

Information

Das **Canyon Area Visitor Center** liegt 40 Meilen östlich von Vernal. Geöffnet täglich von 8–16.30h (im Sommer meistens länger). Schriftliche Anfragen: Dinosaur National Monument, 4545 E. US 40, P.O.Box 210, Dinosaur, CO 81610, Tel.: (970) 374-3000, Internet: www.nps.gov/dino. Ein weiteres Visitor Center ist in Planung.

Unterkünfte

Die nächsten Unterkünfte finden sich in **Vernal** *(S. 294)*.

 Tipp

Nicht lange aufhalten und den Besuch auf die Quarry konzentrieren.

Camping

Es gibt 2 einfache Campingplätze in der Nähe des Visitor Center.

Durango, CO *(S. 685)*

Information

• **Durango Chamber Resort Assn.**: 111 S.Camino del Rio, P.O.Box 2587, Durango, CO 81302, Tel.: (970) 247-0312, Fax: (970) 385-7884, Internet: www.durango.org.
• **The Silverton (Durango & Silverton Narrow Gauge Railroad)**: Depot, 479 Main Ave., Tel.: (970) 247-2733, Internet: www.durangotrain.com. Fahrzeit: 3 ½ Std. je Strecke. Die Rückfahrt kann auch mit einem dafür bereitgestellten Bus angetreten werden (bei Ticketkauf angeben!).

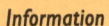

Unterkünfte

Durangos Hotelpreise schwanken sehr, je nach Saison. Am teuersten ist es von Mai bis Oktober sowie zu Weihnachten.
* • **Rochester Hotel $$$-$$$$**: 726 E. Second Ave. Street, Durango, CO 81301, Tel.: (970) 385-1920, Fax: (970) 385-1967. Eleganz und Historie machen dieses Hotel zum Klassiker. Ein echtes Hotel des Westens. Gebäude von 1892. Ambiente und Ausstattung stimmen (Möbel aus dem 19. Jh., alte Fotos, leckeres Frühstück). Wer so tief in die Tasche greifen möchte, der wird es nicht bereuen.
• **Strater Hotel $$-$$$$**: 699 Main Street, Durango, CO 81302, Tel.: (970) 247-4431, Fax: (970) 259-2208. Etwas billiger, aber dafür mit einer (ansprechend-)lebhaften Bar („The Diamond Belle Saloon und Theater", hier häufig Live-Musik) ausgestattet. Ebenfalls historisch: 1887 erbaut. Ähnlich gut, wen auch etwas ruhiger, ist gleich in der Nähe das historische **General Palmer Hotel** ($$-$$$, 567 Main Ave., Tel.: (970) 247-4747).
• **Iron Horse Inn $$-$$$**: 5800 N. Main Ave., 4 Meilen nördl. der City, Durango, CO 81301, Tel.: (970) 259-1010, Fax: (970) 385-4791. Von außen wenig auffällig und ansprechend, aber mit geräumigen, schönen 1 ½-Zimmer-Wohnungen (mit Kamin) und allen wesentlichen Annehmlichkeiten. Ausritte können von hier arrangiert werden. Indoorpool.
• An der **nördlichen Ortsausfahrt (Main Avenue)** reihen sich zudem noch zahlreiche Hotels/Motels aneinander. Dort finden Sie auch gute „Bargains".

D

E

Campingplätze

Es gibt zu den hier genannten noch eine Reihe anderer Plätze nördlich der Stadt entlang dem Hwy. 550.
- **Alpen Rose RV Park**: *3518 C.R.203, 3 Meilen nördlich am Hwy. 550, Tel.: (970) 247-5540*
- **Durango East KOA**: *30090 US Hwy. 160, 7 Meilen östlich, Tel.: (970) 247-0783*

Restaurants

Es gibt entlang der südlichen Main Street Restaurants und Pubs jeglicher Schattierung, daher möchte ich hier nur ein besonderes empfehlen. Hinterher vergessen Sie aber bitte nicht den Drink im legendären **'Diamond Belle Saloon'** *im Hotel Strater. Hier gibt es übrigens auch Pizzas, Burger und anderes „Pub-Food''.*
- *Der* **Mahogany Grille**, *ebenfalls im Strater Hotel (699 Main Ave., Tel.: 247-4431), besticht durch die gediegene Atmosphäre – selbst was die Kleidung der Kellner angeht. Gute Weinkarte und bekannt für die leckeren Steaks.*
- *Wer es bodenständiger mag, der gehe zur* **Carver Brewing Co.**, *1022 Main Ave., Tel.: (970) 259-2545. Hier gibt's von Barfood (Burgers, Pizza etc.) bis hin zu Bison-Steaks alles. Und natürlich selbst gebrautes Bier.*

El Paso, TX *(S. 433ff)*

Informationen
- **El Paso Tourist Information Center**: *1 Civic Center Plaza, Tel.: (915) 534-0601, Internet: www.elpasocvb.com bzw. www.visitelpaso.com.*
- **Texas Tourist Bureau**: *I-10 East, Exit 0, Anthony. Grenze zu New Mexico.*
Außerdem gibt es am **Flughafen** *noch einen kleinen Touristenstand.*
Weitere Infos betreffs Veranstaltungen können Sie der Tageszeitung „El Paso Times'' entnehmen. Erstere hat eine ausführliche Auflistung in der Freitagausgabe im „Lifestyle-Magazine''.

Wichtige Telefonnummern
- *VORWAHL: 915*
- *Notruf Polizei/Feuer/Ambulanz: 911*
- *Telefonauskunft: 1411*
- *Krankenhäuser:*
- *Sierra Providence Memorial Hospital: 2001 N.Oregon Street, Tel.: 577-6011*
- *Thomason Hospital: 4815 Alameda Ave., Tel.: 544-1200*
- *Lokales Wetter: 1410*
- *Zeit- u. Temperaturansage: 532-9911*

Geldwechsel
- **Nations Bank**: *416 N. Stanton Street.*
- **Valuta Corporation**: *307 E. Paisano (Mesa St.), Tel.: 544-1152. Auch an Wochenenden und Feiertagen geöffnet.*

Airlines
- **American**: *1-800-433-7300*
- **American West**: *1-800-356-6611*

- Continental: *1-800-525-0280 od. (915) 544-6223*
- Delta: *1-800-221-1212*
- Southwest: *1-800-435-9792*

El Paso Int. Airport
- *Flughafeninformation: (915) 780-4700 sowie 780-4749*

Wie komme ich zum Flughafen?
- **Mit dem eigenen Auto:** *Folgen Sie vom nördlichen Stadtzentrum aus dem Highway 10 in östlicher Richtung und biegen Sie am Airways Rd.-Exit ab. Dieser Straße folgen Sie dann in nördlicher Richtung. Nach einer Meile ist bereits alles gut ausgeschildert.*
- **Shuttle/Kleinbusse:** *Viele Hotels bieten Shuttleservices an, ebenso wie die Firma „Rancho Grande Shuttle" (Tel.: (915) 771-6661)*
- **Stadtbus:** *Stündlich verkehrt ein Bus der Sun Metro zwischen Innenstadt und Airport.*
- **Taxi:** *Eine Fahrt mit dem Taxi vom Zentrum zum Flughafen kostet ca. 17$ plus Trinkgeld.*

Autovermietungen
Alle größeren Firmen haben Niederlassungen am Flughafen.
- **Alamo:** *771-6022*
- **Avis:** *779-2700*
- **Budget:** *779-2532*
- **Dollar:** *778-5445*
- **Hertz:** *772-4255*
- **National:** *778-9417*

Öffentliche Verkehrsmittel
- **Amtrak:** *Der Bahnhof befindet sich im Union Depot in der 700 San Francisco St. Informationen und Buchungen: Tel. (915) 545-2247 od. 1-800-872-7245.*
- **Überlandbusse:** *Der Busbahnhof befindet sich in der 200 W. San Antonio Ave., Auskünfte und Buchungen:* Greyhound, *Tel.: (915) 532-3404 od. 532-2365. Texas, New Mexico & Oklahoma Coaches Inc. sowie* Transportes Chihuahuenses *(Fahrten nach Mexiko) werden ebenfalls über Greyhound gebucht.*
- **Stadtbusse:** *Die städtische Busgesellschaft heißt „Sun Metro". Besonders in den Außenbezirken ist das Netz aber nicht sehr dicht. Nähere Auskünfte: (915) 533-3333. In der Innenstadt betreibt Sun Metro auch zwei Trolley-Linien, die die touristischen Highlights abfahren.*

Konsulat
Mexican Consulate General: *910 E. San Antonio St., El Paso, TX 79901, Tel.: (915) 533-3644*
(Nähere Infos über die Einreise nach Mexico finden Sie in der Beschreibung von Ciudad Juárez)

Taxis
In El Paso sollte man darauf achten, dass Sie den korrekten Fahrpreis zahlen und auch darauf, ob der Fahrer Umwege fährt.
- **Checkers Taxi Cab:** *532-2626*
- **Yellow Cab:** *533-3433*

Sightseeingtours
• **El Paso - Juárez Trolley Co.**: *Convention Center, Tel.: (915) 544-0062. „Trolleys" (auch „Border Jumper" genannt) vom Convention Center nach Juárez und* zurück im Stundentakt. Sie können unterwegs in Juárez bei einer Sehenswürdigkeit (oft nur Souvenirgeschäfte oder Restaurants) aussteigen und mit dem nächsten Trolley weiterfahren. Tikkets im Touristenbüro. Es gibt auch Trolleytouren zu den Missionsstationen.

Fototipp

Fahren Sie entlang dem **Scenic Drive** (zweigt oberhalb der Innenstadt von der Mesa St. ab), der sich durch die Franklin Mountains windet. Von hier haben Sie einen hervorragenden Blick über Stadt und Land.

Kalender der jährlich stattfindenden Veranstaltungen (Auswahl)
• Erste zwei Wochen im Februar: **Southwestern Livestock Show and Rodeo** (PRCA). Profi-Rodeo im Coliseum mit bekannten Country-Western-Sängern.
• **Mai (Memorial Day-Wochenende): International Hot Air Balloon Festival**: *Heißluftballons steigen vom Mountain Shadow Lake auf + Unterhaltung aller Art. Infos: Tel. 544-8864.*
• **13. Juni: Tigua St. Anthony's Day.** *Die Tiguas feiern ihren Heiligen St. Anthony. Zeremonien und Tänze.*
• **Mitte Juni - Labor Day: Viva! El Paso.** *Farbenprächtiges Musical, aufgeführt im McKelligon Canyon Do–Sa Infos: Tel. (915) 565-6900.*

Einkaufen
Wer auf der Suche nach mexikanischen oder Pueblo-Kunsthandwerk ist, der kann Einkäufe sowohl in El Paso als auch in Ciudad Juárez tätigen. Die Auswahl ist in Mexiko oft origineller. Erwarten Sie aber nicht zuviel. In den grenznahen Geschäften in Juárez sind die Preise für amerikanische Touristen kalkuliert. Damit sind sie günstiger, aber nicht sehr viel.
Wer nun nicht über die Grenze fahren möchte, kann sich diesbezüglich im **Cielo Vista Mall Shopping** Center (I-10/Gateway, Ecke Hawkins St.), einer der größten Einkaufskomplexe der Stadt, umsehen. Es gibt hier ein paar Fachgeschäfte.
• Preiswerter als irgendwoanders in den USA sind Lederstiefel (Boots) in El Paso. Mehrere Hersteller, u.a. Tony Lama, haben hier Fabriken und bieten in „Factory Shops" oder auch als „Zweite Wahl" diese günstig an:
- **Cowtown Boot Company**: *11401 Gateway Blvd.-West, East Side. Viele 2.-Wahl-Stiefel zu attraktiven Preisen. Ansonsten Westernkleidung.*
- **Tony Lama Factory Shops**: *Es gibt 5 Geschäfte in der Stadt, zwei davon sind: 12151 Gateway-West (Zaragosa, I-10 Exit „Ave. of the America") und 7156 Gateway east (neben der Fabrik).*
• **Justin Boots**: *7100 Gateway East, an der Südostecke der Hawkins St. Ebenfalls Tausende von Westernstiefeln.*
• **Souvenirs**: **Saddleblanket Company**: *6926 Gateway East between Airway and Hawkins. Teppiche, Wandbehänge, Tonwaren, Felle, Schmuck u.a.*

Konzerte/Theater/Opern
• **El Paso Convention & Performing Arts Center**: *Civic Center Plaza. Hier finden Opern, Theateraufführungen, Ballett und anderes statt.*

• **McKelligon Canyon**: *Mc Kelligon Rd. 4 Meilen nördlich der City. Folgen Sie der Alabama* E
Rd. Ab dann gut ausgeschildert. Hier finden unter freiem Himmel Konzerte und Festivitäten statt.

Sportveranstaltungen
• **Baseball**: *„El Paso Diablos": Cohen Stadium, 97000 Gateway Blvd. N, Tel.: (915) 755-2000.*
• **Stierkampf**: *Im Plaza Monumental Bullring, 16 de Septiembre, Juárez. Viertgrößte Arena der Welt. Infos über das mexikanische Touristenbüro. Veranstaltungen zwischen Ostern u. Labour Day.*

Hotels und andere Unterkünfte
* • **Camino Real Paso Del Norte $$$-$$$$**: *101 S. El Paso St., El Paso, TX 79901, Tel.: 1-800-769-4300 od. (915) 534-3000, Fax: (915) 534-3024. Großes elegantes Hotel in historischem Gebäude. Der Klassiker in El Paso und billiger, als ähnliche Hotels in anderen Großstädten. Günstige Wochenendraten!*
• **Hilton Airport $$$**: *2027 Airway Blvd., El Paso, TX 79925, Tel.: (915) 778-4241, Fax: (915) 772-6871. Modernes Hotel des gehobenen Standards.*
* • **Sunset Heights Bed & Breakfast $$-$$$**: *717 W. Yandell Dr., El Paso, TX 79902, Tel.: (915) 544-1743, Fax: (915) 545-5119. 4 Zimmer in einem viktorianischen Gebäude von 1905. Die Suite ($$$-$$$$) hat ein Jacuzzi. Super-Frühstück!*
• **Howard Johnson Inn $$**: *8887 Gateway W, El Paso, TX 79925, Tel.: (915) 591-9471, Fax: (915) 591-5602. 10 Meilen östlich des Zentrums. Preisgünstig und ansprechend.*
• **Holiday Inn Sunland Park $$**: *900 Sunland Park Dr., Ecke I-10. El Paso, TX 79922, Tel.: (915) 833-2900, Fax: (915) 833-6338. Gehobener Standard und Blick vom Hügel auf den Sunland Park.*
• **Holiday Inn-Express - Downtown $-$$**: *409 E. Missouri St., El Paso, TX 79901, Tel.: (915) 544-3333, Fax: (915) 533-4109. Einfaches Hotel, dafür aber günstig und zentral gelegen.*
• **Gardner Hotel/International Hostel $**: *311 Franklin Ave., El Paso, TX 79901, Tel.: (915) 532-3661, Fax: (915) 532-0302. Hier gibt es alles vom Schlafsaal bis zu Einzel- u. Doppelzimmer. Waschräume und Toiletten sind aber immer auf dem Flur. Die zentrale Lage und der Preisvorteil sprechen aber für sich.*
• **Besonders günstige Motels ($-$$)** *finden Sie vor allem in der Montana Ave. (nordöstl. der Stadt) in den Blocks ab der Nummer 6000.*

Campingplätze
Da die Plätze nicht viel Platz für Zelter aufweisen, sollten Sie diese unbedingt vorbuchen.
• **Mission RV Park**: *I-10, am Exit der Americas Avenue, East Side. Tel.: (915) 859-1133. Gepflegte Anlage mit eigenen Sportplätzen und Clubhaus. Hier kann auch gezeltet werden. 12 Meilen von der Innenstadt.*
• **Roadrunner**: *Vorreservierung unbedingt nötig. 1212 Lafayette Rd. (I-10 Yarbrough Drive Exit), Tel.: (915) 598-4469. Zelten möglich. Ca. 10 Meilen zur Innenstadt*

Restaurants
Erwarten Sie keine kulinarischen Hochleistungen in El Paso. Die Stadt bleibt auf diesem Sektor provinziell, dafür aber ehrlich im Preis-Leistungs-Verhältnis. Trotz-

E

dem gilt sie mit Recht als „Mexican Food Capitol of the World" (zumindest was die USA betrifft). Dieses echte mexikanische Essen ist aber für die europäische Zunge ausgesprochen scharf. Also Achtung beim ersten Biss!

• Wer gut in der Innenstadt speisen möchte, der sei auf die Restaurants im **Camino Real Paso Del Norte** verwiesen (Tel.: (915) 534-3000). Im **Azulejos** gibt es deftige und schmackhafte Südwest-Küche, während das **Dome** für Fine Dining steht.

• **Jaxon's Restaurant & Brewery**: 1135 Airway Blvd., Tel.: (915) 778-9696. Gutes Bier, Tex-Mex-Gerichte und auch Burger sowie Steaks. Ein weiterer Jaxon's befindet sich: 4799 N. Mesa St., Tel.: 544-1188.

* • **Cattleman's Steakhouse**: Indian Cliffs Ranch, 30 Min. östl. der Stadt. (I-10 Exit Fabens und dann nach Norden), Tel.: (915) 544-3200. Die besten Steaks in Westtexas. Unbedingt vorher reservieren!

* • **Forti's Mexican Elder**: 321 Chelsea Rd. Tel.: (915) 772-0066. Der Tipp für mexikanische Küche.

• **La Hacienda**: 1720 W. Paisano Drive, Tel.: (915) 533-1919. Mexikanische und Tigua-Gerichte in einem der ältesten Gebäude der Stadt. Hier können Sie auch draußen sitzen. Oft voll.

• Wer es besonders scharf mag, der sollte im **Wyngs** (122 S. Old Pueblo Rd, Tel.: (915) 860-7777) einmal den Chili Stew probieren. Gut sind auch die nicht ganz so scharfen Fajitas.

• Wer sich nicht so recht entscheiden kann, der sollte nahe der Uni das Gebiet **Kern Place** aufsuchen (Bereich N. Stanton St./Cincinnati Ave.). Hier gibt es zahlreiche Restaurants der verschiedenen Richtungen. An Wochenenden aber voll.

Pubs/Livemusik/Country- u. Western-Tänze

Gleich vorweg: El Paso ist keine Stadt, um das Nachtleben bzw. die Barszene zu erkunden. Livemusik wird selten gespielt. Wer am Wochenende unterwegs ist, sollte sich nach der neuesten **Country-Disco** erkundigen.

• **Chelsea Street Pub**: Im Bassett Shopping Center am Gateway East., Tel.: (915) 778-8561. Freitag u. Sonnabend Livemusik. Hier gibt es auch günstige Mahlzeiten und typische Cocktails.

• **Margaritas**: 8750 Gateway East (exit Lee Trevino und dann noch 1 Meile). Countrydiskothek für die „Jugend" ab 30. Wenn Sie nicht auffallen wollen, setzen Sie Ihren neuerstandenen Cowboyhut auf, und ziehen Sie die hautengste Wrangler-Jeans an - „Texas is Wrangler-Country!"

Estes Park, CO (S. 646)

Information

Information Center: 500 Big Thompson Ave., P.O.Box 3050, Estes Park, CO 80517, Tel.: (970) 586-4431. Internet: www.estesparkresort.com.

Unterkünfte

• **Aspen Lodge Ranch Resort** $$$$-$$$$$: 6120 Co 7 (7 Meilen südl.), Estes Park, CO 80517, Tel.: (970) 586-8133 od. 1-800-332-6867, Fax: (970) 586-8133. Sehr schönes Resort (Dude Ranch) mit zumeist einzelnen Cottages, aber auch Zimmern (alle mit Balkon und Aussicht auf die Rockies). Das Haupthaus weist die größte Holzkonstruktion Colorados auf. Gutes Restaurant. An der Lodge können Pferde ausgeliehen werden und es werden Ausritte zu einer „arbeitenden" Ranch sowie in den Nationalpark organisiert. In der Umgebung bieten sich gute Wandermöglichkeiten. Eine gute Adresse zum Entspannen. Absolut Nichtraucher!

• **Stanley Hotel $$$$-$$$$$**: Oberhalb der Wonderview Ave., Estes Park, CO 80517, Tel.: (970) 586-3371 od. 1-800976-1377, Fax: (970) 586-3673. Ein Klassiker, der in der Liste

der historischen Hotels steht. Oberhalb des Ortes gelegen, besitzt es in seiner Größe fast Burgcharakter. Die Deluxe-Zimmer nach vorne hin erlauben einen tollen Blick auf die Rockies.

• **McGregor Mountain Lodge $$$**: 2815 Fall River Rd. (3 ½ Meilen westl. an der US 34), Estes Park, CO 80517, Tel.: (970) 586-3457, Fax: (970) 586-4040. Ansprechende Lodge mit 4 Zimmern ($$-$$$) sowie Suiten und Log-Cabins für Selbstversorger ($$$-$$$$).

Das Stanley Hotel

• **Holiday Inn Rocky Mountain Park $$-$$$**: 101 S. St.Vrain Hwy., Estes Park, CO 80517, Tel.: (970) 586-2332, Fax: (970) 586-2038. 4-stöckiges, typisches Holiday Inn mit 150 Zimmern. Aber mit Indoor-Pool.

• **Alpine Trail Ridge Inn $$-$$$**: 927 Moraine Ave., Estes Park, CO 80517, Tel.: (970) 586-4585, Fax: (970) 586-6249. Motel der Mittelklasse.

* • Der **Tipp** aber sind zwei **historische Bed & Breakfast-Unterkünfte**:

- **Baldpate Inn $$$**: 4900 S. CO 7, 7 Meilen südl. Estes Park, CO 80517, Tel.: (970) 586-6151. 1917 erbaut und aufgrund eines Krimiromans, der hier spielte, berühmt-berüchtigt. Tolle Veranda mit Blick auf die Berge. Hier gibt es im Sommer zudem noch ein tolles Buffet (Lunch und Dinner).

- **Allenspark B&B**: CO 7 Business Loop (ca. 15 Meilen südl. von Estes Park), Allenspark, CO 80510, Tel.: (303) 747-2552. Großes Blockhaus aus Kiefern. Alle 14 Zimmer mit Blick auf die Berge. Jacuzzi im Haus.

NUR RANCH (mind. 1 Woche)

• **Peaceful Valley Lodge & Guest Ranch $$$$**: 27 Meilen südlich von Estes Park an der 72., Postadresse: Star Rte, P.O.Box 2811, Lyons, CO 80540, Tel.: (303) 747-2881, Fax: (303) 747-2167. Eine Ranch mit Komfort. Reittouren, Square Dancing, Touren in die Wildnis aller Art.

Restaurants

• **Grumpy Gringo**: 1560 Big Thompson Ave., Estes Park, Tel.: (970) 586-7705. Tex-Mex-Gerichte zu vernünftigen Preisen.

• **Estes Park Brewery**: 470 Prospect Village Dr., Tel.: (970) 586-5421. Burger, Steaks, BBQ-Gerichte und dazu gutes Bier aus der hauseigenen Microbrewerie.

* • **Fawn Brook Inn**: 16 Meilen südlich am CO Hwy. 7 (Business Loop). Tel.: (303) 747-2556. Gute Österreichische Küche mit ebensolchem Ambiente. Auch Wildgerichte. Leider relativ teuer.

* • **Balpate Inn:** *Adresse siehe oben. Im Sommer gibt es ein leckeres und günstiges Buffet. Besonders die Salatbar verlockt nach tagelangem Burger-Verzehr.*

Farmington, NM (S. 692f)

Information
Farmington Conv. & Visitors Bureau: *3041 E. Main St., Farmington, NM 87402, Tel.: (505) 326-7602 od. 1-800-448-1240. Hier erhalten Sie auch weitere Informationen über die „Four Corner Region". Internet: www.farmingtonnm.org.*

Unterkünfte
Vor allem Hotel- und Motelketten sind hier vertreten, besonders an Scott Avenue und E. Broadway, so z.B.:
• **Best Western-Inn & Suites $$**: *700 Scott Avenue (Bloomfield Hwy.), Farmington, NM 87401, Tel.: (505) 327-5221, Fax: (505) 327-1565. Mit Indoorpool, Whirlpool und etwas größeren „Suiten" wohl das beste Franchisehotel am Orte.*
• **La Quinta $$**: *675 Scott Avenue, Farmington, NM 87401, Tel.: (505) 327-4706, Fax: (505) 325-1223. Etwa $ 10 billiger als das Best Western. Auch hier gibt es einen Pool.*
• *Etwas persönlicher dagegen ist das* **Step Back Inn $$**: *103 W. Aztec Blvd., Farmington, NM 87401, Tel.: (505) 334-1200. Das Hotel ist zwar relativ neu, doch hat man sich mit Repliken darum bemüht, ein etwas historischeres Ambiente zu schaffen. Die Zimmer sind auch etwas geräumiger als in den typischen Motels.*
• *Weitere Motels und Hotels gibt es in Aztek.*

Campingplätze
• **Mom & Pops RV Park**: *901 Illinois St., in der Nähe des US 64, Farmington, NM 87401, Tel.: (505) 327-3200. Zelten möglich.*
• **Riverside Park**: *S.Lightplant Road, Aztek, NM 87410, Tel.: (505) 334-9456. In der Nähe des Aztek N.M.*

Restaurants
Clancy's Pub *(2701 E. 20th St., Tel.: (505) 325-8176) und das* **3 Rivers Eatery & Brewhouse** *(101 E. Main St., Tel.: (505) 324-2187) bieten die nötige Abwechslung in dieser „staubtrockenen" Stadt. Letzteres besticht zudem durch ein historisches Gebäude und selbstgebrautes Bier, ist dafür aber auch etwas teurer.*

Flagstaff, AZ (S. 528f)

Informationen
• **Flagstaff Visitor Center**: *1 E. Route 66, Flagstaff, AZ 86001-5598, Tel.: (928) 774-9541, Internet: www.flagstaff.az.us oder www.flagstaffarizona.org.*
• **Peaks Ranger Station**: *5075 N. US 89, Flagstaff, AZ 86004, Tel.: (928) 526-0866. Hier gibt es Infomaterial und Karten für die Erkundung der San Francisco Mountains*
• **Walnut Canyon National Monument**: *Superintendent, Walnut Canyon Nat. Monument, Walnut Canyon Rd., Flagstaff, AZ 86004. Visitor Center: 7 Meilen auf dem I-40 nach Osten. Exit 204. 3 Meilen nach Süden. Tel.: (928) 526-3367, Internet: www.nps.gov/waca.*

- **Chamber of Commerce**: *101 W. Route 66., Tel.: (928) 774-4505.*
- **Sunset Crater (Volcano) Nat. Monument**: *Route 3 (18 Meilen nördl. am US 89), P.O.Box 149, Flagstaff, AZ 86004, Tel.: (928) 526-0502, Internet: www.nps.gov/sucr.*
- **Wupatki Nat. Monument**: *HC 33 (36 Meilen nördl. am US 89), P.O. Box 44A, Flagstaff, AZ 86004, Tel.: (928) 679-2365, Internet: www.nps.gov/wupa. Das Visitor Center ist in der Nähe des Lennox Crater, ca. 3 Meilen von der nördlichen Abzweigung am US 89*

Hotels und andere Unterkünfte

* • **The Inn at 410 Bed & Breakfast $$$$**: *410 N. Leroux St., Flagstaff, AZ 86001, Tel.: (928) 774-0088, Fax: (928) 774-6354. Nahe dem Zentrum gelegen in einem Haus von 1907. Die 9 Zimmer sind sehr individuell eingerichtet und 8 davon haben einen eigenen Kamin. Besonders lecker ist auch das reichhaltige Frühstück. Absolut Nichtraucher.*

- **Little America $$$**: *2515 Butler Ave., Box: 3900, Flagstaff, AZ 86004, Tel.: (928) 779-7900, Fax: (928) 774-7983. Ebenfalls komfortabel eingerichtetes Hotel, 2 Meilen östlich der City. Obwohl einer Kette angehörend, hat man eher das Gefühl, sich in einem Hotel zu befinden.*
- **Best Western Pony Soldier $$**: *3030 US 66, Flagstaff, AZ 86004, Tel.: (928) 526-2388, Fax: (928) 527-8329. Komfortables Motel. Indoor-Pool.*
- **Aspen Inn Bed and Breakfast $$$**: *218 N. Elden St. (928)773-0295. Elegantes B&B in einem Haus von 1912. Nahe der Innenstadt. Nur 4 Zimmer, also unbedingt vorher reservieren.*
- **Lake Mary Bed & Breakfast $$**: *574 Lake Mary Rd, Flagstaff, AZ 86001, Tel.: (928) 779-7054, Fax: (928) 779-7054. Etwas einfach gestaltet als o.g. B&B, aber durchaus empfehlenswert. Gebäude von 1930 (ehemals in Jerome errichtet!).*
- **Comfort Inn of Flagstaff $$**: *2355 Beulah Blvd. (I-17/I-40), Flagstaff, AZ 86001, Tel.: (928) 774-2225. Günstiges Motel mit 80 Zimmern, Outdoor-Pool, Whirlpool und Hot Tub.*
- *Und wer es günstig, historisch und zentral mag, aber auf einige Annehmlichkeiten sowie besonders renovierte Räume verzichten kann, dem seien das* **Weatherford Hotel $** *(23 N. Leroux St., Flagstaff, Tel.: (928) 779-1919, Gebäude von 1897) als auch das* **Hotel Monte Vista $** *(100 N. San Francisco St., Flagstaff, Tel.: (928) 779-6971, Hotel seit 1927) empfohlen. Schauen Sie sich beide Häuser und besonders aber die Zimmer vorher an. Hier steigen auch viele junge Leute ab. Das Weatherford droht evtl. zu schließen, denn* **Charly's Pub** *im Hause scheint mehr einzubringen....*

Camping

Flagstaff KOA: *Santa Fe Ave./US Hwy. 89 (I-40 exit 201), Tel.: (928) 526-9926. 5 Meilen nordöstlich der City.*

Restaurants

- **Josephine's**: *503 Humphrey's St., Tel. (928) 779-3400. Amerikanische Küche (Steak, Lachs etc.). In altem Gebäude mit Bistroatmosphäre. Im Sommer können Sie auch draußen sitzen. Die Adresse, wenn Sie einmal etwas besser dinieren möchten.*

* • **Cottage Place**: *126 W. Cottage Ave., Tel.: (928) 774-8431. Leckereien wie Ente, Lachs und Chateaubriand. Auch sonst gute amerikanische Küche inkl. einiger vegetarischer Gerichte. In Cottage von 1908.*

- **Kachina Downtown**: *522 E. Rte. 66, Tel.: (928) 779-1944. Gute mexikanische Küche. Günstig.*

F

• **Beaver Street Brewery**: *11 S. Beaver St., Tel.: (520) 779-0079. Große Microbrewerie, in der es nicht nur Burger gibt, sondern auch sehr gute Pizzen, Salate und Fondue.*
• *Und wer am Ende eines Abends noch in lockerer Atmosphäre bei Livemusik ein Bier trinken möchte, der sollte den* **Museum Club/ ehem. bekannt als „Zoo Club"** *(3404 E. Rte. 66, Tel.: (928) 526-9434) aufsuchen. Etwa hundert Jahre alt, ist dieser Saloon untergebracht in einer mit ausgestopften Trophäen gefüllten Holzhütte. Meist Country-, manchmal auch Rockmusik.*

> 🖙 **Hinweis**
>
> *Wer Flagstaff ist Ausgangspunkt verschiedener* **Outdoor-Agenturen**. *U.a. können Sie Ausritte und Wildwasserfahrten sowie Wanderungen unternehmen. Am* **Flagstaff Nordic Center** *(US 180, 16 Meilen nördlich am Milepost 232) können Sie Skilanglaufen (oft auch im Herbst und Frühling). Skier können nen geliehen werden.*

Flaming Gorge Nat. Recreational Area, UT/WY *(S. 636)*

ℹ️ ***Information***
Es gibt **2 Visitor Centers**, *die aber nur vom Memorial Day (Ende Mai) bis zum Labor Day (Anfang September) von 9h30–17h geöffnet sind. Schriftliche Anfragen: Flaming Gorge District Ranger, Flaming Gorge National Recreation Area, P.O.Box 279, Manila, UT 84046, Tel.: (435) 784-3445, Internet: www.fs.fed.us/r4/ashley.*
Das **Visitor Center auf Utah-Seite** *befindet sich am Red Canyon Overlook.*

 Unterkünfte
Im Park gibt es einige Lodges:
✳ • **Red Canyon Lodge $$-$$$**: *Südende der Flaming Gorge, Tel.: (435) 889-3759. Fahren Sie noch südlich des Stausees nach Westen auf den UT 44. Dann sind es noch 4 Meilen. Biegen Sie dort ein in Richtung Red Canyon Complex (hier befindet sich auch das o.g. Visitor Center. Die Lodge ist nahe dem Canyonrand gelegen an einem kleinen See. Organisation von Ausritten und Mountainbike-Trips wird angeboten. Cabins, von „Rustic ($, Gemeinschaftsbad) über „Deluxe" ($$, eigenes kl. Bad) bis zu „Luxury" ($$$, Porch, kl. Küche, eigenes, komplett eingerichtetes Bad). Ein idealer Platz zum Entspannen! Wanderwege gibt es natürlich auch, und das* **Restaurant** *serviert erstklassiges essen, u.a. frische Forelle.*
• **Flaming Gorge Lodge $$-$$$**: *7 Meilen südwestlich von Dutch John, UT, 84023, Tel.: (435) 889-3773. Hier auch Verleih von Booten. Organisierte Angeltouren.*
• *Im Park gibt es auch eine Reihe von* **Campingplätzen**.

Fort Davis, TX *(S. 418f)*

Hotels
• **Hotel Limpia $$$**: *Main St. (Town Square), P.O.Box 822, Ft. Davis, TX 79734, Tel.: (915) 426-3237 od. 1-800-662-5517, Fax: (915) 426-3983. Altes Hotel, einfach, aber urig. Verteilt sich über 5 Gebäude (erbaut zw. 1912 und 1945). Versuchen Sie ein „altes" Zimmer im ältesten Gebäude zu bekommen. Die größeren Suites sind nur unwesentlich teurer. Zum Hotel gehört auch das beste Restaurant der Stadt (unbedingt reservieren) mit guten Fleisch- und Fischgerichten.*

• **Old Texas Inn** $-$$: *Main St., P.O.Box 785, Ft. Davis, TX 79734, Tel.: (915) 426-3118. Ebenfalls „antik".*
• *In Fort Davis gibt es ansonsten noch eine Reihe von* **Motels** *und* **Bed & Breakfast**-Unterkünfte.

Fort Worth, TX *(S. 327ff)*

Informationen
Es gibt 3 Informationsbüros in der Stadt, wovon die beiden folgenden am besten ausgestattet sind:
• **Fort Worth Convention & Visitors Bureau:** *415 Throckmorton St., Tel.: (817) 336-8791 oder 1-800-433-5747, Internet: www.fortworth.com.*
• **Fort Worth Stockyards Visitors Center:** *130 E. Exchange Ave. in den Stockyards, Tel.: (817) 624-4741*
• *Auch am* **internationalen Flughafen** *gibt es ein kleines Informationsbüro.*
• *Die* „**Hotline**" *für Veranstaltungen lautet: (817) 332-2000*
• *Veranstaltungen stehen sonst auch in der Tageszeitung „Fort Worth Star-Telegramm" sowie im wöchentlich kostenlos erscheinenden Veranstaltungsblatt „FW Weekly".*

Wichtige Telefonnummern
• *Notruf Feuer/Polizei/Krankenwagen: 911*
• *Wettervorhersage: (214) 787-1111*
• *Telefonauskunft: 1411*
• *Krankenhaus: Harris Methodist Hospital, 1301 Pennsylvania Ave., Tel.: (817) 882-3000.*

Airlines
Die besten Auskünfte erhalten Sie bei den Fluglinien, die Sie unter **Dallas** *(S. 197ff) aufgeführt finden*
• **Flughafenshuttle:** Yellow Checker Shuttle: *Tel.: (817) 267-5150*
• **Light Rail:** *Der „Trinity Railway Express" zwischen Dallas und Fort Worth (T&P-Station, Fort Worth ITC) wird von DART betrieben und passiert den Dallas-Fort Worth Int. Airport. Tel.: (817) 215-8600, Internet: www.trinityrailwayexpress.org.*

Autovermietungen
• **Avis:** *1-800-331-1212*
• **Enterprise:** *1-800-325-8007*
• **Hertz:** *1-800-544-0058*
Siehe auch unter **Dallas** *(S. 197ff)*

Öffentliche Verkehrsmittel
• **Amtrak:** *Abfahrten ab Dallas bzw. Fort Worth Passenger Station, 1501 Jones Street. Informationen: Tel. 1-800-872-7245 oder (817) 332-2931.*
• **Überlandbusse:** *Das Greyhound Bus Terminal befindet sich in der 1001 Jones St., Tel.: (817) 429-3089.*
• **Stadtbusse:** *Für den Stadtbereich von Fort Worth ist das Unternehmen „City Transit Service" (The T) zuständig. Auskünfte unter Tel.: (817) 215-8600.*
• **Light Rail:** *s.o.*

• **Metro:** *Texas' einzige Metro ist privat und verkehrt, kostenlos, auf der ca. 1 Meile langen Strecke zwischen einem Parkplatz im Norden und dem Tandy Center.*

Taxis
• **Yellow Checker Cab**: *(817) 534-5555*
• **American Cab**: *(817) 429-8829*

Jährlich wiederkehrende Veranstaltungen (Auswahl)
• **Januar/Februar: Southwestern Exposition, Fat Stock Show and Rodeo**: *Will Rogers Memorial Center. Infos: (817) 877-2400. Rinderversteigerungen, Rodeos, Volksfest, kulturelles Programm. Seit 1896 jedes Jahr. Jährlich kommen 1 Million Menschen hierher.*
• **Juni: Chisholm Trail Roundup**: *Stockyards. Infos: (817) 625-7005. In Erinnerung an den großen Viehzug von Südtexas über Fort Worth nach Abilene (Kansas). Rodeos, Paraden, Westernunterhaltung aller Art.*
• **Anfang September: Pioneer Days**: *Stockyards. Infos: (817) 626-7921. Karneval und Westernstimmung. Dazu Stände mit Kunsthandwerk. Erinnert an die ersten Siedler am Trinity River.*

Hotels
Grundsätzlich gilt für Fort Worth: Die Zimmer in der Innenstadt bzw. an der Peripherie sind an den Wochenenden billiger, die in bzw. nahe der Stockyards unter der Woche.
• **Renaissance Worthington Hotel $$$$-$$$$$**: *200 Main St., Fort Worth, TX 76102, Tel.: (817) 870-1000 od. 1-800-228-9290, Fax: (817) 882-1765. Das luxuriöse „Vorzeigehotel" der Stadt. Inmitten der Downtown. Springbrunnen in der Eingangshalle. Günstigere Wochenendraten.*
* • **Stockyards $$$-$$$$**: *109 E. Exchange St., Fort Worth, TX 76106, Tel.: (817) 625-6427, Fax: (817) 624-2571. Historisches Hotel inmitten des Stockyards-Distriktes. Für die obere Preisklasse der Tipp. Hier ist es an Wochenenden teurer.*
• **Green Oaks Hotel $$$**: *6901 W.Freeway (I-30/TX 183), Fort Worth, TX 76116, Tel.: (817) 738-7311, Fax: (817) 377-1308. Angenehmes Konferenzhotel, günstiges Preis-Leistungs-Verhältnis, aber leider etwas „veraltete" 1960er-Jahre-Stil-Zimmereinrichtung.*
• **American Inn $$**: *7301 West Fwy (I-30/TX 183), Fort Worth, TX 76116, Tel.: (817) 244-7444, Fax: (817) 244-7902. Günstiges und sauberes 120-Zimmer-Motel. Pool.*
• **Hotel Texas $$**: *2415 Ellis Ave., Fort Worth, TX, Tel.: (817) 624-2224, Fax: (817) 624-7177. Hotel von 1939. Die Zimmer sind relativ klein, dafür liegt das Hotel aber sehr günstig zu den Stockyards. Wer etwa $ 25 mehr ausgeben möchte, der kann den Honeymoon-Raum mit Whirlpool buchen. Der Knüller ist aber die Suite im Obergeschoss ($$$$$), die sich über 4 Räume erstreckt und einen fantastischen Blick auf die Stockyards verspricht. Gut geeignet für Familien. An Wochenenden teurer.*

Bed & Breakfast
• **Miss Molly's $$-$$$$**: *109 1/2 W. Exchange Ave., Fort Worth, TX 76106, Tel.: (817) 626-1522. Mitten in den Stockyards, befand sich hier einst ein Bordell in dem Hause. Heute schön eingerichtet. 7 Zimmer ohne eigenes Bad ($$), eines mit ($$$-$$$$)*

F

Restaurants
• **Joe T. Garcia's**: 2201 N. Commerce St., Tel.: (817) 626-4356. Die beste mexikanische Küche der Stadt und ausgezeichnete Margaritas. Abends gibt es meist aber nur zwei Gerichte: Fajitas oder ein Enchilada-Menü.

• **Edelweiss**: 3801-A Southwest Blvd. (Ecke TX 183). Tel.: (817) 738-5934. Wenn Ihnen mal wieder nach guter Roulade, Rotkohl, Sauerkraut oder Hefeweizen sein sollte und dazu (an Wochenenden) ein deutsch-amerikanisches Unterhaltungsprogramm zusagt, sind Sie hier absolut richtig. Es wird Deutsch gesprochen.

* • **Angelo's Barbecue**: 2533 White Settlement Rd, Tel.: (817) 332-0357. Seit Jahrzehnten **die** Adresse für BBQ-Gerichte. Saftige Ribs, aber auch das Chicken ist Klasse! Einfach und günstig. Gut sind die BBQ-Gerichte auch in der Kette **Riscky's BBQ** (z.B. 300 Main St. (Sundance Square), Tel.: (817) 877-3306).

Bar/Pubs/Livemusik
* • **White Elephant Saloon**: 106 E.Exchange, Tel.: (817) 624-1887. Historischer Platz und wohl der interessanteste Pub der Stadt. Laut, nahezu täglich Livemusik. Und wer die Serie „Walker, Texas Ranger" gesehen hat, wird diesen Saloon daraus kennen. Hier wurden die meisten Barszenen gedreht.

• **Billy Bob's Texas**: 2520 Rodeo Plaza, Tel.: (817) 624-7117. Countrymusik-Konzerte, Honky-Tonk-Unterhaltung jeglicher Art. Eine der größten Country-Discos der Welt! Die Arena (heute oft Bullenreit-Turniere) hier war übrigens früher auch ein Auktionsplatz.

Fredericksburg, TX (S. 372ff)

Information
Fredericksburg Conv. & Visitors Bureau: 302 E. Austin St., Fredericksburg, TX 78624, Tel.: (830) 997-6523, Internet: www.fredericksburg-texas.com.

Unterkünfte
• **Sunday House Inn & Suites $$-$$$**: 501 E. Main St., Fredericksburg, TX 78624, Tel.: (830) 997-4484, Fax: (830) 997-5607. Typisches Motel mit bayrischem Outfit. Pool.

• **Quality Inn $$**: 908 S. Adams St., Fredericksburg, TX 78624, Tel.: (830) 997-9811, Fax: (830) 997-2068. 46-Zimmer- Motel, ca. $ 20 billiger als das Sunday House. Pool

Doch eigentlich liegt hier nichts näher, als in einem der über 150 Bed & Breakfast-Häuser abzusteigen. Bei fast allen Unterkünften handelt es sich um einzelne und freistehende historische Häuser, die mit kleiner Küche, z.T. überdachten Balkonen und gemütlichen Sitzgelegenheiten ausgestattet sind. Wer genügend Zeit hat, sollte sogar überlegen, ob er 2 oder 3 Nächte hier bleiben und sich dabei entspannen möchte. Mit Preisen zwischen ab $ 100 pro Haus sind Sie im Schnitt 50 % teurer als die Motels.

Eine empfehlenswerte, zentrale Buchungsadresse ist:

• **Schmidt Reservation Service**: 231 W. Main St., Fredericksburg, TX 78624, Tel.: (830) 997-5612, Internet: www.fbglodging.com. Im Geschäft können Sie anhand von Fotos das für Sie passende Haus aussuchen.

 Hinweis

* Die mit einem **Sternchen** versehenen Adressen sind besondere Redaktionstipps.

Camping
• **Lady Bird Johnson Municipal Park**: *Hwy. 16, 3 Meilen südlich, Tel.: (830) 997-4202.*
• *Schöner sind <u>für Zelter</u> aber die Plätze in der* **Enchanted Rock State Natural Area**, *18 Meilen nördlich an der RR 965 N, Tel.: 8915) 247-3903.*

Restaurants
In Fredericksburg dürfen Sie sich „deutsche" Küche nicht entgehen lassen. Steaks und Burger gibt es später noch genug. Erwarten Sie aber nicht zu deutsche Küche. Amerikanische und mexikanische Einflüsse werden schmeckbar, und die Beschreibung „Germano-Tex-Mix" trifft wohl den Nagel auf den Kopf. Und machen Sie sich auf haufenweise „Weißwurst-Kitsch" und Klischees gefasst!
• **Friedhelm's Bavarian Inn**: *905 W. Main St., Tel.: (830) 997-6300. Süddeutsche Küche im Bayernlook.*
• **Altdorf Biergarten**: *301 W. Main St., Tel.: (830) 997-7865. Ebenfalls deutsche Küche mit amerideutschem Biergarten.*
• **Old German Bakery**: *225 W. Main St., Tel.: (830) 997-9084. Lunch und Dinner (nur bis 18h) von Do–Mo Besonders lecker sind hier die Pastries.*
• *Und wer doch lieber Tex-Mex speisen möchte, der gehe zu* **Mamacita's** *(506 E. Main St., Tel.: (830) 997-9546).*

Gallup, NM *(S. 473f)*

Information
Gallup Conv. & Visitors Bureau: *701 Montoya Blvd., Miyamura Park, Gallup, NM 87301, Tel.: (505) 863-3841 od. 1-800-242-4282, Internet: www.gallupnm.org.*

Unterkünfte
• **Holiday Inn $$**: *2915 W.US 66 Hwy., Gallup, NM 87301, Tel.: (505) 722-2201, Fax: (505) 722-9616. Komfortables, modernes Hotel der Mittelklasse*
* • **El Rancho Hotel $$**: *1000 E. US Hwy. 66 (exit 22), Gallup, NM 87301, Tel.: (505) 863-9311, Fax: (505) 722-5917. Der „Tipp" in Gallup. 1937 errichtet von dem Bruder eines Hollywooddirektors. Dieser bot dann bekannten Schauspielern von Humphrey Bogart über Ronald Reagan bis Katherine Hepburn Unterkunft während der Dreharbeiten zu Wildwest- und anderen Filmen.*
• *Ansonsten gibt es unzählige, z.T. schon ziemlich herunter gekommene Motels in Gallup.*

Camping
Ein schöner Campingplatz befindet sich im **Red Rock State Park** *(Tel.: (505) 722-3839, Camping-Reservierung: 863-9330). Nicht nur RVs, hier können Sie auch zelten.*

Restaurant
Ranch Kitchen: *3001 W.US 66 (sehr weit im Westen, in der Nähe des Holiday Inn), Tel.: (505) 722-2537. Mexikanische und amerikanische Fleischgerichte.*

Galveston, TX *(S. 350ff)*

Information
Galveston Island Convention & Visitors Bureau: *2027 61st St., Galveston, TX 77550, Tel.: (409) 763-4311 oder 1-888-425-4753, Internet: www.galvestontourism. com. Geöffnet: täglich 8h30–17h.*
Hier erhalten Sie neben Karten vor allem die Broschüre „Galveston Island Attractions", die Ihnen die Erkundung der Stadt erheblich vereinfachen wird.

Touren
• **Treasure Island Tour Train**: *21st St./Seawall, Tel.: (409) 765-9564. 90-minütige Sightseeingtour rund Galveston.*
• **Air Excalibur**: *Rundflüge. Infos: Tel. (409) 744-0089. Abflug ab Scholes Int. Airport.*

Jährlich wiederkehrende Veranstaltungen (Auswahl)
• **Februar: Mardi Gras** *in der Innenstadt und vor allem an der Strandpromenade. Umzüge, Livemusik u.v.m. Tel.: 1-888-425-4753.*
• **Erste beiden Wochenenden im Mai: Galveston Historical Society**: *Touren durch historische Gebäude der Stadt, die sonst nicht zugänglich sind. Tel.: (409) 765-7834.*
• **Anfang Juni: Building Sand Castles.** *R.A. Apffel Park, East Galveston Island. Über 60 Teams von verschiedenen Architektenbüros wetteifern um den Bau der schönsten Sandburg, Tel.: (409) 762-3278.*
• **Erstes Wochenende im Dezember: Dickens on the Strand Celebration.** *Strand. Infos: (409) 765-7834. Verwandlung des „Strand Nat. Historical Landmark District" in die Londoner Zeit von Dickens (19. Jh.). Dekoration, Stände, Musik u. kulturelles Rahmenprogramm.*

Fahrrad-/Surfbrettverleih
Entlang dem **East-Beach** *finden sich eine Reihe von Fahrrad- und auch Surfbrettverleihern. Es gibt auch Tandemräder.*

Hotels
* • **The Tremont House (Wyndham) $$$$-$$$$$**: *2300 Ship's Mechanic Row, Galveston, TX 77550, Tel.: (409) 763-0300, Fax:(409) 763-1539. Im historischen Distrikt gelegenes Hotel. Auch die Zimmer sind im alten Stil eingerichtet. Sicherlich das schönste Hotel der Stadt.*
* • **Galvez (Wyndham) $$$$-$$$$$**: *2024 Seawall Blvd., Galveston 77550, Tel.: (409) 765-7721, Fax: (409) 765-5780. Seit Jahrzehnten ein gesellschaftlicher Mittelpunkt der Küstenorte von Texas. Im Volksmund auch „Queen of the Gulf" genannt. Tipp: Die Suiten sind viel besser ... aber mittlerweile auch wesentlich teurer.*
• **Harbor House $$-$$$$$**: *N° 28 Pier 21 (Pier 19-Complex), Galveston, TX 77550, Tel.: (409) 763-3321, Fax: (409) 765-6421. Hotel mit 39 Zimmern. Viele Zimmer mit Blick auf den Hafen. Preise variieren stark, je nach Jahreszeit und Wochentag.*

 Hinweis

Besonders während der Sommermonate empfiehlt sich eine Reservierung der Unterkünfte! Und **Achtung!** *Während der warmen Jahreszeit sind die Zimmerpreise in Galveston am Wochenende oft um 50 % höher.*

• **Gaido's Seaside Inn** $$: *3700 Seawall Blvd., Galveston, TX 77550, Tel.: (409) 762-9626. Ansprechendes Motel mit bekanntem Fischrestaurant im Hause (s.u.).*
• *Entlang dem* **Seawall Blvd.** *gibt es noch eine Reihe anderer Hotels und im Visitor Center informiert man Sie gerne über die* **Condos** *(Selbstversorger-Apartments), von denen es auch zahlreiche gibt.*

Campingplätze
• **Dellanera R.V. Park:** *10901 San Louis Pass Rd., Galveston, TX 77554, Tel.: (409) 797-5102.*
• **Galveston Island State Park**: *Zelten und Campmobile. Schön gelegen im Naturpark (Wanderwege, Strände, Dünen). Im Sommer oft voll, bes. an Wochenenden und in den Ferien. Vorher reservieren: Tel.: (409) 737-1222.*

Restaurants
* • **Gaido's:** *Ecke 39th und Seawall, Tel.: (409) 762-9625. Seit 1911 in Familien-besitz und weithin bekannt für das Seafood mit „Catch of the day". Große Portionen, dafür aber auch nicht ganz billig. Doch hier sollten Sie in die Fischplatte investieren.*
• **Landry's Seafood**: *5310 Seawall Blvd., Tel.: (409) 744-1010. Das Franchise-Restaurant serviert ebenfalls recht gutes Seafood und ist günstiger als Gaido's.*
• **The Strand Brewery**: *101 23rd St., Tel.: (409) 763-4500. Brewpub mit entsprechenden Biersorten. Kleinigkeiten zu essen. Biergarten auf dem Dach. Oft Livemusik an Wochenenden.*

Gila Cliff Dwellings National Monument, NM *(S. 482f)*

Information
• *Es gibt ein* **Visitor Center** *direkt am Monument (44 Meilen nördl. Silver City am NM 15), Tel.: (505) 536-9461 Internet: www.nps.gov/gicl.*
• *Weitere Auskünfte und Karten über den gesamten* **Gila National Forest** *erhalten Sie am Information Desk, Gila National Forest/US Forest Services: 3005 East Camino del Bosque, Silver City, NM 88061, Tel.: (505) 388-8201*

Unterkünfte
Hotels finden Sie in Gila Hot Springs, Pinos Altos und **Silver City** *(S. 281f)*

Camping
Vier Campingplätze *befinden sich am Monument. Ansonsten gibt es 18 weitere Campinggelegenheiten, verstreut gelegen, im Gila Forest (davon kommen aber nur die wenigsten für Sie, aufgrund der Entfernung, in Frage). Alternativ können Sie auf einem Platz in Silver City oder Pinos Altos campen.*

Glenwood, NM *(S. 482)*

Übernachtungstipp
Los Olmos Guest Ranch $$$$: *An der Hauptstraße, P.O.Box 127, Glenwood, NM 88039, Tel.: (505) 539-2311, Fax: (505) 539-2312. Angenehme Mischung aus Motel, Hotel und Gästefarm. Gehört zur Vereinigung der Dude Ranches.*

Golden, CO *(S. 661)*

Information
Greater Golden Area Chamber of Commerce: *1010 Washington Ave., Golden, CO 80401, Tel.: (303) 279-3113, Internet: www.goldencochamber.com.*

Übernachtung
Hotels der mittleren Preisklasse finden sich ausreichend in der Stadt, meist im Bereich um den Hwy. 6. Hier aber noch ein spezieller Übernachtungstipp:
* • **Dove Inn Bed & Breakfast $$ ($$$)**: *711 14th Street, Golden, CO 80401, Tel.: (303) 278-2209. Günstiges Bed & Breakfast-Haus. Gebäude von 1878. Schöne Zimmer und selbst die (kleine) Suite erreicht gerade eben die Preisklasse $$$. Hier sind Sie richtig, wenn Sie nicht unbedingt in der Großstadt Denver (und zu entsprechenden Preisen) nächtigen möchten.*
• *In Golden gibt es auch weitere* **Bed & Breakfast-Unterkünfte**.

Restaurant
Hops Restaurant-Bar-Brewery: *14285 W. Colfax Ave. (im Denver West Shopping Village), Golden, (303) 216-2469. Und wer bei der Besichtigung der Coors-Brewery auf den Gedanken an ein gutes Bier gekommen ist, der sollte in diese Microbrewerie einkehren. Hier gibt es natürlich die üblichen Burger, Steaks usw.*

Grand Canyon Nat. Park und Tusayan, AZ *(S. 556ff)*

Adresse und Information
• *Es gibt drei Visitor Centers:* **Grand Canyon Village Loop – South Rim** *(tägl. 8–18h, im Winter nur 8–17h), in der* **Grand Canyon Lodge – North Rim** *(Mitte Mai bis Mitte Oktober tägl. geöffnet 8–18h, Rest des Jahres geschlossen) sowie in Tusayan (Ort südl. der South Rim) das täglich geöffnete* **National Geographic Visitor Center,** *wo Sie auch Tickets für den Park bekommen.*
• **Schriftliche Anfragen:** Grand Canyon National Park, *P.O.Box 129, Grand Canyon, AZ 86023, Tel.: (928) 638-7888, Internet: www.nps.gov/grca.*
• **Grand Canyon Chamber of Commerce:** *P.O.Box 3007, Grand Canyon, AZ*

> ☞ **Wichtiger Hinweis**
>
> Die **Zufahrt zur North Rim** ist nur von Mitte Mai bis Mitte Oktober erlaubt (bei geringem Schneefall bis Mitte November). Damit schließen logischerweise auch alle Einrichtungen an der North Rim in der kalten Jahreszeit.

86023, Tel.: 1-888-472-2696 od. (928) 638-2901, Internet: www.grandcanyonchamber.com. Dieses Informationsbüro befindet sich in Tusayan, dem Touristenort südlich des Eingangs zur South Rim.

Überall liegt auch die mehrfach jährlich erscheinende Zeitschrift „**The Guide**" *aus, die über aktuelle Veranstaltungen informiert. Wetternachrichten erhalten Sie unter Tel. (928) 638-2245 oder im Radio: KSGC, 92,1 FM. Bei* **Notfällen**: *Tel. 911. An der South Rim gibt es zudem die* **Grand Canyon Clinic** *(Tel.: (928) 638-2551).*

G

📇 **Hinweis**

Wegen des starken Besucherandranges ist die Parkverwaltung dazu übergegangen, in der überwiegenden Zeit (allemal in den Sommermonaten), die Rim Road für Autos zu sperren und die Besucher mit **Shuttle-Bussen** zu den einzelnen Aussichtspunkten (Hop on – hop off) zu befördern. Auch um Village empfiehlt sich die Nutzung des eigenen PKWs kaum, denn auch hier verkehrt ein Shuttle-Bus. Am besten, Sie finden einen Parkplatz nahe dem Visitor Center und benutzen diese Verkehrsmittel von da an.

Wer zur **North Rim für eine Übernachtung** möchte, der kann ab 13h30 von der South Rim mit dem (nicht ganz billigen) **Trans Canyon Shuttle-Bus** (Tel.: (928) 638-2820) fahren. Der Bus fährt am nächsten Morgen um 7h wieder an der North Rim ab. Die Fahrzeit beträgt etwa 5 Stunden! Und reservieren Sie vorher unbedingt Ihre Unterkunft an der North Rim!

Unterkünfte

Verlassen Sie sich nicht darauf, dass Sie einfach bei Ihrer Ankunft ein Zimmer bekommen, auch nicht vor den Toren des Parks. Es ist allemal ratsam, seine Unterkunft einige Monate im Voraus zu buchen! Zimmer im Park (sowie Moqui Lodge) reservieren lassen kann man unter der Anschrift:

- **Grand Canyon Nat. Park Lodges/Xantera Parks & Resorts**: 14001 E. Iliff Ave., Aurora, CO, Tel.: (303) 297-2757, Fax: 8303) 297-3175, Internet: www.grandcanyonlodges.com. „Same Day Reservations": (928) 638-2631. Manchmal gibt es ja eine kurzfristige Absage...

SOUTH RIM

* • **El Tovar Hotel $$$-$$$$**: *Eines der großen, klassischen Hotels des Westens, 1905 erbaut und 1984 total renoviert. Rustikal eingerichtet, Blockhausstil. Kamine, Trophäen. Im Restaurant kann man ein hervorragendes und stilvolles Dinner erleben – Reservierung dringend empfohlen.*

• **Thunderbird & Katchina Lodges $$$**: *Zweistöckige, schöne und moderne Unterkünfte, nebeneinander direkt am Canyonrand gelegen. Für ein Zimmer mit Canyonblick bezahlen Sie nur ca. $ 10 extra.*

* • **Maswik Lodge $$-$$$**: *Rustikale Hütten (*) mit Charakter ($$) und moderne Zimmer ($$$). Die Hütten sind wirklich der Tipp für den Grand Canyon und genügen voll und ganz, sind aber leider auch schnell ausgebucht. Sports Lounge im Hause.*

• **Yavapai Lodges $$-$$$**: *Einige Minuten vom Canyonrand entfernt in einem schönen Fichtenwald. Mit 360 Zimmern das größte Hotel im Park.*

* • **Bright Angel Lodge & Cabins $-$$$$**: *Rustikale Unterkunft direkt am Canyonrand. Einfache Zimmer ($-$$, Bad teilen) und historische 'cabins' ($$) aus dem Jahre 1935, z.T. mit Canyonblick ($$-$$$). Die Luxus-Cabins kosten aber dann $$$$ (lohnt nicht). Auch hier gilt für die günstigen Cabins: Am besten 1 Jahr im Voraus buchen.*

• **Phantom Ranch $-$$**: *Die Ranch (von 1922) befindet sich im Canyon-Tal. Die Unterkünfte bestehen aus Schlafsälen (bis zu 10 Betten) und einfachen Hütten. Toller Ranch-Charakter! Mahlzeiten müssen vorbestellt werden! Auch hier gilt: 1 Jahr im Voraus buchen. Am besten in Kombination mit einem Maultierritt (Erfordernisse: fließend Englisch, nicht über 91 kg Körpergewicht, Mindestgröße ca. 1,60 m) in den Canyon. Das ist sehr teuer, aber ein Erlebnis! Rechnen Sie für 2 Personen inkl. 1 Übernachtung und den Mahlzeiten dabei mit über $ 600. Auch hier gilt: mindestens 1 Jahr im Voraus buchen (besser 2 Jahre!).*

G

TUSAYAN (wenige Meilen südlich der South Rim)

In Tusayan machen immer mehr Hotels und Motels der verschiedensten Franchise-Ketten auf. Im Grunde besteht der Ort nur aus diesen (somit lohnen Adressenangaben hier nicht) und einigen einfachen Restaurants. Wer aber glaubt, hier sei es wesentlich billiger als im Park, der täuscht sich. In der Sommersaison kostet ein Mittelklasse-Motelzimmer um $ 100 und die Restaurants sind unverschämt teuer. In einer Selbstbedienungspizzeria haben wir $ 20 für eine Family-Pizza bezahlt.

- **Moqui Lodge $$$**: *Direkt am Parkeingang gelegen und damit einige Kilometer vom Canyonrand entfernt. Unterbringung in einfachen (norwegischen) A-förmigen Holzhütten und normalen Zimmern. Hier kann man Pferde ausleihen. Zu buchen über Xantera (s.o.).*
- **Grand Canyon Quality Inn & Suites $$$**: *P.O.Box 520, Grand Canyon, AZ 86023, Tel.: (928) 638-2673, Fax: (928) 638-9537. Wer mit Kindern reist, wird die etwas größeren Zimmer zu schätzen wissen. Die Suiten ($$$-$$$$) haben auch eine kleine Küche (man bedenke die Restaurantpreise!).*

NORTH RIM

- *** • Grand Canyon Lodge $$-$$$**: *Zu buchen über Amfac (s.o.), Tel.: (928) 638-2611. Direkt am Canyonrand gelegene historische Lodge. Rustikale Hütten bis hin zu relativ modernen Zimmern. Die Lodge gilt als einer der Klassiker in amerikanischen Nationalparks. Geöffnet von Mai bis Oktober. Restaurant und Bar am Hause.*

> ☞ **Tipp**
>
> *Wem die Unterkünfte im und nahe dem Grand Canyon National Park zu teuer sind bzw. wer keinen Platz mehr findet, der kann für die South Rim auf die Orte Flagstaff und Williams sowie für die North Rim auf Page, Fredonia oder Kanab, UT, ausweichen.*

- **Kaibab Lodge $$-$$$**: *Gut 5 Meilen nördlich des Parkeingangs zur North Rim. Postadresse: P.O.Box 2997, Flagstaff, AZ 86003, Tel.: (928) 638-2389, Fax: (928) 638-9864. Ebenfalls eine „historische" Lodge (1926). Rustikal. Unterbringung in Holz-Cabins. Abends wird selbst im Sommer der Kamin in der Lobby des Hauptgebäudes angefacht. Restaurant im Hause. Mitte Mai bis Oktober geöffnet.*

> ☞ **Nebenbei bemerkt ...**
>
> Alle Unterkünfte im Nationalpark unterliegen der „Fred Harvey-Gruppe". Fred Harvey selbst war es, der in der zweiten Hälfte des 19. Jh. als erster dem Aufruf der Eisenbahngesellschaften, Politiker, Siedler und Abenteurer folgte und gepflegte Hotels, Restaurants und Bars im Westen eröffnete. Die ersten etablierte er entlang der Santa-Fe-Eisenbahnlinien. Um dem gewünschten Standard gerecht zu werden, ließ er Kostüme von New Yorker Modegeschäften für die Angestellten entwickeln, und die Mädchen wurden in einer eigenen Schule ausgebildet, nicht nur auf gastronomischer Ebene, sondern auch was Auftreten in der Gesellschaft anbelangte. Das immer freundliche Gesicht der „Harvey Girls" war bald im ganzen Westen bekannt, und die Männer stürmten die Restaurants und Bars.
>
> Bald aber war Harvey's größtes Problem, dass 80 % seiner Mädchen bereits nach weniger als einem Jahr mit einem Cowboy oder Goldschürfer über alle Berge waren und er immer wieder neue ausbilden musste.

Fred Harvey

G

Camping

Auch hier empfiehlt sich im Sommer eine Vorbuchung. Dieses ist nur möglich über National Recreation Reservation Service, Tel.: 1-877-444-6777, Internet: www.recreation.gov. Bis zu 6 Monate im Voraus möglich. Im Park selbst gibt es fünf Plätze, u.a.:

• **South Rim:** *„Mather Campground", „Trailer Village" und 26 Meilen östlich des Village den nur im Sommer geöffneten* **„Desert View Campground".** *Außerhalb des Parks in Tusayan gibt es noch das* „**Grand Canyon Camper Village"** *(Tel.: (928) 638-2887) sowie den günstigen (nur für Zelte)* „**Ten-X-Campground",** *der der Forstverwaltung untersteht (Tel.: (928) 638-2443)*

• **North Rim:** *„North Rim Campground" sowie zwei Plätze in Jacob Lake (ca. 30 Meilen nördl. des Parkeingangs.*

• **Canyongrund:** *„Bright Angel Campground" in der Inner Gorge am Colorado. Keine Straßenzufahrt!*

Restaurants

Grundsätzlich sollten Sie sich in dieser touristischen Region auf die vielen **Selbstversorger-Cafés und -Restaurants** *der Lodgen und in Tusayan beschränken. Es ist überall überteuert. Nur wer nun wirklich einmal Fine Dining in rustikaler Atmosphäre erleben möchte, dafür rechtzeitig bucht und bereit ist, tief in die Tasche zu greifen, dem sei der* **El Tovar Dining Room** *(Tel.: (928) 638-2631) im gleichnamigen Hotel an der South Rim nahe gelegt. Die einzelnen Restaurants in den Lodgen liegen preislich in der oberen Mittelklasse, qualitativ eher in der unteren.*

Unternehmungen im und um den Grand Canyon Nat. Park

• **Oak Tank Outfitters** *(www.angelfire.com/az/oaktank), ein Unternehmen im Besitz der Hualapai unternimmt Rafting-Touren auf dem Colorado (ab Peach Springs im Westen des Grand Canyons) sowie Workshops, die in die Lebensweisen und Kultur der Indianer Einblick erlauben. Unbedingt lange vorher buchen!*

• *Auf Touren durch Canyons und zu Indianerstämmen hat sich* **Indian Country Tours** *spezialisiert (www.gcanyon.com). Auch hier gilt: Rechtzeitig anmelden.*

• *Wer glaubt, einen Platz in einem Schlauchboot fürs* **River Rafting auf dem Colorado River** *zu ergattern, der muss mindestens ein Jahr im Voraus buchen. Im Internet bieten viele Unternehmen ihre Dienste an, eines davon ist:* **Arizona River Runners***: P.O.Box 47788, Phoenix, AZ 85068-7788, Tel.: (602) 867-4866, Internet: www.raftarizona.com.*

• **Weitere Aktivitäten im Grand Canyon Nat. Park** *sind Jeeptouren, geführte Wanderungen und Ausritte. Hierfür melden Sie sich am besten an den Buchungsschaltern in den großen Nationalpark-Lodgen an.*

Grand Junction, CO *(S. 598)*

Information

Grand Junction Visitors & Convention Bureau: *740 Horizon Dr., Grand Junction, CO 81506, Tel.: (970) 244-1480, Fax: (970) 243-7393, Internet: www.grand-junction. net oder www.visitgrandjunction.com.*

Unterkünfte
• **Grand Vista Hotel $$-$$$**: *2790 Crossroads Blvd., Grand Junction, CO 81506 (½ Meile nordöstl. des I-70, Exit 31), Tel.: (970) 241-8411, Fax: (970) 241-1077. Versuchen Sie ein Zimmer in der 4.–6. Etage zu bekommen. Dann haben Sie einen schönen Ausblick. Die Mini-Suiten ($$$) eigenen sich gut für Familien. Im Hause gibt es ein Restaurant und einen englischen Pub.*
• **Best Western Sandman $$**: *708 Horizon Drive, Grand Junction, CO 81506, Tel.: (970) 243-4150, Fax: (970) 243-1828. Sauberes Motel mit gutem Preis-Leistungs-Verhältnis. Pool und Whirlpool.*
• **West Gate Inn $$**: *2210 US 6 & 50 (I-70, exit 26), Grand Junction, CO 81230, Tel.: (970) 241-3020, Fax: (970) 243-4516. Günstig zum Colorado National Monument gelegenes Motel. Pool.*
• **Stonehaven Bed & Breakfast $$-$$$**: *798 N. Mesa St., Fruita, CO 81521 (nordwestl. von Grand Junction), Tel.: (970) 858-0898, Fax: (970) 858-7765. Viktorianischer Stil in einem Haus von 1908. Hot Tub. Reichhaltiges Frühstück. Absolut Nichtraucher.*
• *Es gibt mehrere Campingplätze, u.a. den* **Saddlehorn Campground** *in der Nähe des Visitor Centers vom Colorado National Monument. Es gibt aber keine Duschen und RVs sind auch nicht erlaubt. Eine Alternative wäre der* **Junction West RV Park** *(793- 22nd Rd., Grand Junction, Tel.: (970) 245-8531) mit Duschen.*

Restaurants
• **Starvin' Arvin's**: *752 Horizon Drive, Tel.: (970) 241-0430. Steaks, Chicken und selbst gemachte Pasta. Achten Sie auf die historischen Fotografien an den Wänden.*
• **The Winery**: *642 Main Street, Tel.: (970) 242-4100. In Gebäude von 1890. Steaks und Seafood + reichhaltige Salatbar. Teurer und vornehmer als „Starvin' Arvin's".*

Grand Staircase-Escalante National Monument, UT *(S. 615ff)*

Information
• *Es gibt Visitor Center in* **Boulder** *(Ecke UT 12/Burr Trail, Internet: www.boulderutah.com),* **Escalante** *(s.u.),* **Kanab** *und* **Tropic** *(UT 12).*
• *Wer sich bereits telefonisch über den Zustand der Straßen und Wanderwegen (wichtig, besonders bei Regen!) erkundigen möchte, rufe das* **Interagency Office** *des Bureau of Land Management (BLM) in Escalante an: Tel.: (435) 826-5499, Internet: www.ut.blm.gov/monument, oder fährt direkt am dort angeschlossenen Visitor Bureau vorbei: 755 W. Main St.*

Unterkünfte
* • **Boulder Mountain Lodge $$-$$$**: *Ecke UT 12/Burr Trail, P.O.Box 1397, Boulder, UT 84716, Tel.: (435) 335-7460, Fax: (435) 335-7461. Diese rustikale Lodge wurde bereits von mehreren Lesern empfohlen. Man spricht sogar deutsch. Das engagierte Naturschützer-Paar kann gute Tipps für die Erkundung des Nat. Monuments geben und organisiert auch Ausritte, Trekking- und Allradtouren.*

Hinweis

Es empfiehlt sich in dieser abgelegenen Ecke Utahs, die Unterkunft vorzeitig zu reservieren. Schnell sind die Zimmer in der Sommersaison vergeben.

• *Als weiteres seien noch zwei Bed & Breakfast-Unterkünfte genannt:* **Escalante-Staircase B & B $$-$$$** *(280 W. Main St., Escalante, UT 84726, Tel.: (435) 826-4890, Fax: (435) 826-4889), sowie das* **Bryce Trails B & B $$-$$$** *(1001 W. Bryce Way, Tropic, UT 84770, Tel.: (435) 679-8700.*

• *siehe auch unter:* **Bryce Canyon Nat. Park** *(S. 188),* **Kanab** *(S. 245) und* **Capitol Reef Nat. Park** *(S. 190)*

Grand Teton National Park, WY *(S. 632)*

Adresse und Information

• **Schriftlich:** Superintendent, **Grand Teton National Park**, *P.O.Drawer 170, Moose, Wyoming 83012, Tel.: (307) 739-3300, Internet: www.nps.gov/grte.*

• *Es gibt drei* **Visitor Center (Moose, Jenny Lake** *und* **Colter Bay)** *im Park.*

Unterkünfte

• *Es gibt mehrere Hotels im Park. Zentral gelegen ist die* **Jackson Lake Lodge** *mit Zimmern und Cabins. Zu buchen sind alle Unterkünfte der Nationalpark-Behörde über folgende Adresse:* **Grand Teton Lodge Company**, *Box 240, Moran, WY 83013, Tel.: (307) 543-2811, Internet: www.gtlc.com.*

• *Weitere Hotels finden Sie in* **Jackson Hole**.

Grants, NM *(S. 469)*

Information

Chamber of Commerce: *100 N. Iron St., Grants, NM 87020, Tel.: (505) 287-4802, Internet: www.grants.org.*

Unterkünfte

• **Sands Hotel $-$$**: *112 McArthur St., Grants, NM 87020, Tel.: (505) 287-2996, Fax: (505) 287-2107. Älteres Hotel im Ort (und damit weg vom Interstate). Kein Luxus, aber dafür auf eine bestimmte Art charmant.*

• **Leisure Lodge $:** *1204 E. Santa Fe Ave., Grants, NM 87020, Tel.: (505) 287-2991. Einfaches Motel mit 32 Zimmern und einem kleinen Pool.*

Es gibt noch 15 weitere, z.T. sehr einfache Motels in Grants.

Camping

2 **Campingplätze** *nahe der Stadt mit nur wenigen Zeltmöglichkeiten.*

Great Sand Dunes National Park und Alamosa, CO *(S. 703ff)*

Adresse und Information

Great Sand Dunes National Park: *11500 Highway 150, Mosca, CO 81146-9798, Tel.: (719) 378-6300. 4 Meilen in den Park hinein gibt es ein* **Visitor Center**. *Internet: www.nps.gov/grsa.*

G

Übernachtung
• **Zapata Ranch $$$-$$$$**: 5303 CO 150 (wenige Meilen südlich des Parks), Mosca, CO 81146, Tel.: (719) 378-2356, Fax: (719) 378-2428. Dieses schöne Resort wurde von der „Nature Conservancy" (Non-Profit-Organisation) übernommen, die hier jetzt Bisons züchtet und Hirsche schützt. Seitdem kann man hier nur noch im Rahmen eines naturbezogenen Seminars übernachten. Viele Wanderwege umgeben das Resort. Die Zimmer sind rustikal eingerichtet und das alte Farmhaus stammt von 1889. Von November bis Memorial Day (im Mai) geschlossen.
• Weitere Hotels in Alamosa, z.B.: **Best Western Alamosa Inn $$**: 2005 Main St., Alamosa, CO 81101, Tel.: (719) 589-2567 mit ansprechendem Restaurant oder das etwas günstigere **Comfort Inn $$**, 6301 US 160, Alamosa, CO 81101, Tel.: (719) 587-9000.
• **Campinggelegenheit** im Park (einfach) und auf einem Platz am Parkeingang.

Green River, UT (S. 597)

Information
Green River Travel Council: 885 E. Main St., Green River, UT 84525, Tel.: (435) 564-3427, www.go-utah.com/Green-River-Utah/.

Übernachtung
• **Best Western River Terrace $$-$$$**: 880 Main Street, Green River, UT 84525, Tel.: (435) 564-3401, Fax: (435) 564-3403. Bestes Hotel am Platze an (vernünftige Preise).
• Zudem gibt es unzählige andere Motels und auch Campingplätze.

Gruene, TX (S. 376)

Übernachtung
Eine schöne, wenn auch teure Übernachtungsgelegenheit bietet das historische * **Gruene Mansion Inn ($$$-$$$$**, 1275 Gruene Road, Tel.: (830) 629-2641). Um das viktorianische Haupthaus gruppieren sich noch geschickt zu Zimmern und Cottages umgebaute Farm- und Wirtschaftsgebäude. Frühstück im Preis inbegriffen.

Guadalupe Mountains National Park, TX (S. 420ff)

Information und Adresse
• Das **Main Visitor Center (Pine Springs)** liegt direkt am Parkeingang am US 62/180 und ist ganzjährig geöffnet.
• Ein **zweites Visitor Center** befindet sich am Ende der Stichstraße zum **McKittrick Canyon**.
• **Schriftlich: Guadalupe Mountains Nat. Park**, HC 60, Box 400, Salt Flat, TX 79847-9400, Tel.: (915) 828-3251, Internet: www.nps.gov/gumo.

Unterkünfte

Die nächstgelegenen Hotels und Restaurants gibt es in **White's City** (ca. 35 Meilen nordöstl.) und **Carlsbad** (55 Meilen nordöstl.). Lesen Sie dazu unter **Carlsbad Caverns N.P.**, S. 190f.

Camping

Es gibt zwei Campingplätze im Park: **Pine Springs** nahe dem Visitor Center und der wesentlich einfachere **Dog Canyon Campground** (letzterer ist nur von Norden erreichbar über die Abzweigung vom Hwy. 137 in NM). Im Park selbst gibt es eine Reihe von Campstellen, die aber kein fließendes Wasser haben und auch ansonsten nur rudimentär ausgestattet sind. Weitere Campingplätze gibt es sonst in **White City** und **Carlsbad** (s.o.).

Heber Valley und Park City, UT (S. 618f)

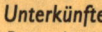

Information

• **Heber Valley Chamber of Commerce, Visitor Information:** 475 N. Main St., P.O.Box 427, Heber City, UT 84032, Tel.: (435) 654-3666, Internet: www. hebervalleycc.org.
• **Park City Visitor Bureau:** 1910 Prospector Ave., Park City, UT 84060.
• **Park City Visitor Information Center:** 725 Kearns Ave., Park City, UT 84060, Tel.: (435) 649-6100, Internet: www.parkcityinfo.com.

Unterkünfte

Besonders in Park City ist die Auswahl an Unterkünften grenzenlos, aber meist auch hochpreisig. Am günstigsten kommen Sie hier während der Sommersaison weg, wenn Sie die Wochenenden meiden und sich vor Ort kurzfristig um eine Unterkunft bemühen. Von einigen Hotels werden dann oft „Schnäppchen" angeboten. Hier ein paar Empfehlungen fürs Heber Valley und Park City:
• **Homestead Resort $$$$$:** 700 N. Homestead Dr., Midway, UT 84049, Tel.: (435) 654-1102, Fax: (435) 654-5087. 5 Meilen westlich am US 40. Alte Farmanlage von 1896. Luxuriöse Aufmachung. Erholung, Reiten, Golf, Fahrradverleih und Wanderungen.
• **Yarrow Hotel $$$-$$$$$:** 1800 Park Ave., Park City, UT 84060, Tel.: (435) 649-7000, Fax: (435) 645-7007. Luxuriöses Hotel (Pool, Whirlpool etc.) mit teureren Suiten ($$$$$).
* • **Old Miner's Lodge $$$:** 615 Woodside Ave., Park City, UT 84060, Tel.: (435) 645-8068, Fax: (435) 645-7420. Im Westernstil und mit einer Reihe von Antiquitäten eingerichtetes Hotel. Whirlpool. Nur Nichtraucher! Der Tipp für die obere Mittelklasse.
Wer sparen möchte, mietet sich in einem der folgenden zwei einfachen Motels ein:
• **Danish Viking Lodge $$:** 989 S. Main St., Heber City, UT 84032, Tel.: (435) 654-2202, Fax: (435) 654-2770.
• **High Country Inn $ RV Park:** 1000 S. Main St., Heber City, UT 84032, Tel.: (435) 654-0201.
• Campingplätze gibt es mehrere.

Restaurants

• **Bandits Grill & Bar:** 440 Main Street, Park City, Tel.: (435) 649-7337. BBQ-Steaks und Grillgerichte. Western-Dekor. Preiswert.

• **The Blue Boar Inn**: 1235 Warm Springs Rd., Heber City, Tel.: (435) 654-1400. Gute Küche der oberen Mittelklasse. Beliebt ist auch das Menu. Achten Sie auf die Wildgerichte.
• **Don Pedro**: 1050 S. Main St., Heber City, Tel.: (435) 657-0600. Günstige und schmackhafte mexikanische Gerichte.

H

Houston, TX (S. 335ff)

Informationen
• **Greater Houston Convention & Visitors Bureau**: 901 Bagby, Ecke Walker St., Houston, TX 77002, Tel.: (713) 437-5556 od. 1-800-4 HOUSTON, geöffnet: 8h30–17h, Internet: www.visithoustontexas.com oder www.houston-guide.com.
• Leider gibt es **am Flughafen kein Touristenbüro**. Dafür bietet das „Department of Aviation" aber einen Service für Flugreisende an, der alles von Abflugfragen bis zur Hotelunterkunft organisiert. Die Mitarbeiter sind an beiden Flughäfen an ihren schwarzen Uniformen zu erkennen.
• Beim Houston C&VB gibt es Kartenmaterial und das vierteljährlich erscheinende Magazin „Official Guide to Houston", das die nötigsten Informationen enthält, besonders was Restaurants angeht. Außerdem gibt es eine Broschüre mit „Houston Public Events", die über das Veranstaltungsprogramm informiert. Sie erscheint ebenfalls vierteljährlich. Falls Sie planen, das NASA-Space-Center, Beaumont oder Galveston zu besuchen, erhalten Sie hier in Houston bereits einige Informationen. Die „Houston Press" ist eine kostenlose Veranstaltungszeitung, die wöchentlich erscheint und auch in Restaurants und anderen öffentlichen Einrichtungen ausliegt.
Die offizielle Tageszeitung ist der „Houston Chronicle".

Wichtige Telefonnummern
• VORWAHL: 713, außerhalb des „Loop 610" oft auch die 281
• Notruf Feuer/Polizei/Krankenwagen: 911
• Krankenhausnotdienste:
- Hermann Hospital, 6411 Fannin, Tel.: (713) 704-3627. Notfalldienst.
- Texas Medical Center: Unterhält mehrere Krankenhäuser südl. des Hermann Parks: zentr. Tel.: (713) 790-1136.
- Houston Dental Center: Tel.: (713) 784-6114. Zahnärztliche Dienste.
• 24 Std.-Apotheke/Diabetikerdienst: AMI/PLaza Medical Center Pharmacy: 1200 Binz, Ste. 120, Tel.: (713) 523-7847. Bringen Medizin auch ins Hotel.
• Lokale Wetterauskunft: (713) 529-4444 oder (713) 228-8703

Geldwechsel
Neben den normalen Banken können Sie außerdem in den größeren Hotels und an beiden Flughäfen außerhalb der Schalterstunden Geld wechseln. Einen weiteren Schalter unterhält:
International Money Exchange: 1130 Travis St., Mo–Fr 8h30–18h und Sa 8h30–17h, Zeiten aber besser vorher noch mal nachprüfen: Tel.: (713) 654-1900.

Airlines

- Aeromexico: *939-0077*
- American: *1-800-433-7300*
- America West: *1-800-247-9297*
- Continental: *1-800-525-0280*
- Delta: *1-800-962-8596*
- Lufthansa: *1-800-645-3880*

- Northwest: *1-800-225-2525*
- Southwest: *1-800-435-9792* od. *(281) 922-1221*
- United: *1-800-241-6522*
- US Airways: *1-800-428-4322*

- *Flughafeninformationen*
- Houston Bush-Intercontinental Airport: *(281) 230-3000*
- William P. Hobby Airport: *(713) 640-3000*

Wie komme ich zum Airport (von der Innenstadt aus)?

- *Bush-Intercontinental Airport:*
Von diesem Airport fliegen alle wichtigen überregionalen und interkontinentalen Flüge ab.
- **Taxi in die Innenstadt:** *kostet ab $ 35.*
- **Shuttle-Bus (s.u.) in die Innenstadt**: *Kostet ab $ 20/Person*
- **Ein Stadtbus** der METRO (s.u.) *verkehrt zwischen Bush-Int. Airport und Innenstadt: Mo–Fr (ca. alle 30 Minuten, aber nur 6–10h sowie 14–19h) Tel.: (713) 635-4000, Internet: www.ridemetro.org.*
- **Mit dem eigenen Auto:** *Folgen Sie dem North Freeway (I-45) in Richtung Norden. An der Ausfahrt 60 (ca. 13 Meilen nördlich der City) biegen Sie nach Osten ab auf den North Sam Houston Pkwy (North Beltway 8). Diesem folgen Sie bis zur ausgeschilderten Abfahrt. Von dort sind die Terminals bzw. die Autovermietungsstationen gut gekennzeichnet. Es sind aber noch ein paar Meilen.*

- **William P. Hobby Airport:** *Regionale und inneramerikanische Flüge.*
- **Taxi in die Innenstadt** *kostet ab $ 22.*
- **Shuttle-Bus (s.u.) in die Innenstadt:** *kostet ab $ 13/Person.*
- **Ein Stadtbus** der METRO (s.u.) *verkehrt zwischen Hobby Airport und Innenstadt an 7 Tagen in der Woche (ca. alle 30 Minuten, 5–24h) Tel.: (713) 635-4000, Internet: www.ridemetro.org.*
- **Mit dem eigenen Auto:** *Fahren Sie auf dem Gulf Freeway (I-45) in Richtung Südosten (Galveston). Ca. 8 Meilen südlich der City liegt der Flugplatz auf der rechten Seite, und die Zufahrten sind gut ausgeschildert.*

- *Für beide Flughäfen:*
Shuttle/Kleinbus: *Folgende Firma bietet den Service an:*
- **Express Shuttle**: *Tel.: (713) 523-8888, Internet: www.airportexpresshouston.com. Verkehrt halbstündlich vom Flughafen in die Stadt und umgekehrt. Abfahrtspunkte: Medical Center, Astrodome, Downtown Hyatt Regency (1200 Louisiana Greenway), Galleria, Post Oak Terminal (Ecke Richmond St./Loop 610). Abholung vom Hotel kann u.U. arrangiert werden.*

Autovermietungen

Zu den hier angegebenen Adressen gibt es noch weitere im Stadtgebiet (siehe Telefonbücher). Grundsätzlich haben alle Vermieter ihre größten Stationen nahe den beiden Flughäfen.

- **Alamo**: *2911 N. Beltway 8, Tel.: (281) 590-5100*
- **Avis**: *4960 Wright Rd., Tel.: (281) 443-5800*
- **Budget**: *15840 JFK Blvd., Tel.: (281) 449-0145 und (713) 988-7300*
- **Dollar**: *15720 JFK Blvd., Tel.: (281) 449-0161 und (713) 227-7368*
- **Hertz**: *P.O. Box 60447, Houston, TX 77205, Tel.: (281) 443-0800*
- **National**: *(281) 443-8850*
- **Thrifty**: *Tel.: (281) 442-5000*

Außerdem sind alle größeren Unternehmen mit Schaltern an beiden Flughäfen vertreten.

Öffentliche Verkehrsmittel

- **Amtrak**: *Der Bahnhof befindet sich in der 902 Washington Avenue. Auskünfte unter Tel.: (713) 224-1577.*
- **Überlandbusse**: *Der Terminal von Greyhound und Trailways befindet sich in der 2121 Main Street, Ecke Gray Street. Telefonische Auskünfte unter (713) 759-6565 oder 1-800-231-2222.*
- **Stadtbusse**: *Die „Metropolitan Transit Authority" (METRO) betreibt den lokalen Busbetrieb, auch bis zur NASA/Clear Lake Area. Auch gibt es spezielle Transporte für Behinderte (METROLIFT). Nähere Auskünfte über Fahrpläne, Spezialtouren etc.: Tel. (713) 635-4000, Internet: www.ridemetro.org.*
- **Metro**: *Seit einigen Jahren gibt es eine Metro (Straßenbahn), die auf 8 Meilen verkehrt. Die Linie startet im Norden an der Houston University (Downtown), führt durch den Central Business District und weiter nach Midtown, zum Museum District, der Rice University und endet südlich des Reliant Park. Das Streckennetz soll in den nächsten Jahren noch ausgebaut werden. Infos: Tel. (713) 635-4000, Internet: www.ridemetro.org.*

Taxis

Entweder Sie rufen ein Taxi heran, oder Sie bestellen sich eines per Telefon:
- **Yellow Cab**: *Tel. (713) 236-1111*
- **Fiesta Cab**: *Tel. (713) 225-2666*
- **United Cab**: *Tel. (713) 699-0000*

Sightseeingtours

- **Gray Line of Houston**: *Über Coach USA, 950 McCarthy Dr., Tel.: (713) 671-0991 od. 671-3250. Verschiedene täglich stattfindende Stadtrundfahrten. Abfahrten auf Anfrage auch von den größeren Hotels.*
- *Durch die Innenstadt fahren kostenlose* **Trolley-Busse der METRO**, *Tel.: (713) 635-4000.*
- **Hafenrundfahrten**: *Die 'Sam Houston' unternimmt täglich, außer montags, 1- bis 2-stündige Touren. Abfahrt von der Ave. R (Turning Basin 9). Fahren Sie dazu auf dem I-10 erst nach Osten und dann auf dem Wayside (Exit 773) nach Süden. Ein paar Blöcke südlich zweigt die Ave. R. ab. Leider sind die Touren häufig ausgebucht, daher empfiehlt sich eine Reservierung. Tel.: (713) 225-4044. Unbedingt bei Reservierung Abfahrtsort bestätigen lassen, da gelegentlich Änderungen vorgenommen werden.*

Jährlich wiederkehrende Veranstaltungen (Auswahl)

- **Februar**: Houston Livestock Show and Rodeo. *Astrodom und Umfeld. Infos: (713) 791-9000. Die Stadt steht Kopf. Alle besuchen die Viehauktionen, Rodeos, Shows und andere Festivitäten – natürlich in traditioneller Westernkleidung.*

• Mitte Februar: Mardi Gras in Galveston. *Umzüge, Livemusik und vieles, was mit den Astronauten zu tun hat. Zentrum des Geschehens ist an der Strandpromenade. Tel.: 1-888-425-4753.*

• April: Houston International Festival. *An verschiedenen Plätzen und Aufführungsorten stellen sich Künstler vor und bieten ein abwechslungsreiches Programm. Infos im Houston C&VB, Tel.: (713) 965-9955.*

• Juni–August: *Verschiedene* Musikfestivals in der ganzen Stadt. *Besonders zu empfehlen wären das June-Teenth-Blues-Festival mit Blues, Gospel u. Jazz sowie das Houston Jazz Festival (Miller Theatre).*

Einkaufen

• *Ein erlesenes Shopping Center ist* The Galleria: *5015 Westheimer. Liegt westlich der Innenstadt. 300 Geschäfte, u.a. auch Souvenirshops. Kann man fast als touristische Attraktion bezeichnen. Ähnlich der gleichnamigen Mall in Dallas (die Houstianer schauen hier und kaufen dann ein paar Monate später in den abgelegenen, billigeren Discountläden).*

• Prime Outlets: *I-45, Exit 91, League Line Rd. Günstige „Fabrikläden", u.a. Levi's Jeans.*

• Katy Mill Mall: *25 Meilen westlich, I-10, Exit Pin Oak Road. Riesige Shopping Mall mit 200, z.T. Megashops. Der Knüller ist, wie bei allen Mill-Malls, der* Bass Shop, *der alles für Outdoor-Unternehmungen bietet (Camping, Angeln, Kleidung, Boote etc.).*

SOUVENIRS/WESTERNKLEIDUNG:

• Hat Store: *5587 Richmond Ave., Ecke Chimney Rock, Tel.: (713) 780-2480. Cowboy-Hüte in allen Preisklassen. Wer Online bestellen möchte: www.thehatstore.com*

• Stelzig's: *3123 Post Oak Blvd. Souvenirs und Westernkleidung. Bereits seit 120 Jahren und damit der älteste Westernladen der Welt.*

KARTEN:

• Rand McNally Map&Travel Store: *Shoppingmall Galleria I, 5015 Westheimer. Ausgesuchter Kartenladen, in dem Sie sich für Ihre weitere Reise mit allem eindecken können. Auch sonntags geöffnet von 12–18h.*

FLOHMÄRKTE:

Flohmärkte in den USA sind noch kommerzialisierter als die in Europa, aber trotzdem hat man vielleicht doch die Chance, einen guten Cowboyhut oder etwas für die weitere Reise zu ergattern:

• Traders Village-Houston: *7979 N. Eldridge Rd. (nordwestl. der Stadt). Größter Flohmarkt an der gesamten Golfküste. Jedes Wochenende. Infos: Tel.: (281) 890-5500.*

• Houston Fleamarket: *6116 S.W. Frwy., zwischen Westpark und Fountain View. Jedes Wochenende. Achtung! Bei Drucklegung war nicht sicher, ob der Flohmarkt weitergeführt wird. Fragen Sie im Houston CVB nach.*

Konzerte/Theater/Oper

Eine Metropole wie Houston eignet sich allemal für einen Theaterabend oder ein gutes Konzert. Es gibt viele Theater und Bühnen in Houston. Erkundigen Sie sich dazu auch im Houston CVB. Falls Sie mal Lust auf etwas anderes haben sollten, können Sie auch selbst buchen:

• Die **„Hotline"** *(Infos, Buchen etc.) fürs Kulturprogramm vom „Houston Ballett", der „Houston Grand Opera" und der „Society of the Performing Art" lautet (713) 227-ARTS.*
• **Tickets für alle kulturellen Veranstaltungen** *erhalten Sie z.B. über die „Houston Ticket Company", Tel.: (713) 877-1555 oder bei „Ticketmaster", Tel.: (713) 629-3700. Letztere haben mehrere Ticket-Center in der Stadt (siehe Telefonbuch).*
• *Neuer und sehr bemüht bei der Besorgung von Tickets für alle Arten von Veranstaltungen ist das private Ticketoffice* **Ticket Stop**, *5925 Kirby Dr., #D, Tel.: (713) 526-8889, Internet: ticket-stop.com.*

Sportveranstaltungen
Machen Sie einmal etwas Besonderes, und besuchen Sie eine Veranstaltung einer typisch amerikanischen Sportart. Die Stimmung werden Sie nicht so schnell vergessen. Tickets erhalten Sie auch über ein privates Ticketoffice: **Ticket Stop**, *5925 Kirby Dr., #D, Tel.: (713) 526-8889, Internet: ticket-stop.com.*
HINWEIS: Nicht immer finden die Spiele in den u.g. Stadien statt. Erkundigen Sie sich vorher noch mal.
• **Basketball:** *Die „Houston Rockets" ist die Profimannschaft von Houston. The Summit, 10 Greenway Plaza, Tel.: (713) 627-3865, Internet: www.rockets.com. In letzter Zeit weniger erfolgreich.*
• **Baseball:** *die „Houston Astros", The Astrodome 8400 Kirby Drive am Loop 610 S., Tel.: (713) 627-8767, Internet: www.houston.astros.mlb.com.*
• **Football:** *Die „Houston Oilers" wurden 1997 nach Nashville verkauft. Eine neue Mannschaft für Houston wurde aber ins Leben gerufen, die „Texans", Internet: www. Houstontexans.com.*
• **Greyhound Racing:** *Gulf Greyhound Park, 1000 FM 2004, an der I-45 S, Exit 15, La Marque (30 Meilen von der City in Richtung Galveston). Täglich außer Montag. Eine der größten Greyhoundbahnen der Welt.*

Hotels
Hotels in Houston genügen jedem Standard, sind aber unter der Woche im Citybereich teurer als in anderen Städten. Von Mo–Do empfiehlt sich daher evtl. das Übernachten in Galveston, von wo aus Sie nicht nur Galveston, sondern auch das Space Center gut erreichen können.
Billigere Unterkünfte in Houston finden sich nördlich und westlich der City. Fragen Sie zwischen Freitag und Montag unbedingt nach Wochenendtarifen.
• **The St. Regis Houston $$$$$**: *1919 Briar Oaks Lane, Houston, TX 77027, Tel.: (713) 840-7600, 1-800-325-3589, Fax: (713) 840-8036. Gediegen, luxuriös und viel besucht von den großen Stars und VIPs. Ab 200 $ (oft auch über 300 $!), doch wenn Sie schon so tief in die Tasche greifen, können Sie auch gleich einen Hunderter (oder, wenn genügend frei sein sollte, vielleicht auch etwas weniger) draufpacken und sich in einer Suite ausbreiten.*
• **Zaza Hotel/ The Warwick $$$$-$$$$$**: *5701 Main Street, Houston, TX 77005, Tel.: (713) 526-1991, 1-800-822-4200, Fax: (713) 526-0359. Ebenfalls eines der edelsten Luxushotels von Houston, und man erhält hier (in dieser Klasse) das beste Preis-Leistungs-Verhältnis, und der Luxus stimmt auch. Historisches Ambiente. Da alle Zimmer anders geschnitten sind, fragen Sie unbedingt nach einem größeren Zimmer nach Süden.*
• **Lancaster Inn $$$-$$$$**: *701 Texas St., Houston, TX 77002, Tel.: (713) 228-9500 od. 1-800-231-0336, Fax: (713) 228-8237. Historisches Luxushotel, nicht zu groß. In der Innenstadt.*

• **Holiday Inn - Galleria $$$**: 3131 W. Loop, nahe der „Galleria", Houston, TX 77027, Tel.: (713) 621-1640 od. 1-800-321-2211. Günstig gelegen zu den Einkaufsmalls, der Museumsdistrikt ist gut zu erreichen über das Freeway-System.

• **Windsor Suites Hotel $$$**: 9090 Southwest Freeway, südwestlich der Innenstadt, Houston, TX 77074, Tel.: (713) 995-0123, Fax: (713) 779-0703. Geräumige Zimmer. Wochenendraten!

• **America's Best Value Inn $$-$$$**: 16410 I-45 (25 Meilen nördl. der Innenstadt), Houston, TX 77090, Tel.: (281) 821-1000, Fax: (281) 821-1420. Einfache, aber relativ geräumige Suiten, meist mit kleiner Küche. Sehr günstig. Nur geeignet, wenn Sie von Norden anreisen, ansonsten von den meisten Sehenswürdigkeiten doch etwas weit entfernt.

• **La Quinta-Reliant Medical Center $$-$$$**: 9911 Buffalo Spwy (nahe I-610), Houston, TX 77054, Tel.: (713) 668-8082, 1-800-531-5900, Fax: (713) 668-0821. Relativ günstiges Motel nahe dem Museumsdistrikt, und auch die Innenstadt ist relativ gut zu erreichen (Straßenbahn).

• **La Quinta Inn & Suites $$-$$$**: 520 West Bay Area Blvd., Webster, TX 77598, Tel.: (281) 554-5290. Zwar ein 'langweiliges' Motel, aber dafür günstig gelegen für Fahrten nach Houston und Galveston. Wochenendtarife!

• Natürlich gibt es rund um Houston unzählige Motels und Hotels aller Franchise-Ketten. Beachten Sie vor allem Angebote aus den in den Touristenämtern (vor allem Texas-State-Tourismusbüros an den Staatsgrenzen) ausliegenden **Coupon-Heftchen**. Bedenken Sie aber auch die weiten Wege und das Verkehrsaufkommen. Ein günstiges Motel 30 Meilen von der Innenstadt entfernt kann täglich Stunden im Auto bedeuten. Versuchen Sie auch mal die **Mittelklasse-Franchise-Hotels im Bereich des Medical Center** (südl. der Innenstadt). Oft bieten die Sonderpreise. Aber nochmals: Die Lage ist in einer so großen Stadt wichtiger als der Preis!

HOTELS NAHE DEM LBJ SPACE CENTER UND DEM KEMAH BOARDWALK
(beides 20–25 Meilen von der Innenstadt entfernt)
Wollen Sie nicht in Houston selbst übernachten, sondern nur das Space Center (und vielleicht Galveston) besichtigen und dann die Stadt verlassen, bieten sich u.a. folgende Hotels an. Übrigens liegen hier die Preise in der Woche niedriger.

• **The Boardwalk Inn $$$-$$$$**: #8 Kemah Boardwalk, Kemah, TX 77565, Tel.: (281) 334-9880. Schönes Hotel direkt an der Boardwalk-Promenade von Kemah. 52 Zimmer, einige mit Blick auf das Wasser.

• **South Shore Harbour Resort $$$-$$$$**: 2500 South Shore Blvd., League City, TX 77573, Tel.: (281) 334-1000, Fax: (281) 334-1157. Relativ modernes Resort am Clear Lake. Marina, Golfpakete, geräumige Zimmer. Dinner-Cruises mit dem hauseigenen Boot werden angeboten (teuer, aber gut). Günstig gelegen zum Space Center und Kemah Boardwalk. Wer sehr tief in die Tasche greifen will: es gibt zweigeschossige Suiten.

• **Microtel Inn & Suites $$**: 1620 NASA Rd., Houston, TX 77058, Tel.: (281) 335-0800. Einfach, aber etwas geräumigere Zimmer für einen vernünftigen Preis.

• **Motel 6 $-$$**: 1001 W.NASA Rd.1, Houston, TX 77058, Tel.: (281) 332-4581. Einfaches Motel direkt an der Kreuzung zum I-45.

Bed & Breakfast
Bed & Breakfast bedeutet in Amerika nicht unbedingt, dass man in familiärer Atmosphäre lebt, eher handelt es sich um persönlich geführte Pensionen. Am

H

Heights Boulevard, wo eine Reihe alter Häuser im viktorianischen Stil stehen, gibt es noch weitere Bed & Breakfast-Unterkünfte.

• **Sara's B&B Inn $$$- $$$$**: *941 Height's Boulevard, Houston, TX 77008, Tel.: (713) 868-1130, 1-800-593-1130, Fax: (713) 868-3284. Viktorianisches Haus mit familiärer Atmosphäre. Die günstigeren Zimmer teilen sich das Bad.*

• **Angel Arbor B&B $$$-$$$$**: *848 Heights Blvd., Houston, TX 77008, Tel.: (713) 868-4654. In georgianischem Haus von 1923 untergebracht. Antike Möbel. Sehr komfortabel.*

* • **Lovett Inn $$$-$$$$**: *501 Lovett Blvd., Houston, TX 77006, Tel.: (713) 522-5224, Fax: (713) 528-6708. Ehemaliges Haus eines Bürgermeisters. Historisches Ambiente.*

 Jugendherbergen

• **Houston International Hostel $**: *5302 Crawford, Houston, TX 77004, Tel.: (713) 523-1009. Nur Mehrbettzimmer. Günstig im Museumsdistrikt gelegen.*

 Campingplätze

• **KOA Houston Central Campground**: *1620 Peachleaf (12 Meilen nördl. der Innenstadt), Houston, TX 77039, Tel.: (281) 442-3700. 12 Meilen zur City. Zelte und RVs.*

• **Almost Heaven Campground**: *4202 Del Bello Rd., Manvel, TX 77004, Tel.: (281) 489-8561. 20 Meilen südlich der City.*

 Restaurants

Houston ist vor allem bekannt für seine Creole-/Cajun-Küche (Südstaaten), das Seafood und für die große Anzahl fernöstlicher Restaurants. Ich denke, Cajun sollten Sie zumindest einmal gegessen haben. Empfehlung: Shrimps Gumbo oder Crawfish (kleiner Hummer).

• **The Brownstone**: *2736 Virginia St. (Nähe Westheimer), Tel.: (713) 520-5666. Distinguiert, edel, historisch, Antiquitäten, erlesene Weine und, und, und ... Die Gelegenheit, mit Kerzenlicht und Silberbesteck einen besonderen Tag zu feiern. Das gesamte Dekor besteht aus ausgesuchten Antiquitäten. Wundern Sie sich auch nicht, wenn Ihr Tischnachbar ein anderes (antikes/erlesenes) Besteck benutzt als Sie.*

* • **Shanghai Red's**: *8501 Cypress Rd., Tel.: (713) 926-6666. Der Geheimtipp für Atmosphäre, Seafood und einmalige Aussicht auf den Houston Ship Canal. Wundern Sie sich nicht: Es liegt mitten in einem Industriegebiet. Bei der (unbedingt erforderlichen) Reservierung achten Sie bitte gleich darauf, dass man Ihnen einen Tisch am Fenster gibt. Beliebt ist auch der Champagne Brunch am Sonntagmorgen.*

• *Für Seafood-Freunde lohnt der Blick ins Telefonbuch (bzw. die Frage im Hotel) nach dem nächsten **Landry's** oder **Joe'' Crab Shack**. Diese Kette unterhält gut 20 Lokale im Großraum Houston (auch unter dem Namen **Willie G's**) und ist bekannt für die leckeren Fisch- und Krabbengerichte, die hier noch bezahlbar sind.*

• *Und um gleich bei den Ketten zu bleiben, empfehlen sich auch die **Pappadeux Seafood-Kitchens, Pappa's Seafood House** sowie **Pappa's BBQ** in Houston (gehören zur Familie der o.g. Pappasito's).*

• **Zydeco Louisiana Diner**: *1119 Pease, Tel.: (713) 759-2001. Cajun- und Südstaatenküche. Oft Zydeco-Livemusik. Beliebt ist hier der Oyster-Pow-Boy (großes, langes Sandwich, belegt mit Austern und Gemüse)*

• **Chuy's Comida Deluxe**: *2706 Westheimer Rd. (in River Oaks), Tel.: (713) 524-1700. Tex-Mex in „Elvis-Dekoration".*

Dinner im Houston-Stil

Zu den Restaurants und dem Nachtleben erlaube ich mir einen kleinen Exkurs. Falls Sie den gesamten Südwesten bereisen und sich vorgenommen haben, nicht jede größere Stadt in Ihr Programm aufzunehmen, empfehle ich Ihnen aber, Houston unbedingt genauer anzusehen und hier den Schwerpunkt besonders auf die **Restaurant-** und die **Nightlife-Szene** zu legen. Vornehme Speisetempel finden Sie natürlich überall, aber in Houston verbindet sich Vornehmes mit Originellem bzw. Billiges mit dem rechten Ambiente, und diese Symbiosen dürfen Sie sich einfach nicht entgehen lassen, solange für Sie Dinner nicht nur 'Nahrung aufnehmen' heißt.

Essen gehen in Houston hat Tradition, und, anders als z.B. in Dallas, sind sich die Houstianer nicht zu fein dazu, ein abgelegenes Restaurant in einem Industriegebiet aufzusuchen, wenn das Essen stimmt und/oder die begleitende Musik für Stimmung sorgt.

Nirgendwo anders im Südwesten habe ich eine so **variationsreiche Küche** erlebt wie hier. Tex-Mex ist nicht einfach Tex-Mex, und die Seafood-Küche bietet alles von New York bis Mexiko. Und wo die Konkurrenz so groß ist, wird immer etwas Ausgefallenes geboten. Ob in einem „Pappasito's" zur Fajita, im „Shanghai Red's" zu den Krabben die alte Scheune mit Blick auf den Schiffsverkehr oder die Elvis-Dekoration im „Chuy's". Die Liste ließe sich endlos ausdehnen. Probieren Sie es selbst.

Livemusik

Was das spätabendliche Programm angeht, rate ich Ihnen, den nächsten Morgen nicht zu früh beginnen zu wollen. Für alle musikalischen Geschmacksrichtungen und Altersgruppen hat Houston etwas zu bieten. Blues- und Cajun-Musik mag zwar nicht jedermanns Sache sein, aber live erleben sollte man sie schon einmal. Auch Jazz- und vor allem Rockmusik wird in zahlreichen Kneipen gespielt, und häufig trifft man dabei auf Stars, die man nur von den CD-Regalen zu Hause her kennt. Sie lieben alle Houston – alleine schon wegen seines aufgeschlossenen Publikums. Traf ich doch z.B. beschlipste Büromenschen mittleren Alters, die verzweifelt versucht haben, eine Karte für ein Rod-Stewart-Konzert zu ergattern. Ich kann Ihnen also wirklich ans Herz legen, sich vor allem in das abendliche Leben dieser Stadt zu stürzen, diese Gelegenheit erhalten Sie höchstens noch in Städten wie Chicago, New York oder San Francisco.

* • **Bayou City Seafood n'Pasta**: *4370 Richmond Ave. (Richmond District), Tel.: (713) 621-6602. Cajun-Food in lockerer Atmosphäre. Austern, Shrimps und andere Meeresfrüchte stehen ganz oben auf der Liste. Aber Achtung: Fast alles ist frittiert und mächtig – wie es die Cajuns halt mögen.*

• **Treebeards:** *am Market Square, Tel.: (713) 228-2622. Burger, Salate und Südstaaten-Snacks. Beliebt bei den Bankern für den Lunch. Für abends eher etwas dürftig, wenn nicht gerade Livemusik (meist Jazz/Blues von Do–Sa) gespielt wird. Der gleiche Laden unterhält übrigens eine 'Filiale' in der Tunnelanlage (1100 Louisiana St.) nur für den Lunch.*

* • **Goode Company Texas BBQ**: *5109 Kirby Dr. (2 Blocks südl. US 59), Tel.: (713) 522-2530. Das bekannteste Barbecue-Restaurant der Stadt. Barbecue bedeutet in den Südstaaten mariniertes und gegrilltes Fleisch. Absolut lecker!*

• *Für chinesisches Essen sollten Sie am besten in die* **Chinatown** *fahren (Ecke McKinney/ St. Emanuel), denn hier gibt es noch echte chinesische Küche. Nicht immer elegant, aber ein Erlebnis! Bekannt ist hier z.B. das* **Kim Son** *(2001 Jefferson St., Tel.: (713) 222-2461), wo* es authentische chinesisch-vietnamesische Gerichte gibt. Eine „Filiale" gibt es zudem noch Ecke Milam St./Congress Ave. in der Innenstadt.

• **Hunan**: 812 Capital. Tel.: (713) 227-8999. Sehr gutes chinesisches Restaurant und nicht teuer. Hier gibt es sogar Peking Ente. Gegründet wurde die kleine Restaurantkette übrigens vom ehemaligen chinesischen Botschafter für die USA.

• Auch viele **Vietnamesen** haben sich im Südosten von Texas niedergelassen. Typische, wenn auch meist sehr einfache Restaurants, finden Sie z.B. an der Elgin Street, Bereich Main/Travis St.

• Ein paar **mediterrane Restaurants** und auch Tex-Mex-Restaurants finden Sie in der Montrose Street, gleich nördlich des Hwy. 59.

• Die **„Eat Street"** ist ein weiteres Gebiet, wo man vom Fast Food bis hin zu gediegenem Dinner alles bekommt: Kirby Street, Ecke Westheimer und südlich davon.

Pubs/Livemusik

Wer sich über Livemusik informieren möchte, sollte unbedingt in der kostenlosen Wochenzeitschrift Houston Press nachsehen, die auch im Internet Konzerte auflistet: www.houstonpress.com (Button „Music"). Grundsätzlich gilt: Keine andere Stadt im Südwesten bietet so viele Livemusik-Lokale wie Houston. Zydeco, Cajun und Blues stehen dabei ganz oben auf der Liste.

Ansonsten gilt auch fürs Abendprogramm:

- Seit Ende der 1990er Jahre hat sich die Innenstadt (zwischen Market Square, den Theatern, Main Street und um die Texas Ave.) herausgeputzt und zahlreiche Bars, Musikplätze und Restaurants haben hier eröffnet. Empfehlungen wären * Sambuca's Jazz Café, 909 Texas Ave., Tel.: (713) 224-5299 mit (nahezu täglich) Jazz-Livemusik sowie der Entertainment Complex **Bayou Place** mit verschiedenen Kneipen und Lokalen, in denen kleinere Bands auftreten. Ein weiterer Tipp, auch für das kalte Bier am Mittag/Nachmittag ist eine von Houston's ältesten Kneipen, **La Carafe** am Market Square. Absolut urig.

- Die Amüsiermeile **Richmond Avenue** westlich des I-610 (bes. zw. Chimney Rock Rd. und Fountainview) bietet Lokale, Microbreweries und ein lustiges, typisch texanisches Abendprogramm. **Polly Ester's** (6111 Richmond Ave., Tel.: (713) 972-1970) ist bekannt für Musik (Live und Disco) aus den 1960ern bis 1980ern. **City Streets** vereint 6 Unterhaltungskomplexe unter einem Dach, während **Billy Blues Bar & Grill** (6025 Richmond Ave., Tel.: (713) 266-9294) genau das bietet, was der Name schon verrät. Auch an anderen Attraktionen fürs Abendprogramm mangelt es an der Richmond Avenue nicht, dafür ist es aber laut, hektisch und oft auch sehr kommerziell ausgerichtet. Halt Texas-Stil.

• **Outpost Saloon**: Fahren Sie auf der NASA Rd. No.1 vom I-45 auf das Space Center zu. Etwa 1 Meile davor liegt rechter Hand an der Kreuzung mit dem Elgret Bay Blvd. das Applebee Restaurant. Gleich dahinter ist der Pub. Nahe der NASA ist dies der Pub für deren Angestellte, inkl. der Astronauten natürlich, die alle ihre Poster an den Wänden selbst signiert haben. Natürlich darf für diese Region auch nicht die Erwähnung des **Kemah Boardwalk** fehlen, einem Unterhaltungsviertel mit Restaurants, Bars u.v.m. direkt am Galveston Bay. Hier sind besonders Familien mit Kindern richtig. (Es gibt z.B. Bahnen und Karussells) Fahren Sie dazu vom I-45 ab auf die NASA Rd. 1, folgen Sie dieser bis zum Ende, fahren dann nach rechts über die Brücke, die die Verbindung zwischen Clear Lake und Galveston Bay überspannt und schon sehen Sie das Gebiet linker Hand.

• **The Big Easy Social & Pleasure Club**: 5731 Kirby, Tel.: (713) 523-9999. Im University Village. Hier wird New Orleans Blues und Zydeco gespielt. In diesem Gebiet und seinen Seitenstraßen ist abends ebenfalls viel los. Restaurants, Kneipen und Microbreweries.

H

Die zwei folgenden Livemusikadressen sind nur etwas für wahre Musikfreunde, die Stimmung und gute Musik mögen, aber auch eine raue Atmosphäre vertragen können. Und rufen Sie vorher an, ob überhaupt was läuft (und das Lokal noch existiert ...):
• **(Jack's) Roadhouse/ Pe Te Cajun BBQ:** *11902 Galveston Rd. Vom I-45 Exit 'Dixie Farmroad', dann bis zur Galveston Rd. nach Osten. Das Lokal liegt direkt an der Kreuzung. Tel.: (281) 481-8736. Geheimtipp für Cajun- und Zydeco- und Blues-Livemusik (meist nur an Wochenenden). Erwarten Sie aber keinen Edelschuppen! Cajun-Disco mit viel Atmosphäre. Zudem gibt es echte „Südstaatenimbisse". Geöffnet: Mo–Do 9–19h, Fr u. Sa 9–20h.*
• **Ettas Lounge:** *5120 Scott St. Tel.: (713) 528-2611. Jazz und Blues am Wochenende.*

„Zydeco", der Swamp Rock

Houston ist die Metropole des so genannten „Zydeco", auch Swamp Rock, und zieht damit jedes Wochenende Besucher aus allen Landesteilen an. Zydeco ist nur schwer zu

definieren: Es ist der Cajunmusik sehr ähnlich und bildet damit eine Symbiose aus Jazz, Tanzmusik und Country. Das Ganze wird sehr oft von einem Harmonium untermalt. Zydecomusik bedeutet immer Tanzen, Disco und gute Laune, verbunden mit Shrimps- und Crawfish-Snacks. Auffallend ist, dass diese Musik die verschiedensten Gesellschaftsschichten und Hautfarben anzieht. Cowboys, Stadtarbeiter, Familien (mit Kindern), Alt und Jung. Wo und wann so etwas stattfindet, ist meist erst kurz vorher bekannt (zwei Adressen oben). Eine gute Chance, eine Adresse herauszupicken, bietet das Kirchenblatt „Catholic Herald", das kostenlos in Kneipen (!) herumliegt, denn viele der Zuhörer sind echte Südstaatler, und die sind sehr religiös. Ein Grund dafür, dass mittlerweile auch

Zydeco-Fiddler

in und um viele Kirchen die Musik gespielt wird, um die „Schäfchen" bei der Stange zu halten.

Huntsville, TX *(S. 322)*

Information
Huntsville Chamber of Commerce: *1327 11th St. Tel.: (936) 295-8113, Internet: www.chamber.huntsville.tx.us.*

Hotels
Wenn Sie in Huntsville die im Gegensatz zu Houston günstigeren Hotelpreise wahrnehmen möchten, bieten sich u.a. Motels und Hotels an rund um den Exit 116 am I-45.
• *So z.B.: das* **La Quinta Inn** *($$, Tel.: (936) 295-6454), das* **Comfort Inn & Suites** *($$, Tel.: (936) 438-8400) und das* **Motel 6** *($-$$, Tel.: (936) 291-6927).*
• *Eine ganz andere Klasse dagegen ist das* **Waterwood National Resort $$$$**, *ca. 20 Meilen östlich auf Hwy. 190, danach Waterwood Parkway zum Lake Livingston. P.O.Box 1, Water-*

wood, Tel.: (936) 891-5211 od. 1-877-441-5211, Fax: (936) 891-5011. Wunderschön gelegenes Resort (auch Bootverleih) mit allem Komfort und ausgezeichnet geeignet für einen Erholungstag. Bekannt ist die Anlage aber vor allem wegen seines Golfplatzes, wo sich auch die Texas-Golf-Schule befindet.

Jerome, AZ *(S. 522)*

Information
Jerome Chamber of Commerce: P.O. Drawer K, Jerome, AZ 86331, Tel.: (928) 634-2900, Internet: www.jeromechamber.com.

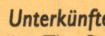

Unterkünfte
* • **The Surgeon's Inn $$$**: 101 Hill St., Jerome, AZ 86331, Tel.: (928) 639-1452. Es gibt nur 3 Zimmer in (bzw. bei) dieser mediterran angehauchten Villa des ehemaligen Chirurgen. Am schönsten ist wohl das teuerste von diesen im „Old Chauffeur's Quarter". Es liegt ruhig, durch den Garten hindurch in einem kleinen Cottage. Viele Antiquitäten schmücken Haus und Gästezimmer.
• **The Mile High Inn $$**: 309 Main St., Jerome, AZ 86331, Tel.: (928) 634-5094. Charaktervolles Bed & Breakfast Inn mit 8 Zimmern. Alle mit Antiquitäten eingerichtet. In punkto Preis-Leistung der Tipp für den Ort. Restaurant im Hause.

Kanab, UT *(S. 602f)*

Information
Kane County Office of Tourism: 78 S. 100 E., Tel.: (435) 644-5033, Internet: www.go-utah.com/Kanab

Touren
• **Dreamland Safari Tours**: Tel.: (435) 644-5506, Internet: www.dreamlandtours.net. Angeboten werden geführte Off-Road-Touren in die Umgebung zu versteckten Canyons, zu Filmschauplätzen und auch zu den Nationalparks Zion, Bryce Canyon und Grand Canyon sowie auch zum Grand-Staircase-Escalante NM. Die Guides kennen die Landschaften der Gegend wie ihre Westentasche. Reservieren Sie rechtzeitig und lassen Sie sich Landschaften zeigen, die Sie mit dem Mietwagen niemals erreichen können.

Unterkünfte
Kanab eignet sich hervorragend, um von hier aus die Naturschönheiten der Region zu erkunden. Die Motels sind zwar relativ einfach, dafür aber weitaus günstiger als nahe an den Parks.
• **Shilo Inn $$-$$$**: 296 W. 100 N., Kanab, UT 84741, Tel.: (435) 644-2562, Fax: (435) 644-5333. Motel mit vorwiegend geräumigen Suiten. Indoor-Pool, Münzwaschautomat.
• **Best Western Red Hills $$**: 124 W. Center St., Kanab, UT 84741, Tel.: (435) 644-2675, Fax: (435) 644-5919. Sauberes Motel mit Pool. Auch Suiten ($$-$$$). Münzwaschautomaten. Zentral gelegen.
• **Parry Lodge $$**: 89 E. Center St., Kanab, UT 84741, Tel.: (435) 644-2601, Fax: (435) 644-2605. Motel mit 90 Zimmern und Pool. Münzwaschautomat. Zentral gelegen.

Restaurant

In der **Center Street** *(Ortskern) gibt es einige kleine Restaurants. Besonders empfehlen möchte ich aber das kleine mexikanische Restaurant* **Fernando's Hideway** *(332 West 300 North, Tel.: (435) 644-3222). Neben leckeren und preiswerten Speisen muss hier auch erwähnt werden, dass das Restaurant eine Alkohollizenz besitzt. Abends wird oft Livemusik geboten.*

King Ranch und Kingsville, TX *(S. 396)*

Information u. Visitor Center

Kingsville Visitor Center: *1501 S. Hwy. 77, P.O.Box 1562, Kingsville, TX 78364, Tel.: (361) 592-8516, Internet: www.kingsville.org.*

Hotels

• **B Bar B Ranch $$$**: *County Rd. 2215 E, Kingsville, TX 78363, Tel.: (361) 296-3331, Fax: (361) 296-3337. Gehörte ehemals zur King Ranch. Hier wird auch noch die Farm betrieben. Sauna, Pool und einige Zimmer mit Whirlpool. Gutes Restaurant.*
• **Best Western Kingsville Inn $$**: *2402 King Ave., Kingsville, TX 78363, Tel.: (361) 595-5656, Fax: (361) 595-5000. Typisches Motel.*

Lajitas, TX *(S. 415)*

Buchungsadresse für alle Hotels in Lajitas
Lajitas on the Rio Grande $$-$$$: *HC 70, Box 400, Lajitas, TX 79852, Tel.: (432) 424-5000. Einfache, aber urige und z.T. historische Unterkünfte.*

Laredo, TX *(S. 397)*

Information

Laredo Chamber of Commerce: *2310 San Bernado Street, Tel.: (956) 722-9895, Internet: www.laredochamber.com.*

Hotels

* • **La Posada $$-$$$$**: *1000 Zaragoza St., Laredo, TX 78040, Tel.: (956) 722-1701, Fax: (956) 722-4758. Historisches Hotel (1916, Hazienda-Stil) im alten Stadtkern. Mexikanischer Charakter. Die angeschlossene* **Tack Room***-Bar verspricht saftige Steaks und gut gekühltes Bier.*
• **Red Roof Inn $-$$**: *1006 W. Calton Rd., Laredo, TX 78041, Tel.: (956) 712-0733, Fax: (956) 712-4337. Günstiges Motel. Pool.*

 Hinweis

* Die mit einem **Sternchen** versehenen Adressen sind besondere Redaktionstipps.

Las Cruces, NM *(S. 447f)*

Information
Las Cruces Conv. & Visitors Bureau: *211 N. Water St., Las Cruces, NM 88001, Tel.: (505) 541-2444, Internet: www.lascrucescvb.org.*

Übernachtungen
• **Ramada Palms De La Cruces $$$$**: *201 E.University Ave., Las Cruces, NM 88005, Tel.: (505) 526-4411, Fax: (505) 524-0530. Mit vielen Antiquitäten ausge-stattet – u.a. ein Saloon von 1870.*
• **Mesón De Mesilla $$-$$$$**: *1803 Avenida de Mesilla, Mesilla (südlich), NM 88046, Tel.: (505) 525-9212, Fax: (505) 527-4196. Antik möblierte Herberge am Stadtrand. Schöner Ausblick vom Pool auf die Berge.*
• **Hampton Inn $$**: *755 Avenida de Mesilla (I-10 Exit 140), Las Cruces, NM 88005, Tel.: (505) 526-8311, Fax: (505) 527-2015. Motel mit sehr gutem Preis-Leistungs-Verhältnis. Pool und Münzwaschmaschinen.*

Restaurant
La Posta de Mesilla: *Old Mesilla Plaza (3 Meilen südwestlich am Hwy. 28), Mesilla, Tel.: (505) 524-3524. Tex-Mex und amerikanische Küche in alter (1807) Pferdekutschenstation.*

Las Vegas, NV *(S. 537ff)*

Informationen
• **Las Vegas Conv. & Visitors Bureau:** *Convention Center, 3150 S. Paradise Rd., Tel.: (702) 892-7575, Internet: www.visitlasvegas.com. Die Internetseite www.vegas.com dient eher für Buchungen, hat aber nützliche Tipps.*
• *Am **Flughafen** gibt es ebenfalls einen Informationsstand.*
• *Info-Hotline für aktuelle **Theater/Showprogramme:** (702) 385-4444, nach Anfrage 2172 wählen. Bei dem unüberschaubar großen Angebot in Las Vegas empfiehlt es sich aber eher, sich im Visitor Bureau oder mit Hilfe von einem der kostenlosen Veranstaltungshefte den Showkalender in Ruhe anzusehen.*
• ***Weitere Touristenbüros** findet man auch an der Staatsgrenze zwischen Arizona und Nevada und an den großen Ausfallstraßen der Stadt. Letztere sind aber oft privat.*
• *Über Veranstaltungen informieren die regelmäßig neu erscheinenden Broschüren/Maga-zine „Las Vegas Today", „Tour Guide Magazin"; What's On" und eine Reihe anderer Blätt-chen, die Ihnen überall über den Weg „fliegen".*

Wichtige Telefonnummern
• *VORWAHL: 702*
• *Notruf Polizei/Feuer/Ambulanz: 911*
• *Krankenhaus:*
- *Desert Springs Hospital: 2075 East Flamingo Ave., 2 Meilen vom „Strip" entfernt. Tel.: (702) 733-8800*
- *University Medical Center: (702) 383-2000*

L

Airlines
- American: *1-800-433-7300*
- America West: *1-800-235-9292*
- Condor: *1-800524-6975*
- Continental: *1-800-525-0280*
- Delta: *1-800-221-1212*

- Northwest/KLM: *1-800-225-2525*
- Southwest: *1-800-435-9792*
- United: *1-800-241-6522*
- US Airways: *1-800-428-4322*

Flughafeninformation:
- McCarran Int. Airport. *Tel.: (702) 261-5211, Internet: www.mccarran.com*

Wie komme ich zum Flughafen?
Mit dem eigenen Auto: *Fahren Sie einfach den Strip (Las Vegas Blvd. South) in südliche Richtung. An der Kreuzung beim Excalibur Hotel nach links in die Tropicana Avenue. Schließlich nach 1 ½ Meilen nach rechts in die Paradise Rd.*
Shuttle-/Kleinbus: *Stehen am Airport bereit, nahe der Gepäckausgabe, Ausgänge 8-14). Die Fahrten zum Strip kosten etwa $6, die in die Innenstadt ca. $8 pro Person.*

Autovermietungen
Alle großen Mietwagenfirmen haben Stationen am Airport. In den großen Hotels sind zumeist eine oder zwei Mietwagenfirmen mit einem Schalter vertreten. Weitere Stationen verteilen sich über die Stadt. Es gibt wohl auch keine Stadt mit so vielen kleinen Anbietern wie Las Vegas. Dabei können Sie oft ein Schnäppchen machen.
- Alamo/National: *263-5391*
- Avis: *261-5591*
- Budget: *736-1212*

- Dollar: *739-9507*
- Hertz: *736-4900*

Öffentliche Verkehrsmittel
- **Amtrak:** *Der Bahnhof befindet sich in der 1 Main Street. Auskünfte über Tel.: 1-800-872-7245*
- **Überlandbusse:** *Greyhound: 200 S. Main LV, Tel.: 384-9561 od. 1-800-454-2487*
- **Stadtbusse:** *Busse der „Citizens Area Transit" („CAT") fahren 24 Stunden entlang dem Strip. Haltestellen werden nach Hotels ausgerufen. Infos: Tel. 228-7433.*
Zentraler Stadtbusbahnhof ist am Downtown Transit Center (Stewart Ave., zw. Casino Center Blvd. und 4th St.).
- **Trolley:** *Der „Las Vegas The Strip Trolley", eine Replik einer alten Straßenbahn (jetzt Bus), verkehrt entlang dem Strip von 9h30 bis 1h30 und hält an allen größeren Hotels (20-Min.-Takt). Infos: 382-1404. Der „Downtown Trolley" verbindet im 15–20-Min.-Takt die wichtigsten Punkte in der Innenstadt. Abfahrt ab der South Plaza am Downtown Transit Center (s.o.). Dieser Trolley-Service wird evtl. eingestellt.*
- **Trams/Monorail:** *Die kostenlosen Bahnen werden von den Hotels betrieben. Es gibt zzt. 4 davon:*
- *zwischen den Hotels Bellagio und Monte Carlo*
- *zwischen den Hotels Excalibur, Luxor und Mandalay Bay*
- *zwischen den Hotels MGM und Sahara (diese Strecke soll ausgebaut werden bis in die Innenstadt)*
- *zwischen den Hotels Mirage und Treasure Island*

L

Taxis

Wegen der abendlichen, stark irritierenden Neonreklame, die an allen Gebäuden blinkt und leuchtet und damit den Piccadilly Circus und den Times Square in den Schatten stellt, ist es ratsam, mit Bus oder Taxi zu fahren – ganz abgesehen von den Drinks, die man in den Casinos zu sich nehmen wird. Schon manch unerfahrener Las Vegas-Besucher hat bei dem Geflacker eine Ampel übersehen. Taxis erreicht man unter:
- **Checker u. Yellow Cab:** *Tel. 873-2000*
- **Western Cab:** *Tel. 736-8000*

Sightseeingtours

Las Vegas bietet sich für Reisende als gute Basis an für Touren durch den Südwesten, alleine wegen der oft günstigen Hotelunterkünfte. Kein Wunder also, dass sich unzählige Tourunternehmer hier niedergelassen haben, die die Reisenden zu den verschiedensten Touristikdestinationen des Südwestens bringen. Dabei wird nicht nur auf herkömmliche Busse zurückgegriffen, sondern auch auf kleine Flugzeuge, Heißluftballons, Geländefahrzeuge u.v.m. Infos liegen zuhauf in den großen Hotels aus. Aus dem nahezu unüberschaubaren Angebot seien hier nur genannt:
- **Heli USA**: *275 E. Tropicana Ave., #200, Tel.: (702) 736-8787, Internet: www.HeliUSA.net. Hubschrauberflüge, z.B. über den Strip, den Hoover Dam und zum bzw. auch* **in den** *Grand Canyon.*
- **Las Vegas Helicopters:** *3712 Las Vegas Blvd. (gegenüber Hotel „Aladdin"), Tel.: (702) 736-0013, Internet: www.lvhelicopters.com. Flüge über den Strip und zum Grand Canyon.*
- **Scenic Airlines**: *275 E. Tropicana Ave., Tel.: (702) 638-3275, Internet: www.scenic.com. Exkursionen mit dem Flugzeug (Hochdecker – der Aussicht wegen). Z.B. zum Grand Canyon, Bryce Canyon od. Monument Valley. Übernachtungen und andere Arrangements werden auf Wunsch übernommen.*
- **Adventure Balloons Las Vegas**: *Tel.: (702) 247-6905, Internet: www.smilerides.com. Ballonfahrten über Las Vegas zum Sonnenauf- oder -untergang.*

Einkaufen

Wer sein gewonnenes Geld unter die Leute bringen will, kann dieses in einer der hier aufgeführten Malls tun. Für das Erwerben von Spezialitäten des Südwestens aber eignen sich andere Städte sicherlich besser. Hier einige Beispiele:

MALLS (AUSWAHL)
- **The Forum Shops**: *3500 Las Vegas Blvd. S. (Gelände des Caesar's Palace Hotel). Hier gibt es ca. 100 Geschäfte. Sehr vornehm, u.a. Geschäfte wie Gucci, Ann Taylor oder Boogies Diner. Achtung: Geht man erst einmal hinein, muss man durch die Spielhallen des Caesar's Palace wieder hinausgehen („Einbahnverkehr").*
- **Fashion Show Mall**: *Ecke Strip/Spring Mountain Rd. Über 140 Boutiquen und andere Geschäfte, wie z.B. Neiman Marcus Warehouse und Saks Fifth Avenue. Viele nette Cafés befinden sich hier.*
- **Boulevard Mall**: *3528 Maryland Pkwy. Über 140 Geschäfte. Aber nicht so beeindruckend wie die erstgenannten.*

GÜNSTIGE OUTLET MALLS
- **Vegas Pointe Plaza**: *9155 Las Vegas Blvd.South, 6 Meilen südlich der Tropicana Avenue. 70 Fabrikläden mit günstigen Angeboten.*

L

• **Belz Factory Outlet World**: *7400 Las Vegas Blvd. S., 155 Outlet-Shops, so z.B. Levis, Calvin Klein und Nike. Die wohl beste Outlet-Adresse der Stadt.*

• **Fashion Outlets of Las Vegas**: *32100 Las Vegas Blvd. S., in Primm. Der Name verrät bereits, dass es hier etwas feiner zugeht, aber erwarten Sie auch nicht zu viel. Geschäfte von Burberry, Ralph Lauren, Escada, Gap und Versace.*

• **Las Vegas Premium Outlets**: *875 S. Grand Central Pkwy. Auch hier finden Sie über 120 ausgesuchte Outletgeschäfte. U.a. Timberland, Nike, Adidas und Tommy Hilfiger.*

Konzerte/Theater/Opern/Sportveranstaltungen

In Las Vegas erübrigt sich eine Nennung der Veranstaltungsorte, da sie in der Regel identisch sind mit den Adressen der größten Hotels. Wer also ein gutes Konzert, eine interessante Sportveranstaltung o.ä. erleben möchte, sollte in einem der überall ausliegenden Veranstaltungsblätter (z.B. „Showguide" od. „What's On") nachlesen, was gerade läuft. Es gibt wohl kaum einen Platz auf der Welt, wo sich Showstars, berühmte Musiker oder Weltmeister im Boxen solch ein Stelldichein geben wie in Las Vegas. Natürlich gibt es auch weniger bekannte Musicals und andere Shows. Leider sind die Karten für die ganz großen Veranstaltungen häufig früh ausverkauft und dazu auch nicht ganz billig. Einen aktuellen Überblick über die Shows erhalten Sie auch über die Internetseite www.lasvegas24hours.com.

Hotels

Las Vegas ist Ziel unzähliger Amerikaner, die hier einmal im Jahr ihr Glück versuchen und dabei vielleicht auch noch etwas Landschaft des Südwestens genießen möchten. Besonders an den Wochenenden quellen Zigtausende Gäste aus den Flugzeugen, die von überall herkommen. Kein Wunder also, dass es hier unzählige Hotels gibt. Las Vegas verfügt übrigens über 12 der 13 größten Hotels der Welt. Das größte ist das „Venetian" mit über 6.000 Zimmern, gefolgt vom „MGM Grand Hotel" mit über 5.000 Zimmern. Das uns allen bekannte „Caesar's Palace" ist mit seinen etwa 2.600 Zimmern erst das 15.-größte Hotel in Las Vegas! Grundsätzlich kann man sagen, dass die riesigen Hotels am „Strip" teurer sind als die in der Innenstadt, dafür liegen sie aber auch günstiger zu den wirklichen Highlights. Bedenken Sie dabei, dass Sie im nahezu dauernd überlasteten Straßensystem für die Strecke Innenstadt bis MGM Hotel nicht selten 1–2 Stunden benötigen. Nahezu alle neueren Hotels am und um den „Strip" unterliegen einem Thema und entsprechend imposant ist die Kulisse. So ist das „New York, New York" von Attrappen bekannter New Yorker Gebäude eingerahmt, das „MGM" widmet sich ganz dem Thema Film, das „Luxor" ist in Pyramidenform gebaut, das „Excalibur" sieht aus wie eine mittelalterliche Burg etc. Im Grunde aber handelt es sich immer um eine Schale und im Inneren erinnern nur die Restaurants sowie einige wenige Strukturen in den allgemeinen Räumen an das jeweilige Thema.

Empfehlungen lassen sich daher nur bedingt aussprechen, denn jeder wird ein anderes Thema bevorzugen. Auch mit den Preisen ist das so eine Sache. Je nach Wochentag (Wochenenden am teuersten) und Saison differieren die Preise immens. So nimmt das MGM z.B. für ein normales Doppelzimmer mal 70 $, aber auch mal 220 $. Hier können Sie nur selbst kundschaften oder besser bereits von Europa aus vorbuchen. Mit etwas Geschick und Glück können Sie gute Zimmer sehr günstig buchen, günstiger als sonst wo.

Hier nun eine kleine Auswahl der Hotels in Las Vegas (Las Vegas Blvd. = „The Strip"):

MGM Grand Hotel

HOTELS AM „STRIP"

- **Bellagio $$$-$$$$$**: 3600 Las Vegas Blvd. S., Las Vegas, NV 89109, Tel.: (702) 693-7111, Fax: (702) 693-8585. Eines der vornehmsten Hotels am „Strip". Thema: Italien.
- **Caesar's Palace $$$$$**: 3570 Las Vegas Blvd. S., Las Vegas, NV 89109, Tel.: (702) 731-7110, Fax: (702) 731-6636. Weltberühmtes Luxushotel im Glanz des alten Rom, selbst die Sicherheitsbeamten haben Rüstungen an. Schauplatz großer Sportveranstaltungen.
- **MGM Grand Hotel $$-$$$$**: Ecke Las Vegas Blvd/Tropicana Ave., Las Vegas, NV 89119, Tel.: (702) 891-1111 od. 1-800-929-1111, Fax: (702) 891-1030. Ein smaragdgrüner Riesenpalast. Mit über 5.000 Zimmern das drittgrößte Hotel der Welt. Im „Hinterhof" ein Vergnügungspark, gemünzt auf Filme und Hollywoodvergnügen.
- **Excalibur $$-$$$$**: Ecke Las Vegas Blvd./Tropicana Ave., Las Vegas, NV 89199, Tel.: (702) 597-7777, Fax: (702) 597-7009. Über 4.000 Zimmer; Casino mit 2.850 Slot-Maschinen, 890-Sitzplatz-Theater mit 2-3 Shows täglich, Hochzeitskapelle. Im Stil einer Ritterburg eingerichtet.
- **Mirage $$-$$$$**: 3400 Las Vegas Blvd., Las Vegas, NV 89109, Tel.: (702) 791-7111, Fax: (702) 791-7446. Regenwald, Haifisch-Aquarium an der Rezeption, weiße Tiger, Delphinarium – alles im Südseelook. Vor dem Gebäude spuckt allabendlich ein Vulkan seine „Lava" aus.

Mirage

- **Stratosphere Tower $$-$$$**: 2000 Las Vegas Blvd. S., Las Vegas, NV 89104, Tel.: (702) 380-7777, Fax: (702) 380-7732. Das Hotel selbst ist wenig ereignisreich, dafür aber lohnt die Fahrt auf den 345 m hohen Turm, in dem oben auch drei Hochzeitskapellen untergebracht sind.
- **Las Vegas Strip Inn $$**: 3782 Las Vegas Blvd., Las Vegas, NV 89109, Tel.: (702) 739-7457, Fax: (702) 736-1129. Im südlichen Bereich des Strip (halbe Strecke zwischen Caesar's Palace und Excalibur) gelegene Motelalternative – es ist vergleichsweise sehr ruhig!

HOTELS IN DER INNENSTADT

Die Innenstadt wurde Mitte der 1990er Jahre wieder aufgepeppt, besonders um die Freemont Street. Die Atmosphäre ist auch hier bunt, wenn auch nicht so gigantisch wie am „Strip".

- **Golden Nugget $$$**: 129 E. Fremont Street, Las Vegas, NV 89125, Tel.: (702) 385-7111, Fax: (702) 386-6970. Berühmtes Hotel der „alten Garde" in der Downtown. Mittelklasse.
- **Super 8 $-$$**: 700 E. Fremont St., Las Vegas, NV 89101, Tel.: (702) 382-4766. Billig. Nur wenige Blocks entfernt vom Bahnhof und auch nicht weit vom Busbahnhof.

* • **Golden Gate Hotel $$-$$$**: 1 Fremont St., Las Vegas, NV 89125, Tel.: (702) 385-1906, Fax: (702) 383-9681. Mit nur etwas über 100 Zimmern ein Juwel, denn es handelt sich hierbei um das älteste Hotel der Stadt. Entsprechend einfach ist die Ausstattung, dafür aber weist sie den Charme der Zeit um 1900 auf. Thema ist das alte San Francisco. Im Casino-Raum hängen auch historische Fotos von Las Vegas und San Francisco aus.

Campingplätze
• **Las Vegas KOA:** 4315 Boulder Hwy., 4 Meilen süd-östl. entlang dem US Hwy. 93, dann in Richtung Osten auf der Desert Inn Rd.. Tel.: (702) 451-5527.
• **Riviera TTP:** 2200 Palm Street, 3 Meilen süd-östl. entlang dem US Hwy. 93. An der E Sahara Avenue in östliche Richtung. Tel.: (702) 477-8700.

Restaurants
Eigentlich empfiehlt sich, die Gunst der Stunde zu nutzen und seine Mahlzeiten an den **Buffets der Spielcasinos** einzunehmen. Für nur wenige Dollar gibt es hier die ausgesuchtesten Leckereien. Auf ihre Kosten kommen die Casinos dann durch die Spielleidenschaft – oder auch nicht! Meiden Sie aber die begehrtesten Zeiten (18h30-21h30 Uhr). Dann ist es voll und Sie stehen in einer langen Schlange.
Wer es lieber etwas ruhiger hat, der sollte sich in die vornehmen „Nischenrestaurants" der großen Hotels zurückziehen (teuer!), oder sich grundsätzlich überlegen, ob er in Las Vegas richtig ist. Ein weiterer Tipp: ein Candlelight-Dinner auf das Zimmer bringen lassen.

Laughlin, NV (S. 536f)

Information
Laughlin Visitor Bureau: 1555 South Casino Drive, Tel.: (702) 298-3022, Internet: www.visitlaughlin.com.

Unterkunftstipps
• **Aquarius Casino Resort $$-$$$**: 1900 S.Casino Dr., Laughlin, NV 89029, Tel.: (702) 298-5111, Fax: (702) 298-5116. Luxuriösestes Hotel am Platze mit 2.000 Zimmern.
• **Edgewater Hotel & Casino $$**: 2020 Casino Drive, Laughlin, NV 89029, Tel.: (702) 298-2453, Fax: (702) 298-4271. 1.500 Zimmer, direkt am Colorado River.

Leadville, CO (S. 671)

Information
Chamber of Commerce: 809 Harrison Road, Tel.: (719) 486-3900, Internet: www.leadvilleusa.com.

Übernachtung
• **Delaware Hotel $$-$$$**: 700 Harrison Rd, Leadville, CO 80461, Tel.: (719) 486-1418, Fax: (719) 486-2214. Historisches Hotel (1886) mit viktorianischem Ambiente. Es gibt auch einen Whirlpool im Hause.

* • **Apple Blossom Inn $$-$$$**: *120 W. 4th St., Leadville, CO 80461, Tel.: (719) 486-2141, Fax: (719) 486-0994. Bed & Breakfast Inn mit historischem Touch. Untergebracht in einem Haus an der „Millionaires Row". Viele Holzarbeiten und schöne Kristallleuchter. Hot Tub im Garten.*

Restaurant
• **Leadville Prospector**: *3 Meilen nördlich am CO 91, Tel.: (719) 486-3955. Spezialitäten aus der Umgebung wie z.B. Forelle und Wild.*
• *Ansonsten bietet* **Rosie's Brewpub** *(115 7th St.) gutes Microbrew mit Steak- und Burgergerichten sowie der historische* **Silver Dollar Saloon** *(315 Harrison Ave.) Old-West-Saloon-Atmosphäre, die bereits Doc Holliday für seine Pokerpartien zu schätzen wusste.*

Lubbock, TX

Information
Lubbock Conv. & Visitors Bureau: *Wells Fargo Center, 1500 Broadway, 6th Floor, Lubbock, TX 79401, Tel.: (806) 747-5232 od. 1-800-692-4035, Internet: www. visitlubbock.org oder www.lubbockhospitality.com.*

Motels
• **Clarion Hotel & Suites $$$**: *505 Avenue Q, Lubbock, TX 79401, Tel.: (806) 747-0171, Fax: (806) 747-9243*
• **Lubbock Inn $$**: *3901 19th St., P.O.Box: 10401, Lubbock, TX 79408, Tel.: (806) 792-5181, Fax: (806) 792-1319.*
• *Wer nicht in einem Motel übernachten möchte, dem sei das* **Broadway Manor B&B $$-$$$** *empfohlen: 1811 Broadway, Lubbock, TX 79401, Tel.: (806) 749-4707. Hier wohnen Sie in dem ehemaligen Haus eines wohlhabenden Bankers, erbaut 1926.*

Lufkin und Nacogdoches, TX (S. 324)

Information
• **Lufkin Conv. & Visitors Bureau**: *515 South First St., Lufkin, TX 75901, Tel.: (936) 634-6305 od. 634-6644. Internet: www.visitlufkin.com.*
• **Ranger Station**: *Forest Supervisor, 701 N. First St., Lufkin, TX 75901, Tel.: (936) 639-8501.*

Übernachtungen
In Lufkin gibt es viele Hotels der verschiedenen Franchiseketten.
• **La Quinta Inn $$**: *2111 S. 1st St. (US Hwy. 59), Lufkin, TX 75901, Tel.: (936) 634-3351, Fax: (936) 634-9475.*
• **Days Inn $-$$**: *2130 S. 1st St. (US Hwy. 59), Lufkin, TX 75901, Tel.: (936) 639-3301, Fax: (936) 634-4266.*
* • *Eine schöne Alternative zu den Franchise-Hotels bietet das* **Wisteria Hideaway Bed & Breakfast** *($$-$$$, 3458 Ted Trout Dr./Route 12, Lufkin, TX 75904, Tel.: (936) 875-2914, Fax: (936) 875-2915). Das 1939 im Kolonialstil erbaute Haus bietet drei Gästezimmer, die*

allesamt mit viel Liebe eingerichtet sind. Manch einem mag es aber zu kitschig erscheinen. Trotzdem die schönste Unterkunft am Orte. Nahe bei auch ein weiteres B&B, das **The Storybook Inn $$-$$$**: 3603 Ted Trout Dr., Tel.: (936) 875-5580.

• Auch in **Nacogdoches** gibt es eine Reihe von Hotels, so z.B. das **La Quinta Inn** ($$, 3215 S. St., Nacogdoches, TX 75961, Tel.: (936) 560-5453, Fax: (936) 560-4372).

Camping

In den nahe gelegenen **Davy Crockett** (westlich) und **Angelina** (östlich) **National Forests** gibt es ausreichende und sehr schöne Campingmöglichkeiten.

Marathon, TX (S. 405)

Hotels

Reservieren Sie eine Unterkunft in Marathon vorher, denn sollten die wenigen Zimmer hier ausgebucht sein, ist die nächste Alternative weit entfernt.

• **Captain Shepard's Inn $$-$$$**: Ecke Ave. D/2nd St., Marathon, TX 79842, Tel.: 1-800-550-0503. Schöne Unterkunft in renoviertem, über 100 Jahre alten Adobe-Gebäude. Gleich daneben befindet sich das angeschlossene

* • **Gage Hotel $$-$$$$**: Hwy. 90, P.O.Box 46, Marathon, TX 79842, Tel.: (432) 386-4205 od. 1-800-884-GAGE, Fax: (432) 386-4510. Schönes, kleines, historisches Hotel. Reservieren Sie aber vorher, denn die nächste Alternative ist weit entfernt.

Mesa Verde National Park und Cortez, CO (S. 687ff)

Information

• Entweder im **Visitor Center im Park** (15 Meilen vom Eingang) oder schriftlich: U.S. Department of the Interior, Mesa Verde Nat. Park, Colorado 81330, Tel.: (970) 529-4461 bzw. 529-4465, Internet: www.nps.gov/meve.

Das Visitor Center ist nur im Sommer geöffnet, das Museum das ganze Jahr. Dort erhält man genügend Infos für die Parkbesichtigung.

Unterkünfte/Camping im Park

Neben zahlreichen Hotels und Campingplätzen in den umliegenden Orten wie Cortez, Mancos und Durango (siehe S. 211) gibt es im Park selbst eine schöne Lodge und einen Campingplatz. Diese sind zu buchen über Aramark – Mesa Verde Co.: Tel.: (970) 564-4300, Fax: (970) 564-4311, Internet: www.visitmesaverde.com.

 Hinweis

Sowohl die Lodge als auch der Campingplatz sind nur von Anfang Mai bis Mitte Oktober geöffnet!

• **Far View Lodge $$$**: am Visitor Center. Von der Lodge aus haben Sie einen ausgezeichneten Blick über den Canyon. Hier gibt es auch ein Restaurant.

• **Morefield Campground**: 4 Meilen südlich des Parkeingangs.

Unterkünfte in Cortez

* • **A Bed & Breakfast on Maple Street $$**: 102 S. Maple Street, Cortez, CO 81321, Tel.: (970) 565-3906, Fax: (970) 565-2090. Sehr schönes und schnuckeliges

M

B & B mit viel Liebe geführt. Es gibt 4 Zimmer, Hot Tub und ein tolles, im Preis inbegriffenes Frühstück.
• **Anasazi Motor Inn $$**: *640 S. Broadway, Cortez, CO 81321, Tel.: (970) 565-3773, Fax: (970) 565-1027. Motel mit relativ geräumigen Zimmern, Pool und Hot Tub.*
• *Weitere Motels der bekannten Franchise-Unternehmen finden Sie vor allem an der East Main Street.*

Restaurant
• *Das beste, aber auch teuerste Restaurant im Park ist der* **Metate Room** *in der Fair View Lodge mit southwestern und mexikanischen Gerichten. Super ist die Aussicht. Reservierungen werden nicht angenommen. Günstiger und einfacher sind die* **Fair View Terraces** *ebenfalls an der Lodge.*
• **Main Street Brewery:** *21 East Main Street, Cortez, Tel.: (970) 564-9112. Diese Microbrewerie wurde von einem Deutschen gegründet und das Bier wird von einem Braumeister aus Bayern gebraut. Die Speisekarte umfasst nicht nur typische Microbrew-Gerichte (Burger, Fish'n Chips etc.) sondern auch einen Bratwurst-Burrito, Fischgerichte, Pizzen, Pasta u.a. Gutes Preis-Leistungs-Verhältnis und natürlich leckeres Bier.*

Touranbieter
Da es sich bei diesem Park um ein archäologisch sehr interessantes Gebiet handelt und man davon noch mehr profitiert, wenn man die Geschichten und Hintergründe dazu genau kennen lernen kann, wäre eine geleitete Tour mit Erläuterungen sicherlich keine schlechte Idee. Auch diese vermittelt/unternimmt **Aramark – Mesa Verde Co.:** *Tel.: (970) 564-4300, Fax: (970) 564-4311, Internet: www.visitmesaverde.com.*

Mescalero/Ruidoso, NM *(S. 450)*

Information
Ruidoso Valley Chamber of Commerce: *720 Sudderth Dr., Ruidoso, NM 88345, P.O. Box 698, Tel.: (505) 257-7395, Internet: www.ruidoso.net.*

Übernachtungen
• **Inn of the Mountain Gods Resort $$$-$$$$**: *Zwischen Mescalero u. Ruidoso nach links abbiegen (Caprizo Canyon Rd), P.O.Box 269, Mescalero, NM 88340, Tel.: (505) 464-7777. Wunderschön gelegene Lodge mit unzähligen Freizeitmöglichkeiten (Wandern, Mountainbiking, Golfplatz, Bootfahren, im Winter Ski laufen – in dieser Region aber keine Schneegarantie!)*
• **Casa De Patron Bed & Breakfast $$-$$$**: *US 380 E, zw. Hondo und Capitan, NM 88338, Tel.: (505) 653-4676, Fax: (505) 653-4671. Gebäude von 1861. 5 Zimmer, Whirlpool, Sauna. Es heißt, hier hätte auch Billie the Kid schon übernachtet.*
• *Weitere Unterkünfte aller Preisklassen gibt es in Ruidoso*

Moab, UT *(S. 586ff)*

Information

Grand County Travel County/Moab Visitor Center: *N. Main Street, Ecke Center St., Moab, UT 84532, P.O.Box 550, Tel.: (435) 259-8825, Internet: www. discovermoab.com, www.moab.net, www.moab-utah.com, www.canyonlands-utah.com. Sehr ausführliches Visitor Center mit sehr hilfsbereitem Personal und Broschüren, die alle Fragen zur Region abdecken. Hier können Sie auch Unterkünfte und Aktivitäten (Rafting, Mountainbiking etc.) buchen.*

Unterkünfte

Moab ist das touristische Zentrum der Region und mittlerweile gibt es hier unzählige Unterkunftsmöglichkeiten. Hier nur 4 Beispiele:

* • **Sunflower Hill Bed & Breakfast $$$-$$$$**: *185 North 300 East, Moab, UT 84532, Tel.: (435) 259-2974, Fax: (435) 259-2470. Farmhaus von ca. 1900 mit Veranda und schönem Garten. Whirlpool. Absolut Nichtraucher.*

• **Dream Keeper Inn & Retreat $$$**: *191 South 200 East, Moab, UT 84532, Tel.: (435) 259-5998. B&B mit geräumigen Zimmern und einem angeschlossenen Cottage ($$$$), in dem ein Zimmer gut geeignet ist für Familien. Ruhig gelegen. Schöner Garten.*

• **Ramada Inn $$**: *182 S.Main St., Moab, UT 84532, Tel.: (435) 259-7141, Fax: (435) 259-6299. Gutes Motel mitten im Ort.*

• **Kokopelli Lodge $$**: *72 South 100 East, Moab, UT 84532, Tel.: (435) 259-7615. Kleines Motel mit „Herz" und eigenem Stil.*

Campingplätze/Jugendherbergen

gibt es genügend in und um Moab. Die meisten befinden sich am nördlichen Ortsausgang. Am südlichen Ortsausgang gibt es auch eine Art Jugendherberge.

Restaurants

• **Desert Bistro**: *1266 N.US 191, Tel.: (435) 259-0756. In historischem Haus von 1896. Gepflegte Atmosphäre. Gute Südwest-Gerichte (meist Fleisch).*

• **Moab Brewery**: *686 S. Main St., Tel.: (435) 259-6333. Microbrewery mit Steaks und Burgern.*

• **The Rio**: *Am westlichen Ende der Center Road, keine Reservierung. Hier geht es etwas ungezwungener zu (am Wochenende mit Livemusik). Südwester Gerichte mit mexikanischem Einschlag. Und wer gerne mal etwas „härteres" als Bier trinken möchte, kann dies an der dazugehörigen Bar tun.*

Montezuma Castle National Monument, AZ *(S. 523ff)*

Information

Chief Ranger, P.O.Box 219, Camp Verde, AZ 86322, Tel.: (928) 567-3322, Internet: www.nps.gov/moca. **Visitor Center** *geöffnet: 8–17h*

Hinweis

* Die mit einem **Sternchen** versehenen Adressen sind besondere Redaktionstipps.

Übernachtung
Cliff Castle Lodge $$: *Am Exit 289 des I-17, Middle Verde Rd., Cottonwood, AZ 86326, Tel.: (928) 567-6611, Fax: (928) 567-9455. Gutes Motel der Mittelklasse. Pool, Whirlpool sowie ein angeschlossenes Casino.*

Monticello, UT *(S. 585)*

Informationen
über weitere Ausflüge in die Umgebung erteilt das **San Juan Visitor Center***, 117 S.Main Street, Tel.: (435) 587-3235, Internet: www.southeastutah.org.*

Motels
gibt es hier einige, wobei sich keines davon besonders hervorhebt. Monticello steht deutlich im Schatten von Moab.
• **Best Western Wayside Inn $$**: *197 E. Central (US 666), Monticello, UT 84535, Tel.: (435) 587-2261, Fax: (435) 587-2920. Modernes Motel mit den wesentlichen Annehmlichkeiten.*

Nacogdoches, TX *(S. 322)*

Information
Convention & Visitors Center*: 513 North St., Tel.: (936) 564-7351, Internet: www.visitnacogdoches.org.*

Übernachtungsmöglichkeiten
bieten sich in der kleinen Stadt in einer Reihe von Franchisekettenhotels und in mehreren B&B-Häusern:
• **Haden Edwards B&B $$-$$$**: *106 N. Lanana, Nacogdoches, TX 75961, Tel.: (936) 622-6051. Haus von 1860 und günstig gelegen zur Innenstadt.*
• **La Quinta $$**: *3215 South St., Nacogdoches, TX 75961, Tel.: (936) 560-5453, Fax: (936) 560-4372.*

Navajo National Monument *(S. 575f)*

Hinweis
Für die Besichtigung dieser Ruinen müssen Sie unbedingt früh erscheinen, da nur 25 Teilnehmer pro Tour mit dürfen. Es geht nach „first comes – first served"-Prinzip. Infos über Tourbeginne: Tel. (520) 672-2367. Für die lange Route zu den Keet-Seel-Ruinen können Sie sich bis zu 2 Monate im Voraus anmelden. Zu einigen Ruinen können Sie auch reiten (vorher reservieren).

New Braunfels, TX *(S. 376)*

Information
New Braunfels Conv. & Visitors Center: *390 S.Seguin Ave., New Braunfels, TX 78131, Tel.: (830) 625-2385, Internet: www.nbcham.org.*

Unterkünfte
• **Prince Solms Inn $$$-$$$$**: *295 E. San Antonio St., New Braunfels, TX 78130, Tel.: (830) 625-9169, Fax: (830) 625-9169. Historisches B&B-Hotel (1898). Für Paare und Familien bieten die Suiten durchaus eine lohnende Alternative für nur wenig mehr Geld.*
• **Faust Hotel $$**: *240 S.Seguin Ave., New Braunfels, TX 78131, Tel.: (830) 625-7791. Nicht ganz so alt (1928), aber eine preisgünstigere Alternative. Und noch ein Plus: Im Hause gibt es eine Microbrewery!!*

Restaurant
New Braunfels Smokehouse: *146 TX Hwy. 46 S, Kreuzung I-35, Tel.: (830) 625-2416. Deutsche Küche mit leckeren Räucher- und Wurstspezialitäten. Hier können Sie auch z.B. Schinken einkaufen für Ihre Campingküche.*

Ouray, CO *(S. 682)*

Information
Ouray County Chamber: *1230 Main St., P.O.Box 145, Ouray, CO 81427, Tel.: (970) 325-4746, Internet: www.ouraycolorado.com.*

Unterkünfte
* • **St. Elmo $$-$$$$**: *426 Main Street, Ouray, CO 81427, Tel.: (970) 325-4951, Fax: (970) 325-0348. Altes Hotel (heute nur B&B) von 1898 mit viktorianischen Möbeln. Komfortabel und dabei eher in der 1- bis 2-Sterne-Preisklasse.*
• **Box Canyon Lodge & Hot Springs $$-$$$**: *45 3rd Ave., Ouray, CO 81427, Tel.: (970) 325-4981, Fax: (970) 325-0223. Kamine in den Suiten ($$$), warme Quellen, die an die Whirlpools angeschlossen sind. Gute Möglichkeiten für kleine Wanderungen im nahe gelegenen Canyon.*
• *Es gibt 4 Campingplätze um den Ort, drei liegen nördlich (z.B. KOA 4 Meilen) und einer südlich (Forstverwaltung).*

Restaurants
• **Coachlight**: *118 W. 7th St., Tel.: (970) 325-4361. In altem Hotel untergebracht. Ausgefallene Fisch- und Steakgerichte. Taverne im Obergeschoss.*
• **Bon Ton**: *Pasta und Steaks im o.g., historischen St. Elmo Hotel. Gute Weinkarte. Sonntags Brunch.*

Page, AZ *(S. 573)*

P

Information
Page/Lake Powell Chamber of Commerce: *644 N. Navajo, Tower Plaza, Tel.: (928) 645-2741, Internet: www.powellguide.com.*

Übernachtung
• **Best Western Arizona Inn $$**: *716 Rimview Dr., Page, AZ 86040, Tel.: (928) 645-2053, Fax: (928) 645-2053. Viele Zimmer (etwas teurer) mit Blick auf die Mesa und den Damm. Selbst vom Pool aus haben Sie eine schöne Aussicht.*
• *Eine weitere nette Unterkunft bietet die* **Marble Canyon Lodge $$ (Deluxe-Zimmer: $$$$)**, *Hwy. 89A (nahe der Brücke an Lee's Ferry), P.O. Box 6001, Marble Canyon, AZ 86036, Tel.: (928) 355-2225, Fax: (928) 355-2227. Einsam am Highway gelegen. Restaurant, Pool.*

Hiking
„Hiking to Rainbow Bridge" *beim Park Office besorgen (Glen Canyon N.R.A., Box 1507, Page, AZ 86040, Tel.: (928) 608-6200).*

Palo Duro Canyon State Park, TX *(S. 308)*

Information
Im Park gibt es ein **Visitor Center**, *das aber nur während der Sommermonate geöffnet ist. Tel.: (806) 488-2227, Internet: www.palodurocanyon.com.*

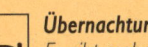

Übernachtung
Es gibt mehrere kleine **Campingplätze** *im Park. Reservierung ist empfehlenswert: Tel.: (806) 488-2227. Hotels gibt es nicht im Park, dafür aber drei einfache, urige Steinhütten ($$-$$$, Reservierung: Tel.: (512) 389-8900, kein Restaurant in der Nähe!). Ein historisches Inn in Canyon (***Hudspeth House $$-$$$**: *1905 4th Ave., Canyon, TX 79015, Tel.: (806) 655-9800) und die Unterkünfte in Amarillo bieten sich am ehesten an.*

Das Musical 'Texas'
Von Mitte Juni bis Ende August wird im **Amphitheater** *das Musical 'Texas' aufgeführt, ein eher melodramatisches Stück über die Besiedlung des Panhandle-Gebietes, aber durchaus ein Erlebnis. Die Aufführungen finden Mo–Sa statt, Beginn 20h. Tickets sollten reserviert werden: TEXAS, Box 268, Canyon, TX 79015, Tel.: (806) 655-2181.*

Petrified Forest National Park, AZ *(S. 478ff)*

Adresse und Information
• **The Superintendent, Petrified Forest National Park**: *P.O.Box 2217, AZ 86028, Tel.: (928) 524-6228, Internet: www.nps.gov/pefo.*
• **Painted Desert Visitor Center**: *am Eingang zum nördlichen Teil des Parks von der I-40 aus.*

Museum

Am südlichen Eingang des Parks befindet sich das **Rainbow Forest Museum**, das eine interessante Ausstellung und Filmvorführung zur Entstehungsgeschichte der versteinerten Bäume bzw. der Painted Desert bietet. Außerdem gibt es dort einen Souvenirladen.

Unterkünfte

Die nächsten Hotels finden Sie in Holbrook oder Chambers:
- **Best Western Arizona Inn $$**: 2508 E. Navajo Blvd., Holbrook, AZ 86025, Tel.: (928) 524-2611.
- **Comfort Inn $$**: 2602 E. Navajo Blvd., Holbrook, AZ 86025, Tel.: (928) 524-6131

*• **Wigwam Motel $**: 811 W. Hopi Dr., Holbrook, AZ 86025, Tel.: (928) 524-3048. Eine (vor einigen Jahren renovierte) Errungenschaft aus der Hochzeit der Route 66 ist dieses Motel, dessen „Zimmer" sich in Holz- und Beton-Teepees (Indianerzelte) befinden. Nicht sehr komfortabel, dafür aber günstig und einzigartig. Allemal ein Foto wert.
- Am Navajo Blvd. in Holbrook gibt es unzählige **weitere Motels/Hotels** verschiedenster Franchiseketten.
- **Chieftain Motel $$**: Chambers/ Sanders, AZ, Tel.: (928) 688-2754

Camping

Im Park gibt es keinen Campingplatz.
- **Holbrook Hilltop KOA:** 102 Hermosa Dr., Holbrook, AZ 86025, Tel.: (928) 524-6689.
- Es gibt einen einfachen Campingplatz (ohne rechte Zeltmöglichkeit) 2 Meilen südlich des Parks am Crystal Trade Shop.

Phoenix und das Valley of the Sun, AZ (S. 506ff)

Informationen

- **Phoenix & Valley of the Sun Convention & Visitors Bureau:** One Arizona Center, 50 N. Second Street, Suite 600, Tel.: (602) 254-6500, Internet: www.phoenixcvb.com oder www.arizonaguide.com/phoenix. Unter der Telefonnummer (602) 252-5588 erfahren Sie über aktuelle Veranstaltungen in Phoenix (Bandansage).
- **Arizona Office of Tourism:** 1110 West Washington, Suite 155, Phoenix, AZ 85007. Hier gibt es Infos zu allen Teilen Arizonas. Diese können sie auch per Post oder Internet (www.arizonaguide.com) anfordern.
- Wer telefonisch Informationen einholen möchte über die State Parks, kann die Nummer (602) 542-4174 anwählen.
- Am aufschlussreichsten für den Besuch von Phoenix ist die Broschüre „Phoenix & the Valley of the Sun", in der auch die Städte Mesa, Scottsdale und Tempe vorgestellt werden.
- Tageszeitung: „The Arizona Republic" (donnerstags Wochenplan für Veranstaltungen im Sun Valley). Die „New Times" ist ein kostenloses, wöchentlich erscheinendes Veranstaltungs-Magazin.

Wichtige Telefonnummern

- VORWAHL: 602 (Phoenix), 480 (Scottsdale, Tempe, Mesa)
- Notruf Polizei/Feuer/Ambulanz: 911

- *Krankenhäuser:*
- *Phoenix Memorial Hospital: 1201 S.Seventh Avenue, Phoenix 85007, Tel.: 238-3286*
- *St. Joseph's Hospital and Medical Center: 350 W.Thomas Road, Phoenix 85013, Tel.: 285-3000*
- *Zeit- & Wetteransage: 271-5656 ext. 8463*
- *Wetterbericht: (602) 271-5656 ext. 1010*
- *Wildflower Hotline: (602) 941-2867. Infos über die aktuellen Vorkommen von wildwachsenden Wüstenpflanzen in Arizona*

 Airlines
- **America West:** *1-800-247-5692 od. (480) 693-0800*
- **American:** *(480) 273-4900 od. 1-800-433-7300*
- Continental: *1-800-525-0280*
- **Delta**: *(480) 274-3566 od. 1-800-221-1212*
- **Southwest**: *(602) 304-3983*
- **United**: *1-800-241-6522*

Das Phoenix Conv. & Visitors Bureau hilft Ihnen beim Organisieren von Fahrten vom und zum Airport und gibt auch Auskünfte über Flüge (begrenzt). Die Hotline für diesen Service: 1-800-528-0483. Die **allgemeine Info-Nummer** *für den Flughafen ist: (602) 273-3300.*

Wie komme ich zum Airport?
Mit dem eigenen Auto: Der Sky Harbour International Airport liegt nur 3 Meilen östlich der Innenstadt und ist über die Buckeye Rd. direkt zu erreichen.
Kleinbus/Shuttle: Es gibt einen 24-Stunden-Shuttle, der jeweils vor den drei Terminals abfährt bzw. diese miteinander verbindet.
- **SuperShuttle Service:** *Tel.: (602) 244-9000 od. 1-800-BLUE-VAN bietet einen 24-Stunden-Service zu allen Destinationen im Sun Valley an.*

 Autovermietungen
Alle großen Vermieter haben eine Station am Flughafen.
- **Alamo**: *Tel.: (602) 244-0897*
- **Avis**: *Tel.: (602) 244-0897*
- **Budget**: *Tel.: (602) 267-1717*
- **Dollar**: *Tel.: (602) 224-2349*
- **Enterprise**: *Tel.: (602) 225-0588*
- **Hertz**: *Tel.: (602) 267-8822*
- **National**: *Tel.: (602) 275-4771*
- **Thrifty:** *(602) 244-0311*

 Öffentliche Verkehrsmittel
- **Amtrak:** *Der* **Railroad-Terminal** *befindet sich in der 401 W. Harrison St., Ecke Fourth Avenue. Tel.: 1-800-872-7245 od. (602) 253-0121. Zzt. gibt es keinen direkten Personenzugverkehr nach Phoenix. Ein Bus bringt die Passagiere vom nächsten Bahnhof (Flagstaff) in die Stadt.*
- **Überlandbusse**: *Auskünfte über* **Greyhound***: 2115 E Buckeye Rd, Tel.: (602) 389-4200. Überregionale Strecken*
- **Stadtbusse:** *Grundsätzlich muss man feststellen, dass das Bussystem in Phoenix so wenig attraktiv ist, dass Sie sich auf Fahrten mit dem eigenen Wagen einstellen sollten.*
Das City of Phoenix Transit System nennt sich **Valley Metro***: Das Busnetz bedient die wesentlichsten Punkte des Sun Valley, aber leider nur bis zum frühen Abend (ca. 21h) und nur begrenzt an Wochenenden. Auch die Routen sind touristisch wenig interessant. Infos: Tel.: (602) 253-5000, Internet: www.valleymetro.org.*

P

• *Für Touristen etwas interessanter mögen die* **Shuttle-Busse** *in Phoenix („DASH"), Tempe („FLASH") bzw. Scottsdale („Scottsdale Round Up") sein. Sie verkehren zwischen einigen Attraktionen und Shopping Malls.*

Taxis
• **Yellow Cab**: *(602) 252-5252 od. (480) 966-8377*
• **Scottsdale Cab**: *(480) 994-1616*

Sightseeingtours
• **Gray Line Tours**: *Tel.: (602) 495-9100. Von Stadtrundfahrten bis hin zu Touren zum Grand Canyon und zu anderen Destinationen in Arizona.*
• **Heißluftballonfahrten**: *z.B.* **The Hot Air Balloon Company**. *Tel.: (602) 482-6030. Ballonfahren ist in Arizona sehr beliebt, und es gibt noch mehrere weitere Unternehmen, die „Sunrise"-, „Champagne-Continental Breakfast"- und „Sunset"-Fahrten anbieten. Die Fahrten können nur während der kühleren Tageszeiten durchgeführt werden. Eine Liste der Anbieter finden Sie in jedem Touristenbüro, und in den lokalen Visitor Guides sind die meisten ebenfalls aufgeführt.*
• **Westwind Aviation**: *Rundflüge über Phoenix und bis hin zum Grand Canyon. 732 W. Deer Valley Rd., Tel.: (480) 991-5557.*

Jährlich wiederkehrende Veranstaltungen (Auswahl)
• **Ende Januar bis Anfang Februar**: **Parada del Sol Parade**. *Scottsdale. Die größte Pferdewagenparade der Welt. Außerdem Rodeoveranstaltungen. Infos: (480) 502-1880.*
• **Februar**: **O'odham Tash Indian Pow Wow**. *Bei Casa Grande. Paraden, Musik und Tänze der Indianer.*
• **Ende März**: **Spring Festival of the Arts**. *In Old Town Tempe entlang der Mill Street. Kunsthandwerke aus allen Teilen des Südwestens werden ausgestellt und auch verkauft. Infos: (480) 967-4877.*
• **Oktober**: **Arizona State Fair**: *Arizona State Fair Grounds, Phoenix. Rodeos. Shows und lokale Speisen. Info: (602) 252-6771.*
• **Ende Oktober**: **Rodeo Showdown**. *Rawhide in der America West Arena in Phoenix Downtown. 40 amerikanische Cowboys gegen 40 kanadische im Rodeowettkampf. Infos: Tel. 1-800-946-9711.*
• **Anfang November**: **Thunderbird Balloon Classic**. *Heißluftballonmeisterschaften. Die besten Ballonfahrer aus aller Welt reisen an. Infos: (602) 978-7330.*
• **Ende Dezember**: **Arizona National Livestock Show**. *Auf den Arizona State Fair Grounds, Phoenix. Verkauf und Vorführung von Rindern aus ganz Arizona. Sicherlich einmal einen Besuch wert, um einen Eindruck von so etwas zu bekommen. Infos: (602) 258-8568.*

Einkaufen
• *In einer Region wie dem Sun Valley gibt es natürlich eine Reihe von* **Malls**, *von denen sich einige aber auf hochpreisige Kleidung eingestellt haben, so z.B. der* **Biltmore Fashion Park** *(2502 E. Camelback Rd.), wo Macy's, Saks Fifth Avenue, Laura Ashley und andere vertreten sind. Etwas „bodenständiger" präsentieren sich die Einkaufszentren* **Scottsdale Fashion Square** *(7014-590 E. Camelback Rd./Scottsdale Rd.) sowie das* **Arizona Center** *(Van Buren Street/Third Street, Phoenix Downtown). Auf italienisch getrimmt und mit hochpreisigen Boutiquen, Kunstgalerien und guten Restaurants ist* **The Borgata of Scottsdale** *(6166 N. Scottsdale).*

P

• *Wer günstige* **Outlet Malls** *sucht, der sollte zu* **Arizona Mills** *(5000 Arizona Mills Circle, Tempe) bzw. zu den* **Wigwam Outlet Stores** *(1400 N. Litchfield Rd., I-10 Exit Litchfield Rd., westl. von Phoenix im Palm Valley, Goodyear) fahren. Letztere bieten Geschäfte wie Bass, Levi's und Bugle Boy.*
• **Indianische Kunst: Bischoff's Shades of the West**: *3925 N. Brown St., Scottsdale. Keramiken, ausgesuchter indianischer Schmuck, Kleider. Nicht billig, aber gut.*
• **Westernbekleidung: Saba's Western Store**: *7254 E. Main St., Scottsdale. Traditioneller Laden mit einer großen Auswahl qualitativ guter Westernbekleidung. Der größte Western-Outfitter ist aber* * **Shepler's Western Wear** *(Metro Market Place, 9201 N. 29th Ave., Phoenix sowie Scottsdale Pavillions II, 8999 E. Indian Bend Rd., Scottsdale). Hier kaufen auch die Cowboys ein.*
• *Schön ist es, in Scottsdale einkaufen zu gehen, so z.B. in der* **Old Town im Zentrum** *oder an der* **Scottsdale Road, in der Galleria**.

Konzerte/Theater/Oper
• *Kartenvorbestellungen für Veranstaltungen in und rund ums Sun Valley können Sie über* **Ticketmaster** *(Tel.: (480) 784-4444) vornehmen (telefonisch). Online können Sie über www.ticketmaster.com bzw. www.showup.com Veranstaltungen buchen.*
• **Phoenix Civic Plaza Convention Center & Symphony Hall**: *225 E. Adams Street, Tel.: (602) 262-6225. Veranstaltungsort für verschiedene Aufführungen.*
• *Einen Besuch wert ist das elegante, 1929 eingeweihte* **Orpheum Theater** *(203 Adam's Street, Tel.: (602) 262-7272), das einst als die beste Adresse westlich des Mississippi galt.*

Sportveranstaltungen
• **Kartenvorbestellungen** *für Sportveranstaltungen in und rund ums Sun Valley können Sie auch telefonisch über* **Ticketmaster** *(Tel.: (480) 784-4444, Internet: www.ticketmaster.com) vornehmen.*
• **Football:** „Arizona Cardinals": *Spiele im Sun Devil Stadium in Tempe (Arizona University). Infos: (602) 379-0102.*
• **Baseball:** „Phoenix Diamondbacks": *Bank One Ballpark (BOB), Phoenix Downtown. Infos: (602) 514-8400.*
• **Greyhound-Rennen**: *Phoenix Greyhound Park, 40th & E. Washington St., Tel.: (602) 273-7181. Rennen nahezu jeden Abend. Hier kann man auch im Restaurant sitzen und beim Zusehen sein Dinner einnehmen.*
• **Basketball:** „Phoenix Suns": *America West Arena, 201 E. Jefferson St. Infos: (602) 379-SUNS.*

Unterkünfte
Phoenix hat eine riesige Auswahl an Hotels und besonders luxuriösen Resorts. Dazu zählen alleine über 20 4-5-Sterne-Hotels. Und wie das in Amerika so üblich ist, fördert die Konkurrenz den Einfallsreichtum. In dem einen Resort kann man in einer venezianischen Gondel über den hauseigenen See fahren, im nächsten trifft sich die Tenniselite, wieder woanders gibt es, bei entsprechendem Zimmerpreis natürlich, einen seidenen Bademantel als Zugabe. Grundsätzlich gibt es also alles, natürlich auch die preisgünstigen Franchisehotels an den Ausfallstraßen. Hier eine kleine Auswahl:

P

Hotels

* • The Boulders Resort & Club $$$$-$$$$$: P.O.Box 2090, 34631 N. Tom Darlington Dr., Carefree, AZ 85377 (nördl. v. Scottsdale), Tel.: (480) 488-9009, Fax: (480) 488-9428. Komfortable Unterkünfte in Casitas. Ruhig gelegen in bergiger Landschaft. Sport u. Entertainment aller Art. Nicht ganz billig, aber Klasse!

• **The Phoenician $$$$$**: 6000 E. Camelback Rd. (an der 60th St.), Scottsdale, AZ 85251, Tel.: (480) 941-8200, Fax: (480) 947-4311. Pompöses und mit allem Luxus ausgestattetes Hotel. Zum Teil klassisch-plüschige Aufmachung. Einer der Klassiker des Westens.

• **The Buttes $$$$-$$$$$**: 2000 Westcourt Way, Tempe, AZ 85282, Tel.: (602) 225-9000, Fax: (602) 438-8622. Luxus-Resort. Erstklassige Aussicht vom Restaurant.

• **Fiesta Inn $$$**: 2100 S. Priest Dr., Tempe, AZ 85282, Tel.: (480) 967-1441, Fax: (480) 967-0224. Modernes Hotel, günstig gelegen zum I-10. Von hier aus können Sie am folgenden Morgen gut zur City und dann mittags weiter gen Norden fahren.

• **Holiday Inn SunSpree Resort $$$**: 7601 E. Indian Bend Rd., Scottsdale, AZ 85250, Tel.: (480) 991-2400, Fax: (480) 998-2261. Gutes, kinderfreundliches Mittelklasse-Resort in Scottsdale. Fragen Sie nach Zimmern mit Blick auf die Berge bzw. auf den See.

• **Hyatt Place – Old Town Scottsdale $$-$$$**: 7300 E. 3rd Ave., Scottsdale, AZ 85281, Tel.: (480) 423-9944, Fax: (480) 423-2991. Suiten-Hotel, d.h. Kühlschrank und Mikrowellengerät im Zimmer.

• **Budget Lodge $**: 402 W. Van Buren St., Phoenix, AZ 85003, Tel.: (602) 254-7274, Fax: (602) 252-4730. Sehr einfaches Motel, dafür aber sehr preisgünstig und nur 3 Blocks von der Downtown entfernt. Besonders geeignet für junge Reisende.

Bed & Breakfast

• **Arizona Trails Bed & Breakfast Reservation Services**: P.O.Box 18998, Fountain Hills, AZ 85269-8998, Tel.: (480) 837-4284, Fax: (480) 816-4224, Internet: www.arizonatrails.com. Buchungen von B & B-Unterkünften, aber auch Hotels.

• **Maricopa Manor $$-$$$**: 15 W. Pasadena Ave., P.O.Box 7186, Phoenix, AZ, 85013, Tel.: (602) 274-6302, Fax: (602) 266-3904. Komfortabel eingerichtet. Auf halber Strecke zwischen Phoenix und Scottsdale. In Vororthaus von 1928. Garten, Pool, Hot Tub.

Jugendherbergen

• **Metcalf House Youth Hostel $**: 1026 N. 9th Street, Phoenix, AZ 85006, Tel.: (602) 254-9803. Bus Nr. 10 bis Ecke Roosevelt/9th St.

• **YMCA $**: 350 N. 1st Ave., Phoenix, AZ 85003, Tel.: (602) 253-6181. Für Männer und Frauen.

Campingplätze

• **Green Acres RV Park III**: 1890 E. Apache Blvd., Tempe, AZ 85281, Tel.: (480) 829-0106. Sehr sauber. Nahe an der City. Am Apache Blvd. gibt es noch zwei weitere Plätze.

• **Covered Wagon RV Park**: 6540 N. Black Canyon Hwy. (I-17 bis Glendale Exit, dann ½ Meile in südlicher Richtung), Tel.: (602) 242-2500. Auch Zelte. Ca. 10 Meilen zur City.

• **North Phoenix Campgrounds**: 2550 W. Louise Dr. 18 Meilen zur City. I-17 in nördliche Richtung, Exit 215 B, Deer Valley Rd., Tel.: (602) 869-8189. Auch Zelte.

Restaurants

• **Vincent Guerthault on Camelback**: *3930 E. Camelback Rd. (40th St.), Tel.: (602) 224-0225. Gilt als das beste Restaurant mit „Südwesterküche" in ganz Arizona. Erstklassige Weinkarte. Nicht ganz billig.*

* • **Arizona Kitchen**: *Wigwam Resort, 300 E. Indian School Lane (zwischen Litchfield Rd. u. Indian School Rd.), Litchfield Park, Tel.: (623) 935-3811. Ausgefallene Südwestgerichte mit Atmosphäre und Blick auf die Küche. Ca. 16 Meilen westlich von Phoenix Downtown.*

• **Bandera**: *3821 N. Scottsdale Rd., Scottsdale, Tel.: (480) 994-3524. Südwester Küche. Beliebt ist dieses Restaurant aber vor allem wegen seiner aromatisch gegrillten Hühnchen-gerichte.*

• **Honey Bear's BBQ**: *2824 N. Central Ave. sowie 5012 E. Van Buren St. (Phoenix). Einfache Lokale, deren BBQ-Gerichte einfach unschlagbar sind. Gut fürs Lunch.*

• **Pizzeria Bianco**: *Heritage Square, 623 E. Adam's St., Phoenix Downtown, Tel.: (602) 258-8300. Erstklassige, krosse Pizzen.*

• **Rawhide Western Town & Steakhouse**: *23023 N. Scottsdale Rd. (ca. 4 Meilen nördl. der Bell Rd.), Scottsdale, Tel.: (480) 502-5600. Leckere Steaks mit viel Cowboy-Entertain-ment. Weite Anfahrt von Phoenix Downtown!*

• **Cowboy Ciao Wine Bar & Grill**: *7133 E. Stetson Dr. (Ecke 6th Ave.), Scottsdale, Tel.: (480) WINE-111. Der Name verrät eigentlich alles: Südwester-Küche mit italienischen Spezialitäten angereichert. Dazu gibt es auch noch eine vielseitige Weinkarte. Und das Ganze im mittleren Preissegment.*

Pubs/Livemusik/Disco

Das Valley of the Sun bietet über 70 Country-/Western-Nightspots. Getanzt wird hier nach Arizonaart, dem „Arizona-Halftime" (2 Schritte auf halb so viel Platz – im Gegensatz zum „Texas Twostep"). Tipps über aktuelle Veranstaltungen auf der Country-szene finden Sie im „Country Spirit", eine an vielen Plätzen ausliegende kostenlose Bro-schüre. Ansonsten schauen Sie in die ebenfalls kostenlose „New Times".

• **Handlebar-J**: *7116 E. Becker Lane, Scottsdale, Tel.: (480) 948-0110. Weithin bekannte Cowboy-Bar und Danceclub. Mi, Do und So gibt es kostenlose Western-Tanzstunden.*

• **The Rockin' Horse Saloon**: *7316 E. Stetson Dr., Scottsdale, Tel.: (480) 949-0992. Wes-tern-Bar. Oft Livemusik.*

• **Anderes**: *Blues-Fans sollten zu* **Char's Has the Blues** *(4631 N. 7th St., Phoenix, Tel.: (602) 230-0205) oder in* **The Rhythm Room** *(1019 E. Indian School Rd., Phoenix, Tel.: (602) 265-4842) gehen, während Freunde des Jazz im* **Timothy's** *(6335 N. 16th St., Phoenix, Tel.: (602) 277-7634) eine elegante Atmosphäre mit nächtlicher Livemusik erwartet.*

Port Aransas, TX *(S. 395f)*

Information

Chamber of Commerce/Tourist & Convention Bureau: *403 W. Cotter Ave., Pt. Aransas, TX 78373, Tel.: (361)749-5919, Internet: www.portaransas.org.*

Unterkünfte

Es gibt zahlreiche kleine Motels, aber auch Condos und Cottages. Letztere kön-nen Sie oft nur wochenweise mieten. Der Standard ist meist niedrig, aber in so einem Ort verbringt man sowieso den größten Teil des Tages am Strand oder genießt irgendwo draußen die Meeresluft. Als Empfehlungen nenne ich hier einmal 3 Adressen:

• **Tarpon Inn $$-$$$**: *200 E. Cotter Ave., Pt. Aransas, TX 78373, Tel.: (361) 749-5555, Fax: (361) 749-4305. Historisches Hotel (ca. 1900) aus Holz, in dem bereits F.D. Roosevelt nächtigte. Ansprechendes* **Fischrestaurant** *im Hause.*

• **Days Inn Suites $$-$$$**: *410 E. Goodnight Ave. (6Meilen. nördl. am US 361), Port Aransas, TX 78373, Tel.: (361) 758-7375, Fax: (361) 758-8105. 32 Zimmer ($$) und 18 Suiten ($$-$$$), Pool.*

• **Rock Cottages $$**: *603 E. Avenue G, Pt. Aransas, TX 78373, Tel.: (361) 749-6360. 27 Cottages, alle mit Küche. Einfach, aber voll eingerichtet und günstig im Preis. 1 Block vom Strand.*

Restaurants

gibt es genauso zahlreich, aber die Besitzer wechseln häufig. Viele versuchen, sich mit einem Restaurant 2 bis 3 nette Jahre am Wasser zu machen, um danach wieder in die Städte zurückzukehren. Daher gebe ich Ihnen hier nur einen Tipp: **Beulah's** *gleich hinter dem Tarpon Inn (Tel.: (361) 749-4888). Gemischte Küche, wobei Seafood natürlich ganz oben auf der Liste steht. Lohnend aber ist es auch, sich an der* **Cotter Avenue** *und deren Nebenstraßen umzuschauen. Besonders am Hafen findet sich alles von der Fischbude bis hin zur Seafoodbar mit Blick auf die Fischerboote und Yachten.*

Prescott, AZ *(S. 521f)*

Information

Prescott Chamber of Commerce: *117 W. Goodwin St., Tel.: (928) 445-2000, Internet: www.prescott.org.*

Hotels

* • **Hassayampa Inn $$$**: *122 E. Gurley St., Prescott, AZ 86301, Tel.: (928) 778-9434, Fax: (928) 445-8590. Historisches Grandhotel (1927) mit gepflegter Plüschatmosphäre. Übrigens kursieren auch Geistergeschichten über das Haus und seine Gäste. Fragen Sie mal nach.*

* • **Rocamadour Bed & Breakfast $$-$$$**: *3386 N. Hwy. 89, Prescott, AZ 86301, Tel.: (928) 771-1933. Gilt als eines der besten B&Bs in Arizona. Gelegen in der Region der Granit-Boulder. Und wer tiefer in die Tasche greifen will, kann sich das Cottage in den Felsen mieten. Es hat zudem einen eigenen Whirlpool.*

• **Hotel St. Michael $$**: *205 W. Gurley St., Prescott, AZ 86301, Tel.: (928) 776-1999, Fax: (928) 776-7318. Die günstige Alternative für diejenigen, die „historisch wohnen" möchten. Auch hier sind Geistergeschichten im Umlauf.*

• *Es gibt noch eine Reihe weiterer historischer Hotels, die aber teilweise auch im Standard nicht mit der Zeit gegangen sind, dafür aber preislich deutlich günstiger liegen. Außerdem gibt es eine Vielzahl von Bed & Breakfast-Pensionen, die zum Teil auch in alten Häusern untergebracht sind.*

Camping

Eine Reihe von Campingplätzen um Prescott hat keine Duschen, teilweise überhaupt kein Wasser. Erkundigen Sie sich also vorher. Der hier aufgeführte verfügt über beides:

Willow Lake RV + Camping: *5 Meilen nördlich, 1617 Heritage Park Rd., Tel.: (928) 445-6311*

Provo, UT (S. 617)

Information
Utah Valley CVB: *Ecke University Ave./ 100 South, Provo, UT 84603, Tel.: (801) 851-2100, Internet: www.utahvalley.org und www.provo.org.*

Unterkunft
• **Sundance Resort $$$$$**: *Lodging Department, RR 3, Box A-1, Sundance, UT 84604, Tel.: (801) 225-4107, Fax: (801) 226-1937. 14 Meilen nordöstlich (US 189)* im North Fork Provo Canyon. Cottages inmitten von Pinienwäldern.
• **Provo Marriott $$-$$$**: *101 West 100th North, Provo, UT 84601, Tel.: (801) 377-4700, Fax: (801) 377-4708. Sehr komfortables Hotel im Zentrum der Stadt.*
• **Colony Inn - National 9 $$**: *1380 S. University Ave., Provo, UT 84601, Tel.: (801) 374-6800, Fax: (801) 374-6803. Einfaches Hotel mit 80 Zimmern (alle mit kl. Küche). Pool.*
• *Zudem gibt es* **unzählige Motels,** *die z.T. auch von Studenten bewohnt werden und daher manchmal etwas laut sind.*

Pueblo, CO (S. 719)

Information
Pueblo Visitors Information Center: *302 N. Santa Fe Ave., Pueblo 81003, Tel.: (719) 542-1704, Internet: www.pueblochamber.org.*

Unterkünfte
* • **Abriendo Inn $$-$$$**: *300 W. Abriendo Ave., Pueblo, CO 81004, Tel.: (719) 544-2703, Fax: (719) 542-6544. Klassisches Bed & Breakfast Inn in viktoriani-schem Haus von 1906. Einige Zimmer mit Whirlpool.*
• **Pueblo West Inn $$**: *201 Mc Culloch Blvd., 8 Meilen westlich am US 50W, Pueblo, CO 81008, Tel.: (719) 547-2111, Fax: (719) 547-0385. 69 Zimmer, Pool.*
• **Hampton Inn $$**: *4703 N. Freeway, I-25 N Exit 102, Pueblo, CO 81008, Tel.: (719) 544-4700, Fax: (719) 544-6526. 91 Zimmer, Pool, Waschautomat.*

Campingplätze
Pueblo Lake State Recr. Park: *640 Pueblo Reservoir. I-25 Exit 101, dann 6 Mei-len westlich auf US Hwy. 50, Tel.: (1-800-678-2267. Am McCullogh Blvd. bereits Schilder in Richtung Süden. Gelegenheiten zum Reiten, Wandern und zu Wassersport.*

Restaurants
• **Gaetano's:** *910 US 50 W., Tel.: (719) 546-0949. Amerikanische und italienische Küche.*
• **La Renaissance:** *217 E.Rouett Ave., Tel.: (719) 543-6367. Seafood, Steaks und leckere Spare Ribs. Untergebracht in einem historischen Kirchengebäude von 1880.*

Rockport, TX *(S. 393f)*

Information
Chamber of Commerce: *404 Broadway, Tel.: (361) 729-6445, Internet: www. rockport-fulton.org.*

Übernachtungsmöglichkeiten
bieten sich in verschiedenen einfachen Hotels und Cottages. Letztere finden Sie vor allem an der Strandstraße zwischen beiden Ortsteilen und inmitten des Ortsteils Rockport.
• **Best Western Inn By The Bay $$**: *3902 US 35 N, Rockport, TX 78358, Tel.: (361) 729-8351, Fax: (361) 729-0950. 72 Zimmer, Pool, Waschautomat.*
Wer mehr ausgeben möchte, sollte sich bei folgendem Condominium erkundigen:
• **Ledbetters/Key Allegro Condos & Home Rentals $$$-$$$$**: *1809 Bayshore, Rockport, TX 78382, Tel.: (361) 729-2772. Zwischen beiden Ortsteilen gelegen an der Uferstraße. Von komfortabel eingerichteten Appartements (ab 120$) bis hin zu teilweise sehr stilvollen Strandhäusern mit bis zu 6 Zimmern (zwischen 250 u. 350$) gibt es hier alles. Alles komplett eingerichtet. Ein paar Tage in so einem Haus wäre schon ein Clou, nur leider doch ein ziemliches Ärgernis für die Reisekasse.*

Rocky Mountain National Park, CO *(S. 641ff)*

Adresse und Information
• **Es gibt 4 Visitor Centers** *(Einfahrt Estes Park, im Süden nahe dem Grand Lake, im Park das Alpine Visitor Center an der Hauptstraße und am Lily Lake an der CO 7) sowie eine Auskunft im Moraine Park Museum. Nur das südliche* **Kawuneeche Visitor-Center** *am Grand Lake ist auch außerhalb der Sommermonate geöffnet.*
• **Schriftliche Anfragen: Superintendent, Rocky Mountains Nat. Park,** *1000 Highway 36, Estes Park, CO 80517-8397, Tel.: (970) 586-1206, Internet: www.nps.gov/romo.*

Unterkünfte
Im Park gibt es nur **Campingplätze: Timber Creek** *im Westen,* **Aspenglen, Moraine Park, Glacier Basin** *und* **Longs Peak** *im Westen. Reservierungen über Tel.: 1-877-444-6777 oder über die Internetseite www.recreation.gov.. Hotels finden Sie in ausreichender Zahl in* **Estes Park** *(siehe S. 216) und* **Grand Lake** *(www.grandlakechamber. com). Ein relativ günstiges, rustikales Motel 3 Meilen südlich von Grand Lake ist die* **Black Bear Lodge ($$-$$$**, *12255 US 34, P.O.Box 609, Grand Lake, CO 80447, Tel.+ Fax: (970) 627-3654, Pool, Whirlpool). Etwas teurer sind die Holzhütten der 1921 erbauten* **Grand Lake Lodge ($$-$$$**, *15500 US 34, P.O.Box 569, Grand Lake, CO 80447, Tel.: (970) 627-3967, Fax: (970) 627-9495, Pool, Hot Tub, Restaurant, Bar).*

Essen und Benzin
Tankstellen gibt es im Park nicht. Snacks gibt es im Sommer am Trail Ridge Store, im Winter im Hidden Valley Store.

Saguaro National Park, AZ *(S. 491)*

Information
• **Östlicher Teil: Saguaro Nat. Park, Superintendent**: *3693 South Old Spanish Trail, Tucson, AZ 85730-5699, Tel.: (520) 733-5153, Internet: www.nps.gov/sagu.*
• **Westlicher Teil: Red Hills Information Center:** *Kinney Rd., Tucson, Tel.: (520) 733-5158 Öffnungszeiten für beide Visitor Center: täglich 8–17h.*

Unterkünfte
Es gibt keine Hotels im Park. Übernachten Sie in bzw. um Tucson (siehe S. 288ff).

Camping
Im östlichen Teil stehen sechs einfache kleine **(Backcountry-) Campingplätze** *zur Verfügung. Doch benötigt man für die Nutzung ein Permit, das beim Wilderness Ranger des* **Rincon Mountain District** *unter der Adresse des Visitor Center (Ost) zu beantragen ist. Man kommt nicht mit dem Fahrzeug an die Plätze heran, muss also dorthin laufen, und das Wasser zum Trinken muss dort gereinigt werden.*
Ansonsten empfiehlt es sich, in Tucson zu campieren.

Salt Lake City, UT *(S. 620ff)*

Informationen
• **Salt Lake Conv. & Visitors Bureau:** *90 South West Temple, Salt Lake City, UT 84101-1406, Tel.: (801) 534-4900, Fax: (801) 534-4927. Mo–Fr 8–17h, Sa + So 9–17h, Internet: www.visitsaltlake.com und www.saltlake.org,*
• **Salt Lake Conv. & Visitors Bureau:** *Salt Lake City Int. Airport, Terminal II, Tel.: (801) 575-2800, tägl. 9–21h.*
• **Historic Temple Square:** *North Visitors Information Center, 50 West North Temple, Salt Lake City, UT 84150, Tel.: (801) 240-2534, Internet: www.visittemplesquare.com. Info-Center für den Temple Square.*
• *Die Broschüre „This is the Place – Salt Lake" erscheint zweimal im Jahr und enthält neben nützlichen Adressen auch einen Veranstaltungskalender.*

Wichtige Telefonnummern
• *VORWAHL: 801*
• *Notruf Polizei/Feuer/Ambulanz: 911*
• *Krankenhaus: Salt Lake Regional Hospital, 1050 East South Temple, Tel.: (801) 350-4631*
• *Zeit- und Wetteransage: (801) 467-8463*

Airlines
• **American**: *1-800-433-7300*
• **Delta**: *1-800-221-1212*
• **Delta Connection - Sky West**: *1-800-453-9417*
• **Southwest**: *(801) 366-4004*

S

Salt Lake City International Airport
- *Flughafeninformation: (801) 575-2400*

Wie komme ich zum Flughafen?
- **Mit dem eigenen Auto**: *Der Airport liegt etwa 7 Meilen von der Innenstadt entfernt. Fahren Sie über den I-80 in westliche Richtung, und achten Sie ab Exit 115 auf die Ausschilderung.*
- **Mit dem Bus:** *Die Buslinien 50 und 53 fahren zum Airport, außerdem abends zw. 19h u. Mitternacht die 150. Infos: Tel.: (801) 743-3882 od. 1-888-RIDE-UTA.*
- **Shuttle/Kleinbus: Utah Shuttle Services** *(Tel.: (801) 328-9920) unterhält einen regelmäßigen Shuttle-Service. Abholung vom Hotel oder auch von Resorts in der Umgebung. Viele größere Hotels bieten auch einen eigenen, kostenlosen Shuttle-Service an.*

Autovermietungen
Alle großen Mietwagenfirmen unterhalten einen Stützpunkt am Flughafen.
- **Advantage**: *2375 West North Temple, Tel.: (801) 531-1199*
- **Alamo**: *3780 W. Terminal Way, Tel.: (801) 575-2211*
- **Avis**: *AMF Box 22047, Tel.: (801) 575-2847*
- **Budget**: *3833 New Terminal Dr., Tel.: (801) 575-2500*
- **Dollar**: *601 N. 3800 West, Tel.: (801) 575-2580*
- **Enterprise**: *404 South 300 West, Tel.: (801) 534-1888*
- **Hertz**: *775 North Terminal Dr., Tel.: (801) 575-2683*
- **National**: *AMF Box 22249, Tel.: (801) 575-2277*
- **Thrifty**: *255 S. West Temple, Tel.: (801) 265-6677.*

Öffentliche Verkehrsmittel
- **Amtrak**: *Der D&RGW Station befindet sich Ecke 340 South & 600 West Streets. Infos: (801) 364-8562 oder 1-800-USA-RAIL.*
- **Überlandbusse:** *Die* **Greyhound-Busstation** *befindet sich 300 South/ 600 West Sts. Infos: Tel. (801) 355-9579.*
- **Stadtbusse:** *Die „Utah Transit Authority" unterhält den Bus- und Bahnbetrieb in Salt Lake City. Im Innenstadtbereich (zw. State Capitol, 500 S, 400 W und 200 E) sind alle Fahrten frei. 1999 wurde auch die Straßenbahn, „TRAX", eingeweiht, die von Süden kommend bis zum Delta Center in der Innenstadt verkehrt. Infos: 1-888-RIDE-UTA od. Internet: www.rideuta.com.*

Taxis
Yellow Cab: *(801) 521-2100 od. 1-800-826-4746*
City Cab: *(801) 363-8400*

Sightseeingtours
- **Gray Line Tours:** *553 West South, SLC, Tel.: (801) 521-7060. Stadtrundfahrten und Fahrten zu den umliegenden Nationalparks.*
- **The Great Balloon Escape**: *10290 Hidden Oaks Drive, Highland, UT 84003, Tel.: (435) 645-9400. Heißluftballon-Fahrten. Auch „Champagne-Flights" – mit Champagner über der Salzwüste.*

Jährlich wiederkehrende Veranstaltungen (Auswahl)

• **Juli: Days of '47:** *12731 South Sandviken Circle, Riverton. Dreiwöchiges Rodeofestival mit Konzerten und Tanzveranstaltungen im Gedenken an das Ankommen des großen Trecks.*

• **Juni-September: Utah Shakespeare Festival:** *Campus der Universität in Cedar City (250 Meilen südlich an I-15). Infos: (435) 586-7878.*

Shopping Centers

• **Cottonwood Mall:** *4835 South Highland Drive. Mit über 150 Geschäften und Boutiquen die größte Mall in der Stadt.*

• **ZCMI Center Uptown:** *South Temple/Main St. Zentral gelegene Mall mit 90 Geschäften.*

• **Crossroads Plaza:** *50 S.Main Street. Gegenüber dem Tempel. 140 neue, z.T. nicht ganz billige Geschäfte.*

• **Gardner Historic Village:** *1095 West 7800 South, West Jordan (15 km südlich der Innenstadt). Einkaufsgebiet in historischem Village.*

• **Tanger Outlet Mall - Park City:** *Exit 145 vom I-80, North Landmark Drive. Über 60 günstige Fabrikläden (21 Meilen von der City), u.a. Nike, Polo Ralph Lauren!*

Sportveranstaltungen

Basketball: The „Utah Jazz". *Spiele im Delta Center, 301 West South Temple, Tel.: (801) 325-2000, Internet: www.nba.com/jazz.*

Hotels

Viele Hotels und Motels aller Preisklassen befinden sich nahe der Innenstadt, südlich der 200 South. Von hier können Sie bequem in 10–20 Minuten zum Temple Square laufen.

* • **Hotel Monaco $$$$:** *15 W. 200 South, SLC, UT 84101, Tel.: (801) 595-0000, Fax: (001) 532-8500. Zentral gelegenes Boutique-Hotel. Schön und etwas plüschig eingerichtet. Leider hat das auch seinen Preis.*

• **Salt Lake Mariott – Downtown $$$:** *75 South West Temple St., SLC, UT 84101, Tel.: (801) 531-0800, Fax: (801) 532-4127. Modernes First-Class-Hotel mit postmoderner, lichtdurchfluteter Lobby. Einen Block vom Temple Square entfernt.*

• **The Peery Hotel $$$:** *110 W. Broadway/ 300 South St., Salt Lake City, UT 84101, Tel.: (801) 521-4300. Historisches Hotel, zentral gelegen. Im Hause gibt es zudem 2 Restaurants.*

• **Shilo Inn $$$:** *206 S.West Temple St., Salt Lake City, UT 84101, Tel.: (801) 521-9500, Fax: (801) 359-6527. Modernes Mittelklassehotel im Zentrum der Stadt und günstig gelegen zu vielen netten Restaurants.*

• **Holiday Inn Downtown $$:** *999 South Main Street, SLC, UT 84111, Tel.: (801) 359-8600, Fax: (801) 364-4915. Mittelklassehotel im internationalen Stil. 1993 renoviert.*

• **La Quinta Inn $$:** *7231 South 480 West, Midvale, UT 84047. 16 km südlich der City, Tel.: (801) 566-3291, Fax: (801) 562-5943. Gutes Preis-Leistungs-Verhältnis.*

Bed & Breakfast

• **Anton Boxrud Bed & Breakfast $$$:** *57 South 600 East, SLC, UT 84102, Tel.: (801) 363-8035, Fax: (801) 596-1316. „Grand old home". Man kann von hier gut zum Tempeldistrikt laufen.*

S

Campingplätze
- **Mountain Shadows RV Park:** *13275 South Minute Man Drive, Draper, UT 84020, Tel.: (801) 571-4024. 15 Meilen südlich der Stadt, Jacuzzi, ruhig.*
- **KOA VIP/Campground VAP:** *1400 West North Temple, SLC, UT 84116, Tel.: (801) 328-0224. Zwischen Airport und City.*
- *Weitere schöne, aber einfach eingerichtete Campingplätze finden Sie im National Forest entlang den* **Big und Little Cottonwood Canyons.**

Restaurants
Obwohl man in Utah wenig aushäusige Geselligkeit erwartet, wird man schnell vom Gegenteil überrascht. Überall, aber besonders im Gebiet südwestlich des Tempels (um die 200 St.), finden sich zahlreiche Restaurants und Clubs, die zum Teil in alten Gebäuden aus der Zeit des beginnenden 20. Jh. untergebracht sind.

* • **Market Street Grill & Oyster Bar:** *48-54 Market Street, Tel.: (801) 322-4668 (Grill) sowie 531-6044 (Oyster Bar). Hervorragende Fischgerichte in restauriertem Hotelgebäude von 1906. Im rechts gelegenen Grill gibt es auch erlesene Weine.*

• **The DoDo Restaurant:** *152 South 400 East, Tel.: (801) 456-2473. Steaks in gehobener Atmosphäre. Seit Jahren eines der beliebtesten Restaurants der Einheimischen.*

• **Red Rock Brewing Company:** *254 South/200 West, Tel.: (801) 521-7446. Unkomplizierte Atmosphäre in Microbrewerie. Typische amerikanische Gerichte.*

• **Squatter's Pub & Brewery:** *147 West Broadway, Tel.: 363-BREW. Ebenfalls lockere Atmosphäre in kleinem Brauereigebäude. Selbst gebrautes Bier.*

• **New Yorker:** *60 Market Street, Tel.: (801) 363-0166. Gemischte Küche (mehrfach ausgezeichnet) in sehr gepflegtem Ambiente. Teuer.*

* • **Log Haven:** *3800 S. Wasatch Blvd. (4 Meilen entlang Millcreek Canyon), Tel.: (801) 272-8255. Schön zwischen Kiefernbäumen gelegenes Holzhaus mit Patio (Blick auf Wasserfall). Gute Steakgerichte und mediterran angehauchte Küche. Erstklassige Weinkarte.*

• **Port O'Call Social Club:** *400 S. West Temple, Tel.: (801) 521-0589. Sportsbar mit amerikanischen Gerichten, oft Livemusik. Etwas rau.*

* • **SugarHouse Barbecue Company:** *2207 South 700 East, Tel.: (801) 463-4800. Für Freunde von Barbecue-Gerichten ein Muss. Die geräucherten Spare Ribs sind Klasse!*

San Antonio, TX *(S. 359ff)*

Informationen
- **San Antonio Information Center:** *317 Alamo Place, San Antonio, TX 78205, Tel.: 1-800-447-3372 od. (210) 354-2788, Internet: www.sanantoniocvb.com. 7 Tage in der Woche geöffnet, 9–17h.*
- **San Antonio C&VB, Airport:** *Terminals 1+2, Tel.: (210) 821-3421 od. 3448.*

Für aktuelle Informationen betreffs Veranstaltungen sind das „KEY – Traveler's Magazine" bzw. der „San Antonio Current" die besten Blätter (kostenlos), was allgemeine Dinge angeht, das Visitor Magazine „Fiesta". Sie erhalten alle im Touristenbüro (die ersten beiden auch in vielen Hotels und Restaurants). Die Tageszeitung ist der „San Antonio Express" dessen Freitagsausgabe ebenfalls über Veranstaltungen informiert.

Wichtige Telefonnummern
- *VORWAHL: 210*
- *Notruf/Polizei/Feuer/Ambulanz: 911*
- *Krankenhausnotdienst:*
- *Santa Rosa Health Care Corp.: 519 W. Houston St., (210) 704-2011*
- *Wetterinformation: (830) 606-3617*
- *Telefonauskunft: 1411*

 Airlines
- **American:** *1-800-443-7300*
- **Continental:** *1-800-525-0280*
- **Delta:** *1-800-221-1212*
- **Mexicana:** *1-800-824-0241*

- **Northwest/KLM:** *1-800-225-2525*
- **Southwest:** *(210) 617-1221*
- **United:** *1-800-241-6522*

San Antonio International Airport
- *Airport-Infos: Tel.: (210) 207-3411*
- *Wie komme ich zum Flughafen:*

Mit dem Auto: *Folgen Sie von der Innenstadt aus dem Highway I-37/35, der dann nördlich in den Highway 281 übergeht. Dieser führt Sie dann direkt zum San Antonio International Airport, der etwa 8 Meilen nördlich der City (13 Meilen von Downtown/River Walk) liegt.*

Taxi: *Nehmen Sie entweder ein Taxi vor Ihrem Hotel, oder rufen Sie eines an, das Sie dann am Hotel abholt. Z.B.* **Yellow Cab:** *Tel. (210) 226-4242. Preis für eine Fahrt von der City aus: ca. 15-18 $ + Trinkgeld.*

Shuttleservice: *Die Firma* **SATRANS** *betreibt einen Dienst. Man sollte aber schon einen Tag im Voraus buchen. Tel.: (210) 212-5395. Weitere Shuttlebusse stehen in der Regel am Flughafen bereit.*

 Autovermietungen
Natürlich haben auch in San Antonio alle größeren Verleihfirmen eine Mietwagenstation am Flughafen, wo auch meist ihre örtliche Zentrale sitzt.
- **Alamo:** *(210) 828-7967*
- **Avis:** *(210) 826-9332*
- **Budget:** *(210) 828-8888*

- **Dollar:** *(210) 524-3250*
- **Enterprise:** *(210) 282-1440*
- **National:** *(210) 824-1841*

Öffentliche Verkehrsmittel
- **Amtrak:** *Der Bahnhof befindet sich an der 1174 E. Commerce Street, Ecke Hoefgen Street. Tel. Reservierungen + Infos: (210) 223-3226 od. 1-800-872-7245.*
- **Überlandbusse:** *Der Busterminal ist in der 500 N. St.Marys.* **Greyhound:** *Tel. (210) 270-5824,* **Kerrville Bus Coach:** *1-800-474-3352.*
- **Stadtbusse/Streetcars:** *Das Nahverkehrssystem wird in San Antonio von der* **VIA** *unterhalten, die neben Bus- auch einige Streetcar-Linien (Trolleybusse) betreibt, die alle wesentlichen Attraktionen in der Innenstadt miteinander verbinden. Sehr erfreulich ist auch, dass es Extrabusse zur Sea World und zur Fiesta Texas gibt, sowie die „Cultural Tour Busse", die alle 30 Minuten an den wesentlichen Touristenattraktionen vorbeifahren. Lohnend für die Nutzung der VIA sind die günstigen Tageskarten. Und wer länger bleibt, sollte sich sogar eine Wochenkarte zulegen.*

VIA hat ein Innenstadt-Infocenter *in der 260 E. Houston St.. Telefonische Infos: (210) 362-2020, Internet: www.viainfo.net.*

S

Taxis
• Yellow Cab: (210) 226-4242I • Checker Cab: (210) 222-2151

Sightseeingtouren
• **Trolleybusse:** Die Sehenswürdigkeiten der Innenstadt werden u.a. von privaten Trolleybusunternehmen auf ca. 90-minütigen Touren bedient. Unterwegs werden die wesentlichen Attraktionen erläutert. Sie können sich u.U. auch vom Hotel abholen lassen. Eine empfehlenswerte Firma wäre z.B. **Lone Star Trolley Tours**, die auch **Pferdekutschentouren** (Abfahrt u.a. am Alamo) anbieten. Infos: Tel. (210) 225-6490.
• **San Antonio Trolley System (VIA):** ca. 45-Min.-Touren durch den Citybereich mit offenem Trolley. Abfahrten ab Alamo Plaza halbstündlich. Infos: Tel. (210) 362-2020 (siehe auch „Trolleybusse"). Diese Busse gehören der Stadt und fahren ohne besondere Erläuterungen die Sehenswürdigkeiten ab, und Sie können nach Belieben zu- und aussteigen.
• **Gray Line Tours:** Stadtrundfahrten aller Art. Abfahrt: Größere Hotels oder Visitor Center. Infos: Tel. (210) 226-1706.
• **Walking Tours:** Die „San Antonio Conservation Society" (107 King William St., Tel. (210) 224-6164) hat eine Broschüre herausgegeben, in der eine „Zu-Fuß-Route" durch die historische Innenstadt beschrieben wird.
• **Ein weiteres Erlebnis: Riverboat-Fahrten:** Besonders zu empfehlen wäre eine abendliche Fahrt mit Dinner. Die Bootstouren führen entlang der Strecke des „River Walk". Abfahrten der meisten Boote u.a. am Paseo del Rio Boat Dock gegenüber dem Hilton Hotel in der Commerce Street oder am neuen Rivercenter beim Marriott Hotel. Die Schalter an anderen Abfahrtpunkten sind nicht immer geöffnet.

Theater
Es gibt natürlich in solch einer Stadt zahlreiche Möglichkeiten, aber ein Tipp ist ein Musical bzw. ein Konzert der Symphoniker im **Majestic Theater** in der 212 E. Houston Street (Tel.: (210) 226-5700). Das Theater wurde Ende der 1920er Jahre erbaut mit dem Auftrag, das imposanteste Theater von Texas zu gestalten. Alleine die spanisch-arabische Architektur im Hauptteil und die Holzschnitzereien in den Vorräumen sind den Besuch wert.

Jährlich wiederkehrende Veranstaltungen (Auswahl)
San Antonio lebt von seinen Festen, und die werden ausgiebigst gefeiert. Sollten Sie das Glück haben, zu einer entsprechenden Zeit hier zu sein, planen Sie gleich einen Extratag ein. Nur wird es höchstwahrscheinlich schwierig sein, zu dieser Zeit eine Unterkunft zu finden (also: im Voraus buchen!)
• **Februar: San Antonio Stock Show and Rodeo:** Freeman Coliseum, 3201 E. Houston Street, Infos: (210) 225-5851, Internet: www.sarodeo.com. 2 Wochen Rodeo, Viehauktionen und Live-Entertainment.
• **10 Tage um den 21. April: Fiesta San Antonio:** In der gesamten Innenstadt. Das Stadtfest. Mardi Gras auf Mexikanisch. Musik, Festzelte, kulturelle Programme etc. Achtung, es wird abends voll! Infos: (210) 227-5191, Internet: www.fiesta-sa.org.
• **Mai-August: Musikveranstaltungen** an verschiedenen Plätzen der Stadt. Zu empfehlen ist die Fiesta Noche del Rio: lateinamerikanische Musik und Tänze im Arneston River Theatre (Di, Fr, Sa)
• **Dezember: verschiedene mexikanische Festivitäten** und Stände, z.B. Fiesta Navidena am Market Square (El Mercado), Fiesta de las Luminarias am River Walk.

Einkaufstipps
KUNSTHANDWERKLICHES/SOUVENIRS:
• Im Stadtteil La Villita *(zwischen S. Alamo, San Antoni River und S. Presa) gibt es eine Reihe von kleinen Galerien und Boutiquen, so z.B. indian. Malereien und Kunsthandwerkliches.*
• Southwest School of Art & Craft: *Ecke Augusta/Navarro St. Eher ein Zentrum für die Kunsthandwerker selber (denen man z.T. bei der Arbeit zusehen kann). Es gibt aber auch Einiges an Kunsthandwerklichem zu kaufen. Zudem befinden sich hier Galerien und Workshops.*

SHOPPING CENTER/OUTLET MALLS:
• Market Square: *514 Commerce St. Hier finden Sie alles: Galerien, Kleidungsgeschäfte, Lebensmittel, mexikanische Souvenirs etc. Vorteil: sehr lange geöffnet – teilweise 24-Stunden-Restaurants.*
• *Ein weiteres bemerkenswertes Shoppingcenter ist die moderne* Rivercenter Mall *(Commerce/Bowie St.). Vornehme Geschäfte (z.B. Saks, Macy's) finden Sie in der* North Star Mall *nördlich der Innenstadt (Loop 410/San Pedro Ave.)*
- Prime Outlet San Marcos *(3939 IH-35 South # 300/Exit Centerpoint Rd.) sowie* Tanger Outlet Center *(San Marco, 4015 IH-35 South, # 319/Exit 200) bieten günstige Markenartikel in sog. Fabrikläden. Beide Malls befinden sich in San Marcos am Interstate Richtung Austin.*

WESTERN-HÜTE:
• Paris Hatters: *119 N. Broadway, Tel.: (210) 223-3453. Seit 1917. Hüte aller Art – nicht ganz billig, aber häufig Sonderangebote.*

Hotels
Wenn es auch etwas teurer sein darf, lohnt sich ein Hotel im Innenstadtbereich, da Sie von hier aus bequem abends am Riverwalk entlang laufen und speisen können. Achtung bei Reservierungen: Viele Hotels bezeichnen sich als „Downtown-Hotels". Die Innenstadt zieht sich aber bis zu 30 Blocks in alle Richtungen. Das kann also bedeuten, dass ein Innenstadthotel sich einige Meilen vom Riverwalk entfernt befindet.
• Hilton Palacio del Rio $$$$: *200 S. Alamo St., San Antonio, TX 78293, Tel.: (210) 222-1400, Fax: (210) 270-0761. Modernes Luxushotel direkt am „Herzstück" des Riverwalk. Die Zimmer sind zwar relativ klein, aber geschmackvoll eingerichtet und bieten großenteils Blick auf den Riverwalk (fragen Sie danach). Spezielle Tarife möglich.*
* • Menger Hotel $$$: *204 Alamo Plaza, San Antonio, TX 78205, Tel.: (210) 223-4361, 1-800-345-9285, Fax: (210) 228-0022. Historisches Hotel mit allen Annehmlichkeiten. Wer etwas tiefer in die Tasche greifen will ($$$$), kann hier auch eine schöne Suite buchen.*
• Emily Morgan $$$: *705 E. Houston St. (am Alamo Plaza), San Antonio, TX 78205, Tel.: (210) 225-8486, 1-800-824-6674, Fax: (210) 225-7227. Zentral gelegenes Hotel in neugotischem Baustil.*
• Hampton Inn Downtown Riverwalk $$-$$$: *414 Bowie, San Antonio, TX 78205, Tel.: (210) 225-8500, Fax: (210) 225-8526. Die etwas günstigere Alternative nahe dem Riverwalk.*
• Days Inn Alamo Riverwalk $$: *902 E. Houston St., San Antonio, TX 78205, Tel.: (210) 227-6233, Fax: (210) 228-0901. Günstige Motelalternative, ca. 15 Minuten zu Fuß zum Riverwalk.*

S

- **Red Roof Inn - Downtown $$**: *1011 E. Houston St., San Antonio, TX 78205, Tel.: (210) 229-9973, Fax: (210) 228-0901. Ebenfalls günstig und 15–20 Minuten zu Fuß zum Riverwalk.*
- **La Quinta Market Square $$**: *900 Dolorosa St., San Antonio, TX 78207, Tel.: (210) 271-0001, Fax: (210) 228-0663. Modernes Motel direkt am Market Square.*

Bed & Breakfast

- **A Beckmann Inn & Carriage House $$$-$$$$**: *222 E. Guenther St., San Antonio, TX 28602, Tel.: (210) 229-1449, Fax: (210) 229-1061. B&B in historischem Gebäude von 1886, direkt gegenüber dem Riverwalk.*
* • **Bullis House $$**: *621 Pierce St. (2 Meilen nordöstlich des Riverwalk), San Antonio, TX 78208, Tel.: (210) 223-9426, Fax: 8210) 299-1479. Große Zimmer in historischem Gebäude mit teilweise antiken Möbeln. (Gleich nebenan eine Art Jugendherberge).*

Campingplätze

- **Alamo KOA Campground**: *602 Gembler Rd., Tel.: (210) 224-9296 od. 1-800-833-KAMP. 5 Meilen von der City entfernt. Busanschluss. Zelten erlaubt. Es gibt auch kleine Camping-Kabinen. Liegt in einem kleinen Park.*

Restaurants

Schön – wenn auch meist nicht billig – speisen Sie am Riverwalk. Ich denke, dass lohnt sich alleine der abendlichen Stimmung wegen. Etwas billigere Restaurants finden Sie im Innenstadtbereich etwa 100 m vom Riverwalk entfernt an der Commerce Street oder in der N. St.Mary's Street (um die 2500er Blöcke), wo eher die Einheimischen und Studenten hingehen. Luxus und Schnickschnack finden Sie dort nicht, dafür aber Stimmung und ehrliche Preise.

* • **Boudro's**: *421 E. Commerce St., am Riverwalk, Tel.: (210) 224-8484. Steaks und Tex-Mex. Der „Tipp" am Riverwalk.*
- **Landry's**: *517 N.Presa St., Tel.: (210) 229-1010. Seafoodspezialitäten. Schöne Aussicht über den Riverwalk. Relativ teuer, aber gut.*
- **Mi Tierra**: *am Market Square. Tel.: (210) 225-1262. Großes Esslokal mit gutem und typischem Tex-Mex-Food. Ein „Local favorite".*
- **La Margarita**: *120 Produce Row (Market Square), Tel.: (210) 227-7140. Gute mexikanische Gerichte sowie eine Austern-Bar.*
- **Shilo's Delicatessen**: *424 E. Commerce St. (Riverwalk), Tel.: (210) 223-6692. Deutschösterreichisch angehauchte Speisen. Suppen, Schnitzel, Strudel, Sandwiches, Schwarzbrot (Pumpernickel). Günstig und gut geeignet für einen Mittagsimbiss.*
Möchten Sie es billiger (aber damit auf Fastfood-Basis), gibt es eine Reihe Franchise-„Restaurants" am Alamo Plaza und im Bereich Ecke Commerce/Alamo Street.

Pubs und Livemusik

- **Dick's Last Resort**: *406 Navarro on the River (Riverwalk), Tel.: (210) 224-0026. Jazz, in der Regel Dixieland. Kein „Edelschuppen", aber Aussicht auf Riverwalk und relativ günstige Speisen. Beliebt sind die Krabben zum Selbstpulen*
- **Durty Nellie's Pub**: *Im Hilton Palacio del Rio am Riverwalk. Sing-along Piano und Erdnüsse satt. Und wohin mit den Erdnussschalen? Auf den Fußboden natürlich. Täglich (!) bis 2h geöffnet.*

∗ • **The Landing Jazzclub:** *im Hyatt Regency Hotel am Riverwalk. Dixielandjazz in New Art Pub.*
• **Menger Hotel Bar:** *Menger Hotel am Alamo Plaza. Historischer Pub in „gepflegt-lockerer" Atmosphäre.*
• **Riverbend Saloon:** *Hyatt Regency Hotel am Riverwalk. Country-Livemusik.*
• *Jüngere Leute finden Microbreweries, Pubs, Livemusik u.a. am* **„Strip"** *(N. St. Mary's, zwischen den Blocks 2400 bis 2900).*

Santa Fe, NM *(S. 694ff)*

Information
Santa Fe Convention & Visitors Bureau: *201 W. Macy St. (Sweeney Center), Santa Fe, NM 87504-0909, Tel.: (505) 955-6200 od. 1-800-777-CITY, Fax: (505) 984-6679, Internet: www.santafe.org.*

Sightseeingtouren
• **A Foot in Santa Fe***: Hotel Loretto, 211 Old Santa Fe Trail, Tel.: (505) 983-3701. Geführte zweistündige Rundgänge zu den touristisch interessanten Punkten in der Innenstadt. Täglich 9h30, Anmeldung nicht erforderlich. Am Loretto Hotel beginnen auch die erläuterten Loretto-Line-Bus- bzw. Trolleytouren. Von April bis Oktober. Start stündlich zw. 10 u. 15h. Dauer: 90 Minuten.*
• **Gray Line Tours:** *1330 Hickox St., Tel.: (505) 983-9491. Sightseeingtouren aller Art. Mit Bussen und Trolleys. Täglich. Auch Tagestouren nach Taos und zu anderen Attraktionen in der Umgebung.*
• **Santa Fe Detours:** *107 Washington Ave., Tel.: (505) 983-6565, Internet: www.sfdetours. com. Dieses Buchungsunternehmen vermittelt Touren aller Art. Ob Stadtführungen, Ausritte, Rundflüge oder River-Rafting. Hier können sie sich bereits zu Hause übers Internet anmelden bzw. informieren.*
• *Zudem gibt es die verschiedensten* **erläuterten Spaziergänge**, *immer zu einem anderen Thema. Erkundigen Sie sich dazu im o.g. Visitors Bureau.*

Einkaufen
Santa Fe bietet sich an für diejenigen, die ausgesuchte **indianische Kunsthandwerke** *oder auch* **moderne Kunst amerikanischer Künstler***, die sich in und um Santa Fe niedergelassen haben, erwerben möchten. Es gibt unzählige Kunstgeschäfte. Zu den besten Einkaufsstraßen zählen die San Francisco St. und die Canyon Rd. Letztere weist so viele Shops auf, dass man zwei Tage benötigen würde, um sie gründlich zu erkunden. Aber Achtung: Einkaufen in Santa Fe ist ziemlich teuer, und vieles erhält man in abgelegeneren Orten erheblich billiger. Für günstige Schnäppchen ist diese Stadt nicht geeignet, dafür aber oft für hochwertige Kunsthandwerke sowie Kunstwerke. Zu kaufen gibt es in Santa Fe vor allem indianische Kunsthandwerke (Teppiche, Um-*

 Hinweis

Wo die Preise so hoch sind, schleichen sich natürlich auch teure kunsthandwerkliche Waren ein, die qualitativ nicht ihr Geld wert sind. Fragen Sie im Visitor Center oder beim Concierge Ihres Hotels nach seriösen Adressen und nach „gallery catalogs", die Sie über das aktuelle Angebot informieren. Einer davon ist „The Collector's Guide to Santa Fe and Taos", www.collectorsguide.com.

S

hänge, Schmuck, Türkise), „Sandmalereien" (aus gefärbtem Sand hergestellte Bilder), Keramiken sowie Gemälde.

Jährlich wiederkehrende Veranstaltungen (Auswahl)

Die hier getroffene Auswahl habe ich etwas ausführlicher gestaltet als bei anderen Städten, da es gerade die hier gebotenen Veranstaltungen sind, die den Reiz von Santa Fe ausmachen. Während dieser Veranstaltungen ist es aber mehr als ratsam, seine Unterkunft weit im Voraus zu buchen! Zu den genannten Festivitäten kommen noch etliche kleinere hinzu.

Fragen Sie diesbezüglich im Touristenbüro schriftlich an oder schauen Sie auf deren Internetseite (s.o.).

• **Juni: El Rancho de las Golondrias**. In La Cienaga. Volksfest der spanischen Gemeinde mit vielen Kostümen und Vorführungen, Infos: (505) 471-2261.

• **Anfang Juli: Annual Rodeo of Santa Fe**: Santa Fe Rodeo Grounds. Rodeo, Stierkämpfe und Volksfest.

• **Mai–August: Festival Santa Fe**: Musikalische Festivitäten, wie z.B. „The Santa Fe Opera" und das „Shakespeare Festival". Infos: 1-877-222-3022, Internet: s.o.

• **Mitte Juli: Annual Northern Pueblos Artists and Craftsman Show**. Kunsthandwerkliche Ausstellung und Vorführungen der Pueblos. Infos: (505) 852-4265.

• **Juli: Annual Spanish Market**: Auf der Plaza (Palace of the Govenors). Kunsthandwerker der spanischen Gemeinde stellen aus, und die Produkte werden von einer Jury begutachtet und prämiert. Hier findet sich alles: von Teppichen über Textilien bis hin zu Tonwaren. Infos: (505) 983-4038.

• **August: Annual Indian Market**: Auf der Plaza und in der De Vargas Mall. Der größte Kunsthandwerksmarkt der amerikanischen Indianer. Mehr als 800 Künstler stellen aus, und die besten Stücke werden prämiert. Infos: (505) 983-5220.

• **2. Wochenende im September**: Fiestas de Santa Fe: Im ganzen Innenstadtbereich. Großes Volksfest mit Tanzvorführungen, Kunsthandwerkermärkten und religiösen Festivitäten. Historischer Hintergrund.

Hotels

Achtung: Hotels in Santa Fe sind nicht billig, und selbst 2-Sterne-Unterkünfte können durchaus $ 150 kosten!

• **La Posada de Santa Fe $$$$-$$$$$**: 330 E. Palace Ave., Santa Fe, NM 87501, Tel.: (505) 986-0000, 1-800-727-5276, Fax: (505) 982-6850. Adobehäuser. In hübscher Gartenanlage gelegen und nicht weit vom Plaza, bietet dieses Hotel alle Annehmlichkeiten, was Platz, Komfort und Ambiente betrifft.

• **La Fonda $$$$-$$$$$**: 100 E. San Francisco Street, Santa Fe, NM 87501, Tel.: (505) 982-5511, 1-800-523-5002, Fax: (505) 988-2952. Hotel von 1864, dessen Räume alle individuell eingerichtet sind und in denen z.T. echte Gemälde indianischer Künstler hängen. Direkt an der Plaza.

* • **Garrett's Desert Inn $$-$$$**: 311 Old Santa Fe Trail, Santa Fe, NM 87501, Tel.: (505) 982-1851, Fax: (505) 989-1647. Nur drei Blocks von der Plaza. Im Stile der 1950er Jahre gehalten. Der Preis-Leistungs-Tipp für Santa Fe.

• **Bed & Breakfast-Unterkünfte** gibt es großer Zahl in Santa Fe, doch unter 130 $ (meist über 160 $) finden Sie kaum etwas. Zu empfehlen, da auch 2 Zimmer unter 130 $ angeboten werden, ist das * **Alexander's Inn $$$-$$$$** (529 East Palace Ave., Santa Fe, NM 87501, Tel.: (505) 986-1431. Es liegt ruhig, ca. 6 Blocks von der Plaza. Viktorianisches

*Haus mit vielen Antiquitäten. Ansonsten versuchen Sie es über mal über **B&B of New*** (S)
Mexico *(Tel.: (505) 982-3332, www.santafebnb.com).*
• **Santa Fe Sage Inn $$:** *725 Cerrillos Rd., Santa Fe, NM 87501, Tel.: (505) 982-5952, Fax:*
(505) 984-8879. Im Adobe-Stil gehaltenes Motel. 15 Fußminuten zur Plaza. Fragen Sie
unbedingt nach einem Zimmer zum Hinterhof (vorne Straßenlärm!).
• **Santa Fe Motel & Inn $$:** *510 Cerrillos Rd., Santa Fe, NM 87501, Tel.: (505) 982-1039,*
Fax: (505) 986-1275. Ebenfalls günstig zur Plaza gelegen (10–15 Min. zu Fuß), aber auch
hier sind nur die von der Straße abgewandten Zimmer zu empfehlen, und die kosten gleich
um die 20 $ mehr.
• **Stage Coach Inn $-$$:** *3360 Cerrillos Rd., Santa Fe, NM 87501, Tel.: (505) 471-0707.*
Günstige Alternative zu den Innenstadthotels. Im Bereich ab dem 3000-Block der Cerrillos
Rd. finden Sie noch weitere Motels.

Jugendherberge
Santa Fe's International Hostel: *1412 Cerrillos Rd., Tel.: (505) 988-1153 od.*
983-9896.

Campingplätze
• **Los Campos RV Resort:** *3574 Cerrillos Rd., Tel.: (505) 473-1949. Mit 5 Mei-*
len (südlich) der nächste zur Plaza, aber dafür noch im städtischen Umfeld. Keine
Zeltmöglichkeit.
• **Hyde Memorial State Park:** *740 Hyde Park Rd., Tel.: (505) 983-7175. Wenige RV-Plätze,*
dafür aber ausreichend Zeltmöglichkeiten. Relativ ruhig. 8 Meilen zur Stadt.
• *Empfehlenswert auch die einfachen, aber meist schön gelegenen Plätze im nahen* **Santa**
Fe National Forest. *Infos: Tel.: (505) 438-7840 od. 753-7331.*

Restaurants
Eine Stadt wie Santa Fe bietet natürlich ausreichend Restaurants, leider aber oft
sehr teuer, denn man kocht hier nicht „Southwestern", sondern „Creative South-
western", „Eclectic" bzw. „Modern with Latino Flair". Und das kostet halt extra.
• **Ore House on the Plaza:** *Lincoln Ave./Ecke Plaza., Tel.: (505) 983-8687. Steaks und*
Seafood-Gerichte mit mexikanischem Einschlag. Bekannt für seine Margaritas (sollten Sie
im Südwesten zumindest einmal probiert haben!) und den herrlichen Sonnenuntergang auf
der Terrasse.
• **Café Pasqual's:** *121 Don Gaspar Ave. (ein Block von der Plaza), Tel.: (505) 983-9340.*
Mexikanische Pfannkuchengerichte und die besten Burros der Stadt.
• **Blue Corn Café:** *133 Water St., Tel.: (505) 984-1800. Unkompliziertes Restaurant mit*
einer guten Mischung aus mexikanischen Gerichten (auch Fajitas) und Burgern. Das Bier
kommt aus der hauseigenen Microbrewery.
• **Cowgirl BBQ & Western Grill:** *319 S. Guadalupe, Tel.: (505) 982-2565. Bar-Restaurant*
mit häufiger Livemusik. Gute Burger, Steaks und BBQ-Gerichte, aber auch einige Cajun-
Gerichte. Genau das Richtige, um hier einen günstigen und unkomplizierten Abend zu
verbringen. Erwarten Sie aber keine Ruhe.
• *Ein weiterer Spartipp wäre* **Upper Crust Pizza***: 329 Old Santa Fe Trail, Tel.: (505) 982-*
0000. Gute Pizzen und auch Lieferservice ins Hotel.

S | Sedona, AZ *(S. 527)*

Information

• **Sedona Oak Creek Canyon Chamber of Commerce**: *Ecke N.Hwy. 89A und Forest Rd., Tel.: (982) 282-7722 od. 1-800-288-7336, Internet: www. sedonachamber.com.*
• **Sedona Ranger District/Coconino Nat. Forest Ranger**: *259 Brewer Rd. (gleich westl. der Kreuzung AZ 89A/AZ 179), Tel.: (928) 282-4119. Infos über indian. Ruinen, Camping und Wanderwege in den umliegenden Wäldern.*

Touren

• *Mehrmals täglich verkehrt der* **Sedona Trolley** *auf zwei erläuterten Routen durch den Ort und in die Umgebung. Meist ist Abholung vom Hotel möglich. Infos unter Tel.: (928) 282-5400.*
• *Beliebt sind auch* **Helikopterflüge und Ballonfahrten** *über Sedona und seine faszinierenden roten Felsformationen. Hierfür inserieren in allen ausgelegten Blättern ausreichend Anbieter.*

Einkaufen

• *Einkaufen ist nicht ganz billig in Sedona. Es ist besonders bei Kunstliebhabern hipp, denn vor Jahrzehnten hat sich hier eine Reihe damals noch namenloser Künstler niedergelassen. Heute wimmelt es geradezu von Galerien. Indianische Kunst, Südwestkunst, aber auch eine Reihe von Kunstgalerien mit Werken aus aller Welt haben sich mittlerweile etabliert. Im Touristenamt gibt es hierzu eine Broschüre und eine der o.g. Trolleytouren fährt zu einigen Galerien. Es gilt aber wie überall: Die Spreu vom Weizen trennen. Viele „Galerien" sind nur noch bessere Souvenirshops. Versuchen Sie einmal die* **Geschäfte und Galerien am AZ 179 um die Oak Creek Bridge** *herum. Dort befindet sich dann auch das* **Tlaquepaque Arts & Craft Village** *mit indianischer Kunst.*

Hotels/Resorts

• **Enchantment Resort $$$$-$$$$$**: *525 Boynton Canyon Rd., 3 Meilen südwestl. auf Hwy. 89A bis Dry Creek Rd., dann 5 Meilen nördl. in Boynton Canyon, Sedona, AZ 86336, Tel.: (928) 282-2900, Fax: (928) 282-9249. Sehr komfortabel eingerichtetes Resort in einem Canyon aus roten Felsen, umgeben von Zedernwäldern. Sehr schön sind die – teureren – Adobe Casitas. Fahrradverleih!*
• **Adobe Village Graham Bed and Breakfast Inn $$$$**: *150 Canyon Circle Dr., 6 ½ Meilen südl. via AZ 179, abbiegen in Bell Rock, Blvd., Sedona, AZ 86351, Tel.: (928) 284-1425, Fax: (928) 284-0767. Sehr gepflegt und individuell eingerichtet. Jedes Zimmer hat einen eigenen Whirlpool und Kamin. Nur Nichtraucher!*
• **Best Western – Inn of Sedona $$$**: *1200 W Hwy. 89A, Sedona, AZ 86336, Tel.: (928) 282-3072, Fax: (928) 282-7218. Modernes Motel mit geräumigen Zimmern. Der Clou aber sind die großen Terrassen vor vielen Zimmern, von denen aus man auf die roten Felsen schauen kann.*
• **Sky Ranch Lodge $$-$$$**: *Airport Rd., Sedona, AZ 86339, Tel.: (928) 282-6400, Fax: (928) 282-7682. Die Zimmer sind weniger spektakulär, dafür aber die Aussicht auf die Red Rocks. Zwar kostet ein Zimmer mit Super-Aussicht auch $$$, doch warum nicht ein $$-Zimmer bewohnen und dann nur kurz um die Ecke laufen und die Aussicht genießen?*

Camping

• *Entlang der 89A in* **nördlicher Richtung – in der Oak Creek Region** unter-hält der US Forest Service mehrere Campingplätze, *die sehr schön gelegen sind, aber in der Regel nur über Basiseinrichtungen verfügen, also z.B. in der Regel keine Duschen haben. Infos:* Coconino National Forest Ranger Station, *Brewer Rd., Sedona, AZ 86339, Tel.: (928) 282-4119.*
Ein weiterer, privat geführter Platz:
• **Hawkeye Red Rock/ Cliffs at Oak Creek RV Park:** *40 Art Barn Rd., Tel.: (928) 282-2222. Zelte und Mobile*

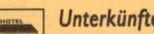

Restaurants

• **Cowboy Club**: *241 N. Hwy. 89A, Tel.: (520) 282-4200. Der Name sagt eigent-lich schon alles: Cowboy-Ambiente und echte Südwester Küche. Es gibt aber auch interes-sante Spezialitäten, wie z.B. frittierte Kaktus-Streifen. In diesem Lokal wurde übrigens Mitte der 1960er Jahre die Künstlergruppe „Cowboy Artists of America" gegründet. Angeschlos-sen ist das etwas vornehmere* **Silver Saddle Restaurant**, *ebenfalls mit Südwester-Küche.*
• **Sedona Swiss Restaurant**: *350 Jordan Rd., Tel.: (520) 282-7959. Wie wäre es einmal mit Käse-Fondue oder einem Steak bzw. Schnitzel, so wie es die Schweizer gerne mögen. Der Koch und Besitzer hat übrigens einst für die Schweizer Botschaft in Washington gekocht.*

Silver City, NM *(S. 483f)*

Information

Chamber of Commerce: *201 N.Hudson Rd., Silver City, NM 88061, Tel.: (505) 538-3785, Internet: www.silvercity.org.*

Unterkünfte

* • **Bear Creek Motel & Cabins $$$:** *Pinos Altos (7 Meilen nördl. von Silver City), Pinos Altos, NM 88053, Tel.: (505) 388-4501. Diese Unterkunft in rustikalen, aber absolut komfortablen Hütten inmitten eines Kiefernwaldes sollten Sie sich nicht entgehen lassen. Und falls Sie genügend Zeit haben, gibt es kaum einen besseren Platz, um sich einmal für zwei Tage zu entspannen, etwas zu wandern und sich abends für einen Sundowner in den gerade ½ Meile entfernten Buckhorn Saloon zu begeben und dort zu speisen. Einige Hütten haben auch eine eigene Küche – die Gelegenheit, sich vor-her im Supermarkt in Silver City mit Käse, Schwarzbrot, Joghurt, Müsli etc. ein-zudecken und auf der Hausterrasse ein europäisches Frühstück einzunehmen (echte Brötchen gibt es ja leider in Ame-rika nicht).*
• **Bear Mountain Lodge $$$:** *Cot-tage Sa Rd., Silver City, NM 88061, Tel.: (505) 538-2538, Internet: www. bearmountainlodge.com. 3,5 mi. nord-westlich der Innenstadt gelegen auf ehe-maligem Farmgelände. Heute unterhält*

Eines der Häuser der Bear Creek Motel & Cabins

S

die gemeinnützige „Nature Conservancy" die nach vielen ökologischen Gesichtspunkten geführte Lodge. Wunderschön gelegen, bieten sich hier zahlreiche Spaziergänge an, und Ornithologen werden ihre Freude an der Vogelwelt haben. Täglich geführte Wanderungen.
• **The Palace Hotel $$**: 106 W. Broadway, Silver City, NM 88061, Tel.: (505) 388-1811. Historisches Hotel (zuerst Bank, dann ab 1900 Hotel). Einfach gehaltenes Hotel mit Charme. Wenig Luxus, keine Air-Condition, nicht immer ruhig (Main Street!). Am besten, Sie schauen sich die Zimmer vorher an, denn die Zimmer sind qualitativ sehr unterschiedlich. Trotz allem, eine wirklich günstige Alternative zu o.g. und auch zu den Hotels und Motels der Franchise-Ketten am Ort.

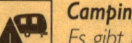

Camping
Es gibt rund um die Stadt **viele Camping- und Caravanplätze.** Die schönsten – wenn auch einfach ausgestatteten – liegen natürlich in den State Parks, so z.B. nahe Gila Cliff bzw. City of Rocks, sind dafür aber auch weiter entfernt.

Restaurant
* **Buckhorn Saloon**: 32 Main Street, Pinos Altos, 6 Meilen nördl. von Silver City, Tel.: (505) 538-9911. Saloon von annodunnemal – Atmosphäre bei Gaslicht, altem Ofen und manchmal Countrymusik. Sehenswert die alte Theke (von 1897). Oft voll, besonders an Wochenenden, aber einer der Tipps für den Südwesten!

Silverton, CO (S. 683)

Information
Silverton Chamber of Commerce Visitor Center: Am Wye (Hwy. 110 und 550), Silverton, CO 81433, Tel.: (970) 387-5654, Internet: www.silvertoncolorado. com. Lassen Sie sich den 'San Juan Vacation Guide' geben. Er enthält eine Reihe von Rabattcoupons für die Geschäfte der Stadt und zudem einige Anekdoten aus der Geschichte von Silverton.

Unterkunft
Hinweis: Beachten Sie, dass die meisten Unterkünfte und Restaurants von November bis April geschlossen sind.
* • **Wyman Hotel & Inn $$$-$$$$**: 1371 Greene Street, Silverton, CO 81433, Tel.: (970) 387-5372, Fax: (970) 387-5745. Sehr schönes, historisches Hotel (1902). Die Zimmer sind alle sehr unterschiedlich und es empfiehlt sich daher, bei der Reservierung seine Vorstellungen zu nennen bzw. die Zimmer vorher anzuschauen. Im Hause gibt es ein sehr gutes Restaurant (Candlelight-Dinner!)
• **Teller House Hotel $$-$$$**: 1250 Greene St., Silverton, CO 81433, Tel. + Fax: (970) 387-5423. Historisches Hotel inmitten des Ortes.
• **Inn of the Rockies - Alma House Bed & Breakfast $$**: 220 E. 10th Street, Silverton, CO 81433, Tel.: (970) 387-5336, Fax: (970) 387-5974. Viktorianisch eingerichtetes B&B in Haus von 1898.
• Es gibt **2 Campingplätze**, einer liegt direkt an der Kreuzung mit dem Hwy. 110, der andere 5 Meilen südlich der Stadt.

> **Hinweis**
>
> Beachten Sie, dass die meisten Unterkünfte und Restaurants von November bis April geschlossen sind.

Restaurant
Bent Elbow Bar & Restaurant: *1114 Blair St., Tel.: 387-5775. "Gute-Laune-Bar" (inkl. Sing-along-Piano). Einfache Gerichte, aber sehr gut und mit historischem Ambiente.*

Socorro, NM *(S. 451)*

Information
Socorro County Chamber of Commerce: *101 Plaza, Socorro, NM 87801, Tel.: (505) 835-0424, Internet: www.socorro-nm.com.*

Übernachtungen
• **Days Inn $$:** *507 N. California Ave. (US Hwy. 60/85), Socorro, NM 87801, Tel.: (505) 835-0230, Fax: (505) 835-1993. Kleinstadtmotel mit Pool.*
• *Zahlreiche* **Motels und Hotels** *befinden sich in der N. California Ave.*
• **Casa Blanca B&B $$:** *13 Montoya St., San Antonio, NM 87832, Tel.: (505) 835-3027. Mit viel Liebe geführtes B&B. Haus im Adobe-Stil, große Veranda, Garten.*

Camping
Casey's Socorro RV Park: *I-25 Exit 147, dann einen Block westl. auf Bus I-25 und dann 1 Block südlich auf South Frontage Rd., Tel.: (505) 835-2234. RV und Zelten.*

Restaurant
Socorro Springs Brewing Co.: *1012 California St., Tel.: (505) 838-0650. Gute Steaks, Pizzen, Burger und Pastagerichte. Natürlich lockt vor allem das Bier aus der eigenen Microbrewery.*

Springerville/Eager, AZ *(S. 481)*

Übernachtungstipps
Hinweis: Die Motels in St. Johns sind sehr einfach, eine Weiterfahrt nach Springerville/Eager (30 Meilen) bzw. Greer lohnt sich daher:
• **Sunrise Best Western $$:** *in Eager, 128 N. Main St., Eager, AZ 85938, Tel.: (928) 333-2540. Sauberes Kleinstadt-Motel.*
• *Weitere Hotels und Lodgen befinden sich im Greer Valley, so z.B. die schöne Holzlodge*
* • **Red Setter Inn & Cottages** *$$$$ (P.O.Box 133, Greer, AZ 85927, Tel.: (928) 735-7441, Fax: (928) 735-7425) oder das etwas günstigere* **Snowy Mountain Inn $$-$$$** *(P.O.Box 337, Greer, AZ 85927, Tel.: (928) 735-7576, Fax: (928) 735-7705), das inmitten eines Kiefernwaldes liegt und über ein Restaurant im Hause verfügt.*
• *Am nördlichen Ortseingang von Springerville gibt es* **zwei** Campingplätze. *Weitere in Greer und Glenwood.*

Einen Restauranttipp
möchte ich mir auf dieser Strecke nicht verkneifen: **Cafe Beate German Cuisine.** *An der Straße von Eager nach Alpine, in Nutrioso (41633 US 180, Tel.: (928)*

S
T

339-1965). Nicht nur leckere deutsche Speisen, sondern auch mit Liebe zubereitete Beilagen. Schon etwas Besonderes in dieser Region.

Steamboat Springs, CO (S. 639f)

Information
Chamber Resort Association: 1255 S. Lincoln Ave., P.O.Box 774408, Steamboat Springs, CO 80477, Tel.: (970) 879-0880, Internet: www.steamboat-chamber.com oder www.steamboat.com.

Unterkünfte
• **Sheraton Steamboat Resort $$$-$$$$**: 2200 Village Inn Court, Steamboat Springs, CO 80477, Tel.: (970) 879-2220, Fax: (970) 879-7686. Modernes Luxushotel.
• **Harbor Hotel $$**: 703 Lincoln Ave., Steamboat Springs, CO 80477, Tel.: (970) 879-1522, Fax: (970) 879-1737. Gutes Preis-Leistungs-Verhältnis. Das Hotel wurde 1939 eröffnet und entgeht damit dem sterilen Charme vieler moderner Bauten dieser Preisklasse.
• **Alpiner Lodge $$-$$$**: 424 Lincoln Avenue, Steamboat Springs, CO 80477, Tel.: (970) 879-1430, Fax: (970) 879-0054.

Camping
• **Steamboat Lake State Recreation Area**: 26 Meilen nördlich am County Hwy. 129. Tel.: (970) 879-3922.
• Weitere Campingmöglichkeiten finden sich im **Routt National Forest**.

Restaurants
• **Hazies**: Auf dem Thunderhead Peak. Tel.: (970) 879-5150. Mit Blick über das Yampa Valley ist dieses Restaurant das Erlebnis in Steamboat Springs – besonders abends. Abends aber auch recht teuer, da ein festgesetztes Menu geboten wird. Unbedingt vorher reservieren!
• **La Montana**: 2500 Village Dr., im Village Center, Tel.: (970) 879-5800. Mexikanische und Südwestküche, aber in der Gourmet-Klasse – auch preislich.
• **Ore House at the Pine Grove Restaurant**: 1465 Pine Grove Rd., Tel.: (970) 879-1190. Ranch-Dekor. Steaks, Meeresfrüchte und Salatbar.
• Wer es günstiger mag, der gehe in **The Tugboat Grill & Pub**: 1865 Ski Time Square, Tel.: (970) 879-7070. Bar-Restaurant mit rustikalem Western-Ambiente. Beachten Sie die Säule an der alten Kirschholz-Bar. Sie stammt aus einem alten Saloon in Wyoming und man weist mit Stolz auf ein Einschussloch hin. Gute Burger, Burritos und tagsüber ausladende Salate.

Taos, NM (S. 706f)

Information
• **Taos County Chamber of Commerce**: Ecke NM 68/NM 585, P.O. Drawer 1, Taos, NM 87571, Tel.: (505) 758-3873 od. 1-800-732-TAOS, Internet: www.taoschamber.com.
• **Village of Taos Ski Valley**: P.O.Box 85, Taos Ski Valley, NM 87525, Tel.: (505) 776-2233, Fax: (505) 776-8842, Internet: www.taosskivalley.com. Ausführliche Infos über Wintersportmöglichkeiten.

Unterkünfte

* • The Historic Taos Inn \$\$-\$\$\$\$: *125 Paseo del Pueblo Norte, Taos, NM 87571, Tel.: (505) 758-2233, Fax: (505) 758-5776. Altes Adobegebäude (1895) im Zentrum der Stadt, eingerichtet mit antiken Möbeln (jedes Zimmer hat individuelle Möbel). Fragen Sie nach einem ruhig gelegenen Zimmer, denn einige liegen über der beliebten* **Adobe Bar** *(Musik, laute Gäste).*

• **Sagebrush Inn \$\$\$**: *3 Meilen südl. an der Paseo del Pueblo Sur (NM 68), Taos, NM 87571, Tel.: (505) 758-2254, Fax: (505) 758-5077. Romantische Patios und Gartenanlage sowie eine bezaubernde Adobe-Architektur machen es zu einem der schönsten Hotels im Ort. Aber nicht alle Zimmer liegen im historischen Adobe-Teil. 2 Pools, 3 Jacuzzis.*

• **Adobe Sun God Lodge \$\$-\$\$\$**: *919 Paseo del Pueblo Sur, Taos, NM 87571, Tel.: (505) 758-3162, Fax: (505) 758-1716. Mehrfach erweitertes Motel. Gutes Preis-Leistungs-Verhältnis. Jacuzzi.*

• *Es gibt auch eine Reihe von* **Bed & Breakfast-Unterkünften** *in Taos, von denen wir hier das* **Little Tree Bed & Breakfast \$\$-\$\$\$** *(2 Meilen auf Country Road in Richtung Taos Ski Valley, P.O. Drawer II, Taos, NM 87571, Tel.: (505) 776-8467) inmitten von Sagebush und Kiefern. Ruhig, Adobe-Stil. Nur 4 Zimmer.*

Campingplätze

Es gibt ausreichende Campinggelegenheiten um den Ort. So z.B.

• **Taos RV Park**: *Hwy. 68, südl. d. Taos Motel, P.O.Box 729TCVG, Ranchos de Taos, NM 87557, Tel.: (505) 758-1667. Nahe der Stadt.*

• *Südlich von Taos in der* **'Orilla Verde Recr. Area'** *kann man am Fluss zelten und im umliegenden* **Carson National Forest** *gibt es neun Wald-Campingplätze (Infos: Bureau of Land Management, 226 Cruz Alta Rd., Taos, Tel.: (505) 758-8851.*

Restaurants

• **Doc Martin's** *im Historic Taos Inn (s.o., Tel.: (505) 758-1977) gehört zur gehobenen Klasse und bietet Ambiente und rustikal-historische Atmosphäre. Südwester und mexikanische Küche sowie eine gute Weinkarte.*

• **Bent Street Deli & Cafe**: *120 Bent St., Tel.: 8505) 758-5787. Gut geeignet fürs Frühstück oder für den Lunch. Neben Südwest-Spezialitäten gibt es auch eine Reihe leichter Gerichte, Sandwiches und zahlreiche Salate. Nur bis 21h geöffnet und Sonntag geschlossen.*

• **Trading Post Café**: *4179 Paseo del Pueblo Sur, Tel.: (505) 758-5098. Italienische und Südstaaten-Küche, lecker zubereitet und bezahlbar.*

• *Und wer mehr auf den Durst achtet, als auf die exquisite Speisekarte, der kann günstige Pubgerichte im* **Eske's Brew Pub and Eatery** *einnehmen: 106 Des Georges Lane, Tel.: 8505) 758-1517.*

Telluride, CO *(S. 680f)*

Information

Telluride & Mountain Village Visitor Services: *630 W. Colorado Ave., Tel.: (970) 728-3041, Internet: www.visittelluride.com und www.telluride.com. Es gibt hier einen Buchungscounter für Unterkünfte. Beachten Sie, dass im Sommer und Herbst die Hotels im neuen und modernen Mountain Village besonders günstige Tarife anbieten (inklusive eines für manchen ansprechenden Paketes). Aber eine Übernachtung in der historischen Stadt hat weitaus mehr Charme.*

T

R

Unterkünfte

• **Peaks Resort at Telluride $$$$-$$$$$**: 136 Country Club Dr., Telluride, CO 81435, Tel.: (970) 728-6800, Fax: (970) 728-3935. Luxus-Resort mit allem Schnick-schnack. Im Sommer 'Bargains'. Golfanlage, Spa, Beauty-Salons etc. Gut geeignet für einen (wenn auch sündhaft teuren) Wellness-Aufenthalt. Ansonsten lässt sich hoffen, dass Telluri-de in wenigen Jahren nicht mit solchen Bauten zugebaut ist.

• **New Sheridan Hotel $$-$$$$**: 231 W. Colorado Ave., Telluride, CO 81435, Tel.: (970) 728-4351, Fax: (970) 728-5024. Historisches Hotel im historischen Stadtkern.

• **Strater Hotel $$-$$$$**: 699 Main Ave., Durango, CO 81301, Tel.: (970) 247-4431. Eines der schönen, historischen Hotels (gegr. 1877) der Stadt. Das „Wild West-Ambiente" mit Kandelaber, Saloon u.a. haben bereits Butch Cassidy, Marilyn Monroe und John F. Kennedy zu schätzen gewusst.

Restaurant

• **Leimgruber's Bierstube & Restaurant**: 573 W. Pacific Ave., Tel.: (970) 728-4663. Kein Lunch! Wer es aber mal wieder etwas deutsch (-amerikanisch) haben möchte, ist hier sicherlich gut aufgehoben.

• **Eagle's Bar & Grille**: 100 W. Colorado Ave., Tel.: (970) 728-0886. Deckt alles ab, was man im Westen sucht: Bierdurst, Snacks, Burgers, Südwester-Küche und riesige Steaks.

• Ansonsten finden Sie in Telluride alles: Vom Gourmet-Italiener über Microbrews bis hin zu kleinen Pinten.

Tombstone und Bisbee, NM (S. 489ff)

Information

• **Tombstone Visitor Information**: Ecken Fourth/Allen Street, Box 280, Tomb-stone, AZ 85638, Tel.: (520) 457-3929 od. 547-3421, Internet: www.tombstone.org.

• **Bisbee Chamber of Commerce**: 1 Main St., Box BA, Bisbee, AZ 85603, Tel.: (520) 432-5421, Internet: www.bisbeearizona.com.

Übernachtungen

* • **Bisbee Grand Hotel $$-$$$$**: 61 Main St., Bisbee, AZ 85603, Tel.: (520) 432-5900. Eleganz der viktorianischen Zeit und viele alte Möbel. Ein Western-Klassiker mit alter Bar im Erdgeschoss, deren Tresen aus dem alten Tombstone stammt.

• **High Desert Inn $$**: 8 Naco Rd., Bisbee, AZ 85603, Tel.: (520) 432-5747, Fax: (520) 432-5747. Relativ luxuriös eingerichtet, obwohl das historische Gebäude ehemals das Gefängnis des County gewesen ist.

• **Tombstone Boarding House B & B $$**: 108 N. Fourth St., Tombstone, AZ 85638, Tel.: (520) 457-3716, Fax: (520) 457-3038. Kleines 4-Zimmer-Bed & Breakfast in Adobe-Gebäu-de von 1880. Zentral gelegen. Im Hause gibt es das gute Tex-Mex-Restaurant **The Lamp-light Room**.

• **Best Western Lookout Lodge $$**: US 80 (½ Meile NW), Tombstone, AZ 85638, Tel.: (520) 457-2223, Fax: (520) 457-3870. Motel mit 40 Zimmern.

Camping

Im gesamten Gebiet zwischen Benson und Bisbee gibt es verschiedenste Cam-pingplätze. Keiner ist besonders schön, daher lohnt eine spezielle Suche kaum.

Restaurants

• Bisbee: Günstig, deftig und gut sind die Burger im beinahe schon legendären **Dot's Diner** (203 Tombstone Canyon, 1 Douglas Rd, Tel.: (520) 432-2046, nur Di–Sa, kein Abendessen!) aus den 1950er-Jahren. An anderen Tagen empfehlen sich noch das einfachere Restaurant und die Bar im **Copper Queen Hotel** (11 Howell Ave., Tel.: (520) 432-2216) sowie **Phil's Steakhouse & Saloon** (4 Meilen östl. am US 80/5872 Double Adobe Rd, Tel.: (520) 432-3000), wo die Steaks lecker sind

Big Nose Kates Saloon

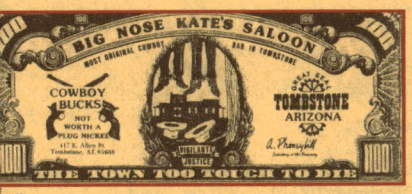

graphic

und oft auch Livemusik (meist Country) geboten wird.

• In Tombstone führt wohl kaum ein Weg an den beiden Western-Saloons vorbei:

- **Nellie Cashman** (Ecke Toughnut & 5th St., Tombstone, Tel.: (520) 457-2212), wo es Steaks und Hühnchen in der Atmosphäre des Tombstone von 1890 gibt. Nellie Cashman wurde damals der „Engel von Tombstone" genannt.

- sowie **Big Nose Kates** (417 E. Allen Street) mit Südwester Snacks und den ganzen Tag Livemusik. Ziemlich touristisiert, aber im alten Stil erhalten und der ehemalige Mittelpunkt der Stadt.

Trinidad, CO (S. 721)

Information

Trinidad-Las Animas County Chamber of Commerce/Colorado Welcome Center: 309 Nevada Avenue, Trinidad, CO 81082, Tel.: (719) 846-9285, Internet: www.trinidadchamber.com oder www.trinidadco.com.

Übernachtungen

• **Quality Inn $$-$$$**: 3125 Toupal Dr./Rte. 1, I-25 exit 11, Trinidad, CO 81082, Tel.: (719) 846-4491, Fax: (719) 846-2440. Motel mit 113 Zimmern, Indoor-Pool und Waschautomaten.

• **The Stone Mansion Bed & Breakfast $$**: 212 E. 2nd St., Trinidad, CO 81082, Tel.: (719) 845-1625. 4-Zimmer-B&B in viktorianischem Stil (Haus von 1904).

Campingplatz

Trinidad Lake State Recr. Park: 3 Meilen westl. am CO Hwy. 12. Sehr schönes Areal mit Bootsverleih, Wandermöglichkeiten etc. An sommerlichen Wochenenden manchmal etwas voll. Tel.: (719) 846-6951.

Tucson, AZ *(S. 492ff)*

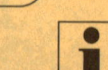

Informationen

Metropolitan Tucson Convention & Visitors Bureau*: 100 S. Church Ave., Tucson 85701, Tel.: (520) 624-1817, Internet: www.visitTucson.org. Geöffnet: Mo–Fr 8–17h, Sa + So 9–16h. Im „Tucson – Official Visitors Guide" der halbjährlich erscheint, finden Sie alle wesentlichen Informationen. Die wichtigsten Tageszeitungen sind „Arizona Daily Star" (morgens) und der „Tucson Citizen" (nachmittags). Freitags stehen im „Star" die gesamten Veranstaltungen der kommenden Woche. Der kostenlose „Tucson Weekly" (erscheint donnerstags) informiert über Veranstaltungen, Restaurants, Kunst etc.*

Wichtige Telefonnummern

- *VORWAHL: 520*
- *Notruf/Polizei/Feuer/Ambulanz: 911*
- *Polizeiinformationen: 791-4444*
- *Zeit und Temperatur: 749-7000 (1234)*
- *Wetterbericht: 749-7000 (2035)*
- *Krankenhaus: University Medical Center: 1501 N.Campell Ave., Tel.: 694-0111, 24 Stunden*

Airlines

- **America West***: 1-800-235-9292*
- **American***: 1-800-433-7300 od. (520) 573-8214*
- **Continental***: 1-800-525-0280 od. (520) 573-8026*
- **Delta***: 1-800-221-1212*
- **Northwest/KLM***: 1-800-225-2525*
- **Southwest***: 1-800435-9792 od. (520) 573-3257*
- **United***: 1-800-241-6522*

Flughafeninformation*: (520) 573-8000 od. 573-8100, Internet: www.visittucson.org*

Wie komme ich zum Flughafen?

Der Tucson International Airport liegt 6 Meilen südlich der City

Mit dem eigenen Auto: *Kino Pkwy. zum Benson Hwy., danach Schildern folgen entlang dem Tucson Blvd.*

Shuttle/Bus: *Die Firma „Arizona Stagecoach" unterhält einen 24-Std.-Shuttleservice. Busse stehen am Flughafen bereit. Wenn Sie aus der Stadt von Ihrem Hotel abgeholt werden möchten, rufen Sie mind. 4 Stunden vorher an. Tel.: (520) 889-1000.*

Stadtbus: *Der Sun Tran Bus Nr. 6 fährt direkt von der Innenstadt zum Flughafen.*

Autovermietungen

Am Flughafen haben alle größeren Unternehmen eine Niederlassung.

- **Alamo***: 1-800-327-9633*
- **Avis***: (520) 294-1494 od.1-800-331-1212*
- **Budget***: (520) 742-6171 od. 1-800-279-3734*
- **Dollar***: (520) 573-8486 od.1-800-800-4000*
- **Enterprise***: (520) 573-8222 od. 1-800-736-8222*
- **Hertz***: (520) 573-5250 od. 1-800-654-3131*
- **National***: (520) 806-4555 od. 1-800-227-7368*
- **Thrifty***: (520) 790-2277 od. 1-800-367-2277*

Öffentliche Verkehrsmittel
• **Amtrak:** *Der Bahnhof befindet sich in der 400 N. Toole Ave. Infos: Tel. 1-800-872-7245 od. (520) 623-4442.*

• **Überlandbusse:** *Der Greyhound Terminal befindet sich 471 W. Congress St., Infos: Tel.: (520) 792-3475 od. 1-800-231-2222.*

• **Stadtbusse:** *Die Busse gehören der Firma* **„Sun Tran".** *Leider verkehren die meisten nur bis zum frühen Abend, und es gibt kaum Verbindungen in die Umgebung. Eine Routenkarte gibt es im Touristenbüro oder am zentralen (lokalen) Busbahnhof Ecke Congress St./Sixth Ave. Infos: Tel.: (520) 792-9222 od. im Internet unter www.suntran.com. In der Innenstadt und zur University sowie dem Pima College verkehren zudem die kostenlosen* T.I.C.E.T-**Shuttle-Busse**. *Leider aber nur Mo-Fr*

• *Eine besondere Attraktion ist noch die alte Straßenbahn* **Old Pueblo Trolley**, *die aber nur zwischen Fourth Street (Shopping District) und der University of Arizona verkehrt. Infos: (520) 792-1802.*

 Taxis
• **Yellow Cab:** *(520) 624-6611*
• **Allstate Cab:** *(520) 881-2227*

 Sightseeing/Touren
• *Es werden verschiedene* **Walking Tours durch die Altstadt** *angeboten. Meist von Privatpersonen, die nur Gruppen führen und zu sehr individuelle Zeiten. Informieren Sie sich diesbezüglich im Touristenbüro.*

• **Gray Line Tours:** *Tel. (520) 622-8811. In der Hochsaison (Jan.-April) tägliche Stadtrundfahrten, ansonsten nach Ansage. Auch Touren in die Umgebung.*

• **Trail Dust Adventures**: *Tel.: (520) 747-0323. Spezialisiert auf Jeep-Touren in das Outback. I.d.R. Halbtagstouren.*

• *Etwas ganz Besonderes – aber nicht ganz Billiges: Eine 1-wöchige* **Eisenbahnfahrt in einem Luxuszug** *entlang dem einmaligen* Copper Canyon in Mexiko. *Anfahrten von Tucson werden organisiert. Der Zug fährt nur 5–7-mal im Jahr und kostet zwischen $ 3.000 und 4.000 pro Person. Alle Schlafabteile haben einen eigenen sanitären Bereich; weiterhin befinden sich ein Aussichtswagen, ein Restaurant und eine Bar im Zug. Übernachtungen z.T. im Hotel. Sicherlich ein teures Vergnügen und ohne vorherige Planung von Europa aus nicht in den Reiseplan einzubringen, aber allemal eine Überlegung wert! Infos:* **Sierra Madre Express**, *P.O.Box 26381, Tucson, AZ 85726, Tel.: (520) 747-0346, Fax: (520) 747-0378, Internet: www.sierramadreexpress.com.*

 Jährlich wiederkehrende Veranstaltungen (Auswahl)
• **Anfang Februar: Tucson Gem and Mineral Show:** *Tucson Convention Center und viele andere Punkte in und um Tucson. Infos: 1-800-638-8350. Größte Mineralienshow der Welt.*

• **Ende Februar: La Fiesta de los Vaqueros:** *Tucson Rodeo Grounds. Infos: (520) 741-2233. Große Rodeoveranstaltung*

• **März: Wa:k Pow Wow:** *San Xavier del Bac Mission. Infos: (520) 294-5727 Indianermusik, Tänze etc.*

• **April bis September: meist mexikanische Musikfestivals:** *In diesen Monaten finden zahlreiche Musikfestivals in den Parks der Stadt statt. Meist mexikanisch angehaucht, aber auch „Jazz under the Stars" u.a. Informieren Sie sich im Touristenbüro.*

T

Einkaufen
Kunsthandwerkliches
• **Bahti Indian Arts**: *St.Philip's Plaza/4280 N. Campbell Ave. Traditionelles Geschäft für indianischen Schmuck, Töpferarbeiten, Skulpturen, Malereien. In der* **St. Philips Plaza** *gibt es zudem noch weitere Geschäfte und Galerien, die Kunsthandwerkliches anbieten.*

WESTERNKLEIDUNG
• **Western Warehouse**: *3719 N. Oracle Rd., sowie 6701 E. Broadway Blvd. und 3030 Speedway Blvd. Bietet das größte Angebot für Western-Kleidung in Tucson.*
• **Arizona Hatters**: *2790 North Campbell Avenue. Spezialgeschäft für Cowboy-Hüte.*

SHOPPING MALLS
• **El Con Mall**: *3601 E. Broadway. Citynächstes Einkaufscenter (3 Meilen östl.).*
• **Tucson Mall**: *4500 N. Oracle und Wetmore. Das größte Einkaufscenter der Stadt. 4 ½ Meilen nördl. vom Zentrum. Shuttleservice zu den wichtigsten Hotels!*
• **St. Philips Plaza**: *Campbell Ave./River Rd. Mall des gehobenen Standards. Kunsthandwerkliche Geschäfte, Restaurants etc.*

OUTLET MALLS
• **Foothills Mall**: *7401 N. La Cholla Blvd., Nike, Donna Karan u.a.*
• **VF Commerce Center – Outlet Mall**: *I-10 Exit 264 (Palo Verde Rd., ca. 6 Meilen südöstl. der Innenstadt)*

Theater/Oper/Konzerte
Größere Veranstaltungen finden in der Regel im Tucson Convention Center (Music Hall, Leo Rich Theatre oder Arena) statt. Tel.: (520) 791-4266. Weitere Infos im CVB (Tel.: (520) 624-1817).

Unterkünfte
Beachten Sie, dass die Preise in den heißen Sommermonaten bei den meisten Hotels deutlich niedriger liegen, als in der Zeit von Oktober bis Mai.
Tucson ist eine Stadt zum Erholen und für Outdoor-Aktivitäten, daher gibt es unzählige Hotels u. besonders Resorts. Hier nur eine kleine Auswahl:

HOTELS
* • **Loews Ventana Canyon Resort $$$$**: *7000 N. Resort Drive, Tucson, AZ 85715, Tel.: (520) 299-2020, Fax: (520) 299-6832. Etwas außerhalb und wunderschön an den Santa Catalina Mountains gelegen.* **Das** *Resort zur Entspannung und für einen Wellness-Aufenthalt. Viele Programme für Kinder. Professionelle Golfanlage. Leider sehr teuer.*
• **Hilton el Conquistador $$$$-$$$$$**: *10000 N. Oracle Rd., Tucson, AZ 85737, Tel.: (520) 544-5000, Fax: (520) 544-1222. Komfortabel, gemütlich, Reit- und Mountainbike-Gelegenheiten. Große Golfanlage. Luxus-Resort am Fuße der Santa Catalina Mountains. Touren zu den Sehenswürdigkeiten werden arrangiert.*
* • **Arizona Inn $$$$**: *2200 E. Elm St., Tucson, AZ 85719, Tel.: (520) 325-1541, Fax: (520) 881-5830. Historisches Hotel (1930). Charmant, z.T. sehr große Zimmer. Viele handgefertigte Möbel aus den 1920er und -30er Jahren. Zentral gelegen.*

T

• **Residence Inn $$**: *6477 E. Speedway Blvd., Tucson, AZ 85710, Tel.: (602) 721-0991, Fax: (602) 290-8323. Relativ zentral gelegen, geräumige Unterkünfte. Die meisten Zimmer mit eigener Küche.*

* • **Ghost Ranch Lodge $$-$$$**: *801 W. Miracle Mile, Tucson, AZ 85705, Tel.: (520) 791-7565, Fax: (520) 791-3898. Eigentlich die Adresse für den mittleren Geldbeutel. Die Lodge wurde hier bereits 1941 auf der Ranch eingerichtet. Ein interessanter Kaktusgarten und Orangenhaine sorgen für das richtige Ambiente. Eine schöne Mischung aus Old und New Tucson.*

• **The Lodge on the Desert $$-$$$**: *306 N. Alvernon Way, Tucson, AZ 85733, Tel.: (520) 325-3366, Fax: (520) 327-5834. Relativ preisgünstige Unterkunft mit familiärer Atmosphäre. Schöner Garten.*

• **Motel 6 $-$$**: *1222 S. Freeway, Tucson, AZ 85713, Tel.: (520) 624-2516. Motel für den kleinen Geldbeutel.*

• **Hotel Congress $-$$**: *311 E. Congress St., Tucson, AZ 85701, Tel.: (520) 622-8848, Fax: (520) 792-6366. Wer in der Stadt wohnen möchte und dazu sehr günstig, ist hier richtig. Die meisten Betten sind auf Backpacker ausgerichtet (kleine Schlafsäle, siehe auch unten), es gibt aber auch Doppelzimmer. Das 1919 als Bahnhofshotel errichtete Haus ist heute wieder im alten Stil (etwas abgenutzt) eingerichtet. Erwarten Sie keinen Luxus, dafür aber etwas mehr Geld in Ihrer Reisekasse.*

• *Weitere* **günstige Hotels ($-$$) der Franchise-Unternehmen** *finden Sie z.B. nahe dem Airport (E. Benson Hwy, I-10, Exit 262 bzw. S. Craycroft Rd., I-10, Exit 265.*

BED & BREAKFAST

• **Casa Tiera Adobe B&B $$$**: *11155 W. Calle Pima, Tucson, AZ 85743, Tel.: (520) 578-3058. Fax: (520) 578-8445. Westlich von Tucson, nahezu in der Wüste. Guter Ausgangspunkt für die Old Tucson Studios u. das Desert Museum. Der Knüller ist der Outdoor-Whirlpool, von dem aus Sie nachts die Sterne beobachten können.*

* • **El Presidio Inn $$$**: *297 N.Main Ave., Tucson, AZ 85701, Tel.: (520) 623-6151, Fax: (520) 623-3860 Altes viktorianisches Haus (mit Adobe-Stilelementen) von 1880. Sehr komfortabel und mit vielen Antiquitäten eingerichtet. Man kann zur Innenstadt laufen.*

• *Infos über weitere B&B-Häuser erhalten Sie u.a. bei folgender Organisation:* **Arizona Association of Bed & Breakfast Inns**: *Tel.: (928) 527-1912 od. 1-800-752-1912, Internet: www.arizona-bed-breakfast.com.*

GÄSTERANCHEN

Tucson rühmt sich damit, dass keine Stadt der Welt so viele Gästeranchen in ihrer Umgebung hat. Die Ranchen sind sehr gut ausgestattet und haben fast alle einen Swimmingpool. In der heißen Sommerzeit sind aber viele von ihnen geschlossen, andere dagegen bieten dann günstigere Raten. Beachten Sie auch, dass viele Ranchen einen Mindest-Aufenthalt haben.

• **Tanque Verde Guest Ranch $$$$-$$$$$**: *14301 E. Speedway Blvd. - östlichstes Ende, dort wo die Straße aufhört (Dead End), Tucson, AZ 85748, Tel.: (520) 296-6275, Fax: (520) 721-9426. Historische Farm von 1880. Reiten, Wanderungen durch die Natur. Luxuriös, aber auch entsprechend teuer. Mehr im Textteil!*

• **Lazy K Bar Ranch $$$$**: *8401 N. Scenic Dr., Tucson, AZ 85743, Tel.: (520) 744-3050, Fax: (520) 744-7628. 23 Zimmer. Reiten, Tennis, Wandergelegenheiten. Ca. 16 Meilen nordwestl. von Tucson.*

• **White Stallion Ranch $$$$-$$$$$**: *9251 W. Twin Peaks Rd., Tucson, AZ 85743, Tel.: (520) 297-0252, Fax: (520) 744-2786. Nahe dem Saguaro Nat. Monument (West), 17 Meilen zur City. Rodeos, Reiten, Grillen etc.*

JH Jugendherberge

Es gibt zwar ein YMCA, aber der Treffpunkt der jungen Leute und Rucksackreisenden ist das **Hotel Congress**: *311 E. Congress St., Tucson, AZ 85701, Tel: (520) 622-8848. Zentral gelegen, gleich neben dem Busbahnhof. Hotel und Jugendherberge. Etwas teurer als übliche Jugendherbergen, aber man kann sparen, indem man keinen Roomservice nutzt!*

Campingplätze

Einige Campingplätze schließen während der heißen Sommerzeit. Erkundigen Sie sich daher vorher noch einmal.

• *Im* **Tucson Mountain Park** *(westlich der Stadt) liegt ein schöner Campingpark.*

• *Im* **Coronado Nat. Forest** *(nördl. der Stadt) gibt es einige Plätze entlang dem Mt. Lemmon Hwy. Geschlossen während der Sommermonate. Infos: Tel. (520) 749-8700. 18–24 Meilen zur City.*

• *Im* **Catalina State Park**, *12 Meilen nördl. von Tucson (Oracle Rd./US 89), gibt es Campiermöglichkeiten. Tel.: (520) 628-5798.*

• **Crazy Horse RV Park**: *6600 S. Craycroft Rd., Tucson, AZ 85706, Tel.: (574) 574-0157. 8 Meilen südöstlich der City nahe der I-10.*

• *Es gibt noch eine Reihe* **weiterer RV-Parks** *in und um Tucson.*

Restaurants

Die mexikanische Spezialität in Tucson ist Carne seca, ein würziges Trockenfleisch (ähnlich dem Jerky). Das sollten Sie sich nicht entgehen lassen.

* • **El Charro Café**: *311 N. Court Ave. (El Presidio Hist. District), Tel.: (520) 622-1922. Das wohl älteste mexikanische Restaurant in Tucson. Mexikanische Küche – traditionell und bekannt für o.g. Carne seca. In der Woche und So nur bis 21h, Fr+Sa bis 22h geöffnet. Angeschlossen ist eine kleine, bunte Bar nebenan.*

• **La Fuente**: *1749 N.Oracle Rd., Tel.: (520) 623-8659. Geheimtipp für mexikanisches Essen mit mexikanischer Musik.*

• **El Minuto Café**: *354 S. Main Ave., Tel.: (520) 882-4145. Beliebter In-Treff und bekannt für „Sonoran Dishes". Auch hier gibt es Carne seca. Tipp fürs Lunch.*

• **The Tack Room**: *7300 E. Vactor Ranch Trail in Foothills (nahe N. Sabino Canyon Rd.), Tel.: (520) 722-2800. Eines von 12 5-Sterne-Restaurants in den USA in alter Hacienda. Gourmetküche. Rechnen Sie mit 50 $/Person (es lohnt sich aber).*

* • **Café Terra Cotta**: *3500 E. Sunrise Dr., Tel.: (520) 577-8100. Eines der beliebtesten Restaurants Arizonas (daher vorher reservieren). Bekannt für seine typischen oft scharf gewürzten Südwest-Gerichten. Diese reichen von mexikanischen Pizzen, über Gerichten mit Ziegenkäse bis hin zu Schweinefilets in scharfer Sauce.*

• **Kingfisher Bar & Grill**: *2564 E. Grant Rd., Tel.: (520) 323-7739. Gute Steak- und Pastagerichte. Beliebt bei Nachtschwärmern, da hier die Küche meist bis Mitternacht geöffnet ist. Oft auch Livemusik (Jazz/Blues)*

T

V

Pubs/Livemusik/Western

- **Hotel Congress - Club Congress**: *311 E. Congress St., Tel.: (520) 622-8848. Livemusik, am Wochenende Gruppen, eher für jüngere Leute.*
- **Cascade Lounge:** *7000 N. Resort Drive (im Loews Ventana Resort), Tel.: (520) 299-2020. Romantische Pianobar (oft auch Harfen-Musik und softer Jazz). Für das „gesetzte" Publikum.*
- **Gentle Ben's Brewing Co.**: *865 E. University Blvd., Tel.: (520) 624-4177. Studenten-Lokal mit angeschlossener Microbrewery. Hier gibt es auch Pubfood.*
- **¡Toma!**: *311 N. Court Ave., Tel.: (520) 622-1922. An o.g. El Charro Café angeschlossene, mexikanische Bar. Bekannt für seine Margaritas.*
- **Cactus Moon Café**: *5470 E. Broadway Blvd. (Ecke Craycroft Rd.), Tel.: (520) 748-0049. Country Western-Nightclub, Tanzen, „Take your Cowboyhats and Boots"*
- * • **La Fuente**: *1749 N.Oracle Rd., Tel.: (520) 623-8659. O.g. Restaurant hat auch eine Lounge, in der ab 18h Livemusik geboten wird. meist handelt es sich um mexikanische Mariachi Music.*

Tusayan (am Grand Canyon), AZ *(S. 556ff)*

Lesen Sie hierzu unter „Grand Canyon National Park" *(S. 227).*

Vail, CO *(S. 670)*

Information

Vail Valley Tourism & Convention Bureau: *100 E. Meadow Dr., Vail, CO 81657, Tel. (970) 476-1000, Internet: www.visitvailvalley.com.*

Unterkünfte

- **Gasthof Gramshammer $$$-$$$$**: *231 E. Gore Creek Drive, Vail, CO 81657, Tel.: (970) 476-5626, Fax: (970) 476-8816. Kleine Zimmer und recht teuer, aber trotzdem sehr ansprechend wegen der „Alpen-Atmosphäre". So wie man sich halt ein Hotel in den Bergen vorstellt. Eines der „In"-Hotels am Platze.*
- **Savory Inn of Vail $$$**: *2405 Elliott Rd., West Vail, CO 81657, Tel.: (970) 476-1304, Fax: (970) 476-0433. Riesiges Blockhaus. Familienfreundlich. Frühstück im Preis inbegriffen.*
- **Comfort Inn $$-$$$**: *161 W. Beaver Creek Blvd., Avon, CO 81620, Tel.: (970) 949-5511, Fax: (970) 949-7762. Zwar 10 Meilen westlich von Vail, aber erheblich günstigere Preise als bei den Hotels in Vail selbst.*

Camping

Sylvan Lake State Park: *I-70, Exit 147 in Richtung Eagle (ca. 18 Meilen vom Highway). Zwei schön gelegene Plätze. Reservierungen über Tel.: (970) 625-1607.*

Restaurants

- **Gramshammer**: *Das Restaurant im gleichnamigen Hotel (s.o.) bietet eine gute Küche; u.a. mit Wildspezialitäten und Fonduegerichten.*
- *Weitaus günstiger ist* **Hubcap Brewery & Steakhouse**: *143 E. Meadow Dr., Crossroads shopping Center, Tel.: (970) 476-5757. Steaks, Burger, Salate, im Hause gebrautes Bier etc. Reservierung empfohlen.*

Vernal, UT *(S. 637)*

Information

Dinosaurland Travel Board*: 25 E. Main St., Vernal, UT 84078, Internet: www. dinoland.com.*

Unterkunft

Weston's Lamplighter Inn $-$$*: 120 E. Main Street, Tel.: (435) 789-0312. Fax: (435) 781-1480. Ein Motel mit etwas mehr Komfort und Kitchenettes auf einigen Zimmern.*

Ansonsten gibt es noch eine Reihe von Motels und kleinen Hotels im Ort

Wichita Falls, TX

Information

Wichita Falls Conv. & Visitors Bureau*: 1000 Fifth St., Wichita Falls, TX 76307, Tel.: (940) 716-5500, Internet: www.wichitafalls.org.*

Unterkunft

• **Holiday Inn $$-$$$***: 100 Central Frwy., (2 Meilen. nördl. des I-44), P.O.Box 3319, Wichita Falls, TX 76307, Tel.: (940) 761-6000, Fax: (940) 766-1488. Das wohl beste Haus am Platze.*
• **La Quinta $$***: 1128 N. Central Frwy., Wichita Falls, TX 76305, Tel.: (940) 322-6971, Fax: (940) 723-2573. Typisches Motel dieser Kette. 140 Zimmer, Waschautomaten.*

Williams, AZ *(S. 531f)*

Information

Williams Grand-Canyon/US-Forest Service Visitor Center*: 200 W. Railroad Ave., Williams, AZ 86046, Tel.: (928) 635-4061, Internet: www.williamschamber.com.*

Grand Canyon Railway

Der historische Zug verkehrt in der Saison täglich zwischen Williams und dem Bahnhof an der South Rim des Grand Canyon. Ein schönes, wenn auch nicht ganz billiges Vergnügen, denn die Preise für eine Hin- und Rückfahrt beginnen in der Nebensaison bei ca. 50 $ und können in der Hochsaison auch weit über 100 $ liegen. Eine Möglichkeit ist auch, mit dem Zug an einem Tag hin, am Canyon übernachten und dann am nächsten Tag zurückzufahren. Das müssen Sie beim Ticketkauf aber anmelden. Infos zu dieser Zugfahrt: Tel.: (928) 773-1976, Internet: www.thetrain.com, oder direkt am Railroad Depot in Williams.

Unterkünfte

• *Falls am Canyon alles ausgebucht ist:*
Nahe dem Bahnhof liegen das komfortable und im Südwester-Stil eingerichtete **Grand Canyon Railway Hotel $$$** *(233 N. Grand Canyon Blvd., Williams, AZ 86046, Tel.: (928) 635-4010), das auch bekannt ist für seine alte englische Bar sowie das etwas*

günstigere **The Red Garter Bed & Bakery $$** *(137 Railroad Ave., Williams, AZ 86046, Tel.: (928) 635-1484), das sich in einem ehemaligen Bordell befindet.*

• *Zwei günstige Motels sind:*
- **Quality Inn Mountain Ranch $$:** *6701 E. Mountain Ranch Rd., Rt 1, I-40, exit 171, Tel.: (928) 635-2693, oder*
- **Best Value Inn - Norris Motel $$**: *1001 W. Bill Williams Avenue, Tel.: (928) 635-2202, Fax: (928) 635-9202.*

Yellowstone National Park, WY *(S. 631)*

i ### Adresse und Information
Superintendent, Yellowstone Nat. Park: *P.O.Box 168, Wyoming 82190, Reservierungen: Tel. (307) 344-7381. 6 Informationszentren. Von Salt Lake City kommend (Hwy. 20/191) ist das* **Informationszentrum Norris** *das nächste. Parkinfos: Tel.: (307) 344-7381, Internet: www.nps.gov/yell.*

 ### Unterkünfte
Es gibt eine Reihe von Hotels und mehrere Campingplätze. In der Nebensaison schließen die meisten Hotels. Reservierungen während der Sommermonate werden dringend empfohlen. Die Lodgen im Park können Sie über **Yellowstone National Park Lodges**, *Tel.: (307) 344-7311, Internet: www.travelyellowstone.com buchen.*

Zion National Park, UT *(S. 603ff)*

i ### Adresse und Information
Superintendent, Zion National Park: *Springdale, UT 84767-1099, Tel.: (435) 772 3256, Internet: www.nps.gov/zion. Es gibt 2 Visitor Centers, eines 1 Meile nördlich von Springdale, das andere, kleinere, am Kolob Canyon, 18 Meilen südlich von Cedar City. Geöffnet das ganze Jahr von 9–16h30.*

Unterkünfte
• *Empfehlenswerte Motel-Unterkünfte in Springdale (südl. des Parks, Internet: www.zionpark.com) sind*
- **Flanigan's Inn $$-$$$**: *428 Zion Park Blvd. (an der UT 9, 1 Meile südl. des Parkeingangs), Springdale, UT 84767, Tel.: (435) 772-3244, Fax: (435) 772-3396.*
- **Terrace Brook Lodge $$**: *990 Zion Park Blvd., Springdale, UT 84767, Tel.: (435) 772-3932, Fax: (435) 772-3596.*
- *Das* **Red Rock Inn $$**: *998 Zion Park Blvd., Springdale, UT 84767, Tel.: (435) 772-3139, Fax: (435) 772-3697) bietet u.a. Cottages auf B&B-Basis.*
• *In* **Springdale** *gibt es noch eine Reihe weiterer Motels/Hotels.*

• *Im Park empfiehlt sich die rustikale*
- **Zion Lodge $$**: *im Park gelegen. Postadresse: Box 400, Cedar City, UT 84720, Tel.: (435) 772-7700.*

W
Y
Z

Campingplätze
Im Park selbst gibt es 5 (davon 2 besser ausgestattete nahe dem Südeingang) und in Springdale eine Reihe privater Campingplätze.

Restaurants
Sehr zu empfehlen ist das Restaurant in **Flanigan's Inn** *(s.o., hier auch ein Pub mit Microbrews aus Utah), und wer es etwas legerer mag und am Wochenende der Jugend (und auch dem älteren Publikum) beim Tanzen zu Livemusik zusehen/-hören möchte, der sollte in den* **Bit & Spur Saloon** *(Tel.: (435) 772-3498, Reservierung empfohlen!) am südlichen Ortseingang von Springdale gehen. Das Essen ist mexikanisch orientiert und wirklich gut. Die o.g.* **Zion Lodge** *im Park hat natürlich auch ein Restaurant, das Sie aber im Voraus buchen sollten.*

IWANOWSKI'S
Das kostet Sie der Südwesten

- Stand: April 2007 -

Auf den Grünen Seiten geben wir Ihnen Preisbeispiele für Ihren Urlaub im Südwesten der USA, damit Sie sich ein realistisches Bild über die Kosten einer Reise und eines Aufenthaltes machen können. Natürlich sollten Sie die Preise nur als **Richtschnur** auffassen. Bei einigen Produkten/Leistungen gebe ich Ihnen eine Preis-Spannbreite an.

Aktuelle Kurse: 1 US$ = 0,77 €, 1 € = 1,30 US$

News im Web:
www.iwanowski.de

Beförderungskosten

* **Flüge**

Hier ist das Angebot an Transatlantikflügen nahezu unüberschaubar geworden. Als Richtlinie für die **Hochsaison**: Die Preise nach Dallas und Houston variieren zwischen € 600 und 1.000, nach El Paso, Denver und Albuquerque zwischen € 600 und 800 und nach Phoenix bzw. Salt Lake City zwischen € 600 und 850. Während der **Zwischensaison** und besonders in der **Nebensaison** liegen die Preise um ca. € 50 niedriger. Empfehlenswert wäre übrigens eine kombinierte Buchung Flug/Mietwagen über einen Spezialveranstalter. Der Flugpreis mag in dem einen oder anderen Fall zwar um vielleicht € 50–100 höher liegen, der Gewinn beim Mietwagen macht dieses in der Regel aber mehr als wett. Preisvergleiche in alle Richtungen machen sich immer bezahlt. Achten Sie dabei besonders auf die Zusatzleistungen. Z.T. gibt es mit einem bestimmten und etwas teureren Airline-Ticket nicht nur vergünstigte Mietwagen, sondern auch Rabatte in Hotelketten.

Noch ein Tipp: Planen Sie Ihre Reiseroute vorher genau. Spätere Umschreibungen des Flugtickets kosten zwischen € 50 und 200 für veränderte Abflugdaten und erweisen sich bei der Änderung des Abflugortes als kaum durchführbar. Oft können Sie gar nicht umbuchen!!

* **Inlandsflüge**

Auch hier gilt es, besondere Tarife zu beachten, die sich stündlich (!) ändern können. Wer z.B. spät bucht, kann z.T. zum halben Preis fliegen, geht aber das Risiko ein, keinen Platz mehr zu bekommen, wenn die Maschine bis zum Stichtag des günstigeren Tarifs voll sein sollte.

* **Mietwagen**

Die Preise beinhalten in der Regel alle gefahrenen Kilometer. Alle größeren Mietwagenfirmen liegen in etwa im gleichen Preisniveau und die Unterschiede sind minimal. Am besten ist es, Sie buchen Flug und Mietwagen als **Kombination**. Ein kleiner Wagen der Economy-Klasse kostet dabei ungefähr ab € 180 pro Woche. Doch sind diese Fahrzeuge in der Regel zu klein für einen Urlaub mit dem nötigen Gepäck. Empfehlenswert wäre da eher ein Fahrzeug der Intermediate-Klasse (mit 4 Türen), das Platz und ausreichenden Fahrkomfort bietet. Es ist besonders auf den langen Strecken im Südwesten sehr angenehm. Diese Klasse kostet ab € 220 pro Woche. Familien mit Kindern wären mit einem Mini Van am besten bedient, der ab € 350 pro Woche kostet. Bedenken Sie, dass bei Abgabe des Fahrzeugs an einem anderen Ort als dem Empfangsort Rückführungsgebühren verlangt werden. Diese liegen für 500 km bei ca. $ 100, für 1.500 km aber oft bereits bei $ 300. Übrigens variieren die Preise für die Rückführung von Vermieter zu Vermieter teilweise beträchtlich. Preisvergleiche lohnen hier unbedingt!

- **Camper**

Die Preise variieren je nach Saison erheblich. In der Nebensaison kostet ein Camper der kleinsten Klasse ab $ 60 (inkl. 100 Freimeilen) pro Tag, während das gleiche Fahrzeug in der Hochsaison mehr als das Doppelte kosten wird. Die größte Klasse kostet etwa das Doppelte. Ermäßigungen von bis zu 10 % sind bei Langzeitmieten (über 3 Wochen) möglich. Bedenken Sie, dass 100 Freimeilen pro Tag bei den Entfernungen im Südwesten der USA schnell verbraucht sind und jeder zusätzliche Kilometer extra berechnet wird. Eine **Kombi-Buchung** Flug/Camper über einen Spezialveranstalter in Europa ist auch hier ratsam, denn dann werden Sie auch vom Flughafen abgeholt oder das Fahrzeug dort bereitgestellt, was ansonsten kaum der Fall ist.
Vergessen dürfen Sie bei Campmobilen nicht, dass sie viel Kraftstoff verbrauchen und die Campingplätze auch nicht immer billig sind. Eine Kostenersparnis gegenüber einem normalen Mietwagen und die Übernachtung in Motels ergibt sich mit Sicherheit nicht.

Aufenthaltskosten

- **Hotels/Lodges**

Generell muss man als unterste Grenze ca. $ 45/Nacht im Doppelzimmer eines Franchise-Motels rechnen, wobei die Regel eher bei $ 60–75 ist. Mittelklassehotels („Privat" oder z.B. Holiday Inns und andere bessere Franchise-Motels) verlangen zwischen $ 85 und 140 für ein Doppelzimmer, wobei besonders in größeren Städten die Wochenendtarife deutlich niedriger liegen können ($ 60–80). Luxushotels, besonders die mit historischem Ambiente (z.B. das „Broadmoor" in Colorado Springs oder das „Warwick" in Houston) oder die, die zusätzliche Einrichtungen bieten (Golfplatz, Tennisplatz etc.), liegen eher bei $ 180–280 pro Tag/DZ.
Frühstück ist im Hotelpreis meistens nicht enthalten. Und wenn es als „Continental Breakfast" doch inbegriffen ist, besteht dieses meist nur aus schwachem Kaffee, einfachem Orangensaft und Muffins oder Kuchenstückchen – alles in Form von Selbstbedienung in der Motellobby.
Lodgen kosten ab $ 80 pro Doppelzimmer, können bei entsprechendem Luxus oder „einziger Alternative" auch locker deutlich (weit) über $ 120 verlangen (z.B. am Grand Canyon).

- **Bed & Breakfast**

Wegen des speziellen Service sind diese Unterkünfte etwas teurer und kosten ab $ 55 pro Person, beinhalten dafür aber auch ein gutes Frühstück.

- **Ranchen**

Hier ermittelt sich der Preis nach dem Angebot (Reiten, Ausflüge, Cowboyfrühstück etc.) und beginnt bei etwa $ 160 pro Person und Tag, kann aber bis zum Doppelten ausmachen. Dafür sind aber alle Mahlzeiten und die „üblichen" Touren und Ranchprogramme in der Regel im Preis enthalten.

• **Nationalparks**
Die Preise pro Fahrzeug mit 2 Insassen liegen zwischen 10 und 25 $. Allemal ratsam
für den Südwesten wäre der „National Parks Pass" (= „Annual Pass") für $ 80, mit
dem Sie **und alle Fahrzeuginsassen** ein ganzes Jahr (beginnend am Verkaufstag) in
allen Nationalparks der USA freien Eintritt haben. Der Pass gilt aber nicht für State
Parks!
Vergünstigte Pässe für Rentner gibt es nicht. Diese „Senior Passes" gibt es nur für
Amerikaner und Personen, die für die USA eine „Residents Permit" haben.

• **Lebensmittelpreise**
Hier können Sie das eine oder andere Schnäppchen machen, wenn Sie den unzähligen
Sonderangeboten folgen. In der Regel aber liegen die Preise etwas über dem euro-
päischen Niveau. Käse ist meist teurer, Fertiggerichte (die Sie im Camper oder auch in
dem einen oder anderen „Residence-Hotel" mit Küche selbst zubereiten können) sind
gleich teuer oder auch billiger. Grundnahrungsmittel, wie z.B. Milch, Frischgemüse und
Säfte, sind teurer, dafür aber sind Fleisch- und Fischwaren (besonders Shrimps an der
Küste) oft billiger. Früchte kosten, je nach Herkunftsland, etwa das gleiche wie bei uns.
Bemerkbar macht sich aber, dass es wenig bis gar keine subventionierten Früchte und
Agrarprodukte gibt. Daher sind z.B. Fruchtsäfte aus Florida ziemlich teuer.

• **Telefonate**
Die konkurrierenden Telefongesellschaften bieten unzählige Sondertarife, die Sie als
Reisender aber kaum überblicken werden. Daher kann man auch keine einheitlichen
Angaben machen. Ein 3-Minuten-Ferngespräch Inland kostet zwischen $ 1,50 und 4,50.
Nach Deutschland kosten 3 Minuten $ 5 (je länger, desto günstiger wird es). Günstiger
wird es aber mit Telefonkarten, die es in vielen Supermärkten, Lebensmittelgeschäften
und Tankstellen an den Kassen gibt.
Grundsätzlich verlangen Hotels für die Nutzung der Apparate auf den Zimmern ab
$ 0,50 pro Telefonat, selbst wenn man eine 1-800-Nummer anruft oder die o.g. Telefon-
karte nutzt.

• **Flughafenbus-Transfers**
Je nach Entfernung zwischen $ 18 (Phoenix) und $ 50–60 (Dallas) pro Person (vom/
zum Innenstadtbereich).

• **Taxi**
$ 1,50–2 vor Beginn der Fahrt, $ 2–3 pro gefahrener Meile und $ 0,50 pro zusätzli-
chem Insassen (Stadt). Oft kommt ab 20 Uhr noch ein einmaliger Nachttarif hinzu.
Staus und verzögerte Fahrten werden etwas höher berechnet. Besonders in Großstädten ist es ratsam, auf einwandfreies Funktionieren und Einstellen der Taxameter zu
achten. Die Preise sind im oder am Taxi angebracht.

• **Benzin**
Die Preise liegen zwischen $ 1,80 (Südtexas/Stadt) und $ 2,30 (Land/abgelegen) pro
Gallone (3,78 l), also im Durchschnitt bei € 0,45 pro Liter. In ganz abgelegenen
Regionen haben wir aber auch schon mal Preise nahe der $ 2,60-Marke gesehen.

• **Restaurants**
Fastfood in entsprechenden Ketten ist um einiges billiger als in Europa, und einen
einfachen Hamburger erhalten Sie hier für ca. $ 1. Richtige Restaurants sind aber
besonders abends teuer, vor allem, da Sie auf die ausgezeichneten Preise noch Steuer
(5–10 %) und Trinkgeld („obligatorisch" 10–20 %) hinzu rechnen müssen. Rechnen Sie

für ein normales Hauptgericht (in der Regel inkl. Salat oder Suppe), inklusive einem Bier, Tax und Trinkgeld, etwa mit $ 15–25 pro Person. Tipp: Chinesen sind billiger. Fleischgerichte sind etwa so teuer in Dollar wie bei uns in Euro. Ein Rumpsteak kostet etwa $ 16 + Tax + Trinkgeld.

Gesamtkostenplanung

Ich habe mich hier bemüht, eine Kostenplanung zusammenzustellen, die mehr oder weniger alle anfallenden Reisekosten für eine Reise durch den Südwesten der USA umfasst. Eine Kostenplanung für eine 2-köpfige Familie (ohne Souvenirs) könnte also beispielsweise folgendermaßen aussehen, wenn Sie in der Regel in günstigeren Motels übernachten (alle Angaben in EURO und gerundet):

Art der Kosten	3 Wochen	5 Wochen
An- und Abfahrt zum europ. Flughafen	100	100
2 Flugtickets	1.400	1.400
Gepäck- und Krankenversicherung	100	130
Mietwagen (Intermediate)	660	1.100
Benzin (5.500 bzw. 8.000 km)	850	1.230
Übernachtung (à $ 60 für DZ)	1.000	1.600
amerik. Frühstück (à $ 13/Person)	400	650
Mittagessen (Fastfood, günst. Restaurant, à $ 13/Person)	400	650
Abendessen (à $ 18/Person)	590	970
Getränke zwischendurch ($ 5/Person/Tag)	170	270
Eintritte	180	260
Telefonate/Briefmarken etc.	50	80
Sonstiges (Kleidung, Reserve etc.)	250	300
gesamt	6.150	8.740
Für ein zusätzliches Kind im Alter von 15 Jahren kämen noch folgende Kosten hinzu (Übernachtung im gleichen Zimmer):		
Flugticket	700	700
Krankenversicherung	30	50
Übernachtung (zusätzlich $ 10/Tag)	200	340
Mahlzeiten (inkl. Zusatzgetränke)	750	1.250
Eintritte	70	95
Sonstiges	100	130
gesamt	8.000	11.305
Sondertarife für kleinere Kinder sind z.T. bei Flügen und Unterkünften möglich.		

Sparen können Sie vor allem beim Essen, aber bei den Übernachtungen nur teilweise. Geben Sie sich fast nur mit Fastfood- bzw. Familien-Restaurant-Ketten zufrieden, liegen die o.g. Essenskosten ca. 30 % niedriger. Sollten Sie dagegen nicht so sehr auf die Reisekasse achten müssen, können Sie mit guten Restaurants Ihre Essensausgaben um bis zu 150 % steigern, denn richtige Restaurants sind in den USA erheblich teurer.

*i***wanowski's**
Neuigkeiten
aus dem Südwesten der USA

- Stand: März 2007 -

News im Web:
www.iwanowski.de

S. 308: In Amarillo wird nach Renovierungen im Frühjahr 2007 das **American Quarter Horse Hall of Fame & Museum** wieder eröffnet (2601 I-40 East, Amarillo, Texas 79104, Tel.: (806) 376-5181).

S. 313: Die im Stadtplan integrierte **Railway-Karte** stimmt so nicht mehr. Die DART hat die Routen umgestellt. Lesen Sie dazu bitte auf S. 199.

In Arizona gibt es **5 neue National Monuments** in Form von Naturparks. Die Einrichtung dieser National Monuments wurde 2000/2001 beschlossen, seit 2006/ 2007 sind sie offiziell eröffnet.

Aufgeführt von Süden nach Norden:

1. Ironwood Forest National Monument:

- **Information:** Kein Info-Center im Park. Schriftlich: BLM Tucson Field Office, 12661 E. Broadway, Tucson, AZ 85748-7208, Tel.: (520) 258-7200, Internet: www.blm.gov/az/ironwood
- **Lage**: knapp 30 Meilen nordwestlich von Tucson und westlich von Marana
- **Zufahrten:** I-10 Abfahrt „Avra Valley Road", über „Marana Road" (dann Trico-Marana und später Silverbell Rd) sowie „Red Rock Road" (hierbei Durchquerung des Santa Cruz River – für normale PKWs nicht passierbar!)
- **Übernachten:** Im Park gibt es nichts. Sie dürfen aber wild campieren. Nächste Motels/Hotels in Tucson.
- **Größe:** 51.700 ha

Sehenswertes: Hauptattraktion sind die Bestände an Ironwood- (Eisenholz-) Bäumen sowie die vielen Saguaro-Kakteen. Daneben faszinieren die Bergketten, zwei archäologische Ausgrabungsstätten (bis zu 5.000 Jahre zurückgehend), die *Mission Santa Ana del Chiquiburitac* und ein paar z.T. noch aktive Goldminen. Die Pisten im Park sind rau, wobei die Hauptstrecken bei vorsichtiger Fahrweise mit einem normalen Pkw passierbar sind. Nur nach starken Regenfällen wird von ihrer Nutzung abgeraten. Grundsätzlich belohnt der Park durch seine Natürlichkeit und die geringe Anzahl an Besuchern. Ein Besuch lohnt aber nur dann, wenn Sie auch bereit sind, einige mühsamere Wanderungen zu unternehmen und mindestens einen vollen Tag für die Erkundung übrig haben. Denken Sie auch an genügend Trinkwasser und Lebensmittel.

2. Sonoran Desert National Monument:

* **Information:** kein Info-Center im Park. BLM, Lower Sonoran Field Office, 21605 North 7th Ave., Phoenix, AZ 85027, Tel.: (623) 580-5500, Internet: www.blm.gov/az/sonoran
* **Zufahrten:** Interstate 8: Vekol Interchange (Exit 144) und Freeman Interchange (Exit 140). AZ 238 (Maricopa Rd) zwischen Gila Bend im Westen und Mobile im Osten.
* **Lage:** ca. 30 Meilen westlich von Casa Grande und dort nördlich sowie südlich des I-8
* **Übernachten:** Es gibt einfache Campingmöglichkeiten, so z.B. in den South Maricopa Mountains und in der Tabletop Wilderness. Die nächsten Hotels/ Motels finden Sie bei Casa Grande und in Gila Bend.
* **Größe:** knapp 200.000 ha.

Sehenswertes: Der Park beeindruckt vorwiegend durch seine Berg- und Wüstenlandschaften, wobei sich weite Täler zwischen den einzelnen Bergketten auftun. Diese sind großenteils mit Saguaro-Kakteen bestanden.

Die Erkundung des wenig besuchten Parks bedarf abseits der Hauptstraße robuster Fahrzeuge. Es müssen nicht immer Geländewagen sein, aber sie werden von der Parkverwaltung empfohlen. Vieles kann nur auf mittleren bis längeren Wanderungen erkundet werden.

Der historische *Juan Bautista de Anza National Historic Trail* führt nördlich des AZ 238 von Osten nach Westen durch den Park (Infos: www.nps.gov/juba). Entlang dieses Trails zog 1776 der spanische Captain *Juan Bautista de Anza* von Mexiko kommend mit 300 Mann nach Kalifornien, um dort spanische Ansprüche geltend zu machen.

Ein Besuch lohnt auch hier nur, wenn Sie bereit sind, einige mühsame Wanderungen zu unternehmen und mindestens einen vollen Tag für die Erkundung übrig haben. Denken Sie auch hier an genügend Trinkwasser und Lebensmittel.

3. Agua Fria National Monument:

* **Information:** kein Info-Center im Park. BLM, Phoenix Field Office, 21605 North 7th Ave., Phoenix, AZ 85027, Tel.: (623) 580-5500, Internet: www.blm.gov/ az/aguafria
* **Lage:** ca. 40 Meilen nördlich von Phoenix (direkt nördlich von Black Canyon City) und dort östlich des I-17
* **Zufahrten:** Über die I-17-Exits „Badger Springs" oder „Bloody Basin Road". Die Bloody Basin Road, eine einfache Straße, durchquert das schöne Verde River Valley und führt im Süden bis Carefree bei Phoenix.
* **Übernachten:** Motels/Hotels gibt es nördlich des Parks am Exit 262 (US 69) sowie südlich in Black Canyon City. Im bzw. östlich des Parks gibt es sehr einfache Campingmöglichkeiten.
* **Größe:** 28.400 ha

Sehenswertes:

Die Landschaft ist rau, von einigen Canyons durchzogen und wartet nur bei zweiter Betrachtung mit einer artenreichen Pflanzenwelt auf. Anders als in den Parks im Süden führen die Flüsse hier zumeist ganzjährig Wasser.

Bekannt ist der Park durch seine mindestens 450 archäologischen Fundstellen, die meisten prähistorisch, sowie vier ehemalige Pueblo-Siedlungen. Alles ist schwer erreichbar, und wenn, dann nur gut ausgerüstet zu Fuß. Wer diesen Park besuchen möchte, dem sei eher das Befahren der Bloody Basin Road empfohlen. Dort kann man das eine oder andere Mal aussteigen und die Natur genießen. Bäume gibt es nur an den Berghängen, ansonsten überwiegt Trockengras-Steppe.

4. Grand Canyon Parashant National Monument:

- **Information:** BLM Arizona Field Office, 345 E. Riverside Dr., St. George, UT 84790, Tel.: (435) 688-3200, Internet: www.blm.gov/az/parashant oder www.nps. gov/para
- **Lage:** Im äußersten Nordwesten von Arizona gelegen, grenzt der Park im Westen an die Staatsgrenze zu Utah und im Süden an den Grand Canyon.
- **Zufahrten:** BLM-Piste 1069 von St. George, UT, aus nach Süden. Von Osten können Sie auch vom US 389 aus anfahren (Fredonia und Colorado City).
- **Übernachten:** Am besten eignen sich die Unterkünfte in St. George, UT. Im Park gibt es einfache Campingplätze, einer davon nahe dem Rand des Grand Canyon.
- **Größe:** 423.000 ha

Sehenswertes:

Durch seine Größe bietet der Park ein buntes Kaleidoskop vieler in der Region typischer Landschaftsformen: tiefe Canyons, Berge, weite Mesas (oft sehr grün), erloschene Vulkane, z.T. auch (Kiefern-) Wälder und eine interessante Mojave-Kakteen-Vegetation. Wer mehr Zeit mitbringt, kann bis zum Lake Mead vordringen und dort auch baden.

Etwas Zeit sollten Sie für diesen Park schon mitbringen. Wer ihn in einem Tag von St. George aus erkunden möchte, sollte sehr früh starten und sich bewusst sein, dass man an einem Tag nicht alles sehen kann. Ein besonderes Highlight ist sicherlich der Blick in den Grand Canyon vom *Toroweap Point*, so wie ihn nur wenige Reisende zu sehen bekommen. Übrigens kann man auch von hier zum Colorado River hinuntersteigen. Doch dafür müssen einige Vorbereitungen getroffen werden. Die Pisten sind rau, aber mit entsprechender Vorsicht können die Hauptstrecken mit einem PKW bewältigt werden. Nach starken Regenfällen gilt dieses aber nicht!

Hier gilt besonders: voll tanken und genügend Wasser und Lebensmittel mitnehmen.

5. Vermilion Cliffs National Monument:

- **Information:** Paria Contact Station am US 89 (nicht ALT US 89!). BLM Arizona Field Office, 345 E. Riverside Dr., St. George, UT 84790, Tel.: (435) 688-3200, Internet: www.blm.gov/az/vermillion oder www.blm.gov/az/paria
- **Lage**: ganz im Norden von Arizona in dem Abschnitt, der vom ALT US 89 im Süden und dem US 89 im Norden umschlossen ist
- **Zufahrten:**
  1) Über die o.g. Paria Contact Station (US 89),
  2) über die House Rock Road im Westen und
  3) führt im Süden der ALT US 89 parallel zur Grenzlinie des Parks.
- **Übernachten**: Zwei Campingplätze (Lee's Ferry am US ALT 89 und an der Paria Contact Station) sowie Hotels/Motels in Page, Big Water, Kanab, Marble Canyon/Lee's Ferry und Jacob Lake.
- **Größe:** 118.000 ha

Sehenswertes: Benannt nach den viel fotografierten Felsklippen (schön abgerundet), hat der Park auch andere Höhepunkte zu bieten, wie z.B. den zum Teil sehr engen Paria Canyon, die Rock Gardens der Coyote Buttes und eine kürzere Wanderung durch den Wireless Canyon. Aber auch einige Felsmalereien der Indianer sind zu bewundern. Grundsätzlich ist dieser Park etwas für Naturliebhaber, Fotografen und vor allem Reisende, die Zeit haben, den Park zu Fuß zu erkunden. Letzteres ist z.B. möglich auf einer 5-tägigen Wanderung durch den Paria Canyon. Dafür benötigen Sie ein Permit und müssen selber für den Rücktransport sorgen. Dies erledigen auch kommerzielle Unternehmen. Mit dem Auto und auf kurzen Wanderungen kann man nur bedingt etwas mitnehmen von der faszinierenden Naturlandschaft, denn es gibt keine wirklichen Pisten im Park.

„The Skywalk" eröffnet

Ende März 2007 wurde der gläserne „Skywalk" offiziell eröffnet. Die spektakuläre hufeisenförmige Konstruktion über dem Grand Canyon, die insgesamt über 480 Tonnen schwer ist, befindet sich 1.200 Meter über dem Boden und am äußersten Punkt gut 21 Meter vom Rand des Canyons entfernt. Durch 7 cm dickes Spezialglas können Schwindelfreie einen wohl einzigartigen Blick in die Tiefe des Grand Canyon genießen. Zudem wird es ein Besucherzentrum mit Museum, Kino, Restaurants etc. geben. Bis zu 120 Menschen sollen den Skywalk gleichzeitig beschreiten dürfen, **Reservierungen** für die Tour sind sehr zu empfehlen. Der **Eintritt** kostet 25 US$ (plus einem obligatorischen „Grand Canyon West Entrance Package" für 49,95 US$, das u.a. den Besuch eines Dorfes des Hualapai-Stammes, einer Westernstadt und verschiedene Aktivitäten beinhaltet).
Reservierungen unter Tel. (001)702-878-9378 oder 1-877-716-9378 oder per E-Mail: reservations @destinationgrandcanyon.com.
Lage: Der Skywalk befindet sich in der Hualapai Indian Reservation (s. S. 534) in **Grand Canyon West**, ca. 200 km östlich von Las Vegas und ca. 113 km (70 Meilen) nordwestlich von Kingman, Arizona (s. S. 532). **Anfahrt von Kingman:** Richtung Norden auf der 93, dann Richtung Meadview (rechts abbiegen) auf die Pierce Ferry Road, dann östlich (rechts abbiegen) auf die Diamond Bar Road, die zum Eingang von Grand Canyon West führt.
Weitere Infos unter www.grandcanyonskywalk.com und www.destinationgrandcanyon.com

7. REISEN IM SÜDWESTEN DER USA

Rundreisevorschläge, Zeitpläne und Routenskizze

Überblick

Das Reisegebiet des Südwestens ist so groß, dass man es sicherlich nicht während eines normalen Urlaubes bereisen kann. Um alles zu besichtigen, benötigt man mindestens 3 Monate Zeit. Daher sollten Sie sich bereits zu Hause genau überlegen, welche Gebiete Sie im Speziellen sehen möchten und ob es nicht besser wäre, das Reisegebiet auf 2 bis 3 Urlaube zu verteilen.

Es ist sogar schwierig, auf einer Rundreise alle Sehenswürdigkeiten der Rocky Mountains und der Canyons „abzuklappern", da sie zu verstreut liegen. Auch für dieses eingegrenzte Reisegebiet empfiehlt sich eine genaue Vorplanung und der „Mut zur Lücke". Man kann halt nicht alles sehen. Selektieren Sie schon rechtzeitig, und versuchen Sie sich dann auch an Ihren Plan zu halten. Werden Sie also nicht schwach, wenn Sie an einem Wegweiser vorbeifahren, der eine Sehenswürdigkeit ankündigt, die Sie zu Hause von der Liste gestrichen haben. Ein Urlaub kann schnell zum Stress werden, und diese Erinnerung nehmen Sie dann mit nach Hause.

Alternativ zu den hier vorgeschlagenen Autostrecken sollten Sie sich eventuell überlegen, bestimmte Abschnitte mit dem Flugzeug zurückzulegen. Außerdem müssen Sie ja nicht vom selben Flughafen zurückfliegen, auf dem Sie angekommen sind. Fliegen Sie beispielsweise nach Houston oder Dallas, und verlassen Sie die USA dann über Denver. Bedenken Sie aber die Mehrkosten für die Rückführung des Mietwagens!

Variationen, wie Sie Ihre Reise durch den Südwesten gestalten, gibt es also unzählige, und ich habe Ihnen die folgenden Varianten zusammengestellt, die ich für die besten halte und die zumindest die wirklichen Höhepunkte einschließen.

• **Die Texasrundreise** und **die Rundreise durch die Gebiete um die Rocky Mountains** beruhen auf der Vorstellung, dass Sie zweimal in die USA reisen und dabei jeweils 3–4 Wochen Zeit haben. Besonders für die Rocky Mountains sind eher 4 Wochen realistisch.

• **Für die Rundreise durch den gesamten Südwesten** habe ich Ihnen einen genauen Routenvorschlag erarbeitet, der sich im Wesentlichen an die Kapitelfolge des Buches hält und der Sie in ca. 7–10 Wochen zu den schönsten Punkten dieses Gebietes führt. Sie können also diesen Vorschlag gut dazu nutzen, sich ein Teilstück davon „herauszupicken". Vielleicht suchen Sie sich für ein nächstes Mal ein anderes Teilstück heraus. Diese Zusammenstellung beruht auf einer persönlichen Auswahl, und Sie werden hierbei eventuell das eine oder andere ändern müssen, ganz nach Ihren Interessen. „Mut zur Lücke" ist auf dieser Strecke besonders angesagt.

- **Die Rundreise zu den absoluten Highlights in 2–3 Wochen** bietet schließlich wirklich nur das Wesentliche. Machen Sie sich hierbei klar, dass Sie an vielen interessanten Punkten einfach vorbeifahren müssen. Konzentrieren Sie Ihre Reise auf die Besichtigung der angegebenen Punkte, und genießen Sie die Landschaft. Für große Wanderungen und Umwege bleibt aber keine Zeit!

REISEN IM SÜDWESTEN DER USA

Ein wichtiger Hinweis für den Südwesten: „Weniger (Kilometer) ist mehr!"

Um sich das Reisegebiet vorstellen zu können, möchte ich Sie zuerst einmal auf die „Touristischen Regionen und Höhepunkte" hinweisen. Da hätten wir
- in Texas erst einmal die Großstädte, von denen San Antonio (Kultur) und Houston (Technisches) am interessantesten sind
- weiterhin fasziniert in Texas die Golfküste mit ihren Stränden
- in New Mexico und Arizona sollten Sie dann Ihr Hauptaugenmerk auf die Indianerkulturen legen und daneben auch auf die Halbwüstenlandschaften
- in Arizona und Utah sind die Canyon-Landschaften und die bizarren Felsformationen natürlich einer **der Höhepunkte** des Südwestens
- in Nord-Utah und in Colorado bilden die Rocky Mountains mit ihren wilden Schluchten und Tälern, den grünen Wäldern, den mondänen Skiorten und der Geschichte der Goldschürfer bzw. grundsätzlich der Pioniere den zweiten eigentlichen Höhepunkt der Region

Ohne Zweifel liegen also die Highlights in Nord-Arizona, Utah und Colorado mit den folgenden Schwerpunkten: die märchenhafte Canyon-Landschaft und die schroffe Wildnis der Rockies. Diese sollten Sie also keinesfalls auslassen. Trotzdem möchte ich Sie darauf hinweisen, dass auch die anderen Regionen ihren Reiz haben.

Wieso habe ich mich also für die vorliegenden Reiserouten entschieden?
- Die ersten Kapitel, die die *Großstädte und die Küste von Texas* betreffen, sollen Ihnen die Möglichkeit bieten, die „moderne" amerikanische Kultur kennen zu lernen und die Strände zu erkunden – am besten im August. Danach passieren Sie dann drei sehenswerte Nationalparks und eine Landschaft, die besonders aufgrund ihrer Weite beeindruckt.
- Ab El Paso, der Stadt, die sich u.a. als Startpunkt für die *klassische Region Südwesten* anbietet, kommen Sie ins Land der Indianer. Folgen Sie der Route über Albuquerque (das sich als alternativer Startpunkt anbietet) und Gallup. So haben Sie genügend Gelegenheit, sich in Museen über die Geschichte der Indianer näher zu informieren, bevor Sie in deren zentrales Siedlungsgebiet gelangen.

- Die Routenführung über Tucson und Phoenix ist nicht wegen der beiden Städte gewählt, sondern um Ihnen Gelegenheit zu bieten, den *Schmelztiegel aus Indianerkultur, Pioniertaten, mexikanischem Einfluss und echter Halbwüste* im Süden Arizonas zu erleben. Landschaftlich ist die Region also schön, hat aber weniger atemberaubende Highlights. Interessiert Sie der Süden Arizonas weniger, fahren Sie einfach vom Petrified Forest weiter bis Flagstaff.
- Die Indianerkultur haben Sie nun bereits in sich aufgenommen und können auf Ihrer weiteren Fahrt von Ihrem Wissen profitieren, sodass Sie sich ab Flagstaff in Ruhe mit der *sagenhaften Canyon-Landschaft* auseinandersetzen können.
- Las Vegas soll nur als Option geboten werden, obwohl Sie diese *einmalige Glitzerwelt* und den Kontrast zur umliegenden Landschaft ruhig mitnehmen sollten.
- Der folgende Abstecher nach Salt Lake City und durch den Norden von Utah und Colorado gilt als „Ablenkung". *Mormonenkultur und eine schöne Landschaft*, die man einfach durchfahren und erleben kann, sind dafür gut geeignet. In historischer Hinsicht lernen Sie in dieser Region die Besiedlungsgeschichte der ersten Farmpioniere kennen. Wer aber gleich die nächsten Höhepunkte erfahren möchte, biegt in der Region um Moab nach Osten in die Rockies ab.
- Denver und Boulder bieten eine „Verschnaufpause", bevor es in die *Rockies* geht. *Großstadtflair* mag der eine oder andere von Ihnen vielleicht schon vermisst haben. Wenn nicht, sollten Sie erst gar nicht nach Denver fahren, sondern gleich abzweigen in die südlicheren Rockies.
- Nun die *Rocky Mountains*: Geschichts-chronologisch gesehen erfahren Sie hier vieles über die „technische" Eroberung des Kontinents durch die Bergbau-Pioniere, die durch ihre Funde der aufstrebenden Wirtschaft Amerikas deutliche Impulse gaben, nachdem die ersten Farmer für die Basis gesorgt hatten.

In den Bergen sollten Sie sich gleich darauf einstellen, dass Sie weniger Tageskilometer schaffen als in den Hochebenen, außerdem gibt es auch hier eine Reihe besichtigungswürdiger Orte und Museen. Die vorgeschlagene Route im Süden berührt wieder Indianerkulturen (Mesa Verde Nat. Park) und spanisch-mexikanische Traditionen, falls Sie den Rundreisekreis bereits in Albuquerque schließen wollen. Wer genug Indianerkultur gesehen hat, kann dem alternativen Routenvorschlag folgen und direkt aus den Rockies nach Colorado Springs fahren.

Mit Sicherheit werden nun die meisten von Ihnen nicht allen Routenvorschlägen folgen, denn selbst, wenn Sie nur der Strecke El Paso - Santa Fe folgen würden, würde ein normaler Urlaub kaum ausreichen. Aber die hier vorgeschlagene Streckenführung gibt Ihnen einen „Roten Faden" durch die Wunderwelt des Südwestens, und ich hoffe, Sie haben viel Spaß dabei. Eine weitere Idee wäre übrigens: Fahren Sie zweimal in diese Region, und unterbrechen Sie Ihre Reise für ein oder zwei Jahre auf halber (Buch-) Strecke, z.B. in Salt Lake City.

Der Hinweis (ⓘ S. 173) bei den Orten auf den folgenden Seiten verweist auf die aktuellen regionalen Reisetipps (Übernachtungsmöglichkeiten, Restaurants etc.).

Zudem möchte ich Ihnen hier noch einige Vorschläge für „kürzere", geographisch begegrenzte Aufenthalte im Südwesten geben:

- **Zweimal 4–5 Wochen Zeit:**

Sie unternehmen **zwei Touren** durch die westlichen USA.

- Tour 1 führt Sie nach Kalifornien, die weitere nördliche Pazifikküste (nicht in diesem Reiseführer beschrieben) und schließlich in die Canyon-Landschaft von Arizona und Utah. Für diese Reise benötigen Sie **4–5 Wochen.**
- Auf Tour 2 schließlich befahren Sie die Rocky Mountains und die Plains (bes. Texas). Auch für diese Tour benötigen Sie **4–5 Wochen.**

- **Nur jeweils 2–3 Wochen Zeit:**

Entscheiden Sie sich für voneinander unabhängige Reisen zu den folgenden Gebieten:

- Fliegen Sie nach Salt Lake City, fahren Sie in Richtung Süden zu den Canyon-Gebieten, und verlassen Sie die USA über Phoenix.
- Fliegen Sie nach Denver, und fahren Sie über Aspen durch die Rocky Mountains bis nach Santa Fe. Rückflug dann ab Albuquerque oder El Paso.
- Machen Sie eine Rundreise durch Texas (Anflug nach Houston oder Dallas), und konzentrieren Sie sich dabei auf die südliche Küste, den Raum San Antonio/ Austin, und fahren Sie dann entweder zum Big Bend N.P. oder zu den beiden Parks im Westen (Guadalupe Mountains und Carlsberg Caverns N.P.). Rückflug von El Paso oder Dallas, je nach Zeit.

Texasrundreise (3 Wochen)

Fliegen Sie nach Dallas (2 Tage), und fahren Sie von dort nach Houston. Am schönsten wäre hier die Strecke entlang den osttexanischen Seen und den Swamps (1–2 Tage). Von Houston (hier 2 Tage) aus nach Süden, möglichst dicht an der Küste. Entspannen Sie dann den einen oder anderen Tag an den Stränden (insgesamt 3–4 Tage). Von hier aus besuchen Sie dann das Gebiet um San Antonio und Austin und statten dem deutschen Siedlungsgebiet einen Besuch ab (insgesamt 3–4 Tage). Fahren Sie nun zügig zum Big Bend Nat. Park (1–2 Tage Fahrzeit), und bleiben Sie dort 2 Tage. Von hier aus zum Guadalupe Mts. Nat. Park und zu den Carlsberg Caverns (insgesamt 3–4 Tage).

Wenn Ihre Urlaubszeit sich nun zum Ende neigt, fahren Sie zügig wieder zurück nach Dallas (1–2 Tage). Wenn Sie noch etwas Zeit haben sollten, machen Sie einen Abstecher in den Norden von Texas (Amarillo). Für diese Tour benötigen Sie dann weitere 4 Tage.

Rundreise durch die Rocky Mountains, zum Grand Canyon und durch die Halbwüsten des Südwestens (4–5 Wochen)

Fliegen Sie nach Denver, und bleiben Sie dort 2 Tage. Fahren Sie danach über Aspen, den Black Canyon of the Gunnison N.M., den Mesa Verde Nat. Park nach

Santa Fe (insgesamt 6–7 Tage). Passieren Sie Albuquerque (schauen Sie sich hier nur das Indian Pueblo Cultural Center an), und fahren Sie bis zum White Sands Nat. Monument (insg. 2 Tage). Von dort nach El Paso (1 Tag) und weiter nach Tucson (2 Tage für die Anfahrt).

Planen Sie für Tucson, Phoenix und die umliegenden Gebiete insgesamt max. 3 Tage ein. Von Phoenix zum Grand Canyon rechnen Sie am besten mit 2 Tagen Anfahrt, um das Wesentliche entlang der Strecke zu sehen. Der Grand Canyon sollte Ihnen einen vollen Tag wert sein. Auf der Strecke nach Salt Lake City müssen Sie sich entscheiden für zwei bis drei Nationalparks bzw. andere Sehenswürdigkeiten. Mein Vorschlag würde lauten: Lake Powell (1–2 Tage), Bryce Canyon N.P. (mit Anfahrt 2 Tage) und Arches N.P. (mit Anfahrt 2 Tage). Dann noch 1 Tag

für die Anfahrt nach Salt Lake City, also insgesamt für diesen Streckenabschnitt 6–8 Tage.

Eine abkürzende Alternative für diese Rundreise wäre, in Albuquerque nach Westen abzubiegen und direkt nach Flagstaff zu fahren. Dabei würden Sie durch das zentrale Indianerland fahren und könnten sich alternativ den Chaco Culture Nat. Hist. Park, den Petrified Forest Nat. Park und das Canyon de Chelly N.M. anschauen.

Bei allen Vorschlägen wiederum bedenken, dass die Rückführkosten eines Mietwagens von einem anderen Ort als dem Abhol-Ort zu Ihren Lasten geht (\$ 200–300).

Zeiteinteilung für eine Rundreise durch den gesamten Südwesten der USA

Hierbei handelt es sich um einen Vorschlag, der die meisten interessanten Gebiete einschließt.

Gebiet	Unternehmungen/ Ausflugsziele	Tage	ca. km	touristische Interessen
Reisen Sie Dallas nur dann an, wenn Sie genügend Zeit haben. Als Stadt bietet Dallas eher weniger als Houston.				
Houston	LBJ Space Center, Museen, San Jacinto Battleground State, Historical Park, Galveston	2	200	Großstadterlebnis, Golfküste
Houston-San Antonio	keine besondere Sehenswürdigkeiten	1	350	texanische Farmlandschaft
San Antonio/ Austin-Gebiet	San Antonio - Austin - deutsches Siedlungsgebiet	2–3	450	mexikanisch beeinflusste Großstadt, deutsch-amerikanische Siedlungen, Hauptstadt von Texas
San Antonio - Südküste von Texas	Corpus Christi - Rockport- Fulton - Kings Ranch - Laredo und das Grenzgebiet zu Mexiko	2–3	750	Strände, Flugzeugmuseen, mexikanische Kulturen
Südküste von Texas - Big Bend N.P.	Del Rio - Langtry - Rio Grande Valley	1–2	800	Geschichte, Landschaft
Big Bend N.P.	Naturerlebnisse - Wanderungen	1	100	Wanderungen, Pflanzenwelt
Big Bend N.P. - Carlsbad Caverns N.P.	Fort Davis Nat. Hist. Site - Guadelupe Mts. N.P. - Carlsbad Caverns N.P.	1–2	420	Naturwunder - Landschaft - Geschichte
Carlsbad Caverns N.P. - El Paso	keine besonderen Sehenswürdigkeiten (außer Höhlen natürlich)	1	240	Tropfsteinhöhlen

Falls Sie nur vier Wochen Zeit haben, sich aber lieber auf die Naturschönheiten der Rockies und der Canyons konzentrieren möchten, sollten Sie nach El Paso fliegen und auf den Rest von Texas verzichten. Ersparnis: ca. 3.200 km und 14 Tage

Gebiet	Unternehmungen/ Ausflugsziele	Tage	ca. km	touristische Interessen
Auf das folgende KERNSTÜCK der Reise von El Paso nach Denver sollten Sie bei Ihrer ersten Reise in den Südwesten der USA nicht verzichten:				
El Paso	El Paso - Ciudad Juarez	1–2	100	mexikanische Kultur in zwei Staaten, Missionen
El Paso - Albuquerque	White Sands N.M. - Bosquel del Apache N.W.R.	1–2	400	Halbwüste, Indianerreservate, Natur, Raketentechnik
Albuquerque	Indian Cultural Museum - Indianerreservate der Umgebung	1	200	Stadt in der Halbwüste, Geschichte - Indianermuseen
Albuquerque - Indianerreservate - Petrified N. P. - Silver City	Indianerreservate - Pueblokulturbauten - Petrified Forest N.P. - Waldgebiete d. Arizonahochlandes	2–4	800	Naturerlebnis, Wanderungen, Indianerkulturen
Silver City - Tucson - Phoenix	Ghost Towns - Tombstone - Suguaro N.M. - Tucson - Casa Grande Ruins	2	450 –700	Naturerlebnisse, Wilder Westen, Stadt in Wüste
Phoenix	Museen - Rawhide Western Town - Organ Pipe Cactus N.M., Hotel-Resorts	1	200 –600	Großstadt, Cowboyleben, Naturerlebnis
Phoenix - Grand Canyon	Montezuma Castle N.M. - Flagstaff - Verde Valley - Wupatki N.M. - Sunset Crater N.M.	1	350	Naturerlebnisse, Indianerkulturen
Grand Canyon	Größter Canyon der Welt	1–2		Naturerlebnis
Naturparks des Coloradotales (Las Vegas)	Glen Canyon N.R.A. - Lake Powell - Canyonlands N.P. - Arches N.P. - Monument Valley - Capitol Reef N.M. - Abstecher nach Las Vegas	2–4	400 – 1.000	Naturerlebnisse, Glitzerwelt, Wandern, Rafting
TIPP: Bedenken Sie gerade in diesem Gebiet, dass die Entfernungen in den USA sehr groß sind, und planen Sie Ihre Reiseroute gut – haben Sie eventuell „Mut zur Lücke". Besonders Eilige sollten sie in diesem Kapitel beschriebenen Parks z.T. auslassen.				
ALTERNATIVE: Wer Zeit einsparen möchte, kann vom Arches N.P. aus direkt in Richtung Rocky Mountains und Denver fahren. Dieses ist bei knapperer Urlaubsplanung oder einer Verzögerung der Reise zu diesem Punkt sicherlich der beste Moment, Zeit zu gewinnen. Salt Lake City mag interessant sein, aber mit Sicherheit sollte man für die Naturschönheiten des Südwestens die meiste Zeit einplanen. Ersparnis: ca. 1.200 km und 6 Tage				
Grand Canyon - Salt Lake City	Bryce Canyon N.P. - Zion N.P. - Pipe Spring N.M. - St. George - Provo	3	1.000	Naturerlebnisse, Mormonenlandwirtschaft
Salt Lake City	Tempel der Mormonen - Großer Salzsee - Wasatch Mountains	1–2	100 –400	Mormonenkultur, Wüstenkultivierung, Wintersport
Salt Lake City - Denver	Dinosaur N.M. - Rocky Mountains Nat. Park	2–3	650 –900	Naturerlebnisse, Wintersport
Denver	zahlreiche Museen - Golden	1–2	200	Großstadt mit schöner Umgebung
Insgesamt		30–45	7.910– 9.960	

Hier wäre eine Möglichkeit für einen Rückflug nach gut vier Wochen (Texas inklusive)

Gebiet	Unternehmungen/ Ausflugsziele	Tage	ca. km	touristische Interessen
Denver - durch die Rockies nach Santa Fe	Vail - Aspen - Black Canyon of the Gunnison N.M. - Mesa Verde N.P. - Aztek Ruins N.M. - Great Sand Dunes N.M. - Taos - Los Alamos	5–7	950 – 1.200	Wintersport, Naturerlebnisse, Pueblokulturen, Outdoor-Aktivitäten
Santa Fe	Indianerkulturen - Museen	1–2	200	Herz der Pueblokultur, schöne Umgebung
Hier wäre eine Beendigung der Reise möglich, um von Albuquerque zurückfliegen zu können nach knapp 6 Wochen (inkl. Texas)				
Santa Fe - Colorado Springs	Capulin Mt.N.M. - Pueblo - Canon City, Royal Gorge Bridge, Colorado Springs	1–2	500 –700	Landschaft, Geschichte, Wintersport
Insgesamt		*37–56*	*9.560– 12.060*	
Hier wäre eine erneute Möglichkeit gegeben für einen Rückflug von Denver aus nach gut 5 Wochen (Texas inklusive).				
Dallas	Museen - West End Hist. District - Southfork Ranch - Old City Park - Fort Worth	1–3	200	Geschichte, moderne amerikanische Großstadt
Dallas - Houston	Osttexanische Seen	1–2	450	Landschaft
Rückflug von Houston				
Insgesamt		*39–61*	*10.010 – 12.710*	

Rundreise zu den absoluten Highlights in 2–3 Wochen

Eine Fahrt zu den Highlights des Südwestens sollte die wesentlichen Indianer-Kulturen bzw. -Ruinen und natürlich die landschaftlichen Höhepunkte einbeziehen. Schwierig gestaltet sich dieses aber alleine wegen der „geographischen Dreiteilung" dieser Punkte (Indianerkulturen, Canyon-Landschaft und Rocky Mountains). Um das Wesentliche auf den hier angegebenen Routen zu sehen, müssen Sie sich darüber im Klarensein, dass Sie an vielen interessanten Punkten vorbeifahren müssen. Denn selbst wenn es auf der Karte z.T. so kurz aussieht und Sie sich vornehmen, täglich früh zu starten, ist alles am Wege Liegende zu viel zum Anschauen **und Verstehen**.

Versuchen Sie, sich bei dieser knappen Planung also an das hier Vorgeschlagene zu halten. Dann wird Ihre Reise allemal zu einem unvergesslichen Erlebnis, und Sie haben zumindest etwas Zeit, auch einmal Luft zu holen, ohne den ganzen Tag nur im Auto zu sitzen.

Der Übersichtlichkeit und Anschaulichkeit wegen erläutere ich das Programm der folgenden 3-Wochen-Reise in Worten und nicht anhand einer Grafik.

Tag 1: Anflug nach Albuquerque. Übernachtung in Albuquerque.

Tag 2: Albuquerque. Schauen Sie sich die Old Town an, und besuchen Sie das Indian Pueblo Cultural Center. Abends haben Sie dann die Möglichkeit, auf den Sandia Peak hinaufzufahren.

Tag 3: Starten Sie früh. Fahren Sie zuerst zur Acoma Sky City. Mittags machen Sie dann eine Lunchpause in Grants. Über Gallup und Window Rock fahren Sie weiter bis zum Canyon de Chelly. Nur wenn Ihre Zeit es zulässt, machen Sie zwischendurch noch einen Stop am Hubbel Trading Post. Vergewissern Sie sich abends, ob Ihre Vorausbuchung für die Tour durch den Canyon de Chelly in Ordnung geht. Übernachtung: Thunderbird Lodge. Tageskilometer: ca. 370

Tag 4: Vormittags nehmen Sie an der ersten Halbtagestour durch den Canyon de Chelly teil. Lunch in der Thunderbird Lodge. Danach fahren Sie zügig auf dem US 191 durch bis Moab. Tageskilometer: ca. 360

Tag 5: Den Vormittag verbringen Sie im Arches National Park. Lunchpause in Moab. Fahren Sie anschließend, südlich von Moab vom US 191 abzweigend, den UT 46, danach den CO 90 und schließlich den CO 145 bis Telluride. Tageskilometer: ca. 380

Tag 6: Von Telluride über Ridgway nach Silverton. Genießen Sie auf dieser Strecke die Rocky Mountains, und nutzen Sie die fabelhaften Ausblicke zwischen Ouray und Durango für Fotos. Lunchpause in Silverton. In Silverton könnten Sie dann, bis auf einen Fahrer, mit der historischen Eisenbahn nach Durango fahren. Tageskilometer: ca. 200

Tag 7: Fahren Sie zum Mesa Verde National Park, für den Sie sich einen Tag Zeit lassen können. Lunch: Picknick oder im parkeigenen Restaurant. Übernachtung: Far View Lodge im Park oder in Cortez. Tageskilometer: ca. 240 (bis 300)

Tag 8: Fahren Sie von Cortez auf dem US 160 nach Süden bis Kaventa und dann weiter bis zum Monument Valley. Zuerst machen Sie hier eine Lunchpause in der Lodge. Nachmittags schauen Sie sich das Monument Valley an, und genießen Sie besonders am Abend den Sonnenuntergang. Übernachtung: Gouldings Monument Valley Lodge. Tageskilometer: ca. 270

Tag 9: Fahren Sie über Hanksville (Lunchpause) nach Torrey. Entscheiden Sie sich, ob Sie sich das Natural Bridge NM oder den Capitol Reef National Park genauer anschauen möchten. Übernachtung in Torrey vorbuchen. Tageskilometer: ca. 340

Tag 10: Es geht weiter über den Scenic Byway UT 12 zum Bryce Canyon National Park, den Sie sich am Nachmittag anschauen können. Lunchpause im parkeigenen Restaurant. Falls Sie früh gestartet sein sollten, haben Sie auch noch genügend Zeit für eine Wanderung in den Canyon. Übernachtung vorbuchen. Tageskilometer: ca. 170

Tag 11: Vom Bryce Canyon fahren Sie über die UT, den US 89 und die UT 9 zum Zion National Park. Sie sehen bereits den östlichen Teil des Parks und erleben den Tunnel im Park. Lunchpause: Picknick im Park oder im nahen Springdale. Nachmittags haben Sie dann Zeit zur Erkundung des Parks und für kürzere Wanderungen. Übernachtung in Springdale. Tageskilometer: ca. 140

Tag 12: Über St. George nach Las Vegas. Dort den Abend mit einem leckeren Büffet in einem der Casino-Hotels abschließen. Übernachtung vorbuchen. Tageskilometer: ca. 180

Tag 13: Ausschlafen! Ausflüge in die Umgebung. Abends eine Show in einem Casino-Hotel.

Tag 14: Früh starten. Von Las Vegas zum Grand Canyon National Park. Dabei den Hoover Dam anschauen. Lunchpause in Kingman oder Williams. Abends den Sonnenuntergang am Grand Canyon genießen. Übernachtung vorbuchen. Tageskilometer: ca. 450

Tag 15: Grand Canyon ausgiebig genießen. Rundflug, Rundtour, kurze Wanderung.

Tag 16: Vom Grand Canyon nach Phoenix. Unbedingt dabei das Montezuma Castle NM anschauen. Lunchpause in Arcosanti. Übernachtungstipp: Tageskilometer: 390 km

Tag 17: Nicht lange in Phoenix aufhalten und – mit Ausnahme der Besichtigung der Casa-Grande-Ruinen – gleich durchfahren nach Tucson. Lunchpause unterwegs an Highway-Tankstelle oder in den Old Tucson Studios. Am Nachmittag die Old Tucson Studios anschauen und/oder das Desert Museum. Tageskilometer: ca. 210

Tag 18: Von Tucson nach Tombstone. Dort Lunch. Anschließend nach Silver City (a) oder Las Cruces (b). Tageskilometer: a) ca. 390; b) ca. 540

Tag 19: Zum White Sands Monument. Lunchpause in Alamogordo. Danach weiter über den US 54 und den US 380 nach Socorro. Tageskilometer: a) ca. 525 b) ca. 365

Tag 20: Durchfahren bis Santa Fe und die Stadt genauer ansehen. Tageskilometer: ca. 240

Tag 21: Zurück nach Albuquerque und von dort Rückflug nach Europa. Tageskilometer: ca. 120

Texas-Telegramm

Abkürzung:	TX
Beiname:	The "Lone Star State"
Namensherleitung:	Kommt von "tejas", dem indianischen Wort für Freundschaft bzw. Verbündeter
Staat seit:	29. Dez. 1845 (28. Staat)
Nationalgericht:	Chili
Nationalsong:	"Texas, our Texas"
Fläche:	680.800 km²
Einwohner:	ca. 20 Mio. (2002)
Einwohnerdichte:	25 E./km²
Hauptstadt:	Austin (480.000 E.)
Weitere Städte:	Houston (1,67 Mio. E.), Dallas (1,02 Mio. E.), San Antonio (960.000 E.), El Paso (531.000 E.), Fort Worth (450.000 E.)
Verkaufssteuer:	8%, Hotelzimmersteuer: 13%
Wichtigste Wirtschaftszweige:	Erdölförderung u. -verarbeitung; Maschinenbau; Agrarwirtschaft, hauptsächlich Weidewirtschaft, ansonsten Baumwolle, Weizen, Zitrusfrüchte; Tourismus
Touristisches Potential:	Strände an der südlichen Golfküste; das "typisch amerikanische" Farmleben; das Space Center in Houston; Big Bend u. Guadalupe Mts. Nat. Parks; mexikanischer Kultureinfluss entlang dem Rio Grande; Riverwalk in San Antonio; deutsches Siedlungsgebiet um Fredericksburg; Steaks und Meeresfrüchte

Kleine Einführung „Texas"

Texas ist so groß wie die Bundesrepublik und Polen zusammen und erstreckt sich von Norden nach Süden auf 1.300 km und von Westen nach Osten auf 1.250 km. Damit ist es nach Alaska der zweitgrößte Bundesstaat der USA. Doch Texas beeindruckt weniger durch seine Größe, als vielmehr durch seine Gegensätze. Städte wie Dallas oder Houston sind belebt, aber touristisch für viele eher uninteressant. Abgesehen vom Space Center in Houston (NASA) und, wen es interessiert, von der Southfork Ranch bei Dallas gibt es hier nicht viel zu sehen. Nur wer schnelllebige und moderne Großstädte mag, kommt hier auf seine Kosten, wobei das „Stadterlebnis Houston" dem von Dallas vorzuziehen ist.

Anders dagegen die über 700 km lange Golfküste, deren südlichen Strände sich durchaus mit denen von Florida oder Kalifornien messen können und dazu noch den Vorteil haben, nicht ganz so touristisiert zu sein.

Für Sie als Reisenden werden aber vor allem die ländlichen Gegenden von Interesse sein. Texas bietet den besten Einblick in das Leben einer Ranch und alles was zum richtigen Cowboyleben dazugehört. Besonders die deutschen Siedlungsgebiete um Fredericksburg sind besuchenswert, aber auch andere Gebiete der

Plains (z.B. **Amarillo**, (ⓘ S. 173)), vor allem dort, wo die Männer den Cowboyhut und die Westernstiefel als alltägliche Kleidungsstücke ansehen. Hier sollte es
Sie dann auch nicht verwundern, wenn Sie in ein feines Lokal kommen und der
Mann einen Anzug trägt, dabei aber o.g. Utensilien stolz und selbstbewusst zur
Schau stellt. Häufig sind die Stiefel bunt und aus verschiedensten Ledern gearbeitet. Der Hut dagegen muss die „zeitlose Eleganz" eines Schreibtisch-Cowboys
verkörpern, weder auffällig noch banal.

Weiterhin ist die Mischung aus amerikanischer und mexikanischer Kultur – kurz:
TEX-MEX – nirgendwo ausgeprägter als in Texas. Besonders in Städten wie San
Antonio und El Paso wird das deutlich, und wenn Sie die Zeit aufbringen können,
sollten Sie bei El Paso einmal über die Grenze nach Ciudad Juarez schauen.
Weitere Gelegenheiten dazu bieten sich im Süden bei Harlingen/Brownsville und
bei Laredo.

Auch die Natur lässt sich in Texas auf eindrucksvolle Weise erleben. Am schönsten ist der Big Bend Nationalpark, der an einer großen Schleife des Rio Grande

liegt. Ferner sind der Guadalupe Mountains Natio-
nalpark im Westen und der Palo Duro Canyon (ⓘ
S. 173) bei **Amarillo** landschaftlich beeindruckend.
Die hügeligen Flächen, die die größten Teile des
Staates ausmachen, sind dagegen auf die Dauer ziem-
lich langweilig. Nach unzähligen Stunden auf den
geraden Highways fällt einem doch schon mal die
Decke auf den Kopf.

Wirtschaftlich lebt Texas neben der Landwirtschaft
vor allem von der Erdöl- und Erdgasförderung. Hier
wird das meiste Öl der USA gefördert. Bereits 1866
entdeckte man die erste interessante Quelle, und

Palo Duro Canyon

Ölstaat seither wuchs die Zahl der Fördertürme stetig. Heu-
Texas te zählt man über 230.000 solcher Türme im gesamten Bundesstaat, einige davon
auch offshore!

Eigentlich bietet sich Texas für eine eigene Urlaubsreise an. Wenn Sie aber nicht
so viel Zeit haben, konzentrieren Sie sich auf den Süden, und planen Sie nur
kurze Aufenthalte in den Städten ein.

Noch ein Hinweis für die „Nicht-Cowboys": Wenn Sie keinen Gefallen an der
ländlichen „Kultur" der Amerikaner finden, jedem Western aus dem Weg gehen
und die Ölbarone von Texas eher als „kapitalistische Spinner" ansehen, dann
empfiehlt es sich für Sie eher, Ihre Reise gleich weiter westlich zu beginnen, dort
wo die landschaftlichen „Super-Highlights" zu finden sind. Für Texas braucht man
eine gehörige Portion Toleranz und die Bereitschaft, sich mit Land und Leuten
zumindest auseinander setzen zu wollen – man muss ja nicht gleich alles gut
heißen. Sind Sie dazu nicht bereit, wie gesagt, dann lassen Sie diesen Staat am
besten gleich aus.

8. Dallas  (ⓘ S. 173)

Entfernungen
• *Dallas - Houston:*
  245 Meilen/395 km
• *Dallas - Austin: 192 Meilen/309 km*
• *Dallas - San Antonio: 252 Meilen/*
405 km
• *Dallas - El Paso: 617 Meilen/993 km*

Zeiteinteilung
1–2 Tage

Überblick

Geschichte

Eigentlich gibt es dazu nicht viel zu sagen, und es hat sich während der letzten 150 Jahre hier kaum etwas abgespielt – sieht man einmal davon ab, dass in dieser kurzen Zeit aus einer Hütte eine der modernsten Großstädte unseres Erdballs geworden ist.

1841 (andere Zahlen sagen 1840 bzw. 1843) gründete John Neely Bryan hier einen kleinen Handelsposten. Kurze Zeit später folgten ihm ein paar Freunde, u.a. Joe Dallas, sein ehemaliger Nachbar aus Arkansas. Warum nun gerade an dieser Stelle, ist bis heute ungeklärt, denn der Standort bot keine geographischen Vorteile: Es gab weder eine bedeutende Flussfurt noch einen vielbenutzten Handelsweg, und die flache, exponierte Landschaft bot auch keinen Schutz vor möglichen Indianerangriffen, die hier zu dieser Zeit nicht selten waren – besonders von Seiten der Komantschen. *(Vom kleinen Handelsposten...)*

1855 versuchten 350 Kolonisten aus Frankreich, der Schweiz und Belgien hier eine Kulturhochburg aufzubauen – ein 'Utopia', wie sie es nannten. Das schlug natürlich fehl, hinterließ aber doch einige Spuren. Anfang der 1970er Jahre kam die Eisenbahn nach Dallas, und glücklicherweise wurde Dallas anschließend als Kreuzungspunkt gewählt. Das gab wirtschaftlichen Auftrieb, und die ersten Handelsfirmen ließen sich nieder. Dallas wurde zu einem bedeutenden Umschlagplatz für Baumwolle, Getreide und vor allem Rinder. Die Ölfunde und Industrieunternehmen, die von den beiden Weltkriegen profitierten, sorgten endgültig für Wohlstand.

Hinzu kam schließlich nach den Weltkriegen die Computerindustrie, allen voran der Konzern 'Texas Instruments', der die ersten Taschenrechner in großen Stückzahlen produzierte. Übrigens war es auch in Dallas, wo der erste Mikrochip eingeführt wurde. Als drittwichtigstem Standort der US-Computerbranche spricht man auch von 'Silicon Prairie'. *(...zur hypermodernen Metropole)*

*Kennedy-
Attentat*

Negative Schlagzeilen machte Dallas am 22. November 1963, als auf der Elm Street Präsident John F. Kennedy einem Attentat zum Opfer fiel. Und das gerade auf einer Propagandatour, wo er dem stockkonservativen Texas seine progressive Politik näher bringen wollte. Dieses Attentat lag noch viele Jahre wie ein dunkler Schatten über der Stadt, die gerade zu Beginn der 60er Jahre darum bemüht war, ihr Image als „Hochburg der Cowboys" abzustreifen. Bis heute sind die Hintergründe des Attentats übrigens noch nicht vollauf geklärt.

Dallas heute

Bereits wenn Sie sich durch das Gebiet von „Big D", wie sich Dallas selbst stolz bezeichnet, die unzähligen 'Spaghetti-Highways' entlang kämpfen, werden Sie aus dem Staunen nicht herauskommen, und dieses Gefühl teilen Sie auch mit Reisenden aus gigantischen Metropolen wie Los Angeles oder New York. Dallas ist nicht die verschlafene Großstadt irgendwo in Texas, wo die Rinder hindurchgetrieben

Skyline von Dallas

werden und der Colt noch locker sitzt. Dallas ist eine hoch moderne Metropole, in der sich kaum einer an die Geschwindigkeitskontrolle hält, das Geld regiert und die Devise zu gelten scheint: „Jeder ist sich selbst der Nächste – nur nicht bei der abendlichen Footballübertragung in der Sportsbar – da stehen alle gemeinsam hinter ihrer Mannschaft, den 'Dallas Cowboys'". Das mag vielleicht etwas überspitzt klingen, aber glauben Sie zum Beispiel nicht, man lässt Sie so einfach in den Highway einfädeln, wie Sie es aus anderen Städten gewohnt sind. Ihr vermeintlicher 'Straßenkavalier' ist viel zu sehr mit seinem Autotelefon und dem Laptop auf dem Nebensitz beschäftigt, als dass er an so etwas Lapidares wie das Reißverschlussverfahren auch nur einen Gedanken verschwenden würde.

*Business-
Stadt*

Dallas heißt vor allem Dollars, also Geschäft – Big Business – und das bedeutet auch 'Zeit ist Geld'. Doch wo Geld ist, gibt es natürlich auch Dinge, die Sie woanders in diesem Ausmaß nicht sehen werden, und im Laufe der letzten drei Jahrzehnte hat die Stadt in vieler Hinsicht enorm zugelegt. Hier nur ein paar Superlative:

• Wie bereits erwähnt, Nummer 3 in den USA im Bereich der High-Tech-Industrie, dafür aber Nummer 2 im Telekommunikationssektor.

• Mehr als 3 Mio. Reisende kommen jährlich hierher, davon über 2 Mio. zum Besuch einer der 2.700 jährlich stattfindenden Messen und Tagungen.,

• Da Geschäftsleute natürlich gut speisen wollen, gibt es mittlerweile mehr 5-Sterne-Restaurants in Big-D als in irgendeiner anderen Stadt der Welt.

• Aber auch für den kleineren Geldbeutel ist gesorgt: Keine Stadt der USA hat so viele (Familien-)Restaurantplätze pro Einwohner – zum Kochen ist halt wenig Zeit.

• Damit das Haupt am Abend nach einer langen Sitzung auch wohl behütet gebettet ist, bieten alleine 30 Luxushotels 40.000 exquisite Gästezimmer an, nur 4- oder 5-Sterne-Herbergen gerechnet natürlich.

• Keine Stadt der USA bietet so viel Einkaufsfläche pro Einwohner.

Redaktions-Tipps

• *Bevor Sie Ihre Hotelnächte buchen*, überlegen Sie sich, ob Sie nicht von Dallas aus auch Fort Worth auf einer Tagesexkursion besichtigen möchten, um dann abends wieder zurückzukommen. Das erspart Ihnen unnötiges Kofferpacken. Alternativ dazu können Sie ja auch ein Hotel zwischen den beiden Städten wählen.

• *Bedeutendste Sehenswürdigkeiten:* 6th Floor Museum (S. 314), Southfork Ranch (S. 318), West End Historic District (S. 314) und das Museum of Art (S. 314).

• *Nachteulen:* Essen und Livemusik im Historic West End District. Für die junge und aufgeschlossene Generation empfiehlt sich ein Streifzug durch Deep Ellum.

• *Außer der Reihe:* Versuchen Sie ein Ticket für das Rodeo in Mesquite zu bekommen. Es lohnt sich, alleine der Stimmung wegen!

• „Dallas Metroplex" (Dallas, Fort Worth und eine Reihe von Midtowns) hat heute 4 Millionen Einwohner, aber trotzdem die geringste Bevölkerungsdichte einer Großstadt auf der Welt,

• Der Flughafen Dallas - Fort Worth, kurz 'DFW' genannt, ist 72 km² groß (Frankfurt/Main: 14 km²) und damit größer als der Stadtteil Manhattan in New York.

• Welche andere Stadt hätte es sich leisten können, mitten in der Downtown, während der teuren Boomjahre, fast 30 Hektar freizumachen für ein Kulturzentrum? Großzügig gesponsert durch die Ölmagnaten natürlich, die gerne mal 8-stellige Summen 'verschenken'.

Nun also dazu, was Sie hier als Reisender unternehmen können. Zuerst einmal: Erwarten Sie nicht allzu viele historische Bauten. Dallas ist jung, jünger auch als die meisten anderen amerikanischen Städte, und das, was als 'historisch' hingestellt wird, ist entweder nachgebaut oder geht 'verloren' zwischen den Hochhaustürmen der City, so z.B. die Log Cabin von John Neely Bryan. Allemal interessant ist das 6th Floor Museum, das sich um die Aufarbeitung des Kennedy-Attentats bemüht. Gleich nördlich davon das historische West End, ein alter Lagerhausdistrikt, aufgemöbelt zum abendlichen „Spielplatz" für Touristen und Geschäftsleute. Viele Pubs, Restaurants und Musikclubs laden zum Schlendern ein.

Dallas kulturell

Kulturell bieten die 160 Museen, Galerien und Kunstzentren sicherlich für Jeden etwas, doch machen Sie sich vorher bewusst, dass die z.T. spät etablierten Kunsttempel, gesponsert von den Reichen der Reichen, zwar einiges angehäuft haben, doch die klare Linie fehlt häufig. Das Museum of Arts ist zwar durchaus besuchenswert, aber trotzdem in keiner Weise mit dem Flair des Louvre zu vergleichen. Einzigartig, aber nur für Wenige von Wert, ist das 'Age of Steam Locomotives Museum', wo es die weltgrößte Ausstellung von Dampflokomotiven zu bewundern gibt.

Sehenswertes im Stadtbereich

Um die Stadt zu erkunden, benötigen Sie allemal ein eigenes Fahrzeug. Taxis würden bei den großen Entfernungen zu teuer werden, und das Bussystem, selbst in Verbindung mit der Light Rail sind zu rudimentär für ernst zu nehmende Touren. Also nehmen Sie Ihr Herz in die Hand, und wagen Sie sich auf die Highways. Das Beste ist, Sie haben zwei Stadtpläne zur Hand: einen, der das gesamte Stadtgebiet überschaubar macht, also kleinmaßstäblich, und einen, der die Straßen alle zeigt, also großmaßstäblich.

Die folgenden Erläuterungen folgen einer gewissen Route, die Sie mit Ihrem Auto abfahren können, wobei Sie natürlich Uninteressantes auslassen können.

Kultur-
zentrum

Fahren Sie am besten zuerst zum **Museum of Art**, da man am Mogen für Kunst noch am aufnahmefähigsten ist. Der neue **Arts District** wurde, mit Zustimmung der Bevölkerung, erst in den 1980er Jahren angelegt. Neben dem Museum of Arts ist die moderne **M.H. Meyerson Symphony Hall** bereits fertiggestellt, und weitere Galerien sollen folgen. Die zwei etwas klobig wirkenden Kirchen in diesem Gebiet gehören zu der methodistischen bzw. baptistischen Religionsgemeinde und sind deren größte überhaupt.

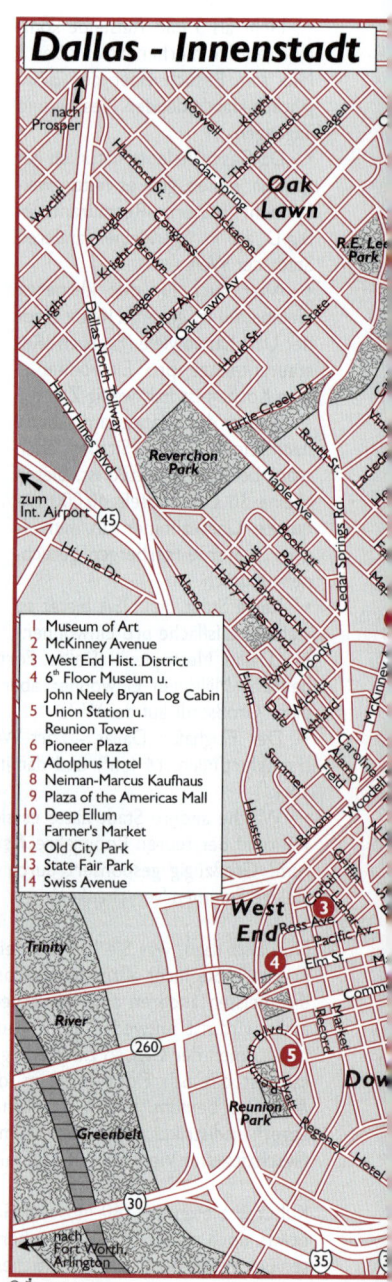

Dallas - Innenstadt

1 Museum of Art
2 McKinney Avenue
3 West End Hist. District
4 6th Floor Museum u.
   John Neely Bryan Log Cabin
5 Union Station u.
   Reunion Tower
6 Pioneer Plaza
7 Adolphus Hotel
8 Neiman-Marcus Kaufhaus
9 Plaza of the Americas Mall
10 Deep Ellum
11 Farmer's Market
12 Old City Park
13 State Fair Park
14 Swiss Avenue

© Igraphic

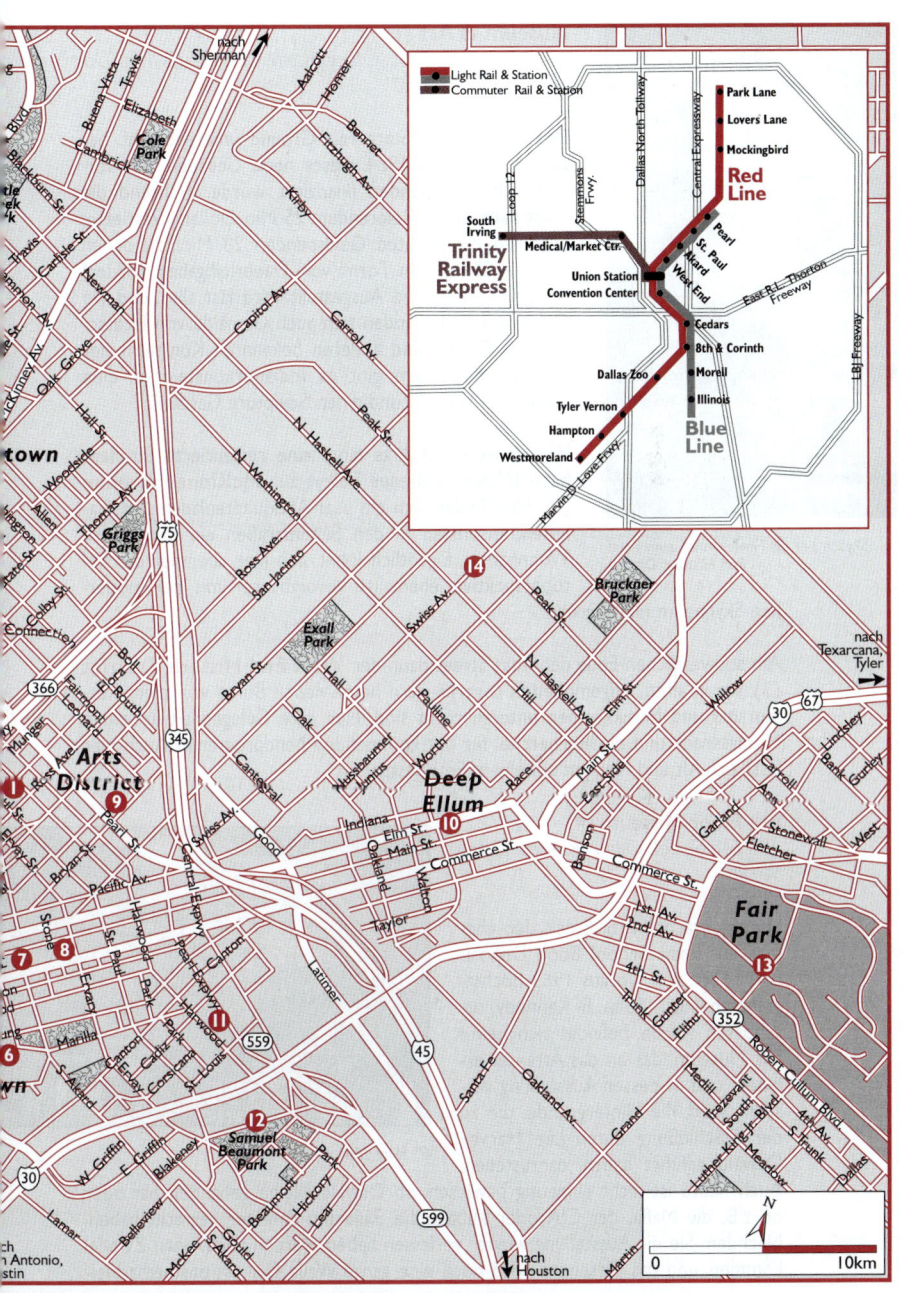

Skyscraper als Hintergrund zum West End Historic District

Museum of Art (1)
1717 N. Harwood St., Öffnungszeiten: Di.–Sa. 10–17h (Do. bis 21h), So. 12–17h.

Ehemals auf dem State Fair Ground untergebracht, bezog das Museum 1984 dieses neue Gebäude, das vornehmlich aus Spenden finanziert wurde. Während die Stadt nach einem Referendum 25 Mio. Dollar investierte, betrugen die privaten Geldspenden 28 Mio., zu denen weitere 25 Mio. in Form von Dauerleihgaben (Bilder) hinzuzurechnen sind. Ausgestellt wird fast alles, und wo Geld im Spiel ist, finden sich auch Gemälde von Picasso, Matisse, Gaugin und anderen bekannten Künstlern der Neuzeit. Außerdem gibt es Indianerkunstwerke, eine 'Children's Gallery' und einen 'Sculpture Garden'.

Vom Museum of Arts fährt eine restaurierte Straßenbahn (*McKinney Avenue Trolley*) zur **McKinney Avenue (2)**. Hier finden sich ein paar Antiquitätenläden und Galerien, ansonsten in den Seitenstraßen ein paar ältere Wohnhäuser. Eigentlich lohnt sich hier aber nur die Fotoperspektive: ehemalige Vororthäuser mit der modernen Skyline im Hintergrund.

Am südwestlichen Ende der Ross Street dann der **West End Historic District (3)**, wo in alten, aufgemöbelten Lagerhäusern heute neben Büros vor allem Restaurants und Musikkneipen untergebracht sind. Eine gute Gelegenheit für einen Mittagssnack und die 'Recherche' für das kommende Abendprogramm. Auch hier lässt sich Alt und Neu gut auf einem Foto festhalten.

6th Floor Museum (4)
411 Elm Street, Öffnungszeiten: täglich 9–18h

6th Floor Museum

Ort des Attentats

Untergebracht im 6. Stock der ehemaligen 'Texas School Book Depository'. Hier, von wo aus 1963 höchstwahrscheinlich John F. Kennedy erschossen wurde, befindet sich heute das Museum, das an das Attentat erinnert und in dessen Ausstellung versucht wird, die Hintergründe, die zu der Erschießung durch Lee Harvey Oswald geführt haben, darzustellen.

Auch heute ist nicht eindeutig bewiesen, ob Oswald alleine gehandelt hat oder ob z.B. die Mafia, der CIA oder kubanische Exilanten dahinter gesteckt haben. Nachdem Sie die Ausstellung wieder verlassen haben, werden auch Ihnen Zweifel kommen, und das Gesehene wird noch eine ganze Weile Diskussionsthema blei-

INFO   John F. Kennedy

John F. Kennedy wurde am 29. Mai 1917 in Brookline (Massachusetts) geboren. Er ging als Symbolfigur für den Fortschritt und eine Erneuerung der Politik im Sinne sozialer Verbesserungen und Gleichstellung der schwarzen Bevölkerung in die amerikanische Geschichte ein. Abgesehen von Steuersenkungen, die er jedoch bis zu seinem Tode nicht durchsetzen konnte, setzte er sich für eine engagierte Bildungspolitik und eine Verbesserung des Krankenversicherungssystems ein, und wer heute Parallelen zu Bill Clinton ziehen mag, liegt wohl nicht ganz falsch.

Da der Kongress jedoch konservativer gesinnt war als die Regierung und selbst einige Demokraten nicht hinter dem „New Frontier"-Programm ihres Präsidenten standen, hatte Kennedy einige Schwierigkeiten, seine Ide-en in der Praxis zu verwirklichen. Im Rahmen der Außen-politik setzte er sich für die Überwindung des Kalten Krie-ges ein, was sich aufgrund der Vorkommnisse während seiner Amtszeit (Mauerbau, Kubakrise) sehr schwierig ge-staltete. Der deutschen Bevölkerung ist er sicher durch sei-nen Ausspruch „Ich bin ein Berliner" im Gedächtnis ge-blieben, der die Solidarität mit einem westlich geprägten West-Berlin auf den Punkt brachte.

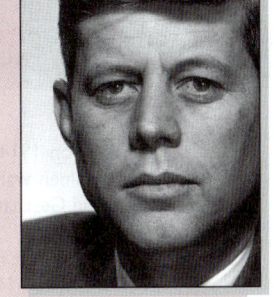

Auch in der Entwicklungspolitik wollte Kennedy neue Wege beschreiten und den Staaten der Dritten Welt die Möglich-keit eröffnen, in partnerschaftlicher Zusammenarbeit die wirtschaftlichen Probleme zu lösen, was eindeutig als eine Absage an den von den USA praktizierten Wirtschaftsimperialismus zu werten ist. Die gemeinnützige Organisation „Peace Corps", vertreten in fast allen armen Län-dern der Welt, beruht u.a. auf der Initiative Kennedys.

Als John F. Kennedy im November 1960 die Wahl zum 35. Präsidenten der Verei-nigten Staaten gegen den republikanischen Kandidaten Richard Nixon gewann – übrigens mit nur 120.000 Stimmen Vorsprung – hatte er schon eine steile Karriere als Senator von Massachusetts (1953–60) hinter sich und war seit 14 Jahren Abge-ordneter im Kongress. Sein Engagement in der Politik kam insofern nicht von unge-fähr, als sowohl seine beiden Großväter als auch sein Vater sich in dieser Richtung betätigt hatten. Sein Vater war sogar Botschafter in England gewesen. 1963 endete die Karriere John F. Kennedys abrupt, als er am 22. November in Dallas erschossen wurde. Über die Hintergründe seiner Ermordung werden noch heute die unterschied-lichsten Vermutungen angestellt, wie sich sogar in der jüngeren Filmgeschichte zeigt. Die reine Wahrheit wird die Öffentlichkeit sicher niemals erfahren, sehr wahrschein-lich ist jedoch, dass Kennedy für seinen Mut, auf politischer Ebene etwas Neues gewagt zu haben, sterben musste.

ben. Bestimmt das interessanteste Museum der Stadt und ein wichtiges Stück moderner Zeitgeschichte.

Einen Block südlich vom '6th Floor Museum' befindet sich das **Dallas County House**, liebevoll auch „Old Red" genannt, 1891 im (neu-amerikanisch-kitschig-) romanischen Stil erbaut. Einen Block östlich davon auf dem Founders Square die **John Neely Bryan Cabin**, die fürwahr deutlich macht, was sich innerhalb von

160 Jahren doch so alles geändert hat. Gleich neben „Old Red" liegt der **Kennedy Memorial Plaza**, eine etwas gewöhnungsbedürftige Gedenkstätte, aber damit erreicht sie wohl gerade ihr Ziel. Das Attentat selbst, wie Sie vielleicht schon aus dem Museum wissen, fand einen Block nordöstlich an der Elm Street statt.

J.N. Bryan Cabin

Laufen bzw. fahren Sie nun zur **Union Station (5)**, etwa 400 m südlich der Elm Street, einem stilvollen Bau von 1914, als die Eisenbahn noch das wichtigste Personenbeförderungsunternehmen war. In dem 1974 renovierten Gebäude findet man heute Restaurants und Geschäfte. Aber auch die Amtrak stoppt hier noch.

Gleich dahinter ragen das berühmte Hyatt Regency Hotel und der **Reunion Tower** in den Himmel. Letzterer prägt mit seiner runden Kuppel schon von weitem das Stadtbild. Von dort oben haben Sie nicht nur eine gute Aussicht auf die Stadt, sondern Sie können dort auch in einem Restaurant essen und dabei den Ausblick genießen.

Tolle Aussicht

Nachdem Sie diesen westlichen Teil der Innenstadt gesehen haben, können Sie mit Ihrem Auto nun **durch** die City in östlicher Richtung fahren. Am geeignetsten erscheint der Weg zuerst zum **Pioneer Plaza (6)** *(Young Street/Field Street)*, wo das weltgrößte Bronzemonument in Form von 40 Longhorn-Stieren und 3 Cowboys eine tolle Fotogelegenheit bietet (Skyline und Skulpturen). Gehen Sie dann weiter zur Commerce Street. Bei näherer Betrachtung wirkt das meiste ziemlich öde und lieblos. Bis auf wenige Geschäfte findet man in Downtown Dallas nur noch Banken und Versicherungen bzw. die Firmensitze der ganz großen Konzerne. Zu sehen gibt es fast gar nichts, sieht man einmal ab vom **Adolphus Hotel (7)** *(Commerce Street)*, dem ehemaligen Prachthotel der Stadt, das seit den 1980er Jahren mit Ölgeldern wieder ordentlich aufpoliert wurde – nur der Romantik wegen, nicht aus wirtschaftlichem Kalkül, wie man munkelt – und dem **Neiman-Marcus Kaufhaus (8)** *(1618 Main Street)*, dem „Harrods von Dallas". Zum Einkaufen ist die City uninteressant, sieht man vielleicht einmal ab von dem Shopping Center **Plaza of the Americas (9)** an der Pearl Street (nördlich). Da auch sonst nicht viel geboten wird, verlassen Sie am besten die Downtownarea schnell in östliche Richtung.

Gleich nachdem Sie die Brücke des Highway I-45 unterquert haben, kommen Sie nach **Deep Ellum (10)**, einem weiteren ehemaligen Lagerhaus-Distrikt, der heute eher an eine Mischung aus SoHo, Kreuzberg und East-London erinnert. Bemalte Wände, obskure Kneipen und Galerien, die eher den Anschein eines umgekippten Farbtopfes machen als den eines seriösen Künstlermarktes. Durchaus interessant und avantgardistisch und – mit etwas Mut bewaffnet – sollte man sich

Wandmalerei in Deep Ellum

am Abend mal „durch die Szene trinken". Keine Angst, es ist immer noch leidlich zivilisiert hier und nicht die letzte Gettoecke mit bis an die Zähnen bewaffneten Straßengangs. Nach Deep Ellum verschlägt es auch wohlsituierte Grüppchen. Wenn es auch um einiges ausgeflippter ist als der West End Historic District.

Farmer's Market

Südöstlich der Innenstadt, beiderseits des Pearl Expressway (zwischen Harwood St. und Northcentral Freeway/ US 75) befindet sich der **Farmer's Market (11)**, eine Institution, die bereits um 1900 von sich reden machte. Zu Beginn noch halbwegs illegal, von den Behörden aber stillschweigend geduldet, trotz mehrfacher Beschwerden seitens der vom Lärm belästigten Bevölkerung, war der Mark damals das

Markt-treiben

Zentrum der Stadt. In den 1930er Jahren und dann auch durch spätere Ausbauten und Überdachungen bekam der Markt seine offizielle Legitimation, und die Farmer kommen seither täglich hierher, um Früchte, Gemüse und auch Blumen zu verkaufen. Er zählt mittlerweile zu den größten in den USA.
Geöffnet März bis Dezember, täglich von Sonnenauf- bis -untergang.

Old City Park (12)
1717 Gano St. (Harwood St.), Öffnungszeiten: Di.–Sa. 10–16h, So. 12–16h.

Hier wurden 38 Gebäude in historischem Zustand errichtet bzw. wieder aufgebaut, so wie sie zwischen 1840 und 1910 im östlichen Teil von Texas einmal ausgesehen haben. Neben Wohnhäusern gibt es hier auch eine Bank, eine Schmiede und andere Wirtschaftsgebäude. Teilweise werden die alten Handwerkskünste vorgeführt. Das Ganze ist zwar recht ansprechend und für den Start einer USA-Reise bestimmt nicht uninteressant, doch sieht man in anderen Städten, besonders in Colorado, noch schönere, rekonstruierte Gebäude und bekommt auch dort die Handwerkskünste vorgeführt.

State Fair (13)

Dieses große Messe- und Museenareal gut 2 Meilen östlich der Innenstadt bietet sicherlich einiges, doch ist eigentlich nur das Dampflokomotivenmuseum (s.u.) außergewöhnlich. Weitere Museen wie das **Museum of African-American Culture** (Ausstellungen zur Sklaverei und frühe sowie moderne afrikanische Kunstrichtungen), das **Museum of Natural History** (Naturhistorisches zu Texas, dargestellt u.a. an 54 aufgebauten Habitaten) und das **Museum of Science** sind eher von regionalem Niveau und nur für speziell Interessierte besuchenswert.

Museen

• **Age of Steam Railroad Museum:** Dieses Museum wird nicht nur Eisenbahnfans begeistern. Kaum sonstwo hat man die Gelegenheit, so viele Dampflokomotiven (u.a. aber auch die größte dieselelektrische Lok der Welt) und Waggons (ein kompletter Zug aus den 1930er Jahren) aus der „guten alten Zeit" zu bewundern.
Geöffnet: Do. u. Fr. 9–13h, Sa. u. So. 11–17h; während der Messe im Oktober täglich.

Wenn Sie jetzt noch Muße haben sollten, fahren Sie einmal die **Swiss Avenue (14)** (nordöstlich der Innenstadt) entlang mit ihren sehenswerten und vornehmen „Prairie-Style-Häusern" und anschließend nach Norden auf der **Greenville Avenue**. Hier bieten sich genügend Gelegenheiten, einen erfrischenden Sundowner und einen kleinen Snack einzunehmen. Wer dann noch voller Elan sein sollte, kann ja einen Einkaufsbummel im **Northpark Shopping Center** oder der **Galleria** anschließen. *Die Geschäfte sind in der Regel bis 21h geöffnet.*

Außerhalb der Stadt

Southfork Ranch
Öffnungszeiten: täglich, aber wechselnd. Infos: Tel. (972) 442-7800.
Anfahrt: Fahren Sie auf dem I-75 in nördliche Richtung, biegen Sie dann ab auf die Parker Rd., der Sie ca. 6 Meilen folgen. Dort treffen Sie auf eine versetzte Kreuzung mit der Farmstraße 2551, wo Sie nach rechts abbiegen. Nach nur 200 m liegt die Ranch rechter Hand.

J.R & Co.

Viele erinnern sich sicherlich noch an die Zeit, als bei uns Dienstagabend die Straßen und Kneipen wie leergefegt waren, denn auch wir durften am „Dallas-Fieber" teilhaben. Nach 376 Wochen und weiteren Wiederholungswochen auf den Satellitensendern war der Spuk dann Ende der 1980er Jahre vorbei. Dallas blieb seitdem aber allen im Gedächtnis, und J.R. verkörpert für viele immer noch eine Mischung aus Ekelpaket und idealem Schwiegersohn. Heute kann man die Ranch und das Wohnhaus der Ewings besuchen.

Etwas enttäuschend, dass die Ranch doch „arbeitet" und mittlerweile umstellt ist von Touristenbuden auf der einen Seite und einer großen Lagerhalle auf der anderen. Nichts mit weiter Prärie und anderen landschaftlichen Klischeebildern wie im Film. Am eindrucksvollsten hier ist die Tatsache, dass auch der echte Besitzer, J.R. Duncan, in kaum etwas den Ewings nachsteht.

Der Eintrittspreis ist recht hoch, und der Nippes im Souvenirshop ist auch nicht gerade billig. Eine Dose J.R.-Bier gibt es für nicht weniger als US$ 7. In einem ausgehängten Interview mit der Bildzeitung wird deutlich, was J.R. Duncan sich so denkt zu den Ewings: „Money" ist das meistzitierte Wort. Wie auch immer. Ansehen muss man sich die Ranch wohl schon, denn dafür waren die Ewings und Dallas nun doch zu „zeitbestimmend" im Europa der 1980er Jahre.

Vergnügungspark

Nicht gerade ein kulturelles Ereignis, aber dafür mit Sicherheit ein Erlebnis sind die „Theme Parks", wie sie in den USA genannt werden. Sie gehören zum amerikanischen Leben dazu, und auch wir in Europa entgehen mittlerweile dieser Art von Vergnügen nicht – wenn auch noch in kleinerem Rahmen. Falls Sie also mit Kindern unterwegs sind und nicht nur 'echte' Kultur in Form von Museen erleben möchten, sollten Sie einmal so einen Vergnügungspark besuchen. Um einiges Geld erleichtert und eine Erfahrung reicher werden Sie dann wahrscheinlich für den Rest Ihrer Reise genug davon haben.

Der Park **„Six Flags over Texas"** ist der größte und wohl eindrucksvollste im Südwesten. Es gibt hier auf 80 Hektar mehr als 100 Karussells, Shows und dazu natürlich Unmengen an Fastfood-Buden. Höhepunkte sind: ein Fallschirmsprung, ein 90 Meter hoher Ölförderturm mit Aussicht auf die Skylines von Dallas und FW, ein „Freefall", der einem das Gefühl vermittelt, das man bekommt, wenn man aus dem 9. Stock eines Hauses springt, und der größte Doppellooping einer Achterbahn.

Größter texanischer Freizeitpark

Öffnungszeiten: Sommer: täglich 10–22h (variiert) und im Frühling und Herbst: nur an Wochenenden zu den gleichen Zeiten. Adresse/Anfahrt: 2201 Road to Six Flags (I-30/Hwy. 360), Arlington. Fahren Sie auf dem I-30 in westlicher Richtung, und achten Sie nach Passieren der Abfahrt Belt Line Rd auf die Beschilderung.

Von Dallas nach Houston

Entfernungen
Dallas - Lufkin: 187 Meilen/301 km
Lufkin - Beaumont: 114 Meilen/183 km
Beaumont - Houston: 69 Meilen/111 km
Dallas - Houston (I-45): 240 Meilen/386 km

Zeiteinteilung
2–3 Tage

Routenempfehlung
Entweder auf dem I-45 direkt nach Houston.
Für die zweite Alternative *auf dem I-20 nach Osten. Vor Tyler (bzw. Longview - Hwy. 259) abbiegen nach Süden auf den Hwy. 69 (später Hwy. 21). Diesem folgen bis Nocogdoches. Von dort weiter auf dem Hwy. 59 über Lufkin (hier evtl. Abstecher zu den Seen) bis Livingston. Dort in östlicher Richtung auf dem*

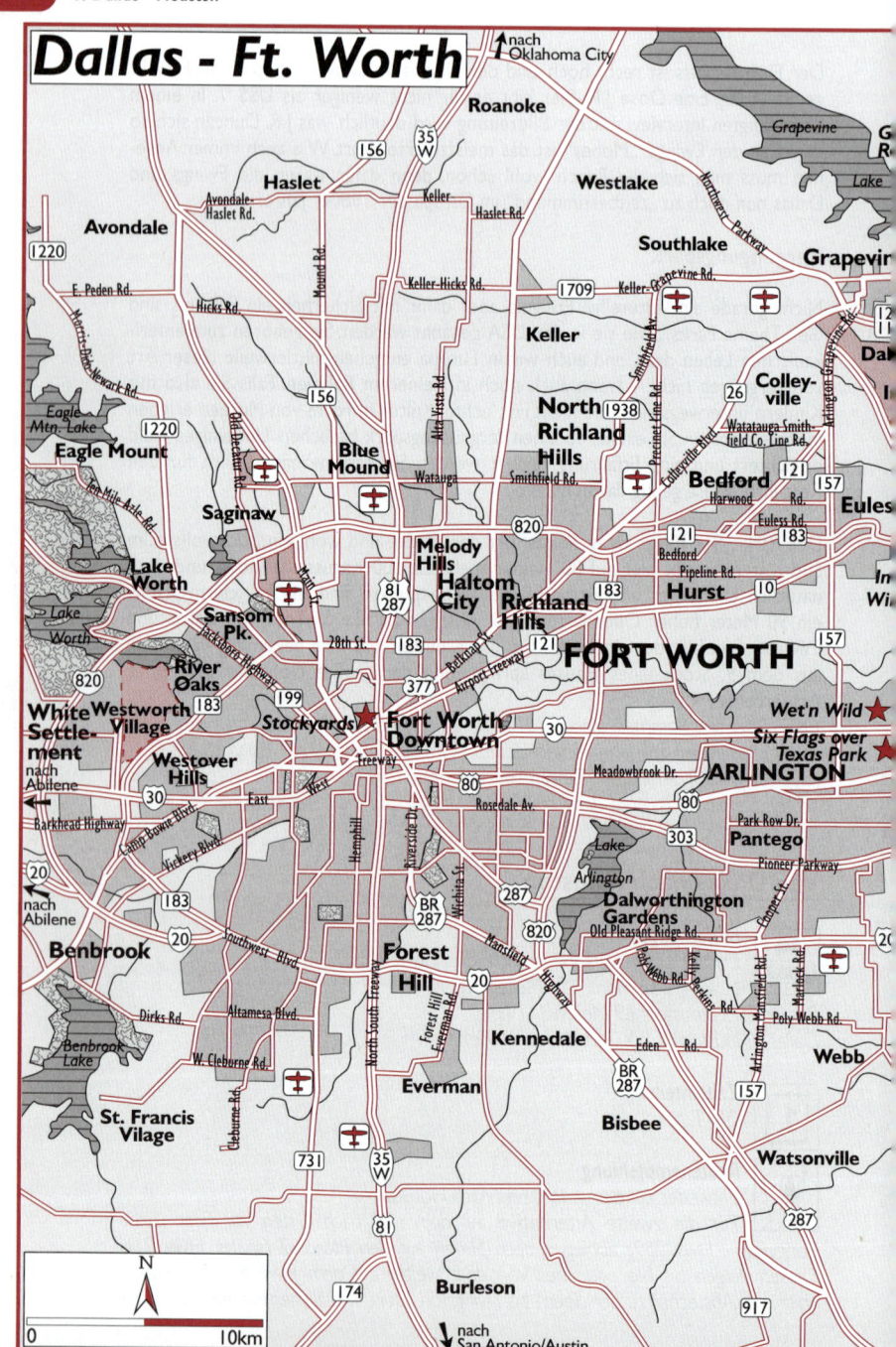

Dallas - Ft. Worth

nach
Oklahoma City

Roanoke

Haslet

Avondale-
Haslet Rd.

Westlake

Grapevine

Avondale

Southlake

Grapevir

Keller

Haslet Rd.

E. Peden Rd.

Keller-Hicks Rd.

1709

Keller-Grapevine Rd.

Hicks Rd.

Keller

156

North
Richland
Hills

1938

Colley-
ville

26

Eagle
Mtn. Lake

1220

Blue
Mound

Watauga Smith-
field Co. Line Rd.

Eagle Mount

Watauga

Bedford

121

157

Saginaw

Smithfield Rd.

820

Harwood

Rd.

Euless

Euless Rd.

183

Lake
Worth

Melody
Hills

121

Bedford

Hurst

10

In
Wil

Sansom
Pk.

Haltom
City

Richland
Hills

183

81
287

28th St.

183

121

157

River
Oaks

199

377

FORT WORTH

Westworth
Village

183

Stockyards

Fort Worth
Downtown

30

Wet'n Wild

White
Settle-
ment

Six Flags over
Texas Park

nach
Abilene

Westover
Hills

30

East

West

80

Meadowbrook Dr.

80

ARLINGTON

Rosedale Av

303

Park Row Dr.

Pantego

20

nach
Abilene

183

Lake

Pioneer Parkway

20

Arlington

287

Dalworthington
Gardens

Benbrook

820

Old Pleasant Ridge Rd.

Forest

Hill

20

Dirks Rd.

Altamesa Blvd.

Kennedale

Eden

Rd.

Webb

Benbrook
Lake

W. Cleburne Rd.

Everman

BR
287

157

St. Francis
Vilage

Bisbee

731

35
W

Watsonville

81

287

N

0   10km

917

nach
San Antonio/Austin

174

Burleson

© graphic

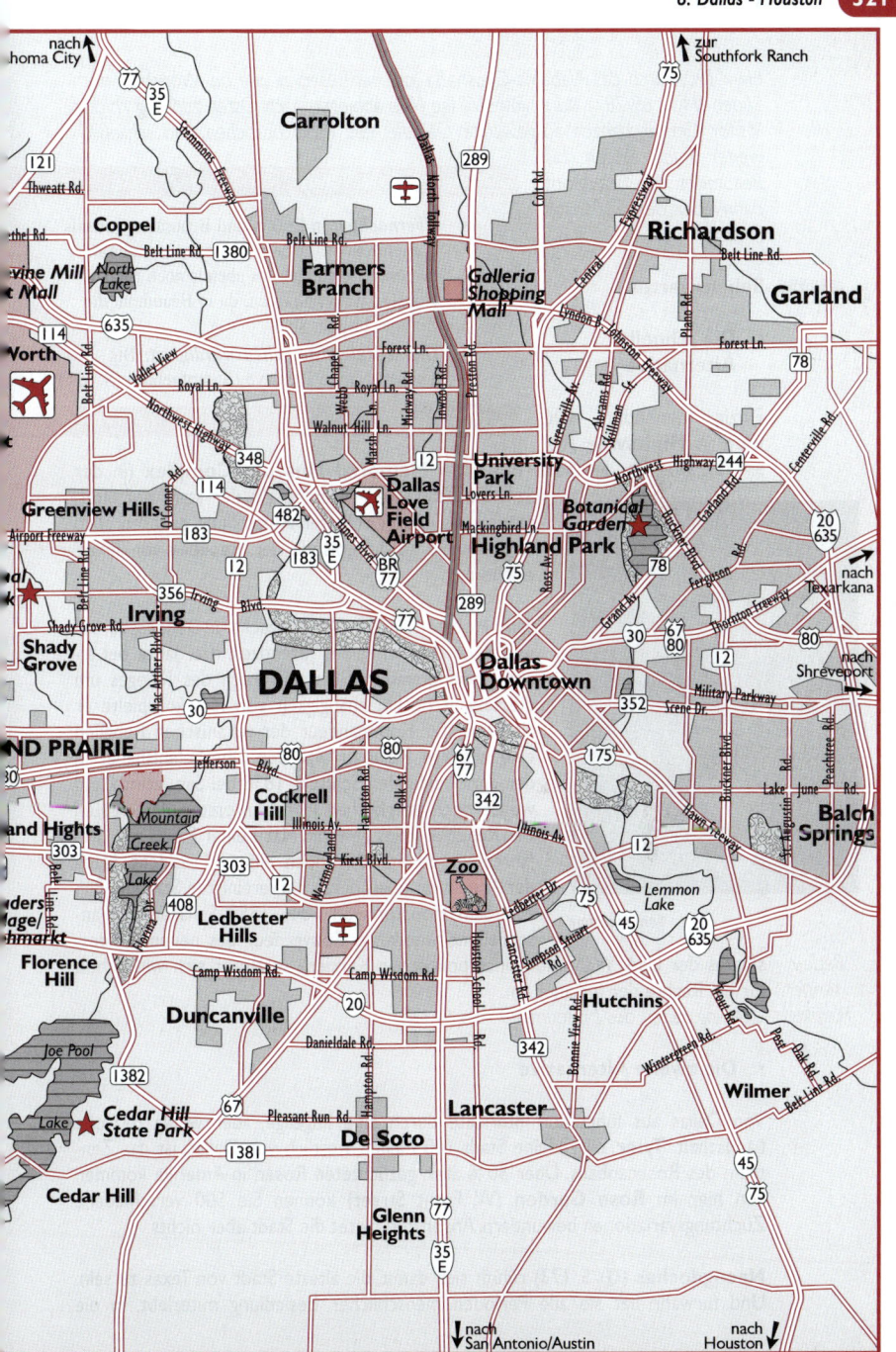

Hwy. 190, durch das Alabama-Coushatta-Indianer-Reservat und bei Woodville nach Süden (Hwy. 69/287). Kurz hinter Village Mills abbiegen nach Osten zum Big Thicket Visitor Center, danach ausgewählte Gebiete des Parks besuchen und schließlich weiter nach Süden bis Beaumont. Von Beaumont dann über den I-10 nach Houston.

Sehenswertes

- **Die schnelle Alternative**

Einzig lohnender Halt wäre in **Huntsville** (ⓘ S. 173), wo sich der **Sam Houston Memorial Museum Complex** (in der Sam Houston Ave.) befindet. Zu der stark auf Houstons Leben ausgerichteten Ausstellung gehören auch Repliken, die an die Episode der 'Republik von Texas' erinnern.

Redaktions-Tipps

- *Übernachten* in Lufkin und Beaumont (jeweils Franchisehotel). Übernachten Sie vor allem besser in Beaumont, als abends noch nach Houston weiterzufahren, da in Beaumont die Zimmer billiger sind.

- *Die bedeutendste Sehenswürdigkeit:* Big Thicket Nature Preserve (Sumpfgebiet) (S. 325)

Sam Houston

Sam Houston (1793–1863) wuchs in Tennessee auf und lebte dort in seiner Jugendzeit drei Jahre bei einem Indianerstamm. Beim Ausbruch des Krieges um die texanische Unabhängigkeit von Mexiko spielte er als gewählter Kommandeur der texanischen Rebellen eine wichtige Rolle. Er war der Oberbefehlshaber in der entscheidenden Schlacht 1836 bei San Jacinto und wurde noch im gleichen Jahr zum ersten Präsidenten der Republik Texas gewählt. Nach einer Pause von drei Jahren wurde er 1841 noch einmal Präsident. Nach der Annektion Texas durch die Vereinigten Staaten 1845 war Sam Houston von 1846–1859 Senator und anschließend vier Jahre Gouverneur des neuen Bundes-

Bedeutender Politiker

staates der USA. Während seiner politischen Karriere setzte er sich wiederholt für die Rechte der Indianer ein.
Öffnungszeiten des Museums: Di.–So. 9–17h.

- **Die zweite Alternative**

Von Dallas aus führt der Interstate durch eine hügelige, aber wenig reizvolle Landschaft. **Tyler**, eine kleine Stadt 100 Meilen westlich von Dallas, ist das Zentrum des Rosenanbaus. Über 50 % aller gezüchteten Rosen in Amerika kommen von hier. Im **Rose Garden** (W. Front Street) können Sie 500 verschiedene Züchtungsvariationen bewundern. Ansonsten bietet die Stadt aber nichts.

Nacogdoches (ⓘ S. 173) rühmt sich damit, die älteste Stadt von Texas zu sein. Und fürwahr hat sie alle Perioden menschlicher Besiedlung miterlebt. In die

Von Dallas nach Houston

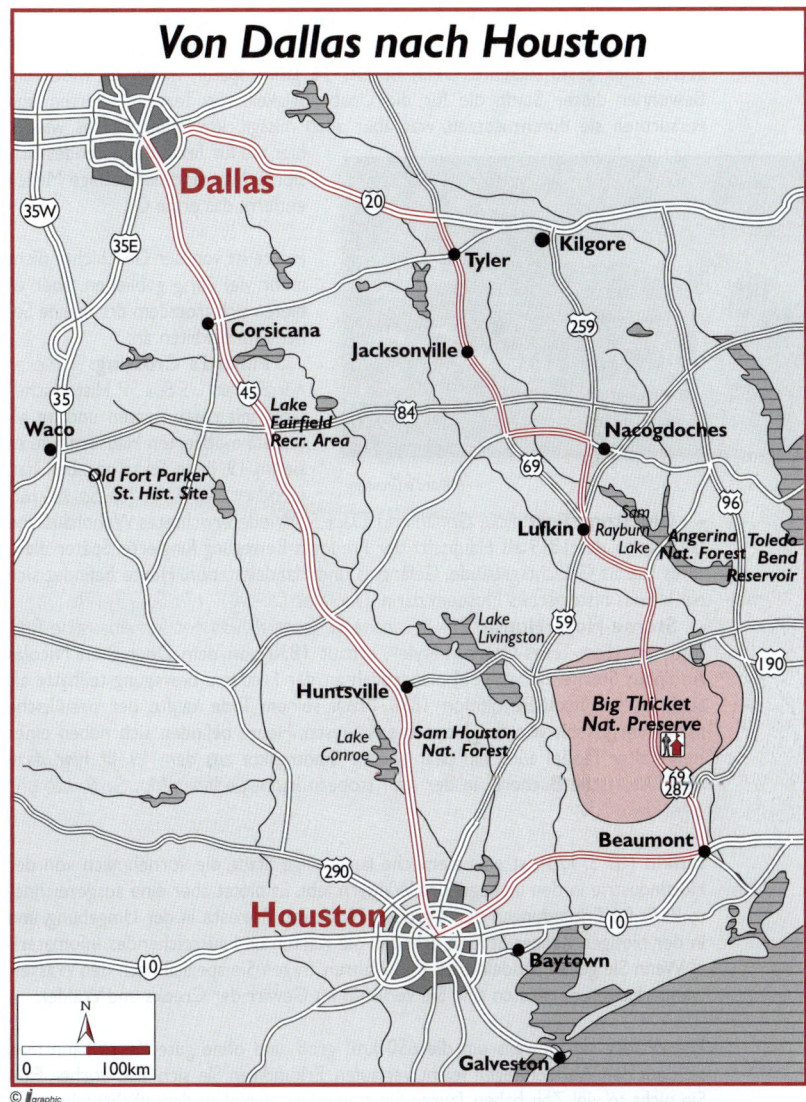

© *i*graphic

ehemalige Indianersiedlung kamen bereits 1687 die ersten Europäer, und 1716 errichteten die Spanier hier eine Mission, womit sich die Stadt zum „Major Eastern Gateway" von Texas mauserte. Später kamen dann Franzosen, die aber wiederum von den Engländern vergrault wurden. Schließlich waren es dann Spanier, Engländer und auch deutsche Siedler, die in Nacogdoches 1820 den Staat

„Fredonia" ausriefen, unzufrieden mit der mexikanischen Verwaltung in San Antonio und bestrebt, sich dem Louisiana Purchase anzuschließen. Das ging schief, setzte aber erste Akzente. Denn bereits 16 Jahre später waren es wiederum Bewohner dieser Stadt, die für die Unabhängigkeit von Texas plädierten und versuchten sie durchzusetzen, was aber auch missglückte. 1866 war es wieder hier, wo für Texas Bedeutendes passierte: Man fand nur wenige Meilen entfernt das erste Öl.

Millard's Crossing

Heute ist von der Geschichte nicht mehr viel übrig geblieben, aber es bieten sich trotzdem drei kleine Sehenswürdigkeiten an:
- **Millard's Crossing:** *4 Meilen nördlich am US Bus 59.* Historisches Dorf mit restaurierten und im alten Stil möblierten Häusern, wie es sie im 19. Jh. in Texas gegeben hat. *Geöffnet: Mo.–Sa. 9–16h, So. 13–16h.*

Historische Relikte

- **Old Stone Fort:** *Ecke Griffith und Clark St.* Wiedererrichtetes Wohnhaus von Gil Ybarbo, das 1819 als Hauptsitz der Fredonia-Bewegung fungierte. Später diente es u.a. als Gerichtsgebäude, Gefängnis und Handelsstation. Heute befindet sich ein kleines historisches Museum darin. *Geöffnet: Di.–Sa. 9–17h, So. 13–17h.*
- **Sterne-Hoya House:** *211 S. Lanana St. (geht ab von der San Augustine Rd.).* Haus im „East-Texas-Colonial-Style", erbaut 1830 von dem Deutschen Nicolas Adolphus Sterne, der sowohl maßgeblich an der Fredonia-Bewegung teilhatte als auch an der Texas-Revolution 1836. Nach seinem Tode kaufte der preußische Immigrant Joseph von der Hoya das Anwesen. Heute befinden sich neben einer Reihe alter Möbel auch ein paar andere Stadtrelikte aus dem 19. Jh. hier, dazu eine historische Bücherei, in der man stöbern kann. *Geöffnet: Mo.–Sa. 9–12h und 14–17h.*

Lufkin (ⓘ S. 173) ist eine ziemliche langweilige Stadt, die vornehmlich von der Holzindustrie in den umliegenden Wäldern lebt. Es bietet aber eine ausgezeichnete Basis für Erkundungen der 4 großen **National Forests** in der Umgebung, und in der hiesigen Ranger Station erhalten Sie Karten und ausreichendes Infomaterial. Wenn Sie gerne paddeln bzw. Kanu fahren, fragen Sie speziell nach den Wasserwanderkarten, ansonsten sind Sie verloren im Gewirr der Creeks und Wälder.

Die Wälder sind jeweils um die 650 km² groß, und ohne gute Karte kann man sich auf den Wanderwegen leicht verlaufen. Erkundigen Sie sich also vorher. Falls Sie nicht so viel Zeit haben, fahren Sie zumindest einmal zu dem nächstgelegenen, dem Angelina National Forest, östlich von Lufkin, der mit seiner Lage um das Sam Rayburn Reservoir besticht. Und fahren Sie nicht nur auf den großen Highways, sondern biegen Sie auch einmal ab auf die kleineren und weniger benutzten Farmstraßen – es lohnt sich. Camping- und Bootsverleihmöglichkeiten gibt es in verschiedenen kleinen Resorts um den See. Hotels aber nicht!

Big Thicket National Reserve (ⓘ S. 173)

Das **Alabama-Coushatta Indianerreservat** bei Livingston ist übrigens einen Besuch wert. Hier werden Tänze und Kunsthandwerke vorgeführt, und eine Mini-eisenbahn fährt Sie hinein in den Big Thicket.

Tipps
1. Besorgen Sie sich unbedingt ein **Mittel gegen Mücken.** *Besonders in den feucht-warmen Sommermonaten können diese Biester zur Qual werden.*
2. Ornithologen sollten sich im Visitor Center mit einem Vogelbestimmungsbuch ausstatten, denn die **Vielfalt der Vogelwelt ist hier einzigartig.**

Das einmalige Naturareal erstreckt sich von Osten nach Westen zwischen dem Trinity und dem Neches River. Im Norden bildet der Hwy. 190 die Grenze und im Süden der Hwy. 90. In diesem Gebiet wurden 7 schutzwürdige Areale ('Units') abgesteckt, von denen jedes ein eigenes Biotop bildet, das sich von den anderen unterscheidet.

Im Big Thicket N.R.

Einzigartig also ist in diesem dichten Kiefernwaldsumpf – um es einmal laienhaft mit einem Wort auszudrücken – die Vielfalt von verschiedenen Biosphären, die hier aufeinandertreffen. Für ihre Entstehung war vor allem das Vordringen der Gletscher verantwortlich, die nicht nur Tiere aus anderen Regionen 'hergetrieben' haben, sondern auch Pflanzensamen mitbrachten. Die verschiedensten Pflanzen konnten sich später in dem feuchtwarmen Klima weiter entwickeln ‚obwohl sie nicht ihre angestammten Bedingungen vorfanden. Wundern Sie sich also nicht, wenn eine Yuccapalme oder ein Kaktus auf einem Sandhügel stehen und gleich daneben eine kanadische Tanne im Sumpf badet.

Für die Menschen galt dieses Dickicht bis zum Ende des 19. Jh. als fast undurchdringlich. Die Indianer trauten sich kaum hinein, und die ersten Siedler machten einen großen Bogen darum. Einige Outlaws nutzten es daher als Unterschlupf, in dem sie vor den Gesetzeshütern ziemlich sicher waren. Erst die Forstindustrie und vor allem der Ölboom um die 19./20. Jahrhundertwende änderten dies. Es wurden Straßen und Eisenbahnlinien hindurchgezogen, daher entschloss sich die Regierung im Jahre 1974, Teile des Gebietes unter Naturschutz zu stellen.

Man spricht heute davon, dass sich die folgenden 5 nordamerikanischen Biosphären hier treffen: nordöstliche Wälder, Appalachenwälder, südöstliche Sümpfe, Prärien des mittleren Westens und Halbwüsten des Südwestens. Ein Wissenschaftler brachte es einmal auf den Punkt: „Das bestausgestattete ökologische Labor in

Nordamerika". Dies erkannte auch die UNO und setzte das Gebiet auf die Liste der 250 schützenswertesten Biotopsysteme der Erde.

Einzig-
artiges
Naturareal
Um alle 7 Units zu erkunden, benötigen Sie mehr als eine Woche. Sicherlich ein Erlebnis, und besonders für Wanderfreunde bietet sich der **Turkey Creek Trail** für eine mehrtägige Tour an. Er beginnt direkt am Visitor Center. Haben Sie aber nicht so viel Zeit, besorgen Sie sich am besten ausreichendes Kartenmaterial und wandern die kürzeren Trails ab.

Für einen Tag schlage ich folgende Trails vor, die Sie hauptsächlich zu den Sümpfen führen:
• **Kirby Nature Trail:** Beginnt gleich am Visitor Center und dauert eine gute Stunde (4 km). Ein kleines Guidebook am Trailhead können Sie mitnehmen. Es informiert über die markierte Flora.
• **Sundew Trail:** 40 Minuten (1,6 km). Offeneres Gelände. Besonders im Frühling und Frühsommer blühen hier die Wildblumen, u.a. der Sonnentau.
• **Turkey Creek Unit:** Laufen Sie einfach von der Farmstraße, die 1 Meile nördlich von Village Mills nach Osten abzweigt, ein Stück den Turkey Creek Trail entlang.

Um weiter zu fahren nach Beaumont, folgen Sie nun der o.g. Farmstraße weiter nach Osten, wo sie schließlich auf den Hwy. 92 trifft, den Sie nach Süden fahren.

9. Fort Worth (ⓘ S. 173)

Entfernungen
- Fort Worth - Dallas:
  30 Meilen/48 km
- Fort Worth - Austin:
  187 Meilen/302 km
- Fort Worth - San Antonio:
  228 Meilen/367 km
- Fort Worth - Houston:
  259 Meilen/417 km

Zeiteinteilung
1 Tag

Überblick

Irgendwo zwischen Dallas und Fort Worth trennt eine imaginäre Grenze den Osten der USA vom Westen. Während Dallas schnelllebig, rastlos, modebewusst und versnobt wirkt, bleibt Fort Worth mit beiden Beinen auf dem Boden. Diese „Metropole des ländlichen Westen" ist einfach und offen. Gerne geht man hier abends tanzen oder in eine Kneipe – eine Statistik sagt übrigens, dass hier ein Lokal auf 26 Einwohner kommt, in Dallas dagegen nur eins auf 3.500 – und wer in FW erst mal losgelassen ist, macht durch bis zum frühen Morgen.

Nicht aber, dass es hier keine Wolkenkratzer und keine mehrspurigen Highways gäbe. Keine Frage, sie sind da, und hinter den Fassaden werden in Fort Worth große Konzerne gelenkt. Hier und in den Fabriken der Randbezirke wird mehr Geld verdient und umgesetzt als in den meisten anderen Städten des Südwestens.

Dabei begann Fort Worth Mitte des 19. Jh. eigentlich als kleines Armeelager und wurde benannt nach einem Armeegeneral, der im Krieg gegen Mexiko zu Ehren kam. Ein Fort gab es aber zu keiner Zeit. Während der zweiten Hälfte des 19. Jh. war Fort Worth dann ein wichtiger Stopp für die Rindertrecks entlang dem legendären Chisholm Trail, der sich zwischen der texanischen Küste und Abilene (Kansas) erstreckte. Cowboys ließen ihr Geld in den zahlreichen Saloons der Stadt, und noch heute lautet einer von zwei Spitznamen für Fort Worth „Cowtown, USA".

Ehemalige Stadt der Cowboys

Der andere ist „Panther City": Er entstand aufgrund eines Zeitungsartikels in Dallas. Spöttisch wurde darin behauptet, Fort Worth wäre so verträumt und langweilig, dass hier Panther nachts auf der Straße schlafen könnten. Das war 1873, als die Eisenbahngesellschaft entschied, die erste Eisenbahnlinie der Region 26 Meilen östlich von Fort Worth zu legen – trotz starker Bemühungen von seiten der Verwaltung von Fort Worth, die Linie durch ihre Stadt zu bauen – und somit ein Großteil der Bevölkerung abwanderte. Doch bereits 3 Jahre später

Livestock Exchange Building

bauten die restlichen Anwohner eine eigene Eisenbahnroute. Die Stadt begann schließlich aufzublühen, und ihr 'Stockyard' (Viehumschlagplatz) wurde zum zweitgrößten der Nation (nach Chicago).

Neben den 'echten' Cowboys, die hier ziemlich „auf den Putz gehauen" haben, kamen nun auch alle berühmten Westernhelden nach Fort Worth, unter ihnen Wyatt Earp, Butch Cassidy und Sundance Kid. Banken, das Opernhaus und kulturelle Institutionen, einschließlich mehrerer Spielsalons natürlich, schossen wie Pilze aus dem Boden, und nichts stand der Entwicklung mehr im Weg. Nach dem 1. Weltkrieg fand man in der Umgegend zudem noch Erdöl, woraufhin einige Ölfirmen gegründet wurden. Mittlerweile zählt die Stadt eine halbe Million Einwohner.

Innenstadt mit Charme
Die Innenstadt von Fort Worth hat ihren eigenen Charme. Ganz anders als in den meisten anderen großen Städten der USA hat man hier darauf geachtet, alte Bürohäuser in der Stadt zu erhalten und nicht für Wolkenkratzer zu opfern. Somit hat sich Fort Worth eine ganz eigene Stadtarchitektur erhalten, in der alte Prunkbauten neben neuen Glastürmen stehen. Und das sieht nicht unbedingt schlecht aus.

Und noch etwas ist einzigartig hier: Viele Institutionen, die normalerweise der Stadtverwaltung unterliegen, werden hier von privaten Firmen übernommen und zum Teil auch bezahlt. So unterhält z.B. eine Finanzierungsgruppe eine Privatpolizei, die die Straßen der Innenstadt kontrolliert, und eine Computer-Firma rief die einzige Untergrundbahn von Texas ins Leben. Zudem leben die meisten Museen von den regelmäßigen Spenden der Superreichen. Einwohner, die zu diesem kapitalistischen 'Staat-im-Staate-System' befragt wurden, antworteten nur: „Wir bevorzugen eine gutgehende Monarchie gegenüber der verrotteten Demokratie in anderen Städten".

Für Sie als Reisenden bietet sich mit Sicherheit ein Tagesprogramm in Fort Worth an, das Sie entweder von Ihrem Hotel in Dallas aus unternehmen oder mit einer Übernachtung in Fort Worth verbinden können. Planen Sie am besten fol-

Redaktions-Tipps

- **Die bedeutendsten Sehenswürdigkeiten** Stockyards, Sundance Square (S. 331) können Sie auch an einem Tag von Dallas aus besuchen, wobei Sie sich die meiste Zeit für die Stockyards und evtl. eine Fahrt mit der „Tarantula" (historische Eisenbahn, Dampflok von 1896 (S. 332)) nehmen und die Kunstmuseen nur als „Lückenfüller" aufsparen sollten.

- **Abends** bietet es sich ebenfalls an, das Hauptaugenmerk auf die Stockyards zu legen: Der „White Elephant Saloon" ist ein Muss, und wer eine lange Nacht einplant und Tanz zu Countrymusik mag, darf auch „Billy Bob's Texas" nicht auslassen.

gendermaßen: zuerst einen Bummel durch die Innenstadt und dort vor allem zum Sundance Square, und fahren Sie dann – evtl. mit der Eisenbahn – zu den Stockyards im Norden, wo Sie vielleicht sogar das Glück haben, an einer echten Rinderauktion teilnehmen zu können. Ein Bier im historischen „White Elephant Saloon" würde dem Besuch der Stockyards den krönenden Abschluss verleihen. Abends sollten Sie mal schauen, ob nicht ein Rodeo im Coliseum oder eine echte „Honky-Tonk-Show" bzw. ein Country-Live-Konzert bei 'Billy Bob' auf dem Programm stehen.

Sehenswertes im Stadtbereich

Die Stadt lässt sich touristisch in vier voneinander getrennte Gebiete einteilen: a) die Downtown-Area mit der eleganten Mischung aus alter und neuer Architektur, b) die Stockyards, die ehemaligen Viehumschlagstätten, wo heute eine Reihe von alten Gebäuden, Unterhaltungsbetrieben und Souvenirgeschäften zu finden sind, c) das Kulturviertel mit einer Reihe von Museen, allen voran das Kimbell Art Museum und das Modern Art Museum. Schließlich d) die Parks und der Zoo.

Wenn Sie sich für Fort Worth einen ganzen Tag Zeit nehmen wollen, beginnen Sie Ihre Tour in der Innenstadt. Parken Sie auf einem der Parkplätze in der Nähe des **Touristenbüros (4)** (Convention & Visitors Bureau). Am eindrucksvollsten ist

der **Sundance Square (12)** *(zwischen Houston, Commerce, 2nd und 3rd St.),* der seinen Namen von Sundance Kid erhalten hat, dem Weggefährten des legendären Butch Cassidy. Beide hielten sich vor 1900 in der Stadt auf und versteckten sich hier vor ihren Verfolgern.

Es ist den reichen Bass-Brüdern (Finanzierungsgesellschaft) zu verdanken, dass man sich in FW früh für den Erhalt architektonisch interessanter Gebäude eingesetzt hat. Der **City-Center-Complex**, zwei rie-

Sundance Square: alte und neue Pracht

sige Glashochhäuser hinter dem Sundance Square, wurden vom Bass-Clan bewusst auf freiem Gelände errichtet. Im Gegenzug finanzierten sie dann auch noch den Erhalt des Platzes (inklusive der Seitenstraßen), wo heute neben einer Reihe von Boutiquen und anderen Geschäften zahlreiche nette Pubs und Restaurants zu finden sind, die besonders zum Lunch einladen. Direkt am Platz steht auch die **Firestation No. 1** *(203 Commerce Street),* in der heute eine stadthistorische Ausstellung untergebracht ist.

Nördlich des Platzes steht das **Tarrant County Courthouse** *(100 E. Weatherford St.),* ein rotes Backsteingebäude im Stil der (amerikanischen) Spätrenaissance. Heute beherbergt es u.a. das **Worthington Hotel (15)**.

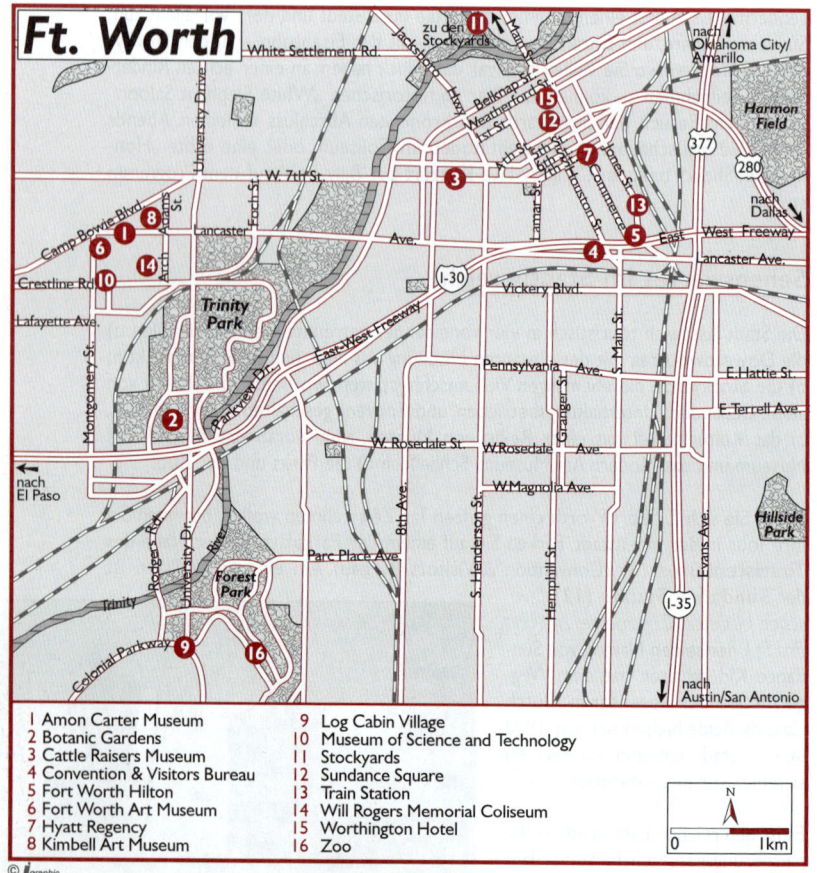

Ft. Worth

1 Amon Carter Museum	9 Log Cabin Village
2 Botanic Gardens	10 Museum of Science and Technology
3 Cattle Raisers Museum	11 Stockyards
4 Convention & Visitors Bureau	12 Sundance Square
5 Fort Worth Hilton	13 Train Station
6 Fort Worth Art Museum	14 Will Rogers Memorial Coliseum
7 Hyatt Regency	15 Worthington Hotel
8 Kimbell Art Museum	16 Zoo

© Igraphic

Die **Sid Richardson Collection of Western Art** *(309 Main St.)* stellt Ölgemälde von Frederic Remington und Charles Russell aus. Nicht unbedingt „Klassiker" der Malerei, aber diese Idealisierung des alten Westens gehört eher in das Programm einer Reise durch den Südwesten als berühmte europäische Kunstwerke des Mittelalters.

Spektakuläre Kuppel

Eine Erfahrung anderer Art bietet das Kulturzentrum **Caravan of Dreams** *(312 Houston St.)*, ein weiteres Zeugnis Bass'schen Geldes. Neben einer Bühne für Musikauftritte finden sich hier ein Aufnahmestudio, ein Nightclub/Restaurant, Büros verschiedener kultureller Gruppen und als Clou eine Dachkuppel, unter der ein Wüstenbiotop mit über 300 Kakteenarten (und anderen Wüstenpflanzen) Platz hat. Ed Bass war es übrigens auch, der das Projekt „Biosphäre 2" bei Tucson ins Leben gerufen hat.

Das **Museum of Modern Art (The Modern at Sundance Square)** unterhält eine kleine Dependance in der Innenstadt *(410 Houston Street)* mit wechselnden Ausstellungen.

Stockyards (11)

Anfahrt

2 ½ Meilen nordwärts entlang der Main Street (die Streckenführung geht um das Tarrant County House herum). Dann nach besagten 2 ½ Meilen nach rechts abbiegen in die East Exchange. Die gesamte Strecke ist gut ausgeschildert.

Bis ins 19. Jh. hinein gehörten die Fort Worth Stockyards zu den größten und bedeutendsten der Welt, und jährlich wurden hier Hunderttausende von Rindern verkauft. Mit dem Einzug des Lastwagenverkehrs verloren sie aber immer mehr an Bedeutung, und um das Stadtgebiet vor dem endgültigen Verfall zu bewahren, entschloss sich die Regierung 1976, das gesamte Areal unter Denkmalschutz zu stellen und für den Tourismus zu erschließen. Die Gebäude wurden restauriert, und mittlerweile gibt es hier über 50 Restaurants, Saloons und Geschäfte. Auch

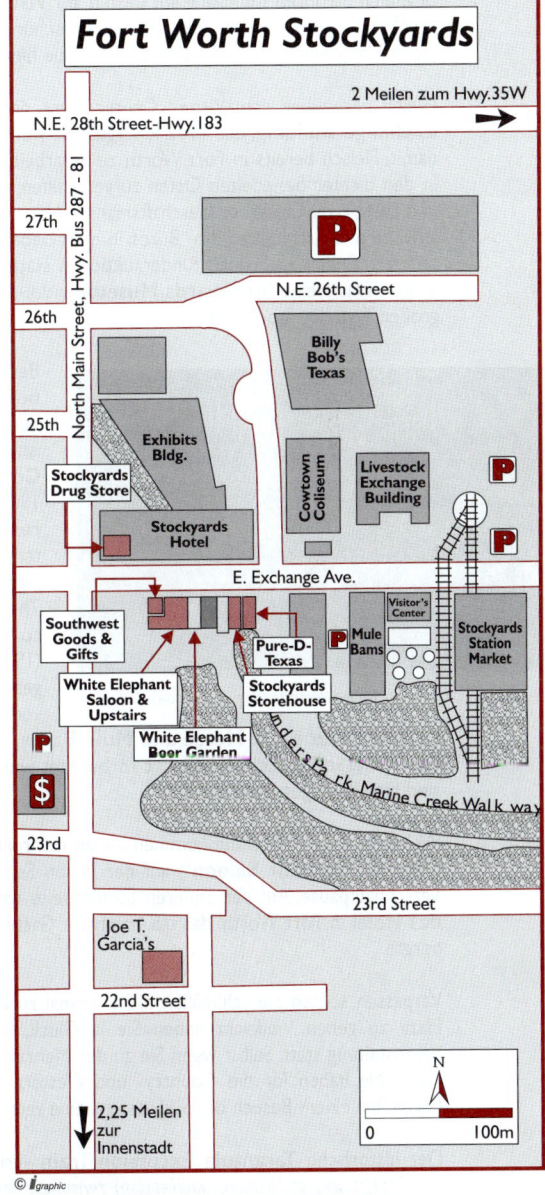

Fort Worth Stockyards

2 Meilen zum Hwy.35W →

N.E. 28th Street-Hwy.183

North Main Street, Hwy. Bus 287 - 81

27th

26th

25th

23rd

N.E. 26th Street

Billy Bob's Texas

Exhibits Bldg.

Stockyards Drug Store

Stockyards Hotel

Cowtown Coliseum

Livestock Exchange Building

E. Exchange Ave.

Southwest Goods & Gifts

White Elephant Saloon & Upstairs

White Elephant Beer Garden

Pure-D-Texas

Stockyards Storehouse

Mule Barns

Visitor's Center

Stockyards Station Market

Anderson Park Marine Creek Walk way

23rd Street

Joe T. Garcia's

22nd Street

2,25 Meilen zur Innenstadt

N

0   100m

© *i*graphic

der Viehhandel hat sich wieder eingefunden, und über 40 Viehauktionsfirmen *Historische* haben hier ihren Sitz, um auf den wöchentlichen Auktionen präsent zu sein.

Beginnen Sie Ihren Rundgang am besten am **Visitor Center** (direkt neben dem Stockyard Station Market). Hier gibt es Broschüren und einen Lageplan. Wandern Sie von hier einfach die East Exchange Avenue hinunter:

Gleich gegenüber dem Visitor Center steht der massige Bau des **Livestock Exchange Building**, der 1902 fertiggestellt wurde. Damals begann man nämlich damit, Fleisch bereits in Fort Worth zu verarbeiten und dann mittels Kühlwagen in den dichter besiedelten Osten zu verschiffen. Gründungsväter waren Armour und Swift, zwei Chicagoer Geschäftsmänner. Heute haben Auktionshändler, Rechtsanwälte und Architekten ihre Büros in dem Gebäude, aber wöchentlich *(montags um 10h)* finden auch noch Rinderauktionen statt, die Sie sich allemal anschauen sollten. Das kleine **Stockyards Museum** *(Mo.–Sa.)* im Gebäude erinnert an die großen Tage der Stockyards.

Rodeo-Veranstaltung im Cowtown Coliseum

Besuchenswert ist auch die **Cowboy Hall of Fame**, die dem Leben bekannter Cowboys gewidmet ist. Gleich nebenan befindet sich das **Cowtown Coliseum**, erbaut 1907–08, wo neben Rodeos auch Festivitäten und Konzerte abgehalten werden. Unter den Persönlichkeiten, die hier aufgetreten sind: Theodore Roosevelt (1911), Enrico Caruso (1920) und Elvis Presley (1956). Während des 2. Weltkrieges wurde die Arena übrigens dazu verwendet, Fallschirme zu falten.

Gegenüber stehen die **Horse and Mule Barns**, von wo aus Pferde und Esel für den Weiterverkauf bzw. -transport vorbereitet wurden. Über 1 ½ Millionen Tiere sind hier durchgegangen.

Weiter entlang der Straße kommen Sie an mehreren Geschäften vorbei, und der „**White Elephant Saloon**" auf der linken Seite bietet Gelegenheit für eine Verschnaufpause. Auf der anderen Straßenseite das „**Stockyard Hotel**", einst **das** Hotel in Fort Worth, das u.a. namhafte Gäste wie Bonnie und Clyde beherbergte.

Verpassen sollten Sie schließlich nicht, einmal zu **Billy Bob's Texas** am Rodeo Plaza zu gehen. Vielleicht haben Sie ja Glück, und es findet am Abend eine Veranstaltung statt. Selbst wenn Sie zu der Mehrzahl der Leute gehören, die nicht viel übrig haben für die Country- und Western-Kultur, wäre es eigentlich ein Frevel, bei einem Besuch des Südwestens eine Veranstaltung hier zu verpassen.

Dampflok

Der historische **Tarantula Excursion Train** verkehrt zweimal täglich *(Mi.–So. vormittags und am frühen Nachmittag)* zwischen dem Stockyard Station und dem kleinen Ort Grapevine nördlich der Stadt. Gezogen wird er von einer Dampflok von 1896. Besonders für Kinder ist die Fahrt ein Spaß.

Die Fahrt dauert etwa 90 Minuten in eine Richtung. Leider gibt es z.Zt. nur von Grapevine aus einen Rundtrip. Notfalls muss ein Fahrer die Zugreisenden in Grapevine abholen.

Kulturdistrikt

 Anfahrt
Fahren Sie von der I-30 westlich der Innenstadt am Exit University Drive ab. Diesem folgen Sie in nördlicher Richtung und biegen dann nach links auf die Lancaster Avenue ab (vom Highway aus bereits gut ausgeschildert).

Wie jede größere Stadt bietet natürlich auch Fort Worth einige Museen. Abgesehen vom Museum of Science & History, welches mit anderen Museen gleicher Art im Südwesten (z.B. Denver, Oklahoma City) nicht mithalten kann, sind es ausschließlich Kunstmuseen, die Sie hier finden. Also, wer kein ausgesprochenes Interesse an Gemälden hat, mache sich gar nicht erst Gedanken über eine Anfahrt.

Allen voran steht das **Kimbell Art Museum (8)**, finanziert, wie soll es auch anders sein in Fort Worth, durch die Hinterlassenschaften eines Industriellen, Kay Kimbell. Das Museum wurde 1972 eröffnet und zeigt Gemälde aller Zeit- und Stilrichtungen. Dank des hohen Budgets (es soll das zweithöchste für ein privates Kunstmuseum in den USA sein) hängen hier nun Kunstwerke berühmter Maler, wie z.B. Picasso, Van Dyck, El Greco und Rembrandt. Ohne Frage, wo sonst hat man eine so elitäre Ansammlung berühmter Kunstwerke wie hier? Aber unglücklicherweise leidet die Ausstellung an der gro-

Kimbell Art Museum

ßen künstlerischen Spannbreite, die es kaum zulässt, sich einer Richtung wirklich zu widmen. Dieses ist übrigens ein Manko in vielen Kunstmuseen der USA, die erst während der letzten 50 Jahre damit beginnen konnten, Kunstwerke zu sammeln. Dabei fehlt der historische Hintergrund, wie wir ihn aus Museen in Europa gewöhnt sind.
3333 Camp Bowie Blvd., Öffnungszeiten: Di.–Sa. 10h00–17h00, So 12h00–17h00

- **Weitere Museen im Kulturdistrikt**

- **Amon G. Carter Museum (1)**: amerikanische Kunst. Viele Werke von Russell und Remington, von denen Sie auch einige Werke in der Sid Richardson Collection in der Innenstadt bewundern können. Beides sind Künstler der idealisierten „Western-Art". Ganz interessant ist hier auch die Fotogalerie.
3501 Camp Bowie Blvd. Öffnungszeiten: Di.–Sa. 10h00–17h00, So 13h00–17h30.

Gute Adressen für Kunstfreunde

- **Modern Art Museum (6)**: Dieses Museum zählt zu den bekanntesten Kunstmuseen Amerikas. Vornehmlich moderne Kunst Amerikas, aber auch hier ein paar Künstler aus Europa. U.a. Kunstwerke von Andy Warhol, Jackson Pollock, Picasso, Feininger und Matisse. Stellt sich die Frage, warum sich dieses Museum nicht mit dem Kimbell Art Museum zusammenschließt und beide eine etwas übersichtlichere Ausstellung organisieren.
1309 Montgomery St.. Öffnungszeiten: Di.–Sa. 10h00–17h00, So 13h00–17h00.

- Das auffällige Gebäude gegenüber dem Kimbell Art Museum ist das **Will Rogers Memorial Auditorium/Coliseum** mit dem **Pioneer Tower (14)**. Hier finden Shows statt. Eine Art historischer Freizeitpark und Aufführungsstätten für Veranstaltungen sind angeschlossen.

- Ein weiteres Museum in einem anderen Stadtteil möchte ich Ihnen auch nicht vorenthalten: das **Cattle Raisers Museum (3)**. Wenn vielleicht auch etwas kitschig und heroisierend, bietet es aber trotzdem einen kleinen Einblick in die Entwicklung der Ranchen und der Rinderindustrie und trifft damit einen wesentlichen wirtschaftlichen Aspekt des Südwestens.
1301 W.7th Street, Öffnungszeiten: Mo.–Fr. 8h30–16h30.

10. Houston (ⓘ S. 173)

Entfernungen
- *Houston - Dallas:*
  245 Meilen/395 km
- *Houston - San Antonio:*
  197 Meilen/317 km
- *Houston - Corpus Christi:*
  207 Meilen/333 km
- *Houston - El Paso:*
  730 Meilen/1.175 km

Überblick

Geschichte

Es war 1836, kurz nach der Grün-
dung der Republik Texas, als die Gebrüder John und August Allen, Spekulanten
aus New York, am Buffalo Bayou einen kleinen Handelsposten errichteten. Kaum
einer sagte dem Nest inmitten der von Mosquitos verseuchten Sümpfe eine
große Zukunft voraus, und der erste Kapitän, der mit einem Dampfschiff den
Fluss hinauffuhr, vermerkte in seinem Logbuch: „The town must be there, where
the stakes are marking the streets".

Doch langsam, aber sicher wuchs die Stadt, wenn auch im 19. Jh. noch im Schatten von Galveston. Zeitweilig war sie sogar Hauptstadt von Texas, und die Tatsache, dass Sam Houston auf den nahen San Jacinto Battlefields die Mexikaner in
die Flucht geschlagen hatte, verlieh ihr den Namen. Wesentlicher Wirtschaftsfaktor war damals der Baumwollhandel. Als dann der 50 Meilen lange Ship Channel
ausgebaggert wurde, konnten selbst größere Schiffe die Stadt anlaufen, und der
daraus resultierende Überseehandel mit Baumwolle verlieh Houston „the right
kick at the right time", wenn auch der Bürgerkrieg zwischenzeitlich einen kurzen
Rückschlag bedeutete. Doch mit dem großen Sturm, der Galveston nahezu vollständig zerstörte, übernahm Houston endgültig die Spitzenposition im Süden von
Texas. Durch die Ölfunde um Beaumont begann Houston endgültig zu boomen.
Dadurch wurden auch andere Industriezweige angezogen, und besonders die
Schwerindustrie verdiente nicht schlecht an den beiden Weltkriegen.

Stadt der
Ölbarone

1962 beschloss Präsident Kennedy, die Zentrale des Raumfahrtprogramms in der
Nähe anzusiedeln, womit die Stadt auch internationalen Ruf erlangte. Die Gründe
waren eher politischer als wirtschaftlicher Natur, denn Kennedy wollte die Texaner bei Laune halten.

Houston heute

Das Öl ist es auch heute noch, was der Stadt den nötigen „Drive" verleiht und
mit fast 30 % zum Sozialprodukt beisteuert (inklusive der Zulieferbetriebe). Die

Ölkrisen seit den 1970er Jahren scheinen für die Stadt höchstens eine Verschnaufpause bedeutet zu haben – falls es so etwas in Texas überhaupt geben
kann. Die Angst, 'Downtown Houston' würde als größte Ghost-Town der Nation
enden, bewahrheitete sich zumindest nicht. Die rechtzeitige Diversifizierung der
Wirtschaft hat die Stadt scheinbar vor größerem Übel bewahrt. Es wird wieder
gebaut und „revitalisiert", wie bereits in den 1960er Jahren, und das in einem
rasanten „Texas-Tempo" – immer höher und immer teurer – „Texas is big, you
know, and Houston is Texas!" Die letzten alten Stadtbauten wurden renoviert –
allen voran das legendäre 'Rice Hotel' und sein Umfeld. Kneipen, „In"-Restaurants
und auch Geschäfte haben sich dort seit Mitte der 1990er Jahre wieder angesiedelt. Außerdem hat die 'Historical Society' im Sam Houston Park ein paar alte

Häuser, Zeugnisse
aus der Gründer-
zeit, bewahrt – aber
witzig gelegen zwi-
schen Highwaysys-
tem und Hochhaus-
schluchten.

Die Rivalität mit
Dallas um die 'erste
Stadt im Staate'
scheint in Houston
gar nicht zu existie-
ren, zumindest redet
keiner davon – ganz
im Gegensatz zu
den Leuten in Dal-
las. Die Houstonia-

Skyline von Houston

ner (irgendwie muss man sie ja eindeutschen) wissen eh, dass ihre Stadt die
wichtigere und bessere ist! Und mit Stolz behauptet die Stadt von sich, der
„Golden Belt-Buckle of the Sun Belt" (die goldene Gürtelschnalle des Sonnengür-
tels) zu sein. Und das ist sie auch. Dallas hat zwar viele Wolkenkratzer und ist mit
Wirt- Sicherheit 'lively' und ausreichend mit Dollars gesegnet, aber Houston hat noch
schaftliche mehr – nicht unbedingt Geld alleine, sondern das besondere Großstadtflair. Denn
Standbeine hier wird nicht nur gehandelt und die Milliarden werden über und unter den
Schreibtischen hin- und hergeschoben, sondern hier wird in verschiedensten
Fabriken auch produziert und weiterverarbeitet: Öl, Computer, Stahl, Raketen,
Schiffe etc. Zudem hat Houston einen bedeutenden Hafen, den nach Tonnage
zweitgrößten der USA (achtgrößter der Welt). Das alles gibt der Stadt das gewis-
se Flair, und zwar das einer echten Großstadt mit all ihren Vor- und Nachteilen.
Und genau das ist etwas, was sehr vielen anderen US-Städten, besonders im
Südwesten, abgeht. Dallas z.B. wirkt gegen Houston wie ein überdimensionales
Provinznest mit versnobten Yuppies.

Die Industrie lockt nun seit über 70 Jahren Arbeiter aus allen Teilen Amerikas
und der Welt an, selbst aus dem Fernen Osten - Houston hat die größte Chine-
sengemeinde von Texas. Gut 7 % der Bevölkerung sind asiatischer Abstammung

(USA: 3,5 %). Auch aus Osteuropa kamen sie. Und diese Menschen haben, zusammen mit den Afroamerikanern (19 % der Bevölkerung) und Hispanos (knapp 24 %), die Stadtkultur maßgeblich beeinflusst und sie zur Stadt der Minderheiten gemacht. Das drückt sich in fast allem aus: Sprache, Musik, Architektur und im Besonderen, was die Toleranz anderen Kulturen gegenüber angeht. „Leben und leben lassen" heißt hier die Devise.

Alte Häuser am Rande der Innenstadt

Nicht dass die Stadt schön ist oder gar mit vielen eindrucksvollen alten Gebäuden aufwarten kann. Keineswegs. „Houston is modern" – kaum ein großes Haus scheint älter als 20 Jahre zu sein, sieht man einmal ab von ein paar renovierten Gebäuden in der Downtown und dem historischen „Height District" (1900–20) ab. Natürlich sind auch die großen Villen in River Oaks alt – denn wer Geld hat, möchte bestimmt nicht in einem sterilen Appartementhaus seinen Abend verbringen oder in einer der trostlosen und heruntergekommenen Holzhaussiedlungen um die Downtown herum. Wer übrigens nicht ganz so viel Geld hat, aber noch zum behüteten Mittelstand gehört, der wohnt weit außerhalb – meist im Norden – in einem für Amerika so typischen 'Family-orientated Suburb'. Um dort hinzukommen bzw. morgens zur Arbeit zu fahren, werden Anfahrten von 30 Meilen und mehr gerne in Kauf genommen.

Houston bietet Ihnen als Tourist also „Großstadterlebnis" – mit Theatern, Museen, Shoppingmalls und auch Sehenswürdigkeiten, wie z.B. dem Space Center und abendlicher Musik- und Kneipenszene. Wenn Sie Städte zumindest ertragen können – Sie müssen sie ja nicht gleich lieben – dann sollten Sie, was den Südwesten betrifft, Houston vor allen anderen Großstädten den Vorzug geben und eintauchen in die Kulturen und Subkulturen, die solch ein multikulturelles Häusermeer ausspuckt. *Großstadt-erlebnis*

Teilen Sie sich Ihre Zeit so ein, dass Sie das Space Center und Galveston allemal anschauen können. Richten Sie ansonsten aber Ihr Hauptaugenmerk auf Blueskneipen, ausgeflippte Geschäfte entlang der Westheimer Street, Super-Villen in River Oaks, aberwitzige Restaurants mit interessanten Speisen in der Downtown und an der Kirby Street, schmutzige Hafengebiete, bunte Diskotheken an der Richmond Street, Strandfeten in Galveston, den künstlichen Regenwald in den Moody Gardens, überfüllte Highways und die verglasten Straßenschluchten. Können Sie damit überhaupt nichts anfangen, schauen Sie sich die Raketen und Raumfähren an, und sehen Sie dann zu, dass Sie „Land gewinnen" – Ihrem Nervenkostüm und auch Ihrer Reisekasse zuliebe. Denn billig ist so ein Stadterlebnis auf keinen Fall. Überall zahlt man Eintritt, und selbst vor einfachen Discos wird Ihnen das Fahrzeug von einem „Valet-Parker" entführt (= geparkt), der dafür natürlich ein angemessenes Trinkgeld erwartet.

- *Die bedeutendsten Sehenswürdigkeiten* sind das Nasa Space Center (S. 347ff), der historische Küstenort Galveston (S. 350ff), die Museen des Museum District (S. 342) und ganz allgemein das Großstadtflair: in den Pubs, den Einkaufsmalls und in den so unterschiedlichen Wohngebieten. Etwas, das keine andere Stadt des Südwestens in dieser Form bieten kann.
- Verpassen Sie nicht die *Stimmung* bei einer „Zydeco"-Livemusik-Veranstaltung (z.B. im „Pe Te Cajun BBQ"). Und sind Sie schon mal dort, probieren Sie ruhig einmal die *Südstaatenküche*. Aber so, wie die Einheimischen sie zu sich nehmen: Shrimps und Krabbenfleisch als Imbiss mit Bohnen, Kartoffeln und ... in einer Pappschale oder Zeitung serviert. Übrigens: Die Zydeco-Livemusik findet großenteils nachmittags statt.
- Das *abendliche Programm* ist ausgesprochen vielseitig: Am besten, Sie speisen zuerst ausgiebig und bewegen sich dann mit einem Taxi vorwärts. Für die Jüngeren empfehle ich die *Szene in der Richmond Street*. Beachtenswert ist, dass der Theater-District von Houston der zweitgrößte der USA ist (nach dem Broadway in New York).
- *Junge Leute*, die abendliche Stimmung suchen, sollten während der Sommermonate auch mal die Strandgegend von Galveston (S. 350ff) „abgrasen". Dort finden des Öfteren so einige (öffentliche u. private) Partys statt, besonders an den Wochenenden.

Klimatisch ist die Stadt gewöhnungsbedürftig. Im Sommer ist es subtropisch und unangenehm schwül. Das ganze bei 36–40 °C (Minimumtemperatur im Juli: 24 °C – nachts) ist nicht gerade „Mitteleuropäers Traum von Exotik". Kein Wunder also, dass die Downtown durch einen vollklimatisierten Fußgängertunnel verbunden ist und dass halb Houston am Wochenende an die Küste fährt, wo zumindest der Seewind erfrischende Kühle beschert. Kleiner Tipp für die heißen Tage, wenn auch von manchem Ökologen bestimmt mit gewissem Recht kritisiert: Laufen Sie nicht allzu große Strecken, sondern sehen Sie immer zu, dass Sie Entfernungen von über einem Kilometer mit dem Auto zurücklegen oder zwischendurch zumindest zum Abkühlen in einem klimatisierten Haus verschwinden können. Denn die Hitze könnte Ihnen sonst den ganzen Tag vermiesen.

Sehenswertes in Houston

Downtown

Am eindrucksvollsten sind in der Innenstadt die Gegensätze zwischen Alt und Neu, die sich am dramatischsten im Sam Houston Park zeigen, wo noch ein paar alte Häuser und eine Kirche stehen – denn gleich dahinter schießen die Bürohäuser in den Himmel. Dazwischen locken wiederum schmucke, renovierte Stadtgebäude aus der Zeit nach 1900 mit Restaurants, kleinen Geschäften und Musikklubs. Und *Alt und neu* noch gibt es auch nicht gänzlich aufgemöbelte Häuser. Nicht zu vergessen ist der besonders in den 1990er Jahren ins Leben gerufene Theater-District, der nach dem Broadway in New York als zweitgrößter der USA rangiert. Ein Besuch einer Veranstaltung hier lohnt sich sicherlich, wird aber bei einer Rundreise durch den Südwesten höchstwahrscheinlich zeitlich schwer zu arrangieren sein. Eindrucksvoll ist schließlich auch das Tunnel- und Skyway-System, das den Büroangestellten der Innenstadt einen kühlen Transfer zwischen den Gebäudeschluchten ermöglicht.

Hinweis
Durch die Innenstadt von Houston verkehrt ein Trolley-Bus, der die meisten Sehenswürdigkeiten miteinander verbindet.

Ein Spaziergang durch die Innenstadt könnte folgendermaßen aussehen:

Beginnen Sie Ihren Rundgang am **Visitor Center** in der **City Hall (1)**, *901 Bagby Street*. (Kleiner Tipp: In der Innenstadt werden schonungslos Parktickets verteilt. Parken Sie also besser gleich in einem Parkhaus oder auf einer bewachten Parkfläche.) Decken Sie sich zuerst einmal mit Informationsmaterial ein. Die City Hall, das Rathaus von Houston, befindet sich übrigens in einem eindrucksvollen Art-Deco-Gebäude.

Versuchen Sie nun von hier in eines der Bürohäuser zu gehen, um dort in das berühmte **Tunnelsystem** zu gelangen. Fast alle Gebäude dieses Banken- und Büroviertels sind an das 5 Meilen lange, z.T. äußerst verwinkelte Geflecht unterirdischer Gehwege angeschlossen – zudem gibt es noch einige überirdische Röhren. Alles klimatisiert, versteht sich! Kein Wunder also, dass die Straßen so menschenleer sind. Für eine Verschnaufpause unter der Erde bietet sich eine „Zweigstelle" des 'Treebeard' an, wo es leckere Burger zur Stärkung gibt *(1100 Louisiana St.)*. Falls Sie keinen Eingang finden sollten, hier eine kleine Orientierungshilfe: Alle Häuser um das Hyatt Regency Hotel *(1200 Louisiana St.)* sind daran angeschlos-

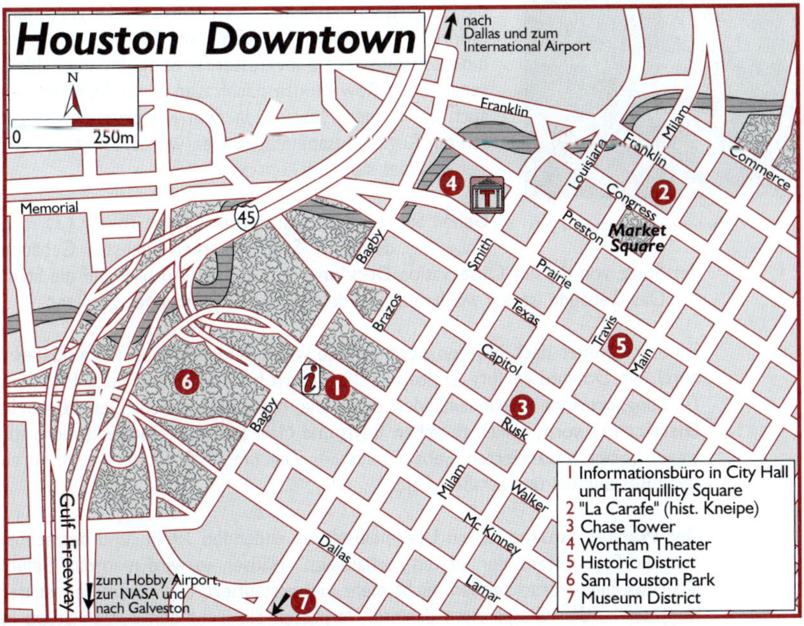

Unterirdische Exkursionen

Houston Downtown

nach
Dallas und zum
International Airport

N

0   250m

Franklin

Franklin

Milam

Commerce

Memorial

45

Bagby

Smith

Louisiana

Congress

Preston

Prairie

Market
Square

Brazos

Texas

Travis

Capitol

Main

Bagby

Rusk

5

3

Milam

Walker

McKinney

Dallas

Lamar

Gulf Freeway

zum Hobby Airport,
zur NASA und
nach Galveston

7

1 Informationsbüro in City Hall
  und Tranquillity Square
2 "La Carafe" (hist. Kneipe)
3 Chase Tower
4 Wortham Theater
5 Historic District
6 Sam Houston Park
7 Museum District

sen. An vielen Ecken hängen Tunnelkarten aus. Ich wette aber, dass Sie sich trotzdem unten das eine oder andere Mal verlaufen werden oder in einer „Sackgasse" enden: z.B. an einem Eingang zu den Büros selber, wo Sie nur mit Kennkarte hineinkommen würden. Aber keine Angst, irgendwie werden Sie trotzdem wieder ans Tageslicht gelangen.

Anschließend gehen Sie weiter zum **Tranquillity Square (1)**, einem kleinen Park zwischen Walker und Rusk Street (nahe der City Hall), der an die erste Mondlandung erinnern soll. Die ersten Worte von Neil Armstrong lauteten nämlich: „Houston, Tranquillity Base here. The Eagle has landed." Eingeschmolzen auf einer Bronzeplatte, wird Ihnen auf dem Platz die Geschichte der amerikanischen Raumfahrt geboten. Ein wenig chauvinistisch scheinen die Texaner dabei gewesen zu sein, denn die Geschichtsdarstellung erweckt den Eindruck, die USA wäre die einzige Raumfahrernation gewesen.

Nicht weit von Tranquillity Square und City Hall befindet sich der **Sam Houston Park (6)** *(Bagby St.)*, eine kleine Grünfläche zwischen Wolkenkratzern und mehrstöckigen Freeways. Erst bei näherer Betrachtung fallen die Gebäude aus dem 19. Jh. auf. Doch nur ein Haus, das 1847 erbaute **Kellum-Noble House,** stand hier früher wirklich, die anderen sind hier nur wiederaufgebaut worden. Es bieten sich kontrastreiche Fotoperspektiven, und die Hochhäuser erscheinen noch erdrückender gegen ihre „winzigen" Vorfahren daneben. Falls Sie in die Häuser möchten, müssen Sie im 'Yesterday Shop' im angeschlossenen Long Row House nachfragen. Dort befindet sich auch ein kleines Museum, in dem Historisches zur gesamten Region zusammengetragen wurde. *Es ist von 10– 16h geöffnet, sonntags nur von 13–17h.*

Kontraste: Sam Houston Park

Gehen Sie nun nach Osten zum **Chase Tower (3)** *(600 Travis St.)*, dem mit 75 Stockwerken höchsten Gebäude der Stadt, von dessen 'Observation Deck' man einen guten Ausblick auf die Stadt hat. Das Gebäude ist nur wochentags zu den üblichen Bürostunden geöffnet.

Ein Stück weiter nach Norden zieht sich die wenig eindrucksvolle **Texas Street** durch die Downtown. Ihre Breite von 30 Metern bot früher genügend Platz, um 14 Longhornrinder nebeneinander durch sie hindurchzuführen. Der **Historic District (5)**, vornehmlich zwischen Travis und Main Street, beeindruckt nicht nur wegen seiner restaurierten Gebäude aus der Zeit um 1900, sondern auch durch seine Restaurants und Straßen-Cafés.

Der **Market Square** ist ein Überbleibsel des endenden 19. Jh., und betrachtet man die Bausubstanz der letzten „erhaltenen" Häuser, so wird man das Gefühl nicht los, hier wurde seitdem nicht mehr viel restauriert. Um so krasser ist der Kontrast zu den Glaspalästen dahinter. Verpassen Sie nicht den kurzen Stopp in der kleinen Kneipe 'La Carafe', die in einem der ältesten Stadtgebäude untergebracht ist.

Nicht weit von hier, vor allem im Karrée Smith-, Capitol-, Louisiana- und Preston Streets befinden sich die Kultur-paläste des **Theater District (4)**, die selbst aber keine Besichtigung wert sind: Das etwas protzig erscheinende **Wortham Theater Center** *(550 Prairie Ave.)*, wo die Grand Opera und das Houston Ballet auftreten. Die Sym-phoniker dagegen treten gemeinsam mit der 'Society for the Performing Art' in der weniger auffälligen **Jesse H. Jones Hall of the Performing Art** *(615 Louisiana St.)* auf. Schließlich hat die 'Theater Company' mit dem **Alley Theatre** *(615 Texas Ave.)* auch noch eine eigene Bühne. Houston ist übrigens die einzige Stadt der USA, wo aus dem Stadtsäckel Theater, Ballett und Musiker bezahlt wer-den. Zumeist wird dies in den USA privat organisiert.

Kunst im Arts Park

Um die westliche Innenstadt zieht sich ein schmaler Grün-streifen, der sog. **Arts Park**, wo bekannte Künstler ihre Modern Art, oder in Houston auch „Blechromantik" ('Tin Romance') genannt, aufgestellt haben. Die Palette reicht von Metallaffen bis hin zu umgekippten Büch-sen. Diese bieten eine Reihe interessanter Fotomotive: z.B. verrostete und zer-beulte Blechtonne mit hochmodernem Glaspalast dahinter.

Gehen Sie nun zurück zu Ihrem Fahrzeug nahe dem Visitor Center.

Fahren Sie jetzt entlang der **Westheimer Street**, der Straße, deren Geschäfte an Soho und Greenwich Village erinnern. Ob Sie nun Ihre Nägel bunt lackieren, an einer Tarot-Sitzung teilnehmen, die griechisch-indonesische Küche ausprobie-ren oder den neuesten Modekitsch ansehen bzw. kaufen möchten, hier wird alles geboten. An der Kreuzung Kirby Street sollten Sie dann mal nach rechts abbiegen und beim Allen Park nach links in eine Seitenstraße fahren. Das Viertel hier nennt sich **River Oaks** und ist das Wohnviertel der oberen Zehntausend. Eine Villa übertrifft die andere an Protzig-keit. Die Gärten sind so gepflegt, als wenn täglich jemand mit der Nagelschere die überstehenden Grashalme kappen würde. Ein Haus in River Oaks soll sogar 8 Küchen haben.

Nobles Villen-viertel

Vornehm: Villa im River Oaks-Gebiet

Von hier aus können Sie entwe-der weiter nach Westen fahren und am West Loop einen Bum-mel durch das vornehme **Galle-ria Shopping Center (25)** un-ternehmen (und Ihre Reisekasse um einiges erleichtern) – oder Sie entgehen dieser Versuchung, indem Sie auf der Westheimer wieder ein Stück zurück nach Osten fahren und dann über die **Montrose Avenue** nach Süden in das Museumsviertel abbiegen.

Der Museumsdistrikt

Es stellt sich natürlich die Frage, ob Sie nach Amerika gefahren sind, um Kunstwerke, insbesondere europäischer Künstler, zu bewundern. Ich denke, in Houston und im Südwesten allgemein können Sie Ihre Zeit auch anders verbringen. Daher werde ich mich in diesem Abschnitt kurz halten und nur die wesentlichen Museen ansprechen:

• **Menil Collection (8)**
1515 Sul Ross (Montrose Ave. District), Öffnungszeiten: Mi.–So. 11–19h

Kunst-, ...
Das Gebäude dieses Kunstmuseums wurde designt von dem Architekten Renzo Piano, der auch am Centre George Pompidou in Paris mitgewirkt hat. Die Ausstellung enthält Werke aus verschiedensten Epochen: Das beginnt bei griechischen und byzantinischen Skulpturen, zeigt vor allem französische Meister (Picasso, Léger und Braque) und endet bei Andy Warhol. Da die gesamte Sammlung des Museums über 10.000 Artefakte enthält, wird die Ausstellung immer mal wieder neu sortiert. Unter Kunstfreunden gilt dieses Museum als **der** Tipp in Houston.

Nur ein Stück die Straße entlang befindet sich die achteckige **Rothko Chapel (9)**, in der 14 Gemälde des Künstlers Mark Rothko ausgestellt sind. Der Obelisk vor der Kapelle symbolisiert übrigens das Leben und Schaffen sowie die Ermordung von Martin Luther King. Der Dalai Lama und Nelson Mandela haben diesen Ort bereits besucht und hier Ansprachen gehalten.

• **Museum of Fine Arts (10)**
1001 Bissonet St., Öffnungszeiten: Di., Mi., Sa. 10–19h, Do. u. Fr.: 10–21h, So. 12h15–19h

Riesige Sammlung an Kunstwerken, die eine Zeitspanne von 4.000 Jahren abdecken. Interessant und mal etwas anderes sind die Abteilungen 'Afrikanisches Gold', 'Kunst im asiatisch-pazifischen Raum' und 'Fotos von Annie Leibovitz'. Viele der Galerieräume wurden übrigens von Ludwig Mies van der Rohe konzipiert. Außerhalb, gleich auf der anderen Straßenseite, befindet sich ein **Skulpturengarten (11)**.

• **Contemporary Arts Museum (12)**
5216 Montrose St., Ecke Bissonet Rd., Öffnungszeiten: Di., Mi., Fr. + Sa. 10–17h, Do. 10–21h, So. 12–17h

Wie in einer Kunsthalle in Europa wechseln hier die Ausstellungen, doch bemüht man sich, besonders Künstler des Südwestens und speziell aus Texas zu zeigen. Informieren Sie sich am besten in den Tageszeitungen.

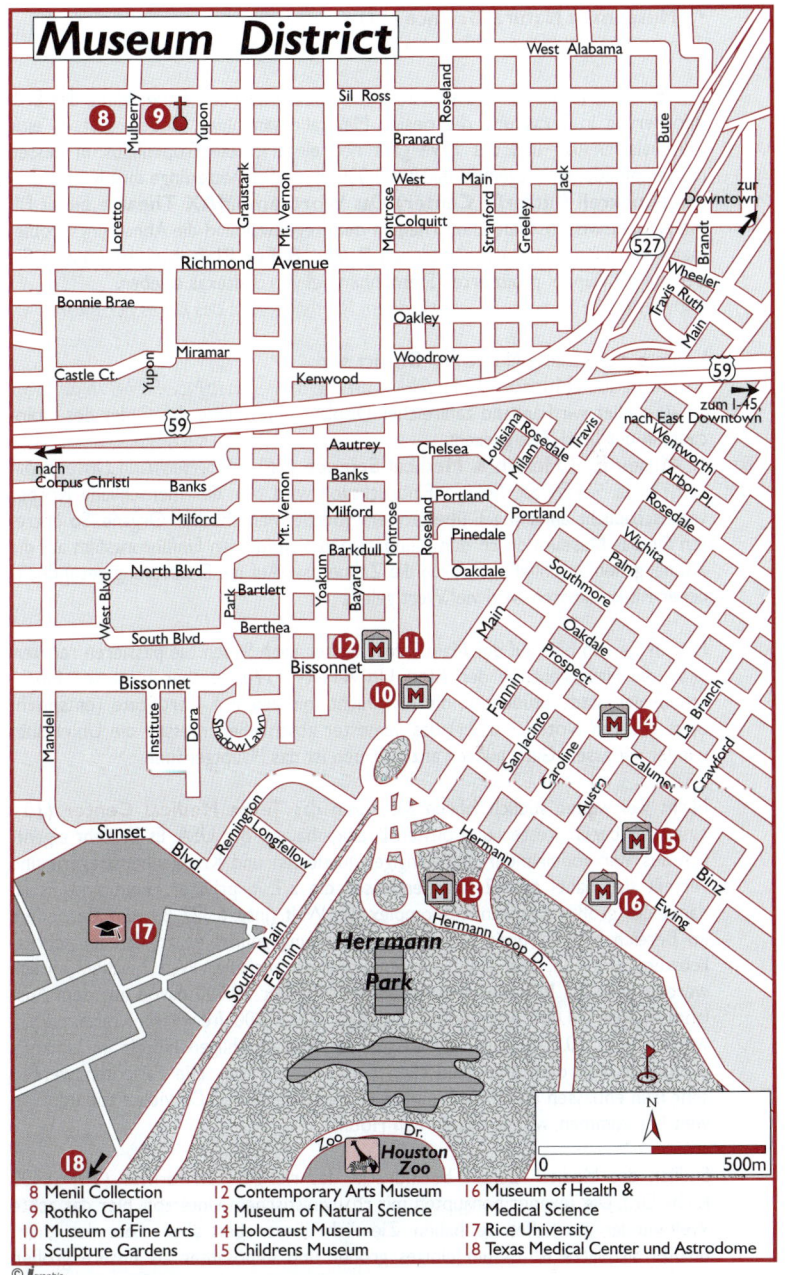

Museum District

8 Menil Collection
9 Rothko Chapel
10 Museum of Fine Arts
11 Sculpture Gardens
12 Contemporary Arts Museum
13 Museum of Natural Science
14 Holocaust Museum
15 Childrens Museum
16 Museum of Health & Medical Science
17 Rice University
18 Texas Medical Center und Astrodome

© Igraphic

- **Museum of Natural Science (13)**
  1 Hermann Circle Drive, Öffnungszeiten: Mo.–Sa. 9–18h, So. 11–18h

...natur-
wissen-
schaft-
liche...

Interessant sind hier die Ausstellungen zur Geschichte und Entwicklung der Erdölförderung in Texas und die riesige Mineraliensammlung. Zudem gibt es eine
Muschelsammlung und das 1994 ganz neu eingerichtete Tropenhaus, in dessen
nachempfundenem Regenwaldhabitat 2.000 bunte Schmetterlinge ihre Kreise drehen **(Cockrell Butterfly Center)**. Das **Wortham IMAX Theatre** bietet Filme zu naturwissenschaftlichen Themen den Regenwaldund die Abholzungsproble-
matik betreffend. Im angeschlossenen **Burke Baker Planetarium** können Sie
den auf die Kuppel projizierten Sternenhimmel von Südtexas erleben.
Showzeiten: im Sommer in halbstündigem Rhythmus, Rest des Jahres nur Mi.–Fr.

Weitere interessante Museen im District sind:

...und
weitere
Museen

- **Holocaust Museum (14):** *5401 Caroline St., geöffnet: Mo.–Fr. 9–17h, Sa. u. So.
12–17h.* Hier wird anhand zahlreicher Displays und Relikte der Opfer des Holocaust in der Nazi-Zeit gedacht.
- **Museum of Health & Medical Science (16):** *1515 Hermann Drive, geöffnet: Di.–Sa. 9–17h, So. 12–17h.* Eindrucksvoll wird hier der menschliche Körper
veranschaulicht anhand z.T. übergroßer Modelle menschlicher Organe. So betreten Sie das Museum durch den Mund, setzen sich für den Einführungsfilm auf die
Zähne, gehen anschließend durch die Zähne usw. Auf die Erläuterung gesundheit-
licher Risikofaktoren wird viel Wert gelegt.

Fahren Sie von hier auf der Main Street weiter nach Süden. Sie passieren rechterhand die Hauptgebäude der **Rice University (17)**, der berühmtesten Hochschule der Stadt. Studenten, die hier nicht mit einem A-Certificate (entspricht
etwa unseren Noten 1 u. 2+) das Semester abschließen, müssen die Universität
wieder verlassen. Ganz hübsch anzuschauen ist das Hauptgebäude.

Nicht viel weiter südlich fahren Sie durch das **Texas Medical Center (18)**,
eines der berühmtesten und besten Krankenhäuser der USA. Es besteht eigentlich aus vier voneinander unabhängigen Instituten und Krankenhausträgern und
verteilt sich dabei auf 42 Krankenhäuser, die z.T. in privater Hand sind. Es ist
damit der größte Krankenhauskomplex der Welt (insg. 6.327 Betten). Besonders
im Bereich Herzchirurgie und Krebsbekämpfung gehört es zu den fortschritt-
lichsten Instituten, und die Patienten kommen aus aller Welt hierher. Jährlich
werden über 4,3 Millionen Kranke behandelt (über 20.000 davon aus dem Ausland). Neben 54.000 Angestellten arbeiten hier 9.000 freiwillige Kräfte, zudem
werden über 20.000 Studenten ausgebildet. Die unzähligen Hotels im Umkreis
profitieren von dem amerikanischen Gesundheitswesen: Die Patienten werden
sehr früh entlassen und danach ambulant weiterbehandelt. Da viele Patienten von
weit her kommen, wohnen sie in den Hotels.

Südlich des Medical Center beeindruckt das riesige **Astrodome (18)** (8400
Kirby Dr.). Die Texaner behaupten mit chauvinistischem Unterton, hier das achte
Weltwunder geschaffen zu haben. Ziemlich übertrieben, aber trotz der „nur"
66.000 Sitzplätze ist es um einiges größer und imposanter als unsere großen

Fußballstadien. Der Bau des neuen Enron Field Stadium hat aber viele Veranstaltungen von hier abgezogen, so z.B. die Spiele der Baseballmannschaft, der „Houston Astros". Wenn Sie Kinder mithaben, sollten Sie vielleicht noch der **Astroworld and Waterworld** *(8400 Kirby Dr.)* einen Besuch abstatten, dem größten Vergnügungspark von Houston.

Port of Houston (19)

Der Hafen von Houston ist nach Tonnage der zweitgrößte der USA bzw. der achtgrößte der Welt (mit über 100 Mio. Tonnen direkt vor Hamburg). Erst seit dem Bau und der späteren Erweiterung des 50 Meilen langen Shipchannel, der etwa 12 m tief und 120 m breit ist, können die großen Schiffe anlanden. Fragt sich nur, inwieweit sich in Zukunft die lange und recht langsame Anfahrt vom Ozean bis zu den Hafenanlagen rentiert. Wenn Sie eine 90-minütige Hafenrundfahrt mit der 'Sam Houston' unternehmen möchten, müssen Sie diese vorher telefonisch anmelden.

Riesiger Hafen

Eine Aussichtsplattform für den Hafen befindet sich an der Wharf **9** (etwa Ecke North Wayside/Clinton Dr). *Sie ist täglich geöffnet von 9–17h.*

Sehenswertes in der Umgebung

Nördlich der Stadt

Funeral Museum (20)
415 Barren Springs Dr., Geöffnet: Mo.–Sa. 10–16h, So. 12–16h00.
Fahren Sie vom I-45 den Exit Airtex hinaus, zweigen Sie dann nach Westen ab bis zur T-Kreuzung. Dort dann rechts auf den Ella Blvd., 2 Querstraßen weiter ist rechter Hand die Barren Springs Rd.

Es mag etwas morbide erscheinen, ein Beerdigungsmuseum aufzusuchen, aber dieses Museum ist in vieler Hinsicht interessant. Es erlaubt z.B. den Einblick in die Vermarktungspraktiken von Beerdigungen in den USA. Wussten Sie etwa, dass man in Amerika Grabflächen kauft und wiederverkauft (ca. 500 $) wie eine Immobilie und dass es durchaus üblich ist, seine bereits begrabenen Verwandten mitzunehmen in eine andere Stadt, um sie dort neu zu beerdigen? Außerdem: Geschichte der Beerdigungen – vom alten Ägypten bis Kennedy; wie balsamiert man Leichen ein; eine einzigartige Sammlung alter und neuer Leichenwagen – von der Kutsche bis zum Lincoln – „Harold and Maude" lassen grüßen!

Old Town Spring (21)

Haben Sie jetzt noch Lust auf ein bisschen Shopping (d.h. amerikanisch angehauchten Kitsch und Souvenirs)? Dann fahren Sie auf dem I-45 weiter nach Norden bis zum Exit 70A (Spring Cypress Rd). Dann noch eine Meile nach Osten. Dieser alte und wieder restaurierte Teil von Springs diente einst als Eisenbahnhalt mit Saloons, Hotels und Gleisarbeiterhäuschen. Viele der hier ehe-

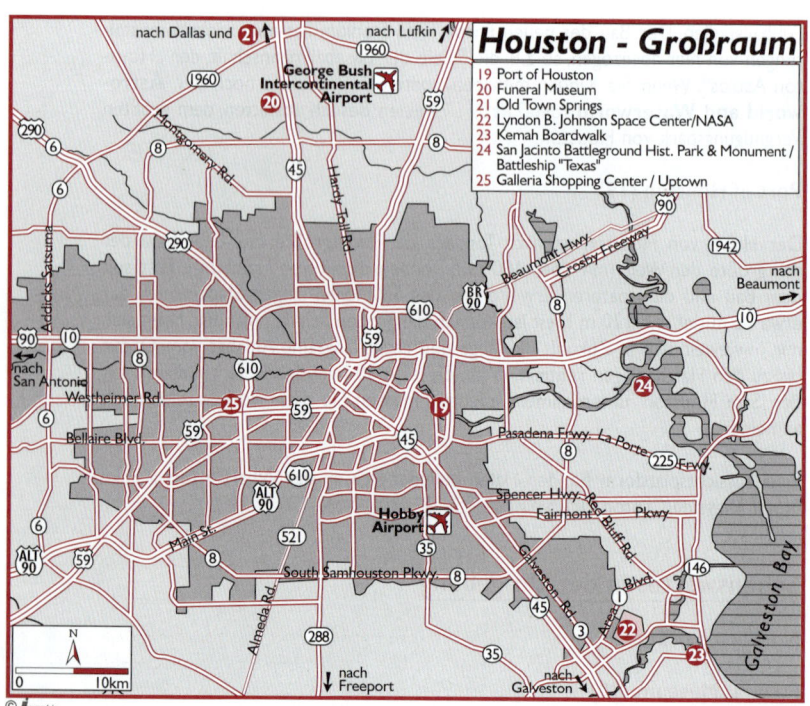

Houston - Großraum

19 Port of Houston
20 Funeral Museum
21 Old Town Springs
22 Lyndon B. Johnson Space Center/NASA
23 Kemah Boardwalk
24 San Jacinto Battleground Hist. Park & Monument /
   Battleship "Texas"
25 Galleria Shopping Center / Uptown

© graphic

mals Ansässigen stammten aus Deutschland, und der seit Jahrzehnten berühmte Burgerpub heißt immer noch 'Wuensche Bros. Café' (103 Midway). Der kleine Ort hat alle Aufs und Abs der amerikanischen Geschichte miterlebt.

Beginnend mit der Eisenbahn, „verschlief" Old Town Spring die ersten Jahrzehnte des 20. Jh., wurde dann zu einem vornehmen Wohnvorort, um in den 60er Jahren einer Hippiekommune Platz zu machen. Danach entschieden sich ein paar geschäftstüchtige Frauen, das gesamte Viertel aufzumöbeln und zu einer außergewöhnlichen Shoppinggemeinde zu machen. Mittlerweile gibt es in den niedlich zurechtgemachten Holzhäusern 120 Geschäfte und Cafés. Ob Ihnen nun die Auswahl zusagt, mag dahingestellt sein. Der eine wird es „typisch amerikanischen Nippes für gelangweilte Ehefrauen" nennen, der andere wird Gefallen finden an den liebevoll dekorierten Häusern und der reichhaltigen Auswahl an Geschenkartikeln. „Normale" Dinge wie Kleidung und Nahrungsmittel gibt es hier aber nicht.

Südlich und östlich der Stadt

Lyndon B. Johnson Space Center (22)

Anfahrt: Fahren Sie die I-45 in Richtung Galveston, und biegen Sie an der Abfahrt NASA Rd. 1 ab. Dann sind es nur noch wenige Meilen in westlicher Richtung. Öffnungszeiten: Für das Space Center: Mo.–Fr: 10–17h, Sa. u. So. 10–19h. Im Sommer täglich 9–19h.

Das Space Center und der Hauptsitz der NASA gehören mit Sicherheit zu den größten Attraktionen von Südtexas und jährlich kommen über 2 Millionen Besucher hierher.

1962 entschloss sich die amerikanische Regierung unter Präsident Kennedy, die Kontrollstation, das Trainingscamp und die wesentlichen administrativen Raumfahrteinrichtungen in Houston einzurichten. Kennedy hegte damit die Hoffnung, die Texaner, die seiner Politik immer etwas skeptisch gegenüberstanden, auf seine Seite zu locken. Mit der Einrichtung der NASA begannen für die USA Jahrzehnte des technischen Überschwanges: Jeder Start einer Rakete wurde wie ein Volksfest gefeiert, und jedes Misslingen einer Mission bedeutete tiefste Trauer und ein Knacks im Selbstbewusstsein der gesamten Nation. Das Raketenzeitalter symbolisierte für die Amerikaner die Macht ihres Landes und die Überlegenheit gegenüber der UdSSR.

Anfänge der NASA

Mit aller Gewalt setzten sich 1962 die Wissenschaftler und Techniker daran, den ersten Menschen auf den Mond zu schicken, und selbst als bereits erwiesen war, dass für die Menschheit dort nicht viel zu holen ist, hielt man an diesen Plänen fest. Wie wir wissen, war es Neil Armstrong, der 1969 die Worte verkünden durfte: „Houston, tranquillity base here. The Eagle has landed." In den 70er Jahren folgten weitere Flüge zum Mond, doch danach flaute die Euphorie etwas ab. Der Mars sollte eigentlich das nächste Ziel sein, doch wurden diese Pläne aus Kostengründen bis auf weiteres fallen gelassen.

Den nächsten großen Schritt stellten Anfang der 1980er Jahre die Raumfähren (Space Shuttle) dar, deren Besatzungen nicht nur wissenschaftliche Studien im Weltraum ausführen, sondern auch Satelliten reparieren und das von Präsident Reagan groß angekündigte militärische SDI-Programm unterstützen sollten. Aber auch für SDI wurde – dank dem Ende des kalten Krieges – das Budget gestrichen, und damit dümpelte die amerikanische Raumfahrt einige Jahre ohne große Ziele vor sich hin. Seit Ende der 1990er Jahre aber geht es wieder aufwärts. Neue Raumlabors, das ewige Ziel Mars und ein erneutes militärisches Abschirmprogramm haben der amerikanischen Raumfahrt wieder Auftrieb gegeben.

Empfohlenes Programm für einen Aufenthalt von 3 Stunden

Den Film „To be an astronaut", das Skylab-Ausbildungslabor und der echte Mondstein, anschließend mit der Tram die Tour zu den Trainingseinrichtungen der Astronauten (diesen Trip bereits am Eingang buchen!).

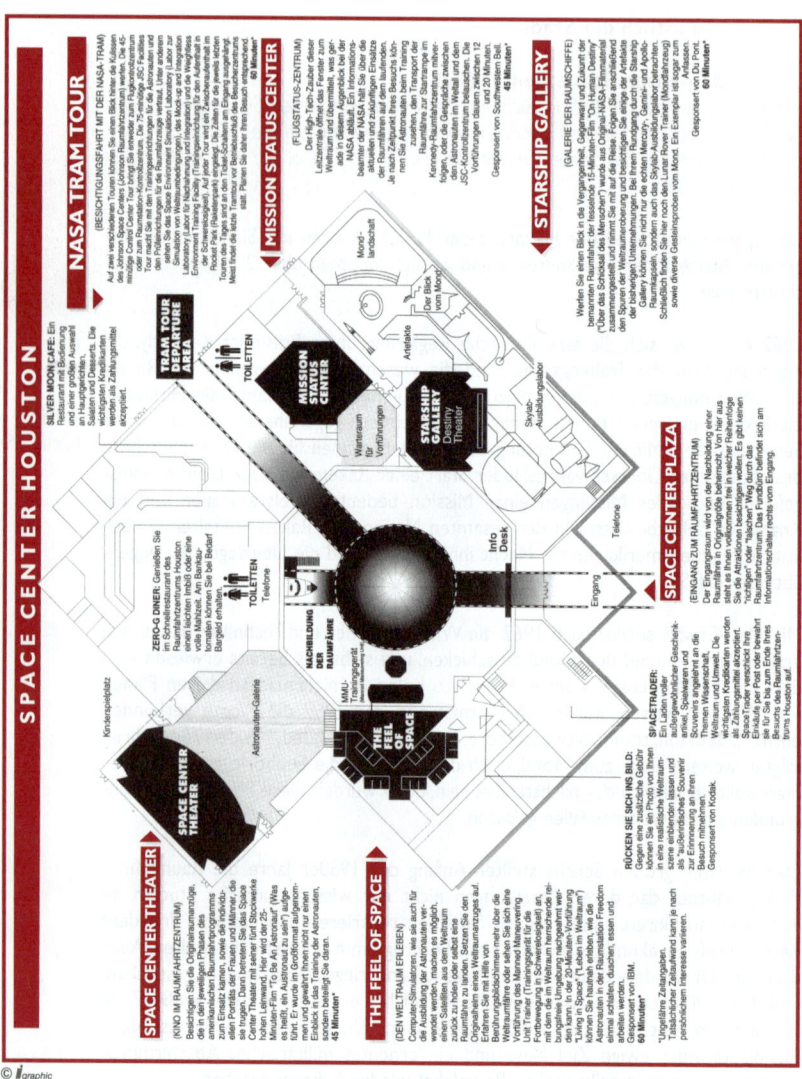

© igraphic

Das Gelände ist in zwei Hauptattraktionen eingeteilt:

1. Das Space Center

Dieses neue Gebäude wurde von der Walt-Disney-Gesellschaft konzipiert, und das bedeutet allemal Spaß, vor allem für die Kinder. Was kann man hier alles machen:

- **The Feel of Space:** Hier können Sie zum einen an Bildschirmen alles über das Space Shuttle erfahren und im Nebenraum dann an Simulatoren selbst eine Raumfähre fliegen und landen.
- **Astronautengalerie**: Hier sind alle bereits benutzten Astronautenanzüge und Porträts der Astronauten selbst ausgestellt. Im Obergeschoss wird der Film „To be an astronaut" gezeigt, der Ihnen nicht nur einen Einblick verschafft, wie ein Astronaut ausgebildet wird, son-

NASA Space Center

dern Sie auch selbst an einer Ausbildung teilhaben lässt.
- **Mission Status Center:** In bis zu 20-minütigen Filmvorführungen können Sie miterleben, was aktuell bei der NASA abläuft, z.B. Astronautentraining und Planungen für zukünftige Flüge.
- **Starship Gallery:** 15-minütiger Film über Vergangenheit und Gegenwart der NASA, u.a. Bilder von verschiedenen Raumflügen.
- **Skylab-Ausbildungslabor:** Das nachgebaute Trainingslabor für die Astronauten. In solch einem Labor üben sie, mit der Schwerelosigkeit zurechtzukommen. Im Nebenraum befinden sich echte Raumkapseln der Mercury-, Gemini- und Apollo-Raketen und als Clou ein echter Mondstein zum Anfassen.
- Und schließlich die nachgebaute **Kommandozentrale** einer Raumfähre.
Im **Schnell-Restaurant** gibt es Astronauten-Burger – in Aluminiumfolie eingepackt und Mikrowellen-weich, wie es die Astronauten auch ertragen mussten. Im teureren Hauptrestaurant schmeckt es dagegen besser.

Besuch des Space Centers

2. Das Johnson Space Center
Hier fährt eine Tram hin, für die Sie gleich beim Betreten des Space Center ein Ticket lösen sollten. Damit ersparen Sie sich unnötige Wartezeiten. Außerdem ist die Anzahl der Fahrten begrenzt. Richten Sie also Ihren Zeitplan entsprechend ein. Es stehen zwei Tourvarianten zur Auswahl. Auf beiden Touren wird am **Rocketpark** angehalten, wo es u.a. die echte Saturn V-Rakete zu sehen gibt.
- **Control Center Tour:** Dauer 45 Minuten. Sie führt entweder zum Flugkontrollzentrum oder zum Raumstations-Kontrollzentrum. Häufig ist hier nichts los, und außer zahlreichen Bildschirmen und Computern gibt es dann nicht viel zu sehen.
- **Johnson Space Center Facilities Tour:** Dauer 75 Minuten. Hierbei geht es zu den echten Trainingseinrichtungen der Astronauten, zum Labor für Simulation von Weltraumbedingungen (z.B. Schwerelosigkeit) und zum Labor für Nachahmungen (z.B. unvorhergesehene Zwischenfälle).

Kemah Boardwalk (23)
Anfahrt: Folgen Sie der NASA Rd. 1 vom Space Center weiter nach Osten bis zur T-Kreuzung mit der TX 146. Dort biegen Sie nach rechts ab, fahren über die große Brücke, und linker Hand liegt dann der Kemah Boardwalk.

Die Freizeitanlage direkt am Galveston Bay wurde in den 1990er Jahren eingerichtet. Restaurants, Karussells, Geschäfte u.v.m. ziehen besonders Familien mit Kindern an. Die nachempfundene Hafenatmosphäre, wenn auch amerikanisch kommerzialisiert, ist allemal gut für einen zweistündigen Stopp. Vielleicht für einen Snack am Wasser nach dem Besuch des Space Center bzw. des u.g. Battleground?

San Jacinto Battleground Historical Park

San Jacinto Battleground Historical Park & Monument (24)

Anfahrt: 20 Meilen östlich der City. Fahren Sie erst über den Hwy. 225 nach Osten und anschließend auf dem Hwy. 134 nach Norden. Oder aber vom Kemah Boardwalk der TX 146 nach Norden folgen (ausgeschildert). Geöffnet täglich: Kernzeiten: 10–17h.

An dieser Stelle schlug Sam Houston 1836 mit einer Handvoll Texas Rangern die mexikanische Armee von Santa Anna. Er machte sich dabei die günstige Zeit der Fiesta zunutze, daher dauerte die Schlacht weniger als eine halbe Stunde. Mit diesem Sieg war die Unabhängigkeit von Texas besiegelt. Mit texanischem Übermut wird heute noch verkündet, diese Schlacht hätte den USA dazu verholfen, die größte und stärkste Nation der Erde zu werden.

- Auf den 140 m hohen **Obelisk** können Sie mit einem Fahrstuhl hinauffahren und haben dann von oben eine gute Aussicht. Leider sind aber in der Nähe hauptsächlich Industrieanlagen angesiedelt.

- Ganz interessant ist das **Museum**, in dessen permanenter Ausstellung die Geschichte der südlichen USA von der Zeit vor Kolumbus bis zum Ende des 19. Jh. dargestellt wird. In der zweiten Ausstellung variiert das Programm. Eine Multi-Media-Show zeigt die Hintergründe der texanischen Revolution und vor allem der entscheidenden Schlacht.

Bedeutsames Schlachtfeld

- Gleich nebenan liegt das **Battleship 'Texas'**, ein Schlachtschiff, das beide Weltkriege miterlebt hat. Auch dieses ist zu besichtigen.
Geöffnet: täglich 9–18h.

Galveston (ⓘ S. 173)

▬▬▬ **Überblick**

Galveston liegt 50 Meilen südöstlich von Houston. Die Inselstadt hat einen Tiefwasserhafen, ist aber vor allem Ausflugs- und Erholungsziel für die Großstädter.

Der spanische Eroberer *Cabeza de Vaca* ist anerkanntermaßen der erste Europäer, der Texas gesehen hat. Er strandete 1528 mit seinem Schiff an der Galveston Insel, von wo aus er seine Expedition durch Texas und New Mexico startete. Nach dem Bürgerkrieg entschloss sich der Kongress, den Hafen zu einem Tiefwasserhafen auszubauen. Schnell wuchs die Stadt und erlebte ihre eigentliche Blütezeit. Bereits um 1900 zählte sie fast 40.000 Einwohner und galt als die wirtschaftlich aufstrebende Stadt des Südostens von Texas – zu einer Zeit übrigens, als Houston im Vergleich ein noch relativ unbedeutendes Städtchen war. Ein Hurrikan im Jahre 1900 aber zerstörte nicht nur beinahe alle Häuser, sondern auch alle Zukunftsperspektiven. Und bevor sich die Stadt von diesem Schlag erholen konnte, hatte Houston ihr den Rang abgelaufen.

Heute ist der Hafen zwar wieder der größte Baumwollumschlagplatz der USA und außerdem ein wichtiger Fischereihafen mit 60.000 Einwohnern. Dennoch wirkt die Stadt heruntergekommen und erinnert von der Atmosphäre her ein wenig an das Key West der 60er Jahre. Wind und Wetter haben überall ihre Spuren hinterlassen, und der Salzfraß nagt nicht nur an den älteren Gebäuden. Nur ein paar herausgeputzte Viertel erinnern noch an die Glanzzeit.

An warmen Sommertagen läuft Galveston förmlich über, wenn die Massen aus dem schwül-warmen Houston einfallen, doch wenn diese während anderer Jahreszeiten nicht kommen, erscheint Galveston eher trist, man mag fast sagen öde. Betrachtet man dazu einmal die Folgen des ungezügelten Baubooms betreffs Hafen, Industrie und Tourismus, mag man an der modernen

Badefreuden pur: Strand am Seawall

Ästhetik der Amerikaner zweifeln, und die Stadt kann sich glücklich schätzen, einige Straßenzüge aus dem 19. Jh. erhalten zu haben.

Was können Sie nun in Galveston unternehmen (außer in die Fluten des Golfs von Mexiko zu springen): Neben den langen Stränden – die leider besonders an Wochenenden etwas voll sind – bietet Galveston vor allem ein altes Stadtzentrum um den heutigen „Historical Strand District" (inkl. Museen) und zudem den „East-End Historical District", wo vierzig Häuserblöcke im alten, viktorianischen Stil (mehr oder weniger) erhalten wurden. Ein weiterer Höhepunkt wäre dann noch der Moody-Garden-Komplex, dessen Hauptattraktion drei Pyramiden mit künstlich angelegten Biotopen (Regenwald, Aquarium, „Discovery") sind. Künstliche Natur – perfekt inszeniert? Fürwahr etwas abgehoben, und wer bereits einen echten Regenwald gesehen hat, wird eher enttäuscht sein. Aber als Anschauungsobjekt mit Bildungscharakter durchaus besuchenswert.

Sehenswürdigkeiten

Wer übrigens von Houston kommt, sollte die Möglichkeit erkunden, mit einer historischen Eisenbahn nach Galveston zu fahren. Bei Drucklegung war dieser Zug nicht mehr im Eisatz, es hieß aber, er würde wieder in Betrieb genommen ...

Ein weiterer Tipp für Galveston: ein Fahrrad mieten und damit die Stadt erkunden.

Sehenswertes

Im **Visitor Center (4)** am 2428 Seawall Boulevard erhalten Sie Informationsmaterial und können eine Führung durch die historischen Distrikte buchen.

Anschließend geht es zuerst durch den **Silk Stocking Historical District (1)**, der vor allem der Wohnbezirk der Stoffhändler war. Es hieß, dass nur hier die Damen wohnten, die sich teure Seidenstrümpfe ('Silk Stockings') leisten konnten. Die Häuser, im viktorianischen Stil errichtet, sind alle Zeugen einer wohlhabenderen Epoche, und es ist ein wenig schade, dass viele von ihnen ziemlich verfallen bzw. heruntergekommen sind. Steigen Sie nun an der Ecke zum Broadway aus und laufen Sie einen Block nach Osten zur 1859 erbauten **Ashton Villa (2)**, die ein hervorragendes Beispiel dafür gibt, wie damals die ganz Reichen gewohnt haben. *Geöffnet: Mo.–Fr. 10–16h, Sa. u. So. 10–17h.*

Weiter geht es dann auf die Nordseite der Insel zum **Strand Historical District (3)**, der sich zwischen 20th und 25th St. erstreckt. Das gesamte Areal bildete während des 19. Jh. die Innenstadt, und man hat sich bemüht, die histori-

Vornehme Straßen

schen Stadthäuser in ihrem alten Stil zu erhalten. Fast alle sind aus Stein. Die Strand Street galt früher als die „Wallstreet of the Southwest" und wurde der gleichnamigen Straße in London nachempfunden, da hier vor allem die reichen Baumwollhändler ihre Kontore hatten, neben Reedereien und Schiffsmaklern. Heute

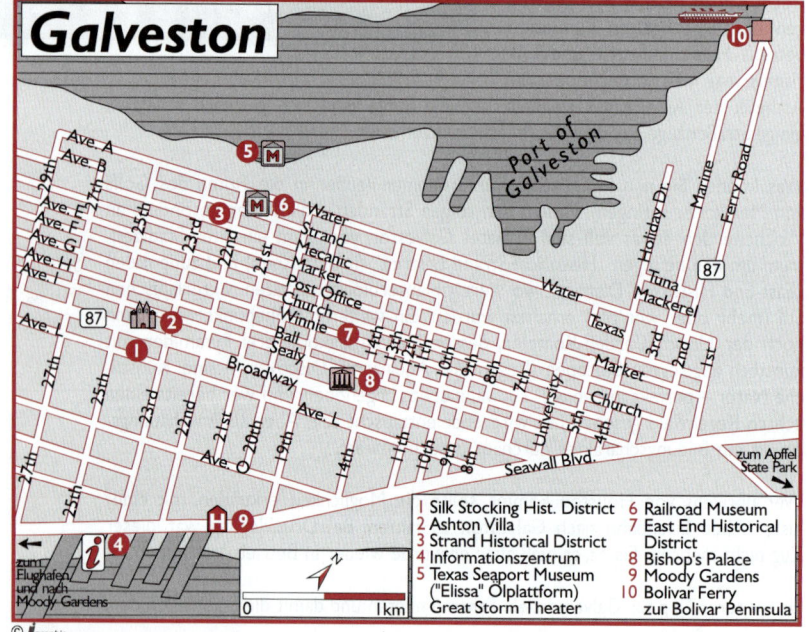

Galveston

Legende:
1 Silk Stocking Hist. District
2 Ashton Villa
3 Strand Historical District
4 Informationszentrum
5 Texas Seaport Museum ("Elissa" Ölplattform) Great Storm Theater
6 Railroad Museum
7 East End Historical District
8 Bishop's Palace
9 Moody Gardens
10 Bolivar Ferry zur Bolivar Peninsula

© graphic

findet man hier Restaurants, Galerien und das edle „Tremont Hotel", dessen Gebäude ehemals als Lagerhaus diente. Laufen Sie hier am besten etwas herum, und gönnen Sie sich eine Erfrischung im Fitzpatrick Pub.

Lohnend wäre dann ein Besuch im **Texas Seaport Museum (5)** gleich in der Nähe am Pier 21, dessen Hauptattraktion der 1877 gebaute Eisensegler „Elissa" ist, der im 19. Jh. auch Galveston angelaufen hat. Das Schiff wurde auf einem Schrottplatz in Griechenland wiederentdeckt und in nicht weniger als 16 Jahren komplett restauriert. Kosten: 3,8 Mio. Dollar. Weitere Ausstellungsgegenstände erinnern an die maritime Vergangenheit von Galveston.
Das Museum ist täglich geöffnet von 10–17h.
Nebenan bietet dann das **Ocean Star Offshore Drilling Rig & Museum** Einblick in die aufwändige Ölförderung vor der Küste von Texas.
Geöffnet: täglich 10–16h, im Sommer bis 17h.

Edelherberge: Tremont Hotel

Gleich neben den Museen ist das **„The Great Storm-Theater"**, ein Kino, in dem ein 30-minütiger Dokumentarfilm über den Hurrikan von 1900 und seine Folgen für Galveston berichtet. Dieser Sturm war der Wendepunkt in der Stadtgeschichte und machte aus der reichsten Stadt des Südwestens über Nacht eine Ghosttown.
Vorführungen finden täglich von 10–16h (im Sommer länger) zu jeder vollen Stunde statt.

Eisenbahnfans können nun noch das **Railroad Museum (6)** an der Ecke 25th Street und Strand aufsuchen, wo neben alten Dampflokomotiven auch alte Pullmanwaggons und Repliken aus der guten alten Eisenbahnzeit ausgestellt sind.
Geöffnet: täglich 10–17h.

Etwas südlich des Strand District, Ecke Market Street und D Avenue, befindet sich das **Galveston County Historical Museum**, das einiges zur Geschichte von Galveston zu bieten hat, aber eigentlich nicht mit viel Neuem aufwarten kann, soweit Sie das bereits Beschriebene gesehen haben.
Geöffnet: Mo.–Sa. 10–16h, So. 12–16h (im Sommer jeweils bis 17h).

Die Stadtbesichtigung können Sie nun mit einem kleinen Umweg durch den **East End Historical District (7)** *(zw. 11th u. 19th St. bzw. Market u. Broadway)* beenden. Hier stehen auf über 40 Häuserblocks verteilte weitere viktorianische Wohnhäuser, die vielleicht schönsten der Stadt. Die meisten sind aus Holz, und die Gartenanlagen, häufig mit hohen Palmen bestanden, erinnern an das Erscheinungsbild alter (avantgardistischer) Kleinstädte in Florida wie z.B. Key West. *Viktorianische Villen*

Das auffälligste Gebäude hier aber ist aus Stein: der **Bishop's Palace (8)** *(1402 Broadway)*. Das Gebäude wurde von dem bekannten Architekten Nicholaus Clay-

ton entworfen, der es dann 1886 erbauen ließ für den Colonel Walter Gresham. Der Preis: 250.000 Dollar. Damals eine irre hohe Summe. 1923 kaufte es dann die Diözese von Galveston für ihren Bischof. Heute zählt das rote Sandsteingebäude zu den 100 eindrucksvollsten Häusern der USA. Neben dem besagten Sandstein verarbeitete man u.a. auch rosa Granit, und an den Innenräumen hat man nicht mit tropischen Hölzern gespart. Es gibt zudem 14 Kamine in dem Haus, und an der einmaligen Spiraltreppe haben nicht weniger als 61 Handwerker gearbeitet, die zu ihrer Fertigstellung 3 Jahre benötigten.
Geöffnet: während der Sommermonate Mo.–Sa. 10–16h, So. 12–16h.

Entweder fahren Sie nun in westlicher Richtung entlang dem Seawall Boulevard zu den u.g. Moody Gardens, oder aber Sie lassen den Tag bei einem Sundowner am Strand ausklingen. Am Seawall Boulevard gibt es zudem einige einfache, aber belebte Pubs und Snackbuden.

Tipp

Je weiter westlich, desto sauberer der Strand zum Baden.

Moody Gardens (9)
Anfahrt: Fahren Sie vom Seawall in die 81st St., biegen Sie dann nach rechts in die Jones Street und schließlich nach links in die Hope Street ein.
Öffnungszeiten: täglich 10–21h (Sommer) sowie So.–Do. 10–18h, Fr. u. Sa. 10–21h (Rest des Jahres)

Freizeitan-lage mit ...
Die gesamte Anlage wirkt bereits bei der Anfahrt äußerst utopisch und ist mit einem Wort kaum zu beschreiben. Sie ist eine Art Symbiose aus naturwissen-schaftlichem Bildungsprogramm, Konferenzzentrum, Strandbad, naturorientiertem Heilprogramm und Vergnügungspark. Wie groß der Besucherandrang ist, lässt schon der Parkplatz erahnen, und im Sommer füllt sich die Anlage bis zum Bersten. Wie Sie nun zur organisierten, von Menschenhand geschaffenen Natur stehen, bleibt Ihnen überlassen (so manche Kritik ist hier sicherlich angebracht), aber als gelungenes Anschauungsobjekt z.B. in puncto Regenwald kann man die Moody Gardens schon bezeichnen. Fragt sich schließlich nur noch, ob Sie Interes-se haben, sich in Houston mit der Entstehung und dem Aufbau des „Urwaldes" zu befassen. Und um diesen in den Moody Gardens sinnbringend zu erkunden, benötigen Sie mindestens 2 Stunden. Wenn es Ihre Zeit erlaubt, denke ich aber, sollten Sie zumindest diese Regenwald-Pyramide sowie das Ozean-Aquarium be-sichtigen, wenn auch nur, um einmal mitzuerleben, wie in Amerika der Natur-schutzgedanke popularisiert und vermarktet wird.

Was kann man machen in den Moody Gardens ?

...Regen-wald-Pyramide
- **The Rainforest-Pyramide:** Unter einer riesigen Glaspyramide hat man ver-sucht, die 3 verschiedenen Regenwaldarten (Südamerika, Afrika und Südostasien) samt Vogelwelt, Aquarien und Schmetterlingen unterzubringen. Ein kleines Heft-chen, das Sie am Eingang zur Pyramide erhalten, beschreibt die einzelnen numme-rierten Pflanzen, die Sie antreffen. Inmitten der Pyramide ist auch noch eine

kleine Maya-Ruine eingebaut, über die sich das Moos ausbreitet.

- **Aquarium**: Hier wird die Unterwasserwelt der Ozeane veranschaulicht.

- **Discovery Museum/IMAX Theatre**: Ebenfalls in einer Pyramide untergebracht ist dieses wissenschaftlich orientierte Museum. Hier werden Naturschutzideen vorgestellt; die Wunder der Natur sollen besonders Kindern und jungen Leuten nähergebracht werden.

Moody Gardens: Pyramiden als Gewächshäuser

- **3D-IMAX-Theater:** Einige der wenigen 3D-Kinos im Südwesten der USA und besonders für Kinder eine Attraktion. Die Filme wechseln, behandeln aber in der Regel naturwissenschaftliche Themen wie z.B. die Erhaltung bestimmter Tierarten.

- **The 'Colonel' Paddlewheel Boat:** Nachbau eines historischen Schaufelraddampfers, der sowohl Tages- als auch Candlelight-Dinner-Touren unternimmt. Die Touren gehen nur über den Offats Bayou, bieten jedoch eine gute Gelegenheit, die Insel vom Wasser aus zu genießen. *Abfahrten um 12h, 14h und 16h. Dinnertouren nur Fr. u. Sa. Die Fahrten dauern etwa 1 ½ Stunden. Infos und Reservierungen: Tel. (409) 740-7797.*

Ansonsten können Sie auf einem Spaziergang durch die Anlage einen Wein-, einen Rosen- und einen Gewürzgarten und den japanischen Garden of Life bewundern. Auch eine Bücherei mit über 20.000 Bänden von Gartenkultur bis zur internationalen Küche steht für Sie bereit. Wer sich sportlich betätigen möchte, kann Volleyball spielen bzw. am künstlich angelegten weißen Palmbeach baden.

Beaumont und Port Arthur

Überblick

Am 10. Januar 1901 wurde in der Nähe der heutigen Stadt die erste große Ölquelle der Welt gefunden. Damit begann der große Run auf das schwarze Gold am Golf von Mexiko, und Reichtum kehrte ein. Zwar waren die ersten Quellen schnell versiegt, doch wird noch heute in der Region nach Öl gebohrt, und die Städte Beaumont, Port Arthur und Orange, auch als „The Golden Triangle" bezeichnet, verdienen jetzt sogar mehr an den Raffinerien als an der Förderung selber.

Beaumont (ⓘ S. 173) ist aber in erster Linie Hafenstadt und hat bereits seit Jahrzehnten Bedeutung als Waren-Umschlag-Platz von Flussschiffen auf Überseefrachter. Über den Fluss Neches und den Intercoastal Waterway gelangen so Güter aus den Küsten- und Seen- Gebieten von Ost-Texas in alle Welt. Mit der Entstehung der nahegelegenen Hafenstadt Port Arthur verlor Beaumont einen großen Teil seiner Bedeutung. Port Arthur nämlich liegt nicht nur am Neches River, sondern auch am weitaus bedeutenderen Sabine River. Die wesentlichsten Waren, die umgeschlagen werden, sind Erdöl und landwirtschaftliche Produkte von den osttexanischen Plantagen.

Hafen- und ,Museums- hauptstadt von Texas' Touristisch interessant sind in Beaumont eigentlich nur die Museen. Sich selbst bezeichnet die Stadt als „Museumshauptstadt von Texas". Das mag etwas über- trieben sein, aber neben dem ausgezeichneten Edison-Museum gibt es u.a. auch noch ein sehenswertes Telefon-, ein Feuerwehr-, ein Energie- und das Kunstmuse- um von Südost-Texas und eben das Gladys City Boomtown Museum, eine nach- empfundene Ölfördersiedlung aus der Zeit um 1900.

Etwas bieten die drei Städte aber, das Sie sonst nirgendwo im Südwesten mehr finden werden: rundum die Atmosphäre der Südstaaten. Was mir persönlich in Beaumont am eindrucksvollsten erschienen ist, sind die vielen kleinen Holzhäuser (meist bereits etwas verfallen), deren (Südstaaten-) Kennzeichen die überdachten, aber offenen Holzbalkone ('porch') sind, auf denen besonders am Wochenende die Familien in ihren Schaukelstühlen sitzen, um das Leben in der Nachbarschaft und auf der Straße zu beobachten. Um diese zu sehen, fahren Sie einfach mal durch den südlich an die Innenstadt angrenzenden Stadtteil.

Den verschiedenen Völkern in dieser Ecke von Texas (Beaumont: 45 % Afro- Amerikaner, 46 % europäischer Abstammung mit hohem osteuropäischen Anteil, 8 % Hispanics) ist es mit Sicherheit zu verdanken, dass unzählige bekannte Musi- ker aus dem „Golden Triangle" stammen und ihre jeweiligen Musikrichtungen mit den bereits bekannten „vermischt" haben. Dabei kamen ganz neue Entwicklungen heraus. Unter den bekannten Musikern finden sich u.a. *Harry Choates*, der „Godfa- ther of Cajun Music", der Bluessänger *Ivory Joe Hunter* und die Rockröhre *Janis Joplin*. Sollten Sie sich für Musik interessieren, dürfen Sie die entsprechende Aus- stellung im **Museum of the Gulf Coast** in Port Arthur nicht verpassen.

Die 'Old Town' in Beaumont (zwischen Laurel, Harrison und 2nd St.), mit der so viel geworben wird, ist dagegen wenig beeindruckend. Einzig reizvoll ist hier die Auswahl an Restaurants. Apropos Essen: Sind Sie schon mal in den „Südstaaten", dann lassen Sie sich nicht die Südstaaten-Cajun- bzw. Creole-Küche entgehen. Shrimps zum Beispiel, mit einer ganz eigenen Gewürzmischung zubereitet, gehö- ren hier zum alltäglichen Speiseplan und sind damit auch nicht sehr teuer. Emp- fehlenswertes Gericht: Shrimp-Gumbo.

Sehenswertes

• Texas Energy Museum
600 Main Street, Öffnungszeiten: Di.–Sa. 9–17h, So. 13–17h

Das 1990 eröffnete Museum ist großzügig angelegt und veranschaulicht gut die Geschichte, Wissenschaft und Technik der Energiegewinnung. Besonders interes- sant ist die Rekonstruktion des ersten Bohrloches von 1901, das die Entwicklung von Beaumont maßgeblich beeinflusste. Auf einer 40 m langen Wand („History

Wall") ist die Geschichte der Energie vom beginnenden 18. Jh. bis ins 21. Jh. dargestellt.

• Art Museum of Southeast Texas
500 Main Street, Öffnungszeiten: Mo.–Sa. 9–17h (Do. bis 20h), So. 12–17h

Hier werden vor allem Kunstgemälde aus dem 19. und 20 Jh. ausgestellt, wobei auch Skulpturen, Fotografien und Kunsthandwerkliches zu finden sind. Achten Sie vor allem aber auf Wanderausstellungen, diese mögen von noch größerem Interesse sein. Falls Sie bereits Kunstmuseen in den großen Städten von Texas gesehen haben oder noch ansehen möchten, wird Ihnen hier aber nichts Neues geboten.

• Edison Plaza Museum
350 Pine Street, Öffnungszeiten: Mo-Fr 13h00–15h30

Dieses Museum ist eines der besten im Land, was die Darstellung der Arbeit von Thomas A. Edison betrifft. Gezielt wird auf seine Errungenschaften im Bereich elektrisches Licht eingegangen. Außerdem gibt es eine Ausstellung über die Problematiken der Elektrizitätserzeugung heute, und es wird auf Zukunftsperspektiven hingewiesen. Daneben finden Sie im Museum auch einen Edison-Phonograph, ein altes Diktiergerät und persönliche Gegenstände von Edison.

 Kurzbiographie von Thomas Alva Edison

Geboren in Milan (Ohio) am 11. Februar 1847, gestorben in West Orange (N.J.) am 18. Oktober 1931. Edison meldete über 1.000 Patente an, wovon seine Kohlefadenglühlampe, die erste brauchbare Glühlampe, die uns bekannteste Erfindung sein mag. Weitere wichtige Erfindungen waren 1877/78 das Kohlekörnermikrofon, womit das ein Jahr vorher von A.G. Bell patentierte Telefon für große Entfernungen zu gebrauchen war, der Phonograph (1878), ein Vorgänger des Grammophons, und die Verbundmaschine, eine Dampfmaschine mit elektrischem Generator.

Aber auch auf anderen Gebieten war Edison zukunftsweisend. So erfand er u.a. auch das Betongießverfahren für die Herstellung von Zementhäusern in Fertigbauweise.

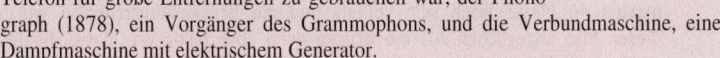

• Spindletop/Gladys City Boomtown
Ecke University Drive und US 69/96/287, Öffnungszeiten: Di.–So. 13–17h

Hier hat man die Boomtown von 1901 wiederaufgebaut, die damals fast über Nacht aus dem Boden gestampft wurde, nachdem die Bohrung am „Spindletop" auf ein großes Ölfeld gestoßen war. Der Druck in diesem Ölfeld war übrigens so

Gladys City Boomtown (Spindletop)

groß, dass das Öl 10 Meter über den Turm hinausschoss. Es war damals das größte Ölfeld in Amerika, und in weniger als 2 Jahren wurden über 600 Ölfirmen gegründet. Einige von ihnen sind heute die uns allen bekannten Exxon, Gulf (jetzt Chevron), Texaco und Mobil.

Wer sich nun noch ein Bild über den schnellen Reichtum durch das schwarze Gold machen möchte, der sollte noch das 1906 errichtete **Mc-Faddin-Ward House** *(1906 Calder/Ecke 3rd St., geöffnet: Di.–Sa. 10–16h, So. 13–16h)* besichtigen. Die schmucke Villa gehörte einem der Teilhaber des ersten Ölbooms und die Einrichtung spricht für sich.

Port Arthur hat Beaumont den Rang als größter Hafen der Region abgelaufen, und der überwiegende Teil der Stadt besteht aus Industrie- und Raffinerie-Anlagen. Trotzdem lohnt ein kurzer Besuch des alten Stadtkerns direkt am Wasser. Ein paar alte Herrenhäuser, vor allem das **Rose Hill Manor** *(100 Woodworth, östliches Ende vom Lakeshore)* und die eigenwillige **Pompeiian Villa** *(1953 Lakeshore)*, errichtet im Stil einer Villa im Pompeji des Jahres 79 n. Chr., sind recht sehenswert. Priorität sollten Sie aber **dem Museum of the Gulf Coast** geben *(700 Procter St., geöffnet: Mo.–Sa. 9–17h, So. 13–17h)*. Hier erfahren Sie so einiges über die Musikszene des „Golden Triangle", die in vieler Hinsicht auf die Jazz-, Blues-, Cajun- und Rockmusik Einfluss genommen hat. Aber auch regionale Künstler und etwas zur Geschichte der Region werden hier geboten.

Hohe Brücke

Sollten Sie nun Ihren Blick einmal nach Osten wenden und sich fragen, warum die **Rainbow-Bridge** über den Neches River eine Durchfahrthöhe von 53 Metern hat, gibt es dazu eine einfache Erklärung: Als sie 1938 gebaut wurde, beabsichtigte die Navy einen Aufklärungstender in Port Arthur zu stationieren, dessen Sendemasten 46 Meter hoch sein sollten, und die Brückenkonstruktion wurde an diesen Plan angeglichen. Als die Brücke dann aber fertig war, hatte die Technik mittlerweile Sendeanlagen entwickelt, die solche Masten nicht mehr erforderten, und das besagte Schiff wurde mit einem nur noch 34 Meter hohen Mast ausgestattet. Falls Sie Zeit haben, fahren Sie ruhig einmal über die Brücke – ein erhebendes Gefühl!

Port Arthur gibt Ihnen übrigens auch die Gelegenheit, in die Fluten des Atlantik zu springen.

Von Houston nach San Antonio gibt es überhaupt nichts zu sehen, und die 200 Meilen sollten Sie in einem Stück durchfahren, um noch ein paar Stunden für San Antonio zu retten. Einzige Alternative für die Weiterfahrt wäre nur, erst nach Austin zu fahren, bevor Sie nach San Antonio weiterreisen. Das ist auch näher.

11. San Antonio (ⓘ S. 173)

© *i graphic*

Entfernungen

0463

- San Ant. - Dallas:
  270 Meilen/435 km
- San Ant. - Austin: 80 Meilen/128 km
- San Ant. - Corpus Christi:
  145 Meilen/232 km
- San Ant. - Houston:
  197 Meilen/317 km
- San Ant. - El Paso:
  571 Meilen/913 km

Zeiteinteilung
1 1–2 Tage

Überblick

Geschichte

San Antonio stand im Laufe seiner Geschichte unter 6 verschiedenen Flaggen: Frankreich, Spanien, Mexiko, der Republik von Texas, der Konföderierten Staaten und schließlich der USA.

Die Missionsstation San Antonio de Valero (The Alamo) wurde im Mai 1718 in der Nähe des San Antonio River gegründet. Während der folgenden 13 Jahre wurden 4 weitere Missionsstationen errichtet. Der Gouverneur ließ 1718 schließlich auch einen Militärposten an der Alamo einrichten. Seither war die Alamo das Zentrum der Stadt. Von 1821–36 kamen unter der Kolonisationspolitik von Stephen F. Austin die ersten großen Siedlerströme in das umliegende Gebiet. Der Widerstand gegen die Mexikaner, die hier zu dieser Zeit das Sagen hatten, wuchs, und im Dezember 1835 übernahm schließlich eine Handvoll texanischer Soldaten

Beginn der Stadtgeschichte

unter der Führung von Ben Milam die Stadt, die mittlerweile 3.500 anglo-amerikanische Bewohner zählte.

In den 40er Jahren des 19. Jh. siedelten viele deutsche Einwanderer in dem Gebiet um die Stadt und waren entscheidend beteiligt an dem Wohlstand, der allmählich einzusetzen begann. Auch kulturell haben die deutschen Siedler das Leben in dieser Region bis in die heutige Zeit hinein maßgeblich beeinflusst. Nicht wenige sprechen hier

The Alamo: Hier wurde Texas-Geschichte geschrieben

auch jetzt noch fließend Deutsch. In der zweiten Hälfte des 19. Jh. kamen dann auch viele Zuwanderer aus dem amerikanischen Osten hinzu, und aus der „Cowboystadt" wurde eine ernstzunehmende Großstadt. Mit der Einrichtung verschiedener Militärbasen erhielt die Stadt dann überregionale Anerkennung.

San Antonio heute

San Antonio zählt nahezu 1,4 Millionen Einwohner (Großraum). Trotzdem hat es seinen kleinstädtischen Charakter niemals ganz ablegen können. Anders als in Houston oder Dallas gibt es nur relativ wenige Wolkenkratzer, und das Stadtzentrum wurde bereits früh konserviert, sodass dort ein für Reisende angenehmes Flair erhalten wurde und die Stadt zur beliebtesten Urlaubermetropole von Texas aufgestiegen ist.

Wirtschaftsgeographisch ist San Antonio etwas auf der Strecke geblieben. Zwar gibt es eine Reihe von mittelgroßen Betrieben, aber keine großen Industriekonzerne, wie z.B. in Houston. Auch der Handel und das Bankwesen haben eher Provinzstadtcharakter. Daher ist die Stadt auch nicht so in das Umland hineingewachsen und sieht auf den Karten aus wie ein runder Fleck. Neben der Farmindustrie ist vor allem das Militär von wirtschaftlicher Bedeutung. Es gibt hier alleine 5 Luftwaffen- und Heeresstützpunkte.

Touristisch interessant ist besonders der Einfluss der mexikanischen Bevölkerung, der sich nicht nur in einer Unzahl von Tacos-Buden und mexikanischen Restaurants widerspiegelt, sondern auch in der gesamten Lebensart der Einwohner. Über die Hälfte der Stadtbevölkerung ist spanisch-mexikanischer Abstammung. Ein Anteil, den keine amerikanische Großstadt auch nur annähernd erreicht. Ganz anders als in Houston oder Dallas ist auch die „Gangart" in San Antonio: keine Hektik, dafür lange Siestas und unzählige Grillplätze in Parks und Gärten.

Für Sie als Reisende auf dem Weg nach Süden und Südwesten mag dies einen gelungenen Einstieg versprechen in die Kulturwelt, die vor Ihnen liegt. Sehenswertes gibt es

Redaktions-Tipps

- *Abendessen* am Riverwalk. Besonders empfehlenswert sind hier die Tex-Mex-Gerichte. Billiger und unkomplizierter: ein „Ausflug" in die N.St. Mary's Street.
- *Die bedeutendsten Sehenswürdigkeiten* neben dem Riverwalk (S. 363) sind der Alamo (S. 361), der Governor's Palace (S. 364) und die Missionsstationen (S. 367f) südlich der Stadt.
- Machen Sie unbedingt eine *Bootsfahrt entlang dem Riverwalk* (S. 364). Nach Möglichkeit am Abend, wenn die gemütliche Atmosphäre auf den Restaurantterrassen der Atmosphäre die „Krone aufsetzt".
- Ihr **Abendprogramm** sollte eigentlich bestimmt werden vom Riverwalk. Guter Jazz, Sing-along-Piano u.v.m. wird geboten. Für Jüngere lohnt es, die einheimische (Studenten-)Szene in der N. St.Mary Street zu erkunden.
- *Extra-Tipp:* Das ausgefallene Hertzberg-Museum (Zirkuswelt (S. 365)) sollten Sie bei einem längeren Besuch nicht versäumen. Und wer abends noch Nostalgie erleben will, der sollte in der Bar des Menger Hotels (nahe Alamo) ein Bierchen nippen. Hier war es auch, wo Theodore Roosevelt seine „Rough Riders" rekrutierte.

*Sehens-
würdig-
keiten*

genügend in der Stadt, mehr als in Dallas: die **Innenstadt** um die Alamo, der **Riverwalk**, der alte Gouverneurspalast, die verschiedenen **Museen** und schließlich die Missionsstationen, die Zeugnis tragen von der frühen Entwicklungsgeschichte dieses Landstriches – zumindest was die Zeit seit dem Eindringen der Europäer betrifft. Die Stadt eignet sich also hervorragend dazu, in Ruhe einen Tag herumzuschlendern, entlang dem Riverwalk, durch die gut sortierten Geschäfte, durch die alten Wohngebiete, und das Ganze jeweils mit der Gelegenheit zu einer Pause in einem der zahlreichen Cafés und Restaurants. Angenehm ist übrigens auch, dass Sie die wesentlichen Sehenswürdigkeiten, mit Ausnahme der Missionsstationen, zu Fuß erlaufen, bzw. mit einem Trolley und entlang dem Riverwalk auch mit dem Boot erkunden können.

Wer in der Woche nach dem 21. April in San Antonio sein sollte, muss unbedingt einmal die **Fiesta**, das mexikanische Jahresfest, miterleben. Rodeos, Tanzveranstaltungen und vieles mehr werden in einer Woche des Überschwunges dargeboten – eine Zeit, in der die Stadt „Kopf steht"!

Sehenswertes im Stadtbereich

Innenstadt

*Stadtbe-
sichtigung
zu Fuß*

Angenehm in San Antonio ist, dass Sie die wesentlichen Punkte alle zu Fuß erreichen und somit Ihrem Auto eine Verschnaufpause gönnen können. Zudem bieten sich zahlreiche Cafés und Restaurants, besonders entlang dem Riverwalk für eine „Erfrischung mit Ausblick" an. Sie werden schnell bemerken, dass das z. T. sehr gemächliche Treiben in San Antonio mit keiner anderen Großstadt der USA zu vergleichen ist. Das veranlasste Will Rogers, diese Stadt als „one of the four unique cities of America" (die anderen sind Boston, New Orleans und San Francisco) zu bezeichnen. Natürlich dachte er dabei auch an die architektonischen Höhepunkte. Lassen Sie sich hier also einfach in Ruhe treiben, und sehen Sie sich dabei ein paar der Sehenswürdigkeiten an, ohne sich aber der Pflicht auszusetzen, alle „abhaken" zu wollen. Ein Kaffee zu viel am Riverwalk ist hier immer noch ein besseres Erlebnis als ein Museum zu viel.

• Alamo (1)
Gleich gegenüber dem Visitor Center am Alamo Plaza, Öffnungszeiten: Mo.–Sa. 9–17h30, So. 10–17h30

„The Alamo" ist die ruhmreichste Stätte des texanischen Nationalismus. 1718 als Missionsstation erbaut, bildete sie den Grundstein für eine neue Stadt, die für die Spanier vor allem als Versorgungspunkt auf halbem Wege zwischen Ost-Texas und Nord-Mexiko auf dem „El Camino Real" diente. Auch die katholische Kirche hatte ihren Anteil am Wachstum der Stadt: Sie lockte nämlich Indianer mit dem Versprechen her, ihnen Land zu geben – natürlich nur, wenn sie zum katholischen Glauben überträten. Einen Teil des Landes vergab die Kirche Anfang des 19. Jh. an eine spanische Kavallerie, die ursprünglich ihr Lager im mexikanischen Alamo de Parras hatte und nun ihren neuen Standort mit dem Spitznamen „El Alamo"

San Antonio Innenstadt

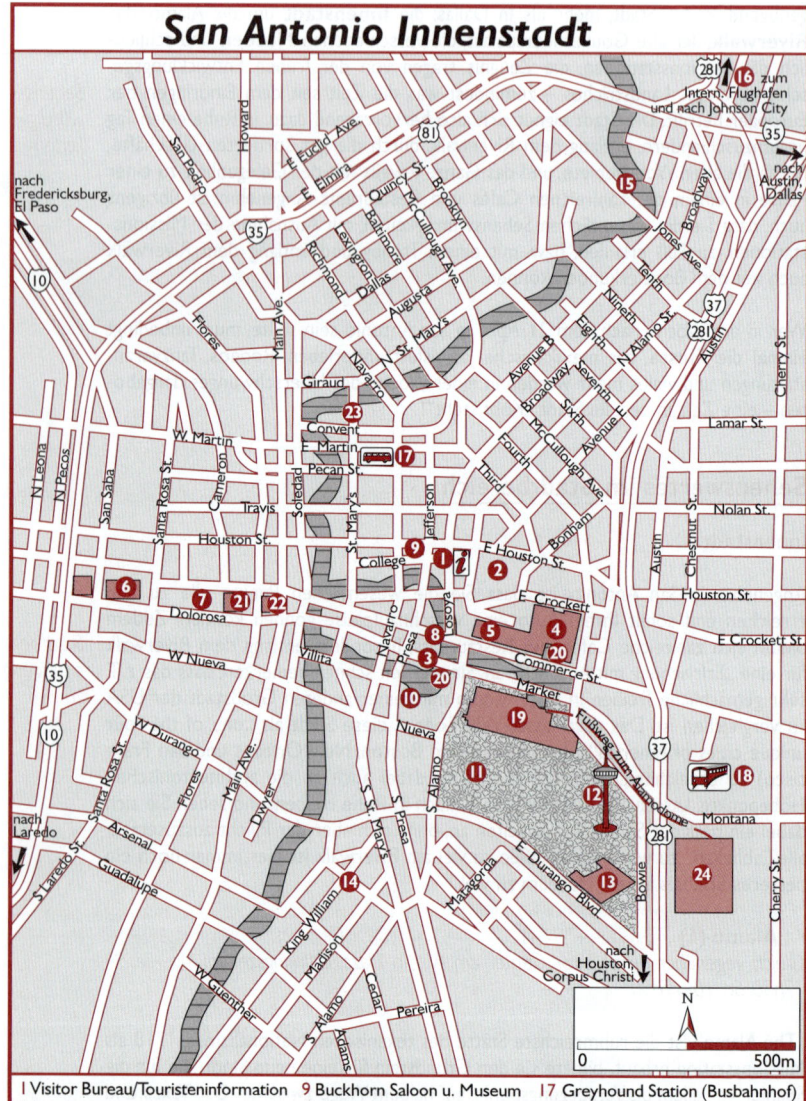

1 Visitor Bureau/Touristeninformation
2 The Alamo
3 Arneson River Theater
4 Rivercenter Mall/IMAX-Theater
5 St. Joseph's Downtown Church
6 Market Square
7 Spanish Governor's Palace
8 Hertzberg Circus Collection
9 Buckhorn Saloon u. Museum
10 La Villita
11 Hemisfair Park
12 Tower of the Americas
13 Institute of Texan Cultures
14 King William Historic District
15 San Antonio Museum of Art
16 Witte Museum
17 Greyhound Station (Busbahnhof)
18 AMTRAK-Station
19 Convention Center
20 River Cruises (Ablegestationen)
21 City Hall
22 San Fernando Cathedral
23 Southwest Craft Center
24 Alamodome

© i graphic

bezeichnete. Alamo glich zu dieser Zeit bereits eher einem Marktplatz mit Hufschmied, Warenhäusern und Textilgeschäften als einer sakralen Einrichtung. 1836 schließlich fand die berühmte Schlacht auf dem Gelände statt, in der sich 189 wackere Texaner gegen die 5.000 Mannen des mexikanischen Generals Santa Anna schlugen. Sie kämpften eigentlich nicht für die Unabhängigkeit von Texas, sondern nur für die Einhaltung der 1824 verkündeten Konstitution von Mexiko, die auch Nicht-Hispanics gleiche Rechte zusprach. Wie wir wissen, endete die 13-tägige Belagerung mit dem Tod aller 189 Verteidiger und von über 1.600 Soldaten der mexikanischen Armee. „One more such 'glorious victory' and we are finished" schrieb daraufhin ein Gefolgsmann Santa Annas in sein Tagebuch. Erst Jahre nach der Schlacht kam wieder Leben in die Klosteranlage, und neben Kaufleuten – sie nutzten u.a. die Kapelle als Warenhaus – errichtete auch die US-Army hier einen Stützpunkt. Heute wird die Anlage von den „Daughters of the Republic of Texas" (DRT) verwaltet und gepflegt, und nicht wenige Texaner „pilgern" alljährlich zu der „heiligsten" Stätte texanischer Geschichte.

Kloster mit blutiger Geschichte

Folgendes lohnt sich zu besichtigen: ein Museum in den „Baracks" (= Kasernenunterkünfte) an den Seitenmauern, die Kapelle mit einem Souvenirladen (hier finden Sie eine eindrucksvolle Nachbildung der Schlacht im Maßstab 1:50) und der „Shrine", eine weitere ehemalige Kapelle mit den gesammelten Memorabilien und Gedenktafeln zur Schlacht. Das Museum, das etwas abseits liegt, ist hier das Interessanteste. Achten Sie darauf, es nicht auszulassen, wenn Sie von dem Menschenstrom zum „Shrine" fehlgeleitet werden.

Bei all den Erinnerungsstücken und Erläuterungen vermisst man leider den Respekt vor den mexikanischen Soldaten, die beim Sturm auf die Mauern der Festung mit Sicherheit auch Mut aufbringen mussten. Das kriegerische Motiv ihres Generals mag man zwar anzweifeln, aber mit diesem Problem haben sich alle kriegführenden Nationen auseinander zu setzen. Das schmälert aber nicht Leid und Tapferkeit des einfachen Soldaten.
Halbstündlich werden Führungen angeboten, die Sie in der „Souvenirkapelle" buchen können. Der Eintritt zu der Anlage ist frei.

Das **Menger Hotel** am Alamo Plaza, erbaut 1859, besticht vor allem durch sein Interieur, allem voran die Mahagoni Bar, eine genaue Nachbildung des Pubs in Londons „House of Lords". Auch Teddy Roosevelt, bekannt für seine Trinkfestigkeit, hat hier des Öfteren eine doppelstöckige Erfrischung zu sich genommen und hier dann auch seine gefürchteten „Rough Riders" rekrutiert.

• Riverwalk

Das wohl eindrucksvollste Erlebnis der Stadt vermittelt allemal der Riverwalk – spanisch 'Paseo del Río' genannt. Hierbei handelt es sich um einen 2 ½ Meilen langen Fußweg entlang einer Schleife des San Antonio River. Eine Etage tiefer als die Straßen, vermittelt dieser Weg ein mediterranes Gefühl, das die Großstadt drum herum vergessen lässt. Einmalig und wenig amerikanisch sind die zahlreichen Cafés, Bistros, Livemusik-Pubs und Restaurants, deren Plätze meist beschattet sind durch riesige Bäume und Efeugewächse. Dazwischen sind ein paar Galeri-

Idyllische Flussschleife

Bootsfahrt am Riverwalk

en und Boutiquen geschmackvoll eingepasst. Alles ist hier etwas teurer, aber trotzdem will man diese Großstadtidylle kaum wieder verlassen.

Ein besonderes Erlebnis sind auch die Bootsfahrten, die mit witzigen und geistreichen Erläuterungen ihrer „Süßwasserkapitäne" untermalt werden. Sie können am Visitor Center oder Rivercenter eine Tour starten, aber auch unterwegs an einer Reihe von kleinen Haltestationen (mit Ticketschaltern) zusteigen. In der Südostkurve des Flusses befindet sich das **Arneson River Theater (3)**, ein kleines Open-Air-Theater. Die Akteure spielen auf einer Bühne, die von den Zuschauerrängen durch den Fluss getrennt ist.

Anfang der 1990er Jahre errichtet wurde das **Rivercenter (4)**, eine Shopping Mall, in deren **IMAX-Theatre** täglich u.a. die Geschichte der Alamo-Schlacht gezeigt wird. Die Mall liegt am östlichen Ausläufer des Flusses (beim Marriott Hotel). Gleich daneben in der Commerce Street steht die kleine **St. Joseph's (Downtown) Church (5)**, deren Inschriften und Ausstattung Spuren deutscher Siedler aufweist.

Der **Market Square (6)** im westlichen Teil der Innenstadt (zwischen Commerce und San Saba Street) besteht z.T. noch aus Gebäuden, die in den 40er Jahren des 19. Jh. errichtet wurden. Hier finden Sie neben ein paar Restaurants und Cafés vor allem Souvenirshops bzw. Stände und Boutiquen, die u.a. auch einiges aus Mexiko zu bieten haben. Beeindruckend ist aber das Treiben hier, besonders wenn kleine Straßenhändler ihren Nippes anzupreisen versuchen und Straßenmusikan- *Lokal-* ten ihre Lieder spielen. Zudem haben Sie hier die Gelegenheit, an kleinen „Fressbu- *kolorit* den" **echte** mexikanische Snacks (oder zumindest **M**ex-**T**ex-Food) zu genießen. Die mexikanische Bevölkerung tut dies auch, was man als „Prüfsiegel" anerkennen sollte. Aber Achtung: Die Salsa ist hier wirklich scharf!

• **Spanish Governor's Palace (7)**
Ecke Camaron St./Military Plaza. Öffnungszeiten: Mo.–Sa. 9–17h, So. 10–17h.

Zwei Blöcke weiter Richtung Innenstadt (vom Market Square) befindet sich der ehemalige Sitz des spanischen Gouverneurs. Man hat versucht, alte, stilechte Möbel aufzustellen, und

Im Spanish Governor's Palace

ein Rundgang durch das Gebäude vermittelt einem anschaulich, dass zu damaliger Zeit ein Gouverneur zwar nicht darben musste, aber dass das Leben auch für ihn um einiges karger war, als wir es heute kennen – einmal abgesehen vom Platzangebot. Beeindruckend, welche Kühle die Lehm- und Steinmauern gewähren.

Spanish Governor's Palace

Restrooms	Gate	
	Fountain	Well
Terrace	Patio	
		Plaza Gate
Bedroom	Terrace	Kitchen
Family Bedroom	Living Room	Dining Room
Office of the Governeur	Ballroom	Ent. Hall Front / Chapel

- **Hertzberg Circus Collection (8)**

210 W. Market Street. Öffnungszeiten: Mo.–Sa. 9–17h, im Sommer auch So. 13–17h.

Ein Muss für Zirkusfreunde. In diesem Museum hat man alles zusammengetragen, was die Geschichte des amerikanischen Zirkus angeht. Dazu gehören Utensilien der berühmtesten Clowns – mit Sicherheit ein Vergnügen für Groß und Klein – und Plakate und „Geschichtchen" zu den verschiedensten Artisten. Sehr eindrucksvoll ist auch der „Minizirkus", ein Zirkusmodell im Maßstab 1:25.

- Wer Hunger verspürt, der sollte einen Abstecher zum **Lonestar Buckhorn Saloon & Museum (9)** *(318 E. Houston Street)* unternehmen. In verschiedenen Ausstellungen werden hier Relikte aus der Geschichte Texas', Bullenhörner, Vögel und deren Federn u.v.m. gezeigt. Dazu gibt es deftige Burger und saftige Steaks in Restaurant-Atmosphäre.

Weitere Sehenswürdigkeiten

La Villita („Die kleine Stadt") **(10)** ist ein alter Stadtteil zwischen Hilton Hotel (Riverwalk) und dem Hemisfair Park, der zum historischen Distrikt erklärt wurde. Hier hat jetzt eine Reihe von Künstlern ihre Galerien, und einige sündhaft teure Restaurants (mit Blick auf den Riverwalk) haben sich auch etabliert.

Genau gegenüber sehen Sie den **Hemisfair Plaza** bzw. **Park (11)**, wo 1968 die Weltausstellung stattgefunden hat. Es gibt ein paar historische Stadthäuser zu bewundern. Geplant ist, diese zu einem „German Heritage Park" zusammenzufassen und einige zur Besichtigung freizugeben. Außerdem finden Sie hier den **Tower of the Americas (12)**, einen Fernsehturm, von dem aus Sie eine gute Aussicht auf die City haben. Dabei können Sie feststellen, dass in San Antonio wirklich nur eine begrenzte Fläche bebaut ist und in Sichtweite drum herum bereits offenes Land beginnt. Oben auf dem Turm befinden sich ein Souvenirladen und ein Restaurant. Schließlich gibt es am südöstlichen Park das **Institute of Texan Cultures (13)** mit einer äußerst sehenswerten Ausstellung, die sich mit den 28 Kultur-

Beste Aussicht

gruppen beschäftigt, die zur Geschichte von Texas beigetragen haben. Eindrucksvoll die Multimedia-Show, die die texanische Geschichte dramatisch veranschaulicht. *Vorführungen: 10h15, 12h, 14h und 15h30 (geöffnet: Di.–So. 9–17h).*

• **King William Historic District (14)**
Dieser historische Stadtteil liegt knapp 2 Meilen südlich des Riverwalk um den gleichnamigen Straßenzug herum. Die ersten Häuser hier wurden von deutschen

Kaufleuten gebaut, und bei einigen ist der „Kaiser-Wilhelm-Stil" noch deutlich zu erkennen – alleine schon an der massiven, z.T. klobig-verschnörkelten Baustruktur. Lange Zeit wurde der Distrikt vernachlässigt, doch haben sich mittlerweile wieder wohlhabende Familien eingefunden, die die Häuser renoviert haben. Einige fungieren heute als Bed & Breakfast-Häuser. Zwei Häuser, das **Steve's Homestead** (*509 King William St., geöffnet: täglich 10–16h15, im Sommer bis 17h*) und das **Guenther House** (*205 E. Guenther St., geöffnet Mo.–Sa.*

„Steve's Home" im King William Historic District

9–17h, So. 10–14h30), können besichtigt werden. Das **Conservation Society Office** (*107 King William Street*) organisiert zudem Touren durchs Viertel.

Kurz noch drei Museen, die sich nördlich der Innenstadt befinden:
• **San Antonio Museum of Art (15)**
200 W. Jones St.. Öffnungszeiten: Mo.–Sa. 10–17h (Di. bis 21h), So. 12–18h.
Lateinamerikanische und spanische Kunst überwiegen. Sehenswert vor allem die Skulpturen und Keramiken der mittelamerikanischen Indianerkulturen und die Mexiko-Galerie.

Drei Museen • **Witte Museum (16)**
Brackenbridge Park (vom Broadway aus). Öffnungszeiten: wie oben.
Naturhistorisch interessant. U.a. gibt es eine Dinosaurierabteilung und eine sehenswerte Ausstellung zum Thema Ökologie in Texas, wobei bei Drucklegung noch nicht bekannt war, ob diese Ausstellung langfristig dargeboten werden soll. Kulturhistorisch von besonderem Interesse dann noch die Chronik des täglichen Lebens der Indianer des Südwestens – so wie sie vor 8.000 Jahren gelebt haben.
• **McNay Art Museum**
6000 N. New Braunfels St. Öffnungszeiten: Di.–Sa. 10–17h, So. 12–17h.
Untergebracht in einer mediterranen Villa, bietet dieses Kunstmuseum Werke verschiedenster europäischer Künstler, so z.B. Van Gogh, Cezanne, Toulouse-Lautrec, Gaugin und Goya. Zwei Galerien beschäftigen sich auch mit indianischen Kunstwerken.

Tipp
Die beiden erstgenannten Museen unterstehen der gleichen Organisation, und unter Vorlage eines Tickets des einen Museums wird der Eintritt im anderen um die Hälfte reduziert.

Sehenswertes in der weiteren Umgebung

San Antonio Missions National Park

Zwischen 1718 und 1731 hat die katholische Kirche (Franziskanermönche) 5 Missionsstationen entlang dem San Antonio River etabliert. Sie galten als Symbol für die Blütezeit des spanischen Kolonialismus. Sie dienten nicht nur religiösen Zwecken, sondern auch der Armee als Basiscamp. Umringt von Pueblo-Dörfern waren sie u.a. Warenlager und Marktplatz. Zudem waren die umliegenden Felder fruchtbar und günstig am Fluss gelegen. Heute stehen die Missionen unter Aufsicht der Nationalpark-Verwaltung, die für ihre Unterhaltung bzw. Restaurierung sorgt.

Alle Missionen haben riesige Innenhöfe, die umgeben sind von festen Mauern, sodass sich die Bewohner der umliegenden Dörfer im Falle eines Indianer-Angriffs hier verbergen konnten. Eine der Missionen ist die „Alamo" in der Innenstadt, die Sie wahrscheinlich bereits gesehen haben. Eine etwa 9 Meilen lange Straße (sehr gut ausgeschildert) führt südlich der City zu den 4 weiteren Missionen. An dieser Strecke erhält man auch ganz nebenbei einen Eindruck von den „Backyards" des modernen und reichen Amerika, den Wohngebieten der unteren Einkommensgruppen.

Alle Missionen sind täglich geöffnet (April bis September) 9–18h, 8–17h (Okt.–März). Ein Visitor Bureau befindet sich in der Mission Concepcion (hier erhalten Sie u.a. eine Karte), wobei auch in den anderen Missionen Parkranger und kleine Visitor Center für Fragen zur Verfügung stehen.

Spanische Missionsstationen...

• Mission Concepcion
807 Mission Rd.
„The Mission as a Religious Center". 1731 erbaut. Kaum renoviert. Hier wurden vor 200 Jahren die meisten Festivitäten abgehalten. Besonders populär bei den Indianern war damals das Schauspiel „Los Pastores", welches die Geburt Jesu

Mission Concepcion

nachstellte. Zudem faszinierte die Indianer die ausdrucksvolle Freskenmalerei an den Wänden, die heute aber nur noch schwach zu erkennen ist.

• Mission San José
6539 San Jose Drive.
„The Mission as a Social Center and as a Center of Defense". 1720 erbaut, doch erst 1740 an ihrem heutigen Platz etabliert. Diese Mission galt schon im 18. Jh. als die schönste und größte in Texas. Heute wird dies besonders an der Kirche (spanischer Renaissance-Stil) deutlich, deren „Rosa's Window" an der Südseite einmal sehr malerisch gewesen sein muss. Das Wetter hat aber mittlerweile das seine dazugetan. Außerdem können Sie an dieser Mission ein altes 'Indian Quar-

ter', die spanische Residenz und eine restaurierte Wassermühle (außerhalb der Nordmauer) besichtigen. Zeugnisse der militärischen Bedeutung finden Sie überall, so z.B. einen kleinen Schützenturm, Schießscharten und alte Kanonen. Für so ein Fort fand sich dementsprechend auch ein anderer, etwas paradox klingender Ausdruck: „Missions Fort".

In San José werden auch heute noch große Messen abgehalten: *Sa. 17h30, So. 7h45 (spanisch), 9h, 10h30 und 12h.* Beachten Sie auch den Film im Visitor Center über die Geschichte der Missionen.

Tipp
Lassen Sie sich für San José etwas mehr Zeit.

- **Mission San Juan**
9102 Graf St.
„The Mission as an Economic Center". 1731 errichtet. Von den Strukturen her die kleinste der Missionen, welches noch unterstrichen wird durch den frei stehenden Glockenturm (wie er in der Regel bei Geldknappheit angelegt wurde) und die einfach gehaltene Kirche. Im Umkreis wurde damals erfolgreich Ackerbau betrieben, weshalb diese Mission zu einem ökonomischen Zentrum aufstieg. Dabei hat sie aber niemals die Bedeutung von San José erreicht. Anbei ein kleines *...mit* Museum mit Artefakten aus der aktiven Zeit und ein paar Dingen die hier ehe- *Museen* mals ansässigen Coahuiltecan-Indianer betreffend. Auch heute noch werden hier täglich Messen abgehalten *(17h)*.

Auf dem Weg zur letzten Mission passieren Sie vorher die **Espada-Aquädukte**, die zwischen 1719 und 1740 von den Spaniern angelegt wurden, um die Felder zu bewässern.

- **Mission Espada**
10040 Espada Rd..
„The Mission as a Vocational Education Center". Ebenfalls 1731 gegründet. Die ersten Gebäude stehen nicht mehr, und die Mission war zeitweilig verlassen. 1756 wurde mit dem Bau einer größeren Kirche begonnen, von der aber nur ein Teil des Kirchenschiffs fertiggestellt wurde und um die erst zu Beginn des 19. Jh. die heute sichtbare Kirche herumgebaut wurde. Mission Espada ist ohne Zweifel die ursprünglichste und am wenigsten veränderte der 5 Missionen. Auch hier finden noch Messen statt: *Sa. 17h (Sommer 18h), So. 10h30 (spanisch), 12h.*

Weitere Sehenswürdigkeiten

In der Nähe von San Antonio gibt es zwei schöne Kalkstein-Höhlensysteme, die aber nicht mithalten können mit den imposanten Formationen der Carlsberg Caverns in New Mexico, wo Ihre Reise ja noch hinführen wird. Wenn Sie trotzdem mal in die hiesigen Höhlen schauen möchten, hier eine kurze Erläuterung dazu:

- **Natural Bridge Caverns**

An der FM 3009, westl. des I-35 (Exit: Garden Ritz Schertz), auf halbem Weg nach New Braunfels. Öffnungszeiten: täglich 9–18h.

Ein 20 Meter weiter Bogen spannt sich über den Eingang, wodurch die Höhlen ihren Namen erhalten haben. Den einzelnen Höhlensystemen haben verschiedene Steinformationen ihren Namen verliehen, so z.B. „Chandelier-Room (Kandelaber-Raum) und „Castle of the White Giants". Die Höhlen wurden erst 1960 entdeckt, seitdem aber touristisch stark genutzt und z.T. mit etwas kitschigen und bunten Lichtern zu sehr ausgeleuchtet. Führungen finden alle halbe Stunde statt. *Natur-attrak-tionen*

- **Cascade Caverns**

14 Meilen nordwestlich von San Antonio: I-10, Exit 543. Öffnungszeiten: täglich 9–18h im Sommer und Rest des Jahres Mo.–Fr. 10–16h sowie an Wochenenden 9–17h. Nicht ganz so eindrucksvoll wie die Natural Bridge Caverns, dafür aber günstig gelegen auf dem Weg nach Fredericksburg. Highlight ist ein 30 m hoher unterirdischer Wasserfall und der „Crystal Pool".

Abstecher ins deutsche Siedlungsgebiet

 Entfernungen (kürzeste Strecke)
- San Antonio - Fredericksburg: 75 Meilen/121 km
- Fredericksburg - Austin: 80 Meilen/129 km (über New Braunfels um ca. 45 Meilen länger)

 Zeiteinteilung
1–2 Tage

 Einkaufen
Hierzu bieten sich die Geschäfte entlang der Mainstreet in Fredericksburg an. Seien Sie aber auf „deutschen Kitsch" gefasst.

Überblick und Geschichte

Das Gebiet, welches sich zwischen San Antonio und Austin erstreckt, lockte nach 1840 zahlreiche deutsche Familien nach Texas. Natürlich war es zu dieser Zeit nicht einfach, eine so große Zahl von Leuten in einer einzigen Region anzusiedeln, besonders weil die konservativen Texaner mit dem fortschrittlichen Gedankengut der Neu-Texaner nicht umzugehen verstanden. Daher wurde 1842 bei Mainz der „Mainzer Adelsverein" gegründet, der sich um die Ansiedlung und Organisierung von Hunderten von deutschen Familien kümmerte. Ihr Vorsitzender war Carl Prinz zu Solms-Braunfels. Bis zum Bürgerkrieg und auch noch danach hatten es die Siedler schwer, denn sie sympathisierten nicht nur mit den Unionsstaaten des Nordens, sondern lehnten „eingefleischte" Südstaatenprevilegien, wie z.B. die Sklaverei, von Anfang an ab. Anerkannt wurde aber ihr Fleiß, der wesentliche Impulse für die weitere Entwicklung des Staates mit sich brachte. Auch heute liegt der Anteil Deutschstämmiger in Texas höher als in anderen Südstaaten. Man schätzt, *Deutscher Ursprung*

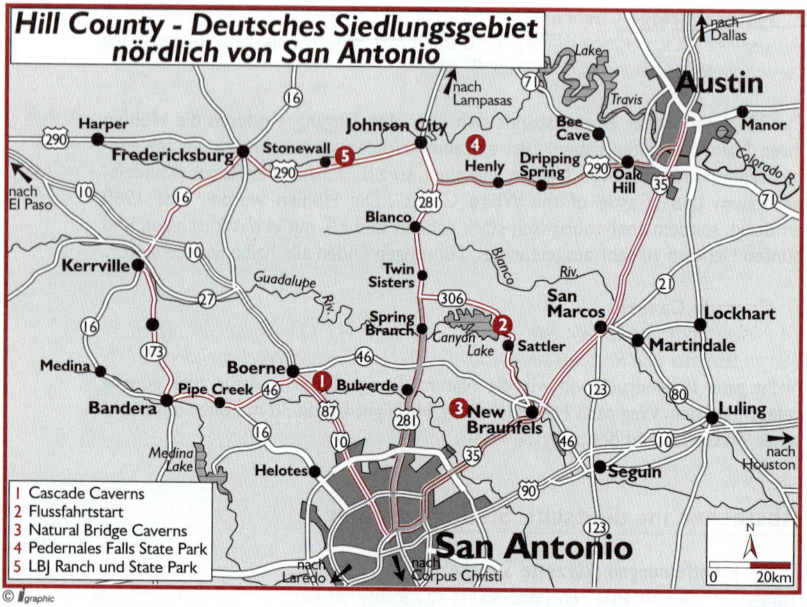

Hill County - Deutsches Siedlungsgebiet nördlich von San Antonio

nach Dallas

Lake Travis

Austin

nach Lampasas

Harper

Johnson City

Bee Cave

Manor

Fredericksburg · Stonewall **5**

4 Henly

Dripping Spring

Oak Hill

Colorado R.

nach El Paso

Blanco

281

Kerrville

Guadalupe

Twin Sisters

Blanco Riv.

San Marcos

Lockhart

306

Spring Branch

2

Canyon Lake · Sattler

Martindale

Medina

Boerne

46

1 Bulverde

3 New Braunfels

Luling

Bandera

Pipe Creek

87

281

nach Houston

Medina Lake

Helotes

35

Seguin

San Antonio

nach Laredo

nach Corpus Christi

N

0   20km

1 Cascade Caverns
2 Flussfahrtstart
3 Natural Bridge Caverns
4 Pedernales Falls State Park
5 LBJ Ranch und State Park

© graphic

dass es sich um etwa 6 % handelt. In den gesamten USA sprechen übrigens noch 1,5 Millionen Menschen zu Hause Deutsch. Deutsch ist damit nach Spanisch (19 Mio.), Französisch (1,7 Mio.) und Chinesisch (1,7 Mio.) die vierthäufigsten **gesprochene** Fremdsprache, gefolgt von Italienisch (1,4 Mio.).

Die Hills sind eigentlich nur Hügel, und von Bergen ist keine Spur. Trotzdem bieten sie eine Abwechslung zu der meist flachen und baumarmen Landschaft von Ost-Texas und dienen an Wochenenden vielen Städtern als Ausflugsziel. Diesem Tourismus ist es wohl auch zu verdanken, dass so viel deutsche Tradition, zumindest äußerlich, erhalten geblieben ist. „Gemütlichkeit" ist nämlich auch für die Amerikaner ein Lockruf. Straßennamen werden zweisprachig angegeben, und besonders die Geschäfte und Restaurants tragen Namen wie „Kuchenladen", „Kleiderschrank", „Auslander Restaurant" (die Tüpfelchen sind der amerikanischen Rechtschreibung zum Opfer gefallen) und „Friedhelm's". Deutsch sprechen können in der Regel nur noch die Älteren, die junge Generation lernt eher Spanisch als zweite Sprache.

Oft noch anzutreffen: ein deutsches Schild

Sowohl in Fredericksburg als auch in New Braunfels gibt es interessante Museen und dort ist die deutsche Kultur am besten spürbar. Wenn Sie nur der Landschaft wegen hierher fahren möchten, rate ich Ihnen eher, Ihre Zeit für die Nationalparks im Westen aufzusparen.

Falls Sie übrigens nicht vorhaben, Austin zu besuchen, sollten Sie die Reiseroute in entgegengesetzter Richtung abfahren und bereits von Fredericksburg oder Kerrville nach Westen bzw. Süden weiterreisen.

Sehenswertes

Redaktions-Tipps

- **Übernachten** in einem Bed & Breakfast-Haus in Fredericksburg.
- Die **bedeutendsten Sehenswürdigkeiten** sind der Pioneer Museum Complex in Fredericksburg (Historisches aus der Pionierzeit (S. 373)), der Lyndon B. Johnson National Historic Park (S. 374), wobei Sie die Vorführungen auf der Sauer-Beckmann-Farm zum Thema „Leben auf dem Land zu Beginn des 20. Jh." nicht verpassen sollten, die historischen Gebäude des Gruene Historic District (S. 377) und New Braunfels (S. 376) mit seinen architektonischen Zeugnissen aus der Zeit deutscher Pioniere und dem Hummel Museum.
- Ein **besonderes Erlebnis** ist ein mindestens 2-tägiger Aufenthalt auf einer Dude Ranch bei Bandera (S. 371).

Verlassen Sie San Antonio über den I-10 in westlicher Richtung, und fahren Sie durch bis **Boerne**, eine kleine Stadt, die nach einem deutschen Schriftsteller des 19. Jh. benannt wurde. Hier können Sie noch einige alte Häuser bewundern, die architektonisch eine Mischung aus viktorianischem Holzhaus und rustikalem deutschen Landhaus darstellen.

Fahren Sie nun über die Hwys. 46 und 16 nach **Bandera**, dessen Entwicklung maßgeblich polnischen Einwanderern zu verdanken ist. Außer ein paar Kirchen gibt es hier zwar nicht viel zu sehen, doch bezeichnet sich der Ort als „Cowboy Capital of the World", dank seiner zahlreichen Rodeoveranstaltungen und der großen Ranches im Umkreis. Vielleicht haben Sie ja Glück, und es findet gerade ein Rodeo statt. Dann sollten Sie sich das nicht entgehen lassen. Und noch etwas hat die kleine Stadt zu bieten: Mehrere **Gäste-Ranches** (Dude Ranches) in der Umgebung. Auf den meisten wird zwar kaum noch echter Ranchbetrieb durchgeführt, aber das Leben auf dem Lande kann man dennoch kennen lernen und vor allem genießen. Denn es wird so einiges geboten (wenn auch nicht ganz billig): Reiten, Lagerfeuer mit Grillen, Wanderungen und Vorführungen von Rancharbeiten. Kinder sind herzlich willkommen und werden ohne Zweifel ihren Spaß haben. Der nötige Luxus, verbunden mit Atmosphäre, steht außer Frage, und wer sich den „Programmen" entziehen will, findet auch Ruhe. Über die einzelnen Ranches erkundigen Sie sich beim Convention & Visitors Bureau am Ort *(P.O.Box 171, Bandera, TX 78003, Tel. (830) 796-3045).*

Rindertrail bei Bandera

Von Bandera aus nehmen Sie nun den Hwy. 173 nach Norden. **Kerrville** ist der nächste Ort. Eigentlich auch nicht besonders sehenswert, was die Architektur der Häuser angeht, aber lohnend ist ein Besuch des **Cowboy Artists of America Museum** *(1550 Bandera Hwy. = Hwy. 173)*. Hier gibt es vor allem Gemälde, die das Leben der Cowboys zum Thema haben. Die Bilder sind z.T. etwas heroisierend, oder auch kitschig, aber wenn Sie sich für Cowboykultur interessieren, sollten Sie mal reinschauen.

Von Kerrville geht es weiter auf dem Hwy. 16 bis nach Fredericksburg.

• **Fredericksburg** (ⓘ S. 173)

Fredericksburg wurde 1846, ein Jahr nach der Gründung von New Braunfels von Baron Ottfried von Meusebach angelegt, der bereits bei seiner Emigration den Namen John O. Meusebach angenommen hatte. Er brachte 120 deutsche Familien hierher, was in Anbetracht der Tatsache, dass das Gebiet damals inmitten der Jagdgründe der als kriegerisch bekannten Comanchen lag, von äußerstem Wagemut zeugte. Doch war Meusebach ein aufgeschlossener Verhandlungspartner, der einen Vertrag mit den Indianern abschloss. Dieser ging als einziger nicht gebrochener Vertrag zwischen Siedlern und Indianern in ganz Texas in die Geschichte ein. Die kleine Stadt konnte sich so in Ruhe entwickeln und ist heute der zentrale Punkt der Region. An Wochenenden strömen viele Städter hierher, alleine der ausgesuchten Geschäfte wegen.

Neben den unten aufgeführten Sehenswürdigkeiten empfiehlt sich für einen Besuch von Fredericksburg vor allem also das Shopping. Sie müssen ja nicht gleich alles kaufen, aber die Auslagen und die alten Häuser in der Mainstreet sind einen Bummel wert. Weinliebhaber seien darauf hingewiesen, dass es in der Umgebung von Fredericksburg einige Weingüter gibt, von denen einige zu besichtigen sind. Infos gibt das Visitor Center. Übrigens – lesen Sie auf dem Stadtplan einmal die Namen der Straßen, die die Mainstreet kreuzen. In *Origineller Stadtplan* westlicher Richtung lesen sich deren Anfangsbuchstaben „Come back", in östlicher Richtung „All welcome".

„Deutsche" Musikanten

Erkundung der Stadt

Am besten ist, Sie parken Ihr Fahrzeug in der Nähe des Touristenbüros Ecke Main und Adams Street und decken sich zuerst mit Informationsmaterial ein. Beginnen Sie am besten mit den Museen, solange Sie auf kulturellem Gebiet noch „aufnahmefähig" sind. Gehen Sie zuerst nach Westen. Als erstes treffen Sie gleich hinter dem Touristenbüro *(W. Main St., Old Town Square)* auf das Vereinskirche-Museum.

- **Vereinskirche-Museum**
Öffnungszeiten: Mo.–Fr. 10–15h; im Sommer auch Sa.
In diesem ersten öffentlichen Gebäude der deutschen Gemeinde (das heutige Gebäude ist aber eine Rekonstruktion von 1936) sind das Stadtarchiv und eine kleine Sammlung historischer Fotos und Dokumente untergebracht. Ganz interessant, was unsere Vorfahren durchgemacht und erlebt haben. Am auffälligsten ist aber das Gebäude selbst durch seine achteckige Form.

2 Blöcke westlich davon der

- **Pioneer Museum Complex**
309 W. Main St. Öffnungszeiten: Von April bis Oktober Mi.–Mo. 10–17h, So. 1–17h, Di. geschl., von Dezember bis März nur an Wochenenden geöffnet.
Das wohl interessanteste Museum der Stadt. Gebäude aus dem 19. Jh. (z.T.

Vereinskirche, auch „Coffee Mill Church" genannt

original möbliert), darunter ein für Fredericksburg typisches „Sunday House". In solch kleinen Häusern übernachteten die Farmer mit ihren Familien, wenn Sie am Wochenende zum Einkaufen und Feiern in die Stadt kamen. Außerdem: eine Schmiede, eine Räucherkammer und an manchen Wochenenden auch Vorführungen alter Handwerkskünste.

Gehen Sie nun die Mainstreet zurück, und beginnen Sie Ihren Schaufensterbummel. Für einen Snack oder ein Lunch bieten sich hier genügend Restaurants an.

Wenn Sie dann noch Lust auf weitere „Kultur" haben, statten Sie doch noch dem **Admiral Nimitz State Historical Park** *(340 E. Main St., geöffnet täglich 8–17h)* einen Besuch ab. Admiral Nimitz, der Oberkommandierende (und „Haudegen") der amerikanischen Pazifikflotte während des 2. Weltkrieges, wurde 1885 als Sohn einer deutschen Familie in Fredericksburg geboren. Das Gebäude war einst ein Hotel und gehörte seinem Großvater. Das Museum beschäftigt sich vornehmlich mit der Geschichte des Pazifikkrieges, in der die Rolle der Marine größer war als im Europakrieg. Ganz interessant der 'Garden of Peace', der von japanischer Seite gestiftet worden ist und in dem u.a. ein Nachbau des Büros und des Teehauses von Nimitz' Gegenspieler, Admiral Togo, zu besichtigen ist.

Erinnerung an den Weltkrieg

Von Fredericksburg haben Sie jetzt zwei Möglichkeiten weiterzufahren: Entweder Sie verlassen dieses Gebiet und setzen Ihre Reise an die Golfküste oder gleich in Richtung Westen fort (lesen Sie dazu weiter auf den Seiten 399ff), oder Sie fahren nach Osten wie im Folgenden beschrieben.

Verlassen Sie dazu Fredericksburg entlang der Mainstreet auf dem Hwy. 290. Als nächstes kommen Sie zum Lyndon B. Johnson National Historical Park.

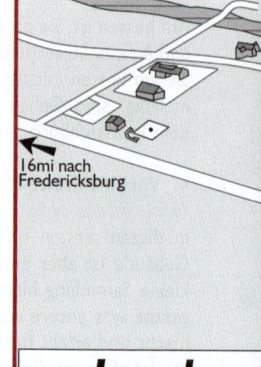

16mi nach
Fredericksburg

• Lyndon B. Johnson National Historical Park
Am Hwy. 290, 16 Meilen östlich von Fredericksburg und 14 Meilen westlich von Johnson City. Öffnungszeiten: Das Visitor Center und alle weiteren Einrichtungen sind geöffnet täglich von 9–17h. Die Sauer-Beckmann-Farm schließt bereits um 16h30 und die letzte Bustour beginnt um 16h.

Das ist typisch Texas: Da stammt von hier ein Präsident, und noch zu seinen Lebzeiten sammeln seine Freunde Geld und kaufen damit ein fruchtbares Stück Land gleich neben seiner Farm. Hier richten sie einen State Park ein, der dann im Nachhinein zum großen Teil aus Steuermitteln finanziert wird.

Lyndon Baines Johnson (1908–1973), von allen nur LBJ genannt, war mit Sicherheit bei vielen Amerikanern populär. Gleich nach der Ermordung John F. Kennedys übernahm er als sein Stellvertreter das höchste Amt im Staate und führte dessen

L.B.Johnson-Denkmal

Politik weiter. Besonders auf dem sozialen Sektor leistete er einiges, auch wenn viele das zu seiner Amtszeit nicht wahrhaben wollten. Zudem zeichnete er für die Einrichtung vieler Naturschutzprojekte und -gebiete verantwortlich. Während seiner Amtszeit war die Nation vor allem wegen des amerikanischen Engagements im Vietnam zerstritten, da die USA immer aktiver ins direkte Kampfgeschehen eingriffen. Seine Popularität verdankte LBJ vor allem seiner väterlichen Art (wohl kaum ein Präsident konnte die Rolle des 'Vaters der Nation' so gut einnehmen) und seiner lockeren und trotzdem zielgerichteten Amtsführung. Er galt auch als hervorragender Gastgeber, und viele Politiker wurden auf seine Farm eingeladen, die dadurch den Spitznamen 'Texas White House' erhielt. Unter den Gästen waren auch deutsche Politiker wie Adenauer und Erhard. Als Mangel seiner Amtsführung wird von Historikern angeführt, dass LBJ nicht in der Lage war, den innenpolitischen Disput mit den Friedensbewegungen zu schlichten. Mit anderen Worten: Ihm fehlte die Toleranz, andere Meinungen anzuerkennen und in seine Politik mit aufzunehmen.

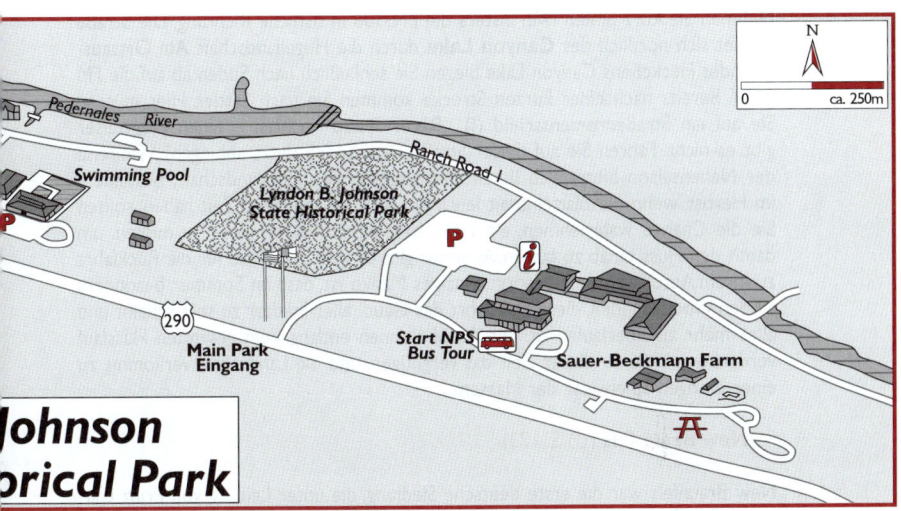

Johnson
orical Park

Im Park gibt es eine kleine Ausstellung zum Leben und Wirken von Lyndon B. Johnson, und auf einer 90-minütigen Bustour *(täglich 10–16h)* können Sie die wesentlichen Punkte abfahren. Die 'LBJ-Farm' kann man auf dieser Tour nur von außen sehen, da Lady Bird Johnson, die Ehefrau von LBJ, noch heute einen Teil ihrer Zeit hier verbringt. Besonders interessant sind die Naturlehrpfade und allem voran die **Sauer Beckmann Farm**, auf der das Farmleben aus der Zeit vor dem 1. Weltkrieg vorgeführt wird. Dazu gehören: Pflügen mit dem Pferdegespann, das Herstellen von Seife, Melken mit der Hand und Textilarbeiten.

Sauer Beckmann Farm

14 Meilen weiter, in **Johnson City**, befindet sich schließlich noch ein Ableger des Historical Parks. Hier können Sie u.a. das Jugendhaus (Boyhood Home) von LBJ besichtigen. Übernachtungsmöglichkeiten bieten auch hier einige Bed & Breakfast-Häuser (achten Sie bereits vor dem Ort auf die Schilder).

Für die Weiterfahrt haben Sie nun 3 Alternativen:
- den Hwy. 281 nach Süden und nur wenige Meilen hinter Johnson City nach Osten abbiegen und auf dem Hwy. 290 direkt nach Austin fahren,
- dem Hwy. 281 in südlicher Richtung folgen, um zurück nach San Antonio zu gelangen oder
- auf dem Hwy. 281 nach Süden bis kurz hinter Twin Sisters fahren und von dort weiter wie folgt nach New Braunfels:

Nehmen Sie kurz hinter Twin Sisters die FM 306 in östliche Richtung. Die Straße windet sich nördlich des **Canyon Lake** durch die Hügellandschaft. Am Ortsausgang des Fleckchens Canyon Lake biegen Sie schließlich nach Süden ab auf die FM 2673. Bereits nach einer kurzen Strecke kommen Sie nach Sattler. Hier müssen Sie auf ein Straßennamensschild (!) **„River Road"** achten – einen Wegweiser gibt es nicht. Fahren Sie auf dieser Straße nach Süden (links abbiegen). Während der Nebensaison bietet sich Ihnen eine bezaubernde Flusslandschaft, besonders im Herbst, wenn die Blätter bunt leuchten. Falls Sie genügend Zeit haben, sollten Sie die Chance wahrnehmen, ein Kanu bzw. einen Autoschlauch zu mieten, um damit den Fluss hinab zu fahren. Anbieter gibt es genügend, und für die Rückfahrt zu Ihrem Auto wird auch gesorgt. Einziges Manko ist, dass im Sommer, besonders an den Wochenenden, diese Flussfahrt das Gaudi aller Städter zu sein scheint und alles mehr als überlaufen ist. Die Autokolonnen entlang dem gesamten Flusslauf verderben einem zu dieser Zeit das Vergnügen, und die Landschaft verkommt zu einer einzigen Spielwiese der Massen.

- **New Braunfels** (ⓘ S. 173)

Städtchen mit deutscher Geschichte

New Braunfels war die erste deutsche Siedlung, die unter Leitung von Prinz Carl von Solms-Braunfels und des Mainzer Adelsvereins gegründet wurde. Leider gab es aber zu Beginn bereits immense Probleme. Als nämlich die 6.000 deutschen Siedler 1844 in der kleinen Hafenstadt Indianola eintrafen, war bereits der amerikanisch-mexikanische Krieg ausgebrochen, und keines der Transportunternehmen, mit denen vorher Verträge ausgehandelt worden waren, hatte mehr Interesse an den finanziell abgebrannten Siedlern. Transporte für die Armee waren um einiges lukrativer. Somit musste sich die Siedlerschar selbst aufmachen, um ihre neue Heimat zu erreichen. Des Landes nicht kundig, geschwächt von der Schiffspassage und zumeist zu Fuß, erlagen viele den Strapazen der Wanderung. Einige Berichte sagen aus, dass 2.000 starben, andere behaupten sogar, dass nur ein paar Hundert diesen Marsch überlebten.

Trotzdem gründete der Rest von ihnen im Jahre 1845 New Braunfels, das nach kaum 20 Jahren zu den bedeutendsten Städten von Südtexas zählte. Viele Deutsche wanderten auch aus Galveston zu.

Die deutsche Tradition wird hier auch heute noch gepflegt, obwohl, wie in Fredericksburg, nur noch wenige wirklich Deutsch sprechen. Jährlicher Höhepunkt ist das

Jährlicher Höhepunkt in New Braunfels: das Wurstfest

Wurstfest im November. Eine kurze Erläuterung in einem Austin-Magazin macht deutlich, wie die Kulturen sich mittlerweile vermischt haben: „Dance the Polka with your Sweetheart at Wurstfest". Dazu ein Bild: sie in einem undefinierbaren Dirndl, er in Lederhose und roter Weste (bestickt mit mehreren Polkatänzern und unzählige Mal beschriftet mit dem Wort „Opa" – über die ganze Weste verteilt).

Viel besonders Sehenswertes gibt es nicht, aber der mehr oder weniger historische Innenstadtbereich, bietet sich an, um einmal durchzufahren und dabei die Überreste deutscher Baustrukturen aufzuspüren. Dazu gehören u.a. ein **Pavillon** auf dem zentralen Main Plaza, das Gebäude des **Prince Solms Inn** *(295 E. San Antonio St.) und ein paar restaurierte alte Gebäude am Conservation Plaza (1300 Church Hill Dr.).*

Das interessanteste Museum, wenn auch ohne deutschen Bezug, ist mit Sicherheit das **Hummel Museum** am Main Plaza, welches die Werke der auch bei uns bekannten Ordensschwester M. I. Hummel ausstellt. Natürlich gibt es auch einen Museumsshop. *Geöffnet: Mo.–Sa. 10–17h u. So. 12–17h.*

Ein weiteres sehenswertes Museum wäre das **Sophienburg Museum** *(401 West Coll St.),* dessen z.T. wechselnde Artefakte sich mit der Geschichte der ersten Siedler (und des Prinzen) beschäftigen. *Geöffnet: Mo.–Sa. 10–17h, So. 13–17h.*

Autoenthusiasten seien schließlich noch auf das **Alamo Classic Car Museum** aufmerksam gemacht *(I-35 South, Exit 180 od. 182, geöffnet: täglich 10–18h30),* das mit seiner eindrucksvollen, privaten Sammlung historischer Autos begeistert.

Etwa 5 Meilen nördlich von New Braunfels befindet sich schließlich noch die alte Siedlung **Gruene** (ⓘ S. 173), einst eine Baumwoll-Boomtown, danach zur Ghosttown verkommen und heute für die Touristen wieder liebevoll aufpoliert. Hier gibt es zahlreiche historische Gebäude, einige Souvenirshops, ein paar Restaurants und auch Weinkellereien. Letztere bieten vor al-

Gruene Historic Town

lem Weine aus Texas an. Wenn auch nicht so lieblich wie die kalifornischen Weine, sind sie aber allemal eine Kostprobe wert. Am interessantesten aber die **Gruene Hall**, eine alte Tanzhalle, in der auch heute noch an Wochenenden Livemusik (mit Tanz) gespielt wird, bei der die Stimmung häufig „überschwappt".

Ehemalige Baumwoll-Stadt

Zur **Natural Bridge Cavern** lesen Sie bitte unter „Umgebung von San Antonio".

Von New Braunfels fahren Sie am besten weiter auf dem I-35, entweder nach Austin (46 Meilen) oder San Antonio (30 Meilen).

12. Austin (ⓘ S. 173)

Entfernungen
• *Austin - San Antonio:*
  80 Meilen/128 km
• *Austin - Houston:*
  162 Meilen/261 km
• *Austin - Dallas:*
  192 Meilen/309 km
• *Austin - El Paso:*
  573 Meilen/923 km

Zeiteinteilung
1 Tag

Überblick

Geschichte

Die ersten Europäer in der Gegend waren 1730 spanische Missionare aus San Antonio. Sie zogen aber bereits nach einem Jahr erfolgloser Missionsarbeit bei den Tickanwatic-Indianern wieder ab. 1838 war es dann der Händler Jake Handell, der ein kleines Camp am Colorado River gründete, dort, wo sich heute die Downtown von Austin befindet. Er nannte es Waterloo. Noch im selben Jahr kam eine Gruppe von Büffeljägern in die Gegend, unter ihnen Mirabeau B. Lamar, zu dieser Zeit noch Vizepräsident von Texas. Als er ein Jahr später selbst Präsident wurde und entscheiden musste, wo die neue Hauptstadt von Texas entstehen sollte, erinnerte er sich an diesen Ort. Wasser, Platz und eine für texanische Verhältnisse abwechslungsreiche und klimatisch angenehme Landschaft waren vorhanden, und zudem bot die geographische Lage auch Vorteile für die zukünftige Besiedlung des noch weitgehend unerforschten Westens.

Waterloo wurde bald zu Austin umbenannt, da Lamar, dessen zweiter Vorname Bonaparte lautete, ein ungünstiges Vorzeichen in dem alten Namen sah. Der Namensvater Stephen F. Austin war einer der „Gründerväter" von Texas gewe-

Die texanische Hauptstadt

sen, dessen wesentliche Errungenschaften in Vertragsabschlüssen lagen, die er mit den Mexikanern vor 1836 ausgehandelt hatte. Die Stadt Austin wuchs nur langsam, da außer Regierungsleuten kaum jemand hier siedeln wollte. Sie machte von sich reden, als ihre liberal eingestellten Einwohner 1861 gegen die Abspaltung von den Unionsstaaten stimmten. Dies verschonte die Stadt im folgenden Bürgerkrieg vor schlimmen Angriffen. Die University of Texas, die im Jahre 1883 eröffnet wurde, trug fortan zu der progressiven Einstellung in der Stadt bei, die ganz im Gegensatz zum übrigen noch heute konservativen Texas steht.

In den 1950er Jahren wurden auch Industrieunternehmen auf die Stadt aufmerksam, und mit dem Zeitalter der Computer entwickelten sich hier über 500

Computerfirmen, unter ihnen bedeutende Konzerne wie z.B. Apple. Heute hat die Stadt eine der höchsten Computernutzungsraten der Welt.

Austin heute

Auch heute noch steht Austin im strengen Gegensatz zu anderen Städten von Texas. Die Wolkenkratzer sind nicht so hoch, und das Leben ist von bedeutend weniger Hektik und Arroganz geprägt. Beamte und Studenten bestimmen das Straßenbild, und betrachtet man die Vielzahl freakig (bis revolutionär) angehauchter Shops (selbst in der Innenstadt), die Mischung aus vergangener Hippiekultur und postmoderner Yuppieszene und die lockere Art der Menschen, mag man eher glauben, sich in einer Vorstadt von San Francisco oder Seattle zu befinden.

Was bietet sich für Sie in Austin? Dazu gibt es nur eine Antwort: eine **Musikszene**, wie man sie höchstens noch in New York, San Francisco oder New Orleans antreffen wird. Etwas übertrieben, aber nicht ganz zu Unrecht, bezeichnet sich Austin als die „Live Music Capital of the World", und keine Stadt hat so viele Pubs und Restaurants – bezogen auf die Einwohnerzahl. Warum es dazu gekommen ist, weiß eigentlich keiner so genau, aber ein Grund mag sicherlich darin liegen, dass sich während der 1940er und 50er Jahre schwarze Blues- und Jazzgrößen im liberalen Austin wohler gefühlt haben als irgendwo anders im Süden und obendrein auch ein aufgeschlossenes Publikum vorfanden. Diese Tatsache wiederum bildete den Keim für die ersten Clubs. Als der Rock in den 50ern und 60ern aufkam, nutzten auch die Rockmusiker, die aus allen Teilen der Südstaaten nach Austin kamen, die vorhandenen Bühnen, und damit war letztendlich der Stein ins Rollen gebracht worden. Die 68er-Szene und die aufmerksam gewordene Plattenindustrie besorgten schließlich den Rest. In einer Stadt, wo jeden Tag (einschließlich montags) mindestens 20 Liveauftritte stattfinden, bekommt jeder einmal seine Chance, selbst wenn er eine Gitarre nur vom Ansehen her kennt. Zweifellos bietet dies beste Voraussetzungen für eine sich immer wieder neu entwickelnde Musikkultur und die Entdeckung förderungswürdiger Musiker und späterer Stars. Da kommt es natürlich schon mal vor, dass sich in nur einem Häuserblock ein Jazzpianist, eine Rap-Disco und ein Bluessänger gegenseitig die Gäste streitig machen. Doch die Austianer mögen das. Eine bestimmte Musikrichtung wird hier nicht favorisiert, und jeder erhält seine Chance. Gefällt die Musik nicht, unterhält man sich eben um so lauter oder funktioniert die überall freigebotenen Erdnüsse zum (weichen) Wurfgeschoss um. Gebuht wird nicht. Kein Wunder, dass ausgerechnet hier im ansonsten so konservativen Texas Größen wie Janis Joplin ihre Musik publik und später auch populär machen konnten. Wo in Texas hätte sonst wohl jemand bestehen können, der noble und in diesem Staate so begehrte Automarken wie Mercedes und Porsche mit so viel Ironie besungen hat.

Livemusik allerorten

Straßenszene – 6th Street

Die Zeiten haben sich natürlich auch in Austin ein wenig geändert. Die lockere Lebensart der 1960er und 70er Jahre ist dem zielstrebigen Charakter der 80er und 90er gewichen. Die Studenten tragen meist nur Markenware und sind damit beschäftigt, ihre schweren Aktenköfferchen von einem Institut zum nächsten zu befördern. Abends hat bei vielen das Lernen Vorrang, und für die Kneipe bleibt nur wenig Zeit. Zudem hat sich eine Reihe von Clubs zu lukrativeren 'Restaurants mit Livemusik' gewandelt, was für die Musikentwicklung nicht sehr förderlich war. Kritiker behaupten, die 6th-Street-Szene ähnele heute eher der (touristischen) Bourbon Street in New Orleans.

Ich denke, ganz so weit ist es noch nicht. Wenn Sie nicht gleich im erstbesten Laden verschwinden und sich von Evergreens – die Sie überall im Südwesten aus den Musiktruhen „powern" hören werden – „einlullen" lassen bis zur Bettschwere, dann haben Sie auch heute noch gute Chancen auf exzellente Musikgigs. Am besten, Sie fragen einfach mal ein paar Einheimische, wo etwas los ist und welche Gruppen sehenswert sind. Betrachtet man Ihr zukünftiges Reisegebiet, sollten Sie Musikrichtungen wie Country und Western sowie Sing-along-Pianos höchstens zur Einstimmung nutzen, dann doch aber kleinen verräucherten Bars mit Blues oder Jazz den Vorzug geben.

Sind Sie aber kein Kneipengänger und haben wenig Lust auf lange Nächte bei lauter Musik in verräucherten Bars, dann können Sie Austin eigentlich von Ihrer Reiseroute streichen. Der Rest ist und bleibt hier Nebensache, hat höchstens lokalen Wert und dient der Selbstdarstellung des Staates Texas.

Sehenswertes im Stadtbereich

Es gibt 2 Alternativen, wie Sie die Höhepunkte der Innenstadt erkunden können:

- Sie nehmen an einer 1½-stündigen „Historic Downtown Walking Tour" teil, die von Donnerstag bis Sonntag in der Regel um 9h beginnt. Dabei erklärt Ihnen ein Führer alles Wissenswerte. Hinterher können Sie dann ja noch für Sie interessante Punkte aufsuchen. Infos dazu erhalten Sie im Visitor Center *(201 E. 2nd St.)*.
- Sie machen sich selbst auf und folgen der hier beschriebenen Route. Längere Strecken können Sie ja gegebenenfalls mit dem Trolleybus zurücklegen.

Parken Sie auf dem „State Visitor Parkinglot" nördlich des Capitol *(Congress St., 1500er Block)*, wo Sie Ihr Fahrzeug kostenlos 2 Stunden lassen können. Beginnen Sie dann Ihren Rundgang am **Austin Visitor Center (1)** (Adresse s.o.) und besorgen Sie sich eine gute Karte und die Broschüre „Historic Austin", die alle wesentlichen Häuser im einzelnen beschreibt. Dieses Visitor Bureau soll in absehbarer Zeit evtl. wieder im Capitol-Gebäude untergebracht werden.

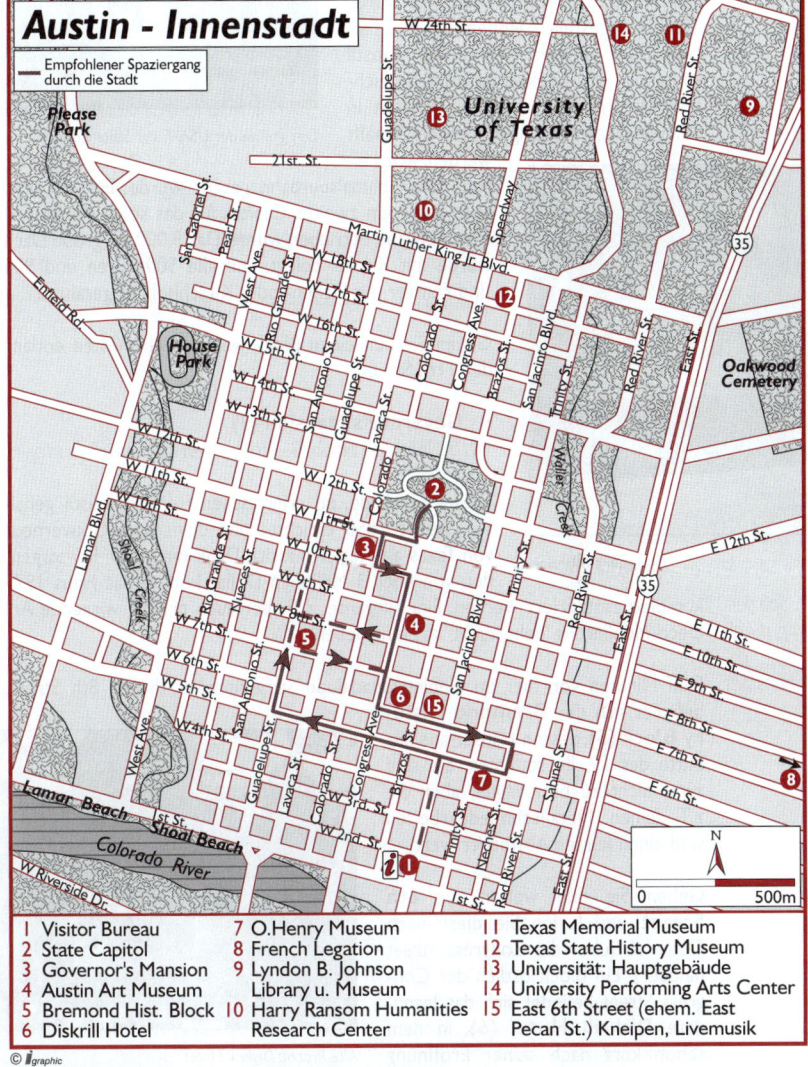

Austin - Innenstadt

Empfohlener Spaziergang durch die Stadt

1 Visitor Bureau	7 O.Henry Museum	11 Texas Memorial Museum
2 State Capitol	8 French Legation	12 Texas State History Museum
3 Governor's Mansion	9 Lyndon B. Johnson	13 Universität: Hauptgebäude
4 Austin Art Museum	Library u. Museum	14 University Performing Arts Center
5 Bremond Hist. Block	10 Harry Ransom Humanities	15 East 6th Street (ehem. East
6 Diskrill Hotel	Research Center	Pecan St.) Kneipen, Livemusik

© Igraphic

- **State Capitol (2)**

Öffnungszeiten: Das Capitol ist täglich ge-öffnet und Führungen finden i.d.R. zwischen 8h30 und 16h30 statt.

Das texanische State Capitol, wie sollte es auch anders sein, ist das größte der USA und überragt selbst das Capitol in Washington D.C. um 7 Meter. Es wurde 1888 fertiggestellt, nachdem der alte Parlamentssitz abgebrannt war. Den Baustil kann man als neoklassizistisch bezeichnen. Die rosa Granitsteine mussten in 15.000 Waggonladungen herbeigeschafft werden, wozu ei-

Das größte der USA: Texas State Capitol

gens eine Schmalspurbahn gebaut wurde. Es gibt wohl auch kaum ein zweites Capitol, für das solch ein finanzieller Aufwand betrieben wurde. Das 8.000 m² große Dach wurde mit Kupfer belegt, und alle 500 Türen und 900 sind Fenster mit Eichen- oder Kirschholz eingerahmt.

Gehen Sie nun einen Block weiter nach Westen entlang der 11th Street.

- **Governor's Mansion (3)**

1010 Colorado Road, Besichtigungen sind möglich: Mo.–Fr. 10–11h40.

Governor's Mansion

Dieses Gebäude, im griechischen Renaissancestil gehalten, wurde 1856 errichtet und dient dem Gouverneur von Texas als Regierungssitz. Dank mehrerer Privatspenden von über 3 Millionen Dollar konnte das Haus 1979 komplett restauriert werden. Eine elegante, z.T. aber auch protzig wirkende Art Deco-Möblierung 'beherrscht' das Innenleben.

Spazier-gang durch die Innenstadt

Fünf Minuten von hier, im Gebiet Guadalupe St., zwischen 7th und 8th Street, befindet sich der **Bremond History Block (5)**, dessen Häuser aus der Mitte des 19. Jh. stammen. Sie sind zwar nicht zu besichtigen, aber die z.T. feinen Metallschmiedearbeiten sind einen kurzen Abstecher wert.

Gehen Sie nun weiter zur **6th Street**, und laufen Sie diese nach Osten ab (über die Congress Street hinüber). Ein Block östlich der Congress Street befindet sich das legendäre **Diskrill Hotel (6)**, in dem schon kurz nach seiner Eröffnung

Alte Pracht: Diskrill Hotel

1886 das Parlament tagte, bis das Capitol fertiggestellt war. Während der 50er und 60er Jahre diente es Lyndon B. Johnson als Hauptquartier seiner Wahlkampfkampagne. Ein paar Erinnerungsstücke aus dieser Zeit sind noch ausgestellt. Gehen Sie ruhig auch mal in die Lobby. Es lohnt sich.

Die **East 6th Street (14)** (vormals East Pecan St.) war eine der ersten Straßen von Austin und früher in ihrer Verlängerung die Ausfallstraße nach Houston. Die Häuser, meist entstanden im ausgehenden 19. Jh., zeugen noch heute von der wechselhaften Geschichte der Stadt und des Staates. Einige sind gut erhalten, allen voran das Diskrill Hotel, andere erinnern eher an die heruntergekommenen „Schuppenhäuser" der amerikanischen Vorstädte, an denen seit zig Jahren nichts mehr gemacht wurde. Heute beherbergt diese Straße aber eine der beiden Musikszenen von Austin und ist allabendlich Anziehungspunkt musikhungriger Kneipengänger. Lesen Sie dazu auch im Abschnitt „Pubs und Livemusik".

Musikszene

- **O. Henry-Museum (7)**
Öffnungszeiten: Mi.–So. 12–17h.
Dieses kleine Museum in der 409 E. 5th St. erinnert an den Schriftsteller William Sydney Porter, besser bekannt unter seinem Synonym „O. Henry". Porter lebte 10 Jahre in Austin (1885–95) und arbeitete hier hauptsächlich als Bankangestellter. In seiner Freizeit aber legte er das Magazin „Rolling Stone" auf. Später lebte Porter in New York, wo er Hunderte von Kurzgeschichten veröffentlichte und damit schließlich berühmt wurde. Im Museum gibt es ein paar Erinnerungsstücke an seine Arbeit. Interessant ist es aber eigentlich nur dann, wenn man bereits vorher von O. Henry etwas gehört und gelesen hat.

- **French Legation (8)**
802 San Marcos St. (bei der 8th St.), östlich vom I-35. Öffnungszeiten: Di.–So. 13–17h.
Das Gebäude wurde 1840 für den französischen Botschafter Comte Alphonse Dubois de Saligny errichtet und ist das einzige Botschaftsgebäude in den USA außerhalb von Washington D.C. Die Franzosen waren übrigens die ersten, die 1839 die Republik Texas anerkannten. Saligny scheute keine Kosten, das Interieur mit den feinsten Möbeln und Teppichen auszustatten Heute kann man das Haus und seine prunkvolle Einrichtung besichtigen. Wer sich für so etwas begeistern kann, ist hier richtig. Historisch Interessantes gibt es aber kaum zu sehen.

- **Weitere interessante Museen**

- **Lyndon B. Johnson Library and Museum (9)**
2313 Red River Street, 1 Block westlich des I-35. Öffnungszeiten: täglich 9–17h.
Aufgeteilt in die Bücherei, die über 31 Millionen Bücher und Dokumente beherbergt, und das Museum selbst. Im Museum befindet sich eine Reihe von Erinnerungsstücken aus dem Leben und aus der Präsidentschaft von Johnson. Dazu kommen eine Nachbildung des Oval Room im 'Weißen Haus', eine Sammlung von Geschenken, die Johnson während seiner Amtszeit von ausländischen Staatsmännern erhalten hat, und eine eigens von Lady Bird Johnson zusammengestellte Darstellung vom „Life in the White House". Besondere Aufmerksamkeit sollten

Lyndon B. Johnson Library & Museum

Sie zudem der halbjährlich wechselnden Wanderausstellung schenken, die sich mit Fragen zu Politik und Naturschutz beschäftigt.

- Harry Ransom Humanities Research Center (10)
Ecke 21st und Guadalupe Street auf dem Unicampus. Öffnungszeiten: Mo.–Sa. 9–17h, So. 13–17h.
Sammlung seltener Bücher (Englisch, Amerikanisch und Französisch) und eine besonders interessante Fotosammlung (über 5 Millionen Bilder), zu der auch eine Ausstellung alter Fotogeräte gehört. Außerdem ist eine der 5 noch existierenden und 1455 gedruckten Gutenbergbibeln ausgestellt.

- Texas Memorial Museum (11)
2400 Trinity Street, auf dem Unicampus. Öffnungszeiten: Mo.–Fr. 9–17h, Sa. + So. 13–17h.
Naturkundliches Museum mit Ausstellungsstücken und Erläuterungen zu Themen wie Geologie, Paläontologie und Anthropologie sowie auch indianischen Kunstwerken. Besuchenswert die Abteilung 'Flora und Fauna von Texas'.

*Austins
Museen*

- Elisabet Ney Museum
304 E. 44th St. Öffnungszeiten: Mi.–Sa. 10–17h, So. 12–17h.
Die deutsche Bildhauerin Elisabet Ney immigrierte 1870 nach Texas. Hier sind ihr Wohnhaus sowie ihr Studio zu besichtigen. Natürlich gibt es auch einige Werke zu bewundern.

- Austin Museum of Art
Zwei Adressen: 823 Congress Ave. und 3809 W. 35th St. (Laguna Gloria). Öffnungszeiten: Di.–Sa. 10–17h (Do. bis 21h), So. 13–17h.
In beiden Museen werden Wanderausstellungen gezeigt. Vornehmlich handelt es sich um zeitgenössische amerikanische Kunst. Besuchenswerter ist die Adresse Laguna Gloria. Hier befindet sich die Ausstellung in der ehemaligen und prunkvollen Villa von Stephen F. Austin am Lake Austin.

- Bob Bullock Texas State History Museum (12)
Ecke Martin Luther King Blvd./N. Congress Ave.. Öffnungszeiten: Mo.–Sa. 9–18h, So. 12–18h.
Das große Museum beschäftigt sich über mehrere Etagen mit der Geschichte von Texas. Verschiedene Filme werden gezeigt, u.a. auch der über die Geschichte von Texas in einem IMAX-Kino. Die Ausstellungen sind nicht immer kritisch und heroisieren oft den „Texas Way of Life". Trotzdem ist dieses Museum aber mit Sicherheit lohnend, wenn Sie sich lange und intensiv in Texas aufhalten.

INFO Westliche Golfküstenlandschaft

In ihrem Aufbau und in ihren Landformen bildet die westliche Golfküstenebene – geographisch angesiedelt westlich des Mississippi – durchaus das Gegenstück zu den Coastal Plains östlich des Mississippi. Unter dem Einfluss der nach Westen hin abnehmenden Niederschläge ändert sich hier aber der Charakter der Vegetation, und vor allem der Gang der **kulturellen Entwicklung** ist in beiden Teilen sehr unterschiedlich gewesen.

Die Tatsache, dass die westliche Küstenebene erst einige Jahrzehnte später als das Land östlich des Stromes von den Siedlern okkupiert wurde, genügte, um der Kulturlandschaft eine besondere Eigenart zu geben:

• Die östliche Golfküstenebene war noch von den Kolonisationsmethoden des alten Südens erfasst worden, und nach der Sklavenbefreiung wirkte sich dort die große Arbeitslosigkeit der Schwarzen wirtschaftlich hemmend aus, besonders weil diese einen Großteil des Landes bewohnten, aber aufgrund fehlender Kenntnisse und mangelnden Kapitals nur unzureichend bearbeiten konnten.
• Westlich des Mississippi hatte die Einwanderung unternehmenslustiger Anglo-Amerikaner die ehemals mexikanische Bevölkerung verdrängt und schließlich den Freistaat Texas von Mexiko losgerissen. Die wichtigste Kulturpflanze des nordamerikanischen Südens, die Baumwolle, wurde hier durch sie eingeführt. Getragen von einer fortschrittlicher denkenden Bevölkerung und nicht durch alte Traditionen gehemmt, hat der Baumwollanbau hier ganz neue Formen angenommen, die im schärfsten Gegensatz zu den veralteten Arbeitsmethoden östlich des Stromes standen.

Als Kulturlandschaften sind die beiden Küstenebenen, so wie sie uns heutebegegnen, Schöpfungen zweier verschiedener, wenn auch zeitlich gar nicht so weit auseinanderliegender Perioden. Schwarzen, die z.T. auch heute noch mit einfachen Mitteln kleinste Parzellen in der östlichen Region bearbeiten, stehen im Westen moderne maschinelle Landbaumethoden auf großen Feldern gegenüber.

Die **Landform** der westlichen Küstenebene ist ähnlich der der Coastal Plains, die sich entlang der gesamten Ostküste der USA erstreckt und die im Südwesten bis nach Mexiko hineinreicht. Tertiäre und quartäre Ablagerungen bauen hier den Untergrund auf. Nach Norden hin bilden die Balcones-Bruchstufe (entlang der Linie Del-Rio-San Antonio und dann in Richtung Norden bis nach Vernon) und die Wichita Mountains die morphologische Grenze.

Unterhalb dieser Schichtstufe findet man gutes Ackerland mit dunklen Böden („black prairie"), während der Küstensaum aus Flussablagerungen besteht und z.T. sehr sandige Böden aufweist („coast prairie"). Direkt am Wasser erstreckt sich dann noch ein (heute z.T. trockengelegter) Sumpfgürtel, und vor der eigentlichen Golfküste zieht sich ein Dünen- und Nehrungsgürtel entlang. Damit schließt diese Küstenebene den gesamten südöstlichen Teil von Texas in sich ein.

Das **Klima** zeichnet sich durch heiße Sommer, milde Winter und eine abnehmende Niederschlagsmenge von Osten (Beaumont 1.250 mm/Jahr) nach Westen (Brownsville 600 mm/Jahr) hin aus. Die monsunartigen Golfwinde des Sommers bringen den meisten Regen. Auch im Winter herrschen Seewinde vor. Gelegentlich aber brechen auf der Rückseite eines weiter nördlich in östlicher Richtung wandernden Tiefdruckgebietes kalte, trockene Luftmassen in das feuchtwarme Küstengebiet ein und unterbrechen den sonst ausgeglichenen Klimacharakter der Landschaft. Die kalten „Northern" bringen plötzliche Temperaturstürze von mehr als 30 °C mit sich. Obwohl diese Temperaturstürze meist nur 1–2 Tage andauern, sind sie doch sehr entscheidend für die Wirtschaft und richten in der Landwirtschaft oft große Schäden an. Auch Hurrikans, die in den Herbstmonaten von Südosten hereinbrechen, sind gefährlich, da sie große Wassermassen in die Haffs und Flussmündungen hineintreiben und aufstauen. Durch eine solche Sturmflut wurde 1886 die Hafenstadt Indianola an der Matagorda Bay vernichtet und im Jahre 1900 Galveston zum großen Teil zerstört.

Z.T. verändert entnommen aus: Schmieder, Oskar;
Die Neue Welt, Teil II, Heidelberg 1963

Anmerkung des Autors: Die Erläuterung zu den Baumwollplantagen stammt aus den 1950er Jahren. Heute hat der Baumwollanbau nicht mehr eine so bedeutende Stellung, und Weizenanbau bzw. Rinderfarmen haben die wichtigste Rolle eingenommen. Zur Veranschaulichung der Entwicklungsgeschichte dieser Region wurde aber auf eine aktuellere Darstellung verzichtet.

13. Abstecher an die Küste und in den Süden von Texas

Entfernungen
- *San Antonio - Corpus Christi: 143 Meilen/230 km*
- *Corpus Christi - Kingsville - South Padre Island: 172 Meilen/277 km*
- *Kingsville - Laredo: 118 Meilen/190 km*
- *South Padre Island - Laredo: 216 Meilen/348 km*
- *Laredo - Del Rio: 179 Meilen/288 km*
- *Corpus Christi - Del Rio (bis auf Abstecher zur King Ranch direkt): 300 Meilen/483 km*

Routenempfehlung
Verlassen Sie San Antonio über den Interstate 37 in südlicher Richtung. Dieser Highway führt Sie direkt nach Corpus Christi. Von dort fahren Sie dann über den Hwy. 44 in westlicher Richtung und zweigen ab in Richtung Süden nach Kingsville. Von dort nehmen Sie den Hwy. 141 und anschließend die FM 2295 bis Benavides, von wo aus Sie über den Hwy. 359 bis Laredo fahren können. Möchten Sie von Laredo aus über Del Rio, Langtry und den Big Bend N.P. nach El Paso fahren, müssen Sie 19 Meilen auf dem Interstate 35 in nördlicher Richtung fahren, dann abzweigen auf den Hwy. 83, diesem auf 62 Meilen bis Carrizo Springs folgen und von dort den Hwy. 277 nach Del Rio nehmen.
Der schnellste Weg direkt von Kingsville nach Del Rio führt nördlich bis Alice und von dort auf dem Hwy. 44 bis zu seinem Ende, wo er auf den Hwy. 83 trifft, dem Sie, wie oben beschrieben, in nordwestlicher Richtung folgen.

Zeitplanung
1 | *2–3 Tage*

Überblick

Die ersten Europäer an diesem Küstenabschnitt waren Spanier, die zumeist unbeabsichtigt mit ihren Schiffen von den Stürmen hier angetrieben wurden. Viele von ihnen starben, z.T. vor Erschöpfung, oft aber auch an Wassermangel. Süßwasser findet sich nur tief unten im Boden.

Lange Zeit wurde das Gebiet daher vernachlässigt, und außer ein paar verstreuten Indianern (und riesigen Mustangherden) lebte hier keiner. Die Spanier bzw.

Mexikaner konnten zu dieser Zeit nur den fruchtbaren Böden des Rio Grande etwas abgewinnen, nicht aber den weiten Ebenen des Küstenhinterlandes. Das änderte sich erst richtig nach dem Amerikanisch-Mexikanischen Krieg Mitte des 19. Jh., als das Land endgültig Texas zugesprochen wurde und unternehmungslustige Siedler begannen, es zu kultivieren und Fischer kleine Häfen entlang der Küste anlegten.

Klimatisch bevorzugt

In einem Reiseprospekt liest man heute: *„In this sunny land of palm trees, blue waters, golden sands, and happy people, Texas' tropical coast is a jewel of endless beaches and sunnie skies."* Wie wir wissen, übertreiben diese Blätter ganz gerne, aber was die Strände angeht, stimmen sie diesmal mit der Realität überein. Die Laguneninseln vor der Küste haben sich zu keiner Zeit für industrielle Anlagen rentiert. So ist ein Stück Naturland erhalten geblieben, das mittlerweile nicht nur Pelikane und Fischer anlockt, sondern auch sog. 'Winter Texans', denen Florida zu teurer oder zu arrogant ist, und während der 'Spring Break' Zigtausende von Collegeschülern. Südtexas weist auch in der „kühleren" Jahreszeit angenehme Temperaturen von durchschnittlich über 20 °C auf, und das Leben ist weder so hektisch noch so teuer wie an den perfekt durchorganisierten und aufgestylten Stränden von Florida.

An diesem in Texas '**The Coastal Bend**' genannte Küstenabschnitt ist fast das ganze Jahr über ein angenehm ungezwungener Urlaub am Strand möglich. Dass die Palmen hier eher eine untergeordnete Rolle spielen und vom Winde verbogene Kiefern bzw. baumlose Flächen überwiegen, sollte Sie nicht weiter stören, und der nicht immer blaue Himmel der Randtropen tut den angenehm-warmen Temperaturen auch keinen Abbruch.

Naturparks bieten übrigens auch ein lohnendes Ausflugsziel, besonders dann, wenn Sie gerne Vögel beobachten. Das erfordert aber Zeit, und abgesehen von den unzähligen Kranichen erfordert es doch gewisse Grundkenntnisse in der Ornithologie, um die Lebensweise der anderen Gattungen erkennen und verstehen zu lernen.

Der Texas Coastal Bend ist also etwas für wahre Meeresfreunde, die weder Luxus noch perfekte Strandoasen erwarten, sondern einfach Meer, Fischerboote und Natur su-

Redaktions-Tipps

- **Übernachten** in einem Condo oder einem eigenen Haus in Port Aransas oder bei Rockport.
- **Essen:** Wer Austern und Shrimps mag, sollte sich diese Leckereien nicht entgehen lassen. Viele kleinere, unscheinbarere Restaurants im gesamten Gebiet um Corpus Christi bieten gutes Seafood. In Port Aransas sind in den Pubs Austern „der kleine Snack".
- **Abendprogramm:** In Corpus Christi bieten sich für jüngere Leute die Lokalitäten an der Water Street (200er Block, S. 197) an für Livemusik und Discos. Port Aransas bietet (Verzehr-)Pubs und gelegentliche Livemusik in den Lokalen am Hafen bzw. der Cotter Street.
- **Die bedeutendsten Sehenswürdigkeiten** sind die Columbus-Flotte in Corpus Christi (S. 391), der Strand der Mustang Island (S. 396) und die King Ranch bei Kingsville (S. 396).
- Das Texas State Aquarium (S. 393) und der Flugzeugträger USS Lexington (S. 392) sind **für speziell Interessierte** einen Besuch wert.

Südspitze von Texas

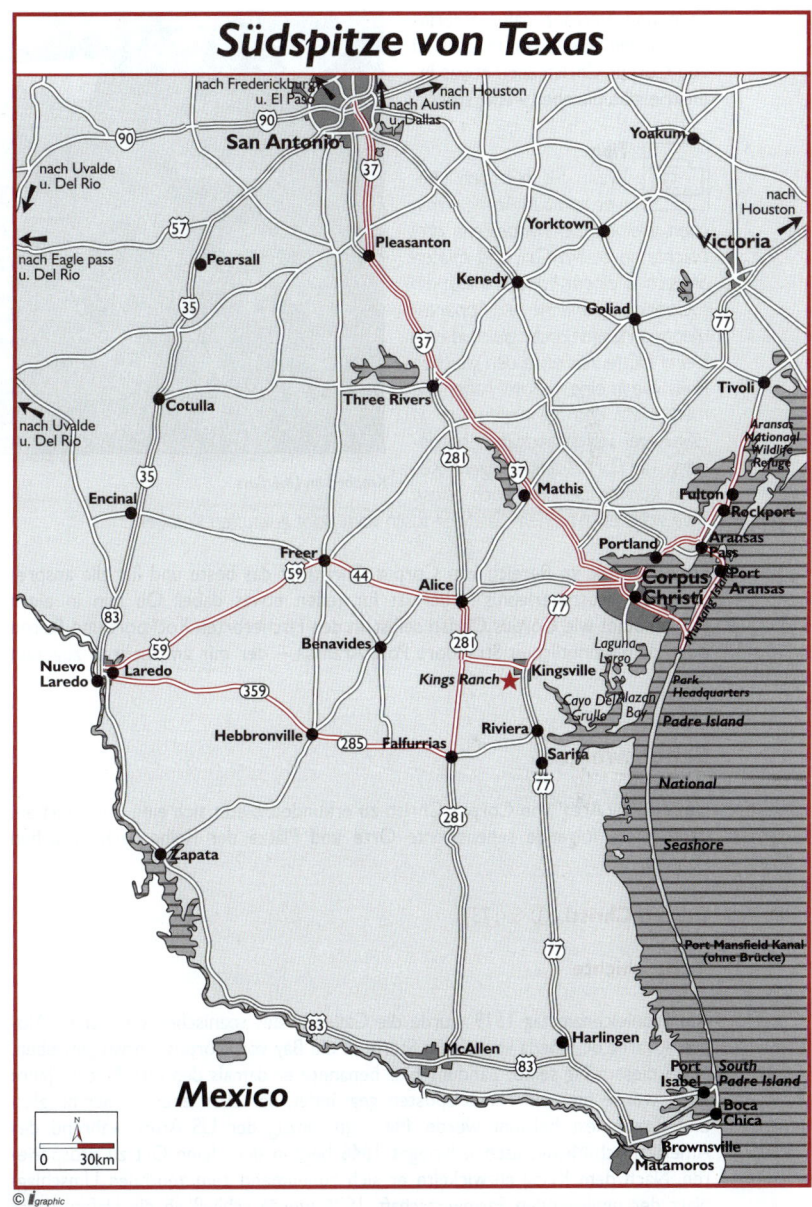

nach Fredericksburg
u. El Paso

nach Houston
u. Dallas

nach Austin
u. Dallas

nach Houston

San Antonio

90

90

37

Yoakum

nach Uvalde
u. Del Rio

57

Pleasanton

Yorktown

nach
Houston

Victoria

nach Eagle pass
u. Del Rio

Pearsall

Kenedy

35

Goliad

77

37

Tivoli

nach Uvalde
u. Del Rio

Cotulla

Three Rivers

Aransas
National
Wildlife
Refuge

35

281

37

Mathis

Fulton

Rockport

Encinal

Freer

Portland

Aransas
Pass

59

44

Alice

Corpus
Christi

Port
Aransas

83

Benavides

281

77

Laguna
Largo

**Nuevo
Laredo**

59

Laredo

Park
Headquarters

359

Kings Ranch ★

Kingsville

Cayo Del Alazan
Grulla

Bay

Padre Island

Hebbronville

285

Falfurrias

Riviera

National

Sarita

77

Zapata

Seashore

281

Port Mansfield Kanal
(ohne Brücke)

83

Harlingen

Mexico

McAllen

83

Port
Isabel

South
Padre Island

Boca
Chica

N

0   30km

Brownsville

Matamoros

© graphic

chen und Toleranz dafür aufbringen können, dass es im Hinterland von Corpus Christi auch etwas Industrie gibt, die aber wenig stört.

Tipp

Wenn Sie nun den Umweg von San Antonio machen, bleiben Sie mindestens drei Nächte an einem Ort, und mieten Sie sich in einem Kondominium ein („Condos" genannt = Appartementwohnungen) oder gleich in eine kleine Hütte. Für etwa den gleichen Preis wie in einem Hotel haben Sie mehr Platz, und Sie wohnen so in der Regel viel strandnäher, besonders was Port Aransas angeht. Kochen können Sie dort auch selbst:

Krabben im Überfluss

Wie wäre es mit einem Salat mit frisch vom Boot gekauften Krabben?

Ein Aufenthalt im Bereich von Corpus Christi ist das beste und für alle ansprechendste „Küstenerlebnis". Hier ist für jeden etwas dabei: Ob nun in einer großen Stadt wie Corpus Christi selbst, in den Fischerorten Rockport und Fulton oder dem gemütlichen Strandort Port Aransas – der mir am meisten zugesagt hat.

Sehenswertes

Interessante Küstenstädte

Um die 'Bay Area' von Corpus Christi zu erkunden, bietet sich eine Rundfahrt an, bei der Sie folgende sehenswerte Orte und Plätze der Reihe nach besuchen können:

Corpus Christi (ⓘ S. 173)

• **Geschichte**

Am Fronleichnamstag 1519 wurde die Galleone des spanischen Entdeckers Alonso Álvarez de Piñeda von einem Sturm in die Bay von Corpus Christi getrieben. Nach diesem Tag seiner Landung hier benannte er damals den Ort. Erst im Jahre 1839 wurde hier ein Handelsposten gegründet, der aber eher als Schmuggler- und Piratennest bekannt wurde. Mit dem Einzug der US Army während des Amerikanisch-Mexikanischen Krieges 1846 begann der kleine Ort zu prosperieren. Nach dem Krieg entwickelte er sich zunehmend zum zentralen Umschlagplatz der umliegenden Farmwirtschaft. 1926 wurde schließlich die Hafenzufahrt ausgebaggert, womit Corpus Christi sich zu einem bedeutenden Hochseehafen entwickeln konnte.

Heute ist der Hafen der sechstgrößte der USA. Die Stadt wird aber immer wieder von Hurrikans gebeutelt, die sie zweimal sogar fast zerstört haben (1919 u. 1970). Auch das Auf und Ab der Landwirtschaft gibt wirtschaftliche Probleme auf. Doch mit Hilfe des Tourismus und der Raffinerien, die heute vorwiegend Off-Shore-Öl verarbeiten, kann sich die Stadt mittlerweile gut über Wasser halten, und die Skyline wächst von Jahr zu Jahr.

• Überblick

Für einen Besuch in Corpus Christi lohnt sich vor allem der Bereich zwischen Harbour Bridge und dem L-Head, der südlichen der drei Hafenmolen, die alle wie ein 'T' in die Bay hineinragen. Zum Baden bzw. für einen Bummel durch die Geschäfte eignet sich die Stadt nicht.

Bedeutender Hochseehafen

• Sehenswertes

Die **Shoreline (10)** führt, wie der Name bereits verrät, am Wasser entlang. Gehen Sie ruhig auch einmal auf eine der T-Heads, und genießen Sie eine Erfrischung in einem der Restaurants hier. Vom nördlichen People's T-Head gehen regelmäßig Bootsfahrten ab (Sightseeing und auch Angeln). Weiter Richtung Norden erinnern mehrere Pavillons an die Entdeckungsgeschichte dieses Küstenabschnittes. Übrigens wurde diese Uferpromenade samt ihrer Sitzbänke von dem berühmten Bildhauer Gutzon Borglum entworfen, der auch für den Mount Rushmore zeichnet.

Der **Heritage Park (5)** *(N. Chaparral Street)* bietet verschiedenste Häusertypen aus dem 19. Jh., die alle in mühsamer Kleinstarbeit, von verschiedenen historischen Organisationen unterstützt, hier wieder aufgebaut worden sind. Jedes Jahr kommt ein Haus dazu, und mittlerweile sind es bereits neun. In einigen befinden sich Souvenirläden, andere dienen als Museum oder stehen einfach leer. Da jedes Haus von einer anderen Gruppe verwaltet wird, variieren die Öffnungszeiten.

Columbus Fleet (3)
Öffnungszeiten: täglich 10–17h.
Im Cargo Dock One (**Museum of Science & History**: naturwissenschaftliche Erläuterungen) liegen originalgetreue Nachbauten der drei Schiffe, mit denen Kolumbus 1492 das erste Mal Amerika erreichte. Es ist beeindruckend, wie klein die Schiffe sind, was besonders auffällt, wenn ein modernes Containerschiff die Hafeneinfahrt passiert oder sich im Objektiv Ihres Fotoapparates die mächtige Hafenbrücke als Kontrast anbietet. Einen Besuch hier dürfen Sie auf keinen Fall auslassen. Im kleinen Museum gibt es zudem einen einführenden Videofilm und eine kleine Ausstellung.

Columbus Fleet und Harbour Bridge

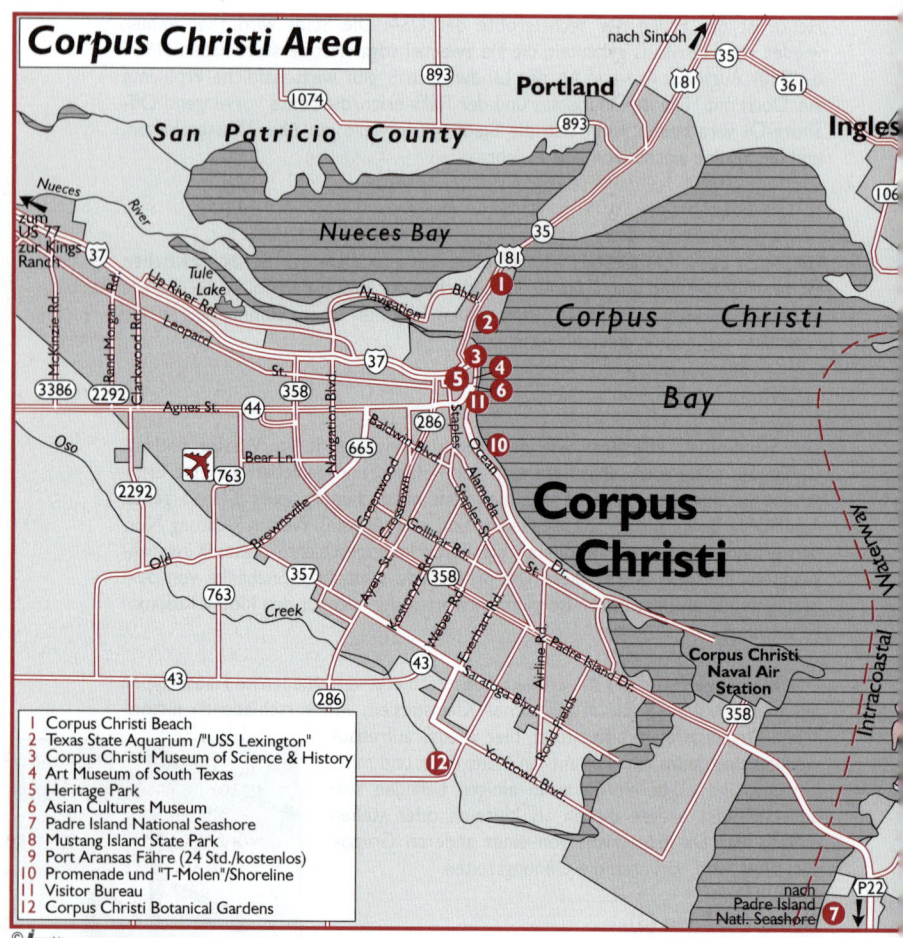

Corpus Christi Area

San Patricio County

Portland

Ingles

Nueces Bay

Corpus Christi Bay

Corpus Christi

Corpus Christi Naval Air Station

nach Padre Island Natl. Seashore

1 Corpus Christi Beach
2 Texas State Aquarium /"USS Lexington"
3 Corpus Christi Museum of Science & History
4 Art Museum of South Texas
5 Heritage Park
6 Asian Cultures Museum
7 Padre Island National Seashore
8 Mustang Island State Park
9 Port Aransas Fähre (24 Std./kostenlos)
10 Promenade und "T-Molen"/Shoreline
11 Visitor Bureau
12 Corpus Christi Botanical Gardens

© igraphic

Hinweis

Leider kämpft die Flotte immer wieder mit finanziellen Problemen, sodass sie vor einigen Jahren sogar schon den Hafen verlassen sollte. Mittlerweile scheint es – zumindest vorläufig – zu klappen, aber die Diskussionen hören nicht auf.

Fahren Sie nun über die Harbour Bridge nach Norden.

Wer sich eher für die modernere Marine interessiert, hat die Möglichkeit, die **USS Lexington (2)**, einen Flugzeugträger der US-Marine aus dem 2. Weltkrieg, zu besichtigen. Dieses Schiff überstand Hunderte von Kriegseinsätzen und wurde einmal von den Japanern bereits als versenkt gemeldet. Auf dem Deck des Trägers

steht zudem eine Reihe von Flugzeugen zur Schau. Festes Schuhzeug ist angesagt, da die Gänge und Treppen im Schiff rutschig sind.
Öffnungszeiten: täglich 9–17h.

Texas State Aquarium (2)

Öffnungszeiten: Mo.–Sa. 9–17h, So. 11–17h.

Dieses Aquarium bietet einen guten Überblick über die Meeresfauna des Golfs von Mexico. Das größte Aquariumbecken fasst übrigens über 500.000 l. Wasser.

Museen und Gärten

Weitere erwähnenswerte Punkte in Corpus Christi sind das **South Texas Institute of the Arts (4)** *(1902 North Shorline, Di.–So.)* mit ständig wechselnden Kunstausstellungen, das **Asian Cultures Museum (6)** *(1809 N. Chaparral, Di.–Sa.)*, das Ausstellungen zu den Ländern Japan, Philippinen, Indien, Korea und China zeigt, sowie der **Corpus Christi Botanical Garden (12)**, *(S. Stapels St/ Oso Creek, südl. der Stadt, Di.–So.)*, in dem Küsten- und Küsten-Hinterland-Pflanzen zu bewundern sind.

Fahren Sie nun weiter entlang dem I-35 in nördlicher Richtung. Als erstes passieren Sie den weniger schönen Ort **Aransas Pass**, der hauptsächlich als Industriestandort dient. 'Pass' in dieser Region bedeutet übrigens nicht Bergkamm, sondern Durchfahrt (bzw. Wasserdurchlauf) zwischen 2 Inseln.

Rockport-Fulton (ⓘ S. 173)

13 Meilen nördlich erreichen Sie schließlich die zusammengewachsenen Fischerdörfer **Rockport** und **Fulton**, heute nur noch als Rock-

USS Lexington

port-Fulton bekannt. Erwarten Sie aber nicht strohgedeckte kleine Häuschen mit Pfeife rauchenden, bärtigen Brummbären davor. Vergessen Sie nicht, Sie sind in Amerika. Trotzdem bietet es sich an, die Fischer beim Ein- und Auslaufen aus dem Hafen zu beobachten. Falls gerade einer einläuft, fragen Sie doch mal nach frischen Austern oder Krabben. Meistens überlässt Ihnen der Fischer welche für einen günstigen Preis. Wenn das nicht klappen sollte, haben Sie in den vielen kleinen Hütten und Minirestaurants in Hafennähe („Baites" genannt) Gelegenheit zum Kauf.

Meeresfrüchte

So wird auf leckere Fischsnacks hingewiesen.

Das idyllische und ruhige Leben in und um Rockport hat viele Künstler angelockt, und diese bieten ihre Werke in einigen kleinen, z.T. kaum auffindbaren Galerien an. Fragen Sie notfalls im Touristenbüro am Hafen nach. Zudem gibt es das kleine **Rockport Art Center** am Broadway (Hafennähe), wo wechselnde Ausstellungen dargeboten werden.

Das **Texas Maritim Museum**, auch am Hafen, bietet einiges zur maritimen Geschichte von Texas.
Öffnungszeiten: Di.–Sa. 10–16h, So. 12–16h.

Hier lässt es sich wohnen: Fulton Mansion

Als Hauptattraktion gilt in dem Ort aber das **Fulton Mansion** *(Fulton Beach Rd., südl. Fulton)*, eine vornehme Villa mit französischem Touch, die der Rinderbaron George Fulton 1872–76 hier errichten ließ. Heute ist es ein Museum. Beeindruckend sind vor allem die Möbel. Man kann kaum den Tagträumen entgehen, die einen selbst hier wohnen lassen in historischem Ambiente mit Luxus und vor allem mit diesem Blick aufs Meer.
Öffnungszeiten: Mi. –So. 9–11h30 u. 13h–16h

Badefreuden können Sie im **Rockport Beach Park** nachgehen. Eine ausgeschilderte Straße führt gleich nördlich vom Hafen zu der entsprechenden Halbinsel.

Mekka für Ornithologen

Eine Autostunde nördlich von Rockport befindet sich auf einer Halbinsel das **Aransas National Wildlife Refuge**. Es heißt, dass man nirgendwo die Vogelwelt der Küste besser beobachten kann, und nirgendwo sonst treffen sich so viele Vogelarten vom Binnenland auf Seevögel der subtropischen Küstenregionen und auf Vögel der Süß- und Brackwassergebiete und Lagunen. Kraniche, braune Pelikane, Präriehühner, verschiedene Adlergattungen und viele mehr gibt es hier zu bewundern. Falls Sie sich entscheiden, hierher zu fahren, sollten Sie einen vollen Tag einplanen und unbedingt an ein Fernglas denken. Noch empfehlenswerter ist eine **Crane Tour**. Mit einem Schiff und sachkundigen Erläuterungen geht es auf „Vogelpirsch". Abfahrt ist auf der Live Oak Peninsula am Sanddollar Pavillon (Abfahrtsort variiert gelegentlich – unbedingt noch einmal nachfragen!). Die beste Zeit zum Beobachten von Vögeln ist übrigens zwischen November und April, wenn die Zugvögel sich hier niederlassen und überwintern.

Von Rockport-Fulton fahren Sie nun zurück nach Aransas Pass und biegen in Richtung Küste (Port Aransas) ab. Bevor Sie Port Aransas auf Mustang Island erreichen, müssen Sie noch mit einer Fähre (24-Std.-Dienst) übersetzen, die im Sommer, besonders während des Feierabendverkehrs, längere Wartezeiten erfordern kann.

Port Aransas (ⓘ S. 173)

Bis in die 1950er Jahre hinein war es schwierig, das Fischerdorf Port Aransas überhaupt zu erreichen. Keine Brücke verband Mustang Island mit dem Festland. Man musste damals sogar mit einem Zug von Aransas Pass bis an den Fähranleger fahren, da es keine Straße dorthin gab. 1954 änderte sich das, als der Hwy. 361 von Süden gebaut wurde. Der kleine Ort war nun für die Städter relativ gut erreichbar. Trotzdem hat er bis heute seinen ruhigen und verschlafenen Charakter beibehalten. Die Strände der Mustang-Insel sind mit Sicherheit die schönsten der Region, und wenn Sie vom Ort aus etwas nach Süden gehen, werden Sie zufriedenstellende Einsamkeit finden. Nicht nur das Baden lohnt sich, sondern auch das Spazierengehen. Falls Sie in die Dünen wandern wollen, sind lange Hosen und feste Schuhe dringend notwendig, da das Gras sehr hoch und hart ist.

Hafenrestaurant in Port Aransas

Im Ort selber gibt es keine besonderen Sehenswürdigkeiten, sieht man einmal von dem Treiben im Fischereihafen ab. Den Reiz macht hier die (In-)Aktivität seiner Bewohner und Besucher aus. Schlafen und Surfen, Fischen und Faulenzen heißt die Devise, und abends dann noch auf ein Bier und ein paar Krabben in eine Beach- oder Hafenkneipe. Da die Breakfastbuden großenteils 24 Stunden geöffnet sind, ist es eh' egal, wann man was macht. Niemand hat es hier eilig. Schnell werden auch Sie sich einreihen in diesen Trott. Also Achtung! Schon manch einer ist hier ein paar Tage „versackt" und musste hinterher dann versuchen, die Zeit wieder aufzuholen.

Eines noch: Vermeiden Sie es, Ende März/Anfang April hierher zu kommen. Dann sind nämlich die „Spring Breaks" in den Colleges und Zigtausende (!) von Jugendlichen bevölkern Strände und Lokale in und um Port Aransas, und das Motto der

Jahreszeit heißt dann: „Wer hat das neueste Surfboard und wer feiert die längsten Nächte". Selbst die Einheimischen verlassen dann ihren Ort und machen „Urlaub vom Urlaub".

Lagunen-insel mit Sandstrand

Wenige Meilen südlich von Port Aransas befindet sich der **Mustang Island State Park**, der sich gut eignet für Wanderungen durch die Dünen und am Strand entlang sowie auch zur Vogelbeobachtung. Fürs Beachcamping sind die 2 km südlich der sogenannten 'Day-use-Area' freigegeben. Alle 300 m gibt es sanitäre Einrichtungen. Bezahlt werden muss aber. Ein Erlebnis ist hier das Strandreiten auf Mustangs, das von privater Hand organisiert wird. Früher, als auf der Insel nur die Karankawa-Indianer gelebt haben, gab es unzählige Mustangherden auf den Laguneninseln. Von ihnen ist heute leider keine Spur mehr.

Fahren Sie nun über den Hwy. 361 in südlicher Richtung zurück nach Corpus Christi und dann weiter nach Kingsville.

King Ranch (ⓘ S. 173)

Öffnungszeiten des King Ranch Museum: Mo.–Sa. 10–16h, So. 13–17h.
Stellen Sie sich einmal vor, Sie fliegen mit einem Privatflugzeug um Ihr Anwesen und benötigen dafür 2 Stunden. Und um die über 3.000 km langen Zäune zu kontrollieren, benötigen Sie 17 Stunden. Die King Ranch ist heute die größte private Ranch der Welt und umfasst etwa 500.000 ha eigenes Land und dazu weiteres Pachtland. Das sind über 5.000 km² (ein großer Gutshof in Norddeutschland umfasst ca. 5 km²).

Brandzeichen der King Ranch in Blumenform

Gegründet wurde die Ranch 1853 von Captain Richard King, einem Flussdampferkapitän auf dem Rio Grande, der während des Amerikanisch-Mexikanischen Krieges ein Vermögen machte und dieses schließlich in Form von Immobilien anlegen wollte. Zusammen mit seinem Schwiegersohn Robert J. Kleberg baute er in nur wenigen Jahrzehnten auf dem zu jener Zeit als unwirtlich eingestuften Land eine bereits für damalige Verhältnisse hochmoderne Ranch auf, mit Rinder- und Pferdezüchtungen, die Weltruf erlangten, und allen dazu nötigen Infrastrukturen. Das Farmstraßennetz misst 500 Meilen und 60.000 Rinder werden hier gehalten. Sogar die Sättel wurden selbst hergestellt, und heute können Sie in Kingsville im rancheigenen **King Ranch Saddle Shop** *(Ecke 6th und Kleberg St., Mo.–Sa. 10–18h)* handgefertigte Sättel erstehen – auch auf Bestellung.

Auf der Farm wird eine 12 Meilen lange Tour angeboten (selbst fahren ist nicht gestattet), die aber nur einen kleinen Teil um das Hauptquartier der Ranch herum zeigt. Dabei sieht man Pferde- und Rinderstallungen, den Auktionsring und verschiedene Ranchgebäude. Die Tour lohnt sich aber trotzdem. Auch interessant ist das **King Ranch Museum** im Herietta Memorial Center *(Kingsville; Ecke 6th und Lee Street)*. Hier wird vor allem die Geschichte der Ranch während des 20. Jh. anhand von Fotos und einigen Ausstellungsstücken dokumentiert.

Captain Richard King

Auf dem Weg nach Laredo gibt es nichts Besonderes zu sehen, sieht man einmal ab von endlosen Weiten und halbverlassenen Ortschaften, die mittlerweile eher Ghosttowns ähneln. Dieser Verfall erklärt sich durch zwei Dinge: Zum einen erfordert die mechanisierte Landwirtschaft nicht mehr so viele Arbeitskräfte, zum anderen versiegen die ohnehin kleinen Erdölfelder zusehends.

Laredo (ⓘ S. 173)

Laredo ist eine typische 'Bordertown' und lebt vornehmlich vom Grenzverkehr. An keinem Grenzübergang zwischen Mexiko und den USA werden so viele alte und neue Waren ausgetauscht. Dies macht sich bereits in den Vororten durch die vielen Schrotthändler bemerkbar, die Ersatzteile und alte Autos an die Mexikaner verkaufen.

Die Innenstadt ist ein einziger großer Bazar. Mexikaner stürmen die Geschäfte und kaufen hier, was es 'south of the Border' nur zu horrenden Preisen gibt, vor allem elektronische Geräte, Markenjeans und Parfum. Dabei geht der kulturelle Charakter vollkommen verloren, und man muss sich schon durch diese bunten Geschäftsstraßen kämpfen, um überhaupt den (wenig interessanten) historischen Distrikt **(Villa de San Agustin Historical District)** zu finden. Ein Tipp: Schauen Sie nach dem hohen, weißen Kirchturm der **San Agustin Church**, die an der zentralen Plaza steht. Hier finden Sie auch das kleine **Republic of the Rio Grande Building & Museum** *(1000 Zaragoza St., geöffnet: Di.–So. 10–17h)*, in dem die Geschichte der Stadt dokumentiert wird.

Typische Grenzstadt

Als Scheidepunkt zwischen spanisch-mexikanischen und anglo-amerikanischen Interessen hat Laredo eine wechselhafte Geschichte durchlebt. Es hat nicht „nur" unter 6 Flaggen gestanden wie der Rest von Texas, sondern sogar unter 7. Denn als Amerikaner und Mexikaner 1840 noch im Clinch standen, wo denn nun die Grenze verlaufen sollte, setzte sich der Distrikt von Laredo mit zwei anderen ab und gründete einen eigenen Staat. Das hielt nur wenige Jahre, und nach dem

Reparierte Elektronik in den Läden von Laredo

Mexikanisch-Amerikanischen Krieg mussten sich die Einwohner entscheiden, zu welchem Staat sie gehören wollten. Die sich für Mexiko entschieden, siedelten auf der anderen Seite des Rio Grande und gründeten dort die Stadt Nuevo Laredo. Das amerikanische Laredo wirkt heute aber auch eher mexikanisch, und der Hispano-Anteil beträgt über 90 %.

Abstecher nach Mexiko

Sie können auch kurz über die Grenze fahren, doch für so einen Ausflug ins Nachbarland bieten sich El Paso und Ciudad Juarez besser an. Auf mexikanischer Seite gibt es dort mehr zu sehen.

Tipp
Sollten Sie sich zum Kauf eines elektronischen Gerätes entscheiden, die hier ausgesprochen billig sind, lesen Sie bitte vorher im Kapitel A-Z unter dem Stichwort „Einkaufen". Beachten Sie, dass Geräte, die in Laredo in weißen Kartons (ohne Aufschrift) angeboten werden, reparierte Mangelartikel enthalten. Sie funktionieren fast immer und bieten einen guten „Bargain", sollten jedoch vor dem Kauf getestet werden.

Und sonst? Besondere Restaurants kann man eigentlich nicht empfehlen, doch wer echte mexikanische Küche liebt, hat selbst in den einfachsten Fastfood-Buden von Laredo Gelegenheit, einen typischen und guten Taco zu bekommen. Aber Achtung! Die Mexikaner würzen scharf.

14. Von San Antonio nach El Paso

Entfernungen

• San Antonio - Del Rio: 158 Meilen/254 km
• Del Rio - Big Bend Nat. Park (Visitor Center): 253 Meilen/407 km
• Big Bend Nat. Park - Guadalupe Mts. Nat. Park: 265 Meilen/427 km
• Guadalupe Mts. Nat. Park - Carlsbad Caverns Nat. Park: 44 Meilen/71 km
• Guadalupe Mts. Nat. Park - El Paso: 120 Meilen/193 km

© i graphic

Routenempfehlung

• Die **schnelle Variante** lautet, dem I-10 zu folgen, der Sie, ohne die hier angeführten Sehenswürdigkeiten anzusehen, nach 550 Meilen bis El Paso bringt. Wenn Sie früh starten, können Sie die Strecke in 12 Stunden bewältigen, ansonsten wäre ein Übernachtungsstop in Abilene, Big Spring oder Odessa angesagt.

• **5–6 Tage:** Fahren Sie von San Antonio aus bis Marathon auf dem Hwy. 90. Zum Big Bend N.P. biegen Sie hier nach Süden ab auf den Hwy. 385. Auf der westlichen Parkseite fahren Sie wieder nach Norden auf dem Hwy. 118, vorbei an Alpine, bis Sie bei Kent auf den I-10 gelangen. Entweder Sie folgen diesem nach Westen bis El Paso, oder Sie zweigen nach 37 Meilen wieder nach Norden ab auf den Hwy. 54 und dann weiter auf dem Hwy. 180, der Sie zum Guadalupe Mts. N.P. und zum Carlsbad Caverns N.P. bringt. Nach El Paso fahren Sie schließlich zurück auf dem Hwy. 180. Möglich wäre auch, vom Big Bend N.P. entlang dem Rio Grande zu fahren (Hwy. 170) bis Presidio und von dort auf dem Hwy. 67 bis Marfa.

• **Alternative:** Unter Auslassung von El Paso fahren Sie von Carlsbad weiter nach Norden (Hwy. 285) und dann auf dem Hwy. 82 nach Westen bis Alamogordo. Lesen Sie dazu dann weiter im Kapitel 16.

Zeiteinteilung

5–6 Tage

Tipp für die Eiligen

Sollten Sie die schnelle Strecke entlang des I-10 nach El Paso wählen, empfiehlt sich in **Sonora** ein Zwischenstopp an dem schönen Höhlensystem der **Caverns of Sonora**. Die Höhlen weisen zahlreiche Kristallformationen auf. Anfahrt: Exit 392 westlich von Sonora und dann noch 7 Meilen nach Süden auf der RM 1989. Geöffnet: täglich 9–17h, März bis September 8–18h.

Zusatztipps

Der Big Bend N.P. eignet sich am besten für geruhsame und landschaftlich reizvolle Ausblicke. Die faszinierenden Höhlen des Carlsbad Caverns N.P.

bieten ein unvergessliches Erlebnis, das Sie so schnell nicht wieder erfahren werden. Der Besuch des Guadalupe Mountains N.P. macht nur Sinn, wenn Sie die einfache Natur auch nachts erleben möchten (keine Übernachtungsmöglichkeiten – nur Zelten), gerne wandern und mindestens einen vollen Tag dort einplanen

Überblick

Die hier beschriebene Strecke führt durchs südlichste Texas. Fast möchte man schon sagen durch „Texmex", denn der starke mexikanische Einfluss ist entlang *Entlang der* dem Rio Grande nicht zu übersehen. Viele Orte haben mittlerweile einen Hispa- *mexikani-* no-Anteil von über 90 %, Tendenz steigend. Das macht sich natürlich im Baustil *schen* und vor allem an der Küche bemerkbar. Also Achtung! Es kann scharf werden – *Grenze* besonders die Salsa, die als einfaches Gewürz (ganz scheinheilig) auf allen Tischen steht, erfordert eine Eingewöhnungszeit und allemal ein Glas Wasser in greifbarer Nähe.

Wirtschaftlich lebt der Süden zum einen von der Rinderhaltung, aber besonders auch vom **Grenzhandel** mit Mexiko. Qualitativ gute Waren gibt es in Mexiko kaum, oder sie sind immens teuer. Also lebt eine ganze Händlerschar (und auch Familien, die ihr Ein-

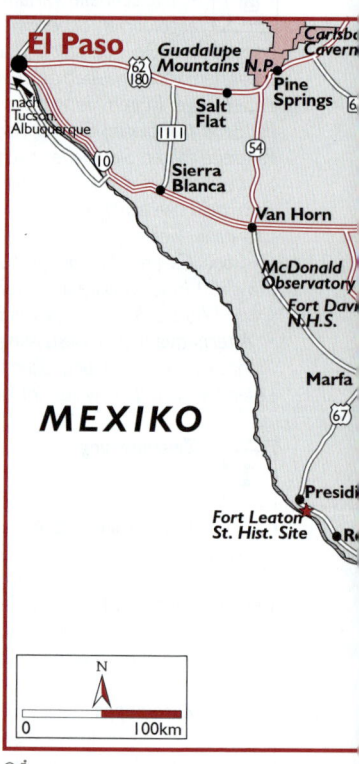

Grenzschmuggel um 1928

kommen damit aufbessern) davon, über die Grenze nach Norden zu fahren, um dort ihre Pickups voll zu laden und mit durchhängender Achse wieder gen Süden zu ziehen. Und dabei handelt es sich etwa nicht um Gemüse vom Markt, das da die Grenze passiert, sondern hauptsächlich um modernste Computergeräte und Unterhaltungselektronik.

Landschaftlich ist der erste Abschnitt dieser Stecke eher langweilig, und die tristen, baumarmen Weiten werden nur selten unterbro-

© **il**graphic

chen, so wie z.B. vom Amistad-Staudamm. Den Rio Grande bekommt man nur zu sehen, wenn man extra dafür auf Seitenstraßen ausweicht. Erst die Berge und die Flusswelt im **Big Bend Nationalpark** bieten das erste richtige Highlight. Nicht nur Wanderungen, sondern auch Ausritte und besonders Schlauchbootfahrten auf dem Rio Grande sind ein Erlebnis und stimmen ein auf die von nun an fast täglich anzutreffenden Naturschönheiten des Südwestens. Einen Vorteil hat der Big Bend N.P., und das gilt noch mehr für den Guadalupe Nationalpark: Sie sind beide nicht so überlaufen wie die Parks weiter westlich und bieten vor allem Naturfreunden und Wandersleuten echte Naturerlebnisse. Dabei müssen Sie aber häufig auf bequeme Unterkünfte verzichten (im Guadalupe N.P. gibt es gar keine!). Außerdem sollten Sie die Hitze nicht unterschätzen, die Wanderungen im Sommer zur Qual machen kann.

Natur-schön-heiten

Der **Carlsbad Caverns Nationalpark** ist ein Naturwunder für sich, und dazu möchte ich hier nur kurz sagen: Verpassen Sie diese Wunderwelt der Höhlen auf keinen Fall, auch wenn es einen eintägigen Umweg für Sie bedeutet. Historisch wird in diesem Reiseabschnitt von Seiten der texanischen Touristenbehörden einiges hochgespielt. Es sind eigentlich eher die vielen Legenden als das heute

wirklich Sichtbare an Gebäuden, was die Wild-West-Romantik des südlichen Texas am Leben erhält. Die Museen haben meist nur lokalen Charakter, und die „Architektur des Wilden Westens" kann man z.B. viel besser in Colorado bewundern. Ausnahmen bestätigen natürlich die Regel.

Es liegt also mehr an Ihnen, wie Sie den Süden und Westen von Texas aufnehmen und erleben werden. Die einen werden es langweilig finden, die anderen werden die mexikanisch angehauchte Kultur lieben lernen und sich mit etwas Phantasie auch in die Zeit von vor hundert Jahren zurückversetzen können und den Wilden Westen, den **mit** Indianern und Gesetzlosen, im Kopf neu durchleben.

Redaktions-Tipps

- **Übernachten:** Unbedingt das Hotel vorher reservieren und auch bekanntgeben, wenn Sie voraussichtlich nach 16h eintreffen werden. Es gibt in manchen Gegenden (z.B. Marathon) nur wenige Hotels und die sind oft ausgebucht.
- **Essen:** Unbedingt die Gelegenheit wahrnehmen, echte mexikanische Küche auszuprobieren.
- **Museen und die bedeutendsten Sehenswürdigkeiten:** Das „Whitehead Memorial Museum" in Del Río (S. 403), das sich auf anschauliche Weise mit der regionalen Geschichte beschäftigt; „Judge Roy Bean Saloon und Museum" in Langtry (eine echte Wild-West-Erfahrung (S. 404)); das naturwissenschaftlich orientierte „Lajitas Desert Garden Museum" (S. 417)); das Ft. Davis NHS, eine Fortanlage aus den Zeiten der Indianerkämpfe (S. 418), und schließlich, für Interessierte, die Sternwarte des „McDonald Observatory" (S. 419) nördlich von Ft. Davis. Zu diesen Punkten gesellen sich die drei Nationalparks (S. 406ff, 420ff, 426ff) natürlich als absolute Highlights.

Sehenswertes

Der erste interessante Ort auf der Strecke ist **Bracketville** (ⓘ S. 173). Die alte Grenzfeste hier, das **Fort Clark Spring** (direkt am Hwy. 90), bietet nicht nur ein kleines Museum und alte Gebäude zur Ansicht, sondern auch ein Ferienresort mit Motel, Golfplatz und Campingeinrichtungen.

Sehenswerter aber ist das nahe **Alamo Village** (fahren Sie hierzu auf dem FM 674 sechs Meilen nach Norden). Es wurde von 1957–59 von nicht weniger als 5.000 Mann erbaut, um als Kulisse für unzählige Western zu dienen. Hauptattraktion ist der nachgebaute Alamokomplex, genauso wie er 1836 in San Antonio einmal ausgesehen hat.

John Wayne war natürlich der große Held in dem 1959 gedrehten Historienschinken „The Alamo". Dieser Film war zu seiner Zeit mit einem Budget von über 12 Millionen Dollar der bis dahin teuerste Film. Das Westernstädtchen hat natürlich auch seine Reize, und im Sommer gibt es so einiges an Western-Unterhaltungsprogrammen *(geöffnet täglich 9–17h)*.

Del Río (ⓘ S. 173) und die Amistad National Recreational Area

Del Río selbst ist eine weitere Grenzstadt ohne besondere touristische Höhepunkte, sieht man einmal ab von der 1883 von italienischen Einwanderern ge-

INFO **Die „Black Seminols"**

4 Meilen südlich von Bracketville an der FM 3348 gibt es den Seminole **Indian Scout Cemetery** zu besichtigen. Die Seminolen haben einen ganz außergewöhnli-

chen Platz in der amerikanischen Geschichte eingenommen: Zu Beginn des 19. Jh. nämlich flohen Sklaven aus Georgia und South Carolina nach Florida, wo sie von den Seminolen-Indianern aufgenommen wurden und sich mit ihnen vermischten. Später kämpften sie verbittert gegen die amerikanischen Truppen, die bereits zu dieser Zeit ihren Mut zu spüren bekamen und hohen Respekt vor ihrem Kampfeswillen hatten. Nachdem die Black Seminols schließlich unterlagen, wurden sie in Reservate nach Oklahoma gesandt, wo sie aber nicht lange aushielten und über die Grenze nach Mexiko entwischten. Die Mexikaner machten sich ihren Mut und die Kampferfahrung zunutze und boten ihnen „Asyl" an, wenn sie dafür gegen die Comanchen und Apachen angingen, die immer wieder südlich der Grenze plünderten.

Während des amerikanischen Bürgerkrieges kämpfte dann eine Einheit der Seminolen, die „Seminole-Negro Indian Scouts", unter amerikanischer Flagge. Auch hier wurden sie vorwiegend gegen die Indianer eingesetzt, die sie während des Krieges und auch danach in nicht weniger als 26

Letzte Ruhestätte eines Black Seminol Scouts

Kämpfen immer wieder besiegten. Vier der Kämpfer, deren Gräber auf dem Friedhof eingezäunt sind, erhielten sogar Ehrenmedaillen („Medal of Honor") für ihre Tapferkeit. Selbst im 1. Weltkrieg wurden viele von ihnen eingesetzt, hauptsächlich als Spurenleser.

gründeten **Val Verde Winery** *(100 Qualia Dr., geöffnet Mo.–Sa. 9–17h – Weinproben und die Besichtigung des kleinen Weingutes sind möglich)* und dem **White-head Memorial Museum** *(1308 S. Main St., geöffnet: Di.–Sa. 9–16h30)*, das sich vornehmlich mit der regionalen Geschichte beschäftigt und dessen interessanteste Abteilung die über die Black Seminoles ist (siehe Bracketville).

Wirtschaftlich lebt Del Río ebenfalls vom Grenzverkehr und dem nahe gelegenen Amistad Dam, dessen touristischen Einrichtungen wie z.B. Campingplätze, Angelstellen und Bootsverleihe einige Touristen in die Stadt bringen. Der Stausee, den die **Amistad National Recreational Area** umgibt, wurde hauptsächlich zur Wassergewinnung und als Überflutungskontrolle angelegt, ferner gibt es am Hauptdamm noch ein kleines Elektrizitätswerk.

Riesiger Stausee

Ein Drittel der 1.300 km langen Uferlinie liegt auf mexikanischer Seite ('Amistad' bedeutet Freundschaft auf Spanisch). Umgeben von einer baumlosen und damit recht kargen Landschaft, in der es im Sommer drückend heiß wird, ist dieses Erholungsgebiet für Sie als Mitteleuropäer wenig ansprechend, bedenkt man auch, dass noch weitaus schönere Gebiete vor Ihnen liegen. Falls Sie trotzdem Lust auf ein paar Tage hier am See haben, lassen Sie sich am besten beim Touristenoffice in Del Río eine Karte geben, die die einzelnen (einfachen!) Campingplätze markiert.

Wer sich näher mit Indianerzeichnungen beschäftigen möchte, und von denen gibt es doch so einige im und um den Park, besonders am Río Pecos und im **Seminole Canyon State Park** (gut 40 Meilen westl. von Del Río), der muss in Kauf nehmen, ein paar Stunden in sengender Hitze (Kopfbedeckung nicht vergessen!) zu wandern. Im Seminole Canyon State Park, dessen Visitor Center nur eine Meile vom Hwy. 90 entfernt liegt, werden von Rangern geführte Touren angeboten, die 8 Meilen (und mehr) lang und nur leidlich gesunden Menschen zu empfehlen sind. Alleine darf man nicht loslaufen. Im Sommer werden 3–4 Touren täglich angeboten, während des restlichen Jahres nur 2. *Infos über den Beginn der Touren erhalten Sie beim State Park Office unter Tel. (915) 292-4464.* Auf den Canyon selbst reicht eigentlich der Blick von oben herab (am Visitor Center), weitere und um einiges eindrucksvollere Canyons werden Ihnen in Arizona und Utah geboten.

Indianische Kunst

Langtry, ein heute fast verlassenes Nest, bietet eine Sehenswürdigkeit, die, typisch texanisch, ziemlich hochstilisiert wird: den „*Jersey Lilly Saloon*", in dem der bekannte Richter Roy Bean während des ausgehenden 19. Jh., hemdsärmelig und trotzdem mit menschlichem Gespür, das „Law west of the Pecos" ausgesprochen

und durchgesetzt hat. Bean, in Jugendjahren eher ein Outlaw und Haudegen, benannte den Saloon nach einer berühmten englischen Schauspielerin, die er bewunderte, aber selbst nie kennen lernen durfte. Seine Richtersprüche endeten häufig so, dass allemal eine Lokalrunde für alle Beteiligten heraussprang.

Hier galt das „Law of the West": Richter Beans House & Saloon

Größtes Aufsehen (und auch Begeisterung) erregte der Richter 1896 aber mit einem Streich, den er den amerikanischen und mexikanischen Behörden spielte: Er organisierte einen professionellen Boxkampf (zu dieser Zeit in beiden Staaten verboten) auf einer Insel im Río Grande, die Niemandsland war. Dass der Kampf selbst nur 2 Minuten dauerte und auch sein Ausgang waren dabei Nebensache.

Heute kann man hinter dem Visitor Center der gesamten Museumsanlage also besagten Saloon bewundern, dazu einen alten Ölförderturm und den recht eindrucksvollen, mit Kakteen besetzten Garten. Für Erläuterungen erhalten Sie auf Wunsch ein Audiogerät ausgeliehen. Im Visitor Center bieten 6 Dioramen Einblick in das Leben in Langtry zu Zeiten des großen Richters.

Hinweis
In Langtry gibt es auch einen Campingplatz (vornehmlich für Wohnmobile), aber kein Hotel.

Weiter auf dem Hwy. 90 geht es nun durch eine weite und ziemlich öde Buschlandschaft. Dass die Farmerei hier z.T. nur noch von „Stellvertretern" oder „Pächtern" betrieben wird, erkennt man bereits an den einfachen „Farmhäusern". Die eigentlichen Landbesitzer wohnen häufig in der Großstadt. Der Eindruck, im nächsten Moment würden Indianer angreifen, lässt einen nie ganz los, so trist und urtümlich wirkt alles, besonders wenn dazu im Sommer die heiße Sonne die Luft zum Flimmern bringt.

Marathon (ⓘ S. 173), von wo aus der Hwy. 385 nach Süden zum Big Bend National Park abzweigt, bietet noch etwas Wildwest-Romantik, zumindest was ein paar Häuser angeht. Besonders erwähnenswert ist das Gage Hotel, welches der gleichnamige Rinderbaron 1927 erbauen ließ. 1981 wieder komplett

Unterkunft mit Ambiente: Gage Hotel in Marathon

restauriert, bietet das historische Gebäude im alten Tex-Mex-Stil nicht nur schöne und individuell eingerichtete Zimmer, sondern auch eine ansprechende Küche, eine familiäre Atmosphäre und den angenehmen Geruch von sehr viel Holz.

Von Marathon bis zum nördlichen Eingang des Big Bend Nationalparks sind es noch 40 Meilen entlang einer landschaftlich recht ansprechenden Strecke, die bereits auf den Nationalpark einstimmt.

Tipp
Falls Sie vorhaben, am selben Tag auf der westlichen Seite des Parks wieder hinauszufahren nach Lajitas oder Alpine, denken Sie bitte daran, besonders während der Hochsaison, vorher telefonisch eine Unterkunft zu reservieren. Außerdem: Fahren Sie nicht zu spät los, der Park ist größer, als Sie vielleicht annehmen.

Am nördlichen kleinen Visitor Center können Sie bereits Infos einholen und erhalten zudem eine Karte.

Big Bend Nat. Park (ⓘ S. 173)

Zeiteinteilung

Eilige (1 ganzer Tag): *Weniger als einen Tag brauchen Sie erst gar nicht einzuplanen,* **sonst 2-3 Tage***.*

Informationen

Das (Haupt-) Visitor Center befindet sich im Park an der Panther Junction, 29 Meilen südlich des Persimmon Gap und 22 Meilen östlich von Study Butte. Weitere Visitor Centers befinden sich am nördlichen Parkeingang, im Rio Grande Village und am Chisos Basin (Hotel).

Hinweise

Für jegliche Wandertouren (und Ausritte) gilt: Sonnenschutz (Creme, Hut), Trinkwasser und festes Schuhwerk (am besten Wanderschuhe) mitnehmen! Auch etwas zu essen einpacken! Für die Schlauchbootfahrten empfiehlt sich die Mitnahme von ausreichend Proviant. Zudem sollten Sie am besten feste Sportschuhe mitnehmen, die für die Ausstiege essentiell sind (steiniger Flussschotter).

HINWEIS ZU GEFÄHRLICHEN TIEREN: Da es seit einigen Jahren wieder vereinzelt **Schwarzbären** *(besonders in den Bergen) gibt, achten Sie bitte immer darauf, keine Essensreste offen herumliegen zu lassen. Die Bären riechen diese meilenweit. Es gibt für Abfälle eigens bärensichere Mülltonnen, die Sie nach Gebrauch gleich wieder fest schließen müssen.*

Der **Puma** *ist in der Regel nachtaktiv. Man trifft ihn äußerst selten an, meist läuft er bereits weg, bevor Sie ihn überhaupt zur Kenntnis genommen haben. Falls Sie trotzdem einem gegenüberstehen sollten, laufen Sie NICHT weg, das würde nur Ihre Schwäche zeigen. Stören Sie ihn nicht, wenn er frisst, und schauen Sie ihm nicht in die Augen, das könnte er als Drohgebärde ansehen. Bleiben Sie ruhig und besonnen, und laut Parkverwaltung ist es das Beste, Steine nach ihm zu werfen, dann verzieht er sich. Angriffe auf Menschen hat es bisher nur zwei gegeben, und die jeweiligen Tiere wurden daraufhin von den Rangern erschossen.*

Redaktions-Tipps

- Schlauchboottour auf dem Río Grande unternehmen
- Zumindest an einer Stelle des Parks bis an den Rio Grande heranfahren
- **Übernachtungstipp:** Vorher in Marathon im "Gage Hotel", danach im "Badlands Hotel" in Lajitas, von wo aus man den westlichen Teil des Parks noch gut an einem weiteren Tag erkunden kann.
- **Der spezielle Tipp:** Besonders in diesem Park, dessen Fauna und Flora im ersten Moment wenig eindrucksvoll wirken, aber doch z.T. einzigartig sind, empfiehlt es sich unbedingt, im Visitor Center spezielle Literatur dazu zu besorgen, ansonsten verpassen Sie gerade den Reiz dieses einmaligen Naturgebietes und fahren vielleicht sogar enttäuscht davon. Die weite Landschaft der Halbwüste als Ganzes ist natürlich auch als solche bemerkenswert, ohne das nötige "Zusatzwissen" aber zweitrangig!

- **Größe**: 324.224 ha

- **Beste Jahreszeit**

Der Park weist sehr unterschiedliche Höhen auf. Pauschal kann man sagen: Von November bis März ist es in den Bergen sehr kalt, von Ende Mai bis Anfang Oktober sind die Niederungen um den Rio Grande sehr heiß. Die beste Jahreszeit ist wohl der Frühling mit erträglichen Temperaturen überall und dem Vorteil, die Pflanzenblüte miterleben zu können. Im Sommer, besonders während der Schulferien im Juli/August, kommen die meisten Touristen, und gerade dann empfiehlt sich eine rechtzeitige Reservierung der Unterkunft. Der Winter bringt übrigens häufig Schnee in die Berge, und wer dann zu campen gedenkt, sollte dies berücksichtigen.

- **Tierwelt**

In einem klimatisch so unterschiedlichen Gebiet finden Sie die verschiedensten Tierarten, es kommt nur darauf an, ob Sie am Fluss, in der Wüste oder in den Bergen schauen. Doch aufgrund der kargen Vegetation ist die Populationsstärke der meisten Tierarten nur sehr niedrig.

Artenreiche Fauna

Vögel kann man am besten am Fluss, z.B. beim Rio Grande Village, beobachten. Laut Parkverwaltung gibt es bis zu 450 verschiedene Vogelarten hier, von denen aber nur 53 ganzjährig ansässig sind. Neben Kolibris, dem mexikanischen Häher und Raubvögeln (in den Bergen), wie z.B. Geier und Buntfalken, gibt es auch eine Reihe Ihnen von Europa her bekannter Vögel: Zaunkönige, Drosseln, Finkenarten (etwas andere als bei uns) und sogar vereinzelt Schwalben.

Zu den markantesten Säugetieren zählen der Maultierhirsch (seltener der Weißwedelhirsch), Erdhörnchen, Wüstenhasen (mit besonders großen Ohren) und seltener Mountain Lion (Puma) und Schwarzbären. Die meisten dieser Tiere sieht man in den kühleren Bergregionen, so z.B. am Teich in der Nähe des Campingplatzes im Basin. Ein weiteres, besonders für diesen Park typisches Tier ist das Javelina, das aussieht wie ein kleines Wildschwein, aber zur Familie der *Tayassuidea* gehört, die den Tapiren und Pferden (!) näher verwandt sind. Am Río Grande gibt es zudem unzählige Biber, die Sie besonders gut bei einer Flussfahrt erleben können. Aber aufgrund des kargen Holzbestandes haben sie ihre Höhlen in den Sand der Uferregionen gebaut und nicht als „Holzhaus" auf das Wasser.

Javelina: kein Wildschwein, sondern ein Verwandter der Pferde

Eine ganz eigene Spezies der Wüste bildet die Couch'sche Spatenfußkröte, eine Art „Wüstenamphibie".

- **Pflanzenwelt**

Auch die Pflanzen mussten sich dem trockenen Klima anpassen. Zum einen gibt es daher die Sukkulenten, die ihren Wasservorrat speichern können und zu denen auch die Kakteen gehören, und andererseits gibt es die Pflanzen, die als Samen so lange im Boden verweilen, bis genügend Regen sie „aktiviert". Eine keimhemmende Substanz im Samen ermöglicht dies.

Auf den ersten Blick wirkt die Vegetation auf den Wüstenflächen recht trostlos: niedrige Sträucher, halbverdorrte Kakteen und zumeist trockene Grashalme. Doch kaum, dass etwas Regen fällt, erwacht die Wüste, und eine vorher unvorstellbare Blütenpracht sprießt für wenige Tage auf. Häufige Wüstenpflanzen sind: Kaktusfeigen, kleine Yuccapalmen und die Mesquitebohnen (aus denen ein mexikanische Gewürz gewonnen wird). *Wüsten-* *vegetation* Übrigens besitzt kein anderer Nationalpark so viele Kakteenarten (über 70). In den Bergen findet man, wegen des höheren Niederschlages und der milderen Temperaturen, eine Reihe von Baumarten: Goldkiefern, Douglastannen, Zypressen, Zitterpappeln und der Ahorn sind die häufigsten. Im Blue Creek Canyon, und in den Bergen gibt es zudem die seltene Chisos-Eiche, die sich mit ausgesprochen hartem Holz und dicker Rinde an die Hitze angepasst hat. Im Flussgebiet fühlen sich schließlich Pappeln und Weiden wohl, dazu eine Reihe von Schilfgräsern und Abarten von Bambus.

- **Aktivitäten**

- **Wandern** ist natürlich auf jeden Fall zu empfehlen, besonders um Pflanzen- und Tierwelt besser zu erleben. Vergessen Sie aber niemals, egal zu welcher Tageszeit: Trinkwasser (4–5 Liter p.P./Tag), Kopfbedeckung, Sonnenschutz und festes Schuhwerk! Folgende Trails sind die bekanntesten:
· **Santa Elena Canyon Trail:** Anfang und Ende an der gleichnamigen Straße. 2,7 km, 1–2 Stunden, etwas anstrengend. Zuerst müssen Sie durch einen Fluss waten, doch die Szenerie des Canyons mit den über 400 m hohen Wänden belohnt dafür. Hier können Sie auch Muschelschalen finden. Vom Canyon aus bietet sich ein gutes Fotomotiv auf die Chisos Mountains.
· **Window Trail:** Rundweg. Anfang und Ende am Basin Trailhead. 9 km, 4 Stunden, etwas anstrengend. Ausgezeichnete Ausblicke auf die Berge und die Ebene, zudem bietet sich Ihnen hier die gesamte Vegetationsbreite von subalpiner Pflanzenwelt bis hin zur Wüstenvegetation.
· **Lost Mine Trail:** Start und Ende am Panther Pass. 8 km, 4 Stunden, relativ schwierig. Höhenunterschied: 400 m. Gut, um die Vegetation der Berge zu erkun-

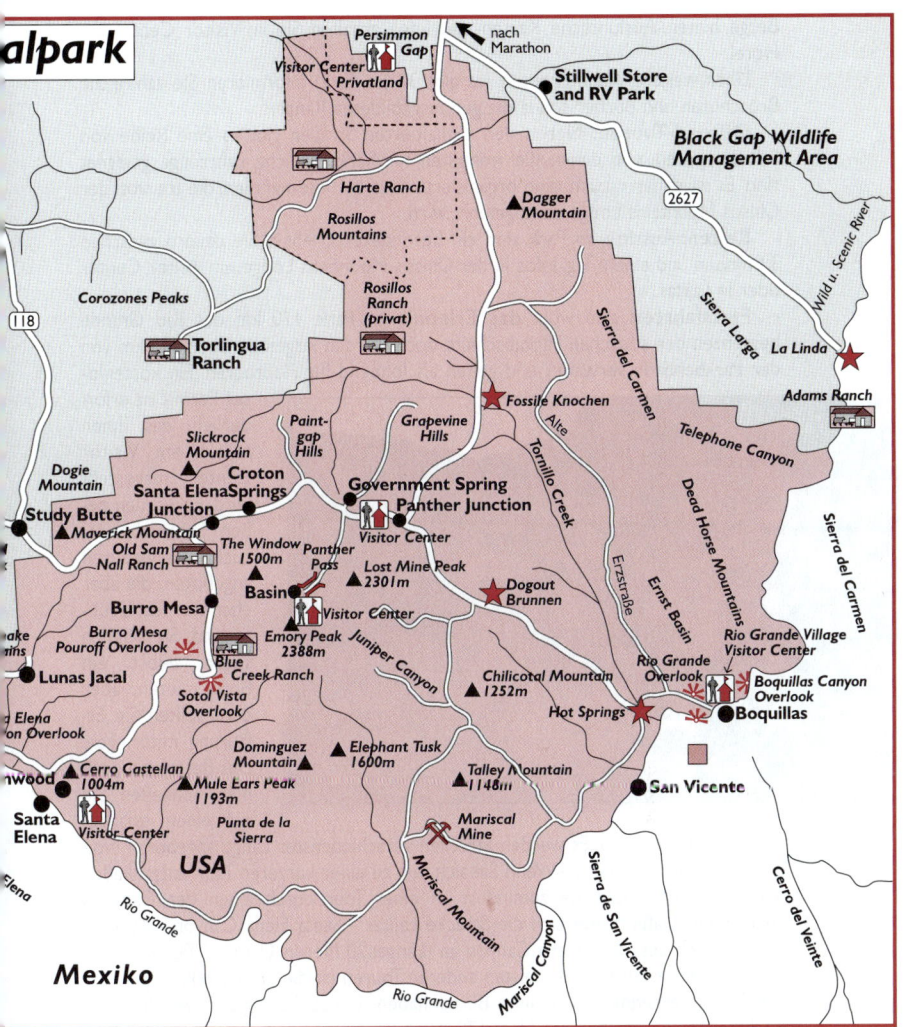

den. Ausgezeichnete Ausblicke auf Jupiter und Pine Canyon. Am Pfadanfang kann man ein beschreibendes Heftchen mitnehmen.

· **Bosquillas Canyon Trail:** Anfang und Ziel am Ende der gleichnamigen Stichstraße. 2 km, 1 Stunde, leicht. Bietet einen Einblick in den Bosquillas Canyon und von einer kleinen Anhöhe einen Überblick über das Rio-Grande-Tal. Die Löcher an der Canyonwand wurden z.T. von den Indianern als Schutzhöhlen angelegt.

· **Basin Trails:** Im Basin gibt es mehrere, kürzere und längere Rundwanderwege, die vor allem Ausblicke auf die Ebene und Einblicke in die Pflanzenwelt der

Berge bieten. Ausführliche Karten und Infos erhalten Sie im Visitor Center am Hotel.

• Über weitere Wanderrouten (es gibt 37 im Park) informieren Sie zahlreiche Broschüren und Bücher sowie die gut ausgebildeten Ranger.

- **Offroad-Touren:** Neben den asphaltierten Straßen gibt es eine Reihe von Schotterpisten, von denen die wenigsten für herkömmliche Fahrzeuge geeignet sind. Es ist daher ratsam, eine organisierte Tour zu unternehmen, die u.a. von der Chisos Mountains Lodge durchgeführt wird.

- **Reiten:** Ausritte im Park sind ein besonderes Erlebnis. Sie dauern zwischen 3 Stunden und einem Tag. Infos in der Chisos Mountains Lodge, am Visitor Center oder in Lajitas.

- **Flussfahrten** sind wohl **das Erlebnis** im Park. 170 km des Rio Grande begrenzen den südlichen Parkabschnitt, doch werden insgesamt über 300 km von der Parkbehörde verwaltet und gelten als lohnend für Floßtouren. Ein kostenlo-

ses Permit ist erforderlich, das Ihnen sofort am Visitor Center ausgestellt wird. Es werden neben Schlauchboot- auch Kanutouren angeboten, die aber eher was für Geübte sind. Sie können sogar selbst ein Boot mieten, aber dazu sollten Sie Erfahrung mitbringen. Das Beste also auch hier: Schließen Sie sich einem erfahre-

Naturerlebnis Flussfahrt

nen Unternehmen an. Es werden Strecken verschiedenster Länge angeboten (von 2 Stunden bis zu 7 Tagen). Wenn Sie sich nur zu einer kürzeren Tour entschließen können, dann sollten Sie zumindest an einer Tour durch einen der Canyons teilnehmen. Dafür bietet sich die Strecke Lajitas - Santa Elena Canyon - Auslassstelle östlich des Santa Elena Canyon an (Länge: 20 Meilen, Dauer: 1 Tag, wenn Sie früh starten). Auch für die meisten anderen Touren ist die Einlassstelle Lajitas wo die Tourunternehmer auch ihre Büros haben. Lajitas liegt gleich westlich der Parkgrenze und ist über den Hwy. 170 zu erreichen.

Eine Investition, die allemal lohnt. Wenn der Wasserstand des Flusses nicht zu hoch ist, ist das Wasser ziemlich ruhig, und dann kann wirklich jeder, egal welchen Alters, diese Touren mitmachen. Also keine Scheu! Eine so gute Gelegenheit haben Sie auf den Flüssen von Utah und Colorado nicht mehr. Dort sind die Wasser wilder, die einmaligen Strecken länger und die Preise höher. In der Hochsaison ist es unbedingt angebracht, vorher zu reservieren! Die Touren dauern zwischen einem und 6 Tage.

Allgemeine Informationen zum Big Bend National Park

Der Name Big Bend (Große Schleife) bezieht sich auf die große Schleife, die der Rio Grande an der südlichen Park- und Staatsgrenze auf über 170 km zieht (und dabei eine 90°-Kurve macht). Seiner Abgelegenheit verdankt es dieser National-park, dass er zu den am wenigsten besuchten der USA zählt (350.000 Besucher). Dabei bietet er eine einmalige Berg- und Wüstenlandschaft, deren Kontrapunkt die grüne Flussoase des Rio Grande darstellt. Doch das wirklich Reizvolle hier sind die Tier- und Pflanzenwelt sowie die Geologie. D.h., wenn Sie den Park wirklich lieben und verstehen wollen, müssen Sie sich ein wenig mit den Naturge-gebenheiten auseinander setzen und vor allem auch etwas Zeit mitbringen. Eine kurze Durchfahrt würde den Abstecher hierher nicht rechtfertigen. Befassen Sie sich aber mit den Feinheiten, und geben Sie sich mindestens einen ganzen Tag Zeit, werden Sie höchstwahrscheinlich hinterher auch zu den Enthusiasten gehö-ren und den Big Bend Nationalpark ganz oben auf Ihre persönliche Beliebtheits-liste setzen.

Grundsätzlich kann man den Park in drei geographische Hauptzonen einteilen:

① Die nördlichen Ausläufer der sich tief nach Mexiko erstreckenden **Chihua-hua-Wüste**, die 97 % der Parkfläche einnimmt. Diese Wüste ist auf drei Seiten von Bergen umgeben (die den Regen abhalten) und auf einer Seite von einer trockenen Steppe. Die Chihuahua-Wüste ist jung, wahrscheinlich weniger als 8.000 Jahre. Sie erhält zwar weniger als 200 mm Niederschlag im Jahr, jedoch fällt dieser vorwiegend während der Sommermonate, also zu einer Zeit, wo er am dringendsten benötigt wird. Daher ist der Boden mit einer für Wüsten unge-wöhnlich dichten Vegetationsdecke überzogen. Eine der typischen Pflanzen hier ist die „Lechuguilla", die wie eine Handvoll Dolche aus dem Boden sprießt. Ihre starken Fasern eignen sich hervorragend zum Flechten von Matten und Seilen und werden noch heute von den Einheimischen auf mexikanischer Seite dazu verwandt. Ein typisches Tier der Wüste ist der Wüstenhase mit seinen übergro-ßen Ohren (auch Eselhase genannt). Wer sich noch an den Biologieunterricht in der Schule erinnern kann, der wird wissen, dass eine große Oberfläche eine höhere Verdunstungsfläche und damit mehr Kühlung mit sich bringt.

Wüste und Steppe

Wenn auch heute kaum noch etwas auf eine frühe **menschliche Besiedlung** hinweist, weiß man aufgrund von Funden in der Nähe von Quellen, dass bereits vor 10.000 Jahren Indianer hier gelebt haben müs-sen. Sie haben ausschließlich von der Jagd und dem Sammeln der Kaktusfeigen und Dattelpflau-men gelebt. Ab dem 13. Jh. lebten dann Pueblo-Indianer hier, die Landwirtschaft betrieben. Doch im 16. Jh. wurden sie von den Spaniern vertrie-ben bzw. versklavt.

Während des 18. Jh. kamen dann die Apachen in die Wüste, die von den kriegerischen Coman-chen nach Süden vertrieben worden sind. Sie hiel-

„Prähistorischer" Indianer

ten zwar die Spanier auf Distanz, wurden aber 100 Jahre später wieder von den Comanchen verdrängt, die ihrerseits den vordringenden Siedlern weiter nördlich weichen mussten. Da ihnen die Jagd aber keine ausreichende Lebensgrundlage bot, waren sie gezwungen, immer wieder Dörfer auf der anderen Seite des Flusses zu überfallen und zu plündern. Der Niedergang der Comanchen war schließlich besiegelt, als ganze Siedler- und Goldsucherströme durch das Land zogen und z.T. auch im Bereich Big Bend siedelten. Für sie richtete die US-Armee obendrein mehrere Forts im Südwesten ein, von denen aus dann Strafkompanien immer wieder auf die Indianer losgesandt wurden, bis um 1880 der letzte Widerstand gebrochen war und die Indianerkultur in diesem Teil Amerikas zerfiel.

② Die zentralen **Chisos Mountains**, die vulkanischen Ursprungs sind und durch ihre Höhenlage (bis zu 2.400 m) eine grüne Oase inmitten der Wüste bilden, beherbergen eine ganz andere Flora und Fauna. Nadelbäume und sogar Laubbäume, wie man sie eher in den nördlichen Rocky Mountains erwarten würde, *Gebirgs-* prägen das äußere Bild über 1.400 m Höhe. Während das Klima in der umliegen-
züge den Wüste im Laufe der Jahrtausende immer trockener wurde, „sammeln" die Berge immer noch die Regenwolken und sorgen für jährliche Niederschläge von bis zu 400 mm. Dieses „Insellage" hat es einer Reihe von Tierarten erlaubt, hier über Jahrtausende zu bestehen.

Zu den auffallendsten Tieren hier gehören die kleinen Weißwedelhirsche, die sich fast ausschließlich im Basin aufhalten. Der Großohrenhirsch dagegen verträgt für eine Weile die Hitze der Wüste, zieht sich in der Regel aber auch zurück in die Randgebirge und beginnt, dort den Weißwedelhirsch zu verdrängen. Ein biologischer „Kampf" setzt ein, und in vielleicht 100 Jahren mag der kleine Hirsch ausgestorben sein. Der Mountainlion (Puma od. Panther genannt) lebt auch in den Bergen und jagt nach Kleinwild. Er gilt als bedrohte Tierart und ist bereits in vielen Landstrichen der USA ausgestorben. Was die Vogelwelt angeht, wird behauptet, dass sich in den Bergen, über das ganze Jahr verteilt, jede Vogelart der USA einmal hier aufhält. Das mag vielleicht etwas übertrieben sein. Aber während *Tier- und* im Sommer die Wüstenvögel die Kühle hier suchen, verbringen sowohl subtropi-
Pflanzen- sche als auch arktische Zugvögel den Winter hier.
welt Auch die Pflanzenwelt ist nahezu konstant geblieben während der klimatischen Veränderungen im umliegenden Wüstengebiet, und Pflanzen wie z.B. die Chisos-Agave und die Chisos-Eiche gibt es nur hier. In anderen Gebieten der USA sind beide mittlerweile ausgestorben.

③ Eine weitere Oase bildet der **Flusssaum** des Rio Grande, der mit seiner atemberaubenden Morphologie sicherlich den landschaftlichen Höhepunkt des Parks bildet. Steile, bis zu 450 m hohe Canyonwände wechseln sich ab mit weiten, kiesreichen Tallandschaften voller grüner Bäume, Bambusgewächsen und Gräsern. Eine faszinierende Natur, die Sie nur aus Wildwestfilmen kennen und deren Schroffheit ihresgleichen sucht. Gedanken an zurückliegende „Indianerschlachten", ungehobelte und unverbesserliche Goldsucher, Grenzkriege und Schmuggler werden wach. Kaum vorstellbar, dass bereits vor 100 Jahren, als diese Region noch fast gänzlich von ihrer Umwelt abgeschnitten war, Farmer sich hier niedergelassen haben. Siedlungen wie Castolon und Boquilla, mit kaum mehr als einer Handvoll

Häusern, wurden zu dieser Zeit gegründet. Ein wesentlicher Nebenerwerb für die Farmer war damals übrigens das Schlagen von Holz für die nahe gelegenen Minen. Spätestens, wenn Sie die Wunderwelt dieses Flusses und seiner Canyons sehen, werden Sie der Versuchung einer Schlauchbootfahrt nicht mehr widerstehen können.

Auch hier finden Sie eine artenreiche Vogelwelt vor, die sich am Rio Grande Village in den Wäldchen und in den verschiedenen Überschwemmungsgebieten hervorragend beobachten lässt. Meisen, Ammern und Fliegenschnäpper gehören zu den ständigen „Bewohnern" der Nester. Doch gibt es hier auch „fossile"

Der Río Grande am gleichnamigen Village

Tierarten, die über die Jahrtausende das feuchte Flussgebiet als letztes Rückzugsareal gegen die immer weiter vordringende Wüste genutzt haben. Lebende Beispiele dafür sind heute u.a. der Knochenhecht und verschiedene Schildkrötenarten. Ihre Vorfahren schwammen noch mit Krokodilen und Flusspferden um die Wette. *Der Rio Grande*

Egal, wie viel Zeit Sie haben und was Sie sich sonst noch im Park ansehen möchten, verpassen Sie es nicht, zumindest einen der Canyons zu erwandern. Der Fußweg zum Bosquilla Canyon in der Nähe des Rio Grande Village ist wirklich nicht weit und einfach.

Zur **Erkundung des Parks** fahren Sie am besten erst einmal zum Panther Junction Visitor Center. Der Park lässt sich von hier aus folgendermaßen einteilen:
• das östliche Wüstengebiet, durch das eine asphaltierte Straße zum Rio Grande Village führt. Fahren Sie hierhin, haben Sie bereits 'Wüste', 'Fluss' und 'Canyon' „abgehakt".
• zentral gelegen, ca. 10 Straßenmeilen westlich des Visitor Center, befinden sich die Chisos Mountains, deren Mittelpunkt das 'Basin' ist, wo u.a. auch das Hotel und das einzige Restaurant im Park zu finden sind.
• westlich der Chisos Mountains führt eine weitere Asphaltstraße bis an den Rio Grande. Die Strecke führt auch durch die Wüste und ist landschaftlich noch eindrucksvoller als ihr östliches Gegenstück, bietet aber nicht so sehr das „Wüstenerlebnis", da ihr, durch unzählige Hügel bedingt, der Eindruck der öden Weite abhanden kommt. Dafür aber gibt es eine alte Farmruine und bemerkenswerte Aussichtspunkte. Geologisch Interessierte sollten sich auf dem ersten Teilstück einmal die verschiedenen Gesteinsstrukturen der Chisos Mountains (von weitem) ansehen. Steile Felsformationen wechseln mit grün schimmernden „Falten" und schräg versetzten Schichtstufen ab.

Verpassen Sie auf dieser Strecke auch nicht, von Castelon aus weiter nach Westen zu fahren bis zum Santa Elena Canyon Trail, der im Grunde auch zum „Pflichtprogramm" des Parks gehört. Von hier aus fahren die meisten Reisenden nun

Santa Elena Canyon

zurück zur Hauptstraße und verlassen den Park im Westen. Alternativ dazu können Sie aber von hier über eine Schotterpiste an der Westgrenze des Parks entlang zur Hauptstraße zurückfahren. In der Regel können nicht zu tief gelegte „normale" Autos diese Route auch benutzen. Es ist aber trotzdem sinnvoll, sich über den aktuellen Zustand der Piste zu informieren.

Sollten Sie nun mehr als einen Tag Zeit haben, bietet sich alternativ (oder zusätzlich) zu den Schlauchbootfahrten eine **Jeeptour** an. Auf den kaum befahrenen Schotterstrecken des Parks erleben Sie Natur und Geschichte noch wirklichkeitsnäher, und der Gedanke, dass die ersten Siedler auf solchen Pisten über Hunderte von Meilen gereist sind, um in eine „Stadt" zu gelangen, ist schon faszinierend.

- **Kurze Einführung in die Geologie**

Bis vor knapp 100 Millionen Jahren war das gesamte Areal, bis hin nach Oklahoma, von tiefen Seen bedeckt. Als der nordamerikanische Kontinent mit dem afrikanischen und dem südamerikanischen kollidierte, falteten sich zudem viele Bergrücken auf. Einer von ihnen ist heute noch als Rest am nördlichen Parkeingang, dem Persimmon Gap, zu sehen. Die meisten Bergrücken aber sind mit der Zeit erodiert, sodass das Meer auch hier seine kilometerdicken, mit Sand vermischten Kalkschichten ablagern konnte.

Entstehungsgeschichte

Vor etwa 120 Millionen Jahren hob sich das Meer schließlich an, und das Meer begann zu verschwinden. Unter den Ablagerungsschichten zwängten sich magmatische Ströme nach oben, die schließlich ausbrachen und große Teile der Fläche bedeckten, wo sie zu hartem Gestein erstarrten. Vor 60 Millionen Jahren war das Meer dann vollkommen verdrängt, und die Zeit der Sümpfe und der fliegenden Reptilien und Dinosaurier brach ein. Zu dieser Zeit lebte der *Pterodactyl* hier, das größte fliegende Lebewesen, das die Erde wohl jemals gesehen hat. Seine Flügelspanne betrug 12 m!

Zu gleicher Zeit aber begann der geomorphologische Erosions-, Hebungs- und Zersetzungsprozess, der die heute sichtbare Landschaft maßgeblich geformt hat: Die Erde hob sich nämlich weiter an, brach auf, und an vielen Stellen kamen durch Vulkanausbrüche Tiefengesteine hervor, die wir heute z.B. als die westlichen und nördlichen Chisos Mountains ansehen. Dort, wo keine Vulkane ausbrachen, verformte sich die aufgelagerte Kalkschicht. Mal zu „Wellen", mal zu „Falten". Zu gleicher Zeit begannen der Rio Grande und seine Nebenflüsse, damals noch wasserreicher als heute, ihre Flussbetten zu graben. Keine leichte Aufgabe, da sich der ersten Hebungsphase eine zweite anschloss, die den Wassern harte Gesteinsschichten in den Weg legte. Doch „steter Tropfen höhlt den Stein", und was übrigblieb, waren die heute so beeindruckenden Canyons.

Sie verlassen den Big Bend Nationalpark nun am westlichen Ausgang. Nach nur wenigen Meilen erreichen Sie den Flecken **Study Butte**, der, abgesehen von ein paar zweitrangigen Motels nichts aufzuweisen hat. Hier müssen Sie sich entscheiden, ob Sie auf schnellstem Wege entlang dem Hwy. 118 nach Alpine fahren oder sich für die landschaftlich schönere und nur 1 ½ Autostunde längere Variante über Lajitas, Presidio und Marfa entscheiden.

Variante 1

Auch hierbei empfiehlt es sich, der urigen Übernachtung wegen (siehe Alternative 2), zuerst die 17 Meilen nach Lajitas zu fahren und dann am nächsten Tag wieder das Stück zurück und weiter nach Alpine.

Alpine (ⓘ S. 173) ist der Sitz des Brewster County, des größten County von Texas (mit aber der geringsten Einwohnerdichte – 1 E./Quadratmeile). Sehenswert ist nur das kleine **Museum of Big Bend**, das der für den kleinen Ort übermächtig erscheinenden Universität am Berg angegliedert ist. Ein paar interessante Ausstellungsstücke und Dokumente zur Geschichte und Natur der Big-Bend-Region sind dann aber auch alles, was es zu sehen gibt *(geöffnet: Di.–Sa. 9–17h, So. 13–17h)*.

Von Alpine fahren Sie dann weiter über den Hwy. 118 nach Ft. Davis, wo Sie auf die Strecke der 'Variante 2' treffen werden.

Variante 2

Biegen Sie in Study Butte nach Süden ab auf die FM 170, die zuerst an dem (fast) verlassenen Minenörtchen **Terlingua** vorbeiführt. Hier findet alljährlich die Weltmeisterschaft im Chilli-Kochen statt (erstes Wochenende im November), was den übrig gebliebenen Häusern einen Platz auf (zumindest texanischen) Straßenkarten eingebracht hat.

Interessanter dagegen **Lajitas** (ⓘ S. 173). Ursprünglich nur ein Outpost der US-Kavallerie mit kleiner Trading Post, erwachte dieser Flecken in den 1980er Jahren zu neuem Leben, als ein Geschäftsmann aus Houston sich seiner annahm. Mit viel Geschick hat er Laji-

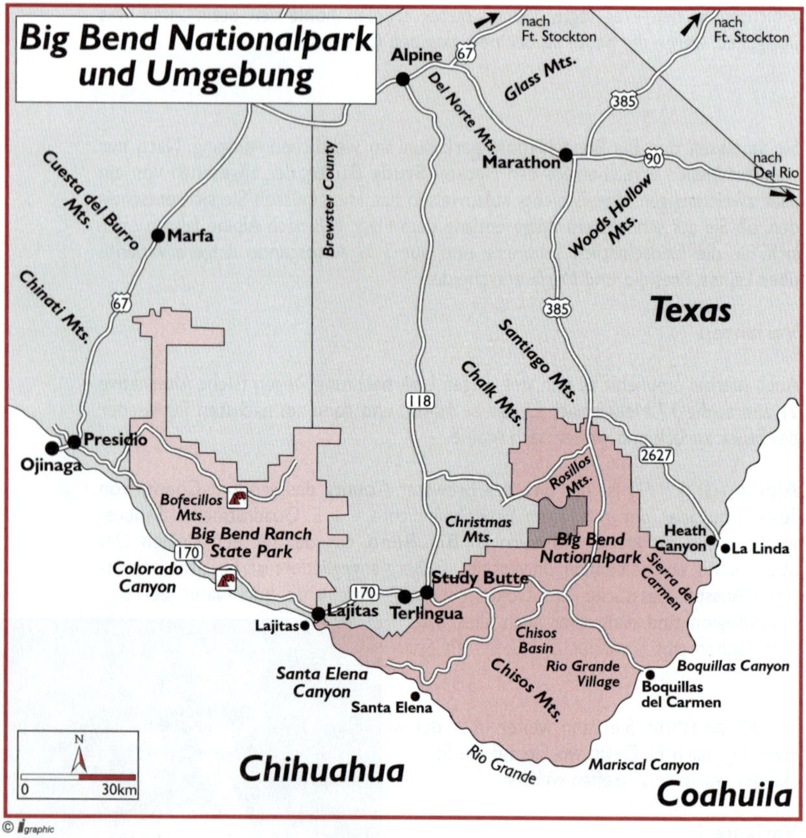

Big Bend Nationalpark und Umgebung

nach Ft. Stockton

nach Ft. Stockton

Alpine 67

Glass Mts.

Del Norte Mts.

385

Cuesta del Burro Mts.

Brewster County

Marathon

90

nach Del Rio

Woods Hollow Mts.

Marfa

Chinati Mts.

67

Texas

385

Santiago Mts.

Chalk Mts.

118

Presidio

2627

Ojinaga

Rosillos Mts.

Bofecillos Mts.

Christmas Mts.

Big Bend Nationalpark

Heath Canyon

La Linda

Big Bend Ranch State Park

170

Colorado Canyon

170

Study Butte

Sierra del Carmen

Lajitas

Lajitas

Terlingua

Chisos Basin

Santa Elena Canyon

Rio Grande Village

Boquillas Canyon

Santa Elena

Chisos Mts.

Boquillas del Carmen

N

0   30km

Chihuahua

Rio Grande

Mariscal Canyon

Coahuila

© graphic

tas zu einem historischen Touristendorf auf- bzw. umgebaut, ohne dabei aber den Charakter des Wilden Westens zu verdrängen. Selbst ein Golfplatz kann daran nicht rütteln. Zentraler Punkt ist das Badlands Hotel, das in einer alten Kleinstadthäuserfront untergebracht ist, gemeinsam mit einigen Souvenirläden und einem Touroperator. Hier können Sie wohnen wie im alten Westen. Zudem wurden die ehemaligen Offiziersgebäude und die Missionsstation zu Hotelunterkünften ausgebaut, und hinter den Gebäuden gibt es zudem einen Campingplatz. Eine Reitanlage und die Lage am Fluss sorgen

Auf alt getrimmt: Badlands Hotel in Lajitas

für Freizeitaktivitäten (Schlauchbooteinsatzstelle/Wild Water Rafting). Eine Liste der Anbieter für Bootsfahrten und Reitgelegenheiten verschickt das Office vom Big Bend Nat. Park. Ohne Frage haben sich hier Geld, Tourismus und Natur zu einer gelungenen Symbiose zusammengefunden. Diesem Beispiel hätten andere Örtchen folgen sollen, anstatt weder der Geschichte noch der Natur gerecht zu werden. Bleibt nur zu hoffen, dass sich die Entwicklung von Lajitas auch weiterhin in geordneten Bahnen bewegt.

Zu Wanderungen, weiteren Raftingtrips, Kanufahrten etc. lädt auch die nahe **Big Bend Ranch Natural Area** ein. Infos dazu (sowie Buchungen/Permits) gibt es im **Warmock Enviromental Education Center** direkt östlich von Lajitas an der FM 170 *(geöffnet: tägl. 8–17h)*. Der daran angeschlossene **Lajitas Desert Garden,** der Ihnen die Wüstenpflanzen näher bringt, lohnt ebenfalls.

Weiter in Richtung Carlsbad Caverns Nat. Park und El Paso

Folgen Sie nun der 170 entlang dem Rio Grande nach Presidio (50 Meilen). Es ist die gleiche Strecke, die die ersten Spanier und vor 150 Jahren die Siedler und Händler von San Antonio nach El Paso benutzt haben und die damit in die Geschichte einging. Anfang des 20. Jh. nutzte auch Pancho Villa, der mexikanische Revolutionär, diesen Pfad, um auf Eseln seine Waffen an den mexikanischen Linien vorbei zu befördern.

Auf dieser Straße durchqueren Sie die o.g. und 1988 angelegten **Big Bend Ranch Natural Area,** der Sie für Ihren kleinen Umweg mit atemberaubenden Fluss- und Berglandschaften belohnt. Ein paar angelegte Wanderrouten gibt es bereits, für die Sie Karten in Lajitas (s.o.) erhalten. Die ersten 30 Meilen führen dicht am Fluss entlang, und hier lohnt sich des Öfteren ein Stop zum Fotografieren. Danach öffnet sich das Tal zu einer fruchtbaren Flussoase. Achten Sie dabei auch auf die verschiedenen Felsstrukturen zu Ihrer Rechten, die die unterschiedlichen geologischen Formen des Rio-Grande-Tals deutlich machen. Kurz vor Presidio liegt links das kleine **Fort Leaton**, das 1848 als Handelsposten gegründet wurde und heute ein kleines Museum beherbergt *(geöffnet: täglich 8–16h30).*

Presidio ist ein uninteressanter Grenzort, der nur dadurch hervorsticht, der heißeste Platz in ganz Texas zu sein. Übernachtungen kann man hier nicht empfehlen.

Menschenleere Weite

Fahren Sie also am besten gleich weiter nach Marfa auf dem Hwy. 67. Die Strecke durchquert riesige Weideflächen, deren Gräser zu fast allen Jahreszeiten ein eindrucksvolles Bild von der Menschenleere und der Weite abgeben.

Marfa wurde erstmals durch seine mystischen Lichter bekannt, die an vielen Abenden am Himmel zu sehen sind und über deren Ursache noch heute die Wissenschaftler rätseln. Eine Kupfertafel 8 Meilen östlich am Hwy. 90 gibt einige Denkanstöße, weist aber auch darauf hin, dass mittlerweile 75 Gerüchte zur Entstehung der Lichter kursieren. 1955 wurde der Ort im wahrsten Sinne des

Wortes umgekrempelt, als nämlich der Filmklassiker „Giants" („Giganten") mit James Dean, Elizabeth Taylor und Rock Hudson in den Hauptrollen hier gedreht wurde. Handsignierte Poster in der Lobby des 'El Paisano Hotel' (das heute nur noch bedingt Zimmer vermietet) sind seither zu einem Wallfahrtsort für Dean-Fans geworden.

In Marfa bietet sich jetzt die Möglichkeit, über den Hwy. 90 nach Westen bis El Paso zu fahren oder auch nur bis Van Hoorn, von wo aus Sie weiter zum Guadalupe National Park gelangen. Diese Strecke ist zwar schneller, aber landschaftlich nicht so attraktiv wie die folgende durch die Davis Mountains:

☞ Hinweis für die Weiterfahrt zu den Carlsbad Caverns

*Sollten Sie in Marfa, Alpine oder Ft. Davis übernachten und vorhaben, am nächsten Tag bis zu den Carlsbad Caverns zu fahren, müssen Sie Folgendes beachten: Die letzte große Führung durch die Carlsbad Caverns findet i.d.R. um 13h (Mountain Time) statt (im Sommer meist 14h)! Das bedeutet, dass Sie früh losfahren müssen und keine Zeit haben für das McDonald Observatorium und den Guadalupe Mts. N.P. Eine Möglichkeit aber wäre, das Observatorium anzusehen und im Guadalupe N.P. eine ca. 2-stündige Wanderung zu machen und anschließend zur Übernachtung nach Whites City oder Carlsbad zu fahren und am folgenden Morgen die Carlsbad Caverns anzusehen. Eine weitere Alternative bieten aber ‚Selfguided Touren' in den Höhlen, die bis 16h Einlass gewähren. **Wichtig ist auch**, dass Sie sich für die geführten Touren einen Tag (oder mehr) im Voraus anmelden. Oft sind diese Touren ausgebucht bzw. finden speziellen Touren nur an manchen Tagen statt (siehe gelbe Seiten).*

!!! Achtung

ZEITUMSTELLUNG! Noch vor dem Guadalupe Nat. Park, der ja eigentlich noch auf texanischer Seite liegt, wird auf Mountain Time umgestellt, die in ganz New Mexico und auch in El Paso gilt. Das bedeutet, Sie gewinnen eine Stunde (12h ist dann 11h).

Weiter geht es auf dem Hwy. 17 nach Fort Davis.

• **Fort Davis National Historical Site** (ⓘ S. 173)

Dieses Fort wurde 1854 hier am San Antonio El Paso Trail eingerichtet, um Reisende gegen Angriffe der Apachen und Comanchen zu schützen. Nachdem die Südstaaten-Truppen wegen des Bürgerkrieges das Fort verlassen haben, wurde es von Indianern zerstört. 1867 schließlich aus Stein und Lehm wieder aufgebaut, war es in der Folgezeit Hauptquartier der 9th U.S. Cavalry, eines von

Relikt aus den Indianer-kriegen

Einst Bollwerk gegen Comanchen und Apachen: Fort Davis

zwei schwarzen Kavallerie-Regimentern. Bei den Indianern wurden die Soldaten daher „Buffallo Soldiers" genannt (Büffel haben dunkles, fast schwarzes Fell). 1891, nachdem die Indianer bereits seit über einem Jahrzehnt endgültig geschlagen waren, wurde das Fort aufgegeben. 1961 übernahm der National Park Service die mittlerweile verrottete Anlage und restaurierte 25 Gebäude, die Hälfte der ursprünglichen Häuser. Ein Museum zur Geschichte des Forts ist heute eingerichtet, und im Sommer führen Ranger in Uniformen der ehemaligen Kavallerie kostenlose Touren durch. Hinter der Anlage führt zudem der 2 km lange „Tall Grass Nature Trail" auf den Berg, von wo aus man eine gute Sicht auf das Fort hat.
Öffnungszeiten: täglich 9–17h.

4 Meilen südlich von Ft. Davis am Hwy. 118 können Sie auch noch das **Chihuahuan Desert Research Institute** mit einem botanischen Garten voller Wüstenpflanzen besuchen. Falls Sie aber nach Tucson fahren sollten, ist der dortige Wüstengarten aussagekräftiger, wenn auch nicht so spezialisiert auf die Chihuahuan-Wüste.
Öffnungszeiten: Mai bis August Mo.–Fr. 13–17h, Sa. + So. 9–17h.

Folgen Sie nun dem Hwy. 118 durch die landschaftlich beeindruckenden Davis Mountains. Große Ranchen, deren Bergweiden mit unzähligen Yuccas bestanden sind, bieten ein bezauberndes Bild, besonders, wenn das Gras im Spätsommer und Herbst goldgelb leuchtet.

Die **Prude Ranch** 7 Meilen nördlich von Ft. Davis, bietet Hütten und Campingplatz zur Übernachtung an. Zudem auch einige Freizeitaktivitäten (Tennis, Reiten).

Das **McDonald Observatory** (17 Meilen von Ft. Davis) ist eine der größten Sternwarten der Welt und wird von der University of Texas geleitet. Der Platz wurde ausgewählt, da er hoch liegt (6.800 Fuß), einen wolkenfreien Himmel garantiert, wenig künstliche Störlichter vorkommen und die Pflanzenwelt der Umgegend für eine saubere Luft sorgt (Blätter sorgen durch Assimilation nämlich auch für die Aufnahme kleinster Staubpartikelchen.)

Das 107-Inch-Fernrohr

Obwohl die Anlage natürlich vornehmlich zu wissenschaftlichen Zwecken genutzt wird, haben Sie hier auch Gelegenheit, die „Fernrohre" mit den Augen eines staunenden Laien zu besichtigen. Das größte von ihnen weist eine Linse mit einem Durchmesser von 107 inch (2,71 m) auf.

Riesiges Teleskop

Am Tage ist es eigentlich ziemlich langweilig, falls man nicht gerade das Glück hat, an der um 14h *(Juni-August auch um 9h30)* beginnenden Tour bzw. dem „Solar Viewing" (Sonnenflecken beobachten) um 11h *(im Sommer auch um 15h30)* teilnehmen zu können. Di., Fr. u. Sa. finden aber abends (gleich nach Sonnenuntergang) „Star Partys" statt, bei denen ein Dozent einen Vortrag hält und Sie hinterher durch kleinere Fernrohre schauen dürfen.

Ein Knüller ist aber die (nur einmal im Monat gegebene) Gelegenheit, durch das größte Fernrohr zu schauen. *Für nähere Auskünfte rufen Sie am besten vorher an: (915) 426-3640.*

Allgemeine Öffnungszeiten: täglich 9–17h. An entsprechenden Tagen geöffnet bis zur „Star Party" (beachten Sie aber, dass diese nur bei entsprechendem Wetter stattfindet).

Guadalupe Mountains National Park (ⓘ S. 173)

Zeiteinteilung
mindestens 1 Tag

Hinweis zu Schlangen
Heben Sie keine Steine mit der Hand hoch, sondern benutzen Sie dazu einen längeren Stock, oder lassen Sie es besser gleich sein. Das Tragen von festem und hohem Schuhwerk ist auf allen Wanderungen angebracht.

• **Größe**: 32.000 ha

• **Beste Jahreszeit**
Da der Besucherandrang nicht so hoch ist, kann man die Zeit zwischen April und Anfang Oktober generell empfehlen. Bedenken Sie aber das Wüstenklima in den unteren Lagen, welches heiße Tage (Sonnenschutz!) und z.T. kühle Nächte mit sich bringt. Die höheren Lagen (ca. 7 °C kälter als unten) wiederum erhalten mehr Niederschläge, die besonders im Juli und August als plötzlich auftretende Gewitter unangenehm werden können. Auch die plötzlichen Bergwinde, die durch die unterschiedlichen Luftdruckverhältnisse um die Berge herum auftreten, können mit Windstärken bis zu 10 unangenehm werden. Für längere Wanderungen ist es daher zu jeder Jahreszeit dringend anzuraten, sich vorher bei den Rangern über die Wetterlage zu erkundigen und Wind- und Regenkleidung mitzunehmen.

• **Tierwelt**
Anders als in den Bergen des Big Bend N.P. haben sich in der „Wüstenoase" der Guadalupe Mountains nicht so viele Tiere gehalten, besonders keine Tiere, die aus einer feuchteren erdgeschichtlichen Zeit stammen. Ein häufig auftretendes Großtier ist der Maultierhirsch. Berglöwen (Puma/Panther) sind selten, und man schätzt ihre Population auf etwa 70 Tiere, die in der Regel nur nachts aktiv sind. Verhal-

tensregeln für den Fall der Begegnung mit einem Puma lesen Sie bitte im entsprechenden Abschnitt des Big Bend N.P. nach.

Kleinere Tierarten im Park sind Hasen, Graufüchse, Koyoten und Stachelschweine. Zudem gibt es ca. 250 Vogelarten, von denen Spechte, Roadrunner und Truthahngeier zu den ständigen Bewohnern zählen.

Amphibien und Reptilien finden sich recht zahlreich im Park, darunter Salamander, Frösche, 20 Echsen- und ebenso viele Schlangenarten (gefährlich könnte die Klapperschlange werden).

Flora und Fauna

Blick auf den El Capitan und die Guadalupe Mountains

• Pflanzenwelt

Ausschlaggebend für die Vielfalt der Pflanzenwelt sind die drei klimageographischen Regionen des Parks: Wüste, Bergwelt und Canyons. In der Wüste gedeihen vorwiegend Kakteen, Yuccas, Agaven und Dornensträucher, also Pflanzen, die Wasser speichern bzw. das wenige Wasser optimal nutzen oder sich vor „Feinden" aus der Tierwelt mit ihren Dornen schützen. In den Hochlagen dominieren dagegen Nadelbäume (meist Steinkiefer) und Wacholder. Im Bowl finden sich auch Espen, wenn auch nur in geringer Zahl. In den Canyons überwiegen die Laubbäume, u.a. Ahorn, Wacholder und Espen. Der Herbst bietet daher gerade in diesem Gebiet einmalige Farben.

Grundsätzlich kann man sagen, dass auf diesen Hochlagen eine Vegetation vorherrscht, wie man sie eher in den Rockies 1.000 Meilen nördlich erwarten würde.

 Jetzt noch ein Tipp
Im Frühjahr kann man hervorragend Beeren pflücken. Fragen Sie die Ranger nach guten Plätzen.

• Aktivitäten

- Wandern: Da im Park keine Autostraßen existieren (sieht man einmal ab von einer 4x4-Strecke zur Williams Ranch), kann man den Park nur zu Fuß auf einem der Trails erkunden (insgesamt 145 km). Diese „Unzulänglichkeit" bringt es mit sich, dass der Park von nur 230.000 Besuchern jährlich besucht wird (Carlsbad Caverns N.P.: 1 Million). Dies verspricht besonders im Frühjahr und Herbst erholsame Menschenleere.

Für Sie stellt sich das dann so dar: Falls Sie nicht mindestens einen halben Tag Zeit haben, lohnt sich ein Besuch des Parks gar nicht, und Sie sollten daran vorbei fahren. Anders sieht es aber aus, wenn Sie einen

Spitze des El Capitan

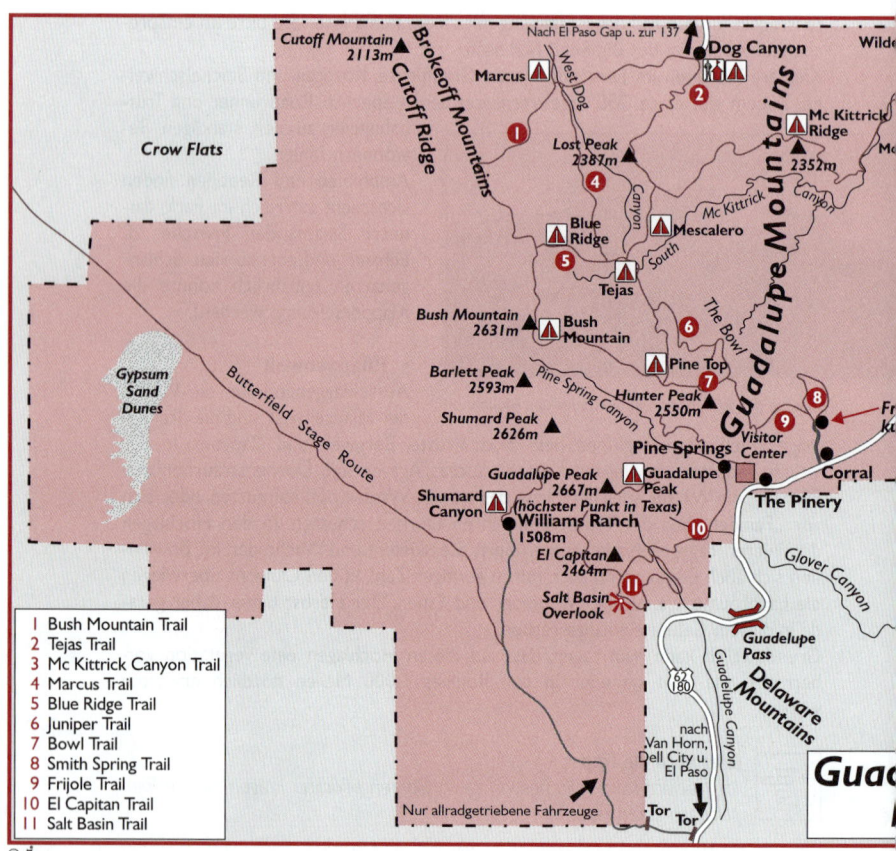

Nach El Paso Gap u. zur 137

Cutoff Mountain 2113m

Brokeoff Mountains

Cutoff Ridge

Cutoff Mountains

West Dog

Dog Canyon

Wilde

Marcus

2

Mc Kittrick Ridge

Crow Flats

1

Lost Peak 2387m

4

Canyon

Mc Kittrick

2352m

M

Blue Ridge

5

South Canyon

Mescalero

Gypsum Sand Dunes

Butterfield Stage Route

Tejas

Bush Mountain 2631m

Bush Mountain

6

The Bowl

Guadalupe Mountains

Barlett Peak 2593m

Pine Spring Canyon

Pine Top

7

Shumard Peak 2626m

Hunter Peak 2550m

8

9

Fr k

Pine Springs

Visitor Center

Guadalupe Peak 2667m **(höchster Punkt in Texas)**

Guadalupe Peak

Corral

Shumard Canyon

The Pinery

Williams Ranch 1508m

El Capitan 2464m

10

Glover Canyon

Salt Basin Overlook

11

Guadalupe Pass

Delaware Mountains

Guadalupe Canyon

62 180

Guad

nach Van Horn, Dell City u. El Paso

Nur allradgetriebene Fahrzeuge

Tor

Tor

1	Bush Mountain Trail
2	Tejas Trail
3	Mc Kittrick Canyon Trail
4	Marcus Trail
5	Blue Ridge Trail
6	Juniper Trail
7	Bowl Trail
8	Smith Spring Trail
9	Frijole Trail
10	El Capitan Trail
11	Salt Basin Trail

© igraphic

ganzen Tag oder besser, ausgerüstet mit Camping-Equipment, 2–3 Tage hier verbringen. Die Devise heißt also: entweder, oder! Für alle Wege gilt: **Sonnenschutz** (Hut, Creme, langärmelige Hemden und lange Hosen) und **Trinkwasser**
nicht vergessen (4–5 Liter pro Tag pro Person). Zusätzlich etwas **Mineralrei-
ches** zum Knabbern einpacken, denn man schwitzt viel Salz aus!

Die beliebtesten Wanderwege sind:
· **Pinery Trail:** 1,3 km, 1 Std., Start u. Ziel am Visitor Center, einfach. Führt zur
'Pinery', einem ehemaligen Haltepunkt am Butterfield Trail.
· **Frijole Trail:** 6,5 km, 2–3 Std., Start: Visitor Center, Ende: Frijole Ranch,
mittelschwer. Führt entlang dem Basement, und Sie erhalten einen Eindruck über
die Wüstenvegetation. Die Landschaft aber ist etwas monoton. Zusätzlich bietet
sich dabei noch die Möglichkeit, den **Bear Canyon Trail** (evtl. nur zum Teil) zu
laufen. Dieser steigt aber ziemlich an. Mehrzeit: 1–3 Stunden.

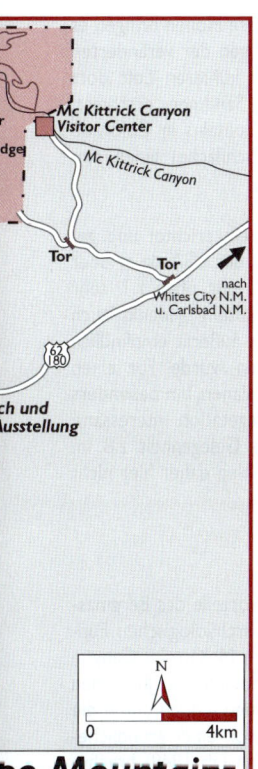

Mc Kittrick Canyon
Visitor Center

Mc Kittrick Canyon

Tor   Tor
                    nach
              Whites City N.M.
              u. Carlsbad N.M.

ch und
Ausstellung

N

0   4km

pe Mountains
ionalpark

· **Trails zur Bowl (bewaldete Hochfläche):** Länge: Variiert zwischen 13 und 16 km, 1 Tag, Start und Ziel: Visitor Center; anstrengend, da 1.000 Höhenmeter überwunden werden müssen. Der mit Sicherheit eindrucksvollste Trail, da er alle Vegetationsgebiete erfasst. Dafür werden Sie aber mit der verhältnismäßig kühlen und erfrischenden Luft der Kiefernwälder und z.T. atemberaubenden Ausblicken auf die Wüstenfläche belohnt. Für den Aufstieg empfiehlt sich der nicht so steile westlichere **Tejas Trail**, und hinunter geht es dann durch den Bear Canyon. Festes Schuhwerk ist unbedingt erforderlich.

· **McKittrick Canyon Nature Loop:** 1,5 km, 1 Std., Start u. Ziel: McKittrick Canyon Visitor Center, mittelschwer. Naturpfad, der einen kurzen Überblick über die Flora der Chihuahuan-Wüste bietet.

· **McKittrick Canyon Trail:** 12 km, 5–6 Std., Start u. Ziel: McKittrick Canyon Visitor Center, einfach. Führt durch geologisch interessante Formationen und bietet den Vegetationsübergang von der Wüste zur Baumlandschaft. Letztere ist besonders schön, wenn im Oktober und November die bunten Blätter der Walnuss- und Ahornbäume in der Sonne leuchten. Umkehrpunkt ist die historische 'Pratt Lodge', in deren Nähe auch der 'Grotto-Picknickplatz' zur Pause einlädt.

Die besten Wanderwege

Hinweis
Das Flusswasser hier ist NICHT trinkbar!

Es bietet sich Ihnen weiterhin die Möglichkeit, vom Dog Canyon im Norden aus eine Tageswanderung zu unternehmen, die erst entlang dem **Teja Trail** und anschließend den **McKittrick Canyon Trail** führt, um schließlich am McKittrick Canyon Visitor Center zu enden (anstrengend, 21 km, Dauer: 1 Tag). Einer Ihrer Mitreisenden müsste dann mit dem Fahrzeug um den Park fahren. Bedenken Sie, bei diesem Trail früh zu starten, da Sie ja anschließend auch noch eine Stunde zum Hotel benötigen. Weitere schöne Trails führen u.a. auf den **Guadalupe Peak** (2.667 m), den höchsten Berg von Texas, zum Shumard Canyon und der Williams Ranch **(El Capitan Trail)** und um die Frijole Ranch herum.

- **Reiten:** Die meisten Trails sind auch für Reitpferde zugelassen, doch muss man die Pferde selbst mitbringen. Dieses ist schwierig zu organisieren, und daher empfiehlt es sich eher, in Parks auszureiten, wo Pferde direkt zu mieten sind. Zudem erfordert es gute Pferde, die Berge gewohnt sind, und gute Reiter.

Bereits von weitem (bei guter Sicht aus 50 Meilen Entfernung) kann man die mächtige Bergkette der Guadalupe Mountains erkennen, die sich mit bis zu 1.500 m über die umliegende Chihuahuan-Wüste erheben und deren feste Felsstrukturen in der Geröll-Landschaft der Wüstenebene einmalig sind. Diese Höhen bringen es mit sich, dass die Berge die Regenwolken aufhalten bzw. wegen der veränderten Luftdruckverhältnisse sammeln. Verbunden mit der relativ kühleren Luft dort oben hat sich eine Vegetation erhalten, die wie eine Oase im Sandmeer erscheint. Nadelbäume, wie man sie eigentlich nur aus den Rocky Mountains in Colorado kennt, bilden um und in der sogenannten 'Bowl' (der Hochfläche) einen eindrucksvollen grünen Waldteppich.

Unbe-
rührte
Landschaft

Der Guadalupe Mountains Nationalpark wurde erst 1966 eingerichtet und gehört auch heute noch zu den am wenigsten besuchten Parks der USA, da er über keine Straßen verfügt und die Wunderwelt dieses Parkes nur über z.T. sehr anstrengende Wanderwege zu erkunden ist. Die Parkverwaltung gedenkt auch wenig daran zu ändern, da die Ökologie dieses Naturareals äußerst empfindlich ist und einen zu starken Besucherandrang nicht verkraften würde. Für einen Besuch empfiehlt es sich daher, unbedingt 1 bis 2 Tage einzuplanen, um besonders die Höhen zu erwandern. Natürlich ist auch die Wüstenvegetation interessant, doch haben Sie zu deren Erkundung auch in anderen Parks Gelegenheit, z.B. im Big Bend N.P. Die Wanderwege in den niedrigeren Lagen zählen daher hier nicht zu den Höhepunkten.

• Menschliche Besiedlung

Schon früh entdeckten die ersten Indianer die klimatischen Vorteile des Bergmassivs und seiner Canyons. Anhand von Felszeichnungen und archäologischen Funden ließ sich nachweisen, dass bereits vor 12.000 Jahren im McKittrick Canyon eines ihrer bedeutendsten Siedlungsgebiete gewesen sein muss. Im 16. Jh. kamen die Spanier auf der Suche nach Gold in das Gebiet, sie wurden jedoch durch die zu dieser Zeit in den Bergen lebenden Mescalero-Apachen von einer gründlicheren Erforschung abgehalten. Erst der Goldrush in Kalifornien (ab 1849) brachte die ersten weißen Anwohner hierher, da die 'Butterfield Overland Mail Co.' ihre St. Louis-San Francisco-Route über den nahegelegenen Pass führte und eine Pferdewechselstation, die 'Pinery', in der Nähe der Pine Springs einrichtete.

Zu dieser Zeit war es die einzige von Weißen bewohnte Siedlung auf dem über 700 km langen Abschnitt zwischen Fort Chadborne und El Paso. Heute noch kann man die Ruinen des Gebäudes besichtigen. Später, nachdem zu viele Postkutschen überfallen worden waren, wurde die Strecke nach Süden verlegt, wo sie

u.a. durch Fort Davis führte. Siedler kamen aber nur spärlich hierher und legten ihre Ranchen zuerst nur in der Ebene an (einzige Ausnahme war die **Frijole Ranch** in der Nähe der Pinery).

Erst zu Beginn des 20. Jh., 2 Jahrzehnte nachdem die letzten Indianer vertrieben waren, wagten sich Siedler weiter in die Berge vor, und einer der ersten von ihnen war Henry Belcher, der hier Longhorn-Rinder hielt. Seine Ranch ist heute als **Williams Ranch** bekannt. Auf der Suche nach Bodenschätzen kamen in der 2. Hälfte des 19. Jh. auch Prospektoren in die Berge. Nachweislich fanden sie aber geringe Mengen an Kupfer und das Guano von Fledermäusen (wurde zur Calciumphosphat- und Stickstoffdüngung verwendet). Eine Anekdote berichtet aber von dem Schürfer William Sublette, der hier auch Gold gefunden haben will. Doch geht die Geschichtsschreibung in seinem Fall davon aus, dass seine 'Goldfunde' auf der Entdeckung einer versteckten Beute eines Postkutschenüberfalles beruhen.

In den 30er Jahren des 20. Jh. gründete der Geologe William Pratt eine Ranch im McKittrick Canyon, welche er 20 Jahre später stückweise dem Staat überschrieb, mit dem Ziel, daraus einen Nationalpark zu machen. Der zusätzliche Aufkauf der J. C. Hunter Ranch ermöglichte dies schließlich.

Devil's Hallway

• Geologische Einführung

Vor gut 250 Millionen Jahren (bis vor ca. 100 Mio. Jahren) war das Gebiet von Texas und New Mexico durch einen großen Ozean bedeckt. Im Laufe von Millionen von Jahren bildete sich ein 650 km langes, hufeisenförmiges Riff aus Algen und anderen Meeresablagerungen. Mit dem Absinken des Meeresspiegels bildete dieses Riff dann schließlich eine Küste, die durch Lagunen und Süßwasserseen vom eigentlichen Meer getrennt wurde.

Entstehungsgeschichte

Nachdem das Meer gänzlich verschwunden war, „versank" das Riff unter Sedimenten (Gips- und Salzschichten), die die Flüsse aus der Umgegend auf ihm ablagerten. Erst vor etwa 100–65 Millionen Jahren, als tektonische Verwerfungen die Rocky Mountains entstehen ließen, begannen auch Teile des ehemaligen Riffs sich wieder zu heben, wobei der wesentliche Hebungsprozess erst vor 20 Millionen Jahren einsetzte. Dieser schließlich sorgte dafür, dass der heutige Teil, den wir als Guadalupe Mountains kennen, den höchsten Punkt von Texas darstellt. Verwitterung und Erosion haben seither erreicht, dass große Teile des ehemaligen Riffs wieder offenliegen.

Carlsbad Caverns National Park (ⓘ S. 173)

Zeiteinteilung
½ Tag

Hinweis
Das Berühren von Tropfsteinen ist nicht gestattet. Der Salzgehalt, der Ihrer Haut anhaftet, wenn auch nur in kleinen Mengen, kann das weitere „Wachstum" der Tropfsteine stark beeinträchtigen, ja z.T. sogar gänzlich stoppen. Es gibt ein paar gekennzeichnete Steine, die man berühren darf. Das Aufsammeln von Steinen ist natürlich in keiner Weise erlaubt, und die Ranger sind in diesem Punkt besonders scharf und kontrollieren beim Ausstieg aus der Höhle häufig die Taschen.

Redaktions-Tipps

- **Übernachten** Sie im „Best Western" in White's City.
- Falls Sie an der **erläuterten (geführten) Tour teilhaben** möchten, kommen Sie rechtzeitig. Die letzte Tour beginnt oft schon um 13h (im Sommer z.T. noch um 14h).
- „Bewaffnen" Sie sich mit einem **Audiogerät** und erleben Sie die Höhle auf eigene Faust (‚Selfguided Tour').
- Der **'Big Room'** beeindruckt am meisten durch seine einzigartige Größe, während der **'Kings Palace'** und das **'Queens Chamber'** eher durch ihre filigranen und feinen Strukturen faszinieren. Wer aber schon bekannte Höhlen in Europa besucht hat, wird durch diese nicht mehr so gefesselt sein und sollte sich mit der kürzeren Tour begnügen.
- **Melden Sie sich vorzeitig an (tel. reservieren)** für eine der speziellen Touren (‚Slaughter Canyon Cave', ‚Bat Flight Program' bzw. ‚Spider Cave Tour').
- **Festes Schuhwerk und eine Jacke** (nur 13,5 °C in den Höhlen) sollten Sie dabei haben. Für einige Touren sind sogar **Wanderschuhe** vorgeschrieben und eine **Taschenlampe** von Vorteil.

• **Öffnungszeiten:** Park und Visitor Center sind von Memorial Day bis Mitte August von 8–19h geöffnet. Rest des Jahres: 8–17h30.

• **Größe**: 18.890 ha mit über 80 Höhlen

• **Beste Jahreszeit**
Da sich die Hauptsehenswürdigkeiten unterirdisch befinden und hier immer gleichmäßig 13,5 °C herrschen, erübrigt sich die „klimatische Empfehlung". Bedenken sollten Sie aber, dass von den über 1 Million Besuchern pro Jahr der überwiegende Teil in den Sommerferien-Monaten anreisen und zu dieser Zeit ein ziemliches Gedränge an den Fahrstühlen und auch um die Teilnahme an den Führungen herrscht.

• **Pflanzenwelt**
Überirdisch gibt es eine Reihe von Wüstenpflanzen (und in den feuchten Tälern auch Bäume) entlang dem Scenic Drive zu bewundern, die Sie aber an anderen Punkten Ihrer Reise genauso gut oder auch besser sehen können.

• **Tierwelt**
Erwähnenswert sind die **Fledermäuse** ('Bats'), die Sie aber kaum in der Höhle selbst sehen werden, sondern abends vor den Höhleneingängen während u.g. ‚Bat Flight Programs'. Am häufigsten ist die mexikanische Freischwanz-Fledermaus.

Man schätzt, dass sich über 1 Million Fledermäuse in den Carlsbad Caverns aufhalten.

Die Parkverwaltung bietet in den Monaten Mai bis September ein spezielles ‚Bat Flight Program' an (in der kühleren Jahreszeit überwintern die Fledermäuse in Mexiko). Beginn ist kurz vor Sonnenuntergang am Visitor Center. Nach einer kurzen Einführung durch einen Ranger können Sie die Fledermäuse beobachten, wie sie zu Tausenden die Höhle verlassen auf der Suche nach Insekten an den nahegelegenen Flüssen. Nähere Infos und genaue Anfangszeiten der Programme sollten Sie aber vorher noch mal erfragen. Für diese Programme sollten Sie auch ein paar Tage im Voraus reservieren.

• **Aktivitäten**

Konzentrieren Sie sich in diesem Park nur auf die einmaligen Höhlen. Zur Erkundung gibt es zwei Möglichkeiten: Entweder Sie nehmen an einer der stündlich beginnenden Führungen teil, oder Sie besorgen sich am Informationsschalter ein tragbares Audiogerät mit Erläuterungen

Totem Pole

und machen sich allein auf den Weg (Tourenlängen von 250 m bis zu 2 km möglich). Ich persönlich empfehle Ihnen die zweite Variante, dann müssen Sie nicht im Pulk von zig anderen Besuchern die engen Wege entlang laufen und versuchen, sich freie Sicht zu verschaffen. Den Bereich des Kings Palace und des Queens Chamber dürfen Sie aber nur unter Leitung eines Rangers besichtigen.

Hinweis

Es gibt natürlich auch einen Fahrstuhl, der in die Haupthöhlen hinabfährt und die kurze ‚Selfguided Tour' ist behindertengerecht ausgelegt.

Folgende Touren gibt es in den ‚Carlsbad Caverns' (= ‚Main Caves') und in der 'Slaughter Canyon Cave':

• **Kings Palace Tour:** Länge 2 km. Sie führt hauptsächlich durch den 'Big Room', wegen seiner immensen Größe wohl die Hauptattraktion. Ein (fester) Rundweg führt am Rand der Höhle entlang und dauert etwa 1½ Stunden. Ein Abstieg um 240 m sowie natürlich der Besuch des ‚Kings Palace' sind bei dieser Tour eingeschlossen. Es gibt hier aber keine besonderen Schwierigkeiten. *Touren durch das Höhlensystem*

• **Weitere, längere Touren** werden auch geboten, finden aber unregelmäßig statt (vorher anfragen). Ansonsten gibt es zwei **‚Selfguided Tours'** (40–90 Minuten Länge), bei denen Sie eben die o.g. Audiogeräte mitnehmen und außerdem auf dem Weg immer wieder auf Ranger treffen, die Ihre Fragen beantworten können. Ein weiterer Vorteil der Selfguided Touren ist, dass Sie zeitlich nicht so begrenzt sind und auch noch nach 16 Uhr in die Höhlen kommen.

• **Slaughter Canyon Cave Tour:** Diese Höhle wurde bereits in den 30er Jahren entdeckt, touristisch aber nicht vor Ende der 1990er Jahre „ausgebaut". Für die 2 km lange Tour (2 ½ Std.), die an einem Höhleneingang weiter westlich im Park beginnt (Anfahrt: Hwy. 62/180 von White's City 6 Meilen nach Süden und dann abzweigen auf die FM 418), ist eine Voranmeldung erforderlich (nur im

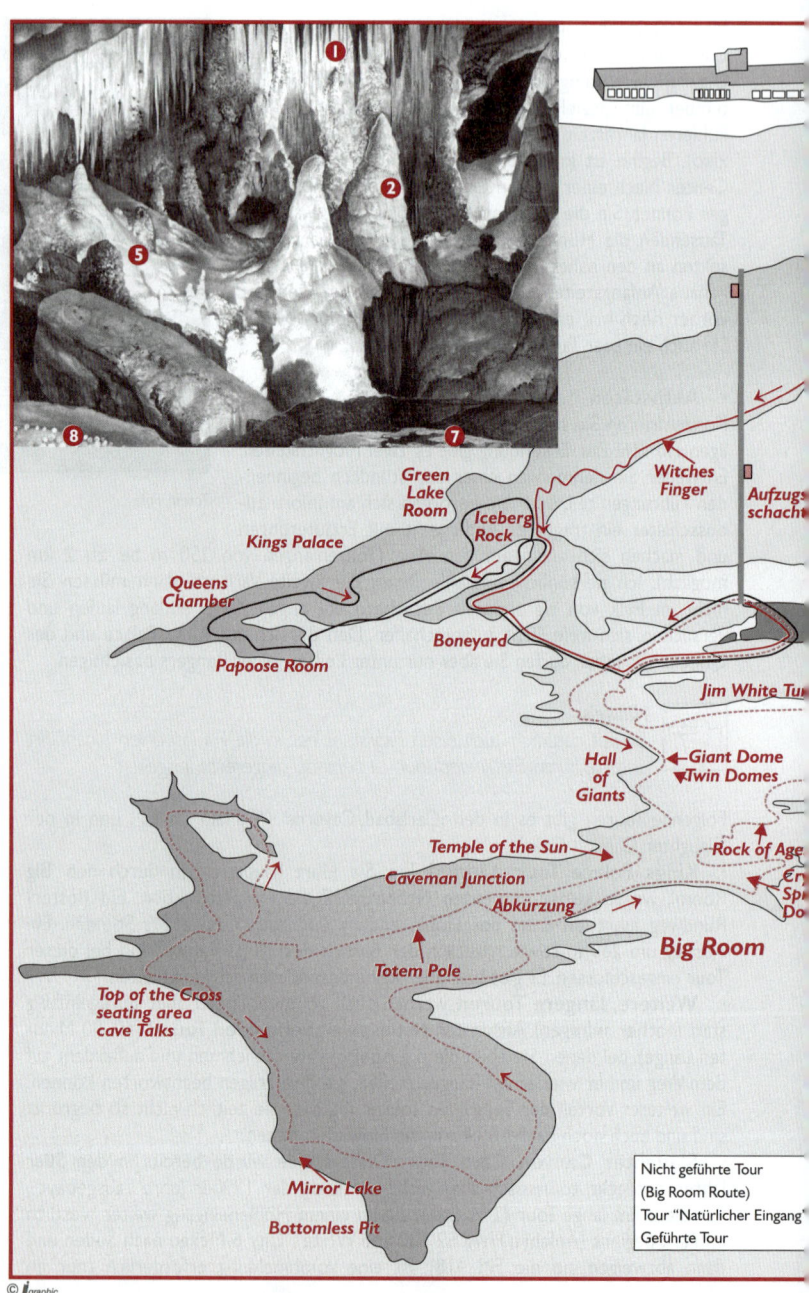

Green
Lake
Room

Witches
Finger

Aufzugs
schacht

Kings Palace

Iceberg
Rock

Queens
Chamber

Boneyard

Papoose Room

Jim White Tu

Hall
of
Giants

Giant Dome
Twin Domes

Temple of the Sun

Rock of Age

Caveman Junction

Er
Sp
Do

Abkürzung

Big Room

Totem Pole

Top of the Cross
seating area
cave Talks

Mirror Lake

Bottomless Pit

Nicht geführte Tour
(Big Room Route)
Tour "Natürlicher Eingang"
Geführte Tour

© *i*graphic

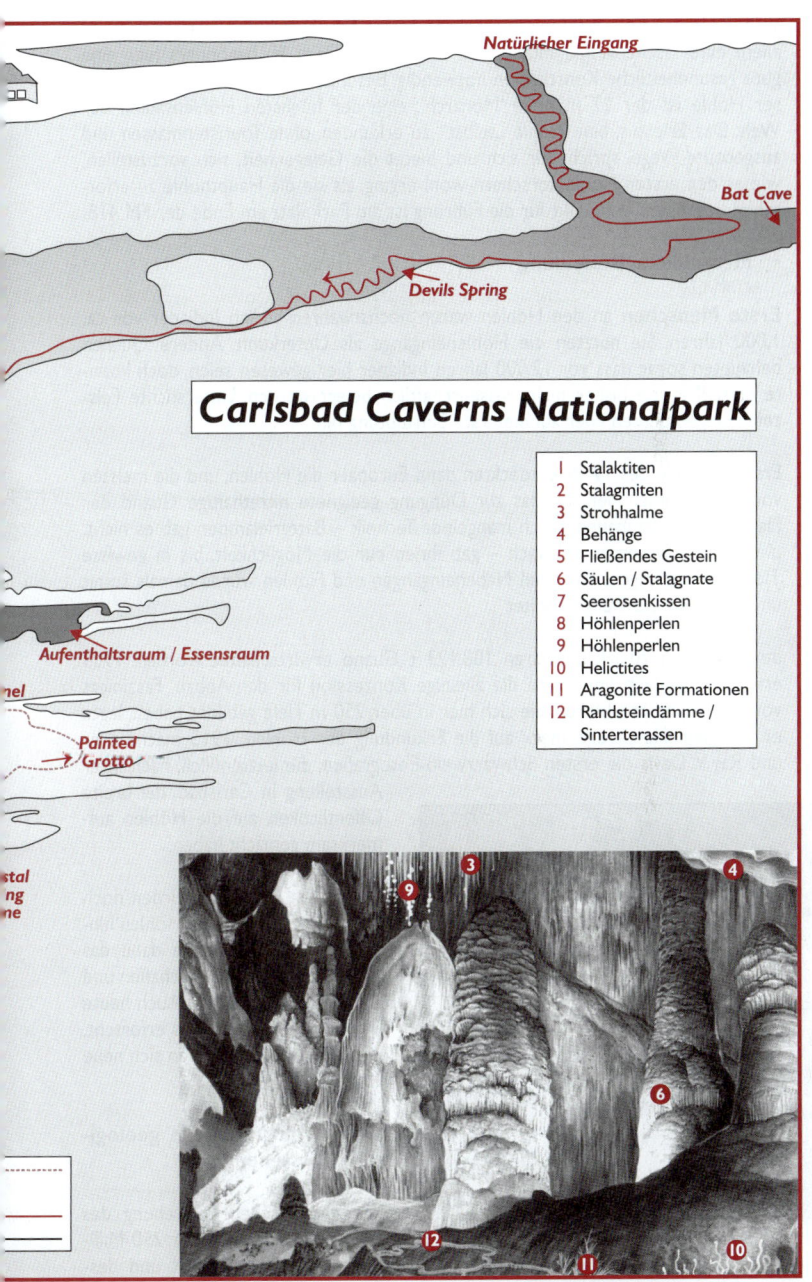

Natürlicher Eingang

Bat Cave

Devils Spring

Carlsbad Caverns Nationalpark

1 Stalaktiten
2 Stalagmiten
3 Strohhalme
4 Behänge
5 Fließendes Gestein
6 Säulen / Stalagnate
7 Seerosenkissen
8 Höhlenperlen
9 Höhlenperlen
10 Helictites
11 Aragonite Formationen
12 Randsteindämme / Sinterterrassen

Aufenthaltsraum / Essensraum

Painted Grotto

Visitor Center oder telefonisch möglich). Festes Schuhwerk, Trinkwasser und vor allem eine Taschenlampe müssen Sie mitbringen! Dazu ist besonders hier eine gute gesundheitliche Konstitution notwendig. Besondere Sehenswürdigkeit in dieser Höhle ist der 27 m hohe 'Monarch', eine der höchsten Höhlensäulen der Welt. Das Erlebnis, eine Höhle „selbst" zu erkunden, ohne Touristenmassen und ausgebaute Wege, spricht für sich und bietet die Gelegenheit, sich vorzustellen, wie es den ersten Höhlenforschern wohl erging, als sie die Haupthöhle zu erforschen begannen. Treffpunkt für die Führung ist am Parkplatz am Ende der FM 418.

• Menschliche Besiedlung

Erste Menschen an den Höhlen waren höchstwahrscheinlich Indianer vor ca. 1.000 Jahren. Sie nutzten die Höhleneingänge als Unterkunft. Andere Quellen behaupten sogar, dass vor 12.000 Jahren Indianer hier gewesen seien, doch konnte diese Theorie bisher nicht wissenschaftlich belegt werden. Untersuchte Felszeichnungen deuten eher auf die erste Behauptung hin.

Höhlen-bewohner

Erst zum Ende des 19. Jh. entdeckten dann Europäer die Höhlen, und die meisten von ihnen kamen her, um das zur Düngung geeignete nitrathaltige Guano der Fledermäuse abzubauen. Doch mangelnde Technik – Batterielampen gab es nicht, und Kerzen waren zu schwach – gab ihnen nur die Möglichkeit, bis in gewisse Tiefen vorzudringen. An vielen Nebeneingängen und Höhlen wurde damals somit unwissentlich „vorbei gearbeitet".

Innerhalb von 20 Jahren waren 108.123 t Guano erwirtschaftet worden. 1903 erwarb schließlich Jim White die alleinige Konzession für den Abbau. Fasziniert von den feinen Strukturen, die sich hier in über 250 m Tiefe gebildet haben, legte er bald sein Hauptaugenmerk auf die Erkundung der Höhlen. 1915 machten er und Ray V. Davis die ersten Schwarzweiß-Fotografien, die letztendlich, nach ihrer Ausstellung in Carlsbad, die breite Öffentlichkeit auf die Höhlen aufmerksam gemacht haben.

Die ersten Besucher wurden noch in Guano-Eimern in die Höhlen hinabgelassen. 1924 wurde dann das National Monument geschaffen und 1930 der Nationalpark. Auch heute ist noch lange nicht alles erforscht, und immer wieder finden sich neue Höhlen.

• Einführung in die geologische Entstehung

Zur geologischen Entstehung des Riffgebirges, das sich vor 250 Millionen hier befunden hat und des-

Ein Höhlenforscher im Bifrost Room, einem erst kürzlich entdeckten Raum

sen Relikte auch heute noch z.T. vorhanden sind, lesen Sie bitte im gleichnamigen Abschnitt unter „Guadalupe Mountains Nationalpark".

Als dann vor 100–65 Millionen Jahren die Deformierung und regionale Verschiebung der Gebirgsstrukturen begann, bildeten sich unzählige Risse in dem Kalkgestein. Durch diese sickerte leicht saures Regenwasser, welches Kalkpartikel aus dem Stein löste und während des Sickerungsprozesses mit in die Tiefe beförderte. Dort traf dieses Wasser auf salzhaltigeres Wasser, wodurch sich eine schwache Schwefelsäure gebildet haben muss, welche wiederum an dem nun einsetzenden Aushöhlungsvorgang der Risse entscheidend mitwirkte.

Entstehungsgeschichte

Vor 17 Millionen Jahren wurde dann das Riffgebirge um bis zu 2.000 m angehoben. Weitere Brüche in der Gesteinsmasse folgten, und dem Auflösungs- und Abschwemmungsprozess in der Gesteinsmasse selbst wurde damit enormer Vorschub geleistet. Erste größere Höhlen wurden ausgespült, doch befanden diese sich meist noch unterhalb des mittleren Grundwasserspiegels. Da dieser sich aber während der folgenden Jahrmillionen immer wieder veränderte, je nach den herrschenden klimatischen Rahmenbedingungen, bildeten sich die Höhlen in verschiedenen Tiefen (die tiefste heute bekannte Höhle liegt 312 m unter der Erdoberfläche).

Schließlich bildeten sich die feinen Strukturen an Decken und Böden, die diesem Höhlentyp den Namen „Tropfsteinhöhle" geben. Jeder Wassertropfen führt winzige Kalkpartikelchen mit sich, welche sich an der Decke und auf dem Grund absetzen und bizarre Formen bilden (Stalaktite und Stalagmite). Sie verändern sich auch heute noch, wenn auch sehr langsam.

Die wesentlichen Formen möchte ich Ihnen kurz vorstellen:

- **Stalaktit:** „Gesteinszapfen", der von der Decke hängt und dessen stets abfallender (kalkhaltiger) Tropfen den **Stalagmit** am Boden bildet. Der Stalagmit ist breiter als sein Gegenstück an der Decke aufgrund der „Splash-Wirkung" beim Auftreffen. Erst vor 500.000 Jahren begann der wesentliche Entstehungsprozess der heute sichtbaren Zapfen in den Carlsbad Caverns. **Übrigens**: Eine Säule, die es schafft, in 1.000 Jahren 1 cm zu wachsen, gilt als schnell!!

- **Soda Straws (Strohhalme):** Hierbei handelt es sich auch um Stalaktite, doch da die an ihnen abfallenden Tropfen kleiner sind, „rutschen" sie langsamer, hängen also länger an dem Zapfen, der damit erheblich dünner ist.

- **Column (Säulen/Stalagnate):** Hier treffen sich ein Stalagmit und ein Stalaktit in der Mitte und bilden eine Säule, die in der Regel in der Mitte am schmalsten ist.

- **Cave Pearls (Höhlenperlen):** Immer mehr Kalkschichten überzogen hier in mehreren Stufen ein ehemals kleines Sandkorn und vergrößerten dabei dessen Umfang um ein Zigfaches.

- **Lily Pads (Seerosenkissen):** Behindert durch natürliche Dämme, setzt sich kalkhaltiges Wasser auf dem Hohlboden ab und bildet sogenannte „Sinter". Der Kalk setzt sich dabei zu einem großen Teil auf der Wasseroberfläche ab und bildet das Seerosenkissen. Mit der Zeit verdunsten die Wasserflächen, und eine mit vielen Wölbungen versehene Fläche bleibt als Stein zurück.

Tropfstein-Formen-vielfalt

- **Draperies (Behänge):** Bilden sich dort, wo Wasser an einer schrägen Decke herabfließt. Entlang der Hauptflussbewegungen setzt sich der Kalk ab.

- **Rimstone Dams (Randsteindämme/Sinterterrassen):** Größere Kalkablagerungen bilden sich an den Rändern von (mehr oder weniger) stehenden kleinen Seen. Nach deren Austrocknung bleiben diese als kleine „Dämme" erhalten und werden sichtbar.

Temple of the Sun

- **Popcorn:** Ähnlich den „Cave Pearls" bildet es sich nach der Verdunstung von übermäßig kalkhaltigen Wassertropfen. Der Kalkrest bleibt erhalten und sammelt immer mehr Kalk an seinen Außenflächen.

- **Helictite:** Sie erinnern an Algenformen und sind sehr selten. Die sich windenden Formen sind durch Kristalle, Fremdkörper und Wasserdruck entstanden. Ähnlich erscheinen **Aragonite**, die aber feiner strukturiert (häufig nadelförmig) sind und aus Mineralien bestehen, die dem Kalzit nur in der Kristallstruktur ähneln, nicht aber in der chemischen Zusammensetzung.

15. El Paso (ⓘ S. 173)

Entfernungen
- El Paso - Dallas:
  617 Meilen/993 km
- El Paso - Carlsbad Caverns Nat. Park:
  140 Meilen/226 km
- El Paso - San Antonio:
  571 Meilen/913 km
- El Paso - Big Bend Nat. Park:
  328 Meilen/528 km
- El Paso - Tucson: 327 Meilen/526 km
- El Paso - Albuquerque:
  266 Meilen/428 km

Zeiteinteilung
1–2 Tage

Überblick und Geschichte

Die erste bekannte Expedition, die das Gebiet am Rio Grande 1581 entdeckte, war eine kleine Truppe unter Rodríguez Chamuscado, die auf der Suche nach Gold in den nördlich gelegenen Bergregionen hier vorbeizog. Juan de Onate nannte diesen Platz 1598 El Paso del Norte („Pass des Nordens"). Seit 1659 wurden verschiedene Missionsstationen gegründet, die heute zu den ältesten durchgehend besetzten Missionsstationen der USA zählen. Die ersten Farmen wurden bald darauf In diesem wüstenähnlichen Gebiet gegründet, und um 1827 entstand auf der Farm von Juan Maria Ponce de Leon die erste richtige Siedlung.

El Paso blieb während der Revolution in Texas mexikanisch. 1846 eroberten US-Truppen die Stadt im Krieg mit Mexiko, und zwei Jahre später wurde das heutige El Paso von Ciudad Juárez getrennt. Die Grenze verlief nun, wie im Abkommen von Guadalupe-Hidalgo besiegelt, mitten durch den Rio Grande. Mit der Übernahme durch die USA entwickelte sich El Paso rasant. Der Militärposten Fort Bliss und eine Handelsstation wurden um 1850 erbaut. Auf dem Wege nach Sacramento, wo der Goldrausch eingesetzt hatte, passierten unzählige Glücksritter das damals noch verschlafene Städtchen, da die Butterfield Stage Line hier hindurchführte. 1861 wurde Fort Bliss von den texanischen Truppen der Konföderierten eingenommen. Von hier aus wollten die Truppen New Mexico erobern. Dieser Plan schlug fehl, und nach dem Bürgerkrieg wurde El Paso wieder den Unionsstaaten zugesprochen.

Heute ist El Paso mit über 530.000 Einwohnern (Großraum: 1 ½ Mio.) eine recht florierende Großstadt, in der sich vor allem die Textilindustrie angesiedelt hat. Schwer zu schaffen macht der Wirtschaft nur, dass viele Dinge gegenüber in Mexiko um einiges günstiger hergestellt werden und seit Einführung der Handels-

Florierende Großstadt

Blick auf die Downtown vom Scenic Drive aus

abkommen (Nafta) mit den Nachbarstaaten auch einfacher in die USA importiert werden können. Die Militärbasis wird von allen Mitgliedsstaaten der Nato genutzt, besonders von den Luftwaffen, die ihre Piloten hier ausbilden lassen. Alleine die amerikanischen Streitkräfte hier zählen 23.000 Soldaten.

Der mexikanische Charakter ist auch heute noch deutlich zu spüren – besonders in den neueren Bauwerken, die des Öfteren eine Mischung aus mexikanischem Ambiente und amerikanischem Pragmatismus darstellen. Ein Beispiel dafür ist der Civic Center Complex, in dem sich auch die Touristeninformation befindet.

Wenn Sie die Zeit haben, sollten Sie von El Paso aus einen Abstecher nach Ciudad Juárez machen, um einmal zu sehen, wie sich die mexikanische Stadt entwickelt hat. Wobei Sie aber immer berücksichtigen müssen, dass Juárez doch sehr stark durch El Paso beeinflusst wurde. Für einen Ausflug nach Juárez bietet sich besonders der „Border Jumper" an, ein Trolleybus, der im Stundentakt verkehrt und an mehreren Punkten in der Innenstadt hält („hopp off – hopp on"). Mit dem Mietwagen über die Grenze zu fahren, ist nicht immer einfach. Wichtig ist, dass Sie bereits bei der Anmietung eine eventuelle Grenzüberschreitung angeben, damit die Versicherungspolice entsprechend ausgefüllt wird. Und noch etwas spricht für den „Border Jumper": Oft gibt es lange Warteschlangen an den Grenzen. Der „Border Jumper" dagegen hat eine eigene Spur ohne Wartezeit.

Das Panorama und die kühlere Luft machen einen Ausflug in die Berge um El Paso ausgesprochen lohnend. Ansonsten bietet die Stadt nicht allzuviel, und Sie sollten bestimmt nicht mehr als 2 Tage für sie einplanen (1 Tag genügt auch). Nur Cowboy-Enthusiasten kommen hier auf ihre Kosten: In keiner an-

Redaktions-Tipps

- **Gut essen:** Höhepunkt ist ein Steak im „Cattlemen's Steakhouse" auf der 35 Meilen außerhalb gelegenen Indian Cliffs Ranch. Die dazugehörige Bar bietet zudem neben guten Cocktails den 'Ausblick von der Terrasse mit Sonnenuntergang'

- **Die bedeutendsten Sehenswürdigkeiten** sind die mexikanische Stadt Ciudad Juárez (S. 439f), der Mission Trail (S. 441f), eine Fahrt entlang des Scenic Drive (S. 437) sowie die Indian Cliffs Ranch (S. 442).

- **Einkaufen:** In El Paso werden Levis- und Wrangler-Jeans produziert und in vielen Geschäften günstig angeboten. Das Gleiche gilt auch für Westernstiefel!

- **Das Abendprogramm:** Ein Besuch einer echten Westerndisco sollte zumindest für die Jüngeren dazugehören.

- **Ein Besuch in Ciudad Juárez** (S. 439f) sollte zu Ihrem Programm gehören. Nehmen Sie aber lieber den Trolleybus dorthin.

deren Stadt findet man so viele Westernstiefelgeschäfte, und auch die bekannten Jeansmarken „Levis" und „Wrangler" haben hier ihren Sitz bzw. eine Hauptniederlassung. (Ursprünglich kommt diese Kultur ja auch aus der Gegend des Rio Grande.)

Übrigens führt die älteste Straße der USA, die „Camino Real", mitten durch El Paso.

Sehenswertes im Stadtbereich

Um es vorwegzunehmen: Es bietet sich direkt im Stadtgebiet von El Paso nicht allzuviel. Sie können einmal (kurz!) durch die verhältnismäßig kleine City schlendern, außerdem eine Rundfahrt über den Scenic Drive unternehmen und bei Interesse ein oder zwei der kleinen Museen anschauen. Grundsätzlich sollten Sie Ihre Zeit aber so einteilen, dass Sie in Ruhe die Missionsstationen besichtigen können und auch Zeit für eine Tour in die mexikanische Ciudad Juárez finden.

- **Magoffin House (1)**
Öffnungszeiten: Mi.–So. 9–16h.

Das „Magoffin Homestead", Nr 1120 in der gleichnamigen Avenue (zu weit für einen Spaziergang vom Visitor Center) wurde 1875 von Joseph Magoffin erbaut, nachdem das ehemalige Haus der Familie 1868 durch eine Überflutung des Rio Grande zerstört worden war. Es ist das letzte ganz aus Lehm (Adobe) gebaute Haus in El Paso Downtown, das dem Bauboom des 20. Jh. nicht zum Opfer gefallen ist, und wirkt wie ein „Liliputaner" vor der Kulisse der Hochhäuser der Innenstadt.

Deckenbalken, Böden und Holzwerk sind aus handgeschnitztem Holz, welches damals auf Karren von Mescalero (100 Meilen nördlich) herangebracht wurden. Das Dach ist mit einer ½ m dicken Schicht aus wasserdichtem Material bedeckt. Die dicken Mauern aus Lehm haben den Vorteil, dass die Feuchtigkeit, die sich darin sammelt, den Zimmern immer erfrischend kühle Luft beschert. Möbel und Teppiche, die heute in dem Haus zu finden sind, gehörten der Magoffin-Familie, von der einiges wieder zurückgekauft worden ist. Auch die Buntglasfenster an den Eingangstüren sind sehr reizvoll. *Interessante Architektur*

- **Camino Real Hotel (2)**
(ehem. Paso del Norte Hotel)

Obwohl es sich hierbei um ein Hotel handelt, sind auch Reisende, die nicht hier wohnen, eingeladen, sich die imposante Architektur dieses Gebäudes näher anzusehen. Zach T. White zog es Anfang des 20. Jh. hierher, und gemeinsam mit einer lokalen Baugesellschaft studierte er die Baustruktur der vom Erdbeben 1906 verschonten Gebäude in San Francisco. Sein Traum war es, ein gro-

Immer noch ein Prachthotel: das Camino Real

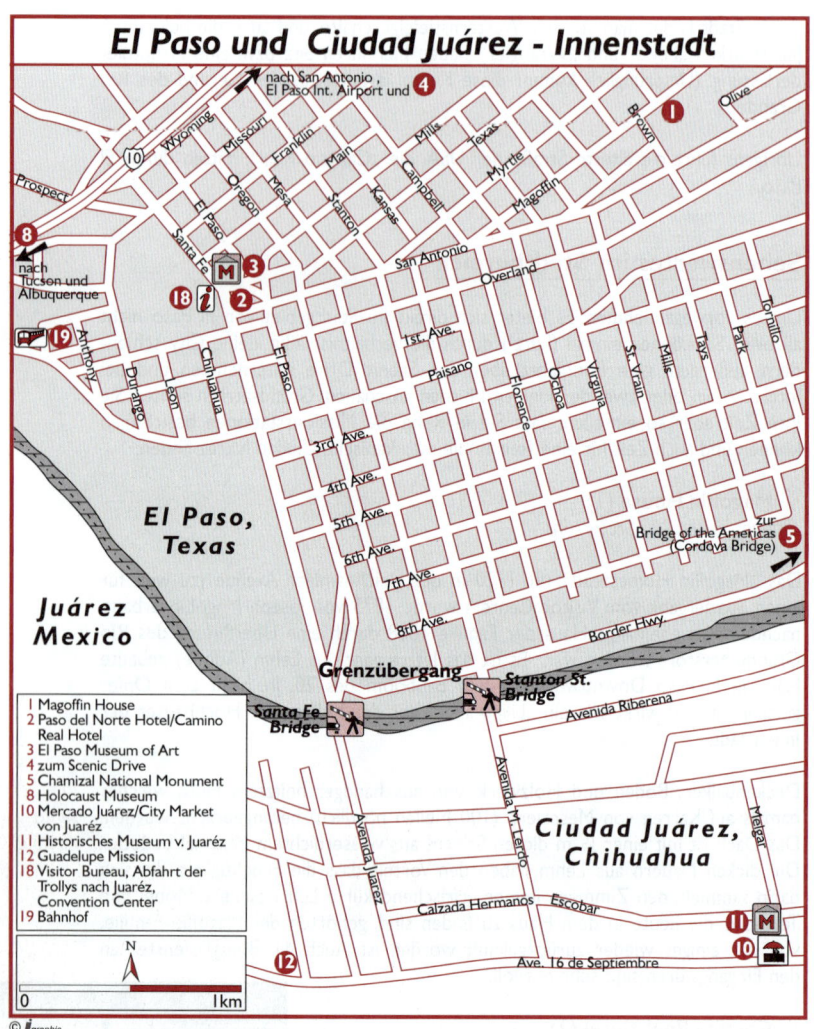

El Paso und Ciudad Juárez - Innenstadt

nach San Antonio ,
El Paso Int. Airport und ④

nach
Tucson und
Albuquerque

**El Paso,
Texas**

**Juárez
Mexico**

Bridge of the Americas
(Cordova Bridge)   zur ⑤

Grenzübergang   Stanton St.
Bridge

Santa Fe
Bridge

Avenida Riberena

**Ciudad Juárez,
Chihuahua**

Calzada Hermanos   Escobar

Ave. 16 de Septiembre

1 Magoffin House
2 Paso del Norte Hotel/Camino
  Real Hotel
3 El Paso Museum of Art
4 zum Scenic Drive
5 Chamizal National Monument
8 Holocaust Museum
10 Mercado Juárez/City Market
  von Juaréz
11 Historisches Museum v. Juaréz
12 Guadelupe Mission
18 Visitor Bureau, Abfahrt der
  Trollys nach Juaréz,
  Convention Center
19 Bahnhof

N

0   1km

© I graphic

ßes, unnachahmliches Hotel zu bauen, welches Mittelpunkt des sozialen Lebens
dieser Region werden sollte. Als Baumaterial wurde neben Steinen und Stahl vor
allem Gips verwandt, welcher aus der Gegend des heutigen White Sands National
Monument stammte. Der Vorteil bestand darin, dass diese Materialien feuerresis-
tent waren. Das Hotel wurde schließlich 1912 eröffnet. Der eindrucksvollste Teil
des Gebäudes ist ohne Frage der Kuppelbau (Dome) mit seinen Marmorwänden
und dem Dach aus Tiffanyglas.

Das Hotel wurde bekannt als „Showplace of the West", unterhielt seine eigene Bäckerei, Eisherstellung, Schlachterei und Wäscherei. Die Bar war berühmt dafür, dass es hier jede Alkoholmarke gab, die irgendwo in Amerika erhältlich war. Bedenkt man, dass El Paso zu Beginn des 20. Jh. noch relativ wenig Bedeutung hatte, ist die Entwicklung dieser Stadt durch dieses Hotel, das Gäste aus allen Teilen des Landes anzog, sicherlich maßgeblich beeinflusst worden. Lange Zeit hatten die führenden Rinderbarone des Westens hier ihre Hauptquartiere, und es heißt, es gibt keinen Platz auf der Welt, wo mehr Rinder gehandelt wurden als in der Hotellobby. Es ist eindrucksvoll an der Bar des Kuppelbaus einen Drink einzunehmen und zu versuchen, sich dabei in die Zeit vor 70 Jahren zurückzuversetzen.

• Scenic Drive (4a)

Sie fahren entlang der Stanton Street in nördlicher Richtung, bis Sie auf die Rim Road treffen, in diese biegen Sie nach rechts ab. Die Straße windet sich am Berghang entlang, und Sie haben an mehreren Punkten Gelegenheit, auf El Paso und Ciudad Juárez zu schauen. Hierbei wird deutlich, dass auf amerikanischer Seite die Hochhäuser und die Industrieanlagen stehen, während das größere Juárez eher aussieht wie ein Dorf, das aus allen Nähten platzt. Wieder im Tal führt dann eine kleine Straße bergauf zur **Wyler Aerial Tramway (4c)**, einer kleinen Seilbahn, die auf den Ranger's Peak hinauffährt. Nicht weit davon geht es auch zum **McKelligon Canyon (4b)**, der ein beliebtes Ausflugsziel der Bewohner El Pasos ist. Dem Reisenden hat er allerdings wenig zu bieten: weder die Dramatik anderer Bergregionen noch eine interessante Vegetation.

Besichtigungstour

Folgen Sie weiter nördlich dem Patriot Highway bis zur Kreuzung Transmountain Road, geht es nach Westen zum **Border Patrol Museum (6)** *(Ausstellungen der Grenzpolizei, Di.–So.)*, kurz dahinter dem **Wilderness Museeum (7)** *(Erläuterungen zu den Wüstenpflanzen der Umgegend, Di.–So.)* sowie zu einem weiteren Ausflugsziel, dem **Franklin Mountain States Park**, in dem Wanderpfade und Mountainbike-Strecken besonders Outdoor-Fans locken.

• Chamizal National Monument (5)

800 San Marcial Rd, nahe Bridge of the Americas am Rio Grande. Öffnungszeiten: täglich 8–17h.

Wandmalereien am Gebäude des Chamizal Nat. Monument

Aufgrund des jährlichen Flussbettwechsels des Rio Grande (der als Grenzfluss gilt) war diese Flussgegend den Regierungen der USA und Mexikos schon seit Lincoln's Zeiten ein Dorn im Auge. Das Gebiet gab Anlass zu mehreren Streitereien, obwohl es klein und wirtschaftlich unbedeutend ist. Nur die Eindämmung des Flusses konnte verhindern, dass die Grenze sich immer wieder verschob. Erst Bemühungen Ken-

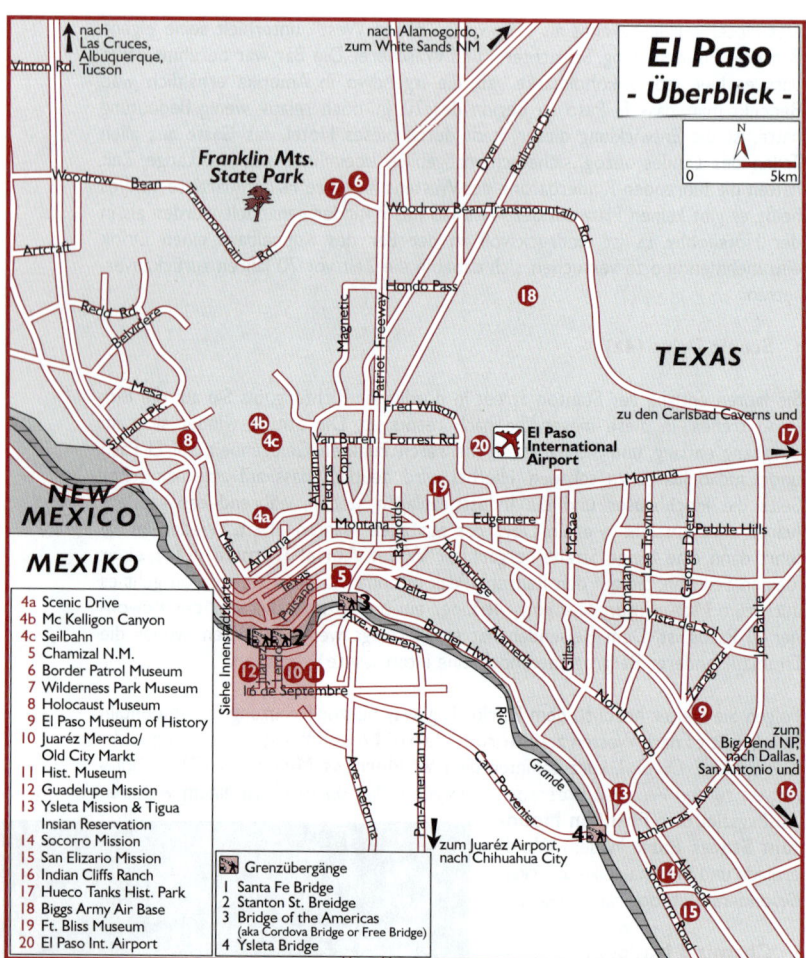

El Paso
- Überblick -

N
0   5km

nach
Las Cruces,
Albuquerque,
Vinton Rd. Tucson

nach Alamogordo,
zum White Sands NM

Franklin Mts.
State Park

Woodrow Bean

Transmountain Rd.

Artcraft

Woodrow Bean/Transmountain Rd.

Reddy Rd.
Belvidere

Hondo Pass

Mesa

Magnetic

Patriot Freeway

Dyer

Railroad Dr.

TEXAS

zu den Carlsbad Caverns und

Fred Wilson

Sunland Pk.

Mesa

Alabama

Piedras

Copia

Van Buren   Forrest Rd.

Montana

El Paso
International
Airport

Montana

NEW
MEXICO

MEXIKO

Mesa

Arizona

Texas

Paisano

Montana

Edgemere

McRae

Gateway

Lee Trevino

George Dieter

Pebble Hills

Vista del Sol

Joe Battle

Baltimore

Trowbridge

Delta

Alameda

Gateway

North Loop

Zaragoza

4a Scenic Drive
4b Mc Kelligon Canyon
4c Seilbahn
5 Chamizal N.M.
6 Border Patrol Museum
7 Wilderness Park Museum
8 Holocaust Museum
9 El Paso Museum of History
10 Juaréz Mercado/
   Old City Markt
11 Hist. Museum
12 Guadelupe Mission
13 Ysleta Mission & Tigua
   Insian Reservation
14 Socorro Mission
15 San Elizario Mission
16 Indian Cliffs Ranch
17 Hueco Tanks Hist. Park
18 Biggs Army Air Base
19 Ft. Bliss Museum
20 El Paso Int. Airport

Ave. Riberena

Border Hwy.

Rio

Grande

Ave. Reforma

Carr Porvenir

Pan-American Hwy.

16. de Septiembre

zum
Big Bend NP,
nach Dallas,
San Antonio und

Americas Ave.

Alameda

Socorro Road

zum Juaréz Airport,
nach Chihuahua City

Grenzübergänge
1 Santa Fe Bridge
2 Stanton St. Breidge
3 Bridge of the Americas
  (aka Cordova Bridge or Free Bridge)
4 Ysleta Bridge

Siehe Innenstadtkarte

© Igraphic

nedys und 1968 die Unterzeichnung eines Vertrages zwischen Lyndon B. Johnson und Gustavo Diaz Ordas beendeten die dauernden Unstimmigkeiten. Heute ist das Gelände auf beiden Seiten zu Nationaldenkmälern deklariert. In einem kleinen Museum finden sich Malereien von lokalen Künstlern, und auf amerikanischer Seite wurde ein Institut zur Erforschung der Geschichte der amerikanisch-mexikanischen Grenze gegründet. Ein kleiner Buchladen im Visitor Center führt interessante Literatur zur Geschichte des amerikanischen Westens und Mexikos.

• Weitere Museen von El Paso

El Paso hat insgesamt 17 Museen, wovon aber keines wirklich überregionale Bedeutung hat und ein Besuch nur eingefleischten Museumsgängern zu empfehlen ist.

- Im **Museum of Art (3)** *(1211 Montana Ave.)* finden sich Werke von verschiedenen amerikanischen Künstlern und auch ein paar europäische Exponate, von denen die aus der Kress-Kollektion die eindrucksvollsten sind. Sie umfassen drei historische Perioden. Neben Gemälden sind besonders in den häufig wechselnden Ausstellungen Skulpturen, Grafiken und private Sammlungen zu bewundern. *Öffnungszeiten: Di.–Sa. 10–17h, So. 13–17h.*

- **Museum of History (9)** *(I-10 East, Avenue of Americas):* Das für den Reisenden aus Europa mit Sicherheit interessanteste Museum erzählt die Geschichte der Indianer, Eroberer, Cowboys und US-Kavallerie, die alle eine wesentliche Rolle in der Besiedlungsgeschichte des Südwestens gespielt haben. Es empfiehlt sich, dieses Museum auf der Fahrt zu den Missionsstationen zu besichtigen, da es im Osten liegt. *Öffnungszeiten: Di.–So. 9–16h45*   *Kunst und Geschichte*

- **Fort Bliss Museen (19)** *(im Militärgelände nordöstl. der Innenstadt):* Hier gibt es mehrere Museen zur militärischen Geschichte der USA. Am eindrucksvollsten ist das nachgebaute Fort *(tägl. 9–16h30),* welches von 1854–1868 in Magoffinville stand. Den Reisepass/Personalausweis für das Betreten des militärischen Gebietes nicht vergessen! Ein weiteres informatives Museum hier wäre noch das **Air Defense & Artillery Museum** *(Bldg. 5000, Pleasanton Rd., nahe Robert E. Lee Rd., Mi.–So. 9–16h30)* mit Erläuterungen zur amerikanischen Luftwaffe.

- Das **Holocaust Museum (8)** *(410 Wallenberg Drive, Do.–Sa. 13–16h)* befasst sich mit der Judenverfolgung während des Nationalsozialismus, ist aber nicht so interessant wie das Museum in Houston.

Sehenswertes in der Umgebung

Ein Abstecher nach Ciudad Juárez (ⓘ S. 173)

Überblick

Ciudad Juárez ist die Partnerstadt von El Paso und liegt ihr gegenüber am Rio Grande (die Mexikaner sagen Rio Bravo). Aus einer kleinen Kirche entstanden, hat Juárez heute fast 1,6 Mio. Einwohner und ist damit die viertgrößte Stadt Mexikos. Juárez wurde am 9. Dezember 1659 vom Franziskanermönch Garcia de San Francisco y Zuñiga gegründet. Er gab der Siedlung den Namen „El Paso del Norte". Die Gegend um die Mission, der Jungfrau von Guadalupe gewidmet, wuchs und gedieh im Laufe der Zeit. Wagen- und Maultierkarawanen machten hier Rast auf ihrem Weg von Mexico City nach Santa Fe. Gold- und Silbererz aus den Minen von New Mexico wurde über Juárez befördert.

El Paso del Norte wurde zur Provinzhauptstadt von New Mexico während des Indianeraufstandes im Norden und nochmals, als Präsident Benito Juarez vor den französischen Truppen Maximilian's floh. 1888 wechselte die Stadt ihren Namen

Steigen Sie an einer der ersten Haltestellen aus und **laufen Sie einen Teil der Strecke**. Schauen Sie dabei vor allem in die Nebenstraßen. Hier gibt's leckere Burritos zum günstigen Preis (es werden auch Dollar genommen). Fragen Sie am besten Ihren Fahrer vorher nach einem guten Stopp. Später nehmen Sie den Trolley bis zum **(Old) City Market** (S. 440), wo es ebenfalls nette kleine Straßenrestaurants gibt und von wo aus Sie den echten Stadtkern erwandern und eigentlich auch zurück nach El Paso laufen können.

zu Ehren des „kleinen Präsidenten" und wurde nun zu Ciudad Juárez. Bald danach nahm die amerikanische Siedlung auf der anderen Seite des Flusses den Namen El Paso an.

Heute ist Juárez ein internationales Handelszentrum und Sitz mehrerer Industriebetriebe, die vor allem pharmazeutische Produkte und elektrotechnische Gerätehersteller. Juárez bietet Glasbläsereien, die Herstellung von Gold- und Silberschmuck, Windhundrennen und natürlich den baulichen und kulturellen Gegensatz zu den USA, der aber nur bedingt zu erkennen ist. Zu nah ist der Einfluss der amerikanischen Partnerstadt.

Abstecher ...

Am besten erkunden Sie die Stadt mit dem **Trolleybus („Border-Jumper")**, der am Visitor Center in El Paso abfährt und von dem Sie beliebig ein- und aussteigen können.

• Der **(Old) City Market (10)**, die alte Markthalle, ist allemal einen Stopp Wert. Hier können Sie günstig und gut in einem der Straßenrestaurants essen und im Markt gibt es ein paar mexikanische Souvenirs und Gewürze zu erstehen (Handeln!!). Es scheint bereits etwas touristisiert, aber nicht so sehr wie an anderen Haltestopps.

Der neue „Mercado", weit weniger stimmungsvoll als der alte

• Laufen Sie von hier aus weiter durch die Altstadt. Nicht weit entfernt ist das **Historische Museum (11)**, das reichlich unsortiert erscheint, aber für ein paar Infos zur Geschichte der Stadt gut ist.

• 200 m weiter gelangen Sie dann zur **Kathedrale**, die von außen deutlich den spanischen Kolonialstil widerspiegelt. Innen ist sie allerdings völlig neu, aber geschmackvoll gestaltet. Gleich daneben befindet sich die **Guadalupe Mission (12)**. Diese war die erste aller Missionskirchen am Rio Grande. Sie liegt direkt an der Plaza, etwas versteckt hinter der Kathedrale. 1659 vom Franziskanermönch Garcia de San Francisco y Zuñiga

... nach Mexiko

erbaut, hat die Kirche eine wunderschön geschnitzte Decke. Eine Legende besagt, dass die Deckenbalken aus Palmenstämmen hergestellt sind, die von Spanien nach Veracruz verschifft und dann auf dem Rücken von Indianern zum „Pass des Nordens" gebracht worden sind. Außerdem soll der Schatten der Missionskirche zu einer bestimmten Tageszeit direkt zu einem Ort in den Franklin-Bergen zeigen, wo der Eroberer Juan de Onate angeblich einen Schatz mit Gold, Silber und Juwelen versteckt haben soll.

Zurück auf amerikanischer Seite

• **Rundfahrt zu den Missionsstationen**

Hinweis
Die Missionen sind interessant, doch wer bereits die Missionen in San Antonio besichtigt hat, wird hier nicht viel Neues entdecken. Die Rundfahrt zu den Missionsstationen und anschließend zur Indian Cliffs Ranch nimmt mindestens 5 Stunden in Anspruch und ist etwa 90 Meilen lang.

Guadalupe Mission und Kathedrale

Wenn Sie vorher noch das **Museum of History (9)** (siehe unter Museen in El Paso) besichtigen möchten, sollten Sie noch gut eine Stunde mehr einplanen. Dazu fahren Sie auf dem I-10 in östlicher Richtung und **biegen erst** am Exit Ave. of the Americas nach Norden ab. Das Museum liegt dann gleich auf der rechten Seite. Von hier aus fahren Sie eine Abfahrt **zurück** auf dem I-10 bis zur Ausfahrt Zaragosa Dr. Ab hier ist der **Mission Trail** gut ausgeschildert. Die Missionsstationen liegen an der ältesten Straße der USA, dem **Camino Real**. Die erste heißt Ysleta, es folgen die Socorro-, die San Elizario- und schließlich etwas abseits die Clint-Mission. Von Clint aus können Sie entweder direkt zum I-10 fahren und weiter nach El Paso, oder Sie fahren die Camino Real weiter bis Fabens, von wo aus Sie, den I-10 überquerend, zur Indian Cliffs Ranch gelangen.

Der Camino Real führt heute durch meist bewässertes Kulturland, auf größeren Farmen werden hier hauptsächlich Baumwolle, Gemüse und Mais angebaut.

Der Anfang der Geschichte am „Pass des Nordens" begann mit der Errichtung der Missionskirchen. Ziel war es, die Indianerstämme zu „bekehren". Auf der Flucht vor der Pueblorevolution weiter nördlich siedelten sich die ersten Indianer hier 1680 an, woraufhin die **Ysleta Mission (13)** 1681 als erste (auf amerikanischer Seite) gemeinsam von den Tigua-Indianern und Franziskanermönchen erbaut wurde. Das **Tigua Indianerreservat**, eines von nur zwei Reservaten in Texas, liegt auch heute noch gleich neben der Kirche. An Wochenenden finden hier Tanzvorführungen statt, und im Umkreis gibt es eine Reihe von Souvenirläden sowie ein Kulturzentrum.

Spanische Kirchenbaukunst

1682 wurde die 3 Meilen östlich von Ysleta gelegene **Socorro Mission (14)** von dem mittlerweile ausgestorbenen Stamm der Piro-Indianer gebaut. Zwischenzeitlich von einer Flutkatastrophe nahezu zerstört, wurde die Kirche inzwischen wieder aufgebaut. Im Kirchenschiff sind noch die ersten, von den Piros geschnitzten, „Vigas" (Deckenbalken) sowie eine handgeschnitzte Statue von St. Michael in der südlichen Sakristei erhalten geblieben. Die Fassade des Kirchengebäudes ist

Socorro Mission am Mission Trail

dem indianischen Symbol für Regenwolken nachgebildet. Der kleine Friedhof ist ungewöhnlich. Besondere Aufmerksamkeit sollten Sie hier den „Decansas" (Ruheplätze) schenken. Diese kleinen zweiseitigen „Schuppen" befinden sich in drei Ecken des Friedhofs; die Verstorbenen werden von den Hinterbliebenen – vor dem eigentlichen Begräbnis – zu diesen Schuppen getragen.

6 Meilen östlich von Socorro steht die **San Elizario Mission (15)**. Die Spanier bauten dieses „Presidio" (Fort) als Schutz gegen kriegerische Indianerstämme. Die Kirche spiegelt mehr den spanischen Kolonialstil wider und gleicht in ihrer Art den alten Kirchentypen in Kalifornien. Gegenüber der Kirche befindet sich der „Gazebo", ein schattenspendender Platz, der für viele Versammlungen genutzt wurde. Umbaumaßnahmen Ende der 1990er Jahre haben der Mission aber viel von ihrem Charme genommen.

• Indian Cliffs Ranch (16)
Anfahrt: 35 Meilen außerhalb von El Paso. Fahren Sie den I-10 29 Meilen in östliche Richtung, und biegen Sie am Exit 49 (Fabens) in nördliche Richtung ab. Nach 6 Meilen liegt die Ranch auf der rechten Seite. Während der Nebensaison ist die Ranch erst ab 16h geöffnet, wird also kein Lunch serviert.

Die Ranch ist heute eines der beliebtesten Ausflugsziele der Städter. Typisch amerikanisch wurde auf relativ kleinem Raum alles untergebracht, was man sich vorstellen kann: ein Zoo, Festzelte, Liegewiesen, Wanderwege, Spielplätze, ein Restaurant und, und, und ... Falls Sie nicht am Wochenende anreisen (sehr voll), ist der Besuch aber äußerst lohnend. Reitbegeisterte können hier Pferde ausleihen und durch die erodierte Klifflandschaft der Halbwüste reiten.

Touristische Ranch

Besonders nach einer Rundfahrt zu den Missionsstationen können Sie hier auf der Veranda des Restaurants einen Sundowner einnehmen und das orange-violette Licht der untergehenden Sonne bewundern. Danach sollten Sie sich eines der weltbekannten Texas-Steaks im Restaurant gönnen. Aber Achtung! Selbst ausgewachsene Männer sollten mit der „Ladies Portion" vorlieb nehmen. Das 600 gr. T-Bone Steak schafft man nicht!!!

• Hueco Tanks Historical Park (17)
Der Park ist geöffnet 8–19h.

Der Naturpark liegt 22 Meilen nordöstlich von El Paso und ist über die Montana Avenue zu erreichen. Für einen „gründlichen" Ausflug dorthin sollten Sie schon mindestens 4 Stunden einplanen, damit Sie die Landschaft genießen und zu einigen der Felsmalereien wandern können. Schon vor 10.000 Jahren lebten an den „Hueco Tanks" (ausgesprochen „weco") Menschen. Durch die natürlichen Basins, die wertvolles Wasser auffingen, bot sich dieses Gebiet geradezu an: Es gab hier

Wasser und Tiere zum Jagen. Und auch während der Zeit der Postkutschen war hier ein wichtiger Stopp der „Butterfield Overland Stage Coach Line". Heute bieten sich hier dem Reisenden schöne Wanderwege mit mehr als 2.000 Felszeichnungen, von denen die ältesten auf 1500 v. Chr. zurückdatieren. Neben wilden Mauleseln gibt es andere Halbwüstentiere, wie z.B. Koyoten, Stachelschweine und verschiedenstes Rotwild.

Felsmalereien im Hueco Tanks State Park

Tipp
Zum Wandern sollten Sie festes Schuhzeug dabei haben, da gerade das Besteigen der Klippen sehr reizvoll ist. Im Park gibt es einen schönen Campingplatz. Dieser bietet sich besonders an für Campingreisende auf dem Weg vom Carlsbad Caverns N.P. nach El Paso.

New Mexico-Telegramm

Abkürzung:	NM
Beiname:	Land of Enchantment (Bezauberndes Land)
Namensherleitung:	1598 wurde das Gebiet von den Spaniern, die von Mexiko aus operierten, in Besitz genommen und erhielt dabei den heutigen Namen.
Bundesstaat seit:	6. Jan. 1912 (47. Staat)
Nationalgericht:	Tacos
Fläche:	315.115 km²
Einwohner:	1,54 Mio. E.
Einwohnerdichte:	4,9 E/km²
Hauptstadt:	Santa Fe: 56.000 E
Weitere Städte:	Albuquerque (385.000 E., Großraum: 500.000 E.), Las Cruces (62.126 E.), Farmington (34.000 E.)
Wichtigste Wirtschaftszweige:	Landwirtschaft (Mais, Weizen und vor allem Viehzucht), Tourismus, Bergbau (größte Uranlagerstätten der USA, Erdöl, Kohle, Gold, Silber), Elektroindustrie, Atomforschung
Touristisches Potential:	Carlsbad Cavern Nat. Park mit seinen beeindruckenden Höhlen; Die weißen Dünen des White Sands Nat. Monument; Indianerkulturen, die sich sowohl in den verschiedenen Reservaten zeigen, als auch in den Städten – hier vor allem Santa Fe, Taos und Albuquerque; Chaco Cultural Historical Park; Prähistorische Siedlungen.

Kleine Einführung „New Mexico"

New Mexico bietet vor allem **landschaftliche Reize** und interessante Indianerkulturen. Wie fast überall in den USA sind die Städte nur von geringem Interesse, sieht man einmal ab von den Museen in Albuquerque und dem indianischen „Touch" in Santa Fe. Wer diesen Staat also wirklich kennen lernen möchte, sollte sich zum einen die schönsten landschaftlichen Höhepunkte ansehen, wie den **Carlsbad Caverns Nationalpark** und **das White Sands National Monument**, und sich zum anderen den **indianischen Kulturen** widmen, die sich in kaum einem anderen Staat der USA so eindrucksvoll präsentieren.

Leider sind auch diese Kulturen durch den immer mehr zunehmenden Tourismus verdorben, und der erste Eindruck von Kitsch und entwurzelter Kultur trügt nicht. Sie sollten sich dennoch darüber informieren, was hinter dieser Fassade steckt, u.a. in den Museen vor Ort.

Um ein wenig hinter die Kulissen des Daseins der heutigen Indianer zu schauen, sollten Sie sich auch die indianischen Wohnsiedlungen der Vorstädte ansehen und sich dann in den Reservaten abseits der großen Touristenrouten umsehen. Hier kommen Sie leicht in Kontakt mit den Indianern und erfahren sicherlich so einige interessante Dinge, die Ihnen sonst verborgen bleiben würden. Das soll jetzt aber nicht heißen, dass es sich nicht lohnen würde, auch die alten Kulturstätten zu besuchen. Um dem Ganzen einen Rahmen zu geben, ist dieses allemal lohnend. Vergessen Sie aber nicht die **Menschenwürde**, besonders wenn Sie noch bewohnte Pueblos (z.B. Taos, Acoma) anschauen, und fragen Sie, bevor Sie fotografieren (meist müssen Sie dafür bezahlen).

Wirtschaftlich lebt New Mexico zu einem entscheidenden Teil vom Tourismus. Weiterhin haben Erdölfunde im Südosten dem Land einen kleinen „Dollarregen" beschert. Dass sich auf seinem Staatsgebiet die größten Uranlagerstätten befin-
Wirtschaft den, hat New Mexico aber nicht die erhofften Einnahmen erbracht, da mit der zunehmenden Kritik an der Atomenergie ein großer Teil der Minen erst gar nicht geöffnet wurde. In Los Alamos befindet sich das bekannte Atomenergiezentrum, in dem bereits während des 2. Weltkrieges an der Atombombe geforscht worden ist. Die Landwirtschaft lebt hauptsächlich von semi-extensiver Weidewirtschaft mit Rindern. Ungenügende Regenfälle lassen Ackerbau nur bedingt zu, und häufig muss bewässert werden.

INFO **Die südlichen Rocky Mountains und das Trans-Pecos-Hochland**

Die Rocky Mountains (deutsch: „Felsengebirge") grenzen westlich an die Great Plains. Charakteristisch sind die aufgefalteten Höhenzüge und die zwischengelagerten tektonischen Becken. Südwestlich angelagert befindet sich das Trans Pecos Highland, welches von dem gleichnamigen Fluss durchflossen wird. In dem Berührungspunkt von südlichen Rockies und dem Trans Pecos Highland lag ehemals der Kern des Kulturraumes der Pueblo-Indianer.

In das **Pecos-Becken,** das sich über den östlichen Teil von New Mexico erstreckt, hat der Fluss sein eigentliches Tal zum Teil über 300 m tief und bis zu 50 km breit eingeschnitten. Dort, wo der Fluss in den Kalkstein des Edward-Plateaus (im Süd-osten) eintritt, verengt es sich zu einem Canyon. Die breite Talaue des oberen und mittleren Pecos wird von einer mächtigen Alluvialdecke (Anschwemmungsböden) bedeckt. Interessant ist, dass poröse Bodenschichten artesisches Wasser freigeben, das aus den westlich gelegenen Gebirgen stammt. Besonders im Gebiet um Roswell (nordöstlich von El Paso) lässt es sich leicht erschließen und landwirtschaftlich nutzen.

Das **Trans-Pecos-Hochland** westlich dieses Beckens bildet eine Übergangszone zwi-schen den Bergen und dem Becken im Westen und den Plains im Osten. Auch dieses Plateau weist Becken und Berge auf, doch nur in sehr begrenztem Umfang, und es hat eher den Charakter der Plains. Eines der Becken ist das Estancia-Tal östlich von Albuquerque, wo Geologen Reste von alten Strandlinien entdeckt haben. Daher ver-mutet man, dass hier einmal ein großer See gewesen sein muss.

Ein weiteres Becken, in dem vormals ein See gewesen sein muss, ist das Tularosa-Becken nördlich von El Paso, das heute zu einer sogenannten Salzmarsch zusam-mengeschrumpft ist.

Weiter im Süden erheben sich einzelne inselbergartige Gebirgszüge, die sich wie Keilschollen an Bruchlinien empor gehoben haben (z.B. Sacramento Mts. u. Guada-lupe Mts.). Die Bruchbildung war vielfach auch von vulkanischen Ergüssen beglei-tet, daher finden sich hier teilweise auch Vulkankegel und BasaltströmeDie Davis Mountains südöstlich von El Paso sind das größte dieser Vulkangebirge.

Die **südlichen Rocky Mountains** sind nach Aufbau und Formenschatz ganz anders. Es handelt sich hierbei um ein Bruchfaltengebirge, wie es auch die Anden sind. D.h. durch fortwährende tektonische Verschiebungen der Erdkruste versetzen sich die Gesteinsschichten gegeneinander, ohne dabei aber den Kontakt zueinander zu verlie-ren. Anstelle von scharfkantigen Abbruchkanten entstehen also Falten. Das muss man sich wie einen verschobenen Teppich vorstellen, der dabei „Hügel" bildet. Daher erstrecken sich die wesentlichen Höhenzüge parallel in Nord-Süd-Richtung. Die tektonischen Verschiebungen haben aber auch von zwei Seiten Druck auf den Bereich des heutigen Gebirges ausgeübt. Dabei wurde dann überwiegend kristallines Gestein aus der Tiefe an die Erdoberfläche hochgepresst. Am Rande der Rockies, wo dieser Druck nicht so intensiv gewirkt hat, entstanden „foot hills", bei denen immer noch die mesozoischen (das sog. Erdmittelalter vor 225–100 Mio. Jahren) Schichten der Plains aufliegen.

Die Faltenbildung hat an einigen Stellen leicht gewölbte Flächen, sogenannte Einebn-nungsflächen, entstehen lassen. Diese wurden später teilweise durch Flüsse zer-schnitten.

An einigen höheren Gebirgszügen, wie z.B. der Colorado Front Range oder der Sangre de Christo Range, kann man noch heute Spuren der eiszeitlichen Verglet-scherung erkennen. Hier gibt es die dafür typischen Kare und Trogtäler.

16. Von El Paso nach Albuquerque

© *i̇graphic*

Entfernungen
- El Paso - White Sands N.M. (über Hwy. 54):
102 Meilen/164 km
- White Sands Monument - Socorro (über Carrizozo):
145 Meilen/233 km
- Socorro - Albuquerque:
77 Meilen/124 km
- El Paso - White Sands N.M. - Ruidoso - Socorro - VLA - Albuquerque: ca. 500 Meilen/805 km

Routenempfehlung

Die Eiligen nehmen die I-10 bis Las Cruces und von dort den I-25 bis Albuquerque. Wer es beschaulicher angehen lassen möchte, biegt bei Las Cruces in östliche Richtung ab auf den Hwy. 70. Nach 54 Meilen liegt linker Hand das White Sands N.M. Von dort sind es 14 Meilen auf der 70 bis Alamogordo. Bleiben Sie auf der 70 bis Tularosa, wo Sie sich entscheiden müssen, ob Sie über die Berge entlang dem Apache Trail fahren möchten (Hwy. 70, dann nach links auf den Hwy. 48, durch Ruidoso, hinter Ruidoso auf den Hwy. 37, bis dieser auf den Hwy. 380 trifft. Diesen immer geradeaus bis San Antonio). Oder Sie fahren von Tularosa entlang dem Hwy. 54 bis Carrizozo und biegen hier nach links ab auf den Hwy. 380 bis San Antonio. Von San Antonio bis Socorro auf dem I-25. Zur Kelly Ghost Town und zum VLA fahren Sie auf dem Hwy. 60 in Richtung Magdalena (das VLA liegt gut 20 Meilen dahinter), müssen dann aber diesen Hwy. zurück bis Socorro, von wo aus Sie auf dem I-25 bis Albuquerque fahren. Wer die Salinas-Missionen besichtigen möchte, fährt vom I-25 am Exit „Bernado/Mountainair" ab. Nach 20 Meilen passieren Sie bereits die Abo-Ruinen, nach weiteren 9 Meilen erreichen Sie das Visitor Center. Nach Tijeras führen von hier die Hwys. 55 u. 337. Von dort dann auf dem I-40 nach Albuquerque.

Zeiteinteilung
1–2 Tage

Überblick

Beim ersten Blick auf die Karte mag Ihnen dieser Streckenabschnitt nicht besonders interessant erscheinen, und mit Ausnahme des White Sands National Monument finden sich hier auch keine bekannten Sehenswürdigkeiten. Und doch hat diese Strecke ihren Reiz, und Sie sollten sich überlegen, ob Sie nicht 2 Tage dafür einplanen können. Neben den weißen Dünen des White Sands Monument durchqueren Sie eines der wichtigsten Gebiete für die Erprobung von Raketen. Daher wurde in Alamogordo ein durchaus interessantes Raumfahrtmuseum errichtet. Hinter Alamogordo bietet sich dann die Gelegenheit, durch die bewaldeten Bergregionen des Mescalero-Apache-Indianerreservats zu fahren.

Bei **Carrizozo** führt die Straße direkt durch das „Valley of Fire", ein von dunklem Lavagestein bedecktes Tal. **Socorro** wirkt zuerst wie ein unbedeutendes und verschlafenes, typisch amerikanisches Highwaynest. Doch bei näherer Betrachtung findet man eine Reihe von älteren Gebäuden aus der Zeit des Bergbaubooms, und von hier aus lassen sich u.a. Ausflüge unternehmen zur Kelly Ghost Town, die touristisch völlig unberührt ist, weiterhin zum Radio Teleskop, welches über Radiosignale Bilder von weit entfernten Gestirnen empfängt. Für Naturfreunde lohnt sich auch ein Ausflug zum Bosque del Apache Wildlife Refuge. Auf dem Weg nach Albuquerque können Sie schließlich noch einen Abstecher zu den Salinas-Missionen machen. Ruinen in diesem Gebiet datieren zurück auf ca. 1100 n. Chr. Für die hier aufgeführte Tour sollten Sie 2 Tage rechnen. Wer schnell nach Albuquerque gelangen möchte, braucht über die Highways I-10 und I 25 entlang dem Rio Grande gut 6 Stunden.

Redaktions-Tipps

- **Übernachten:** Zum Entspannen bietet sich zwischen Mescalero und Ruidoso das „Inn of the Mountain Gods" an. Hier können Sie auch wandern und ausreiten.
- **Sehenswertes:** Der Ort Kelly's Ghosttown (S. 452) besticht durch seine „Unberührtheit". Kaum etwas wurde verändert, seit die Stadt verlassen wurde. Es bleibt also Ihrer Phantasie überlassen, nachzuvollziehen, wie ihr einstmals das Leben pulsiert hat. Die Salinas-Missionen (S. 453f) sind mit Sicherheit sehr interessant, doch bieten sie nicht viel anderes als das, was Sie bereits gesehen haben bzw. noch sehen werden, und lohnen somit nur den Umweg bei besonderem Interesse und ausreichender Zeit. Fahren sie aber hin, müssen Sie inklusive An- und Abfahrt einen halben Tag rechnen.

Sehenswertes

Las Cruces (ⓘ S. 173)

Sehenswert in Las Cruces ist das historische „Dorf" **Mesilla**. Einst eine Indianergemeinde auf einem kleinen Hügel (Mesilla heißt „kleiner Berg"), war es Haltepunkt der Butterfield Stage Route. Das o.g. Restaurant La Posta war die Haltestelle. Mesilla wurde um 1850 gegründet, als sich hier kurz nach der Unterzeichnung des Vertrages von Guadalupe-Hidalgo Indianer und auch amerikanische Siedler niederließen, um die mexikanische Staatsangehörigkeit behalten bzw. erlangen zu können. Der Gadsen Purchase, nur 3 Jahre später, besiegelte aber die amerikanische Zugehörigkeit. 1880 wurde Billy the Kid in Mesilla verurteilt, konnte aber vor der Vollstreckung fliehen (ein Jahr später stellte ihn aber Pat Garett in der Nähe von Ft. Sumner und tötete ihn).

Historische Ortschaft

Heute findet sich in Mesilla eine Reihe von Galerien, Souvenirläden, Restaurants u.a. Die **Albino Church** in Mesilla Village (*Old Mesilla Plaza*) ist eine der ältesten

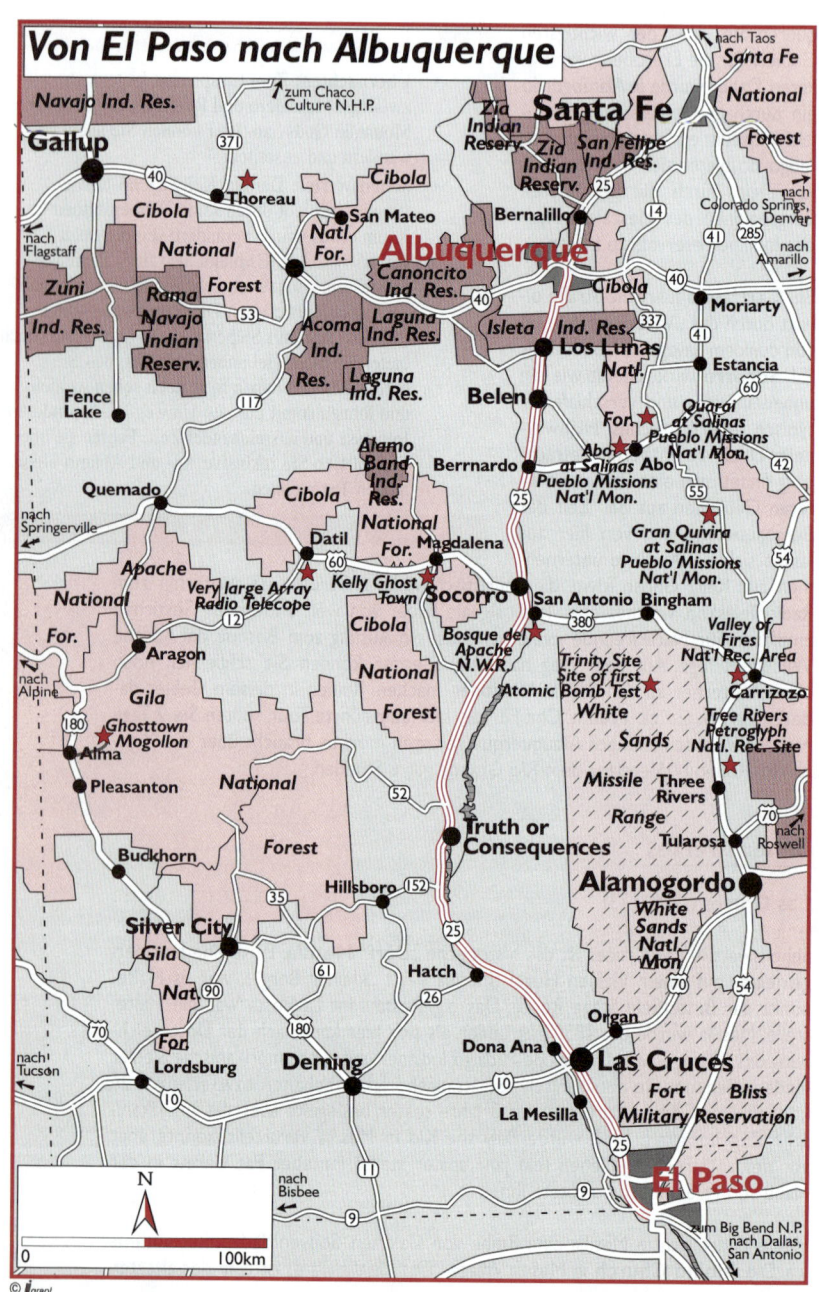

Von El Paso nach Albuquerque

nach Taos

Santa Fe

National

Forest

Navajo Ind. Res.

zum Chaco
Culture N.H.P.

Zia
Indian
Reserv.

Santa Fe

Gallup

371

Zia
Indian
Reserv.

San Felipe
Ind. Res.

Thoreau

Cibola

40

Cibola

San Mateo

Bernalillo

14

Colorado Springs,
Denver

nach
Flagstaff

National

Natl.
For.

Albuquerque

41   285

nach
Amarillo

Zuni

Rama
Navajo
Indian
Reserv.

Forest

Canoncito
Ind. Res.

Cibola

40

Moriarty

Ind. Res.

53

Acoma
Ind.
Res.

Laguna
Ind. Res.

Isleta   Ind. Res.

337   41

Estancia

Laguna
Ind. Res.

Los Lunas

Natl.

60

Fence
Lake

117

Belen

Quaroi
at Salinas
Pueblo Missions
Nat'l Mon.

For.

Quemado

Cibola

Alamo
Band
Ind.
Res.

Berrnardo

Abo
at Salinas
Pueblo Missions
Nat'l Mon.

Abo

42

nach
Springerville

National

25

55

Datil

Magdalena

Gran Quivira
at Salinas
Pueblo Missions
Nat'l Mon.

54

Apache

Very large Array
Radio Telecope

For.

60

Kelly Ghost
Town

Socorro

San Antonio   Bingham

National

12

Cibola

Bosque del
Apache
N.W.R.

380

Valley of
Fires
Nat'l Rec. Area

For.

Aragon

National

Trinity Site
Site of first
Atomic Bomb Test

Carrizozo

nach
Alpine

Gila

Forest

White

Tree Rivers
Petroglyph
Natl. Rec. Site

180

Ghosttown
Mogollon

Sands

Alma

Missile

Three
Rivers

Pleasanton

National

52

Range

Tularosa

70

nach
Roswell

Forest

**Truth or
Consequences**

Buckhorn

35

Hillsboro   152

Alamogordo

White
Sands
Natl.
Mon

Silver City

25

Gila

Hatch

Nat.   90

61

26

70

54

nach
Tucson

70

For.

180

Lordsburg

Deming

Dona Ana

Organ

Las Cruces

10

10

La Mesilla

Fort   Bliss
Military Reservation

11

25

nach
Bisbee

9

El Paso

N

9

zum Big Bend N.P.
nach Dallas,
San Antonio

0   100km

© grapl

Missionsstationen in New Mexico (1851). Von Interesse sind evtl. noch das **Gadsen Museum** *(3 Blocks östl. des Old Mesilla Palaza. an der 1875 W. Barker Rd., Mo.–Sa. 9–11h sowie tägl. 13–17h)*, in dem es einiges zum Thema Besiedlung und indianisch-mexikanischer Kulturgeschichte zu sehen gibt und das **New Mexico Farm & Ranch Heritage Museum** *(University Ave. östl. der Stadt, Di.–Sa. 9–17, So. 12–17h)*, das sich mit der 3.000jährigen Geschichte der Farmwirtschaft auf dem Gebiet des heutigen New Mexico beschäftigt.

White Sands Nat. Monument

Das White Sands National Monument ist mit Sicherheit einen Abstecher wert. Vor 250 Mio. Jahren befand sich im gesamten Gebiet des Südwestens ein riesiger See. Den größten Wasserzufluss erhielt dieser See von den kalkhaltigen Gesteinen der umliegenden Berge. Als die Temperaturen stiegen und der Regen spärlicher wurde, trocknete dieser See immer weiter aus, und die Gipsablagerungen (mit marinen Sedimenten) verhärteten sich zu Gestein. Vor 90–70 Mio. Jahren dann hob sich das Gelände zu einer großen Wölbung (in dieser Zeit entstanden auf gleiche Weise die Rocky Mountains).

Vor 10 Mio. Jahren brach diese Wölbung schließlich ein, und das Tularosa-Becken, von den San Andreas und Sacramento Mountains eingerahmt, erhielt seine heutige Form.

White Sands N.M.

Lake

Jetziges Dünenfeld

Lake Lucero

Otero

Vorherrschende Windrichtung

0   20km

© *i*graphic

Wieder entstand ein See: der Lake Lucero. Er erhielt Zufluss von den umliegenden Gebirgen. Doch auch er verdunstete wieder. Erst während der letzten Eiszeit entstand noch einmal ein See: der Lake Otero. Als er letztendlich auch wieder verdunstete, blieben große, bis zu 1 m lange Kristalle übrig, die dann durch den Wechsel von Frost und Hitze als auch zwischen Feuchtigkeit und Trockenheit immer mehr zersetzt wurden zu kleinen, weißen Sandkörnern. Von da an konnte die Winderosion ansetzen. Ein stetiger Südwestwind begann nun die Dünen zu formen. Üb-

Schneeweiße Dünen

White Sands N.M.

rigens gibt es in Three Rivers, 30 Meilen nördlich von Alamogordo, noch einige übrig gebliebene Kristalle zu bewundern.

Eine Rundtour durch das National Monument führt Sie mit dem Auto durch das zentrale Gebiet der weißen Dünen. Ein kurzer Lehrpfad, markiert durch nummerierte Punkte, erläutert sehr anschaulich die Entstehungsgeschichte dieser Dünen. Begleitend erhalten Sie am Eingang eine kleine Karte und eine Beschreibung des Geländes.

Alamogordo (ⓘ S. 173)

Nördlich von Alamogordo befindet sich das **Space Center**, in dem die Geschichte der Raumfahrt der USA und der ehemaligen UdSSR dargestellt wird. Vor allem Kinder kommen hier auf ihre Kosten, da viele technische Details in spielerischer Form dargeboten werden. Besondere Attraktionen sind der „Mars Room",

Raketen im Space Center

in dem die Oberfläche des Mars dargestellt wird, das Planetarium, die NASA-Raumstation und die Nachbauten von Satelliten. Im Planetarium wird mit riesigen Projektoren der Sternenhimmel an die runde Deckenwand projiziert. In einer anschließenden Lasershow mit musikalischen Klängen wird versucht, den Zuschauer (-hörer) in Trancezustände zu versetzen (nicht Jedermanns Sache). Ein IMAX-Kino begeistert ebenfalls. Von dem Vorplatz des Space Center aus hat man eine ausgezeichnete Sicht über das Tularosa-Tal, und man erkennt die Dünen als weißen Streifen vor den dahinterliegenden San Andreas Mountains.

Apache Trail

Folgt man von Alamogordo aus dem Hwy. 70, kommt man ins Mescalero-Apache-Indianerreservat (ⓘ S. 173). Dieses 1.850 km² große Reservat wurde 1852 angelegt, und heute wohnen hier etwa 3.000 Mescalero-Apachen. Neben dem Tourismus leben sie hauptsächlich von der Holzindustrie und teilweise auch noch von der Viehzucht. Dieses Gebiet ist insbesondere wegen seiner faszinierenden Landschaft interessant. 17 Meilen vor Ruidoso am Hwy. passieren Sie das **Mescalero**

Cultural Center *(Mo.–Fr.)* mit Infos zu diesem Indianervolk. Handwerkliche Produkte gibt es natürlich auch zu erstehen. Die Straße führt durch eine Bergregion mit überwiegend Kiefernbestand. Ruidoso ist der zentrale Ort hier und im Sommer sowie in schneereichen Wintern von Touristen übervölkert. Restaurants, Hotels und Souvenirläden reihen sich an der Hauptstraße aneinander. Ein Vorschlag wäre also, in Alamogordo eine Kleinigkeit zu essen und dann in Ruhe diese Landschaft zu „erfahren" und zu genießen. 12 Meilen hinter Ruidoso haben Sie eine schöne Aussicht auf das nördliche Tularosa Valley.

Ein weiterer Abstecher bis nach Roswell könnte einigen von Ihnen wegen des **International UFO Museum & Research Center** *(Plains Theater, Main St., tägl. 10–17h)* die Fahrt wert sein. Das Museum basiert auf dem immer noch nicht geklärten Absturz eines unbekannten Flugobjektes im Jahre 1947 nahe Roswell. Ufologen glauben an ein UFO, das Militär dagegen an einen Wetterballon, während andere Quellen glauben, dass es sich um ein geheimes militärisches Objekt bzw. einen Zusammenstoß zweier Militärflugzeuge gehandelt haben muss. Urteilen Sie selbst. *Kontakt mit Außerirdischen?*

Von Roswell können Sie nun auch nach Norden mit dem kleinen Schlenker über **Fort Sumner** (Fort Sumner N.M. und Grab von Billy the Kid) und dann über den US 60 oder den I-40 bis nach Albuquerque fahren.

Weiter entlang des US 54: Nachdem Sie nun wieder im Tal sind und das Indianerreservat verlassen haben, durchqueren Sie den kleinen Ort Carrizozo. Danach führt der US 380 durch das **Valley of Fire**. Schwarzes Lavagestein gibt diesem Streckenabschnitt eine eigene Note. Südlich des Highways befindet sich übrigens die sog. **Trinity Site**, wo am 16. Juli 1945 die erste amerikanische Atombombe gezündet worden ist. Besichtigen kann man den 400 m breiten Krater aber nicht.

Socorro County (ⓘ S. 173)

Direkt von El Paso kommend passiert man 18 Meilen südlich von Socorro das **Bosque del Apache Nat. Wildlife Refuge**. Ursprünglich wurde dieses fruchtbare Gebiet von den Piro-Indianern besiedelt. Im 17. Jh. aber mussten sie es auf der Flucht vor den aufständischen Apachen verlassen. Später führte hier auch die „Camino Real", die Hauptstraße zwischen Santa Fe und Mexiko, hindurch. Von beidem sind noch einige Spuren zu erkennen. 1939 wurde das Wildlife Refuge zum Schutze der Vogelwelt und besonders von Kranichen eingerichtet. Gab es 1941 nur noch 17 Kraniche, so sind es heute bereits über 17.000. Man kann das Gebiet auf Wanderwegen erkunden. Es gibt aber keinerlei Übernachtungsmöglichkeiten. *Refugium der Kraniche*

Socorro ist ein kleines Städtchen, welches beim Durchfahren aussieht wie eines von vielen amerikanischen Provinznestern. Trotzdem ist hier, abseits vom Touristenrummel, noch einiges erhalten geblieben aus der Zeit des Gold- und Silberbergbaus. Ende des 19. Jh. war Socorro die größte Stadt New Mexicos.

Eine Reihe von älteren Gebäuden, die in einem Führer des Chamber of Commerce näher beschrieben sind, können Sie erlaufen. Zu den sehenswertesten Gebäuden zählen Lehmhäuser, eine alte Brauerei, eine kleine historische Ladenstraße, die Old San Miguel Mission und alte Wohnhäuser. Hier spiegelt sich die gesamte Kulturgeschichte New Mexicos wider. Für geologisch Interessierte gilt es noch das Mineral Museum zu besuchen *(Campus der Universität, Mo.–Fr. 8–17h, Sa. + So. 10–15h)*. Hier sind über 12.000 verschiedene Gesteine aus allen Teilen der Welt ausgestellt.

Die **Kelly Ghost Town** liegt nahe dem kleinen Ort Magdalena, 30 Meilen westlich von Socorro (fahren Sie an der Ranger Station in Magdalena nach links, und folgen Sie dieser Straße auf 4 Meilen). 1866 wurden hier Silber und Blei gefunden, und ein kleiner Ort mit bereits 3.000 Einwohnern entstand über Nacht. 1883

wurde ein Postamt errichtet, und eine Schule folgte auch. Täglich fuhr eine Postkutsche nach Magdalena, das auch vom Bergbauboom profitierte. Um das Erz von hier zu befördern, wurde eigens eine Eisenbahnlinie nach Socorro gebaut, deren Trasse man heute noch entlang dem US 60 erkennen kann. Nach 25 Jahren war der Stern im Begriff zu sinken, doch zu Beginn des 20. Jh. entdeckte man in Kelly auch ein

Kelly Ghost Town

seltenes Zinkerz, welches die Stadt noch einmal aufleben ließ. In den 30er Jahren aber war es vorbei mit dem Bergbau. Die Vorkommen waren nahezu erschöpft, *Rustikale* und die Weltmarktpreise rutschten in den Keller. Kelly wurde zu einer Geister-*Geister-* stadt, die Eisenbahn wurde abmontiert. Kelly Ghost Town können Sie natürlich *stadt* jederzeit besuchen, *von Mai bis Oktober (Fr.–So.)* werden sogar Gebäude, wie z.B. die alte Kirche, geöffnet.

In Kelly ist noch die Kirche erhalten, ansonsten finden sich nur Reste von den alten Gebäuden, und auch von der Minenanlage sind nur noch der Förderturm und ein Teil der Schreddermaschine übriggeblieben.

Auch **Magdalena** fristet seitdem eher ein einsames Dasein, was einige Reisende auch als Western-Romantik bezeichnen. Am besten können Sie die Atmosphäre des Ortes im „Evett's Café" aufnehmen. Die historischen Fotos an den Wänden machen deutlich, dass der ehemalige Saloon wildere Zeiten erlebt hat.

20 Meilen westlich von Magdalena stehen 27 übergroße Satellitenschüsseln in Form eines Y inmitten der kargen Landschaft. Jede dieser Schüsseln hat einen Durchmesser von 25 Metern und wiegt 100 Tonnen (mit Fuß 240 t).

Diese 78 Mio. Dollar teure Anlage, **Very Large Array Radio Telescop (VLA)** genannt, ist mit Hilfe von drei weiteren Anlagen in Tucson, Charlottesville und Green Bank verbunden und ist in der Lage, über Radiowellen und Lichtsignale die Oberfläche weit entfernter Gestirne aufzunehmen. In Green Bank (W-Virginia) und Charlottesville (Virginia), wo die Zentrale ist, werden diese Signale dann zu Bildern umgewandelt. Auf diese Weise kann die Geschichte des Universums studiert werden.

Unglaublich, dass hier Signale von Sternen empfangen werden können, die vor bis zu 10 Milliarden von Jahren „ausgesendet" wurden! Die Sterne existieren vielleicht schon gar nicht mehr! Übrigens erhofft man sich durch diese Forschungen nähere Er-

VLA: Wächter des Universums

kenntnisse zur Entstehung des Universums und zum Urknall. In einem Visitor Center können Sie sich genauer über die Anlage informieren, und wer Lust hat, kann die Satellitenschüsseln auch zu Fuß erkunden.

Das Visitor Center ist täglich von 8h30 bis Sonnenuntergang geöffnet.

Salinas Pueblo Missions Nat. Monument

Information
Das Visitor Center ist in Mountainair, einen Block westl. der Kreuzung US 60 und NM 55.

Drei alte Pueblos, Abo, Gran Quivira und Quarai, befinden sich hier im Gebiet um Mountainair. Sie stammen aus der Zeit um 1150 und wurden von Tompiro und Tiwa sprechenden Indianern bewohnt, die 2.000 Jahre zuvor aus dem Gebiet des Rio Grande ins Salina-Tal geflohen waren. Ursprünglich bewohnten sie kleine Hütten, bevor sie im 12. Jh. die heute noch z.T. sichtbaren „Apartmenthäuser" aus Lehm (Adobes) errichteten. Da sie aber nicht sehr kriegerisch waren und sich daher kaum wehren konnten, wurden die Indianer von den Spaniern im beginnenden 17. Jh. „annektiert", und bald darauf wurden mehrere Kirchen und Missionsstationen gebaut. Die Indianeraufstände während der zweiten Hälfte des 17. Jh. vertrieben alle Bewohner von hier, und die Kirchen wurden zum größten Teil

Kirchen ...

Frühes Salinas-Pueblo

zerstört. Heute gibt es noch 7 Kirchen, wobei 2 wiederaufgebaut wurden und die restlichen 5 als Ruinen „erhalten" werden.

• **Abo Pueblo:** Wenn Sie vom I-25 kommen, passieren Sie diese Missionsstation zuerst. Sie wurde 1150 von den Tompiro-Indianern gegründet. 1620 erbauten die Spanier die Missionskirche San Gregorio. 1672 wurde das Pueblo schließlich verlassen, und die Indianer zogen ins Rio-Grande-Tal.

...und Pueblos

• **Gran Quivira Pueblo:** 26 Meilen südlich von Mountainair. Las Humanas ist das größte Pueblo, gelegen auf einem Hügel mit Blick auf das Salina-Tal. Seine Bewohner haben sich am längsten gegen die Spanier zur Wehr gesetzt, danach haben sie sich aber am meisten angepasst. Über Jahre war Gran Quivira der wichtigste Handelsplatz im Tal. Auch dieser Ort wurde 1672 verlassen. In den Ruinen des Pueblo gibt es an die 300 Räume zu besichtigen. Im Besucherzentrum findet man einen kleinen Buchladen, und eine 40-minütige Videoshow präsentiert noch einmal die Geschichte des Salina-Tals.

Missionskirche von Sa Gregorio de Abo

• **Quarai Pueblo:** 8 Meilen nördlich von Mountainair. Um 1300 von Tiwa-Indianern erbaut ist dieses das jüngste Pueblo. Die Nuestra Senora de la Purisima Concepcion de Curac-Kirche wurde 1630 erbaut.

17. Albuquerque

(ⓘ S. 173)

Entfernungen
- *Albuquerque - El Paso: 266 Meilen/428 km*
- *Albuquerque - Denver: 447 Meilen/720 km*
- *Albuquerque - Gallup: 138 Meilen/222 km*
- *Albuquerque - Phoenix (über Socorro): 455 Meilen/732 km*

Zeitplanung
1 Tag

Überblick

Albuquerque wurde 1706 von einer Handvoll spanischer Siedler gegründet. Den Namen erhielt es von dem für diesen Landstrich zuständigen spanischen Gouverneur Don Francisco Cuervo y Valdez zu Ehren des Herzogs von Alburquerque (nach nur kurzer Zeit wurde ein „r" weggelassen). Die Siedler suchten sich diesen Platz aus, weil der Fluss hier eine Biegung machte, die eine Bewässerung der Felder erleichterte. Vornehmlich wurden damals Getreide und Olivenbäume angepflanzt. Die ersten Gebäude, die Lehmkirche San Felipe de Neri und die umliegenden Adobe-Häuser, wurden so errichtet, dass sie Schutz gegen mögliche Angriffe der Indianer boten. Albuquerque war während der ersten zwei Jahrhunderte seines Bestehens ein wichtiger Handelspunkt am Old Chihuahua Trail, der von Santa Fe nach Mexiko führte. Als 1880 die Eisenbahnlinie die Stadt erreichte, blühte sie dann richtig auf. Warenhäuser, ein großer Viehmarkt und hochherrschaftliche Häuser wurden errichtet.

Albuquerque ist eine Stadt, in der sich die Kulturgeschichte des Südwestens bestens erkennen lässt. Die Nachkommen von Pueblo- und Prärie-Indianern, Konquistadoren und spanischen Siedlern, von Hängengebliebenen auf dem Weg von Mittleren Westen nach Kalifornien entlang der Route 66, Angloamerikaner und in jüngster Zeit auch eine Reihe von Chinesen sorgen für eine multikulturelle Gesellschaft. So findet man selbst in der „Old Town" eine bunt gemischte Architektur vor: Westernsaloons neben Lehmhäusern, spanisch-mexikanische Tradition neben modernen Bauten wie dem Albuquerque Museum.

Lange Geschichte

Für den Reisenden zu den Indianerreservaten weiter im Westen bietet sich in Albuquerque die Gelegenheit, sich mit den Indianerkulturen vertraut zu machen. Im 'Albuquerque Museum' und im Museum des 'Indian Pueblo Cultural Center' wird ihre Geschichte und ihr Leben auf interessante Weise dargestellt. Die Stadt bietet sich auch an für Ausflüge zu den nahe gelegenen Indianergebieten. Wer also

Redaktions-Tipps

- **Abendessen**: Ohne Zweifel bietet das Bergerlebnis des „High Finance Restaurant" auf dem Sandia Peak etwas Einmaliges. Mexikanische und Südwest-Restaurants sowie einige Diner, z.B. an der Historic 66 (Central Avenue) bieten aber auch gute Kost.

- **Die bedeutendsten Sehenswürdigkeiten** sind die Old Town, einschließlich des Albuquerque-Museums (S. 456ff); das Indian Pueblo Cultural Center (S. 459f); das Petroglyph Nat. Monument (S. 462) und die Fahrt auf den Sandia Peak (S. 462).

lieber ein paar Nächte im gleichen Hotel bleiben möchte, kann von hier aus die Salina-Missionen im Süden, das Acoma-Indianerreservat im Westen, Santa Fe und die kleinen Pueblos nördlich der Stadt erkunden.

Der Tourismus wird in jüngster Zeit auch angekurbelt durch die Nostalgiewelle, die sich um die Legenden der Route 66 spinnt. Auf der langen Strecke zwischen dem in den ab den 1930er Jahren wirtschaftlich verödenden Mittleren Westen in das gelobte Land im Westen, Kalifornien, kamen die Menschen zu Zehntausenden auch durch Albuquerque. An der Central Avenue, die sich heute auch „Historic 66" nennt, finden Sie heute wieder viele kleine Lokale, Neonreklamen und z.T. sehr lustige Geschäfte mit Schnickschnack der letzten 60 Jahre.

Heißluftballons

Die Wirtschaft von Albuquerque basiert neben dem Tourismus heute vor allem auf Kleinindustrie und orientiert sich besonders an den Erfordernissen der Farmwirtschaft von New Mexico. Im County leben mittlerweile knapp 500.000 Einwohner (1950: 53.000). Und für noch etwas ist Albuquerque heute bekannt, und zwar für die Ballonflüge. Mehrere Unternehmen bieten Champagner-, Dinner-, Frühstücks- und eben auch ganz einfache Flüge mit dem Heißluftballon über die Stadt an. Nicht ganz billig, aber mal etwas anderes. Anfang Oktober treffen sich dann über 900 Ballonflieger aus aller Welt zum großen „International Balloon Festival".

Sehenswertes im Stadtbereich

Old Town

> **Tipp**
> *Parken Sie auf einem der vielen Parkplätze am Rande der Old Town. Man kann von hier aus in 2 Stunden das Viertel erlaufen.*

Die Old Town ist das „Herz" von Albuquerque. Hier siedelten 1706 die ersten spanischen Familien ganz in der Nähe des damals hier direkt vorbeifließenden Rio Grande (heute hat der Fluss einen etwas anderen Verlauf). Das Dorf wurde in traditionell spanischer Weise angelegt mit einer zentralen **Plaza**, die von der **Kirche San Felipe de Neri (1)** und

Kirche San Felipe de Neri

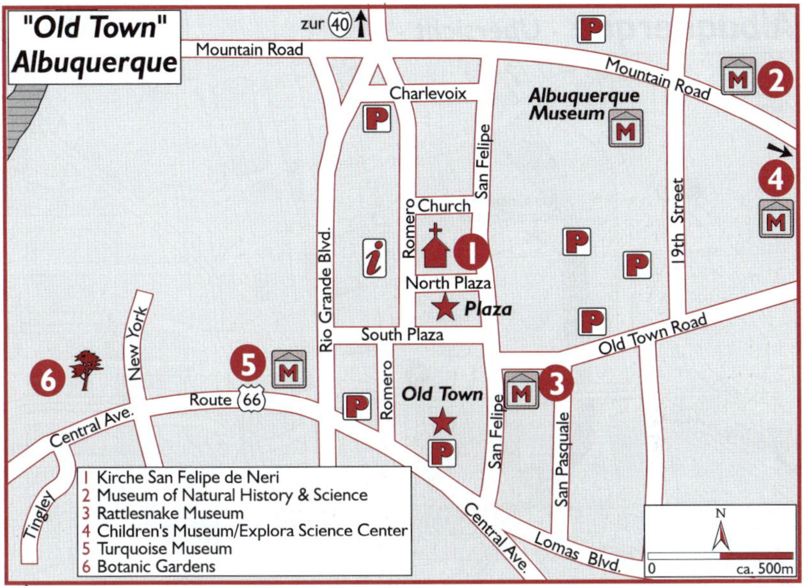

"Old Town" Albuquerque

zur (40)

Mountain Road

Charlevoix

Albuquerque Museum M

Mountain Road

M **2**

4 M

San Felipe

Romero

Church

i

North Plaza

★ *Plaza*

South Plaza

Rio Grande Blvd.

19th Street

P

P

P

Old Town Road

New York

6 🌲

5 M

Route (66)

Central Ave.

Romero

Old Town
★

P

P

San Felipe

M **3**

San Pasquale

Tingley

Central Ave.

Lomas Blvd.

N

0   ca. 500m

1 Kirche San Felipe de Neri
2 Museum of Natural History & Science
3 Rattlesnake Museum
4 Children's Museum/Explora Science Center
5 Turquoise Museum
6 Botanic Gardens

© graphic

den Regierungsgebäuden umgeben war. Zuerst wurde die Kirche auf der Westseite der Plaza errichtet, aber 1793 dann an der heutigen Nordseite neu gebaut. Ein Musikpavillon inmitten der Plaza lädt zum Verweilen ein.

Die gesamte Altstadt steht heute unter Denkmalschutz und gilt als die Touristenattraktion der Stadt. Leider ist sie noch immer für den Autoverkehr freigegeben, sodass beim Fotografieren der alten Häuser immer Autos im Bild auftauchen und dem historischen Charakter „im Wege stehen". Zudem ist in fast jedem Gebäude entweder ein Souvenirladen oder ein Restaurant untergebracht. Trotzdem ist vor allem die Vielfalt der Architektur sehens-

Architektonische Vielfalt

Plaza in der Old Town

Albuquerque - Übersicht -

wert. Neben einem Lehmhaus findet sich ein Saloon und daneben wiederum ein alter Kaufmannsladen aus dem beginnenden 20. Jh.

Wenn Sie sich näher mit der Entstehungsgeschichte der Gebäude in der Old Town beschäftigen möchten, sollten Sie sich am Touristenbüro zuerst die kleine Broschüre „A Walking Tour of History and Architecture" besorgen.

In und um die Old Town gibt es einige interessante Museen:

• **The Albuquerque Museum (2)**: *Geöffnet: Di.–So. 9–17h*. 2000 Mountain Rd. Eine ausgezeichnete Ausstellung über den geschichtlichen Werdegang der Albuquerque-Region während der letzten 400 Jahre. Außerdem ständig wechselnde Kunst- u. Fotoausstellungen.

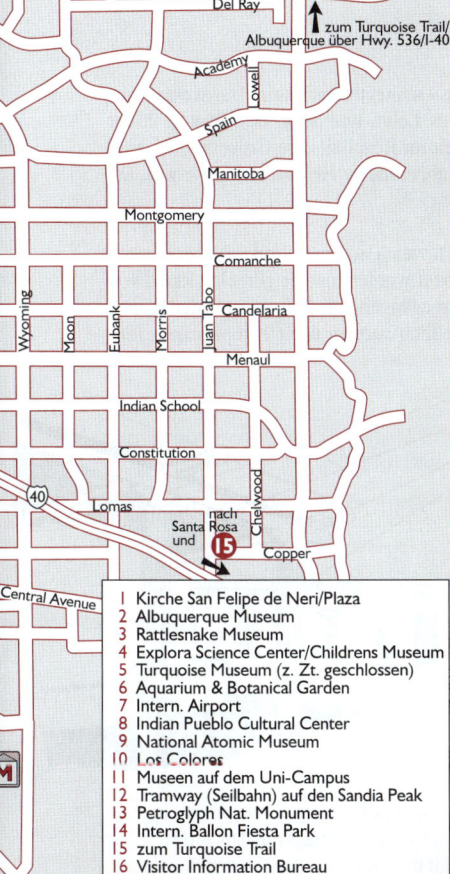

Del Ray
zum Turquoise Trail/
Albuquerque über Hwy. 536/I-40
Academy
Lowell
Spain
Manitoba
Montgomery
Comanche
Wyoming
Moon
Eubank
Morris
Juan Tabo
Candelaria
Menaul
Indian School
Constitution
Chelwood
40
Lomas
Santa Rosa
und
nach
15
Copper
Central Avenue
M

1 Kirche San Felipe de Neri/Plaza
2 Albuquerque Museum
3 Rattlesnake Museum
4 Explora Science Center/Childrens Museum
5 Turquoise Museum (z. Zt. geschlossen)
6 Aquarium & Botanical Garden
7 Intern. Airport
8 Indian Pueblo Cultural Center
9 National Atomic Museum
10 Los Colores
11 Museen auf dem Uni-Campus
12 Tramway (Seilbahn) auf den Sandia Peak
13 Petroglyph Nat. Monument
14 Intern. Ballon Fiesta Park
15 zum Turquoise Trail
16 Visitor Information Bureau

• **The New Mexico Museum of Natural History & Science**: *Geöffnet: täglich 9–17h. 1801 Mountain Rd. (nordöstlich des Albuquerque Museum).* Ausstellungen zur Naturgeschichte New Mexicos bis zurück in die Zeit der Dinosaurier!

• **American International Rattlesnake Museum (3)**: *Geöffnet: täglich 9–18h. 202 Felipe NW.* In einem kleinen Geschäft untergebracht. Die größte Ausstellung von Klapperschlangen der Welt.

Interessante Museen

• **Explora Science Center & Children's Museum**: *Öffnungszeiten variieren. 800 Rio Grande Blvd., nördl. der Old Town in der Nähe des Sheraton Hotel.* Hier kommen nicht nur Kinder (aller Altersgruppen) auf ihre Kosten. Puppentheater, Verkleiden, naturkundliche Erläuterungen, Workshops und, und, und ...

• **Albuquerque Biological Park: Aquarium & Botanic Garden (6)**: *Geöffnet: tägl. 9–16h30, an Sommer-Wochenende bis 18h. 2601 Central Ave. (westl. der Old Town).* Besonders auf Kinder ausgerichtet. Hauptattraktion ist das Aquarium, u.a. mit Flussfischen aus der Region. Hin-

zu gibt es zwei botanische Gärten, einer, der sich mit den Pflanzen der Region beschäftigt, der andere eher mit welchen aus aller Welt.

Indian Pueblo Cultural Center (8)

12th Street, gleich nördlich der I-40. Öffnungszeiten: täglich von 9–17h30. Im Gebiet um Albuquerque gibt es alleine 19 verschiedene Pueblostämme. Um ihrer Kultur gerecht zu

Ein typisches Bild: Chili auf einem Balkon

INFO   Die Adobe-Architektur

Dieser Baustil basiert auf Pueblo-spanischen Architektureinflüssen. Das wesentliche Baumaterial ist der **Adobebackstein**, der aus Lehm und Stroh besteht und in der Sonne getrocknet wird. Die Backsteine haben im Regelfall eine Größe von 25 x 45 Zentimetern. Als Stützgerüst werden dicke, abgerundete Holzbalken verwendet, die aus den Seitenwänden teilweise herausschauen.

Das typische Adobehaus hat ein Flachdach, ist weich in seiner Struktur, aber massiv. Doch sind nicht alle Adobehäuser gleich gebaut worden, und es gibt eine Reihe von Variationen: Die Pueblos sind z.B. dazu übergegangen, die Außenwände der Häuser mit Mörtel oder Gips zu bestreichen. Schließlich wurden unter europäischem Einfluss sogar Elemente wie Gie-belfenster und Mauerüberhänge eingeführt.

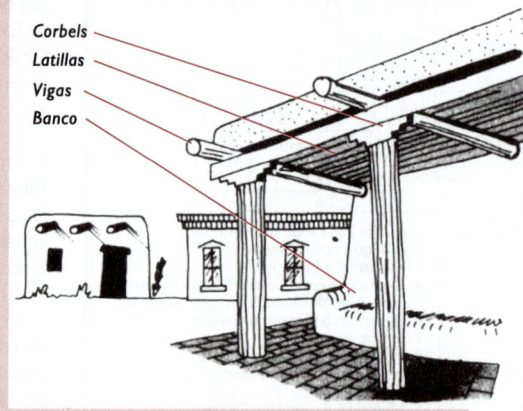

Corbels
Latillas
Vigas
Banco

Ornamente in Holz, Giebeldä-cher und große Fenster wurden besonders von den Anglo-Amerikanern verwandt. Typische Merkmale sind das Haupttor **(Portal)** mit Überhang, die **Vigas** (Holzbalken), die das Dach tragen, und die dazwischen gesetzten **Latillas** (Holzplanken). Die **Corbels** dienen als tragende Verbindungsstücke zwischen Holzpfeiler und Dach. Nicht wegzudenken ist vor allem die **Banco,** eine aus Lehmbacksteinen gefertigte Bank, die in die Außenwand eingearbeitet ist. Hier sitzen die Pueblos während der heißen Mittagsstunden im Schatten des überhängenden Daches und halten Siesta mit tief ins Gesicht gezogenem Sombrero.

werden und diese der Öffentlichkeit zugänglich zu machen, hat man sich dazu entschlossen, ein gemeinsames, nicht profitorientiertes Kulturzentrum zu errichten, in dem sich jeder Stamm darstellen kann. Sehr beeindruckend ist vor allem das Museum im Keller, in dem die Geschichte der Pueblos und die Feinheiten der einzelnen Kulturen gut herausgestellt worden sind.

Besonders interessant ist es, wie der Einfluss der Kirche und ihrer Missionare seit dem 17. Jh. die Kultur der Pueblos verändert hat. Nicht alle Pueblos sind glücklich darüber, denn Sie mussten sich seither immer mehr den europäischen Kulturen anpassen und wurden bereits sehr früh zu unterbezahlten Arbeiten auf den großen Farmen herangezogen – und das nicht immer freiwillig. Die Farmbesitzer haben oft ihre Arbeiter über die Kirche „rekrutiert".

Im Erdgeschoss des Indian Pueblo Cultural Center befinden sich vor allem Souvenirgeschäfte und Kunsthändler aus den verschiedenen Pueblos. Selbst wenn man nichts kaufen möchte, lohnt sich vor allem ein Besuch in den Räumen mit Tonwaren und Schmuck. Die Künstler sind oft selbst anwesend und können Ihnen eine gute Einführung in die handwerkliche Kunst der Pueblo-Indianer geben.

Indianerkultur von 19 Stämmen unter einem Dach: Indian Pueblo Cultural Center

Literaturtipp
Wenn Sie weiter durch das Indianerland fahren wollen, sollten Sie sich allemal genug Zeit nehmen, im angeschlossenen Buchladen nach ausführlicher Literatur über die Indianer zu schauen. Nirgendwo sonst finden Sie eine so ausgezeichnete Auswahl an Büchern.

Im Sommer finden an den Wochenenden regelmäßig Tanzveranstaltungen statt.

Weitere Museen in und um Albuquerque

- **National Atomic Museum (9)**: *Geöffnet: tägl. 9–17h. Kirtland Airfield Basis, Gibson Blvd.* Dieses Museum bietet einen guten Überblick über die Geschichte der atomaren Streitmacht der USA. Ein 50-minütiger Film erzählt die Geschehnisse, die zum Abwurf der Atombombe auf Hiroshima führten. Wer sich näher mit dem Thema beschäftigen möchte, sollte auch nach Los Alamos (westl. von Santa Fe, siehe S. 693) fahren und sich das Museum dort anschauen.
- **Los Colores (10)**: *Geöffnet: Di.–So. 13–16h. 4499 Corales Rd. in Corales, nordwestlich von Albuquerque.* Ausstellung und Erläuterung der Textilien der Pueblos mit besonderem Augenmerk auf die Webkunst.
- **Museums of Meteorite & Geology (11)**: *Geöffnet: Mo.–Fr. 8–12h u. 13–16h30. Nothrup Hall, Yale Blvd. auf dem Universitäts Campus.* Mineralien, Gesteine – und am interessantesten: Meteoritengesteine.

Wer sich nun noch im Stadtgebiet aufhalten möchte, dem sei nochmals die wiederbelebte **Route 66** entlang der Central Avenue (= „Historic 66") ans Herz gelegt. Besonders der Abschnitt östlich des Girard Boulevard lockt mit Neonlichtern, Kneipen, Dinern und eklektischen Geschäften.

Sehenswertes in der Umgebung

Tramway zum Sandia Peak (12)

Anfahrt zur Talstation
Fahren Sie die I-40 in östlicher Richtung bis zum Exit 167/Tramway Blvd. Von dort geht es dann weiter auf dem Tramway Blvd. in nördlicher Richtung, bis Sie rechter Hand den Abzweig zur Talstation ausgeschildert sehen. Fahrzeiten: täglich 9–22h. Im Winterhalbjahr nur bis 21h und mittwochs nur nachmittags (verschiedene Zeiten). Der Sessellift auf der anderen Bergseite fährt i.d.R. nur im Sommer und dann auch nur Do.–So. sowie nach Wetterlage!

Sie soll die längste der Welt sein: Sandia Peak-Tramway

Hierbei handelt es sich um die längste Seilbahn der Welt. Die Strecke beläuft sich auf knapp 4,4 km Länge, und dabei werden etwa 1.600 Höhenmeter überwunden. Zwischen dem zweiten Pfeiler und der Bergstation wird eine Distanz von 2,4 km freihängend überwunden. Oben angekommen kann es sehr kalt werden. Sie befinden sich dort auf der Spitze des Sandia Peak in knapp 3.200 m Höhe. Vergessen Sie also Ihre Jacke nicht! Von hier aus haben Sie einen Rundblick über den gesamten Norden von New Mexico, und das bedeutet bei guter Sicht, Sie schauen auf eine Fläche von über 28.000 km². Auf der gegenüber liegenden Seite des Berges führt ein Sessellift wieder ein gutes Stück nach unten. Auf der Fahrt gleiten Sie durch Kiefernwälder, und es heißt, man erlebt hier vier der sieben biologischen Lebenszonen, gleichgesetzt mit einer Fahrt von Mexiko nach Alaska. An der Talstation des Sessellifts gibt es verschiedene Wandermöglichkeiten und auch die Gelegenheit, Mountainbikes zu mieten und auf ausgewiesenen Wegen herum zu fahren.

Längste Seilbahn der Welt

Tipp
Wenn Sie es zeitlich einrichten können, fahren Sie am späten Nachmittag auf den Berg und bewundern Sie von oben den Sonnenuntergang.

Petroglyph National Monument (13)

4735 Unser Blvd. Anfahrt: Fahren Sie auf der I-40 in westlicher Richtung, und nehmen Sie gleich hinter der Rio Grande-Brücke die Ausfahrt Coors Blvd. Auf diesem biegen Sie dann bald nach links ab in die Quray Street und gleich darauf wieder nach rechts auf den Unser Blvd. Diesem folgen Sie bis zum Visitor Center, das linker Hand liegt. Die Zeichnungen befinden sich von hier aus noch einmal 1 ½ Meilen weiter auf der rechten Seite des Unser Blvd. Öffnungszeiten: tägl. 8–17h

Der Park liegt an einer 17 Meilen langen Abbruchkante aus Lavagestein, das sich vor ca. 150.000 Jahren durch Vulkanausbrüche hier abgesetzt hat. Am westlichen

Rand des Parks sind noch Restvulkane übriggeblieben. In dieses dunkle Lavagestein haben bereits vor 3.000 Jahren Bewohner dieser Gegend Felsgravuren eingehauen, wobei die meisten aus der Zeit von 1300 bis 1650 stammen. Aber auch später sind noch welche hinzu gekommen.

Im gesamten Park gibt es etwa 15.000 solcher Gravuren. Man glaubt, dass diese Gravuren nicht nur künstlerischen Zwecken dienten, sondern hohen symbolischen Wert hatten für die „Indianer der ersten Stunde" und dass religiöse Gründe mit aufgenommen worden sind. Die Darstellungen beinhalten bekannte und unbekannte Tiere, geometrische Symbole, Sterne und vieles mehr. Bis heute ist man aber noch nicht in der Lage zu sagen, was die einzelnen Symbole alle bedeuten.

Am Eingang zu den Felsgravuren erhalten Sie ein kleines Heftchen, das Ihnen 3 Wanderwege (Trails) zu einigen interessanten Plätzen erläutert. Der **Mesa Point Trail**, der etwa 30 Minuten beansprucht und auf die

Felsgravuren: bis zu 3.000 Jahre alt

Abbruchkante hinauf führt, ist sicherlich der interessanteste Pfad. Hier finden Sie Tiersymbole, Menschenbilder und gelangen zu einem Platz, wo früher religiöse Zeremonien abgehalten worden sind. Der Cliff Base Trail ist kürzer und führt am unteren Hang der Kante entlang. Hier gibt es vor allem Gravuren von Masken zu sehen, die bereits an die Masken auf Totempfählen erinnern. Der Macaw Trail dauert nur 5 Minuten, und außer ein paar einfachen Gravuren bietet er nicht viel.

Fels-
ritzungen

Turquoise Trail (15)

Wenn Sie einen zweiten Tag in Albuquerque verweilen wollen, wäre eine Rundfahrt entlang diesem Trail mit Sicherheit lohnend. Er führt um die Sandia Mountains herum und bietet Landschaft, alte Minensiedlungen und Indianerkultur, und wer noch nicht auf dem Sandia Peak war, kann von der Rückseite des Berges bis auf seine Spitze fahren.
Planen Sie für die gesamte Tour 5–6 Stunden ein.

Fahren Sie zuerst auf dem I-40 in östliche Richtung, und verlassen Sie diesen am Exit New Mexico Hwy. 14 in nördlicher Richtung. Nicht weit von hier nehmen Sie die Sandia Crest Rd., auf die Spitze des Berges. Sie führt durch einen Teil des Cibola National Forest, einem mit Kiefern dicht bestandenen Wald. Sie passieren hier auch das kleine **Tinkertown Museum** *(April–Nov. tägl.)*, in dem eine Wildweststadt 'en miniature' ausgestellt ist. Auf dem Berg empfiehlt sich ein kleiner Snack im High Finance Restaurant.

Zurück im Tal auf dem NM Hwy. 14 kommen Sie zuerst durch die kleine Ansiedlung **Golden**. Sie war 1825 Schauplatz des ersten Goldrush westlich des Mississippi. Später wurden hier auch Türkise abgebaut.

Als nächstes folgt der Ort **Madrid**. Einst eine florierende Kohlemine, fristete Madrid 2 Jahrzehnte ein Dasein als Geisterstadt. Doch dann entdeckten Künstler den Reiz dieses abgelegenen Fleckchens und begannen hier ihre Studios anzusiedeln. Heute können Sie in verschiedenen Geschäften wirklich hochklassige Kunsthandwerke, insbesondere Textilien erwerben. Ein Stopp lohnt allemal! Auch des alten **Madrid Opera House** wegen. Und wer sich für die Minengeschichte interessiert, sollte sich einmal das kleine **Old Coal Mine Museum** *(tägl. geöffnet)* anschauen. Die **Mine Shaft Tavern** gleich nebenan bietet gute Burger und Erfrischungen sowie an Wochenenden sogar Livemusik.

Cerillos, der nächste Ort, war um 1880 die bedeutendste Minenstadt der Region. Hier wurden Gold, Silber, Zink, Türkise und Blei in den nahen Bergen abgebaut. Zu dieser Zeit gab es hier 21 Saloons und 4 Hotels! Auch heute noch locken entlang der Main Street einige historische Lokale zu einem Drink. Im Casa Grande, einem großen Adobegebäude, befindet sich das **Turquoise Mining Museum** (wird evtl. geschlossen).

Alte Minenstadt

Fahren Sie nun ein Stück zurück entlang dem NM Hwy. 14, und biegen Sie nach Westen ab auf die NM 22, der Sie zum **Santo Domingo Indian Pueblo** führt. In diesem authentischen Pueblo leben heute 3.500 Menschen. Hier können Sie noch ein wenig Indianerkultur studieren. An Wochenenden finden im Sommer Tanzvorführungen statt.

International Balloon Fiesta (14)

Jedes Jahr Anfang Oktober findet auf einem Platz nördlich der Stadt die International Balloon Fiesta statt. Basierend auf einem Ballonflug vor über hundert Jahren, den „Professor" P.A. Van Tassell, ein Saloon-Kellner, über Albuquerque unternahm, entschloss man sich 1972, die günstigen Winde und den räumlichen Platz um

Albuquerque dazu zu nutzen, alljährlich ein internationales Heißluftballontreffen zu veranstalten. Waren es im ersten Jahr nur 16 Ballons, so sind es heutzutage über 900 aus aller Welt. Damit ist dieses Ballonfest mit Abstand das größte der Welt und wird mittlerweile von 1,6 Mio. Menschen besucht.

Falls Sie also gerade zu dieser Zeit in der Stadt verweilen sollten, versäumen Sie nicht den An-

Heißluftballons über New Mexico

blick des Treibens buntester Ballons (mittlerweile gibt es auch welche in Form von Dinosauriern, Kühen und Flaschen) am Himmel über Albuquerque.

18. Von Albuquerque über den Canyon de Chelly, den Petrified Forest NP nach Silver City oder Flagstaff

Entfernungen

0463

- Albuquerque - Gallup:
  138 Meilen/222 km
- Albuquerque - Acoma - Chaco
  Canyon - Gallup: 290 Meilen/466 km
- Gallup - Canyon de Chelly (über
  Hubbell Trad. Post): 110 Meilen/177 km
- Canyon de Chelly - Petrified Forest
  N.P.: 124 Meilen/200 km
- Petrified Forest N.P. - Silver City:
  283 Meilen/465 km
- Petrified Forest N.P.- Flagstaff: 104 Meilen/167 km

Routenempfehlungen

entnehmen Sie bitte den einzelnen Beschreibungen.

Eine weitere **Streckenalternative** wäre noch, auf dieser Etappe jetzt bereits Santa Fe, die Aztek Ruins und den Mesa Verde NP zu besuchen und den Kreis z.B. am Canyon de Chelly wieder zu schließen, wobei Sie dann aber die schönen Bergmassive der südlichen Rockies auslassen würden und auch das Acoma-Pueblo. Lesen Sie hierzu auch auf S. 468.

Zeiteinteilung

1 3 Tage

Überblick

Gleich nachdem Sie die Brücke über den Rio Grande überquert haben, beginnt die Straße stetig auf das westlich von Albuquerque gelegene Colorado-Plateau anzusteigen, wo Sie den höchsten Punkt schließlich an der Wasserscheide („Great Divine") zwischen Grants und Gallup erreichen werden. Schon nach kurzer Strecke werden Sie ahnen, welch eine schöne Landschaft Sie in den nächsten Tagen und Wochen zu erwarten haben. Kleine Canyons, Abbruchkanten aus rotem und weißem Gestein und weite Flächen werden in diesem Teil Amerikas Ihre Wegbegleiter sein. Westlich von Albuquerque kommen Sie in Indianergebiet. Unzählige große und kleine Reservate reihen sich entlang dem Highway aneinander. Übrigens fahren Sie auf diesem Streckenabschnitt des I-40 von Albuquerque bis zum Petrified Forest (bzw. Flagstaff) parallel zur legendären Route 66, die quer durch den Kontinent von Chicago bis Los Angeles führte.

Jenseits des Rio Grande

Für den gesamten Streckenabschnitt bis Silver City sollten Sie mindestens vier Tage einplanen, wenn Sie alle Höhepunkte sehen möchten. Denn gerade hier treffen Sie auf bemerkenswerte Pueblos, wie z.B. Acoma und Zuni, auf Ruinen von ehemals bedeutenden Indianersiedlungen wie die im Canyon de Chelly, und natürlich auf interessante Naturereignisse, von denen der Petrified Forest mit seinen versteinerten Baumstämmen sicherlich am überwältigendsten ist.

Canyon de Chelly

Redaktions-Tipps

- **Übernachten**: Das „El Rancho" in Gallup beherbergte schon einige Filmstars; in der „Thunderbird Lodge" sind Sie am besten untergebracht für die Erkundung des Canyon de Chelly; im Umfeld des Petrified Forest Nationalparks bietet sich eine Übernachtung in Holbrook an. Eine Krönung wäre ein eigenes Holzhaus der „Bear Creek Cabins" in Pinos Altos bei Silver City. Grundsätzlich: In diesen dünn besiedelten Gebieten rechtzeitig eine Übernachtung suchen bzw. morgens schon vorbuchen.

- **Essen:** Ein historisches Essvergnügen erwartet Sie im alten „Buckhorn Saloon" in Pinos Altos, wo selbst das Licht noch von Gaslampen gespendet wird.

- **Sehenswertes:** Besuchen Sie Acoma Sky City (S. 468), eines der wenigen noch bewohnten Indianer-Pueblos. Achten Sie die Würde der Menschen, und fragen Sie, bevor Sie Menschen fotografieren! Nehmen Sie unbedingt an einer organisierten Rundfahrt durch den Canyon de Chelly teil. Dabei erfahren Sie auch eine Menge über die Indianerkulturen im Allgemeinen. Verpassen sollten Sie auf keinen Fall einen kurzen Abstecher zu der Mogollon Ghosttown (S. 482), wo Sie unbedingt auch in den Trödelladen im alten Theater schauen müssen. Den Abstecher zur Painted Desert nördlich von Winslow (S. 481) können Sie sich sparen. Bereits im Petrified Forest NP sehen Sie die Farbenpracht dieser Wüste.

Auch der letzte Abschnitt zwischen Springerville und Silver City hat seinen besonderen Reiz: Eine bergige und bewaldete Landschaft, die gerade im Indianersommer (Ende September bis Ende Oktober) mit prachtvollen Farben aufwartet. Außerdem trifft man hier auch auf Minenorte, die die Geschicke des Südwestens Ende des 19. Jh. maßgeblich beeinflusst haben. Für diejenigen, die am Süden von Arizona nicht so sehr interessiert sind, bietet es sich an, vom Petrified Forest direkt nach Flagstaff und weiter zum Grand Canyon zu fahren. So sparen Sie eine Woche und haben mehr Zeit für die Nationalparks in Utah.

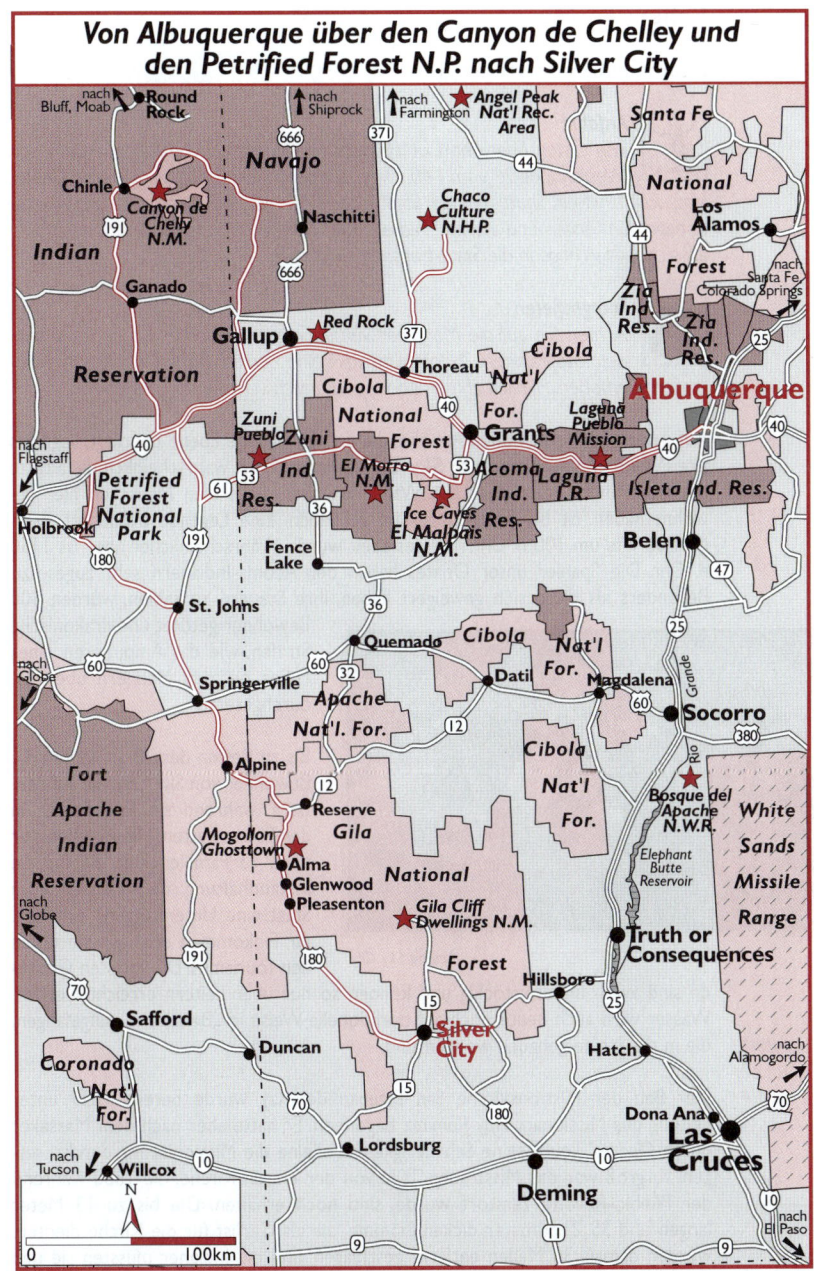

Von Albuquerque über den Canyon de Chelley und den Petrified Forest N.P. nach Silver City

nach Bluff, Moab — Round Rock — nach Shiprock — nach Farmington — Angel Peak Nat'l Rec. Area — Santa Fe

Navajo — Chinle — Canyon de Chelly N.M. — Naschitti — Chaco Culture N.H.P. — National — Los Alamos

Indian — Ganado — Forest — nach Santa Fe Colorado Springs

Reservation — Gallup — Red Rock — Thoreau — Cibola Nat'l — Zia Ind. Res. — Zia Ind. Res. — Albuquerque

nach Flagstaff — Cibola National Forest — Zuni Pueblo — Zuni Ind. Res. — El Morro N.M. — For. — Grants — Laguna Pueblo Mission — Acoma Ind. Res. — Laguna I.R. — Isleta Ind. Res.

Petrified Forest National Park — Holbrook — Ice Caves — El Malpais N.M. — Belen

Fence Lake — St. Johns — Quemado — Cibola Nat'l For. — Magdalena — Socorro

Springerville — Datil — Cibola Nat'l For. — Bosque del Apache N.W.R. — White

Apache Nat'l. For. — Alpine — Reserve — Gila — Sands

Fort Apache Indian Reservation — Mogollon Ghosttown — Alma — Glenwood — Pleasenton — National — Gila Cliff Dwellings N.M. — Elephant Butte Reservoir — Missile Range

Forest — Hillsboro — Truth or Consequences

Safford — Duncan — Silver City — Hatch — nach Alamogordo

Coronado Nat'l For. — nach Tucson — Willcox — Lordsburg — Deming — Dona Ana — Las Cruces — nach El Paso

0 — 100km

© graphic

Sehenswertes

Acoma Indianerreservat (ⓘ S. 173)

Anfahrt
von Osten über den Exit 108/Acoma (55 Meilen von Albuquerque), von Westen Exit 96 vom I-40. Dann auf dem Hwy. 23 bis zum Visitor Center. Von dort fährt ein Shuttlebus zur Stadt hinauf. Wer gut zu Fuß ist, sollte den Anstieg entlang dem engen und steilen „Padre's Trail" nehmen, auf dem die Indianer früher alles Lebenswichtige in die Stadt transportiert haben.

Fotografieren
Achten Sie auf die Menschenwürde. Fragen Sie vorher, bevor Sie jemanden fotografieren. Zudem wird i.d.R. eine ziemlich hohe Gebühr fürs Fotografieren erhoben. Filmaufnahmen sind grundsätzlich verboten.

Auf einer 130 Meter hohen Anhöhe, die die umliegende Ebene überragt, liegt das alte Pueblo von **Acoma**, auch **Sky City** genannt. Es ist wahrscheinlich die älteste noch bewohnte Stadt der USA. Wann nun aber die ersten Menschen hier gewohnt haben, ist bis heute ungeklärt geblieben. Eine Legende behauptet zwar, dass bereits um 100 n. Chr. hier gesiedelt wurde. Wahrscheinlicher aber ist 1150 n. Chr. Die Spanier unter Onates haben den Acoma-Indianern sehr zugesetzt. Besonders als diese sich geweigert haben, ihre Steuern zu zahlen, wurden 800 Bewohner getötet und drakonische Strafen, wie das Amputieren eines Fußes bei den Männern über 25, durchgesetzt.

Acoma Sky City

Bis zu Beginn des 20. Jh. lebten die Bewohner von Sky City alle auf dem Berg, während sie ihre Felder in der Ebene hatten. Heute leben nur noch 13 Familien hier, die für die Instandhaltung der Häuser vom Staat eine Unterstützung erhalten. Ihr Einkommen erlangen sie durch den Tourismus. Die meisten Gebäude sind zwei- bis dreistöckig und können so nur über Leitern erreicht werden. Wasser wird auch heute noch auf traditionelle Weise in „Behältern" aufgefangen, die in die Steine gehauen worden sind.

Älteste Stadt der USA?

Der Bau der Missionskirche San Esteban del Ray wurde bereits 1629 unter Leitung des Missionars *Fray Ramirez* begonnen. Er hatte aber nach dem Massaker durch Onates' Leute seine Schwierigkeiten, alleine die Missionierung durchzusetzen, zu groß war das Misstrauen. Teile von der ersten Kirche, die 1680 während der Pueblo-Revolte zerstört wurde, sind noch erhalten. Die bis zu 13 Meter langen und 35 Zentimeter dicken Stämme, die als Gerüst für die Kirche dienten, wurden damals 30 Meilen entfernt geschlagen, und die Indianer mussten sie den

Berg hinaufschleppen. Selbst die Erde für die Gräber wurde zu Fuß auf den Berg geschleppt. Die heutige Kirche stammt aus dem 19. Jh.

Am Visitor Center gibt es ein kleines Museum, in dem vor allem Töpferwaren der Indianer ausgestellt sind.

Drei Meilen nördlich von Acoma befindet sich die Enchanted Mesa, eine weitere Anhöhe, von der die Legende erzählt, dass die Acomas hier zuerst gelebt haben, bis ein fürchterlicher Sturm den Aufstiegspfad zerstört hat. Ein Besuch hier ist nicht gestattet.

In den Sommermonaten finden in Sky City einige Festivitäten, Zeremonien und Pow Wows statt. Aber nicht bei allen können Sie die Stadt betreten. Erkundigen Sie sich also besser vorher.

Grants (ⓘ S. 173) und die Alternativstrecke Hwy 53

Grants war bis in die 50er Jahre ein absolut verschlafenes Nest. Doch als der Navajo Paddy Martinez in der Nähe einen großen, gelben Stein fand, der sich als hochwertiges Uran erwies, veränderte sich das Leben in der kleinen Stadt schlagartig. Die Uranfunde entwickelten sich zu den größten der USA, und bald wurden hier fast 50 % der gesamten nationalen Fördermenge abgebaut. Heute jedoch, wo Uran nur schwer abgesetzt werden kann, liegen die meisten Förderanlagen brach, und das Örtchen ist wieder in einen tiefen Schlaf verfallen. Für den Reisenden bietet der Ort nicht viel. Einzig interessant ist das **New Mexico Mining Museum** *(100 N. Iron St. Mo.–Sa. 9–16h, im Sommer auch So.)*, dem einzigen Museum auf der Welt, das sich mit Uranminen beschäftigt. Es ist über einem stillgelegten Schacht erbaut worden, in den man hinein fahren kann. Eine kleine Nebenabteilung des Museums zeigt Töpferwaren der Anasazi-Kultur (und die Reste davon), von denen einige Scherben über 1.200 Jahre alt sein sollen.

Auf Uran gebaut

Grants bietet sich ansonsten wirklich nur an für eine kleine Mittagspause auf dem Weg zum Chaco Culture Historical Park.

• Alternativroute Hwy 53

Der Highway 53 beginnt südlich von Grants. Ehemals war er die Handelsverbindung zwischen den Zuni- und den Acoma-Pueblos.

Wer nun auf dem Weg nach Silver City eine Abkürzung nehmen oder anstatt des Chaco Culture Historical Park lieber eine andere Route nach Gallup fahren möchte, kann auch den Hwy. 53 bis zum Hwy. 666 (in Arizona) nehmen und dann nach Norden (Gallup) oder Süden (Silver City) abzweigen. Auch hier gibt es Einiges zu sehen:

El Mapais National Monument: *Visitor Center geöffnet: tägl. 8–16h30.* El Mapais kommt aus dem Spanischen und bedeutet „Schlechtes Land". Für die Indianer

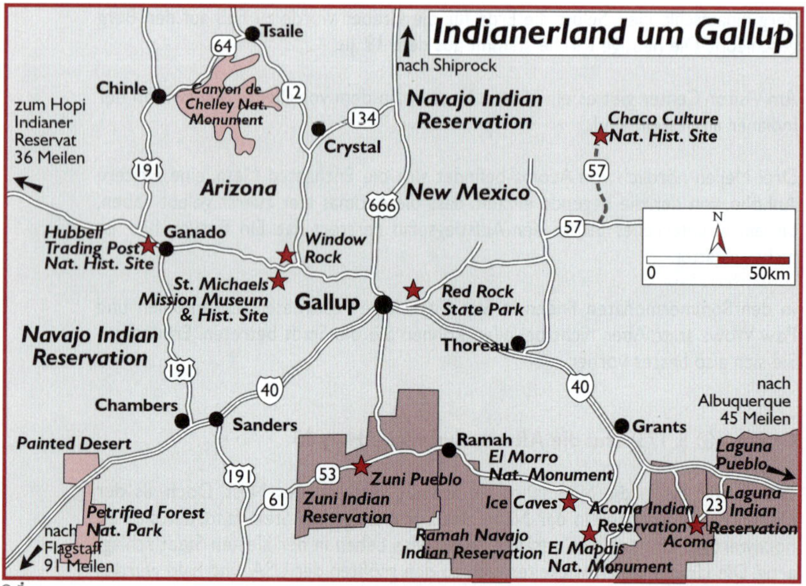

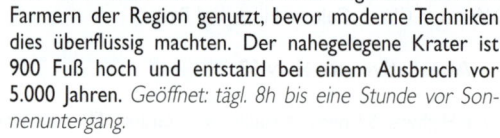

Indianerland um Gallup

[Map labels:]
Tsaile
64
nach Shiprock
Chinle
Canyon de Chelly Nat. Monument
12
Navajo Indian Reservation
Chaco Culture Nat. Hist. Site
zum Hopi Indianer Reservat 36 Meilen
134
Crystal
191
Arizona
New Mexico
57
666
57
N
0   50km
Hubbell Trading Post Nat. Hist. Site
Ganado
Window Rock
St. Michaels Mission Museum & Hist. Site
Gallup
Red Rock State Park
Navajo Indian Reservation
191
Thoreau
Chambers
40
40
Grants
nach Albuquerque 45 Meilen
Sanders
Painted Desert
Laguna Pueblo
191
Ramah
El Morro Nat. Monument
Laguna Pueblo
53
Zuni Pueblo
Ice Caves
Acoma Indian Reservation
23
Laguna Indian Reservation
61
Zuni Indian Reservation
Petrified Forest Nat. Park
Ramah Navajo Indian Reservation
El Malpais Nat. Monument
Acoma
nach Flagstaff 91 Meilen
© igraphic

aber hatte diese Landschaft aus Kratern, Wäldern und Sandsteinformationen eine religiöse Bedeutung. Viele Zeremonien und Treffen wurden hier abgehalten. Besonders eindrucksvoll ist „La Ventana", ein Sandsteinbogen (der größte in New Mexico), und für Wanderfreunde empfiehlt sich zudem die Besichtigung von einzigartigen Lavagängen.

Ice Cave und Bandera Crater: Die „Eis-Höhle" befindet sich in einem erloschenen Lavakanal, und in ihr wird es nicht wärmer als 0 °C. Dieses hat zur Folge, dass der Boden immer mit Eis bedeckt ist. Das Eis wurde lange Zeit von den Farmern der Region genutzt, bevor moderne Techniken dies überflüssig machten. Der nahegelegene Krater ist 900 Fuß hoch und entstand bei einem Ausbruch vor 5.000 Jahren. *Geöffnet: tägl. 8h bis eine Stunde vor Sonnenuntergang.*

Nach etwa 20 Meilen von hier (= 44 Meilen westl. von Grant) erreichen Sie das

El Morro National Monument: *Visitor Center geöffnet: tägl. 9–17h, im Sommer bis 19h.* An der alten Handelsstrecke der Konquistadoren von Santa Fe nach Zuni befindet sich hier eine markante Felsklippe, die als „Gästebuch von New Mexico" bezeichnet wird. Denn Schatten und ausreichendes Wasser luden jeden Vorbeikom-

El Morro National Monument

menden zur Rast an dieser Stelle ein, und während dieser willkommenen Pause haben viele ihre „Sprüchlein" in den Fels geritzt. Man findet Namen wie Don Juan de Onate (1605) und Don Diego de Vargas (1692). Auf der 65 Meter hohen Klippe stehen außerdem noch Reste zweier Anasazi-Pueblodörfer, die von 1250 bis 1400 bewohnt wurden und deren damalige Einwohnerzahl auf 1.500 geschätzt wird. Sie hinterließen bereits die ersten Gravuren.

Ein Besucherzentrum und ein kleines Museum befinden sich am Eingang. Einen kleinen Campingplatz und ein Café gibt es hier auch.

Zuni-Pueblos: *Besuchszeiten: Besucher sind von Sonnenaufgang bis Sonnenuntergang willkommen. Gebühren für Fotografieren und Filmen.* Dieses Pueblo ist auf den Resten einer der „Seven Cities of Cibola" (Sieben Städte des Goldes) erbaut worden. Der spanische Missionar Fray Marcos de Niza sagte zu Beginn des 16. Jh. von der Stadt, sie sei aus Gold gebaut, da bei Sonnenuntergang die Aufsicht vom nahegelegenen Hügel die Häuser in goldenen Glanz getaucht hatte. Diese Aussage veranlasste 1540 Coronado dazu, eine Expedition hierher zu unternehmen, doch Gold fand er dabei nicht.

Zuni hat einen eigenständigen Charakter, da die Bewohner schon früh damit begonnen haben, ihre Lebensweise durchzusetzen. So sind z.B. die Häuser nicht aus Lehm, sondern vornehmlich aus Stein gebaut worden. Heute ist Zuni mit über 8.000 Einwohnern das größte der 19 noch bewohnten Pueblos in New Mexico. Die erste Missionskirche wurde 1680 während der Pueblo-Revolte zerstört, aber 1849 wieder neu errichtet. Die Franziskaner erbauten 1921 eine weitere Mission, und zwischen 1966 und 1972 wurde auch die alte Mission restauriert, sodass es jetzt in Zuni zwei gibt. Neben Töpferei betreiben die Bewohner heute besonders die kunsthandwerkliche Produktion von Silberschmuck, mit dem sie bereits in frühen Jahren gehandelt haben.

Indianische Baukunst

Tipp
Es gibt eine Reihe von Geschäften, in denen Sie diesen Schmuck kaufen können, vergleichen Sie aber besonders hier die Preise, bevor Sie voreilig zuschlagen. Und achten Sie auch hier beim Fotografieren (Permit erforderlich) auf die Würde der Menschen!

Nach Gallup fahren Sie jetzt 10 Meilen zurück auf der 53 und dann 29 Meilen nordwärts auf dem Hwy. 32.

Abstecher von Grants zum Chaco Culture Nat. Historical Park

- **Chaco Culture Nat. Historical Park** (ⓘ S. 173)

Anfahrtshinweise
❶ *Fahren Sie gleich hinter Grants in nördlicher Richtung auf dem Hwy. 605, und biegen Sie dann nach links ab in Richtung Whitehorse. Dort treffen Sie auf eine 3-Wege-Kreuzung und müssen jetzt noch einige Meilen in*

westlicher Richtung auf dem Hwy. 9 fahren, bevor die Schotterpiste 14 nach Norden zum Park abzweigt.

❷ *Von Gallup in Richtung Osten auf dem I-40. Fahren Sie in Thoreau in nördlicher Richtung auf dem Hwy. 371. Hinter Crownpoint biegen Sie nach rechts ab auf den Hwy. 9 und dann bald wieder nach links auf die 14, einer Schotterstraße, die durch den Park führt. Erkundigen Sie sich, besonders wenn es geregnet oder geschneit hat, über den Zustand der Pisten. Die könnten zu einer Falle werden. Es gibt keine Tankstelle und auch kein Restaurant im bzw. am Park! Die letzte Tankstelle (mit kleinem Shop) befindet sich am Abzweig der Schotterstraße vom Hwy. 9.*

❸ *Vom Hwy. 44 (Norden) kommend biegen Sie beim Blanco Trading Post auf die 57 nach Süden ab. Von dort ist der Weg ausgeschildert.*

Hinweis
Wenn Sie der in diesem Buch vorgeschlagenen Route folgen, kommen Sie später noch einmal in diese Region auf dem Weg vom Mesa Verde Nat. Park nach Santa Fe. Auf dieser Tour haben Sie also auch noch die Möglichkeit, den Chaco Canyon zu besuchen.

Information
Das Visitor Center (Infos, Museum, Anmeldung für geführte Touren) ist tägl. geöffnet: 8–17h, im Sommer bis 18h.

Jahrtausendealte Siedlung

Funde im Canyon belegen, dass bereits vor 2.000 Jahren Menschen hier gewesen sein müssen. Um 950 n. Chr. siedelten dann Anasazi hier und gründeten die für die folgenden Jahrhunderte wichtigste Stadt des Südwestens. Archäologen fanden Spuren von Wegen, die zu 70 Dörfern der Region führten, bis hin zum 90 Meilen entfernten Mesa Verda. Im größten Pueblo, Bonito, lebten damals schon über 1.200 Menschen in 600 Räumen, verteilt auf 4 Stockwerke, was deutlich macht, dass die Baukunst der der anderen Anasazi-Siedlungen weit voraus war. Steine wurden gemeißelt und passgerecht aufeinander gesetzt, sodass sie glatte Wände bildeten. Vorausschauend wurden die Grundmauern so solide angelegt, dass eine Erweiterung nach oben möglich war.

Pueblo Bonito

Der Canyon bietet eine Vielzahl von Mysterien für Hobbyarchäologen. In acht Ruinen kann man „stöbern", und schon bald stellt sich einem die grundlegende Frage: Woher kam das Wasser? Oder: Wie haben sich die Anasazi verteidigt? Diese Fragen sind bis heute nicht geklärt.

Um 1150 haben die Anasazi den Canyon wieder verlassen. Man vermutet, dass eine Übernutzung der Böden zu einer so starken Bodenerosion geführt hat, sodass der Anbau von Nahrungsmitteln hier nicht mehr in ausreichender Form möglich war. Und da zu jener Zeit ein Stamm zusammenhielt, sind **alle** weitergezogen. Ihr Ziel war das Rio-Grande-Tal, wo sie sich in der Gegend der heutigen Salina-Missionen niedergelassen haben. Jahre später kamen noch Navajo-Indianer in den Chaco Canyon, doch sie siedelten nur in verschiedenen kürzeren Perioden hier an. Der Canyon erlebte nie wieder eine Blüte wie zur Zeit der Anasazi.

Sie können den Canyon über mehrere Trails erlaufen. Am besten Sie besorgen sich zuerst ausführliches Infomaterial am Visitor Center (Karte ist essentiell) und schauen sich das Museum und den Film über das Gebiet an. Damit sind Sie dann bestens präpariert für die eigene Erkundung.

Hinweis
Da es sich beim Canyon um ein geschütztes archäologisches Gebiet handelt, dürfen Sie keine Scherben oder andere von Menschenhand hergestellten Dinge aufheben bzw. mitnehmen.

Gallup (ⓘ S. 173)

Gallup bezeichnet sich als „Gateway to the Indian Country", da es am südlichen Rand des Navajo- und nördlich des Zuni-Reservates liegt. Während und vor der Gründung des Navajo-Reservates 1868 war es nur ein unbedeutender Stopp auf der Postkutschenroute der 'Westward Overland Stage Line' mit gerade mal einem Saloon. Das änderte sich nach dem Fund von bedeutenden Kohlevorkommen und dem Bau der Eisenbahnlinie, die Gallup 1881 erreichte. Anfang der 1920er Jahre wurden die Minen wieder geschlossen, da das Öl immer mehr an Bedeutung gewann und die sinkenden Kohlepreise den Abbau im weit entfernten Gallup nicht mehr rechtfertigten. Zudem waren die Vorkommen damals bereits ziemlich ausgebeutet. 20 alte Gebäude des Städtchens stehen heute unter Denkmalschutz (u.a. der Bahnhof), sind aber z.T. sehr verkommen.

Gallup ist heute vor allem ein wichtiger Handelsplatz für die umliegenden Indianerreservate und ein Übernachtungsstopp auf der Ost-West-Route, der ehemaligen Route 66. An dieser Straße, der Hauptader der Stadt, reihen sich immer noch 40 Motels aneinander. Man glaubt, Gallup bestehe nur aus Motels und Souvenirshops, und fragt sich, wie diese alle existieren können. Wer etwas Abenteuer sucht, sollte sich einmal in eines der einfacheren Motels einbuchen. Man fühlt sich um Jahrzehnte zurückversetzt und erinnert sich dabei bestimmt an den einen oder anderen Roadmovie, der bei uns in den 1960er und -70er Jahren des Öfteren im Fernsehen lief. Der Geldbeutel wird es auch danken, denn die Motels sind ziemlich günstig. 6 Meilen östlich von Gallup liegt der **Red Rock State Park**. Er bietet nicht nur eine faszinierende Landschaft aus rotem Sandstein, sondern ist auch Schauplatz kultureller Veranstaltungen: Während der Sommermonate finden hier abends oft z.B. indianische Tanzvorführungen statt, und im August wird das **Inter-Tribal Indian Ceremonial** in der Rodeo Arena abgehalten. Es ist eines der größten Indianerfeste der USA, bei dem auch Festumzüge durch die Stadt entlang der Route 66 dazugehören. Übrigens werden Sie während dieses 5 Tage dauernden Spektakels kaum ein Zimmer in Gallup bekommen,

Motels an der Route 66

wenn Sie nicht mindestens 3 Monate im Voraus gebucht haben. Im **Red Rock Museum** *(tägl. 9–18h)* können Sie zudem noch einiges erfahren über die Anasazi und Zunis. Auf dem Weg zum State Park, direkt am Interstate, gibt es neben einer Tankstelle übrigens einen lohnenden Souvenirladen (erkennbar an den dahinter stehenden bunten Indianerzelten). Dieser ist zwar nicht billig, aber mit etwas Gespür können Sie hier qualitativ gute Kunsthandwerke der Indianer erstehen. Bei einem Kauf gibt es einen Gratis-Indianerfederschmuck obendrauf!

Fahren Sie nun weiter entlang dem I-40 bis zum Petrified Forest NP.

Wollen Sie aber zum Canyon de Chelly, zweigen Sie ab auf den US 666 in nördliche Richtung. Dann weiter auf dem NM Hwy. 264, bis Sie **Window Rock**, die Hauptstadt des Navajo-Reservates erreichen. Hier gibt es eigentlich nicht viel zu sehen, außer einem kleinen **Navajo Tribal-Museum**, in dem sich auch ein ganz interessanter Buchladen befindet, und dem **Window Rock** selbst, einem Rundbogen aus rotem Sandstein. Doch um ehrlich zu sein, werden Sie auf Ihrer Reise noch einige schönere Sandsteinformationen zu sehen bekommen.

Am Rande des Navajo-Reservats

In Window Rock befinden sich heute alle Behörden, und die Reservatsverwaltung bemüht sich, dieser kleinen Stadt einen „wichtigen Charakter" zu verleihen. Das Regierungsgebäude ist in Form eines „Hogan" erbaut, einer typischen, achteckigen Navajohütte. Doch wirkt alles etwas provisorisch, und man wird das Gefühl nicht los, dass die Indianer mit der Situation nicht sehr glücklich sind, im Grunde aber keine Wahl haben. Um einen absolut souveränen Staat aufzubauen, den einige Navajos immer noch fordern, ist es mit Sicherheit viel zu spät. Zu sehr hat sich die Anglo-amerikanische Kultur im Bewusstsein der Navajos bereits festgesetzt.

INFO **Das Navajo-Reservat**

Das Navajo-Reservat ist mit 62.140 (mit „Ablegern: 70.822) km² das größte Indianerreservat der USA, und hier leben etwa 180.000 Navajos (auch Navahos geschrieben), die sich nach alter Tradition auch **„Dineh"** (Leute) bezeichnen. (Andere Zahlen besagen, dass hier sogar 260.000 Menschen leben, doch ist diese Zahl wahrscheinlich zu hoch angesetzt.) Das Gebiet erstreckt sich über das nordöstliche Arizonaplateau bis hin nach Utah und im Osten bis New Mexico. Die wichtigsten Orte sind Window Rock, Tuba City, Leupp, Chinle und Kayenta.

Die Navajos bemühen sich auch heute noch, einige **Traditionen** aufrecht zu erhalten: Frauen haben einen hohen Stellenwert in der Gesellschaft, und bei der Heirat hat die Familie der Braut „das letzte Wort". Auch die Naturreligion wird in vielen Familien noch praktiziert, selbst wenn diese eigentlich christianisiert sind.

Kunsthandwerklich sind die Navajos besonders geschickt im Herstellen von Silberschmuck und der Verarbeitung von Türkisen, obwohl dies eigentlich nicht zu ihren frühen Traditionen zählt, denn mit der Silberverarbeitung im Sinne von Schmuckherstellung begannen sie erst in der Mitte des 19. Jh. und mit der Nutzung von Türkisen sogar erst um 1890. Dabei wurden viele Motive von Indianerstämmen aus den Plains und aus Mexiko übernommen.

Türkise hatten aber schon vorher die Bedeutung von Glücksbringern mit heilsamer Wirkung. Eine Navajo-Legende besagt: „Damit du einen angenehmen Tag haben wirst, schaue dir beim Aufstehen zuerst einen Türkis an". Auch die Sandpaintings (Malereien auf Sandsteinplatten) sind keine typische Navajokunst, fanden aber schnell einen wichtigen Platz in ihrer Kultur. Als Material werden helle Sandkörner, Holzkohle, Samen und Pollen verwendet. Diese „Sandplatten" wurden z.B. von Kranken genutzt, die sich darauf gesetzt haben und damit erhofften, dass der „böse Geist der Krankheit" absorbiert wird. Anschließend musste die Platte gleich zerstört werden. Die Farben der Zeichnungen symbolisieren Himmelsrichtungen: Blau = Süden, Schwarz = Norden, Gelb = Westen, Weiß = Osten. Rot bedeutet Sonnenschein.

Mit der Weberei begannen die Navajos bereits während des ausgehenden 18. Jh., als Decken ein wichtiges Handelsgut darstellten und bei Reisenden auf den unbequemen und im Winter kühlen Handelswegen dankbare Abnehmer fanden. Wichtigste Farben waren Rot, Schwarz, Weiß und Blau. Die Decke des Häuptling („Chief's Blanket") war am teuersten, konnte aber von jedermann gekauft werden. Sie war breiter als lang und mit breiten weißen und schwarzen Streifen versehen. Mit dem Erreichen der Eisenbahn ging der Handel mit Decken merklich zurück, besonders weil Decken aus den Fabriken des Ostens geliefert wurden. Die Navajos ihrerseits begannen damit, Muster, Farben und Ornamente anderer Kulturen zu übernehmen (auch orientalische Charaktere). Mit dem Verkauf dieser Decken konnten sie sich zwar weiterhin leidlich ernähren, aber ein weiterer wichtiger Bestandteil ihrer kulturellen Identität ging verloren. Mit dem Vordringen von immer mehr Siedlern und deren Landhunger wurde den Navajos aber das Selbstwertgefühl immer mehr genommen, denn diese Siedler brachten schonungslos ihre Kultur ein und vor allem das „Feuerwasser". Und Alkohol vertrugen viele Indianer aus biologischen Gründen schlechter als die Weißen. Selbst die Einrichtung des Reservats, das 1868 noch um einiges kleiner war als heute, konnte diesen kulturellen Niedergang nicht mehr verhindern.

Von Seiten der Navajos wird angestrebt, den Stammesnamen offiziell zu ändern auf „Dineh", da der Name Navajo entweder von dem spanischen 'navaja' stammt, was soviel heißt wie „Taschenmesser" und damit auf ein kriegerisches Verhalten der Indianer hinweisen würde, oder aber von dem französischen Wort abgeleitet wird, das „wertlos" bedeutet.

Fahren Sie weiter von Window Rocks entlang dem Hwy. 264. Bei Ganado treffen Sie auf den **Hubbell Trading Post**. Hier eröffnete der Händler John Lorenzo Hubbell 1876 den ersten Handelsposten, der für den Handel zwischen Indianern, Siedlern und Vorbeireisenden über Jahrzehnte von größter Bedeutung war. Dieser Laden war auch der erste in einem Indianergebiet. Heute können Sie hier Souvenirs und Lebensmittel kaufen. Der Einrichtungsstil des 19. Jh. wurde übrigens bewahrt. Kurz hinter Ganado biegen Sie nach Norden ab auf den Hwy. 191, der Sie nach 27 Meilen endloser Weite bis Chinle führt, an dessen östlichem Rand sich der Eingang zum Canyon de Chelly befindet.

Tipp
Auf der Anhöhe kurz vor Chinle können Sie am Horizont in nördlicher Richtung bereits Formationen des Monument Valley erkennen.

Canyon de Chelly Nat. Monument (ⓘ S. 173)

Information
Das Visitor Center ist täglich geöffnet: 8–17h (im Sommer bis 18h).

Hinweise
Für die Besichtigung des Canyon-Tals sind ein Permit und die Begleitung eines Rangers oder Führers erforderlich. Daher ist es ratsam, eine Tour über die Thunderbird Lodge bzw. im Visitor Center zu buchen. Da die Pisten sehr sandig sind, ist eine Fahrt mit einem herkömmlichen Fahrzeug ohnehin nicht möglich. Am oberen Canyon-Rand kann man aber ohne Führer mit dem eigenen Fahrzeug entlang fahren. Der einzige erlaubte Abstieg in den Canyon ist hier der Weg zu den White House Ruins.

Schwer
zugängliche
Schlucht

Reiter haben die Gelegenheit, mit Pferd und Führer den Canyon zu erkunden. Der Reitstall ist am Canyon-Eingang. Vorbuchung nicht möglich.

Tipp für einen ganztägigen Aufenthalt
Fahren Sie morgens mit der ersten Halbtagestour der Thunderbird Lodge in den Canyon. Die Erläuterungen zu den Navajos sind sehr gut.

Was ist besonders interessant am Canyon de Chelly?

Vom Canyon-Rand zu erreichen:

- Spider Rock: South Rim. Ein 240 Meter hoher Fels-turm, den man vom gleichnamigen Aussichtspunkt sehen kann.
- White House-Ruinen: South Rim. Pueblo-Häuser am Felsenrand, Abstieg erforderlich.

White House-Ruinen

Im Canyon:

- Mummy Cave-Ruine: North Rim. Farbige Bilder von Antilopen, welche vor 150 Jahren von Navajos gezeichnet worden sind.
- die verschiedenen Felsenhäuser
- die Landschaft eines Canyons
- die Erläuterungen des Führers

Der Name „De Chelly" ist eine spanische Übersetzung des Navajowortes „Tsegi", was so viel bedeutet wie Felscanyon. Der nördliche Canyon, im Spanischen Canyon del Muerto, heißt auf Deutsch Canyon des Todes. Die steilen Canyonwände messen an ihrer höchsten Stelle über 300 m. Auch heute noch leben Navajos im Canyon und betreiben hauptsächlich Viehwirtschaft.

Die Canyons beherbergten vorgeschichtliche Pueblo-Indianer über einen Zeitraum von etwa 1.000 Jahren (250–1300 n. Chr.), boten später den Navajos Schutz vor Feinden und dienten sogar den Hopis zwischenzeitlich als Siedlungsgebiet. Die frühesten Bewohner des Canyons wohnten in individuellen Grubenhäusern. Sie werden so genannt, weil der untere Teil dieser Hütten aus ausgehobenen Gruben bestand. Sie gehörten zur kulturgeschichtlichen Gruppe der Korbmacher. Die Töpferei wurde erst später bekannt.

Die Frauen bauten damals Mais und Kürbis an, und die Männer gingen auf die Jagd mit speerartigen Waffen.

Seit dem 8. Jh. änderte sich vieles in der Lebensweise der Indianer. Pfeil und Bogen wurden zur Jagd verwandt, man begann zu töpfern, und Bohnen wurden zu einem wichtigen Anbauprodukt. Aber vor allem die Häuser wurden jetzt zum großen Teil aus Stein gebaut, und kleine Dörfer entwickelten sich. Seither werden die Indianer als Pueblos bezeichnet, was im Spanischen so viel heißt wie „Dorf". Die Felsklippenhäuser wurden schließlich im 12. und 13. Jh. errichtet. Doch schon bald darauf setzte eine große Dürre in dieser Region des Südwestens ein, sodass die Bewohner des Canyons abwandern mussten.

Spider Rock

Um 1700 kamen kriegerische Navajos hierher, die den Canyon als Ausgangsbasis für Überfälle auf Pueblos weiter östlich nutzten. Zurück im Canyon befanden sie sich dann in einer Art Festung. Vornehmliches Ziel ihrer Überfälle war es – und das wird häufig in der Geschichtsschreibung falsch dargestellt –, ihre mittlerweile als Sklaven eingesetzten Stammesangehörigen zu befreien. 1805 schickten daraufhin die Spanier eine Strafexpedition in den Canyon de Chelly, bei der nach einem eintägigen Kampf 115 Navajos getötet wurden. Seither heißt der Schauplatz dieses Kampfes „Massacre Cave". Doch erst 1864 schaffte es eine US-Kavallerie unter Kit Carson, die Navajos endgültig zu besiegen. Die daraus resultierende Umsiedlung von 8.000 Navajos misslang aber, sodass die Navajos 4 Jahre später, unter friedlichen Voraussetzungen, in das heutige Navajo-Reservat zurück gebracht wurden.

Zum Petrified Forest National Park fahren Sie nun den US 191 wieder nach Süden und biegen bei Chambers nach Westen ab auf den I-40.

Petrified Forest National Park (ⓘ S. 173)

 Zeiteinteilung

Eilige: Fahren Sie auf der Autostrecke alle für Sie interessanten Punkte ab. Minimum: ein Ausblick auf die Painted Desert – und um das versteinerte Holz zu bewundern, halten Sie am Crystal Forest und an den Long Logs. Dauer: 2 Stunden
Geruhsamer: Genauer informieren im Visitor Center, alle Punkte abfahren und erlaufen, am Schluss das Museum am Südeingang ansehen. Dauer: 5 Stunden

!!! Warnung
Es ist strengstens verboten, auch nur das kleinste Stück versteinerten Holzes mitzunehmen.

• **Information:** Park und Visitor Center sind täglich geöffnet: 7h30–17h (im Sommer auch länger). Das **Rainbow Forest Museum** liegt am Südeingang des Parks.
• **Größe:** 38.000 ha
• **Beste Jahreszeit:** April bis Mitte Oktober, wobei es im Sommer für lange Wandertouren grundsätzlich zu heiß ist (keine schattenspendenden Bäume!)
• **Tierwelt:** Am beeindruckendsten sind die bis zu 125 km/h schnellen Gabelböcke, eine vom Aussterben bedrohte Abstammung aus der Familie der *Antilocapridae*. Sie kommen lange Zeit ohne Wasser aus und können ihren Trinkwasservorrat auch aus Kakteen schöpfen. Ansonsten eine Reihe von anderen an die Wüste angepassten Tieren, wie z.B. Füchse, Echsen sowie Skorpione und Schlangen (also keine Steine unachtsam hoch nehmen!)

Redaktions-Tipps

• **Übernachten** in Chambers oder noch besser in Holbrooks
• Der Park ist zwar sehr beeindruckend, jedoch wegen seiner weiten Flächen und der Hitze **wenig geeignet für ausgiebige Wanderungen**. Dazu eignen sich andere Nationalparks besser.

• **Pflanzenwelt:** Wegen des dürftigen Niederschlages und der schlechten Bodenverhältnisse (Sand, in dem das Wasser schnell versickert) nur wenig auffallende Pflanzen. Das geschulte Auge findet aber eine Reihe von Sukkulenten, u.a. auch „versteinerte" Kakteen (Kugelkakteen).
• **Aktivitäten:** Eigentlich nur Wandern. Doch bedarf es eines großen Trinkwasservorrates und vor allem einer guten Portion Ausdauer, um die weiten Flächen des Parks zu überwinden. Organisierte Touren unternimmt der Ranger nach Vorankündigung.

Petrified Forest Nationalpark

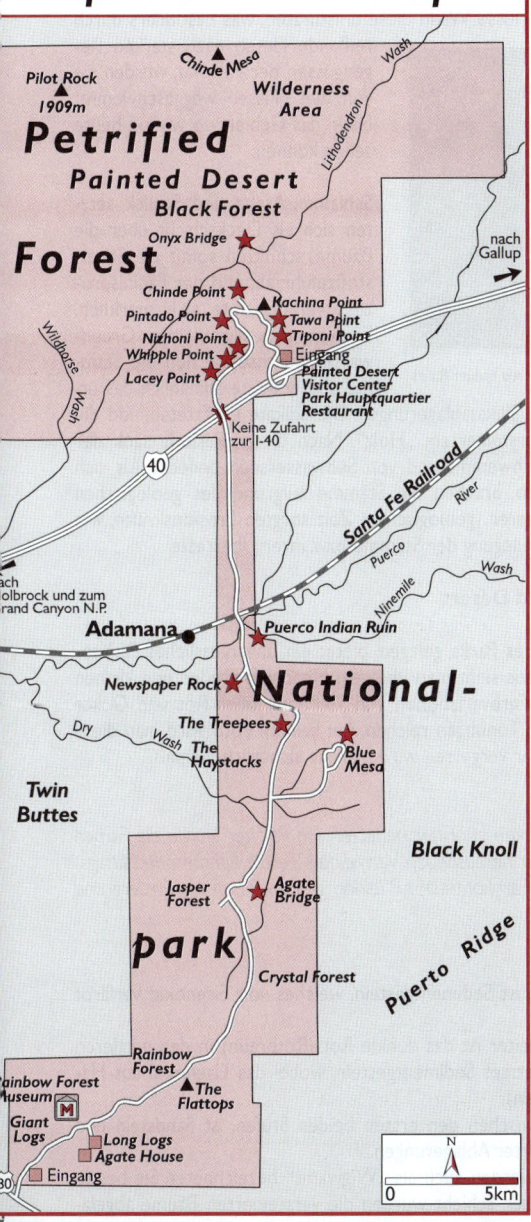

Der Nationalpark empfiehlt sich durch zwei außergewöhnliche Naturereignisse. Zum einen die „Painted Desert", die in verschiedenen Rottönungen, unterbrochen vom Grün der Pflanzenwelt, einen unvergesslichen Anblick bietet, und zum anderen eine Ansammlung versteinerter Baumstämme, wie man sie wohl kaum in dieser Fülle sonstwo auf der Welt findet.

Versteinertes Holz

Dieses Naturereignis hat leider die ersten Souvenirjäger dazu veranlasst, ganze Baumstämme zu entfernen und zu verkaufen. Deshalb haben Anwohner der Gegend 1906 den Kongress angerufen, mit der Bitte um Schutz dieses Gebietes. Zuerst waren es nur ausgesuchte Areale, die geschützt wurden, und erst 1962 wurden diese zum Nationalpark erklärt. 1970 schließlich erreichte der Park mit dem Zukauf von weiteren 35.000 ha seine heutige Größe.

• **Entstehungsgeschichte des versteinerten Holzes**

Vor mehr als 200 Millionen Jahren war das heute trockene Hochplateau ein riesiges, von vielen Flüssen durchzogenes Überschwemmungsgebiet. Das Klima war tropisch, und Saurier gehörten zu den wesentlichen Tierarten. Hohe Bäume, in der Regel Araukien, Farnpalmen und Nadelhölzer, standen meist an den umliegenden Berghängen oder am Rande der Flüsse. Wenn diese umstürzten, was besonders durch

reißende Fluten nach starken Regengüssen der Fall war, wurden sie von den Flüssen weggeschwemmt bis in das Gebiet, wo wir sie heute sehen können.

Schlamm, Asche und Schlick setzten sich als Deckschicht über die Bäume, schnitten somit die Sauerstoffzufuhr ab, und der Fäulnisprozess verlangsamte sich merklich. Einsickerndes, silikathaltiges Grundwasser durchsetzte nun die Stämme und ersetzte allmählich das ur-

Puerco Indian Ruins

sprüngliche Holzgewebe mit Silikatablagerungen. Die Silikate erhärteten, und die Baumstämme wurden zu versteinertem „Holz". Nach dieser Periode sank der Landstrich ab, wurde überschwemmt und von Süßwasserseen bedeckt. Als sich das Land später wieder hob, brachen die Stämme aufgrund des geologischen Stresses auseinander. In jüngerer (geologischer) Zeit sorgten Erosionskräfte, wie Wind und Wasser, für die Freilegung der Stämme bzw. ihrer Überreste.

• Die Farben der Painted Desert

Fantas-
tische
Farbpalette

Dieses Gebiet, im Norden des Parks gelegen, bietet ein unvergessliches Farbenspiel. Von Aussichtspunkten aus sieht man über ein Meer von großen und kleinen Hügeln und Kuppen, deren Farbvariationen von Tiefbraun über Rot und Ocker bis hin zu hellen, fast weißen Tönungen reichen. Auf keinem Foto wird man diese Pracht festhalten können, aber vergessen wird man sie sicherlich niemals.

 Tipp *für Fotografen*
Weitwinkel und starken UV-Filter benutzen. Ein Polfilter würde die Farben noch kontrastreicher herausheben. Vermeiden Sie die flimmernde Mittagshitze. Suchen Sie sich einen Farbkontrast: z.B. einen grünen Busch im Vordergrund des Bildausschnittes.

Was bedeuten die Farben?
- Das Rot des Bergsockels ist Sedimentgestein, welches von Eisenoxid verfärbt wurde.
- Eine Entwicklungsstufe weiter ist das dunkle Rot (Rotbraun) in den mittleren Schichten: von Eisen durchsetztes Sedimentgestein, wobei das Eisenoxid aus Hämatit besteht (= Roteisenstein).
- Das Weiß, die Schicht zwischen den ersten beiden Stufen, ist Sandstein und zeugt von einer Zeit vermehrter Ablagerungen.
- Die Zipfel dieser Hügel werden auch als „Wigwams" bezeichnet. Sie bestehen aus dunklem Ton. In dieser Schicht wurden die versteinerten Bäume abgela-

gert, bevor Erosionskräfte sie in tiefere Lagen beförderten, nämlich dorthin, wo sie heute zu finden sind. Eine hohe Kohlenstoffkonzentration ist ein Beleg dafür und auch der Grund für die relativ dunkle Farbe. Die Körnung der Sandpartikel ist sehr fein (Ton) und ein Beweis dafür, dass es sich hier um Ablagerungen von Flüssen handelt.

Den Park durchquert man auf einer ca. 28 Meilen langen Strecke. Von Norden kommend fährt man

Versteinert: Pedestral Log

zuerst an der Abbruchkante am Rande der Painted Desert entlang, auf die man von mehreren Aussichtspunkten hinuntersehen kann. Etwa auf halber Strecke trifft man auf die Puerco Indian Ruins, eine alte Indianersiedlung, die vom 12. bis 13. und danach vom 14. bis 15. Jh. besiedelt wurde. Im Süden des Parks befinden sich die verschiedenen Baumstämme, wobei am Punkt „Long Logs" die längsten und am besten erhaltenen zu bewundern sind.

Vom Petrified Forest National Park aus können Sie zwischen vier alternativen Routen wählen:

Alternativrouten

❶ direkt nach Flagstaff und zum Grand Canyon fahren, wobei Sie Übernachtungsmöglichkeiten in Holbrook, Winslow und Flagstaff vorfinden. Ein Ausflug zum **Painted Desert Navajo County Park** (14 Meilen nördlich von Winslow) erübrigt sich, da nicht viel anderes zu sehen ist als bereits im Petrified Forest Nat. Park. Außer dem Walnut Canyon Nat. Monument und Flagstaff (Beschreibung: S. 528f) ist auf dieser Strecke nichts Besonderes zu sehen, außer weiter Landschaft natürlich.

❷ Bei Holbrook nach Norden abbiegen auf den AZ Hwy. 77 (und später auf den Hwy. 264). Durchs Hopi-Indianerreservat nach Tuba City und weiter zum Grand Canyon fahren. Diese Strecke bietet vor allem weite Landschaft und die Kultur der Hopis, die Sie bei **Second Mesa** in einem echten Hopidorf erleben können.

❸ Vom südlichen Exit zuerst entlang dem US 180 in östlicher Richtung und vor St. John entlang dem US 60 über Show Low und Globe nach Phoenix. Schöne Landschaft und das Fort Apache-Indianerreservat.

❹ Der Hauptroute des Buches folgen und südlich den Nationalpark verlassen, um über den US 180 nach Springerville und von dort nach Silver City zu fahren.

In Kürze das Sehenswerte entlang der Strecke bis Silver City:

- 2 Meilen nördlich von Springerville die **Casa Malpais Ruins**. Hier siedelten Mogollons, Sinaguas, Anasazi und Hohokams zwischen 1000 u. 1350 n. Chr.
- Ein Abstecher nach **Greer** (westlich von Springerville (ⓘ S. 173)) und durch die Berge über den Hwy. 261 wieder nach Alpine. Schöne Berglandschaft (1 Stunde Mehrzeit). Aber auch der Hwy. 180 bietet eine reizvolle Landschaft.

- **Mogollon**: 2 Meilen hinter Alma (66 Meilen vor Silver City) nach Osten abbiegen. Auf dieser Strecke sind es noch 9 Meilen (die Bergstrecke ist nicht geeignet für Wohnmobile und Trailer). Eine alte Minenstadt, heute eher Ghosttown mit nur wenigen Anwohnern. Kaum Tourismus (seit Jahren heißt es, er würde angekurbelt ...). Sehenswert vor allem das „Geschäft" im alten Mogollon-Theater, wo es Raritäten zu kaufen gibt: verstaubt, aber echt. Fragen Sie doch einmal, ob man für Sie das „selbstspielende" Klavier, typisch für den Wilden Westen, spielen lässt.

Altes Theater in Mogollon

INFO Gila National Forest

Dieses knapp 14.000 km² große Waldgebiet bietet eine der schönsten Landschaften des Südwestens und hat gegenüber den Wäldern von Colorado den Vorteil, dass es nicht so touristisch ist. Auf der Fahrt zum Gila Cliff Dwellings National Monument erhalten Sie bereits einen Eindruck von der Schönheit der Berge, Flüsse, Canyons und Wälder. Bereits die Apachen liebten dieses Land und wehrten sich vehement gegen die eindringenden Gold- und Silbersucher. Das Terrain bot ihnen während der Endphase ihres Widerstandskampfes immer wieder Schutz, nachdem sie Minenstädte wie Mogollon und Silver City angegriffen hatten. Ihre bekanntesten Führer waren die Häuptlinge Geronimo und Cochise. Die Tierwelt enthält immer noch Bären, Elche, Biber und Berglöwen.

Für Naturliebhaber bietet sich die Gelegenheit, auf einfachen Pisten in den Park hineinzufahren, dort zu zelten und dann Wanderungen zu unternehmen. Permits sind aber notwendig. Erhältlich bei jeder Rangerstation (US Forest services) der Gegend, so z.B. in Silver City und Glenwood (ⓘ S. 173)).

Gila Cliff Dwellings National Monument (ⓘ S. 173)

Tipp
Auch wenn es auf der Karte sehr nah aussieht, ist das Felsendorf 1½ - 2 Autostunden (45 Meilen) von Silver City entfernt. Eingerechnet eines mindestens einstündigen Besuches benötigen Sie also gute 4–5 Stunden für die Tour dorthin und zurück. An der Strecke gibt es keine Tankstelle.

Um das Monument zu erreichen, fahren Sie zuerst bis zum **Visitor Center** (tägl. geöffnet), wo Sie ausreichendes Informationsmaterial bekommen werden und ein kleines **Museum** einen ersten Eindruck vermittelt. Knapp 2 Meilen weiter beginnt ein Trail (Laufzeit: ½ bis 1 Stunde).

Das Felsendorf liegt inmitten des großen Waldgebietes des Gila National Forest, und die Bewohner konnten es früher nur auf langen Fußmärschen durch diesen dichten Wald erreichen.

Die ältesten Ruinen wurden wahrscheinlich in der Zeit von 100–400 n. Chr. bewohnt. Damals waren die Hütten noch rund und hatten einen nur kleinen Eingang zur Ostseite. Der Boden war „unterirdisch", wie auch bei den frühesten Behausungen im Canyon de Chelly. Bewohner waren die Mogollon (nicht gleichzusetzen mit dem gleichnamigen Ort!), welche Getreide anbauten und Wildpflanzen sammelten. Auffallend ist die Tatsache, dass Archäologen festgestellt haben, dass die Mogollon bereits getöpfert und auch Bohnen angebaut haben. Mit beidem begannen die Indianer in anderen Regionen erst Jahrhunderte später. Die Felsensiedlung wurde erst ab dem 11. Jh. gebaut, zusammen mit anderen Pueblos, oberhalb des Westteiles des Gila River.

Anders als in anderen Felsendörfern hat man am Gila Cliff nicht nur Häuser gefunden, sondern auch normale Höhlen, in denen die Pueblos gelebt haben. Erinnern wir uns doch einmal an die Tatsache, dass diese Indianer erst Pueblos genannt wurden, seitdem sie in dorfähnlichen Gemeinschaften gelebt haben. Die hier ansässigen Indianer lebten erwiesenermaßen auch in großen Dorfgemeinschaften. Hierzu bedurfte es aber übergroßer Höhlen. Doch hat man diese bis heute nicht gefunden, weiß aber, dass welche existieren müssen, irgendwo versteckt im Wald. Nach übermittelter Legende muss es sich um weitgehend geschlossene Höhlen gehandelt haben, also nicht um die uns bekannten Überhänge.

Relikte der Pueblo-kultur

Im Bereich von Gila Cliff gibt es 7 Naturhöhlen (also Überhänge) hoch am Rand eines Seitencanyons. 5 davon enthalten Ruinen von Felsenhäusern. Zusammen hatten sie einmal 42 Räume.

Die Bewohner im 11. bis 13. Jh. waren richtige Farmer, die ihre Felder entlang dem Fluss und auf der Hochfläche hatten. Es wird auch gesagt, sie hätten bereits mit Baumwolle gewebt. Eine Behauptung, die eigentlich nicht zu der Erkenntnis passt, dass Indianer die Webkunst zu dieser Zeit noch gar nicht kannten. Um etwa 1300 verließen auch diese Pueblos, wie die meisten anderen, das Dorf, um sich wahrscheinlich im Bereich des Rio Grande niederzulassen.

Silver City (ⓘ S. 173)

Silver City ist eine kleine Stadt mit heute ca. 12.000 Einwohnern am Fuße der Pinos Altos Mountains, südlich des Gila National Forest. Einst befand sich der Ort im unbeliebten und gefährlichen Apachengebiet, doch als kurz nach Ende des Bürgerkrieges hier Gold gefunden wurde und bald darauf auch Silber, boomte der kleine Ort. 1875 wurde Silver City zentraler Sitz des Grant County. Gestört wurde die Minentätigkeit zu Beginn immer wieder durch die Apachen, die sich ihr Land nicht so einfach nehmen lassen wollten, und somit mussten Frauen und Kinder des Öfteren evakuiert werden.

Grundsätzlich änderte dieses aber nichts am wirtschaftlichen Aufstieg der Region. Man fand später sogar noch Kupfer hier. Die amerikanische Kavallerie sicherte zum Ende des 19. Jh. alles ab, sodass die Minen uneingeschränkt fördern konnten. 1895 und 1906 beeinträchtigten Fluten, bedingt durch heftige Regenfälle in den Bergen und verwandelten die ehemalige Mainstreet in einen 18 Meter tiefen Canyon („The Big Ditch"). Daraus resultierte, dass die Geschäfte dieser Straße seither nur von der „Rückseite" her betreten werden konnten.

Wenn Sie etwas Zeit übrig haben sollten, lassen Sie sich nicht das **Silver City Museum** *(312 W. Broadway, geöffnet Di.–So.)* entgehen. Hier können Sie Relikte aus der Zeit der Gold- und Silberschürfer anschauen. Ein Rundgang durch die historische Innenstadt von Silver City lohnt ebenfalls. Dazu gibt es eine kleine Broschüre im Visitor Center. Weiterhin wäre interessant, das „Big Hole" der **Tyron/Phelps Dodge Mine** zu besichtigen *(zwischen Mill St. und Broadway am Südende der Stadt).* Die dazugehörige Stadt Tyrone, nach Schließung der Kupfermine „The Million Dollar Ghost Town" genannt, wurde einstmals von fast 6.000 Menschen bevölkert.

Der Wilde Westen grüßt

Henry McCarthy, eher bekannt als **Billy the Kid**, wuchs in Silver City auf, und wer seinen Spuren folgen möchte, sollte zu folgenden Punkte wandern: zuerst zu seinem Elternhaus nördlich der Broadway Bridge; danach zum Gefängnis (304 North Hudson), von dem er als 15jähriger entfloh, und schließlich zum Star Hotel *(Ecke Hudson St. u. Broadway)*, wo er als Tellerwäscher angestellt war. 1875 wurde Billy the Kid wegen seines ersten (offiziellen) Deliktes in Silver City verhaftet ... und entkam natürlich.

Nördlich von Silver City befindet sich die kleine Ortschaft **Pinos Altos**. Hier wurde Mitte des 19. Jh. nach Gold gesucht. Der wohl bekannteste Schürfer war George Hearst, der so erfolgreich war, dass er seinem Sohn, William Randolph Hearst, ein Vermögen hinterlassen konnte, welches diesem den Aufbau seines Zeitungsimperiums ermöglichte. Zwei kleine Museen (unregelmäßig geöffnet) geben einen leidlichen Einblick in die Vergangenheit des Örtchens. Aufregender aber ist der Besuch im alten „Buckhorn Saloon" (mit angeschlossenem „Opera House"), für den die Gäste oft von weit anreisen. Also vorher das Dinner reservieren bzw. sich auf Wartezeit am Tresen einstellen. Die Stimmung ist meist sehr gut,

Allemal einen Besuch wert: Buckhorn Saloon in Pinos Altos

besonders wenn Livemusik gespielt wird. Ein paar Meilen entfernt von Pinos Altos steht das **Ben Lilly Monument**. Ben Lilly war ein angesehener Pantherjäger. Bekannt wurde er aber durch seine Bärenjagd mit Theodore Roosevelt 1907 in Texas, die so erfolgreich verlief, dass seither der Begriff „Teddybär" in aller Munde ist.

Arizona-Telegramm

Abkürzung:	AZ
Beiname:	The "Grand Canyon State" oder "Valentine State", da am Valentinstag Beitritt zum US-Staatenbund
Namensherleitung:	Kommt von "arizonac", dem Namen einer kleinen indianischen Ansiedlung.
Bundesstaat seit:	14. Febr. 1912 (48. Staat)
Nationalsong:	"Arizona March Song"
Fläche:	295.024 km²
Einwohner:	4,8 Mio.
Einwohnerdichte:	16,27 E./km²
Hauptstadt:	Phoenix, 980.000 E., inklusive der 19 Städte des Valley of the Sun über 2,5 Mio. E.
Weitere Städte:	Tucson (410.000 E., Großraum 1 Mio. E.), Mesa (290.000 E.), Glendale (150.000 E.), Tempe (143.000 E.), Scottsdale (131.000)
Verkaufssteuer:	zwischen 5% und 9,5%
Wichtigste Wirtschaftszweige:	Bergbau (Gold, Silber, Kupfer), Industrie (Elektronik, Rüstung und Nahrungsmittel), Tourismus, Landwirtschaft (Rinder, Südfrüchte) hat wenig Bedeutung.
Touristisches Potential:	Grand Canyon, der größte Canyon der Welt; Indianerkulturen, besonders eindrucksvoll zu sehen am Canyon de Chelly National Monument, dem Montezuma Castle National Monument, aber auch in verschiedenen Indianerreservaten; Halbwüstenlandschaft im Organ Pipe Cactus N.M.; außerdem etliche andere Naturhöhepunkte. Städte wie Phoenix und Tucson bieten hauptsächlich Museen, eine ausgezeichnete mexikanische Küche und das Freizeiterlebnis der großen und teuren Resorts (= Hotel kombiniert mit unzähligen Freizeitangeboten, wie z.B.Tennis, Golf u. Reiten).

Kleine Einführung „Arizona"

Bereits vor 12.000 Jahren kamen die ersten Menschen nach Arizona. Sie kamen über die Beringstraße ins nördliche Amerika und teilten sich im Gebiet des heutigen Arizona schließlich auf in drei Gruppen: die Hohokam, die die südlichen Wüstenregionen besiedelten, die Mogollon, die in den Bergen ansässig wurden, und die Anasazi, die im nördlichen Plateauland blieben.

Die ersten Europäer, die nach Arizona kamen, waren die Spanier. Es war ein Offizier von Cortéz, der 1526 die Wüstengebiete erreichte, aber wegen der ungenügenden Lebensbedingungen diesen Landstrich nicht ins spanische Imperium einverleibte. Erste Missionare kamen dann Ende des 17. Jh. hierher. In den folgenden anderthalb Jahrhunderten gab es mehrere kriegerische Konflikte zwischen Spaniern und Indianern. Erst 1846, nach dem Krieg mit Mexiko, erlangten die von Osten kommenden Amerikaner Einfluss in diesem bis dato uninteressanten Areal. Sie wollten eine Eisenbahnlinie durch die Wüste nach Kalifornien bauen. Als dann auch noch Gold gefunden wurde, beschloss Präsident Lincoln, das Territorium unter Schutzherrschaft zu stellen.

Danach boomte Arizona. Man fand auch Silber und Kupfer, und Siedler erkannten die gute Bodenqualität in den Flusstälern. Aufgrund des günstigen Klimas konnten bereits damals zwei bis drei Ernten pro Jahr eingefahren werden, soweit eine sinnvolle Bewässerung gewährleistet war. Trotzdem dauerte es noch bis 1912, bevor Arizona als letzter Bundesstaat – abgesehen von den beiden peripheren Staaten Alaska und Hawaii – in den amerikanischen Staatenbund aufgenommen wurde.

Arizona: Land der Natur- wunder

Touristisch bietet sich Arizona für einen längeren Aufenthalt an. Um alle 14 National Monuments, die drei Nationalparks, die verschiedenen Kulturstätten der Indianer und die einzigartige Landschaft richtig zu erkunden, bedarf es mehrerer Monate Zeit. Konzentrieren Sie sich daher auf das Wesentliche.

Der **Grand Canyon** ist mit Sicherheit ein Muss. Auf dem Weg dorthin sollten Sie sich dann noch für die Besichtigung von ein oder zwei historischen Indianerstätten entscheiden. Auch der Petrified Forest, der nicht nur die versteinerten Baumstämme bietet, sondern auch das Farbenspiel der Painted Desert, lohnt einen Besuch. Wer eher Erholung sucht, sollte zum Lake Mead fahren oder ein bis zwei Tage am Lake Powell (bereits Utah) verbringen. Erwarten Sie aber keine Strände. An Aktivitäten gibt es an den Seen eher Wandern und Haus- bzw. Motorboot fahren.

Für „Outdoor-Aktivisten" bieten sich noch **Schlauchbootfahrten** auf dem Colorado an. Extremes Bergwandern (auch Klettern) bzw. Ausritte sind ebenfalls sehr beliebt, besonders in den waldreichen Gegenden im Osten des Staates und in den San Francisco Mountains (Infos dazu in und um Flagstaff). Eindrucksvoll wäre auch ein Wintersporturlaub in den San Francisco Mountains südlich des Grand Canyon. Schnee ist meistens vorhanden, leider aber nicht mit der Gewissheit, wie man sie von den Wintersportgebieten von Colorado her kennt.

Wirtschaftlich lebt Arizona heute besonders vom Tourismus und von der Feinelektronik-Industrie. Landwirtschaftlich ist neben den Bewässerungskulturen (Zitrusfrüchte, Getreide) vor allem die Rinderhaltung von Bedeutung. Wegen des geringen Niederschlages ist die Bestockungsrate sehr niedrig, was dazu führte, dass heute in Arizona die flächengrößten Farmen des Landes zu finden sind.

19. Von Silver City über Tucson nach Phoenix

Entfernungen
- *Silver City - Tucson (I-10): 203 Meilen/327 km*
- *Silver City - Tucson (über Douglas/ Bisbee/Tombstone): 275 Meilen/443 km*
- *Tucson - Phoenix: 117 Meilen/ 188 km*

Routenempfehlung
NM Hwy. 90 bis Lourdsburg, dann den I-10 bis zur Abzweigung des AZ Hwy. 80 nach Süden. Diesem über Douglas, Bisbee und Tombstone folgen bis zum I-10 und dann direkt nach Tucson. Von Tucson den I-10 nehmen nach Phoenix und zwischendurch das Casa Grande Nat. Monument ansehen.
Alternative: *Nicht selbst recherchiert, aber von Lesern empfohlen wurde der Abstecher ins mexikanische* **Nogales** *(65 Meilen südl. von Tucson). Die Stadt sei um einiges sympathischer als Ciudad Juarez bei El Paso.*

Zeiteinteilung
3 Tage

Überblick

Der Süden von Arizona bietet vor allem die weite Landschaft der Sonora-Wüste mit den einzigartigen Saguaro-Kakteen. Im Süden, zur Grenze nach Mexiko hin, findet sich eine Reihe von alten Minenstädten, deren interessanteste ohne Zweifel Bisbee (echt – kaum touristisiert) und Tombstone (sehr touristisiert) sind. Städte wie Tucson und Phoenix bieten nicht viel. Tucson hat sich noch einen gewissen Charme als „kleinste der Großstädte der USA" erhalten. Es ist außerdem als Basisstation für Ausflüge in die Umgebung geeignet und kann zudem noch mit den attraktiven „Old Tucson Studios" aufwarten (wo so mancher bekannte Western gedreht worden ist). Phoenix dagegen ist als langweilig zu bezeichnen. Zwar hat es mit den umliegenden Städten weit über 2 Millionen Einwohner, aber alles halbwegs Interessante verteilt sich auf eine riesige Fläche, und die Innenstadt wirkt selbst am Tage fast wie ausgestorben.

Viel Landschaft

Wirklich sehenswert sind hier nur die Einkaufspassage von Scottsdale (und auch davon gibt es schönere) und die Hotelpaläste, die vor Luxus nur so strotzen und natürlich preislich dementsprechend teuer sind. Als „Normaltourist" bleibt einem da nur, sich in einem bezahlbaren Motel einzuquartieren und abends den Luxus

- **Übernachten:** Empfehlung: Ein historisches Hotel in Bisbee. In Tucson (für den, der es sich leisten kann, ein paar Tage Zeit hat und gerne reitet): die „Tanque Verde Guest Ranch".
- **Die bedeutendsten Sehenswürdigkeiten**: die alten Minenstädte Tombstone (S. 488f) und Bisbee (S. 490f); der Saguaro National Park (Riesenkakteen (S. 491)); bei Tucson das Arizona Desert Museum (alles über Flora und Fauna der Wüste (S. 499)) und die Film-Wildweststadt „Old Tucson Studios" (S. 498), Biosphere 2 (Naturkundeprojekt der Zukunft? (S. 503)) und die Casa-Grande-Ruinen (S. 505).

bei einem Drink und dem Blick auf den überdimensionalen Swimmingpool zu „beschnuppern".

Sehenswertes

Auf dem Weg nach Tucson liegt, etwas abseits der Hauptstrecken, das **Chiricahua Nat. Monument**. Es wurde 1924 eingerichtet, um der Natur einen schönen Teil des Coronado Forest zu erhalten. Wand-

erfreunde und Naturliebhaber kommen hier auf ihre Kosten. Es gibt aber keine Hotelunterkünfte in der Nähe, nur ein paar Campingplätze, von denen der nächste der Bonita Campground ½ Meile südlich des Visitor Center ist.

Tombstone und Bisbee (ⓘ S. 173)

Tombstone und Bisbee sind zwei Städtchen, die ihre Existenz in dieser unwirtlichen Gegend alleine dem Bergbau zu verdanken haben. Gegründet wurden sie um 1877, wobei Camps in der Umgegend schon eher existiert haben.

• Tombstone

(dt. = „Grabstein") machte zuerst das große Geld, und seine Silberminen sorgten schon bald dafür, dass es zu einer

Um sich mit der Geschichte von Tombstone näher zu befassen, lohnt sich vor der Stadtbesichtigung ein Besuch des **Historama-Kino** in der Allen Street. Stündl. Vorführung von 9 bis 16h.

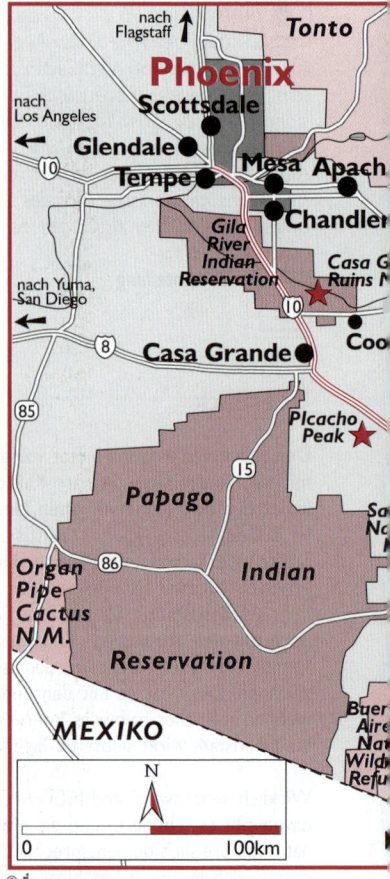

bedeutenden Stadt heranwuchs, mit Einrichtungen wie Zeitung, Theater und Postzentrale, die im Westen damals kaum zu finden waren. Um 1880 war der Ort mit 16.000 Einwohnern größer als das damalige San Francisco. Berühmt wurde Tombstone aber eigentlich mehr durch seine zahlreichen Wildwest-Helden. Wyatt Earp, eine Legende unter den Gesetzeshütern des

Wild Bill Hickok   Doc Holliday   Wyatt Earp

Westens, und sein Freund Doc Holliday hatten hier die berühmte **Schießerei am OK Corral** (Allenstreet), die wohl nur deswegen so berühmt wurde, weil ihr Ablauf bis heute ungeklärt ist und zu immer neuen Vermutungen und Mutmaßungen Anlass bot. Zumindest zogen damals die gefürchteten Clanton-Brüder

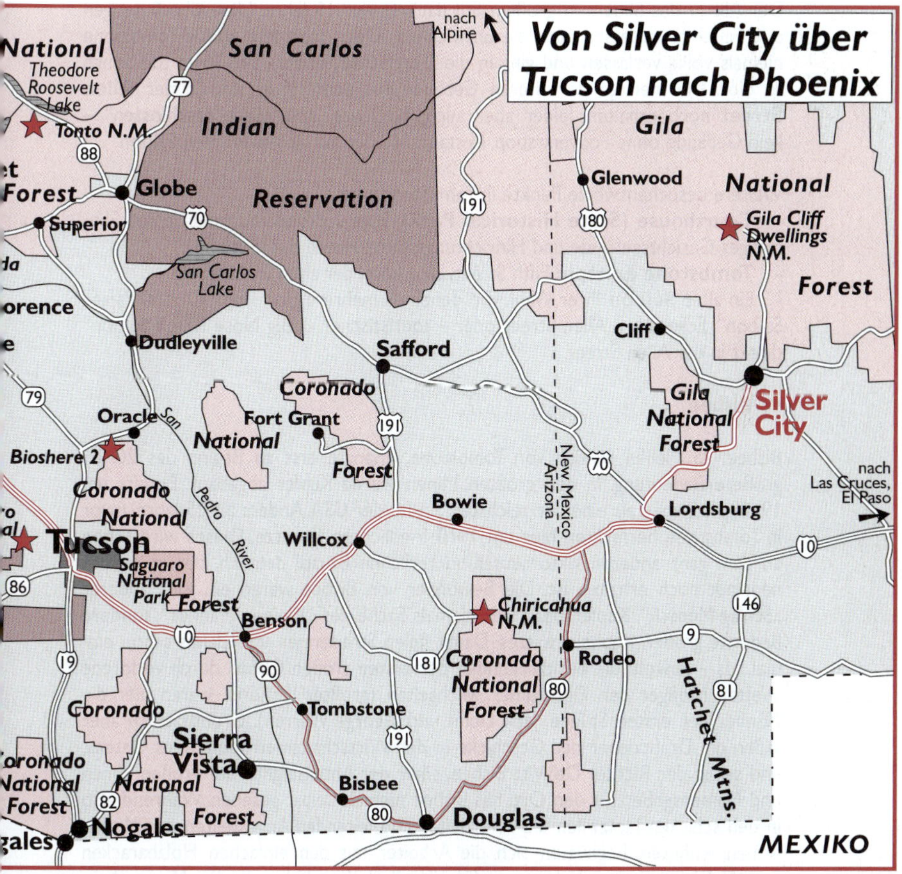

Karte: Von Silver City über Tucson nach Phoenix

den kürzeren. Heute kann man den Schauplatz besichtigen und dank eines Filmes nicht nur den möglichen Ablauf der Schießerei, sondern im angeschlossenen Gebäude auch die Geschichte von Tombstone nachvollziehen.

Aber auch die Daltons, bei uns eher bekannt durch die Lucky Luke Comics, statteten Tombstone des Öfteren einen Besuch ab und verließen sie anschließend immer wieder mit einer satten Beute. Lynchjustiz, Meuchelmord und allerlei Schießereien vor und in den Westernsaloons standen auf der Tagesordnung – und dabei ging es nicht nur um Claimansprüche, sondern manchmal entwickelte sich *Legendäres* eine Schießerei alleine aus einem simplen Streit um einen nicht bezahlten Whisky. *Western-* Der Colt saß halt locker in Tombstone. Die Gräber der Hinterbliebenen dieser *städtchen* Zeit kann man am Ortseingang auf dem **Boothill Graveyard** besuchen, dort tauchen so einige bekannte Namen aus Wildwest-Filmen auf.

Der Abbau des Silbers in großem Stil dauerte nur 15 Jahre. Minenüberflutungen und Feuersbrünste stoppten die Entwicklung. Doch trotzdem wurde Tombstone niemals völlig verlassen und ging in die Geschichte ein als „The Town too tough to die". Die meisten der älteren Gebäude aus dem 19. Jh. sind in der **Allen Street** noch erhalten, leider aber auch durchweg „touristisch erschlossen" – kein Gebäude ohne Souvenirshop, Restaurant oder auf alt getrimmten Saloon.

Weitere besuchenswerte Punkte in Tombstone sind:
- **Courthouse (State Historical Park)**: Ecke 3rd und Toughnut Street. Ehemaliges Gerichtsgebäude und Hinrichtungsstätte. Heute mit Museum.
- **Tombstone Epitaph:** Fifth Street, Druckerei der alten Zeitung.
- Ein alter **Saloon** Ihrer Wahl, von denen es mehrere gibt. Tipp: „Crystal Palace Saloon", Ecke 5th u. Allen Street oder – touristischer - „Big Nose Kate's Saloon" direkt in der Allen Street.

• **Bisbee**

Bisbee, 25 Meilen südlich von Tombstone, erlangte erst zu Beginn des 20. Jh. größere Bedeutung. In den größten Minen wurde Kupfer abgebaut. Bereits um 1910 galt Bisbee als eine der reichsten Städte der USA. Anders als 25 Jahre zuvor in Tombstone herrschten hier um 1910 friedlichere Gesetze. Dieses wird schon an dem ganz anderen viktorianisch-bürgerlichen Baustil deutlich, der in der Innenstadt noch erhalten ist. Die Bewohner von Bisbee waren ein ganz anderer „Schlag Mensch". Kupferabbau war niemals Sache des „Kleinen Mannes", sondern bedurfte großen Kapitaleinsatzes. Damit fielen Streitereien um Claims schon einmal aus – obwohl die Besitzurkunden der ersten großen Claims durch verlorene Wetten häufiger den Eigentümer wechselten (größter Verlierer waren hier die Männer der ersten Stunde, Jack Dunn und George Warren). Grundsätzlich aber saßen die Drahtzieher der Geschicke in den Wirtschaftsmetropolen des Ostens, und selbst der Richter DeWitt Bisbee, einer der Anteilseigner der großen Minen und Namensgeber für den Ort, hat Bisbee niemals selbst gesehen. Während also in den schicken Holzvillen die Vorarbeiter und leitenden Angestellten der Minenfirmen wohnten, begnügten sich die Arbeiter mit den einfachen Holzbaracken und Wohncontainern. Ziel war es für alle, die hohen Löhne in den Minen abzukassieren, zumindest solange es die Gesundheit erlaubte.

Der Kupferabbau dauerte bis in die 1970er Jahre. Danach verließen nur wenige Menschen Bisbee. Besonders ältere Leute blieben hier, des angenehmen und milden Höhenklimas wegen.

Sehenswert sind das **Mining and Historical Museum** an der Queen Plaza *(tägl. 10–16h)* und als Höhepunkt eine Fahrt in die **Copper Queen Mine** (südlich der Innenstadt am AZ 80, *tägl.*

Blick auf die Innenstadt von Bisbee

9h30–15h30). Diese Mine wurde bereits 1944 geschlossen, war aber mit Tunneln von einer Gesamtlänge von über 240 km eine der größten der USA. Es gibt „Über"- sowie „Untertage-Touren". Letztere sind ohne Zweifel die Empfehlung. Da es unter Tage kalt wird, nehmen Sie sich unbedingt warme Sachen mit. *Reservierung: Tel. (520) 432-2071)*.

Besorgen Sie sich zudem eine Infokarte über einen Spaziergang durch die historischen Straßen von Bisbee im Visitor Center. Von vielen Punkten aus haben Sie eine schöne Aussicht auf Stadt und Minen.

Zurück zum I-10

Je nach Routenplanung fahren Sie am besten nun nach Tucson, und falls die Zeit es erlaubt, bietet sich hierzu an, vom I-10 bereits am Exit 279 abzufahren und über den Spanish Trail zum östlichen Teil des Saguaro National Parks zu gelangen.

Saguaro National Park East (ⓘ S. 173)

Der östliche Teil des Parks ist der ältere und auch größere. Da er etwas abseits liegt, ist er noch „unberührter". Die meisten Besucher fahren zum westlichen Parkteil. Beide Parks wurden zur Erhaltung der Saguaro-Kakteen (Armleuchterkakteen) angelegt, einer riesigen Kaktuspflanze, die fast 40 Jahre benötigt, um nur einen Meter zu wachsen. Frühestens nach 80 Jahren entspringt ein Seitenast, liebevoll „Arm" genannt. Arizona hat die Saguaro später zur Staatspflanze erklärt. Die ältesten dieser Pflanzen werden über 250 Jahre alt, und die richtigen Oldtimer unter ihnen erreichen eine Höhe von bis zu 15 Metern. Lange Zeit litten die Kakteen unter der Überweidung der Flächen, da die Rinder bereits die jungen Triebe umstießen und niedertrampelten. Daher wurden die schützenden Parks eingerichtet.

Armleuchter-Kakteen

Auf mehreren Trails kann man sich die Pflanzen erwandern. Besonders schön ist die Zeit der Blüte (Anfang Mai). Wenn Sie die Saguaro bewundern wollen, ohne lange im Park herumzufahren, können Sie dieses auch von außerhalb tun. Fahren

Sie einfach weiter entlang dem Spanish Trail, ohne in den Park abzubiegen. Für Erläuterungen, besonders zur Pflanzenwelt dieser Wüstenregion, ist es aber durchaus lohnend, einmal das kleine Museum des Visitor Center aufzusuchen und sich die kurze Diavorführung anzusehen.

Ganz in der Nähe befinden sich die **Colossal Caves**, eine Sandsteinhöhle, die Geschichte gemacht hat: Irgendwo hier, und noch nicht entdeckt, befindet sich die Beute einer Verbrecherbande aus dem 19. Jh. – Wert 60.000 $, damals eine immense Summe.

Hinweis

Für den Besuch beider Stätten benötigen Sie einen vollen Nachmittag.

Saguaro-Kakteen

Tucson (ⓘ S. 173)

Entfernungen

- *Tucson - Phoenix: 117 Meilen/188 km*
- *Tucson - El Paso: 327 Meilen/526 km*
- *Tucson - Grand Canyon: 336 Meilen/541 km*
- *Tucson - Gallup: 338 Meilen/544 km*

• Überblick

Tucson (sprich: Tuu-sonn) wird von den Einheimischen eher „Tucsonarizona" genannt, eine Tatsache, die darauf zurückzuführen ist, dass die Stadt vor noch 50 Jahren so klein war, dass viele sie gar nicht lokalisieren konnten. Von knapp 40.000 Einwohnern um 1940 wuchs die Stadt immer schneller und zählt heute im Großraum fast 1 Million Einwohner. Gerne bezeichnet sich Tucson als die „kleinste Großstadt der USA". Eine Reihe von Einrichtungen, wie z.B. ein eigenes Symphonieorchester, eine eigene Schauspieltruppe und andere kulturelle Attraktionen, gehören hier dazu. Andere größere amerikanische Städte bieten dieses noch nicht. Trotzdem hat „Tucsonarizona" seinen eher provinziellen Charakter beibehalten. Und besonders die spanisch-mexikanische Geschichte hat ihre Spuren hinterlassen, weniger die des amerikanischen Wilden Westens.

Spanisch-mexikanische Wurzeln

Früh siedelten bereits Hohokam-Indianer in diesem menschenfeindlichen Wüstental, doch kamen erst mit der Errichtung eines kleinen Militärpostens der spanischen Armee 1775 die ersten Kolonialisten hierher. Mit Ausnahme immer wiederkehrender Angriffe der Apachen tat sich aber nicht viel, und Tucson vegetierte im 19. Jh. vor sich hin. Man lebte in südländischer Gemütlichkeit mit Sombrero, Siesta und mexikanischer Küche. Mit der Unabhängigkeit Mexikos änderte sich auch daran nicht viel, und selbst als die USA sich durch den *Gadsden Purchase* 1854 Tuc-

Tucson – „die kleinste Großstadt der USA"

son und den Süden Arizonas einverleibten, blieb die Region Ziel von nur wenigen Siedlern. Dieses ist sicherlich ein Grund dafür, dass auch heute noch der spanisch-mexikanische Einfluss deutlich erhalten geblieben ist.

Während des Bürgerkriegs und auch danach begann dann etwas Leben einzukehren. Zuerst in Form einer typischen Wildwest-Stadt mit den Grenz- und Indianerkonflikten, die die kleine Armee-Einheit der USA kaum stoppen konnte. Trotzdem wurde Tucson von 1867 bis 1877 Hauptstadt des Arizonagebietes. Seit dem Bau der Eisenbahn nach Westen im Jahre 1880 blieben dann aber immer mehr „friedliebende" Siedler hier, während zur gleichen Zeit die Haudegen auf der Suche nach Gold und Silber abzogen in die Berge und in Richtung Tombstone. Nach dem Zweiten Weltkrieg begann in Tucson der Wohlstand einzukehren. Besonders die Elektro- und Feinmechanikindustrie siedelte sich an.

Bereits früh setzte der Tourismusboom ein, bedingt durch das milde Klima im Winter, aber auch durch den immer noch erträglichen Sommer (Phoenix ist im Schnitt 8 °C wärmer). Er hatte zur Folge, dass die Stadt versuchte, ihren Charakter und ihre Geschichte zu bewahren, noch bevor ungezügelter Bauboom historische Flecken ausradieren konnte. Touristisch besonders reizvoll ist vor allem die Umgebung von Tucson, im Norden die

Redaktions-Tipps

- Wenn Sie **möglichst viel an einem Tag sehen möchten**, machen Sie am besten eine Rundtour wie folgt: Früh los und entweder auf den Mt. Lemmon (S. 498) oder in den Sabino Canyon (S. 495), danach durch die City zu den Tucson Studios (S. 498) und zum Desert Museum (S. 499). Anschließend San Xavier Mission (S. 501) und entlang dem Zaun des Pima-Museums zurück zum Hotel.
- Keine Stadt der USA verfügt über so viele **Fahrradwege.** Wer also der Sonne standhalten kann und zudem über die nötige Kondition für die langen Wege verfügt, sollte sich am Hotel ein Rad mieten (fast alle größeren Hotels verleihen Räder).

Berge, mit dem 2.750 Meter hohen Mt. Lemmon als höchster Erhebung, im Osten und Westen die Saguarokakteen-Landschaft und weiter südwestlich die Sonora-Halbwüste. Wenn Sie überlegen, ob Sie nun in Phoenix oder Tucson einen Extra-tag einlegen sollen, ist Tucson mit Sicherheit die bessere Wahl. Und noch ein kleiner Tipp: Die **echte** mexikanische Küche ist hier am besten!

- **Sehenswertes**

- **Downtown Historic Districts (1)**

Wie fast alle amerikanischen Großstädte rühmt sich auch Tucson damit, einen historischen Stadtkern zu besitzen, und in vielerlei Broschüren werden histori-sche Stadtrundgänge gepriesen (vor einem Rundgang im Visitor Center besor-gen). Um aber ehrlich zu sein, gibt es gar nicht viel Interessantes zu sehen. Viele der „historischen" Gebäude stammen aus dem 20. Jh. und beherbergen heute Banken und Behörden.

Hier das Wesentliche in der Downtown: Ein kurzer Spaziergang durch die Down-town nördlich des Tucson Convention Center bietet o.g. Gebäude aus dem be-ginnenden 20. Jh. So das **Pima County Court House**, ein 1928 erbautes Ge-bäude, das verschiedene Architektureinflüsse der Vergangenheit widerspiegeln soll.

Der historische Stadtkern Gleich dahinter befindet sich der **El Presidio Park**, der Schauplatz vieler Festivi-täten ist und einige Skulpturen beherbergt. Gehen Sie anschließend östlich am Convention Center vorbei und passieren dabei die **St. Augustine Cathedral** in der Church Street, die 1896 erbaut wurde Deren imposante Fassade ist aber erst in den 20er Jahren hinzugefügt worden.

Südlich des Convention Centers erreichen Sie den **Barrio Historic District** mit vielen Adobe-Gebäuden aus dem 19. Jh., von denen das **Sosa-Carillo-Fré-mont House** *(141 S. Granada Ave., Mi.–Sa. 10–16h)*, das Haus eines ehemaligen Gouverneurs, zu besichtigen ist (auch alte Möbel). Viele der historischen Häuser in diesem Distrikt werden heute von kleinen Büros und Kanzleien genutzt bzw. dienen Yuppies als Wohnung.

Museumsfreunde können das **Museum of Art & Historic Block (2)** in der 140 N. Main St. besuchen, das sich vornehmlich mit spanisch-lateinamerikanischer Kunst beschäftigt. *Geöffnet: Mo.–Sa. 10–16h u. So. 12–16h.*

Jüngere Leute werden Gefallen finden an den Geschäften, Boutiquen und ausge-flippten Caféskneipen entlang der N. Fourth Ave. (und östl. davon in Richtung Universität).

- **Interessante Museen auf dem Universitätsgelände (3)**

- **Flandrau Science Center and Planetarium**: *Ecke Cherry Ave. u. Universi-ty Blvd.* Als „Hauptstadt der Astronomie" bietet Tucson beste Gelegenheiten für Liebhaber der Sternenkunde. *Öffnungszeiten: täglich 9–16h.* Das Flaundrau Muse-um zeigt verschiedenste Instrumente zur Sternenbeobachtung aus allen Zeiten.

Höhepunkt ist das Planetarium und das 40 cm-Teleskop, durch welches man bei klarer Sicht an angekündigten Abenden schauen darf. Infos: Tel. 621-STAR (Band).

Hinweis
Übrigens, 56 Meilen westwärts (Hwy. 86), am Kitt Peak (4), steht auf über 2.000 m Höhe ein noch imposanteres Observatorium, das die größte Anzahl von astronomischen Messinstrumenten der Welt beherbergt, einschließlich des weltgrößten Solar-Teleskopes, und in dessen Visitor Center Sie eine atemberaubende Panoramashow miterleben können.

• **Arizona State Museum:** *Ecke University Blvd. u. N. Park Ave.* Archäologische Ausstellung mit besonderem Bezug auf indianische Geschichte. *Öffnungszeiten: Mo.–Sa. 9–17h, So. 12–17h.*

Arizona Historical Society Museum: *Ecke 2nd St. u. Park Ave.* Wohl das beste Museum in Arizona zum Thema Geschichte. Indianische Kulturen und spanische Kolonialzeit werden besonders gut dargestellt, dazu natürlich auch Interessantes aus der Pionierzeit. Für spezielle Fragen steht die Bücherei zur Verfügung. *Öffnungszeiten: Mo.–Sa. 10–16h, So. 12–16h.*

Beherbergt das größte Solarteleskop der Welt: Kitt Peak National Observatory

- **Sehenswertes außerhalb des Stadtbereiches**

Nördlich der Stadt

Sabino Canyon (5): Sie erreichen diesen über den gleichnamigen Highway, den Sie fast bis zum Ende fahren müssen. Die Recreational Area liegt auf der rechten Seite, und auch der Trolleybus („Tram" genannt) fährt hier ab, nicht wie auf einigen Karten fälschlich eingezeichnet auf der gegenüberliegenden Straßenseite *(Abfahrtszeiten: stündlich 9–16h, im Sommer seltener)*. Es gibt zwei Trolleyrouten:
- eine Rundtour zum Sabino Canyon mit mehreren Stopps auf der Strecke *(Dauer: 45 Min.)*
- und eine Tour zum Basispunkt im Bear Canyon, von wo aus Sie auf einem Trail zu den „Seven Falls" laufen können. Der Trail ist etwa 3,8 Meilen lang (hin und zurück). Nehmen Sie unbedingt Wasser und eine Kopfbedeckung mit.

Grüner Canyon in der Wüste

Das Gebiet der Santa Catalina Mountains wurde bereits vor 15.000 Jahren von Menschen der Clovis-Kultur bewohnt, die hauptsächlich von der Jagd auf Bisons lebten. Das war zu einer Zeit, als im Gebiet der Sonorawüste noch Steppenklima herrschte. Später, mit Nachlassen des Regens, besiedelten Cochise und dann Hohokam das Areal am Fuße der Berge. Letztere waren schon in der Lage, mit

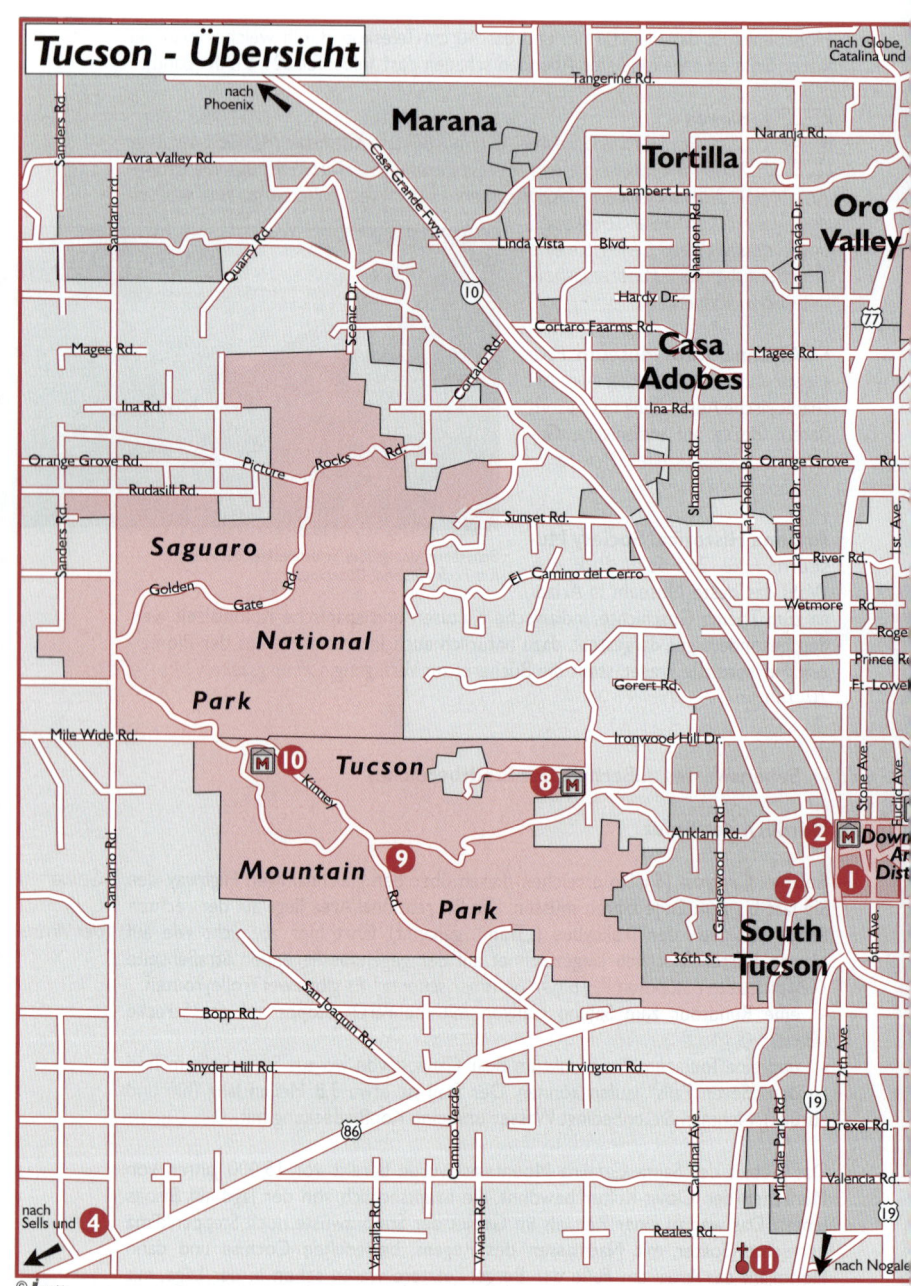

Tucson - Übersicht

nach Globe,
Catalina und

Tangerine Rd.

nach
Phoenix

Marana

Avra Valley Rd.

Naranja Rd.

Tortilla

**Oro
Valley**

Lambert Ln.

Linda Vista Blvd.

Magee Rd.

Hardy Dr.

**Casa
Adobes**

Cortaro Faarms Rd.

Magee Rd.

Ina Rd.

Ina Rd.

Orange Grove Rd.

Orange Grove Rd.

Rudasill Rd.

Saguaro

Sunset Rd.

El Camino del Cerro

Golden   Gate

River Rd.

National

Wetmore Rd.

Roge

Prince Rd.

Park

Gorert Rd.

Ft. Lowel

Mile Wide Rd.

Ironwood Hill Dr.

Tucson

Anklam Rd.

Down
Ar
Dist

Mountain

Park

**South
Tucson**

36th St.

Bopp Rd.

Snyder Hill Rd.

Irvington Rd.

Drexel Rd.

Valencia Rd.

nach
Sells und

Reales Rd.

nach Nogale

© graphic

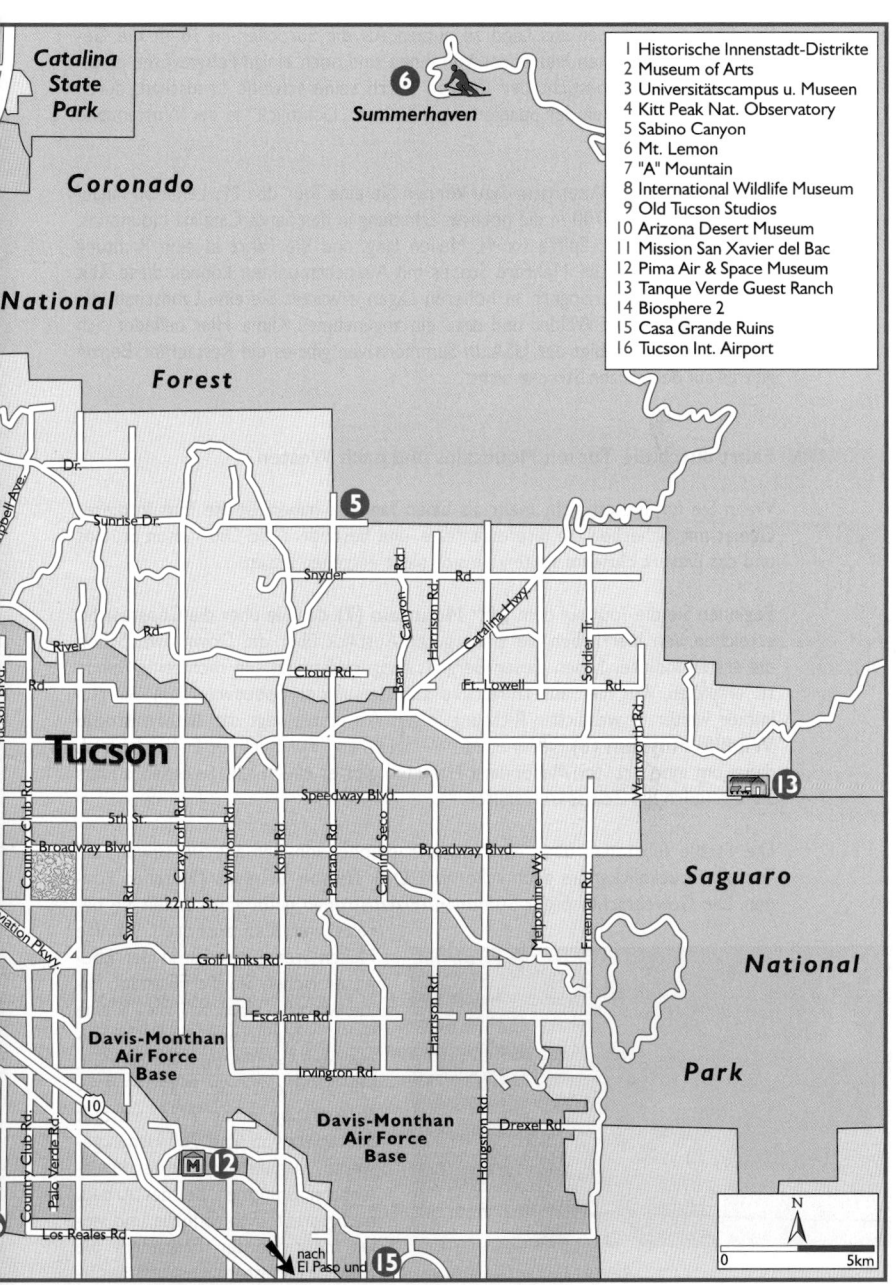

Catalina State Park

6 Summerhaven

Coronado

National

Forest

I	Historische Innenstadt-Distrikte
2	Museum of Arts
3	Universitätscampus u. Museen
4	Kitt Peak Nat. Observatory
5	Sabino Canyon
6	Mt. Lemon
7	"A" Mountain
8	International Wildlife Museum
9	Old Tucson Studios
10	Arizona Desert Museum
11	Mission San Xavier del Bac
12	Pima Air & Space Museum
13	Tanque Verde Guest Ranch
14	Biosphere 2
15	Casa Grande Ruins
16	Tucson Int. Airport

5

Dr.

Sunrise Dr.

Snyder Rd. Rd.

River Rd.

Cloud Rd.

Rd. Rd.

Bear Canyon Rd.

Harrison Rd.

Catalina Hwy.

Ft. Lowell Rd.

Soldier Tr.

Wentworth Rd.

Tucson

13

Speedway Blvd.

5th St.

Broadway Blvd.

22nd St.

Country Club Rd.

Craycroft Rd.

Wilmot Rd.

Kolb Rd.

Pantano Rd.

Camino Seco

Broadway Blvd.

Melpomine Wy.

Freeman Rd.

Saguaro

National

Swan Rd.

Golf Links Rd.

Escalante Rd.

Harrison Rd.

Park

Davis-Monthan Air Force Base

Irvington Rd.

10

Davis-Monthan Air Force Base

Drexel Rd.

Hougston Rd.

Country Club Rd.

Palo Verde Rd.

M **12**

Los Reales Rd.

nach El Paso und **15**

N

0   5km

Bewässerungssystemen das Land zu nutzen. Als die Europäer im 16. Jh. die Gegend erreichten, lebten hier Pimas. Von ihnen sind noch einige Felsgravuren erhalten. Grundsätzlich besticht der Canyon durch seine schroffe Landschaft, deren Grün schon zu Zeiten der Spanier einen kleinen „Lichtblick" in der Wüstenzone darstellte.

Mt. Lemmon (6): Alternativ dazu können Sie eine Tour den Mt. Lemmon hinauf machen, mit über 2.700 m die höchste Erhebung in den Santa Catalina Mountains.
Hoher Die Strecke bis zur Spitze ist 41 Meilen lang, und die Fahrt in eine Richtung
Gipfel dauert gut 75 Minuten. Mehrere Stopps mit Aussichtspunkten können diese Zeit aber beträchtlich verlängern. In höheren Lagen erwartet Sie eine Landschaft, die der Kanadas gleicht: Wälder und dazu ein angenehmes Klima. Hier befindet sich das südlichste Skigebiet der USA. In Summerhaven gibt es ein Restaurant. Benzin gibt es auf der ganzen Strecke nicht!

Fahrt durch die Tucson Mountains und nach Westen

Wenn Sie für Tucson nicht mehr als einen Tag Zeit haben, ist die Tour in dieses Gebiet mit Sicherheit die interessanteste, und besonders die Old Tucson Studios und das Desert Museum sollten Sie sich nicht entgehen lassen.

Beginnen Sie die Tour auf dem **„A" Mountain (7)**, den Sie über die Congress St. erreichen. Von hier haben Sie einen guten Ausblick über die Downtown. Schon
Aussichts- die ersten Indianer haben diesen Berg als Ausguck benutzt, um rechtzeitig Feinde
punkt zu erspähen. Von hier aus fahren Sie zurück auf den Speedway, dem Sie nun immer weiter in westlicher Richtung folgen. Als erstes liegt das **International Wildlife Museum (8)** *(geöffnet: tägl. 9–17h30)* zu Ihrer Rechten. Es handelt sich dabei um eine Art Zoo. Besondere Tierarten gibt es aber nicht zu sehen, sodass Sie eigentlich die Zeit sparen sollten.

Die Straße führt nun über eine kleine Passhöhe, von der aus Sie sowohl auf Tucson zurückblicken als auch schon die **Old Tucson Studios (9)** sehen können. Die Gewehrschüsse der Stuntmen (Platzpatronen natürlich) können Sie bereits von hier aushören. Wenige Meilen weiter, wieder in der Ebene, erreichen Sie die Filmstadt. Filme wie z.B. „Bonanza", die „Kleine Farm", „Tombstone" und „Geronimo" wurden hier zum Teil gedreht. Mittlerweile ist die 1939 errichtete Attrappe einer Wildweststadt Schauplatz von über 260 Filmen gewesen. Zugfahrten auf einer Miniaturbahn, Stuntmen bei der Arbeit, nachgestellte Schießduelle und vieles mehr werden besonders die Fans des Westernfilms und natür-

„Ride" in den Old Tucson Studios

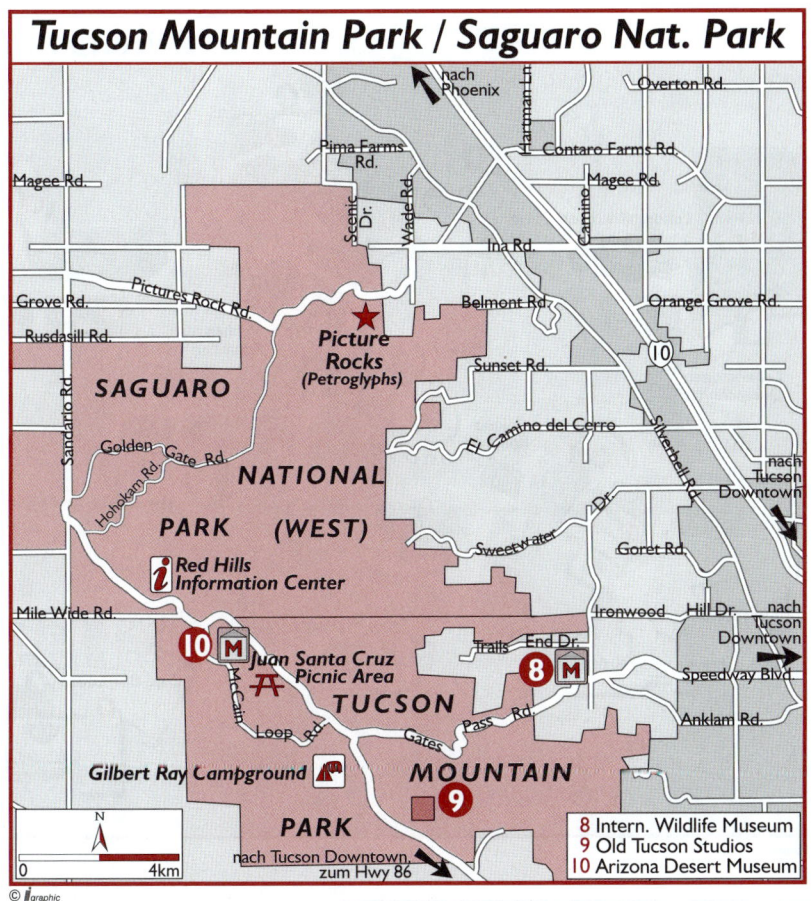

Tucson Mountain Park / Saguaro Nat. Park

nach Phoenix
Overton Rd.
Hartmann Ln.
Contaro Farms Rd.
Pima Farms Rd.
Magee Rd.
Camino
Magee Rd.
Scenic Dr.
Wade Rd.
Ina Rd.
Grove Rd.
Pictures Rock Rd.
Belmont Rd.
Orange Grove Rd.
Rusdasill Rd.
★ Picture Rocks (Petroglyphs)
Sunset Rd.
10
SAGUARO
Sandario Rd.
Golden Gate Rd.
Hohokam Rd.
El Camino del Cerro
Silverbell Rd.
nach Downtown
NATIONAL
PARK (WEST)
Sweetwater Dr.
Goret Rd.
ℹ Red Hills Information Center
Mile Wide Rd.
Ironwood
Hill Dr.
nach Tucson Downtown
10 M
Juan Santa Cruz Picnic Area
McCain
Trails End Dr.
8 M
Speedway Blvd
TUCSON
Gates Pass Rd.
Loop Rd.
Anklam Rd.
Gilbert Ray Campground
MOUNTAIN
9
PARK
nach Tucson Downtown, zum Hwy 86
N
0   4km
© graphic

8	Intern. Wildlife Museum
9	Old Tucson Studios
10	Arizona Desert Museum

lich die Kinder faszinieren. 1995 brannte die Anlage nahezu komplett ab, wurde aber wieder aufgebaut. Die Old Tucson Studios sind *täglich von 10–18h geöffnet.*

3 Meilen weiter kommen Sie schließlich zum **Arizona-Sonora-Desert-Museum (10)**. Für dieses Museum, ausgezeichnet als eines der besten der Welt auf dem Sektor Naturgeschichte, sollten Sie sich **mindestens** 2 Stunden Zeit nehmen. An verschiedenen Stationen wird die erdgeschichtliche Entwicklung des Südwestens der USA und auch Mexikos dargestellt. Besonders aufschlussreich ist der Besuch der Tropfsteinhöhle. Hier wird der Werdegang der Region während der letzten eine Milliarde Jahre dargestellt und erläutert. Außerdem ist eine Höhlenwohnung der Hohokam-Indianer nachgestellt. Pflanzenliebhabern werden auf dem gesamten Gelände alle Vegetationsarten auf gut verständliche Weise

Naturkundemuseum

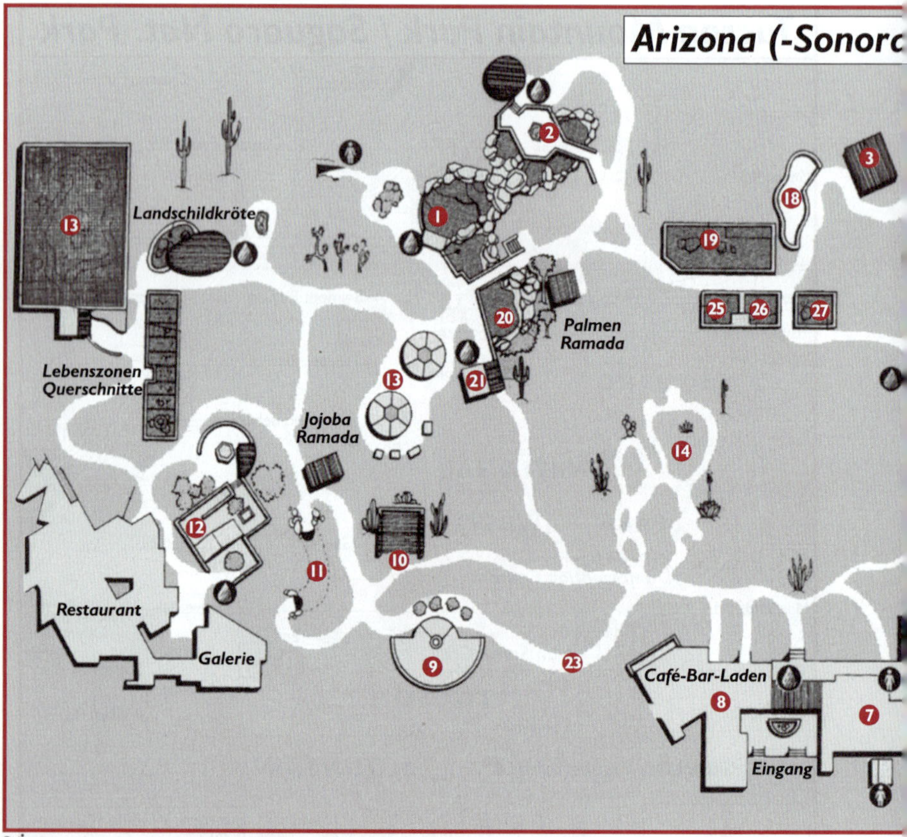

Arizona (-Sonora

Landschildkröte

13

Lebenszonen
Querschnitte

Jojoba
Ramada

13

21

20

Palmen
Ramada

1

2

3

18

19

25 26 27

14

12

11

10

9

23

Restaurant

Galerie

Café-Bar-Laden

8

7

Eingang

© graphic

Im Garten des Arizona-Sonora Desert Museum

vorgeführt, und Liebhabern der Tierwelt bietet sich in mehreren Biotopkäfigen die Gelegenheit, größere und kleinere Wirbeltiere der Sonorawüste zu beobachten. Am Eingang gibt es zudem noch ein Amphibien- und Fischmuseum.

Obwohl auf dem gesamten Gelände Getränkeautomaten aufgestellt sind, sollte man einen kleinen Getränkevorrat und eine Kopfbedeckung bei sich haben, da die Sonne auf dem weitestgehend offenen

Desert Museum

King Canyon Center

Geologie Ramada

1 **Flussuferhabitat und Dickhornschafe**
Die Ufer der Flüsse in der Sonora-Wüste waren einst Heimat von Bibern und Fischottern. Diese Ausstellung erlaubt Ihnen einen Blick in das Verhalten dieser Tiere von oben und durch ein Unterwasserfenster.

2 **Kleine Raubkatzen**
Versuchen Sie, in diesem zum Versteckspiel idealen Naturgehege einen Margay, Ozelot, Jaguarundi oder einen Rotluchs zu entdecken!

3 **Das Wüstengrasland Ramada**
Grasländer liegen zwischen der Wüste unten und den Waldgebieten oben. Sowohl die Tier- wie auch die Pflanzenwelt haben sich an ausgedehnte, weit offene Gebiete angepasst.
In dieser Ausstellung lernen Sie über 25 verschiedene Sorten von Gräsern kennen.

4 **Das Berghabitat**
Die "Berginseln" unseres Gebiets erwachsen steil aus dem Wüstenboden. Sie vermitteln einen Blick in verschiedene Lebenszonen, bevor sie in Nadelwäldern ihren Abschluss finden. Das Berghabitat zeigt Ihnen das von Eichen und Fichten bestandene Waldgebiet, das auf 1200-2150m Höhe existiert.

5 **Höhle und erdgeschichtliche Ausstellung**
Betreten Sie eine Welt der Tiefe; eine Tropfsteinhöhle. In der Halle der Erdgeschichte erforschen Sie den 4,6 Milliarden Jahre langen Werdegang unseres Planeten. Auch eine Sammlung der schönsten und reichhaltigsten Mineralienfunde dieser Gegend ist hier ausgestellt.

6 **Erdwissenschaftlicher Ausblick**
Das weite Avra-Tal, das sich vor Ihnen erstreckt, umfasst die klassischen geologischen Formationen "Becken und Bergkette" der Sonora-Wüste.

7 **Wirbellose Tiere und Reptilien**
Hier finden Sie eine Vielfalt von Lebewesen, angefangen mit Hundertfüßlern, Skorpionen, Tarantulaspinnen, der giftigen Gila-Echse und zahlreichen Eidechsen- und Schlangenarten, bis zu den vom Aussterben bedrohten Chuckwalla-Echsen. Sie alle sind in der Sonora-Wüste zu Hause. Sie erfahren Wissenswertes über den mannigfaltigen Reichtum der Sonora-Wüste.

8 **Fische und Amphibien**

9 **Die Kolibris der Sonora-Wüste**
Im südöstlichen Arizona gibt es mehr Kolibriarten als in irgendeinem anderen Gebiet der Vereinigten Staaten. Im begehbaren Kolibrigehege des Museums befinden sich viele Vertreter dieser Arten.

10 **Konvergierende Evolution**
Pflanzenarten aus völlig verschiedenen Familien und tausenden Kilometer voneinander entfernt haben sehr ähnliche Überlebensmechanismen entwickelt. Können sie sie unterscheiden?

11 **Das Leben in der Tiefe**
Bitte ganz leise sein! Beobachten Sie die bei Nacht aktiven Wüstenbewohner, von Antropoden bis zu Säugetieren bei ihrem Tagesschläfchen.

12 **Ein Garten in der Wüste**
Aufschlussreiches über reizvolle Gärten mit minimalem Wasserverbrauch.

13 **Vogelgehege**
Mehr als 300 Vogelarten beleben die Sonora-Wüste. Lernen Sie in den kleineren Ausstellungen und dem großen, begehbaren Gehege aus nächster Nähe kennen!

14 **Kakteengarten**
Über 140 verschiedene Kakteenarten und andere Pflanzen der Sonora-Wüste werden in dieser gartenbauähnlichen Anlage kultiviert.

15 Beobachtungsfenster, 16 Puma, 17 Mexikanischer Wolf, 18 Präriehunde, 19 Wildschwein, 20 Flussotter,

21 Saguaro-Ausstellung, 22 Schwarzbär, 23 Empfohlener Ausgang mit Rollstuhl, 24 Orientierung/Erste Hilfe,

25 Kojote, 26 Präriefuchs, 27 Nasenbär, 28 Weißschwanzreh

© igraphic

Gelände sehr lästig werden kann. *Öffnungszeiten: täglich 8h30–17h (Sommer 7h30–18h).*

Südlich der Stadt

Etwa 6 Meilen südlich der Stadt liegt die **Mission San Xavier del Bac (11)**. Erbaut 1795 von den Spaniern, ist die „Weiße Taube der Wüste" heute eines der meistfotografierten Objekte Arizonas. Im Vergleich zu den Missionen bei El Paso ist San Xavier um einiges aufwändiger angelegt, und es stellt sich einem schon die Frage, warum zu dieser Zeit die katholische Kirche gerade in diese verlassene Gegend so viel teuren Prunk hinsetzen musste. Zumindest bot die Kirche ausrei-

„Weiße Taube der Wüste" chenden Schutz vor angreifenden Indianern. *Das kleine Museum ist nur an Wochenenden geöffnet (8–17h), doch kann man die Kirche täglich von 9–18h anschauen.*

Der nächste Punkt auf Ihrer Rundtour (nun aber wirklich nicht mehr an einem Tag zu schaffen) bringt Sie in eine ganz andere Welt. Nicht die der mit Pfeil und Bogen bewaffneten Indianer, sondern die des modernen Industriestaates mit seiner Angst vor weit

Mission San Xavier

entfernten Angreifern und mit seiner Kultur einer Wegwerfgesellschaft: Tucson ist der Flugzeugfriedhof der Nation. Auf mehreren Flächen auf und um die Davis Mountain Air Base herum stehen an die 5.000 (!) ausrangierte Militärflugzeuge, die nicht darauf warten, einmal wieder benutzt zu werden, sondern die nur noch als Ersatzteillager dienen ... oder sind sie vielleicht ein ungewolltes Mahnmal gegen den Wahnsinn eines Krieges? Fahren Sie einfach einmal auf mehreren Straßen um das Gebiet herum, man kann diese Flugzeuge ja kaum übersehen. Ebenfalls interessant, wenn auch zu einem großen Teil auf Militärflugzeuge spezialisiert, ist das **Pima Air & Space Museum** an der Valencia Road, wo 250 Flugzeuge aller Jahrgänge ausgestellt werden. Besonders eindrucksvoll ist die Präsidentenmaschine von John F. Kennedy, der „Blackbird", das mit über 2.000 Stundenmeilen schnellste je gebaute Flugzeug der Welt sowie die Nachbauten der Flugzeuge der Gebrüder Wright. *Öffnungszeiten: täglich 9–17h.*

Tanque Verde Guest Ranch (13)

Zugegeben wird den meisten von Ihnen sicherlich der Atem stocken, wenn Sie den Preis eines Aufenthaltes auf dieser Ranch erfahren. Wer also kein Interesse an Pferden hat oder nur nach Tucson gekommen ist, um die Touristenattraktionen abzuklappern und danach schnell weiterzukommen, braucht gar keinen Gedanken an diese Ranch zu verschwenden.

Doch nun zu denjenigen, die einmal die Natur erleben möchten, die bereit sind, früh aufzustehen, um vor dem Frühstück einen Ausritt zu machen – eventuell dabei die Lust verspüren, den Kaffee am Lagerfeuer aus einem Blechnapf zu „genießen" und die vor allem Sinn für Gemeinschaft und das Kennenlernen von Menschen aus aller Welt haben: Wer wirklich einmal etwas Anderes machen möchte, ohne dabei auf den nötigen Komfort und das gute Essen zu verzichten, der ist hier richtig untergebracht.

Tanque Verde, was so viel heißt wie „grüner Pool", ist eine der ersten großen Ranchen der Gegend gewesen. 1957 entschied sich die heutige Besitzerfamilie dazu, eine Dude-Ranch daraus zu machen. Mit 60 Bungalow-Zimmern, 240 Pferden, Schwimmbad, Fitnessraum und dem richtigen Riecher für das Wohlergehen der Gäste wird einem alles geboten. Doch was vor allem Spaß macht, ist die Gemeinsamkeit mit den verschiedenen Gästen. Schnell kennt man einen großen *Bekannte* Teil von ihnen beim Vornamen, tauscht Erfahrungen über die letzten Reitstunden *Gäste-* aus, sitzt bei untergehender Sonne auf der Veranda und hält ein Pläuschchen. *Ranch* Neben Reiten (Anfänger und Fortgeschrittene) unter Anleitung eines Wranglers (dem Reitlehrer – nicht nur seiner Jeans) kann man geführte Wanderungen unternehmen, auf dem Gelände angeln gehen, Tennis spielen oder sich einfach am Pool ausstrecken. Leseratten finden ein kleine Bibliothek vor, und wer noch kein Souvenir für zu Hause hat, kann dieses vielleicht schon in dem kleinen Giftshop finden. Täglich werden außerdem Programme angeboten, wie z.B. Vogelbeobachtung, Grillen im Freien, Diavorträge oder auch mal eine Unterrichtsstunde im Westerndance. Das Angenehme ist dabei vor allem, dass man sich nicht zu einer Aktivität gezwungen fühlen muss. Man macht halt, was einem Spaß macht. Im Preis ist zumindest **alles** enthalten, inklusive eines Mittagsbuffets und einem 4-Gänge-Abendessen (nur alkoholische Getränke gehen natürlich extra).

Im Nordwesten von Tucson und weiter in Richtung Phoenix

Falls die Zeit es erlaubt, sollten Sie nun über die Oracle Rd. (Hwy. 7) nach Norden aus Tucson herausfahren. Nach etwa einer Stunde, kurz hinter der Oracle Junction – fahren Sie von hier aus nach rechts in Richtung Globe –, kommen Sie zum Projekt „Biosphere 2".

• Biosphere 2 (14)
Öffnungszeiten: tägl. 8h30–18h.

Hier, inmitten einer wüstenähnlichen Landschaft, findet sich eines

„Künstliche Natur": Biosphere 2

der wohl umstrittensten naturwissenschaftlichen Projekte überhaupt. Für über 150 Mio. Dollar haben sich 5 Naturkundler in den 80er Jahren einen Traum erfüllt, der noch lange Zeit diskutiert werden wird und nicht wenige Kritiker auf den Plan gerufen hat:

Ein riesiges künstliches Biotop unter einer Glasfläche, das größer ist als ein Passagierdampfer. In dieses Mammutbiotop, in das der Besucher von außen hineinschauen kann, wurden zum ersten Mal 1991 8 Biosphäriker „eingesetzt", die

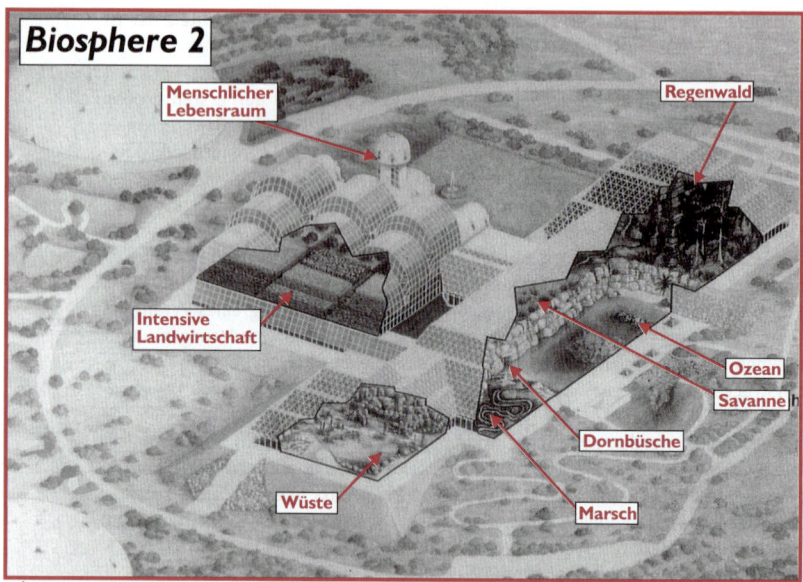

Biosphere 2

- Menschlicher Lebensraum
- Regenwald
- Intensive Landwirtschaft
- Ozean
- Savanne
- Dornbüsche
- Wüste
- Marsch

© *i*graphic

für zwei Jahre dort eingeschlossen wurden und unter möglichst naturnahen Bedingungen überleben sollten. D.h. sie haben ihre eigene Nahrung gezüchtet und geerntet, aber auch, und das ist paradoxerweise das „Neue" an diesem Projekt, unter modernen Gesichtspunkten in einem Wohnblock gewohnt und gekocht. Der Leitsatz des modernen Ökologen lautet hier „Zurück zur Natur, ohne auf die Errungenschaften der Menschheit zu verzichten".

Es gibt unter der Glaskuppel fünf Biotope (Biome): Ozean, Wüste, einen tropischen Regenwald, eine Meeruferzone, für die ein riesiges Becken erbaut wurde, und eine Dornstrauchsavanne, ähnlich der Klimazone nördlich von Tucson. Die erste Biosphärikertruppe wurde im September 1993 wieder in die Freiheit entlassen, und die nächste startete ihren Aufenthalt 1994 und auch in den Folgejahren gab es weitere Aufenthalte in der zweiten Biosphäre (als die erste Biosphäre gilt die Erde selbst). Von den Auswertungen erhofften sich die o.g. Fünfergruppe und ein Stab von über 200 Wissenschaftlern neue Erkenntnisse für die ökologische Weiterentwicklung der Erde und auch für zukünftige Weltallprojekte. Das Vorhaben war aber bei weitem nicht so erfolgreich, wie geplant und Kritikerstimmen bemängelten u.a. den hohen Energiebedarf des Projektes: alleine für Strom werden 1,6 Mio. $ pro Jahr ausgegeben.

Riesige ,Gewächshäuser'

Mittlerweile kann sich das Glashausprojekt nur Dank der Beteiligung von Universitäten halten (u.a. der „Australian National University"), die Lehrkörper und Projekte zahlen und deren Studenten hier kostenlos forschen. Eines der wichtigsten Forschungsziele ist z.Zt. das Messen der Auswirkungen verschiedener CO_2-

Konzentrationen auf Pflanzen. Auf der Rundtour bekommen Sie auch die Labors zu sehen und an manchen Abenden (Termine erfragen) gibt es auch „Star-gazing-programs", denn eine der neuesten Errungenschaften ist ein Sternenteleskop. Der Besucher wird mit einem Kopf voller Fragen, Zweifeln und Ungereimtheiten entlassen, die ihn noch lange beschäftigen. Für kurze Zeit hat man aber mal wieder miterlebt, dass der Mensch es nicht lassen kann, sich die Natur untertan zu machen.

Hinweis
Auf dem Gelände gibt es ein Restaurant, Giftshops und ein Hotel, für das man unbedingt vorbuchen sollte: Biosphere 2, Highway 77, P.O. Box 689, Oracle, AZ 85623, Tel.: (520) 825-1289 od. 825-6200.

Fahren Sie nun zurück zur Oracle Junction, und biegen Sie in nördliche Richtung nach Florence ab (Hwy. 89). In Florence noch mal nach links (Hwy. 87) zu den Casa Grande-Ruins, bereits 50 Meilen südöstlich vor Phoenix..

• Casa Grande Ruins (15)
Öffnungszeiten: 8–17h.

Diese Ruinen stammen etwa aus der Zeit um 1350 und wurden von Hohokam-Indianern geschaffen, die schon früh begannen, Südarizona zu besiedeln, und die für ihre architektonischen Meisterleistungen bekannt sind. Hauptattraktion ist das Casa Grande („großes Haus") selbst, welches bereits von weitem sichtbar ist aufgrund eines großen Daches, welches als Wetterschutz angelegt wurde.

Casa Grande Ruins: das „Große Haus"

Um dieses Haus, welches höchstwahrscheinlich als Zeremonienstätte und vielleicht auch als Observatorium gedient hatte (offene Fenster auf dem Dach), wurde damals das Dorf angelegt. Grundmauern davon stehen heute noch. Die Hohokams haben hier nur 100 Jahre gelebt, in dieser Zeit aber ein Bewässerungssystem von 90 Meilen Länge angelegt, mit dem sie ihre Mais-, Bohnen- und Baumwollfelder bewässert haben.

Auch heute noch wird Baumwolle in der Region angebaut, doch ist die bewässerte Fläche erheblich kleiner als vor 600 Jahren. Ein kleines Museum am Eingang gibt Aufschluss über Siedlungsweise und Kultur der Hohokams.

20. Phoenix und das Valley of the Sun

(ⓘ S. 173)

Entfernungen
- *Phoenix - El Paso: 401 Meilen/643 km*
- *Phoenix - Grand Canyon NP (South Rim): 219 Meilen/352 km*
- *Phoenix - Tucson: 117 Meilen/ 188 km*
- *Phoenix - Albuquerque (über Socorro): 455 Meilen/732 km*

© i graphic

Überblick

Arizonas Hauptstadt

Phoenix und das Valley of the Sun ist mit über 2,5 Millionen Einwohnern das bedeutendste städtische Zentrum des Südwestens und die siebtgrößte Stadt-Agglomeration der USA. Das großflächig angelegte, durch das Zusammenwachsen verschiedener Städte entstandene Stadtgebiet wirkt auf den Neuankömmling unüberschaubar. Die über das gesamte Stadtgebiet verteilten Hügel, die zunächst zusätzlich verwirren, bieten nach einer Weile jedoch eine gute Orientierungshilfe.

Gleich vorweg zum Thema Klima: Während des Sommers gibt es kaum einen Tag mit Temperaturen unter 40 °C, und das auch noch bei unbewegter Luft und häufiger Smogtendenz! Alleine diese Tatsache sollte Ihnen schon die Überlegung wert sein, ob Sie länger als einen Tag in Phoenix aushalten möchten. Es gibt natürlich das eine oder andere zu sehen, und Phoenix gilt als **Kulturmetropole** Arizonas, doch hat diese Stadt nicht den Charme von Tucson und bietet auch keine bunten Abwechslungen wie Las Vegas bzw. keine kulturellen Ereignisse wie Houston oder San Antonio. Es ist einfach eine Stadt in der Wüste, die nur diejenigen richtig genießen werden, die es sich leisten können, sich in einem der teuren und immens komfortablen Resorts einzuquartieren oder die Ausflüge in die umliegenden Berge unternehmen möchten. Phoenix muss man wirklich lieben, um damit leben zu können! Und die Liebenden sind eher Menschen von der Küste, die hier in den Wintermonaten die immer noch warmen Temperaturen genießen.

Was trieb eigentlich die Menschen hierher in die Wüste? Das Wasser natürlich! Die Hohokam-Indianer siedelten hier bereits um 300 v. Chr. und legten

Recht unscheinbares Regierungsgebäude: Arizona State Capitol

damals schon ein Kanalbewässerungssystem am Salt River an, das sie und die ihnen nachfolgenden Pima-Indianer immer weiter entwickelten. 1450 verließen die Indianer das Tal wahrscheinlich aus klimatischen Gründen. Ihr Kanalsystem wurde um 1860 von den ersten weißen Pionieren wiederentdeckt und machte diese auf die Gegend aufmerksam. 1867 entschloss sich der ehemalige Soldat Jack Swilling mit 400 $ und einer Handvoll Männern, das Bewässerungssystem zu reaktivieren. Sein Erfolg lockte weitere Siedler an, unter ihnen ein Haudegen namens *Darrel Duppa*, der die historische Weissagung machte, dass aus den Ruinen der Hohokam ein „Phönix aus der Asche" entspringen werde.

1870 wurde die Stadt offiziell gegründet und das Land verteilt. Keine 20 Jahre später war Phoenix das Geschäfts- und Verwaltungszentrum von Arizona und lief Prescott den Rang als Hauptstadt ab. Der Bau des Roosevelt-Staudamms im Nordosten sicherte schließlich den Wasserhaushalt für die Entwicklung einer richtigen Großstadt. Der 2. Weltkrieg brachte Rüstungsaufträge für die Industrie, besonders für den Sektor Flugzeugbau. Seit Beginn der 1980er Jahre boomt vor allem die Computerindustrie, allem voran die Entwicklung der Mikrochips. Die wirklich großen Firmen dieser Branche haben sich letztendlich aber doch in anderen Metropolen niedergelassen.

Das Stadtgebiet von Sun City, nordwestlich von Phoenix, hat sich zur Rentnerstadt entwickelt. Aus dem Erlös der Lebensversicherungen haben die Rentner sich hier Häuser oder Wohnungen gekauft und genießen im Winter die warmen Temperaturen.

Redaktions-Tipps

- **Übernachtungstipps:** der feudale Luxustempel "The Phoenician", die gemütlichen, für Ferien wunderbar geeigneten Resorts "The Buttes" (gutes Preis-Leistungs-Verhältnis) und "The Boulders" (Luxus, Aktivitäten). Preisgünstigere Hotelalternative wäre eine Bed & Breakfast-Unterkunft.

- **Essen:** Klassische Südwester Küche des gehobenen Standards bekommen Sie im "Vincent Guerthalt" geboten. Etwas bodenständiger geht es zu in der "Arizona Kitchen", die leider etwas außerhalb liegt (der Weg lohnt sich aber).

- **Die bedeutendsten Sehenswürdigkeiten:** Das "Heard Museum" (S. 510) zum Thema Indianergeschichte. Ansonsten eigentlich nur die einzigartigen luxuriösen Hotelresorts. Alles andere können sie auch woanders sehen und erleben.

- Möchten Sie sich **nicht dem Luxus der Hotelresorts hingeben, halten Sie sich besser nicht unnötig lange in Phoenix auf.**

- **Naturliebhaber und Hobbybotaniker** sollten den Umweg zum Organ Pipe Cactus NM (S. 514) nicht scheuen. Sie werden auf ihre Kosten kommen. Das Übernachtungsangebot ist dort aber recht spärlich, es sei denn, Sie lieben das Campieren.

- **Reiten:** Phoenix verfügt über unzählige Reitställe. Wer Lust hat, sollte sich in seinem Hotel oder im Touristenbüro nach dem nächstgelegenen Reitstall erkundigen. Die Pferde sind in der Regel erstklassig.

- **Der spezielle Tipp:** Das Resort "The Phoenician", 6000 Camelback Rd, Scottsdale, ist zwar (fast) unbezahlbar, doch lohnt sich ein Besuch auf der Terrasse über dem Swimmingpool allemal wegen der Aussicht über die Stadt und der allgemeinen Eleganz des Hotels. Eine besonders gute Zeit dafür wäre abends zum Einnehmen eines Digestivs (im Hintergrund wird dazu Klaviermusik geboten).

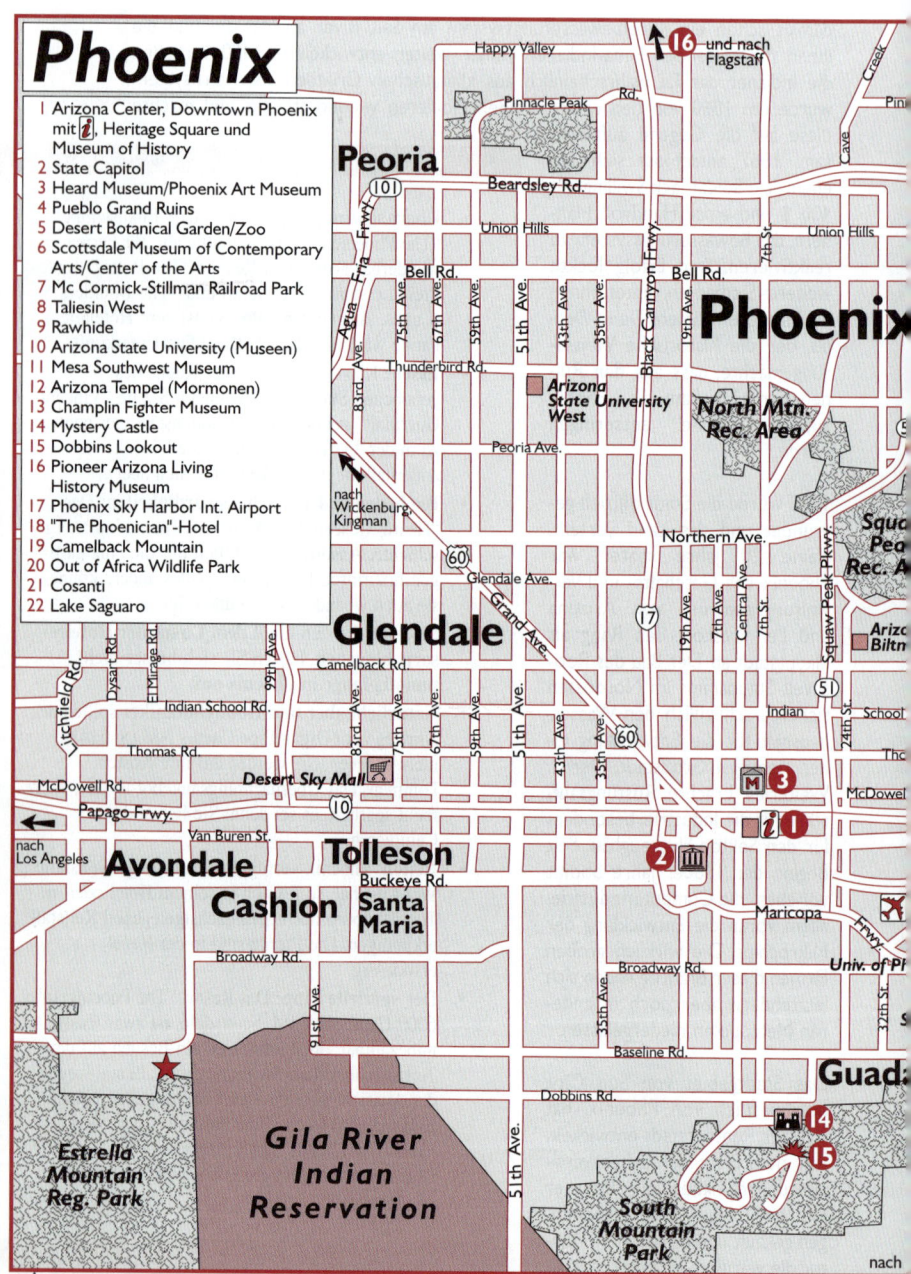

Phoenix

1 Arizona Center, Downtown Phoenix mit *i*, Heritage Square und Museum of History
2 State Capitol
3 Heard Museum/Phoenix Art Museum
4 Pueblo Grand Ruins
5 Desert Botanical Garden/Zoo
6 Scottsdale Museum of Contemporary Arts/Center of the Arts
7 Mc Cormick-Stillman Railroad Park
8 Taliesin West
9 Rawhide
10 Arizona State University (Museen)
11 Mesa Southwest Museum
12 Arizona Tempel (Mormonen)
13 Champlin Fighter Museum
14 Mystery Castle
15 Dobbins Lookout
16 Pioneer Arizona Living History Museum
17 Phoenix Sky Harbor Int. Airport
18 "The Phoenician"-Hotel
19 Camelback Mountain
20 Out of Africa Wildlife Park
21 Cosanti
22 Lake Saguaro

16 und nach Flagstaff

Happy Valley
Pinnacle Peak
Pinnacle Peak Rd.
Cave Creek

Peoria
Beardsley Rd.
Union Hills
Union Hills
101
Bell Rd.
Bell Rd.
83rd Ave.
75th Ave.
67th Ave.
59th Ave.
51th Ave.
43rd Ave.
35th Ave.
19th Ave.
7th Ave.
Black Canyon Frwy.
7th St.

Phoenix

Thunderbird Rd.
Arizona State University West
Peoria Ave.
North Mtn. Rec. Area

Northern Ave.
Squaw Pea Rec. A
Agua Fria Frwy.
nach Wickenburg, Kingman
60
Glendale Ave.
Grand Ave.
Squaw Peak Pkwy.
17
19th Ave.
7th Ave.
Central Ave.
7th St.
Arizona Biltm

Glendale
Camelback Rd.
99th Ave.
83rd Ave.
75th Ave.
67th Ave.
59th Ave.
51th Ave.
43rd Ave.
35th Ave.
60
Indian
51
School
Litchfield Rd.
Dysart Rd.
El Mirage Rd.
Indian School Rd.
Thomas Rd.
24th St.
Th

McDowell Rd.
Desert Sky Mall
10
M 3
McDowel
Papago Frwy.
i 1
Van Buren St.
nach Los Angeles
Avondale   **Tolleson**   2 🏛
Buckeye Rd.
Maricopa
Cashion   **Santa Maria**
Broadway Rd.
Univ. of Ph
Broadway Rd.
91st Ave.
35th Ave.
32th S
Baseline Rd.
Guad
Dobbins Rd.
14
15
Estrella Mountain Reg. Park
Gila River Indian Reservation
5th Ave.
South Mountain Park
nach

© *i*graphic

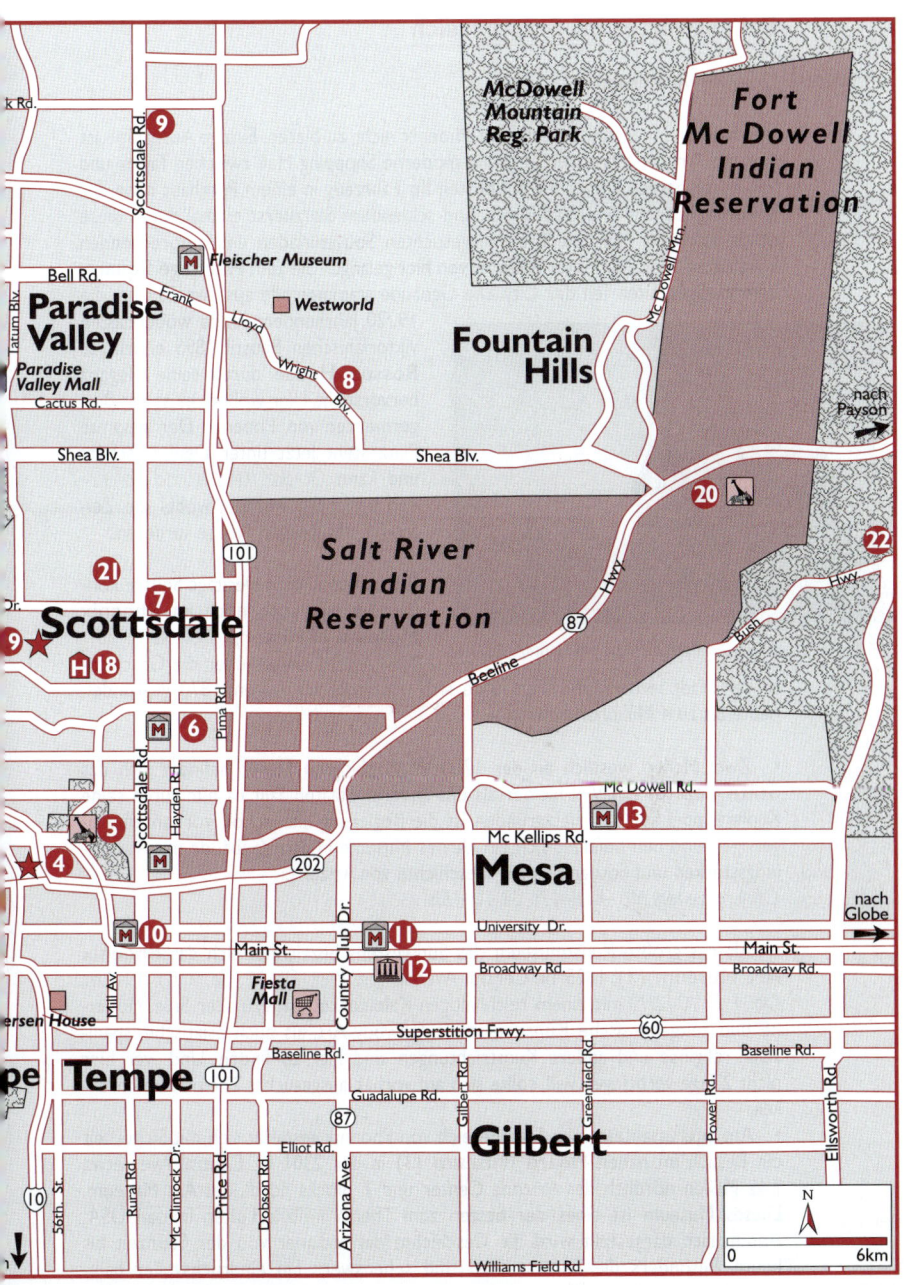

Sehenswertes im Stadtbereich

Downtown Phoenix

Viel hat der Innenstadtbereich von Phoenix nicht zu bieten. Einzige Ausnahme ist hier das **Arizona Center (1)**, eine moderne Shopping Mall zwischen Taylor und Van Buren Street. Lassen Sie am besten Ihr Fahrzeug in einem Parkhaus nahe der Kreuzung Central Ave./Van Buren, und schlendern Sie zuerst einmal durch diese etwas exklusive Mall mit ihren ausgesuchten Souvenirläden und ansprechenden Lokalitäten. Nur 200 Meter entfernt von hier gelangen Sie zum **Heritage Square**, dem einzigen alten Teil der City. Die Gebäude stammen alle aus der Zeit um die

Rosson House am Heritage Square

19./20. Jahrhundertwende, wobei das im viktorianischen Baustil 1895 errichtete **Rosson House** durch seine Eleganz hervorsticht. Hier wohnte einst der Bürgermeister von Phoenix. Der gesamte Platz steht jetzt unter Denkmalschutz und kann *Di.–Sa. 10–16h und So. 12–16h* besichtigt werden, wobei die Zeiten für das Rosson House variieren.

Gleich neben dem Heritage Square können Sie nun auch noch im **Phoenix Museum of History** (*Mo.–Sa. 10–17h, So. 12–17h*) einiges über die Geschichte der Stadt lernen. Und man führe sich nochmals vor Augen: 1870 gegründet, heute bis zu 4 Millionen Einwohner!

Capitol und Museen

• Zwei Meilen westlich an der 1700 W. Washington Street befindet sich das **State Capitol (2)**. Viel kleiner als das anderer Staaten, fällt es nur durch seine Kupferkuppel auf. Aus Platzgründen ist die Regierung hier schon vor Jahren ausgezogen, und nun befindet sich ein kleines Museum in dem Gebäude mit Ausstellungsstücken und Fotografien zur Geschichte von Arizona. *Öffnungszeiten: Mo.–Fr. 8–17h, Sa. 10–15h.*

• Als das größte Kunstmuseum des Südwestens bezeichnet sich das **Phoenix Art Museum (3)**, 1625 N. Central Avenue (*geöffnet: Di., Mi., Sa. + So. 10–17h, Do. + Fr. 10–21h*) mit einem reichhaltigen Kaleidoskop nahezu aller Stile. Moderne und zeitgenössische Künstler, sowie Cowboy-Art, als auch asiatische, spanische, religiöse und andere Kunstrichtungen sind hier zu finden. Und wer hier nicht 2 Tage verbringen will, sollte sich auf vorher ausgesuchte Themen beschränken.

• Am interessantesten im Stadtbereich von Phoenix gestaltet sich mit Sicherheit ein Besuch im nahen **Heard Museum (3)** in der 2301 N. Central Ave., etwa 2 ½ Meilen nördlich des Arizona Center und 7 Blocks nördl. des Art Museum. Dieses Museum ist eines der besten zum Thema Indianerkultur in den USA. Anschaulich dargestellt wird die Geschichte der Indianer von der Steinzeit bis heute. Besonders die Textilarbeiten sind sehenswert. Ein eindrucksvoller halb-

stündiger Videofilm („Our Voices, Our Land") erzählt vom heutigen Leben in den Indianerreservaten. Dabei ist sehr aufschlußreich erläutert, wie auch heute noch die Natur und die alten Kulturen das einfache Leben in den Reservaten bestimmen. Lassen Sie sich für dieses Museum ruhig zwei Stunden Zeit, dann werden Sie auf Ihrer weiteren Reise durch das Indianerland einiges besser verstehen können.
Öffnungszeiten: tägl. 9h30–17h.

Wissenswertes über die Indianerkulturen: im Heard Museum

• Wer sich mit Kindern (ab 7 Jahre) im inneren Stadtbereich von Phoenix aufhält, der sollte diese mit einem Besuch im **Arizona Science Center** in der 600 E. Washington Street belohnen, die durch viele interaktive Erläuterungen sehr ansprechend gestaltet ist. Ein Flugsimulator, ein Ameisenstaat und ein Wolkenmacher sind nur einige der Dinge, die es zu erkunden und zu erleben gibt.

• Wem nachmittags noch nach einem unkomplizierten Ausflug aus der Innenstadt sein sollte, dem sei das **Mystery Castle** *(800 E. Mineral Rd, ca. 8 Meilen südl. der Innenstadt, Do.–So. 11–16h, nur Oktober bis Juni)* empfohlen. Es wurde in den 1930er und- 40er Jahren von Buyce Luther Gulley für seine Tochter erbaut. Nahezu alles hat er alleine gemacht. 13 Kamine und Feuerstellen gibt es in den 18 urigen Zimmern. Nicht weit von hier geht es dann auch noch zum **Dobbins Lookout**, einem Aussichtspunkt im Phoenix South Mounatin Park. Der Name verrät schon alles und wer entsprechend ausgestattet ist, kann hier einen Sundowner bzw. ein Picknick genießen.

Östlich von Downtown Phoenix

• **Pueblo Grande Ruins/Museum & Cultural Park (4)**: *4619 E. Washington Street, zw. 44ᵗʰ u 48ᵗʰ St., südlich Van Buren Street.* Diese 1860 entdeckten Ruinen einer Holokam-Siedlung wurden um 1150 errichtet und stellen den Beweis dafür dar, dass das Phoenixgebiet schon damals Menschen einen geeigneten Lebensraum geboten hat. Einige später entdeckte Häuserreste stammen wahrscheinlich sogar von 500 n. Chr. So eindrucksvoll wie die Casa Grande Ruinen ist dieser Platz aber nicht, und im Laufe Ihrer Reise werden Sie noch interessantere Ruinen früherer Indianerkulturen sehen.
Öffnungszeiten: Mo.–Sa.: 9–16h45, So.: 13–16h45

Relikte der Ureinwohner

• **Desert Botanical Garden (5)**: *Papago Park, Eingang von 6400 E. McDowell Rd., oder von 5800 Van Buren Street.* Liebhabern von Wüstenpflanzen, insbesondere von Kakteen, sei dieser botanische Garten ans Herz gelegt. Auf einem 2 km langen Rundweg werden über 2.000 Spezies vorgestellt, u.a. auch aus anderen Wüstengebieten der Erde. Zudem gibt es auch noch einen Wildblumenpfad. Besonders reizvoll ist die Zeit der Blüte (Frühjahr). Eine „Hotline" ((480) 941-2867)

informiert während der Monate März und April über den aktuellen Blütenstand im gesamten Wüstengebiet von Arizona.
Öffnungszeiten: täglich 8–20h (im Sommer bereits ab 7h)

Im weiteren Umkreis um die Stadt Phoenix

• Nördlich von Phoenix

• Scottsdale

Scottsdale steht wirtschaftlich im Schatten von Phoenix, hat aber eine unglaubliche Anziehungskraft auf Urlauber, besonders auf reiche Amerikaner. Nicht nur gutsituierte Pensionäre und Rentner aus Kalifornien und Texas setzen sich hier ihre Winterresidenzen hin, auch jüngere Leute finden es erstrebenswert, hier zu wohnen bzw. Urlaub zu machen. Kein Wunder also, dass sich das einst so verschlafene Örtchen heute zu einer Stadt mit über 130.000 Einwohnern gemausert hat, dessen Shopping Center und Holiday Resorts ihresgleichen suchen.

Luxuriöser Standort

Ehemalige Farmen wurden zu Feriendomizilen umgebaut, die jeden erdenklichen Luxus bieten. Kaum ein Resort entlang der Scottsdale Road, der Lebensader dieser Wohnstadt, das nicht mindestens über 2 Golfplätze, 4 Swimming Pools und 5 Tennisplätze verfügt. Und wo Geld ist, da gibt es natürlich auch die entsprechenden Boutiquen und ausgewählten Souvenirläden. Wer also gerne einmal schlendern möchte, eventuell auch das eine oder andere Souvenir sucht, der sollte sich zwei Stunden Zeit nehmen für die **Old Town**, die sich östlich der Scottsdale Road, entlang der Main Street, befindet. Neben Geschäften gibt es hier auch das **Scottsdale Museum of Contemporary Art** *(7380 E. Second St., Di.–Sa. 10–17h, Do. bis 21h, So. 12–17h)* sowie das angeschlossene **Center of the Art**. Moderne Kunst und Skulpturen locken viele Besucher an.

Die **First Christian Church** ist ein Werk des wohl bekanntesten amerikanischen Architekten, *Frank Lloyd Wright*. Wright hatte ein Winterhaus in Scottsdale, das bekannt ist als **Taliesin West** und heute Ausstellungen, eine Architektenschule sowie eine Stiftung beherbergt. Die Anlage kann auf Touren besichtigt werden. *Adresse: 12621 Frank Lloyd Wright Blvd. (an der 114th St.), geöffnet: Okt.–Mai: tägl. 10–16h, Juni–Sept.: tägl. 8–15h.*

Cosanti *(6433 Doubletree Ranch Rd, tägl. 9–20h)* ist Paolo Soleris Prototyp der eigentlich entstehenden, „ganz anderen Stadt" Arcosanti nördlich von Phoenix (siehe dazu S. 519). Hier in Cosanti werden die Glockenspiele gefertigt, die zum finanziellen Rahmen des Gesamtprojektes beisteuern. Wer vor hat, sich Arcosanti anzuschauen, muss nicht auch noch hierher.

Eisenbahnfreaks darf man in Scottsdale nicht den **McCormick - Stillman Railroad Park** *(7301 E. Indian bend Rd.)* verheimlichen. Neben alten Lokomotiven und Waggons gibt es hier auch für Modellbahn-Enthusiasten einiges zu sehen und zu erleben.

• Ganz im Norden von Scottsdale (ca. 13 Meilen von der Old Town), auch an der Scottsdale Road, befindet sich die **Rawhide Western Town,** der Nachbau einer Wildweststadt aus dem Jahre 1880. Lustig ist die Fahrt mit der alten Postkutsche, bei der man ein Gefühl bekommt für die Mühsal einer Reise vor nur hundert Jahren. Es sind nicht alleine die unbequemen Sitze, die eine Fahrt anstrengend machen, sondern vor allem das ewige Schaukeln, das selbst den brummigsten Seebären seekrank machen könn-

Alltag in „Rawhide": Schusswechsel vor dem Saloon

te. Ein kleines Museum zeigt ein paar Sammelstücke aus der Zeit, als der Westen noch wild war.
Öffnungszeiten: Mo.–Fr. 17–22h, Sa. + So. 11–22h. Vom 1. Juni bis 30. September: täglich 17–22h.

• **Östlich von Phoenix**

• **Tempe** ist das drittgrößte „Silicon Valley" der USA, und mit dem Erstarken der Computerindustrie setzte der große Boom auch hier ein. Heute leben hier um 150.000 Menschen. Touristisch hat die Stadt wenig zu bieten, sieht man einmal von den **Museen auf dem Gelände der Arizona State University** ab, zu denen ein anthropologisches und ein geologisches Museum zählen.

• **Mesa**, mit etwa 290.000 Einwohnern die drittgrößte Stadt in Arizona, wurde 1877 von 84 Mormonen gegründet, die sich die Kanalanlagen der Hohokam-Indianer zunutze machten. Das **Mesa Southwest Museum** *(53 N. Mc Donald St., Ecke 1st St.)* bietet eine wilde Mischung aus Funden von früheren Indianerkulturen, Dinosauriern und Pionierleistungen. Spaß macht das „Goldpanning", das einen Eindruck vermittelt, wie mühselig die Goldsuche doch gewesen seinmuss.
Öffnungszeiten: Di.–Sa. 10–17h, So. 13–17h.

In der Main Street befindet sich der 1927 erbaute **Arizona Mormon Tempel**, die heilige Stätte der Mormonen. *Führungen finden halbstündlich von 9–21h statt.* Wer aber nach Salt Lake City fährt, sollte sich lieber dort ausführlicher mit der Mormonenkultur beschäftigen.

Liebhaber von historischen Flugzeugen seien schließlich noch auf das **Champlin Fighter Aircraft Museum** hingewiesen *(Falcon Field Airport, abgehend von der McKellips Rd., tägl. 10–17h).* Hier werden vornehmlich Militärflugzeuge gezeigt.

INFO   **Das Arizona-Hochland**

Das Hochland von Arizona trennt das nördliche Colorado-Plateau von den Wüsten-flächen in Nord-Mexiko. Es handelt sich hierbei eher um eine bergige Plateaufläche als um ein Gebirge. Nur einzelne Gebirgszüge (Ranges) ragen wie Inselberge auf. Zum Hochland von Arizona zählt man geographisch auch die Sonora- und die Moha-ve-Wüste. Letztere befindet sich in Kalifornien. Der Übergang von Hochland zu Wüstenfläche ist kaum merklich, und der Unterschied besteht nur darin, dass in der Wüste die flachen Flächen (Basins) einen größeren Anteil aufweisen.

Das **Klima** in diesem Gebiet ist als menschenfeindlich anzusehen. Durchschnittliche Regenmengen von 80–200 mm mit hohen jährlichen Schwankungen und Tagestem-peraturen von bis zu 50 °C machen den Menschen das Leben schwer. Die täglichen Temperaturschwankungen können über 30 °C betragen.

Die **Vegetation** entspricht nicht ganz unseren Vorstellungen einer Pflanzenwelt der Wüste. Die Amerikaner nutzen den Begriff desert in einem anderen Rahmen und haben ehemals die „Great American Desert" als das gesamte Gebiet zwischen Kali-fornien und Mississippi bezeichnet, also selbst die Prärien noch als Wüsten einge-stuft. Daher treffen wir nun in Arizona auch auf eine Reihe von Sträuchern, die geographisch in die Trockensavannen gehören. In den trockeneren Regionen der Sonora-Wüste bildet der Creosote-Busch (Covillea tridentata) eine Strauchsteppe. In besonders trockenen Gebieten verkümmert aber auch dieser Busch zu einem Zwerg-strauch (desert shrub).

In feuchten Gebieten dagegen ist die Strauchsteppe üppig entwickelt und wird von Riesenkakteen (Cereus giganteus) und 5–10 m hohen Baum-Yuccas (Joshuatree; Yucca brevifolia) durchsetzt. In den Becken des Arizona-Hochlandes tritt das Mes-quite-Gras an Stelle der Strauchsteppe. Wenn es dann im Sommer regnet, bietet sich ein Bild wie in den viel feuchteren Plains, und die weiten Flächen erscheinen wie ein großer Teppich. Dazwischen stehen vereinzelt verkrüppelte Mesquite-Bäume (Pro-sopis juliflora). Die Pinon-Kiefer (Pinus edulis) findet sich noch auf den etwas feuchteren Gebirgszügen, da sie von allen Bäumen die Trockenheit am besten über-steht. Ihre Samen werden übrigens von den Indianern gesammelt und gegessen.

Sehenswertes im Umkreis des Valley of the Sun

Tour zum Lake Suguaro

Falls Sie einfach Lust haben, einen halben oder ganzen Tag aus der Stadt herauszukommen und eine schöne Landschaft erleben möchten, eventuell verbunden mit
einem kleinen Picknick, dann sollten Sie eine Spritztour
zum Lake Saguaro unternehmen: Fahren Sie den Super-
stition Freeway (US 60) in östliche Richtung, und biegen
Sie ab auf den Bush Highway in nördliche Richtung. Nach
einigen Meilen treffen Sie nun auf den Salt River, der Sie
bis zum Lake Saguaro begleiten wird. Auf dieser Strecke
windet sich der Fluss durch ein kleines, canyonartiges Tal.
Eine Reihe netter, kleiner Aussichtspunkte und Flussufer-
stellen bieten sich für ein Picknick an. Nach etwa 6 Meilen erreichen Sie den idyllisch gelegenen Saguaro Lake,
einer jener Stauseen, die das Sun Valley mit Wasser versorgen.

Ein besonderer Spaß für die Wasserratten unter Ihnen:
„Tubing" auf dem Salt River – mit einem Autoreifen-
schlauch die 6 Meilen zurück auf dem Fluss. Schläuche
erhalten Sie bei dem Ausstatter „Salt River Recreation"
am Bush Highway, an der Einmündung der Usery Pass
Road – also auf halber Strecke. Ein Shuttle Bus bringt Sie
zur gewünschten Einsatzstelle und wartet an verschiede-

Salt River-Tal

nen Plätzen entlang dem Fluss auf Sie zwischen dem Lake und dem Granite Reef
Dam. *Reservierungen: Tel. (480) 984-3305. Fahrten sind nur zwischen April und
Mitte September möglich.*

Tipp

Nehmen Sie festes Schuhwerk mit, am besten Turnschuhe. Vergessen Sie Land-
auch nicht die Sonnenschutzmittel, eine Kopfbedeckung und ein T-Shirt. schafts-
Dazu natürlich Getränke, die auf Wunsch vom Shuttlebus zur nächsten Station Ausflug
mitgenommen werden.

Für die Weiterfahrt vom Saguaro Lake bietet es sich an, den nördlich gelegenen
Beeline Highway (AZ Hwy. 87) zu nehmen und kurz hinter dem Ft. McDowell
Indianerreservat nach rechts auf den Shea Boulevard abzubiegen. Auf einer Anhö-
he, 2 Meilen hinter der Abzweigung, haben Sie eine gute Aussicht auf das in der
Hitze flimmernde Valley of the Sun.

Organ Pipe Cactus National Monument
Öffnungszeiten des Visitor Center: täglich 8–17h, der Park ist 24 Stunden geöffnet.

Dieser Park liegt etwa 135 Meilen südwestlich von Phoenix an der Grenze zu
Mexiko. Ein Besuch lohnt sich daher nur, wenn Sie ein wirkliches Interesse an
Wüstenpflanzen und vor allem den übergroßen Kakteen haben. Den Senita Cac-

tus und den Elefanten-baum gibt es zum Bei-spiel nur hier. Am präch-tigsten wirken diese gro-ßen Ungetüme während ihrer Blüte im März und April.

Die Namensgeber des Parks, die bis zu 8 Me-ter hohen Orgelpfeifen-kakteen *(lemaireocereus thurberi)*, die es auch nur noch hier zu sehen gibt, haben ihre Hauptblüte-zeit im Mai/Anfang Juni.

Ältere Exemplare von ihnen entwickeln bis zu 40 (!) Seitenarme. Aber auch andere Wüstenpflanzen, wie die Ihnen bereits bekannten Saguaro-Kakteen, gibt es zu bewundern. Am besten ist es, Sie besor-gen sich ein sachkundliches Buch und informieren sich in dem kleinen Museum am Visitor Center, da-mit Sie auf einem der beiden Scenic Drives wissen, warum und wie welche Pflanze hier überhaupt über-leben konnte. Denn gerade die Geschichte des Überlebens der Pflanzen in der Wüste ist das Inter-essante. Im Park (nahe dem Headquarter) gibt es einen Campingplatz, ferner ein kleines Motel in Lu-keville und weitere in Ajo.

Pioneer Arizona Living History Museum
Öffnungszeiten: Okt.–Mai: Mi.–So. 9–17h, Juni–Sept.: Fr.–So. 17–21h.

Nicht weit nördlich von Phoenix (Exit 225 der I-17) befindet sich ein Museum, welches auf typisch amerikanische Weise mit Show, verklärter Historie und informativer Wissensvermittlung versucht, Ge-

So stellt man sich die Wüste Arizonas vor: voller Organ Pipe-Kakteen

schichte und Pionierleistungen der ersten Siedler und Wildwesthelden zu vermit-teln. Dazu wurde extra eine kleine Stadt mit Schmiede, Schule, Geschäften, Bank etc. errichtet, in der die Arbeiten der ersten Tage der Besiedlung vorgeführt werden. Hollywood stand wohl eher Pate als die Wirklichkeit – obwohl gerade dieses von der Museumsleitung abgestritten wird. Trotzdem ist ein Abstecher auf dem Weg nach Norden alleine der Landschaft wegen zu empfehlen.

INFO Das Colorado-Plateau

Als Colorado-Plateau bezeichnet man das gesamte Gebiet des Tafellandes, das sich zwischen den Rocky Mountains im Osten und den Basin Ranges im Westen und Süden erstreckt.

Die von **steilen Stufen** getrennten Flächen dieser Plateaus steigen von 1.500 bis 3.300 m an. Sie liegen damit in solch beträchtlichen Höhen, dass die Landschaft in ihrer Gesamtheit über ihre Umgebung hinausragt. Nur im Osten und Norden überragen benachbarte Gebirgszüge die Plateaus. Die fast horizontale Lagerung der Schichten des Untergrundes und eine tiefe Zertalung des großen Schichtpaketes, bedingt durch „normale" Erosion, geben der Region ihren einmaligen Charakter. Diese Naturlandschaft hat sich noch in hohem Maße ihren ursprünglichen Zustand erhalten.

Der **Untergrund des Plateaus** besteht hauptsächlich aus mesozoischen Sedimenten (hier Sand- und Kalkstein), denen hier und da auch jüngere Sedimente aufliegen können. Dieser Untergrund stammt hauptsächlich aus Meeresablagerungen. Denn vor etwa 60 Millionen Jahren wurden große Teile des Südwestens von einem sich von Norden nach Süden durch den gesamten Kontinent erstreckenden Meer bedeckt. Anders als bei den Rocky Mountains hat sich die Landschaft nicht gefaltet, sondern ist nur von Flexuren (leichter Wellung mit Verschiebung) und Brüchen erfasst worden. Daraus kann man schließen, dass der tektonische Druck nicht so stark war wie bei den Rockies.

Diese Bruchlinien haben aber nichts mit der Canyonbildung zu tun. **Die Canyons sind erst in jüngster Erdgeschichte** entstanden, vor maximal 5 Mio. Jahren. Vor 17 Millionen Jahren begann sich nämlich das sedimentäre Tafelland zu seiner heutigen Höhe (im Durchschnitt um 2.000 m) zu heben, und die Erosionskraft der Flüsse erschuf schließlich die Canyons („Canyon cycle of erosion"). Die Einschneidung der Flüsse ist maßgeblich von der unterschiedlichen Widerstandsfähigkeit des Gesteins abhängig. Dadurch entstanden die verschiedenen Terrassenformen, die die Geologen auch Denudationsterrassen nennen.

Auch heute ist die **Canyonbildung noch nicht abgeschlossen**, und selbst während der letzten hundert Jahre sind Einschnitte von bis zu 30 m entstanden. Dies hat aber leider auch einen unschönen Grund: Die Abflussmenge der Flüsse hat sich erhöht, weil die Menschen durch Überstockung und durch Abholzungen „Schützenhilfe" geleistet haben.

Der Formenvielfalt der Taffellandschaft stehen die vulkanischen Gebirge gegenüber: die Henry Mountains, das Navajo-Gebirge, der Mt. Taylor und das San Francisco-Gebirge. Sie alle sind erstarrte Lavaergüsse.

21. Von Phoenix zum Grand Canyon

Entfernungen
- Phoenix - Flagstaff (direkt): 138 Meilen/222 km
- Flagstaff - Grand Canyon NP (South Rim): 81 Meilen/130 km
- Phoenix - Flagstaff (über Prescott, das Montezuma Castle, Sedona und den Oak Creek): ca. 260 Meilen/ 419 km

Routenempfehlung

Wer es eilig hat, sollte von Phoenix aus über die I-17 nach Flagstaff fahren und von dort weiter über den US 180 zum Grand Canyon N.P. (South Rim). 1 ½ Tage: die I-17 bis zur Cordes Junction (Exit 262). Dort den Schildern folgen nach Arcosanti. Weiter über den AZ Hwy. 69 nach Prescott. Von hier nördlich ein kleines Stück auf dem AZ Hwy. 89 und dann abbiegen auf den AZ Hwy. 89A. Dieser schlängelt sich durch die Berge vorbei an Jerome und Clarkdale/Cottonwood. Dort achten auf den Abzweig des AZ Hwy. 260 in Richtung Camp Verde. Die I-17 eine Abfahrt weiter nach Norden nehmen und am Exit 289 zum Montezuma Castle. Zurück auf die I-17 bis zum Exit 298. Nun dem AZ Hwy. 179 und wieder dem AZ 89A über Sedona und dem Oak Creek folgen bis Flagstaff. Flagstaff in nördlicher Richtung verlassen über den US 180. Der Grand Canyon ist bereits gut ausgeschildert.

Zeiteinteilung

1 ½ Tage

Überblick

Alleine schon die Fahrt auf dem Highway ist erlebenswert. Nördlich von Phoenix durchquert dieser den atemberaubenden Black Canyon, und immer wieder müssen sich die beiden Fahrtrichtungen einige hundert Meter weit voneinander trennen, um geologischen Barrieren auszuweichen.

Von Phoenix nach Norden

Sehenswert ist auf dieser Strecke sicherlich das **Montezuma Castle**, ein von Indianern um 1150 erbautes fünfstöckiges Haus an einem Felsüberhang, das seinen Namen seinem Aussehen verdankt, das die ersten Spanier zu der Vermutung verleitete, es wäre von den großen Indianerkulturen Mexikos erbaut worden.

Flagstaff schließlich ist ein nettes kleines Touristenstädtchen, in dem die Nähe der Nationalparks, allen voran natürlich der Grand Canyon, überall zu spüren ist.

Ein Abstecher über das ehemalige Minenstädtchen Jerome und durch den Oak Creek Canyon nördlich von Sedona ist jedem zu empfehlen, der für diesen Streckenabschnitt mehr als einen Tag Zeit hat. Der dadurch bedingte Zickzack-Kurs Ihrer Fahrtstrecke zwingt Sie aber dazu, spätestens in Flagstaff Ihr Nachtlager aufzuschlagen und erst am folgenden Morgen zum Grand Canyon weiterzufahren.

Falls Sie im Herbst unterwegs sein sollten, lohnt sich ein Abstecher in die San Francisco Mountains und eine Fahrt mit einem Sessellift auf den Humphrey Peak. Die Färbung des Laubes wird Ihnen ein unvergessliches Erlebnis bleiben.

!!! *Achtung*
Der Lift ist nur von Oktober bis März in Betrieb! Nur in Ausnahmefällen im Sommer.

Redaktions-Tipps

- **Übernachten:** Hotels/Motels am Montezuma Castle NM bieten einen guten Stopp auf halbem Wege zum Grand Canyon. Ansonsten bieten Sedona und Flagstaff eine Vielzahl von Hotels.
- **Die bedeutendsten Sehenswürdigkeiten:** das interessante Stadtprojekt Arcosanti (S. 521); die ehemalige Bergbaustadt Jerome (einschließlich der Anfahrt von Süden (S. 522)); Fahrt mit der Verde River Canyon Railroad (S. 523), der landschaftlich schöne Oak Creek Canyon (S. 527); das Montezuma Castle NM (S. 523f), wo einst die Sinagua-Indianer in den Felsen gelebt haben; das Sunset Crater NM (S. 529) mit dem jüngsten Vulkankegel des Südwestens und die San Francisco Mountains (S. 529) während des Indianersommers.
- Unbedingt die **Unterkunft am Grand Canyon NP vorher reservieren.**

Sehenswertes

Der Highway führt 30 Meilen nördlich von Phoenix durch den landschaftlich schönen **Black Canyon**. Es lohnt sich, bei guter Sicht, kurz zu dem Aussichtspunkt auf der gegenüberliegenden Highwayseite zu fahren und den atemberaubenden Ausblick zu genießen.

An der Cordes Junction, Exit 262, verlassen Sie den Highway und fahren, falls Sie Interesse an einem architektonischen „Stadtprojekt" haben, kurz die 2 Meilen in östliche Richtung (durch die Tankstelle und dann auf einer Schotterpiste) nach **Arcosanti** (ⓘ S. 173). Hier hat der italienische Architekt *Paolo Soleri* 1970 begonnen, eine neuzeitliche, ökologisch orientierte Stadt zu errichten. Motto der Idee: „Arcology", ein Wortspiel aus Ecology und Architecture. Der Schutz der Umwelt stellt also den wesentlichen Kernpunkt des Projektes dar, was durch den Landschaft-„sparenden" Bau an Hängen und in die Höhe in die Tat umgesetzt wurde. Autos und Autostraßen werden aus dem Wohnbereich ferngehalten – auch das spart Platz. Zudem wird vornehmlich die Sonne als Energieträger genutzt – besonders in den eigens angelegten Gewächshäusern.

Futuristisches Bauprojekt

Um den Stein ins Rollen zu bringen, bedurfte es einiger Spenden und der Mithilfe unzähliger Freiwilliger. Arcosanti soll einmal 50.000 Einwohner haben. Doch seit einigen Jahren schleppt sich das Projekt nur mühsam voran, und immer noch

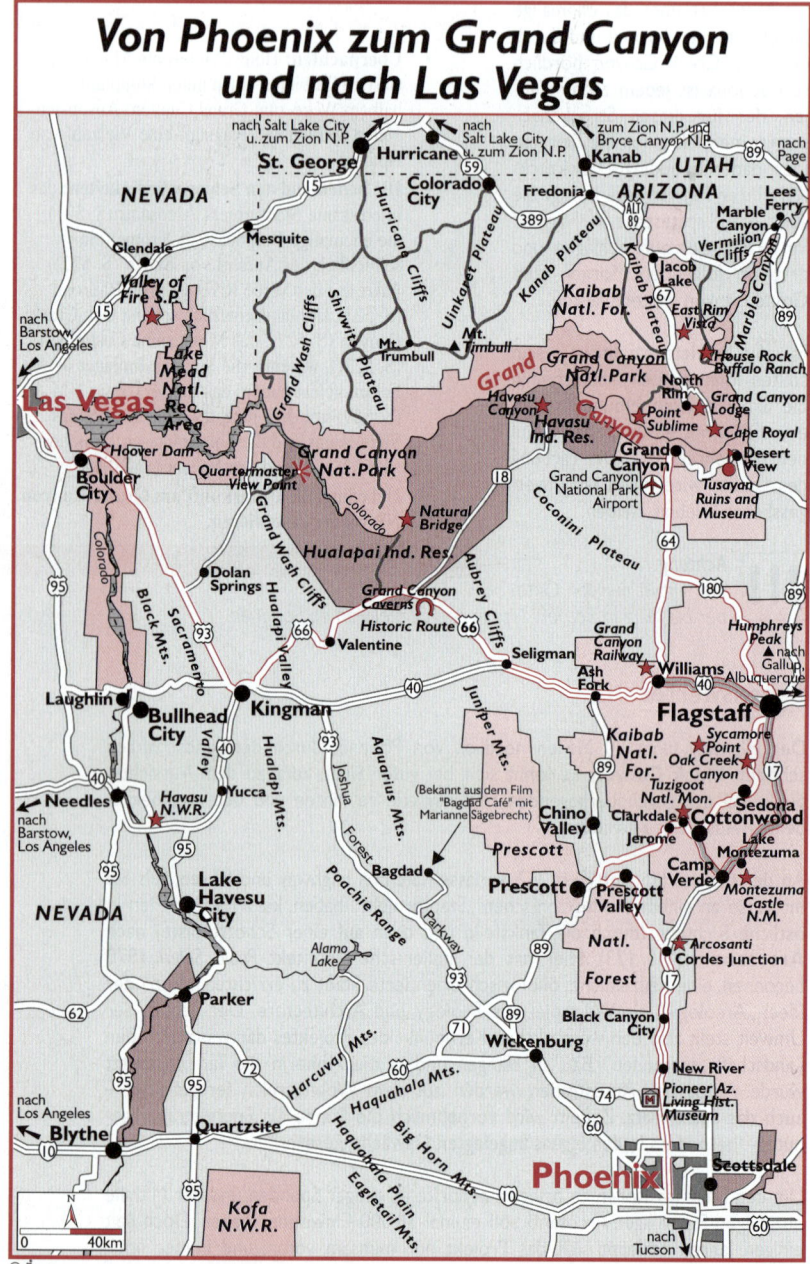

Von Phoenix zum Grand Canyon
und nach Las Vegas

leben hier nicht mehr als 70 permanente Einwohner. Die Idee fand zwar in den beginnenden 1970er Jahren immensen Zulauf, und auch heute noch kommen besonders Architekturstudenten gerne hierher, doch fließen die Spendengelder nur sehr langsam, und der Idealismus für eine solche Idee fehlt in der heutigen Zeit. Diese Stadt wird wahrscheinlich niemals auch nur annähernd die angestrebte Einwohnerzahl erreichen, und es bleibt nur zu hoffen, dass Arcosanti nicht zur modernsten „Ghosttown" der USA wird.

Arcosanti: eine gelungene Verbindung aus Ökologie und Architektur?

Vieles in und an Arcosanti wirkt improvisiert und eher akademisch als praktikabel. Es lohnt aber, sich mit Soleris Ideen auseinander zu setzen, und möglicherweise behält die „Newsweek" ja doch recht, wenn sie schreibt: „Arcosanti ist das vielleicht wichtigste Experiment urbaner Architektur, das in unserer Zeit unternommen wurde."

Prescott (ⓘ S. 173)

Prescott ist ein nettes, kleines Städtchen mit heute etwa 28.000 Einwohnern. Abraham Lincoln ernannte es 1867 zur Hauptstadt des Arizonaterritoriums. Doch bereits 1889 musste es diese Position an das schnell erstarkte Phoenix abgeben. Seitdem herrscht in Prescott gemütliche Geschäftigkeit, und wenn es nicht überall Autos und Telefonkabel geben würde, könnte man denken, seit 1889 sei die Zeit stehengeblieben. Keiner hat es eilig; es gibt keine großen, neuen Gebäude, und ein Großteil der Hotels lebt auch in der heutigen Zeit noch vom Flair des „19. Jahrhundert-Plüsch". Falls Sie etwas Zeit haben, sollten Sie einen Abstecher in das **Sharlot Hall Museum** in der W. Gurley Street machen. Mehrere Häuser aus dem 19. Jh. wurden hier erhalten und bieten einen Einblick in die

Ehemalige Hauptstadt

Einst Hauptstadt von Arizona: Prescott

Beinahe zur Ghosttown verkommen: Jerome

Gründerzeit von Arizona. Prescott lebt heute vornehmlich vom Tourismus und wäre eine gute Ausgangsposition für Touren ins Verde Valley. Für Sie auf dem Wege nach Norden gilt dieses aber nicht.

Die Straße (89A) führt nun in ein schluchtartiges Tal und über eine Passhöhe bis zum historischen Bergbaustädtchen **Jerome** (siehe Folgeseite). Die Landschaft ist überaus faszinierend, und Sie sollten das eine oder andere Mal anhalten, um den Ausblick zu genießen.

Ein Tipp für Fotografen

Nachdem Sie die alten Minen von Jerome passiert haben, macht die Straße eine Kurve um den Berg. Von hier haben Sie den ersten und besten Blick auf Jerome, das sich unterhalb, auf mehreren schmalen Bergrücken und am südlichen Steilhang, über die Landschaft erstreckt.

Verde Valley

Das Verde Valley („Grünes Tal") erstreckt sich von Jerome bis nach Sedona im Norden und im Südosten bis zum Montezuma Castle National Monument. Auf dieser über 3.000 km² großen Hochfläche, die mildes Klima beschert, lebten bereits um 600 n. Chr. Hohokam-Indianer. Da die umliegenden Berge die Wolken abfangen, war für ausreichenden Niederschlag gesorgt. Heute ist die Region besonders bei Touristen beliebt, da eine Mischung aus schöner Landschaft, Abenteuer sowie alter und neuer Geschichte geboten wird.

Pittoresker Künstlerort

Besonders reizvoll ist das Minenstädtchen **Jerome** (ⓘ S. 173), das einstmals eine der größten Kupferminen der USA besaß. Zu dieser Zeit lebten hier 16.000 Menschen. Als nach 70 Förderjahren zu Beginn der 1950er Jahre die Minen geschlossen wurden, gab keiner mehr etwas auf die Stadt, und Jerome wurde bereits als Ghosttown bezeichnet. Doch nachdem die Minenangestellten abgezogen waren, kamen bald andere Menschen hierher: zuerst ein paar Städter, die sich hier ein Wochenenddomizil errichteten, später ein paar Souvenirhändler und schließlich eine größere Künstlergemeinde. Alle liebten den Charme dieser kleinen Stadt, deren Häuser an den Berghängen „sitzen" wie Vögel in den Bäumen. Nehmen Sie sich am besten eine Stunde Zeit, setzen Sie sich in den Saloon an der Hauptstraße, und beobachten Sie die verschiedenen Menschen, die hier ein- und ausgehen. Danach machen sie noch einen Rundgang durch die Läden oder besichtigen eine stillgelegte Mine bzw. das Haus eines wohlhabenden Minenbesitzers (neben dem Visitor Center). Und wer etwas Zeit hat, sollte sich für eine Nacht in Jerome in einem der schnuckeligen Bed & Breakfast-Häuser einquartieren.

Tipp
Besondere Kunsthandwerke finden Sie weniger in den Souvenirläden an der Hauptstraße, sondern eher in den Verkaufsräumen der einzelnen Künstler, etwas unterhalb des Zentrums. Kleine Schilder weisen darauf hin.

Eisenbahnfans seien auf die **Verde Canyon Railroad** hingewiesen. Der Dieselzug fährt von Clarksdale 4 Stunden durch eine bezaubernde Landschaft, u.a. durch den Verde River Canyon. Früher verband die Strecke die Minenstadt Jerome mit Prescott. Der direkte Weg war technisch nicht auszubauen, sodass die Bahn damals diesen langen Umweg in Kauf nehmen musste. Neben dem Canyon können Sie u.a. auch alte Hangsiedlungen der Sinagua erkennen. Übrigens führt die Strecke großenteils entlang einer autofreien Region. Die Fahrtzeiten sind sehr unregelmäßig, je nach Jahreszeit. Aber viele Hotels der Umgebung bieten Tourpackages an bzw. Sie erhalten ausreichende Infos in den entsprechenden Vistor Bureaus. Infonummern siehe in den gelben Seiten unter „Cottonwood" (ⓘ S. 173). Kenner behaupten, diese Zugfahrt sei landschaftlich viel reizvoller als die „Grand Canyon Railroad"!

Herrliche Bahnstrecke

Machen Sie nun auf der Weiterfahrt zum Montezuma Castle einen kleinen Schlenker durch den alten Ortskern von **Clarkdale**. 2 Meilen östlich befindet sich das **Tuzigoot National Monument**. Dieses ehemalige Dorf der Sinagua-Indianer wurde von 1125 bis 1400 bewohnt. Zu sehen sind die Ruinen eines 2-stöckigen Pueblos mit ehemals 77 Räumen. Ein Besuch lohnt sich bei knapper Zeitplanung aber nur bei Auslassung des interessanteren Montezuma Castle.

Montezuma Castle National Monument (ⓘ S. 173)

Hauptattraktion hier ist das Montezuma Castle selbst, ein ehemals 5-stöckiges Gebäude mit 20 Räumen, in denen einmal 50 Menschen gelebt haben. Dieses Haus aus Lehm, Stein und Holzbalken wurde um 1100 n. Chr. von den Sinagua-Indianern in eine Bergklippe gebaut und diente nicht nur als einfache Behausung, sondern auch als Schutz für die im Tal angesiedelten Bauern im Falle einer feindlichen Attacke. Man konnte nur auf umständliche Weise über ein Leitersystem in das Gebäude gelangen.

Nicht weit entfernt gab es ein zweites, noch größeres Felsenhaus (heute das „A"-Haus), in dem sogar über 100 Menschen gelebt haben sollen. Dieses wurde aber durch ein Feuer zerstört, sodass nur noch die Grundmauern zu besichtigen sind.

Hier lebten einstmals 50 Menschen: Montezuma Castle

Der Weg nach oben

Wie um alles in der Welt kann man hoch oben in einer steilen Canyonwand ein Haus bauen, das mehr als fünfzig Personen Platz bietet? Schier unmöglich? Keineswegs! Die Zeichnungen erläutern, wie die findigen Sinagua-Bauern dieses Kunststück fertigbrachten.

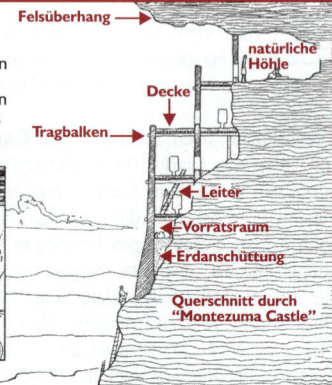

Felsüberhang →

natürliche Höhle

Decke

Tragbalken →

← Leiter

← Vorratsraum

← Erdanschüttung

Querschnitt durch "Montezuma Castle"

Vorgeschichtlicher Supermarkt

Die Sinaguas der Burg Montezuma konnten nicht eben zum Geschäft an der Ecke laufen, um noch schnell diese oder jene Vorräte einzukaufen. Alle benötigten Pflanzenerzeugnisse mussten angebaut oder nach althergebrachter Indianertradition in der natürlichen Fauna der Umgebung ausfindig gemacht werden. Die Beschilderung entlang des Rundgangs gibt Aufschluss über einige der Nutzpflanzen der Sinaguas.

Arizona Sycamore...der hier heimische Ahorn mit großen, hellrindigen Ästen, aus denen sich leicht die zum Hausbau benötigten Balken und Pfähle schneiden ließen.

Zürgelbaum...ein Ulmengewächs mit kleinen, saftigen Steinfrüchten.

Yucca-Palmen...sie lieferten das Fasermaterial, das zum Plechten von Körben, Sandalen und Matten diente.

Die Lebensader

Der Wasserlauf "Beaver Creek", der Biberbach, hat hier im "Verde Valley", dem grünen Tal, stets eine lebenswichtige Rolle gespielt. Die in Bezug auf die amerikanische Geschichte vorgeschichtlichen Sinagua-Indianer errichteten die Felsenburg Montezuma und andere Gebäudekomplexe in der Nähe des Baches. Sie zogen Bewässerungsgräben, um das Bachwasser in ihre auf flachem Überschwemmungsland angelegten Mais-, Bohnen-, Flaschenkürbis- und Baumwollfelder zu leiten.
Sie jagten das vom Wasser angelockte Wild und sammelten die Planzen, die in Bachnähe wuchsen.

Aber die Sinaguas waren den Launen des Bachs, vom dem ihr Leben buchstäblich abhing, völlig ausgeliefert. Und so beobachteten sie stets voller Bangen, wie sich ihre Lebensader mit den Jahreszeiten veränderte. Denn der sich sanft dahinschlängelnde, so klare Bach konnte plötzlich, scheinbar in nur wenigen Augenblicken, zu einem tobenden, schmutzigen, reißenden Strom werden, der die Zeugnisse seiner Zerstörung in den Kronen der das Ufer säumenden Bäume ablagerte.

Die Dorfgemeinschaft

Sie haben von hier aus einen guten Blick auf die Felsendörfer "Montezuma-Castle und "Castle A". Und wenn Sie sich die Felswand genauer ansehen, entdecken Sie sicher auch noch andere Vorsprünge und Höhlen, die den Sinaguas als Wohnung dienten.

Die Archäologen glauben, dass die Sinaguas, die diese Felsen bevölkert haben, in engen Dorfgemeinschaften befreundeter Sippen lebten. Lebensumstände mögen sich mit fortschreitender Zivilisation ändern, aber die sozialen Grundbedürfnisse des Menschen scheinen stets gleich zu bleiben.

Aus einem mysteriösen Grund begann diese Dorfgemeinschaft irgendwann um 1400 n. Chr. auseinanderzubrechen. Innerhalb von nur fünfzig Jahren war "Montezuma-Castle" völlig verödet.

Felsen voller Leben

Die Sinaguas der amerikanischen Vorgeschichte waren keineswegs die einzigen Lebewesen, die auf den engen Simsen und in den Höhlen der zerklüfteten Kalkfelsen ein Zuhause fanden. Bei genauerem Hinschauen - und Hinhören - wird ein erstaunlich reichhaltiges Tierleben offenkundig.

Canyon-Zaunkönige...sie lassen das ganze Jahr hindurch hoch in den Felsen ihre typischen Triller-Kadenzen hören.

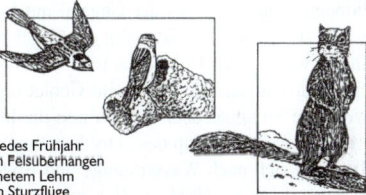

Felshörnchen...man kann diese Eichhörnchen selbst auf den winzigsten Felsabsätzen beim Sonnenbad oder Spiel beobachten.

Felsenschwalben...sie kommen jedes Frühjahr wieder, um ihre Jungen in den an Felsüberhängen klebenden Nestern aus getrocknetem Lehm großzuziehen. Die akrobatischen Sturzflüge der Schwalben auf Insektenjagd sind eine Schau für sich.

Schichtungen der Zeit

Schauen Sie sich die Felsenwand über Ihnen einmal genauer an. Sie werden sicher die Stratifikation im Fels erkennen. Jede dieser Schichtungen stammt aus einer anderen geologischen Zeitperiode und ist Zeugnis eines Ablagerungsprozesses, der vor zehn Millionen Jahren auf dem Grund eines riesigen Sees begonnen hat.

Im Laufe der Jahrtausende ließ der ständige Bodendruck die kalkhaltigen Schlammablagerungen des Sees versteinern. Es entstand eine Kalksteinschicht, die die Geologen heute als "Verde-Formation" bezeichnen. Nach weiteren Jahrtausenden trocknete der See aus. Der Verde-Fluss und seine Zuflüsse schnitten sich durch die Ablagerungen des trockenen Seebetts. Und dann gingen Wind und Wasser ans Werk, die Höhlen und Felsspalten auszumeißeln, die wir heute in den weicheren Kalksteinschichten sehen.

Große, geschützte Grotten zogen die Siedler der amerikanischen Vorgeschichte an. Kleine Ritzen und Spalten haben schon immer Vögeln und Kleintieren als Unterschlupf gedient.

Um 1450 verließen die Sinaguas das Verde Valley, wahrscheinlich aufgrund mehrfacher Überfälle der Yavapai-Indianer. Als die ersten Spanier 1538 hierher kamen, glaubten sie, dass solch ein großes in den Felsen gebautes Haus nur von einem „hohen" Kulturvolk errichtet worden sein könnte. Sie glaubten daher, dass Azteken unter Montezuma hier gelebt hätten.

Als 1931 das Nationalmonument eröffnet wurde, konnten die ersten Besucher das Haus noch von innen besichtigen. Aber Unachtsamkeit und mangelnder Respekt haben dazu geführt, dass die Verwaltung 20 Jahre später den Zugang verwehren musste, um den Erhalt zu gewährleisten. Heute können Sie Montezuma Castle nur noch vom Tal aus bewundern. In einem kleinen Museum am Visitor Center ist das ursprüngliche Haus in einem Modell ausgestellt, sodass Sie einen guten Eindruck vom Inneren erhalten.

INFO ## Wer waren die Sinaguas?

Ihren Namen erhielt dieser Indianerstamm von den Spaniern, die glaubten, dass es sich um Menschen gehandelt haben musste, die „ohne Wasser" (sin agua) in dieser wüstenähnlichen Landschaft hatten lebenkönnen. Die Sinaguas waren ein recht unauffälliges Volk und galten als sehr friedlich. Paradox, aber sehr entscheidend für die ackerbauliche Nutzung des Südwestens bis in die heutige Zeit hinein, war die Tatsache, dass die Sinaguas um 1100 aus der Gegend um Flagstaff hierher kamen, nachdem die vorher hier ansässigen Hohokams in die Gegend des Sunset Crater (bei Flagstaff!!) abgewandert waren. Den Hohokams reichte das Wasser für ihre Bewässerungskulturen nicht mehr aus, und sie fanden im Gebiet des Sunset Crater fruchtbare Vulkanböden vor. Die Sinaguas aber nutzten nun die hinterlassenen Bewässerungskanäle und entwickelten das Prinzip des „Dry Farming". Hierbei wird u.a. eine Brachezeit eingehalten, die sich nach Wassermenge und Bodenfruchtbarkeit richtet. So konnten sie 300 Jahre lang im Verde Valley leben. Dieses System des „Dry Farming" nutzten später auch die ersten Siedler, und es bot vor allem den Mormonen die Grundlage für eine Besiedlung der von ihnen gewählten unvorteilhaften Landstriche.

Die Sinaguas waren also hervorragende Architekten und ausgezeichnete Bauern. Doch auch ihre kunsthandwerklichen Fähigkeiten waren überdurchschnittlich. Archäologische Ausgrabungen haben Tonscherben und Schmuck zutage gefördert, deren Qualität und Raffinesse die der meisten anderen Indianerstämme ihrer Zeit übertreffen. Die Tatsache, dass einige Schmuckstücke aus Seemuscheln hergestellt wurden, lässt darauf schließen, dass die Sinaguas auf ein weitreichendes Handelsnetz bis hin zu den Küsten von Atlantik und Pazifik zurückgreifen konnten. Warum nun die Sinaguas das Verde Valley um 1450 verlassen haben, ist bis heute ungeklärt. Klimatische Gründe, wie bei den meisten anderen Pueblos, die ca. 200 Jahre vorher verlassen worden sind, schließt man aus, da während des 15. Jh. das Klima sich nicht mehr veränderte. Am wahrscheinlichsten ist wohl, dass die einrückenden, eher kriegerisch veranlagten Yavapai-Indianer die Sinaguas vertrieben haben.

Nicht weit entfernt vom Montezuma Castle befinden sich im **Fort Verde State Park** noch die Überreste eines 1865 errichteten Forts der US-Armee. Es wurde damals als Bollwerk gegen die immer wieder angreifenden Apachen und Tontos errichtet. Die kriegerischen Auseinandersetzungen dauerten bis in die beginnenden 1880er Jahre an. Zu besichtigen sind heute nur noch drei Gebäude. In einer kleinen Ausstellung werden vor allem Karten und Fotos aus jener Zeit gezeigt. Es ist durchaus interessant, anhand der Karten einmal zu verfolgen, wo und wann wer gelebt und gesiedelt hat. *Öffnungszeiten: täglich 8–17h.*

*Baudenk-
mäler der
Sinaguas*

Weiter entlang dem I-17 gelangen Sie am Exit 293 zum **Montezuma Well National Monument**. Um einen landschaftlich eindrucksvoll gelegenen See (der einem Kratersee ähnelt, aber durch das Einbrechen einer Höhle entstanden ist) siedelten früher Hohokams und Sinaguas. Von den Siedlungen ist wenig übrig geblieben, aber der See inmitten der Wüstenlandschaft und der Eindruck, den er als ehemaliger Besiedlungspunkt hinterlässt, sind einen Besuch wert.

Wenn Sie für dieses Streckenkapitel nur einen bis eineinhalb Tage eingeplant haben, dann fahren Sie von hier aus am besten über die I-17 durch bis Flagstaff, eventuell auch bis zum Grand Canyon. Falls

See inmitten der Wüste: Montezuma Well

Sie aber 2 Tage Zeit haben oder in Phoenix sehr früh losgefahren sind, machen Sie einen kleinen Umweg über Sedona und den atemberaubenden Oak Creek:

Sedona (ⓘ S. 173) ist eine kleine, sympathische Stadt, die inmitten des sog. „Red Rock Country" liegt. Urige rote Felsen, deren Formen z.B. einer Tee- und einer Kaffeekanne, sowie einem U-Boot oder auch verschiedener Comicfiguren ähneln, umringen die Stadt. Besonders für Naturliebhaber und Outdoorfans bietet Sedona eine Reihe von Möglichkeiten. Es dient als Ausgangsbasis für Wanderungen in die umliegenden Bergregionen. Besonders Abenteuerlustigen unter Ihnen sei eine mehrtägige Wanderung (oder sogar ein Ausritt) durch den unberührten, nordwestlich gelegenen **Sycamore Creek** empfohlen. Ein mit Sicherheit unvergessliches Erlebnis. Hierfür benötigen Sie aber gute Ausrüstung und Kondition. Infos und Permits erhalten Sie bei der Sedona Ranger Station.

Weniger anstrengend und kürzer sind die Wanderwege im **Oak Creek Canyon**, der sich nördlich an Sedona anschließt und durch den sich der AZ 89A nach Flagstaff schlängelt. Hier wurden während der 50er Jahre einige bekannte Filme gedreht. Selbst wer keine Lust oder Zeit zum Wandern mitbringt, wird von der schönen Landschaft fasziniert sein.

*Beeindru-
ckender
Canyon*

Tipp
Besorgen Sie sich in Sedona ein paar Knabbereien und etwas zu trinken und machen Sie an einem der Picknickplätze im Canyon Rast.

Sedona ist heute auch bekannt für seine vielen Galerien, ein Arts Center mit Indianerkunst, zahlreiche Festivals sowie vor allem (teure) „New Age-Therapien". Infos darüber erteilt das Visitor Bureau.

Flagstaff (ⓘ S. 173)

Flagstaff erhielt seinen Namen 1876, als eine Gruppe von Siedlern aus Boston auf einer der Anhöhen die Äste eines Baumes abschlugen, eine Fahne daran hissten und so das Land für sich beanspruchten. Ein darauf folgender Streit, ob nicht eine andere Siedlergruppe zuerst eine Fahne gehisst hat, ist bis heute nicht geklärt.

Heute zumindest ist Flagstaff eine Stadt mit 46.000 Einwohnern, die mehrere Charaktere vertritt:
- Ewiglange Straßenzüge mit unzähligen Ampelanlagen verkörpern die moderne Zeit eines Highwaystädtchens im Südwesten.
- Die Universität von North Arizona und die Tatsache, dass viele junge Reisende Flagstaff als (billigeren) Ausgangspunkt für Touren zum Grand Canyon nutzen, haben viele kleine Hotels, Outdoor-Geschäfte, Cafeterias und günstige Buchläden *Populärer* wie Pilze aus dem Boden schießen lassen. Nirgendwo sonst im Südwesten trifft *Standort* man auf so viele junge Leute wie hier.
- Der z.T. noch gut erhaltene Altstadtkern (Historic Railroad District) ruft die Zeit des Wilden Westens in Erinnerung, besonders dann, wenn ein Zug der Santa Fe Railway am alten Bahnhof hält.
- Im Winter bietet Flagstaff alle Annehmlichkeiten für die Winterurlauber, die die schneereichen Pisten der San Francisco Mountains bevölkern.

An wirklichen Attraktionen hat Flagstaff nicht viel zu bieten. Wer noch keine Gelegenheit hatte, eines der Observatorien des Südwestens zu besichtigen, kann sich das **Lowell Observatory** einmal anschauen (1 Meile nordwestlich der Innenstadt), von wo aus 1930 der Planet Pluto entdeckt worden ist. Naturkundlich Interessierte sollten dagegen dem **Arboretum at Flagstaff** *(4001 Woody Mountain Rd, tägl. 9–17h)* einen Besuch abstatten. Es handelt sich dabei um Amerikas höchstgelegenes Forschungsgebiet in punkto heimische Pflanzenwelt. Darüber hinaus gibt es hier einen Schmetterlings- sowie einen Kräutergarten. *Führungen finden zweimal täglich (i.d.R. 11h und 13h) statt.*

Wer über Nacht in Flagstaff bleibt, der sollte sich unbedingt danach erkundigen, was am Abend im **Museum Club** *(3404 E. Route 66)* stattfindet. Das große Blockhaus wurde 1931 erbaut um ausgestopfte Tiere zu lagern und war dann während der Boomzeiten der Route 66 beliebter Stopp für Durchreisende. Denn hier im Nachtclub „The Zoo" ging es heiß her, besonders dann, wenn bekannte Countrymusiker – auch sie oft nur auf der Durchreise und gar nicht angemeldet – auftraten. Seither ranken sich Legenden – und sogar Geistergeschichten – um dieses Gebäude. Seit einigen Jahren gibt es wieder Livemusik und „Smoky Joe's"-BBQ-Gerich-

Route 66-Romantik:The Museum Club

te. Die „Route 66-Atmosphäre" wird zwar nicht mehr ganz erreicht, aber ein Besuch lohnt trotzdem.

Im Umkreis von Flagstaff befinden sich drei National Monuments: Nur wenige Meilen östlich liegt das **Walnut Canyon National Monument**, in dem noch 300 Wohnstätten der Sinagua-Indianer zu sehen sind. Nördlich von Flagstaff erreichen Sie nach etwa 11 Meilen auf dem US 89 die Abfahrt zum **Sunset Crater National Monument**. Dieser Vulkankegel ist einer von über 200 im Gebiet der San Francisco Mountains. Er entstand durch eine Reihe von Ausbrüchen, deren letzter vor etwa 700 Jahren stattgefunden hat. Man kann Wanderungen über die Lavaströme unternehmen. Zudem werden Erläuterungen zur Entstehung von Vulkanen am Visitor Center geboten. 16 Meilen weiter auf dieser Stichstraße erreichen Sie schließlich das **Wupatki National Monument**. Hier siedelten bereits um 600 n. Chr. Sinaguas in unterirdischen Behausungen. Die letzten Bewohner haben das Gebiet um 1200 verlassen. Interessant an der Geschichte dieses ehemaligen Pueblos, von dem nur noch Reste übrig sind, ist die Tatsache, dass hier um 1100 mehrere Indianerstämme gemeinsam gesiedelt haben: Anasazi, Sinagua, Mogollon, Hohokam und Cohonino.

Naturattraktionen in der Umgebung

Noch ein Stück weiter gen Osten (I-40, Exit 233), südwestlich von Winslow, schlug vor 49.000 Jahren ein mehrere hundert Tonnen schwerer Meteorit mit einer Geschwindigkeit von schätzungsweise 70.000 km/h ein. Der **Meteor-Krater** misst 1,2 km im Durchmesser und ist 170 m tief. Man bedenke hierzu, dass der Meteorit nur 30 m im Durchmesser maß. Das Gelände wurde übrigens auch von zukünftigen Astronauten als Testgebiet genutzt (Führungen zu diesem Thema).

Ein Besuch dieser vier Stätten lohnt sich für Sie aber nur, wenn Sie bereit sind, dafür einen Tag „zu opfern". Ansonsten sollten Sie von Flagstaff aus gleich auf dem US 180 weiterfahren zum Grand Canyon.

Kurz hinter Flagstaff führt die Straße vorbei am **Museum of Northern Arizona**, einem der wichtigsten Museen Arizonas. In und um einen eindrucksvollen Gebäudekomplex aus Felsstein werden Beispiele der lokalen Vegetation, Geologie und Fauna präsentiert. Außerdem beschäftigt sich eine Abteilung mit der Kulturgeschichte des nördlichen Arizona, beginnend mit der ersten Besiedlung des Plateaus um 15000 v. Chr. Besonders die religiösen Gepflogenheiten werden in kaum einem anderen Museum so gut dokumentiert. *Öffnungszeiten: täglich 9–17h.*

Die Strecke führt nun weiter vorbei an den **San Francisco Mountains**, deren höchste Erhebung, der **Humphrey Peak**, 3.860 m misst. Selbst im Frühjahr und im Spätherbst liegt auf dem Gipfel Schnee, eine unwirkliche Erscheinung, wenn man ihn bei guter Sicht von der wüstenhaften Umgebung aus betrachtet. Falls Sie in der Zeit von Oktober bis März durch dieses Gebiet reisen sollten, lassen Sie es sich nicht entgehen, mit dem Sessellift vom Arizona Snow Ball (8 Meilen über die Stichstraße vom Hwy. 180) auf einen nahen Gipfel zu fahren. Besonders wenn im Herbst die roten und gelben Blätter den Indianersommer einläuten, ist dieser Abstecher unbedingt zu empfehlen.

22. Alternativroute über Las Vegas

Entfernungen
* Flagstaff - Williams:
  32 Meilen/51 km
* Williams - Grand Canyon NP:
  60 Meilen/97 km
* Williams - Kingman:
  112 Meilen/181 km
* Kingman - Las Vegas:
  104 Meilen/168 km

Routenempfehlung
Bis Kingman den I-40, dann weiter auf dem AZ 93 bis Las Vegas.

Zwischen Flagstaff und Las Vegas

Überblick

Bevor Sie nach Las Vegas fahren, sollten Sie sich erst Gedanken machen über Ihre weitere Reise. Zwischen Flagstaff und Salt Lake City/Denver bieten sich die folgenden 3 grundlegenden Alternativen an:

* **Alternative 1:** Sie fahren von Flagstaff nach Las Vegas und auf dem Rückweg zum Grand Canyon. Von dort geht es dann weiter westlich des Lake Powell, den Sie anschließend überqueren, um auch zum Capitol Reef Nationalpark und den Bryce Canyon Nationalpark zu gelangen. Diese Strecke ist die längste und trifft auf die meisten Sehenswürdigkeiten der Region. Lesen Sie dazu gleich im Anschluss „Alternative 1" und dann weiter auf den folgenden beiden Kapiteln („Der Grand Canyon und

Lake Powell, wie ein Meer in der Wüste

die Sehenswürdigkeiten entlang dem Colorado-Tal" sowie „Vom Grand Canyon nach Salt Lake City").

• **Alternative 2:** Sie fahren zuerst zum Grand Canyon und anschließend nach Las Vegas. Von dort führt Ihre Route auf der westlichen Seite des Colorado River und seiner Stauseen zu den Nationalparks Zion und Bryce Canyon. Von letzterem fahren Sie dann nach Salt Lake City. Diese Route ist die schnellste, die aber Sehenswürdigkeiten wie das Monument Valley auslässt. Lesen Sie hierzu dieses gesamte Kapitel und dann weiter im Kapitel „Vom Grand Canyon nach Salt Lake City".

• **Alternative 3:** Wie Alternative 2, doch vom Bryce Canyon Nationalpark fahren Sie weiter zum Capitol Reef Nationalpark und danach weiter, entgegengesetzt der Beschreibung in Kapitel „Der

Grand Canyon und die Sehenswürdigkeiten entlang dem Colorado-Tal", auf die östliche Seite des Lake Powell zum Monument Valley und den Arches Nationalpark. Endziele hier können Salt Lake City bzw. Denver darstellen. Lesen Sie zu dieser Strecke dieses gesamte Kapitel und das Kapitel „Der Grand Canyon und die Sehenswürdigkeiten entlang dem Colorado-Tal" (z.T. rückwärts).

Alternative I

Tipp
Wenn Sie sich für diese Alternative entschieden haben, versuchen Sie auf dem Hinweg die angegebenen Attraktionen aufzusuchen, da Sie von Las Vegas aus schnell zum Grand Canyon fahren sollten, um dort noch den Sonnenuntergang erleben zu können. Am besten aber, Sie halten sich auf der Hinfahrt auch nur am Hoover Dam auf.

Die Hauptstrecke fahren Sie bis Kingman auf dem Highway I-40, der sich auf dem ersten Streckenabschnitt durch eine schöne Waldgegend zieht, bevor er dann hinter Williams auf einer 10 Meilen langen Strecke abfällt in eine halbwüstenhafte Hochebene. Die drei größeren Orte entlang diesem Abschnitt, Williams, Seligman und Kingman, bieten nicht allzu viel.

Williams (ⓘ S. 173) ist ein vergeblich auf historisch getrimmter Touristenort, ausgerichtet auf Reisende zum Grand Canyon. Einzig interessant sind die „Route-

66"-Memorabilie sowie die von hier abfahrende **Grand Canyon Railway**, eine historische Eisenbahnverbindung zum Grand Canyon Village.

Historische Eisenbahn

Eine Fahrt mit der **Grand Canyon Railway** ist allemal ein Erlebnis, wobei hier im Gegensatz zur „Verde River Canyon Railroad" weniger die Landschaft als viel mehr die historischen Züge beeindrucken. Die Bahn wurde ursprünglich 1968 stillgelegt, dann aber 1989 wieder in Betrieb genommen und dampft nun mit alten „plüschigen" Waggons gemächlich zum Canyon.

Tipp

Einer fährt mit dem Auto, die anderen nehmen die Eisenbahn. Alternativ: günstigere Übernachtung in Williams wahrnehmen und hin und zurück fahren. Dabei haben Sie aber nur etwa 3 ½ Stunden Zeit am Canyon.

Grand Canyon Railway

Seligman (1.500 Einwohner) ist ein verschlafenes Nest, das höchstens noch als halbverlassener Motelstandort der alten Route 66 gelten kann und sich von seiner Autobahnraststätte und den wenigen Nostalgikern, die die alte Route 66 befahren, „ernährt". Hier zweigt ein noch erhaltenes Teilstück der legendären Straße ab, um bei Kingman wieder auf die I-40 zu treffen.

Kingman, die größte Stadt der Region, existiert eigentlich nur wegen ihrer unzähligen Motels, Hotels und Restaurants, die Reisenden entlang dem I-40 eine Rast ermöglichen. Übernachtungsmöglichkeiten bieten unzählige Franchisehotels sowie das historische „Hotel Brunswick". Nach einem vernünftigen Restaurant suchen Sie aber vergeblich. Gehen Sie gleich zum Fast Food oder legen Sie einen Diättag ein. Außerdem gibt es in Kingman noch das nicht besonders eindrucksvolle **Route 66 Museum** *(120 W. Andy Devine Ave., tägl.)* sowie das kleine **Mohave Museum of History & Art** *(400 W. Beale St., tägl.)* mit nur regionalem Charakter. Daher ist es eher ratsam, zügig durchzufahren bis zum Hoover Dam, für den Sie ca. 2 Stunden Besichtigungszeit einplanen sollten.

Weltberühmte West-Ost-Straße

Falls Sie sehr früh losgekommen sind in Flagstaff, bietet sich unbedingt der Mehrweg von gerade 20 Meilen entlang einem Abschnitt der legendären Route 66 an. Dazu zweigen Sie in Seligman ab und kommen bei Kingman wieder zurück auf die Hauptstrecke. Inklusive einer Besichtigung der Grand Canyon Caverns und der ohnehin langsameren Strecke benötigen Sie hierfür zusätzliche 1½ Stunden. Ihre Gesamtfahr- und Besichtigungszeit für den Streckenabschnitt von Flagstaff bis Las Vegas würde somit ca. 8 Stunden betragen (inklusive der Besichtigung des Hoover Dam).

Das besterhaltene Stück „Sixty Six" liegt zwischen Seligman und Kingman. Zum Anhalten laden die **Grand Canyon Caverns** ein. Folgen Sie etwa 24 Meilen

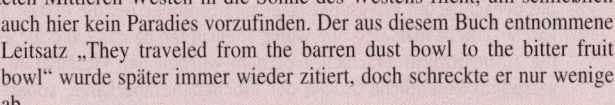

INFO **Route 66**

Kaum einer konnte wohl in den 60er Jahren die vielen Songs überhören, die die Bedeutung, die Hoffnung und zugleich auch die Tragik der Route 66 auszudrücken versuchten. Die Rolling Stones, die Gruppe Middle of the Road, der Soulsänger Nat King Cole und viele andere landeten einen Hit mit immer dem gleichen Refrain: „Get the Kicks on Route 66". Selbst in der Literatur taucht dieser Straßenzug immer wieder auf. Bekanntestes Beispiel dafür ist John Steinbecks Roman „The Grapes of Wrath", in dem die Geschichte einer Familie erzählt wird, die aus dem von Sandstürmen verwüsteten Mittleren Westen in die Sonne des Westens flieht, um schließlich auch hier kein Paradies vorzufinden. Der aus diesem Buch entnommene Leitsatz „They traveled from the barren dust bowl to the bitter fruit bowl" wurde später immer wieder zitiert, doch schreckte er nur wenige ab.

Die Route 66, 3.600 km lang, zog sich von Chicago über St. Louis, Oklahoma City, Albuquerque, Flagstaff bis nach Los Angeles. Damit war sie eine der Lebensadern Amerikas und Hoffnungsträger vieler Umsiedler, die aus dem alten Osten kommend in das aufstrebende Südkalifornien strömten, in der Hoffnung auf eine bessere Zukunft. Erst 1926 komplett ausgebaut, zogen bereits Anfang der 30er Jahre die ersten Menschenmassen über die „Sixty Six". Es waren hauptsächlich verarmte Farmer aus Oklahoma und Kansas.

Doch auch nach dem 2. Weltkrieg schleppten sich erneut Autolawinen über die damals noch zweispurige und an einigen Stellen erheblich steilere Straße. Zu dieser Zeit lockten die neuen Industrien, allen voran die Flugzeugfabriken im Raume von Los Angeles. Kein Wunder also, dass bei diesen Automassen die 66 zum Symbol der amerikanischen Autokultur erkoren wurde, geschmückt mit dem Beiwerk der für Amerika so typischen Motels und Fastfood-Restaurants, die wie Pilze aus dem Boden schossen. In den 60er und 70er Jahren waren es weniger die Umsiedler, dafür aber die mobile Jugend und die Urlauber, die der Straße ihre fortwährende Bedeutung verliehen. Doch der zunehmende Autoverkehr und besonders die übergroßen Trucks veranlassten die Regierungen der Anrainerstaaten zu dem Entschluss, einen neuen, vierspurigen Highway zu bauen, der viele der kleinen von der 66 lebenden Ortschaften aussparte. Zuerst langsam und dann immer schneller verschwand die alte Straße, und nur noch wenige Etappen verlaufen heute noch parallel. Mit ihr starb ein wesentliches Symbol der modernen amerikanischen Geschichte. Übriggeblieben sind verwaiste Motels, ausgestorbene Kleinstädte und eine Legende, die wohl noch sehr lange bestehen bleiben wird. Der letzte Streckenabschnitt der I-40 wurde 1984 bei Williams eingeweiht.

hinter Seligman den Schildern, ein von der Sonne ausgebleichter Pappmaché-Dinosaurier deutet schließlich auf den Höhleneingang hin. Zu den Höhlen geht es mit einem Aufzug hinunter. Namen wie „Halls of God" und „Chapel of the Angels" weisen auf die bizarren Formen hin. Der Boden besteht aus Kalkstein, der sich vor 350 Mio. Jahren auf dem Grund eines Ozeans aus Ablagerungen gebildet hat. Als das Land sich später gehoben hat, haben Wasserfluten die Höhlen ausgewaschen. Seit nunmehr 5 Mio. Jahren liegen die Höhlen trocken.

Ihre Entdeckung ist einem Zufall zu verdanken: Ein Holzfäller namens Walter Peck stieg 1927 in einen Erdspalt hinab, in der Hoffnung, hier Gold zu finden.

Die Höhlen sind gut ausgeleuchtet und dank befestigter Eisengatter mit normalem Schuhwerk zu begehen. *Öffnungszeiten: 9–18h (Sommer), 9h30–17h (Winter), Führungen jede volle Stunde (Dauer 45 Minuten).*

An ihrem nördlichsten Ausläufer berührt die Route 66 das **Hualapai-Indianerreservat** mit seinem Hauptort Peach Springs. Ehemals waren die Hualapai, wie die benachbarten Havasupai, Jäger und Sammler. Als die ersten Siedler aus Osten kamen, störte man sich nur wenig aneinander, da das Land für große Siedlerströme zu unattraktiv erschien. Trotzdem wurden den Hualapai im Zuge der Reservatspolitik wesentliche Stücke der Hochebene aberkannt, sodass heute nur noch wenige der 1.200 Indianer Viehzucht betreiben können. Die meisten haben Regierungsjobs oder sind in der Touristikbranche beschäftigt. Wer Zeit, Muße und ein relativ robustes Fahrzeug hat, sollte einmal einen Abstecher von Peach Springs durch den gleichnamigen Canyon an den Lake Mead machen. Landschaft und Ruhe werden die Belohnung sein.

Fahren Sie nun durch bis Kingman und von dort weiter auf dem US 93 in Richtung Las Vegas.

Hoover Dam

Nachdem Sie von Kingsman aus 60 Meilen durch ein ödes und weites Wüstental gefahren sind, in dem das lange Teerband kaum eine Kurve macht und Sie das Gefühl haben, nicht richtig vorwärts zu kommen, kündigen höhere Berge und unzählige Schilder plötzlich eine dramatische Veränderung an. Ein Radiosender gibt Informationen über den Verkehr am Damm, die Straße steigt unaufhaltsam an, und auf der Höhe, nach links hinüber, offenbart sich eine atemberaubende Aussicht auf zerklüftete Berge und Täler. Am ersten Aussichtspunkt lässt sich der tief unten verlaufende Colorado River erahnen. Doch selbst wenige Meilen vor dem stolzen Bauwerk kann man nur raten, wo sich denn der Damm wirklich befindet.

Gigantischer Staudamm

Plötzlich ist es dann so weit. Ein Aussichtspunkt, rechts an der Straßenkurve, lädt zum Anhalten ein, und unter Ihnen wird das Ausmaß dieses „Stolzes aller Amerikaner" sichtbar. Ein enges Tal wird nicht nur von Damm und Wasser erfüllt, sondern besonders die unzähligen Strommasten und der Verkehr, der sich langsam über die auch als Brücke fungierende Staumauer dahinzieht, machen wieder einmal deutlich, wie der Mensch doch immer wieder versucht, sich die Natur untertan zu machen. Nach etlichen Meilen durch ödestes Land ein unvorstellbarer, eher beängstigender Anblick.

Parken

*Versuchen Sie auf Arizonaseite zu parken, möglichst am unteren Parkplatz neben dem **unteren** Giftshop. Von hier aus können Sie dann über die*

Staumauer laufen und auf die andere Seite zum Ausstellungsgebäude. Auf Nevadaseite gibt es direkt am Visitor Center/Ausstellungsgebäude ein riesiges Parkhaus, das aber nicht ganz billig ist.

- **Besichtigung:** Gehen Sie zuerst einmal zu Fuß auf beiden Seiten der Staumauer entlang, um ein Gefühl für Höhe und Größe zu erlangen. Danach sollten Sie sich auf der Nevadaseite die kleine Ausstellung zu Bau und Geschichte des Hoover Dammes ansehen. Als Krönung sollte schließlich eine Besichtigung des Mauerinneren, der Elektrizitätsanlage und des Mauerfußes folgen. Hierzu kaufen Sie sich ein Ticket am Schalter auf der Mauermitte und fahren anschließend mit einem Fahrstuhl hinunter. Die Tour wird geführt und das Wichtigste erklärt. Dauer: ½ Stunde (+ ½ Stunde Schlange stehen).

Stolz der Amerikaner: der Hoover Dam

- **Geschichte:**

Schon die ersten Menschen versuchten, den Colorado für sich zu nutzen. Doch immer wieder schluckten im Frühjahr die Wassermassen das Land (bedingt durch die Schneeschmelze auf den Bergen), während im Sommer und Herbst nur ein müdes Rinnsal floss. Der Colorado ist übrigens einer der größten „Fremdlingsflüsse" der Welt. D.h. er führt im unteren Flusslauf erheblich weniger Wasser als im oberen – z.T. in Dürrejahren gar keins. Auch die ersten Siedler hatten mit dem Fluss zu kämpfen.

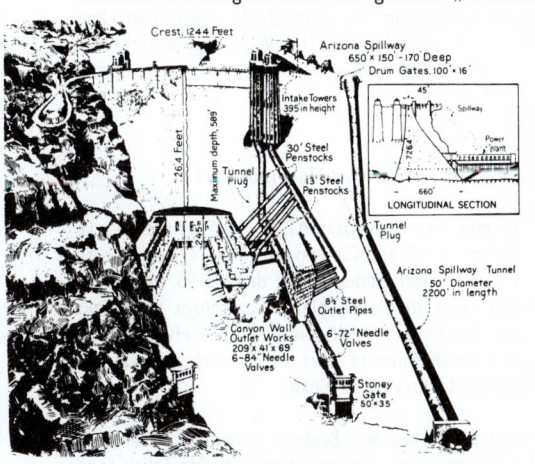

Als zu Beginn des 20. Jh. schließlich immer mehr Menschen in den Westen kamen und das Wasser knapp wurde, beschloss die US-Regierung 1922, unter Leitung des damaligen Handelsministers Herbert Hoover, ein Abkommen („Colorado River Compact") zu vereinbaren, das die Wassernutzungsrechte der 7 Anliegerstaaten regelte. Zur endgültigen und gerechten Nutzung wurde dann 1928 entschieden, im Boulder Canyon einen Damm zu bauen. 1931 begannen die Arbeiten, die bereits 1935, zwei Jahre früher als geplant, abgeschlossen waren. Neben der Stromerzeugung war vor allem die Wasserversorgung das wesentliche Ziel dieses Mammutprojektes. Kanäle und Rohre bis nach Kalifornien (Imperial und Coachella Valley), Tucson und Phoenix wurden dazu angelegt.

- **Daten:**
  - Höhe des Staudammes: 221,28 m
  - Länge der Krone: 379,2 m
  - Breite oben: 13,7 m
  - Breite am Sockel: 201,2 m
  - Stromzuteilung in % der Gesamtleistung des Dammes, festgelegt in einem im Jahre 2017 auslaufenden Vertrag (Auswahl):
    - Bundesstaat Nevada: 15,1 %
    - Bundesstaat Arizona: 18,9 %
    - Großstädtischer Bereich Südkalifornien: 28,5 %
  - Anzahl der Generatoren: 17 (weitere geplant)
  - Leistungskapazität: 1.344.800 Kilowatt, Erhöhung auf 2 Mio. geplant.
  - Jährliche Stromerzeugung: 4,14 Milliarden Kilowattstunden, ausreichend für 500.000 Haushalte.
  - Fläche des mit dem Wasser des Lake Mead bewässerten Landes: 4.000 km² in den USA und 2.000 km² in Mexiko, womit das Wasserbedürfnis von 15 Mio. Menschen gedeckt wird.
  - **Der Stausee (**Lake Mead):
    - maximale Tiefe: 152 m
    - Küstenlänge: 885 km

Vom Hoover Dam sind es noch etwa 34 Meilen bis Las Vegas. Halten Sie vorher aber am **Alan Bible Visitor Center**, 4 Meilen oberhalb des Staudammes, welches ausreichendes Informationsmaterial für einen Besuch der westlichen Uferzone des Lake Mead bereit hält. Falls Sie sich erst in Las Vegas dazu entscheiden sollten, müssten Sie einen längeren Umweg in Kauf nehmen, um wieder hierher zu kommen. *Öffnungszeiten: täglich 8–17h.*

Rückfahrt von Las Vegas zum Grand Canyon National Park

Für die Rückfahrt bietet sich als eine Alternative zum AZ 93 die folgende Strecke bis Kingman an (die aber eine Fahrt zum Grand Canyon um einen Tag verlängert): Biegen Sie 7 Meilen hinter Henderson nach Süden ab auf den US 95, und folgen Sie den Schildern bis **Laughlin** (also 20 Meilen hinter Searchlight nach links abbiegen). Besonders der letzte Abschnitt, vom Abzweig des NV Hwy. 163 bis nach Laughlin, ist den Umweg wert. Sich windend führt die gut ausgebaute Straße in das vor Ihnen liegende zerklüftete Colorado-Tal hinab.

Laughlin (ⓘ S. 173) selbst ist eine neu aus dem Boden gestampfte Spielerstadt. Mehrere große Hotels und Spielhallen reihen sich in diesem schönen Stück Land aneinander, und es ist einmal mehr bedrückend zu sehen, wie eine Landschaft verschandelt werden kann. Für den Reisenden bietet sich hier aber die Gelegenheit, zu äußerst günstigen Preisen zu übernachten. Unter der Woche zahlen Sie *Erste* für ein gutes Hotel kaum mehr als $ 40, und die Büfettpreise liegen auch noch *Casinos* deutlich niedriger als in Las Vegas. Dafür müssen Sie aber in Kauf nehmen, dass die Hotels **nur** auf Spielbetrieb aus sind und dass die „Stadt" **nur** aus Hotels besteht.

Tipp
Versuchen Sie in den großen Hotels ein Zimmer in den oberen Etagen mit Blick auf den Colorado zu bekommen.

Auf dem Colorado können Sie von den einzelnen Hotels aus Touren mit einem Schaufelraddampfer unternehmen. Laughlin gegenüber liegt die sich über 10 Meilen entlang dem Colorado erstreckende Stadt **Bullhead City**. Während des Baues des nahen Davis Dam als Arbeitersiedlung errichtet, ist sie heute ein Ferienort, der gerne von Rentnern und älteren Leuten frequentiert wird sowie auch von Sportfischern. Wer also in Laughlin übernachtet, hat am nächsten Tag noch Zeit, einen kurzen Umweg nach **Oatman** zu fahren, einer kleinen „Ghosttown", in der bis 1942 nach Gold gesucht wurde. Man hat versucht, vieles im alten Stil zu erhalten. Es gibt neben alten Gebäuden gibt es auch ein Museum zu besichtigen. Zudem wird in einer Filmvorführung die Geschichte des Örtchens erzählt.

Tipp
Nehmen Sie hierzu von Bullhead City aus nicht die auf den Karten eingezeichnete Schotterstraße, sondern besser die 9 Meilen längere Teerstraße durch das Fort Mohave Indianerreservat.

Über Kingman geht es nun zurück auf dem I-40 bis Williams. Dort biegen Sie ab nach Norden auf den AZ Hwy. 64, der sich später mit dem US 180 vereinigt. In dem vollkommen flachen Gelände, das an vielen Stellen an eine Steppe erinnert, mag man gar nicht glauben, dass irgendwo vor einem eine der tiefsten Schluchten der Welt klafft. Autoverkehr und unzählige Reklameschilder lassen Sie dieses dann aber doch nicht vergessen. In **Tusayan**, 6 Meilen vor dem Örtchen Grand Canyon, gibt es eine große Konzentration von Hotels, Motels, Campingplätzen und Restaurants. Leider hat hier bereits alles extra hohe Preise, auch die Fastfood-Ketten. Somit wäre es eine Überlegung wert, bereits in Williams das Nachtlager aufzuschlagen. Anschließend, kurz vor dem südlichen Parkeingang, lockt das **Grand Canyon Theatre** mit dem IMAX-Film „Grand Canyon – The hidden Secrets". Dauer: ½ Stunde. Auf einer überdimensionalen Leinwand wird die Geologie der Schlucht, die Geschichte ihrer Erforschung und vieles mehr geboten. Ein durchaus lohnender Stopp, um sich näher mit dem „Weltwunder" zu befassen. Von hier aus ist es nicht mehr weit bis zum Parkeingang.

Kurz vor dem Grand Canyon

Las Vegas (ⓘ S. 173)

Entfernungen
• *Las Vegas - Flagstaff: 249 Meilen/400 km*
• *Las Vegas - Phoenix (über Wickenburg): 287 Meilen/462 km*
• *Las Vegas - Salt Lake City (über I-15): 417 Meilen/671 km*

Zeiteinteilung
1½ - 2 Tage

Redaktions-Tipps

- Wegen der günstigen Hotelpreise möglichst **zwischen Sonntag und Donnerstag in Las Vegas übernachten**.
- Fürs **Wochenende** Zimmer unbedingt vorbuchen.
- **Kommen Sie nicht zu spät an**, dann können Sie am Abend noch etwas unternehmen und am nächsten Tag ausschlafen.
- Bevor Sie essen gehen, eine Show besuchen oder anderes unternehmen wollen, blättern Sie alles Infomaterial, das Ihnen in die Finger kommt, nach **Rabattzettelchen** durch.
- Was das Essen angeht, empfehlen sich die besonders günstigen, aber durchaus leckeren **Büfetts in den Casino-Hotels**. Die vergleichsweise teuren Restaurants dagegen bieten keinen entsprechenden Gegenwert.
- **Sehenswürdigkeiten**: „The Strip", „The Strip", „The Strip" (S. 544ff) ... besonders bei Nacht. Schön ist auch ein Hubschrauberflug über die „Lichter der Nacht".
- Ein **vorzeitiges Trinkgeld (ab $10)** an den Platzanweiser in den Shows und Theatern am Strip (S. 547) beschert Ihnen einen erheblich besseren Sitzplatz.

Neonlicht und Wüstensand

Schon Tage, bevor Sie nach Las Vegas gelangen, werden Ihnen Amerikaner von dieser Stadt vorschwärmen, und viele fahren mindestens einmal im Jahr zum Spielen („Gambling") hierher. (Das ist für sie weder ein Geheimnis noch etwas Anstößiges.) Auch Rentner, Familien und ansonsten konservative Zeitgenossen des Mittelstandes treffen sich hier zu einem allen gemeinsamen Vergnügen. Kein Wunder also, dass sich diese ehemals kleine Mormonenstadt zur wohl glitzerndsten Oase der Welt gemausert hat.

Dabei begann alles ganz friedlich: 1829 zog eine kleine Karawane von New Mexico nach Los Angeles, entlang dem Spanish Trail, und cam-

pierte etwa 100 Meilen nördlich der heutigen Stadt. Da das Wasser knapp wurde, entschloss sich der Leiter dieses 60 Mann starken Grüppchens dazu, einen Wassersuchtrupp loszuschicken. Dieser fand nach tagelangem Ritt durch Zufall die heute als Las Vegas Springs bekannten artesischen Wasser, die aus der Tiefe des Bodens emporkommen und auf eine Urzeit zurückdeuten, als das Gebiet ein großer Sumpf gewesen sein muss.

15 Jahre später campierte an den Quellen eine Überlandexpedition unter Leitung von John C. Fremont. Seinen Namen findet man heute an Straßen, Hotels und anderen Plätzen in der Stadt wieder. Doch erst um 1855 siedelten

Buntes Lichtermeer in der Wüste: Las Vegas „Strip"

die ersten Menschen hier. Es waren Mormonen, die aus dem Salt Lake-Tal kamen, um die Postroute zwischen Los Angeles und Salt Lake City zu sichern. Sie errichteten ein kleines Fort, Häuser aus Lehm und begannen das Land zu kultivieren. Für den Bau der Eisenbahnlinie 1904 wurde in Las Vegas eine große Zeltstadt und ein zentrales Ersatzteillager errichtet. 1905 wurde damit die Stadt offiziell ins Register eingetragen, und von nun an war es die Eisenbahn, die das weitere Schicksal der Stadt bestimmte: Ein Casinohotel wurde

im Bahnhofsgebäude eingerichtet, sodass viele Reisende hier einen Aufenthalt einplanten, bevor sie mit dem nächsten Zug weiterfuhren – meist um viel Geld erleichtert.

Die Spielerei nahm solche Auswüchse an, dass der Staat Nevada 1910 ein Anti Gambling Law verabschiedete. Dieses erzielte aber kaum Wirkung, sondern förderte das illegale Spielen, gegen das der Staat machtlos blieb. 1931 wurde das Gesetz wieder aufgehoben, und der Bau des nahen Hoover Dam und die Einrichtung eines großen Militärlagers sorgten für ausreichend Spiellustige.

Der große **Boom** setzte schließlich 1941 ein, als eine Reihe von Casinohotels am Las Vegas Boulevard gegründet wurden. Hinter diesen steckte meist die Mafia, die in den großen Städten wie New York, Chicago und Los Angeles immer mehr mit „Repressalien" durch die Polizei zu kämpfen hatte. Las Vegas wurde zur „Last Frontier" für diese „Pioniere" Amerikas. Die Liste der Besitzurkunden der Hotels der 1950er Jahre liest sich wie eine Verbrecherkartei. Hier und dort tauchten auch Namen von zu Reichtum gelangten Sportlern auf. Einer von ihnen war Joe Louis, der ehemalige Weltmeister im Schwergewichtsboxen, der es in den 30er Jahren zweimal mit Max Schmeling zu tun hatte. Zwar währte sein finanzielles Glück in Las Vegas nicht lange – die Mafia benutzte ihn nur als Aushängeschild und „komplementierte" ihn bald wieder hinaus –, doch sorgte er dafür, dass von nun an große Boxkämpfe gerade in Las Vegas ausgefochten wurden.

Karriere einer Spielerstadt

Leider war Las Vegas auch in anderer Hinsicht sein Verderben: Joe Louis war leidenschaftlicher Spieler und verspielte sein gesamtes Vermögen in den Casinos.

Während der 1960er Jahre wurden die Slot Machines, die „einarmigen Banditen" eingeführt, und somit wurden also auch die „kleinen Spielsüchtigen" angelockt, die weder pokern noch Black Jack spielen wollten. Damit setzte ein weiterer Boom ein, und die Jackpots, die höchsten zu erzielenden Gewinne an einer Maschine, erreichten Summen von bis zu 9 Millionen Dollar, vorausgesetzt, man war bereit, mit 500-$-Münzen (Tokens) zu spielen.

In den großen Einsätzen liegt übrigens eine Strategie der Casinos: Wer nur wenig setzt, gewinnt kaum. Versuchen Sie es mal. Wenn Sie immer mit Einsätzen von

Immer freundlich erwartet man die Spieler

25 c bis 1 $ spielen, können Sie mit „Megaglück" etwa 4.000 Dollar gewinnen. Das passiert aber in den allerseltensten Fällen. Die darunter liegenden („normalen") Gewinne sind aber wiederum so gering, dass sie zum erneuten Spielen einladen („der Gewinn lohnt ja nicht"), bis schließlich nichts mehr übrig ist. Diese Politik der Casinos führt also bei Spielern spätestens beim dritten Las-Vegas-Besuch dazu, nur mit Höchsteinsätzen zu spielen. Resultat: Wer nicht gewinnt (statistisch errechnet: 96 % aller Gambler), lässt an einem Tag schon mal mehrere tausend Dollar im Automaten. Die wenigsten stört das aber wirklich. Ein Wochenendverlust von 3.000 Dollar ist eingeplant, und die Spieler kehren immer wieder aufs Neue zurück nach Las Vegas.

Hier macht sich eine Eigenart der Amerikaner bemerkbar, das sog. „Alles oder Nichts-Syndrom". Entstanden ist es in der Zeit der ersten Pioniere und hat sich über Generationen bewahrt. Ähnliches lässt sich übrigens auch in „Pionierländern" wie z.B. Australien oder Südafrika erkennen.

Aber zurück zur neueren Geschichte von Las Vegas: 1976 drohte ein enormer Einbruch. Atlantic City an der Ostküste legalisierte das Gambling, und auch Städte wie z.B. Reno und Lake Tahoe an der Westgrenze von Nevada erstarkten. Las Vegas, geographisch zwar an der Kreuzung von zwei bedeutenden Highways, aber doch am weitesten entfernt von den großen Ballungsgebieten, musste sich etwas einfallen lassen. Die Hotels konnten sich nicht mehr auf Casinobetrieb und Unterkünfte beschränken, und so beschlossen die großen unter ihnen, Resorts, Theme Parks und anderes Entertainment zu bieten. Die Shows wurden aufgemöbelt und mit noch bekannteren Stars besetzt.

Zudem versuchte nun jedes Hotel etwas Exklusives zu bieten und sich damit einzigartig zu machen.

Der Bauboom hält an Immer neue Mammutpaläste schießen aus dem Boden, und der **„Strip"** ist auf einer Länge von mittlerweile 6 Meilen zugebaut. Besonders seit Anfang der 1990er-Jahre gibt es zahlreiche Neubauten, noch größer und noch imposanter, als alles, was davor bekannt war. Las Vegas zählt 16 der 20 größten Hotels der Welt (andere Statistiken sagen 14, aber auch 18; bzw. 7 der 10 größten Hotels der Welt). Das MGM verfügt z.B. über mehr als 5.000 Zimmer! Kleinere Hotels, wie das legendäre „Sands" oder das mittlerweile als historisch einzustufende „Fremont", geraten ins Hintertreffen oder werden gesprengt, um größeren Platz zu machen („The Dunes"). Die alten Casinos in der Downtown, die zwischenzeitlich nur noch zwielichtige Gestalten anzogen, wurden daher einer massiven „Aufmöbelung" unterzogen. Trotz Überdachung und stündlicher Lichtershow kann aber

auch heute die ehemalige Spielerstraße „Fremont Street" nicht mit dem „Strip" mithalten.

Die Kosten für die großen Hotelbauten am
„Strip" können sich nur noch große Konzerne
leisten, die den Bau zum Teil als Werbeobjekt
von der Steuer absetzen (wie z.B. Metro Gold-
wyn Meyer das „MGM Grand" mit seinem Hollywood Theme Park, dem Wasserpark und der
Wild-West-Stadt). Kostenpunkt für das Grand
mit seinen 5.007 Zimmern: 1,1 Milliarden Dollar, Spielcasinofläche: 172.000 squarefeet. Dagegen nehmen sich die Baukosten für das „Excali-

Einfach weggesprengt: „The Dunes"

bur" und des „Luxor" von jeweils 300 Millionen Dollar fast bescheiden aus. Neuere Hotels,
wie das „Bellagio" (1,6 Mrd. $), das „The Vene-
tian" (1,3 Mrd. $), das Mandaly Bay (1,5 Mrd. $)
u.a. liegen aber ebenfalls in der Kategorie über
einer Milliarde. Viele Hotels gehören bereits zusammen. So hat sich das „Excalibur" mit 7 weiteren Hotels und Casinos in Las Vegas und
Laughlin vereinigt, das „Treasure Island" und das
„Mirage" unterstehen derselben Gesellschaft. Andere Hotels wiederum bauen für zig Millionen
um, damit sie mit den neuen Schritt halten können. Doch nicht alle werden den finanziell nöti-

gen Atem haben, um diesen Wettlauf nach immer mehr und immer Neuerem zu
überstehen. Mittlerweile rechnen selbst die ganz großen, dass ein neu errichteter
Superpalast in weniger als 8 Jahren seine Kosten wieder eingespielt haben muss,
weil die Anlage dann namlich als „veraltet" gelten wird.

Dem Touristen aber bietet sich auf diese Weise ein unglaubliches Schauspiel aus
einfallsreichen Neonreklamen, Automatengeratter, billigen Büfetts und hervorra-

*„Excalibur": Die Ritterburg zählt eher zu den
bescheidenen Hotelbauten am „Strip"*

genden Shows. Es ist mit Sicherheit nicht jedermanns Sache, und
selbst die Hartgesottensten werden nach spätestens 3 Tagen froh
sein, wieder in die weite und beschauliche Wüstenlandschaft zu
entschwinden und sich dabei fragen, ob sie geträumt haben oder
ob so etwas wirklich real sein
kann.

Übrigens steht Las Vegas in noch
einem Punkt ganz oben auf der
Beliebtheitsskala: dem Heiraten.
Kein Bundesstaat hat so lockere

Heirats-
paradies?

Gesetze diesbezüglich, und für den sofortigen Trauschein reichen der Führer-
schein und 100–150 $! Mittlerweile werden hier jedes Jahr mehr als 120.000
Ehen geschlossen in einer der vielen kleinen Kapellen entlang dem (nördlichen)
Strip sowie denen in den Hotels.

Nun hat der ganze Rummel nicht nur schlechte Seiten: 45 % der Staatseinnahmen
von Nevada entstammen den Spielsteuern und mehr als ein Drittel des Staats-
haushaltes geht in den Erziehungsbereich. Daher kann
Nevada mit Recht auf eines der besten öffentlichen Er-
ziehungswesen der USA verweisen. Die Spieleinnahmen
– oder besser die Gewinne – werden bewusst verschwie-
gen, aber bei über 35 Millionen Las-Vegas-Besuchern jährlich von denen statistisch gesehen 78 % Geld in den Casinos lassen, kann man sich ja vorstellen, dass es sich um
ein hübsches Sümmchen handeln muss. Schätzungen gehen davon aus, dass es sich um eine Summe im Bereich
von über 25 Milliarden Dollar handelt!

Eine typische Las-Vegas-Geschichte: Die Leitung des
Hotels „Las Vegas World" hat noch während des Baues
des **Stratosphere Tower** beschlossen, diesen um ein
weiteres Stockwerk als geplant zu erhöhen, damit er
selbst den Eiffelturm in Paris übertrifft. Mehrkosten: ca.
17 Mio. Dollar.

*Nun höher als der Eiffelturm:
Stratosphere Tower*

Der Konkurrenzdruck macht's möglich. Wer sich nicht
immer was Neues einfallen lässt, dem würde es ansonsten so ergehen wie dem ehemals berühmten „The
Dunes-Hotel". Man sprengt es einfach in die Luft. Das Gebotene war im Gegensatz zu den neuen Errungenschaften zu dürftig – abgesehen von der Explosion
selbst, die durch alle Medien ging und 150.000 Zuschauer anlockte und zu einer
Riesenparty animierte.

▬ Attraktionen abseits des Strip

Las Vegas
Down-
town

Suchen Sie nicht lange, es gibt sie nicht. Das **Las Vegas Art Museum** in der
Washington Avenue sowie das ganz in der Nähe gelegene **Nevada State Museum** bieten „Durchschnittsware" von lokalem Wert. Den einen oder anderen
zieht es da vielleicht noch eher ins **Liberace Museum** an der Tropicana Avenue,
um dem Charakter der Stadt gerecht zu werden. Der Glamour Star der amerikanischen Pianoszene feierte hier seine größten Erfolge, und seine Familie und eine
reiche Fangemeinde stiftete aus Trauer um den bereits in mittleren Jahren Verstorbenen, die Grundlage für dieses Museum, dessen „Kitsch" seines gleichen
sucht. Kernpunkt der Ausstellung bilden die Garderobe von Liberace und eine
Sammlung seiner plüschverzierten Autoflotte und natürlich Pianos – in allen
Größen. Zu neuem Leben erwacht die Downtown von Las Vegas vor allem rund
um die **Fremont Street**. Letztere verkam in den 1980er Jahren zunehmend und

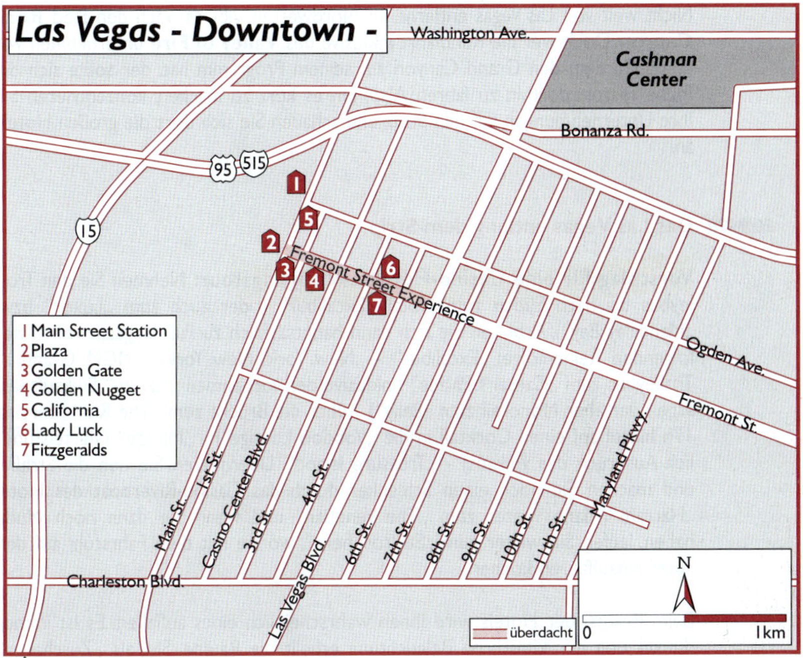

Las Vegas - Downtown -

Washington Ave.

Cashman Center

Bonanza Rd.

95 | 515

15

1 Main Street Station
2 Plaza
3 Golden Gate
4 Golden Nugget
5 California
6 Lady Luck
7 Fitzgeralds

Fremont Street Experience

Ogden Ave.

Fremont St.

Main St.
Casino Center Blvd.
1st St.
3rd St.
4th St.
Las Vegas Blvd.
6th St.
7th St.
8th St.
9th St.
10th St.
11th St.
Maryland Pkwy.

Charleston Blvd.

N

überdacht   0   1 km

© ■graphic

wurde Ende der 1990er Jahre komplett renoviert und „gesäubert", einschließlich des historischen **Main Street Station (1)**, in dem Restaurants und Shops untergebracht wurden. Die Fremont Street, das ursprüngliche Herzstück der Spielerstadt, wurde komplett überdacht und stündlich wird eine imposante Lichtershow geboten, bei der 2,1 Millionen Lämpchen unterschiedliche Bilder am Dach erscheinen lassen und ein 540.000 Watt-Soundsystem für die akustische Untermalung sorgt. Alte Fotos von Las Vegas können Sie heute noch im kleinen Spielcasino von **Las Vegas' ältestem Hotel**, dem **Golden Gate (3)**, bewundern *(Ecke Main/Fremont Str.)*. Mittlerweile ist also wieder etwas los in der Downtown, aber um ehrlich zu sein, mit dem „Strip" kann und wird sie nicht mithalten können.

Bunte Lichtershow unter Dach: Fremont Street

Hinweis

Zwischen Downtown und allen Hotels entlang des „Strip" verkehrt regelmäßig in kurzen Abständen ein Trolleybus.

Nicht weit von Las Vegas entfernt, im Nordwesten, gibt es noch den **Red Rock Canyon**. Doch wer die Rundfahrt inklusive des **Valley of Fire** unternehmen will und außerdem den Grand Canyon auf seinem Programm hat, der sollte sich die Mühe sparen, dorthin zu fahren. Also, um es kurz zu machen, konzentrieren Sie Ihre Unternehmungen auf den Strip, und schauen Sie sich dort die großen Hotels an.

Das Las Vegas entlang dem Strip

Vorschlag für eine Casino-Hotelbesichtigungstour: Nehmen Sie den Trolleybus bis nach Süden zum Hotel „Excalibur" (oder auch zum „Luxor" bzw. „Mandalay Bay"). Arbeiten Sie sich dann hauptsächlich zu Fuß langsam vor in der folgenden Reihenfolge: „Excalibur" - „New York, New York", „MGM Grand" - Trolleybus zum „Caesar's Palace" (inklusive der vornehmen „Forum"-Einkaufspassage oder aber Monorail zum „Bally") - über die Brücke zum „The Rio" (dort ab 17h hinauf auf einen Cocktail in die „Voodoo Lounge") - „Mirage" (viertelstündlich Ausbruch des Vulkans) - „Treasure Island". Überqueren Sie nun die Straße, und machen Sie noch einen Schlenker durch das Casino-Riverboat des Hotel „Harrahs", dann weiter zum „The Venetian" und wenn Sie dann noch Muße haben, laufen Sie weiter zum „Stratosphere", wo sie mit dem Fahrstuhl auf den Turm hinauffahren können..

Beim Besuch der Hotels wird Ihnen wahrscheinlich eines auffallen: Es ist immer dunkel, und nur künstliche Beleuchtung erhellt die Räume. Sie, als „Zuschauer" und in dem festen Vorsatz, weiterzulaufen, ohne zu spielen, werden das als gegeben hinnehmen. Ziel dieses künstlichen Lichts aber ist es, den Spielern das Zeitempfinden zu rauben, damit sie länger spielen. Achten Sie einmal spät in der Nacht darauf, wenn Sie müde durch die Vorhallen der Spielcasinos zu Ihrem Fahrstuhl wanken. Es ist kein bisschen anders als am Tag, und es spielen auch genauso viele Leute an den Automaten wie am Tag. Zudem versuchen die Hotelcasinos, die Ausgänge „zu verstecken", damit erst gar nicht der Wunsch aufkommt, das Casino zu verlassen und woanders sein Glück zu versuchen. Ein Gast, der nur im Hotel wohnt, ist ein Verlust.

Casinos und Hotels

Daher sind die Zimmer auch nur mit dem Nötigsten ausgestattet. Keine Frage, sie sind sauber, aber Sie werden vergeblich einen Kühlschrank, interessante Fernsehsender oder bequeme Sitzgelegenheiten suchen. Die könnten ja zum Zimmerhocken verleiten. Immer wieder werden Tricks angewandt, um den Besucher zu den Spielautomaten zu locken: So gibt es z.B. von der Straße aus zwar einen Eingang zur „Forum Mall" des Caesar's Palace, aber hinaus kommen Sie nur, nachdem Sie alle Spielhallen des Hotels passiert haben – kein Pardon – in römische Uniformen gezwängte Muskelprotze werden Ihnen spätestens beim Versuch, am Straßeneingang wieder herauszukommen, den **richtigen** Weg weisen.

Tipps

Hier noch ein paar spezielle Tips für Ihren Aufenthalt auf dem Strip:
- *Essen auf dem Strip:* Nehmen Sie die Schlangen an den Büfetts in Kauf

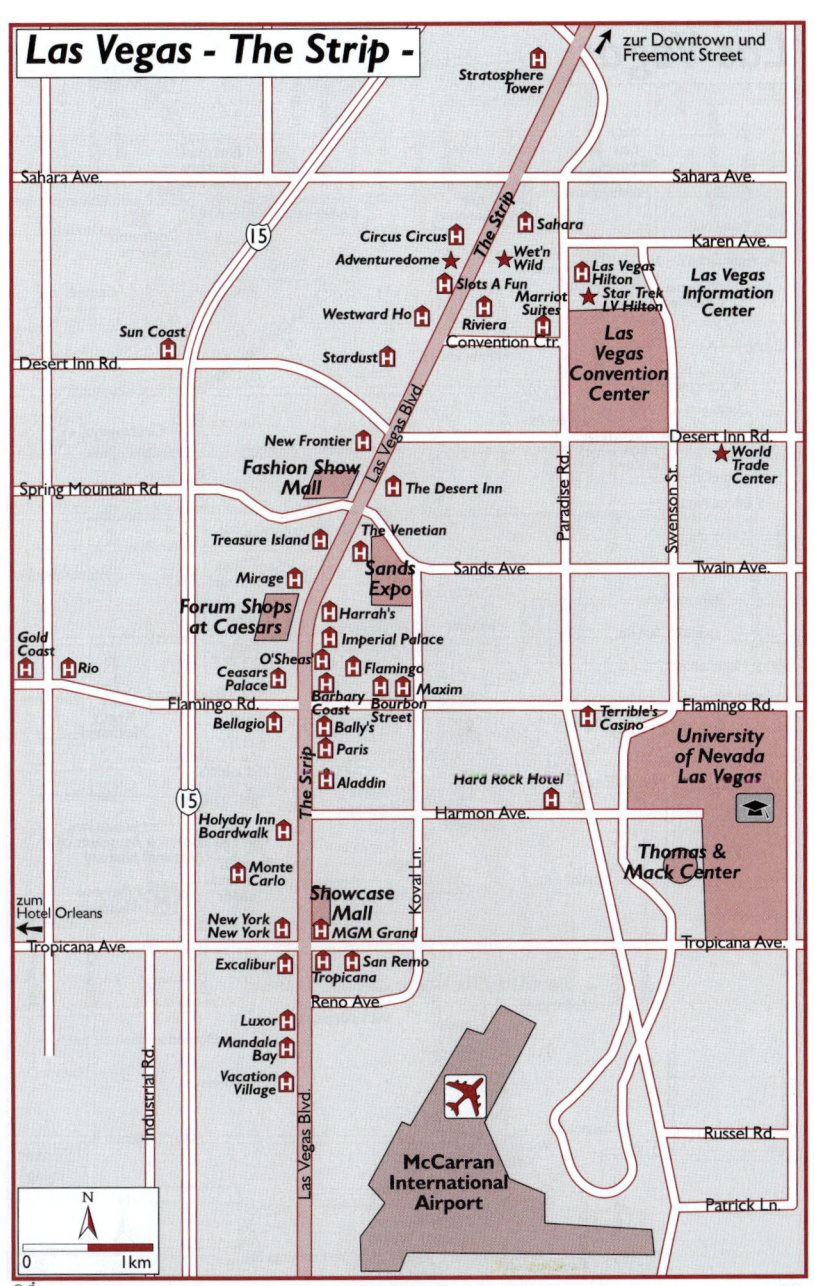

Las Vegas - The Strip -

zur Downtown und
Freemont Street

Stratosphere
Tower

Sahara Ave.　　　　　　　　Sahara Ave.

Karen Ave.

Circus Circus

Sahara

Adventuredome

Wet'n
Wild

Slots A Fun

Las Vegas
Hilton

Las Vegas
Information
Center

Westward Ho

Marriot
Suites

Star Trek
LV Hilton

Riviera
Convention Ctr.

Las
Vegas
Convention
Center

Sun Coast

Stardust

Desert Inn Rd.

New Frontier

Desert Inn Rd.

World
Trade
Center

Fashion Show
Mall

The Desert Inn

Spring Mountain Rd.

Paradise Rd.

Swenson St.

The Venetian

Treasure Island

Twain Ave.

Mirage

Sands
Expo

Sands Ave.

Forum Shops
at Caesars

Harrah's

Gold
Coast

Imperial Palace

Rio

O'Sheas

Ceasars
Palace

Flamingo

Maxim

Flamingo Rd.

Barbary
Coast

Bourbon
Street

Terrible's
Casino

Flamingo Rd.

Bellagio

Bally's

University
of Nevada
Las Vegas

Paris

Aladdin

Hard Rock Hotel

Harmon Ave.

Holyday Inn
Boardwalk

Thomas &
Mack Center

Monte
Carlo

zum
Hotel Orleans

Showcase
Mall

New York
New York

MGM Grand

Tropicana Ave.

Tropicana Ave.

Excalibur

San Remo

Tropicana

Reno Ave.

Luxor

Mandala
Bay

Vacation
Village

Industrial Rd.

Koval Ln.

Las Vegas Blvd.

Russel Rd.

McCarran
International
Airport

Patrick Ln.

N

0　　　1 km

The Strip

© igraphic

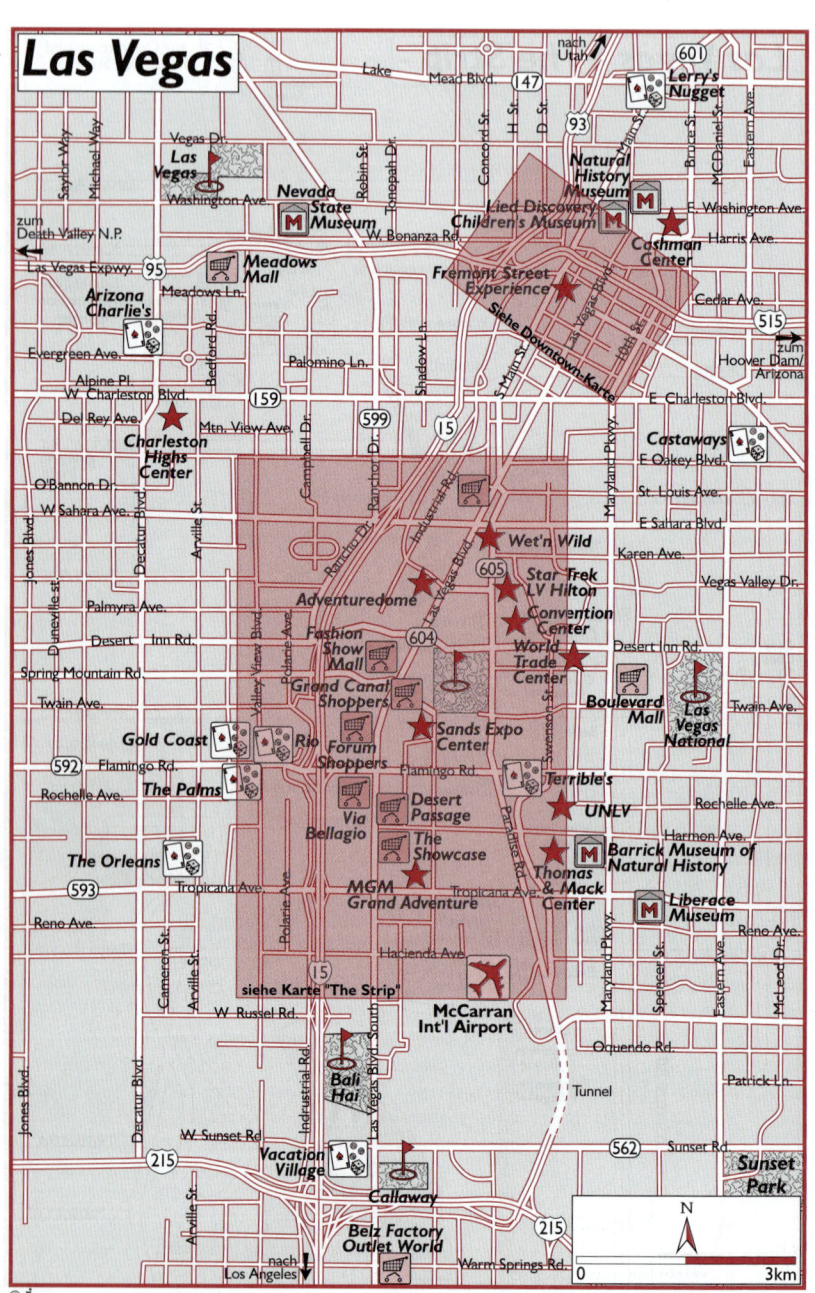

und nutzen Sie die günstigen Preise. Sobald Sie nämlich in die Restaurants ausweichen, in der Hoffnung auf mehr Ruhe, werden Ihnen die Preise das Essen vermiesen.

• *Sonderangebote*: Davon gibt es genügend. Am günstigsten speisen Sie in Ihrem Hotel (am Büfett), denn bereits beim Einchecken erhalten Sie Rabattkarten dafür. Rundflüge, Touren etc. bieten Rabattkarten in Hülle und Fülle in allen Prospekten und Veranstaltungsmagazinen an. Achtung bei sehr billigen Tourangeboten: Sie haben immer ein Hauptziel – ein Casino.

• *Shows*: Die Preise variieren zwischen 20 und 50 $, bei besonderen Stars geht es hinauf bis zu 150 $. Platzreservierungen gibt es selten, aber man sollte zumindest die Tickets vorbestellen. Die Platzverteilung erfolgt nach verschiedenen Mustern: Wer zuerst reserviert, erhält manchmal die besseren Plätze. Meistens aber erfolgt die Platzierung erst durch einen Platzanweiser, der Sie zu Ihrem Tisch begleitet, diesen jedoch nach Höhe des geleisteten Trinkgeldes aussucht. Sparsame Zeitgenossen finden sich des Öfteren mit dem Rücken zum Geschehen wieder – die Bandscheibe wird es danken.

Einige Shows bieten Inklusivpreise an (Getränke, Tax und Trinkgeld – dieses hat aber nicht unbedingt etwas mit dem Trinkgeld für den Sitzplatz zu tun!), manche sogar ein Dinner, von dem Sie aber nicht zu viel erwarten sollten. Häufig sind Sie während der Show dann mehr damit beschäftigt, das einzige Stück Fleisch von Ihrer Spar Rip abzunagen, als der Show zu folgen.

• *Fortbewegung* auf dem Strip: am besten zu Fuß. Dabei sehen Sie mehr. Für längere Strecken nehmen Sie den halbstündig verkehrenden Trolleybus (bis 1h15) bzw. die Monorails (zwischen „MGM" und „Bally's" sowie „Monte Carlo" und „Bellagio". Stadtbusse sind in der Regel während der Abendstunden brechend voll.

• *Alkoholische Getränke*: Gibt es natürlich überall. Daher sollten Sie immer das eigene Fahrzeug stehenlassen und laufen bzw. Trolleybus oder Taxi fahren.

Als preisgünstige Zeit für alkoholische Getränke jeder Art („Two for one") erweist sich in der Regel die Zeit von 16h bis 20h an den Hotelbars. Komisch nur, dass recht häufig dieses zu gleicher Zeit nicht auch für nicht-alkoholische Getränke gilt.

Las-Vegas-Tipps

Von Las Vegas entlang dem Lake Mead nach St. George

Alternative 2

Diese Tour bietet sich natürlich auch als Tagesausflug von Las Vegas an. Zu empfehlen ist ein Abstecher entlang der nordwestlichen Uferzone des Lake Mead. Die schöne Wüstengebirgslandschaft mit „bunten" Steinformationen und das tiefdunkle Blau des Lake Mead bieten einen sehenswerten Anblick. Dieser Umweg ist ca. 100 Meilen länger und dauert etwa 3 Stunden extra, wenn Sie alle Abstecher zum See und zum Valley of Fire mitnehmen. Falls Sie es verpasst haben sollten, auf dem Weg vom Hoover Dam nach Las Vegas am Alan Bible Visitor Center zu halten, versuchen Sie trotzdem noch, in Las Vegas eine genauere Karte zu bekommen.

Fahrt in die Wüste

Den südlichen Abschnitt zwischen Visitor Center und Las Vegas Bay können Sie getrost auslassen, dort gibt es nichts, was Sie nicht auch am nördlicheren Abschnitt zu sehen bekommen werden. Einzige Ausnahme bietet höchstens eine

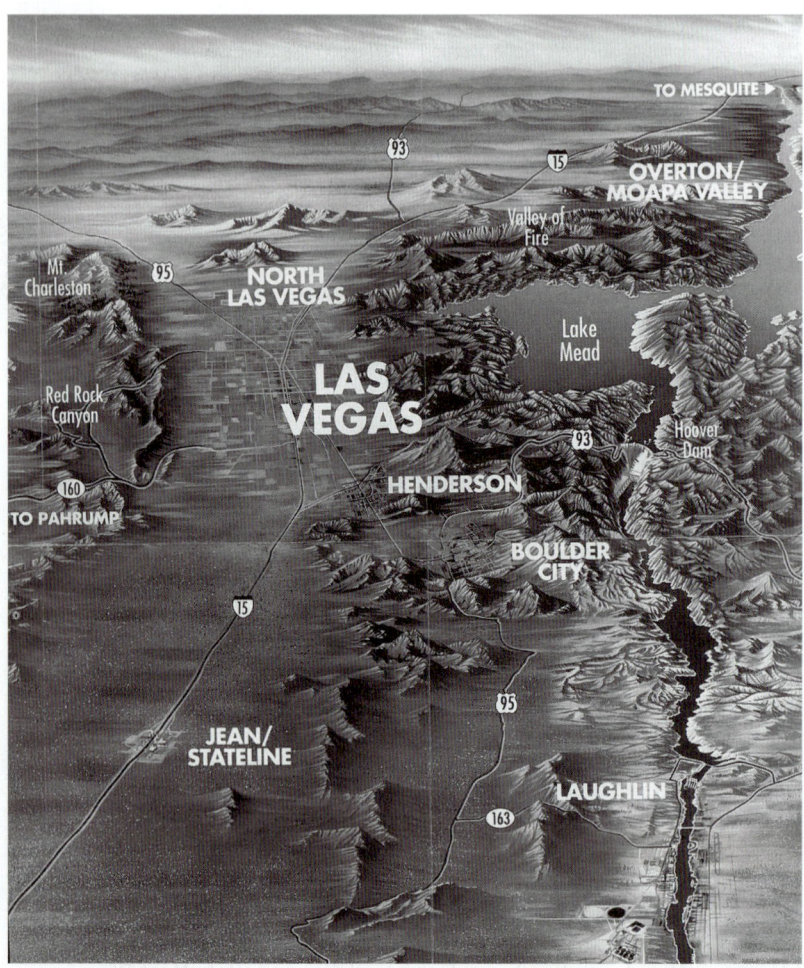

Fahrt auf dem Lake Mead mit einem <mark>kleinen Schaufelraddampfer,</mark> eventuell sogar als Breakfast oder Dinner Cruise. Abfahrt von der Lake Mead Resort Marina bei **Boulder Beach.** *Zeiten i.d.R.: 9h (Breakfast), 11h30, 13h30, 15h30, 17h30 (Early Dinner-**Tipp:** Sonnenuntergangszeit), 19h30 (Dinner/Dance). Von November bis März nur 9h (Breakfast), 11h30, 13h30 und 19h30 (Dinner/Dance).*

Für Ihre Fahrt mit dem Auto nehmen Sie erst einmal den I-15 bis North Las Vegas, biegen dort nach Osten ab auf den Lake Mead Boulevard (Hwy. 147). Auf der folgenden Passstrecke haben Sie rückwärtig einen wunderschönen Panoramablick über Las Vegas. An der folgenden T-Kreuzung biegen Sie nun nach links ab auf den Hwy. 167 (North Shore Road).

Auf diesem Streckenabschnitt lassen sich die unterschiedlichsten Steinformationen gut erkennen, die selbst dem ungeschulten Auge durch ihre Farbenvielfalt auffallen werden und für den Fotografen immer wieder ein gutes Motiv abgeben. Im Laufe der Jahrmillionen haben hier Hebungen und Senkungen die Gesteine durcheinandergemischt. Verschiebungen und Verwerfungen haben für die Falten und schroffen Kanten gesorgt, die besonders an den höheren Bergen zu erkennen sind. Letztendlich war es dann das Klima, das für die Erosionskräfte

Mit dem Schaufelraddampfer auf dem Lake Mead

(Kälte/Wärme, Niederschläge, Windausblasungen) gesorgt hat. Auffällig sind vor allem drei Farben:

• Rot: Ehemalige Sanddünen, die vor über 140 Millionen Jahren entstanden sind, durch Eisenoxidation ihre Farbe erhalten und sich schließlich verhärtet haben. Hierbei handelt es sich um die gleiche erdgeschichtliche Formation, wie sie im Zion Nationalpark, an der Rainbow Bridge oder in der Painted Desert zu sehen ist. Das macht deutlich, wie groß die Sandwüste einmal gewesen sein muss.

Unglaubliches Farbenspiel

• Grün(-grau): Moenkopi- und Chinle-Formation der Sandsteinablagerungen, wie wir sie auch schon aus dem Petrified Forest kennen, wobei dort die grüne Farbe nicht so hervorgetreten ist. Auch hier finden sich Überreste von versteinertem Holz.

• Schwarz: Selten anzutreffen, aber deutlich als Lavagestein auszumachen.

Diese Lavagesteine sind nicht zu verwechseln mit den dunklen Kalkgesteinen auf den Höhen, welche dieselben sind wie an der Kante des Grand Canyon.

Calville Bay, 4 Meilen entfernt von der Hauptstrecke, war einst ein bedeutender Flusshafen für die Mormonen aus Utah, die hier von Süden Waren angeliefert bekamen. Unvorstellbar, wie damals die kleinen Dampfschiffe die Stromschnellen des Colorado gemeistert haben müssen. 1869, mit dem Bau der transkontinentalen Eisenbahnstrecke, verlor Callville Bay seine Bedeutung und wurde verlassen. Die Ruinen der kleinen Stadt liegen jetzt unter der Wasseroberfläche des Lake Mead. Der heutige Ort ist als Bootshafen angelegt. Wer möchte, kann im Restaurant oder auf der Pier eine Bootstour buchen oder sogar ein Hausboot mieten (Minimum i.d.R. 3 Nächte, je nach Saison). Neben dem Restaurant gibt es auch Unterkunftsmöglichkeiten in Callville Bay.

Echo Bay, 21 Meilen nördlich gelegen entlang der Hauptstrecke, bietet weitere Unterkunftsmöglichkeiten und ein nettes Restaurant.

Die Berge, die Sie zu Ihrer Linken zwischen Callville Bay und Overton begleiten, sind die **Muddy Mountains**. Sie wurden durch enormen Druck gepresst, gefaltet und z.T. umgekippt. Der Druck war so stark, dass sie 14 Meilen in östliche Richtung über den bereits vorhandenen Untergrund gedrückt wurden. Ein Resultat der Umwerfungen sind tiefe Lavaschächte, aus denen z.B. die beiden warmen Quellen **Roger Springs** und **Blue Point Springs** mit 30 °C warmem Wasser gespeist werden. (Hier gibt es kein Trinkwasser!)

Ihr nächster Abstecher sollte unbedingt zum **Valley of Fire State Park** gehen. Biegen Sie hierzu kurz hinter dem Abzweiger zum **Overton Beach** (kleiner Hafen, keine Unterkünfte) nach links ab (Achtung: Nach starken Regenfällen kann die Straße unpassierbar sein). Diese Ansammlung von roten Gesteinen (erdgeschichtlich, wie bereits oben erwähnt, aus Dünen entstanden) hat bereits 1935 die Regierung von Nevada dazu veranlasst, das Gebiet als erstes im Staat unter Schutz zu stellen. Besonders in der Morgen- und der Abendsonne „entflammt" das Gestein und bietet Gelegenheiten für schöne Fotoaufnahmen. Besonders interessante Punkte sind der „Rainbow-Vista"-Aussichtspunkt, das versteinerte Holz („petrified logs") und die Bergformationen der „Seven Sisters". Den kurzen Scenic Loop sollten Sie auch mitnehmen. Anthropologisch interessant ist ein Spaziergang durch den „Petroglyph Canyon", wo es Felsgravuren (Petroglyphe) der Basketmaker und der Anasazi zu sehen gibt.

Ursprung menschlicher Besiedlung in Arizona und New Mexico? Lost City

Um die Kulturgeschichte dieses ganzen Areals noch besser verstehen zu können, lohnt es sich allemal, wieder zurück auf die Hauptstrecke zu fahren und kurz vor Overton das **Lost City Museum** zu besichtigen. Die Ausstellung in diesem kleinen Museum ist mit viel Liebe zusammengestellt. Vor dem Gebäude können Sie sich nachgebaute Hütten der Anasazi ansehen, und im Museum sind neben Gebrauchsgegenständen dieser Kultur auch Forschungsergebnisse anthropologischer Institute verschiedener Universitäten ausgestellt. Besonders interessant ist die Theorie, dass *Spuren der Ureinwohner* aus diesem Gebiet, welches wahrscheinlich schon vor 10.000 Jahren von Wüstenvölkern besiedelt war, die Menschen in die östlich gelegenen Siedlungsräume ausgeströmt sind. War die Lost City etwa der zentrale Ausgangspunkt für die spätere Besiedlung des heutigen Arizona bzw. New Mexico? Die ersten sesshaften Menschen in Lost City waren erst die Basketmaker.
Öffnungszeiten: täglich 8h30–16h30.

Von Overton bis zur Auffahrt zur I-15 fahren Sie nun durch das auffallend fruchtbare Tal des Muddy River. Schon früh haben hier und im benachbarten Tal des Virgin River die Anasazi Ackerbau betrieben. Heute sind es die Mormonen, die sich wie überall in Utah und Nevada die ehemals abgelegenen und für das Gros der Siedler wenig attraktiven Gegenden zum Siedeln ausgesucht haben.

Zurück auf dem Highway, fahren Sie nun am besten schnell durch bis St. George. **Mesquite**, ein kleines Nest an der Grenze zwischen Nevada und Arizona, ist

kaum besuchenswert und dient höchstens einigen Spielern aus Utah als zweitrangiges Vergnügungsplätzchen. Einzig interessant das kleine **Mesquite Desert Valley Museum**, das die Geschichte der ersten Siedler illustriert.
Geöffnet: Mo.–Fr. 8h30–17h.

St. George selbst ist auch eine wenig eindrucksvolle Stadt. Sehenswert ist aber der Mormonentempel (St. George Temple), welcher 1877 von den hier angesiedelten Mormonen errichtet wurde. Diese kamen bereits 1861 in die Gegend, einem Aufruf folgend, sich von Salt Lake City aus über den südlichen Landesteil zu verstreuen. Die ersten Jahre in dieser unwirtlichen Gegend waren sehr hart, und somit dauerte es fast 15 Jahre, bevor das Land ausreichend kultiviert war und man sich entschloss, den Tempel zu bauen.
Geöffnet: täglich 9–21h (Sommer: 8–22h).

Weiterfahrt nach Osten

Von St. George aus zum **Zion National Park** folgen Sie erst noch dem I-15 und biegen nach ca. 9 Meilen nach Osten ab. Folgen Sie nun einfach der Ausschilderung. Wenn Sie dieser Route folgen und nicht den in den folgenden beiden Kapiteln beschriebenen zwei alternativen Hauptrouten dieses Buches, dann könnte Ihre Reiseroute von Las Vegas/St. George aus z.B. folgendermaßen aussehen:

* **Vorschlag 1:**

1. Tag: Las Vegas - Zion National Park
2.–3. Tag: Zion N.P. und Bryce Canyon N.P.
4. Tag: Bryce Canyon N.P. - Capitol Reef N.P.
5. Tag: Capitol Reef N.P. – Blanding/Monticello/Moab
6. Tag: Canyonlands N.P. oder Arches N.P. - Moab
7. Tag: Moab - Salt Lake City oder Denver

* **Vorschlag 2:**

1. Tag: Las Vegas - Zion Nat. Park
2. Tag: Zion N.P. - Bryce Canyon N.P.
3. Tag: Bryce Canyon N.P. - Pipe Spring N.M. - Grand Canyon N.P. (North Rim)
4. Tag: Grand Canyon N.P. (Wandern/Besichtigungen)
5. Tag: Grand Canyon N.P. - Marble Canyon - Page (Bootsfahrt zur Rainbow Bridge)
6. Tag: Page - Navajo N.M. - Monument Valley
7. Tag: Monument Valley - Canyonlands N.P. (Südteil) - Moab
8. Tag: Moab - Canyonlands N.P. (Nordteil) - Moab
9. Tag: Moab - Arches N.P. - Moab
10. Tag: Moab - Denver oder Salt Lake City

* **Vorschlag 3:**

1. Tag: Las Vegas - Zion N.P.
2. Tag: Zion N.P. - Bryce Canyon N.P.
3. Tag: Bryce Canyon N.P. - Capitol Reef N.P.
4. Tag: Capitol Reef N.P. (Wanderungen)
5. Tag: Capitol Reef N.P. - Salina - Salt Lake City

Utah-Telegramm

Abkürzung:	UT
Beiname:	The "Beehive State" (Der Bienenkorb-Staat). Anspielung auf den Bienenfleiß der Mormonen und ihrem Ziel des industriellen Aufbaus
Namensherleitung:	Benannt nach dem Indianerstamm der "Utes", die hier vor der Ankunft der Siedler lebten. Die Utes wiederum waren ein Unterstamm der Shoshonen.
Staat seit:	4. Jan. 1896 (45. Staat)
Nationaltier:	Der Rocky Mountains-Elch
Nationalfisch:	Regenbogenforelle
Fläche:	219.000 km²
Einwohner:	1,775 Mio., davon leben 1,45 Mio. an der "Wasatch Front" zwischen Ogden und Provo. Ca. 70% der Bewohner Utahs sind Mormonen.
Einwohnerdichte:	8,1 E./km²
Hauptstadt:	Salt Lake City (160.000 E. – im gesamten Salt Lake Valley 1,4 Mio. E.)
Weitere Städte:	West Valley City (87.000 E.), Provo (86.800 E.), Sandy City (78.000 E.), Orem (67.600 E.), Ogden (65.000 E.)
Wichtige Wirtschaftszweige:	Bergbau (Kupfer, Erdöl, Uran, Gold, Salz und eine Reihe verschiedenster Metalle), Industrie (bes. Luftfahrtindustrie) – 1990 wurde Salt Lake City vom Magazin "Fortune" zur "Nr. 1 U.S.City in which to do business" ernannt, beruhend auf der Tatsache, dass es hier gut ausgebildete und höchst motivierte Arbeitskräfte gibt. Die Landwirtschaft lebt vom Bewässerungslandbau oder vom "Dryfarming" (Getreide, Obst)
Touristisches Potential:	Nationalparks um den Colorado River (Capitol Reef, Canyonlands, Arches); Lake Powell (Colorado River) und 3.000 andere Seen wo neben dem Landschaftsaspekt auch die Freizeitnutzung (Riverboat, Baden, Wasserski etc.) von Bedeutung ist; weitere eindrucksvolle Parks und N.R.A.s: Zion N.P., Bryce Canyon N.P., Dinosaur N.M., Flaming Gorge N.R.A.; Wandern oder Skilaufen in den Wasatch bzw. Uintah Mountains; der große Salzsee und die große Salzwüste; Mormonenkultur, besonders in Salt Lake City im Tempelgebiet zu erkunden, aber auch durch Kontakte mit Mormonenfamilien auf dem Land.

Kleine Einführung „Utah"

Erbe der Mormonen

Als 1776 zwei Franziskanermönche das Gebiet des heutigen Utah auf dem Wege nach Kalifornien durchquerten, lebten hier nur die Utes, ein nomadisierender Shoshonen-Stamm. Und erst während des beginnenden 19. Jh. kamen die ersten weißen Siedler in kleinen Grüppchen von Osten und besonders von Norden hierher. Utah war damals bereits ein **Handelsplatz** für die Pelzjäger aus dem kanadischen Raum, aber ansonsten kaum erschlossen. Brigham Young, der erste Führer der Mormonen, sagte einmal: „Wenn es einen Platz auf dieser Erde gibt, den keiner will, das ist der Platz, den ich suche". Als die Mormonen dann auf ihrer Odyssee von Osten kommend das Gebiet um den Great Salt Lake erreichten, sagte Young: „This is the place", und sie begannen, das Land urbar zu machen. Im Laufe der nächsten Jahrzehnte kamen dann immer mehr Mormonen. Aber auch Goldsucher, Jäger und Siedler folgten ihnen, und so erlebte Utah Ende des 19. Jahrhunderts einen richtigen Boom.

Bis heute gilt die Errichtung dieses Staates als vorbildlich, bedenke man einmal, welche Qualen es mit sich gebracht haben muss, aus diesem Boden das zu erschaffen, was wir heute als natürlich hinnehmen.

Für den Reisenden bieten sich in Utah besonders attraktive landschaftliche Höhepunkte:
• die bewaldeten Berge des Nordens und
• die Canyon-Landschaften des Südens

Kaum eine **Landschaft** in den USA ist so faszinierend wie die der Canyons, die der Colorado River und seine Nebenflüsse geschaffen haben. Für Abenteuerlustige bieten sich Wildwasserfahrten, Wanderungen, mehrtägige Ausritte und vieles mehr. Wer sich entspannen möchte, sollte dieses am Lake Powell (z.B. auf einem Hausboot) oder in einem der Nationalparks tun. In Salt Lake City dürfen Sie es sich nicht entgehen lassen, die **Tempelanlage der Mormonen** zu besichtigen und sich auch ein wenig mit deren Kultur zu beschäftigen. Es mag sicherlich nicht Jedermanns Sache sein, mit welch eiserner Disziplin die Mormonen das Land urbar gemacht und welche Grundregeln sie geschaffen haben (kein Alkohol, keine Zigaretten etc.): Manch einer wird abends fluchen, wenn er Schwierigkeiten hat, in kleineren Ortschaften einen Sundowner zu bestellen. Aber es ist halt eine andere Lebensphilosophie, die es zu respektieren gilt. In den Städten gibt es aber mittlerweile Dank der Olympischen Spiele zahlreiche Restaurants und Kneipen mit Alkohollizenz.

Fantastische Natur

Wirtschaftlich ist Utah immer mehr vom Tourismus, von der Flugzeugindustrie sowie Computerschmieden abhängig, denn trotz modernster Bewässerungsanlagen bekommt der landwirtschaftliche Sektor immer mehr Probleme, seine nicht ganz billigen Produkte abzusetzen. Und auch der Kohle- und Uranabbau hat es heute nicht mehr leicht. Weit sind die Transportwege zu den großen Industriezentren, und die Weltwirtschaft benötigt heute andere Rohstoffe.

INFO **Dry farming**

Es handelt sich hierbei um eine besondere Anbaumethode (an der Trockengrenze), die noch bei 200–300 mm Niederschlag im Jahr möglich ist. Dabei wechselt ein Anbaujahr mit einem Jahr der Brache ab. Während der Trockenbrache (kurz vor der Regenperiode) wird das von Unkraut freigehaltene Land tiefgründig durchgepflügt, damit der Niederschlag in den Boden eindringen kann. Nach dem Regen wird dann geeggt, damit durch die Unterbrechung des Kapillarsystems die Verdunstung vermindert wird – d.h. das gesammelte Wasser in den tieferen Böden kann nicht nach oben steigen. Die so angesammelte Feuchtigkeit ermöglicht im folgenden Jahr den Getreideanbau. Diese Methode ist umstritten, da sie durch das Ausbrechen der Grasfluren der Abtragung durch den Wind Vorschub leistet.

Angelehnt an: Duden – Geographie, Geogr. Kartogr. Institut Meyer,
Mannheim, Wien, Zürich

23. Der Grand Canyon und die Sehenswürdigkeiten entlang dem Colorado-Tal

Entfernungen

Beachten Sie, dass diese Angaben sich nur auf die direktesten Strecken beziehen. Einige Umwege und Rundfahrten, z.B. in den Parks, werden für Sie immer hinzukommen!

- Grand Canyon South Rim - Grand Canyon North Rim: 215 Meilen/344 km
- Grand Canyon South Rim - Monument Valley: 190 Meilen/306 km
- Monument Valley - Moab: 150 Meilen/242 km
- Monument Valley - Hanksville - Torrey: 213 Meilen/343 km

Routenempfehlung

- Bei einer Anhäufung von so vielen Naturschönheiten, die alle relativ dicht aufeinanderfolgen, aber auch über das gesamte nördliche Arizona und südliche Utah verstreut liegen, ist ein Routenvorschlag schwer. Wer möglichst viel sehen möchte, dabei aber auf das eine oder andere verzichten kann, dem sei folgende Route empfohlen (Alternativroute entnehmen Sie bitte dem folgenden Kapitel): Vom South Rim des Grand Canyon Nat. Park nach Cameron (Hwy. 64). Dort auf dem US 89 nach Norden. Nach 17 Meilen abzweigen auf den US 160. Diesen vorbei an Tuba City und dann den Navajo Nat. Monument folgen bis Kayenta. Dort nach Norden auf dem US 163 weiterfahren und zum Monument Valley. Wenige Meilen nach der Überquerung des San Juan River abbiegen nach links auf den Hwy. 261 (ACHTUNG: Nicht für Trailer und größere Wohnmobile geeignet!), vorbei am Valley of the Gods. Nach 33 Meilen auf diesem Highway nach links abzweigen auf den Hwy. 95, der Sie am Natural Bridges National Monument vorbeiführt, und ihm folgen bis Hanksville. Dort dem Hwy. 24 in westlicher Richtung folgen. Er führt mitten durch den nördlichen Zipfel des Capitol Reef Nationalpark. Kurz nachdem Sie diesen Park wieder verlassen haben, biegen Sie nach Süden ab auf den Hwy. 12 („Scenic Byway UT 12"), der Sie zum Bryce Canyon Nationalpark führt. Schließlich erreichen Sie den US 89, der Sie in nördlicher Richtung nach Salt Lake City begleitet. **Für die Eiligen:** Fahren Sie vom Grand Canyon (South Rim) nach Cameron, und folgen Sie dem US 89 (bzw. entlang dem US 89A - Marble Canyon) bis zum Abzweig des Hwy. 9 zum Zion Nationalpark (ca. 18 Meilen nördlich von Kanab). Vom Zion N.P. fahren Sie zurück auf den Hwy. 89, wo Sie nach Norden abbiegen und nach 68 Meilen nach Osten auf dem Hwy. 12 zum Bryce Canyon Nationalpark gelangen. Von dort wieder zurück auf den US 89 und in Richtung Norden nach Salt Lake City. Streckenlänge: 620 Meilen (1.000 km). Zeit:

mindestens 5 Tage, inkl. 2 Tagen am Grand Canyon(die Beschreibung dieser Strecke finden Sie im nächsten Kapitel).

Zeiteinteilung
Mind. 5 Tage

Überblick

Sie können sich nun besonders freuen: Die wohl atemberaubendste Landschaft Ihrer Reise liegt jetzt vor Ihnen. Gleich zu Beginn der Grand Canyon, die größte Schlucht der Welt. Hier sollten Sie mindestens einen ganzen Tag verbringen, um in Ruhe zu allen Tageszeiten und bei verschiedenen Lichtverhältnissen diesen unvergesslichen Anblick auszukosten. Übrigens sagen Kenner, der nördliche Teil (North Rim) sei viel schöner. Darüber mag jeder einer anderen Meinung sein, aber eines ist er mit Sicherheit: weniger touristisch. Während der South Rim jährlich von nahezu 5 Mio Touristen besucht wird, kommen zu dem verkehrstechnisch ungünstiger gelegenen North Rim nur 400.000 Besucher.

Es folgen auf der vor Ihnen liegenden Strecke nun unzählige Naturhöhepunkte, die ich Ihnen in diesem Überblick gar nicht nennen, Ihnen dafür aber die folgenden Tipps mit auf den Weg geben möchte: Halten Sie zwar an Ihrer geplanten Route grob fest, lassen Sie sich dabei aber treiben, und versuchen Sie nicht alles „abhaken" zu wollen. Bleiben Sie auch mal an einer schönen Stelle stehen, packen Sie Ihr Picknick aus, und genießen Sie die Landschaft. Und fahren Sie nicht bis in die Dunkelheit hinein – zum einen versäumen Sie

Redaktions-Tipps

- **Übernachtungstipps**: im Grand Canyon das historische „El Tovar", am Monument Valley die „Goulding's Monument Valley Lodge" (S. 577).

- Planen Sie in diesem Reisegebiet **(nur) bei Zeitmangel eine lange Etappe** von über 600 km vom Grand Canyon nach Torrey (beim Capitol Reef Nat. Park) ein, da es auf der direkten Strecke nur relativ wenige Hotels gibt. Das gilt besonders für die Etappe zwischen Mexican Hat und Torrey. Zudem sind die Hotels häufig ausgebucht. Also **reservieren** Sie hier Ihr Hotelzimmer im Voraus.

- Die **wichtigsten Sehenswürdigkeiten** neben den Nationalparks sind: die Rainbow Bridge, ein 88 m hoher Steinbogen (S. 573); die Kulisse des Monument Valley (S. 576), besonders in der Abendsonne; die Steinbrücken des Natural Bridge NM (S. 578) und der Lake Powell (S. 579), der als großer See in den Schluchten dieses wüstenhaften Gebietes einen angenehmen Kontrapunkt setzt.

- Die schönsten **Outdoor-Aktivitäten**: Schlauchbootfahrten auf dem Colorado (ab Lee's Ferry, Moab, Green River und im Canyonlands National Park (S. 588)); Wanderungen in den Nationalparks und zur Rainbow Bridge (S. 573); Ausritte am Monument Valley (S. 576).

- Haben Sie immer **genug zu trinken** dabei, und fürs Essen empfiehlt sich ein gut sortierter Picknickkorb. Mehrere Punkte in der freien Natur laden zum Verweilen ein. Die an dieser Route etablierten „Restaurants" können dem **Picknickvergnügen** nicht das Wasser reichen.

- **DER BESONDERE TIPP**: Lassen Sie sich Zeit!

- **Nationalparks erwandern**, um die Landschaft richtig genießen (und auch verstehen) zu können

- Nicht die Sehenswürdigkeiten abhaken, also: **MUT ZUR LÜCKE** und eventuell einen Nationalpark auslassen, wenn die Zeit knapp werden sollte. Wie wär's mit einer festen, aber zeitlich großzügig bemessenen Routenplanung?

vielleicht einen schönen Ausblick, zum anderen könnten Sie kein freies Zimmer mehr finden.

Zum ersten Mal sah ich den Gran Canyon Ende der 1970er Jahre vom Fenster eines Greyhoundbusses aus. Nie werde ich dieses Erlebnis vergessen – weil ich mich treiben lassen konnte und nichts meine Augen und Sinne ablenkte, bis auf

Die berühmteste Schlucht der Welt

*Eines **der** Naturwunder dieser Erde: der Grand Canyon*

das, was durch das Fenster zu sehen war. Versuchen Sie das auch, und fühlen Sie sich nicht „verpflichtet", alles das zu sehen, was ich Ihnen hier in diesem Buch im Sinne einer **Reiseroutenempfehlung** aufführe – es soll nur ein Angebot darstellen.

Sehenswertes

Grand Canyon National Park (ⓘ S. 173)

1

Zeiteinteilung (Empfehlung)
2–3 Tage

- **Größe:** 493.070 ha

- **Aktivitäten**
- **Rafting im Grand Canyon:** Viele von Ihnen haben sich bestimmt erträumt, ein paar Tage auf dem Colorado River im Schlauchboot zu fahren. Dies ist durch die Parkverwaltung aber strengstens limitiert und nur ausgesuchten Rafting-Unternehmen gestattet, und die sind zumeist über Jahre im Voraus ausgebucht. Individualreisende müssen Wartezeiten von 4–5 Jahren einkalkulieren, für organisierte Gruppentouren 1–2 Jahre. Falls Sie also wissen, dass Sie in einigen Jahren so etwas unternehmen möchten, dann jetzt buchen. Im Internet finden sich die Rafting-Unternehmen u.a. auch auf der Grand Canyon Homepage. Es gibt 3½-, 5-, 6-, 8- u. 12-Tage-Touren. Außerdem ½-Tagestouren am Glen Canyon Dam.
- **Rundflüge:** „Grand Canyon Airlines" ist das größte und erfahrenste Unternehmen und unterhält so viele Flugzeuge, dass Sie gute Chancen auf einen kurz vorher reservierten Platz haben. Abflüge am Grand Canyon Airport bei Tusayan.
- **Grand Canyon Railway:** Lesen Sie dazu bitte unter „Williams" in den gelben Seiten.

Der Grand Canyon ist eines der größten Naturwunder unserer Erde, das verhältnismäßig spät entdeckt, dann aber schnell berühmt wurde. Im Jahre 1893 (24 Jahre, nachdem Major Powell den Colorado River zum ersten Mal bezwungen hatte) erklärte der damalige US-Präsident Harrison die tiefe Schlucht zum Naturschutzgebiet. Präsident Theodore Roosevelt war Anfang des 20. Jh. so begeistert, dass er das Gelände 1906 zum Wildreservat erklärte. Schon drei Jahre vorher hatte er folgende 'goldenen Worte' gesagt, die auch heute noch beherzigt werden sollten:

„Arizona besitzt im Grand Canyon ein Naturwunder, das in der ganzen Welt nicht seinesgleichen hat. Was den Canyon angeht, möchte ich um eines bitten: Lassen Sie dieses große Wunder der Natur so, wie es jetzt ist. Ich hoffe, dass Sie nicht ein einziges Gebäude geplant haben, kein Sommerhaus, kein Hotel, nichts, was die Schönheit des Canyons beeinträchtigen könnte. Lassen Sie alles so ursprünglich, wie es ist. Hier gibt es einfach nichts zu verbessern. Die Zeiten haben diesen Canyon geformt, der Mensch kann ihn nur verformen. Es steht in Ihrer Macht, den Canyon für Ihre Kinder und Kindeskinder zu bewahren, für alle, die nach Ihnen kommen, als die unumstritten größte Sehenswürdigkeit, die jeder Amerikaner einmal gesehen haben sollte."

Es war allerdings Präsident Wilson vorbehalten, das Gesetz zu unterzeichnen, das den Grand Canyon zum Nationalpark erklärte. Das war 1919, und im gleichen Jahr besuchten 44.000 Menschen den Park. 25 Jahre später hatte sich die Zahl verzehnfacht. Heute ist man Roosevelts Empfehlung, jeder Amerikaner

Redaktions-Tipps

- Unterkünfte besonders im Park **rechtzeitig reservieren**. Wochenenden meiden.
- **Übernachten** Sie im historischen „El Tovar Hotel", das ganz aus Holz erbaut ist. Günstigere Alternative wäre ein **Hotel in Williams**, da die Hotels in Tusayan überteuert sind.
- Auch das **Dinner** sollten Sie in dem gepflegten Restaurant des „El Tovar" einnehmen. Atmosphäre, Ambiente und Küche stimmen, und mit etwas Glück bekommen Sie auch einen Fensterplatz
- Die **besten Zeiten für den Blick** vom South Rim sind der frühe Morgen und die 2 Stunden vor dem Sonnenuntergang. Dann ist die Luft klar, und die Felsen leuchten in sattem Rot
- Ein **Rundflug** (S. 569) ist ein unvergleichliches Erlebnis, das die Schlucht in ihrem gesamten Ausmaß ermessen lässt.
- Zum **Abstieg in den Canyon** sollten Sie nicht nur festes Schuhzeug, sondern auch Kleidung für jede Temperatur mitnehmen und genügend TRINKWASSER und NAHRUNG.
- Wenn Sie es **ruhiger** möchten, fahren Sie besser zum North Rim (S. 571ff) und schauen sich nur kurz den South Rim (S. 565ff) an.
- Der **North Rim** (S. 571f) ist nur von ca. Mitte Mai bis Oktober geöffnet (je nach Wetterlage).

Lauter bizarre Formationen: Angel's Window

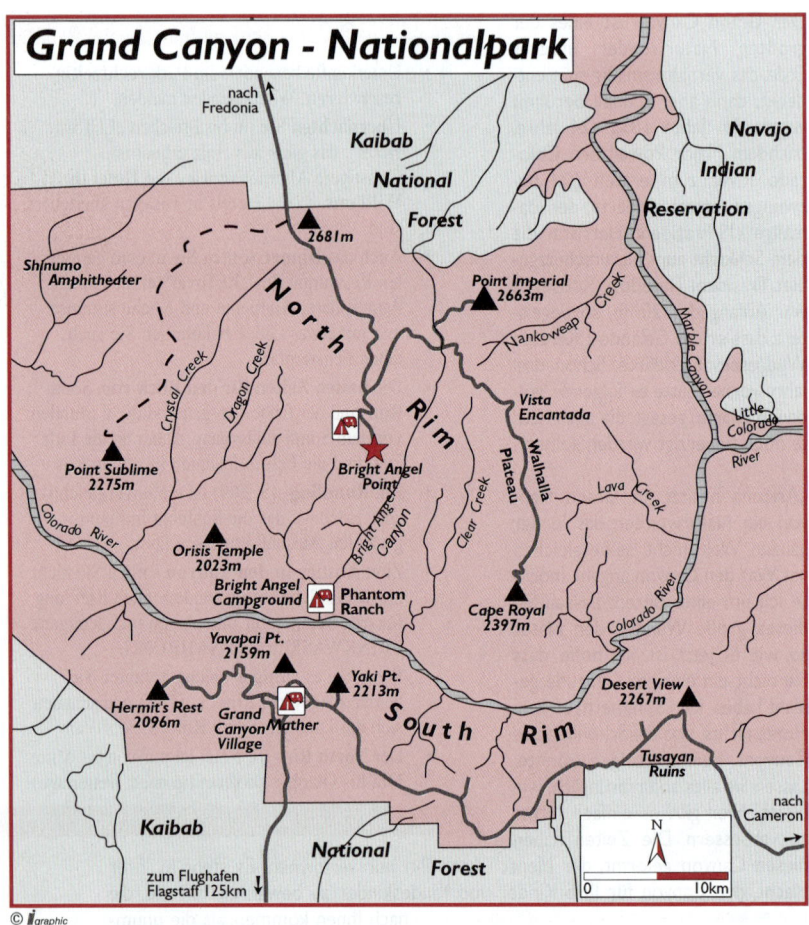

Grand Canyon - Nationalpark

nach Fredonia

Kaibab

National

Forest

Navajo

Indian

Reservation

2681m

Shinumo Amphitheater

Point Imperial 2663m

Nankoweap Creek

Marble Canyon

Crystal Creek

Dragon Creek

North

Rim

Vista Encantada

Walhalla Plateau

Little Colorado River

Point Sublime 2275m

Clear Creek

Lava Creek

Bright Angel Point

Colorado River

Orisis Temple 2023m

Bright Angel Campground

Phantom Ranch

Bright Angel Canyon

Cape Royal 2397m

Colorado River

Yavapai Pt. 2159m

Yaki Pt. 2213m

Desert View 2267m

Hermit's Rest 2096m

Grand Canyon Village

Mather

South Rim

Tusayan Ruins

Kaibab

National Forest

nach Cameron

N

0   10km

zum Flughafen Flagstaff 125km

© *graphic*

sollte einmal hier gewesen sein, ein ganzes Stück näher gekommen: Inzwischen sind es um die 5 Millionen Personen, die jedes Jahr zum Grand Canyon pilgern, mit noch immer steigender Tendenz. Ein Dilemma wird da schnell sichtbar, denn wo viele Menschen beisammen sind, wird die Natur zwangsläufig in Mitleidenschaft gezogen. Angesichts des Alters der Steine und der Schlucht muten aber auch diese Beeinträchtigungen letztlich nur wie ein Intermezzo an.

Viele Besucher fragen sich, wie die Natur dieses Kunstwerk schaffen konnte. Darauf eine Antwort zu geben fällt schwer, denn die **geologische Geschichte** des Naturparks ist kompliziert und geht enorm weit zurück. Ganz allgemein muss man sagen, dass dort, wo sich heute die Menschen am Canyon-Rand drängen,

einmal Meere und Süßwasserseen gewesen sind, aber auch Vulkane und Berge, höher als der Himalaya.

Zu Beginn der Schöpfung, vor etwa
2 Milliarden Jahren, befand sich die Erde
in einem chaotischen Umwandlungspro-
zess. Über dem flachen Grund eines sal-
zigen Meeres lagerten sich mächtige, ki-
lometerdicke Schichten ab, durchsetzt
von der Lava immer wieder ausbrechen-
der Vulkane. Vor etwa 1,7 Milliarden Jahren wurden diese Schichten durch tektonische Vorgänge im Innern des Plane-

Grand Canyon und Mulireiter

ten hoch gehoben und zu etwa 9.000 m hohen Bergen aufgetürmt. Durch das
immense Gewicht schmolzen Teile des Gesteins und wurden zu Schiefer. Die
unterste Schicht am Grand Canyon, der dunkelgraue Vischnu-Schiefer, entstammt
dieser Periode des Erdaltertums. In den folgenden Jahrmillionen wurde das hohe
Gebirge fast vollständig wieder abgetragen; erneut bedeckte ein See den Grund,
und erneut lagerten sich Sedimente ab.

Bis zu 3.650 m waren die Schichten dick, aber auch sie wurden durch die nachfol-
gende Erosion wieder abgetragen. Ihre geringen Überreste können diejenigen
entdecken, die in den Grand Canyon absteigen und die farbigen Bänder des
unteren Drittels betrachten. Sie sind das Produkt eines 500 Millionen Jahre wäh-
renden Prozesses. Die darüberliegenden Schichten sind im wesentlichen Ablagerungen der Ozeane, die in 300 Millionen Jahren des Erdmittelalters kamen und
gingen. Bis zu siebenmal, bedeckten Muscheln, Algen, Korallen den Boden, dann
Material eines Sumpfgebietes und einer trockenen Landoberfläche, dann wieder
Meeresablagerungen und wieder Dünensand ... Man kann in den Schichten Überreste von Pflanzen entdecken, Überreste von Landtieren, Insektenflügel, Fußspu-
ren von Dinosauriern und Muscheln, Korallen und Schwämme. Erst vor etwa 65
Millionen Jahren, in der Neuzeit der Erde, begann die Arbeit an dem, was wir
heute als Grand Canyon sehen und bestaunen. Wieder einmal hatten tektonische
Bewegungen eine Erdplatte nach oben gedrückt, das sogenannte Colorado-Pla-
teau, das aus all den oben aufgezählten Schichten und Ablagerungen besteht.
Durch dieses Plateau fraß sich nun der Colorado River, alle Hindernisse beiseite
räumend, die sich ihm in den Weg stellten. Auch die Vulkanausbrüche (zuletzt der
'Sunset Crater' im Jahre 1064 n. Chr.), die in den letzten 2 Millionen Jahren
Lavadämme und Aschenregen im Canyon absetzten, konnten die Urgewalten des
Colorado nicht stoppen. So hat er einen in der Welt einmaligen Querschnitt
durch etwa 2 Milliarden Jahre Erdgeschichte gegraben, den jeder Besucher an den
farbigen Äderungen genau verfolgen kann – von den Aussichtspunkten aus, aus
Flugzeugen oder am besten auf einer Wanderung hinab in die innere Schlucht.

*Ein
aufgeschla-
genes Buch
der
Geologie*

Die Gesteinsschichten rühren also aus dem Paläozoikum (vor etwa 225 bis 570
Millionen Jahren), dem Proterozoikum (vor 570 Millionen bis 1 Milliarde) und
dem Archaikum (vor über 1 ½ Milliarden Jahren) her. Auch dem Laien, dem

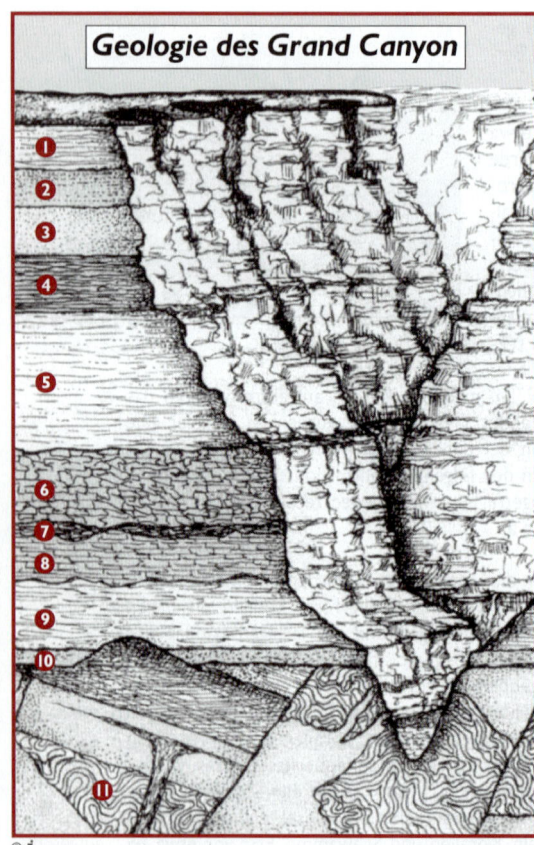

Geologie des Grand Canyon

© ■graphic

solche Begriffe nicht viel sagen mögen, fällt die Schichtung allein durch die **Farbigkeit** ins Auge. Zuoberst ist der Felsen **grau-weiß** (Kaibab-Kalkstein [1]), darunter **leuchtend rot** (Toroweap-Kalkstein [2]), dann **lederfarben** (Coconino-Sandstein [3]), darunter **rot** (Hermit-Schiefer [4]), dann ebenfalls **rot** (Supai-Formation [5]), darunter **blau-grau** (Redwall-Kalkstein [6]), dann **purpur** (Temple-Butte-Kalkstein [7]), dann **grau** (Muav-Kalkstein [8]), dann **grün-grau** (Bright-Angel-Tonschiefer [9]), schließlich **braun** (Tapeats-Sandstein [10]) und zuunterst **dunkelgrau** (Vischnu-Schiefer [11]).

Wer noch andere Nationalparks der Region besucht, sollte wissen, dass sich auf der Ebene oberhalb des Canyon-Randes weitere Ablagerungsschichten gebildet haben und ebenfalls emporgehoben wurden. So liegen über dem Kaibab-Kalkstein jene sieben Schichten (die White Cliffs und die Vermillion Cliffs), die man auch im Zion Nationalparksieht, und darüber wieder-um die fünf Schichten der Grey Cliffs und Pink Cliffs, aus denen die Erosion den Bryce Canyon herausgesägt hat. In den drei genannten Nationalparks ist das sichtbare Gestein des Grand Canyon also am ältesten und das des Bryce Canyon am jüngsten. Dort wie hier dauert der geologische Prozess an; die Arbeit des Flusses ist selbstverständlich nicht abgeschlossen, wenn auch klimabedingt „erdgeschichtlich für kurze Zeit" verlangsamt. Man hat ausgerechnet, dass er tagtäglich etwa 800.000 Tonnen an Tonteilchen, Sand und Geröll fort transportiert. Immer noch hobelt, modelliert und nagt der Colorado also am Gestein. Er wird den Grand Canyon noch in Millionen von Jahren weiter verändern, wenn die Staudämme der Menschen längst verrottet sind.

Gegenüber den Jahrmillionen der Erdgeschichte nimmt sich die Chronik der **menschlichen Besiedlung** wie ein Wimpernschlag aus. Andererseits reicht diese weiter zurück, als viele annehmen. Denn wenn die Datierung merkwürdiger, kleiner, aus Weidenzweigen geflochtener Figuren stimmt, lebten schon vor 4.000

Jahren Menschen im Grand Canyon, hauptsächlich von der Jagd auf Großhornschafe. Ab etwa 500 n. Chr. brachten die Anasazi-Indianer ihre hochstehende Kultur hierhin. Das beweisen neben den Ruinen von Tusayan auch vorzügliche Beispiele der indianischen Felsbildkunst und Tausende von anderen Relikten. Nachdem der Volksstamm der „Alten" um 1250, wahrscheinlich wegen einer Dürreperiode, die Region verlassen hatte, folgten deren Nachfahren, die Hopi, die heute noch östlich des Nationalparks leben.

Nankoweap-Ruinen

Entdeckung und Besiedlung

Schließlich stießen auch die Europäer in diese Gegend vor. Wie im gesamten Südwesten waren es zunächst die Spanier, die auf der Suche nach Gold die Region auskundschafteten. Von Hopi-Indianern bis zum südlichen Rand des Grand Canyon geleitet, bedeutete die tiefe Schlucht für die Expedition eines Francisco de Coronado oder seiner Zeitgenossen ein unüberwindliches Hindernis. Die Spanier schafften es noch nicht einmal, die Felswände hinabzusteigen und ihre Wasservorräte aufzufüllen. Aus der Distanz schätzten sie die Breite des Flusses übrigens auf nur 2 Meter! Den Konquistadoren folgten Missionare, die den Pueblo-Indianern die Segnungen des Christentums bringen wollten. Ein Franziskanermönch, Francisco Tomás Garcés, war wahrscheinlich derjenige, der den Strom als erster „Roter Fluss" (Rio Colorado) nannte.

Nachdem der Südwesten an die USA gekommen war, bemühte sich die Regierung um eine Erforschung und Vermessung des Landes. Der letzte weiße Fleck, auf Landkarten mit der Aufschrift „unexplored" versehen, war der mittlere Lauf des Colorado, also der Grand Canyon. Versuche, über die Flussmündung und Yuma mit einem Dampfschiff in den Grand Canyon einzudringen, mussten nach 563 km aufgegeben werden. Die endgültige Erforschung des Colorado gelang erst 1869 mit der legendären Bootsfahrt des Majors J.W. Powell (s. nächste Seite).

Frühe Parkbesucher 1914 an der Kolb Station

Später, in den letzten Jahren des 19. Jh., kamen Trapper, Goldsucher und Abenteurer auf der Suche nach Kupfer-, Blei- und Asbestvorkommen in den Canyon. Darunter waren so abenteuerliche Gestalten wie der Einsiedler „Hermit" (Louis Boucher). Gleichzeitig besuchten von Powells Buch und den sagenhaften Geschichten angelockt, die ersten Touristen mit der Postkutsche von Flagstaff her den südli-

INFO # Informationen zur Colorado-Expedition des Majors Powell

Kein anderer hat durch seine Pioniertat, seine Reisebeschreibung und seine wissenschaftliche Arbeit so viel für die Erforschung des Grand Canyon getan wie John Wesley Powell. Wie einige seiner Gefährten war Powell ein alter Haudegen und hatte seinen Mut im amerikanischen Bürgerkrieg bewiesen. Damals hatte der Major seinen rechten Unterarm verloren, was ihn nicht hinderte, sich tatkräftig an die **Erforschung** des Grand River (so hieß damals der Colorado) zu begeben, die von der amerikanischen Regierung dringend gewünscht wurde. Powell erkannte, dass der reißende Fluss, wenn überhaupt, nur mit kleinen Booten zu bezwingen war.

Mitte Mai des Jahres 1869 traf sich dann eine kleine Gemeinschaft illustrer Gestalten in Green River/Wyoming. Außer Major Powell war auch sein Bruder Walter, ein Ex-Leutnant, mit von der Partie, weiter die Brüder Howland (ein Verleger und ein ehemaliger Soldat), außerdem zwei Trapper, ein Pelzhändler, ein Ex-Sergeant, der

18-jährige Schotte Andy Hall und Frank Googman, ein englischer Abenteurer (der sich zufällig in Green River aufhielt und sich der Gruppe anschloss). Für die beschwerliche Reise fertigte man aus Eichenplanken vier stabile, schwere Ruderboote an, ca. 6 ½ m lang und mit doppelt verstärktem Bug und Heck.

Am 24. Mai war es dann soweit: Von den winkenden Einwohnern des Dorfes verabschiedet, trugen die vier Ruderboote die zehn Männer und reichlich Vorräte und Instrumente schnell den Fluss hinab. Powell notierte dazu in seinem Tagebuch: „Wir sind auf dem Wege ins große Unbekannte. Wir haben eine undefinierte Strecke zurückzulegen, haben fremde Flüsse auszukundschaften. Wir wissen nicht, ob gefährliche Wasserfälle auf uns warten, ob Felsen die Fahrrinne versperren und wie hoch sich die Steilwände über uns erheben werden. Ah – well – mag kommen, was da komme. Die Männer sind guten Mutes und zuversichtlich."

Die Expedition wurde gefährlicher, als Powell gedacht hatte. In mehr als 160 Stromschnellen mussten sich Besatzung und Boote bewähren. Mehrere Dutzend Male mussten die Männer das Gepäck zu Fuß weiter transportieren, schwimmend über Bord gegangene Gegenstände retten oder auf der Suche nach Nahrung mehrere 100 m steile Wände hinaufklettern. Doch ohne Verluste konnte die Expedition am 17. Juli vom Green in den Colorado River einbiegen und schließlich in die tiefe Schlucht des Grand Canyon einfahren. Zu diesem Zeitpunkt freilich waren fast alle Männer bereits verletzt, zerschunden und ausgelaugt. Ein Boot war inzwischen zerschellt und die Kleidung so zerfetzt, dass die Männer nackt weiterreisen mussten.

Trotz alldem hatte Powell noch Zeit und Energie, Untersuchungen zu den Gesteinsschichten anzustellen und alle Anzeichen menschlichen Lebens gewissenhaft zu notieren: „Einige der Männer haben Ruinen und Töpferscherben entdeckt, desgleichen Zeichnungen und Hieroglyphen am Fels."

Am 15. August 1869 campierte die Expedition dort, wo heute die 'Phantom Ranch' Wanderer und Touristen beherbergt. Nachdem man flussaufwärts die Mündung des schlammigen Colorado Chiquito (Little Colorado) passiert hatte, sahen drei Expeditionsmitglieder – die Brüder Howland und der Trapper Bill Dunn – aufgrund der misslichen Lage keine Chance mehr, über den Fluss zur Zivilisation zurückzukehren. Am 28. August kletterten sie deshalb die Steilwände hinauf und versuchten, sich zu Fuß durchzuschlagen. Halb verhungert gelangten sie zu einem Lager der Shivit-Indianer, wurden von diesen versorgt und konnten bald weiterziehen. Da erfuhren die Indianer, dass eine rote Frau von Weißen vergewaltigt und ermordet worden war, sie hielten die drei für die Täter, ritten ihnen nach und brachten sie um.

Währenddessen hatte die Expedition bereits am nächsten Tag die Grand Wash Cliffs hinter sich gelassen und damit den Grand Canyon bezwungen. Kurze Zeit später waren Powell und der Rest der Mannschaft wieder in Sicherheit. Ihre Reise hatte 98 Tage gedauert, und in der Presse waren die Männer bereits für tot erklärt worden. 1871 fuhr der Major ein zweites Mal den Colorado hinab und passierte dabei erneut den Grand Canyon. Anschließend schrieb er seinen klassisch gewordenen Reisebericht „Canyons of the Colorado", der 1879 publiziert wurde.

Nicht nur als Soldat, Forscher, Kartograph und Schriftsteller gelangte John Wesley Powell zu Ruhm. Der Autodidakt, der es bis zur Professur in Geologie brachte, wurde später zum Direktor des geologischen Bundesamtes der USA ernannt. Außerdem war Powell immer bemüht, die Kultur der Ureinwohner zu verstehen, und brachte sich deshalb mehrere Indianersprachen bei. Damit war er schließlich auch zum Direktor des Bundesamtes für Völkerkunde prädestiniert. Viele Straßen, Plätze und Berge, ein Museum in Green River und nicht zuletzt der große Stausee erinnern heute in den USA an den Pionier und seine bedeutendste Leistung, die Colorado-Expedition.

Buchtipp
Powell, Major John Wesley: The Exploration of the Colorado River and its Canyons, 1895 (reprint, New York). Aufschlussreicher, spannender und mit vielen künstlerisch hochwertigen Stichen illustrierter Reisebericht des ersten Colorado-Bezwingers.

chen Canyon-Rand. Der Bau der Grand Canyon Railway im Jahre 1901 (eine Seitenstrecke der Santa Fe Railway) brachte spürbare Reiseerleichterung und führte zu einem ersten Aufschwung des Dorfes „Grand Canyon Village". Mit der Eisenbahn wurde der Startschuss für die ungeheure Entwicklung des Fremdenverkehrs gegeben. In der Folge besuchte Präsident Roosevelt die Stätte (s.o.), und das große Hotel „El Tovar" wurde errichtet. Damit wurden alle Pläne der Elektrizitätsgesellschaften hinfällig, den Grand Canyon unter einem Stausee verschwinden zu lassen.

Die Eisenbahn operierte übrigens bis 1968, wurde dann stillgelegt und Ende 1989 als touristische Attraktion wieder eröffnet („Grand Canyon Railway": Williams-Grand Canyon Village).

Einige Zahlen:
* Der Grand Canyon ist
- 6 ½ - 29 km breit (durchschnittlich 19 km)
- 446 km lang
- durchschnittlich 1.600 m tief
* Der **Colorado River** ist auf diesem Abschnitt 350 km lang und 90 m breit, er hat ein Gefälle von 670 m und 160 Stromschnellen (davon sind 70 als 'schwierig' eingestuft)
* Jährlich besuchen etwa 5 Millionen Touristen den Grand Canyon
* Mehr als 250.000 Menschen steigen dabei zum Colorado River hinab
* Ebenfalls mehr als 250.000 Menschen nehmen an einem Flug durch den Canyon teil
* Etwa 20.000 Menschen bezwingen den Colorado River mit Booten

Allgemeines

Das Gebiet des Colorado River ist auf einer Länge von ca. 400 km zum Grand Canyon Nationalpark erklärt worden. Grundsätzlich hat dieses Schutzgebiet 2 Zugänge:

Zweigeteilter Nationalpark

* Einmal den **North Rim** (= Rand), erreichbar über den US 89A und dann dem Hwy. 67. Dieser höher gelegene Teil des Nationalparks ist nur zwischen Mitte Mai und Ende Oktober (manchmal länger, je nach Wetterkonditionen) geöffnet.
* Zum anderen den **South Rim**, zu dem der US 89 bzw. US 180 zum Hwy. 64 führt. Dieser Highway durchquert einen Teil des südlichen Parkgeländes und führt von der South Entrance Station zur East Entrance Station. Dieser Teil des Parks ist ganzjährig geöffnet.

Auf beiden Seiten gibt es jeweils ein Besucherzentrum, Läden, Unterkünfte aller Art, ausgeschilderte Wanderwege und andere Möglichkeiten zur Aktivität. Die Frage, welchem Canyon-Rand man den Vorzug geben sollte, stellt sich in den Wintermonaten nicht, da der North Rim geschlossen ist. Ansonsten aber spricht für den North Rim die um knapp 500 m höhere Lage (2.500–2.690 m), das waldreichere Gelände, der weitaus geringere Besucherandrang und die niedrigeren Preise. Auch im Hochsommer kann man am North Rim immer noch ein ruhiges Plätzchen finden. Für den South Rim spricht dagegen die bessere Erreichbarkeit (näher zum Freeway-System), im Frühjahr und Herbst das wärmere Klima, der Blick auch in den nordöstlichen Teil des Canyons vom Desert View Point, über den Tag gesehen das bessere Fotolicht und für Schnellwanderer die geringere Distanz zum Colorado River.

Wer mit dem Wagen vom South zum North Rim (oder umgekehrt) fahren möchte, um evtl. wandernde Freunde oder Familienmitglieder dort abzuholen, sollte bedenken, dass die Wegstrecke zwischen den beiden Visitor Centers etwa 340 km beträgt!

South Rim

Den südlichen Canyon-Rand erreichen die meisten Besucher über die **South Entrance Station**. Drei Meilen dahinter hat man nach einer langen Linkskurve zum ersten Mal Gelegenheit, am **Mather Point** einen Blick in die Wunderwelt des Canyons zu werfen. Kurze Zeit später führt eine Stichstraße zur **Observation Station** (ehem. Yavapai Museum, *geöffnet tägl. 8–17h)*, die halsbrecherisch am Steilabhang des Rim plaziert ist. Hier kann man sich umfassend über die Geomorphologie der Felsschichten und die Geologie des Canyons informieren. Durch das Fenster von der Terrasse neben dem Museum bietet sich abermals ein phantastischer Blick.

Von hier aus führt die Straße zum **Visitor Center** (Information und Museum) und zu Institutionen wie Backcountry Office, Yavapai Lodge, Postamt, Bank, Supermarkt und Campingplatz. Knapp eine Meile westlich ist die zweite 'städtische' Konzentration des Grand Canyon Village. Hier

Gern besucht: Grand Canyon Overlook

befinden sich verschiedene Hotels und Lodges, die Jugendherberge, Souvenirläden, der alte Bahnhof und der Startpunkt des „Bright Angel Trail" (s.u.).

Im Pferch warten Maultiere auf Kundschaft für den (anstrengenden!) Ritt in die Tiefe – Voraussetzung ist, dass man das Gewichtslimit von 90 kg nicht überschreitet!

Hinweis

Aufgrund des hohen Besucheraufkommens – besonders während der Sommermonate – verkehren vom Visitor Center bzw. dem Grand Canyon Village regelmäßig Shuttlebusse (mit Anhänger) zu den Aussichtspunkten. Fahrten mit dem eigenen PKW sind in westlicher Richtung somit nicht möglich (und oft auch in östlicher Richtung nicht). Sie können an jedem Stopp aussteigen und dann in einen späteren Trolleybus wieder einsteigen („Hopp on – Hopp off").

Ab dieser Stelle beginnt auch der **„West Rim Drive"**, eine rund 8 Meilen lange Asphaltstraße bis zum äußersten Ende bei **Hermit's Rest**. Im Sommer ist diese Straße für Privatautos gesperrt (s.o.). Parallel zur Autostraße führt ein Fußweg nah am Canyon-Rand entlang und bietet die wohl einfachste Alternative zum anstrengenden Fußmarsch in die 1.400 m tiefe Schlucht. Nach einem Denkmal für Major Powell gelangt man zum **Hopi Point**, der mit die schönste Aussicht in den Canyon bietet, besonders bei untergehender Sonne. Weil die Luft über dem Colorado River so außerordentlich klar ist, kann man hier mittags über 150 km weit ins Land sehen, zu 1 % der Zeit spannt sich der Horizont sogar 390 km weit! Insgesamt sind am West Rim Drive 8 größere Aussichtspunkte ausgebaut; am Endpunkt Hermit's Rest gibt es einen Souvenirladen, Erfrischungen und sanitäre Einrichtungen. Hermit's Rest (Hermit = Einsiedelei/Einsiedler) ist ein Steinhaus, das Boucher hier zu Beginn des 20. Jh. erbaut hat.

Panorama-straße

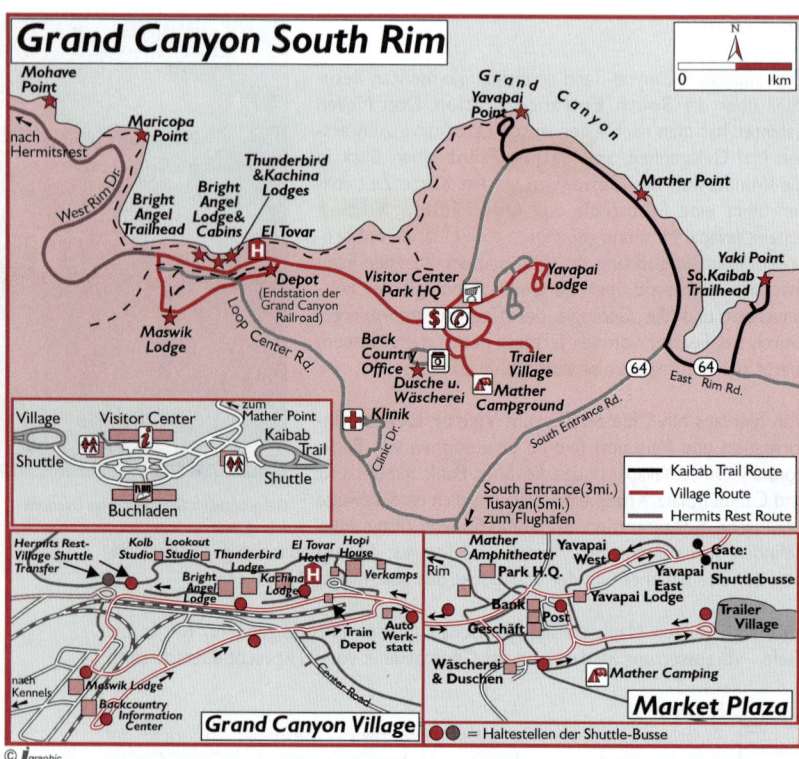

Grand Canyon South Rim

Zur anderen Richtung führt vom Visitor Center der **„East Rim Drive"** in 23 Meilen bis zum östlichen Parkausgang. Am nächsten zum Village liegt der **Yaki Point**, Startpunkt zum berühmten „Kaibab Trail" (s.u.), weitere Aussichtspunkte sind Grandview Point, Moran Point u.a. Wenige Meilen vor dem östlichen Ende, 21 Meilen hinter dem Village, liegen rechts der Straße die Ruinen und das **Museum von Tusayan** *(geöffnet tägl. 8–17h)*. Regelmäßig finden hier von Rangern geleitete Führungen statt, die Ihnen die prähistorischen ersten Bewohner nahe bringen. Die Ruinen selbst bestehen nur aus recht kleinen Mauerresten, die sich etwa 50 cm über den Erdboden erheben, die gute Rekonstruktionszeichnung im Museum macht das ursprüngliche Aussehen aber deutlich. Etwa 30 Anasazi haben hier vor 600 Jahren gelebt.

Kurz vor dem Parkausgang hat man vom 2.267 m hoch gelegenen **Desert View Point** die letzte Möglichkeit zu einem großartigen Überblick. Der archaisch anmutende **Watch Tower** steht dabei im seltsamen Kontrast zur grandiosen Natur (1932 im Pueblo-Stil errichtet; das Erdgeschoss ist einer Kiwa nachgebildet, der 1. Stock wurde vom Hopi-Künstler Fred Kabotie ausgemalt). An touristischen Einrichtungen finden sich hier eine Self-Service-Cafeteria, ein Souvenirladen, sanitäre

Einrichtungen und ein Campingplatz.

• Beste Reisezeit

Das ganze Jahr über ist der Grand
Canyon ein lohnendes Ziel. In den
Sommerferien aber bekommt man
nicht nur Platzangst, sondern wird
bei Wanderungen durch Temperaturen von bis zu 70 °C gequält (am
Canyon-Grund). Andererseits können im Sommer auch Regen und
Gewitter Sicht und Wohlbefinden
empfindlich stören. Die beste Be-

1932 errichtet: Watch Tower

suchzeit ist der späte Frühling (Mai, Juni), wenn es heißt, das Wetter sei hier wie
ein Puma: unzuverlässig, aber niemals langweilig. Nachtfröste und erster Schnee
können schon im Oktober auftreten, kommen in der Regel aber nicht vor November. Dies sollte keinen von einer Wanderung zum Colorado abhalten, im
Inner Gorge ist es immer durchschnittlich 6,7 °C wärmer. Im November stört
manchmal anhaltender Nebel das Panorama (1990 konnte man fast drei Tage lang
kaum die Hand vor Augen sehen!), die feine Schneeschicht auf dem roten Felsen
ist in der Vorweihnachtszeit allerdings ein überaus reizvolles Bild.

• Wandern

„**ACHTUNG:** Unternehmen Sie keine Wanderung vom Schluchtrand hinunter
bis zum Colorado und wieder hinauf innerhalb eines Tages! Viele Wanderer, die
eine solche Tour versucht haben, erlitten schwere gesundheitliche Folgen bzw.
den Tod!" Mit diesen Worten warnt die offizielle Touristenzeitung „The Guide"
vor Selbstüberschätzung. Tatsächlich ist es in der Vergangenheit mehrfach zu
tragischen Unfällen mit tödlichem Ausgang gekommen, auch bei jüngeren und
trainierten Wanderern. Trotzdem bewältigen jährlich Tausende den South Kaibab
Trail an einem Tag – zur Nachahmung nicht empfohlen!

Die beliebtesten Wanderwege

Jeder, der sich in den Canyon begibt, sollte folgende **Vorsorge** treffen: Ausreichende Trinkwasser-Vorräte sind unbedingt erforderlich, bei vielen Trails haben
Sie keine Gelegenheit, Wasserflaschen unterwegs aufzufüllen. Die Mitnahme von
4–5 Litern pro Person und Tag ist das absolute Minimum (unten im Canyon
können Sie aber auffüllen)! Hilfreich ist auch Elektrolyt-Salz zum Ausgleich des
Mineralverlustes, das man im Drugstore erhält. Schließlich gehört zum Reisege-
päck ein Sonnenschutz (Hut, Halsband, Sonnenbrille, Creme) und eine Taschenlampe. Vernünftiges Schuhwerk ist selbstverständlich. Entlang dem Rim sind einstündige bis eintägige Wanderungen ohne Schwierigkeitsgrad möglich. Wer in den
Canyon absteigen möchte, kann dies in Teilen oder bis zum Ufer des Colorado
tun. Zu den Startpunkten gibt es im Sommer einen kostenlosen Zubringerbus.

Die bekanntesten Trails sind:
- **Bright Angel Trail:** 1891 konstruiert, um Goldsuchern den Zugang zu ermöglichen. Der Pfad beginnt an der Bright Angel Lodge und endet 14,3 km später

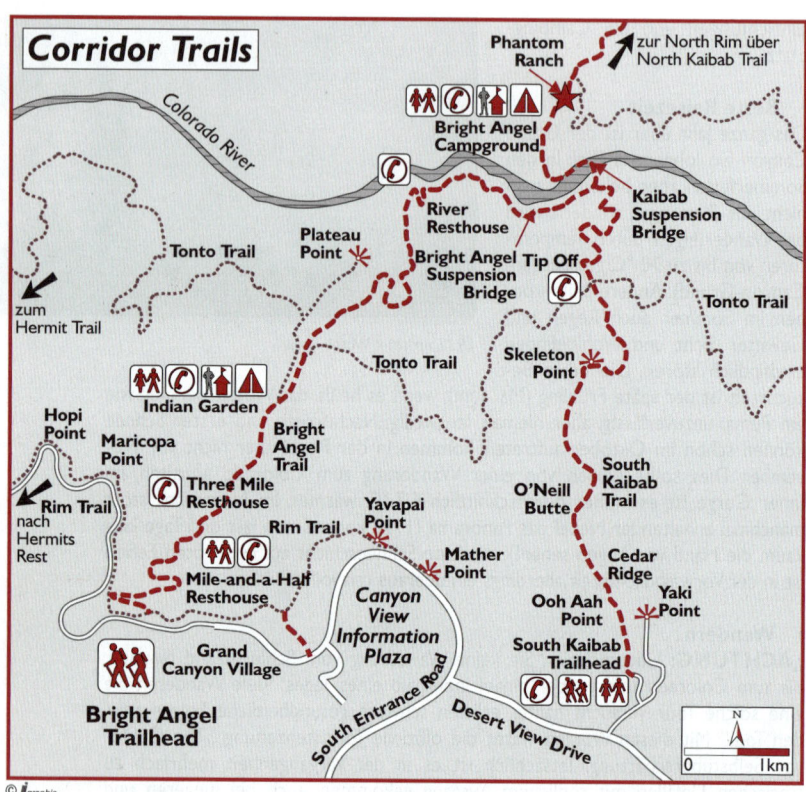

Corridor Trails

Colorado River

Phantom Ranch

zur North Rim über North Kaibab Trail

Bright Angel Campground

River Resthouse

Kaibab Suspension Bridge

Tonto Trail

Plateau Point

Bright Angel Suspension Bridge

Tip Off

Tonto Trail

zum Hermit Trail

Tonto Trail

Skeleton Point

Indian Garden

Hopi Point

Maricopa Point

Bright Angel Trail

South Kaibab Trail

Three Mile Resthouse

O'Neill Butte

Rim Trail

nach Hermits Rest

Yavapai Point

Cedar Ridge

Rim Trail

Mile-and-a-Half Resthouse

Mather Point

Ooh Aah Point

Yaki Point

Canyon View Information Plaza

South Kaibab Trailhead

Grand Canyon Village

Bright Angel Trailhead

South Entrance Road

Desert View Drive

N

0   1 km

© igraphic

am Bright Angel Campground. Wer nicht bis zum Colorado gehen möchte, kann bei den Indian Gardens (5,1 km) wieder umkehren oder von hier auf einer kurzen Abzweigung bis zum Aussichtspunkt Plateau Point wandern (2,2 km Weg; dramatischer Überblick über die Schlucht). Für den Abstieg benötigt man gut 4 Stunden, für den Aufstieg etwa 7–8. Auf den ersten steilen 2,2 km gibt es zwei Rastplätze, im Sommer auch Wasser. Dieser Trail ist oft total überlaufen.

- **South Kaibab Trail:** ein steiler, 11 km langer Zickzackweg, der 1928 vom National Park Service angelegt wurde. Das erste Teilstück geht am Yaki Point ab und führt nach 2,4 km bzw. 445 Höhenmetern zum Cedar Ridge (herrliche Aussicht); ab hier kann man wieder umkehren. Dauer des Ausfluges etwa 3–4 Stunden. Weiter führt der Kaibab Trail durch die Redwall Formation in die innere Schlucht, bevor man am Colorado über die Kaibab Suspension Bridge Anschluss an den Bright Angel Trail oder den nördlichen Kaibab Trail hat. Von offizieller Seite wird dringend abgeraten, die Wanderung an einem Tag schaffen zu wollen; viele tun's trotzdem (Muskelkater garantiert). Unterwegs keine Wasseraufnahme möglich!

- **Hermit's Trail:** unbefestigter Weg für geübte Berg- und Wüstenwanderer. Startpunkt ist ca. 180 m südlich von Hermit's Rest. Der Weg nach Santa Maria Springs ist 8 km (360 Höhenmeter) lang und kann in 5 Std. geschafft werden, für den zu den Dripping Springs (9 ½ km; 412 m) benötigt man ca. 6–7 Std. Beide Pfade sind äußerst anstrengend, bieten aber wunderschöne Ausblicke.

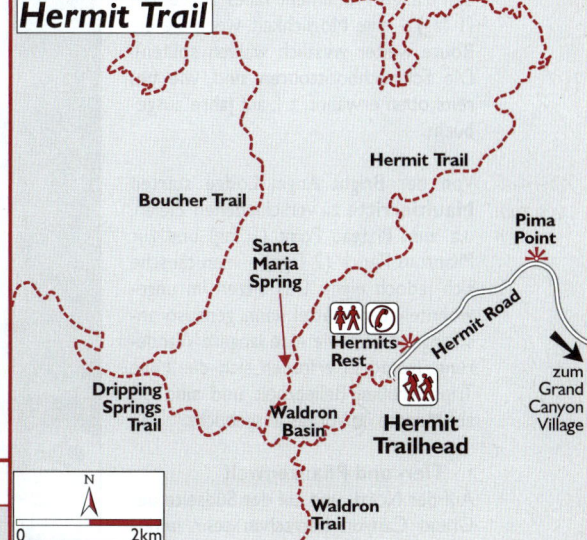

Grandview Trail

- **Grandview Trail:** Der Startpunkt dieses knapp 10 km langen Wanderweges ist am Grandview Point/East Rim Drive. Sein Ziel ist die Horseshoe Mesa, ein merkwürdig geformter Berg. Auf der sehr anstrengenden Strecke überwindet man 792 Höhenmeter, man braucht dafür mindestens 7 Stunden.

• **Andere Aktivitäten**

Von besonderem Reiz sind **Flüge** mit dem Helikopter (teuer; Abflug gegenüber dem IMAX-Theater in Tusayan und am Grand Canyon Airport) oder Flugzeug (Abflug am Grand Canyon Airport). Es ist nicht mehr erlaubt, **durch** den Canyon zu fliegen, aber auch der Überflug ist ein Erlebnis (siehe auch „Touristische Hinweise"). Besonders spannend ist der Moment, in dem man nach der bewaldeten Ebene über die Kante sozusagen in das 1.400-Meter-Loch 'fällt'.

Ansonsten kann man an den üblichen Nationalpark-Programmen teilnehmen oder **Busausflüge** zum Sonnenuntergang oder zu den Aussichtspunkten „Hermit's Rest" und „Desert View" buchen. Weitere Exkursionen werden u.a. ins Monument Valley angeboten (1 Tag) – eine Möglichkeit, wenn Sie die Route weiter westlich wählen sollten). Die Schlauchboottouren sind, wie bereits oben erwähnt, z.T. auf Jahre ausgebucht.

Alternativen zum Wandern Von der Bright Angel Lodge starten **Maultierritte** zu verschiedenen Zielen, u.a. zum Plateau Point (1 Tag) und zur Phantom Ranch (2 Tage) – man täusche sich jedoch nicht: Das Sitzen im ungewohnten Ledersattel kann genauso anstrengend sein wie eine längere Wanderung. Trotzdem erfreuen sich die 'Mule Trips' großer Beliebtheit und sind oft auf Monate im Voraus ausgebucht.

• Tier- und Pflanzenwelt
Auf der Nord- und auf der Südseite des Grand Canyon herrschen sehr unterschiedliche klimatische Gegebenheiten. Im Süden ist es wärmer und mit 380 mm jährlichem Niederschlag sehr viel trockener. In den niedrigen Wäldern des Südens kommen Kojoten, vereinzelt auch

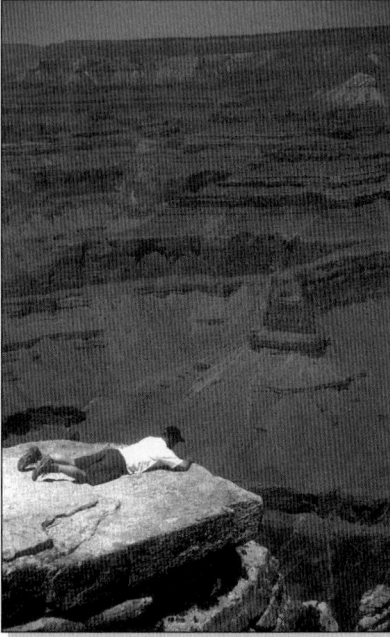

Nicht Jedermanns Sache: „Canyon-Rand-Krabbeln"

Luchse und Pumas vor. Maultierhirsche sind recht häufig anzutreffen, besonders nach Einbruch der Dunkelheit auf den Campingplätzen. Häufig sieht man auch Burros: verwilderte Esel, die durch die Erzsucher in den Canyon kamen. Sie verdrängen immer mehr die ehemals typischen Dickhornschafe.

Ansonsten wimmelt es von verschiedenen Squirrels (Erd- und Eichhörnchen), von denen das Aberthörnchen (weißer Bauch und grauer Rücken) besonders interessant ist. Diese Tierart kommt nur südlich des Grand Canyon vor, während ihr nächster Verwandter, das Kaibab-Hörnchen, nur nördlich des South Rim lebt. Es gibt mehrere Fledermausarten und Vögel u.a. Kolibris, Spechte, Häher, Raben, Buntfalken und Rotschwanzbussarde.

Entsprechend dem geringen Niederschlag herrscht am Südrand eine südliche, an Mexiko erinnernde Vegetation vor. Charakteristisch sind die niedrigen Pinyos (Zwergpinien) und der Utah-Wacholder. Im viel wärmeren Innern der Schlucht sind Flora und Fauna wüstenhaft (abseits von Oasen und dem Flussufer). Hier leben Känguruhratten, Echsen und die Grand Canyon Klapperschlangen; die Pflanzenwelt wird hauptsächlich durch Yuccas, Schwarzdorn, Agaven und Kakteen repräsentiert.

Durchaus anzutreffen: Kojote

North Rim

Beginnend auf einer Höhe von 2.407 m bei Jacob Lake, das auf dem Kaibab Plateau angesiedelt ist, steigt der 44 km lange Hwy. 67 kaum merklich weiter an, bis er an der North Rim Entrance Station eine Höhe von 2.690 m erreicht. Dabei durchquert er riesige Mischwälder, die durchsetzt sind von weiten Wiesen, und passiert die Kaibab Lodge (Tankstelle, Motel, Campingplatz etwas weiter südlich).

Je nach Zeit kann man nun (oder auf dem Rückweg) gut 10 Meilen nach dem Eingang, nach links auf die **Cape Royal Road** einbiegen, die einen zu den schönsten Aussichtspunkten des North Rim bringt. Auf dem weit in den Canyon vorspringenden Walhalla Plateau zweigt zunächst eine Stichstraße zum **Point Imperial** ab, der den Blick weit in den nördlichen Teil des Parks bis zum Marble Canyon öffnet.

Die nördliche Canyon-Seite

Noch schöner ist die Aussicht von der **Vista Encantadora**: Weit und tief sieht man hier in den Grand Canyon hinein, auf der gegenüberliegenden Seite erkennt man das 1.873 m hohe Cape Solitude und die Schlucht des Little Colorado, der sich dort mit seinem größeren Bruder vereinigt. Endpunkt der schmalen (aber asphaltierten) Straße ist der **Walhalla Overlook** am **Cape Royal**, auf der Spitze des harten Plateaus, um das sich der Colorado in einer großen Schleife gelegt hat. Es war wohl die übernatürliche Schönheit der Szenerie, die die modernen Namensgeber veranlasste, Felsnadeln, Klippen und abgeschliffene Berge nach den Göttern der Alten Welt zu benennen. So sieht man den 'Thron Wotans' und die 'Burg des Ra', auch die 'Tempel' von Salomon und für Vishnu, für Isis und Osiris, für Jupiter, Venus und Diana. Dabei wäre es doch angebrachter gewesen, auf die göttlichen Wesen der Ureinwohner zurückzugreifen. Immerhin beweisen die Ruinen der **„Walhalla Glades"**, dass sich die Anasazi-Kultur zwischen dem 8. und 12. Jh. auch an diesem vorzüglichen Ort entfaltete – sozusagen in Sichtverbindung mit dem prähistorischen Pueblo von Tusayan auf der anderen Seite.

Zurück auf dem Hwy. 67 sind es anschließend nur wenige Fahrminuten bis zur **Grand Canyon Lodge** in der Nähe des **Bright Angel Point**. Dieses aus Felsen und Holz erbaute Haus stellt das touristische Zentrum des nördlichen Nationalparks dar. Motels, Cabins, Tankstel-

Auch die Wälder und Seitencanyons haben ihren Reiz

le, Läden und ein Campinglatz befinden sich in unmittelbarer Nähe. An der Rezeption nimmt man Ihre Wünsche für Ausflüge entgegen, berät Sie über Maultierritte und erläutert mögliche Wanderwege. Am beeindruckendsten ist die wie ein Adlernest hoch auf dem Felsen platzierte Lodge Die großen Fenster der Aussichtshalle bieten ein atemberaubendes Panorama, das man auch genießen kann, wenn draußen ein schneidend kalter Wind den Aufenthalt unmöglich macht.

• Beste Besuchszeit
Der erste Monat direkt nach der Öffnung des Parkteils Mitte Mai kann noch sehr kalt sein, aber die Luft ist klar, die Blumenblüte beginnt, und die Touristenschwärme sind noch nicht eingetroffen. Im Juli und August ist es am wärmsten, während der Herbst deutlich früher als am South Rim einsetzt: Gegen Ende September beginnt die Herbstfärbung der Laubwälder. In einem überirdisch schönen Bild sind dann der blaue Himmel, der rote, graue und bläuliche Stein, die dunkelgrünen Tannen sowie die weißen Espenstämme mit ihrem goldenen Dach komponiert – vielleicht der beste Augenblick des ganzen Jahres!

• Wandern
Zwischen November und Mitte Mai sind die Wanderwege des gesamten Parkabschnittes gesperrt. Ansonsten gelten für die Pfade des North Rim die gleichen Hinweise wie für die des South Rim (s.o.). Die beiden bekanntesten Trails sind:
- **North Kaibab Trail:** Ursprünglich von Indianern und Goldsuchern frequentiert, ist heute der Kaibab Trail ein populärer Pfad für Maultierausflüge und ausdauernde Wanderer. Er beginnt etwa 2 Meilen nördlich der Grand Canyon Lodge und folgt dann dem Lauf des Bright Angel Creek bis zum Colorado. Insgesamt ist die Strecke 23 km lang und überwindet 1.800 m Höhenunterschied; sie endet an der Phantom Ranch. Über die Suspension Bridge hat man dort Anschluss an den südlichen Kaibab Trail sowie den Bright Angel Trail zum South Rim. Für die anstrengende Wanderung muss man mindestens 2 Tage einplanen.

Sportlich aktiv

- **Ken Patrick Trail:** Der nicht allzu anstrengende, 12 Meilen lange Pfad führt durch dichte Wälder und entlang dem Canyon-Rand mit prächtiger Aussicht. Der Ausgangspunkt ist der gleiche wie beim North Kaibab Trail, das Ziel ist Point Imperial im Norden des Walhalla Plateau.

• Andere Aktivitäten
Wie am South Rim sind außer Wandern und dem Genuss der Aussicht vielfältige andere Aktivitäten möglich. In diesem nördlichen Parkteil wurden allerdings Helikopter-Flüge bis auf weiteres eingestellt (sollen aber wieder angeboten werden). Ansonsten können Sie am Nationalpark-Programm und an verschiedenen Busausflügen teilnehmen. Wer seine Kondition bei einem Maultierritt testen möchte, hat am North Rim sogar bessere Chancen auf einen freien Platz als am überfüllten Süd-Rand. Dies gilt leider nicht für die Rafting-Touren auf dem Colorado.

• Tier- und Pflanzenwelt
Der Nordrand ist mit durchschnittlich 660 mm fast doppelt so regenreich wie der Süden, außerdem ist er höher und kühler. Mit ausgedehnten Wiesen, Fichten, Ponderosa-Kiefern, Douglas- und Weißtannen, Stechfichten und Espen („Golden Aspen") erinnert die Region an Kanada. Außer Hasen, Bibern, Füchsen und Hirschen leben auch einige Waschbären (raccons) auf dieser Seite. Äußerst selten ist das Kaibabhörnchen (grau mit weißem Schwanz), dessen 'Vetter' das südlich lebende Aberthörnchen ist. Nachdem der Puma hier ausgerottet wurde, haben

Raueres Klima

sich die Maultierhirsche so sprunghaft vermehrt, dass das ökologische Gleichgewicht aus den Fugen geriet, bis schließlich 80.000 Tiere in harten Wintern umkamen. Heute liegt ihre Zahl bei ca. 10.000 Exemplaren und wird auf diesem vernünftigen Level durch wieder eingewanderte Pumas gehalten.

Sie verlassen nun den Grand Canyon Nationalpark (South Rim) am östlichen Ausgang. Dieser östliche Teil bietet Ihnen noch einmal einige unvergessliche Ausblicke auf den Grand Canyon – besonders imposant vom Watchtower am 2.268 m hoch gelegenen **Desert View**.

Nachdem Sie nun den Park hinter sich gelassen haben, führt die Straße parallel zum **Little Colorado**, der hier seinen eigenen Canyon geschaffen hat und dessen Reiz darin liegt, dass man bereits von den normalen Aussichtspunkten aus erkennen kann, wie der Canyon in ehemals flaches Land gefressen wurde. Dieses flache Land wurde vor dem Eintreffen der weißen Siedler von den Navajos als Jagdgebiet genutzt. Heute leben sie scheinbar nur noch vom Tourismus. Viele Verkaufsstände reihen sich an der Straße auf, die alle mit bunten Fahnen auf sich aufmerksam machen wollen.

17 Meilen nördlich von Cameron sollten Sie sich entscheiden, ob Sie nicht einen Abstecher zum **Marble Canyon** und nach **Page** machen wollen. Der Marble Canyon besteht natürlich nicht aus Marmor, aber die ersten Ankömmlinge ließen sich durch den Schein der Sonne täuschen, der diese aus Granit und glitzerndem Gneis bestehende Schlucht „wie Marmor" erscheinen lässt. Über diese Schlucht spannt sich in fast 150 m Höhe die **Navajo Bridge**. Nicht weit von hier, an der **Lees Ferry**, starten Schlauchboottouren (auch die, die durch den Grand Canyon bis zum Lake Mead führen). Empfehlenswert ist der kleine beschauliche **Lees Ferry State Park** wegen seiner roten Sandsteinformationen und geschliffenen Steine. Bei normalem Wasserstand können Sie hier sogar eine Sandinsel im Colorado River erreichen.

Weitere Canyons und Naturbrücken

Page (ⓘ S. 173), einst gegründet als Wohnort für die Dammarbeiter, ist heute ganz auf Touristen eingestellt. An Souvenirgeschäften und Unterkünften mangelt es nicht. Interessant ist der Ort durch seine schöne Hanglage am Ausgang des Lake Powell und am **Glen Canyon Dam**, der diesen aufstaut. Dieser Damm kann sich von den Ausmaßen her mit dem Hoover Damm messen, ihm fehlt aber das historische Flair. Es werden kostenlose Führungen angeboten.

Wer gerne zur **Rainbow Bridge** gelangen möchte und nicht bereit ist, hierzu eine lange Schotterstraße zu fahren und dann einen anstrengenden Fußmarsch zu unternehmen, der nur besonders Wanderfreu-

Am besten mit dem Boot zu erreichen: Rainbow Bridge

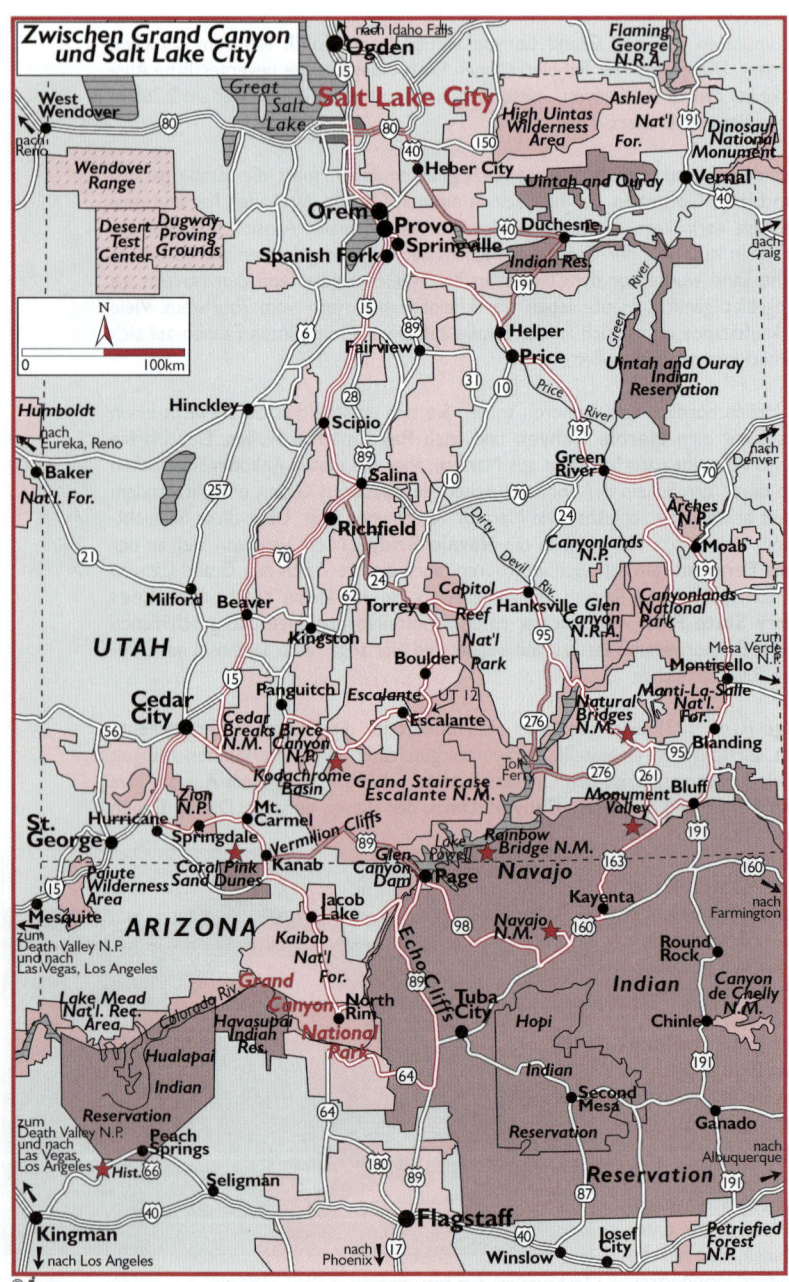

Zwischen Grand Canyon und Salt Lake City

digen zu empfehlen ist, der sollte sich in Page in ein bequemes Boot setzen und auf einer halb- bzw. ganztägigen Tour dorthin fahren. Andere Abfahrtspunkte befinden sich in Bullfrog und Halls Crossing am nördlichen Ausläufer des Lake Powell (Fährstationen des Hwy. 276). Die Rainbow Bridge ist die größte, natürliche Felsbrücke der Welt. Unter ihrem 88 m hohen Bogen, der sich 83 m spannt, würde das Washingtoner Capitol leicht Platz finden.

 Lesetipp
Wer sich unter die Wanderer begeben möchte, sollte sich vorher die Broschüre „Hiking to Rainbow Bridge" beim Park Office besorgen.

Ein anderer, recht lohnender Ausflug führt (nur mit organisierten Touren) von Page zum **Antelope Canyon** (auch Slope Canyon genannt). Buchungen am **Powell Museum**/Visitor Center. Die Touren dauern etwa 90 Minuten und führen ins Navajo-Gebiet.

Fahren Sie von Page nun auf dem Hwy. 98, später dem US 160 und dann dem Hwy. 564 zum Navajo National Monument.

Navajo National Monument (ⓘ S. 173)

Hier erwarten Sie drei alte Felsensiedlungen, wobei leider keine direkt zu besichtigen ist (nur mit Permits und einem Ranger). Die Häuser wurden bis etwa 1300 n. Chr. von (Kayenta-)Anasazi bewohnt. Um mehr über die Geschichte dieses Stammes der Anasazi zu erfahren, sollten Sie zuerst das Visitor Center besuchen, wo eine kurze Diashow (bzw. Film) gezeigt wird und auch ein kleines Museum auf Sie wartet. Um die Ruinen von einem Aussichtspunkt aus sehen zu können, folgen Sie dem etwa 1 Meile langen **Sandal Trail** (Fernglas und Teleobjektiv nicht vergessen). Der von ihm abzweigende **Betatakin Canyon Overlook Trail** bietet keine Aussichtsmöglichkeit auf die Ruinen!

Anasazi-Kultur

Wer die Ruinen selbst besichtigen möchte, muss sich einer der Touren anschließen, die zweimal am Tag zu den Betatakin-Ruinen und einmal täglich zu den Keet Steel-Ruinen gehen (nur während der Sommermonate). Für die erstere benötigen Sie 5–6 Stunden, zu den 8 Meilen entfernten Keet Steel-Ruinen müssen Sie mit einem ganzen Tag rechnen.
• **Betatakin Ruins**: eine Siedlung mit 135 Räumen, die aber nur von 1260 bis 1300 bewohnt war. Danach verließen die Bewohner aus ungeklärten Gründen diesen Platz. Fahren Sie diese Ruinen am besten über den Hwy. 564 an, da die auf den üblichen Karten aufgeführte Straße eine üble Schotterpiste ist.
• **Keet Steel**: Diese Siedlung war die erste und mit 160 Räumen und 6 Kivas die größte. Bereits um 950 n. Chr. wohnten hier Anasazis.
• **Inscription House**: Eine schlecht erhaltene Ruinensiedlung weiter im Westen. Z.Zt. für Publikum nicht geöffnet.

Ihre Fahrt geht jetzt weiter nach Kayenta, einem langweiligen Indianerstädtchen (Hotel/Motels). Biegen Sie nun ab auf den Hwy. 163. Nach 22 Meilen erreichen

Sie das **Monument Valley**. Ein 4-Meilen-Straßenabschnitt, abzweigend von der 163 und mit so einigen Indianer-Souvenirständen bestückt, führt direkt an die Abbruchkante, von der aus man die bekanntesten Felsformationen sehen kann. Es steht außer Frage, dass ein Besuch hier lohnt, und wenn Sie ge-

Highlight Monument Valley, immer wieder als Filmkulisse beliebt

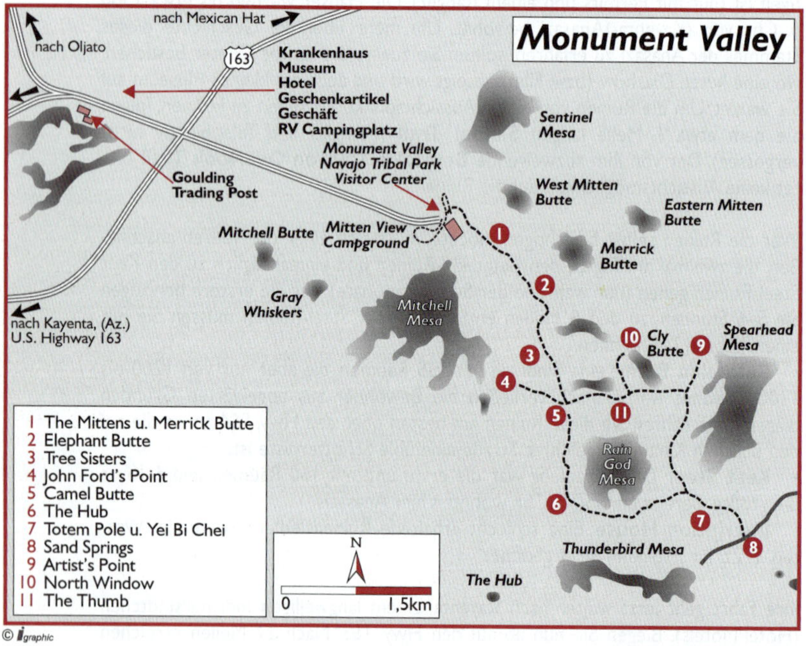

nügend Zeit haben, sollten Sie unbedingt die holprige Schotterpiste durch die Felsenlandschaft „durchstehen". Sie werden einige der Felsen bestimmt wiedererkennen, denn so mancher Film wurde hier gedreht. U.a. 1956 „The Searchers" und Ausschnitte aus „Thelma und Louise". Am besten lässt sich diese eindrucksvolle Landschaft genießen, wenn abends die Sonne untergeht. Dann hüllen sich

Monument Valley

nach Mexican Hat
nach Oljato
163

Krankenhaus
Museum
Hotel
Geschäftkartikel
Geschäft
RV Campingplatz
Monument Valley
Navajo Tribal Park
Visitor Center

Goulding
Trading Post

Sentinel
Mesa

West Mitten
Butte

Eastern Mitten
Butte

Mitchell Butte

Mitten View
Campground

Merrick
Butte

nach Kayenta, (Az.)
U.S. Highway 163

Gray
Whiskers

Mitchell
Mesa

Cly
Butte

Spearhead
Mesa

Rain
God
Mesa

1 The Mittens u. Merrick Butte
2 Elephant Butte
3 Tree Sisters
4 John Ford's Point
5 Camel Butte
6 The Hub
7 Totem Pole u. Yei Bi Chei
8 Sand Springs
9 Artist's Point
10 North Window
11 The Thumb

N

Thunderbird Mesa

The Hub

0   1,5km

© igraphic

die Felsen in ein tiefrotes, feuriges Licht. Reitbegeisterten empfiehlt sich, das Gebiet auf dem Rücken eines Pferdes zu erkunden. „Pferdeverleihe" stehen direkt am Visitor Center, und auch schon auf dem Weg dorthin, zur Verfügung.

Grandiose Natur-kulisse

Wenn der Tag sich dem Ende zuneigt, übernachten Sie am besten in der nahen **„Goulding's Monument Valley Lodge"** *($$$, Box 360001, Monument Valley, UT 84536-0001, Tel.: (435) 727-3231, Fax: (435) 727-3344)*, deren Zufahrt direkt gegenüber der zum Monument Valley liegt. An der Lodge gibt es ein kleines **Museum** mit Relikten aus der Pionierzeit sowie mit Erinnerungsstücken von Filmen, die hier gedreht worden sind. Die Lodge organisiert auch Touren in die nahe und weitere Umgebung per Bus und Flugzeug.

Der nächste kleine Ort heißt **Mexican Hat**, benannt nach einer unscheinbaren und kaum als „Mexikanerhut" zu erkennenden Felsformation. Zu empfehlen wäre hier höchstens das einfache, aber originell am Canyon-Rand des San Juan River gelegene Motel **„San Juan Inn"** *($$, P.O.Box 535, Mexican Hat, UT, Tel.: (435) 638-2220)*. Touren werden von hier organisiert. Für alle Fälle gibt es noch 3 weitere, aber sehr einfache Motels in dem Ort.

Fahren Sie nun, kurz hinter Mexican Hat, nach links ab auf den Hwy. 261. Die gleich darauf abgehende Strecke zum **Gooseneck State Park** lohnt sich, falls Sie etwa 45 Minuten Zeit erübrigen können. Von einem Aussichtspunkt aus können Sie den „Gooseneck", einen Teil des San Juan River, bewundern. Gooseneck bedeutet: ein mäandernder Fluss mit so vielen typischen Halbinseln, dass er auf einer Länge von 6 km nur 1 ½ km Luftlinie zurücklegt – der Alptraum einer jeden Schlauchboottruppe.

Das **Valley of the Gods**, zu dem eine weitere Piste von der 261 abgeht, ist mit Sicherheit landschaftlich sehr schön, und man findet auf Wanderungen so einiges aus der Anasazizeit. Die holprigen Schotterstrecken hier sind jedoch nur eingefleischten Liebhabern der Gegend und denjenigen zu empfehlen, die absolute Ruhe suchen – und man benötigt einiges an Zeit. Bereits nach 6 Meilen auf der 261 wird Ihnen klar, dass Sie die vor Ihnen liegende Klippe auf einer Schotterstraße meistern müssen, die sich steil nach oben windet (3 Meilen lang). Kein Genuss mit einem Wohnmobil und auch nicht für diejenigen, die nicht schwindelfrei

Blick auf den Gooseneck State Park

Blick hinunter vom Pass am Hwy. 261

sind! Trotzdem, die atemberaubenden Ausblicke lohnen die Mühe, und man kann von hier aus sogar noch das Monument Valley sehen. Oben angekommen, wandelt sich das Landschaftsbild. Kiefernwälder in sattem Grün lassen einen fürs erste die wüstenhafte Landschaft der Talebene vergessen. Nachdem man auf den Hwy. 95 gestoßen ist, kann man entweder nach Osten in Richtung Blanding abbiegen zum Canyonlands bzw. Arches Nationalpark, oder nach Westen über den Colorado River zum Capitol Reef Nationalpark fahren.

Wenn Sie die zweite Route wählen und nach Westen fahren, treffen Sie schon nach kurzer Zeit auf die Abzweigung zum **Natural Bridges National Monument**. Fahren Sie auch hier zuerst zum Visitor Center, um sich über die geologische Geschichte der drei natürlichen Steinbrücken zu informieren, die dem Park seinen Namen gegeben haben. Auf einem 9-Meilen-"Loop" können Sie dann diese „Brücken" bewundern. Sie sind entstanden, indem sich kleine Flüsse durch den 230 Millionen Jahre alten Sandstein gefressen haben, um ihren Lauf zu verkürzen. Und auch jetzt noch nagt das Wasser unter Mithilfe der klimatischen Erosionskräfte immer weiter an den Bögen. Somit werden auch sie irgendwann einmal einstürzen, doch bis dahin haben die Wasser wahrscheinlich wieder neue Brücken geschaffen. Während der erdgeschichtlichen Trockenperiode, die in diesem Gebiet zur Zeit herrscht, bedarf es jedoch geraumer Zeit, bevor etwas Gravierendes passieren wird.

Skulpturen der Künstlerin Natur

Die älteste der Brücken ist die „Owachomo Bridge", die 35 m hoch ist und deren Restdicke von 3 m bereits andeutet, dass sie die erste sein wird, die in – vielleicht 100.000 Jahren – einstürzen wird. Weitaus stabiler sind noch die „Sipapu Bridge" (72 m hoch, 88 m Spannbreite und eine Dicke von 17 m) und die jüngste, die „Kachina Bridge" (69 m hoch, 68 m Spannbreite und eine Dicke von sogar 30 m). Im Parkgelände findet sich zudem auch eine Reihe von Anasazi-Ruinen, wobei einige andere anthropologische Relikte, wie z.B. Zeichnungen, auf eine ausgesprochen frühe Besiedlung hinweisen. Wahrscheinlich wurden die Steinbrücken zu religiösen Zeremonien genutzt. Erster Nichtindianer in dieser Gegend war der Goldsucher Cass Hite, der die Brücken 1883 entdeckte. Bereits 1908 wurden sie von Präsident Theodore Roosevelt als „National Monument" ausgewiesen.

Unterkunft

Auf dem Gelände gibt es einen Campingplatz. Motorhomes über 21 ft. müssen aber einen der nahe dem Monument gelegenen Parkplätze nutzen. Infos dazu im Visitor Center. Restaurants, Motels und Geschäfte gibt es weit und breit nicht.

Zurück auf dem Hwy. 95 geht es nun in Richtung Lake Powell. Nach nur wenigen Meilen können Sie sich entscheiden, ob Sie die einfachere Strecke über die Brücke nehmen wollen oder ob Sie die Alternativroute Hwy. 261 bevorzugen. Dies bedeutet, mit einer Fähre über den See zu setzen. *Die Fähre verkehrt*

INFO ## Lake Powell und die Glen Canyon National Recreational Area

Als zwischen 1956 und 1964 der Glen Canyon Dam errichtet wurde, schuf der Mensch den zweitgrößten künstlichen See der USA, indem er dabei gleichzeitig den zweitgrößten Canyon der Welt unter Wasser setzte. Bereits damals, als Ökologie noch klein geschrieben wurde, gab es in der ganzen Welt **Proteste** gegen das Vorhaben. Heute ist dies alles vergessen und nur noch in Geschichten und Bildern dokumentiert. Um so interessanter mag es sein, Reisebeschreibungen der ersten Pioniere dieses Gebietes zu verfolgen. Für den Reisenden hat der Bau des Staudammes aber

auch Positives mit sich gebracht: Erst wegen des Sees wurden Straßen gebaut, die es vorher nicht gab, und per Boot kann man Areale erreichen, die bis dahin nur ausdauernde Wanderer erreichen konnten. Die damaligen Proteste gegen das Projekt haben die Regierung der Vereinigten Staaten aber veranlasst, von früheren Plänen abzurücken, den Lake Powell touristisch „auszubeuten". Daher kann man auch heute nur wenige Punkte mit dem Auto erreichen, und nur an den äußeren Punkten des Sees gibt es die Marinas, Sportboothäfen, deren Nutzung

Lake Powell mit der Brücke am Hwy. 95

strengen Naturschutzgesetzen unterliegen. Damit ist der Lake Powell heute ein von Menschenhand geschaffenes Naturparadies, dessen nähere Betrachtung lohnt.

Die Uferlinie des Sees beträgt 1960 Meilen, und der Wasserstand sinkt um maximal 10 Meter im Jahr. Durch die Tiefe des Canyons ist somit immer für ausreichend Reserve gesorgt, um das E-Werk am Glen-Canyon-Staudamm in Betrieb zu halten. Die Glen Canyon National Recreational Area umgibt den gesamten nördlichen Teil des Sees, und mittlerweile hat sich dort eine eigene Uferflora entwickelt. Auch der südliche Teil, hauptsächlich zum Navajo-Reservat gehörend, unterliegt heute der Kontrolle der Naturschutzbehörden.

Wer Zeit und Muße hat und bereit ist, etwas tiefer in die Tasche zu greifen, der sollte auf dem See eine **mehrtägige Hausboottour** unternehmen. Boote gibt es an mehreren Punkten, wobei die Marinas bei Page und Bullfrog für den Start wohl am besten geeignet sind. Buchungen von Europa aus sind oft günstiger, und Sie sind auf der sicheren Seite.

viermal täglich: i.d.R. Süd-Nord: 8h, 10h, 12h u. 14h; Nord-Süd: 9h, 1h, 13h und 15h. Trotzdem sollten Sie sich vorher telefonisch erkundigen (Tel.: (435) 684-7000 od 684-2261). Auf der Südseite, **Halls Crossing**, gibt es Campinggelegenheiten, am nördlichen Hafen, **Bullfrog**, auch eine Lodge, **„Defiance House"** *(Box 4055, Bullfrog, UT 84533, Tel.: (435) 684-3000)*, und das **Anasazi Restaurant** *(leider meist nur abends geöffnet)*, in dem Sie u.a. auch frisch gefangenen Fisch aus dem See bekommen.

Alternativroute hinter Bullfrog

Nördlich von Bullfrog zweigt eine Piste ab nach Boulder am „Utah Scenic Byway 12" oder weiter zum Capitol Reef National Park. Diese Schotterpiste ist rau, aber bei trockenem Wetter auch mit einem normalen PKW (Durchschnittsgeschwindigkeit: 30 km/h) zu befahren. Trotzdem sollten Sie unbedingt vor Befahren der Strecke in Bullfrog nach dem Zustand erkundigen. Bei Regen ist sie mit einem PKW nicht passierbar.

Alternativrouten

Der Hwy. 95 selbst führt direkt auf die Brücke über den Colorado zu. Vor und besonders nach deren Überquerung bieten sich unzählige Stopps zum Fotografieren an. Achten Sie besonders auf eine (nicht weiter markierte) Stelle, die Sie erreichen, nachdem Sie zwischen zwei Felsen hindurchgefahren sind. Der Blick zurück durch die Felsen beschert ein ausgefallenes Motivmit der Brücke über den Colorado genau in der Mitte über dem Blau des Lake Powell.

Etwas weiter schlängelt sich die Straße nun durch einen engen Canyon, dessen Fluss scheinbar nur noch wenig bzw. selten Wasser führt. **Hanksville**, 48 Meilen nördlich der Colorado Bridge, ist ein verschlafenes Nest, das seine Existenz anscheinend nur der Straßenkreuzung verdankt. Entsprechend einfach sind hier die Motels, und wer Zeit genug hat, sollte doch eher eine Unterkunft in Torrey aufsuchen.

Alternativstrecke

Weitaus weniger attraktiv, aber zeitlich kürzer, wäre es, nun von Hanksville den Hwy. 24 nach Norden zu fahren und dann entweder über Green River und Price nach Salt Lake City oder über die I-70 direkt nach Osten (evt. Abstecher zum Arches N.P.) bis Denver zu fahren.

Viel schöner aber ist es dagegen, dem Hwy. 24 in westlicher Richtung zu folgen. Nach 34 Meilen gelangen Sie zum Eingang des Capitol Reef Nationalpark.

Capitol Reef National Park (ⓘ S. 173)

1 **Zeiteinteilung**
2 Tage

Hinweis
Auch hier sei noch einmal auf die Schotterpiste östlich der Parkgrenze nach Bullfrog bzw. Boulder hingewiesen. Die Strecke ist schön, doch soll-

ten Sie sich allemal vor dem Befahren nach Ihrem Zustand und der Wetterlage erkundigen. Bei Regen ist sie mit einem herkömmlichen PKW keinesfalls zu empfehlen.

• **Größe:** 98.000 ha
• **Beste Jahreszeiten:** Der kühleren Temperaturen wegen empfehlen sich Mitte Mai bis Ende Juni und Oktober (besonders schöner Indianersommer).
• **Tierwelt:** vogelreich an Flüssen, ansonsten Biber, Hasen und seltener Maultierhirsche.

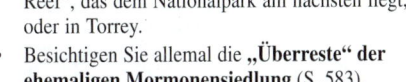

Redaktions-Tipps

• **Übernachten** Sie im „Best Western Capitol Reef", das dem Nationalpark am nächsten liegt, oder in Torrey.
• Besichtigen Sie allemal die **„Überreste" der ehemaligen Mormonensiedlung** (S. 583).
• **Wanderfreunde** sollten besonders diesem Park ihre Aufmerksamkeit schenken, da er touristisch nicht so überlaufen ist. Die geologischen Formationen entlang den Wanderwegen sind es, die die Höhepunkte dieses Parks ausmachen.

• **Pflanzenwelt:** an den Flüssen Pappeln und Eschen, dazu Obstbaumkulturen. Das übrige Gebiet ist geprägt von Wüstenpflanzen (Kakteen, Yuccas) und Hartlaub- und Dornbuschsträuchern.
• **Aktivitäten:**
Wandern: Beste Wandermöglichkeiten. Leichte und mittelschwere Wege gehen vom Scenic Drive bzw. dem Hwy. 24 ab. Die interessantesten:
- Cassidy Arch Trail: 6 km lang, beginnt beim Campingplatz und führt zu einem Steinbogen; etwas anstrengend
- **Hickman Bridge Trail**: vom Hwy. 24. 1,6 km lang, führt zu einer natürlichen Steinbrücke; einfach
- **Chimney Rock:** vom Hwy. 24; anstrengende Partien, Rundweg von 5 ½ km in den gleichnamigen Canyon und zum Chimney Rock
- **Golden Thrown:** vom Ende des Scenic Drive steil aufsteigend durch eine Schlucht; 3 km; schwierig
- **Fremont River Trail:** vom Campingplatz aus durch die ehemaligen Gartenanlagen der Mormonen; besonders im Herbst sehr schön; einfach.
Längere Touren sollte man gut vorbereiten und mit dem Parkranger besprechen, da große Teile des Parks weitab von jedweder „Zivilisation" liegen. Also auch an Sonnenschutz und Verpflegung (viel Trinkwasser!) denken.

Ausritte und Touren werden von einem Veranstalter vor Ort organisiert.

Dieser Nationalpark fällt bereits auf der Karte durch seine lang gestreckte Form auf, die bedingt ist durch den Verlauf der 160 km langen Bergkette (-Falte), des „Reef". Den Namen erhielt das Gebirge von den ersten Pionieren, die jede Bergkette, die sich ihnen in den Weg stellte, als Riff bezeichneten. Eine Tatsache, die sich wo-

Vorgeschmack auf den Arches NP: Saddle Arch

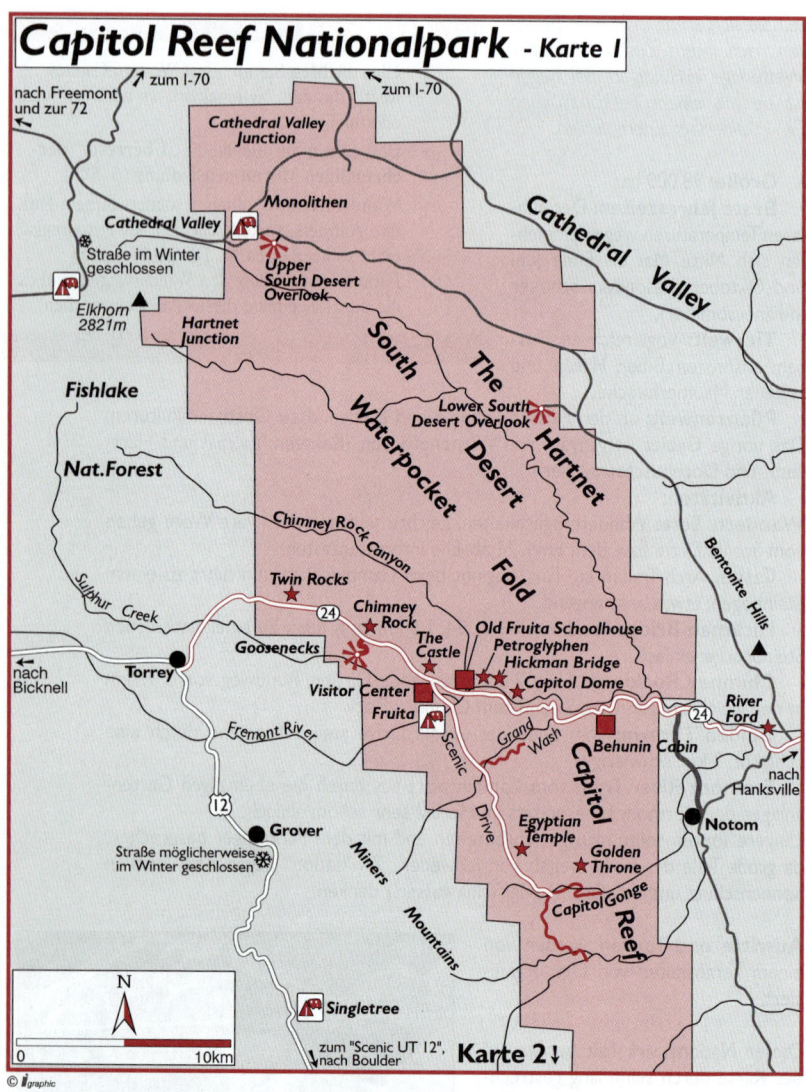

Capitol Reef Nationalpark - Karte I

nach Freemont und zur 72

zum I-70

zum I-70

Cathedral Valley Junction

Monolithen

Cathedral Valley

Straße im Winter geschlossen

Upper South Desert Overlook

Elkhorn 2821m

Hartnet Junction

Cathedral Valley

Fishlake

South Waterpocket Fold

The Hartnet

Lower South Desert Overlook

Nat.Forest

Chimney Rock Canyon

Desert

Bemonite Hills

Sulphur Creek

Twin Rocks

Chimney Rock

24

Goosenecks

The Castle

Old Fruita Schoolhouse
Petroglyphen
Hickman Bridge
Capitol Dome

nach Bicknell

Torrey

Visitor Center

Fruita

Scenic Drive

Grand Wash

Behunin Cabin

24

River Ford

nach Hanksville

12

Grover

Straße möglicherweise im Winter geschlossen

Miners

Egyptian Temple

Golden Throne

Capitol Reef

Capitol Gonge

Notom

Mountains

N

0   10km

Singletree

zum "Scenic UT 12", nach Boulder

Karte 2↓

© Igraphic

möglich aus der Seefahrt herleiten lässt. Die ersten Siedler wiederum waren beeindruckt von den großen Felskuppeln der höchsten Bergspitzen und verglichen sie mit dem Dach des Capitols. Die ersten Menschen die sich in dieser eindrucksvollen Gegend den fruchtbaren Boden der Flusstäler zunutze machten, waren Indianer. Sie gehörten der „Fremont-Kultur" an, die bereits um 700 n. Chr.

im Süden von Utah ansässig war. Einige Felsmalereien und Steingravuren stammen noch aus ihrer Zeit. Um 1250 verließen sie das Gebiet fluchtartig. Jahrhunderte später nomadisierten Indianer des Ute-Stammes im Tal des Fremont River bis sie durch vordringende Forscher und Pioniere vertrieben wurden.

Erst gegen Ende des 19. Jh. wurden Mormonen der zweiten Generation hier sesshaft. Sie gründeten den Ort **Fruita**, dessen altes Schulgebäude neben einigen neueren Stallungen noch heute zu sehen ist. Das Schulgebäude war nebenbei auch Versammlungshaus und wurde für alle Festivitäten genutzt. Der Name des Ortes macht deutlich, was hauptsächlich im Tal angebaut wurde: Obst. Nachdem das Gebiet 1937 zum National Monument erklärt worden war, zogen die Mormonen allmählich wieder ab, doch die Obstplantagen werden von der Parkverwaltung weiter gepflegt, und jeder Reisende kann sich von dem Obst etwas abpflücken (nur an markierten Stellen!). Besonders lecker sind die Kirschen, die im Sommer reifen!

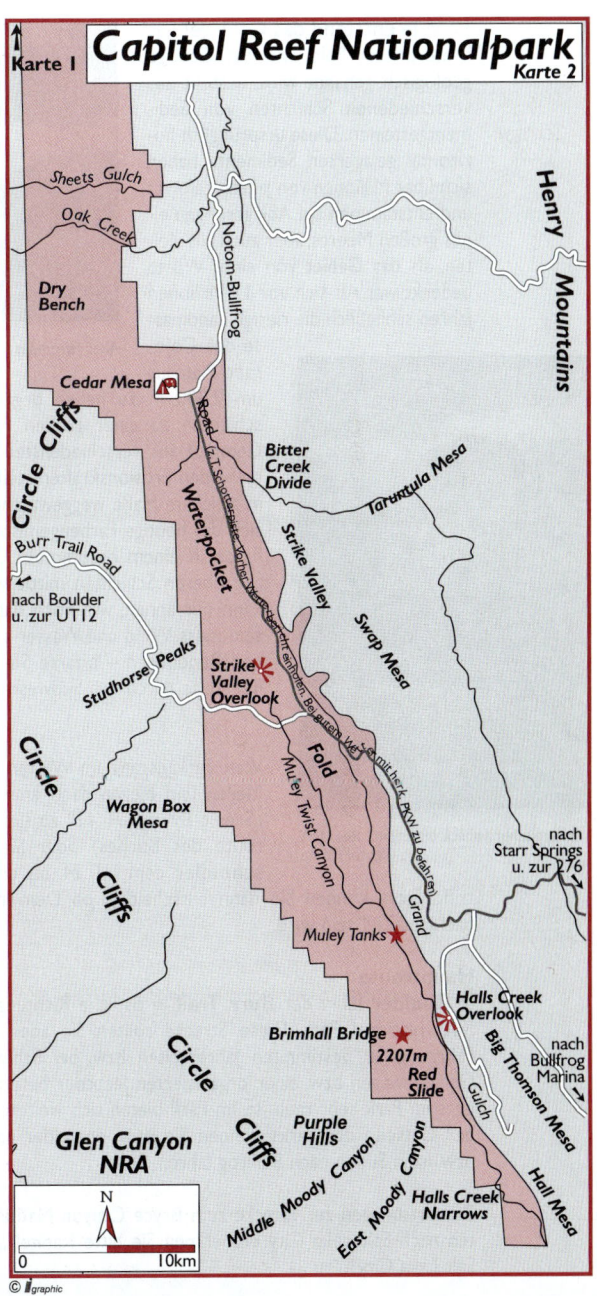

Karte 1

Capitol Reef Nationalpark
Karte 2

Sheets Gulch

Oak Creek

Dry Bench

Notom-Bullfrog

Henry Mountains

Cedar Mesa

Circle Cliffs

Road (T-Schotterpiste, nur bei trockenem Wetter mit PKW zu befahren)

Waterpocket

Bitter Creek Divide

Tarantula Mesa

Strike Valley

Swap Mesa

Burr Trail Road

nach Boulder u. zur UT12

Studhorse Peaks

Strike Valley Overlook

Fold

Muley Twist Canyon

Grand

Circle Cliffs

Wagon Box Mesa

nach Starr Springs u. zur 276

Muley Tanks

Halls Creek Overlook

Brimhall Bridge

2207m Red Slide

Big Thomson Mesa

nach Bullfrog Marina

Circle Cliffs

Glen Canyon NRA

Purple Hills

Gulch

Middle Moody Canyon

East Moody Canyon

Halls Creek Narrows

Hall Mesa

N

0   10km

© igraphic

Geologie

• **Wie entstand das Gebirge?** Die Waterpocket Fold, wie das Gebirge geologisch genannt wird, besteht aus verschiedenen Schichten von Sedimentgesteinen. Diese ursprünglich horizontal gelagerten Sedimente haben sich über Millionen von Jahren geformt und entstammen u.a. Ablagerungen eines großen Meeres, aber auch aus Zeiten, als das Gebiet von einer Wüste bedeckt war. Als sich vor 17 Millionen Jahren schließlich die riesige Landmasse des Colorado Plateaus

Altes Farmhaus in der Nähe des Campingplatzes

um 2.000 m zu heben begann, wurden die Gesteinsschichten zu einer großen Falte „umgebogen". Dieses Gemisch aus verschiedensten Steinen musste sich nunmehr den Erosionskräften stellen, wobei nicht alle Steine in gleichem Maße weggewaschen wurden. Daraus erklärt sich das heutige Farbengemisch und die Dominanz einer Farbe in einem bestimmten Gebiet. Trotzdem sind fast alle oberen Schichten mittlerweile abgetragen, und man kann nur ahnen, wie hoch das Gebirge einmal gewesen sein muss. Wind und Wasser schufen abgerundete Felsen und Rundbögen – bizarre Steinformen, die uns nach einer Reise durch den Südwesten in Erinnerung bleiben.

Ein typischer Anblick im Capitol Reef NP: Capitol Dome

Vom Parkausgang im Westen fahren Sie noch ein paar Meilen und biegen dann entweder nach Süden auf den „Scenic Byway UT 12" ab (und folgen damit der Hauptroute des Buches) oder Sie folgen **alternativ und schneller** dem UT 24, bis er bei **Sigurd** auf den I-70 trifft. Dort können Sie dann entscheiden, ob Denver oder Salt Lake City Ihr nächstes Ziel sein wird.

Hauptroute

In **Boulder** führt der **Burr Trail** in östliche Richtung nochmals in den Capitol Reef National Park. Diese Strecke sollten Sie aber nur mit einem „stabilen" Fahrzeug, zu bestimmten Jahreszeiten bzw. bei Schlechtwetter sogar nur mit Geländewagen bzw. einer organisierten Jeeptour befahren, da die Strecke besonders im Park sehr rauh ist. Im Park bieten sich weitere Wandermöglichkeiten. An der Ostseite des Parks können Sie dann entweder nach Norden zum Hwy. 24 bzw. nach Süden nach Bullfrog fahren.

Beschreibungen zur Strecke zum Bryce Canyon Nationalpark (UT 12) und Routen nach Salt Lake City entnehmen Sie bitte Kapitel „Vom Grand Canyon nach Salt Lake City".

Alternativroute zum Canyonlands National Park, zum Arches National Park und weiter nach Salt Lake City oder Denver

Der UT 95 führt nun in östlicher Richtung auf den US 191. Nach Norden auf dem Hwy. 191 erreichen Sie bald das 4.000 Einwohner zählende Örtchen **Blanding**. Der Ort selber besticht kaum und wirkt eher wie ein zusammengewürfelter Haufen aus Blechhäusern und den üblichen Highway-Einrichtungen: Motels und ein paar Fast-Food-Läden.

Interessant dagegen ist der nur eine Meile außerhalb des „Zentrums" gelegene **The Edge of the Cedars State Park** mit einem beeindruckenden Museum über die Indianerkulturen im Südwesten. Das Museum bietet einen guten Überblick über die Felsgravuren und auch die Bedeutung der verschiedenen Töpferarbeiten. Hier wird auch dargestellt, wie nicht nur die Stämme als einzelnes sich entwickelt haben, sondern auch, was die „moderneren" Ute und Navajo von den Anasazi übernommen haben. Über einen kurzen Trail erreichen Sie außerdem eine Ansammlung von 6 Anasazi-Pueblos (Ruinen), von denen ein Komplex wiederhergestellt wurde, den Sie über eine Leiter betreten können. Ein kleiner Aussichtsturm lädt schließlich zu einem Überblick über die Gegend ein, einschließlich der Berge in vier Bundesstaaten. *Öffnungszeiten: täglich Mitte Mai bis Mitte September 9–18h, Rest des Jahres 9–17h.*

In Blanding gibt es außerdem das privat und mit viel Enthusiasmus geführte **Dinosaur Museum** u.a. mit lebensgroßen Dino-Modellen (ein Block hinter Clark's Market). *Geöffnet: Mitte April bis Mitte Oktober (Mo.–Sa.).*

Monticello (ⓘ S. 173), 21 Meilen nördlich von Blanding, ist ein weiteres kleines Dorf, das von seiner angenehmen Höhenluft (2.120 m ü. NN), seinen Wintersportmöglichkeiten und der im Sommer zum Wandern einladenden Landschaft touristisch profitiert. Freiluftfanatikern, ob zu Fuß, hoch zu Ross oder auch per Mountainbike, sei empfohlen, sich in den **Manti La Sal National Forest** zu begeben. Der höchste Berg hier, der 3.305 m hohe **Abajo Peak**, der aus Vulkangestein besteht, lädt geradezu ein, ihn zu besteigen. Auf dem Weg nach oben hat man sogar die Chance, einige weniger bekannte Indianerruinen zu entdecken. Nähere Infos zum National Forest erteilt: Ranger District Office, 496 E. Central. Das kleine **Frontier Museum** in der Main Street (zw. 2nd und 3rd St. South) gibt einen kleinen Einblick in das Leben hier im 19. Jh. Übrigens ist eine der Haupteinnahmequellen von Monticello die nahe Erdölförderung.

Monticello bietet sich auch für die Erkundung des **südlichen Teils des Canyonlands National Park** an. Hierzu wurde 1991 der „Scenic Byway" (211) ausgebaut. Fahren Sie von Monticello auf dem Hwy. 191 weiter in nördlicher Richtung, und biegen Sie dann nach links auf die 211 ab. (Alternative: Von Monticello über den Pass am Mt. Abajo direkt zum 211). Nach etwa 12 Meilen erreichen Sie die Stelle, von der aus es noch 50 m zum **Newspaper Rock** sind. Dieser glatte Sandstein ist ein Zeugnis von 800 Jahren menschlicher Besiedlung des Südwestens. Etwa 350 Schriftzeichen und Figuren sind auf den Felsen gemalt: die ersten

Steinerne ‚Zeitung'

Newspaper Rock – westlich von Monticello

von den Anasazi, später haben sich auch die Navajos, die Hopis und sogar die ersten Siedler dazugesellt. (Und vielleicht hat auch der moderne Tourist bereits seine Spuren hinterlassen). Es gibt (äußerst vage) Vermutungen, nach denen die ersten Zeichnungen mehr als 2.000 Jahre alt sein sollen.

Fahren Sie von hier aus einfach weiter auf der 211, und Sie gelangen zum Eingang des Nationalparks. Hier finden Sie auch einen Souvenirladen (auch Karten und Tourbuchungen) inklusive Tankstelle und kleinem Restaurant. Lesen Sie bitte weiter im entsprechenden Kapitel zum Park.

Aussichtspunkte
Eine weitere Möglichkeit, die „Needles" (siehe S. 591) im Südteil des Canyonland National Park zu bewundern, bietet sich auf einer nach Westen führenden Seitenstraße, die von der 191 nur wenige Meilen nördlich der 211 abgeht: Nach 15 Meilen teilt sich die Strecke. Die linke, asphaltierte Straße führt an ihrem Ende zum **Needles Overlook**, die rechte zum **Anticline Overlook**. Die Aussicht vom Needles Overlook auf das Canyongebiet, auf den Zusammenfluss von Colorado und Green River und auch die Sicht nach Süden lohnen sich, besonders, wenn man keine weitere Gelegenheit hat, in den Nationalpark zu fahren. Für die 45 Meilen (hin und zurück) zum bequemer zu erreichenden Needles Overlook müssen Sie aber mit mindestens 1 ½ Stunden rechnen. Zum Anticline Overlook kommen hin und zurück weitere 34 Meilen hinzu.

Streckenalternative

Von Monticello bzw. auch von La Sal Junction bietet sich die Möglichkeit – unter Auslassung der Sehenswürdigkeiten Nord-Utahs und Nord-Colorados –, jeweils nach Osten in die Rockies abzubiegen. Lesen Sie zu diesem Gebiet weiter in Kapitel „Die Rocky Mountains zwischen Denver und Santa Fe.

Auf dem US 191 ist der nächste größere Ort Moab.

Moab (ⓘ S. 173)

Moab bietet zweifellos alle touristisch wichtigen Einrichtungen und ist das entsprechende Zentrum im Osten Utahs. Von hier aus können Sie sowohl den Arches National Park als auch den Canyonlands

Moab: einst Western-Stadt, heute touristischer Angelpunkt der Region

National Park auf einer Tagestour erreichen und zudem auch Outdoor-Aktivitäten jeglicher Art starten. Zudem ist das sehr gut ausgestattete Visitor Center auch eine gute Informationsquelle zum Thema Naturschutz und Ökologie.

Sehr beliebt ist Moab als Ausgangspunkt für **Wildwasserfahrten** auf dem Colorado und für Ausritte in die umliegenden Gegenden. Aber

Redaktions-Tipps

- **Übernachten** Sie hier, um Canyonlands NP (S. 588ff) und Arches NP (S. 592ff) zu erkunden.
- Auch **Outdoorfans** sollten Moab als Basis für ihre Touren nehmen (Rafting, Mountainbiking, Wandern).
- **Rundflüge** über die Nationalparks und das Colorado-Tal bis hin zum Grand Canyon sind ein ganz besonderes Erlebnis.

auch Mountainbiking, Jeeptouren, Wanderungen, geführt und solo – eigentlich kann man hier alles machen, und genügend Freizeitanbieter stellen Ihnen auch noch vor Ort etwas Passendes zusammen (bereits die Hotels können so etwas für Sie organisieren). Bevor Sie sich aber gleich vom Erstbesten überrumpeln lassen, fragen Sie erst einmal beim Informationsbüro nach.

Wer weniger für Outdoor-Programme zu haben ist, dafür aber bereits zu Hause um so mehr das Wildwest-Programm im Fernsehen angesehen hat, der sollte sich in der Umgebung von Moab auf die Suche nach Relikten und Drehorten bekannter Filme machen. „Rio Grande" (1950), „Indiana Jones", „Thelma & Louise" und viele andere Filme wurden im „historischen Stadtkern" (erwarten Sie jetzt aber nicht alte Häuser in Hülle und Fülle) und besonders im Umland gedreht. Im Visitor Center gibt es eine Broschüre mit den „Locations". Kein Wunder also, dass sich die Branche der Stuntmen ausgerechnet diesen Ort für ihre **Hollywood Stuntmen's Hall of Fame** ausgesucht hat *(81 W. Kane Creek Blvd. #12)*. Fotos aus bekannten Filmszenen, aber auch Fußabdrücke bekannter (uns wohl weniger bekannter) Stuntmen sind hier zu bestaunen. In einem Souvenirladen können Sie dann noch den nötigen Klimbim diesbezüglich erstehen. *Öffnungszeiten: täglich im Sommer – Rest des Jahres auf Anfrage.*

Holly-wood-Ableger

Einen Block entfernt finden Sie das kleine heimatkundlich orientierte **Dan O' Laurie Museum** *(Mo.–Sa.)*. Es ist besonders interessant, um die Gechichte Moabs zu verfolgen. Der Boom setzte nämlich erst nach dem 2. Weltkrieg mit den Uran- und Erdölfunden ein und schließlich in jüngerer Zeit mit dem Tourismus.

Ein Tipp für einen Scenic Drive

Fahren Sie eine Meile nördlich von Moab nach links ab in Richtung Potash. An der Strecke, die am Colorado entlang führt, gibt es, gleich neben der Straße, einige Felszeichnungen/-gravuren zu bewundern. Den gleichen Weg müssen Sie von Potash wieder zurückfahren (im Touristenbüro gibt es eine Karte mit näheren Erläuterungen).

Die nördliche Zufahrt zum Canyonlands N. P. erfolgt über die 8 Meilen nördlich der Coloradobrücke bei Moab nach Südwesten abzweigende 313. Nach 23 Meilen gabelt sich die Strecke, und Sie sollten zuerst einmal nach links zum **Dead Horse Point State Park** fahren. Dieser Park war der erste in der Region, und von seinem Aussichtspunkt erhält man ebenfalls einen guten Eindruck vom Canyonland.

Dead Horse State Park: Blick vom „Meander Overlook" auf den Colorado River

 1 **Zeiteinteilung**
• *Für die Eiligen: Nur in den Nordteil fahren, Visitor Center und Green River Overlook + Grand View Point aufsuchen. Dauer 2-3 Stunden*
• *½ Tag: Sich für den Nord- oder Südteil entscheiden. Norden: wie oben, dazu den Mesa Arch und den Upheaval Dome ansehen / Süden: Die folgenden drei kurzen Wanderwege erlaufen: Roadside Ruin, Pothole Point und Cave Spring.*
• *2-3 Tage: Tag 1: Siehe ½-Tages-Programm (ausführlicher gestalten). Tag 2: Bootstour auf dem Colorado mit anschließender Wanderung. Wer mag: einen Tag campieren. Tag 3: Rundflug*

• **Größe:** 136.600 ha
• **Beste Jahreszeit:** März-Mai und August-Oktober. Juni/Juli sind heiß, und die Flüsse führen relativ wenig Wasser.
• **Tierwelt:** u.a. Maultierhirsche, Dickhornschafe, Luchse. Dazu unzählige Vogelarten, einschließlich einer Reihe von Greifvogelarten. Doch ziehen sich die Tiere gerne zurück, und im Sommer sind die meisten abend-/nachtaktiv. Bei einem eintägigen Besuch werden Sie daher wohl selten anderes sehen als Echsen und Erdhörnchen. Wer sich aber auf Wanderschaft begibt, mag mehr Glück haben.

Grandios: Blick auf die Canyon-Landschaft vom Green River Overlook

- **Pflanzenwelt:** An den Flüssen finden sich Bäume, vorwiegend Baumwollpappeln und Weiden (Galeriewälder). Yuccas und Kakteen finden sich abgelegen von direkten Wasserläufen. Auf den Hochlagen herrscht eher Wüstenvegetation vor mit Sträuchern und z.T. auch Dornenbüschen.

- **Aktivitäten:**

Wandern: Kaum ein Park weist so viele Trails auf. Abgesehen von den sehr kurzen, die von der Straße abgehen, sind es besonders die langen Wanderwege, die den Reiz des Parks ausmachen.

Empfehlungen für kürzere Wanderwege:
- Upheaval Dome Trail: 1,6 km, ½ Stunde, leicht. Start: Upheaval Dome Parkplatz. Rundweg, der einen guten Einblick in den Krater bietet.
- Grand View Point: 3,2 km, 1 ¼ Std., leicht. Startpunkt: Grand View Point. Gute Aussicht auf Canyon, wobei die vom Green River Overlook fast noch schöner ist.

Empfehlung für Wanderwege mittlerer Länge (½–1 Tag):
Wenn Sie gerne wandern, ist dieser Park durch seine Abgeschiedenheit und Ruhe wohl am geeignetsten. Hier haben Sie die Chance, stundenlang keine Menschenseele anzutreffen. Die schönsten Trails befinden sich im "Needles District", und wer mehrtägige Touren unternehmen möchte, sollte auch den „Maze District" ins Auge fassen.

Redaktions-Tipps

- **Übernachten** in Moab oder im Zelt
- **Genügend Nahrungsmittel und Trinkwasser mitnehmen**
- **Wer wirklich das "kalkulierbare Abenteuer" in der Wildnis des Südwestens sucht,** der sollte sich ein paar Tage Zeit nehmen für den Canyonlands Nationalpark. Im Gegensatz dazu können die eiligen Reisenden diesen Park getrost auslassen, da die Aussichtspunkte nach längerer Anfahrt zwar ein schönes Panorama versprechen, aber wiederum auch nicht unbedingt so viel mehr bieten, als was man bereits in anderen Parks und auf der Strecke hierhin gesehen hat. **Also entweder "aktiv" oder gar nicht.**
- **Der spezielle Tipp:** Bereiten Sie die Wandertouren besonders gut vor (Wasser, Nahrungsmittel, gute Kleidung + festes Schuhwerk und vernünftiges Kartenmaterial), und informieren Sie sich vorher beim Ranger. Noch besser wäre z.B. eine Kombination: Sprechen Sie Möglichkeiten mit einem Outdoorunternehmen ab. Z.B. mit dem Schlauchboot ein Stück (½ Tag) hinein, dann wandern + zelten, am nächsten Tag mit dem Jeep abgeholt werden. Variationen gibt es genügend.
- **Anderes:** Alles ist möglich. Eine besondere Empfehlung für fitte Leute wäre aber das **Mountainbiking.** Die **Jeeptouren** sind nicht Jedermanns Sache, da sie z.T. sehr lange dauern und man vielleicht auch keine Lust hat, sich durch diese wilde Landschaft mit einem lauten Auto schaukeln zu lassen. **Reiten** wird auch organisiert, erfordert aber Erfahrung, einen Tag Vorbereitung, einen Führer, das nötige Kleingeld und auch Ausdauer. Ist man nämlich erst einmal unterwegs, ist der Stall auf einem Rundweg nicht "einfach mal 2 Meilen entfernt".

Zwei Empfehlungen für Halbtagestouren
- *Chesler Park Trail: 15 km, 4 Stunden, mittelschwer. Start: Elephant Hill oder Squaw Flat Campground. Sandsteinzinnen, der Druid Arch, Chesler Canyon und das Labyrinth aus Felsspalten (Joint Trail)*
- *Confluence Overlook Trail: 16-km-Rundweg, 7 Std., teilweise anstrengend. Start: Big Spring Canyon Overlook. Aussicht auf Zusammenfluss der beiden großen Flüsse und auch Einsicht in den Cataract Canyon.*

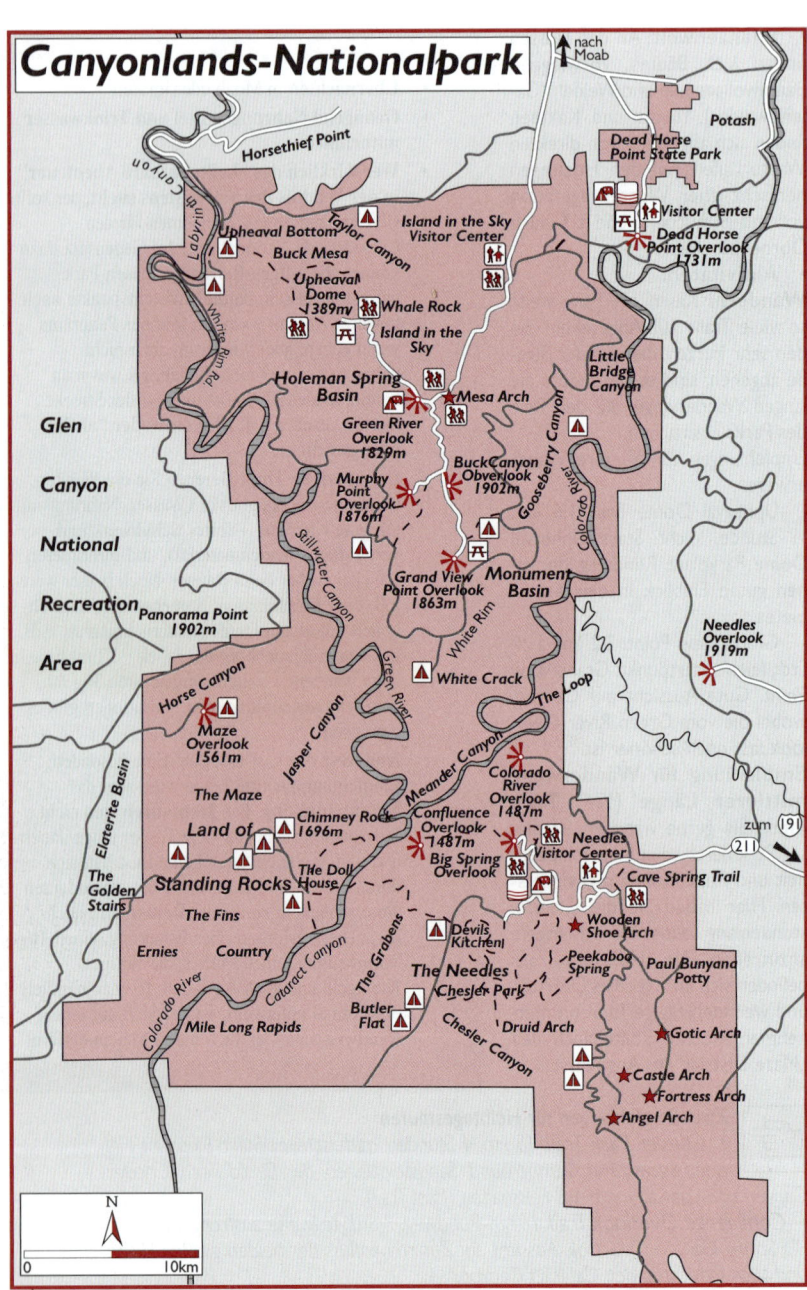

Canyonlands-Nationalpark

nach Moab

Potash

Horsethief Point

Dead Horse Point State Park

Visitor Center

Dead Horse Point Overlook 1731m

Taylor Canyon

Lathrop Canyon

White Rim Rd

Upheaval Bottom

Buck Mesa

Island in the Sky Visitor Center

Upheaval Dome 1389m

Whale Rock

Island in the Sky

Holeman Spring Basin

Mesa Arch

Green River Overlook 1829m

Little Bridge Canyon

Gooseberry Canyon

Colorado River

Murphy Point Overlook 1876m

BuckCanyon Obverlook 1902m

Glen

Canyon

National

Recreation

Area

Stillwater Canyon

Grand View Point Overlook 1863m

Monument Basin

Panorama Point 1902m

White Rim

Green River

White Crack

Needles Overlook 1919m

The Loop

Horse Canyon

Jasper Canyon

Maze Overlook 1561m

The Maze

Chimney Rock 1696m

Meander Canyon

Colorado River Overlook 1487m

Confluence Overlook 1487m

Big Spring Overlook

Needles Visitor Center

zum (191)

(211)

Elaterite Basin

Land of

The Doll House

Standing Rocks

Cave Spring Trail

The Golden Stairs

The Fins

Devils Kitchen

Wooden Shoe Arch

Peekaboo Spring

Paul Bunyana Potty

Ernies Country

Colorado River

Cataract Canyon

The Grabens

The Needles Chesler Park

Butler Flat

Mile Long Rapids

Chesler Canyon

Druid Arch

Gotic Arch

Castle Arch

Fortress Arch

Angel Arch

N

0   10km

© Igraphic

Sie werden gemerkt haben, dass die Einführung für den Canyonlands National-
park viel mehr auf Aktivitäten abzielt als auf Landschaft und kurze Wanderungen.
Das soll nun nicht heißen, dass die Landschaft keinen Reiz hat. Im Gegenteil. Die
Canyons der großen Flüsse Colorado und Green River, allen vorweg der berüch-

... und noch ein toller Blick: Island in the Sky

tigte Cataract Canyon, der schon
der Powell-Expedition das Fürch-
ten eingeflößt hat, die bis zu 100
Meter aufragenden Steinsäulen
(„Needles"), Plateauberge, Steinbögen und die Unberührtheit der
Natur überhaupt bieten genügend Gründe, diesen Park zu besuchen. Doch sollte man sich darüber im Klaren sein, dass ein Besuch nur dann richtig lohnt, wenn
man versucht, den Park dort zu
erkunden, wo keine Straßen entlang führen. D.h., erlaufen Sie die

*Erkundung
des
National-
parks*

schönen Plätze, machen Sie eine Bootstour oder, wenn die Zeit wirklich knapp
ist, unternehmen Sie einen 1-stündigen Rundflug, bei dem Sie erst das richtige
Ausmaß der Canyon-Landschaft ermessen können.

Auch von der Straße aus haben Sie unvergessliche Aussichten auf die Canyon-
Landschaft, doch gerade diese Aussichten machen „Appetit" auf das kleine Abenteuer, denn sie lassen erahnen, was einen unten in den Flussläufen erwartet.
beginnt zu ahnen, was sich dort Daher mein Tipp: Ganz oder gar nicht. Falls Sie
nicht viel Zeit haben, fahren Sie nur
zum oben beschriebenen „Needles
Overlook" (zwischen Monticello
und Moab).

Der Park teilt sich in vier Haupt-
gebiete auf, von denen drei voneinander getrennt werden von dem
vierten, den Flussläufen des Colorado und des Green River:

Trail auf den Rücken des Whale Rock

❶ Island in the Sky:

Dieses nördliche Gebiet ist das
meistbesuchte im Park. Auf einer
1.820 Meter hohen Mesa (Hochfläche) führen die Straßen zu den verschiedensten Aussichtspunkten. Kurze Wanderwege bieten einen Eindruck von der Vegetation auf solch einer Hochfläche. Spektakulär sind aber die Aussichtspunkte und
der Krater (Upheaval Dome).

❷ The Needles:

Zwar weniger besucht (noch) als der nördliche Parkteil, bieten sich hier aber die
meisten „Sehenswürdigkeiten", allen voran der „Chesler Park" mit den bizarr in

den Himmel aufragenden Zinnen und der Ausblick auf den Zusammenfluss von Colorado und Green River („Confluence Overlook"). Außerdem gibt es hier Ruinen einer alten Anasazi-Siedlung („Tower Ruins"). Für den Abstecher zum Needles District sollten Sie sich allemal eine Wanderung vornehmen. Dazu genügend Trinkwasser und Essen mitnehmen und zudem die heißen Mittagsstunden meiden.

❸ The Maze:

Bizarre Zinnen und Fels-labyrinthe

Der „Irrgarten" der aufrechten Steine und der zerklüfteten Canyons ist das abgelegenste Gebiet und nur mit einem geländegängigen Fahrzeug über den Flint Trail von Hans Flat (UT 24) bzw. Green River aus zu erreichen. Daher ist das Gebiet fast menschenleer und bietet die Chance für einsame und erlebnisreiche Wanderungen.

❹ Die Flüsse:

Colorado und Green River haben diese Canyon-Landschaft entstehen lassen. Besonders beeindruckend ist das 22 Kilometer lange Teilstück des Cataract Canyons dessen „weiße" Wasser nur mit Schlauchbooten zu bewältigen sind.

• Geologische Entstehung:

Vor 320 Millionen Jahren existierte hier ein Salzsee, der austrocknete und Salzschichten zurückließ. Darüber setzte sich in der Folgezeit in verschiedenen Ablagerungsprozessen eine 1.400 m dicke Sandsteinschicht ab.. Das Salz aber bot zu keiner Zeit eine feste Unterlage. An einigen Stellen quoll es auf und hob die oberen Sandsteinschichten an (Upheaval Dome). An anderen Stellen wiederum löste es sich durch einsickerndes Regenwasser auf und verschwand, sodass ganze Landpartien absackten. Die Canyons selber, die heute das Landschaftsbild am meisten prägen, entstanden erst viel später. Wie wir wissen, hat das Colorado-Plateau erst vor 17 Millionen Jahren begonnen, sich anzuheben. Die Flüsse mussten also ihre Bahnen durch die Sandsteinschichten fressen. Andere Erosionsfaktoren, wie Regen, Temperaturgefälle und Wind, haben für die „kleinen" Veränderungen gesorgt.

Arches National Park (① S. 173)

Zeiteinteilung

1

• *Für die Eiligen: Visitor Center, danach durchfahren bis zur Windows Section und eine halbe Stunde dort herumlaufen. Danach weiter zum Delicate Arch Viewpoint (30-Minuten-Wanderung) und den Rest des Parks nur per Auto abfahren. Dauer: 3 Stunden*

• *½ Tag: Visitor Center, Courthouse Towers, Windows Section (30-Minuten-Wanderung), Delicate Arch Viewpoint (30-Minuten-Wanderung), Devil's Garden inkl. 3-Stunden-Wanderung.*

• *1-2 Tage: Wie oben, doch auch am Courthouse Tower wandern und vor allem Wanderung zum Delicate Arch (Alternative für die weniger Fitten: durch das Labyrinth des Fiery-Furnace-Gebietes wandern). Am 2. Tag eventuell Ausritt oder Rundflug.*

- **Größe:** 29.700 ha
- **Beste Jahreszeit:** April-Juni und Ende September bis Ende Oktober. Der Sommer kann mit Temperaturen von bis zu 43 °C sehr heiß werden.
- **Tierwelt:** Seltener trifft man auf Großtiere, wie z.B. den Maultierhirsch. Kojoten, Füchse, Wüstenhasen und alle Arten von Echsen gehören zu den kleineren hier vorkommenden Säugetieren. Allen Tieren ist gemeinsam, dass sie während der Sommermonate eher nachtaktiv sind.

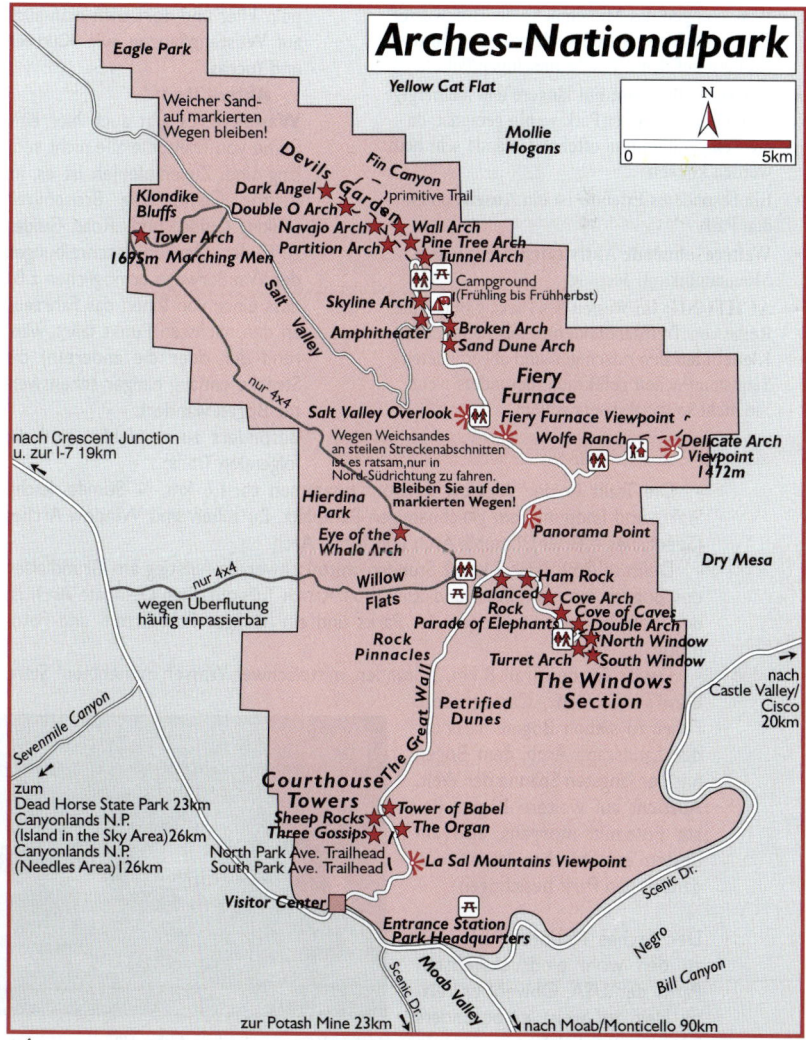

Arches-Nationalpark

Redaktions-Tipps

- **Übernachten** in Moab oder auf dem Camping-platz des Parks
- Machen Sie sich die Mühe, **den Delicate Arch (S. 595) zu erwandern** – bis ganz zum Bogen hin!
- **Die Hitze** erfordert selbst bei kürzeren Wanderungen das Mitnehmen von Trinkwasser. Zudem ist **festes Schuhwerk** essentiell für das Klettern auf den z.T. sehr rutschigen Felsen.
- **Der spezielle Tipp:** Für längere und mehrtägige Wanderungen ist der Park wenig geeignet, da die Temperaturen im offenen Gelände sehr heiß werden können.
- Ein besonderes Erlebnis ist ein **Ausritt** durch den Park.
- **Weitere lohnende Aktivitäten:** Bergsteigen, Mountainbiking, Jeeping
- **ACHTUNG:** Im Westen des Parks gibt es eine Reihe von Treibsandfeldern! Außerdem ist das Klettern auf den rutschigen und abgerundeten Sandsteinflächen gefährlich, besonders wenn Sie nicht so trittfest sein sollten.

Die Fauna ist vom Halbwüstenklima geprägt. Vorsicht vor Schlangen und Skorpionen, die gerne unter Steinen schlummern!

- **Pflanzenwelt:** Im Park gibt es kaum größere Pflanzen oder Bäume. Nur an den wenigen Wasserstellen finden sich vereinzelte Pappeln. Hier und dort trifft man auch auf Wüstenpflanzen wie Kakteen und Yuccas.

- **Aktivitäten:**

Wandern: Es gibt auch hier eine Reihe von Trails, die alle nicht sehr lang sind. Zu empfehlen ist es, im Visitor Center die Broschüren „Hiking Guide" und „Road Guide" zu kaufen. Genaue Beschreibungen der Wanderwege ermöglichen z.B., dass einer von Ihnen das Fahrzeug an den nächsten Punkt fährt, während der oder die andere(n) die Strecke entlang einiger sehenswerter Bögen wandert.

Besonders zu empfehlen sind die folgenden Trails:

Wande-
rungen

- Die Trails in der Window Section: zusammen ca. 1,6 km, ¾ Stunde, leicht, Start- und Endpunkt am gleichnamigen Parkplatz. Zu sehen sind: Window Arches (Spectacles = Brille), Double Arch und Turret Arch
- Delicate Arch Trail: 5 km, 2 Stunden, mittelschwer, da Aufstieg am Grundfelsen des Bogens mühsam. Start und Ziel: Wolf Ranch Turnout. Der Delicate Arch ist der wohl bekannteste Bogen des Parks und ein häufiges Postkarten- und Fotomotiv.
- Devil's Garden Trail: 8 km, 3 Stunden, mittelschwer, Wasser mitnehmen! Start: Devil's Garden Campground. Führt zu sieben Bögen, darunter der Landscape Arch, dem Bogen mit der längsten Spanne der Welt. Aussicht auf weitere Bögen. Beste Fotozeit: morgens, also am besten erst hierher fahren und danach den Park besichtigen.

Der Arches National Park zählt zu den wohl eindrucksvollsten Parks der USA. Obwohl er relativ klein ist, weist er besonders interessante Felsformationen in

Auch im Winter ein Erlebnis: Arches NP

Hülle und Fülle auf. Falls man nicht zu spät aufsteht und das Licht des Morgens ausnutzt, bieten sich dem Hobbyfotografen (auch schwarz-weiß) erstaunliche Motive. Nirgendwo auf der Welt trifft man auf eine solche Anhäufung von natürlichen Steinbögen und „Windows". Die genaue Zahl ist bis heute nicht bekannt (Schätzungen variieren von 80 bis 300). Doch nicht nur die Bögen haben ihren Reiz, auch balancierende Steine, z.T. auf 50 Meter hohen Säulen, Felslabyrinthe, versteinerte Dünen und massive, dunkelrote Felswände sind zu bewundern. Um den Park zu erkunden, folgen Sie am besten der knapp 30 km langen Straße und zweigen zu den entsprechenden Sehenswürdigkeiten ab.

Besonders aus der Distanz beeindruckend: die „Windows"

Wenn Sie einen ganzen Tag Zeit haben, können Sie in Ruhe alle Höhepunkte betrachten. Nehmen Sie aber einen Picknickkorb und Getränke mit, da es im Park keine Versorgungsmöglichkeiten gibt.

Der Scenic Drive steigt vom Visitor Center erst einmal zu dem gut 300 Meter höher gelegenen Plateau an. Von oben haben Sie eine schöne Aussicht auf Moab und einen Teil des Colorado-Tals.

Danach geht es entlang den **Courthouse Towers**, Felssäulen, die einzeln in der Landschaft stehen. Die **Three Gossips** stellen wohl das markanteste Gebilde dar. Mit etwas Phantasie erkennt man auf ihrer Spitze drei Köpfe, die jeweils in eine andere Richtung schauen. *,Brücken' und ,Fenster'*

Nächster Höhepunkt sind die **Windows** und der **Double Arch**. An einer Stelle stehen zwei Bögen so nebeneinander, dass sie auch als „Spectacles" (= Brille) bezeichnet werden. Der Double Arch besteht aus einem größeren und einem kleineren Bogen, die beide zusammen in einem Felsen sind. Für diesen Abschnitt sollten Sie ruhig etwas Zeit (1 Stunde) mitbringen, um das Gebiet gründlich zu erlaufen. Den folgenden **Delicate Arch** sollten Sie nun auf keinen Fall verpassen. Folgen Sie zuerst der Stichstraße bis zum Ende (2 km Schotterstraße – nach Regenfällen gesperrt), und laufen Sie dann die etwa 15-minütige Strecke bis zum Viewpoint. Von hier können Sie diesen wohl bekanntesten Bogen des Parks gut sehen (Sonnenuntergang ist eine gute Fotozeit!). Wenn Sie mehr Zeit haben, laufen Sie auf dem Pfad vom **Wolf Ranch**-Parkplatz dorthin.

Fiery Furnace: In diesem Irrgarten aus Felswänden dürfen Sie ohne Ranger nicht mehr hinein (Kostenbeitrag),

Nicht verpassen: Spaziergang zum „Delicate Arch"

da Sie die besten Chancen hätten, sich zu verlaufen. Am **Devil's Garden** ist der lange Trail lohnend, der Sie zu 60 unterschiedlichen Steinbrücken führt. Höhepunkt ist der weit gespannte **Landscape Arch** (Spannweite 89 m!). Leider ist dieser Trail etwas überlaufen.

- **Entstehung der Bögen:**
Zwei Faktoren waren für die Herausbildung der Bögen entscheidend:
- Die etwa 100 m dicke Sandsteinformation („Entrada") besteht aus drei Schichten in unterschiedlicher Konsistenz und Härte. Die mittlere Schicht ist am weichsten und verwittert daher am schnellsten.
- Das Bindemittel, das die Sandkörner zusammenhält, wird durch die leicht sauren Niederschläge aufgelöst. Dadurch werden die Bestandteile gelockert und fallen schließlich heraus. Dies geschieht zuerst in der zweiten, weicheren Schicht.

Der Prozess in der graphischen Darstellung

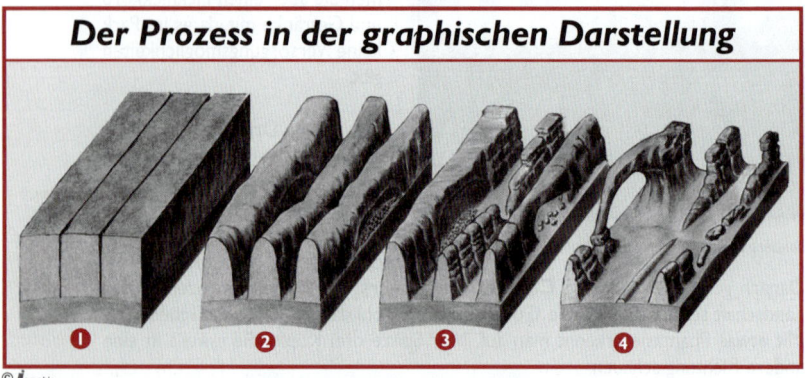

① ② ③ ④

© graphic

Entste-hungsge-schichte

① Beim Hebungsprozess der Erde entstanden in den Sandsteinschichten tiefe Risse.
② Durch Regen und Frost werden die Spalten aufgesprengt. In den weicheren Schichten bilden sich die ersten Nischen und Löcher.
③ Nun setzt die Erosion ein. Regen und Wind vergrößern die Löcher und geben ihnen den runden Schliff.
④ Nachdem Wind und Wasser unablässig an den Löchern genagt haben, stürzen die Bögen ein. Die seitlichen „Pfeiler" aber bleiben stehen. Auf diesen balancieren in selteneren Fällen dann die als „Balancing Rocks" bezeichneten Felsbrocken aus härterem Gestein.

Was ist ein Window? Auf die gleiche Weise wie oben beschrieben lösen sich Felsbrocken aus der mittleren, weichen Gesteinsschicht. Bei den Windows handelt es sich um das Anfangsstadium, und häufig bilden sich diese Nischen an großen Felswänden, an denen an einen Durchbruch fürs erste nicht zu denken ist.

Für die Weiterfahrt bieten sich nun zwei Alternativen:

• **Alternative I**

Fahren Sie von Moab aus weiter über Green River, Price und Heber City nach Salt Lake City (sehen Sie bitte auch im nächsten Kapitel). Hierzu ein paar Erläuterungen:

Green River (ⓘ S. 173) versucht seit einigen Jahren, Moab als Ausgangsbasis für die Erkundung dieses Teils von Utah Konkurrenz zu machen. Doch fehlt dem kleinen Städtchen jegliches Flair, und alles wirkt noch sehr provisorisch. Zudem wird außer den Wildwasserfahrten und Ausritten (in eine weniger interessante Umgebung) nicht viel geboten. Lohnend ist nur das **John Wesley Powell River History Museum** *(885 E. Main Street, geöffnet: täglich im Sommer 8–20h, im Winter 9–17h)*, das der für den Südwesten historisch bedeutsamen Person des Major Powell gewidmet ist (lesen Sie hierzu auch im Kapitel Grand Canyon N.P.). Besonders eindrucksvoll sind die Nachbauten der ersten Colorado-Boote in Originalgröße. Es wird auch anderen Männern und Frauen gedacht, die sich auf den Flüssen von Utah verdient gemacht haben.

Minen-städtchen entlang der Route

Price ist eine wenig attraktive Minenstadt, die vom Kohleabbau und auch von der Erdölförderung lebt. Wenn Sie etwas Zeit übrig haben, schauen Sie doch einmal beim **College of Eastern Utah (CEU) Prehistoric Museum** vorbei *(155 E. Main Street, geöffnet Di.–Sa. 10–17h, im Sommer täglich)*: 5 Dinosaurierskelette und eine Reihe anderer paläontologischer und prähistorischer Funde sind hier ausgestellt.

Wer an Dinosauriern Interesse hat, kann noch 37 Meilen südöstlich von Price nach Cleveland (erst 22 Meilen Hwy. 10, dann 15 Meilen auf ausgeschilderter Strecke) zur **Cleveland Lloyd Dinosaur Quarry** fahren, wo über 12.000 Knochen von 73 verschiedenen Dinosauriern ausgegraben wurden. Im dortigen Visitor Center erfahren Sie mehr dazu.
Öffnungszeiten (nur im Sommer geöffnet): täglich von 10–17h.

Helper, ein weiteres Minenstädtchen, ist etwas uriger, hat einen historischen Stadtkern und bietet im **Western Mining & Railroad Museum** *(296 South Main St.)* die beiden bedeutendsten Wirtschaftszweige der Region, Eisenbahn und Bergbau. Ab Helper führt die Straße durch den Price Canyon. Seine steilen Felswände und deren zackige Kronen machen deutlich, warum dieser Landstrich Castleland genannt wird. Parallel zur Straße führt die Haupteisenbahnlinie. Imponierend, was die Trassenbauer sich haben einfallen lassen, um die Strecke für die schweren Kohlezüge passierbar zu machen. Vielleicht sehen Sie ja einen der vollbeladenen 50-Waggons-Kohlezüge, die nicht nur von vier Lokomotiven vorne gezogen, sondern auch von je zweien in der Mitte und am Ende geschoben werden.

Über die Passhöhe hinweg, durch die Wasatch Range, bietet sich einem vor Spanish Fork ein eindrucksvolles Bild. Rechts und links 3.000er, die bereits im

Oktober eine Schneekappe tragen, während im Tal die Sonne noch wohlige Wärme beschert. Weiter geht es entlang dem I-15 oder über Provo (US 6/89) nach Salt Lake City.

• Alternative 2

Am Colorado entlang

Sie entscheiden sich für die schnelle Variante nach Denver: Nehmen Sie von Moab aus den „Scenic Byway" (UT 128) entlang dem Colorado River, bis Sie bei Cisco auf den I-70 stoßen, der nach Denver führt. Bei Grand Junction allerdings haben Sie bereits die Möglichkeit, den Highway wieder zu verlassen und nach Süden, nach Montrose, abzuzweigen. Genauso gut können Sie erst bei Glenwood Springs abbiegen und nach Aspen fahren. Lesen Sie von dort an bitte weiter im Kapitel „Die Rocky Mountains zwischen Denver und Santa Fe".

Einzig interessanter Ort an dieser Strecke bis Vail (wo das o.g. Kapitel ansetzt), ist Grand Junction:

- **Grand Junction** (ⓘ S. 173)

Wie Moab ist Grand Junction ein Basisort für Touren in die Umgebung. Mit gut 30.000 Einwohnern bietet es sicherlich noch einiges mehr, ist aber auch durch seine Größe etwas unpersönlicher. Das gesamte Areal um die Stadt bietet angenehmes, warmes Höhenklima. Kein Wunder also, dass die Farmwirtschaft besonders auf Obstanbau (Äpfel, Birnen, Pfirsiche) gesetzt hat. Doch die Haupteinnahmequelle der Region sind die Bodenschätze (Uran, Vanadium, Erdöl). Am Zusammenfluss von Colorado und Gunnison River gelegen, bietet die Stadt gute Voraussetzungen für Schlauchboottouren.

Wer den Spuren der Dinosaurier folgen möchte, hat hier beste Möglichkeiten. Zuerst einmal können

Redaktions-Tipps

• In unserer Zeit, wo die Dinosaurier „so hoch im Kurs stehen", sollten Sie einen Besuch im **Dinosaur Valley Museum** (S. 598) nicht verpassen.

• Unternehmen Sie eine Rundfahrt durchs **Colorado National Monument** (S. 599).

• Fahren Sie **bei Zeitmangel** gleich weiter in die Rocky Mountains (z.B. Aspen (S. 673)) oder direkt nach Montrose (S. 678).

Sie sich im **Dinosaur Valley Museum** *(362 Main Street, geöffnet: täglich 9–17h30 (Sommer), ansonsten Di.–Sa. 10–16h30)* näher über die Geschichte der Dinosaurier informieren. Repliken und ein Film bieten einen guten Einblick. Später können Sie dann eigenständig weitere Erkundungen auf Wanderwegen durchführen. Am interessantes-

Stegosaurus

ten in Stadtnähe ist wohl der **Dinosaur Hill Trail** am CO Hwy. 340, 5 Meilen westlich. Weitere Trailrouten können Sie am Touristenbüro erfragen.

Die Geschichte des westlichen Colorado können Sie im **Museum of Western Colorado** *(248 S. Fourth Street, geöffnet: Mo.–Sa. 10–16h30, von Oktober bis Mai montags geschlossen)* verfolgen. Neben heimatkundlichen Ausstellungsstücken gibt es auch einiges in Bezug auf die Geschichte der Ute-Indianer und zum Thema Natur zu sehen.

Westlich von Grand Junction befindet sich das **Colorado National Monument**. Dieser 8.290 ha große Park bietet noch einmal eine eindrucksvolle Erosionslandschaft, die aus ehemaligen Meeresablagerungen entstanden ist. Canyons, *Zerklüftete* deren Inneres mit hohen und steilen Monolithen bestanden ist, sind die Hauptat- *Riesen-* traktion. Da ihre Form an Koksöfen erinnert, werden sie Coke Oven genannt. *steine* Der etwa 36 km lange Rim Rock Drive führt am Plateaurand entlang. Wanderwege und Picknickplätze laden zum Aussteigen ein. Von dort oben schaut man auf die Riesensteine herab, als hätten sie sich in einem Amphitheater aufgestellt. Ein Visitor Center in der Nähe des nordwestlichen Eingangs (von Fruita aus) ist *täglich von 8–16h30 geöffnet.*

Südöstlich von Grand Junction erstreckt sich auf 3.000 m Höhe das größte Hochplateau der Welt, die **Grand Mesa**. Die Einheimischen bezeichnen sie auch als „Island in the Sky". 200 Seen und riesige Kiefernbestände machen dieses Gebiet zu einem beliebten Ausflugsziel für Wanderer, Fischer und Camper. Falls Sie

Wie „Holzkohleöfen aus Stein": Colorado National Monument

von Grand Junction nach Montrose entlang dem US 50 fahren, bekommen Sie einen wunderschönen Eindruck von dem Gebiet. Das kleine Städtchen **Delta** hat sich in den letzten Jahren auch etwas herausgeputzt (hist. Stadtkern, Motels).

24. Vom Grand Canyon nach Salt Lake City

© **i**graphic

Entfernungen

• Grand Canyon N.P. (South Rim) - Zion Nat. Park (über Hwy. 89A): 245 Meilen/394 km
• Zion Nat. Park - Bryce Canyon Nat. Park: 103 Meilen/166 km
• Bryce Canyon Nat. Park - Salt Lake City:
- Hwy. 89, ohne UT 12: 276 Meilen/444 km
- über Heber City: ca. 310 Meilen/500 km
- über UT 12, Hwy. 89, Heber City: ca. 350 Meilen/564 km

Routenempfehlung

Lesen Sie bitte im vorherigen Kapitel bis zum Marble Canyon. Der (ALT) US 89 folgen bis Kanab. Bis zur Mt. Carmal Jct. auf dem US 89. Abbiegen auf die UT 9, die durch den Zion N.P. führt. Bis Cedar City auf dem I-15. Von hier 18 Meilen in östlicher Richtung durch den Canyon auf der UT 14, dann nach Norden abbiegen auf die UT 148. Nach 6 Meilen nach rechts auf die UT 143. In Panguitch 8 Meilen die US 89 nach Süden, bis die UT 12 nach Osten abzweigt. Nach etwa 12 Meilen geht es ab zum Bryce Canyon N.P., danach weiter auf der UT 12 bis Torrey. Von hier aus erst zum Capitol Reef Canyon und dann entlang der UT 24 in nordwestlicher Richtung bis Sigurd. Dort treffen Sie auf den US 89, dem Sie in nördlicher Richtung bis Provo folgen und der von dort weiterführt als US 189 bis Heber City (Midway liegt 5 Meilen westlich). Schließlich über die US 40 bis zum I-80, der dann in westlicher Richtung nach Salt Lake City führt.

Zeiteinteilung

1 mindestens 3 Tage

Achtung!

!!! Die Tunnel am östlichen Ausgang des Zion N.P. sind nur für Fahrzeuge bis 40 ft Länge und 13 ft 1 inch Höhe zugelassen. Wahrscheinlich fährt von Ihnen wohl kaum jemand ein so großes Wohnmobil. Die Regelung, dass die Höchstlänge nur 23 ft betragen darf, ist mittlerweile aufgehoben. Im Zweifelsfall müssen Sie sich einer Eskorte anschließen, zumindest dann, wenn Ihr Fahrzeug breiter als 7 ft 10 inch bzw. höher als 11 ft 4 inch ist.

Überblick

Nachdem Sie den South Rim vom Grand Canyon verlassen haben, führt die Straße bereits an einem weiteren eindrucksvollen Canyon vorbei, dem des **Little Colorado**.

Achtung: An den verschiedenen Aussichtspunkten können Sie eine Menge Zeit „verlieren". Bis zum Zion National Park bieten sich außer dem Marble Canyon bzw. – falls Sie die nördliche Strecke nehmen – dem Glen Canyon Dam und dem Lake Powell keine herausragenden Highlights, trotzdem ist die gesamte Strecke landschaftlich sehr beeindruckend. Außerdem haben Sie natürlich noch die Gelegenheit, den North Rim des Grand Canyon zu besuchen.

Freuen Sie sich schon auf den Bryce Canyon

Der **Zion N.P.** fasziniert durch hohe, rote Felsformationen, die alleine durch ihre Mächtigkeit wirken. Ein Abstecher über Cedar City lohnt wegen der atemberaubenden Strecke von der Stadt hinauf zum Cedar Breaks National Monument und weiter bis zum **Bryce Canyon N.P.**: Erst geht es durch eine Schlucht und dann immer weiter auf die Höhen in eine Landschaft von alpinem Charakter. Der Bryce Canyon N.P. ist schließlich ein Muss. Man steht bewundernd auf den Anhöhen und fragt sich, wie die Natur das vor einem ausgebreitete Schauspiel von zerklüfteten „Minicanyons" geschaffen haben kann. Hier müssen Sie einfach in das Labyrinth aus filigranem Sandstein herabsteigen. Weiter geht es dann auf der UT 12, einer Strecke, die nicht nur Touristen durch ihre Vielfalt an Farben, Naturereignissen und Landschaftstypen beeindruckt hat, sondern auch Werbefilmer verschiedenster Automarken. Im erst in den 1990er Jahren eingeweihten Grand Staircase Escalante Nat. Monument sind die bunten Felsen am schönsten zu erleben, dafür aber über Schotterpisten etwas schwer zu erreichen.

Wenn Sie auf der in diesem Kapitel beschriebenen Route bleiben, verpassen Sie bitte nicht den **Capitol Reef N.P.** Hier hat eine 160 km lange Bergkette aus weißen Sandsteinkegeln und -kuppeln bereits den ersten Pionieren den Weg versperrt (Beschreibung: im vorherigen Kapitel).

Auf dem Weg nach Salt Lake City sollten Sie nun weiter durch das Hinterland fahren, falls die Zeit nicht drängt. Die Strecke führt über die UT 24, die US 89/6, 189, 40, bis Sie schließlich von Osten über den I-80 nach Salt Lake City gelangen. Besonders der Region Heber City/Midway sollten Sie Aufmerksamkeit schenken. Sie ist im Winter ein beliebtes Skigebiet, das aber auch im Sommer für Touristen attraktiv ist, besonders für Wanderungen durch die umliegenden Wälder. Park City ist vielen natürlich bekannt durch die Austragung der Olympischen Winterspiele 2002. Deswegen zahlen Sie heute immer noch erhöhte Preise.

Hinweis
Karte hierzu siehe vorheriges Kapitel

Sehenswertes

Lesen Sie zum ersten Teil dieser Strecke bitte zuerst im vorherigen Kapitel. Ich empfehle Ihnen die Fahrt entlang der (Alt) US 89, wegen des Ausblicks von der **Navajo Bridge** auf den **Marble Canyon** und der 54 Meilen westlich davon in **Jacob Lake** abzweigenden Strecke zum **North Rim des Grand Canyon**.

Alternativ dazu können Sie über **Page** (siehe S. 573) und die US 89 fahren, bei der Sie die Möglichkeit haben, den **Glen Canyon Dam** und den **Lake Powell zu sehen** oder per Bootstour die **Rainbow Bridge** sowie den **Antelope Canyon** zu erleben. Landschaftlich ist aber die erstgenannte Strecke etwas eindrucksvoller. Denn man kommt auf der über 2.400 m gelegenen Hochfläche um Jacobs Lake in den Genuss des grünen **Kaibab National Forest**.

Bei Fredonia bietet sich historisch Interessierten die Möglichkeit, zum 14 Meilen westlich gelegenen **Pipe Spring National Monument** zu fahren. Nach zähen Kämpfen und Verhandlungen mit den Navajos haben hier Mormonen im 19. Jh. eine Ranch geführt. Ein Visitor Center bietet nähere Infos. *Geöffnet: täglich von 8–16h.* Am Monument gibt es einen einfachen Campingplatz, die nächsten Motels finden Sie in Fredonia.

Weiter auf dem Alt US 89 kommen Sie nach **Kanab** (ⓘ S. 173), einem 3.500-Seelen-Nest, das das wirtschaftliche „Zentrum" dieser Region darstellt. Gegründet von Mormonenfarmern, deren einstiger Reichtum noch am **Kanab Heritage House** zu erkennen ist, bildet heute der Tourismus die Haupteinnahmequelle. Kanab eignet sich hervorragend als Basis für die Erkundung der Sehenswürdigkeiten im Südwesten von Utah. Und neben den bekannten „Highlights" verstecken sich in der näheren Umgebung auch schöne Landschaften, kleine Canyons, historische Indianersiedlungen und zudem das alte **Wild-West-Studio „Old Paria"** östlich des Ortes (geht ab vom US 89). Auch heute noch kommen Filmteams nach Kanab, und kleine Tourunternehmer am Ort bieten Tagesausflüge in die Umgegend.

Dünenliebhaber sollten auf der Weiterfahrt 7 Meilen nördlich von Kanab nach links abbiegen zum **Coral Pink Sand Dunes State Park** (weitere 12 Meilen). Bei bestimmten Lichtverhältnissen – am besten bei tiefstehender Sonne oder bei bewölktem Himmel – schimmern die Dünen in rosaroten Farbtönen.

Hinweis
Die bereits vorher dorthin abzweigende Piste ist für herkömmliche Pkw nicht unbedingt ratsam.

„Kleines Highlight" bei Kanab: Slot Canyon

An der **Mount Carmel Junction** (Tankstelle/Motels) geht es nun nach links zum Zion National Park. Bereits diese Anfahrt durch 2 Tunnel von Osten in den Park ist ein Erlebnis. Wenn Sie nämlich eine bereits aufregende Landschaft hinter sich lassend den zweiten Tunnel verlassen, eröffnet sich Ihnen das Haupttal des Nationalparks in so beeindruckender Mächtigkeit, dass Ihnen fast der Atem stocken wird.

Anfahrt zum Zion NP

Achtung!
Nicht nur Ihnen wird es so gehen, auch den vor und hinter Ihnen fahrenden Weggenossen. Passen Sie also Ihren Fahrstil an, oder halten Sie besser gleich an einem der zahlreichen Parkplätze.

Zion National Park (ⓘ S. 173)

Zeiteinteilung (Empfehlung)
• **Für die Eiligen:** *Auch wer vom Süden anreist, sollte einmal die Landschaft östlich des Tunnels gesehen haben. Zusätzlich den Scenic Drive entlang fahren und den Weeping Rock Trail erlaufen. Dauer: 2 Stunden*
• **Halber Tag:** *Im Museum des Visitor Center umschauen. Ansonsten wie oben und zusätzlich den nördlichen Teil des Parks (Kolob Canyon) erkunden.*
• **1–2 Tage:** *s. Redaktionstipps*

• **Größe:** 59.328 ha
• **Beste Jahreszeit:** Anfang Juni bis Ende September. Juli und August können aber heiß werden. Im Herbst herrschen angenehme Temperaturen, aber es ist häufig bewölkt, und dadurch ist das Licht zum Fotografieren schlecht; dafür ist dieses die beste Zeit zum Wandern (wie auch der Mai), und die roten und gelben

Redaktions-Tipps

- **Übernachtung:** in Springdale (günstige B&Bs am südlichen Ortsausgang) oder in der parkeigenen Zion Lodge.
- Oft ist der Parkplatz am Visitor Center voll. Nehmen Sie dann besser **von Springdale aus den Shuttlebus.**
- Die **Wanderung zu den „Narrows"** (S. 606) ist mit Sicherheit am eindrucksvollsten.
- Auf den Bergen ist **festes Schuhwerk** wichtig. Zudem ist das Tal ein Wetterloch, sodass **Regenbekleidung** mitgenommen werden sollte.

Blätter bieten ein unvergessliches Farbenspiel.

- **Tierwelt:** Maultierhirsche, Dickhornschafe, Rotluchse, Füchse, Kojoten, Stinktiere und vereinzelt der Ringtail (eine Waschbärart). Die meisten Tiere fliehen aber vor den Menschenmassen im Haupttal, sodass man schon ein Stück laufen muss, um einige zu sehen.
- **Pflanzenwelt:** Im Flusstal findet sich eine Reihe von Laubbäumen, u.a. Eschen, Birken und Pappeln. Dazu teilweise üppiges Gras. Auf den Höhen und den weniger

beregneten Flächen überwiegt eine Halbwüstenvegetation. Neben Kakteen und Yuccas trifft man auch auf Dornbüsche und andere Sträucher.

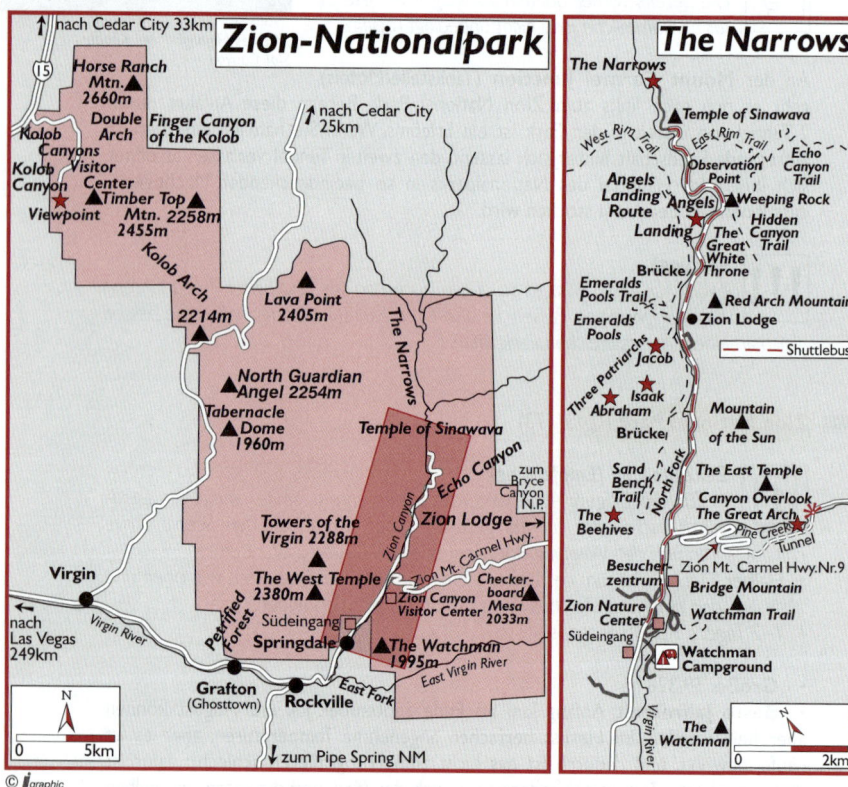

© *i graphic*

- **Aktivitäten:**

Wandern: Zum Wandern laden mehrere Wege ein. Am schönsten sind folgende:

- Gateway to the Narrows: 3,2 km (nur bis zum Fluss), 1 ½ Std., einfach. Start: Temple of Sinawava-Parkplatz. Folgt dem Virgin River zu dem engeren Teil des Zion Canyon. Der Canyon wird so eng, dass nur noch der Fluss selbst hindurchpasst. Ziehen Sie hier Ihre Schuhe aus, und waten Sie ein Stück weiter. Das Folgende wird Sie dafür belohnen. Außerdem „Hängende Gärten" an der Strecke. Die Strecke durch den Fluss macht den Fußmarsch aber deutlich länger als die o.g. 3,2 km!

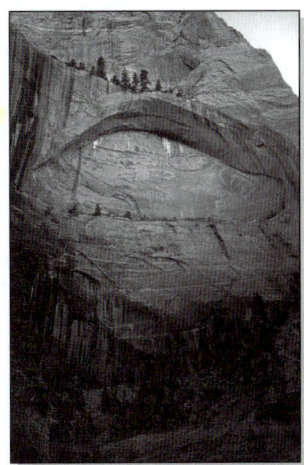

*Gewaltig:
der Upper Arch des Double Arch*

- West Rim Trail: 42 km, 2–3 Tage, schwierig. Start: Grotto Picnic Area. Führt durch die gesamte Formenvielfalt des Parks. Wasser und Verpflegung mitnehmen.
- Weeping Rock Trail: 800 m, ½ Std., leicht. Start: vom Scenic Drive aus. Führt zum Great White Throne und zu den „Hanging Gardens".
- Watchman Viewpoint Trail: 3,7 km, 2 Std., mittelschwer. Start: South Camp-ground. Von diesem Weg aus hat man eine gute Aussicht auf das West Temple Massive und den Arch am Bridge Mountain.
- Kolob Arch Trail: 23 km, 8–12 Std. (früher Start oder Übernachtung empfehlenswert), anstrengend. Start: vom Lee Pass im nördlichen Parkabschnitt (Kolob Canyon). Entlang zweier Creeks mit Ziel Kolob Arch, dem größtem Steinbogen der Welt. Trinkwasser und Lebensmittel mitnehmen.

Ansonsten können versierte Kletterer sich nach Voranmeldung an den steilen Wänden austoben.

Reiten: Anmeldung in der Zion Lodge. Kurze und längere Ausritte möglich.

Im Winter **Skilanglauf**.

- **Sehenswertes**

Der Zion Nationalpark gehört zu den ältesten Nationalparks der USA. Bereits 1909 wurde das Gelände zum Mukuntuweap National Monument erklärt, 10 Jahre später zum Zion Nationalpark. Der südliche Abschnitt des Zion Canyon wurde schon um 750 n. Chr. von den Anasazi bewohnt, die aber um 1200 n. Chr die Gegend verlassen mussten. Zum Bau ihrer Hütten und auch zur Feuerholzbeschaffung haben sie so viel Bäume abgeschlagen, dass ihnen nicht nur die diesbezügliche Lebensgrundlage entzogen war, sondern nun auch der Fluss freien Lauf hatte und ihre Felder regelmäßig wegspülte. Lange Zeit wohnte in diesem Gebiet danach niemand, und selbst die Indianer der Fremont-Kultur kamen nur zum Jagen in den Canyon.

Siedlungsgeschichte

1776 befand sich eine spanische Missionarsgruppe in der Gegend, und 50 Jahre später stellte der Trapper Jedediah mit seinen Gefolgsleuten seine Fallen auf. Doch erst im 19. Jh. siedelten die Paiutes-Indianer wieder hier. Beeindruckt von der Mächtigkeit der roten Felswände, gaben sie allen Bergen einen religiösen

Bezug. Auf dem West Temple z.B. hätte Kai-ne-sava, der Gott der Flammen, ein großes Feuer entzündet, und Wai-no-pits, der Teufel, würde jenseits des Oak Creek sein Unwesen treiben. Sie hatten so viel Ehrfurcht vor den Mysterien der Berge, dass sie niemals wagten, sie zu besteigen oder auch nur das Tal in nördlicher Richtung zu erkunden.

Als dann die ersten Siedler, Mormonen aus Salt Lake City, kamen, waren ihnen daher die Paiutes kaum eine Hilfe bei der weiteren Erforschung des Gebietes. Auch die Mormonen waren beeindruckt von den Felswänden, die im Abendlicht erst richtig ihre rote Färbung zur Geltung bringen. Sie nannten den Canyon deshalb Zion – „die himmlische Stadt Gottes". Neben den roten Felsen beeindruckte die Neuankömmlinge aber auch der östliche Teil des Parks, wo versteinerte Sanddünen von der Winderosion zu den bizarrsten Formen geschliffen wurden.

Während der Regenzeit, wenn der Virgin River anschwillt und den schmalen Teil des Canyons („the Narrows") mit reißenden Fluten beglückt, liegt etwas Unheimliches über dem ganzen Canyon. Die Wassermassen tosen mit solcher Wucht durch diese schmale Felsöffnung, dass man glaubt, der Fels müsste jeden Augenblick zerbersten. Zu dieser Zeit, wenn auch das Wasser von den umliegenden Bergen den Weg nach unten sucht, stürzen unzählige große und kleine Wasserfälle an den steilen Bergwänden herunter. Wenn sie danach wieder langsam versiegen, hinterlassen sie noch über Tage feuchte Spuren an den Wänden, die im Sonnenlicht glitzern. Eigentlich ist diese Zeit des Regens die eindrucksvollste im Park, macht sie doch die imposanten und zugleich bezaubernden Kräfte der Natur besonders deutlich.

Oft nur ohne Schuhe zu erkunden:
The Narrows

Da nur ein sehr kleiner Teil des Parks mit dem Auto zu befahren ist, hält sich der größte Teil der Besucher auf dem 9 Meilen langen Scenic Drive oder entlang der östlichen Tunnelroute auf. Im Sommer und selbst im Frühjahr und Herbst wird es hier sehr voll, und es kommt sogar zu Parkplatzproblemen und Verkehrsstockungen. Die Parkverwaltung bemüht sich daher, Reisende vom Visitor Center mit dem Shuttlebus entlang dem Canyon zu befördern. Der Bus verkehrt tagsüber regelmäßig und hält an allen eindrucksvollen Punkten. Wer sich dem großen Ansturm entziehen und einen noch besseren Eindruck von der Landschaft erhalten möchte, sollte aber besser gleich seine festen Schuhe auspacken und sich auf die Wanderschaft begeben.

• Geologischer Überblick

Bereits vor 225 Mio. Jahren setzte sich die erste von sieben Ablagerungsschichten auf dem Grund des Gebietes fest. Im Wechsel mit Meeresbedeckungen kamen immer neue, anders geartete Schichten hinzu. Am auffälligsten ist die Navajo-Schicht, die für die rot-violette Färbung des Gesteins sorgt. Sie entstand zu einer

Zeit, als der Boden mit Wasser und Sumpf bedeckt war. In dieser Periode kam es zu einem übermäßigen Sauerstoffentzug im Boden, der bei hohen Mangananteilen über mehrere chemische Vorgänge zu der violetten Färbung führt. Der eine oder andere von Ihnen hat vielleicht einmal in einem Auengebiet oder einem ausgehobenen Marschboden in Europa in ca. 1–2 Metern Tiefe die gleiche violette Färbung entdeckt. Im Gestein des Zion tritt das Violett natürlich mittlerweile etwas in den Hintergrund, zu sehr haben andere chemische Prozesse ihren Einfluss geltend gemacht.

Den oberen Abschluss der Bergmassive bildet eine Kalksandsteinschicht. Sie wurde im Laufe der letzten Jahrmillionen von Wind, Wasser und Temperaturdifferenzen in abwitzige Formen und Strukturen verwandelt. Die markantesten sind östlich des großen Tunnels oder weiter nördlich auf den höheren Lagen zu finden. Vor etwa 70 Mio. Jahren hob sich das gesamte Gebiet erst auf Meeresspiegelniveau und während der folgenden 55 Millionen Jahre dann schließlich auf bis zu 3.000 m. Dann setzte

Markenzeichen des Zion NP sind auch die hohen Bergmassive

die wesentliche Phase der Erosion ein, deren Spuren wir heute vorfinden. Einmalig z.B. die wie mit einem Kamm von Wind und Wasser bearbeiteten versteinerten Sanddünen.

Wenn der Regen in den Bergen fällt, dann schwemmt alleine der Virgin River im Jahr 3 Millionen Tonnen Material ab. Dazu wären täglich 180 Lkw-Ladungen nötig!

Anstatt zurück auf den US 89 zu fahren, schlage ich vor: Machen Sie einen Schlenker über **Cedar City** (ⓘ S. 173), eine kleine Stadt eine gute Autostunde von Springdale entfernt. Cedar City selbst bietet nicht viel, außer dem **Iron Mission State Park**, einem kleinen Museum zum Gedenken an die ersten Eisenfunde westlich des Mississippi. Im Sommer lockt zudem noch das **Shakespeare Festival** viele Besucher an. Doch hierfür lohnt der Umweg über Cedar City: Fahren Sie entlang dem UT 14 nach Osten durch eine beeindruckende Schlucht und anschließend nach Norden auf die 148. Die Straße steigt hier steil an bis auf 3.000 m ü. NN., und bald werden Sie sich in skandinavischen Vegetationsverhältnissen wiederfinden. Ein lohnender Stopp ist das **Cedar Breaks National Monument**, das viele Leser als schöne Alternative zum überlaufenen Bryce Canyon NP sehen. Hauptattraktion ist hier ein Taleinschnitt in Form eines riesigen Amphitheaters, dessen Durchmesser 3 Meilen beträgt und dessen Seitenwände 600 m steil abfallen. In einem kleinen Visitor Center können Sie sich informieren und dann den 5 Meilen langen Scenic Drive abfahren.

Weiteres Naturwunder

Tipp
Wenn Sie nicht viel Zeit haben, können Sie auch von der Hauptstraße aus, ca. 1 Meile hinter dem Visitor Center, einen Blick auf das Amphitheater werfen.

Wanderwege gibt es in dem Park auch, doch sollten Sie daran denken, dass in 3.000 m Höhe die Luft dünn ist.

Weiter geht's, bis Sie nach kurzer Zeit zu der Abzweigung nach Panguitch gelangen (UT 143). Diese Straße führt durch eine von Wiesen unterbrochene Waldlandschaft – die besonders im Herbst ein buntes Farbenspiel bietet – und auch vorbei am **Lake Panguitch,** einem wunderbaren Erholungsgebiet abseits der Touristenströme (einige Blockhaus-Motels). Von Panguitch aus geht es dann auf dem UT 12 zum Bryce Canyon Nationalpark.

Herrlicher See

Das letzte Teilstück führt durch den **Red Canyon**, der Sie bereits auf die Farbenpracht des nun folgenden Nationalparks einstimmen wird.

Bryce Canyon National Park (ⓘ S. 173)

Zeiteinteilung
1–2 Tage

Hinweis
In der Hochsaison werden auch im Bryce Canyon N.P. Shuttlebusse eingesetzt.

- **Größe:** 14.573 ha
- **Beste Jahreszeit:** Eigentlich das ganze Jahr. Im Sommer ist es z.T. in den offenen Talgebieten sehr heiß, und der große Besucherandrang kann zu dieser Zeit auch störend werden. Attraktiv sind allemal Frühjahr und Herbst und auch der Winter, wenn Schnee liegt. Dann ist es aber ziemlich kalt.
- **Tierwelt:** Es gibt Maultierhirsche, Stachelschweine, und auch Berglöwen, Schwarzbären und Elche sollen im südlichen Abschnitt gesichtet worden sein. Der Bryce Canyon ist aber im Wesentlichen wegen seiner geologischen Formationen attraktiv, denn die Tiere bekommt man wegen des großen Touristenandrangs kaum noch zu sehen.
- **Pflanzenwelt:** Auf dem Plateau (Tannen, Fichten, Utah-Wacholder und Espen) und unterhalb des Canyons (Utah-Wacholder, Berberitzen und Steinkiefern) Nadelwälder. Zudem Grasfluren in den südlichen Tälern. Interessant auch, wie sich einige einzelne Bäume durch die engen Kliffschluchten hindurch den Weg zum Licht gesucht haben. Hierbei handelt es sich meist um Grannenkiefern, die bis zu 5.000 Jahre alt werden können. Das älteste hier gefundene Exemplar wird auf 1.700 Jahre geschätzt.

Redaktions-Tipps

- **Übernachtung**: Die „Cabins" der „Bryce Canyon Lodge" bieten Ruhe, Platz und Gemütlichkeit. Aber frühzeitig vorbuchen!.
- Machen Sie unbedingt eine **Wanderung in den Canyon.**
- **Festes Schuhwerk, Proviant** und ausreichend **Trinkwasser** mitnehmen auf die Wanderungen.
- Der **Ritt entlang dem Rim** ist wenig anstrengend und lohnt nicht nur wegen der Aussicht.

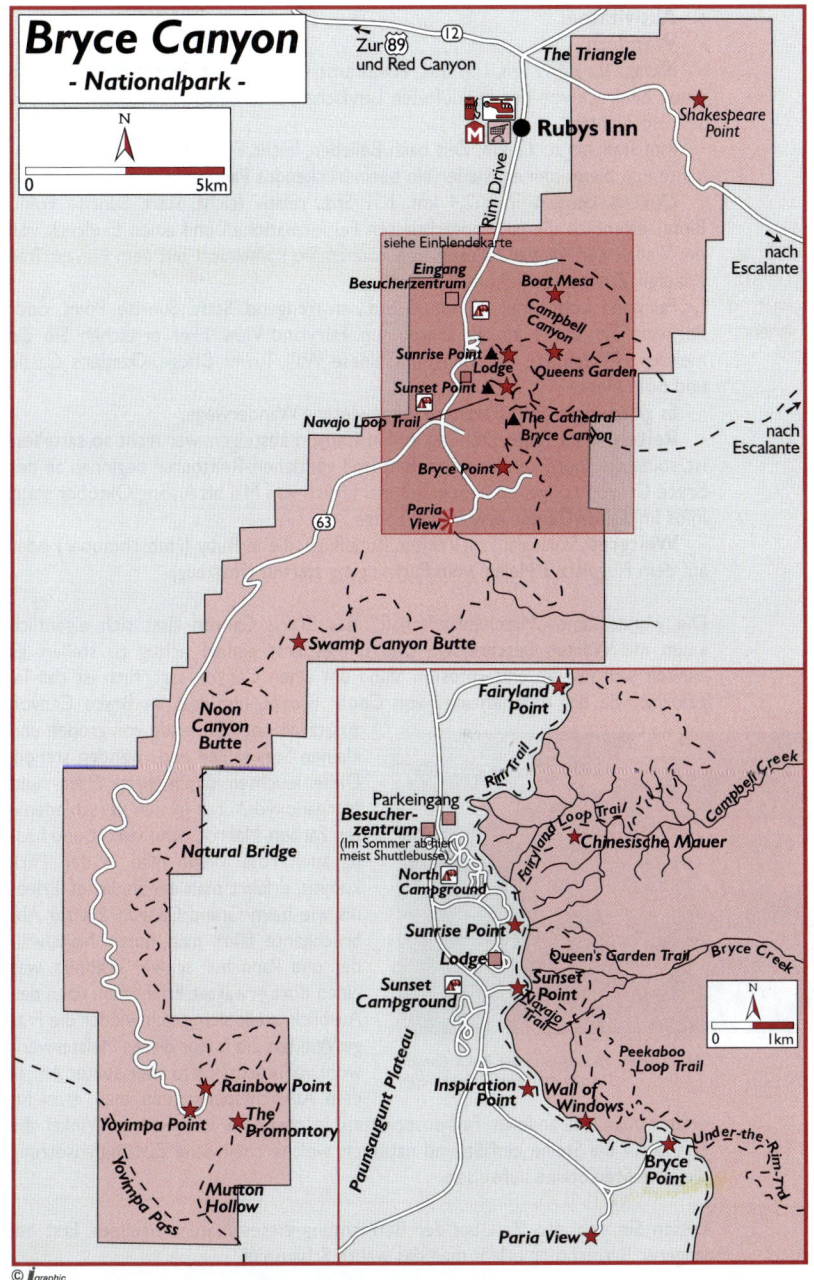

Bryce Canyon
- Nationalpark -

N

0   5km

Zur 89
und Red Canyon

12

The Triangle

Rubys Inn

Shakespeare
Point

Rim Drive

siehe Einblendekarte

Eingang
Besucherzentrum

Boat Mesa

Campbell
Canyon

Sunrise Point

Lodge

Queens Garden

Sunset Point

Navajo Loop Trail

The Cathedral
Bryce Canyon

nach
Escalante

nach
Escalante

Bryce Point

Paria
View

63

Swamp Canyon Butte

Noon
Canyon
Butte

Fairyland
Point

Rim Trail

Campbell Creek

Parkeingang
Besucher-
zentrum
(Im Sommer ab hier
meist Shuttlebusse)

Fairyland Loop Trail

Chinesische Mauer

Natural Bridge

North
Campground

Sunrise Point

Lodge

Queen's Garden Trail

Bryce Creek

Sunset
Campground

Sunset
Point

Navajo
Trail

N

0   1km

Peekaboo
Loop Trail

Rainbow Point

Yoyimpa Point

The
Promontory

Pausaugunt Plateau

Inspiration
Point

Wall of
Windows

Under-the-Rim Trail

Mutton
Hollow

Yovimpa Pass

Bryce
Point

Paria View

© igraphic

- **Aktivitäten:**
- **Wandern**
· Navajo Trail: 3 ½ km, I ½ Std., etwas anstrengend, Start: Sunset Point. Gut, um einen Eindruck von der zerklüfteten Landschaft zu erhalten. Führt durch schöne „Minischluchten".
· Rim Trail: bis zu 17 km, Zeit nach Belieben, leicht. Führt entlang der Abbruchkante und bietet immer wieder ein beeindruckendes Panorama.
· Queen's Garden Trail: 2,4 km, I ½ Std., relativ leicht. Start: Sunrise Point. Bietet eigentlich die farbenprächtigsten Felsformationen und einen Eindruck von der Vielfalt der Klippen. Diesen Trail können Sie kombiniert mit dem Navajo Trail erlaufen. Zusammen: 4,9 km, 2 ½ Std.
· Fairyland Loop Trail: 13 km, 5 Std., anstrengend. Start: Sunrise Point, oder beginnen Sie, um 4 km zu sparen, am Fairyland View. Hier erreichen Sie die meisten Höhepunkte des Canyon: Chinese Wall, Tower Bridge, Oastler's Castle und Boat Mesa.
· Es gibt zudem noch 6 weitere ausgewiesene Wanderwege.
- **Reiten:** Gute Reiter können in den Canyon absteigen; wer nicht so sattelfest ist, sollte die Touren entlang dem Rim Trail vorziehen. Reittouren beginnen an der Bryce Canyon Lodge, sie finden 2–3 mal täglich von Mai bis Anfang Oktober statt. Infos im Visitor Center bzw. in der Lodge.
- **Weiteres:** Skilanglauf im Winter, Rundflüge, die in Ruby (Hubschrauber) oder auf dem Flugplatz 3 Meilen vom Parkeingang starten (Flugzeug).

Den Bryce Canyon wandernd erleben

Die wundersame „Märchenlandschaft" des Bryce Canyon lässt sich eigentlich kaum mit Worten beschreiben. Und um es erst einmal richtig zu stellen: Es handelt sich nur im entferntesten Sinne um einen Canyon. Eigentlich ist das Tal geformt wie das Amphitheater von Cedar Breaks, nur dass im Bryce Canyon zusätzlich noch Tausende von großen und kleinen Steinsäulen und -wänden stehen. Diese leuchten durch ihren Eisen- und Manganoxyd-Anteil in den verschiedensten Farben. Mal rot, dann violett und häufig auch rosa. Wenn man in den Park kommt, erfährt man ein ähnliches Erlebnis wie beim Grand Canyon. Bis zur Abbruchkante fährt man durch Nadelwälder und kann nur schwer erahnen, was einen dort erwartet. Erlebt man dann den Ausblick, stellt sich gleich wieder die Frage: Wie hat die Natur dieses Meisterwerk wohl vollbracht? Dazu aber später. An jedem Aussichtspunkt, den man erreicht,

Ohne Zweifel: Im Labyrinth des Bryce Canyon kann man eine Kuh verlieren

erfährt man ein anderes Farbenspektrum, je nachdem, in welchem Winkel die Sonne auf die Steine einfällt, und natürlich, welche chemische Zusammensetzung die jeweiligen Steine aufweisen.

Lassen Sie sich also Zeit bei der Betrachtung dieses Naturereignisses. Erst bei längerer Betrachtung erlebt man das wahre Schauspiel.

Das Reliefmodell im Visitor Center veranschaulicht das gesamte Gebiet vom Grand Canyon im Süden bis hin zu den Parks im Zentrum von Utah. Wenn Sie sich bereits ein wenig mit der geologischen Entstehung der Region befasst haben, können Sie Ihr Wissen nun bildlich nachvollziehen. Hierzu sollten Sie, bei Interesse, eines

„The Three Wise Men" – viele Formationen haben Fantasienamen

der sachkundlichen Bücher hinzuziehen, die es in jedem Nationalpark zu kaufen gibt. Die geologischen Erläuterungen in diesem Buch dienen nur zur groben Veranschaulichung. Machen Sie sich aber trotzdem noch einmal klar, dass das gesamte dargestellte Gebiet einmal eine Ebene gewesen ist, die erst durch Hebungen verschoben und verkantet wurde und in die dann das Wasser der Flüsse und die klimatischen Gewalten (Regen, Temperaturschwankungen, „chemische" Niederschläge, Wind) eingegriffen haben.

Vom Visitor Center aus fahren Sie nun entlang dem Scenic Drive (oder nehmen in der Hochsaison den Shuttlebus – „Hopp-on – Hopp-off"). Meine Empfehlung: Wenn Sie genügend Zeit haben, fahren Sie zuerst bis zum Ende zum **Rainbow Point**. Dabei steigt die Straße um 300 Höhenmeter an, was Sie kaum bemerken werden. Aber die Vegetation verändert sich. Während im niedrigeren Norden die Utah-Wacholder und die Bergkiefern überwiegen, kommen Sie danach durch ein Gebiet mit Ponderosa-Kiefern, und kurz vor dem Rainbow Point besteht die Baumvegetation ausschließlich aus Rottannen, Espen und Fichten. Von nun 2.775 m Höhe haben Sie bei guter Sicht einen Ausblick bis nach Arizona und manchmal sogar bis New Mexico. Auf dem Rückweg passieren Sie die **Ponderosa und Agua Canyons**, die weniger durch ihre Größe als vielmehr wegen ihrer Farbenpracht begeistern. Die bald folgende **Natural Bridge** wurde durch Frost- und Regenkräfte geformt (nicht wie im Natural Bridges N.M. durch Flüsse).

Aussichtspunkte am Loop

Vom **Fairview Point** haben Sie noch einmal eine weite Sicht bis hin zum Kaibab Plateau am North Rim des Grand Canyon. An klaren Tage kann man übrigens vom Bryce Canyon aus über 100 Meilen weit sehen. **Paria View** bietet einen Blick auf die südlich gelegenen White Cliffs, die ihre Farbe dem weißen Navajo-Sandstein zu verdanken haben.

Absolute Höhepunkte bilden nun die weiteren Aussichtspunkte um das **Bryce Amphitheater**. Hier sollten Sie sich spätestens dazu ermuntert fühlen, Ihr festes

Schuhwerk anzuziehen und hinunterzusteigen in die sagenhafte Landschaft der **Hoodoos**, wie die verschieden geformten Zinnen genannt werden.

Nicht so begeistert über die zerklüftete Gegend war dagegen der erste weiße Siedler der Region, der Mormone **Ebeneezer Bryce**, der damals sagte: „A hell of a place to lose a cow". Aus diesem Grunde hielt es Bryce nur wenige Jahre hier, und er zog weiter nach Süden. Weniger pragmatisch dagegen die Paiute-Indianer: „Rote Felsen, die wie Männer in einer schalenförmigen Schlucht stehen". Für sie hatte der Canyon eine religiöse Bedeutung.

Eine ihrer Legenden drückte die „Macht" des Canyons folgendermaßen aus:

Legende *„Einst war der Bryce Canyon vom Gott Coyote als Wohnstatt für sein Volk errichtet worden. Dieses Volk – Eidechsen, menschenähnliche Wesen, Vögel und andere Kreaturen – war aber nicht mit seiner Stadt zufrieden, sondern versuchte, sie immer weiter zu verschönern. Das erzürnte den Gott Coyote. Eines Tages nahm er all deren Farbtöpfe, schüttete sie über sein Volk aus und verwandelte alle Lebewesen in Stein. Und so stehen sie noch heute da."*

Dank dieses Mythos' haben die Paiutes den Canyon nur zu religiösen Zeremonien betreten, und trauten sich niemals alleine hinein aus Angst, selbst versteinert zu werden. Erst 1916 machte ein Zeitungsartikel auf die wundersame Landschaft aufmerksam, woraufhin dann aber bereits 7 Jahre später das Gebiet zum National Monument erklärt wurde und 1928 schließlich zum Nationalpark.

• **Geologischer Überblick**

Wie wir bereits wissen, hat bis vor 65 Millionen Jahren ein großer See Teile des heutigen Utah bedeckt – ein See, der den gesamten nordamerikanischen Kontinent von Norden nach Süden trennte. Auf seinem Grund lagerten sich während der folgenden 20 Millionen Jahre Kies, Sand und anderes Material ab, welches mit der Zeit zu einer festen Masse wurde. Dieses Konglomerat nennt man heute „Wasatch Formation". Mangan, das sich unter dem Sauerstoffentzug während der Wasserbedeckung chemisch wandelte, ist heute für die lila Färbung verantwortlich, Eisen für die rot-gelbe Färbung (siehe auch Zion N.P.).

Durch die tektonischen Hebungen, die bis vor etwa 15 Millionen Jahren stattgefunden haben (der See war längst ausgetrocknet), drehten und verschoben sich

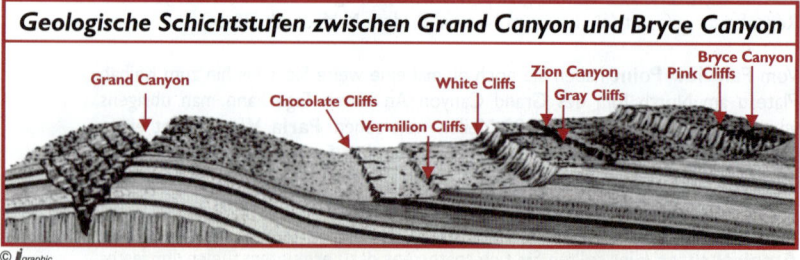

Geologische Schichtstufen zwischen Grand Canyon und Bryce Canyon

Grand Canyon — Chocolate Cliffs — Vermilion Cliffs — White Cliffs — Gray Cliffs — Zion Canyon — Pink Cliffs — Bryce Canyon

© *i*graphic

ganze Landblöcke und brachen teilweise auseinander. Bis zu 3.000 m Höhe erreichten deren Spitzen (Zion N.P.).

Das **Paunsaugunt-Plateau** aber hob sich nur relativ wenig und kippte leicht nach Westen, wodurch im Osten eine Randstufe entstand (Pink Cliffs). Dann aber setzten Erosionskräfte ein, vornehmlich – mittlerweile versiegte – Flussläufe, die im nördlicheren Teil des heutigen Parks stärker wirken konnten, sodass hier *Entste-* ehemals tiefer gelegene Sandsteinschichten zum Vorschein kamen, da die oberen *hungsge-* abgespült wurden. In diesem Plateaugefälle innerhalb des Parks liegt die unter- *schichte* schiedliche Färbung der Felsen begründet, die wir in den verschiedenen Regionen in und um den Park vorfinden. Die Pink Cliffs z.B. liegen höher und bestehen aus einem festeren Grundmaterial, welches verhindert hat, dass die Erosionskräfte so stark eingreifen konnten wie bei den tieferen und aus weicherem Gestein bestehenden Gray Cliffs. Die Gray Cliffs sind übrigens besonders gut sichtbar an der UT 12 auf dem Wege nach Escalante. Sie sind **flächenmäßig** stärker erodiert. Die White und Vermillion Cliffs erleben Sie am besten im Grand Staircase-Escalante N.M.

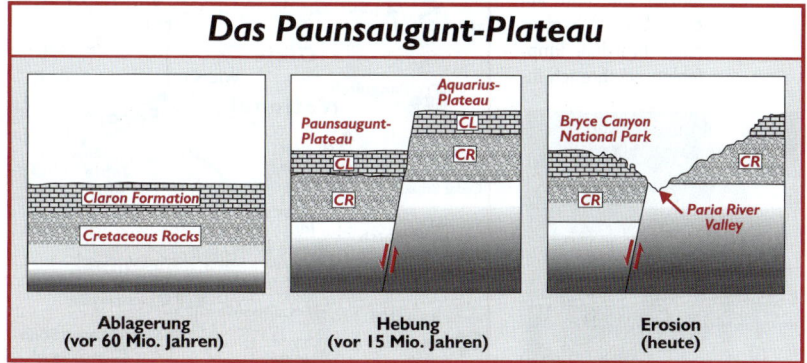

Uns interessieren im Nationalpark aber hauptsächlich die Pink Cliffs, die für die Farbenvielfalt des Bryce Canyon verantwortlich sind. Sie waren zunehmend der **physikalischen** Erosion ausgesetzt, besonders der Abflusskraft des Regenwassers, das logischerweise den tieferen Lagen entgegen fließt. An der Randstufe der Cliffs konnte es nun „tätig" werden. Immer wieder schuf das Wasser Rinnen, die sich weiter und weiter auswuschen, bis dann senkrechte Felswände von der Abbruchkante abstanden.

Doch auch diese erodierten langsam aus, bis schließlich nur noch Felsspitzen, die „Hoodoos", als einzelne Zeugen des ehemaligen Hochplateaus im Tal übrigblieben. Während auch diese noch weiter der Erosion ausgesetzt sind, frisst das Wasser unaufhaltsam, mit einer Geschwindigkeit von fast 1 cm pro Jahr, an der Randstufe. Eine enorme Geschwindigkeit für die Zeitverhältnisse der Erdgeschichte. Da das Wasser im Tal sich besser ausbreiten kann, verliert es aber gleichzeitig an „Abreibekraft". Das führt dazu, dass die Hoodoos langsamer zerstört werden als

© *graphic*

der Klippenrand. Dies führt dazu, dass sich der Zauber der Felsen im Laufe der Erdgeschichte immer weiter ausdehnt.

Falls die Zeit drängt, fahren Sie nun auf dem US 89 weiter nach Norden. Empfehlen möchte ich Ih-

Ausgewaschene Sandsteinschichten im Grand Staircase-Escalante N.M.

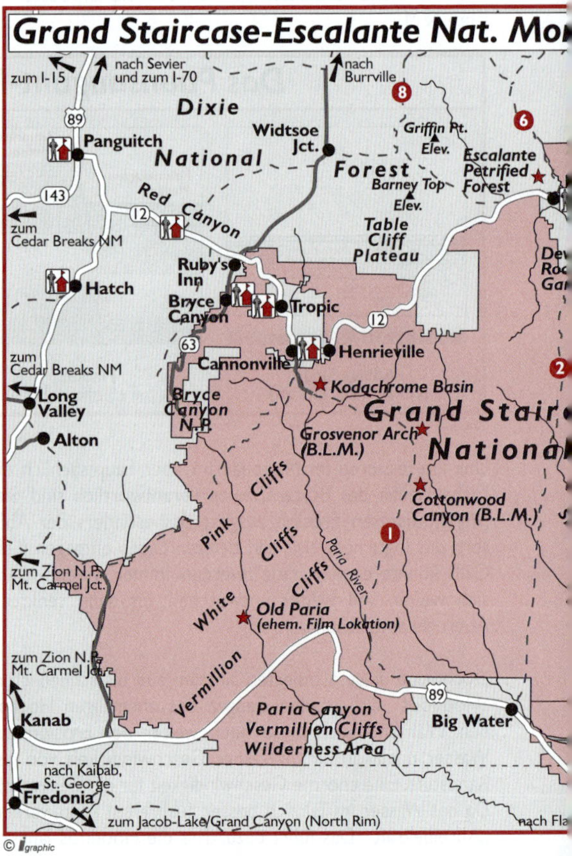

Grand Staircase-Escalante Nat. Mo[n]

nach Sevier und zum I-70

nach Burrville 8

6

zum I-I5

89 Panguitch

Dixie

Widtsoe Jct.

Griffin Pt. Elev.

Escalante Petrified Forest ★

National

Forest

Barney Top Elev.

143

12 Red Canyon

zum Cedar Breaks NM

Ruby's Inn

Table Cliff Plateau

Dev Roc Ga

Hatch

Bryce Canyon

Tropic

zum Cedar Breaks NM

63 Cannonville

12 Henrieville

2

Long Valley

Bryce Canyon N.P.

Kodachrome Basin ★

Grand Stair

Alton

Grosvenor Arch ★ (B.L.M.)

Nationa

Pink Cliffs

Cliffs

Cottonwood Canyon (B.L.M.) ★

I

zum Zion N.P., Mt. Carmel Jct.

White Cliffs

Paria River

zum Zion N.P., Mt. Carmel Jct.

Vermillion

Old Paria ★ (ehem. Film Lokation)

89

Kanab

Paria Canyon Vermillion Cliffs Wilderness Area

Big Water

nach Kaibab, St. George

Fredonia

zum Jacob-Lake/Grand Canyon (North Rim)

nach Fla

© *graphic*

nen aber den „**Scenic Byway**" **UT 12**, der über Escalante, Torrey (ab hier UT 24), Loa bis nach Sigurd führt, wo er wieder auf den US 89 trifft. Diese Strecke bietet so viele landschaftliche Reize, dass Sie auf jeden Fall Zeit für Fotostopps einplanen sollten.

Zuerst geht es noch einmal am Rand des Bryce Canyon vorbei und dann durch eine Landschaft mit den unterschiedlichsten Stein- und Erosionsformationen. Hierbei durchqueren Sie den Nordteil des erst in den 1990er Jahren aus politischen Gründen eingerichteten **Grand Staircase-Escalante National Monument** (ⓘ S. 173). In seiner zweiten Amtsperiode entschloss sich Bill Clinton zur Einrichtung dieses Naturschutzgebietes, als der Staat Utah den Abbau von Bodenschätzen in dieser Region durchsetzen wollte. Ein weiser Entschluss, denn in dem riesigen Areal verbergen sich unschätzbare Naturschönheiten: Ausgewaschene Felsen, Sandsteinformationen in den verschiedensten Farben: z.B. die Pink, White und Vermillion Cliffs.

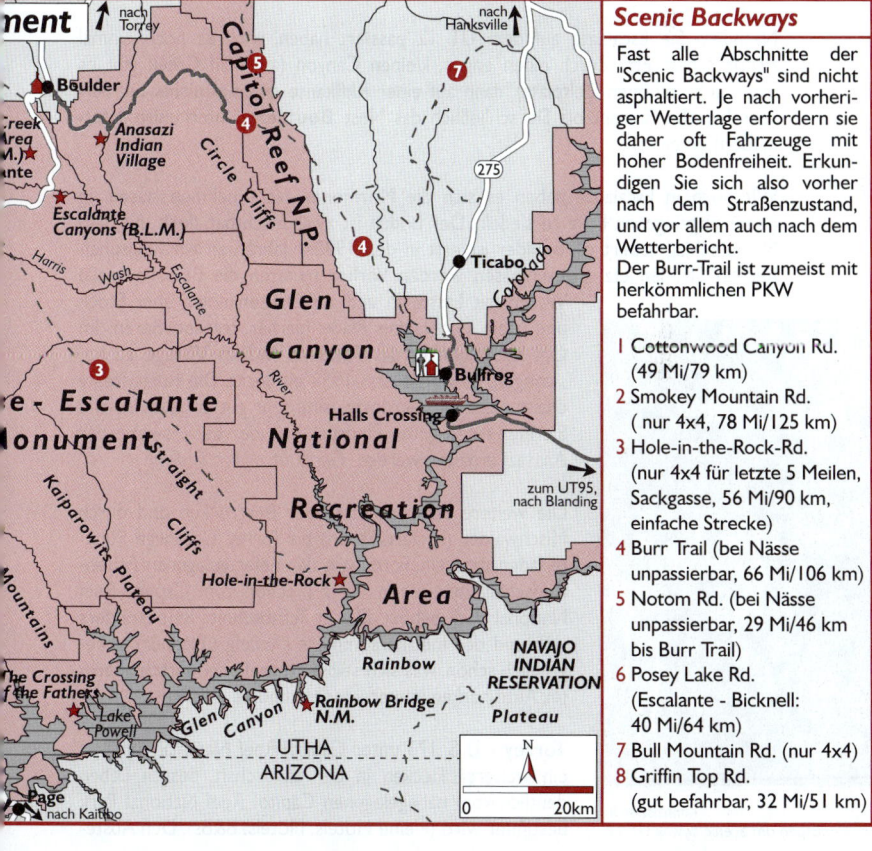

Scenic Backways

Fast alle Abschnitte der "Scenic Backways" sind nicht asphaltiert. Je nach vorheriger Wetterlage erfordern sie daher oft Fahrzeuge mit hoher Bodenfreiheit. Erkundigen Sie sich also vorher nach dem Straßenzustand, und vor allem auch nach dem Wetterbericht.
Der Burr-Trail ist zumeist mit herkömmlichen PKW befahrbar.

1 Cottonwood Canyon Rd. (49 Mi/79 km)
2 Smokey Mountain Rd. (nur 4x4, 78 Mi/125 km)
3 Hole-in-the-Rock-Rd. (nur 4x4 für letzte 5 Meilen, Sackgasse, 56 Mi/90 km, einfache Strecke)
4 Burr Trail (bei Nässe unpassierbar, 66 Mi/106 km)
5 Notom Rd. (bei Nässe unpassierbar, 29 Mi/46 km bis Burr Trail)
6 Posey Lake Rd. (Escalante - Bicknell: 40 Mi/64 km)
7 Bull Mountain Rd. (nur 4x4)
8 Griffin Top Rd. (gut befahrbar, 32 Mi/51 km)

Die Erkundung des National Monuments erweist sich als sehr mühsam, denn abgesehen vom UT 12 führen nur Schotterstraßen als Sackgassen in den Park (abgesehen von der „Durchgangsstrecke" durch den Cottonwood Canyon). Sie sind nur bei trockenem Wetter befahrbar, und bei Entfernungen wie z.B. den 87 Meilen (einfache Strecke) zum Hole-in-the Rock vergeht schon ein ganzer Tag. Ich finde, es lohnt sich! Aber zuerst sollten Sie sich am Bryce Canyon Visitor Center oder besser dem in Escalante nach dem Zustand der Straßen erkundigen und dort auch Karten und Broschüren studieren.

Panorama-
route und
Holper-
straßen

Escalante bietet zudem auch eine touristische Infrastruktur mit einigen Bed & Breakfast-Unterkünften. Beachten Sie auch die schönen Strecken, die nördlich des UT 12 abgehen, so z.B. die Rundtour zum Hell's Backbone. Und immer daran denken: Sollten Sie auf diesen abgelegenen Strecken fahren, dann tanken Sie vorher, nehmen Verpflegung und ausreichend Trinkwasser mit. Sonnenschutz und festes Schuhwerk verstehen sich von selbst.

Nachdem Sie Escalante auf dem UT 12 passiert haben, wird es noch einmal richtig schön. Erst durch einen engen, kleinen Canyon (am Calf Creek gibt es einen sehr schönen Zeltplatz), dann auf einer Kliffkante entlang (nichts für nervenschwache Fahrer), bis Sie schließlich das Nest **Boulder** (Unterkünfte, Information) erreichen.

Wie auch in Escalante haben es sich die Mormonen nicht nehmen lassen, in dieser abgelegenen Ecke zu siedeln. Der Boden ist zwar fruchtbar, doch mit dem Niederschlag hapert es. Boulder ist erst in den 1930er Jahren an ein (unasphaltiertes) Straßennetz angeschlossen worden. Vorher mussten die Bewohner alle

Waren mit Lasteseln und auf Ochsenkarren über Stock und Stein und kleine Pfade hierher transportieren. Im Ort selbst gibt es das **Anasazi Indian Village** zu besichtigen. Es wurde erst 1958 entdeckt. Die Ruinenreste dieses alten Indianerdorfes sind sehr gut erhalten, sodass Sie hier einen guten Eindruck von der Lebensweise der Anasazi erhalten werden. *Geöffnet: täglich 9–17h.*

Die weitere Strecke führt über Bergrücken und durch Mischwälder (Kiefern/Espen) bis Torrey. Unzählige Punkte laden dazu ein, Fotos von der tiefer gelegenen Felsenlandschaft zu machen, die z.T. schon zum Capitol Reef National Park gehört. Dieser Teilabschnitt ist besonders während des Indianersommers (Anfang Oktober) unbegreiflich schön, was sich selbst Werbefilmer verschiedenster Automarken immer wieder zunutze machen.

Torrey (ⓘ S. 173 unter Capitol Reef National Park) ist ein weiterer Flecken in der Landschaft, dessen Leben deutlich vom nahegelegenen Capitol Reef National Park bestimmt wird (kleine Hotels, Motels, B&Bs). Den Abste-

Kontrastreich:
Espen am Scenic Byway UT 12

cher in diesen Park sollten Sie sich auf keinen Fall nehmen lassen (Erläuterung und Unterkünfte siehe im vorhergehenden Kapitel). Eventuell möchten Sie ja auch hier in Richtung Hanksville, Natural Bridges National Monument abbiegen und weiter nach Moab. Lesen Sie zu dieser Variante im vorhergehenden Kapitel).

Die UT 24 macht bei Torrey einen Schlenker nach Nordwesten und führt über Bicknell (weitere Hotels), Loa bis nach Sigurd und Salina.

Der **Fremont Indian State Park**, 28 Meilen (auf dem Freeway) südlich von Sigurd an der I-70, lohnt eigentlich keinen Abstecher. Es gibt in einem Museum ein paar Repliken von Indianerhäusern, recht interessante Darstellungen zum kulturellen Leben des Fremontstammes und zudem ein paar Felsgravuren zu sehen. Das einzig wirklich Lehrreiche hier ist aber die Tatsache, dass die Straßenbaubehörde für den Ausbau des I-70 die echten Überreste der Fremontkultur, die an dieser Stelle wohl ihren Höhepunkt erlebt haben muss, zerstört hat. Dieses „Denkmal" hat mit Sicherheit die weitestreichende Aussagekraft. *Geöffnet: täglich 9–16h30.*

Weiterfahrt nach Salt Lake City

Salina ist ein kleines, unattraktives Nest, das von den umliegenden Farmen lebt. Kleine Motels.

Der US 89 führt nun entlang der **Wasatch Range** nach Provo. Die Landschaft ist ausgesprochen schön, doch bietet sich eigentlich nichts für einen längeren Stopp an. Einzig empfehlenswerte Alternative, die aber um einige Fahrstunden länger wäre, sind die schönen **„Scenic Byways" UT 31 bzw. UT 264** von Fairview über die Wasatch Range nach Osten.

Provo (ⓘ S. 173) ist die zweitgrößte Stadt Utahs. Ein wenig interessanter alter Stadtkern und eine Reihe von kleineren Museen, die fast alle der **Brigham Youth University** (BYU) angeschlossen sind, ist schon alles, was hier von (zumindest sekundärer) touristischer Bedeutung ist. Ausnahme bildet vielleicht für den einen oder anderen das **McCurdy Historical Doll Museum** in der 246 N. 100 East Street *(geöffnet: Di.–Sa. 12–17h)*. Hier gibt es über 4.000 Puppen zu sehen, u.a. karikaturistische Exemplare, die alle Präsidenten der USA samt Ehefrauen und auch einige andere prominente Persönlichkeiten darstellen.

Ansonsten ist die Stadt geprägt von der Universität. Mit 28.000 Studenten ist es die größte Universität der Mormonen und eine der größten der Welt, die einer religiösen Vereinigung untersteht. 95 % der Studenten sind Mormonen, wobei diese nicht nur aus den USA kommen, sondern aus über 90 Ländern der Erde. Eine Zugehörigkeit zum Glauben der Mormonen ist für die Immatrikulation nicht gefordert.

• **Alternative 1:** Biegen Sie **im** Canyon nach Norden auf die UT 92 ab, passieren Sie zuerst das Sundance Resort, dessen Eigentümer Robert Redford ist. Weiter auf dieser Strecke gelangen Sie schließlich zum **Timpanogos Cave National Monument**. Dieses National Monument ist nur für Höhlenliebhaber zu empfehlen, die bereit sind, 3 Stunden zu „opfern".

Nachdem Sie hier das Besucherzentrum aufgesucht und die Karten für die obligatorische Führung gekauft haben, müssen Sie zuerst einen mühsamen Anstieg in Kauf nehmen, bevor Sie mit dem Führer die Höhlen besichtigen können. Sind Sie aber erst einmal oben, werden Sie mit dem Anblick einer Kalksteinhöhle belohnt, deren Tropfsteine in den buntesten Farben leuchten, je nachdem, welche chemische Lösung sich in dem an ihnen herunterfließenden Wasser befindet. Weitere Informationen zu Tropfsteinhöhlen entnehmen Sie bitte der Beschreibung des 'Carlsbad Caverns Nationalparks' (Kapitel: „Von San Antonio nach El Paso"). *Die Höhle ist nur von Mai bis Mitte Oktober geöffnet. Zeiten: 8–17h, im Sommer bis 17h30.* Nach Salt Lake City fahren Sie von hier am besten über den I-15.

• **Alternative 2:** Sie folgen dem Provo Canyon und fahren weiter nach Heber City. Im Canyon bietet es sich an, am „Chalet" etwa auf halbem Wege einen Teil Ihrer Reisepartner mit der nostalgischen Eisenbahn („Heber Valley Railroad") bis Heber City fahren zu lassen *(Abfahrt von Mai bis Mitte Oktober zweimal täglich, Rest des Jahres variiert).*

Heber Valley und Park City (ⓘ S. 173)

Als erstes kommen Sie in das fruchtbare Heber Valley, dessen kommerzielles Zentrum der unscheinbare, aber doch liebliche Ort Heber City ist. Zu sehen gibt es hier zwar nichts, doch auch dieser Ort mausert sich zu einer Basis für Erkundungen des schönen Umlandes. Also fahren Sie am besten schon vor Heber City

ab nach **Midway**, einem kleinen Urlaubsörtchen, das sich ganz den Schweizer (und auch den bayrischen) Traditionen gewidmet hat. „Willkommen" geheißen werden Sie bereits auf dem Ortsschild, und die kleinen Restaurants tragen Namen wie z.B. „Das Bürgermeister Haus". Dieser kleine Ort, der seinen ländlichen Charakter nicht verloren hat, bietet sich an für ein paar geruhsame Tage mit Wandern, Ausritten und Entspannen. Wer tiefer in die Tasche greifen will, der sollte sich einige Zeit im hervorragenden „The Homestead Resort" einquartieren, von wo aus viele Aktivitäten (Wanderungen, Mountain-Bike-Verleih etc.) organisiert werden.

Ganz anders dagegen **Park City**, das Sie entlang einem lohnenden Scenic Drive erreichen (Schotterpiste – nicht zwischen November und April zu befahren bzw. nach Regenfällen – Alternative: US 40). Dieser mondäne Skiort bietet Abwechslung jeglicher Art. Selbst das nationale Skiteam der USA hat sich hier niedergelassen und sein Trai-

Bayerisches Glockenspiel in Midway

ningscamp eingerichtet. Und nachdem nun 2002 die Olympischen Winterspiele in Salt Lake City abgehalten wurden, wofür die meisten Austragungsstätten in und um Park City lagen, boomt der Ort. Sehenswert ist der Altstadtkern um die Main Street. Viele alte Häuser sind erhalten, und die neueren werden dem alten Stil angepasst.

Hier können Sie einmal gepflegt shoppen – aber Achtung – schnell sind Sie eine Menge Geld los. Billig sind die Geschäfte nicht, dafür aber ausgesucht. Als kleine „Ablenkung" sollten Sie zwischendurch ins **Park City Museum** (auch in der Main Street – hier befindet sich auch das Informationsbüro) gehen, wo es einiges zur Geschichte von Park City zu sehen gibt, die 1868 mit bedeutenden Silberfunden begann. Das **Park City Silver**

Jetzt mit olympischen Preisen: Shoppen in der Main Street

Mine Adventure in der Ontario Mine (am UT 224) bietet eine Fahrt in eine alte Silbermine. Dabei geht es bis 500 m in den Berg!

Um Park City herum hat sich heute eine Reihe von Resorthotels, Feriensiedlungen – und auch Feriendomizile reicher Städter – angesiedelt. Wer im Winter kommt, dem könnte die kleine Stadt zu hektisch erscheinen, doch im Sommer bietet Park City unter der Woche (noch) die richtige Mischung aus Kleinstadtatmosphäre und buntem Leben. *Urlaubsorte entlang der Strecke*

Bis Salt Lake City sollten Sie nun eine weitere schöne Strecke wählen (Alternative dazu: I-80), und zwar über die Berge (bis Brighton Schotterstraße): Der 'Scenic Byway' UT 190 führt erst durch die Wälder und dann durch den Big Cottonwood Creek bis an die südlichen Ausläufer von Salt Lake City.

25. Salt Lake City

(ⓘ S. 173)

Entfernungen

- *Salt Lake City - Las Vegas:*
  417 Meilen/671 km
- *Salt Lake City - Denver (US 40):*
  493 Meilen/794 km
- *Salt Lake City - Arches NP:*
  234 Meilen/376 km
- *Salt Lake City - Flagstaff:*
  522 Meilen/840 km

Zeiteinteilung

1 *1–2 Tage*

Überblick

Hauptstadt des Mormonenstaates

Als 1847 der Mormonenführer Brigham Young mit seinem Treck von völlig erschöpften Gläubigen von Osten über die Berge kam, sprach er hier, am Rande der Salzwüste und direkt unterhalb der Wasatch Range, die berühmten Worte „This is the Place". Mit Bienenfleiß begannen die **Mormonen** nun dieses unwirtliche Land zu kultivieren. Heute ist Salt Lake City eine Stadt, in dessen Großraum mehr als 1,4 Millionen Menschen leben. Es ist zu einem florierenden Industriestandort geworden, in dem u.a. die Antriebsraketen für die Space Shuttle produziert werden. Der Fleiß der Mormonen brachte der Stadt bereits den Ruf als „No. 1 City to do business" ein (Fortune Magazin). Die Olympischen Winterspiele 2002 machte die Stadt letztendlich weltbekannt. Ihr vorangegangen ist ein Bauboom in der Innenstadt, vor allem am Bahnhof und südlich des Tempeldistrikts. Zudem wurde eine Straßenbahn durch die südliche Innenstadt gebaut.

„The Temple",
Zentrum der „Church of Jesus Christ of Latterday-Saints"

SLC, wie es die Amerikaner gerne abkürzen, ist bestimmt kein obligatorisches Reiseziel. Es ist weder eine mondäne Großstadt, noch eine verträumte Oase am Rande der Wüste. Wäre hier nicht der Sitz der Mormonen, könnte man gleich einen Bogen darum machen, oder am besten, wie in den vorherigen Routen vorgeschlagen, bereits südlich abbiegen in Richtung Rocky Mountains/Denver.

Falls es Sie aber trotzdem hierher zieht, dürfen Sie eines nicht vergessen: sich mit der Glaubensgemeinschaft der Mormonen auseinander zu setzen. Darauf sollten Sie Ihr Hauptaugenmerk richten. Der Einfluss der Mormonenkirche wird überall deutlich, nicht nur im Umfeld des Tempelbezirks, sondern auch in wirtschaftlichen Bereichen: Zion First National Bank, Zion's Insurance Agency und Zion's Cooperative Mercantile Institution sind nur einige der Begriffe, die an den höchsten Häusern der Stadt prangen.

Angenehm am Stadtbild ist, dass, anders als in den neuen Wüstenstädten New Mexicos oder Arizonas, eine Reihe von Stadthäusern aus der Zeit der 18./19. Jahrhundertwende erhalten geblieben sind. Diese werden heute auch wieder genutzt, so z.B. als Restaurants oder als Bürohäuser. Zudem kann man Salt Lake City wohl als die sauberste Stadt der USA bezeichnen – und als eine der am wenigsten kriminellen.

Sauber und sicher

Die gesamte City ist im Schachbrettmuster um den Tempel angelegt, sodass eine Orientierung leicht fällt. Am Tempel beginnt auch das Zählsystem der Straßen, sowohl in Nord-Süd- als auch in Ost-West-Richtung.

Neben der Tempelanlage gibt es natürlich auch eine Reihe anderer Sehenswürdigkeiten. Da wäre z.B. das **State-Capitol-Gebäude**, das als das schönste der USA gilt. Es ist fast so groß wie das in Washington. Fahren Sie einmal vorbei, und werfen Sie einen Blick darauf, das sollte reichen. Zudem gibt es eine Reihe von Museen, die aber nichts wirklich Außergewöhnliches zu bieten haben, sieht man einmal ab von den Erläuterungen zur Mormonengeschichte. Daher schlage ich vor, dass Sie nach der Besichtigung des Tempelbezirks z.B. einen Einkaufsbummel machen. Die gemütliche und sorglose Atmosphäre der Shopping Malls finden Sie in keiner anderen Großstadt des Südwestens wieder.

Wenn Ihnen trotzdem noch nach etwas Sightseeing sein sollte, fahren Sie zur **Copper Mine**. Dieses große, von Menschenhand geschaffene Loch bietet einen imposanten Anblick. Ein Ausflug zum **Great Salt Lake** (Großer Salzsee) lohnt für diejenigen, die sich einmal im Salzwasser treiben lassen wollen. Als „Anschauungsobjekt" ist der See aber wenig geeignet: Er ist nur eine große Wasserfläche.

Redaktions-Tipps

- **Übernachten** Sie in einem Hotel südlich des Tempelbezirkes. Dort sind nahezu alle Preisklassen vertreten und von hier können Sie nahezu alles an einem Tag zu Fuß erreichen.

- Ein **gepflegtes Bier** (selbstgebraut) gibt es mittlerweile in einigen Microbreweries und in den meisten Restaurants.

- **Die bedeutendsten Sehenswürdigkeiten**: An allererster Stelle wären der Temple Square (S. 624ff) und das umliegende Gebiet, die heilige Stätte der Mormonen, zu nennen; außerdem: der Great Salt Lake (S. 630f); die Bingham Kennecott Copper Mine (S. 629), die größte offene Mine der Welt.

- Lassen Sie sich eine **Hörprobe im Tabernacle des Temple Square** (S. 625) nicht entgehen. Als Krönung: Falls Sie einen Platz bekommen, die Chorgesänge für die Radiosendung anhören.

- Nehmen Sie sich 2 Stunden Zeit für die **Ahnenforschung** im Family Search Center (S. 627).

INFO **Informationen zu Brigham Young und den Heiligen der letzten Tage**

Der „Spitzname" der „Heiligen der letzten Tage" wird hier nur wegen der Kürze benutzt. Selbst nennt sich die Kirche „The Church of Jesus Christ of Latterday-Saints", auch abgekürzt „LDS".

Gründer der Mormonen war der Farmerssohn **Joseph Smith** (1805–1844). Ihm wurde in einer Vision mitgeteilt, Jehova habe bereits in alter Zeit in Amerika gewirkt und die Ankunft des Messias verkündet. Einer der Stämme Israels soll dabei um 600 v. Chr. nach Amerika ausgewandert und zu einer Glaubensgemeinschaft mit den Indianern verschmolzen sein. Später angeblich in den Wäldern des Osten gefundene Goldtafeln sollen dieses bewiesen haben (wissenschaftlich stark angezweifelt). 1830 gründete Smith daraufhin in Fayette (Bundesstaat New York) seine Kirche, deren Grundlage neben der **Bibel** das **Buch Mormon** ist.

Nach Auffassung der Mormonen ist Jesus Christus genauso am Leben wie die Propheten, die ihn jeweils repräsentieren. Auch Smith verstand sich als Prophet, dem es durch die Gründung seiner Kirche außerdem darum ging, die Idee der Urkirche wieder zu beleben und die 'Ämter' (= Handauflegung, Ausgießung des Heiligen Geistes) zu erneuern.

Die neugegründete Kirche erfuhr sehr bald einen ungeheuren Zulauf, vor allem durch europäische Emigranten, die vom moralischen Verfall und den misslichen Lebensbedingungen in der Neuen Welt enttäuscht waren. Einen Großteil der Gläubigen stellten dabei skandinavische Landsleute. Die Konfrontation mit der herrschenden religiösen Auffassung war kurze Zeit später jedoch nicht die Lehre als solche, sondern die **Vielweiberei**. Joseph Smith hatte durch göttliche Eingebung erfahren, dass Gott die Vielehe wünsche, wie ja schon Abraham, David und Salomon laut Bibel mehrere Frauen hatten. Dabei wurde die Polygamie von den Mormonen nicht als weltlicher Genuss, sondern als Mittel der 'Arterhaltung' verstanden, insbesondere auf ihrem weiten Weg in den Westen. Es war hauptsächlich die Polygamie, die den Gläubigen an der Ostküste soziale und wirtschaftliche Benachteiligungen einbrachte und sie religiöser und politischer Verfolgung aussetzte. Der Kirchengründer Joseph Smith wurde zusammen mit seinem Bruder Hyrum aus diesem Grund 1844 in einer Gefängniszelle in Carthage (Illinois) gelyncht und damit zum ersten Märtyrer seiner Kirche.

Sein Nachfolger **Brigham Young** (1801–1877) kann als der eigentliche Organisator und größte Lehrer der Mormonen bezeichnet werden. Er war es, der seine Glaubensgenossen aus der feindlichen Umwelt des Ostens führte und ihnen das neue Gelobte Land, den Garten Eden, zeigen wollte. Im April des Jahres 1847, drei Jahre nach der Ermordung von Joseph Smith, leitete er einen Treck von 8.000 Menschen (für die damalige Zeit eine ungeheure Zahl!) durch ein menschenleeres Land, durch weite Steppen und Wüsten, über Berge und durch feindliches Indianergebiet. Halbtot vor Erschöpfung erreichten Young und seine Kirchenmitglieder nach viermonatiger Wanderung – z.T. nur mit Handkarren ausgerüstet – im Hochsommer 1847 endlich den Rand des Salt Lake Valley. Hier markierte er mit einem Stab den Ort der neuen Heimat und sprach den berühmten Satz **„This is the Place!"** Kaum vorstellbar, dass die Glaubensgenossen in dieser Auffassung ihrem Kirchenoberhaupt folgten, denn am Rande des Großen Salzsees befand sich keineswegs ein Garten Eden, sondern eine trostlose, tote Wüste.

Historiker behaupten heute, Young stand unter dem Druck seiner Gefolgsleute, endlich das Gelobte Land zu finden und befürchtete, nur noch schlechtere geographische Verhältnisse vorzufinden. Ein Zurück aber war undenkbar und hätte die Siedler in ihrem Glauben verunsichert.

Mit der Ankunft der Mormonen begann also die Besiedlung von Utah, und in einer beispiellosen Energieleistung schafften es die Gläubigen, das Land fruchtbar zu machen. Hilfreich war dabei sicherlich die Auffassung, dass durch Fleiß erreichter Wohlstand als göttliche Belohnung für Rechtschaffenheit anzusehen sei. Kein Wunder, dass der Bienenkorb („Beehive") das Symbol von Utah ist und das offizielle Motto **„Fleiß"** heißt. Im Grunde genommen kann der gesamte Staat Utah als Produkt des mormonischen Arbeitseinsatzes gesehen werden und darin wiederum als eine der ganz großen Pioniertaten der amerikanischen Siedlungsgeschichte. Die vielen biblischen Namen (Orte, Berge, Seen etc.) des Bundesstaates sind ein sichtbares Zeichen für die zivilisatorische Tätigkeit der Siedler. Es ist merkwürdig, dass die Hauptstadt selbst recht profan nach dem benachbarten See und der Staat nach dem Indianerstamm der Ute benannt wurde.

Hinsichtlich der Polygamie gab das Kirchenoberhaupt Young ein deutliches Beispiel: 27 Frauen soll er geheiratet haben, wobei mindestens 56 Kinder diesen Verbindungen entstammten. Nach Auffassung der Kirche bestimmt übrigens die Anzahl der gezeugten Kinder die Stellung des Mannes im Himmel. Immer noch ist dies ein Reibungspunkt zwischen fundamentalistischen Mormonen (die sich z.T. von der offiziellen Kirche in Utah abgespalten haben) und der amerikanischen Gesellschaft.

Das 1882 von der Regierung in Washington erlassene Verbot der Vielweiberei wurde zwar von den Mormonen akzeptiert, aber immer noch leben rund 20.000–30.000 Strenggläubige in Vielehe. So ist z.B. das 3.000-Seelen-Dorf Colorado City (an der Grenze zu Arizona) als größte Polygamisten-Kolonie weithin bekannt. Andererseits verweisen die Mormonen auf ihr harmonisches Familienleben und auf die Tatsache, dass Utah die geringste Scheidungsrate des Landes hat!

Der sprichwörtliche mormonische Fleiß hat aus der Kirche inzwischen ein **Wirtschaftsimperium** gemacht. Die **„LDS Church, Inc."** besitzt Vermögenswerte von schätzungsweise über 20 Milliarden Dollar. Die breit gestreuten Investitionen des Kirchenkonzerns umfassen u.a. Telefongesellschaften, Hotelketten und Ölraffinerien – und auch an den großen Hotelcasinos von Las Vegas sind Mormonen maßgeblich beteiligt. In Utah ist die Kirche der mit Abstand größte Arbeitgeber. Und da wirtschaftliche Macht gleichzeitig **politischen Einfluss** bedeutet, darf es keinen wundern, dass über 70 % der Abgeordneten im Capitol der „Kirche Jesu Christi der Heiligen der letzten Tage" angehören. (Gleiches gilt beispielsweise auch für Richter oder Polizisten.)

Das alltägliche Leben zeichnet sich in Utah durch einen starken **moralischen Rigorismus** aus. Genüsse wie etwa Tabak, Tee, Kaffee und Alkohol sind für die Mitglieder der Kirche verboten. Andererseits verbietet die Gesetzgebung nicht den Ausschank von Kaffee, Tee oder Bier in den Restaurants und Hotels des Landes. (Wein aber ist nur schwer zu bekommen!) Weiter ist auffallend, dass Salt Lake City und andere Orte einen friedlichen und sauberen Eindruck machen und dass es kaum zu Gewalttätigkeiten kommt.

Auf religiösem Sektor ist die Missionstätigkeit der Mormonen bekannt. Etwa 11.000 Missionare arbeiten z.Zt. in fast 100 Ländern. In Deutschland sind die Mormonen seit 1951 präsent (Mittelpunkt ist Frankfurt a.M.), und 1988 schafften sie es sogar, in der ehemaligen DDR Fuß zu fassen. Das gleiche Kunststück gelang in der Sowjetunion. Große europäische Mormonentempel gibt es in Bern und London.

Sehenswertes

Die wesentlichen Sehenswürdigkeiten von Salt Lake City befinden sich im Innenstadtbereich und sind alle gut zu Fuß zu erreichen. Am besten, Sie lassen Ihr Auto in einem Parkhaus, da die Uhren der Straßenparkplätze nur maximal eine Stunde laufen – und Achtung: Die Polizei schreibt gerne auf.

Tipps
• *Parken Sie in einem Parkhaus einer Shopping Mall (Crossroads zum Beispiel), dann wird Ihnen bei jedem noch so kleinen Kauf ein Teil des Parkgeldes erstattet.*
• *Oder Sie nehmen den in großen Teilen der Innenstadt kostenlosen „Light Traxx" (Straßenbahn) bzw. Stadtbus.*

Stadtrund-gang
Gehen Sie am besten zuerst zum **Visitor Information Center (1)** am **Salt Palace Convention Center**, dem wenig attraktiven „Veranstaltungspalast" für Musikkonzerte, und decken Sie sich mit Informationsmaterial ein. Danach beginnen Sie Ihren Rundgang auf dem **Tempelgelände (Temple Square) (2)**. Es liegt in einem kleinen Park, der allerdings mit monumentalen Gebäuden, Statuen und Gedenkstätten zugebaut ist. Übrigens beherbergt das große, weiße Hochhaus, das protzig hinter dem Tempel emporragt, die Verwaltung der Mormonenkirche. Bereits am Eingang werden Sie begrüßt von „Schwestern", die Ihnen, überaus freundlich, den Weg weisen. Am 'Visitor Center Südeingang' können Sie sich für die fremdsprachlichen Führungen anmelden. Eine Glaubensschwester führt Sie durch das Tempelgelände. Die Führung dient nicht dazu, Sie zu bekehren. Sie sollten aber angemessene Kleidung tragen und negative Äußerungen in Gegenwart der „Schwester" unterlassen. Vieles trifft mit Sicherheit nicht Ihren Ge-

schmack und mag eher kit-
schig wirken, doch wissen
Sie ja bereits selbst, was in
Amerika ankommt.
Öffnungs-/Vorführungs-
zeiten:
• *Führungen: Jederzeit in Ab-*
ständen von ca. 15 Minuten.
Deutsche Führungen auf An-
frage.
• *Das Tempelgelände ist ge-*
öffnet: täglich von 9–21h, im
Sommer bis 22h
• *Orgelvorführungen im Ta-*
bernacle: Mo.–Sa. 12h, Dau-
er 35 Minuten, So. 14h
• *Nationale Radioübertra-*
gung des Chores aus dem
Tabernacle: So. 9h30 (meist
bereits langfristig ausgebucht)
• *Chorprobe im Tabernacle:*
fast jeden Donnerstag 20–
21h30

Besonders   interessante
Punkte bei dem Rundgang
sind:
• **Temple (I):**
Basierend auf einer Idee, die
Brigham Young bereits in Illinois hatte, wurde 1853 mit
dem Bau dieses monströ-
sen und etwas eigenwilligen

Salt Lake City

1	Salt Palace Convention Center / Touristeninformation
2	Temple Square
3	Utah State Capitol
4	Pioneer Memorial Museum
5	Marmalade Historic District
6a	Rio Grande Depot
6b	Union Pacific Depot

© graphic

Gebäudes begonnen. Da der größte Teil der insgesamt fast 7.500 Tonnen Granitsteine mit Ochsenkarren (erst zum Schluss mit der Eisenbahn) aus dem 20 Meilen
entfernten Cottonwood Canyon herbeigeschafft werden musste, dauerte der Bau
40 Jahre. Die Wände sind am Grund fast 3 Meter dick, und die höchste der 6
Turmspitzen erreicht 63 Meter. Die solide Architektur war Young besonders
wichtig, sollte sie doch auch später die Festigkeit der Religion und die Beständig-
keit der hier geschlossenen Ehen „untermauern". Nur kurze Zeit blieb der Tempel dem allgemeinen Publikum zugänglich, dann schlossen sich die Türen, und nur
zu besonderen Anlässen dürfen „Auserwählte" ihn betreten. Obwohl somit auch
nur wenige der gläubigen Mormonen Zutritt haben, glauben sie noch heute, dass
in ihm geschlossene Ehen ewig halten. Auf der höchsten Turmspitze „thront" der
kupferne Engel Moroni, mit Blattgold überzogen und einer Trompete in der Hand.
• **Assembly Hall (F):** Beim Bau des Tempels blieben Granitsteine übrig, die
zwischen 1877 und 1882 zum Bau dieser Versammlungshalle genutzt wurden. Der
neugotische Stil dieses Gebäudes passt gar nicht zu den übrigen Gebäuden, doch

Zentrales
Heiligtum

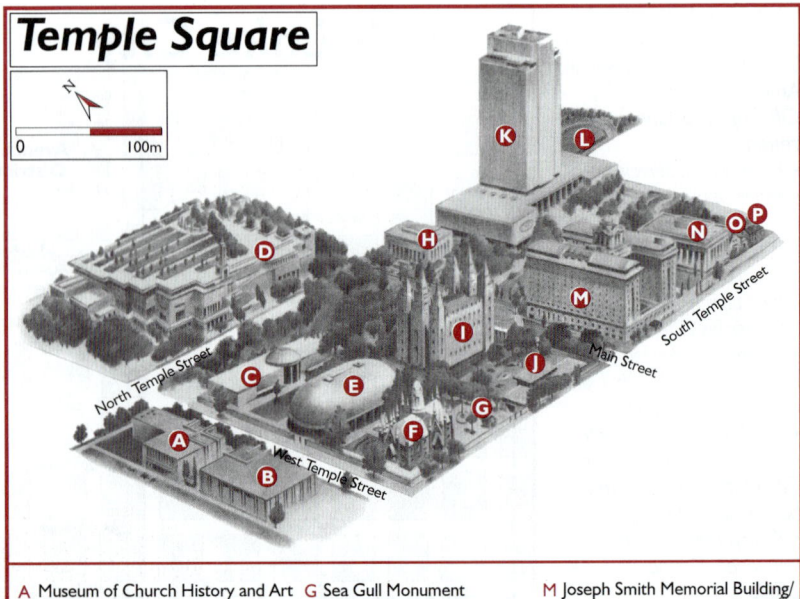

Temple Square

A	Museum of Church History and Art	G	Sea Gull Monument	M	Joseph Smith Memorial Building/
B	Family History Library	H	Relief Society Building		Utah Hotel (mit Family Search®
C	North Visitor's Center	I	Salt Lake Temple		Center und Kino)
D	Conference Center	J	Church Office Building	N	Church Administration Building
E	Mormon Tabernacle	K	South Visitors' Center	O	Lion House
F	Assembly Hall	L	Brigham Young Historic Park	P	Beehive House

© Igraphic

ist eine einheitliche Architektur aller Gebäude des Temple Square ohnehin nicht zu erkennen. In der Assembly Hall finden die meisten Versammlungen und des Öfteren Konzerte statt.

• **Sea Gull Monument (G):** Seemöwen waren es, die die ersten Siedler von einer Heuschreckenplage befreiten (indem sie sie auffraßen). Und da dieses Hunderte Kilometer von der Küste entfernt passierte, dort wo es eigentlich keine Seemöwen geben dürfte, war man sich schnell einig: Gott musste seine Hand im Spiel gehabt haben! Gleich darauf errichteten die Mormonen als Dank das Denkmal.

• **Tabernacle (E):** der wohl beeindruckendste Bau. Errichtet zwischen 1863 und 1867, bietet diese riesige ovale „Flunder" ein Klangerlebnis erster Güte. Beim Besuch wird man 50 m entfernt vom Rednerpult platziert und erlebt die

Hier herrscht klangvolle Atmosphäre: Tabernacle

Klangfülle durch eine kleine Vorführung: Ein Kugelschreiber wird am Pult fallenge-lassen: Rumms machts! Wenn nun aber auch noch die Orgel mit den fast 12.000 Pfeifen zu spielen beginnt, weiß man, dass die Stereoanlage zu Hause doch ihre Grenzen hat. Die Orgel ist die zwölftgrößte der Welt. Lassen Sie sich nicht die 35-minütige Orgelprobe entgehen (Zeiten oben).

Am Ende jeder Führung wird Ihnen in einem kurzen Videofilm die Geburt Jesu gezeigt, und danach erhalten Sie die Möglichkeit, unter Angabe Ihres Namens und Adresse sich kostenlos die Mormonenbibel zuschicken zu lassen. Aber Achtung! Eines Tages könnte ein Missionar vor Ihrer Tür stehen.

Nachdem Sie das Tempelgelände verlassen haben, sollten Sie das östlich gelegene **Joseph Smith Memorial Building (M)** (das ehemalige „Utah Hotel") im Stil der italienischen Renaissance besichtigen. das Schon die Eingangshalle imponiert. Terra Cotta, wohin man schaut, dazwischen riesige Kronleuchter, die zu jeder Tageszeit Licht spenden. Fahren Sie nun zuerst in den obersten Stock, von wo aus Sie eine gute Aussicht auf das Tempelgelände haben. Hier im 10. Stockwerk gibt es auch ein überdachtes Restaurant *(Mo.–Sa.)*.
Für eine noch grandiosere Aussicht sorgt das benachbarte 28-stöckige **„LDS Office Building" (K)** *(Touren zum obersten Stock-werk: Mo.–Sa. 9–16h15)*.

Doch bleiben Sie erst einmal im Joseph Memo-rial Building. Im Erdgeschoss befindet sich nämlich das **Family Search Center**. Hierbei handelt es sich um die größte genealogische Sammlung der Welt, d.h. ca. 700 Millionen Namen sowie über 70.000 Familienbio-grafien sind hier in 200 Computern festgehalten. Jeder, welcher Konfession auch immer, darf sich einen Platz aussuchen und wird freundlich in die Bedienung eingewiesen. Keine Angst vor dem Computer – er ist wirklich einfach zu verstehen. Ein kleiner Tipp: Suchen Sie im „Geographischen Kapitel" nach Ihrem Namen. (Dort gab es alleine 86 „Etz-bachs" – wer hätte gedacht, dass es so viele davon gibt.) Hier könnten Sie 1 bis 2 Stunden beschäftigt sein. Möchten Sie Ihre Studien dann noch vertiefen, gehen Sie um die Ecke *(35th N. West Temple)* zur **Family History Library (B)**, und schlagen Sie hier in den ge-sammelten Mikrofilmen und Bü-chern nach. Beides geöffnet täglich außer sonntags.

Um nun zurückzukommen zu den Sehenswürdigkeiten: Verlassen Sie das Joseph Smith Memorial Building, und gehen Sie eine Haustür weiter (nach Osten). Als nächstes treffen Sie auf das **Lion House (O)**, das Brigham Young als Unterkunftsstät-

Hier hatte Brigham Young seine Residenz: Beehive House

te für seine übergroße Familie genutzte. Der Löwe über dem Portecus erinnert daran, dass Young auch der „Löwe des Herrn" („The Lion of the Lord") genannt wurde. Das benachbarte **Beehive-Haus (P)**, reich verziert mit Ornamenten, war die Residenz von Young. Er lebte hier, immer nur mit einer Frau zugleich, bis zu seinem Tode 1877. Eine Besichtigung lohnt sich. Wer hätte geahnt, dass ein Kirchenoberhaupt bereits zur Zeit der Pioniere so fürstlich lebte.
Geöffnet: Mo.–Sa. 9h30–16h30 (im Sommer Mo.–Fr. bis 18h30), So. 10–13h.

Schönes Regierungsgebäude

Das **State Capitol (3)**, Ihr nächstes Ziel liegt auf einer Anhöhe etwa 15 Gehminuten nördlich vom Tempelgelände. Nachdem sein Bau bereits Ende des 19. Jh. beschlossen war, musste die Regierung doch noch bis zum Jahre 1913 warten, bevor ausreichende finanzielle Mittel vorhanden waren. Dann aber legte man sich ins Zeug und errichtete das wohl schönste Regierungsgebäude aller Bundesstaaten in nur 2 Jahren (Baustil: diesmal korinthisch angehaucht). Das Gebäude ist Sitz des Repräsentantenhauses und des Obersten Gerichtshofes. Im und um das Gebäude zu sehen: Statuen berühmter Utaher, Porträts früherer Gouverneure, Ausstellungen zu Geschichte und Leiden der Mormonen und eine mit Blumen verschönerte Parklandschaft.
Geöffnet: täglich 8–18h, im Sommer bis 20h. Führungen Mo.–Fr. 9–15h (Treffpunkt: große Karte im 1st Floor).

Das **Pioneer Memorial Museum (4),** einen Block westlich des Regierungssitzes, ist das bekannteste Museum der Stadt (neoklassizistischer Baustil). Auf vier Stockwerke verteilt findet man Relikte, Dokumente, Fotos und anderes aus der Zeit der Mormonenpioniere. Besonders interessant ist es, den langen Treck von Illinois nachzuvollziehen. Durch einen Tunnel gelangt man ins benachbarte **Carriage House**, in dem alles untergebracht ist, was in der damaligen Zeit mit Fortbewegung zu tun hatte, u.a. auch der Karren, mit dem Brigham Young das Salt Lake Valley erreicht haben soll.
Geöffnet: Mo.–Sa. 9–17h, im Sommer auch So. 13–17h.

Nordwestlich des Capitols befindet sich der **Marmalade Historic District (5)**, in dem alte Häuser erhalten sind. Seinen Namen erhielt dieser Stadtteil durch die Obstgärten, dessen Früchte zur Herstellung von Marmelade genutzt wurden.

Wenn jetzt noch Zeit sein sollte, könnten Sie einen kleinen Schlenker zum 1910 erbauten und zur Olympiade restaurierten **Rio Grande (Pacific Union) Depot (6)** machen. In dem alten Bahnhof befinden sich heute ein paar Geschäfte, eine historische Ausstellung über Utah sowie ein Café.

So weit zu den wesentlichsten Punkten in der Innenstadt. Falls Sie Interesse haben, können Sie noch die folgenden Sehenswürdigkeiten außerhalb der City anschauen, deren Besuch jedoch einen zweiten Tag in Salt Lake City beansprucht.

• **Museum of Church History and Art**: Ausstellung zur Geschichte der Mormonenkirche. Hauptsächlich Gemälde und Skulpturen. Zudem wechselnde Wanderausstellungen. *45 N. West Temple Square. Öffnungszeiten: Mo.–Fr 9–21h, Sa. + So. + Feiertage 10–19h*

- **Utah Museum of Natural History (7)**: Naturkundliches Museum mit Schwerpunkt Utah. *Gelände der University of Utah, 1390 E. Presidents Circle (220 South) Öffnungszeiten: Mo.–Fr. 9–17h, Sa. + So. 12–17h.*
- **Utah Museum of Fine Arts (8)**: Kunstwerke aller Art und aus allen Erdteilen. *Gelände der University of Utah. Öffnungszeiten: Mo.–Fr. 10–17h, Sa. + So. 12–17h.*
- **Pioneer Trail State Park, This is the Place Heritage Park, Old Desert Village (9)** (Anfahrt mit dem Auto): An dieser Stelle erreichte der Mormonentreck das Salt Lake Valley, und ein Monument erinnert daran, wo Brigham Young die bedeutenden Worte „This is the Place" ausgesprochen hat. Im Visitor Center wird noch einmal der lange Treck von Illinois erläutert, u.a. in einer 8-minütigen Erzäh-

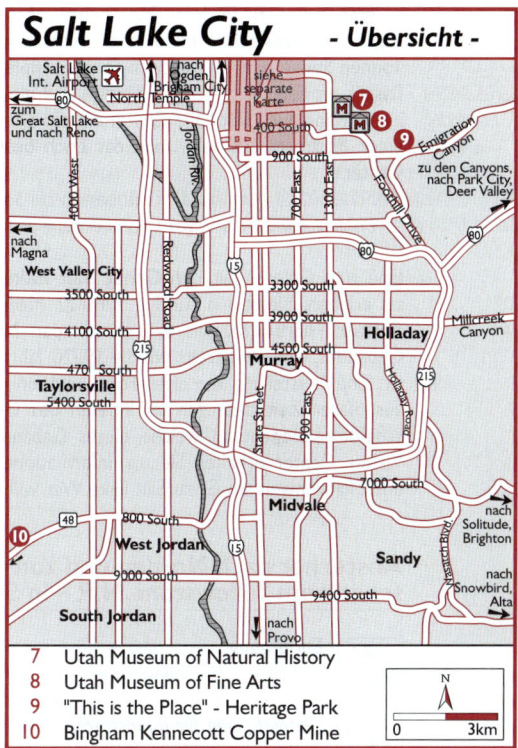

Salt Lake City - Übersicht -

7	Utah Museum of Natural History
8	Utah Museum of Fine Arts
9	"This is the Place" - Heritage Park
10	Bingham Kennecott Copper Mine

© **i** graphic

Hier sprach Brigham Young: „This is the Place"

lung (auch in Deutsch). *2601 East Sunnyside Avenue, nahe dem Ausgang des Emigration Canyon. Geöffnet: täglich 11–17h.* Gleich nebenan befindet sich das Desert Village, eine Rekonstruktion eines alten Pionierdorfes. Auch das Forest-Farmhaus von Young steht hier. Im Sommer Vorführungen verschiedener Handwerkskünste des 19. Jh. *(geöffnet: täglich bis 17h).*

Museen

Allemal lohnt sich ein Besuch der **Bingham Kennecott Copper Mine (10)** 24 Meilen südwestlich von Salt Lake City. Dieses größte von Menschenhand geschaffene Loch der Erde misst heute 4 km im Durchmesser und ist 820 m tief. Der Abbau begann bereits 1863, wobei damals Gold und Silber im Vordergrund standen. 1906 wurde auf Kupfer umgestellt, und damit fing man an, in größeren Dimensionen zu graben und zu fördern. Das Loch wuchs und wuchs, bis es schließlich 1950 sogar die angesiedelte Minenstadt verschluckte. Auch heute noch, 5 Milliarden Tonnen Steine und 12 Millionen Tonnen Kupfer später, buddeln überdimensionale Bagger an den terrassierten Hängen, und ein Ende scheint nicht absehbar. Wird irgendwann auch Salt Lake City in diesem „richest hole on earth" versinken? Von einer Plattform aus kann man das Loch bestaunen. Zudem gibt es ein Visitor Center.

,Reichstes Loch der Welt'

Geöffnet: Mitte April bis 31. Oktober 8h bis Sonnenuntergang. Anfahrt: über den I-15 bis zum Exit 301 (Midvale), dann entlang dem UT 48 und noch durch Copperton.

Eine gute Gelegenheit, den **Great Salt Lake** (siehe auch im folgenden Kapitel) zu erleben, bietet ein Ausflug zum 22 Meilen westlich gelegenen (über I-80) **Saltair**. Hierbei handelt es sich um den Nachbau eines großen historischen Gebäudes, welches bereits um die 19./20. Jahrhundertwende Ausflugsziel gewesen ist. Eine Ausstellung von alten Fotos und einigen Reproduktionen von Zeitungen aus dieser Zeit bezeugen im Inneren des Gebäudes die ehemals hohe gesellschaftliche Bedeutung, welche dieses Gebäude einst besessen haben muss. Im Visitor Center erhalten Sie u.a. Informationen zu der zumeist halophilen Tier- und Pflanzenwelt am Great Salt Lake. Wer will kann hier auch baden.

Abstecher nach Norden und zum Grand Teton N.P. sowie zum Yellowstone N.P. – in Stichworten

Entfernung
Salt Lake City - Yellowstone National Park: 325 Meilen/523 km

1 **Zeiteinteilung für Rundstrecke**
1. Tag: Salt Lake City - Yellowstone N.P.
2. Tag: Rundfahrt durch Abschnitte des Yellowstone N.P. und weiter zum Grand Teton N.P. (ein Tag reicht aber nicht für den gesamten Yellowstone Park!)
3. Tag: Grand Teton N.P. - Rock Springs
4. Tag: Flaming Gorge N.R.A. - Vernal bzw. Craig

Great Salt Lake

Der Great Salt Lake gehört mit Sicherheit zu den bekanntesten geographischen Merkmalen des Westens. Ob sich aber ein Besuch lohnt, wenn Sie planen, in östliche Richtung nach Denver zu fahren, möchte ich bezweifeln. Außer seinem hohen Salzgehalt (nur das Tote Meer hat einen höheren Salzanteil), der Vorstellung, wie er entstanden ist, und den Tatsachen, dass er größer und kleiner wird und dass er für Autorennen genutzt wird, gibt es hier eigentlich nicht viel zu erleben.

Großer Salzsee

Falls Sie aber Lust auf ein „Treibbad" haben oder sowieso in nördliche Richtung zum Yellowstone Nationalpark unterwegs sein sollten, können Sie einen Abstecher zur **Antelope Island** machen. Biegen Sie dazu vom I-15 ab am Exit 335, und folgen Sie der Syracuse Rd. in westliche Richtung. Eine 1993 neu erbaute

Straße führt auf die Insel (die die größte des Sees ist) und direkt in den **Antelope Island State Park**. Die Insel wurde schon von den Indianern (archäologische Funde) besucht und später auch von den Mormonen, die hier ihre kircheneigene Viehherde zum Grasen hinschickten.

Der Große Salzsee ist eine heute etwa 4.400 km² große Wasserfläche. Die Größe aber schwankt von 2.330 bis 6.475 km². Diese Schwankungen verursachen immer wieder Schäden an der umliegenden Infrastruktur und

Strandsegler auf dem Great Salt Lake

beeinflussen die Bewässerungsfelder. Insgesamt ist der See das Produkt der Eiszeit, deren Gletscher ein 300 m tiefes Tal ausgehobelt und anschließend mit Schmelzwasser gefüllt haben.

Zwischen der großen Salzsee-Wüste (Great Salt Lake Desert) im Westen und den Wasatch Mountains im Osten erstreckte sich später ein riesiges Wasserreservoir, in das zwar mehrere Flüsse mündeten, das selbst aber keinen Abfluss hatte. Wegen der enormen Sonneneinstrahlung wurde der See allein durch die Verdunstung immer kleiner und ist heute nur noch 117 km lang. Immerhin ist er damit der größte See westlich des Mississippi. Seine Wassertiefe liegt bei maximal 10 m. Der Salzgehalt des stickigen und biologisch toten Gewässers variiert, ist aber durchschnittlich siebenmal höher als der der Ozeane (bis zu 27 %). Das Salz ermöglicht das Zeitunglesen im Wasser.

Fahren Sie nun weiter auf dem I-15 nach Norden, zweigt nördlich von Brigham City eine Straße nach Westen ab zum 28 Meilen entfernten **Golden Spike National Historic Site**. An dieser Stelle trafen sich die Eisenbahnlinien der Central Pacific und der Union Pacific Railroads im Mai 1869. Der Kontinent war damit von Ost nach West durchgehend verbunden. Visitor Center und eine alte Lokomotive erinnern an den historischen Augenblick.
Geöffnet: täglich 8–16h30, im Sommer bis 18h.

Historischer Moment

Yellowstone National Park (ⓘ S. 173)

- **Größe:** 898.350 ha
- **Beste Reisezeit:** Mai/Juni und September. Im Sommer kommen Besuchermassen, und der Winter ist kalt (bietet aber ausreichende Möglichkeiten für Skilanglauf).
- **Unternehmungen:** Wandern und dabei die Tierwelt beobachten und Angeln. Auch Reiten ist besonders attraktiv. Tagesausritte von Mammoth, Canyon und Tower-Roosevelt

████████ **Grand Teton National Park** (ⓘ S. 173)

• **Größe:** 125.666 ha
• **Beste Reisezeit:** Juli/August wegen des milden Klimas (die Nächte sind aber auch dann kalt). Rest des Jahres: kühl bis kalt.
• **Unternehmungen:** Wandern – vom einfachen Spaziergang am Seeufer bis zum extremen Bergwandern. Ansonsten Klettern (Bergsteigerschule im Park), Wassersport, Wildwasserfahrten auf dem Snake River. Reiten: Möglichkeiten für kurze und längere Ausritte. Verleih im Park: Jackson Lake Lodge, Jenny Lake und Colter Bay.

Colorado-Telegramm

Abkürzung:	CO
Beiname:	The "Centennial State" (Der hundertjährige Staat) oder auch "Silver State".
Namensherleitung:	Vom gleichnamigen Fluss
Bundesstaat seit:	1. Aug. 1876 (38. Staat)
Nationalgericht:	Der "Cheeseburger" wurde 1944 in Denver von Louis Ballast (nomen est omen) erfunden
Nationalsong:	"Where the Columbines Grow"
Fläche:	270.000 km²
Einwohner:	4,1 Mio.
Einwohnerdichte:	15,2 E/km²
Hauptstadt:	Denver (560.000 E., Großraum: 2,10 Mio. E.)
Weitere Städte:	Colorado Springs (282.000 E.), Pueblo (99.000), Fort Collins (88.000 E.)
Verkaufssteuer:	3% (durch lokale Steuern kann die Steuer bis zu 8% betragen)
Wichtigste Wirtschaftszweige:	Bergbau (Gold, Silber, andere Metalle, Erdöl), Tourismus, Landwirtschaft (Rinderzucht, Bewässerungslandbau)
Touristisches Potential:	Die Bergwelt der Rocky Mountains mit den folgenden Nationalparks und Nat. Monuments: Mesa Verde, Black Canyon of the Gunnison, Great Sand Dunes, Rocky Mountains und Dinosaur; erstklassige Wintersportgebiete; Outdooraktivitäten, wie Reiten, Wildwasserfahrten, Wandern; Denver mit seinen Museen; Indianerkulturen im Süden.

Kleine Einführung „Colorado"

Schon in vorgeschichtlicher Zeit lebten Felsenpueblos in dem Gebiet um Mesa Verde. Nachdem Spanier das heutige Gebiet von Colorado bereits im 16. Jh. erkundeten, waren es aber die Franzosen, die es 1682 in Besitz nahmen. 1763 mussten sie es im Pariser Frieden aber an die Spanier abgeben. 1800 kauften sie es zwar von Spanien zurück, verkauften es aber nur 3 Jahre später weiter an die USA (letzte Teile wurden aber erst 1848 von Mexiko übernommen). Danach war es dann Umschlagplatz für die Händler vom Norden und Westen, (die hier Gold und Pelze an Händler aus dem Osten weiterverkauften. 1876 wurde es dann in den Staatenbund der USA aufgenommen.

Colorado ist geprägt durch die Rocky Mountains und mit einer Durchschnittshöhe von 2.073 m der höchstgelegene Staat der USA. Der höchste Berg ist der Mt. Elbert mit 4.397 m. Nur unbedeutend für den Tourismus ist das Gebiet der Plains im Osten. Konzentrieren Sie also Ihre Reiseroute auf die Bergregion. Besonders den Besuch des Mesa Verde National Park mit den im 12. und 13. Jh. erbauten Felsenwohnungen der Anasazi-Indianer sollten Sie sich nicht entgehen lassen. Ein weiterer Höhepunkt ist der Rocky Mountains National Park, der erkennen lässt, wie das gesamte Gebirge vor der Besiedlung Amerikas ausgesehen haben muss. Wer sich dann noch nicht satt gesehen hat, kann sich den Black Canyon of the

Colorados Attraktionen

Gunnison oder die Dünen des Great Sand Dunes National Monument anschauen.

Für Outdoor-Fanatiker bietet Colorado alle erdenklichen Möglichkeiten – und das für fast jede Altersgruppe. Eine Wildwasserfahrt auf dem Colorado sollte sich keiner entgehen lassen, und wer gerne reitet, sollte einmal einen

Typisch für Colorado: Rinderweiden und weiß bedeckte Berge

mehrtägigen Ausritt durch die unerschlossenen Bergwelten unternehmen. Nicht zu vergessen wären die ausgiebigen Wandermöglichkeiten sowie der Wintersport, der durch regelmäßige Schneefälle viele Touristen aus Europa anlockt.

Wirtschaftlich ist Colorado besonders vom Bergbau abhängig. Im 19. Jh. waren die unzähligen Goldminen die Haupteinnahmequelle, heute sind es eher die Erdölquellen im Nordosten. Die Landwirtschaft lebt in der Regel von der Rinderhaltung, und nur wo bewässert werden kann, gibt es auch Getreide und Zitrusfrüchte.

26. Von Salt Lake City nach Denver

Entfernungen

- Salt Lake City - Dinosaur Nat. Monument: 186 Meilen/300 km
- Dinosaur Nat. Monument - Steamboat Springs: 158 Meilen/ 256 km
- Steamboat Springs - Rocky Mountains Nat. Park (Kewuneeche): 97 Meilen/156 km
- Estes Park - Denver: 65 Meilen/ 104 km

Routenempfehlung

Verlassen Sie Salt Lake City über den I-80 in östlicher Richtung. Am Exit 148 fahren Sie weiter auf dem US 40 bis Vernal. Hier besteht die Möglichkeit, nach Norden (Hwy. 191) zur Flaming Gorge N.R.A. zu gelangen (diese können Sie natürlich auch von Norden über den I-80, Exit 89 und dann Hwy. 530 erreichen, s.u.).

Immer Richtung Osten Weiter auf dem US 40 kommen Sie in Jensen, 12 Meilen hinter Vernal, zur Abzweigung zum Dinosaur Nat. Monument (dort, wo die echten „Dinos" sind). Nach dessen Besuch weiter auf dem US 40, bis Sie 82 Meilen hinter Steamboat Springs, in Granby, nach Norden abbiegen müssen zum Rocky Mountains National Park (US 34). Die Strecke führt durch den Park hindurch. Kurz dahinter, in Estes Park, folgen Sie entweder in südöstlicher Richtung dem US 36 über Boulder nach Denver (schneller) oder dem schöneren „Scenic Byway": Hwys. 7, 72, 119 in südlicher Richtung über Nederland nach Boulder bzw. über Central City und Golden nach Denver.

Zeiteinteilung

2–3 Tage

Hinweis

Falls Sie beabsichtigen, zum Flaming Gorge N.R.A. zu fahren, bietet es sich eher an, auf dem nördlicheren I-80 bis zur ersten Ausfahrt des N.R.A. und dann auf der westlichen, schöneren Seite des Sees über Manila nach Vernal zu fahren, wo Sie auf die oben beschriebene Strecke treffen.

Überblick

Der erste Teil der Strecke bis Heber City ist einigen von Ihnen bereits von der Anfahrt nach Salt Lake City her bekannt. Von Heber City aus steigt die Straße auf ein fast unbewohntes, baumloses Hochplateau an. Bis Vernal ändert sich daran kaum etwas, abgesehen von zwei bis drei kleinen Nestern, die aber nichts zu bieten haben. Das kleine Städtchen Vernal, inmitten des „Dinosaurierlandes" gelegen, bietet touristisch schon etwas mehr. Nette Hotels und kleine Restaurants und allüberall die Dinosaurier (aus Pappe, Beton ...).

Das Dinosaurier National Monument ist ein Muss. Wo sonst in der Welt hat man die Möglichkeit, echte (!) Dinosaurierknochen von vor 150.000.000 Jahren anfassen zu dürfen. Besonders Ihre Kinder werden begeistert sein! Bis Craig folgt dann nichts als Landschaft (und nur

Redaktions-Tipps

- **Übernachtungsstopp** am besten in Steamboat Springs.
- **Übernachtungen:** Im Rocky Mountains Nationalpark gibt es kein Hotel, dafür aber unzählige Hotels in Estes Park. Auch Boulder bietet sich als Übernachtungsort an, bevor Sie in die Großstadt Denver fahren, wo alles teurer ist. Boulder können Sie auch zur Basis für die Erkundung von Denver machen (Anfahrtszeit: ca. 40 Min.).
- **Besondere Sehenswürdigkeiten:** die echten Dinosaurierknochen im Dinosaur N.M. (S. 638) und die Bergwelt des Rocky Mountains National Park (S. 641ff).

eine Tankstelle, die nicht immer geöffnet ist!). Schön anzusehen, aber keine längeren Stopps wert, da haben Sie schon Aufregenderes gesehen. Craig, wie bereits Vernal, ist wieder mehr auf Touristen ausgelegt, zumindest der Infrastruktur nach.

Falls Sie also noch am ersten Tag die Muße und Energie haben, fahren Sie weiter bis Steamboat Springs. Dieser Ort besitzt eines der bekanntesten Skigebiete der USA und ist im Winter entsprechend überlaufen. Im Sommer dagegen ist es hier klimatisch angenehm, und viele Lifte sind auch zu dieser Zeit in Betrieb, sodass man diese ausnutzen sollte und von den Berghöhen wieder herunter wandern. Unten wartet dann ein ausgezeichnetes Angebot an Restaurants, Souvenirläden und – wer diese in Utahs Provinz vermisst haben sollte – gemütlichen Bars.

Weiter geht es jetzt in die Rockies. Höhepunkt hier natürlich der gleichnamige Nationalpark mit seinen über 100 Dreitausendern. Wandern, Botanik, Fotografieren oder einfach nur die mächtige Ausstrahlung von den Bergen genießen, das steht hier im Vordergrund und sollte Ihnen mindestens einen Tag wert sein. Nicht

Rocky Mountains

weit östlich vom Park hören die Berge abrupt auf, und eine weite Talebene öffnet sich. Hier, an den Randbergen der Rockies, hat man Ende des 19. Jh. viel Gold und Silber gefunden. Touristisch aufgemöbelte und völlig verlassene Orte erinnern an diese Zeit.

Das eigentliche Ziel der Kapiteletappe: die schneebedeckten Rockies

Und nun ein kleiner Tipp

Wenn Sie eine Basis suchen für Erkundungen des östlichen Rocky-Mountains-Gebietes,

ist die adrette kleine Stadt Boulder viel eher dazu geeignet als Denver, das „nur"
eine mondäne Großstadt mit den typischen Wolkenkratzern darstellt. Das einzig
wirklich Ansprechende in Denver sind zahlreiche Museen, vornehme Boutiquen,
ausgewählte Antiquitätenläden und nette Musikclubs – also, wer ins Großstadtleben
eintauchen möchte, nur los!

Sehenswertes

Flaming Gorge Nat. Recreational Area (ⓘ S. 173)

Der Park liegt beiderseits des Flaming Gorge-Stausees. Hier wurde der Green
River, den einige von Ihnen schon im gleichnamigen, südlich gelegeneren Ort
gesehen haben, gestaut. Hauptattraktion ist der See. Auf einer Länge von über 90
Meilen schlängelt er sich durch ein Tal,
das seinen Höhepunkt im südlichen Red
Canyon findet. Versäumen Sie also nicht,
den Red Canyon Overlook zu besuchen.
Weiterhin gibt es eine Reihe geologisch
interessanter Erscheinungen zu besichti-

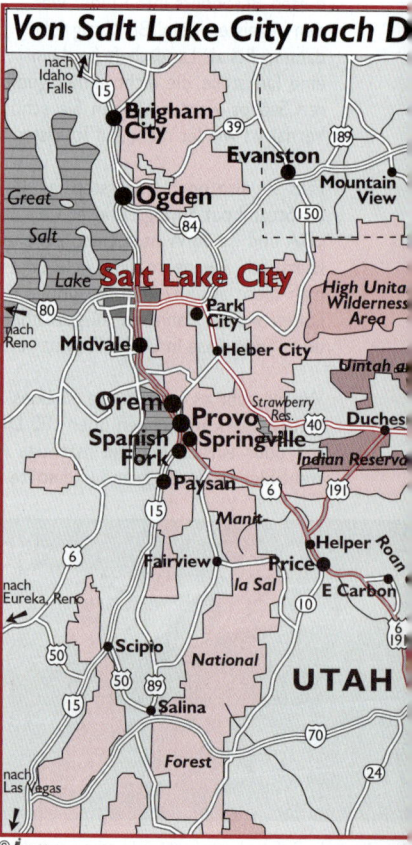

Red Canyon Overlook in der wenig besuchten
Flaming Gorge NRA

gen. Allen voran der südwestlich von Manila gelegene Sheep Creek Canyon. Hier
führt eine kleine, z.T. sehr kurvenreiche
Straße hinein (asphaltiert). Enorme geologische Kräfte haben in diesem Areal
die Berge entlang der 'Uinta Crest-Falte'
„umgewälzt". Versteinerte Korallen und
andere Relikte aus der Zeit des großen
Meeres finden sich und auch „Neueres",
wie z.B. fossiles Holz und Spuren von
Krokodil-ähnlichen Reptilien. Ein ausgesprochen interessantes Gebiet also, nicht

Wasser-
bedeckte
Schlucht

nur für den Geologen. Wer sich näher darüber informieren möchte, sollte sich vorher im Visitor Center die Broschüre 'Wheels of Time' besorgen. Ansonsten wird der Park zu Erholungszwecken genutzt. Besonders Angelfreunde werden auf ihre Kosten kommen. Und wer noch keine Flussbootfahrt (Schlauchboot, Kanu) gemacht haben sollte, kann dieses auf dem Green River (unterhalb des Damms) machen.

Vernal (ⓘ S. 173) ist ein kleiner Ort, der vornehmlich vom „Dinosaurier-Tourismus" lebt. Und der scheint zu florieren. Kein Etablissement ohne Dinosaurier-Attrappe oder Dino-Namen. Zentral gelegen zwischen dem Flaming Gorge N.R.A. und dem Dinosaur Nat. Monument bietet Vernal eine gute Basis zu deren Erkundung. Eines sollten sich die Dinosaurierfans unter Ihnen in Vernal nicht entgehen lassen: den Besuch des **Utah Field House of Natural History Museum** *(235 E. Main St., geöffnet: täglich 8–21h (Sommer), Rest des Jahres 9–17h).* Im Garten

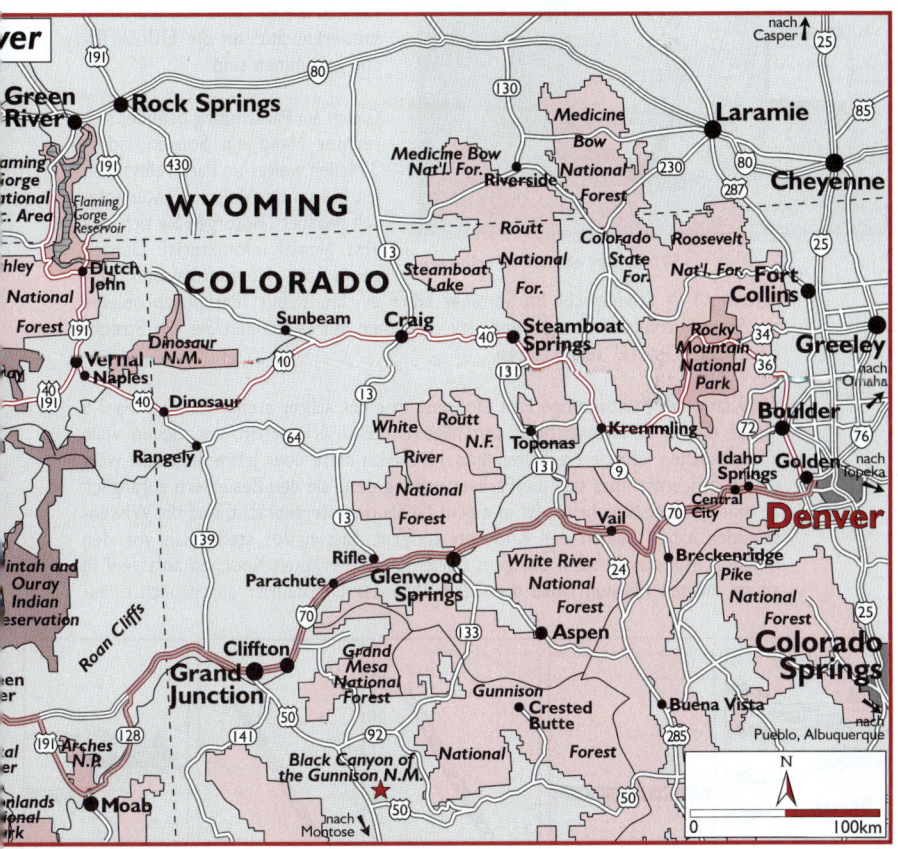

stehen mehr als ein Dutzend lebensgroße Dinosaurier-Repliken, und im Museum gibt es ausgegrabene Dinoknochen. Besonders interessant dann noch das geologische Reliefmodell von Nord-Utah. Man erhält hier einen bildlichen Eindruck davon, wieso gerade in diesem Gebiet so viele Funde aus der Urzeit gemacht werden.

Dinosaur National Monument (ⓘ S. 173)

Bereits bei der Anfahrt auf den Park sollten Sie einmal anhalten und die Landschaftsformation unterhalb der vor Ihnen liegenden Bergkette genauer betrachten. Wie hochgekippte und verdrehte Platten erscheinen die geologischen Struk-

150 Mio. Jahre alt: Dinosaurierknochen

turen. Prägen Sie sich das Bild etwas ein, dann wird Ihnen im Museum noch verständlicher, wieso gerade an dieser Stelle nun die Dinosaurierknochen an die Erdoberfläche gekommen sind.

Gleich am Parkeingang befindet sich rechter Hand ein Souvenirladen. 3 Meilen weiter im Park selbst treffen Sie auf das Visitor Center (täglich geöffnet). Besorgen Sie sich hier erst einmal Infomaterial. Danach geht's zur Hauptattraktion, der „Quarry"! (= Steinbruch) Im Sommer fährt ein Shuttlebus (Parkplatzprobleme am Steinbruchmuseum), während des restlichen Jahres können Sie die Strecke hinauf zur „Quarry" selbst fahren.

1909 fand der Paläontologe Earl Douglass in einer schräg stehenden, 2,4 bis 3,6 Meter dicken Sandsteinschicht unzählige Dinosaurierknochen, von denen viele Einzelknochen komplett erhalten sind. Nachdem diese über Jahre erforscht worden waren, entschloss sich die Parkverwaltung dazu, sie den Besuchern zugänglich zu machen. Der Steinbruch ist in einem Gebäude untergebracht, und die Wissenschaftler haben keinen der Knochen entfernt. Fassungslos steht man vor den Relikten früheren Lebens. Übrigens dürfen Sie die unteren Knochen anfassen! In einem kleinen Museum wird die Geschichte der Dinosaurier anschaulich erläu-

 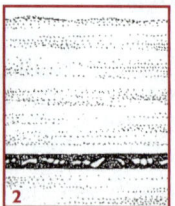 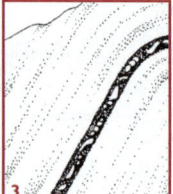  

© *i*graphic

tert. Auch heute noch arbeiten Wissenschaftler an den Funden und suchen in der Umgebung nach weiteren.

Wie kommt es, dass die Knochen noch so gut erhalten sind?

Die hier gefundenen Knochen stammen von Dinosauriern, die vor 150 Millionen Jahren lebten. Damals war ihr hiesiges Habitat ein Feuchtgebiet, welches durchzogen war von einer Reihe kleiner Flüsse. Ihre sterblichen Überreste wurden von nahen Anhöhen, wo sie ihre Nahrung suchten, in dieses Flussbett hinuntergespült, bis sie auf einer Sandbank liegenblieben. Über die Jahrmillionen bedeckte eine 200 m dicke Sediment- und Kiesschicht die Knochen und konservierte sie. Vor 100 Millionen Jahren schließlich begann sich die Erde in dieser Region zu wölben und zu falten. Die Rocky Mountains entstanden. Doch erst die darauf folgende Erosionstätigkeit legte die Schichten frei. Man fand übrigens nicht nur Dinosaurierknochen, sondern auch Muscheln, Schildkröten und sogar Holzstücke.

Überreste der Urzeitviecher

An der Club Creek Road, die vom Visitor Center aus geradeaus weiter führt, gibt es noch Steingravuren („Petroglyphs") der Fremont-Kultur zu bewundern. Sie stammen etwa von 1000 n. Chr.

Den zweiten Parkeingang erreichen Sie über eine Stichstraße, die eine Meile östlich von dem Ort Dinosaur (am US 40) in nördlicher Richtung abgeht. Sehenswert ist der Ausblick an ihrem Ende (**Echo Park Overlook** und **Harper's Point**) auf den Canyon bzw. auf den Zusammenfluss von Green und Yampa River. Er bietet aber nichts Neues gegenüber den Canyon-Landschaften, die Sie bereits in Utah genossen haben. Für die 105 km hin und zurück benötigen Sie etwa 2 Stunden.

Die halb verlassene Ortschaft **Dinosaur** „besticht" durch heruntergekommene Motels und „Restaurants". Der US 40 führt nun durch ein fast menschenleeres, baumloses Gebiet, in dem nur die entfernten Bergketten Abwechslung bieten. Diese Gegend wird nur zur extensiven Weidewirtschaft genutzt. Das Bild ändert sich erst 15 Meilen vor **Craig**, einem weiteren Highwaynest, das auf Tourismus gesetzt hat. Angesprochen werden hier vornehmlich die Jagdtouristen, die im Herbst in rauhen Scharen eintreffen und hauptsächlich auf Hirschjagd gehen. Der Ortskern ist etwas ansprechender als der von Vernal, sodass Sie vielleicht mal eine halbe Stunde Verschnaufpause einlegen sollten. Eisenbahnfans können sich zudem den **Marcia Railway Car** *(Victoria Way, beim Craig City Park)* anschauen, der einst dem Eisenbahn Tycoon David Moffat gehörte und vor Komfort nur so strotzt. Für eine Besichtigung müssen Sie sich aber vorher beim Visitor Center *(Chamber of Commerce in der E. Victoria Way/Ecke Rose Street)* anmelden. In Craig gibt es zahlreiche Hotels/Motels.

Von Craig aus geht es entlang dem Yampa River nach **Steamboat Springs** (ⓘ S. 173). Der Mt. Werner mit seinen für die Skiloipen ausgeschlagenen Wäldern ist bereits aus einiger Entfernung zu erkennen. Bereits die Ute-Indianer liebten diesen Platz, besonders weil es hier im Sommer leidlich kühl ist. Zudem locken die warmen Quellen im Tal. Als einer der ersten Pioniere hierher kam, hörte er diese Quellen sprudeln und fühlte sich an das Geräusch der Schaufelraddampfer (Steamboats) auf dem Mississippi erinnert: Der Name war geboren.

1885 begann man mit dem Aufbau der Stadt, und neben Farmern kamen auch Minenarbeiter aus der Umgebung hierher, um ihr schwer erschürftes Gold in den Saloons umzusetzen. 1908 wurde die kleine Stadt an die Eisenbahnlinie angeschlossen. Doch Geschichte machte Steamboat Springs auf einem ganz anderen Gebiet: Als nämlich 1913 der Norweger Carl Howelsen die Stadt besuchte und dabei ihr wintersportliches Potential erkannte (er errichtete hier u.a. die erste Skisprungschanze der USA), begannen die „Steamboatians" ihren Sinn fürs Skilaufen zu entdecken.

Heute sind alle auf den Pisten, kaum dass der erste Schnee fällt. Kein Ort der USA hat bisher so viele Teilnehmer an Winterolympiaden gestellt wie dieser. Heute ist Steamboat Springs eines der bedeutendsten Ski-Resorts der USA. Es besitzt eine geschmackvolle Innenstadt, die ihren Wild-West-Charme noch nicht ganz abgelegt hat und an deren Hauptstraße sich gemütliche Restaurants und ausgesuchte Geschäfte aneinanderreihen. 2 Meilen weiter im Osten befindet sich das eigentliche Skidorf, von wo aus die Lifte zu den 102 Abfahrtsstrecken abgehen. Dieses moderne Skidorf ist aber nicht weiter interessant – nichts als moderne Hotels, Appartements und „Winterhütten" der Reichen aus Denver. Versuchen Sie aber Ihren Zeitplan so zu gestalten, dass Sie einmal auf den Mt. Werner hinauffahren und in einem der Restaurants auf den Bergspitzen dinieren können. Für die Aussicht lohnt es sich.

Zentrum des Winter-sports

Die schöne Umgegend des Ortes verspricht zudem schöne Wandermöglichkeiten und das Mountainbiking ist hier auch recht populär.

Alternative Routenvorschläge für die Weiterfahrt

Bevor Sie jetzt weiterfahren, überlegen Sie sich, ob Sie
• kurz hinter Steamboat Springs dem Hwy. 131 nach Süden folgen (oder über den Hwy. 9, bei Kremmling) und damit als nächstes Etappenziel – unter Auslassung von Denver und dem Rocky Mountain NP - Vail oder Aspen ansteuern möchten (Zeitersparnis: 2–3 Tage.
• oder lieber dem US 40 folgen bis zum Anschluss an die I-70 und dort entscheiden, ob Sie entweder gleich nach Süden oder in den Raum Denver fahren möchten. Sehenswert ist das Ski-Resort Winter Park, das auch sehr schöne Wanderwege zu bieten hat. Vor allem aber die Fahrt über den fast 3.400 m hohen Berthoud-Pass lohnt sich. Von oben haben Sie einen einmaligen Blick zurück auf die bewaldeten Hänge des Fraser River Valley, und nach vorne sehen Sie bereits die Berge bei Vail und Copper Mountain. Möchten Sie weiter nach Denver, empfiehlt sich, bei 3 Stunden Zeitreserve, der Abstecher über Central City, Nederland (I-70 Exit 244, dann Hwy. 6 u. 119) und durch den Boulder Canyon (Hwy. 119) nach Boulder und eventuell weiter nach Denver.

Hier nun aber weiter auf der Hauptstrecke des Buches in Richtung Rocky Mountains National Park, den Sie von einer Stichstraße von **Granby** aus erreichen. Schön ist bereits die Anfahrt, führt sie doch entlang zweier Seen, die sich im Vordergrund der hohen Bergketten des Parks als gutes Fotomotiv erweisen. Entlang der gesamten Strecke von Granby bis **Grand Lake** bietet sich Ihnen alles: Motels, Cabins, Ausritte, Bootsverleihe, Ausrüster, Angeltouren, um nur einiges zu nennen. Sie haben also die freie Auswahl, und ich erspare mir hier die Empfehlungen. Mit Sicherheit ist etwas für Sie dabei.

Rocky Mountains National Park (ⓘ S. 173)

Zeiteinteilung
1–2 Tage

ACHTUNG!!
Die Trail Ridge Road (Hwy. 34) ist von ca. Mitte Oktober bis Ende Mai geschlossen (Daten wechseln, je nach Schneefall – unbedingt vorher erkundigen!). Das bedeutet, Sie müssen zu dieser Zeit einmal um den gesamten Park herumfahren, um zum Ostteil zu gelangen (Dauer: 3 ½ Stunden). Die unbefestigte Fall River Road ist nur in Ost-West-Richtung zu befahren (Einbahnstraße). Wohnanhänger und Wohnmobile verboten!

- **Größe:** 107.225 ha
- **Beste Jahreszeit:** Die Meinungen gehen auseinander. Zum Campen und Wandern mögen die Sommermonate in den hohen Lagen angenehmer sein, doch ist der Park zu dieser Zeit z.T. so überlaufen, dass Sie häufig nicht einmal einen Parkplatz finden werden. Daher empfehle ich allemal Mai/Juni oder Oktober, wenn die Bergspitzen in Schnee gehüllt sind – aber Achtung: Fragen Sie vorher nach der Öffnung der Passstraße!

Einen schönen Willkommensgruß bieten die Seen südlich des Parkeinganges

- **Tierwelt:** Große Tiere, wie der Wapiti-Hirsch (Amerikanischer Elch), und Rehwild kommen häufiger vor, zeigen sich aber erst in den Abendstunden. Gute Beobachtungsstellen sind die Täler im Osten (Horseshoe und Moraine). Auch Biber sind nicht selten. Lauern Sie am Abend in Wassernähe. Typisch sind zudem die Bighorn-Schafe (eine Art Steinbock), die gerne mittags am Sheep Lake (Horseshoe Valley) grasen und trinken. Bären sieht man seltener, aber: Seien Sie besonders vorsichtig mit Ihren Essensresten. Lassen Sie nichts herumliegen. Hoffen Sie trotzdem nicht, einen Bären zu sehen – die gibt es kaum noch im Park. Murmeltiere sieht man häufig in den Hochlagen.
- **Pflanzenwelt:** In den unteren Lagen (bis 2.800 m) überwiegen die riesigen Misch- bzw. Kiefernwälder, in Flussniederungen eher Pappeln und Espen. Zwischen 2.800 und 3.400 m überwiegen Nadelbäume aller Art, die den Berghängen zu jeder Jahreszeit ihren satten grünen „Schal" umlegen. In den höchsten Lagen herrscht dann die unserer Alpenvegetation ähnliche Tundra-Vegetation vor. Sie hat aber eine noch kürzeren Vegetationszeit (z.T. nur 10 Wochen).

- **Übernachten** in einem Hotel in Estes Park.
- Falls Sie von Süden in den Park einreisen, besichtigen Sie den **Ostteil des Parks** besser am zweiten Tag von Estes Park aus.
- Autofahrer sollten sich **mindestens 4 Stunden Zeit lassen für die Parkdurchquerung.**
- Die **Fall River Road** (Einbahnstraße von Ost nach West! (S. 641)) ist zwar beeindruckend, doch wer von Westen anreist, sollte nicht eine Extrarundtour dafür einlegen – besser wäre es, die Zeit für eine kleine Wanderung zu nutzen
- Setzen Sie sich abends zur **Tierbeobachtung an den Sheep Lake** (S. 641).
- Eine **Wanderung um den Bear Lake** (S. 642) sollten Sie nicht auslassen.
- In kaum einem Nationalpark sind die **Reitgelegenheiten** so gut. Nutzen Sie dieses, und planen Sie dafür mindestens einen halben Tag ein.
- Beschäftigen Sie sich ein wenig mit der **Tundravegetation** und machen Sie eine diesbezügliche Wanderung an der Trail Ridge Rd. (S. 642).
- Wer in Estes Park übernachten wird, sollte erst das **Hotel buchen** und danach erst zum Sheep Lake (S. 641) oder ins Moraine Valley zur Tierbeobachtung fahren.
- **Ein Tipp für Autofahrer:** Haben Sie einen Kassettenrekorder im Fahrzeug? Ja! Dann sollten Sie sich im Visitorcenter unbedingt die Erläuterungskassette zu den wichtigsten Punkten und Vegetationsarten im Park mitnehmen (auch in Deutsch erhältlich). Besser und einfacher können Sie gar nichts über den Park erfahren.
- **Ein Tipp für Wandervögel:** Machen Sie eine 2- oder mehrtägige Wanderung ins "Backcountry" (S. 642) einschließlich Zelten im Freien. Dabei erleben Sie die Landschaft am eindrucksvollsten, abseits der Menschenmassen. Vorher aber müssen Sie eine Erlaubnis bei den Parkrangern einholen.

- **Aktivitäten:**

- **Wandern:** Im Park gibt es ca. 575 km Wanderwege. Es ist ratsam, festes Schuhwerk zu tragen, und wer etwas weniger überfüllte Wege sucht, sollte sich vorher bei den Parkrangern erkundigen und sich eine detaillierte Karte mitgeben lassen. Zu den wichtigsten Wanderrouten gibt es Erläuterungsbroschüren. Vergessen Sie aber nicht, Getränke und etwas Proviant einzupacken. Auch wenn Ihnen die Temperaturen in diesen Höhen angenehmer erscheinen als in Ihrem restlichen Reisegebiet, benötigen Sie auch hier bei einer eintägigen Wanderung mind. 3 Liter Trinkwasser pro Person! Und vergessen Sie nicht die dünne Luft in der Höhenlage. Besonders ältere Leute sollten sich vorher überlegen, was sie sich zumuten können. Man überschätzt hier leicht die eigene Leistungsfähigkeit. Im Folgenden möchte ich nur ein paar interessante Wege vorstellen:
  - <u>Bear Lake Nature Trail</u>: 0,8 km, ½ Stunde, leicht. Lehrpfad um einen Gletschersee.
  - <u>Never Summer Ranch</u>: 1,6 km, ¾ Std., leicht. Wie der Name bereits sagt, zeigt sich hier, wie das Leben auf einer Ranch vor 70 Jahren in den Rockies ausgesehen haben muss.
  - <u>Longs Peak Trail</u>: 26 km, 1 Tag (12 Stunden – früh starten, da nachmittags Sommerstürme auftreten können), schwer. Hauptwanderweg, der bis auf die Spitze des höchsten Berges im Park führt (4.345 m).
- <u>Moraine Park Nature Trail</u>: 0,4 km, 20 min., leicht. Lehrpfad zu Flora und Fauna der Niederungen.
- <u>Tundrawelt</u>: Zwischen Rock Cut und Forest Canyon befinden sich mehrere kürzere Lehrpfade. Achtung! Höhenlage um 3.600 m.

Rocky Mountain Nationalpark

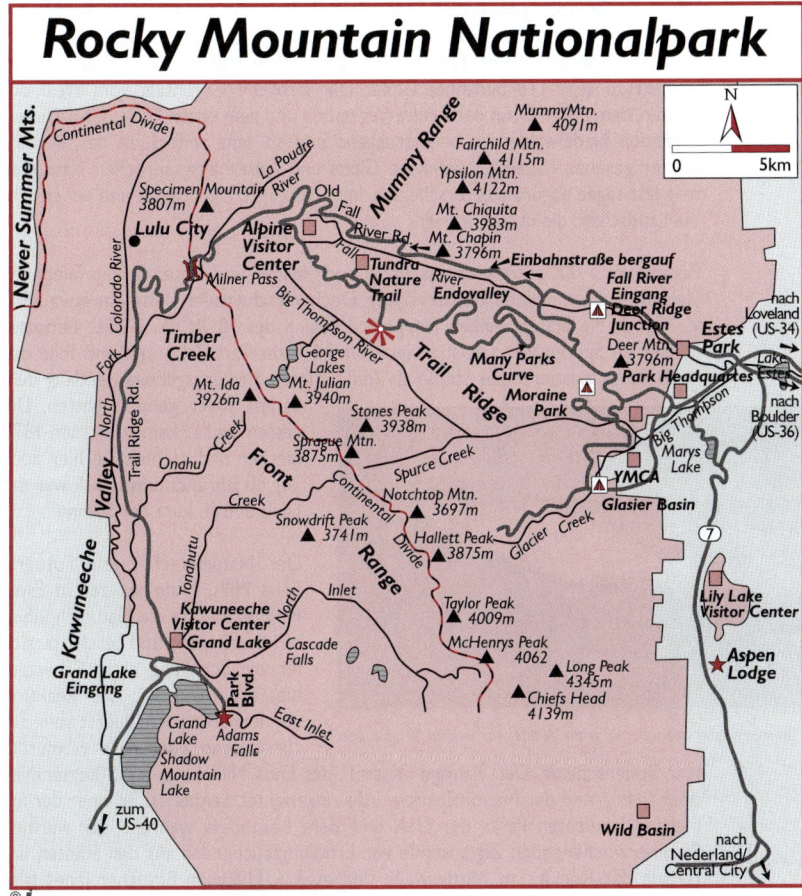

© *graphic*

· Zu empfehlen sind die meist mittelschweren Trails entlang der Bear Lake Road, die z.T. in ehemalige Gletschergebiete führen.

· Für weitere Wege, besonders die weniger benutzten, setzen Sie sich am besten mit den Rangern in Verbindung.

- Reiten: Reiten ist ein besonderes Erlebnis im Park, und geübte Reiter sollten sich das bestimmt nicht entgehen lassen. Für weniger Sattelfeste bieten sich zudem einfache Trails in den Talniederungen an. Der einzige Konzessionär **im Park** hat seine Ställe im Moraine Park (Straße gegenüber dem Moraine Park Museum hineinfahren) und am Glacier Creek (beim Sprague Lake).

- Weitere Aktivitäten: Skilanglauf, Angeln, Bergsteigen und Mountainbiking – nur an zugelassenen Wänden bzw. auf gezeichneten Wegen. Erlaubnis einholen.

Über hundert Dreitausender!

Während Sie noch zwei Autostunden vom Parkeingang entfernt sind, werden Sie bereits die hohen, das ganze Jahr über mit Schnee bedeckten Gipfel des Parks erkennen können. Alleine 116 von ihnen erreichen Höhen über 3.000 m – um korrekt zu sein: 116 benannte Gipfel. Der farbliche Gegensatz vom Weiß der Spitzen, dem hellen Grün der Tundra-Vegetation und dem satten Grün der darunterliegenden Nadelwälder ist beeindruckend und so ganz anders, als das, was Sie vorher gesehen haben. Obwohl die Gipfel und Felsen ausgesprochen glatt, man mag fast sagen abgerundet, erscheinen, imponiert ihre Mächtigkeit und beherrscht die Landschaft, die unter ihr liegt.

Bereits vor 7.000 Jahren, als das Klima noch milder war, lebten in den Talebenen jagende und sammelnde **Naturvölker**. Doch verschwanden diese um etwa 5500 v. Chr. Als die ersten weißen Trapper zu Beginn des 18. Jh. das Gebiet betraten, fanden sie Spuren von Ute-Indianern, die im Estes Park-Tal gejagt und Teile der noch heute existierenden Straße als Trail zu ihren Siedlungsgebieten entlang dem Yampa River genutzt hatten. Die ersten Siedler kamen erst um 1870 hierher und es hielt sie hier auch nur 50 Jahre: Zu unwirtlich war das Land und zu kurz der Sommer.

Immer wieder bezaubernd: grüne Wälder vor weißen Bergkuppen

Der Naturforscher und Fotograf Enos Mills, Hotelbesitzer in Estes Park, entdeckte die Naturschönheiten der Gegend und beschloss, sich für die Schaffung eines Schutzgebietes einzusetzen. Die Reaktion der Regierung war zuerst sehr zurückhaltend, denn man vermutete hier Bodenschätze. Der 9jährige „Kampf" des Enos Mills hatte 1915 letztlich doch Erfolg, und der Nationalpark wurde eingerichtet. Seither ist er einer der am meisten besuchten Parks der USA und zieht besonders während der warmen Sommerwochenenden Zigtausende von Erholungssuchenden aus den Städten unterhalb der Rockies an. Mittlerweile sind es 3 ½ Millionen Besucher jedes Jahr, von denen der größte Teil in den Monaten Juli und August einströmt – Verkehrsstaus auf den Hauptstraßen bleiben dem-entsprechend nicht aus!

Neben der Gestalt der großen Bergzüge selbst ist die einzigartige **Tundra-Vegetation** auf den Höhenlagen besonders sehenswert. Insgesamt gibt es im Park 750 Pflanzengattungen zu bewundern. Reizvoll ist dies gerade im Juni, wenn die meisten Pflanzen blühen und ein bunter Teppich die Talauen und die Wiesen entlang der Trail Road bedeckt. Geologisch Interessierte werden sich an den verschiedenen Talformationen erfreuen. Sie sind in der Regel von Gletschern geformt worden. Einige sind steil und zum Talgrund hin spitz zulaufend (Kartäler), andere wiederum enden in einem Becken, in dem sich ein See gebildet hat – das ehemalige Ende des Gletschers (Trog). Heute gibt es noch 5 kleine Gletscher im Park. Übrigens verläuft mitten durch den Park die kontinentale Wasserscheide, und in den Bergen entspringt der Colorado River.

Auch weniger naturwissenschaftlich Bewanderte unter Ihnen werden sich allemal an den Naturschönheiten erfreuen, und ich möchte es nochmals betonen: Machen Sie sich zu Fuß auf den Weg, und genießen Sie die Natur und den Duft der Kiefernwälder – vielleicht haben Sie ja Glück und sehen sogar einen Elch.

Wer während der Sommermonate zum Bear Lake fahren möchte, muss übrigens das letzte Stück mit einem Shuttlebus hinauffahren, da die Parkplatzkapazitäten am See nicht ausreichen. Eine Idee wäre, vom Parkplatz aus den Weg nach unten zurückzulaufen (andere Seite des Flusses).

• Geologische Einführung zu den südlichen Rocky Mountains

Die Rocky Mountains erlebten drei **Gebirgs-Perioden**. Zuerst, bis vor 1,8 Milliarden Jahren, lagerten sich auf einer Ebene Sedimente ab, die z.T. mit festem Gestein (Granit und Gneis) vermengt waren. In den folgenden 1,2 Milliarden Jahren verschob sich die Erde so, dass der Druck von den Seiten kleinere Gebirge entstehen ließ, die aber jeweils wieder durch Verwitterung und anschließende Erosion abgetragen wurden.

Entstehungsgeschichte

Es folgte vor etwa 60 Millionen Jahren die Zeit der Meeresüberflutung, die den gesamten amerikanischen Kontinent von Norden nach Süden überschwemmte und deren Spuren noch heute als Muschelreste und andere maritime Ablagerungen zu finden sind. Bereits zu dieser Zeit wirkte eine plattentektonische Kraft auf das Gebiet und fand nach einer „Tätigkeit" von 70 Millionen Jahren vor nun 50 Millionen Jahren ihr Ende. Dabei wurden die Rockies im wahrsten Sinne des Wortes aus der Erde herausgedrückt, begleitet und unterstützt von unterirdischen vulkanischen „Ausbrüchen", die aber nur in den seltensten Fällen an die Erdoberfläche gelangten.

Die Lavamassen, die dabei ihren Weg nach oben suchten, hatten letztendlich zur Folge, dass sich magmatisches Tiefengestein unter der heute sichtbaren Oberfläche verfestigte. Die gesamte Erdkruste verdickte sich um 7

Nadelwälder bestimmen das Bild der unteren Lagen

km, an manchen Stellen sogar um mehr als 10 km. Die Hitze dieses unterirdischen **Vulkanismus** wirkte sich aber auch auf die oberen Gesteinsschichten aus, die dabei einer chemischen Umwandlung ausgesetzt waren. Daher findet man an einigen Stellen Magma-Gestein (nicht zu verwechseln mit den wenigen echten Vulkankegeln und Gesteinsformationen). Während der jüngeren geologischen Geschichte, seit etwa 2 Millionen Jahren, trugen Gletscher für die Oberflächengestaltung der höheren Lagen die Verantwortung. Ihre Eismassen, die sich langsam in die Täler drückten, haben markante Spuren hinterlassen.

Estes Park (ⓘ S. 173)

Zu diesem Ort könnte man viel oder gar nichts schreiben. Um es eher kurz zu machen: Am östlichen Ausgang des Rocky Mountains National Park hat sich eine Gemeinde entwickelt, die sich ganz dem Tourismus widmet. Was Hotels, Restaurants und Freizeitorganisation angeht gibt es alles. Von den Hotels sei einmal das historische **Stanley Hotel** genannt, denn es kann als Sehenswürdigkeit eingestuft werden. Außerdem gibt es im Umfeld von Estes Park zahlreiche Resorts, eines besser (und auch teurer) als das andere. Die ansprechenderen und bezahlbaren Motels und Cabins finden Sie übrigens entlang der **nördlichen Parkzufahrt** (US 34/Fall River Rd.).

Tourismus-Standort

Und touristisch sehenswert? Na ja, das kleine **Estes Park Area Historical Museum** (200 4th Street) und ein paar historische Farmen. Nichts, was man nicht auch auslassen könnte. Falls Sie trotzdem noch etwas Zeit hier verbringen möchten: Eine Fahrt mit der **Aerial Tramway** (420 Riverside Drive) auf den Prospect Mountain bietet einen recht attraktiven Ausblick auf die östlichen Gebirgszüge des Nationalparks. *Diese Seilbahn fährt von Mitte Mai bis Mitte September täglich von 9h bis 18h30.* Oben erwarten Sie zudem ein Souvenirshop und eine Snackbar. Zu erwähnen wäre schließlich noch der schöne **Big Thompson Canyon**, der östlich des Ortes vom US 34 durchquert wird.

Basisstation für den Rocky Mountain NP: Estes Park

Von Estes Park aus haben Sie zwei Möglichkeiten, nach Denver zu fahren:

• Alternative 1: „Auf den Spuren der ersten Goldsucher"

Sie fahren den landschaftlich einmaligen – aber auch z.T. sehr befahrenen – „Scenic Byway" (Hwys. 7, 72 und 119) in südlicher Richtung. Zuerst führt er durch eine bewaldete Hochebene, und im Süden, bei Central City, führt er in eine atemberaubende Schlucht, die gerade genug Platz für den Fluss und die Straße lässt. Orte wie **Ward, Nederland** und **Central City** waren einst bedeutende Bergbaustädte. Heute widmen sie sich ganz dem Tourismus (die meisten Hotels und Campingplätze befinden sich in Nederland).

Wildweststädtchen entlang der Route

Nederland ist noch etwas lieblicher und lädt zu Wanderungen ein, während sich **Central City** (ⓘ S. 173) und seine Partnerstadt Black Hawk mit schön restaurierten Gebäuden aus der Blütezeit des Bergbaus rühmen. Interessant zu sehen, doch leider locken am Wochenende die hier ansässigen Spielcasinos so viele Besucher an, dass man geneigt ist, sich dem Stress des Parkplatzsuchens zu entziehen. Selbst der große Parkplatz vor den Toren des Städtchens, von dem aus

INFO **Die Geschichte von Central City**

Central City war im 19. Jh. das, was man heute als eine richtige **Wildwest-Stadt** bezeichnen würde. Am 6. Mai 1859 war es John H. Gregory, der hier das erste Gold fand. Lange Jahre vom Pech verfolgt, wurde Gregory durch sein unsagbares Glück so überwältigt, dass er den Verstand verlor. Listige Spekulanten nutzten dies sofort aus: Sie füllten Gregory mit Alkohol ab und kauften ihm seine Mine für 21.000 $ ab – fast nichts im Vergleich zu den 60 Millionen Dollar, die aus der Mine in den Folgejahren herausgeholt wurden.

Doch damit nicht genug: Weil es sich anfangs noch nicht genügend herumgesprochen hatte, dass es hier etwas zu holen gab, nutzten windige Geschäftsleute den Besuch des Herausgebers des „New York Tribune", Horace Greeley, aus, indem sie eine Mine „vergoldeten". Sie schossen Goldstaub hinein und leuchteten das Ganze geschickt aus. Nachdem dieser die „Goldader" gesichtet hatte, eilte er sofort zurück nach New York und veröffentlichte einen Artikel, der Tausende von Glücksrittern nach Central City lockte. Es änderte auch nichts, dass Greeley darauf verwies, wie hart und entbehrungsreich das Leben in Central City sei.

Viele der Neuankömmlinge waren erst gerade aus Europa übergesiedelt und sprachen kein Wort Englisch. Kein Wunder, dass es in der ersten Zeit in den Saloons von Central City die eine oder andere Schießerei gab, die nicht selten nur auf einem sprachlichen Missverständnis beruhte. Während der ersten Sheriff-Wahlen 1861 wurden 217 Schlägereien, 97 Schießereien, 11 Messerstechereien und ein Hundekampf registriert – mit Sicherheit liegt die Dunkelziffer noch weitaus höher. Der Sieger dieser Wahl wurde bestimmt nicht besonders glücklich mit seinem Job!

In der Folgezeit boomte die Stadt und zählte Ende der 60er Jahre bereits 42.000 Einwohner. Ein weiterer Schub traf ein, als 1872 die Eisenbahnlinie Black Hawk erreichte. Zwei Jahre später wurde die Stadt von einer Feuersbrunst gänzlich zerstört. Doch eine Boomtown stirbt nicht so schnell. Bereits nach 9 Tagen war das erste Haus wieder hergestellt, und keine 12 Monate später stand die ganze Stadt wieder, diesmal aber aus Stein errichtet. Central City stand am Höhepunkt seines kurzen Daseins: Das 1876 fertiggestellte Opernhaus zog Showgrößen aus allen Himmelsrichtungen an, u.a. Lillian Russell und Edwin Booth. Doch 1890 war fast alles Gold gefördert, und auch die Silberfunde brachten wegen der gefallenen Weltmarktpreise keine Gewinne mehr ein. Beinahe über Nacht waren 90 % der Goldsucher verschwunden, viele von ihnen in Richtung Alaska, wo sie auf neues Glück hofften. Bis dato aber hatten sie der Erde um Central City, der „richest squaremile on earth", Gold und Silber im Werte von 630 Millionen $ entlockt. Eine zu dieser Zeit unvorstellbare Summe.

1925 zählte Central City noch 400 Einwohner, und keiner gab auch nur einen Pfifferling auf die Überreste der ehemals so florierenden Stadt. Doch wie Tombstone in Arizona gaben auch in Central City die Bewohner nicht auf. Mit Hilfe der Central

City Opera Association, die unterstützt wurde von Geschäftsleuten aus Denver, wurde 1932 das Opera House renoviert und wiedereröffnet. Bis in die 60er Jahre hinein vegetierte die Stadt aber weiter am Rande des Geschehens dahin und war nur Ziel von wenigen abenteuersuchenden und trinkfreudigen Touristen. Der wilde und rauhe Umgangston blieb erhalten.

Black Hawk zu Boomzeiten

Erst mit der Zunahme des Autotourismus setzte der zweite große Boom Ende der 60er Jahre ein. Die alten Häuser wurden restauriert, Souvenirshops kamen dazu, und Fast-Food-Restaurants schossen aus dem Boden. 1990 wurde schließlich durch ein Referendum erreicht, dass in Central City „Gambling" und Black Hawk erlaubt wurden. Obwohl der Höchsteinsatz nur 5 $ betragen darf, sorgte dies für eine Flut von Wochenendbesuchern, der die Stadt eigentlich gar nicht gewachsen ist. Zwar wurden Parkplätze entlang dem ganzen Tal angelegt, doch fragt man sich mittlerweile, wo die ganzen Besucher denn eigentlich in den paar Straßen noch bleiben sollen. Aber eines ist wieder eingekehrt: der (moderne) Wilde Westen.

ein Shuttlebus verkehrt, ist dann gerammelt voll. Als „Unternehmungen" in Central City empfehlen sich eine 30-minütige Fahrt mit der Schmalspurbahn zu den ehemaligen Goldfeldern, die Besichtigung des **Opera House** *(120 Eureka Street;* ehemals **das** Luxushotel des Westens) und der Besuch des Gilpin County Historical Museum *(228 E. High St., im Sommer täglich geöffnet von 8h30–17h, Rest des Jahres variiert)*, wo u.a. die Geschichte der ersten Goldfunde von Colorado dokumentiert wird. Anschließend machen Sie einfach noch einen kurzen Bummel durch die alten Straßenfassaden.

Etwa 2 Meilen südlich von Black Hawk, beim Coyote Inn, können Sie übrigens selbst „Goldpanning" ausprobieren. Gold ist garantiert, und Sie dürfen es auch mitnehmen! Über Golden geht es dann nach Denver.

Tipp
*Der an zwei Punkten ausgeschilderte **Golden Gate Canyon State Park** bietet zwar eine schöne und waldreiche Tallandschaft mit etlichen Wanderwegen, doch erwarten Sie keine ausgefallenen Naturhöhepunkte.*

Alternative zu dieser Strecke
*Fahren Sie bei Nederland nach Osten über den Hwy. 119 nach Boulder. Er führt durch den markanten und sehenswerten **Boulder Canyon**, von dem aus Sie kurz vor Boulder noch einmal abzweigen können, um entlang dem 18 Meilen langen **Four Mile Canyon Drive** in die Stadt zu fahren.*

- **Alternative 2**

Sie nehmen von Estes Park aus die direkte Strecke (US 36) über Boulder, die nicht viel zu bieten hat, aber um einiges schneller ist.

Boulder (ⓘ S. 173)

Boulder ist im Gegensatz zu Denver ein überschaubares Städtchen mit einer alles bestimmenden Universität und einer Reihe von technischen Instituten und Labors. „Richtige" Sehenswürdigkeiten gibt es hier nicht außer den paar „üblichen" Museen, die meist an die Universität angeschlossen sind. Trotzdem hat Boulder Charme und bietet sich hervorragend an für Ausflüge in die östlichen Rocky Mountains. Im Convention & Visitors Bureau *(2440 Pearl Street)* erhalten Sie ausgezeichnete Faltblättchen mit Routenvorschlägen – nicht nur fürs Auto, auch für Fahrrad- bzw. Wandertouren. Bereits die nahe Umgebung bietet neben bezaubernder Landschaft historische Minen und Ghosttowns. Beliebt ist z.B. eine Wanderung oder Fahrradtour entlang des **Boulder Creek Path**, wobei dieser an Wochenenden stark frequentiert wird.

Die Stadt selbst hebt sich durch ein reges, kulturelles Leben hervor (Shakespeare Festival, Symphoniekonzerte, Theater etc.). Kein Wunder bei 26.000 Studenten (die nicht nur joggen und Fahrrad fahren!). Studenten, Wissenschaftler, Straßenmusikanten, Sportfanatiker und die berüchtigte „Untergrundszene", die hier ihre Bücher und Pamphlete schreibt und druckt, sind es auch, die die Vorurteile über Boulder im ganzen Land aufkommen lassen. Kaum jemand irgendwo in den USA, der nicht etwas zu den Bewohnern dieses Städtchens zu sagen hat: „Snobs", „Hippies", „Yuppies", „Porschefahrer" etc.

Überschaubare Universitätsstadt

In der City lädt die sehr ansprechende Pearl Mall zum Flanieren ein. Nicht nur am Tag, besonders auch am Abend, wenn die Restaurants, Straßencafés, Pubs und „Minibreweries" Hochkonjunktur haben, ist hier etwas los. **Outdoor-Fans**, vom Bergsteiger bis zum Mountainbiker, finden alle Möglichkeiten vor: Fast an jeder Ecke bietet sich ein Geschäft (oder zumindest dessen Werbung) für Unternehmungen aller Art an. Wer noch eine außergewöhnliche Sehenswürdigkeiten besichtigen möchte, dem sei Amerikas größter Kräuter-Tee-Produzent, **Celestian Seasoning** nordöstlich der Stadt empfohlen *(4600 Sleepytime Dr., abgehend von der Spine Rd. am Hwy. 119, Longmont-Diagonal). Täglich zwischen 11h und 15h werden hier einstündige Führungen durch alle Abteilungen des Betriebes angeboten.* Aus mehr als 100 verschiedenen Kräutern und Gewürzen werden hier an die 60 Tees produziert.

Nach Denver benötigen Sie über den Highway nun nur noch 40 Minuten.

Das Herz der Stadt: Pearl Street Mall

27. Denver (ⓘ S. 173)

Entfernungen
• *Denver - Salt Lake City (Hwy. 40): 493 Meilen/793 km*
• *Denver - Kansas City (I-70): 615 Meilen/990 km*
• *Denver - Aspen: 159 Meilen/ 256 km*
• *Denver - Santa Fe (I-25): 386 Meilen/621 km*

Zeiteinteilung
1–2 Tage

Überblick und Geschichte

Sie haben sich also für die Großstadt entschieden. Somit zuerst einmal: Geldbeutel anschnallen – und nicht zu locker! Das **Warenangebot**, besonders was Textilien und Leder angeht, ist besonders exklusiv und verlockend. Daran sieht man schon von Beginn an, dass in Denver das Geld regiert. Doch nicht nur beim Shopping können Sie schnell ein Vermögen loswerden, auch in den z.T. gar nicht so teuer erscheinenden Restaurants. Das Essen ist es wert, und wenn Sie schon mal hier sind, dann sollten Sie auch mal die Wildgerichte des Südwestens ausprobieren. Vorsicht ist aber geboten: Schnell hat man sich für ein 30$-Gericht entschieden. Und da in einer Großstadt wie Denver auch nach dem Dinner nicht die Bürgersteige hochgeklappt werden, wird noch der eine oder andere Dollar in einem Jazzclub oder einer gemütlichen Microbrewery verschwinden.

Natürlich lockt Denver nicht nur mit den süßen Seiten des Lebens, eine ganze Reihe von Sehenswürdigkeiten gibt es auch, diese bestechen allerdings weniger: Das State Capitol (übliche Form) ist in einen grauen Farbtopf gefallen, die City Hall-

Nur aus der Ferne imposant: die Skyline von Denver

Anlage erinnert eher an den müden Abklatsch des Petersplatzes in Rom, und die moderne Architektur spiegelt sich neben den langweiligen Wolkenkratzern höchstens in Gebäuden wie dem Denver Art Museum wider. Wie überall in Amerika ist die City durch Hochhausbauten bestimmt, die in Denver keine besondere Augenweide darstellen. Architektonisch reizvoll dagegen sind die Häuser der Randcity, so z.B. in den östlichen Parallelstraßen des South Boulevard (Logan u. Lincoln Street), wo sich ein „Puppenhaus" an das andere reiht – und das 30 Blocks weit. Die Häuser sind aus der Zeit der zwanziger Jahre. Wenn man hier entlang fährt, fällt auf, wie die Häuser nach Norden, zur City hin immer größer und feudaler werden.

Also, was bietet Denver, einschließlich Golden, denn nun wirklich?
• Viele **Museen**, und zwar auch eine Reihe ausgefallene: natürlich ein Kunst- und Geschichtsmuseen; zudem ein Puppen- und Spielzeugmuseum, ein Eisenbahnmuseum, eine Münzpresse, ein Feuerwehrmuseum, ein Kindermuseum, ein den schwarzen Cowboys gewidmetes Museum, das Buffalo Bill-Museum, Museen in historischen Häusern, Brauereimuseen etc. Insgesamt sind es weit über 40.
• **Großstadtatmosphäre** mit dem neuzeitlichen Flair des Geldadels – man mag es oder nicht. Sind Sie aber schon einmal hier, sollten Sie das auskosten. Schauen Sie sich Boutiquen an, die Geschäfte in der restaurierten „Historic

Lower Downtown" oder den exquisiten Küchengeräteladen an der Ecke Larimer Street/15th Street – die Preise lassen einem die Knie weich werden, aber für einen Augenblick beginnt man zu träumen. Wer mit den Füßen lieber auf dem Boden bleiben möchte, dem empfehle ich einen ausgedehnten Besuch des „Tattered Cover Bookstore". Hier können Sie sich sogar hinsetzen und in Ruhe in den Büchern stöbern. Letztendlich sind Bücher doch nicht so vergänglich (bis auf Reiseführer natürlich).

Wie kam es dazu, dass Denver zu einer Stadt wie dieser wurde?

Bis zur Mitte des 19. Jh. tat sich überhaupt nichts in der Region, und nur ein paar Trapper und Pelzhändlern streunten in den nahen Bergwäldern herum. Um 1858 fand dann ein einsamer Schürfer Gold am South Platte River. Obwohl es sich nur um kleine Mengen handelte, kamen daraufhin weitere Glücksucher und errichteten eine kleine Stadt aus einfachen Hütten. Kaum einer glaubte aber, dass er lange bleiben würde.

Wenige Monate später war es dann auch schon vorbei mit den Goldfunden. Die Siedlung wurde von allen verlassen – bis auf eine kleine Gruppe, die erneut ihr Glück ein paar Meilen weiter südlich, am Zusammenfluss von South Platte River und Cherry Creek, versuchte. Ihre Funde waren weitaus erfolgversprechender, und man begann damit, zwei richtige Städte zu bauen: Auraria (jetzt der Universitätscampus) und St. Charles City. Ermutigt durch die ersten Funde, kamen wieder viele aus den östlichen Staaten hierher. General William Larimer aus Kansas ließ dann als dritte Stadt Denver City errichten, benannt nach einem ehemaligen Gouverneur von Kansas (zu dieser Zeit gehörte Colorado übrigens noch zu Kansas). 1861 wurden die Städte schließlich vereinigt.

Denvers Geschichte

Obwohl das **Goldfieber** um Denver noch 20 Jahre anhielt, blieben die geförderten Mengen insgesamt eher bescheiden. Es waren die Saloons, Hotels, Geschäfte und Banken, die der Stadt dennoch zu einem leidlichen Wohlstand verhalfen. Das meiste Geld kam aus den Minenstädten in den Bergen, wo tatsächlich reiche Goldadern lagen, während man in der Ebene nur den Goldstaub fand, den die Flüsse hinabgetragen hatten. Viele hochherrschaftliche Häuser im alten Denver wurden damals von erfolgreichen Schürfern gebaut. Ab 1880 kam weiteres Geld aus den neu entdeckten Silberminen, die Goldförderung bald in den Schatten stellten. Eine schillernde Persönlichkeit für Denver war damals der Silberbaron James Tabor, der u.a. ein großes Opernhaus bauen ließ. Das Großbürgertum hielt nun Einzug. Als in den 90er Jahren des 19. Jh. der Silberpreis jedoch rapide fiel, war es mit den Träumen von einer Weltstadt vorbei. Denver vegetierte nun für Jahrzehnte dahin. Geld war zwar immer noch vorhanden, doch lag die Stadt geographisch im Randbereich und konnte somit nicht mit der Entwicklung der Städte am Pazifik oder entlang der Ostküste mithalten. Dies änderte sich ein wenig, als die Eisenbahnlinie nach Westen fertiggestellt wurde (1928), doch blieb Denver in den Augen der Küstenstädter eine Wildwest-Stadt.

Erst zu Beginn den 1980er Jahre wendete sich das Blatt erneut: wieder aufgrund von reichen Bodenschätzen – diesmal **Öl** (wir erinnern uns an die Carringtons aus der TV-Serie „Denver") und Kohle. Rings um die Stadt fördern heute Ölpumpen – ob auf Getreidefeldern oder mitten in den Ortschaften. Dieser zweite Boom bescherte Denver also das Geld, welches heute in der Stadt allgegenwärtig ist (leider aber nicht in der eigenen Tasche). Innerhalb von nur zehn Jahren verdoppelte sich die Einwohnerzahl. Die negativen Seiten dieser Geldschwemme sind nicht zu übersehen: ein ungezügelter Bauboom, der keine Rücksicht auf historische Bauten der Jahrhundertwende nimmt sowie der überdimensionierte neue Flughafen, kurz „DIA" (Denver International Airport) genannt. Er ist noch weit davon entfernt, ausgelastet zu sein: Wegen der hohen Start- und Landegebühren haben zahlreiche Airlines ihre Pläne fallengelassen, Denver als entscheidendes Drehkreuz einzusetzen.

Sehenswertes

Es gibt zwei Möglichkeiten, das Stadtgebiet von Denver zu erkunden:
• Sie machen einen **Rundgang**, der am besten am State Capitol beginnt, zur „The Mint" und dann entlang der 14th Street, wo Sie an der Ecke zur Colfax Street das Visitor Center aufsuchen sollten. Von der 14th Street aus haben Sie eine gute Aussicht auf die Innenstadt und können sich die Frage stellen, wann die Hochhausschluchten wohl die letzten alten Gebäude verschlungen haben werden. Biegen Sie nach rechts in die Larimer Street ein, und beginnen Sie das „Window-Shopping", das Sie in der Historic Lower Downtown und entlang der 16th Mall fortsetzen. Für diesen Rundgang – je nachdem, was Sie sich näher anschauen möchten – benötigen Sie zwischen 2 und 5 Stunden. Zum Abschluss können Sie sich noch das Museum of Western Art anschauen.
• Alternativ bietet sich die **Fahrt mit dem „Cultural Connection Trolley"** an, bei der Sie auch noch die östlicher gelegenen Attraktionen mitnehmen können. Entscheiden Sie sich vorher, was Sie sich anschauen möchten – alles, was der Bus abklappert, wäre zu viel. Es lohnt sich mit Sicherheit auch, die eine oder andere Etappe zu Fuß zu laufen, um einen richtigen Eindruck zu gewinnen. Im folgenden möchte ich Ihnen die wesentlichen Sehenswürdigkeiten entlang dieser Trolley-Strecke – beginnend am Visitor Center – kurz erläutern:

Das erste Stück bis zum State Capitol sollten Sie zu Fuß zurücklegen, vielleicht auch überlegen, ob Sie sogar bis zum Ende der Colfax Street bzw. dem Denver Museum of Natural History laufen und zurück den Bus nehmen. *Rundgang durch's Zentrum*

US Mint (3)

Ecke W. Colfax Ave., Cherokee St. Die Führungen durch die Prägeanstalt finden Mo.–Fr. von 8 bis 15h statt (ca. alle 20 Min.). Auf der Rückseite des Gebäudes gibt es zudem noch einen Shop, in dem Sie Sondermünzen kaufen können.

Die erste „Münze" wurde 1863 in Denver eingerichtet. Zuerst wurden die Münzen von der privaten Firma Clark, Gruber & Co geprägt. Der Staat erteilte nur die Genehmigung. Ihm war es zu dieser Zeit zu gefährlich, da laufend Indianer und Banditen die Goldmünzentransporte überfielen.

Das Gold stammte zum größten Teil von Goldschürfern aus den Bergen, die mit ihrem Goldstaub zuerst das Prüfamt aufsuchen mussten, wo dieses dann gewogen, gesäubert und in Barren geschmolzen wurde. Erst dann konnten sie es zum Prägen bringen. 1895 wurde schließlich von Seiten der Regierung beschlossen, eine staatliche Prägeanstalt in Denver zu etablieren.

Es dauerte aber noch ganze 11 Jahre, bis der Bau in der Colfax Avenue fertiggestellt wurde und mit dem Münzprägen begonnen werden konnte. Alle Arbeitsvorgänge, vom Barren bis zur Münze, fanden in dem Gebäude statt. Heute wird das Material bereits in Rollen angeliefert, und nur noch das Prägen wird

Schüttelsiebe für die Abermillionen an Münzen

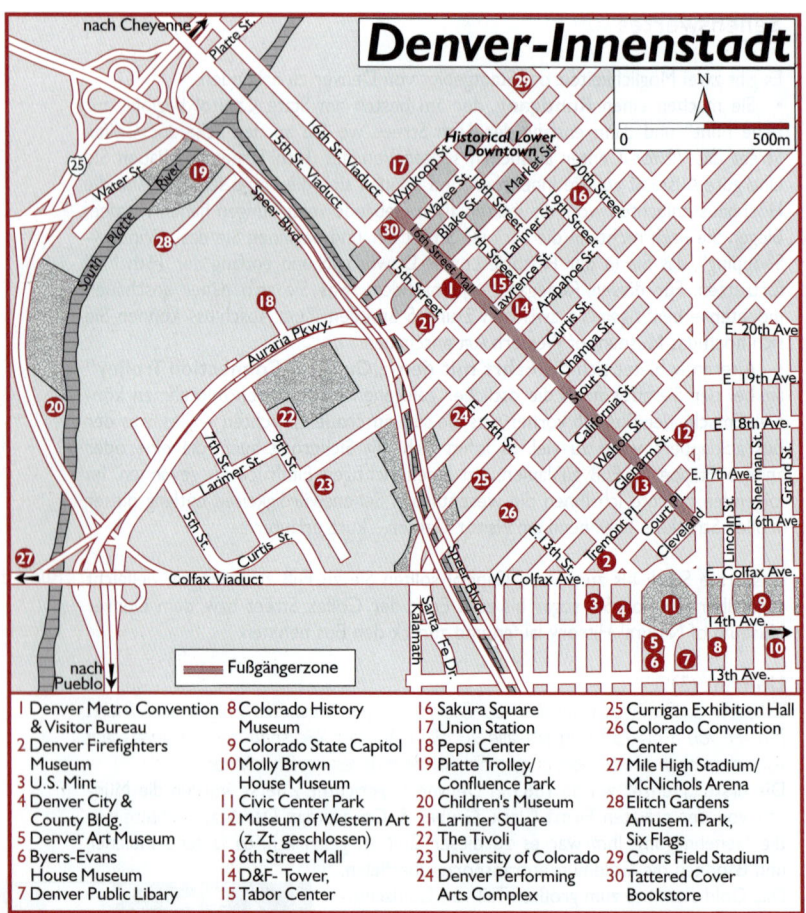

Denver-Innenstadt

nach Cheyenne

Historical Lower Downtown

N

0   500m

nach Pueblo

Fußgängerzone

1 Denver Metro Convention & Visitor Bureau
2 Denver Firefighters Museum
3 U.S. Mint
4 Denver City & County Bldg.
5 Denver Art Museum
6 Byers-Evans House Museum
7 Denver Public Libary

8 Colorado History Museum
9 Colorado State Capitol
10 Molly Brown House Museum
11 Civic Center Park
12 Museum of Western Art (z.Zt. geschlossen)
13 6th Street Mall
14 D&F- Tower,
15 Tabor Center

16 Sakura Square
17 Union Station
18 Pepsi Center
19 Platte Trolley/ Confluence Park
20 Children's Museum
21 Larimer Square
22 The Tivoli
23 University of Colorado
24 Denver Performing Arts Complex

25 Currigan Exhibition Hall
26 Colorado Convention Center
27 Mile High Stadium/ McNichols Arena
28 Elitch Gardens Amusem. Park, Six Flags
29 Coors Field Stadium
30 Tattered Cover Bookstore

© graphic

unter starken Sicherheitsvorkehrungen in der Colfax Street vorgenommen. Die „Denver Mint" ist eine von nur 4 Prägeanstalten in den USA, und jährlich werden hier 4,8 Milliarden Pennies, 410 Millionen Nickels, 653 Millionen Dimes, 655 Millionen Quarters und eine Reihe von Sondermünzen produziert.

Der Trolley fährt nun vorbei an der **City Hall**, einem imposanten, aber in seiner Architektur etwas unpassenden Gebäude. Der Vorplatz erinnert an den Petersplatz in Rom.

Denver Art Museum (5)

100 W. 14th Ave., Pkwy. Öffnungszeiten: Di.–Sa. 10–17h, So. 12–17h

Das Museum ist in einem modernen, sechsstöckigen Gebäude untergebracht, welches im Volksmund auch als „Haus auf dem Mond" (Moon House) bezeichnet wird. Bei einem Rundgang treffen Sie auf Artefakte aller Stilrichtungen, vom amerikanischen Westen ausgehend bis hin zu pazifischen und sogar afrikanischen Stücken. Nicht zu vergessen die europäische Kunst mit Kunstwerken von Picasso, Matisse u.a. Alles in allem ziemlich erdrückend. Am besten, Sie entscheiden sich für eine oder zwei Stilrichtungen.

Das **Byers-Evans House (6)**, gleich hinter dem Art Museum, ist ein Zeugnis wohlhabender Pionierfamilien in Denver. Es ist weniger das Innere des Hauses, das „nur" aus alten Möbeln besteht (die es überall zu sehen gibt), als vielmehr die Ausstellungen und Fotos, zusammengestellt von der Colorado Historical Society, die einen Besuch wert sind (besuchen Sie dazu auch das angeschlossene **Denver History Museum**). Sie bieten hervorragende Einblicke in die Geschichte von Denver.
Adresse: 1310 Bannock Street. Öffnungszeiten für beide: Di.–So. 11–15h.

Denver Art Museum, das „Haus auf dem Mond"

Colorado History Museum (8)
1300 Broadway. Öffnungszeiten: Mo.–Sa. 10–16h30, So. 12h–16h30

Ebenfalls in einem modernen Bau untergebracht, bietet dieses Museum wohl die beste Möglichkeit, sich mit der Geschichte von Colorado auseinanderzusetzen. Hierzu gibt es Ausstellungsstücke aus der Zeit der ersten Indianer bis in die des 20. Jh. Modelle alter Forts, indianische Felsenwohnungen, Goldgräber-ausrüstungen und viele Fotos untermalen die Ausstellung und werden sicherlich auch viele Kinder beeindrucken. Besondere Attraktionen sind ein getarnter Planwagen und ein Modell von Denver, wie es um 1860 ausgesehen hat. Dieses Museum ist wohl das interessanteste in Denver und sollte auf Ihrer Liste ganz oben stehen. Nehmen Sie sich dafür genügend Zeit – mindestens 2 Stunden, und verpassen Sie auch nicht die Multimedia-Show, die die Geschichte Colorados visuell erläutert.

Das **Colorado State Capitol (9)** wurde 1908, nach 22-jähriger Bauzeit, fertiggestellt. Einzig Rohmaterial aus Colorado wurde dazu verwendet, was zur Folge hatte, dass der graue Granit aus der Region um Gunnison dem Gebäude ein weniger positives Antlitz vermittelt, eher das einer „grauen Maus". Dafür aber hat man die Kuppel mit Blattgold überzogen. Der Gegensatz ist ziemlich krass, macht das Gebäude aber wiederum einzigartig unter allen Capitol-Bauten der USA. Eine 30-minütige Rundtour durch einen Teil der 160 Räume macht den Reichtum des Staates deutlich. Der Kandelaber im Supreme Court Chamber wiegt eine ganze Tonne! Ansonsten viel Marmor, Prunk und Protz. Die Rundtour endet am Rotunda, von wo aus man einen guten Blick auf die Downtown und die Berge hat.
Besichtigungen: Mo.–Fr. 9–16h, beginnend jede halbe Stunde.

Grauer Regierungspalast

Die nächste Etappe ist das **Molly Brown House (10)**. Im viktorianischen Stil errichtet, bietet das Innere so einiges Unerwartetes. Molly Brown war nämlich

Hier lebte die „Unsinkable Molly"

eine der ausgefallensten Frauen Amerikas zu Beginn des 20. Jh. Das macht sich bereits bei der Auswahl der Möbel bemerkbar, die nicht immer zeitgemäß waren und die sie auf ihren unzähligen Reisen zusammengetragen hat.

Molly Brown wurde dadurch bekannt, dass sie den Untergang der „Titanic" nicht nur überlebte und bei der Rettung vieler Passagiere beteiligt war, sondern dass sie sich auch nach diesem Unglück aufopferungswürdig um die verbliebenen Immigranten gekümmert hat. Dieses brachte ihr den Spitznamen „Unsinkable Molly" ein. Bereits Jahrzehnte vor dem Schiffsunglück hatte sie ein abenteuerreiches Leben. Aus Missouri kommend, wohnte sie zuerst in verschiedenen Minenstädten Colorados. Dort lernte sie sich durchzusetzen, was 1909 sogar dazu führte, dass **sie** sich von ihrem Ehemann trennte – eine seltene Tatsache zu dieser Zeit –, um sich ganz ihrer Leidenschaft, dem Reisen, hinzugeben.

Adresse: 1340 Pennsylvania St.),
Öffnungszeiten: Di.–Sa. 10–16h, So. 12–16h. Im Sommer auch montags geöffnet.

Setzen Sie Ihren Fußmarsch entlang der **Colfax Street fort**. Die Straße bietet das genaue Gegenstück zur Downtown. Viele junge Leute und einzigartige (Szene-) Geschäfte: z.B. ein Geschäft nur mit Comic-Heften, andere mit gebrauchten Schallplatten, ausgefallener Second-Hand- (und neuer) Mode, Antiquariate und, und, und. Wenn Sie sich hier Zeit nehmen, finden Sie bestimmt das eine oder andere Interessante, und das zu einem annehmbaren Preis. Außerdem gibt es eine Reihe günstiger Restaurants (neben Hamburgern vor allem italienische Speisen).

Weitere Sehenswürdigkeiten

Der Botanische Garten **(Botanical Gardens, 1 auf der Metro-Karte)** bietet keine herausragende Pflanzenwelt, zumindest nicht das, was man **unbedingt** kennen lernen muss. Dafür aber eine kurze Verschnaufpause im Grünen.

In einem kleinen Wohnhaus untergebracht ist das **Denver Museum of Miniatures, Dolls and Toys**. Ausgestellt sind neben Puppen auch Spielzeug und Miniaturen. Das Museum eignet sich aber weniger für Kinder als eher für Erwachsene, die ausreichendes Interesse für so etwas haben.

Adresse: 1880 Gaylord St. (westl. City Park). Öffnungszeiten: Di.–Sa. 10–16h, So. 13–16h.

Der **Zoo (3 auf der Metro-Karte)** von Denver zeigt nichts, was es in Europa nicht auch zu sehen gibt. Positiv zu vermerken ist höchstens, dass er sich dem „North American Species Survival Program" angeschlossen hat (Ziel: Erhaltung bedrohter Tierarten). Falls es Sie trotzdem hin zieht: täglich geöffnet; und als Angebot für bereits Fußlahme: der „Zooliner", ein kleiner Zug, der durch die Anlage fährt.

Denver Museum of Natural History (auch: Nature & Science)
(**2** auf der Metro-Karte)
2001 Colorado Blvd. Öffnungszeiten: täglich 9–17h
Um es vorweg zu nehmen: Betreten Sie das Gebäude nicht, wenn Sie nicht mindestens 2 Stunden Zeit haben. Es ist das siebtgrößte Museum der USA und bietet unzählige sehenswerte Ausstellungsstücke. Da wären z.B. eine der größten Mineralien- und Fossiliensammlungen der Welt, sieben lebensgroße, vollständige Dinosaurierskelette, Skelette von 90 weiteren prähistorischen Tieren und 90 Dioramen von Pflanzen und Tieren aus vier Kontinenten. Wem das nicht genügt: die Entwicklung des Menschen, u.a. dargeboten in der Kopie von „Lucy", deren *Riesiges* Lebzeit ca. 3,2 Millionen Jahre zurückliegen soll (ein Skelett, das man in Afrika *Museum* gefunden hat). Reicht noch nicht? Dann sehen Sie sich das **IMAX-Theater** an. Die Leinwand geht über vier (!) Etagen und ist damit die größte der Welt. Die Filme variieren, betreffen aber meist naturhistorische Themen. Immer noch nicht genug? Im **Charles C. Gates Planetarium** gibt es Lasershows und Einführungsprogramme zur Astronomie. Der Sternenhimmel wird an einer riesigen Decke dargestellt. Für alle drei Abteilungen wird getrennt Eintritt verlangt.

Die nächste Etappe führt Sie wieder in die Innenstadt. Falls Sie die Gelegenheit zu einem Bummel entlang der Colfax Avenue noch nicht wahrgenommen haben, können Sie dies jetzt nachholen. Bei dem auffälligen Kirchenbau in der Colfax Avenue handelt es sich übrigens um die **Cathedral of the Immaculate Conception**, die größte Kirche von Denver. Ein Besuch (auch Touren) ist möglich, bietet aber nichts Außergewöhnliches.

Museum of Western Art (12)
1727 Tremont Ave., Öffnungszeiten: Di.–Sa. 10–16h30
Dieses 1983 eingerichtete Museum fällt bereits von außen dadurch auf, daß das historische Gebäude, in dem es untergebracht ist, zwischen den dicht angebauten Hochhäusern untergeht. Die ausgestellten Gemälde, Skulpturen und auch Briefe und Cartoons bieten weniger hochklassige Kunst als vielmehr einen Einblick in die Pioniergeschichte Colorados. Viele der „Künstler" waren Goldschürfer, Naturwissenschaftler und Wandersleute, die ihre Eindrücke mit Pinsel und Tusche wiedergaben. Wäre Charles Russell 1914 diesem Beispiel gefolgt, wären heute seine in schlechtestem Englisch niedergeschriebenen Worte nicht hier ausgestellt: „Was shure good to here from you London is a sisobol camp". Seine Liebe zu Colorado spiegeln sie aber trotzdem wider.

Die **16th Mall** ist die Fußgängerzone und wichtigste Einkaufsstraße von Denver. Viele Geschäfte bieten teure Waren, doch befinden sich die wirklich ausgesuchten Boutiquen

Beliebt wegen seiner Boutiquen und Straßenrestaurants: Larimer Square

16th Street Mall mit D&F Tower

eher in der **Larimer Street (21)** im wieder aufgemöbelten Stadtteil **„Historic Lower Downtwon"** *(zwischen Larimer Street und Union Station)* und in dem Einkaufszentrum **Tabor Square (15)**, welches am nördlichen Ende der Mall liegt. Einzig erlaubtes Verkehrsmittel in der Mall ist ein Elektrobus (der große Zwischenraum zwischen Fahrer und Passagieren beherbergt den Akku), der Sie kostenlos die Mall auf und ab befördert und an jeder Straßenkreuzung hält. Den auffälligen **D&F Tower (14)** ließ 1910 ein Kaufhausmagnat als Nachbau des Turmes am Markus-Platz in Venedig errichten. Damals war er das dritthöchste Gebäude Amerikas, heute geht er eher unter zwischen den ganzen Wolkenkratzern.

Wenn Sie in **historischen Straßenzügen** stöbern und laufen wollen, müssen Sie sich die Zeit nehmen, die o.g. „Historic Lower Downtown (kurz: LoDo)" zu erkunden. Ein Muss ist dabei der Besuch des riesigen **Tattered Cover Book Store (30)** *(Ecke 16th Street Mall/Wynkoop St.)*. Der noch größere Hauptladen befindet sich aber außerhalb der Innenstadt *(2955 E. First Ave., gegenüber Cherry Creek Shopping Center)*. Für Erfrischung und Stärkung sorgen kleine Restaurants und Kneipen.

Nicht weit vom eigentlichen Zentrum und durchaus zu Fuß zu erreichen, finden Sie folgende Attraktionen:

Six Flags Elitch Gardens Theme Park (28)

Speer Blvd., I-25 Exit 212A, Öffnungszeiten: im Sommer täglich 10–22h, Rest des Jahres variiert, meist nur am Wochenende.

Freizeit-park

Dieser 100 Millionen Dollar teure Freizeitpark wurde 1995 an dieser Stelle errichtet; für einen solchen Park sehr nahe an der Innenstadt. Auf diese Tatsache ist Denver besonders stolz. Über 40 unterschiedliche Fahrten und Attraktionen werden angeboten. Abends gibt es Entertainment-Programme. Restaurants fehlen natürlich auch nicht. Besonders schön ist es, vom Riesenrad aus auf die Stadt zu schauen. Leider ist es nicht permanent aufgebaut.

Auf der anderen Seite des Platte River können Sie nun auch die **Colorado Ocean Journey** besuchen *(700 Water St., geöffnet: im Sommer täglich 9–18h, Rest des Jahres erst ab 10h)*. Hierbei handelt es sich um das größte Aquarium zwischen Chicago und Westküste. Die zu bestaunende Unterwasserwelt bietet Fische aus aller Welt.

Children's Museum of Denver (20)

2121 Children's Museum Dr. (I-25, Exit 211). Öffnungszeiten: Di.–Sa. 10–17h (Fr. 10–21h), So. 12–17h

Dieses Kinder-Museum gilt als eines der besten in den USA. Kinder können sich hier nicht nur austoben – was ja schon für ein Museum nicht üblich ist –, sondern

auch an Kursen teilnehmen, die wichtige Punkte wie z.B. „Recycling" ansprechen. Zudem dürfen sie ausgestellte Geräte anfassen, ja sogar runterschmeißen! Höhepunkt aber ist, neben dem Live-Theater, das Fernsehstudio. Hier können Kinder ihren eigenen Film drehen mit allem, was dazu gehört: Kameras, Nachrichten- und Wetterstudio, Monitore – alles ist vorhanden. Weiteres: Spielplatz, kreative Bastelstunden und Trolley-Touren zum Transportmuseum.
2121 Crescent Drive (I-25, Exit 211).

Folgende Punkte liegen etwas außerhalb des Innenstadtbereichs, sodass Sie besser mit dem Auto dorthin fahren sollten:

Black American West Museum & Heritage Center
(14 auf der Metro-Karte**)**
3091 California Street (Buslinien: 7, 28, 32 oder 38), Öffnungszeiten: Mi.–Fr. 10–14h, Sa. 12–17h, So. 14–17h
In der „weiß gefärbten" Gesellschaft Colorados ist ein Museum für die schwarzen Pioniere dieses Staates fast ein Wunder. Sehen wir einmal darüber hinweg, dass sich das Gebäude in „sicherer" Distanz zum Business Center und obendrein in einem armen Schwarzenviertel befindet. Doch gerade weil so wenig über die Pionierleistungen der schwarzen und „coloured" Bevölkerung bekannt ist, sollte man diesem Museum einen Besuch abstatten. Wussten Sie z.B., dass jeder dritte Cowboy ein Farbiger war, dass ein schwarzer Goldsucher zu den ersten Fündigen in Idaho Springs gehörte und dass eine farbige Frau, Dr. Justina Ford („The Lady Doctor"), 1902 alle Barrieren, die ihr in den Weg gelegt wurden, überwand und eine Praxis für die Armen und Mittellosen in Denver eröffnete?

Geschichte der Afroamerikaner

Es gibt noch einiges andere in diesem Museum zu entdecken, was die Geschichtsschreibung bisher unter den Tisch gekehrt hat.

Four Mile Historic Park
715 S. Forest Street, Glendale, 5 Meilen südöstlich der City. Anfahrtsbeschreibung: Fahren Sie auf der Colfax Avenue in östliche Richtung, und biegen Sie dann nach Süden ein auf den Colorado Boulevard. Folgen Sie diesem knappe 2 Meilen, und zweigen Sie dann nach links in den Leetsdale Drive ab. Nach etwa 1 Meile geht es rechts in die Forest Rd. Öffnungszeiten: April bis September, Mi.–Fr. 12–16h, Sa. + So. 10–16h, Rest des Jahres Sa. + So. 12–16h
Das erste Haus von Denver, ehemals genutzt als Postkutschenstation, Saloon und einfaches Farmhaus. Heute kann man sich das Gebäude und seine Möbel aus der Pionierzeit ansehen. Normalerweise lohnt der Besuch eigentlich kaum, doch an bestimmten Feiertagen kommt hier Leben auf, und man erhält die Chance, z.B. eine Postkutschenfahrt mitzumachen. Nach 5 Minuten ist man bereits „seekrank", aber erst dadurch erlebt man hautnah mit, wie umständlich das Reisen vor nur 100 Jahren noch war. An diesen speziellen Tagen werden auch Handwerksberufe der damaligen Zeit vorgeführt, wie z.B. die Schmiedetechnik und die alten Erntemethoden (Bandscheibe, sei tapfer!). Die Daten für diese Tage wechseln jedes Jahr, doch sind folgende ziemlich sicher: 1. Wochenende im April, 4. Juli, Colorado Day-Veranstaltungen am letzten Sonnabend im Juli, 3. Sonntag im September, vorletztes Wochenende im Oktober, 2. Wochenende im Dezember.

Sehenswertes in der Umgebung

Fahren Sie entlang dem US 40 (Colfax Avenue) nach Golden. Die vielen Motels aus den 1950 und -60er Jahren entlang der Straße lassen erkennen, dass dies einmal die Hauptzufahrtsstrecke nach Denver gewesen ist. Wer in Denver nicht so tief in den Geldbeutel greifen möchte, der kann sich für ein bis zwei Nächte hier in eines der rosa oder hellgrün bemalten Etablissements einbuchen. Die Zimmer sind natürlich klein, aber in der Regel sauber.

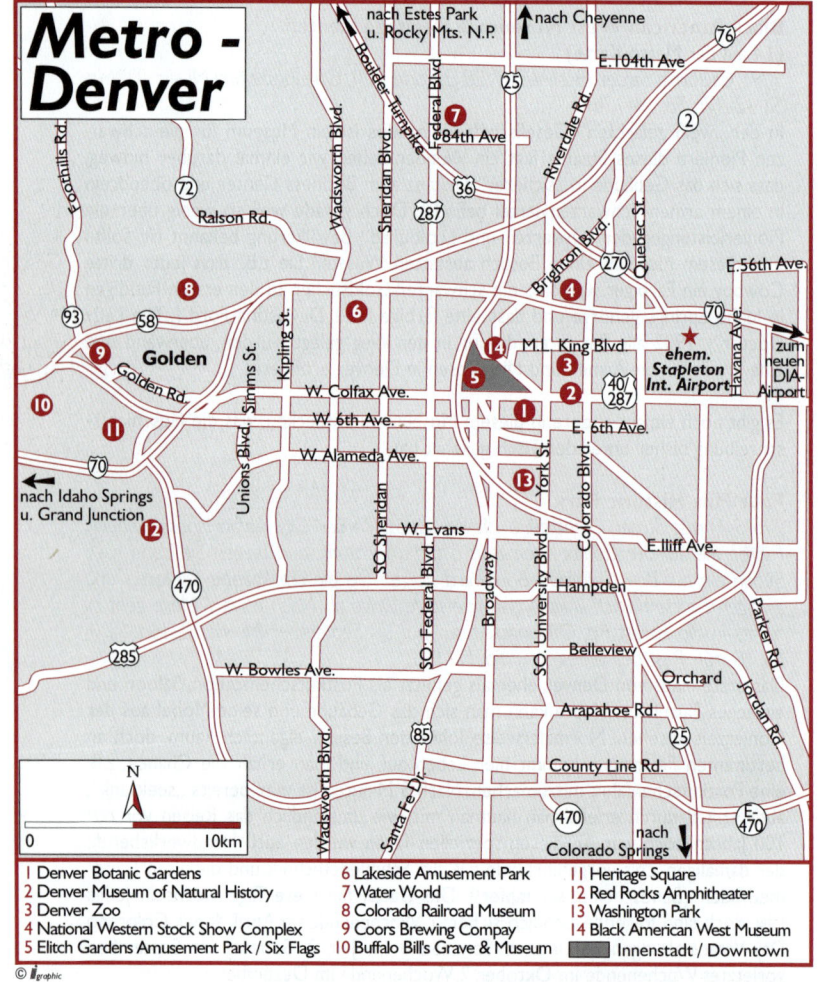

1 Denver Botanic Gardens	6 Lakeside Amusement Park
2 Denver Museum of Natural History	7 Water World
3 Denver Zoo	8 Colorado Railroad Museum
4 National Western Stock Show Complex	9 Coors Brewing Compay
5 Elitch Gardens Amusement Park / Six Flags	10 Buffalo Bill's Grave & Museum
11 Heritage Square	
12 Red Rocks Amphitheater	
13 Washington Park	
14 Black American West Museum	
Innenstadt / Downtown	

© igraphic

Golden (ⓘ S. 173)

Übernachtung
Hotels der mittleren Preisklasse finden sich ausreichend in der Stadt, meist im Bereich um den US 6. Weitere Infos lesen Sie in den gelben Seiten unter „Denver".

Die Stadt hat heute 15.000 Einwohner und konkurrierte während des 19. Jh. mit Denver um die Vormachtstellung in Colorado, dessen Hauptstadt sie sogar von 1862–67 gewesen ist. Bedingt durch Goldfunde, die Errichtung der School of Mines und letztendlich der Coors-Brauerei, entwickelte sich Golden in der Folgezeit zu mehr als einer Saloon- und Cowboystadt. Doch es blieb immer die Nummer 2 hinter Denver, denn eine Stichwahl entschied 1867 mit einer Stimme Mehrheit, den Regierungssitz in die größere Nachbarstadt zu verlagern. Heute bietet Golden den Touristen eine auf historisch getrimmte Innenstadt und die Besichtigung der Coors Brewery, die hier den größ-ten (einzelnen) Bierbraubetrieb der Welt errichtet hat. Zudem gibt es noch ein paar Museen.

Minen...

• Coors Brewerie (9)
13th/Ford St., Öffnungszeiten: Mo.–Sa. 10–16h, im Sommer bis 17h

Die Gründung dieser Brauerei symbolisiert wieder einmal die amerikanische Geschichte vom „Erfolg des Tüchtigen". Adolph Coors immigrierte 1868 ohne finanzielle Mittel in die USA, erfüllte sich aber bereits 5 Jahre später in Golden den Traum einer eigenen Brauerei, zusammen mit Jacob Schueler, einem Geschäftsmann aus Golden. Die Brauerei wuchs stetig, da es immer mehr durstige Gesellen in den Westen zog, meist auf der Suche nach der überwältigenden Goldader. Der Frust wurde dann in Coors ertränkt. So kam es auch, dass Coors das

Adolph Coors

Symbolgetränk für die Erschließung des Nordwestens wurde – „The Cowboys mostwanted Draft" war eine der ersten Werbeparolen. 1880 stieg Schueler wieder aus dem Betrieb aus.

Die Prohibition (1916–33) bescherte natürlich wirtschaftliche Probleme, doch stellte die Brauerei schnell um auf „Near Beer" und „Malt Milk", zudem wurden Malzbonbons produziert. Nach 1933 waren aber schnell wieder die Bierbrauer am Werk, und heute ist Coors die drittgrößte Brauereigesellschaft der USA mit der größten einzelnen Bier-Produktionsstätte der Welt in Golden.

Hier arbeiten etwa 5.000 Menschen und produzieren täglich zwischen 5 und 6 Millionen Liter Bier. Positiv zu vermerken ist die Tatsache, dass Coors bereits seit 1973 seine Aluminiumdosen recycelt (gegen ein paar Cent Pfand). Seitdem wurden bereits über 600 Millionen Dollar Pfand an die Kunden zurück erstattet.

...und Bier

Für die kostenlose Besichtigung fahren Sie auf einen gut ausgeschilderten Parkplatz, von wo aus Sie mit einem Bus zuerst durch die Innenstadt (kleine Sightseeing-Tour) und dann in das Fabrikgelände gefahren werden. Die gesamte Tour, einschließlich der „Trinkprobe", dauert etwa eine Stunde. Wer eine nostalgisch angehauchte Fabrik mit dem Flair der Gründerzeit und dem Touch der alten Bierbrauer erwartet, wird hier enttäuscht. Die Anlage ist hochmodern und wird von Computern gesteuert. Auf dem gesamten Rundgang habe ich nur 20 Arbeiter gesehen – und das auch nur, weil die Laborassistenten eine Kaffeepause machten und sich alle an einem Platz versammelt hatten. Wenn Sie also lieber den einfachen Prozess des Bierbrauens miterleben möchten, schauen Sie sich lieber eine der vielen Microbreweries in Colorado an.

Übrigens wird ein großer Teil des hier verarbeiteten Hopfens aus Deutschland und Frankreich importiert.

Weitere Sehenswürdigkeiten

• Die **Colorado School of Mines** *(Ecke 16th/Maple St., Mo.–Sa. 9–16h, So. 13–16h)* bietet ein geologisches Museum mit Schwerpunkt auf dem Bergbau in Colorado. Auf Wunsch kann man sich das **National Earthquake Information Center** ansehen, wo alle Daten von allen Beben der Welt gespeichert und verarbeitet werden. *Voranmeldung erbeten: Tel. (303) 273-8500. Nur Di.–Do.*

• Das **Buffalo Bill Memorial Museum & Grave (10)** liegt auf einer Anhöhe östlich von Golden *(Adresse: 9871/2 Lookout Mountain Rd., I-70, Exit 256)*. Hier wurde der berühmte Buffalo Bill Cody begraben. Er war mit Sicherheit die schillerndste Figur des Wilden Westens. Army Scout, Pony-Express-Reiter (inkl. Rekordritte), Schausteller in Sachen Reiten und Schießen – nichts, was Buffalo Bill nicht gemacht hat. Er hat selbst in Europa Auftritte gehabt.

Legendäre Western-Gestalt Sicherlich hat es der Westen Buffalo Bill zu verdanken, dass der Mythos der Wildnis und Abenteuerromantik aufrechterhalten wurde, und zugleich den Leuten in den „zivilisierten" Großstädten vor Augen geführt wurde, dass gerade der Westen entscheidend zur Entwicklung der USA beigetragen hat.

Buffalo Bill war damals einer der angesehensten Männer, und besonders auch die Kinder freuten sich, wenn er und seine Schaustellertruppe in ihre Stadt kamen. Bei all dem Rummel und den Versuchungen, die ihm in den Großstädten geboten wurden, blieb er aber ein Mensch des Westens. Einmal sagte er: „An einem Tag, irgendwo in den Plains, fragte mich General Sheridan, ob ich jemals im Osten gewesen sei. Ich sagte ihm daraufhin stolz: Ja, ich war eine gute Woche in Omaha (damals eine Kleinstadt des mittleren Westens). Woraufhin er mir antwortete, ich solle doch mal nach New York fahren. Ich entgegnete aber: Wenn es nur annähernd so ist wie Omaha, habe ich genug gesehen."

Die Figur von Buffalo Bill wurde bis heute in über 700 Wildwest-Groschenromanen ausgeschmückt.

Im Museum gibt es Briefe, Fotos, Kleidungsstücke, seinen Sattel und eine Reihe anderer Erinnerungsstücke zu sehen.
Öffnungszeiten: im Sommer täglich 9–17h, Rest des Jahres Di.–So. 9–16h

*Botschafter des „Wilden Westens":
Buffalo Bill*

• Eisenbahnfans sollten sich das **Colorado Railroad Museum (8)** *(17155 W. 44th Ave.)* nicht entgehen lassen, wo es neben echten Dampflokomotiven auch Miniatureisenbahnen zu sehen gibt – inklusive eines Modells der Stadt Golden. Die Eisenbahn bildete eine wichtige Stütze in der Entwicklung des Westens. Das Museum ist das größte dieser Art in Colorado und liegt nördlich von Golden.
Anfahrt von Denver: I-70, dann Hwy. 58, Exit 265. Schilder beachten.
Öffnungszeiten: Juni–August: täglich 9–18h, sonst 9–17h

28. Die Rocky Mountains zwischen Denver und Santa Fe

Entfernungen
• *Denver - Vail: 100 Meilen/ 161 km*
• *Vail - Aspen: 94 Meilen/151 km*
• *Aspen - Montrose (über Hwy. 24 und Gunnison): 292 Meilen/470 km*
• *Aspen - Montrose (über Redstone und Hotchkiss und Hwy. 92): 210 Meilen/336 km*
• *Montrose - Durango: 108 Meilen/ 174 km*
• *Durango - Santa Fe: 212 Meilen/ 341 km*
• *Vail - Alamosa: 185 Meilen/298 km*
• *Alamosa - Taos: 84 Meilen/135 km*
• *Taos - Santa Fe: 60 Meilen/96 km*

Routenempfehlung
Der Übersichtlichkeit wegen nenne ich Ihnen hier nur die wesentlichen Orte und Sehenswürdigkeiten entlang der von mir empfohlenen Hauptroute: Georgetown, Vail, Aspen (alternativ über den Cottonwood Pass nach Crested Butte), Black Canyon of the Gunnison N.P., Montrose, Telluride, Ouray, Silverton, 1 Million Dollar Highway, Durango, Mesa Verde Nat. Park, Aztek N.M., Farmington und Santa Fe.

Zeiteinteilung
5–7 Tage

Wildwasserfahrten
Ein unvergessliches Erlebnis ist mit Sicherheit eine Wildwasserfahrt in einem Schlauchboot auf dem Colorado und den anderen Flüssen in den Rockies. Es gibt in Colorado unzählige Anbieter solcher Touren. Ein Ort, der sich darauf spezialisiert hat, ist Buena Vista 36 Meilen südlich von Leadville. Am besten, Sie erkundigen sich bereits in Denver nach Anbietern und Strecken.

Ski laufen
Das hier angesprochene Reisegebiet ist ohne Zweifel das herausragende Skiareal der USA – mit fast hundertprozentiger Schneegarantie. Da dieses Buch leider keinen Skiführer darstellen kann, ist es ratsam, sich bereits in Europa in Ihrem Reisebüro über Skiorte zu informieren.
Die Organisation „Colorado Ski Country" (Internet: www.skicolorado.org) bietet einen jährlich neu erscheinenden, sehr ausführlichen Katalog, aus dem alles Wesentliche die einzelnen Skigebiete betreffend hervorgeht. Wenn Sie sich für einen be-

stimmten Ort entschieden haben, können Sie über die dortigen Fremdenverkehrsämter nähere Infos beziehen.

Angeln

*Colorados Flüsse bieten genügend Gelegenheiten für Angelfreunde. Lachs
und Forellen gehören zu den beliebtesten Fängen, aber es gibt auch noch
eine Reihe anderer, sehr schmackhafter Fische. Zudem bietet eine Reihe privater
Teichbesitzer die Gelegenheit zu einem guten Fang. Ausrüstungen kann man in fast
jedem Ort leihen oder kaufen. Für das Angeln in privaten Gründen bedarf es keiner
weiteren Genehmigung (außer der vom Besitzer natürlich). Für öffentliche Gewässer muss man sich ein Permit holen bei der zuständigen Forstverwaltung oder z.T.
auch bei den Gemeindeverwaltungen. Die Touristenbüros können Ihnen dazu die
erforderlichen Infos geben.*

*Sportliche
Aktivitäten*

Reiten

*Kaum eine Landschaft eignet sich besser für Ausritte als die Rocky Moun-
tains. Dies haben auch unzählige Farmen, Hotels und Operators erkannt
und bieten in fast jedem entlegenen Winkel Ausritte an. Daher verzichte ich in den
meisten Fällen darauf, auf bestimmte „Unternehmen" hinzuweisen. Ein Tipp: Wenn
Sie wirklich gerne reiten, nehmen Sie sich mindestens einen ganzen Tag Zeit dafür
(es gibt auch Ausritte über mehrere Tage). Das gibt Ihnen die Gelegenheit, nicht nur
im Umfeld des Pferdestalls auszureiten, sondern in abgelegenen und landschaftlich
noch reizvolleren Gebieten. Landschaftlicher Tipp: die Rockies zwischen Silverton
und Durango. Dort gibt es entlang dem Highway genügend Anbieter. Am besten
wäre aber: Übernachtung im „Iron Horse Inn" 4 Meilen nördlich von Durango.
Dieses Hotel kann jegliche Art von Ausritten organisieren.*

Überblick

Es steht sicherlich außer Frage, dass Ihnen mit diesem Reisegebiet der zweite
große **Höhepunkt** im Südwesten geboten wird. Die Dramatik der Rockies sucht
ihresgleichen, und selbst eingefleischte Alpenfreunde werden zugeben müssen,
dass die Weite und die zum großen Teil unberührte Landschaft um einiges schöner und aufregender sind als unsere „Hausberge". Die hier vorgeschlagene Hauptroute führt Sie zu allen wesentlichen Höhepunkten, wobei ich bei der Streckenführung besonderen Wert darauf gelegt habe, dass Sie die Naturschönheiten
erleben werden.

Doch die Rockies haben auch noch mehr zu bieten. Da wäre vor allem die
Geschichte der Bergbaupioniere des 19. Jh., die für die Gründung vieler kleiner
Städtchen ausschlaggebend war, was noch heute zu spüren ist. Schauen Sie sich
daher ruhig einmal das eine oder andere örtliche Museum an, und planen Sie
mindestens 2 Stunden für das Mining Museum (Hall of Fame) in Leadville ein.
Hinterher werden Sie allemal den geschichtlichen Werdegang dieses Reisegebietes intensiver nachvollziehen können. Zweigen Sie gerne auch mal von der Hauptroute ab, so z.B. nach **Crested Butte**, das bereits von vielen Lesern begeistert
empfohlen wurde. Vergessen darf man natürlich auch die Indianerkulturen nicht.

Von Denver durch die Rocky Mountains nach Santa Fe

© Igraphic

Beeindruckender Höhepunkt dazu ist der **Mesa Verde National Park**, für den Sie mindestens einen halben, eher aber einen Tag erübrigen sollten. Im Süden dann eröffnet sich wieder die **Halbwüstenlandschaft** von New Mexico, deren herausragende Stadt

Relikt aus reichen Bergbauzeiten: das Tabor Opera House in Leadville

Santa Fe ist mit ihren faszinierenden Adobehäusern. Leider ist die Stadt touristisch bereits etwas „überreizt". Ein paar Stunden sollten Sie aber trotzdem dort verbringen. Eine ruhigere Alternative bietet Taos.

Redaktions-Tipps

- Die erste in diesem Kapitel vorgestellte Route ist mit Sicherheit die schönere und der zweiten in folgendem Kapitel vorzuziehen. Wenn Sie Zeit haben, fahren Sie doch z.B. die erste in südlicher Richtung und anschließend die zweite wieder nach Norden und dann weiter nach Osten bis Colorado Springs.
- Aufgrund der vielen Bergstrecken wird Ihre **Tageskilometerleistung** um mindestens 100 km unter der der vorherigen Kapitel liegen.
- Die **schönsten Wintersportorte** (aber auch sehr schön im Sommer) sind Aspen (S. 673f) und Telluride (S. 680f).
- **Weitere reizvolle Orte,** die sich als Basis für Touren in die Rockies anbieten: Breckenbridge (Skiort (S. 670)), Leadville und Crested Butte (verschlafene, historische Minenstädte (S. 671ff)), Ouray (alte Minenstadt mit heißen Quellen (S. 682)), Crested Butte (ruhiger Skiort (S. 665)).
- Wo sind die Rockies auf der angeführten **Route am eindrucksvollsten?** In der Schlucht zwischen Denver und Breckenbridge (S. 668f); Passstraße zwischen Leadville und Aspen (S. 673); im Dreieck „Telluride-Ridgway-Ouray" (S. 679) und entlang dem „Million Dollar Highway" (S. 683).
- Andere bedeutende Sehenswürdigkeiten: die alten Minen und das Minenmuseum in Leadville (S. 672); das Black Canyon of the Gunnison NP (tiefer, schmaler Canyon (S. 677ff)); der Mesa Verde NP (Indianerruinen an den Canyonwänden - Cliff Dwellings (S. 687ff)); riesige Sanddünen im Great Sand Dunes NP (S. 703ff); die touristisch sauber herausgeputzte Pueblostadt Santa Fe (S. 694ff) und die ursprünglichere Pueblostadt Taos (S. 706).
- Die **schönsten historischen Eisenbahnen**: „Georgetown Loop Railroad" (S. 669) und „Durango - Silverton Railroad" (S. 684)

Ski-Enthusiasten werden in den Rockies auch auf ihre Kosten kommen. Zwar läuft man im Sommer bekanntlich nicht Ski, aber die „spezielle" Atmosphäre ist selbst dann in mondänen Orten wie Aspen, Vail und Telluride vorhanden, und die Chance, eine der bekannten Hollywoodgrößen beim Shopping zu treffen, ist nicht gering. Einmal dort gewesen zu sein ist schon ein Highlight, und so mancher Skihase unter Ihnen wird das nächste Mal im Winter wiederkommen – soweit der private „Finanzminister" dieses zulässt.

Apropos: Die Hotelpreise liegen in Colorado leider etwas höher als im restlichen Südwesten, vor allem in den Skiresorts (z.T. auch im Sommer!) In der Regel wird dafür zwar mehr geboten, aber die entsprechenden Zusätze, wie z.B. Preisnachlässe in nahen Shops, Whirlpools, süßes Continental Breakfast oder der zweite Fernseher auf dem Zimmer, gehören wahrscheinlich nicht zu den von Ihnen favorisierten Extras.

Skiresorts

Nehmen Sie es hin, buchen Sie vielleicht einmal ein günstigeres Motel (z.B. Motel 8), um die nächste Nacht dann über die Stränge schlagen zu können, und achten Sie vor allem auf Sonderpreise und „Gutscheine" in Broschüren. So können Sie immer noch die Rockies voll auskosten, ohne dann zu Hause auf Wasser und Brot umsteigen zu müssen.

Sehenswertes

Von Denver aus fahren Sie auf dem I-70 in westliche Richtung. 30 Meilen hinter Denver steigt die Straße an und führt durch eine eindrucksvolle Schlucht bis hinauf zum Loveland Pass (3.600 m). Vorher aber passieren Sie zwei interessante kleine Bergbaustädtchen:

• **Idaho Springs** ist etwas „städtischer". Von hier wurde 1910 der **6,6 km lange**

Einfach toll: die Bergwelt der Rockies in Colorado

Argo-Tunnel nach Central City gebohrt, durch den Erze nach Idaho Springs befördert wurden. Der Tunnel und die Argo Mill, wo das Erz weiterverarbeitet wurde, sind heute zu besichtigen. Das dunkelrote Holzgebäude am nördlichen Bergrand ist nicht zu übersehen. Fahren Sie durch den Ortskern von Idaho Springs durch. Die alten Häuser vom beginnenden 20. Jh. sind recht sehenswert, aber Sie werden davon noch genügend in anderen Städten erleben. Der Ort bietet

Erzverarbeitung in der Argo Mill

sich aber an für verschiedene Minentouren, so z.B. in die historische – aber noch arbeitende – **Phoenix Gold Mine**, die täglich auf Touren zu besichtigen ist.

• **Georgetown** wirkt viel lieblicher, war aber eigentlich der bedeutendere Minenort. Nachdem in den 50er Jahren des 19. Jh. zuerst Gold gefunden wurde, ist es schließlich Silber gewesen, welches Georgetown über zwei Jahrzehnte Reichtum bescherte, bis dann 1893 der Preis für Silber stark absackte. Die Ortsmitte erinnert eher an die Häuser auf einer Modelleisenbahn. Sie sind hier übrigens in der Mehrzahl aus Holz, was für Minenstädte selten ist. Die Lage am Ende des Tales macht den Anblick noch faszinierender, besonders von dem über der Stadt verlaufenden Highway aus.

Nettes Städtchen mit Eisenbahn

Fotogen sind auch die viktorianischen Wohnhäuser, die um das Zentrum angesiedelt sind. In der 6th Street sollten Sie sich das ehemalige **Hotel de Paris** ansehen *(geöffnet: im Sommer täglich 11–16h30, Rest des Jahres nur an Wochenenden)*. Es wurde von Louis du Puy 1875 als Hotel mit exquisiter Küche eingerichtet, was ihm einen guten Ruf in ganz Amerika einbrachte. Der Franzose war selbst ein Gourmet, und wer sein Essen nicht entsprechend würdigte, wurde sogleich vor die Tür gesetzt.

Hauptattraktion aber ist die **Georgetown Loop Railroad**: Die Strecke bis zu den Minen im benachbarten **Silver Plume** ist zwar nur dreieinhalb Meilen lang, aber durch den starken Anstieg und verschiedene enge Kurven dauert eine Fahrt über eine Stunde – ein Stopp an der Lebanon Mine eingeschlossen. Der Einstieg in diese Mine dauert zusätzliche 1 ½ Stunden. Festes Schuhwerk und warme Kleidung sollten Sie dafür mitnehmen. Die Fahrt lohnt sich allemal. Setzen Sie Ihre Begleiter in den Zug, und sammeln Sie sie in Silver Plume wieder ein oder fahren Sie halt hin und zurück.

Die Bahn verkehrt mehrmals täglich während der Sommermonate, bis Anfang Oktober nur noch am Wochenende, Rest des Jahres keine Fahrten. Reservierung ist empfehlenswert: Tel. (303) 569-2403. Das Warten in Silver Plume kann man sich durch einen Besuch des George-Row-Museums verkürzen, welches einiges zur Bergbaugeschichte der Region zu bieten hat (geöffnet: 10–16h, nur von Mai bis September).

Benötigt eine Stunde für den 3 ½ Meilen langen Anstieg: Georgetown Loop Railroad

Beide Orte verfügen über eine Reihe von Motels und Campingplätzen, wobei für Georgetown empfehlenswert wäre, eine der privaten Bed & Breakfast-Unterkünfte zu nutzen.

Off the beaten Track: Eine landschaftlich wunderschöne Schotterstraße führt von Georgetown in südlicher Richtung nach Grant. Nicht zu empfehlen für Wohnmobile, aber ansonsten einen Umweg wert. Von Grant ist die Strecke wieder geteert, und über den US 285 und den Hwy. 9 (mit dem Skiort Breckenridge) gelangen Sie bei Frisco wieder auf die Hauptroute. Sehenswert hier vor allem die **unberührte** Berglandschaft. Länge Georgetown - Grant - Fairplay - Frisco: ca. 85 Meilen.

Weiter geht es entlang der Hauptstrecke auf dem I-70. Zuerst folgt der 1973 eröffnete **Eisenhower Memorial-Tunnel**, der bereits heute mit fast 5 Millionen Autos pro Jahr hoffnungslos überlastet ist, besonders an den Winterwochenenden, wenn halb Denver sich zu den Skiresorts aufmacht.

Als nächstes der kleine Touristenort **Frisco**, der sich für eine kurze Pause anbietet. Der nahegelegene See und die Berglandschaft lohnen zumindest einen Fotostopp. Von Frisco aus führt der Hwy. 9 übrigens zum Skiort **Breckenridge**.

Nachdem Sie schließlich den Vail-Pass (3.200 m) überquert haben, gelangen Sie zum gleichnamigen Skiort.

Vail (ⓘ S. 173)

Vail ist den meisten von Ihnen wahrscheinlich vom Namen her bekannt. Kaum eine Größe des amerikanischen Showbusiness und der Politik, die hier nicht mindestens einmal den Skiurlaub verbracht hat. Und zugegeben, die Skipisten gehören zu den besten in Colorado, und die verkehrsgünstige Lage direkt am I-70 lockt natürlich auch. Doch ist Vail eher „nur" ein Skiort, und sonst gar nichts. Erst Mitte der 1970er Jahre begann die kleine Gemeinde zu realisieren, welches Potential ihre Berge in sich haben. In kaum 10 Jahren wurde ein imposantes Skiresort aus dem Boden gestampft, und die Prominenz, allen voran Ex-Präsident Gerald Ford, sorgte für die nötige Publicity. Das alles begann während

> **Redaktions-Tipp**
>
> **Windowshopping** ist das Einzige, womit sich Vail im Sommer auch mit den anderen Orten entlang dieser Route messen kann. Ansonsten gibt es nicht viel zu sehen. Skilaufen ist natürlich super hier.

des 2. Weltkriegs, als im Vail Valley ein Teil der amerikanischen Gebirgstruppe stationiert war. Zu Trainingszwecken schwärmte diese in die Umgebung aus, bis sie schließlich zu ihren Einsätzen in Norditalien geschickt wurden. Peter Seibert, einer von ihnen, war so beeindruckt von den Skiorten in den Alpen, dass er beschloss, auch in Vail eine Skigemeinde zu gründen. Bis in die 1970er Jahre, als der o.g. Boom einsetzte, beförderten gerade einmal 3 Lifte eine Handvoll Ski-Enthusiasten auf die Höhen. Doch dann wendete sich das Blatt.

Bekannte Wintersport-Adresse

Ihnen wird Vail eher langweilig erscheinen. Moderne – wenn auch zum Teil auf Alpenromantik getrimmte – Hotelbauten und Shopping Malls bilden den Ortskern. An den Hängen rundherum die exklusiven Wohnhäuser der High Society, sonst nichts. Ein paar Meilen westlich der noch noblere Ortsteil Beaver Creek mit eigenem Skiresort. Wer ausgewählte und neueste Mode bewundern möchte, kann sich einmal dem Windowshopping im „Zentrum" widmen. Zum Kaufen müssen Sie aber tief in die Taschen greifen. Teurer als hier werden Sie es nirgendwo sonst finden.

Auch im Sommer bietet Vail ein reichhaltiges Programm. Wandern, Reiten und Wildwasserfahrten stehen ganz oben auf der Liste. Doch

Mondän und schöne Landschaft, aber ansonsten eher langweilig und teuer: Vail

sollten Sie diese Unternehmungen auf günstigere Orte verschieben. Fürs kulturelle Programm sorgt das **Colorado Ski Heritage Museum & Ski Hall of Fame**. Ganz interessant, mit welch einfacher Ausrüstung sich die ersten Trapper durch den Schnee gekämpft haben und wie die ersten Skisportler die Pisten „heruntergepflügt" sind *(Vail Village Trasportaion Center, 231 S. Frontage Rd.; geöffnet: Di.–So. 10–17h, geschl. im Mai und Oktober).*

Zweigen Sie nun 5 Meilen westlich von Vail nach Süden ab auf den US 24. Bereits die parallel durch das Tal verlaufende Eisenbahnlinie verrät, dass ein wichtiger Ort folgen wird. Lange Züge, beladen mit Kohle und Erzen, kommen Ihnen vom Tennessee Pass aus entgegen. An einigen Stellen müssen diese endlosen Raupen bis zu zwei Stunden warten, damit die Bremsen wieder abkühlen können.

Kurz hinter dem Pass erreichen Sie Leadville.

Leadville (ⓘ S. 173)

Leadville ist die höchstgelegene Stadt der USA (3.050 m) und befindet sich damit fast an der Baumgrenze. Gegründet wurde sie 1860, als hier die ersten Goldadern entdeckt wurden. Bereits kurz darauf setzte aber vor allem der Silberboom die Maßstäbe. Innerhalb von kürzester Zeit entwickelte sich Leadville zu einem der reichsten, aber auch rauesten Pflastern des Westens. Kleine Schürfer wurden über Nacht zu Millionären und verspielten ihr Glück bereits am nächsten Tag wieder im Saloon. Liest man die Geschichte von Leadville, entdeckt man viele Eigenarten des amerikanischen Lebens, denen man heute überall begegnet: „The Best Hotel in Town" hieß 1865 die verlockende Reklame an einem eilig aufgestellten Zelt, und aufgrund von Transportschwierigkeiten gab es Zeiten, in denen ein 100-l-Fass mit Whiskey stolze 1.500 $ kostete. Trotz allem gaben sich alle „Persönlichkeiten" der Pionierzeit mindestens einmal ein Stelldichein in Leadville. Die reichen Silberfunde lockten jeden an. Einer der bekanntesten war Horace A. Tabor, der mit seinem hier verdienten Geld u.a. die Oper in Denver errichten ließ. Mit seiner berühmten Matchless Mine wurde er über Nacht zu einem der

Höchste Stadt der USA

*Der Silberbaron von Leadville:
Horace A. Tabor*

wohlhabendsten Bürger des Westens. Seine ergiebige Mine lockte Anfang der 80er Jahre des 19. Jh. auf einen Schlag 30.000 Schürfer samt Anhang an. Tabor wurde während dieser Zeit in die höchsten politischen Ämter gewählt, obwohl sein privates Leben einige Kritiker fand: Er ließ sich nämlich in Leadville von seiner Frau Augusta scheiden und heiratete die Saloon-Dirne Elizabeth McCourt Doe, besser bekannt als „Baby Doe". Als 1893 schließlich die Silberpreise drastisch fielen, wurde auch Tabor wieder arm. Als er 1899 starb, waren seine letzten Worte an Baby Doe: „Hang on to the Matchless". Seine Worte befolgend und in der Hoffnung, die Silberpreise würden wieder steigen, verbrachte Baby Doe den Rest ihres Lebens (bis 1935) in einer heruntergekommenen Holzhütte, gleich neben der Mine. Sie führte über 30 Jahre lang ein asketisches Einsiedlerleben. Auch andere machten viel Geld in Leadville, legten es aber besser an als Tabor. Unter ihnen Molly Brown (siehe Denver) und Meyer Guggenheim.

Während der ersten Hälfte des 20. Jh. vegetierte Leadville immer mehr dahin, obwohl mittlerweile auch Blei, Zink, Mangan und Molybden abgebaut wurden. Ein Investitionsschub in den 50er Jahren ließ den Bergbau aber wieder aufleben. Heute wird neben Blei und Zink auch Kohle gefördert.

Nicht verpassen sollten Sie in Leadville:

National Mining Hall of Fame & Museum

Sehenswürdigkeiten

• **National Mining Hall of Fame and Museum:** *120 W. 9th St., geöffnet: täglich 9–17h, November–April Mo.–Fr. 9–15h.* Das Museum erläutert auf hervorragende Weise die Geschichte des Bergbaus in den USA. Sehr beeindruckend die in mehreren Schaukästen dargestellte Geschichte der Goldförderung in Colorado und die nachgebaute Mine. Dieses Museum ist ein Muss, um den Werdegang Colorados besser verstehen zu können.

• **Historic Video Show:** in der Kirche neben dem Chamber of Commerce. *Geöffnet täglich 9–17h.* Die Filmshow „The Earth Runs Silver-Leadville" gibt einen aufschlussreichen Überblick über die Geschichte von Leadville während der letzten 135 Jahre.

• **Matchless Mine and Baby Doll Cabin:** *7th St. entlang, 2 Meilen östlich der Stadt. Geöffnet: Mai-September täglich 9–17h.* Besichtigung der Minen und der Hütte, in der Baby Doll 40 Jahre gelebt hat. Die alten Möbel stehen immer noch an ihrem Platz, so wie man sie 1935 vorfand, als man Baby Dolls erstarrten Leichnam entdeckte.

• **Leadville, Colorado and Southern Railroad Company:** Halbtagestouren mit der Schmalspurbahn zu einer der bedeutendsten Minen der Stadt. Landschaftlich aber sind die Zugfahrten von Georgetown bzw. Silverton um einiges interessanter. 2 Touren täglich von Mai bis Anfang Oktober.

Wer sich noch genauer mit der Geschichte von Leadville auseinander setzen möchte, kann noch folgende Museen aufsuchen: Tabor Home (altes Wohnhaus), Tabor Opera House (eine der ersten Opern im Westen) und das Heritage House Museum (heimatkundliches Museum). Diese sind aber nur für abso-

Hoffte auf ein erneutes Erstarken der Silberpreise: Baby Doe

lut begeisterte Museumsfreunde zu empfehlen, da sie ziemlich provinziell aufgezogen sind.

Alternative zur empfohlenen Hauptroute

können Sie von Leadville aus in südlicher Richtung weiterfahren über Buena Vista, Salida, dem Great Sand Dunes NP bis nach Taos und Santa Fe. Darüber hinaus gibt es auch eine schöne Strecke von Buena Vista über den Cottonwood Pass und Almont nach Crested Butte. Lesen Sie dazu im Abschnitt über Aspen.

Die Hauptroute zweigt 14 Meilen südlich von Leadville nach Westen ab (Hwy. 82). Vorbei an den Twin Lakes und über den Independence Pass (3.630 m), von dem aus man herrliche Fotos von den höchsten Bergen der Colorado-Rockies (der höchste ist der Mt. Elbert mit 4.399 m) machen kann, geht es nun nach Aspen. Auf der westlichen Passseite müssen besonders Wohnmobilfahrer vorsichtig sein, da die Straße teilweise einspurig verläuft.

Aspen (ⓘ S. 173)

Als in der Smuggler Mine ein 900-kg-Stein gefunden wurde, der zu 93 % aus Silber bestand, begann Ende der 80er Jahre des 19. Jh. ein sagenhafter Run auf den kleinen Ort. 1887 zählte man offiziell 15.000 Einwohner, schätzte die Zahl aber eher doppelt so hoch ein. Das Hotel Jerome und das Wheeler Opera House wurden eröffnet, und Aspen erlebte ein paar überaus reiche Jahre. Zudem erlangte es den Ruf, die wildesten Frauen zu haben.

Attraktives Bergstädtchen...

Wenige Jahre später war dann der Spuk vorbei. Wie wir bereits wissen, fiel der Silberpreis. Aspen wurde zu einer Ghosttown mit knapp 700 Seelen (1932 sogar nur noch 249). 1936 begannen dann der Bobfahrer Billy Fiske, sein Partner Ted Ryan und der Schweizer Bergsteiger André Roche die erste Lodge aufzubauen und Skipisten zu roden. Bereits 1941 wurde Aspen Stützpunkt der amerikanischen Skinationalmannschaft. Nach dem Krieg erlangte es durch die Austragung verschiedener internationaler Rennen schließlich Weltruf.

Redaktions-Tipps

- 3 Stunden **durch die Geschäfte schlendern** und zwischendurch einen Cappuccino in einem Straßencafé nehmen.
- Erwarten Sie kein weiteres kulturelles Programm, lassen Sie sich einfach treiben von der (exklusiven) Atmosphäre der Stadt.

Zuerst waren die Reichen nur Zuschauer. Zu dieser Zeit wurde Skilaufen noch nicht im Fernsehen gezeigt und war auch allgemein nicht so populär. Das genügte den Betuchten, um unter ihresgleichen zu bleiben. Erst mit der Eröffnung von drei weiteren Resorts (Highlands, Snowmass und Buttermilk Mountain) zog es auch die Mittelschicht an, die sich hier für die Zeit eines 1-wöchigen Urlaubes unter die High Society mischen konnte. Zum Kauf eines Hauses benötigt man heute aber ein sattes Bankkonto. Unter 500.000 $ für eine 50-m²-Bude braucht man gar nicht zu rechnen.

Trotz allem aber ist Aspen ein attraktiver Bergort geblieben, und sieht man einmal über die teuren Preise in den Boutiquen hinweg, stellt man fest, dass Geld nicht

...für Wintersporttouristen

immer stinken muss. Aspen hat sich einen gemütlichen und historischen Charakter erhalten, der jeden anspricht und den man nur in wenigen der großen Skiorte wiederfinden wird. In der „Innenstadt" sind, soweit es möglich war, die alten Fassaden erhalten worden, und drum herum reihen sich zahllose Holzhäuser im viktorianischen Stil aneinander. Die Stadtverwaltung ist auch heute noch bemüht, diesem Stil gerecht zu werden, und häufig finden Bürgeranhörungen statt, die weitere Ausbaupläne beraten und darüber abstimmen. Neuestes Projekt: ein Verkehrszentrum wenige Meilen westlich der Stadt, wo Besucher Ihre Autos parken und von wo aus sie mit öffentlichen Verkehrsmitteln ins Zentrum gelangen können. Eine kleine Bahn für diese Strecke ist geplant. Doch fürs erste wird man ein deutsches Busmo-

Historisch und exklusiv: die Innenstadt von Aspen

dell übernehmen, bei dem der Bus in Spurrinnen, wie auf Schienen, fährt. Dank dieses Projektes erhoffen sich die Stadtväter eine Entlastung der Innenstadt.

Wenn Sie also vorhaben sollten, in einem der Bergorte Colorados ein paar Tage zu verbringen, bietet sich Aspen mit Sicherheit an. „technische" Outdoor-Aktivitäten wie Mountain Biking, Jeeping und Wildwasserfahrten werden von etlichen Unternehmern angeboten. Zudem laden unzählige Wanderwege zum Erkunden der Berglandschaft ein. Das Informationsbüro hat diesbezüglich eine Wanderkarte herausgegeben. Und wer gerne reitet, braucht auch nicht lange nach Angeboten zu suchen.

Außer Natur und Landschaft gibt es nicht viele Attraktionen:
- Das **Wheeler-Stallard House Museum** in der *620 W. Bleeker St.* bietet einen Eindruck vom alten Aspen, vornehmlich sieht man sich aber mit alten Möbeln konfrontiert.

- Das **Aspen Art Museum** *(590 N. Mill St.)* zeigt wechselnde Ausstellungen. Achten Sie auf Aushänge.
- Weitere Kunstwerke kann man in den verschiedenen **Gallery-Shops** in der Stadt bewundern.
- Ghosttownfans sollten sich aufmachen zu dem 10 Meilen südlich gelegenen und etwas restaurierten **Ashcroft** *(Juni bis September täglich)*.

Interessant ist noch, dass sich um Aspen einige Institute niedergelassen haben, die modernen und ökologischen Baustil probieren und propagieren. Auf die Frage, warum diese sich nun gerade hier niedergelassen haben, sagte man mir: „Diesen Baustil können sich nur die Reichen leisten. Erst wenn die ihn 'ausprobiert' haben, wird er vielleicht in die billigere Massenproduktion gehen." Eines dieser Institute, das Sie nach Voranmeldung besichtigen können, ist das **Rocky Mountain Institute** in Snowmass *(1739 Snowmass Creek Rd., Tel.: (970) 927-3851)*. Hier bemüht man sich um die Entwicklung von Energie und Wasser sparenden Geräten.

Verlassen Sie nun Aspen in westlicher Richtung, und biegen Sie bei Carbondale nach Süden auf den Hwy. 133 ab. (Nach Norden kommt man nach **Glenwood Springs**, das nur wegen seiner warmen Quellen erwähnenswert ist). Bereits nach 17 landschaftlich schönen Meilen durch das teilweise schluchtartige Flusstal des Crystal River liegt linker Hand der kleine Ort **Redstone**. Obwohl auf vielen Karten nicht einmal eingezeichnet, war Redstone einst ein bekannter „Industriestandort". John Cleveland Osgood, ehemals einer der Stahlbarone des Ostens, errichtete hier eine industrielle Mustergemeinde mit heute noch sichtbaren Koksöfen an der Hauptstraße. Für die Arbeiterfamilien baute er kleine Häuser und für die Junggesellen richtete er ein Heim ein, in dessen Mauern heute das **Redstone Inn** beherbergt ist. Das Gebäude steht unter Denkmalschutz und bietet **die** Gelegenheit, abseits vom großen Touristenrummel, inmitten der Rocky Mountains, ein paar gepflegte Ruhetage einzulegen, gespickt mit Wanderungen entlang dem Crystal Creek oder in die Berge. Die Preise sind übrigens durchaus human *(Buchungsadresse: Redstone Inn, Redstone, CO 81623, Tel. (970) 963-2526)*. Sich selbst ließ Osgood einen burgähnlichen Palast errichten, das **Redstone Castle**. Man kann es nach Voranmeldung im Redstone Country Store besichtigen.

Ein warmes Bad gefällig? Glenwood Hot Springs Pool

Off the beaten track: Kurz hinter dem **Paonia Dam** zweigt nach links eine Straße nach Crested Butte und Gunnison ab. Zum Teil nicht asphaltiert, schreckt sie einen Großteil der Reisenden ab. Aber die Schotterstraße ist in gutem Zustand und mit einem herkömmlichen Auto zu bewältigen (jedoch nicht zu empfehlen für Camper und Wohnmobile). Crested Butte kann auch einfacher vom

Osten über den Cottonwood Pass und entlang einer bezaubernden Landschaft (Camping- und Picknickplätze westl. des Passes) bzw. von Süden von Gunnison aus erreicht werden. Achtung: Winterfahrverbote auf allen drei Anfahrten!

Crested Butte ist ein weiteres Skiresort, das aus einer historischen Minenstadt (Gold und Silber) entstanden und in eine wunderschöne Naturlandschaft eingebettet ist. Der alte Baustil des Ortes ist zum größten Teil erhalten worden und steht jetzt unter Denkmalschutz. Daher würde sich hier eine Übernachtung durchaus anbieten, bevor Sie über das weniger attraktive Gunnison zum Black Canyon weiterfahren. Es gibt zahlreiche Hotels und nette Bed & Breakfast-Unterkünfte. Wer sich mit der Minengeschichte auseinander setzen möchte, der sollte einen Blick in das **Crested Butte Mountain Heritage Museum** *(200 Sopris Ave. geöffnet: Sommer: Di.–So. 13–18h, Skisaison: Di.–So. 14–19h, Rest des Jahres auf Anfrage)*. Außerdem gibt es um den Ort ausreichende Gelegenheiten für Wanderungen und andere Outdoor-Aktivitäten.

Obstanbau und Viehzucht Entlang der Hauptstrecke geht es auf dem Hwy. 133 weiter hinein in das fruchtbare Tal von Gunnison und North Fork River. Obstbaumplantagen (Äpfel, Kirschen, Aprikosen) und riesige Rinderherden wechseln einander ab. In dem Flecken **Hotchkiss** geht es nun nach Süden auf dem Hwy. 92. Die Strecke ist um 25 Meilen länger und auch kurvenreicher, aber um einiges schöner. Unterwegs haben Sie die Möglichkeit, zum **Nordrand des Black Canyon** zu fahren (im Winter geschlossen). Doch gibt es dort kein Visitor Center, und die Lichtverhältnisse sind vom Süden her besser. Achten Sie auch auf die tief gelegenen Seen rechterhand, wenn Sie parallel zum Canyonrand fahren. Sie erinnern an Kraterseen, aber in Wirklichkeit handelt es sich um Reste ehemaliger Flussarme, die durch Erosion teilweise zugeschüttet und abgeschnitten wurden und sich jetzt immer wieder mit Regenwasser füllen.

Und immer wieder schneebedeckte Berge und ein hoher Himmel

Der Hwy. 92 verlässt für eine Weile das Gunnison Valley, führt über einen Pass, um dann am westlichen Canyon-Austritt wieder parallel zum Fluss zu verlaufen, bis er am Blue-Mesa-Staudamm auf den Hwy. 50 trifft. Kurz vor Delta geht eine Stichstraße nach Norden zum **Grand Mesa National Forest**. Die auf 3.000 m gelegene Grand Mesa gilt als eines der größten Hochplateaus (Basalt) der Erde. Über 300 Seen gibt es hier, zudem Wanderwege, Skiresorts und am „Lands End" im Westen des Plateaus einen Aussichtspunkt mit Blick über West-Colorado. Infos über die Region erteilt der Forest Supervisor in Delta *(2250 US 50)*.

Den Hwy. 50 fahren Sie ab dem Staudamm weiter in westlicher Richtung. 8 Meilen vor Montrose führt eine Straße zum Südrand des Black Canyon of the Gunnison Monument.

Black Canyon of the Gunnison National Park (ⓘ S. 173)

Ein Dichter, der einen Teil seines Lebens in der Region verbrachte, schrieb einmal: „Einige Canyons im Westen übertreffen den Black Canyon an Größe; einige sind länger; einige sind tiefer; und ein paar wenige haben ebenso steile Wände. Aber kein Canyon in Nord-Amerika verbindet Tiefe, Enge, Steilheit und düsteres Aussehen miteinander wie der Black Canyon des Gunnison."

Wenn Sie das erste Mal über den Rand des Abgrundes schauen, wird Ihnen mit Sicherheit eine Gänsehaut über den Rücken laufen, so tief geht es hier runter: Die 'Painted Wall', die höchste Wand, ist über 700 m hoch – der Canyon ist

Redaktions-Tipps

- Wegen des besseren Lichtes ab dem späten Vormittag ist der Südteil des Parks eher zu empfehlen.
- Schönste **Aussichtspunkte**: Chasm View, Cedar Point und Dragon Point.

an dieser Stelle aber nur knapp 400 m breit (Oberkante). Durch die Enge des Canyons ist die Wirkung um so eindrucksvoller. Fast glaubt man, den Fluss dort unten gar nicht mehr erkennen zu können. Nur am späten Vormittag fällt Licht in die unwirtliche Landschaft dort unten. Bald danach neigt sich die Sonne, und die Felswände liegen wieder im Schatten. Dieser Lichtmangel und das dunkle Gestein haben dem Canyon seinen Namen gegeben. Eine Durchquerung dieser 16 überaus dramatischen Schluchtkilometer (der gesamte Canyon ist übrigens 85 km lang) ist fast unmöglich. Die ersten Bewohner dieser Region, die Ute-Indianer, waren wohl niemals ganz im Innern gewesen, und der erste Expeditionstrupp, eine Handvoll Vermessungstechniker der Eisenbahngesellschaften, erklärten ihn für „unzugänglich". Erst 1901 schafften es zwei Abenteurer. Sie benötigten 9 Tage für 53 km. Vom Canyonrand wurden sie an verschiedenen Punkten mit Lebensmitteln versorgt. Aufgrund ihrer Aufzeichnungen entschied man sich bereits wenige Jahre später dazu, den 9,3 km langen Gunnison-Diversion-Wassertunnel vom östlichen Canyon-Austritt aus zu einer südlich gelegenen Farmgemeinde zu bauen.

Tiefer, dunkler Canyon

Heute kann man zu dem dort angelegten Damm mit dem Auto hinunterfahren. Die Straße dorthin zweigt gleich hinter dem südlichen Parkeingang nach

Der Name verrät's: Der Black Canyon ist sehr dunkel

rechts ab. Ansonsten fahren Sie einfach entlang dem Scenic Drive bis zum High Point und zurück. Nur dafür, ohne Damm und Nordrand, benötigen Sie etwa 2 Stunden (inkl. Visitor Center).

- **Geologische Entstehung:** Zuerst musste sich der Fluss durch ein weiches, vulkanisches Abdeckungsmaterial „fressen". Erst dann gelangte er auf die harten, kristallinen Gesteinsschichten, die wir jetzt sehen. Um durch sie hindurchzudrin-

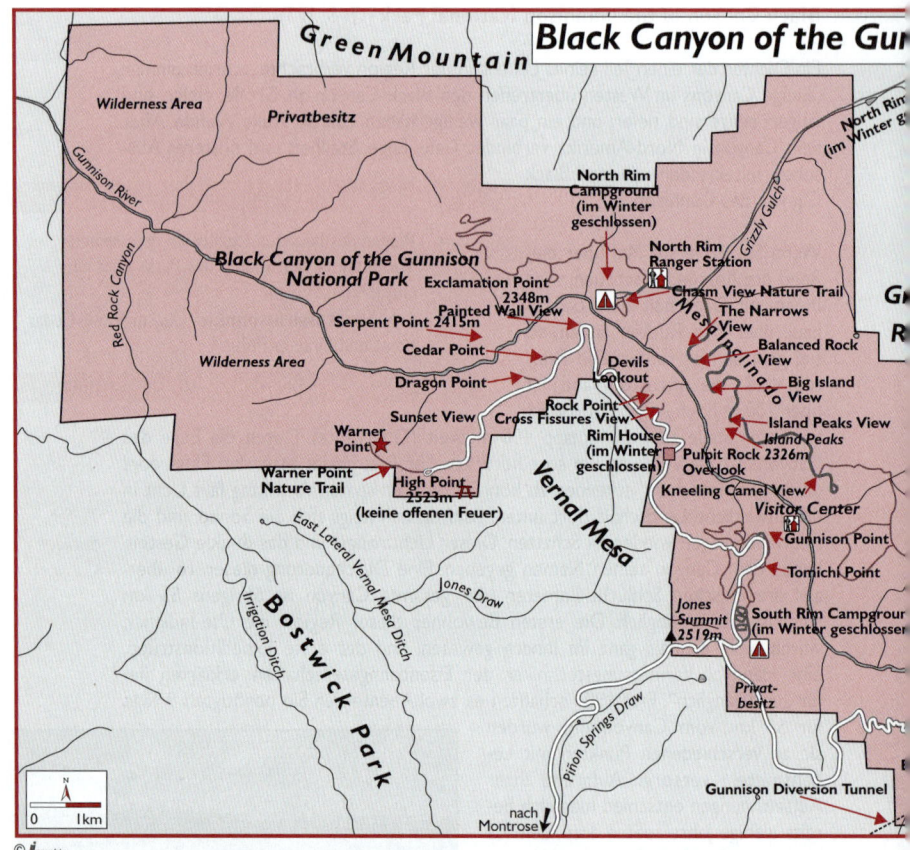

gen und den heutigen Canyon zu schaffen, brauchte der Gunnison über 2 Millionen Jahre.

- **White Water Rafting:** Wer einmal einen Tag in einem Schlauchboot in der Gunnison Gorge verbringen möchte, kann sich an einige Unternehmen in Montrose wenden (Reservierung empfehlenswert).

Montrose (ⓘ S. 173)

Montrose ist ein ziemlich verschlafenes „Country-Nest". Gäbe es nicht den Black Canyon östlich der Stadt und die im Winter z.T. überlaufenen Skigebiete im Süden, würde man hier wohl nur Cowboyhüte und Landmaschinentechniker antreffen. So gibt es aber einige Motels und Fast-Food-Restaurants. Von den 3 Museen wäre höchstens das kleine **Ute Indian Museum** *(geöffnet: im Sommer*

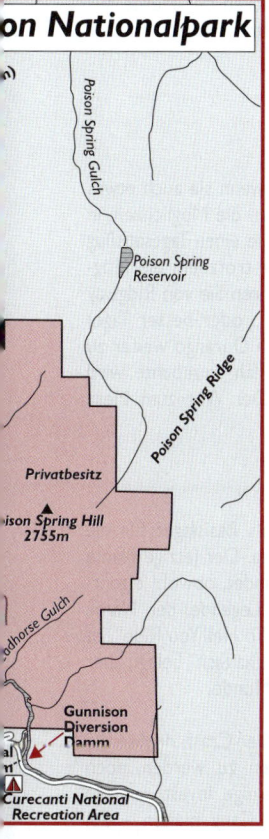

tägl. 9–16h30, Rest des Jahres auf Anfrage), **knapp zwei Meilen** südlich am US 550, erwähnenswert, in dem neben ein paar Erläuterungen und Artefakten zur Kultur der Ute-Indianer auch eine Darstellung einer spanischen Expedition (1776) in diese Gegend geboten wird.

So, damit kann Ihre Reise also auf dem US 550 in südlicher Richtung weiter gehen. Die Strecke führt zuerst durch das offene Tal des Uncompahgre River. Am Horizont sind schon die nächsten Bergketten zu erkennen. Auch in dieser Region wurden einige Filme gedreht, und besonders im Herbst, wenn die tiefgelben Blätter der Espen sich von den bereits mit Schnee bedeckten Bergen abheben, lockt sicherlich nicht nur ein Fotostopp. In **Ridgway**, einem kleinen Ort gleich unterhalb der Berge, müssen Sie sich entscheiden, wie Ihre Fahrtroute für die nächsten ein bis zwei Tage aussehen wird.

Die **Alternative 1** führt Sie über Telluride, Ophir und Cortez zum Mesa Verde National Park, die landschaftlich etwas schönere (aber auch längere) **Alternative 2** über Ouray und Silverton nach Durango, von wo aus Sie dann den Nationalpark besuchen können.

Off the beaten track:
Wer ein geländegängiges Fahrzeug hat (es muss nicht Allrad sein – aber bitte keine Wohnmobile), der sollte von Silverton aus (13 Meilen südlich) über eine Schotterstraße, nach Ophir fahren (insgesamt 45 Meilen). Die Berglandschaft entlang dieser historischen Verbindungsroute ist einmalig. Von Ophir sind es dann noch 13 Meilen in nördlicher Richtung bis Telluride.

 Achtung
Es handelt sich um eine Einbahnstraße, die nur von Ost nach West befahren werden darf! Die tiefen Abbruchkanten verlangen einen schwindelfreien Fahrer.

Übrigens gilt das gesamte Gebiet um Telluride, Ouray und Silverton als das beste fürs Jeeping in den Rockies. Etliche Firmen verleihen Fahrzeuge oder führen Touren durch. Manch einer mag diesem Querfeldeinfahren verhalten gegenüberstehen, aber eines muss dazu gesagt werden: Die Wege sind extra dafür ausgelegt, die Unternehmen unterliegen strengen Richtlinien, und wer nicht von den Wegen abfährt und seinen Müll aus dem Wagen wirft (leider passiert dies doch), der kann mit gutem Gewissen eine solche Tour unternehmen. In den Geschäften gibt es extra eine Karte zu kaufen, die die Jeeping-Routen des Juan District aufführt: „Jeep Trails of San Juan".

Ideal für's ,Jeeping'

Ganz nebenbei, auch hier kann man die Landschaft vom Rücken der Pferde aus erkunden, selbst als wenig erfahrener Reiter. Für die Sattelfesteren gibt es aber auch mehrtägige Ausritte in die Berge.

Alternative I

Grundsätzlich empfehle ich Ihnen die Route über Silverton, wenn sie auch etwas länger ist. Sie ist landschaftlich noch schöner und bietet Ihnen die Möglichkeit, in Durango eine passende Unterkunft zu nutzen, von der aus Sie einen Tagesausflug zum Mesa Verde Park unternehmen können. Sie haben aber trotzdem die Möglichkeit, Telluride auf einem Abstecher zu besuchen. Dafür fahren Sie von Ridgway die 37 Meilen bis Telluride, verbringen dort 1–2 Stunden (... oder besser Tage) und fahren dann zurück, um dem US 550 über Silverton nach Durango weiter zu folgen. Wer trotzdem über den Hwy. 145 weiter nach Süden fahren möchte, wird auch hier durch eine bezaubernde Landschaft verwöhnt. Der Weg zum Mesa Verde Nat. Park über Cortez ist kürzer.

• Telluride (ⓘ S. 173)

Telluride wurde 1875 gegründet und diente vornehmlich als Basislager für die Minen hoch in den Bergen. Zuerst hieß es übrigens Columbia. Der jetzige Name entstammt dem Metall Tellur, welches man häufig in Gold findet, obwohl eigentlich das Silber für den Wohlstand des Ortes sorgte. Die Legende, der Name komme von „To Hell You Ride", ist nicht „wissenschaftlich" belegt, aber doch in aller Munde.

Nach dem Silber-Crash drohte die Stadt verlassen zu werden, doch fanden sich einige Investoren, die die Minen in Gang hielten – auf Kosten der Arbeiter, die bei stets niedrigen Löhnen noch länger schuften sollten. 1904 kam es daher zu Aufständen, die nur durch militärische Einheiten gestoppt werden konnten. Mitte der 1930er Jahre aber war es mit den Minen endgültig vorbei. Telluride zählte nur noch 478 Einwohner. Doch bereits 1938 erkannte man das Skipotential des in sich abgeschlossenen Tales. Es bietet Abfahrtsstrecken in drei Himmelsrichtungen – und nur vom Feinsten. Es kam aber nicht zum großen Run auf Telluride, zu weit waren die Wege von Denver, und zu unattraktiv war das damalige Angebot an Hotels. Bis zur Mitte der 1980er Jahre ging es auf und ab. Mitte der 1970er bekam man noch ein Zimmer im New Sheridan für 100 $ pro Monat.

Skiort, ...

Mit dem Bau des Airports aber änderte sich alles schlagartig. Telluride war damit schneller erreichbar, und zwar besonders für diejenigen, die mit ihrem eigenen Jet einfliegen konnten. Des zunehmenden Wintersporttourismus' in Vail und Aspen überdrüssig, kamen Filmstars, Magnaten aus der Industrie und selbst Ölscheichs. Häuser wechselten den Besitzer, und jedes Jahr verdoppelten sich ihre Preise. Seitdem werden Skiresorts aus dem Boden gestampft und Wälder für neue Pisten abgeholzt.

Noch hat Telluride einen Teil seines beschaulichen Charakters erhalten. Der historische Stadtkern ist kaum verändert (abgesehen von Boutiquen und Souvenirshops), und die

Die historische Main Street von Telluride

modernen Skianlagen und -resorts liegen vor dem Ort. Die Gemeinde hat zudem ihren alteingesessenen Bürgern versprochen, aus den Fehlern anderer Skiresorts zu lernen und bemüht sich, Wohnraum und Bodenpreise im erträglichen Rahmen zu halten. Alle sind skeptisch, aber man kann nur hoffen, dass Telluride so viel wie möglich von seinem alten Charme behält. (Diesbezüglich bin ich auf Ihre Leserbriefe gespannt.). Betrachtet man aber den ausladenden Veranstaltungskalender, beginnt man bereits heute an der (zukünftigen) Beschaulichkeit zu zweifeln: Jazz-, Film-, Ballon-, Hanggliding- und andere Festivals ... *...(noch) nicht überlaufen*

• Der nächste Ort an dieser Strecke (Hwy. 145-South) ist das kleine **Ophir**. Die Straße führt von hier über den **Lizard Head Pass**, der seinen Namen wegen des über 100 m hohen Monolithen nordwestlich des Highways trägt. Seitdem aber ein Teil abgebrochen ist, sieht er dem Kopf einer Echse nicht mehr so ähnlich.

Off the beaten track:
Für hochachsige Fahrzeuge besteht die Möglichkeit, 6 Meilen nördlich von Rico nach rechts abzubiegen auf eine Dirtroad der Forstverwaltung. Sie folgt großenteils dem West Dolores River, der durch eine beeindruckende Waldlandschaft fließt. Kurz hinter Stoner trifft sie wieder auf den Hwy. 145.

• In **Dolores** befindet sich das **Anasazi Heritage Center**, wo Studien über die alten Indianerkulturen unternommen werden. Zudem gibt es ein Museum mit einem nachgebauten 'Cliff Dwelling' und einen Giftshop *(geöffnet: April–Okt. täglich 9–17h, Rest des Jahres: an Wochenenden und z.T. auch an ausgewählten Wochentagen).*

• **Cortez** bietet nicht viel, außer Unterkünften und Campingplätzen für Besucher des Mesa-Verde-Nationalparks. Wer mag, kann sich am örtlichen Kulturzentrum *(im Sommer Mo.–Sa.)* indianische Tänze anschauen. Herkunft und Besonderheiten der Tänze werden erläutert. In der Umgebung von Cortez hat man eine Reihe von alten Indianerdörfern entdeckt, die aber z.T. nicht zu erreichen sind. Am besten ist sowieso, Sie schauen sich die Ruinen im Mesa-Verde-National Park an, dessen Eingang nur 11 Meilen östlich (US 160) liegt.

Wenn Sie von Cortez dem US 160 in südwestlicher Richtung folgen, gelangen sie nach ca. 35 Meilen zum **Four-State-Corner-Point**. An dieser Stelle grenzen 4 Bundesstaaten aneinander (Utah, Colorado, Arizona, New Mexico). Sie können sich auf den Boden legen und jeweils ein Körperteil in einem anderen Staat „ablegen". Typisch amerikanisch, wird dieses ziemlich hochstilisiert.

Alternative 2

Die Strecke zwischen Ridgway und Durango zählt zu den schönsten Straßen des Kontinents. Hohe Pässe, weite Waldlandschaften, verlassene Minen und dazwischen die alten Minenstädte Ouray und Silverton.

Bleiben Sie in Ridgway auf dem US 550, dem Sie bis Aztek/Farmington weiter folgen. Nach 11 Meilen erreichen Sie Ouray.

• Ouray (ⓘ S. 173)

Der Ort liegt in einem natürlichen Becken, umgeben von mehreren Viertausendern. Seine Lage erinnerte bereits die ersten Gold- und Silberprospektoren an die Alpen. Daher gaben sie dem Ort den Spitznamen „Little Switzerland", während er offiziell nach dem hier ansässigen Häuptling der Süd-Ute benannt ist. Der Einsatz dieses Ute-Häuptlings hatte geschafft, was in kaum einer anderen Minenstadt möglich war: Hier vertrugen sich Pioniere und Indianer. Chief Ouray hatte schnell erkannt, dass er und sein Volk dem weißen Mann nichts entgegenzusetzen hatten. Um nun weiterhin das Vieh an die warmen Quellen des Tales führen zu können, schloss er gleich zu Beginn einen Frieden, und in der Folgezeit konnten viele seiner Stammesangehörigen in den Minen arbeiten – und das für normale Löhne.

Dampfende Thermalquellen bestimmen den Blick auf Ouray

Als der Silberpreis abrutschte, drohte auch Ouray wieder auszusterben, doch 1896 fand der Zimmermann Thomas F. Walsh lohnende Goldadern in der Camp Birds Silver Mine. Er kaufte sie für 20.000 $ und holte bis 1910 Gold im Werte von 26 Millionen Dollar aus den Schächten. Auch heute noch wird in einigen Minen gearbeitet, doch ist mittlerweile der Tourismus die Haupteinnahmequelle der knapp 700 Einwohner.

Wenn Sie sich für Minen interessieren, sollten Sie einen Besuch der **Bachelor-Syra-**

cuse-Mine nicht verpassen. Sie liegt knapp zwei Meilen nördlich (erst US 550, dann County Rd. 14 – ausgeschildert). Ihren Namen erhielt sie durch ihre Besitzer: drei Junggesellen („Bachelors") und eine Investorengruppe aus Syracuse. Die Mine erwirtschaftete Bodenschätze im Wert von weit über 100 Millionen Dollar, hauptsächlich Gold und Silber. Auch heute noch ist sie in Betrieb und kann von Mai bis September besichtigt werden. *Führungen beginnen jede volle Stunde von 10–16h, teilweise bereits ab 9h und bis 17h).* Nach dem sehr interessanten Minenbesuch – für den Sie übrigens einen Pullover mitnehmen sollten (Temperaturen unter 10 °C) – können Sie sich noch im „Goldpanning" versuchen. Die Ausbeute gehört dann Ihnen! Das kleine **Ouray County Historical Museum** in der *420 6th Avenue* bzw. ein Bad in den **Ouray Hot Springs** *(US 550 am Nordende des Ortes, tägl. geöffnet bis 21h bzw. 22h)* würden schließlich einen Besuch in Ouray abrunden.

Berge und heiße Quellen

Ouray bietet sich übrigens auch gut an für ein paar gemütliche Tage in den Bergen. Hier gibt es einiges zu sehen und zu wandern.

Der US 550 beginnt gleich südlich von Ouray anzusteigen. Bereits hinter der ersten Haarnadelkurve erwartet Sie ein unvergesslicher Ausblick auf den zurückliegenden Ort. Der nun folgende Streckenabschnitt wird als **One Million Dollar Highway** bezeichnet. Die Gemüter streiten sich noch heute, woher der Name wohl stammt. Folgende drei Varianten werden am häufigsten genannt:
- Die Straße wurde mit **goldhaltigem Teer** asphaltiert, dessen Wert man erst im Nachhinein erkannte.
- Die Straße war so steil, dass ein Reisender geschworen haben soll „You couldn't pay me a million dollars to go back over that pass."
- Es kostete in den 1920er Jahren 1 Million Dollar, um sie zu asphaltieren.

Die nun folgende Landschaft spricht für sich: Nadelwälder, Bergseen, Berge mit einer ganzjährigen Schneekappe und mit etwas Glück, vor allem am späteren Nachmittag, die Chance auf Wild. Selbst Elche soll es hier noch geben.

• **Silverton** (ⓘ S. 173)

Silverton liegt in einem Tal, in dessen Umkreis sich reiche Gold- und besonders Silberminen befunden haben. Das Leben war rau damals. Nicht wegen des Klimas alleine, sondern besonders wegen der 'bleihaltigen Luft'. Schießereien waren an der Tagesordnung, sodass letztendlich sogar Revolverhelden aus dem Osten angeheuert werden mussten, um zumindest für einige Zeit Ruhe zu schaffen.

Zwei Straßen im Ort waren im gesamten Westen beliebt und berüchtigt: Die Greene Street war das „Shopping Center" der Prospektoren, die Blair Street das Vergnügungszentrum: Pubs und Spielhallen hatten 24 Stunden geöffnet, und schnell war das hart „erbuddelte" Geld verloren und versoffen. Die letzte Mine wurde erst 1991 geschlossen. Der hohe Silberanteil der Erze im Gebiet hat Silverton sogar nach dem Abrutschen der Preise 1893 weiterhin Wohlstand beschert. *„The miningtown that never quit"* wurde zu einem geflügelten Wort. Läuft man heute durch die Straßen, mag man daran auch nicht zweifeln. Besonders wenn die alte

Silverton:
„The miningtown that never quit"

Eisenbahn, die heute für Touristen zwischen Durango und Silverton verkehrt, ihre Passagiere „ausspuckt", dann kommt Leben in die Straßen der Stadt. Falls Sie diesem Trubel, der von 11-15h andauert, aus dem Weg gehen möchten, dann probieren Sie sich in der Umgebung im Goldpanning. Ausrüstung und Tipps erhalten Sie in den meisten Geschäften. Beachten Sie aber, dass das Land auch heute noch Minengesellschaften oder ehemaligen Privatschürfern gehört. Eine Genehmigung ist erforderlich. Erkundigen Sie sich vorher beim Touristenbüro. Auch eine alte Goldmine, die **Old Hundred Gold Mine** kann auf einer einstündigen Tour unter Tage besichtigt werden (Pullover mitnehmen!). Sie liegt 5 Meilen östlich von Silverton (CO 110 und dann County Rd. 4A) und ist von *Mitte Mai bis Mitte Oktober täglich 10 - 16h geöffnet.*

Nachmittags können Sie dann in Ruhe durch die Straßen von Silverton laufen und in der Geschichte der Stadt „wühlen". Eine 'Historical Walking Map' gibt es ebenfalls im Touristenbüro. Seien Sie aber vorsichtig! *Von Juni bis Ende August wird „scharf" geschossen an der Ecke 12th und Blair Street, immer um 17h30.* Organisiert von der Silverton Gunfighter Association, stecken heute natürlich brave Bürger von Silverton hinter den bärbeißigen Gesichtern der Revolverhelden.

Historical Society Museum
Dieses kleine Museum Ecke 15th/Greene Street ist im alten County-Gefängnis untergebracht. Außer den „üblichen" Dingen gibt es eine Reihe von Eisenbahnartefakten, die Küche vom Sheriff und die Frauenzelle zu sehen. Diese soll fast immer voll gewesen sein. *Geöffnet: Ende Mai–Mitte Oktober täglich 9–17h.*

Absoluter **Höhepunkt** aber ist die historische Eisenbahn nach Durango: „The Silverstone" (häufig auch als „The Silverton" bekannt). Drei Züge verlassen Durango im Sommer morgens zwischen 8h30 und 10h15 und treffen gut 3 Stunden später in Silverton ein, um dann nach 2- bis 3-stündigem Aufenthalt wieder zurückzufahren. Wohl keiner der historischen Züge in den Rocky Mountains ist so beeindruckend.

Eines der Highlights der Region: Fahrt mit der „Durango - Silverton Railroad"

Während die Straße sich durch die Berge schlängelt, verläuft die Schienentrasse parallel zum Animas River, überquert ihn einige Male, passiert Canyons und Schluchten und hält sich wacker an den z.T. sehr steilen Felswänden. Nicht selten schauen Sie vom Aussichtswagen über die Balustrade und entdecken, dass es gleich neben Ihnen in die Tiefe geht. Man stellt sich dabei die Frage, wie wohl damals die Eisenbahnbauer mit einfachen Geräten diese technischen Meisterleistungen vollbracht haben. Die Fahrt ist so beeindruckend, dass Worte es kaum ausdrücken können, und Sie müssen kein Eisenbahnfan sein, um dieses Erlebnis niemals zu vergessen.

Es ist allemal ratsam vorzubuchen: Durango & Silverton Narrow Gauge R.R.Co., 479 Main Ave., Durango, CO 81301, Tel. (970) 247-2733.

Noch kurz zur Geschichte: Durango wurde von der 'Denver & Rio Grande Railway' 1879 gegründet. 1881 war der Ausbau der Strecke von Osten (Antonito) bis Durango schließlich beendet und ein Jahr später bis Silverton. Während der folgenden 85 Jahre wurden Gold und Silber im Werte von über 300 Millionen Dollar mit der Bahn transportiert. Ende der 1960er Jahre aber wurde die Verbindung nach Antonito (z.T.) demontiert, und Durango war damit vom amerikanischen Eisenbahnnetz abgeschnitten. Nur die 45 Meilen bis Silverton blieben erhalten.

Die Dampflokomotiven, die jetzt die alten Waggons ziehen, stammen aus den 1920er Jahren. Auch heute noch hält der Zug an zwei Punkten entlang der Strecke, um Passagiere aufzunehmen, vornehmlich Wanderer, aber auch Gepäck. Selbst die Forstverwaltung nutzt die Eisenbahn für den Abtransport von Nutzhölzern.

Der US 550 führt nun weiter nach Süden. Wie schon erwähnt, bietet sich nach wenigen Meilen eine schöne Aussicht zurück auf Silverton. Die nun folgende Landschaft aber ist ein weiteres Mal atemberaubend – sie zwingt regelrecht zu Fotostopps und lässt auch das Herz des Wandersmanns höher schlagen. Falls Sie sich spontan in die Szenerie verlieben, bietet das **Purgatory-Winterresort** am Fuße des Molas Divide Passes Unterkunftsmöglichkeiten in verschiedenen Hotels. In dem Resort kann man auch Pferde ausleihen und andere Outdoor-Aktivitäten buchen.

Falls Sie lieber in Durango wohnen, trotzdem aber Ausritte in die Berge unternehmen möchten, bleiben Sie gleich im wenige Meilen nördlich der Stadt gelegenen „Iron Horse Inn". Auch hier können Sie Pferde ausleihen.

- **Durango** (ⓘ S. 173)

Kommen Sie von Norden in die Stadt, ist das Bild zuerst etwas düster und langweilig. Nur Motels und Fast-Food-Restaurants. Im Zentrum sieht das aber schon ganz anders aus. Alte, z.T. recht solide und vornehme Kleinstadthäuser säumen die Main Street. Doch auch die Geschäfte, Restaurants und Hotels lassen nichts zu wünschen übrig. Ja, man ist eher geneigt zu sagen „Wieso kann eine so abgelegene kleine Stadt mit diesem z.T. fast mondänen Erscheinungsbild aufwarten?"

Goldstadt mit historischer Bahnstrecke

- Übernachten Sie in einem der **historischen Hotels**/B&Bs, so z.B. im „Strater Hotel".
- **Livemusik** (oder nur ein kurzes Bier) im „Diamond Circle Saloon & Theatre".
- Fahrt mit der „Durango & Silverton Railroad" (S. 684).
- Durango eignet sich hervorragend für **Ausritte** in die Rockies. Es gibt eine Menge Unternehmen hier, die das organisieren.
- Wählen Sie Durango als Basis für den Besuch des **Mesa Verde N.P.** (S. 687ff).

Bereits bei seiner Gründung 1879 durch die Denver & Rio Grande Railroad hieß es: „It's out of the way and glad of it". Durango lebte schon immer von dem, was in einem Radius von 200 km herum passierte und verdient wurde.

Ob es die Minenarbeiter aus Silverton und Ouray waren, das gelangweilte Zugpersonal, das aus Denver kommend hier 2 Tage Aufenthalt hatte, oder ob es die Indianer waren, die aus den Reservaten im Westen und Süden her anreisten, um hier ihre Waren loszuschlagen: Durango bildete den Mittelpunkt. Nicht immer lief der Handel friedlich ab. Wo Geld ist, sind auch die Banditen nicht fern. So verwickelte die berüchtigte Stockton-Eskridge-Bande die Bevölkerung in eine mehr als eine Stunde dauernde Schießerei. Und auch die Einwohner selbst hatten es faustdick hinter den Ohren: Entsandten sie doch einen Trupp mit Tabak, Whisky, Brot und Gummistiefeln, um die Indianer im Süden endgültig zu beruhigen ... und es klappte.

Angenehmer Hotelstandort

Auch heute noch lebt Durango von seiner geographischen Lage. Doch sind es jetzt die Touristen, die die Stadt als Basis wählen für Ausflüge in die nördlichen Berge oder zu den Indianerruinen von Mesa Verde oder Aztek. Entsprechend ist nicht nur das Shoppingangebot (mehrere Fabrikläden bekannter Markenfirmen) und die Vielzahl an Hotels, sondern auch fürs Entertainment wird gesorgt. Ob Country, Jazz oder Rock'n Roll, irgendetwas findet irgendwo in der Stadt immer statt.

Topattraktion – bereits auf den Vorseiten zur Genüge vorgestellt – ist die **„Durango & Silverton Narrow Gauge Railroad"**, die im Sommer mehrmals nach Silverton und zurück fährt. Auch

Davon gibt es einige: historisches Gebäude in Durango

hier sei noch mal darauf hingewiesen, dass eine rechtzeitige Reservierung sehr zu empfehlen ist, *Tel.: (970) 247-2733. Abfahrt ist am Bahnhof, 479 Main Street.* Übrigens gibt es auch die Möglichkeit, einen Teil der Strecke mit dem Bus zu fahren, um Zeit zu sparen.

Das Angebot an anderen Museen ist dagegen bescheiden. Falls Sie mehr als eine Nacht bleiben oder sowieso direkt nach Süden fahren, schauen Sie mal ins **Southern Ute Indian Cultural Center** hinein. Es befindet sich in Ignacio, etwa 25

Meilen südöstlich von Durango (via US 160/CO 172) und bietet interessante Eindrücke der Ute-Kultur. *Geöffnet Mo.–Sa. 9–18h.*

Nutzen Sie Durango am besten auch als „Stützpunkt" für die Besichtigung des Mesa Verde Parks, der eine gute Autostunde entfernt liegt.

Outdoor-Aktivitäten werden auch genügend geboten. Adressen erhalten Sie im Touristenbüro. Außerdem helfen Ihnen die Hotels diesbezüglich weiter.

Sie dampfen noch immer: die alten Loks der „Durango & Silverton Railroad"

• **Mesa Verde National Park** (ⓘ S. 173)

Zeiteinteilung
1 *Für die ganz Eiligen: Wenn Sie nicht mindestens 3 Stunden mitbringen (gerechnet vom Parkeingang!), sollten Sie erst gar nicht hierher kommen.* sonst 1–2 Tage

Hinweise
• *Die Cliff Dwellings dürfen nur in Begleitung eines Rangers betreten werden. Führungen, für die Sie sich anmelden müssen finden regelmäßig statt. Erkundigen Sie sich also besser vorher über die Zeiten.*
• *An den Wanderrouten gibt es kein Trinkwasser, d.h. auch das Wasser in den Flüssen/Bächen ist nicht trinkbar. Nehmen Sie also genügend Trinkwasser mit.*

• **Größe:** 21.000 ha

• **Beste Jahreszeit:** Im Sommer (Juni–August) kann es nicht nur voll, sondern am Tag auch sehr heiß werden. Empfehlenswert sind Mai und September. Dann herrscht gutes Licht, und die Tagestemperaturen sind recht milde. Der Winter auf der Hochebene ist eher kalt.

National-park...

• **Tierwelt:** Als Großtier ist vor allem der Maultierhirsch zu nennen. Viele Tierarten, wie z.B. Bären und Berglöwen, sind mittlerweile abgewandert oder ausgerottet. Ansonsten gibt es Luchse und andere Wildkatzen und in rauen Mengen die kleinen Erdhörnchen. Zur Beobachtung der größeren Tiere empfiehlt sich die Rückfahrt während der späten Nachmittagsstunden, wenn diese z.T. direkt am Straßenabschnitt zwischen Eingang und Visitor Center grasen.

• **Pflanzenwelt:** Die Vegetation des Parks ist durch folgende klimatische Voraussetzungen geprägt: geringer Niederschlag, kühle Winde in den Herbst- und

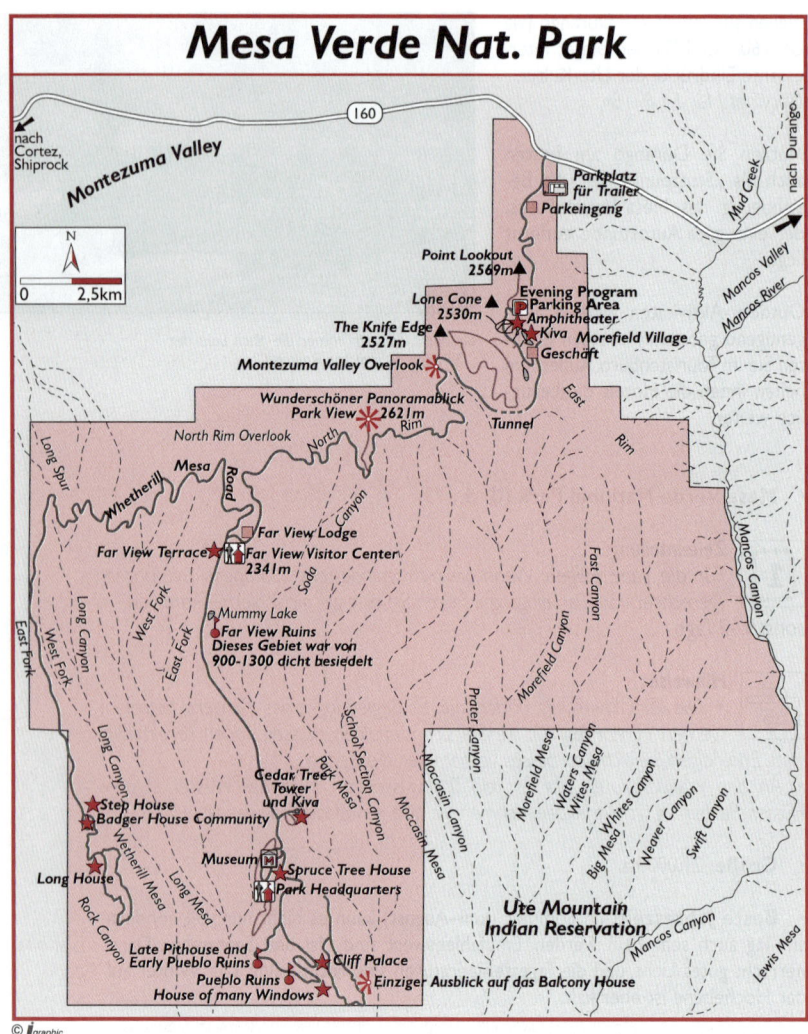

Mesa Verde Nat. Park

(Kartenbeschriftungen:)

nach Cortez, Shiprock

Montezuma Valley

160

nach Durango

Mud Creek

Parkplatz für Trailer
Parkeingang

N

0   2,5km

Point Lookout 2569m

Lone Cone 2530m

Evening Program Parking Area
Amphitheater
Kiva   Morefield Village
Geschäft

The Knife Edge 2527m

Montezuma Valley Overlook

Wunderschöner Panoramablick
Park View 2621m

North Rim Overlook

East Rim

Mancos Valley
Mancos River

North Rim

Tunnel

Mesa

Whetherill

Mesa Road

Wildhorse Canyon

Long Spur

East Rim

Morefield Mesa

Far View Lodge
Far View Terrace
Far View Visitor Center 2341m

East Canyon

Mancos Canyon

West Fork

East Fork

Soda Canyon

Mummy Lake
Far View Ruins
Dieses Gebiet war von
900–1300 dicht besiedelt

East Fork

West Canyon

West Fork

School Section Canyon

Prater Canyon

Morefield Canyon

Waters Canyon
Whites Mesa
Big Mesa
Whites Canyon
Weaver Canyon
Swift Canyon

East Fork

Long Canyon

Chapin Mesa

Moccasin Canyon

Moccasin Mesa

Cedar Tree Tower und Kiva

Step House
Badger House Community

Wetherill Mesa

Long Mesa

Rock Canyon

Museum
Spruce Tree House
Park Headquarters

Long House

Ute Mountain
Indian Reservation

Mancos Canyon

Lewis Mesa

Late Pithouse and
Early Pueblo Ruins
Pueblo Ruins
House of many Windows
Cliff Palace
Einziger Ausblick auf das Balcony House

© *i* graphic

Wintermonaten und Höhenlage (über 2.000 m). Kein Wunder also, dass auf den Hochlagen Sträucher und Büsche bestimmend sind, wie z.B. Koniferenarten (Wacholder und Steinkiefer). In den heißeren Canyons dominieren Dornensträucher.

• **Aktivitäten:** Um es vorweg zu nehmen: Wie fast in allen Parks, bieten sich zwar auch hier einige Möglichkeiten zum Wandern und zur Tierbeobachtung, aber der Mesa Verde Park besticht eher durch seine Indianerruinen (*Cliff Dwellings*). Wenn Sie trotzdem die Wanderschuhe auspacken möchten, dann nutzen Sie lieber die Wege in den Bergen nördlich von Durango und Cortez. Als „Wanderrouten" zur Erkundung der Anasazi-Ruinen nur folgende Kurzvorstellungen:

Auswahl

· Die meisten Ruinen an der 'Ruins Road' sind in wenigen Minuten vom Parkplatz aus zu erreichen. Der Besuch muss in der Hochsaison aber reserviert werden.

· **Soda Canyon Overlook Trail**: Start und Ziel an der östlichen Ruins Road, nördlich des Balcony House. 1,3 km, 1 Std., der südliche Aussichtspunkt ermöglicht eine gute Sicht auf das 'Balcony House'.

· **Spruce Tree Trail**: vom Spruce Tree House zur Spruce Tree Picknick Area, 3,3 km, 2 Std. Rundweg, Abstieg erfordert festes Schuhwerk. Führt hinab in den Canyon. Registrierung beim Ranger erforderlich (Rangerführung).

· **Petroglyph Point Trail**: Spruce Tree House bis zurück zum Parkplatz. 3,6 km, 2 Std. Rundweg. Am unteren Canyonrand entlang. Aussichten in den Canyon. Registrierung beim Ranger erforderlich.

· Die Trails vom **Morefield Village** aus bieten vor allem gute Aussichten auf die Ebene. Vom **Knife Edge Trail** aus erleben Sie einen herrlichen Sonnenuntergang.

Redaktions-Tipps

• **Übernachten Sie** entweder in der „Fairview Lodge" im Park, in Cortez oder noch besser in Durango (des abendlichen Programms wegen), von wo aus Sie den Park gut an einem Tag besuchen können.

• **Verpassen Sie nicht** das archäologische Museum, in dem Ihnen die alten Indianerkulturen sehr gut erläutert werden, u.a. auch in zahlreichen Diaramen.

• Im Sommer werden **Reservierungen für den Besuch der Ruinen** vorgenommen. Also: Als erstes zum Reservierungsschalter im Visitor Center.

• Legen Sie Ihr Hauptaugenmerk auf die **Besichtigung der Ruinen**, die Natur können Sie auch woanders erleben.

• **Beste Fotozeit:** ab 14h, wenn die Sonne für die meisten Ruinen günstiger steht.

• Die **eindrucksvollsten Ruinen** sind Balcony House und Cliff Palace.

• Bedenken Sie, dass die Fahrt vom Parkeingang bis zu den Ruinen und zurück (ohne Besichtigungszeit) bereits 2 Stunden in Anspruch nimmt.

Blick von der Mesa hinunter auf das 500 m tiefer gelegene Umland

Die Mesa Verde („grüne Tafel") bildet eine über 2.000 m hohe Fläche, die das umliegende Gebiet um bis zu 500 m überragt. Nach Süden hin neigt sie sich ein wenig. Hier oben wohnte seit 500 n. Chr. für 800 Jahre ein großer Stamm der Anasazi, u.a. auch Vorfahren der Navajos. Sie fanden hier nicht nur ein milderes Klima als in der Ebene vor, son- *... mit Indianer- kultur* dern auch gute Böden für die Ackerwirtschaft. Zudem bot die von mehreren Canyons zerschnittene Landschaft Schutz vor möglichen Angreifern. Bis etwa

1300 siedelten die Anasazi hier und bauten fast 200 *Cliff Dwellings* (Felswohnungen) und Häuser. Dann verließen sie das Gebiet, höchstwahrscheinlich aufgrund mehrerer Trockenperioden. Denn einen Nachteil hatte die Hochfläche: Aus geologischen Gründen konnte die Erde nur relativ wenig Wasser speichern, sodass wahrscheinlich das Trinkwasser knapp wurde. Wissenschaftlich belegt ist die Abwanderung aber bis heute nicht. Im 12. Jh. lebten hier zwischen 5.000 und 6.000

Geschichte Menschen, die eines der belebtesten Handelszentren ihrer Zeit unterhielten. Auf den Märkten trafen sich Händler aus allen Teilen des Südwestens. Es entwickelte sich ein reger kultureller Austausch, der dazu führte, dass die Häuser nach damals modernsten Richtlinien erbaut wurden. Denn Ideen und neueste Erkenntnisse aus allen Landesteilen wurden beim Handel ausgetauscht. So wurde z.B. 100 Jahre früher als in den meisten anderen Gebieten damit begonnen, mehrstöckige Häuser aus Stein zu errichten.

INFO **Wie kamen die Anasazi hierher, und was machten sie in Mesa Verde?**

Schon vor 2.000 Jahren lebten Indianer in den fruchtbaren Ebenen nahe des Rio Grande. Doch um ca. 500 n. Chr. war dieses Gebiet hoffnungslos überbevölkert und viele Gruppen wanderten ab. Die meisten blieben aber im Einzugsgebiet des großen Flusses. Doch spaltete sich eine Gruppe vollkommen ab und zog in das heutige „Four-Corner-Gebiet", wo sie ihre größten Siedlungen, Mesa Verde und Chaco Canyon, errichteten. Sie galten als ausgesprochen friedlich und widmeten sich voll und ganz dem Ackerbau und dem Handel. Dabei entwickelten sie bereits früher als die anderen Gruppen Bewässerungssysteme und erlernten, wie oben bereits erwähnt, wie man mehrstöckige Häuser baut (ab 1100 n. Chr.) und auch das Töpfern. Es ist zwar heute noch gängige Meinung, dass die Felshäuser als Schutzbauten vor möglichen Feinden fungierten, aber andere wissenschaftliche Studien behaupten, dass die Anasazi die Felsüberhänge wählten, weil sie kühler waren.

Eine Rundfahrt im Park

Nachdem Sie den Parkeingang passiert haben, ist Ihr erstes Ziel das Visitor Center, wo Sie sich für Besichtigungen anmelden und mit Infos eindecken können. Die Straße steigt nun auf die 500 m höher gelegene Hochebene an. Oben angelangt führt sie entlang der nördlichen Abbruchkante. Heben Sie sich die Fotostopps für den späten Nachmittag auf, dann ist das Licht besser. Nach 15 Meilen, auf denen die Straße die einzelnen Täler „abreitet", erreichen Sie das ehemalige Headquarter des Parks mit Visitor Center (wird evtl. geschlossen). Von hier aus können Sie die Hochebene überblicken, in die die Flüsse unzählige Canyons geschnitten haben. Hier ist auch die Lodge. Falls Sie dort bleiben möchten, reservieren Sie am besten zuerst. Weiter geht es über die Hochebene zum Museum. An der Strecke gibt es zwei lohnende Stopps:
- die **Far View Ruins**, wo weniger die Gebäude sehenswert sind als vielmehr das umliegende Gebiet. Hier haben die Anasazi ehemals Felder angelegt, die noch heute zu erahnen sind,

- und den **Cedar Tree Tower**, eine kleine Turmruine. Diesen Turm nutzten die Anasazis höchstwahrscheinlich als Ausguck.

Nur einen Vorgeschmack bieten die Far-View-Ruinen

Das **Spuce Tree Museum** ist mit Sicherheit eines der besten Museen in Bezug auf die frühe Indianerkultur und ermöglicht Ihnen einen genauen Überblick über die Besiedlungsgeschichte und auch die Lebensweisen der Anasazis. Hinter dem Museum führt ein kleiner Pfad zu den **Spuce Tree Ruins** (ein 'Dwelling'), die nur in Begleitung eines Rangers zu besichtigen ist.

Die folgende Strecke führt auf der **Chapin Mesa** entlang der **Ruins Road**, die sich in der Nähe des Museums teilt. Der westliche Streckenabschnitt führt an mehreren kleineren Ruinen vorbei. Vom östlichen View Point kann man den unten beschriebenen Cliff Palace auf der gegenüberliegenden Canyonseite gut sehen. Ein Höhepunkt an dieser Strecke:
- **Sun Temple:** Ein unüberdachtes Gebäude, das wohl für religiöse Zeremonien genutzt wurde.

Cliff Palace: die schönste der Ruinen und mit 217 Räumen auch die größte

Der östliche Abschnitt tangiert die absoluten Höhepunkte:
- **Cliff Palace:** Hierbei handelt es sich um die größte und wohl schönste Ruine. Sie hat 217 Räume und 23 Kivas. Die Gebäude sind bis zu 4 Stockwerke hoch und wurden zwischen 1209 und 1273 n. Chr. erbaut. Die Ruine darf nicht betreten werden, worauf ein hier stationierter Ranger genauestens achtet.
- **Balcony House:** Dieses 40-Räume-Dwelling liegt an der Kante des Soda Canyon und konnte

Größte Anasazi-Ruine

von den Anasazi nur mit Stricken und Leitern erreicht werden. Heute führt ein Ranger zu den Ruinen. Dabei gilt es, eine Leiter und den ehemaligen „Tunnel" der Anasazi zu bewältigen. Wer nicht schwindelfrei ist, unternimmt diese Tour besser nicht – ansonsten durchaus lohnend!

Im Westen des Parks, an der **Wetherhill Mesa**, hat man weitere Ruinen entdeckt, die 1959 und in den folgenden Jahren gründlich untersucht worden sind. Dabei waren neben Archäologen und Geologen sogar Zahnmediziner, Orthopäden und Meteorologen beteiligt. Durch diese wissenschaftliche „Kraftanstrengung" hat man mehr über das Leben der Anasazi erfahren als jemals zuvor und auch danach. Während der Sommermonate verkehrt ein Shuttle-Bus vom Visitor Center dorthin, und die Strecke ist für private Pkw gesperrt. Das **Step House** dürfen Sie selbst erkunden, für das **Long House**, das zweitgrößte Gebäude des Parks, gibt es Führungen mit einem Ranger. Beide Touren dauern ca. 1 Stunde.

INFO   Geologische Entstehung der Mesa

Die Mesa ist Teil des Colorado-Plateaus, das sich vor gut 17 Millionen Jahren gehoben hat. Die Auflageschichten bestehen aus ehemaligen Meeres- und Sumpfablagerungen. Die hiesige Hochebene kippte im letzten Stadium etwas nach Süden. Nachdem der Hebungsprozess beendet war, setzte die Erosion ein, und Flüsse gruben die Canyons.

Die Felsnischen wiederum haben sich auf folgende Weise gebildet: Leicht saures Regenwasser sickerte in die Sandsteinschichten ein und bildete in ihnen kleine Höhlen und Löcher. Dort wo das Wasseram Canyonrand waagerecht nach außen treten konnte, öffnete es mit der Zeit den Sandstein und bildete Hohlräume. Jetzt war es nur eine Frage der Zeit, bis diese zu Nischen erweitert wurden.

Fahren Sie von Durango weiter nach Süden auf dem US 550. Sie merken bereits, dass Sie die hohen und schroffen Berge der Rockies hinter sich gelassen haben und dass die Landschaft Halbwüstencharakter annimmt. Nach einer Stunde erreichen Sie den wenig attraktiven, man mag fast sagen „vernachlässigten" Ort Aztek.

Noch ein Baudenkmal   Einzig interessant hier ist das **Aztek Ruins National Monument** (ⓘ S. 173). Fälschlicherweise von den ersten Spaniern als Siedlungsort mexikanischer Indianer angesehen, war diese große Ruine eine weitere Wohnstätte der nach Westen gewanderten Anasazi-Gruppe. Die Anlage enthält über 400 Räume, die einmal bis zu vier Stockwerke hoch waren. Die meisten Stätten wurden (teilweise) renoviert, wobei man das zentrale Kiva komplett wieder hergerichtet hat, sodass Sie hier einmal einen richtigen Überblick über ein solches Gebäude erhalten können. Sie dürfen auch hinein. Das ist eigentlich auch schon der einzige Höhepunkt. Hinzu kommt vielleicht noch die Tatsache, dass der Grundriss des gesamten Komplexes recht beeindruckend ist, sodass Sie mit dessen Hilfe (man erhält einen Katalog am Eingang) das Dorfleben der Anasazi einmal „nachspielen" können.

 Unterkünfte/Campingplätze
In Farmington, Aztek und im nahen Bloomfield gibt es Hotels/Motels.

• **Farmington** (ⓘ S. 173)

Touristisch gesehen bietet die 34.000-Einwohner-Stadt fast gar nichts außer Hotels und das **San Juan County Archaeological Research Center & Library** für archäologisch Interessierte. Es befindet sich an den (wenig aussagekräftigen)

Salmon Ruins (250-Räume-Anasazi-Komplex) 12 Meilen östlich von Bloomfield. In diesem Museum und der Bücherei können Sie Ihr Fachwissen weiter aufbessern. Täglich geöffnet, außer an Feiertagen.

Farmington ist zwar die größte Stadt der Region und rührt kräftig die touristische Werbetrommel, doch selbst im Stadtzentrum wird man das Gefühl nicht los, sich in einem zu schnell gewachsenen Highway-Nest zu befinden – so trostlos und funktionell wirkt alles.

Wirtschaftliche Grundlage bilden drei Dinge:
- Zentraler Ort für die Farmen im fruchtbaren San Juan Valley
- Energiezentrum (u.a. ein großes Kohlekraftwerk) der „4-Corner-Region" und
- Sitz des „Navajo-Irrigation-Project", welches im Süden 50.000 ha Ackerland bewässert

An Farmington vorbei in Richtung Santa Fe über den Hwy. 44 kommen Sie zu dem Nest **Cuba.** Auch hier gibt es nichts Ausgefallenes zu sehen. (Kaum jemand hält sich auf diesem öden Streckenabschnitt an die angegebene Höchstgeschwindigkeit – das weiß aber leider auch die Polizei!) Falls Sie ein robusteres Fahrzeug haben, biegen Sie in Cuba auf die NM 126 ab, die über La Cueva (ab hier Hwy. 4) nach Los Alamos führt. Ein Teil ist noch nicht asphaltiert. Alternativ können Sie auch auf der 44 weiterfahren bis San Ysidiro und dort auf die 4 abbiegen oder, falls Sie Los Alamos und das Bandelier National Monument auslassen möchten, auf dem schnellsten Wege über den I-25 nach Santa Fe bzw. Albuquerque fahren.

Los Alamos wurde 1942 gegründet als Sitz für die Wissenschaftler, die an der Entwicklung der Atombombe gearbeitet haben. 2 Jahre lang wusste, mit Ausnahme eines kleinen Kreises, niemand von der Existenz des Atom-Labors. Als Anfahrtsweg fungierte ein kleiner Schotterweg, der als Farmpiste getarnt war. Hier *Geburts-ort der Atom-bombe* war es dann auch, wo Robert Oppenheimer und Hunderte von Wissenschaftlern die Atombombe bis zu ihrem endgültigen Einsatz über Japan zu Ende entwickelten. Beim letzten Test, 60 Meilen nordwestlich von Alamogordo, war Oppenheimer so entsetzt und fasziniert zugleich, dass er die berühmten Worte sprach: „I am become Death, destroyer of worlds."

Seine Erfindung sollte nun für lange Zeit die Geschichte der Welt bestimmen. Im **Bradbury Science Museum of the Los Alamos National Laboratory** (LANL) *(Ecke 15th St./Central Ave., geöffnet: Di.–Fr. 9–17h, Sa.–Mo. 13–17h)* und im **Los Alamos Historical Museum** *(1921 Juniper St., Mo.–Sa. 10–16h, So. 13–16h, im Sommer etwas länger)* können Sie sich näher informieren über die Entwicklung der Atombombe und auch über neuere wissenschaftliche Projekte. Letztgenanntes Museum bietet auch Einblick in andere historische Ereignisse der Gegend.

Los Alamos hat als Erbe den atomaren Müll behalten, den die US-Regierung in Salzstollen in der Nähe von Carlsbad versenken will. Doch die endgültige Realisierung dieses Vor-

J. Robert Oppenheimer

Eingang zum Cave Room im Bandelier Nat. Monument

habens liegt immer noch – und das seit Jahrzehnten – auf den Schreibtischen herum. Eines weiß man aber heute bereits: Die Stollen werden keinesfalls ausreichen für den gesamten Atommüll aller Versuchszentren.

Ganz in der Nähe befindet sich das **Bandelier National Monument**. Auch hier haben die Anasazi ihre Felssiedlungen erbaut und lebten dort sogar bis ca. 1550. Auf einem 2 ½ km langen Trail können Sie durch den Frijole Canyon wandern, wo es einige Ruinen zu sehen gibt, die Sie zum Teil sogar betreten dürfen. Ein weiterer Höhepunkt ist die 'Ceremonial Cave' an einer Felsklippe, die über eine Leiter erreicht werden kann. Oben angekommen, werden Sie durch den Einstieg in eine Kiva belohnt. Der Park bietet mit über 110 km Trails beste Wandermöglichkeiten und wird von den Städtern als Erholungsgebiet genutzt. Es steht ein Campingplatz zur Verfügung, der aber an schönen Wochenenden häufig überfüllt ist.

Fahren Sie von hier den Hwy. 4 weiter und anschließend den Hwy. 502 bis Pojoaque. Ab hier sind es dann noch 24 Meilen auf dem Freeway bis Santa Fe.

Santa Fe (ⓘ S. 173)

Zeiteinteilung
1 Tag

• Überblick

Die Geschichte der Stadt bietet einen guten Eindruck vom historischen Werdegang des gesamten Südwestens: La Villa Real de la **Santa Fe** de San Francisco de Asis wurde 1610 von *Don Pedro de Peralta* gegründet. Er ließ auch die Plaza und den Palace of the Grosvenors erbauen – heute das älteste öffentliche Gebäude des anglo-amerikanischen Amerika (wir erinnern uns, dass viele der Pueblo-Kivas älter sind, z.B. Aztek Ruins). Damals war die kleine Siedlung eine von mehreren „Stützpunkten", die de Peralta anlegen ließ, die Indianer zu bekehren und um den Katholizismus zu festigen. Bereits um 1650 waren 15.000 Indianer der Region christianisiert. Die Spanier gingen dabei nicht zimperlich vor: Dörfer, die sich gegen die Missionare wehrten, fanden nicht selten ihre Häuser in Schutt und Asche wieder, wenn sie abends von den Feldern heimkehrten – und die Frauen waren entführt, z.T. sogar getötet.

Spanische Gründung

Santa Fe wurde gleich zu Beginn als Hauptstadt des neuen Staates New Mexico erkoren und ist damit die älteste Hauptstadt der USA. Als 1680 die Pueblo-Revolte ausbrach – die Indianer wollten sich nicht weiter den Christianisierungsbestrebungen aussetzen –, mussten die Spanier Santa Fe verlassen. Die Indianer besetzten die Stadt und zerstörten alles Kulturgut, vor allem Dinge, die auf das Christentum hinwiesen. Erst 1691 gelang es den Spaniern unter Führung des Generals *Don Diego de Vargas*, Santa Fe zurückzuerobern. Gleich darauf ließ er 70 Indianer exekutieren und nahm 400 als Sklaven. Bis zum Beginn des 19. Jh. regierten nun die Spanier unangefochten und waren gegenüber den langsam vordringenden Siedlern und Händlern aus dem Osten wenig aufgeschlossen. Dieses änderte sich erst mit der Unabhängigkeit Mexikos von Spanien 1821. Der Handel blühte auf, besonders dank des berühmten „Santa Fe Trail".

Im 19. Jh. schließlich kamen immer mehr Siedler durch die Region, zumeist auf dem Weg nach Westen. Als auch noch General *Stephen Kearny* mit einer militärischen Einheit durch den Südwesten zog, entschlossen sich die Mexikaner zur Gegenwehr und stellten eine 6.000 Mann starke Truppe auf. Doch bevor es zu einem

Ebenfalls im Adobe-Stil erbaut: Museum of Fine Arts

Kampf kam, floh diese Truppe nach Süden, samt dem Gouverneur Manuel Armijo. Historiker glauben heute, der Gouverneur sei bestochen worden. Somit stand Kearny nichts mehr im Wege: Er besetzte die Stadt am 18. August 1846 und erklärte sie zu amerikanischem Staatsgebiet. 5 Jahre später wurde das gesamte New Mexico einverleibt.

Ab dann ging alles schnell: Der Santa Fe Trail wurde jährlich von Zehntausenden von Siedlern genutzt, 1879 erreichte die Eisenbahnlinie die Stadt, und die wirtschaftlichen Geschicke wurden immer mehr von Anglo-Amerikanern bestimmt. Ein Boom setzte mit der Ernennung New Mexicos zum regulären Bundesstaat ein. Es kamen nicht nur Investoren nach Santa Fe, sondern es bildete sich auch eine angesehene Künstlerkolonie – allen voran „Los Cinco Pintores" (die 5 Maler), eine Gruppe von impressionistischen Malern.

Heute ist Santa Fe eine der wenigen Städte, die indianisches, spanisches und anglo-amerikanisches Kulturgut verbinden. Strikte Bauvorschriften sorgen dafür, dass der traditionelle **Adobebaustil** im Stadtbereich eingehalten wird. Hochhäuser oder Industrieanlagen findet man kaum. Das hat natürlich auch zur Folge, dass kaum ein Unternehmen in Santa Fe investiert, mit einer einzigen Ausnahme: der Tourismusbranche. Für Sie als Reisenden zeigt sich Santa Fe daher als großes Museum mit dem – leider – dazugehörenden amerikanischen Kitsch und den unzähligen Souvenir- und Kunstgeschäften. Der eine wird es mögen, der nächste wird es übersehen, und wieder andere werden zusehen, dass sie hier schnell wieder wegkommen.

Einheitliches Stadtbild

Zwei Dinge werden bei den strengen Bauvorschriften anscheinend nicht angetastet: der Autoverkehr und die Entwicklung des Tourismusgeschäftes. Und so bedarf es schon einer gewissen Vorsicht, um sich durch die Straßen zu zwängen, ohne von einem Auto erfasst zu werden oder über einen Souvenirstand zu stolpern. Genießen Sie aber trotzdem zumindest ein paar Stunden in Santa Fe, und erfreuen Sie sich an den Kulturdenkmälern. Stöbern Sie auch mal in der einen oder anderen Kunstgalerie herum, und lassen Sie den Tag bei einer typischen Margerita und einem echten mexikanischen Gericht ausklingen. Am nächsten Tag, bereits viele Meilen entfernt und im Schoße der eindrucksvollen Landschaft des Südwestens, werden Sie dann die Zeit und Ruhe finden, das Gesehene zu „verdauen", und es im Nachhinein wahrscheinlich auch mögen. Auslassen darf man Santa Fe mit Sicherheit nicht!

• Sehenswertes im Bereich der Innenstadt

Die meisten Sehenswürdigkeiten können Sie gut zu Fuß erreichen. Lassen Sie also am besten Ihr Fahrzeug gleich am Stadtrand bzw. am Hotel stehen.

Beginnen Sie Ihren Rundgang an der kleinen **Loretto Chapel (1)** *(207 Old Santa Fe Trail, zw. Alameda und Water St., geöffnet: Mo.–Sa. 9–17h, So. 10h30–17h)*,

die der Erzbischof Lamy 1878 für die 6 Loretto-Schwestern errichten ließ. Kurz vor Abschluss der Bauarbeiten wurde der Architekt von Lamys Neffen umgebracht – man munkelt, es ging um dessen Frau –, und keiner wusste, wie man nun die Treppe zum Chor bauen sollte. Der Zufall wollte es aber, dass ein Zimmermann nach Santa Fe kam, der binnen 6 Monaten die Treppe fertiggestellt hatte, ohne auch nur einen Nagel zu benötigen, und verschwand gleich darauf spurlos, ohne Geld zu verlangen. Seither wird diese Treppe „Miraculous Stairs" genannt.

An der Kreuzung Palace und Cathedral Rd. steht der größte Kirchenbau der Stadt, die **Cathedral of St. Francis of Assis (2)**. Diese Kathedrale, entworfen von französischen Architekten im Auftrage des bereits erwähnten Erzbischofs Lamy, passt eigentlich gar nicht in das Stadtbild, beherrscht es aber. Sie wurde zwischen 1869 und 1886 an der Stelle errichtet, wo bereits 1610 die erste Missionskirche, 'Our Lady of As-

„Miraculous Stairs" in der Loretto Chapel

sumption', stand. Diese erste Kirche fiel der Pueblo-Revolte von 1680 zum Opfer.
*Täglich von 6h bis 18h können Sie die Kirche besichtigen. Gottesdienste finden i.d.R.
Mo.–Sa. 7h und 15h15 sowie So. um 8h, 10h, 12h und 15h15 statt.*

Palace of the Governors (3)

1610 an der Plaza erbaut, gilt dieses Haus als das älteste öffentliche Gebäude der
USA. Über 300 Jahre war es der Regierungssitz von New Mexico, und während
der Pueblo-Revolte hausten auch deren Führer hier. Lew
Wallace, Gouverneur von 1878 bis 1881, schrieb hier
seinen weltberühmten Roman 'Ben Hur'.
Die Anlage wurde um einen großen Innenhof angelegt, so
wie es die Spanier bei den meisten großen Gebäuden
machten. Heute bietet ein interessantes Museum vieles
zur Geschichte Santa Fes und auch zu den Pueblo-Kulturen der Gegend.
Geöffnet: Di.–So. 10–17h.

Einen Block westlich davon, an der 107 W. Palace, Ecke
Lincoln Avenue ist das **Museum of Fine Arts (4)**, das
mit seinen über 10.000 Kunstobjekten, vornehmlich Werken aus New Mexico, zu den eindrucksvollsten Zielen in
Santa Fe gehören mag. Gemälde (meist in Öl), Skulpturen, Möbel im spanischen Stil und auch eine sehr gute
Fotosammlung bilden die permanente Ausstellung. Doch
auch die Wanderausstellungen sind sehr erlesen. Am besten haben mir persönlich aber die Sammlung indianischer Tonwaren – große Teile davon wurden während
der Coronado-Expedition zusammengestellt – und Kar-

*Straßenhändler am Palace of the
Governors*

ten von Amerika aus dem 17. Jh. gefallen. Es ist doch immer wieder faszinierend,
wie sich die Menschen ihr Land vorstellen mussten, bevor moderne Vermessungs-
techniken die heute bekannten Strukturen aufdeckten. Eine Karte z.B. zeigt Kalifornien noch als Insel.
Geöffnet: Di.–So. 10–17h, Fr. bis 20h.

*In der
Innenstadt*

Zwei Blocks westlich, an der 217 Johnson Street, befindet sich das **Georgia
O'Keeffe Museum (5)**, in dem zahlreiche Bilder der Malerin ausgestellt sind.
O'Keeffe lebte immer wieder für längere Abschnitte zwischen 1917 und den
1940er Jahren in New Mexico und wurde hier bekannt für ihre Wüstenlandschaf-
ten aus dem nördlichen Teil des Staates.
Geöffnet: Di.–So. 10–17h, Fr. bis 20h.

Möchten Sie sich nun noch mit Infomaterial eindecken, dann gehen Sie kurz nach
Norden zum **Visitor Bureau (7)**, Ecke Grant und W. Marcy Street.

Die **Plaza (6)** ist das Zentrum der Stadt und wurde, wie der Gouverneurspalast,
1610 angelegt. Heute befinden sich hier neben dem Palast vor allem Restaurants
und Souvenirshops. Auf den Bürgersteigen bieten Indianer einfache Kunsthandwerke auf selbst geknüpften Teppichen an. Sie unterliegen übrigens einer strengen

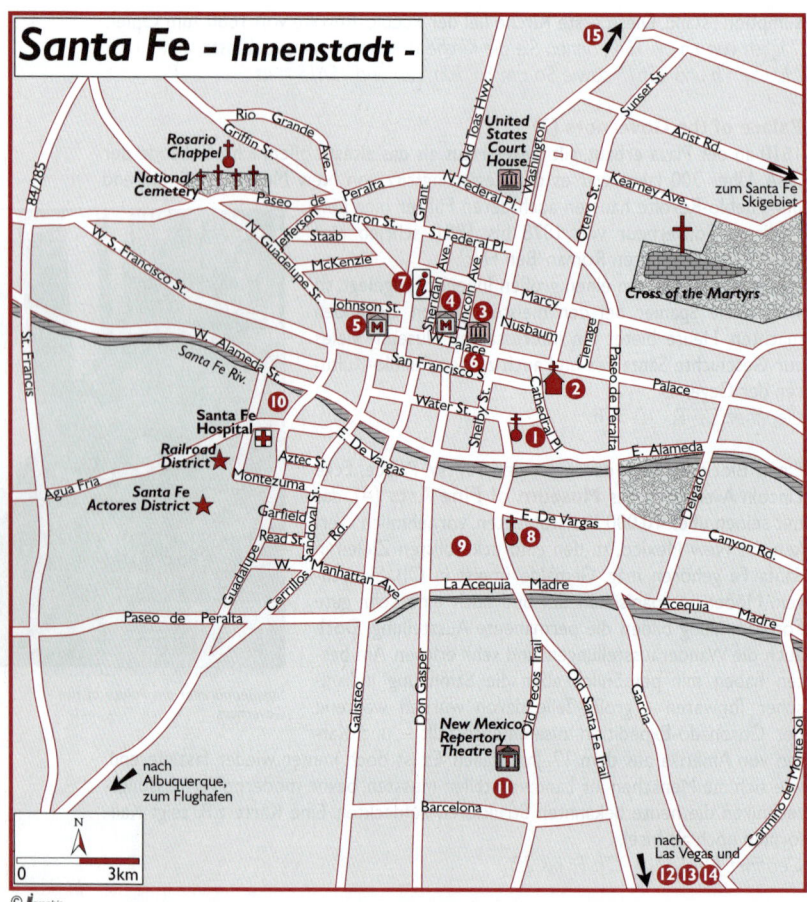

Santa Fe - *Innenstadt* -

1	Loretto Chapel
2	Cathedral of St. Francis of Assis
3	Palace of the Governors
4	Museum of the Fine Arts
5	Georgia O'Keeffe Museum
6	Plaza
7	Visitors Bureau/Touristeninformation

Kontrolle und dürfen nur echte Ware verkaufen, also nichts aus Taiwan oder Hongkong. Dafür sind die Preise aber fest, und Handeln ist meistens zwecklos. Billiger als die Geschäfte sind sie allemal, und ein Kauf hier würde einer armen Familie in einer der trostlosen RV-/Mobilhomes-Siedlungen in den Vororten den einen oder anderen Dollar einbringen.

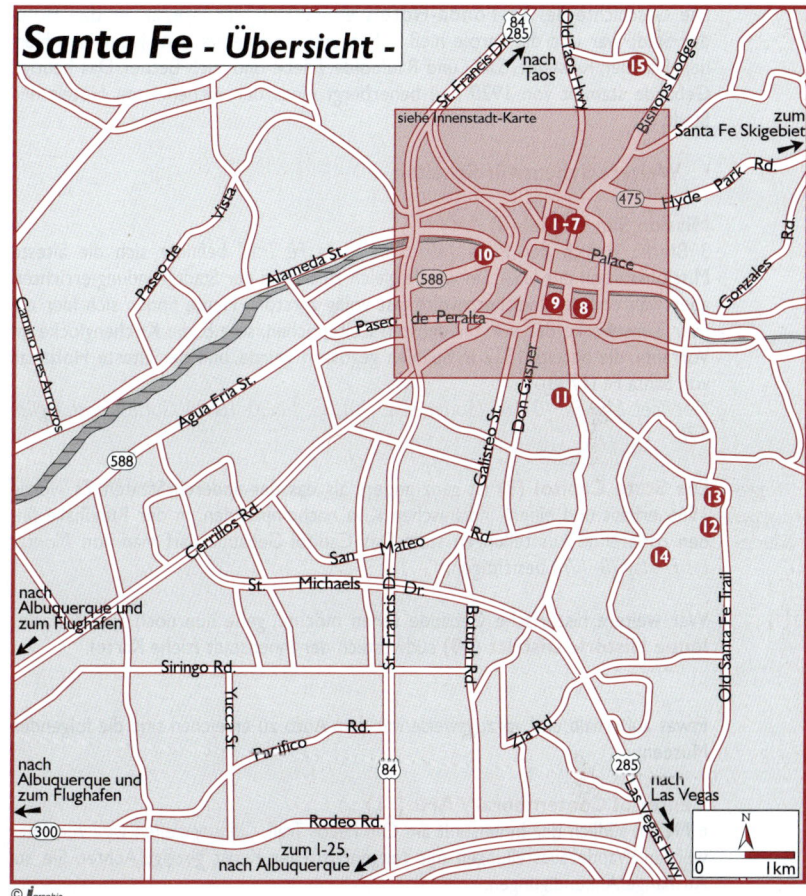

8 Mission San Miguel	**12** Museum of Indian Arts and Crafts
9 State Capitol	**13** Museum of Internat. Folk Art
10 Guadelupe Hist. District	**14** Wheelwright Museum of the American Indian
11 Center for Contemporary Arts	**15** Governor's Mansion

Mitten auf der Plaza steht ein Soldatenehrenmal, das heute Treffpunkt und sozialer Mittelpunkt der Stadtjugend zu sein scheint. In der südöstlichen Ecke des Platzes steht ein 'Marker', der den Endpunkt des Santa Fe Trail kennzeichnet, und an der Nordseite ein weiterer, der an die Kearny-Proklamation erinnert.

Die Geschichte des **La-Fonda-Hotels** erinnert an alte Tage, als es **das** Hotel der Stadt war und die Parole hieß 'sehen und gesehen werden'. Jeder kam hierher: Händler, Reisende, Sauf- und Raufbolde, Diebe und auch Bettler. Das heutige Gebäude stammt von 1920 und beherbergt eines der vornehmsten Hotels der Stadt.

• **Weitere Sehenswürdigkeiten**

Mission San Miguel (8)
3 Blöcke südlich der Plaza *(401 Old Santa Fe Trail)* befindet sich die älteste Missionsstation der USA. Sie wurde gleich zu Beginn der Stadtgründung errichtet, aber während der Indianerrevolte fast völlig zerstört. Heute finden sich hier ein paar Kunstwerke der verschiedensten Zeitepochen, so z.B. die Kirchenglocke im Vorraum, die bereits 1312 in Spanien gegossen wurde, und der älteste Holzaltar von Santa Fe (1798).
Geöffnet: Mo.–Sa. 10–16h (Sommer ab 9h), So. 14h30–16h30. Gottesdienst: täglich 17h.

Regie-
rungsge-
bäude...
Das **State Capitol (9)** ist ganz anders als das der anderen Staaten. Es wurde 1966 erbaut und einem indianischen Kiva nachempfunden. In der Rundhalle finden rotierende Ausstellungen statt. Das Capitol-Gebäude darf man von *Montag bis Freitag (8–17h)* besichtigen.

Wer weitere historische Gebäude sehen möchte, gehe nun noch zum **Guadeloupe Historic District (10)** südwestlich der Innenstadt (siehe Karte).

Etwas außerhalb und vorzugsweise mit dem Auto zu erreichen sind die folgenden Museen:

Center of Contemporary Arts (11)
6 Meilen südlich der Innenstadt am Old Pecos Trail, *Öffnungszeiten variieren.* Hier werden Wanderausstellungen mit zeitgenössischer Kunst gezeigt. Achten Sie auf Aushänge/Ankündigungen.

Museum of Indian Arts and Culture (12)
...und
Museen
708 Camino Lejo. Dieses Kulturzentrum beschäftigt sich mit der Geschichte der Indianer und bietet dazu in mehreren Räumen permanente und wechselnde Ausstellungen sowie ausgezeichnete Literatur und Informationen zu Veranstaltungen und Pow Wows im gesamten Südwesten. Besonders interessant sind die Darstellung der Indianerwanderungen im Rio-Grande-Tal, welche ja für New Mexico von entscheidender Bedeutung waren, und alte Fotografien von Pueblos dieser Region. In der Cafeteria gibt es übrigens ein täglich wechselndes, typisch indianisches Menu, immer von einer anderen Stammesgruppe zubereitet.
Geöffnet: Di.–So. 10–17h.

Gleich nebenan liegt das **Museum of International Folk Art (13)**: nicht unbedingt ein Museum, das Sie in Santa Fe erwarten würden. Es stellt nämlich volks-

tümliche Kunsthandwerke aus über 100 Ländern aller Kontinente aus. Ein bisschen viel, würde ich sagen, aber vielleicht haben Sie ja Interesse daran, einmal afrikanische Masken und indische Talismane zu bewundern. Es empfiehlt sich für den Besuch dieses Museums allemal, das 'Guidebook' zu kaufen, um zumindest etwas 'Licht ins Dunkel' zu bringen.
Geöffnet: Di.–So. 10–17h.

Das **Wheelwright Museum of the American Indian (14)**, ebenfalls hier an der Camino Lejo zeigt auf lebendige Weise auch indianische Kunst, vornehmlich Folk Art. Zudem locken interessante Wanderausstellungen. Beliebt ist auch der angeschlossene „Trading Post", der einem alten Handelsposten nachempfunden wurde, aber natürlich auch Souvenirs verkauft.
Geöffnet ist das Museum Mo.–Sa. 10–17h und So. 13–17h.

Beenden Sie Ihre Besichtigungstour von Santa Fe am besten mit einem Spaziergang oder einer Spazierfahrt durch die **Canyon Road**. Diese wohl berühmteste Straße der Stadt diente schon vor Jahrhunderten den Indianern als Verbindung zu einer ihrer Siedlungen. Um 1920 siedelten sich hier vornehmlich Künstler an, deren „Crème de la Crème" aber mittlerweile ganz woanders wohnt.

Schnuckelige Adobe-Häuser säumen die Canyon Road

Trotzdem finden sich hier und in den Seitenstraßen neben den üblichen Souvenirläden, auch heute noch gute Galerien, in denen Sie z.T. einen besseren Eindruck von modernen Kunstrichtungen der Region bekommen als in den Museen. Sie müssen ja nicht gleich Ihr Konto plündern und etwas kaufen. Bevor Sie hier aber wirklich auf Kunstfang gehen, erkundigen Sie sich vorher noch einmal beim Touristenbüro oder bei Linda Morton (siehe oben), wo es sich lohnt und worauf Sie zu achten haben.

In der Umgebung von Santa Fe befindet sich heute noch eine Reihe **alter Indianer-Pueblos** (zumeist kleine Ruinen). Falls Sie nach all Ihren Besichtigungen noch Interesse daran haben, erkundigen Sie sich im Touristenbüro nach deren genauer Lage, oder beschaffen Sie sich die Roadmap „New Mexico and Northern New Mexico Recreational Area" von Gousha Travel Publication. Dort sind fast alle eingezeichnet.

INFO **Santa Fe Trail**

Lange Zeit war Santa Fe für Händler und Reisende „tabu", da die spanische Verwaltung diesen immer wieder zugesetzte und den Handel damit wenig attraktiv machte. Die Unabhängigkeit Mexikos 1821 aber feierten die Bewohner so ausgiebig, dass Geschäftsleute im Osten schnell eine gute Beute witterten. Es waren schließlich William Becknell und ein paar Gefolgsleute, die als erste mit einer Mauleselkarawane am 1. September des gleichen Jahres von Old Franklin, Missouri, loszogen, um im Westen zu handeln. Nördlich von Santa Fe, nach unerlaubter Überquerung der Grenze zu Mexiko, traf die Gruppe auf mexikanische Soldaten. Doch anstatt festgenommen zu werden, wurde Becknell gebeten, den Soldaten nach Santa Fe zu folgen, wo er am 16. November eintraf. Der Handel verlief sehr vielversprechend, besonders weil die Bewohner der Stadt vorher in einer solchen Isolation gelebt hatten, sodass Becknell sich entschied wiederzukommen. Doch vorher erkundete er noch eine bessere Verbindung, da sein erster Weg doch ziemliche Umwege mit sich brachte. Die neue Route führte von Osten nach Dodge City, dann zu Bent's Fort (welches daraufhin aber erst errichtet wurde) und zweigte von dort nach Süden ab nach Trinidad, von wo aus sie der heutigen Linie des I-25 bis nach Santa Fe folgte. Einige Mutige nahmen die Strapazen und Risiken des Cimarron-Short-Cuts auf sich (kaum Wasser, häufige Indianerangriffe).

Diese Route war während der folgenden 60 Jahre die Hauptverbindung in den Südwesten, und Tausende von Planwagen kämpften sich hier entlang. Selbst während der ersten Jahre der Eisenbahn zog der Strom der Glücksuchenden zumeist noch entlang dem legendären Santa Fe Trail, weil die Eisenbahn so überlastet war.

Alternativroute: von Leadville über Taos nach Santa Fe

Zeiteinteilung
1 *2 Tage*

Landschaftlich ist diese Strecke nicht so schön wie die über Montrose und Silverton, dafür aber um mindestens zwei Tage kürzer. Außerdem bietet sie Ihnen die Gelegenheit, bei Alamosa (oder sogar schon bei Salida) die Rocky Mountains Richtung Osten zu verlassen und dann den Routen des letzten Kapitels zu folgen.

Fahren Sie auf dem US 24 in südlicher Richtung. Erster auffälliger Ort an dieser Strecke ist **Buena Vista**. Ehemals ein rauer Platz mit z.T. sehr bleihaltiger Luft und einem Ruf als „Rowdy Dance Hall of the West", bietet es heute vor allem den Outdoorfans eine Reihe von Möglichkeiten. Diese Tatsache hat ihm nun den eher friedlichen Beinamen „Whitewater Capital of Colorado" eingebracht. Wer gerne einmal eine Schlauchboottour auf den „weißen" Wassern des Arkansas unternehmen möchte, wende sich an eine der vielen ortsansässigen Rafting-

Companies. Hinter Buena Vista nehmen Sie den US 285, der kurz hinter Poncha Springs den Poncha-Pass hinaufführt. Oben angekommen, bleiben Sie fast auf dieser Höhe, und das weite **San Louis-Valley** öffnet sich vor Ihnen. Das wüstenartige Hochtal des San-Louis-Flusses liegt auf etwa 2.300 m Höhe und ist so groß wie Zypern. Bei dem Tal handelt es sich um einen tektonischen Graben. Es wird vorwiegend zur Viehhaltung genutzt, aber geringe und vor allem unregelmäßige Niederschläge machen es den Farmern hier nicht immer einfach. Die Berge rundherum halten viel Regen ab.

Bei Mineral Hot Spring fahren Sie weiter auf dem Hwy. 17. Kurz vor Mosca geht nach links eine kleine Straße zum Great Sand Dunes Monument. Die großen und in dieser Landschaft unnatürlich wirkenden Dünen am Fuße der über 4.000 m hohen Sangre de Christo Range fallen schon von weitem auf.

Redaktions-Tipps

- **Fahren Sie sehr früh los**, um am selben Tag vielleicht noch bis Taos zu kommen.
- Nehmen Sie sich **die meiste Zeit für den Great Sand Dunes Nat. Park** (S. 703ff), und unternehmen Sie dort auch eine Wanderung auf die Dünen.
- Die **Jeeptouren durch den Great Sand Dunes NP** werden hervorragend erläutert, und die Mehrzeit dafür lohnt sich.
- **Taos** (S. 706f) **ist beschaulicher und angenehmer als Santa Fe** (S. 694ff), das bereits beginnt, unter dem Tourismusdruck zu leiden.

Great Sand Dunes National Park (ⓘ S. 173)

Hinweise
- Bei **Gewitter** müssen Sie wegen Blitzgefahr sofort die Dünen verlassen!
- Der **Sand wird im Sommer so heiß**, dass Sie nicht barfuß laufen sollten – und immer **Trinkwasser** mitnehmen!

Die Dünen hier gehören mit bis zu 210 m Höhe zu den größten der Welt. Wie kamen sie hierher? Es gibt hier alle drei Voraussetzungen für die Formung von Sanddünen: Sand, Wind und eine natürliche Falle. Von schmelzendem Schnee genährt, haben die Flüsse seit Jahrtausenden Sand, Schlamm und Kies in das San Louis-Becken getragen. Die meisten der Flüsse versiegen hier, da keine Abflussmöglichkeit gegeben ist. Der spärliche Pflanzenbewuchs des Tals kann den Sandboden nicht festhalten. Südwestliche Winde tragen nun Staub- und Sandkörner in Richtung Sangre de Christo

Enorme Sanddünen

Bis zu 210 m hohe Sanddünen gibt es im Great Sand Dunes Nat. Park

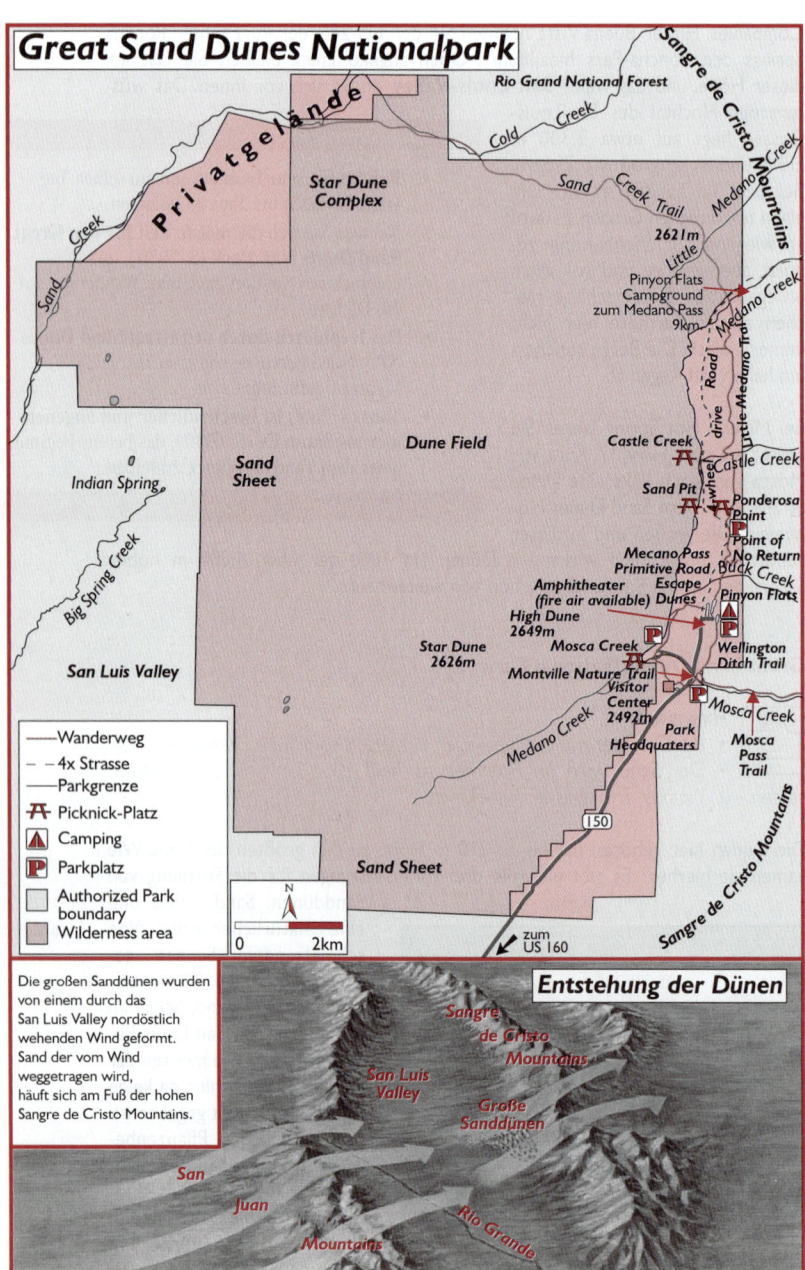

Great Sand Dunes Nationalpark

Privatgelände

Rio Grand National Forest

Sangre de Cristo Mountains

Cold Creek

Sand Creek

Star Dune Complex

Sand Creek Trail

Medano Creek

2621m
Little

Pinyon Flats
Campground
zum Medano Pass
9km

Medano Creek

Sand Creek

Little-Medano Trail

Road

4wheeldrive

Dune Field

Castle Creek

Castle Creek

Indian Spring

Sand Sheet

Sand Pit

Ponderosa Point

Point of No Return

Big Spring Creek

Mecano Pass
Primitive Road

Buck Creek

Amphitheater
(fire air available)

Escape Dunes

Pinyon Flats

High Dune
2649m

San Luis Valley

Star Dune
2626m

Mosca Creek

Wellington
Ditch Trail

Montville Nature Trail

Visitor
Center
2492m

Mosca Creek

Park
Headquaters

Mosca
Pass
Trail

Medano Creek

150

Sand Sheet

zum
US 160

Sangre de Cristo Mountains

Legende

Wanderweg
4x Strasse
Parkgrenze
Picknick-Platz
Camping
Parkplatz
Authorized Park boundary
Wilderness area

N

0   2km

Die großen Sanddünen wurden von einem durch das San Luis Valley nordöstlich wehenden Wind geformt. Sand der vom Wind weggetragen wird, häuft sich am Fuß der hohen Sangre de Cristo Mountains.

Entstehung der Dünen

Sangre de Cristo Mountains

San Luis Valley

Große Sanddünen

San Juan Mountains

Rio Grande

© igraphic

Range. Aber nur der feine Staub kann die Berge „passieren". Der Sand bleibt in der Krümmung unterhalb der Bergkette hängen und häuft zu Dünen an. Vergleiche von Fotografien von 1927 und heute belegen mittlerweile, dass die Dünen sich nur noch wenig verändern. Durch die künstlich geschaffenen Grasflächen für die Rinderfarmen wird weniger Sand als früher freigesetzt und eingeblasen. Östlich des Parks fließt der Medano-Creek in die Dünen und versickert in ihnen, mal weiter vorne, mal weiter in den Dünen selbst.

Vegetation gibt es auf den Dünen wenig, da Wassermangel und die sich immer wieder verändernde Oberfläche den Pflanzen keine Chance geben, „Fuß zu fassen". Ausnahmen bilden geschützten Vertiefungen, wo sich schon mal Grasfluren bilden können (eine Art von Wicken).

Für Ihren Besuch fahren Sie am besten zuerst zum Visitor Center, wo es u.a. eine *Erkundung* Ausstellung zur Naturgeschichte des gesamten San-Louis-Tals gibt. Etwa 1 m vom *des* Visitor Center entfernt gibt es ein Picknickgebiet, dessen Parkplatz sich als Start- *National-* punkt für Wanderungen anbietet (wegen der Hitze am besten vormittags bzw. *parks* spät nachmittags). Wege gibt es nicht. Laufen Sie also einfach mal los. Weit kommen Sie eh nicht. Das Sandlaufen strengt ungemein an. Bedenken Sie das für Ihren Rückweg!

Weiter geht es durch **Alamosa**, ein ziemlich langweiliges Farmernest, und dann entlang dem US 285 in südlicher Richtung. Bei Romeo bietet sich dem Boxfan die Gelegenheit, 3 Meilen nach Osten nach **Manassa** zu fahren, dem Geburtsort des legendären Champs Jack Dempsey. Ein kleines Museum erinnert an den „Manassa Mauler", wie er besonders in seiner frühen Zeit genannt wurde.

Antonito, ein paar Meilen südlich am Highway, ist heute ein ziemlich heruntergekommenes Städtchen, dessen Häuser aber auf eine wohlhabendere, oder besser: belebtere, Zeit hinweisen, nämlich als die Eisenbahn hier noch einen wichtigen Versorgungsstützpunkt unterhielt. Heute erinnert daran nur noch eine **historische Bahnlinie** für Touristen. Die Strecke, die früher bis Durango führte, ist großenteils demontiert. Wenn Sie aber Spaß an Eisenbahnen haben und einen halben bzw. ganzen Tag erübrigen möchten, können Sie von Antonito aus die 64 Meilen auf der alten und wunderschönen Bahnroute bis Chama, NM, mitfahren. Unterwegs geht es an der Toltec Gorge vorbei und über den gut 3.000 m hohen Cumbres Pass. Zurück werden Sie dann mit einem Kleinbus befördert. Für die Halbtagesstrecke steigen Sie bei Osier aus und werden von dort zurückgebracht. Der Bahnhof ist in Antonito nicht zu übersehen. *Anfragen und Reservierungen: Cumbres & Toltec Scenic Railroad, P.O.Box 789, Chama, NM 87520, Tel.: (505) 756-2151. Die Bahn verkehrt täglich (beginnend in Charma) zwischen Memorial Day und Mitte Oktober.* Übrigens ist auch die Straße nach Chama (CO 17) schön!

Der US 285 führt jetzt weiter bis nach New Mexico hinein. In dem kleinen Ort Tres Piedras biegen Sie nun auf den US 64 ab, der nach Taos führt. Dieser überquert den Rio Grande Canyon über die **Rio Grande Gorge Bridge**. Hier bietet sich Ihnen ein eindrucksvoller Blick in den Canyon. Halten Sie ruhig einmal

200 m geht's hier runter:
Rio Grande Gorge Bridge

an, und laufen Sie über die 200 m hohe Brücke. Nach der Royal Gorge Bridge bei Canon City ist sie übrigens die zweithöchste in Amerika.

▬▬▬ Taos (ⓘ S. 173)

Um 1615 siedelten in dieser Gegend die ersten Spanier, und keine zwei Jahre später stand die erste Kirche. Während der Pueblo-Revolte von 1680 und auch in den folgenden 200 Jahren gab es in der Region häufig Probleme zwischen Indianern und Siedlern. 1880 entdeckten dann auch Künstler und Dichter diesen reizenden Flecken Erde, siedelten sich hier an und brachten immer wieder Freunde mit. Sie alle gaben dem kleinen Ort einen weltoffenen Charakter, blieben aber bis in die 1970er Jahr eher unter sich. D.H. Lawrence, der lange Zeit hier lebte und auch begraben wurde, sagte einmal: „I think the skyline of Taos the most beautiful of all I have ever seen in my travel around the world."

In jüngerer Zeit änderte sich das Bild ein wenig, und der allgemeine Tourismus, einschließlich der Skifahrer, entdeckte den kleinen Ort. Doch ist die Bevölkerung darum bemüht, den Charakter dieser 'Oase', wie sie es nennen, zu erhalten.

Ich denke, gerade im Vergleich zu Santa Fe ist dies durchaus gelungen – wenn auch in Taos in vielen Adobehäusern, von denen es Hunderte gibt, zum großen Teil heute touristische Geschäfte untergebracht sind. Aber Taos hatte einen besonderen Vorteil: Es war von vornherein kleiner angelegt, und ein generelles Bebauungsverbot für das Zentrum hat Schlimmeres verhindert.

Zentrum der Adobe-Architektur

Nur in wenigen Orten des Südwestens leben drei völlig verschiedene Bevölkerungsgruppen so gut zusammen. Da gibt es zum einen die alteingesessenen **Indianer** und **Hispanos** und zum anderen die **Anglo-Amerikaner**. Alle wohnen zwar in verschiedenen Siedlungen, kommen sich aber nicht nur auf wirtschaftlichem Gebiet sehr nahe, sondern in vielen anderen Bereichen des öffentlichen Lebens, wie z.B. der Verwaltung. So kommt es zu einem kulturellen Austausch, den man in anderen Orten z.T. vermisst.

Neben den unzähligen Adobehäusern gibt es folgende wesentlichen Sehenswürdigkeiten in Taos:

• **Taos Pueblo:** Dieses echte Pueblo, 2 Meilen nördlich der Stadt gelegen, wird seit über 700 Jahren kontinuierlich von Indianern des Tiwa-Stammes bewohnt – andere Quellen sprechen sogar von einer über tausendjährigen Besiedlung. Die Tiwas waren es übrigens auch, die während der Revolte 1680 den Spaniern das Leben schwer gemacht haben. Das Pueblo liegt direkt unterhalb der Sangre de Christo Mountains, deren höchster Punkt, der Wheeler Peak, über 4.000 m misst.

Für die Tiwas ist der Berg heilig und beschützt sie und ihr Dorf. Das Pueblo wird durch den Pueblo Creek zweigeteilt, und der jeweilige Ortskern wird bestimmt durch zwei bis zu 5-stöckige Bauten. Diese Teilung hat mit der Zeit auch zu einem gewissen Konkurrenzdenken geführt: Während eines Festes im September z.B. findet auch heute noch ein traditioneller Wettlauf zwischen den beiden schnellsten Männern der beiden Pueblos statt.

Das North Pueblo in Taos

Uraltes Pueblo

Wenn Sie in Taos sind, sollten Sie einen Besuch dieses Pueblos nicht verpassen. Denken Sie aber daran, dass die Indianer hier keine leblosen Fotoobjekte sind, und fragen Sie vorher, wenn Sie ein Foto machen möchten. Eine Fotogebühr wird übrigens bereits am Eingang verlangt.

• Ganz in der Nähe des Pueblos befindet sich die **San Geronimo Mission**, die hier 1847 an der Stelle errichtet wurde, auf der bereits 1617 die erste Kirche stand. Diese fiel aber, wie auch die zweite von 1707, den ständigen Indianerangriffen zum Opfer.

 Tipp
Das Kit Carson Museum, die Martinez Hacienda und das Blumenschein Home werden von einer Organisation unter dem Titel „Taos Historic Museums" verwaltet; somit ergeben sich günstigere Eintrittsgelder, falls Sie mehr als eines dieser Museen besuchen möchten.

• **Kit Carson Museum:** *East Kit Carson Rd.*, einen Block östl. der Plaza. In dem heutigen Museumsgebäude wohnte der berühmte Scout von 1843–1868. Neben einer Reihe von Memorabilien zu seinem Leben finden Sie hier auch Ausstellungsstücke, die die Zeit um 1850 dokumentieren. *Öffnungszeiten: im Sommer tägl. 8–18h (im Winter etwas kürzer).*
• **Blumenschein-Haus:** 2 Blocks östl. der Plaza. In diesem Adobe-Haus von 1790 lebte der Maler Blumenschein, der Mitbegründer der Künstlergemeinschaft „Taos Society of Arts" gewesen ist. Heute sind besonders die Gemälde von ihm und seiner Familie die Hauptattraktion. *Öffnungszeiten: tägl. 10–16h.*

Christopher „Kit" Carson (1809–1868)

• **Martinez Hacienda:** *Lower Ranchitos Rd.*, 2 Meilen südlich an der NM 240. Das Wohnhaus des Kaufmanns und Bürgermeisters Don Antonio Severino Martinez, erbaut um 1804. Die 21 Räume dieser Hacienda, eingerichtet mit stilechten, alten Möbeln, geben einen guten Eindruck von der Zeit vor den ersten Pionieren anglo-amerikanischer Abstammung. *Öffnungszeiten: tägl. 10–16h.*

Der Besuch aller drei Museen gibt Ihnen die Möglichkeit, verschiedene historische und kulturelle Gesichter von Taos kennen zu lernen.

Wenn Sie noch etwas Zeit haben, bieten sich noch folgende Punkte an:

Weitere Sehenswürdigkeiten

• **D. H. Lawrence Gallery:** In einem kleinen Raum im La Fonda de Taos Hotel hängen Bilder des berühmten Dichters. Ein etwas gewöhnungsbedürftiger Kunststil und nicht das, was man von Lawrence erwartet hätte. Die Ranch, auf der Lawrence zeitweise gelebt hat, liegt nördlich von Taos (ca. 21 Meilen Fahrt) in der Sangre de Christo Range.
• **Van Vechten Lineberry Taos Art Museum**: *501 Paseo del Puerto Norte.* Hier sind Kunstwerke „früher" Künstler ausgestellt, die in Taos gelebt haben. Ein ganz interessanter Einblick in die neue Geschichte von Taos. *Geöffnet: Di.–Fr. 11–16h, Sa. + So. 13h30–16h.*
• **Millicent Rogers Museum:** *Millicent Rogers Rd.*, 4 Meilen nördlich am US 64. Achten Sie auf die Schilder. Die reiche Erbin des Standard Oil Konzerns lebte 6 Jahre bis zu ihrem Tode 1953 in Taos. Heute stehen ihre Sammlung indianischer Kunsthandwerke (meist Schmuck und Töpferarbeiten) und einige Arbeiten ihrer Künstlerfreunde der Öffentlichkeit zur Ansicht. Durchaus ausgesuchte Stücke und teilweise von namhaften Künstlern gefertigt, erdrückt den Laien aber die Vielfalt von kulturellen Richtungen. *Öffnungszeiten: tägl. 10–17h, im Winter Mo. geschlossen.*

Nach Santa Fe können Sie nun dem Hwy. 68 und anschließend dem US 84 folgen. Die reine Fahrzeit beträgt gut eine Stunde.

Wenn Sie etwas mehr Zeit haben, wählen Sie lieber die um knapp 2 Stunden längere Bergroute: wenige Meilen südlich von Taos nach links über die 518, dann die 75, die 76 und schließlich die 503. Landschaftlich bietet sie mehr und einige weniger bekannte Pueblos befinden sich entlang der Strecke (u.a. das 'Picuris Pueblo'). Zudem können Sie noch einen Abstecher zu dem kleinen Ort **Chimayo** machen, einem Wallfahrtsort („heilende Kräfte"), der heute ein wichtiges Zentrum der Indianerwebkunst ist.

Alternativroute 2: Hwy./US 50, „Crossroad of the Rockies"

Biegen Sie bei Poncha Springs nach Osten auf den US 50 ein. Die erste kleine Stadt ist **Salida**, die aber bis auf ein paar nette Häuser (um 1900) im Zentrum nicht viel zu bieten hat. Diese Art von Architektur können Sie auch in anderen Städten sehen.

Der Highway selbst führt nun durch das z.T. schluchtartige Tal des Arkansas River. Bei Parkdale trennt sich die Straße vom Fluss, und wenige Meilen weiter beginnen

Sie bereits zu ahnen, was auf Sie zukommt. Dutzende von Schildern, bunt, groß und die unmöglichsten Dinge anbietend, begleiten Sie bis zum Abbieger zur **Royal Gorge Bridge**. Diese Brücke ist die höchste der Welt und überspannt die über 350 m tiefe Schlucht, die der Arkansas River hier in den Felsen geschnitten hat.

Ohne Zweifel ein imposanter Anblick, besonders wenn tief unten im Canyon ein echter Eisenbahnzug sich wie eine kleine Raupe am Fluss entlang windet.

Die höchste Brücke der Welt: Royal Gorge Bridge

Einmalig ist auch das Gefühl der Tiefe, wenn man die Holzplanken dieses architektonischen Meisterwerkes überquert. Von einer Aussichtsplattform hinter dem Souvenirshop lassen sich übrigens die besten Fotos von dem Gesamtwerk machen. Soweit also zu dem eigentlichen Höhepunkt. Der Touristenrummel, der um diese seit dem Bau des neuen Highways verkehrstechnisch absolut überflüssige Brücke betrieben wird, sucht seinesgleichen: Bereits am Highway drängen sich auf 2 Meilen unzählige Souvenirshops, Anbieter von Wildwasserfahrten und sogar Hubschrauberflügen, Fast-Food-Imbisse, Campingplätze usw. Entlang der 3 ½ Meilen von der Hauptstraße zur Brücke selbst nimmt das auch kein Ende: Wildwestdörfer, Wasserrutschen und, und, und ...

Aber seien Sie gewarnt: Die Brücke zu betreten kostet schon einiges und mit der **Seilbahn** über die Schlucht zu fahren (was sich übrigens wirklich lohnt) kostet noch mal ordentlich. Schauen Sie sich auch den Film über den Bau der Brücke und die Geschichte der Region an.

Über und in die Schlucht

Sie können auch mit einer **Zahnradbahn** in die Schlucht fahren. Es soll sich um die steilste Zahnradbahn der Welt handeln (Winkel: 45°!) Für die Kids gibt es dann noch die Chance, mit einer Minieisenbahn um einen kleinen „Krater" zu kurven (übrigens im Eintrittspreis inbegriffen!). Nicht inbegriffen ist aber das Tierfutter, um die „wild" herumlaufenden Rehe und Hirsche zu füttern. Hierzu noch der Tipp: Fahren Sie auf der gesamten Zufahrtsstraße vorsichtig, die Tiere stehen an der Straße – bereits leicht überfüttert und entsprechend träge. (Wer noch keinen freilaufenden Hirsch berührt hat: Mit einem Brotkrumen ist das hier kein Problem.)

Einzige Attraktion im Umkreis ist (neben der Brücke natürlich, die bei dem Rummel leicht in Vergessenheit gerät) die Westernstadt von **Buckskin Joe's** mit 30 echten Gebäuden (2 Meilen vor der Brücke). Hier wurden bereits einige Filme gedreht, so z.B. Szenen für „Indiana Jones", „Cat Ballou" und „Wie der Westen gewonnen wurde". Täglich gibt es 'Gunfights', und das Restaurant hier bietet Aussicht auf die Brücke, soweit Sie Platz finden. Zudem wird eine Fahrt mit einer „Scenic (Mini-) Railway" angeboten, und das Museum mit alten Dampflokomotiven und Autos ist auch ganz interessant. Ein wirkliches Erlebnis ist die Fahrt mit einer restaurierten Postkutsche, auf der man die alten Tage des Wilden Westens „absitzen" kann.

Nachdem Sie das 'Umfeld' der Brücke verlassen und einige Gedanken an die Vermarktungsmethoden im modernen Amerika verschwendet haben, kommen Sie als nächstes nach Canon City.

▬▬ Canon City (ⓘ S. 173)

Die Gegend am unteren Ausgang des Arkansas Canyon wurde bereits von den frühen Ute-Indianern als Jagd- und Weidegebiet genutzt. Mit den Gold- und Silberfunden in den umliegenden Bergen kamen während der zweiten Hälfte des 19. Jh. dann die Prospektoren und verspielten beim Poker in den zahllosen Saloons ihr Geld. Auch Schießereien waren an der Tagesordnung. Kein Wunder also, dass hier bereits damals eines der größten Gefängnisse des Westens gebaut wurde. Einen Aufschwung erlebte die kleine Stadt dann mit dem Bau der Eisenbahnlinie, die hier durch den Canyon in den Westen führte.

Station mit Gefängnis

Heute ist die Stadt selbst eigentlich weniger attraktiv, sieht man einmal von den historischen Gebäuden entlang der Mainstreet sowie den Dinosaurierfunden in der Umgebung ab (Infos im Visitor Center). Interessant mag für den einen oder anderen Mutigen vielleicht das **Colorado Territorial Prison Museum** in der 1st St. sein. Das moderne Gefängnis fällt bereits vom Highway aus auf. Hier wird die Geschichte des Strafvollzugs z.T. sehr plastisch und „realitätsnah" präsentiert: Eine Revolte wird z.B. mit einer aufgebrochenen Tür und Blutflecken am Boden nachgestellt, und manches echte Foto von Gehängten ist nicht jedermanns Sache. Hier im Gefängnis wurden übrigens 77 Exekutionen durchgeführt (45 mal durch Erhängung und 32 mal durch Gas). *Das Museum ist vom 1. Mai bis zum 1. Oktober täglich von 8h30–18h geöffnet, während des restlichen Jahres Fr.–So. von 10h–17h.*

Eisenbahnfans haben in Canon City übrigens auch die Gelegenheit, mit der **Royal Gorge Route Railroad** (südl. des US 50 an der 3rd St.) auf einer 24 Meilen langen Fahrt (2 Stunden) durch den Canyon zu fahren. *Abfahrten: Mitte Mai–Anfang Oktober tägl. 9h und 15h, Rest des Jahres Sa. + So. um 12h. Reservierungen: Tel.: (719) 569-2403 bzw. 1-888-RAILS-4U.* Eine weitere Möglichkeit, den Canyon zu erleben, bieten **Wildwasserfahrten (Rafting)**, die von Canon City aus organisiert werden.

Ansonsten lebt Canon City heute von den Sehenswürdigkeiten der Umgegend. Besonders empfehlenswert sind die Berge nördlich der Stadt. Es bietet sich z.B. die Möglichkeit, über eine Piste entlang dem Fourmile Creek nach **Cripple Creek** und **Victor** zu fahren.

Nach Pueblo führt nun von Canon City ein vierspuriger Highway. Wer nach Colorado Springs möchte, biegt bereits bei Florence auf den Hwy. 115 ab.

29. Die schnelle Alternative: von Denver über Colorado Springs nach Santa Fe

© graphic

Entfernungen
- *Denver - Colorado Springs: 70 Meilen/113 km*
- *Colorado Springs - Pueblo: 40 Meilen/ 64 km*
- *Pueblo - Trinidad: 89 Meilen/143 km*
- *Trinidad - Santa Fe: 190 Meilen/305 km*

Routenempfehlung
Immer entlang dem I-25

Zeiteinteilung
2 Tage

Überblick

Diese Strecke ist nur denjenigen als Alternative anzubieten, die wenig Zeit haben. Falls Sie es aber irgendwie ermöglichen können, empfehle ich Ihnen, zwei zusätzliche Tage einzuplanen und durch die Rocky Mountains zu fahren, wie im vorherigen Kapitel beschrieben. Wählen Sie hierzu z.B. die kürzere Alternative über Salida und Taos, benötigen Sie eventuell nur einen Tag mehr als für die hier beschriebene Route.

Die Streckenführung in diesem Kapitel verläuft immer entlang dem I-25, unterhalb der Rocky Mountains. Größere Städte sind Colorado Springs und Pueblo. Colorado Springs bietet einige touristisch interessante Punkte und eine weitere Chance einen kurzen Abstecher in die Berge zu machen, wenn Sie zwei Tage für diesen Streckenabschnitt einplanen.Pueblo ist eine Industriestadt, deren Reiz nur in der Architektur des frühen 20. Jh. besteht, Wirtschafts- und Industriegebäude eingeschlossen. Die weiteren Orte und die beiden Nationalmonumente kann man sich zwar ansehen, man verpasst aber auch nicht viel, wenn man daran vorbeifährt.

Redaktions-Tipps

- Absoluter **Übernachtungsknüller** ist das „Broadmoor Hotel", das aber wirklich seinen Preis hat!
- Konzentrieren Sie Ihre Zeit auf dieser Route auf **Colorado Springs** und seine landschaftlich bezaubernde Umgebung. Die National-Monumente weiter südlich sind zwar auch sehenswert, bieten aber nichts Besonderes und sollten höchstens als "Lückenbüßer" auf dem Weg nach Santa Fe dienen.

Von Denver über Colorado Springs nach Santa Fe

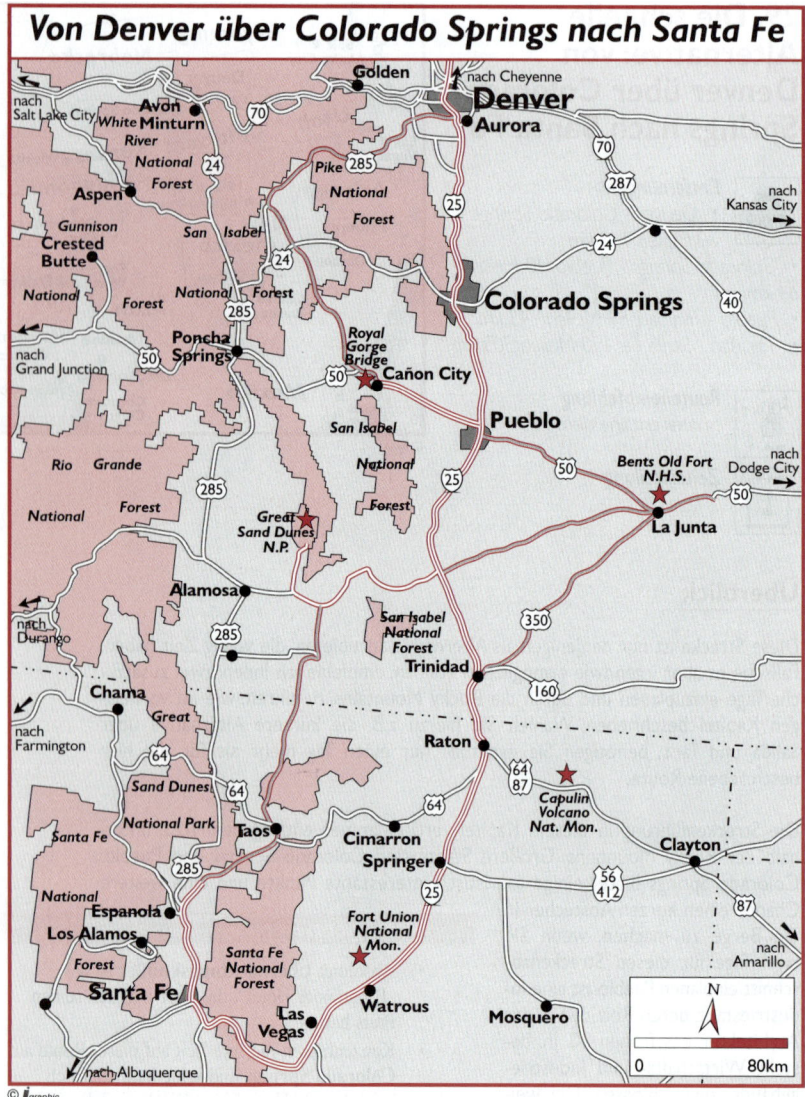

© igraphic

Sehenswertes

Colorado Springs (ⓘ S. 173)

Colorado Springs wurde 1871 als Erholungsort für Eisenbahner und Soldaten gegründet. Als Gründungsvater wird General William J. Palmer genannt. Heute ist „Colo Spg", wie es auf vielen Straßenschildern lautet, eine blühende Industriestadt mit Firmen wie z.B. Hewlett Packard und Sitz verschiedener militärischer Einrichtungen, vornehmlich der **US Airforce (1)**, die im Norden der Stadt eine Akademie besitzt, die man täglich besichtigen kann (Exit 156B vom I-25). Das Militär ist mit 45.000 Angestellten der größte Arbeitgeber. Der Großraum der Stadt selbst zählt heute über 300.000 Einwohner.

Redaktions-Tipps

- **Übernachten und speisen** Sie im luxuriösen Broadmoor Hotel, auch wenn es den Geldbeutel arg strapazieren wird.
- Machen Sie eine **Tour auf den Pikes Peak** (mit Auto oder Zahnradbahn (S. 717)).
- Und wenn noch Zeit sein sollte: Schlendern Sie durch **Manitou Springs** (S. 717) und nehmen Sie dabei ein paar der Sehenswürdigkeiten mit.

Als Tor zu den Rocky Mountains spricht die Stadt viele Familien aus dem Osten an, die im Vorort Manitou Springs absteigen, um von dort Touren in die Berge zu unternehmen oder mit der Zahnradbahn bis auf die Spitze des Pikes Peak zu fahren. Besonders für Familien mit Kindern gibt es unzählige kleine Museen, wie z.B. die **Pro Rodeo Hall of Fame mit dem Cowboy Museum (9)** *(101 Pro Rodeo Drive/am Rockrimmon Blvd., tägl. 9–17h)*, das **World Figure Skating Museum & Hall of Fame (8)** *(20 First St., Mo.–Fr. 10–16h, im Sommer auch Sa.)*, das **Peterson Air & Space Museum (6)** *(Peterson Air Force Base am US 24, Di.–Sa. 8h30–16h30)* oder die fast echte **Ghost Town** *(400 S. 21st St., Mo.–Sa. 10–18h, So. 12–18h)*, um nur einige zu nennen.

Aber Achtung! Viele Museen und „kleine Sehenswürdigkeiten" sind in privater Hand und mehr zum Vergnügen als zur historisch genauen Darstellung eingerichtet. Die Hauptattraktionen in und um Colorado Springs sind aber:

- Das **Western Museum of Mining & Industry**: Exit 125 A *(Gleneagle Drive, gegenüber der US Airforce Base im Norden der Stadt (1))* vom I-25. Ein durchaus lohnendes Minenmuseum mit vielen Vorführungen und einer Diashow. *Geöffnet: Mo.–Sa. 9–16h, im Sommer auch So. 12–16h.*

- Die **Historic Downtown (2)** *(Colorado Avenue zwischen 23rd und 30th St.)* mit einer Reihe exklusiver Geschäfte. Hier befindet sich im ehemaligen Gerichtsgebäude der Stadt das **Colorado Springs Pioneers Museum** *(215 S. Tejon St., Di.–Sa. 10–17h, im Sommer auch So. 13–17h)* mit einer interessanten Ausstellung zur Geschichte der Region.

- Ein Höhepunkt, der zwar nicht ganz mithalten kann mit den Farben und Formen der Canyonlands in Utah, aber trotzdem besuchenswert ist, ist der

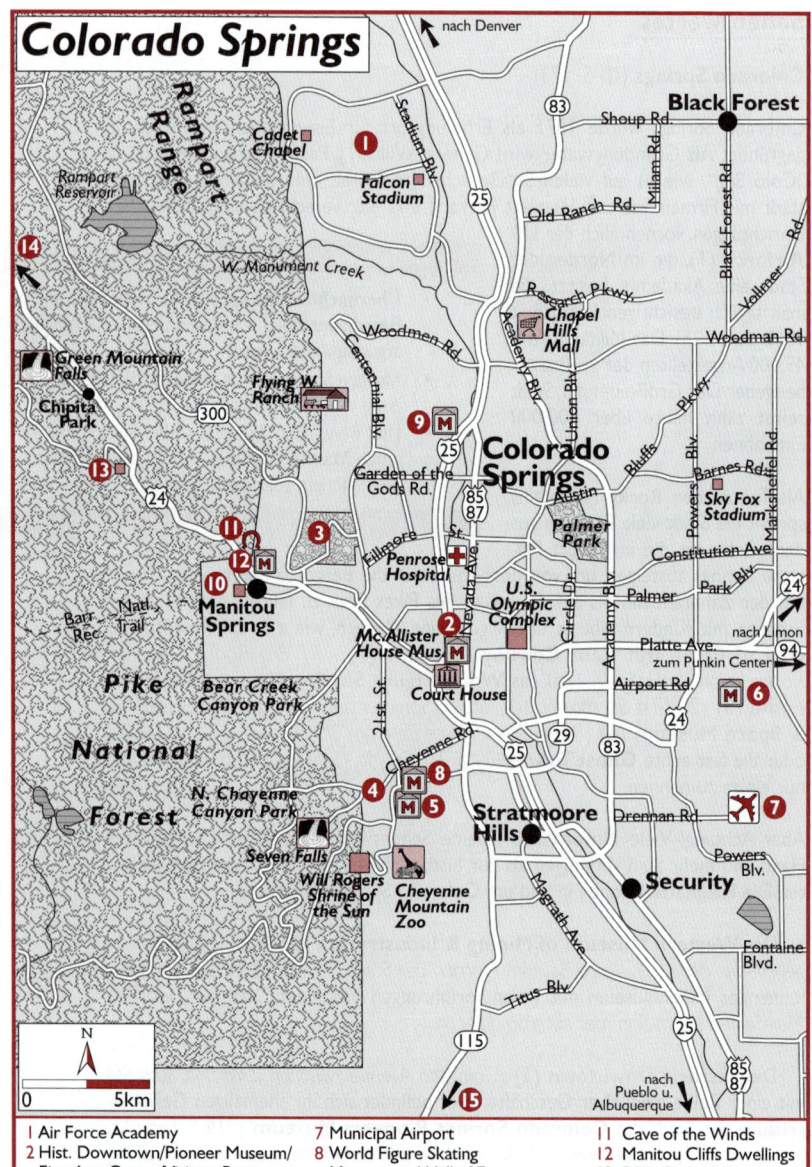

Colorado Springs

nach Denver

Rampart Range

Cadet Chapel ❶

Falcon Stadium

Rampart Reservoir

Black Forest

Shoup Rd.

83

Old Ranch Rd.

25

W. Monument Creek

Research Pkwy.

Woodmen Rd.

Chapel Hills Mall

Woodman Rd.

Green Mountain Falls

Chipita Park

300

Flying W Ranch

❾ Ⓜ

25

Colorado Springs

Bluffs Blvd.

Barnes Rd.

Sky Fox Stadium

13

24

Garden of the Gods Rd.

85 87

Austin

Palmer Park

Powers Blvd.

Constitution Ave.

24

❶❶

❶❷ Ⓜ

Fillmore St.

Penrose Hospital

Palmer

Park Blvd.

nach Limon

❶⓪ Manitou Springs

U.S. Olympic Complex

Platte Ave.

zum Punkin Center

94

Barr Rec.

Natl. Trail

Mc.Allister House Mus.

❷

Ⓜ

Circle Dr.

Academy Blvd.

Airport Rd.

Ⓜ ❻

24

Pike

Court House

Bear Creek Canyon Park

29

25

83

National

N. Chayenne Canyon Park

❹ ❽

Ⓜ

❺

Cheyenne Rd.

Stratmoore Hills

Drennan Rd.

✈ ❼

Forest

Seven Falls

Will Rogers Shrine of the Sun

Cheyenne Mountain Zoo

Security

Powers Blvd.

Magrath Ave.

Fontaine Blvd.

N

Titus Blvd.

0   5km

115

nach Pueblo u. Albuquerque

25

85 87

❶❺

nach Cripple Creek ❶❹

1 Air Force Academy	7 Municipal Airport	11 Cave of the Winds
2 Hist. Downtown/Pioneer Museum/ Fine Arts Center/Visitors Bureau	8 World Figure Skating Museum and Hall of Fame	12 Manitou Cliffs Dwellings
3 Garden of the Gods Park	9 Pro Rodeo Hall of Fame and	13 Pikes Peak Highway (Straßengebühr)
4 Broadmoor Hotel	Museum of the American Cowboy	14 nach Cripple Creek
5 Carriage House Museum	10 "Cog Train"-Talstation/	15 nach Canyon City
6 Peterson Air and Space Museum	Miramont Castle	(Royal Gorge Bridge)

© Igraphic

Garden of the Gods Park (3)

(Garden Drive). Verschiedene bunte Felsformationen, die durch Erosion anders geformt sind als ihr Umfeld und die sich im Licht von den dunklen bzw. grünen Bergen im Hintergrund abheben, ziehen viele Reisende und vor allem geologisch Interessierte an.

Geologisch einzigartig an dieser Stelle: Garden of the Gods

Die Entstehung und der Erhalt der Felsen, den Kräften von Wind und Wasser zum Trotz, sind eine erdgeschichtliche Einmaligkeit. Im Visitor Center gibt es eine Multimedia-Präsentation zur geologischen Entstehung. Man kann hier wandern oder sich Pferde ausleihen. Für Fotografen bieten sich besonders abends eindrucksvolle Motive und Farben.

- Das **Broadmoor Hotel (4)**
- Sie haben 2 oder mehr Tage Zeit?
- Ihre Reisekasse weist noch kein Loch auf?
- Sie lieben Komfort und viktorianische Plüschromantik?
- Sie betreiben mindestens eine der folgenden Sportarten: Golf, Schwimmen, Eiskunstlaufen, Tennis, Fitnesstraining, Tretbootfahren, Schleßen, Wandern, Reiten oder Skateboarding?
- Sie erwischen einen Sondertarif?

Wenn alle diese Punkte auf Sie zutreffen, dann sind Sie richtig in diesem unvergleichlichen 5-Sterne-Hotel und werden es keine Minute bereuen.

Das Broadmoor am Lake Circle (an der Lake Avenue) ist eine Institution für sich und mit Sicherheit **das** Hotel im Südwesten. Natürlich bieten Hotels und Resorts in Phoenix, Dallas oder Houston den gleichen Standard, aber nirgendwo sonst hat man die Ruhe und werden so viele Freizeitmöglichkeiten geboten wie hier ... und dazu stimmt auch noch das Ambiente. Wenn Sie sich erst mal hier niedergelassen haben, wird es Ihnen bereits schwer fallen, das Resort zu verlassen, um sich die weiteren Sehenswürdigkeiten der Gegend anzusehen. Aber wie bereits erwähnt, müssen Sie nicht unbedingt das Umland erkunden. Ein Aufenthalt im Hotel wird Ihnen für immer in Erinnerung bleiben. *Weltberühmte Hoteladresse*

Einige Punkte zum Hotel möchte ich näher vorstellen.:
- Auf dem hauseigenen See können Sie Tretboot fahren oder nur gemütlich drum herum spazierengehen.

- Die Eiskunsthalle erfüllt internationalen Standard. Hier trainieren internationale Meister, werden professionelle Hockeyspiele ausgeführt und zudem an vielen Abenden Eisshows präsentiert.
- Golffreunde werden sich an den 3 18-Loch-Plätzen erfreuen, die sich jeweils der Spielstärke „anpassen".
- Ausritte in die nahen Berge sind nicht nur etwas für Kön-

Broadmoor Hotel

ner. Es stehen erfahrene Reitlehrer zur Verfügung.
- Einer der 16 Tenniscourts ist sicherlich frei, und professionelle Trainer helfen gerne auf die Sprünge.
- Abends laden 8 verschiedene Restaurants ein: Besonders zu empfehlen wären hier der 'Penrose Room' mit Ausblick auf Stadt und Berge (untermalt von Piano- oder Jazzmusik, die 'Taverne', deren Wintergarten besonders sehenswert ist (das Broadmoor hat übrigens eine eigene Gärtnerei) – auch hier abends Musik – und der 'Golden Bee Pub', dessen Interieur, ehemals aus London stammend, über New York seinen Weg hierher gefunden hat. Bei einem frisch gezapften Bier aus den „Yard-Gläsern" (einen Yard hoch, fast ein Meter) steigt die Stimmung besonders dann, wenn der Pianist ein Wunschlied spielt und alle mitsingen. Essen kann man hier übrigens auch.

Zum Entspannen laden eine Gartenterrasse und eine überdimensionale Lodge ein, beides mit Blick auf den See. Eine gute Gelegenheit, „Menschen im Hotel" zu beobachten bei einem Cocktail.

Ein paar Dinge möchte ich aber noch mal betonen:
- Es wäre hinausgeworfenes Geld, am Abend anzukommen und am nächsten Morgen wieder weiter zu fahren.
- Achten Sie darauf, ob es Sondertarife gibt! Ein Zimmer kann während der Nebensaison und auch z.T. in der Hauptsaison für den halben Preis vergeben werden. Und vielleicht gibt Ihnen die Empfangsdame ja auch eine Suite mit Seeblick für den Preis eines Doppelzimmers. Alles bereits passiert.

So, nun viel Spaß im Broadmoor!!

Manitou Springs

Die kleine Stadt hat neben vielen netten Motels und Restaurants auch einen historischen Ortskern, der sich malerisch in das Tal am Fuße des Pikes Peak einpasst. Schlendern Sie ein wenig durch die Straßen. Es lohnt sich allemal mehr, als sich die Innenstadt von Colorado Springs „anzutun".

Auf den Pikes Peak per Zahnrad...

Von der Ruxton Road geht die **Zahnradbahn („Cog Train"/„Pikes Peak Cog Railway") (10)** ab auf die 4.300 m hohe Spitze des Pikes Peak. Damit ist sie die höchste Bahn der Welt und ähnelt sehr den Bahnen in der Schweiz, z.B. der Jungfrau-Bahn, und ist durchaus eine Fahrt wert. Bezaubernd der Ausblick von oben, aber bereits die Fahrt bietet eine reizende Landschaft, und nicht selten sieht man Tiere. Der Pikes Peak war es auch, der die bekannte Schriftstellerin Katherine Lee Bates zu ihrem Roman „America the Beautiful" veranlasste. *Die Rundfahrt dauert etwa 3 Stunden, und die Bahn verkehrt 5–8mal täglich von Mai bis September (im Oktober noch 2 Mal). Abfahrtszeiten variieren. Reservierung zu empfehlen: Tel. (719) 685-5401.*

„Cog Train": Keine Bahn fährt höher

Und während Sie an der Talstation auf die Abfahrt warten (bzw. nach Ihrer Rückkehr), sollten Sie noch einen Blick werfen in das nahe **Miramont Castle** *(9 Capitol Hill, geöffnet Di.–So.)*, einer viktorianischen Prunkvilla von 1895 mit architektonischen Reizen, einem Modellbahnmuseum im Nebenhaus und einer Teestube (nur im Sommer).

Neben den bereits oben angeschnittenen kleinen Museen gibt es noch einen weiteren interessanten Punkt: oberhalb von Manitou Springs die **Cave of the Winds (11)**. Hier kann man eine 1 Meile tiefe Höhle besichtigen. Leider ist alles sehr touristiert, und die gebotenen Sound- und Licht-Effekte erinnern eher an eine Hollywood-Produktion. Aber mit etwas Fantasie werden Sie die Schönheit der Höhle doch genießen. *Täglich geöffnet: im Sommer 9–21h, Rest des Jahres 10–17h.*

Eine letzte erwähnenswerte Sehenswürdigkeit in Manitou Springs wären die **Manitou Cliff Dwellings (12)**, eine kleine Felswohnung, wie sie einige von Ihnen sicherlich bereits aus anderen Regionen kennen. Hinter vorgehaltener Hand wird gesagt, die Dwellings hier stammen aus dem Mesa Verde Park. Ob das stimmt, ist schwer zu beurteilen. Eher sind sie hier wohl um 1906 gebaut worden. *Geöffnet: täglich 9–20h (Sommer), 9–17h (Rest des Jahres geschlossen).*

Colorado Springs bietet sich weiterhin an als Ausflugsziel in die Berge. Sehr zu empfehlen wäre hierzu die Straße, die auf den **Pikes Peak** hinauf führt **(13)**. Die kostenpflichtige Straße beginnt in Cascade, wenige Meilen nordwestlich von Manitou Springs. Auf 20 Meilen werden über 2.000 Höhenmeter überwunden, und

... oder mit dem Auto

das auf einer z.T. sehr steilen und kurvenreichen Strecke. Das ist nur etwas für Schwindelfreie. Nach 13 Meilen gibt es im Glen Cove Inn die Möglichkeit zu einem Snack, und auf der Spitze steht das Summit House für eine heiße Schokolade zur Verfügung. Die braucht man sicherlich, denn selbst im Sommer ist es auf 4.300 m sehr kalt. Die Landschaft entlang der Straße ist faszinierend, und wer nicht mit der Zahnradbahn fahren möchte, dem sei dieses als der alternative Highlight in Colorado Springs empfohlen.

Cripple Creek (ⓘ S. 173)

Cripple Creek besaß um 1900 die reichsten Goldvorkommen der Welt, und selbst bis in die 1960er Jahre hinein, als die letzte Mine geschlossen wurde, gab es keinen geologischen Standort auf der Welt, der so viel Gold hervorbrachte wie diese Region: 3Gold im Wert von fast einer halben Milliarde Dollar! Selbst alle Vorkommen in Alaska, vom Klondike bis hin nach Nome zusammengerechnet, haben nicht so viel eingebracht. Heute ist besonders Cripple Creek dem Tourismus im wahrsten Sinne des Wortes zum Opfer

gefallen. Im Sommer nämlich stürmen Tausende von Menschen die Stadt ... der Spielcasinos wegen. Etwas ruhiger ist dagegen Victor, wo heute nur noch knapp 300 Menschen leben, von dem aber behauptet wird, dass seine Straßen mit Gold gepflastert sind.

Wenn Sie an dem neuen „Run" auf die beiden Orte teilnehmen möchten, bieten sich u.a. folgende alternativen Sehenswürdigkeiten zu den Casinos an:

Auch hier gibt's eine historische Bahn: Cripple Creek - Victor Narrow Gauge Railroad

• **Cripple Creek – Victor Narrow Gauge Railway:** Eine 4-Meilen-Strecke vorbei an mehreren Minen und einer historischen Eisenbahn, die ehemals täglich bis zu 60 Zugladungen voll Erz befördert hat. Abfahrt am Museum. *Täglich von 10–17h von Ende Mai bis Anfang Oktober.*

• Machen Sie eine (selbstgeführte) **historische Rundfahrt**. Sie ist ca. 18 Meilen lang, dauert eine gute Stunde und begleitet Sie zu den wesentlichen Punkten, u.a. auch zum District Museum. Karten und Infos dazu erhalten Sie beim Chamber of Commerce.

Casinos und anderes

• **Mollie Kathleen Mine Tour:** Besichtigung einer Goldmine, die bis 1961 gefördert hat. Mit guten Erläuterungen! Nördlich am Hwy. 67. *Geöffnet: 9–17h, von Mai bis Oktober.*

• Bleiben Sie über Nacht, dann sollten Sie eine Vorstellung des **Imperial Hotel Melodrama** im historischen Imperial Hotel *(123 N.3rd St.)* nicht verpassen: gelungene Aufführungen einer überregional bekannten Schauspieltruppe. *Saison ist Mitte Juni bis Mitte September (Di.–So.).*

Alternativ zur direkten Rückfahrt nach Colorado Springs bieten sich zwei Schotterpisten an nach Süden zum US 50. Landschaftlich sind sie besonders eindrucksvoll, mit einem Wohnmobil aber kein Vergnügen. Am US 50 angekommen (Dauer: knapp 2 Std.), können Sie direkt nach Pueblo und weiter nach Süden fahren oder über den Hwy. 115 zurück nach Colorado Springs. Möchten Sie **Canon City** und der **Royal Gorge Bridge** einen Besuch abstatten, lesen Sie bitte hierzu im vorherigen Kapitel.

Pueblo (ⓘ S. 173)

Pueblo ist eine wenig ansprechende Industriestadt, und die in den gelben Seiten genannten Touristen-Fazilitäten erwähne ich nur für diejenigen, die hier übernachten müssen. Die Stadt war bis in die 1960er Jahre das Stahl- und Eisenzentrum des Westens. Mit dem auf der ganzen Welt einsetzenden Hüttensterben begann auch Pueblos Stern zu sin-

ken. Dank massiver Investitionsanstrengungen während der 1970er und -80er Jahre aber hat sich das wirtschaftliche Leben wieder etwas erholt. Mehr als die Hälfte aller in Colorado produzierten Güter stammt aus den Fabrikhallen von Pueblo.

Falls Sie trotzdem einmal ein Auge in die Stadt werfen möchten, fahren Sie dazu einfach durch die endlosen Vorort-Straßen mit den rei-

Pueblo

zenden viktorianischen Häusern, und zielen Sie anschließend auf den historischen Distrikt um die **Union Avenue** („Union Depot Historic Shopping Center") und an die **Mesa Junction**, wo im 19. Jh. das Einkaufszentrum gewesen ist. Die Architektur dieses Stadtteils, einschließlich der alten Warenhäuser und Kontore, erinnert in vieler Hinsicht an die Städte im Nordosten. Ausgefallen (für den Südwesten) erscheint hierbei das architektonische Ineinanderwachsen der einzelnen Wirtschafts-, Verkehrs- und Industriegebäude, so wie es nur in der ersten Hälfte des 20. Jh. praktiziert wurde, in der sogenannten Nachgründerzeit.

Folgende Museen bieten sich an:

Industrie-stadt mit Museen

- **Fred E. Weisbrod Aircraft Museum:** 3 ½ Meilen östlich am Airport. Flugzeuge inkl. flughistorischer Erläuterungen und gleich gegenüber ein „Gedenkmuseum" für die Besatzungen der B-24-Bomber aus dem 2. Weltkrieg. *Geöffnet: Mo. Fr. 10–16h, Sa. 10–14h, So. 13–16h.*
- **El Pueblo Museum:** *324 W. First St.* Nachbau des Old Fort Pueblo. Handelsposten, Erläuterungen zu den Indianern der Region und das Eindringen „des weißen Mannes" mit Farmen und Industrie. *Geöffnet: Mo.–Sa. 10–16h30.*
- **Rosemount House Museum:** *419 W.14th St.* Ehemaliges Wohnhaus des reichen Kaufmanns John A. Thatcher. Prunk von Marmor bis Gold. *Geöffnet: Sommer Di. Sa. 10–16h, So. 14–16h, Rest des Jahres Di. Sa. 13–16h, So. 14–16h. Im Januar geschlossen.*

Ein Abstecher lohnt zum gut 70 Meilen östlich am US 50 gelegenen Bent's Old Fort. Von dort gäbe es dann auch die Möglichkeit für Sie weiter auf dem US 50 und dann nach Süden auf dem US 287 bis nach Amarillo zu fahren.

Bent's Old Fort Nat. Historical Site
Etwa 7 Meilen nordöstlich von La Junta. Achten Sie am östlichen Ortsausgang auf die Beschilderung.

Das Fort wurde 1833 aus Lehm erbaut. Aber nicht, wie die meisten Forts, von der Armee, sondern von drei Privatleuten, den Gebrüdern Charles und William Bent und dem eingewanderten Franzosen Ceran St. Vrain. Es war zu dieser Zeit der wichtigste Stützpunkt entlang dem Santa Fe Trail zwischen Dodge City und
Stützpunkt Santa Fe selbst. Da die Bents sehr indianerfreundlich eingestellt waren – William
im heiratete sogar eine Cheyenne-Frau – verhielten die Indianer sich lange Zeit
Indianer- friedlich. Sie kamen sogar sehr zahlreich hierher, um mit den weißen Händlern,
land den Trappern und den Soldaten zu handeln. William schlichtete 1837 übrigens auch in einem Streit zwischen zwei Stämmen. Neben diesem Hauptfort wurden kurze Zeit später noch zwei „Satelliten-Forts" nördlich und südlich errichtet.

Das südliche Fort lag am 'Cimarron-Cutoff', der um einiges kürzer war, da er bereits bei Dodge City direkt nach Südwesten führte. Er galt aber wegen häufiger Indianer- bzw. Banditenüberfälle und nur weniger Wasserstellen als sehr riskant.

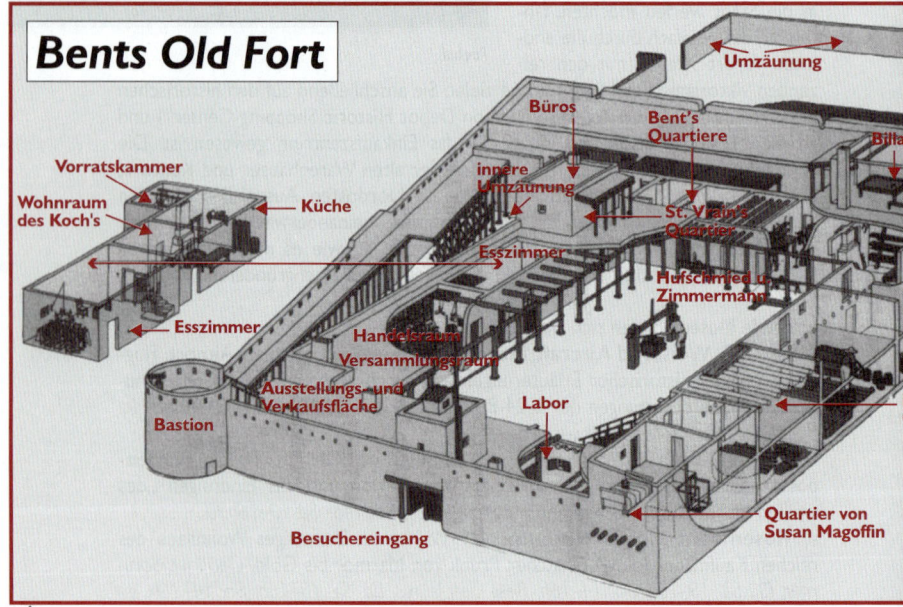

Bents Old Fort

Umzäunung

Büros

Bent's Quartiere

Billa

Vorratskammer

innere Umzäunung

Wohnraum des Koch's

Küche

St. Vrain's Quartier

Esszimmer

Hufschmied u. Zimmermann

Esszimmer

Handelsraum Versammlungsraum

Ausstellungs- und Verkaufsfläche

Labor

Bastion

Quartier von Susan Magoffin

Besuchereingang

© graphic

Der Handel im Fort lief blendend, und zu Spitzenzeiten arbeiteten über 100 Leute hier. Außer dem Geschäft und verschiedenen Store-Rooms gab es einen kleinen Saloon mit Billardtisch, Handwerksbetriebe und ein Restaurant. Interne Indianerunruhen, das Verschwinden von St. Vrain, der Tod von Charles Bent, erste Indianeraufstände und eine Cholera-Epidemie unter den Indianerstämmen, die diese dezimierte, veranlassten William Bent 1849, das Fort wieder zu verlassen. 1976 begann man damit, es wieder im alten Zustand aufzubauen und für Besichtigungen freizugeben. Heute können Sie alle Räume erkunden und sich auf die Aussichtsplattformen stellen, um selbst das Gefühl der Weite und der Ungewissheit nachzuempfinden, wie es die ersten Pioniere erlebt haben müssen. *Geöffnet: Sommer 8–17h30, Rest des Jahres 9–16h.*

Weiter auf der Hauptroute von Pueblo nach Süden

Weiter geht es auf dem I-25 bis **Walsenburg**. Hier bietet sich westlich des Ortes ein **Scenic Byway (Hwy. 12)** an durch die Berge, der bei Trinidad wieder auf den I-25 stößt. Die Strecke führt über den 3.000 m hohen Cucharas-Pass und bietet dabei eine Reihe von schönen Ausblicken. Rechnen Sie für den lohnenden Umweg mit einer Mehrzeit von etwa 1 ½ Stunden.

Trinidad (ⓘ S. 173) ist ein nettes kleines Städtchen, welches in früheren Zeiten als Versorgungspunkt am Santa Fe Trail diente. Heute bietet es eine Mischung aus Industriestandort, Verkehrsknotenpunkt, Farmercommunity und einem historischen Ortskern. Viel zu sehen gibt es aber eigentlich nicht, außer vielleicht dem **Trinidad History Museum** *(300 E. Main St., geöffnet von Mai bis September, Mo.–Sa 10–16h)*, welches sich vornehmlich mit der Geschichte des Santa Fe Trail und Trinidads selbst beschäftigt. Nicht weit von hier in der 150 E. Main Street ist zu gleichen Zeiten noch das **A.R. Mitchell Memorial Museum of Western Art** geöffnet. Weniger die Gemälde von Mitchell beeindrucken hier, als eher die historische Fotosammlung von Oliver E. Altmann.

Nettes Städtchen

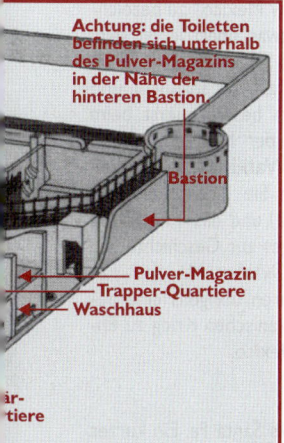

Achtung: die Toiletten befinden sich unterhalb des Pulver-Magazins in der Nähe der hinteren Bastion.

Bastion

Pulver-Magazin
Trapper-Quartiere
Waschhaus

är-
tiere

Im Zentrum gibt es übrigens einen Trolley Bus („Trinidad Trolley"), der die wesentlichen Sehenswürdigkeiten abfährt. *Start: stündlich am Parkplatz an der City Hall (nur im Sommer).*

Bei der uninteressanten kleinen Stadt Raton zweigt am Exit 451 der US 64/87 ab nach Osten zum 30 Meilen entfernten **Capulin Mountains National Monument**. Der hier vor etwa 10.000 Jahren ausgebrochene Vulkan erhebt sich 300 m über das flache Grasland. Im Visitor Center gibt es einen 10-minütigen Film über die Vulkantätigkeiten zu sehen, und anschließend können Sie entlang einer Straße bis fast zur Oberkante des Kraters fahren, von wo aus einige Wanderwege abgehen. *Das Monument ist im Sommer von 8–20h geöffnet, ansonsten von 8–16h30.*

Alternativstrecke

Am Exit 466 hinter Raton können Sie entlang dem US 64 über **Taos** *nach Santa Fe fahren. Die Strecke ist um einiges schöner und bietet die Gelegenheit, Taos zu besichtigen. Zu Taos lesen Sie bitte im vorangegangenen Kapitel.*

Entlang dem I-25 zweigt am Exit 366 eine kleine Straße ab zum **Ft. Union National Monument**. Es ist ein Relikt aus der Zeit der Indianerüberfälle, wurde 1851 erbaut und diente Reisenden entlang dem Santa Fe Trail als Schutz. Es gab ihnen zudem die Gelegenheit, in Friedenszeiten ihre Waren an die Indianer, Soldaten und Trapper zu verkaufen. Bei einem Rundgang können Sie sich so richtig in die Western einfühlen und erwarten jeden Augenblick den Angriff der Rothäute. Ein Visitor Center bietet Artefakte und „Histörchen" aus der wilden Zeit. *Geöffnet: täglich 8–17h, im Sommer bis 18h.*

Schutz vor Indianerangriffen bot das Fort Union im 19. Jh.

Gut 20 Meilen weiter auf dem I-25 erreichen Sie **Las Vegas, NM**. Diesen Ort als „Juwel von New Mexico" zu bezeichnen, mag wohl etwas übertrieben sein, aber einen kleinen Schlenker können Sie ja bei genügend Zeit ruhig machen. Malerisch, wie sich hier z.T. der spanische und der viktorianische Baustil ineinanderfügen. Halten Sie am besten zuerst beim Chamber of Commerce (Exit University Ave., gleich an der Kreuzung Grand Ave.), und lassen Sie sich Karten geben für die **Historical Walking Tour**. Parken Sie anschließend in der Nähe der **Plaza**, und beginnen Sie Ihren Rundgang. Höhepunkte bilden das **Plaza Hotel** *(230 Old Town Plaza)* und das **Theodore Roosevelt Rough Riders & City Museum**, wo es einiges zur Geschichte der Stadt zu lernen gibt *(727 Grand Ave., geöffnet von Mai bis Oktober: Mo.–Fr. 9–12h sowie 13–16h, Sa. + So. 10–15h)*. Die „Rough Riders" waren übrigens eine berühmt-berüchtigte Kavallerie, die 1898 im Spanisch-Amerikanischen Krieg zu Ehren kam. Die meisten Soldaten stammten dabei aus New Mexico.

Malerischer Ort

Von Las Vegas sind es nun noch 62 Meilen auf dem I-25 bis Santa Fe. Ein kurzer Stopp am **Pecos National Monument**, 25 Meilen vor Santa Fe, lohnt nur für diejenigen, die noch keine Pueblo-Ruinen gesehen haben. Ansonsten bieten andere Ruinen im Südwesten mehr.

30.   ANHANG

Kleine Sprachhilfe

Teigwaren:

biscuit	weiche Brötchen (süßlich)
bread	Brot
cookies	Kekse
cornbread	Maisbrot
Danish Pastry	Blätterteigstückchen
muffins	kleine Teekuchen
hush puppies	Pfannkuchen aus Maismehl
pancake	Pfannkuchen
rolls	Brötchen (weich)
rye bread	Roggenbrot
sandwich	belegtes Brot (sehr dick belegt)
shortcake	Mürbeteigküchlein mit Früchten und manchmal Sahne)
waffles	Waffeln (wahlweise mit Sirup oder salziger Butter)
white bread	Weißbrot
crispies	knusprige Getreideflocken
cornflakes	unterschiedliche Maisflocken

Belag/Beilagen:

Bologna sausage	Mettwurst
butter	meist salzige Butter
cottage cheese	Hüttenkäse (eher unserem Quark ähnlich)
jam	Marmelade
jelly	Gelee
maple syrup	Ahornsirup
peanut butter	Erdnussbutter
hash browns	geschnetzelte und gebratene Kartoffeln

Eierzubereitungen:

bacon and eggs	Eier mit Schinkenspeck
boiled eggs	gekochte Eier (das „5-Minuten-Ei" bereitet den meisten Küchen aber Probleme)
ham and eggs	Eier mit Schinken
scrambled eggs	Rührei
sunny side up	Spiegeleier, dabei gibt es folgende Varianten: **„over"** bedeutet auf beiden Seiten fest gebraten, **„over easy"** bedeutet auf beiden Seiten leicht knusprig gebraten.

Vorspeisen (starters/appetizers):

soup	Suppe (verschiedene Arten)
shrimp cocktail	Shrimpcocktail, meist mit Tomatensauce
crab bisque	Krabbencremesuppe
cole slaw	roher, geschnitzelter Kohl in saurer Sahnesauce

Hauptgerichte (entrees/main course):
Fleisch:

beef	Rind
lamb	Lamm
pork	Schwein
veal	Kalb

besondere Arten und Zubereitungen von Fleisch:

prime rib of steak	Rinder-Rippenstück
spareribs	Schweinerippchen (man nagt Rippenknochen ab, ein Vergnügen für alle)
steaks	Steaks
sirloin steak	Lendensteak (äußerst zart), ähnlich dem Rumpsteak
tenderloin steak	sehr feines Filet
T-bone steak	Steak mit T-förmigem Knochen
club steak	aus dem Mittelrücken
roundsteak	aus der Keule
well done	ganz durchgebraten
medium	halb durchgebraten, innen rot-rosa
rare	innen ganz roh, nur außen gebraten (häufig verwendet man auch die Bezeichnung medium-rare)

Fisch:

seafood	Fischgerichte/Meeresfrüchte allgemein
fish chowder	Fischcremesuppe (meist mit Gemüseeinlage)
clams	Herz-Muschel
crab	Krabbe/Krebs
king crab	große Alaskakrebse
lobster	Hummer
crayfish	Languste (große Krabbe)
shrimps	Krabben bzw. Garnelen
oysters	Austern
salmon	Lachs
tuna	Tunfisch
scallops	Jakobsmuschel

Geflügel:

chicken	Hähnchen
duck	Ente
turkey	Truthahn

Mexikanische Spezialitäten:

burritos	zugedeckte Tortillas mit Hackfleisch und Bohnen
chilli relleno	mit Käse gefüllte Pfefferschoten
enchiladas	gerollte Tortillas mit Chili und Fleisch
guacamole	mächtige, mit Gewürzen angereicherte Avocadocreme
nachos	Tortillachips
blue corn tortillas	Tortillas aus blauem Mais

tacos	(meist) feste Maistortillas mit Füllung oder gebackenes Brot mit Käse
tamales	Maisblätter mit Füllung
fry bread	frittierte Mehlfladen, wahlweise mit Marmelade oder Honig
fajitas	in Streifen geschnittenes Fleisch (Huhn oder Rind). Würzig angebraten auf dem Grill (meine Texmex-Leibspeise übrigens!!)
Salsa	mit Tomaten und scharfen Gewürzen durchsetzte Saucen-beilage, die in den USA mittlerweile das Tomatenketchup von Platz 1 der Beliebtheitsskala verdrängt hat
Japanero	besonders scharfe Schotenfrucht. Form und grüne Farbe erinnern an eine kleine Paprika, doch wehe dem, der sie als solche betrachtet und genussvoll zubeißt!

Beilagen:

vegetable	Gemüse
baked potato	Folienkartoffel
chips	gebratene Kartoffelscheiben
French Fries	Pommes frites
salads	Salate, oft auf Salatbars angerichtet

Nachtisch (dessert):

ice cream	Eis
hot fudge (sundeas)	Eis mit dicker Schokoladensauce
pie/tart	Kuchen, meist mit Fruchtbelag (z.B. Apple Pie)

Literaturverzeichnis

Schöngeistige Literatur (Empfehlungen)
- **Auf Deutsch erhältliche Literatur**
· **Willa Cather:** *Der Tod holt den Erzbischof.* Der Roman erzählt das Leben zweier französischer Missionare, die in der Mitte des 19. Jh. nach New Mexico kommen, um dort eine neue Diözese aufzubauen.
· **Tony Hillerman:** *Der Kojote wartet; Das Labyrinth der Geister; Schüsse aus der Steinzeit, Die sprechende Maske; Das Tabu der Totengeister; Tod der Maulwürfe; Die Wanze; Wer die Vergangenheit stiehlt; Der Wind des Bösen; Wolf ohne Fährte.* Hillermans auch in Deutschland populäre Kriminalromane bieten nicht nur spannende Unterhaltung, sie gewähren dem Leser auch interessante Einblicke in Leben und Gebräuche der Navajos. Bei der Aufklärung oftmals mysteriöser Mordfälle haben es Joe Leaphorn und Jim Chee von der „Navaho Tribal Police" keineswegs immer mit 'gewöhnlichen' Verbrechern zu tun, sondern auch mit Medizinmännern, Hexern, weisen Frauen und Grabräubern. *Tipp: Es gibt kaum etwas Fesselnderes und Entspannenderes zugleich als Reiseliteratur als Tony Hillermans Krimis!*
· **D.H. Lawrence:** *Mexikanischer Morgen. Reisetagebücher.* D.H. Lawrence lebte von 1922–1924 auf einer Ranch in den Bergen nahe Taos (NM). Die in dieser Zeit gesammelten Eindrücke veröffentlichte er 1927 unter dem Titel „Mornings in Mexico". Sein besonderes Interesse galt hierbei der Kultur der Indianer.

- **Scott N. Momaday:** *Haus der Morgendämmerung.* Für diesen Roman erhielt Momaday den Pulitzer-Preis. „Haus der Morgendämmerung" ist die Geschichte des jungen Indianers Abel, der aus seiner Reservation flieht, um sich dem Militärdienst zu entziehen, und so gezwungen wird, sich mit der Kultur des Weißen Mannes auseinander zu setzen.
- **Scott N. Momaday:** *Im Sternbild des Bären. Ein indianischer Roman.*
- **John Nichols:** *Milagro, Magic Journey* und *Nirwanas Blues.* Nichols „Channisville Trilogie" handelt von Rassenkonflikten und thematisiert die Existenzangst der mexikanischen Landbevölkerung in New Mexico. Besonders bekannt wurde der erste Teil, „Milagro – Der Krieg im Bohnenfeld" durch Robert Redfords Verfilmung.
- **Leslie M. Silko:** *Ceremony. Gestohlenes Land wird ihre Herzen fressen.* „Ceremony" ist die Geschichte eines Laguna-Halbbluts, dem es durch die Hinwendung zu traditionellen indianischen Kulten gelingt, mit seinen eigenen traumatischen Erfahrungen und dem Verlust seines Halbbruders im Zweiten Weltkrieg fertig zu werden. Der Roman zeichnet sich besonders durch die Anwendung typisch indianischer Erzähltechnik aus.

- **Nur auf Englisch erhältliche Literatur**
- **Rudolfo A. Anyana:** *Bless me, Ultima.* „Bless me, Ultima" gilt als eines der erfolgreichsten Werke der Chicano-Literatur. Der Roman schildert das Heranwachsen eines mexikanischen Jungen im ländlichen New Mexico. Vor dem Hintergrund des Zweiten Weltkrieges und der Entwicklung der Atombombe beschreibt der Autor einfühlsam die Veränderungen im Leben einer Chicano-Familie in den 1940er Jahren.
- **Rudolfo A. Anyana:** *The Silence of the Llano.*
- **Mary Austin:** *The Land of Little Rain.* „The Land of Little Rain" gilt vielen Kritikern als die klassische Beschreibung des 'border desert land', des amerikanisch-mexikanischen Grenzgebietes. Neben faszinierenden Naturbeschreibungen bietet der Roman einen Einblick in das Leben der Indianer.
- **Adolphe Bandelier:** *The Delight Makers.* „The Delight Makers" gilt als der erste anthropologische Roman des Südwestens. Basierend auf archäologischen Funden, spanischen Dokumenten und der zeitgenössischen indianischen Kultur gelingt Bandelier eine authentische Beschreibung des Lebens der sesshaften Pueblo-Indianer im 12. Jh.
- **Benjamin Capper:** *The White Man's Road.* In diesem Roman schildert Capper das Leben der Indianer, die im 19. Jh. gezwungen wurden, in Reservaten zu leben. Eindringlich beschreibt er, wie diese auf der einen Seite ihre eigene Kultur und den Glanz der Freiheit der Vergangenheit vergessen, sich aber andererseits nicht der Kultur des Weißen Mannes anpassen können.
- **J. Frank Dobie:** *Cow People* und *The Longhorns.* In seinen Romanen erzählt Dobie zahlreiche Geschichten über das Leben und die Arbeit auf großen 'Ranchen'. Manche dieser Geschichten fußen auf wahren Begebenheiten, andere wiederum sind kunstvolle Produkte der Phantasie des Autors.
- **William Eastlake:** *The Bronc People.* „The Bronc People" erzählt vom Aufwachsen eines weißen und eines schwarzen Jungen und ihrer indianischen Freunde. Besonders feinfühlig beschreibt Eastlake dabei die Schönheit des Südwestens und die Beziehung der Menschen zu ihrer Heimat.

- **Edna Ferber:** *Giants.* Dieser Roman dürfte dem deutschen Publikum besonders durch den gleichnamigen Film mit Elizabeth Taylor und James Dean bekannt sein. Er gilt als ein gelungenes Sittengemälde des ländlichen Texas, des Texas der Rancher und Ölbarone.
- **Paul Horgan:** *Great River.* Paul Horgan ist Historiker und Erzähler zugleich. In „Great River" erzählt er die Geschichte der Besiedlung des Rio-Grande-Tals durch die Pioniere.
- **Elmer Kelton:** *The Day of the Cowboy Quit, The Good Old Boys* und *The Time it Never Rained.* Elmer Kelton, selbst Sohn eines texanischen Cowboys, veröffentlichte eine Vielzahl von Romanen, in denen er die Bedeutung der Cowboy-Kultur für den amerikanischen Westen würdigt und gleichzeitig ihr Verschwinden betrauert. Die hier genannten Bücher gelten als seine besten.
- **Oliver LaFarge:** *Laughing Boy.* Für diese Liebesgeschichte erhielt LaFarge 1930 den Pulitzer-Preis. Der Roman beschreibt die aussichtslose Liebe des jungen, in den Traditionen seines Stammes verwurzelten Navajo 'Laughin Boy' zu 'Slim Girl', einem christlich-modernistisch erzogenen Mädchen.
- **Charles F. Lummis:** *Pueblo Indian Folk Stories.* Lummis war gegen Ende des 19. Jh. einer der bedeutendsten Journalisten des amerikanischen Südwestens. In seinem Hauptwerk „The Land of Poco Tiempe" beschrieb er das entbehrungsreiche Leben der Pueblo-Indianer in New Mexico. „Pueblo Indian Folk Stories" ist eine Sammlung ihrer Stammeserzählungen.
- **Conrad Richter:** *The Lady.* Richters Roman „The Lady" basiert auf einer wahren Begebenheit, nämlich dem mysteriösen Verschwinden des Richters Albert J. Fountain im New Mexico des Jahres 1896.
- **Conrad Richter:** *The Sea of Grass.* „The Sea of Grass" spielt in West Texas und New Mexico und gilt als einer der literarischen Klassiker dieser Region. Beschrieben wird der Konflikt zwischen Ranchern und Farmern Ende des 19. Jh.
- **Richard Vázquez:** *Chicano.* Dieser Roman ist ein Bestseller der Chicano-Literatur. Vázquez schildert über vier Generationen die Geschichte der mexikanischen Familie Sandoval, die zu Beginn des 20. Jh. nach Kalifornien einwandert.
- **Richard Vázquez:** *Another Land.* Hier beschreibt Vazquez die unmenschliche Behandlung illegaler mexikanischer Wanderarbeiter in den USA.
- **Edmund Villasenor:** *Macho.* Der Roman erzählt von einem Jahr im Leben des Roberto Garcia, eines jungen Mexikaners, der illegal in die Vereinigten Staaten einwandert, um sich dort als Wanderarbeiter zu verdingen. Vom Ausmaß der sozialen Ungerechtigkeiten abgeschreckt, kehrt er jedoch bald nach Mexiko zurück, um in seinem Heimatdorf einen neuen Anfang zu wagen.
- **Frank Waters:** *The Man Who Killed the Deer.* Der 1942 erschienene Roman erzählt die Geschichte eines jungen Pueblo-Indianers, der unter Zwang auf eine amerikanische Schule geschickt wird, um aus ihm einen 'richtigen' Amerikaner zu machen. Als er in sein Pueblo zurückkehrt, ist er der Kultur seines Volkes entfremdet. Es gelingt ihm nur schwer, zu seiner eigentlichen Identität zurück zu finden.

Allgemeine Reiseliteratur
- **Apa Guide**, Texas, RV Verlag, München, 1991. Journalistisch und medial geschickt aufgemachtes Buch zu verschiedenen Themen einschließlich Reisebeschreibung. Gut für die Einstimmung, weniger geeignet für unterwegs.

- **Braunger, Manfred**; USA-Südwesten, Dumont Verlag. Gute Einführung in ausgewählte touristisch interessante Gebiete der Staaten Arizona, New Mexico, Utah und Nevada. Der Adressenteil ist etwas kurz.
- **Engel, Elmar u. Kiemle, Roland**; Grand Canyon – Die tollste Schlucht der Welt. Geschichten und Erlebnisberichte von einer Floßfahrt durch den Grand Canyon, besonders für jüngere Leser geeignet. Historischer Rückblick auf die Pioniertat des Major Powell.
- **GEO**-Spezial „USA Southwest"; Verlag Gruner und Jahr. Informative Artikel und eindrucksvolle Bilder über Naturwunder und Kulturgeschichte von Arizona, New Mexico, Colorado und Utah. Ausführlicher Infoteil.
- **Hohermuth, F., Runge, M.**; USA-Nationalparks, Acadia Verlag. Sehr übersichtliche Beschreibung der einzelnen Nationalparks. Etwas veraltet, was die Daten angeht.
- **Mobil Travel Guide**; Band „Southwest". Alphabetische Auflistung aller Städte und Sehenswürdigkeiten, inklusive Hotel- und Restaurantlisten und anderer wichtiger Adressen. Sehr aktuell und übersichtlich in punkto Adressen.
- **National Park Foundation** (Hrsg.); The complete guide to America's National Parks. Offizieller Führer zu allen Nationalparks der USA, über 600 Seiten voller Informationen zu Camping, Wandern, Wetter, Aktivitäten etc., mit vielen Karten und Reise-A–Z.
- **Quack, Ulrich**; Reise-Handbuch USA/Westen, Iwanowski Verlag. Übersichtliches Reisehandbuch für Touren entlang dem Pazifik und auch zu den westlichen Nationalparks.
- **Rockstroh, Werner**; USA – Der Südwesten, Dumont Verlag, Köln. Kunstreiseführer, der besonders auf die Indianerkulturen eingeht.
- **Schmidt-Brümmer, H., Wasmuth, G.**; Texas – Richtig Reisen, Dumont Verlag. Eingehende Beschreibungen von interessanten Gebieten in Texas. Im Anschluss auch einige Reiseinformationen.
- **Worell, G.S.**; Die National-Parks der USA, Gondrom Verlag, Bamberg. Kurze, illustrative Beschreibung aller Nationalparks der USA einschließlich touristischer Hinweise.
- **National Geographic** (Hrsg.), **Nationalparks USA**. Handliches und mit allen wichtigen Informationen bestücktes Buch über die Nationalparks des Landes. Gute Karten.
- Eine erstklassige Zeitschrift ist das **America Journal** aus dem Latka-Verlag. Bunte Artikel stimmen sehr schön auf ausgesuchte Reiseziele in den USA ein. Viele der vergangenen Ausgaben können Sie hier auch nachbestellen. Einzusehen sind die Titel unter www.latka.de.

Kartenmaterial
- **Close Up USA: Arizona, New Mexico, Utah, Colorado**; National Geographic Society. Auf dieser Karte werden alle touristischen Sehenswürdigkeiten aufgeführt. Dadurch schon wieder etwas unübersichtlich. In Europa in größeren Kartenhäusern erhältlich.
- **Hildebrand's Straßen-Atlas**; Der Westen, K&G Verlagsgesellschaft, Frankfurt/M. Für bestimmte Gebiete übersichtlichere Karten als im Rand McNally. Gute touristische Hinweise im Textteil. Als Straßenkarte wenig geeignet, da kleinere Straßen oft nicht auftauchen.

· **Hildebrand's Urlaubskarte**; Westl. USA, K&G-Verlag, Frankfurt/M. Gute Übersichtskarte über das gesamte Reisegebiet mit Eintrag der wesentlichen Sehenswürdigkeiten. Gute Karte für die Vorabplanung zu Hause. Für unterwegs zu ungenau.

· **Rand McNally**; Distoguide USA. In Europa herausgegeben vom Hallwag-Verlag, Bern. Gesamtkarte der USA. Übersichtlich gestaltet, mit Sehenswürdigkeiten. Gut geeignet für die Vorabplanung zu Hause. Für unterwegs zu ungenau.

· **Rand McNally**; In Europa herausgegeben vom Hallwag-Verlag, Bern. Das Standardkartenwerk für die USA. Karten nach Bundesstaaten gegliedert. Kurzer touristischer Einleitungstext. In den USA an allen Tankstellen erhältlich und dort auch billiger. Es gibt verschiedene Ausführungen, achten Sie auf die mit den touristischen Ausführungen.

· **United States Area Map, Central and Western**; Gousha Travel Publications, San Jose, CA. Einfach gestaltete, daher aber sehr übersichtliche Straßenkarte. Der Verlag publiziert auch Stadtpläne. In Europa in Fachgeschäften erhältlich.

· Und wer ein wenig Lust auf „Spielerei" im Internet hat, sollte einmal die Internetseite www.nationalatlas.gov anwählen. Hier können Sie zahlreiche Spezialkarten runterladen bzw. interaktive Karten betreiben. Nicht besonders übersichtlich, doch ganz anregend.

Weiterhin sind Karten der einzelnen Bundesstaaten (die auch die wesentlichen Stadtpläne beinhalten) in den entsprechenden Fremdenverkehrsämtern und den Infostationen an den Interstates/US-Highways (nahe der Staatengrenzen) erhältlich. Diese werden auf Wunsch zugeschickt. Ansonsten erhält man sie auch kostenlos an vielen Tankstellen.

Sachbücher

· **Apa-Guide Indianerreservate USA**. Ausführliche und bunt illustrierte Einführung zu den verschiedenen Indianerkulturen der USA. Sehr zu empfehlen als Begleitbuch für eine Reise durch den Südwesten.

· **American Economics, American Geography, American Government, American History**; herausgegeben von der amerikanischen Regierung und erhältlich in den Kulturinstituten. Übersichtliche und nicht zu ausgedehnte Erläuterungen zu den einzelnen Themengebieten. 4 Bücher.

· **Indian Reservations**; herausgegeben von The Confederation of American Indians, Jefferson NC. Auflistung aller Indianerreservate mit übersichtlicher Kurzbeschreibung jedes einzelnen Reservats.

· **Pörtner, R., Davies, N.**; Alte Kulturen der Neuen Welt, Econ Verlag, Düsseldorf. Chronologisch geordnete Beschreibung aller wesentlichen Kulturen Amerikas.

· **Schmieder, Oskar**; Die Neue Welt, Band II, Nordamerika, Keysersche Verlagsbuchhandlung, München, 1963. Gutes geographisches Gesamtwerk für Nordamerika, wenn auch im Stil veraltet. Gegliedert nach geographischen Landschaften. Die Wirtschaftsdaten sind natürlich sehr alt.

· **Stammel, H.J.**; Indianer – Legende und Wirklichkeit, Orbis Verlag, München. Geographisch und chronologisch übersichtlich gestaltete Erläuterungen zu den Indianern Nordamerikas. Am Ende ein kleines Lexikon zu Indianerstichworten.

Stichwortverzeichnis